国家出版基金项目
NATIONAL PUBLICATION FOUNDATION

中華博物通考

總主編 張述錚

水族卷

本卷主編
陳萬青 楊秀英

上海交通大學出版社

圖書在版編目（CIP）數據

中華博物通考．水族卷／張述錚總主編；陳萬青，
楊秀英本卷主編.—上海：上海交通大學出版社，2024.1
ISBN 978-7-313-29832-4

Ⅰ.①中… Ⅱ.①張… ②陳… ③楊… Ⅲ.①百科全
書—中國—現代②水生動物—中國 Ⅳ.①Z227
②Q958.8

中國國家版本館CIP數據核字(2023)第238803號

特約編審：胡名正
責任編輯：王化文
裝幀設計：姜　明

中華博物通考·水族卷

總　主　編：張述錚
本卷主編：陳萬青　楊秀英
出版發行：上海交通大學出版社　　　　地　　址：上海市番禺路951號
郵政編碼：200030　　　　　　　　　　電　　話：021-64071208
印　　製：蘇州市越洋印刷有限公司　　經　　銷：全國新華書店
開　　本：890mm×1240mm　1／16　　印　　張：37.25
字　　數：769千字
版　　次：2024年1月第1版　　　　　　印　　次：2024年1月第1次印刷
書　　號：ISBN 978-7-313-29832-4
定　　價：448.00元

《中華博物通考》編纂委員會

名譽主任：匡亞明

主　　任（按姓氏筆畫排序）：王春法　　張述錚

副主任：和　龔　　韓建民　　顧　鋒　　張　建　　丁鵬勃

委　　員（按姓氏筆畫排序）：

丁鵬勃	丁艷玲	王　勇	王元秀	王午戌	王立華	王青梅	王春法
王素芳	王栩寧	王緒周	文啓明	孔令宜	石　磊	石永士	白建新
匡亞明	任長海	李　淳	李西寧	李延年	李紅霞	李峻嶺	吳秉鈞
余志敏	沈江海	宋　毅	武善雲	林　彬	和　龔	周玉山	胡　真
侯仰軍	俞　陽	馬　巖	耿天勤	華文達	徐建林	徐傳武	高毅清
高樹海	郭砥柱	唐桂艷	陳俊強	陳益民	陳萬青	陳聖安	黃笑山
盛岱仁	婁安良	崔淑雯	康戰燕	張　越	張　標	張小平	張太龍
張在德	張述錚	張維軍	張學鋒	董　巍	焦秋生	謝冰冰	楊秀英
賈秀麗	賈貴榮	路廣正	趙卜慧	趙宗來	趙連賞	鄭小寧	劉世敏
劉更生	劉景耀	賴賢宗	韓建民	韓品玉	鍾嘉奎	顧　鋒	

《中華博物通考》總主編

張述錚

《中華博物通考》副總主編

韓品玉　　陳益民　　俞　陽　　賴賢宗

《中華博物通考》編務主任

康戰燕　　盛岱仁

《中華博物通考》學術顧問

（按姓氏筆畫排序）

王 方	王 釗	王子舟	王文章	王志強	仇正偉	孔慶典	石雲里
田藝瓊	白庚勝	朱孟庭	任德山	衣保中	祁德樹	杜澤遜	李 平
李行健	李克讓	李德龍	李樹喜	李曉光	吳海清	佟春燕	余曉艷
邱永君	宋大川	苟天林	郝振省	施克燦	姜 鵬	姜曉敏	祝逸雯
祝壽臣	馬玉梅	馬建勛	桂曉風	夏興有	晁岱雙	晏可佳	徐傳武
高 峰	高莉芬	陳 煜	陳茂仁	孫 機	孫 曉	孫明泉	陶曉華
黃金東	黃群雅	黃壽成	黃燕生	曹宏舉	曹彥生	常光明	常壽德
張志民	張希清	張維慎	張慶捷	張樹相	張聯榮	程方平	鈕衛星
馮 峰	馮維康	楊 凱	楊存昌	楊志明	楊華山	賈秀娟	趙志軍
趙連賞	趙榮光	趙興波	蔡先金	鄭欣淼	寧 強	熊遠明	劉 静
劉文豐	劉建美	劉建國	劉洪海	劉華傑	劉國威	潛 偉	霍宏偉
魏明孔	聶震寧	蘇子敬	嚴 耕	羅 青	羅雨林	釋界空	釋圓持
鐵付德							

《中華博物通考·水族卷》編纂委員會

主　　編：陳萬青　　楊秀英

撰 稿 人：陳萬青　　楊秀英　　朱來航　　張彤彤　　陳　馳

導　論

——縱論中華博物學的沉淪與重建

引　言

在中國當代，西方博物學影響至巨，自鴉片戰爭以來，屈指已歷百載。何謂"西方博物學"？"西方博物學"是以研究動植物、礦物等自然物爲主體的學科，但不包含社會領域的社會生活，至 19 世紀後期已完成學術使命，成爲一種保護大自然的公益活動，但國人却一直承襲至今。中華久有自家的博物學，已久被忘却，無人問津，這一狀況實是令人不安。前日偶見《故宮裏的博物學》問世，精裝三册，喜出望外，以爲我中華博物學終得重生，展卷之後始知，該書是依據清乾隆時期皇室的藏書《清宮獸譜》《清宮鳥譜》《清宮海錯圖》（"海錯"多指海中錯雜的魚鱉蝦蟹之類）繪製而成，其中一些并非實有，乃是神話傳説之物。其内容提要稱"是專爲孩子打造的中華文化通識讀本"，而對博物院内琳琅滿目的海量藏品則隻字未提。這就是説，博物院雖有海量藏品，却與故宮裏的博物學毫不相干，或曰并不屬於博物學的研究範圍。此書的編纂者是我國的著名專家，未料我國這些著名專家所認定的博物學仍是西方的博物學。此書得以《故宮裏的博物學》的名義出版，又證我國的出版界對於此一命題的認同，竟然不知我中華久有自家的博物學。此書如若改稱《故宮裏的皇室動物圖譜》，則名正言順，十分精彩，不失爲一部別具情趣的兒童讀物，但原書名却無意間形成一種誤導，孩子們可能會據此認定：唯有鳥獸蟲魚之類才是中華文化中的大學問，故而稱之爲"博物學"，最終會在其幼小心靈裏留下西方博物學的深深印記。

何以出現這般狀况？因爲許多國人對於傳統的中華博物及中華博物學，實在是太過陌生！那麽，何謂"博物"？本文指稱的"博物"，是指隸屬或關涉我中華文化的一切可見或可感知之物體物品。何謂"中華博物學"？"中華博物學"的研究主體是除却自然界諸物之外，更關涉了中國社會的各個方面各個領域，進而關涉了我中華民族的生息繁衍，關涉了作爲文明古國的盛衰起落，足可爲當代或後世提供必要的藉鑒，是我國獨有、無可替代的學術體系。故而重建中華博物學，具有歷史的、現實的多方面實用價值。我中華博物學起源久遠，至遲已有兩千年歷史，祇是初始没有"博物學"之名而已。時至明代，始見"博物之學"一詞。如明楊士奇《東里續集》卷一八評述宋陸佃《埤雅》曰："此書於博物之學蓋有助焉。"此一"博物之學"，可視爲"中華博物學"的最早稱謂。又，《四庫全書總目提要》卷一三六評清陳元龍《格致鏡原》曰："〔此書〕分三十類：曰乾象，曰坤輿，曰身體，曰冠服，曰宮室，曰飲食，曰布帛，曰舟車，曰朝制，曰珍寶，曰文具，曰武備，曰禮器，曰樂器，曰耕織器物，曰日用器物，曰居處器物，曰香奩器物，曰燕賞器物，曰玩戲器物，曰穀，曰蔬，曰木，曰草，曰花，曰果，曰鳥，曰獸，曰水族，曰昆蟲，皆博物之學。"此即古籍述及的"中華博物學"最爲明確、最爲全面的定義。重建的博物學於"身體"之外，另增《函籍》《珍奇》《科技》等，可以更全面地融匯古今。在擴展了傳統博物學天地之外，又致力於探索浩浩博物的淵源、流變，以及同物異名與同名異物的研究，致力於物、名之間的生衍關係的考辨。"博物學"本無須冠以"中華"或"中國"字樣，在當代爲區别於西方的"博物學"，遂定名爲"中華博物學"，或曰"中華古典博物學"。"中華博物學"，國人本當最爲熟悉，事實却是大出所料，近世此學已成了過眼雲烟，少有問津者，西方博物學反而風靡於中國。何以形成如此狀况？何以如此本末倒置？這就不能不從噩夢般的中國近代史談起。

一、喪權辱國尋自保，走投無路求西化

清王朝自鴉片戰争喪權辱國之後，面對列强的進逼，毫無氣節，連連退讓，其後又遭

甲午戰爭之慘敗，走投無路，於是由所謂"師夷之長技"，轉而向日本求取西化的捷徑，以便苟延殘喘。日本自 19 世紀始，城鄉不斷發生市民、農民暴動，國内一片混亂。1854 年 3 月，又在美國鐵艦火炮脅迫之下，簽訂《神奈川條約》。四年後再度被迫與美國簽訂通商條約。繼此以往，荷、俄、英、法，相繼入侵，條約不斷，同百年前的中國一樣，徹底淪爲半封建半殖民地社會，當權的幕府聲威喪盡。1868 年 1 月，天皇睦仁（即明治天皇）下達《王政復古大號令》，廢除幕府制度，但值得注意的是仍然堅守"大和精神"，并未全部廢除自家原有傳統。同年 10 月，改元明治，此後的一系列變革措施，即稱之爲"明治維新"。維新之後，否定了"近習華夏"，衝决了"東亞文化圈"，上自天皇，下至黎民，勠力同心，在"富國强兵、置産興業"的前提之下，遠法泰西，大力引入嶄新的科學技術，從而迅速崛起，廢除了與列强的一切不平等條約，成爲令人矚目的世界强國之一。可見"明治維新"之前，日本内憂外患的遭遇，與當時的中國非常相似。在此民族存亡的關鍵時刻，中國維新派代表人物不失時機，遠渡東洋，以日本爲鏡鑒，在引進其先進科技的同時，也引進了日本人按照英文 natural history 的語意翻譯成的漢語"博物學"，雖并不準確，但因出於頂禮膜拜，已無暇顧及。況且，自甲午戰爭至民國前期，日源語詞已成爲漢語外來語詞庫中的魁首，遠超英法俄諸語，且無任何外來語痕迹，最難識别。如"民主""科學""法律""政府""美感""浪漫""藝術界""思想界""無神論""現代化"等，不勝枚舉。國人曾試圖自創新詞，但敗多勝少，祇能望洋興嘆。究其原因，并非民智的高下，也并非語種的優劣，實則是國力强弱的較量，國强則國威，國威則必擁有强勢文化，而强勢文化勢必涌入弱國，面對强勢文化，弱國豈有話語權？西方的"博物學"進入中國，遒勁而又自然。

那麼，西方博物學源於何時何地？又經歷了怎樣的發展變化？答曰：西方博物學發端於古希臘亞里士多德（公元前 384—前 322）《動物志》之類著述，又經古羅馬老普林尼（公元 23—79）的《自然史》，輾轉傳至歐洲各國。其所謂博物除却動植物外，更有天文、地理、人體諸類。這是西方的文化背景與知識譜系，西人習以爲常，喜聞樂見。在歐洲文藝復興和美洲地理大發現之後，見到别樣的動物、植物以及礦物，博物學得到長足發展。至 19 世紀前半期，博物學形成了動物學、植物學和礦物學三大體系，達於鼎盛。至 19 世紀後期，動物學、植物學獨立出來，成爲生物學，礦物學則擴展爲地質學，博物學已被架空。至 20 世紀，博物學已不再屬於什麼科學研究，而完全變成一種生態與環境探索，以供民衆休閑安居的社會活動。其時，除却發端於亞里士多德的"博物學"之外，也有後起的"文化博物學"（Cultural Museology），這是一門非主流的綜合性學科，旨在研究人類一切文化遺産，試圖展示并解釋歷史的傳承與發展，但在題材視野、表達主旨等方面與中華傳統博物學仍甚有差异。面對此類非主流論説，當年的譯者或視而不見，或有意摒弃，其志在振興我中華。

在尋求救國的路途中，仁人志士們目睹了西方先進文化，身感心受，嚮往久之。"試航東西洋一游，見彼之物質文明，莊嚴燦爛，而回首宗邦，黯然無色，已足明興衰存亡之由，長此以往，何堪設想？"（吴冰心《博物學雜誌》發刊詞，1914 年 1 月，第 1 ～ 4 頁），此時仁人志士們滿腔熱血，一心救國。但如何救國，却茫茫然，如墮五里霧中。這一救國之路從表象上觀察似乎一切皆以日本爲鏡鑒，實則迥别於"明治維新"之路，未能把握"富國强兵、置産興業"之首要方嚮，而當年的執政者却祇顧個人權勢的得失，亦無此遠大志嚮。仁人志士們雖振臂疾呼，含泪呐喊，祇飄摇於上層精英之間，因一度失去民族自信、文化自信，而不知所措，矛頭直指孔子及千載儒學，進而直指傳統文化。五四運動前夜，北京大學著名教授錢玄同即正告國人"欲驅除一般人之幼稚的野蠻的頑固的思想"，就必須要"廢孔學"，必須要"廢漢文"（錢玄同《中國今後的文字問題》，載 1918 年 4 月 15 日《新青年》第 4 卷第 4 號）。翌年，五四運動爆發，仁人志士們高舉"德謨克拉西"（民主）、"賽因斯"（科學）兩面大旗，掀起反帝反封建的狂濤巨瀾，成爲中國近現代史上的偉大里程碑，中國人民自此視野大開。這兩面大旗指明了國家强弱成敗的方嚮。但與此同時，仁人志士們又毫不猶豫，全力以赴，要堅决"打倒孔家店"。於是，孔子及其儒家學説成了國弱民窮的替罪羊！接踵而至的就是對於漢字及其代表的漢文化的徹底否定。偉大革命思想家魯迅也一直抨擊傳統觀念、傳統體制，1936 年 10 月，在他逝世前夕《病中答救亡情報訪員》一文中，竟然斷言："漢字不滅，中國必亡！"而新文化運動的主要人物之一胡適更是語出驚人："我們必須承認我們自己百事不如人，不但物質機械上不如人，不但政治制度不如人，并且道德不如人，知識不如人，文學不如人，音樂不如人，藝術不如人，身體不如人。"中華民族是"又愚又懶的民族"，是"一分像人，九分像鬼的不長進民族"（胡適《介紹我自己的思想》，1930 年 12 月亞東圖書館初版《胡適文選》自序）。這是五四運動前後一代精英們的實見實感，本意在於革故鼎新，但這些通盤否定傳統文化的主張，不啻是在緊要歷史關頭的一次群情失控，是中國文化史中的一次失智！在這樣的歷史背景、這樣的歷史氣勢之下，接受西方"博物學"就成了必然，有誰會顧及古老的傳統博物學？

在引進西方博物學之後，國人紛予效法，試圖建立所謂中華自家的博物學，於是圍繞植物學、動物學兩大方面遍搜古今，窮盡群書，着眼於有關動植物之類典籍的縱橫搜求，但這并非我中華的博物全貌，也并非我中華博物學，況且在中華古典博物學中，也罕見西方礦物學之類著作，可見，試圖以西方的博物學體系，另建中華古典博物學，實在是削足適履、邯鄲學步。自 1902 年始，晚清推行學制改革，先後頒布了"壬寅學制""癸卯學制"。1905 年，根據《奏定學堂章程》，已將西方博物學納入中學的課程設置。其課程分爲植物、動物、礦物、人體生理學四種，分四年講授。1912 年中華民國成立後，江浙等地出現過博物學會和期刊，稍後武昌高等師範學校設立了博物學系，出版過《博物學雜誌》，主要研究動物學、植物學及人體生理學，隨後又將博物學系改稱生物學系，《博物學雜誌》也相應改稱《生物學雜誌》，重走了西方的老路。北京高等師範學校也有類似經歷，甚爲盲目而混亂。至 30 年代，發現西方博物學自 20 世紀始，已轉型爲生態與環境探索，國人因再無興趣，對西方博物學的大規模推廣、學習在中國遂告停止，但因影响至深，其餘風猶存。

二、中華典籍浩如海，博物古學何處覓？

應當指出，中國古代典籍所載之草木、鳥獸、蟲魚之類，亦有別於西方，除却其自身屬性特徵外，又常常被人格化，或表親近，或加贊賞，體現了另一種精神情懷。如動物龜、鶴，寓意長壽（其後，龜又派生了貶義）；豺、狼、烏鴉、猫頭鷹，或表殘忍，或表不祥；其他如十二生肖，亦各有象徵，各有寓意。而那些無血肉、無情感的植物，同樣也被賦予人文色彩。如漢班固《白虎通·崩薨》載："《春秋含文嘉》曰：天子墳高三仞，樹以松；諸侯半之，樹以柏；大夫八尺，樹以欒；士四尺，樹以槐；庶人無墳，樹以楊、柳。"足見在我國古老的典制禮俗中，松、柏、欒、槐、楊、柳，已被賦予了不同的屬性，被分爲五等，楊、柳最爲低賤；就連如何埋葬也分爲五等，嚴於區別，從墳高三仞到無墳，成爲天子到庶人的埋葬標志。實則墳墓分爲等級，早在公元前 3300 年至公元前 2300 年的良渚古城遺址已經發現。這些浩浩博物，廣泛涉及了古老民族和古老國度的典制與禮俗，我國學人也難盡知，西方的博物學又當如何表述？

可見西方博物學絕難取代中華古典博物學，中華古典博物學的研究範圍，遠超西方博物學，或可說中華古典博物學大可包容西方博物學。如今，這一命題漸引起國內一些有識之士、專家學者的關注。那麼，中華古典博物學究竟發端於何時何地？有無相對成型的體系？如何重建？答曰：若就人類辨物創器而言，上古即已有之，環宇盡同。若僅就我中華文獻記載而言，有的學者認爲當發端於《周易》，因爲"易道廣大，無所不包"（《四庫全書總目提要》卷九），或認爲發端於《書・禹貢》，因爲此書廣載九州山河、人民與物產。《周易》《禹貢》當然可以視爲中華博物學的源頭。而作爲中華博物學體系的領銜專著，則普遍認爲始於晋代張華《博物志》。而論者則認爲，中華博物學成爲一門相對獨立的學科體系，當始於秦漢間唐蒙的《博物記》，此書南北朝以來屢見引用，張華《博物志》不過是續作而已。對此，前人久有論述。如《四庫全書總目提要》卷一四二曰："劉昭《續漢志》注《律曆志》引《博物記》一條，《輿服志》引《博物記》一条，《五行志》引《博物記》二條，《郡國志》引《博物記》二十九條……今觀裴松之《三國志》注（《魏志・太祖紀》《文帝紀》《吳志・孫賁傳》等）引《博物志》四條，又於《魏志・涼茂傳》中引《博物記》一條，灼然二書，更無疑義。"再如宋周密《齊東野語・野婆》曰："《後漢・郡國志》引《博物記》曰：'日南出野女，群行不見夫，其狀囂且白，裸袒無衣襦。'得非此乎？《博物記》當是秦漢間古書，張茂先（張華，字茂先）蓋取其名而爲《志》也。"再如明楊慎《丹鉛總錄》卷一一："漢有《博物記》，非張華《博物志》也，周公謹云不知誰著。考《後漢書》注，始知《博物記》爲唐蒙作。"如前所述，此書南北朝典籍中多有引用，如僅在南朝梁劉昭《續漢志》注中，《博物記》之名即先後出現了三十三次之多。據有關古籍記載，其内包括了律曆、五行、郡國、山川、人物、輿服、禮俗等，盡皆實有所指，無一虛幻。故在明代有關前代典籍分類中，已將唐蒙《博物記》與三國魏張揖《古今字詁》、晋呂靜《韻集》、南朝梁阮孝緒《古今文詁》、唐顏元孫《干禄字書》、宋洪适《隸釋》等字書、韵書并列（見明顧起元《説略》卷一五），足見其學術地位之高，而張華《博物志》則未被録入。

至西晋已還，佛道二教廣泛流傳，神仙方士之説大興，於是張華又衍《博物記》爲《博物志》，其書内容劇增，自卷一至卷六，記載山川地理、歷史人物、草木蟲魚，這些當是紀要考訂之屬，合乎本文指稱的名副其實的博物學系統。此外，又力仿《山海經》的體例，旨在記載异物、妙境、奇人、靈怪，以及殊俗、瑣聞等，諸多素材語式，亦幾與《山海經》盡同，若"羽民國，民有翼，飛不遠……去九嶷四萬三千里"云云，并非"浩博實物"，已近於"志怪"小説。張華自序稱其書旨在"博物之士覽而鑒焉"，張序指稱的"博物之士"，義同前引《左傳》之"博物君子"，其"博物"是指"博通諸種事物"，虚虚實實，紛紛紜紜，無所不包。此類記述，正合世風，因而《博物志》大行其道，《博物記》則漸被冷落，南北朝之後已失傳，其殘章斷簡偶見於他書，可輯佚者甚微。後世輾轉相引，又常與《博物志》混同。《博物志》至宋代亦失傳，今本十卷爲采摭佚文、剽掇他書而成，真僞雜糅，亦非原作。其後又有唐人林登《續博物志》十卷，緊接《博物志》之後，更拓其虚幻内容，以記神異故事爲主，多是叙述性文字，其條目篇幅較長，宋代之後也已亡佚。再後宋人李石又有同名《續博物志》十卷，其自序稱："次第仿華書，一事續一事。"實則并不盡然，華書首設"地理"，李書改增爲"天象"，其他内容，間有與華書重複者，所續多是後世雜籍，宋世逸聞。此書雖有舛亂附會之弊，仍不失爲一部難得的繼補之作。李書之後，又有明人游潛《博物志補》三卷，仍係補張華之《志》，旨趣體例略如李石之《續志》，但頗散漫，時補時闕，猥雜冗濫。李、游一續一補，盡皆因仍張《志》，繼其孑遺。以上諸書之所謂"博物"，一脉相承，注重珍稀之物而外，多以臚列奇事異聞爲主旨，同"浩博實物"的考釋頗有差異。游潛稍後，明董斯張之《廣博物志》五十卷問世，始一改舊例，設有二十二類，下列子目一百六十七種，所載博物始於上古，達於隋末，不再因仍張《志》而爲之續補，已是擴而廣之，另闢山林，重在追溯事物起源，其中包括職官、人倫、高逸、方技、典制，等等。其後，清人陳逢衡著有《續博物志疏證》十卷、《續博物志補遺》一卷，對李石《續志》逐條研究探索，并又加入新增條目，成爲最系統、最深入的《續》説。其後，徐壽基又著有《續廣博物志》十六卷，繼董《志》餘緒，於隋代之後，逐一相繼，直至明清，頗似李石之續張華。但《廣志》《續廣志》之類，仍非以專考釋"浩博實物"爲主旨。我國第一部以"博物"命名而研究實物的專著，當爲明末谷應泰之《博物要覽》。該書十六卷，惜所涉亦不過碑版、書畫、銅器、窯器、瑪瑙、珊瑚、珠玉、奇石等玩賞之器物，皆係作者隨所見聞，摭録成帙；所列未廣，其中碑版書畫，尤爲簡陋，難稱浩博，其影響遠不及前述諸《志》，但所創之寫實體例，則非同尋常。而最具權威者，當是明末黄道周所著《博物典彙》，該書共二十卷，所涉博物，始自遠古，達於當朝，上自天文地理，下至草木蟲魚，盡予囊括，并以其所在時代最新的觀點、視野，對歷代博物著述進行了彙總研究。如卷一關於"天文"之考釋，下設"渾天""七曜"，"七曜"下又設"日""月""五星"，再後又有"經星圖""緯星圖""二十八宿"。又如卷七關於"后妃"，下設"宮闈内外之分""宮闈預政之誡"，緊隨其後的即教育"儲貳"之法，等等，甚爲周嚴。

以上諸書就是以"博物"命名的博物學專著。在晚清之前，代代相繼，發展有序，并時有新的建樹。

與這些博物學專著相并行，相匹配，另有以"事"或"事物"命名，旨在探索事物起源的博物學專著。初始之作爲北魏劉懋《物祖》十五卷，稍後有隋謝昊《物始》十卷，是對《物祖》的一次重大補正。《物始》之後，有唐劉孝孫等《事始》三卷，又有五代馮鑑《續事始》十卷，是對《事始》的全面擴展與開拓。《續事始》之後，另有宋高承《事物紀原》十卷，此書分五十五個類目，上自"天地生植"，中經"樂舞聲歌""輿駕羽衛""冠冕首飾""酒醴飲食"，直至"草木花果""蟲魚禽獸"，較《物祖》《物始》尤爲完備，遂成博物學的百代經典。接踵而來者有明王三聘《古今事物考》八卷，效法《紀原》之體，自古至今，上至天文地理，下至昆蟲草木，中有朝制禮儀、民生器用、宮室舟車，力求完備，較之他書尤得要領，類居目列，條理分明，重在古今考釋，一事一物，莫不求源溯始，考核精審。此書載録服飾資料尤爲豐富，如卷一有上古禮制之種種服式，非常全面，卷六所載後世之巾冠、衣、佩、帶、襪、履舄、僧衣、頭飾、妝飾、軍服等百餘種，考證多引原書原文，確然有據，甚爲難得。就全書而言，略顯單薄。明徐炬又有《古今事物原始》三十卷，此書仿高承《紀原》之體，又參《事物考》之章法，以考釋制度器物爲主，古今上下，盡考其淵源，更有所得，凡日月星辰、山川草木，亦必確究其淵源流變，但此與天地共生之浩浩博物，四百餘年前的一介書生，豈可臆測而妄斷？爲此而輾轉援引，頗顯紛亂。且鳥獸花草之起首，或加偶語一聯，或加律詩二句，而後逐一闡釋，實乃蛇足。其書雖有此瑕疵，却不掩大成。與王、徐同代的還有羅頎《物原》二卷（《四庫》本作一卷），羅氏以《紀原》不能黜妄崇真，故更訂爲十八門，列二百九十三條，條條錘實。如，刻漏、雨傘、鋦子（用於連合破裂器物的兩脚釘）、酒、豆腐之類的由來，多有創見。惜違《紀原》明記出典之體，又背《事物考》之道，凡有考釋，則溷集衆説爲一。如，烏孫公主作琵琶，張華作苔紙，皆茫然不知所本。不過章法雖有差失，未臻完美，但其功業甚巨，《物原》成爲一部研究記述我國先民發明創造的專著。時至清代，陳元龍又撰

《格致鏡原》一百卷。何謂"格致鏡原"？意即格物致知，以求其本原。此書的子目多達一千七百餘種，明代以前天地間萬事萬物盡予羅致，一事一物，必究其原委，詳其名號，廣博而精審，終成中華古典博物學的巔峰之作。

以上兩大系列專著，自秦漢以來，連續兩千載，一脈相承，這并非十三經、二十六史之類的敕編敕修，無人號令，無人支持，完全出自一種無形的力量，出自文化大國、中華文脈自惜自愛的傳承精神，從而構成浩大的博物學體系。在我國學術研究史中，在我國圖書編纂史中，乃至於世界文化史中，當屬大纛獨立，舉世無雙！本當如江河之奔，生生不息，終因清廷喪權辱國、全盤西化而戛然中斷。

三、博物古學歷磨難，科技起落何可悲！

回顧我國漫長的文化史可知，中華博物學是在傳統的"重道輕器"等陳腐觀念桎梏下，以強大的民族自覺精神、民族意志爲推動力，砥礪前行，千載相繼，方成獨立體系，因而愈加難得，愈加可貴。

"重道輕器"觀念是如何出現的？何謂"道器"？兩者究竟是何關係？《周易·繫辭上》曰："形而上者謂之道，形而下者謂之器。"何謂"道"？所謂道乃"先天地生"，無形無象、無聲無色、無始無終、無可名狀，爲"萬物之所然也，萬理之所稽也"（見《韓非子·解老》），是指形成宇宙萬物之本原，是形成一切事理的依據與根由。何謂"器"？器即宇宙間實有的萬物，包括一切科技發明，至巨至大，至細至微，充斥天地間，而盡皆不虛，或有實物可見，或有形體可指。器即博物，博物即器。"道器關係"本是一種有形無形、可見與不可見的生衍關係，并無高下之分，但在傳統文化中卻另有解釋。如《周禮·考工記序》曰："坐而論道，謂之王公；作而行之，謂之士大夫；審曲面埶，以飭五材，以辨民器，謂之百工。"又曰："智者創物，巧者述之，守之世，謂之百工。百工之事，皆聖人之作也。"此文突顯了"道"對於"器"的指導與規範地位。"坐而論道"，可以無所不論，民生、朝政、國運、天下事，當然亦在所論之中。"道"實則是指整體人世間的一種法則、一種定律，或說是我古老的中華民族所創造的另一種學說。所謂"論道者"，古代通常理解爲"王公"或"聖人"，實則是代指一代哲人。《考工記序》卻將論道與製器兩者截然分開，明確地予以區別，貶低萬衆的創造力，旨在維護專制統治，從而確定人們的身份地位。坐而論道者貴爲王公，親身製器者屬末流之百工（"審曲面執，以飭五材、以辨民器"，謂觀察金、木、皮、玉、土之曲直、性狀，據以製造民人所需之器物）。《考工記序》所記雖名爲"考工"，實則是周代禮制、官制之反映，對芸芸衆生而言，這種等級關係之誘惑力超乎尋常，絕難抵禦，先民樂於遵從，樂於接受，故而崇敬王公，崇敬聖人，百代不休。因而在中國古代，科學技術大受其創。

"重道輕器"的陳腐觀念，在中國古代影響廣遠，"器"必須在"道"的限定之下進行，不得隨意製作，不得超常發揮，"道"漸演化爲統治者實施專政的得力手段。"坐而論道"，似乎奧妙無盡。魏晉時期，藉儒入道，張揚"玄之又玄"，乃至於魏晉人不解魏晉文章，本朝人爲本朝人作注，史稱"玄學"。兩宋由論道轉而談理，一代理學宗師應運而生，闡理思辨，超乎想象，就連虛幻縹緲的天宮，亦可談得妙理聯翩，後世道家竟繪出著名的《天宮圖》來。事越千載，五四運動時期，那些新文化運動主將們聯手痛搗"孔家店"，却不攻玄理，"論道""崇道""樂道""惜道"，滾滾而來，遂成千古"道"統，已經背離《易》《老》的本義。出於這樣的觀念，如何會看重"形而下"的博物與博物學？

那麼，古代先民又是如何看待與博物學密切相關的科學技術？《書·泰誓下》載，殷紂王曾作"奇技淫巧，以悦婦人"，爲百代不齒，萬世唾罵。何謂"奇技淫巧"？唐人孔穎達釋之曰："奇技謂奇異技能，淫巧謂過度工巧……技據人身，巧指器物。"所謂"奇技淫巧"，今大底可釋爲超常的創造發明，或可直釋爲科學技術。論者認爲，"百代不齒，萬世唾罵"者并不在於"奇技淫巧"這一超常的創造發明，而在於紂王奢靡無度，用以取悦婦人的種種罪孽。至於紂王是否奢靡無度，"以悦婦人"，今學界另有考證。紂王當時之所以能稱雄天下，正是由於其科技的先進，軍事的強大，其失敗在於大拓疆土，窮兵黷武，導致內外哀怨，決戰之際又遭際叛亂。所謂"以悦婦人"之妲己，祇是戰敗國的一種"貢品"而已，對於年過半百的老人并無多大"媚力"。關於殷商及妲己的史料，最早見於戰國時期成書的《國語·晋語一》，前後僅有二十七字，并無"酒池肉林""炮烙之刑"之類記載，後世史書所謂紂王對妲己的種種寵愛，實是一種演繹，意在宣揚"紅顏禍水"之説（此説最早亦源於前書。"紅顏禍水"，實當稱之爲"紅顏薄命"）。在中國古代推崇"紅顏禍水"論，進而排斥"奇技淫巧"，從而否定了科技的力量，否定了科技強弱與國家強弱的關係。時至周代，對於這種"奇技淫巧"，已有明確的法律限定："作淫聲、異服、奇技、奇器以疑衆，殺！"（見《禮記·王制》）這也就是說，要杜絕一切新奇的創造發明，連同歌聲、服飾也不得超乎常規，否則即犯殺罪！此文自漢代始，多有注疏，今擇其一二，以見其要。"淫聲"者，如春秋戰國時鄭、衛常有男女私會，謳歌相引，被斥爲淫靡之聲；"奇技"者，如年輕的公輸班曾"請以機窆"，即以起重機落葬棺木，因違反當時人力牽挽的埋葬禮節，被視爲不恭。一言以蔽之，凡有違禮制的新奇科技、新奇藝術，皆被視爲疑惑民衆，必判以重罪。這就是所謂"維護禮制"，其要害就是維護統治者的統治地位，故而衣食住行所需器物的質材及數量，無不在尊卑貴賤的等級制約之中。如規定平民不得衣錦綉，不得鼎食，商人、藝人不得乘車馬，就連權貴們娛樂時選定舞蹈的行列亦不可違制，違制即意味着不軌，意味着僭越。杜絕"奇技淫巧"，始自商周，直至明清而未衰。我國著名的四大發明，千載流傳，未料却如同國寶大熊猫一樣，竟由後世西方科學家代爲發現，實在可悲！四大發明、大熊猫之類，或因史籍隱冷，疏於查閱，或因地處山野，難以發現，姑可不論，但其他很多非常具體的發明創造，雖有群書連續記載，也常被無視，或竟予扼殺。如漢代即有超常的"女布"，因出自未嫁少女之手而得名（見《後漢書·王符傳》），南北朝時已久負盛名，稱"女子布"（見南朝宋盛弘之《荆州記》）。宋代又稱"女兒布"，被贊爲"布帛之品……其尤細者也"（見宋羅濬《寶慶四明志·郡志四》）。其後歷代製作，不斷創新，及至明清終於出現空前的妙品"女兒葛"。"女兒葛"爲細葛布的一種，其物纖細如蟬翼紗，又如傳說中的"蛟女絹"，僅重三四兩，捲其一端，整匹女兒葛便可出入筆管之中，精美絕倫，明代弘治之後曾發現於四川鄰水縣，但却被斷然禁止。明皇甫録《下陣記談》卷上："女兒葛，出鄰水縣，極纖細，必五越月而後成，不減所謂蟬紗、魚子纈之類，蓋十縑之力也。予以爲淫巧，下令禁止，無敢作者。"對此美妙的"女兒葛"，時任順慶府知府的皇甫録，并沒給予必要的支持、鼓勵，反而謹遵古訓，以杜絕"奇技淫巧"爲已任，堅決下達禁令，并引以爲榮。皇甫録乃弘治九年（1496）進士，爲官清正，面對"奇技淫巧"也如此"果斷"！此後清代康熙年間，"女兒葛"再現於廣東增城縣一帶，其具體情狀，清屈大均《廣東新語·貨語·葛布》中有翔實描述，但其遭遇同樣可悲，今"女兒葛"終於銷聲匿迹。在中國古代，類似的遭遇，又何止"女兒葛"？杜絕"奇技淫巧"之風，一脉相承，何可悲也。

　　但縱觀我華夏全部歷史可知，一些所謂的"奇技淫巧"之類，雖屢遭統治者的禁弃，實則是禁而難止，況統治者自身對禁令也時或難以遵從，歷代帝王皇室之衣食住行，幾乎無一不恣意追求舒適美好，爲了貪圖享樂，就不得不重視科技，就不得不啓用科技。如

"被中香爐"（爐內置有炭火、香料，可隨意旋轉以取暖，香氣縷縷不絕。發明於漢代）、
"長信宮燈"（燈內裝有虹管，可防空氣污染。亦發明於漢代）的誕生，即明證。歷代王朝
所禁絕的多是認定可能危及社稷之類的"奇技淫巧"，并未禁止那些有利於民生的重大發
明，也没有壓抑摧殘黎民百姓的靈智（歷史中偶有以愚民爲國策者，祇是偶或所見的特例
而已）。帝王們爲維護其統治地位，以求長治久安，在"重道輕器"的同時，也極重天文、
曆算、農桑、醫藥等領域的研究，凡善於治國的當權者，爲謀求其國勢得以強盛，則必定
大力倡導科技，《後漢書·和熹鄧皇后紀》所載即爲顯例。和熹皇后鄧綏（公元 81—121），
深諳治國之道，兼通天文、算數。永元十四年（102），漢和帝死後，東漢面臨種種滅頂之
災，鄧綏先後擁立漢殤帝和漢安帝，以"女君"之名親政長達十六年，克服了有史以來最
嚴重的十年天災，剿滅海盜，平定西羌，收服嶺南三十六個民族，將九真郡外的蠻夷夜郎
等納入版圖，恢復東漢對西域的羈縻，征服南匈奴、鮮卑、烏桓等，平息了内憂外患，使
危機四伏的東漢王朝轉危爲安。正是在這期間，鄧綏大力發展科技，勉勵蔡倫改進造紙
術，任用張衡研製渾天儀、地動儀等儀器，并製造了中尚方弩機，這一可以連續發射的弩
機，其射程與命中率令時人驚嘆，成爲當時世界上最具殺傷力的先進武器（此外，鄧綏又
破除男女授受不親的陳腐觀念，創辦了史上最早的男女同校學堂，并通過支持文字校正與
字詞研究，推動了世界第一部字典《説文解字》問世）。這就爲傳統的博物研究提供了巨
大的空間，因而先後出現了今人所謂的"四大發明"之類。實際上何止是"四大發明"？
天文、曆算等領域的發明創造，可略而不論。鄧綏之前，魯班曾"請以機窆"的起重機，
出現於春秋時期，早於西方七百餘年。徐州東洞山西漢墓出土的青銅透光鏡，歐洲和日
本人稱其爲"魔鏡"，當一束光綫照射鏡面而投影在墻壁上時，墻上的光亮圈内就出現了
銅鏡背面的美麗圖案和吉祥銘文。這一"透光鏡"比日本"魔鏡"早出現一千六百餘年，
而歐洲的學者直到 19 世紀纔開始發現，大爲驚奇，經全力研究，得出自由曲面光學效應
理論，將其廣泛運用於宇宙探索中。今日，國人已能够恢復這一失傳兩千餘載的原始工
藝，千古瑰寶終得重放异彩！鄧綏之後，又創造了"噴水魚洗"，亦甚奇妙，令人大開眼
界。東漢已有"雙魚洗"之名（見明梅鼎祚《東漢文紀》卷三二引《雙魚洗銘》），未知當
時是否可以噴水。"噴水魚洗"形似現今的臉盆。盆内多刻雙魚或四魚，盆的上沿兩側有
一對提耳，提耳的設置，不祇是爲了便於提動，同時又具有另外一個功用，即當手掌撫摩
時，盆内還能噴射出兩尺高的水柱，水面形成一片浪花，同時會發出樂曲般的聲響，十分

神奇。今可確知，"噴水魚洗"興起於唐宋之間（見宋王明清《揮塵前録》卷三、宋何薳《春渚紀聞》卷九），當是皇家或貴族所用盥洗用具。魚洗能够噴水，其道理何在？美國、日本的物理學家曾用各種現代科學儀器反復檢測查看，試圖找出其導熱、傳感及噴射發音的構造原理，雖經全力研究，但仍難得以完整的解釋，也難以再現其效果。面對中國古代科技創造的這一奇迹，現代科學遭遇了空前挑戰，衹能"望盆興嘆"。

中華民族，中華博物學，就是在這樣複雜多變的背景之下跌宕起伏，生存發展，在晚清之前，兩千餘年來，從未停止前進的步伐，這又成爲中華民族的民族性與中華博物學的一大特點。

四、西化流弊何時休，誰解古老博物學？

自晚清以還，中華博物學沉淪百年之久，本當早已復蘇，時至今日，幸逢盛世，正益修典，又何以總是步履維艱？豈料經由西學東漸之後，在我國國内一些學人認定科學決定一切，無與倫比，日積月纍，漸漸形成了一種偏激觀念——"唯科學主義"，即以所謂是否合於科學，來判定萬事萬物的是非曲直，科學擁有了絕對的話語權。"唯科學主義"通常表現爲三種態度：一、否認物質之外的非物質。凡難以認知的物質，則稱之爲"暗物質"。這一"暗"字用得非常巧妙，"暗"，難見也！於是"暗物質"取代了"非物質"；二、否認科學之外的其他發現。凡是遇到無從解釋的難題，面對別家探索的結論，一律斥爲"僞科學"。三、否認科學範圍以外的其他一切生産力，唯有科學可以帶動社會發展，萬事萬物必須以科學爲推手。

何謂"科學"？中國古代本有一種認識論的命題，稱之爲"格致"，意謂"格物致知"，指深究事物原理以求得知識，從而認識各種客觀現象，掌握其變化規律。這種哲學我國先秦諸子久已有之，雖已歷千載百代，但却未得應有的重視，終被西方科學所取代。自16世紀始，歐洲由於文藝復興，挣脱了天主教會的長期禁錮，轉向於對大自然的實用性的探索，其代表作即哥白尼的"日心説"與伽利略天文望遠鏡的發明，同時出現牛頓的力學，這是西方的第一次科技革命。這一時期已有"科學"其實，尚無後世"科學"之名，起始定名爲英語science一詞，源於拉丁文，本意謂人世間的各種學問，隸屬於古希臘的哲學思想，是一種對於宇宙間萬事萬物的生衍關係的一種想象、一種臆解，原本無甚稀奇，此時已反響於歐洲，得以廣泛流傳。至 18 世紀，新興的資産階級取得政權，爲推行資本主義，又大力發展科學，西方科學已處於世界領先地位。時至 19 世紀 60 年代後期及 20 世紀初，歐洲發生了以電力、化學及鋼鐵爲新興産業的第二次科技革命，英語 science 一詞迅速擴展於北美和亞洲。日本明治維新時期，赴歐留學的日本學者將 science 譯成"科學"，學界認爲是藉用了中國科舉制度中"分科之學"的"科學"一詞，如同將英文 natural history 的語意翻譯成漢語"博物學"一樣，也并不準確，中國的變法派訪日時，對之頂禮膜拜，欣然接受，自家固有的"格致"一詞，如同國學中的其他語詞一樣被弃而不用，"科學"一詞因得以廣泛流傳。"科學"當如何定義？今日之"科學"包括了自然科學、社會科學、思維科學以及交叉科學。除却嚴謹的形式邏輯系統之外，本是一種具體的以實踐爲手段的實證之學。實踐與實證的結果，日積月纍，就形成了人類關於自然、社會和思維的認知體系，成爲人類評斷事物是非真僞的依據。但科學不可能將浩渺無盡的宇宙及宇宙間的萬事萬物盡皆予以實踐、實證，能够實踐、實證者甚微，因而科學總是在不斷地探索，不斷地補正，不斷地自我完善之中，其所能研究的領域與功能實在有限。當代科學可以在指甲似的晶片上，一次性地裝載五百億電晶體，可以將重達六噸以上的太空船射向太空，并按照既定指令進行各種探索，但却不能造出一粒原始的細胞來，因爲這原始細胞結構的複雜神秘，所蘊含的奇妙智慧，人類雖竭盡全力，却至今無法破解。細胞來自何處？是如何形成的？科學完全失去了話語權！造不出一粒原始的細胞，造一片樹葉尤無可能，造一棵大樹更是幻想，遑論萬千物種，足證"科學"并非萬能的唯一學問。況且，"暗物質"之外，至少在中國哲學體系中尚有"非物質"。何謂"非物質"？"非物質"是與"物質"相對而言，區別於"暗物質"的另一種存在，正如前文所述，它"無形無象、無聲無色、無始無終、無可名狀"，在中國古代稱之爲"道"。"道"可以不遵循因果關係，可以無中生有，爲"萬物之所然也，萬理之所稽也"，可以解釋萬物的由來，可以解釋宇宙的形成。今以天體學的的視野略加分析，亦可見"唯科學主義"的是非。人類賴以生存的地球，其直徑約爲 12 742 公里，是太陽系中的第三顆小行星。太陽系的直徑約爲 2 光年，太陽是銀河系中數千億恒星之一，銀河系的直徑約爲 10 萬光年，包括 1 千億至 4 千億顆恒星，而宇宙中有一千至兩千億銀河系，宇宙有 930 億光年。一光年約等於 9.46 萬億公里。地球在宇宙中祇是一粒微塵，如此渺小的地球人能創造出破解一切的偉大科學，那是癡人説夢！中華先賢面對諸多奧妙，面對諸多不可思議的現象，提出這一"無可名狀"之"道"，當然并非憑空想象，自有其觀測與推理的依據，這顯然不同於源自西方的科學，或曰是西方科學所包容不了的。先賢提出的“無可名狀”的“道”，已超越物質的範圍，或曰“道”絕非“暗物質”所能替代的。這一“無可名狀”的“道”，在當今的別樣的時空維度中已得到初步驗證（在這非物質的維度中滿富玄機）。論者提出這一古老學說，旨在證明“唯科學主義”排斥其他一切學說，過分張揚，不足稱道，絕無否定或輕忽科學之意。百年前西學東漸，尤其是西方科學的傳入，乃是我中華民族思維與實踐領域的空前創獲，是實踐與思維領域的一座嶄新的燈塔，如今已是家喻户曉，人人稱贊，任誰也不會否認科學的偉大，但却不能與偏激的“唯科學主義”混同。後世“科學”一詞，又常常與“技術”連稱爲“科學技術”，簡稱“科技”。何謂“技術”？“技術”一詞來源於希臘文“techs”，通常指個人的技能或技藝，是人類利用現有實物形成新事物，或改變原有事物屬性、功能的方法，或可簡言之曰發明創造。科學技術不同於科學，也不同於技術，也不是科學與技術的簡單相加。科學技術是科學與技術的有機結合體系，既是人類認識世界和改造世界的成果或產物，又是人類認識世界和改造世界最有力的工具或手段，兩者實難分割。某些技術本身可能祇是一種技法，而高深技術的背後則必定是科學。

　　出於上述“唯科學主義”偏激觀念，重建中華博物學就遭致了質疑或否定，如有學者認爲，中國古代祇有技術而没有科學，哪有什麼中華博物學？中華博物學被看作“前科學時代的粗糙的知識和技能的雜燴”，是一種“非科學性思考”，没有什麼科學價值，當然也就没有重建的必要，因爲西方博物學久已存在，無可替代。中國古代當真“祇有技術而没有科學”麼？前文已論及“科學”與“技術”很難分割，在中國古代不祇有“技術”，同樣也有“科學”。回眸世界之歷史長河，僅就中西方的興替發展脉絡略作比較，就可以看到以下史實：當我中華處於夏禹已劃定九州、建有天下之際，西方社會多處於尚未開化的蠻荒歲月；當我中華已處於春秋戰國鋼鐵文化興起之際，整個西方尚處於引進古羅馬文明的青銅器時代；當我宋代以百萬册的印數印刷書籍之際，中世紀的西方仍然憑藉修士們成年纍月在羊皮卷上抄寫複製；著名的火藥、指南針等其他重大發明姑且不論，單就中國歷朝歷代任何一件發明創造而言，之於西方社會也毫不遜色，直至清代中葉，中國的科技一直處於世界領先地位。英國科學家李約瑟主編的七卷巨著《中國科學技術史》，即認爲西方古代科學技術85%以上皆源於中國。這是西方人自發的没有任何背景、没有任何色彩的論斷，甚爲客觀，迄今未見异議。此外又有學者指出，中華傳統博物學不祇擁有科技，又超越了科技的範疇，它是"關於物象（外部事物）以及人與物的關係的整體認知、研究範式與心智體驗的集合"，"這種傳統根本無法用科學去理解和統攝"，中華古典博物學"給我們提供的'非科學性思考'，恰恰是它的價值所在"（余欣《中國博物學傳統的重建》，載《中國圖書評論》，2013 年第 10 期，第 45 ~ 53 頁）。這無疑是對"唯科學主義"最有力的批駁！是的，本書極重"科技"研究，又不拘泥於"科技"，同樣重視"非科學性思考"。

中華古典博物學的研究主體是"博物"，是"博物史"，通過對"博物""博物史"的探索，而展現的是人，是人的生存、生活的具體狀況，是人的直觀發展史。中華傳統博物學構成了物我同類、天人合一的博大的獨立知識體系，是理解和詮釋世界的另一視野，這種視野中的諸多"非科學性思考"的博物，科學無法全面解讀，但却是真真切切的客觀存在。所謂傳統博物學是"前科學時代的粗糙的知識和技能的雜燴"，是"非科學性思考"的評價，甚是武斷，衹不過是一種不自覺的"唯科學主義"觀念而已。另將"科學"與"技術"分割開來，強調什麽"科學"與否，這一提法本身就不太"科學"。對此，本書前文已論及，無須複述。我國作爲一個古老國度，在其漫長的生衍過程中，理所當然地包容了"粗糙的知識和技能"。這一狀況世界所有古國盡有經歷，并非中國獨有。"粗糙的知識"的表述似乎也并不恰當，"知識"可有高下深淺之分，未聞有粗糙細緻之別。這所謂"粗糙"，大約是指"成熟"與否，實際上中華傳統博物學所涉之"知識和技能"，并非那麽"粗糙"，常常是合於"科學"的，有些則是非常的"科學"。英國科學家李約瑟等認定古代中國涌現了諸多"黑科技"。何謂"黑科技"？這是當前國際間盛行的術語，即意想不到的超越科技之科技，可見學界也是將"科學"與"技術"連體而稱，而并非稱"黑科學"。認定中國古代"衹有技術而没有科學"，傳統博物學是"前科學時代的粗糙的知識和技能的雜燴"之說，頗有些"粗糙"，準確地說頗有些膚淺！這位學者將傳統博物學統稱爲"前科學時代"的產物，亦是一種妄斷，也頗有些隨心所欲！何謂"前科學時代"？"前科學時代"是指形成科學之前人們僅憑五官而形成的一種感知，這種感知在原始社會時有所見，但也并非全部如此，如鑽木取火、天氣預測、曆法的訂立、灸砭的運用等，皆超越了一般的感知，已經形成了各自相對獨立的科學。看來這位學者并不怎麽瞭解中國古代科技史，并不太瞭解自家的傳統文化，實屬自誤而誤人。

中華博物學的形成及發展歷程，與西方顯然不同。西方博物學萌生於上古哲人的學説，其後則以自然科學爲研究主體，遍及整個歐洲，全面進入國民的生活領域。在這樣的文化背景之下，西方日益强大，直接影響和推動了社會的發展，因而步入世界前列。我中華悠悠數千載，所涉博物，形形色色，浩浩蕩蕩，逐漸形成了中華獨有的博物學體系，但面臨的背景却非常複雜，與西方比較是另一番天地，那就是貫穿數千載的“重道輕器”觀念與排斥“奇技淫巧”之國風，這一觀念、這一國風，其表現形式就是重文輕理，且愈演愈烈。如中國久遠的科舉制度，應試士子們本可“上談禮樂祖姬孔，下議制度輕離玄”（見明高啓《送貢士會試京師》詩），縱論古今國事，是非得失，而朝廷則可藉此擇取英才，因而國家得以强盛。時至明代後期，舉國推行的科舉制度竟然定型爲千篇一律的八股文，泯滅了朝廷取才之道，一代宗師顧炎武稱八股之禍勝似“焚書坑儒”（見《日知録·擬題》）。清代後期爲維護其獨裁統治，手段尤爲專橫强硬，又向以“天朝”自居，哪裏會重視什麽西方的“科學技術”？“科學技術”的落伍最終導致文明古國一敗塗地，這也就是“李約瑟難題”的答案！“科學”之所以成爲“科學”，是因爲其出自實踐、實證，實踐、實證是科學的生命。實踐、實證又必須以物質爲基礎，這正與我中華博物學以浩浩博物爲研究主體相合！但中華博物學，或曰博物研究，始終被置於正統的國學之外，這一觀念與國風，極大地制約了中華博物學的發展。制約的結果如何？可以毫不誇張地説，直接阻礙了中國古代社會的歷史進程。

五、中華博物知多少，皓首難解千古謎

中華博物如繁星麗天，難以勝計，其中有諸多別樣博物，可稱之爲“黑科技”者，令人百思不得其解。如八十餘年前四川廣漢西北發現的三星堆古蜀文化遺址，距今約四千八百年至三千年左右，所在範圍非常遼闊，遠超典籍記載的成都平原一帶，此後不斷探索，不斷有新的發現，成爲 20 世紀人類最偉大的考古發現之一。該遺址内三種不同面貌而又連續發展的三期考古學文化，以規模壯闊的商代古城和高度發達的青銅文明爲代表的二期文化最具特點。二期文化中青銅器具占據主導地位，極爲神奇。衆多的青銅人頭象、青銅面具，千姿百態。還有舉世罕見的青銅神樹，該樹有八棵，最高者近 4 米，共分三層，樹枝上棲息有九隻神鳥，應是我國古籍所載“九日居下枝”的體現；斷裂的頂部，當有“一日居上枝”的另一神鳥，寓意九隻之外，另一隻正在高空當班。青銅樹三層

九鳥，與《山海經・海外東經》中所載"扶桑""若木""九日居下枝，一日居上枝"正同。上古時代，先民認爲天上的太陽是由飛鳥所背負，可知九隻神鳥即代表了九個太陽。其《南經》又曰："有木，其狀如牛，引之有皮，若纓、黃蛇。其葉如羅，其實如欒，其木若蘆，其名曰建木。"何謂"建木"？先民認爲"建木"具有通天本能，傳說中伏羲、黃帝等盡皆憑藉"建木"來往神界與人間。由《山海經》的記載可知，這神奇物又來源於傳統文化，大量青銅文化明顯地受到夏商文明、長江中游文明及陝南文明的影響。那些金器、玉器等禮器更鮮明地展現出華夏中土固有的民族色彩。如此浩大盛壯，如此神奇，這一古蜀國究竟是怎樣形成的？又是怎樣突然消失的？詩人李白在《蜀道難》中曾有絕代一問："蠶叢及魚鳧，開國何茫然？"意謂蠶叢與魚鳧兩位先帝，是在什麼時代開創了古蜀國？何以如此茫茫然令人難解？今論者續其問曰："開國何茫然，失國又何年？開失兩難知，千古一謎團。"三星堆的發掘并非全貌，僅占遺址總面積的千分之一左右，只是古蜀文化的小小一角而已，更有浩瀚的未知數，國人面臨的將是另一個陌生的驚人世界。中華民族襟懷如海，廣納百川，中外文化相容并包，故而博大精深。這些百思不得其解的神奇之物，向無答案，確屬於所謂"非科學性思考"，當代專家學者亦爲之拍案。"唯科學主義"面臨這些"黑科技"的挑戰，當然也絕難詮釋。以下再就已見出土，或久已傳世之實物爲例。上世紀 80 年代，臨潼始皇陵西側出土了兩乘銅車馬，其物距今已有兩千二百餘年，造型之豪華精美，被譽爲世界"青銅之冠"，姑且不論。兩輛車的車傘，厚度僅 0.1 ~ 0.4 厘米，一號車古稱"立車"或"戎車"，傘面爲 1.12 平方米，二號車傘面爲 2.23 平方米，而且皆用渾鑄法一次性鑄出，整體呈穹隆形，均勻而輕薄，這一鑄法迄今亦是絕技，無法超越。而更絕的是一號立車的大傘，看似遮風擋雨所用，實則充滿玄機，此傘的傘座和手柄皆爲自鎖式封閉結構，既可以鎖死，又可以打開，同時可以靈活旋轉 180 度，隨太陽的方位變化而變化，亦可取下插入野外，遮烈日，擋風雨，賞心隨意。令人尤爲稱奇的是，打開傘柄處的雙環插銷，傘柄與傘蓋可各獨立，傘柄就成了一把尖銳的矛，傘蓋就成了盾，可攻可守。這一 0.1 ~ 0.4 厘米厚的盾，其抗擊力又遠勝今人的製造技術，令今人望塵莫及，故國際友人贊之爲罕見的"黑科技"。此外分存於西安與鎮江東西兩方的北宋石刻《禹迹圖》，尤爲奇異。此圖參閱了唐賈耽《海內華夷圖》，并非單純地反映宋代行政區劃及華夷之間的關係，而是上溯至《禹貢》中的山川、河流、州郡分布，下至北宋當世，已將經典與現實融爲一體。此圖長方約 1 平方米，宋朝行政區劃即達三百八十個之多，五個大湖，七十座山峰，更有蜿蜒數千里的長江、黃河等江川八十餘條；不衹是中原的地域，尚有與之接壤的大理、吐蕃、西夏、遼等區域，這些區域的山野江河亦有精準的繪製。作爲北宋時代的製圖人，即使能够遍踏域內、域外，也絕難僅憑一己的目力俯瞰全景。此圖由五千一百一十個小方格組成，每一小方格皆爲一百平方公里，所有城市、山野江河的大小距離，盡包容在這些格子裏，全部可以明確無誤地測算出來，其比例尺與今世幾無差異。如此細密精準，必須具有衛星定位之類的高科技纔能繪製出來，九百年前的宋人是憑藉什麼儀器完成的？此一《禹迹圖》較之秦陵銅車馬，更超乎想象，詭異神奇，故而英國學者李約瑟評之爲“世界上最神秘、最杰出的地圖”，美國國家圖書館將一幅19世紀據西安圖打製的拓本作爲館藏珍品。中國古代“黑科技”，又何止臨潼銅車馬與《禹迹圖》？

　　除却上述文獻記載與出土及傳世之物外，另一些則是實見於中華大地的奇特自然景觀，這些百思不得其解的神奇之物，散處天南海北，自古迄今，向無答案，亦屬於所謂“非科學性思考”，當代專家學者亦爲之拍案。“唯科學主義”面臨這些“黑科技”的挑戰，當然也絕難詮釋。我中華大地這些神奇之物，在當世尤應引起重視，國人必須迎接“超科技時代”的到來。如“應潮井”，地處南京市東紫金山南麓定林寺前。此井雖遠在深山之間，却與五公里外的長江江潮相應，江水漲則井水升，江水退則井水降，同處其他諸井皆無此現象。唐宋以來，已有典籍記載，如《江南通志·輿地志·江寧府》引唐段成式《酉陽雜俎》：“蔣山有應潮井，在半山之間，俗傳云與江潮相應，嘗有破船朽板自井中出。”《景定建康志·山川志三·井泉》：“應潮井在蔣山頭陡寺山頂第一峰佛殿後。《蔣山塔記》云：‘梁大同元年，後閣舍人石興造山峰佛殿，殿後有一井，其泉與江潮盈縮增減相應。’”何以如此，自發現以來，已歷千載，迄今無解。以上的奇特之物，多有記載，名揚天下，而另一些奇物，却久遭冷落，默默無聞。如“靈通石”，亦稱“神石”“報警石”，俗稱“猪叫石”。該石位於太行大峽谷林縣境內高家臺輝伏巖村。石體方正，紫紅色，裸露於地面約4立方米，高寬各3米，厚2米，象是一頭體積龐大的臥猪，且能發聲如猪叫。傳聞每逢大事（包括自然災害、重大變革等）來臨之前，常常“鳴叫”不止，大事大叫數十天，小事則小叫數日，聲音忽高忽低，一次可叫百餘聲，百米之內清晰可聞。但其叫聲衹能現場聆聽，不可錄音。何以如此怪异？同樣不得而知！中華博物浩浩洋洋，漫漫無涯，可謂無奇不有，作爲博物之學，亦必全力探究，這也正是中華博物學承担的使命。

六、中華博物學的研究範圍與狀況，新建學科的指嚮與體式如何？

中國當代尚未建立博物學會，也没有相應的報刊，人們熟知的則是博物院館，而博物院館的職責在於收藏、研究并展出傳世的博物，面對日月星辰、萬物繁衍以及先民生息起居等數千年的古籍記載（包括失傳之物），豈能勝任？中華博物全方位研究的歷史使命衹能由新興的博物學承擔。古老中華，悠悠五千載，博物浩茫，疑難連篇，實難解讀，而新興的博物學却不容迴避，必須做出回答。

本書指稱的博物，包括那些自然物，但并不限於對其形體、屬性的研究，體現了博物古學固有的格致觀念，且常常懷有濃厚的人文情結，可謂奥妙無窮，這又迴別於西方博物學。

如"天宇"，當做何解釋？在中國傳統文化中是與"宇宙"并存的稱謂，重在强調可見的天體和所有星際空間。前已述及，天體直徑可達930億光年以上，實際上可能遠超想象。這就出現了絶世難題：究竟何謂天體？天體何來？戰國詩人屈原在其《天問》篇中，曾連連問天："上下未形，何由考之？""馮翼惟象，何以識之？""明明闇闇，惟時何爲？"千古之問，何人何時可以作答？天宇研究在古代即甚冷僻，被稱爲"絶學"。中國是天宇觀測探索最爲細密的文明古國之一，天象觀測歷史也最爲悠遠，殷墟甲骨、《書》《易》諸經，盡有記載，而歷代正史又設有天文、曆律之類專志，皇家設有司天監之類專職機構，憑此"觀天象、測天意"，以决國策。於是，天文之學遂成諸學之首。天宇研究的主體是天空中的各種現象，這些現象又以各種星體的位置、明暗、形狀等的變化爲主，稱之爲星象。星象極其繁複，難以辨識。於是，在天空位置相對穩定的恒星就成爲必要的定位標志。在人們目力所及的範圍內，恒星數以千計，簡單命名仍不便查找和定位，我華夏先民又將天空劃分爲若干層級的區域，將漫天看似雜亂無章的恒星位置相近者予以組合并命名，這些組合的星群稱之爲星宿。古人視天上諸星如人間職官，有大小、尊卑之分，故又稱星官，因而就有了三垣二十八宿，成爲古天宇學最重要理論依據，這一理論西方天文學絶難取代。

再如古代類書中指稱的"蟲豸"，當代辭書亦少有確解。何謂"蟲豸"？舉凡當今動物學中的昆蟲綱、蛛形綱、多足綱，以及爬行動物中的綫形動物、扁形動物、環節動物、軟體動物中形體微小者，皆爲蟲豸之屬。蟲豸形雖微小，然其生存之久、種類之繁、分布之廣、形態之多、數量之巨，從生物、生態、應用、文化等角度，其意義和價值都大异於其他各類動物，或説是其他各類動物所不能比擬的。蟲豸之屬，既能飛於空，亦能游於水，既能潜於土，亦能藏於山，形態萬千，且各具靈性，情趣互异，故古代典籍遍見記叙，不僅常載於詩文，且多見筆記、小説中。先民又常憑藉其築穴或搬遷之類活動，以預測氣象變化或靈异别端，同樣展現了一幅具體生動的蟲文化畫卷，既有學術價值，又充滿趣味性。自《詩》始，就出現了咏蟲詩，其後歷代從蝶舞蟬鳴、蟻行蛇爬中得到靈感者代不乏人，或以蟲言志，或以蟲抒懷，或以蟲爲比，或以蟲爲興，甚至直以蟲名入於詞牌、曲牌，如僅蝴蝶就有“蝴蝶兒”“玉蝴蝶”“粉蝶兒”“蝶戀花”“撲蝴蝶”“撲粉蝶”等名類。唐歐陽詢《藝文類聚》收集有關蟬、蠅、蚊、蝶、螢、叩頭蟲、蛾、蜂、蟋蟀、尺蠖、螳、蝗等蟲類的詩、賦、贊等數量浩繁，後世仿其體例者甚多，如《事物紀原》《五雜俎》《淵鑑類函》《古今圖書集成·禽蟲典》等，洋洋大觀。不僅詩詞歌賦，在成語、俗語中，言及蟲豸者，亦不可勝數，如莊周夢蝶、蟬首蛾眉、金蟬脱殼、螳螂捕蟬、螳臂當車、蚍蜉撼樹、作繭自縛、飛蛾撲火（詞牌名爲“撲燈蛾”）等；不僅見諸歷代詩文，今世辭章以蟲爲喻者，仍沿襲不衰，如以蝸喻居、以蝶喻舞、以蟬翼喻輕薄、以蛇蠍喻狠毒等，比比皆是，不勝枚舉。

本博物學所指稱博物又包括了人類社會生活的各方面、領域，自史前達於清末民初，有的則可直達近現代，至巨至微，錯綜複雜。而對於某一具體實物，必須從其初始形態、初始用途的探討入手，而後追逐其發展演變過程，這樣纔能有縱横全面的認定，從而作出相應的結論，這正是新興博物學的使命之一。今僅就我中華民族時有關涉者予以考釋。今日，國人對於古代社會生活實在太過陌生，現當代權威工具書所收録的諸多重要的常見詞目，常常不知其由來，遭致誤導。如“祭壇”一詞，《漢語大詞典·示部》釋文曰：

> 祭壇：供祭禮或宗教祈禱用的臺。劉大傑《中國文學發展史》第一章三：“無論藝術哲學都得屈服於宗教意識之下，在祭壇下面得着其發展生命了。”艾青《吹號者》詩：“今日的原野呵，已用展向無限去的暗緑的苗草，給我們布置成莊嚴的祭壇了。”亦指上壇祭祀。侯寶林《改行》：“趕上皇上齋戒忌辰，或是皇上出來祭壇，你都得歇工（下略）。”

以上引用的三個書證全部是現代漢語，檢索此條的讀者可能會認定“祭壇”乃無淵源的新興詞，與古漢語無關。豈不知《晋書·禮志下》《舊唐書·禮儀志三》《明史·崔亮傳》

諸書皆有"祭壇"一詞，又皆爲正史，并不冷僻。《漢語大詞典》爲證實"祭壇"一詞的存在，廣予網羅，頗費思索，連同侯寶林的相聲也用作重要書證。侯氏雖被贊爲現代語言大師，但此處的"祭壇"，并非"供祭禮或宗教祈禱用的臺"，"祭"與"壇"爲動賓語結構，并非名詞，不足爲據。還應指出，"祭壇"作爲人們祭祀或祈禱所用實體的臺，早在史前即已出現，初始之時不過是壘土爲臺罷了。

此外，直接關涉華夏文化傳播形式的諸多博物更是大异於西方。如"文具"初稱"書具"，其稱漢代大儒鄭玄在《禮記·曲禮上》注中已見行用。千載之後，宋人陶穀《清異錄·文用》中始用"文具"一詞。文具泛指用於書寫繪畫的案頭用具及與之相應的輔助用具。國人憑藉這些文具，創造了最具特色的筆墨文化、筆墨藝術，憑藉這些文具得以描述華夏五千載的燦爛歷史。中華傳統文具究有多少？國人最爲熟悉的莫過於"文房四寶"，實際又何止"文房四寶"？另有十八種文房用具，定名爲"十八學士"，宋代林洪曾仿唐韓愈《毛穎傳》作《文房職方圖贊》（簡稱《文房圖贊》，即逐一作圖爲之贊）。實際上遠超十八種，如筆筒、筆插、筆搋、筆洗、墨水匣、墨床、水注、水承、水牌、硯滴、硯屏、印盒、帖架、鎮紙、裁刀、鉛槧、算袋、照袋、書床、筆擱、高閣，等等，已達三十種之多。

"文房四寶""十八學士"之類中華獨具的傳統文化，今國人熟知者已不甚多，西方博物又何從涉及？何可包容？

七、新興博物學的表述特點，其古今考辨的啓迪價值

當代新興博物學所展現的是中華博物本身的生衍變化以及其同物異名、同名異物等，其主旨之一在於探尋我古老的中華民族的真實歷史面貌，温故知新，從而更加熱爱我们偉大的中華文明。

偉大的中華民族，在歷史上產生过許多杰出的思想觀念，比如，我中華民族風行百代的正統觀念是"君爲輕，民爲本，社稷次之"（見《孟子·盡心下》），這就是强调人民高於君王，高於社稷（猶"國家"），人民高於一切！古老的中華正統對人民如此愛護，如此尊崇，在當今世界也堪稱難得。縱觀朝代更迭的全部歷史可知，每朝每代總有其興起及消亡的過程，有盛必有衰。在這部《通考》中，常有實例可證，如有關商代都城"商邑"的

記載，就頗具代表性。試看，《詩·商頌·殷武》："商邑翼翼，四方之極。"鄭玄箋："極，中也。商邑之禮俗翼翼然……乃四方之中正也。"孔穎達疏："言商王之都邑翼翼然，皆能禮讓恭敬，誠可法則，乃爲四方之中正也。"《詩》文謂商都富饒繁華，禮俗興盛，足可爲全國各地的學習楷模。"禮俗"在上古的地位如何？《周禮·天官·大宰》曰："以八則治都鄙：一曰祭祀，以馭其神……六曰禮俗，以馭其民。"這是説周代統治者以禮俗馭其民，如同以祭祀馭鬼神一樣，未敢輕忽怠慢，禮俗之地位絶不可等閑視之。古訓曰："倉廩實而知禮節，衣食足而知榮辱。"（見《史記·管晏列傳》）此處的"禮節"是禮俗的核心内容，可見禮俗源於"倉廩實"。"倉廩實"展現的是國富民強，而國富民強，必重禮俗，禮俗展現了國家的面貌。早在三千年前的商代，已如此重視禮俗。"商邑翼翼"所反映的是上古時期商都全盛時期的繁華昌明，其後歷代亦多有可以稱道的興盛時期，如"漢武盛世""文景盛世"、唐"貞觀盛世""開元盛世"、宋"嘉祐盛世"、明"永宣盛世"、清"康乾盛世"等，其中更有"夜不閉户，路不拾遺"的佳話。盛世總是多於亂世，或曰温飽時代總是多於飢寒歲月。唐代興盛時期，君臣上下已萌生了甚爲隨和的禮儀狀態，不喜三拜九叩之制，宋元還出現了"衣食父母"之類敬詞（見宋祝穆《古今事物類聚别集》卷二〇、元關漢卿《竇娥冤》第二折），這正體現了"王者以民爲天，民以食爲天"（見《漢書·酈食其傳》）的傳統觀念。中國歷史上的黎民百姓并非一直生活在水深火熱之中，在漫長的歲月中也常有温飽寧静的生活，因而涌現了諸多忠心報國的詩詞。如"但使龍城飛將在，不教胡馬度陰山"（唐王昌齡《出塞二首》之一）；"忘身辭鳳闕，報國取龍庭"（王維《送趙都督赴代州得青字》）；"僵卧孤村不自哀，尚思爲國戍輪臺"（宋陸游《十一月四日風雨大作》）；"奇謀報國，可憐無用，塵昏白羽"（宋朱敦儒《水龍吟·放船千里凌波去》）。

久已沉淪的傳統博物學今得重建，可藉以知曉我中華兒女擁有的是何樣偉大而可愛的祖國！偉大而可愛的祖國，江山壯麗，蘭心大智，光前裕後，莘莘學子尤當珍惜，尤當自豪！回眸古典博物學的沉淪又可確知，鴉片戰爭給中華民族帶來的是空前的傷害，不衹是漢唐氣度蕩然無存，國勢極度衰微，最爲可怕的是傷害了民族自信，爲害甚烈。傷害了民族自信，則必會輕視或否定傳統文化，百代信守的忠義觀念、仁義之道，必消失殆盡，代之而來的則是少廉寡耻，爾虞我詐，以崇洋媚外爲榮，這一狀況久有持續，對青少年的影響尤甚，怎不令人痛心！時至當代，正全力弘揚中華優秀傳統文化，全力推行科技創新，踔厲奮發，重振國風，這又怎不令人慶幸！

　　新興博物學在展現中華博物本身的生衍變化進而展現古代真切的社會生活之外，又展現了一種獨具中華風采的文化體系。如常見語詞"揚州瘦馬"，其來歷如何？祇因元馬致遠《天净沙·秋思》中有"西風古道瘦馬"之句。自 2008 年山西呂梁市興縣康寧鎮紅峪村發現元代壁畫墓以來，其中的一首《西江月》小令："瘦藤高樹昏鴉，小橋流水人家，古道西風瘦馬，夕陽西下，已獨不在天涯。"在學界引發了關於《天净沙·秋思》的爭論熱議。由《西江月》小令聯想元代的另一版本："瘦藤老樹昏鴉，遠山流水人家，古道西風瘦馬，夕陽西下，斷腸人去天涯。"於是有學人又認爲此一"瘦馬"當指"揚州藝妓"，意謂形單影隻的青樓女子思念遠赴天涯的情郎——"斷腸人"，但這小令中的"瘦馬"之前，何以要冠以"古道西風"四字？則不得而知。通行本狀寫天涯游子的冷落淒凉情景，堪稱千古絶唱，無可置疑。那麼何以稱藝妓爲"瘦馬"？"瘦馬"一詞，初見於唐白居易《有感》詩三首之二："莫養瘦馬駒，莫教小妓女。後事在目前，不信君看取。馬肥快行走，妓長能歌舞。三年五年間，已聞換一主。"金董解元《西廂記諸宫調》中的《仙吕·賞花時》又載："落日平林噪晚鴉，風袖翩翩吹瘦馬。"此處的"瘦馬"無疑確指藝妓。稱妓女爲人人可騎的馬，後世又稱之爲"馬子"，是一種侮辱性的比擬。何以稱"瘦"？在中國古代常以"瘦"爲美，"瘦"本指腰肢纖細，故漢民歌曰："楚王好細腰，宫中多餓死。""細腰"强調的是苗條美麗。"好細腰"之舉，在南方尤甚，揚州的西湖所以稱之爲"瘦西湖"，不祇是因其狹長緊連京杭大運河，實則是因湖邊楊柳依依，芳草萋萋，又有荷花池、釣魚臺、五亭、二十四橋，美不勝收，較之杭州西湖有一種别樣的美麗。國人何以推崇揚州？《禹貢》劃定九州之中就有揚州，今之揚州已有兩千五百餘年的歷史。其主城區位於長江下游北岸，可追溯至公元前 486 年。春秋時期，吴王夫差在此開鑿了世界最早的運河——邗溝，建立邗城，孕育了唯一與邗溝同齡的運河城；因水網密布，氣候温潤，公元前 319 年，楚懷王熊槐在此建立廣陵城（今揚州仍沿稱"廣陵"），遂成爲中華歷史名城之一。此後歷經魏晋等朝代多次重修，至隋文帝開皇九年（589），廣陵改稱揚州。揚州除却政治地位顯赫之外，又是美女輩出之地，歷史上曾有漢趙飛燕、唐上官婉兒及南唐風流帝王李煜先後兩任皇后周薔、周薇，號稱"四大美女"。隋煬帝楊廣又在此開鑿大運河，貫通至京都洛陽旁連涿郡，藉此運河三下揚州，尋歡作樂。時至唐代，揚州更是江河交匯，四海通達，成爲全國性的交通要衝，故有"故人西辭黄鶴樓，煙花三月下揚州。孤帆遠影碧空盡，唯見長江天際流”的著名詩篇（唐李白《黃鶴樓送孟浩然之廣陵》，今之揚州已遠離長江）。揚州在唐代是除却長安之外的最爲繁華的大都會，商旅雲聚，青樓大興，成爲文壇才士、豪門公子醉生夢死之地。唐王建《夜看揚州市》詩贊曰：“夜市千燈照碧雲，高樓紅袖客紛紛。”詩人杜牧《遣懷》更有名作：“落魄江湖載酒行，楚腰纖細掌中輕。十年一覺揚州夢，贏得青樓薄幸名。”此“楚腰纖細掌中輕”之用典，即直涉楚靈王好細腰與趙飛燕的所謂“掌中舞”兩事。杜牧憑藉豪放而婉約的詩作，贏得百世贊頌，此詩實是一種自嘲、以書懷才不遇之作，却曾遭致史家“放浪薄情”的詬病。大唐之揚州，確是令人嚮往，令人心醉，故而詩人張祜有“人生只合揚州死”（見其所作《縱游淮南》）之感嘆。元代再度大修的京杭大運河弃洛陽直達北京，揚州之地位愈加顯赫。總之，世界這一最古最長的大運河歷代修建，始終離不開揚州。時至明清，揚州經濟依然十分繁盛，仍是達官貴人喜於擇居之地，兩淮鹽商亦集聚於此，富甲一方，由此振興了園林業、餐飲業，娛樂中的色情業也應運而生，養“瘦馬”就是其中的一種，一些投機者低價買進窮苦人家的美麗苗條幼女，令其學習言行禮儀、歌舞繪畫及其他媚人技能技巧，而後以高價賣至青樓或權貴豪門，大發其財。除却“揚州瘦馬”之外，又催生了著名的“揚州八怪”，文化藝術色彩愈加分明。

“揚州瘦馬”本是一種當被摒弃的陋習，不足爲訓，但這一陋習所反映出的却是關聯揚州的一種別樣的文化，反映了揚州古今社會的經濟發展與變化，這當然也是西方博物學替代不了的。

結　語

綜上所述可知，中華博物學是學術研究中的另一方天地，無可替代，必須重建，且勢在必行。如何重建？如何展現我中華博物獨有的神貌？答曰：中華博物絕非僅指博物館的收藏物，必須是全方位的，無論是宮廷裹，無論是山野間，無論是人工物，無論是天然品，無論是社會中，無論是自然界裹，皆應廣予收錄考釋。考釋的主旨，乃探索我中華浩浩博物的淵源、流變。此一博物學甚重“物”的形體、屬性及其淵源流變，同時又關注其得名由來，重視兩者間的生衍關係。通常而言（非通常情況當作別論），在人類社會中有其物必當有其名，有其名亦必有其物。此外，更有同物異名，或同名異物之別。探究"物"本體的淵源流變并釐清名物關係，這就是中國古典博物學的使命，這也正是最爲嚴密的格物致知，也正是最爲嚴肅的科學體系。但中國古典博物學，又必須體現《博物記》以還的國學傳統，必須體現博大的天人視野及民胞物與情懷，有助於我中華的再度振起，乃至於世界的安寧和諧。而那些神怪虛無之物，則不得納入新的博物學中，祇能作爲附錄以備考。如何具體裁定，如何通盤布局，并非易事，遠超想象。因我中華民族是喜愛并嚮往神話的古老民族，又常常憑藉豐富的想象對某種博物作出判斷與解讀，判斷與解讀的結果，除却導致無稽的荒誕之外，又時或引發別樣的思考，常出乎人們的所料，具有別樣的價值。如水族中的"比目魚"，亦稱"王餘魚""兩鮩""拖沙魚""鞋底魚""板魚""箬葉"，俗稱"偏口魚"，爲鰈形目魚類之古稱。成魚身體扁平而闊，兩眼移於頭的另一端，習慣於側卧，朝上的一面有顏色鮮明的眼睛，朝下一面似無眼睛，先民誤以爲祇有一眼，必須相互比并而行。此一判斷與解讀，始自漢代《爾雅·釋地》："東方有比目魚焉，不比不行。"郭璞注："狀似牛脾……一眼，兩片相合乃得行。今水中所在有之，江東又稱爲王餘魚。"事過千載，直至明代李時珍《本草綱目》問世，盡皆認定比目魚僅有一隻眼，出行必須各藉他魚另一眼（見《本草綱目·鱗四·比目魚》）。傳統詩文中用比目魚以比喻形影不離的情侶或好友，先民争相傳頌，百代不休，直至1917年徐珂的《清稗類鈔》問世，始知比目魚兩眼皆可用，不必兩兩并游（《清稗類鈔·動物篇》）。古人憑藉想象，又認爲尚有與比目魚相對應的"比翼鳥"，見於《爾雅·釋地》："南方有比翼鳥焉，不比不飛。"這一"比翼鳥"，僅一目一翼，須雌雄并翼飛行，如同比目魚一樣，亦用以比喻形影不離的情侶或好友。"比目魚""比翼鳥"之類虛幻者外，後世又派生了所謂"連理枝"，著名詩作有唐白居易《長恨歌》曰："在天願爲比翼鳥，在地願爲連理枝。"何謂"連理枝"？"連理枝"是指自然界中罕見的偶然形成的枝和幹連爲一體的樹木。"連理枝"之外，又出現了"并蒂蓮"之類。"并蒂蓮"亦稱"并頭蓮""合歡蓮"等，是指一莖生兩花，花各有蒂，蒂在花莖上連在一起的蓮花。這種"連理枝""并蒂蓮"，難以納入下述的世界通行的階元系統，也難依照林奈創立的雙名命名法命名，但却又是一種不可忽視的實物，是大自然所形成的另一種奇妙的實物。此一"并蒂蓮"如同"比目魚""連理枝"一樣，亦用以喻情侶或好友，同樣廣見於傳統詩文。歲月悠悠，始於遠古，達於近世，先民對於我中華博物的無限想象以及與之并行的細密觀察探索，令人嘆爲觀止，凡天地生靈、袞袞萬物，無所不及，超乎想象，從而構成了一幅文明古國的壯闊燦爛畫卷。

　　這當是歷經百年沉淪、今得復蘇的我國傳統的博物學，這當是重建的嶄新的全方位的中華博物學。

　　中華博物學除却遵循發揚傳統的名物學、訓詁學、考據學及近世的考古學之外，也廣泛汲取了當代天文、地理、生物、礦物、農學、醫學、藥學諸學的既有成就，其中動植物的本名依照世界通行的階元系統，分爲界、門、綱、目、科、屬、種七類。又依照瑞典卡爾·馮·林奈（瑞文 Carl von Linné）創立的雙名命名法命名。"連理枝""并蒂蓮""比目魚""比翼鳥"之屬旁及龍、鳳、麒麟、貔貅等傳説之物，則作爲附録，劃歸相應的動物或植物卷中。這樣的研究章法，這樣的分類與標注，避免了傳統分類及形狀描述的訛誤或不確定性，即可與國際接軌。綜合古今中外，論者認爲《中華博物通考》的研究主體，可劃歸三十六大類，依次排列如下：

　　《天宇》《氣象》《地輿》《木果》《穀蔬》《花卉》《獸畜》《禽鳥》《水族》《蟲豸》《國法》《朝制》《武備》《教育》《禮俗》《宗教》《農耕》《漁獵》《紡織》《醫藥》《科技》《冠服》《香奩》《飲食》《居處》《城關》《交通》《日用》《資産》《珍奇》《貨幣》《巧藝》《雕繪》《樂舞》《文具》《函籍》。

　　存史啓智，以文育人，乃我中華千載國風。新時代習近平總書記甚重民族自信、文化自信，極力倡導"舊邦新命"，明確指出要"盛世修文"，怎不令人振奮，令人鼓舞！今日，我輩老少三代前後聯手、辛苦三十餘載、三千餘萬言的皇皇巨著——《中华博物通考》欣幸面世，并得到國家出版基金资助。這就昭示了沉淪百載的中華傳統博物學終得復蘇，這就是重建的全新中華博物學。"舊邦新命""盛世修文"，重建博物學，旨在廣續中華文脉，發揚優秀傳統文化，汲取生生不息的精神力量，再現偉大民族的深邃智慧，展我生平志，圓我强國夢！

張述錚

乙丑夾仲首書於山東師範大學映月亭

甲辰南吕增補於歷下龍泉山莊東籬齋

總　說

——漫議重建中華博物學的歷史意義與現實價值

緣　起

《中華博物通考》（下稱《通考》）是一部通代史論性的華夏物態文化專著，係"九五""十五""十四五"國家重點出版物專項規劃項目，并得到 2020 年度國家出版基金資助。全書共三十六卷，另有附録一卷，其中有許多卷又分上下或上中下，計有五十餘册，逾三千萬字。《通考》的編纂，擬稿於 1990 年夏，展開於 1992 年春，迄今已歷三十餘載，初始定名爲《中華博物源流大典》，原分三十二門類（即三十二卷）。此後，歷經斟酌修補，終成今日規模。三十餘載矣，清苦繁難，步履維艱，而大江南北，海峽兩岸，衆多學人，三代相繼，千里聯手，任勞任怨，無一退縮，何也？因本書關涉了古老國度學術發展的重大命題，足可爲當今社會所藉鑒，作者們深知自家承擔的是何樣的重任，未敢輕忽，未敢怠慢。

何謂中華物態文化？中華物態文化的研究主體就是中華浩博實物。其歷史若何？就文字記載而言，中華物態文化史應上溯於傳説中的三皇五帝時期，隸屬於原始社會。"三皇五帝"究竟爲何人，我國史家多有不同見解，大抵有三説：一曰"人間君主説"，"三皇"分別指天皇、地皇、人皇，"五帝"分別指炎帝烈山氏、黄帝有熊氏、顓頊高陽氏、帝堯陶唐氏和帝舜有虞氏；二曰"開創天下説"，三皇分別指有巢氏、燧人氏、伏羲氏，"五帝"分別指炎帝烈山氏、黄帝有熊氏、顓頊高陽氏、帝堯陶唐氏和帝舜有虞氏；三曰"道治德化説"，認爲"三皇以道治，五帝以德治"，"三皇"是遠古三位有道的君主，分別指太昊伏羲氏、炎帝神農氏及黄帝軒轅氏，五帝則是少昊金天氏、顓頊高陽氏、帝嚳高辛氏、帝堯陶唐氏和帝舜有虞氏。有關三皇五帝的組合方式，典籍記載亦不盡相同，大抵有四種，在此不予臚列。"三皇五帝"所處時間如何劃定，學界通常認爲有巢、燧人、伏羲屬於舊石器時代，有巢、燧人爲早期，伏羲爲晚期，其餘皆屬新石器時代，炎帝、黄帝、少昊、顓頊等大致同時，屬仰韶文化後期和龍山文化早期。"三皇五帝"後期，已萌生并逐步邁進文明史時代。

　　中華文明史，國際上通常認定爲三千七百年（主要以文字的誕生與城邑的出現等爲標志），國人則認定爲逾五千年，今又有九千年乃至萬年之説。後者可以上溯至新石器時代，如隸屬裴李崗文化的河南省舞陽縣賈湖村出土了上千粒碳化稻米，約有九千年歷史，是世界最早的栽培粳稻種子。經鑒定其中百分之八十以上不同於野生稻，近似現代栽培稻種，可證其時已孕育了農耕文化。其中發現的含有稻米、山楂、葡萄、蜂蜜的古啤酒也有九千年以上的歷史，可證其時已掌握了釀造術。賈湖又先後出土了幾十支骨笛，也有七千八百年至九千年的歷史，其中保存最爲完整者，可奏出六聲音階的樂曲，反映了九千年前，中華民族已具有相當高度的生產力與創造力、具有相當高度的文化藝術水準與審美情趣。有美酒品嘗，有音樂欣賞，彼時已知今人所稱道的"享受生活"，當非原始人所能爲。賈湖遺址的發現并非偶然，近來上山文化晚期浙江義烏橋頭遺址，除却出土了古啤酒之外，又發現諸多彩陶，彩陶上還繪有伏羲氏族所創立的八卦圖紋飾，故而國人認爲這一時期中華文明已開始形成，至少連續了九千載。中華文明的久遠，當爲世界四大文明古國之首，徹底否定了中華文明西來之説。九千載之説雖非定論，却已引起舉世關注。此外，江西省上饒市萬年縣大源鄉仙人洞遺址發現的古陶器則產生於一萬九千至兩萬年前，又遠超前述的出土物的製作時間。雖有部分學界人士認爲仙人洞遺址隸屬於舊石器遺址，并未進入文明時代，但其也足可證中華博物史的久遠。

一、何謂 "博物" 與《中華博物通考》？《通考》的要義與章法何在？

何謂 "博物"？ "博物" 一詞，首見於《左傳·昭公元年》："晋侯聞子産之言，曰：'博物君子也。'" 其他典籍也時有記載，如《漢書·楚元王傳贊》："自孔子後，綴文之士衆也，唯孟軻、孫況、董仲舒、司馬遷、劉向、揚雄此數公者，皆博物洽聞，通達古今。"《周書·蘇綽傳》："太祖與公卿往昆明池觀魚，行至城西漢故倉地，顧問左右莫有知者。或曰：'蘇綽博物多通，請問之。'" 以上 "博物" 指博通諸種事物，一般釋爲 "知識淵博"。此外，《三國志·魏書·國淵傳》："《二京賦》博物之書也，世人忽略，少有其師可求。" 唐釋玄奘《大唐西域記·摩臘婆國》："昔此邑中有婆邏門，生知博物，學冠時彦，内外典籍，究極幽微，曆數玄文，若視諸掌。" 明王禕《司馬相如解客難》："借曰多識博物，賦頌所託，勸百而風一。" 這些典籍所載之 "博物"，即可釋爲今義之 "浩博實物"。這一浩博實物，任一博物館盡皆無法全部收藏。本《通考》指稱的 "博物" 既可以是天然的，也可以是人工的；既可以是静態的，也可以是動態的；既可以是斷代的，也可以是歷時的，是古今并存，巨細俱備，時空縱横，浩浩蕩蕩，但必須是我中華獨有，或是中土化的。研究這浩蕩博物的淵源流變以及同物异名或同名异物之著述即《博物通考》，而爲與西方博物學相區別，故稱之爲《中華博物通考》。

在中國古代久有《皇覽》《北堂書鈔》等類書、《儒學警語》《四庫全書》等叢書以及《爾雅》《説文》等辭書，所涉甚廣，却皆非傳統博物典籍。本書草創之際，唯有《中國學術百科全書》《中華百科全書》《中國大百科全書》之類風行於世，這類百科全書亦皆非博物學專著。專題博物學著作甚爲罕見，僅有今人印嘉祥《物源百科辭書》，俞松年、毛大倫《生活名物史話》，抒鳴、鋭鏵《世界萬物之由來》等幾種，多者收詞約三千條，少者僅一百八十餘款，或洋洋灑灑，或鳳毛麟角，各有千秋，難能可貴。《物源百科辭書》譽稱 "我國第一部物源工具書"（見該書序），此書中外兼蓄，虚實并存，堪稱廣博，惜略顯雜蕪。本《通考》則另闢蹊徑，别有建樹，可稱之爲當代第一部 "中華古典博物學"。

《通考》甚重對先賢靈智的追踪與考釋。中華民族是滿富慧心的偉大民族，極善觀察探索，即使一些不足挂齒的微末之物也未忽視，且載於典籍，十分翔實生動。如對常見的鳥類飛行方式即有以下描述：鳥學飛曰翎，頻頻試飛曰習，振翅高飛曰翥，向上直飛曰翀，張翼扶摇上飛曰羿，鳥舒緩而飛、不高不疾曰翂、曰翐，快速飛行曰翪，水上飛行曰摵，高飛曰翰，輕飛曰翲，振羽飛行曰翻，等等，不一而足。如此細密的觀察探隱，堪稱世界之最，令人嘆服！而關於禽鳥分類學，在中國古代也有獨到見解。明代李時珍所著《本草綱目》已建立了階梯生態分類系統，將禽鳥劃分爲水禽、原禽、林禽、山禽等生態類別，具有劃時代意義。這一生態分類法較瑞典生物學家林奈的《自然系統》（第十版）中的分類要早一百六十餘年，充分展示了我國古代鳥類分類學的輝煌成就，駁正了中國傳統生物學一貫陳腐落後的舊有觀念。此外，那些目力難及、浩瀚的天體，也盡在先民的觀察探索之中，如關於南天極附近的星象，遠在漢代即有記載。漢武帝元鼎六年（公元前 111），滅南越國，置日南九郡事，《漢書》及顏注、酈道元《水經注》有關"日南"的定名中皆有詳述，而西方於 15 世紀始有發現，晚中國一千四百餘年。再如，關於太陽黑子，在我國漢代亦有記載，《漢書・五行志》載："日黑居仄，大如彈丸。"其後《晋書・天文志中》亦載："日中有黑子、黑氣、黑雲。"而西方於 17 世紀始有發現，晚於中國一千六百餘年。惜自清朝入關之後，對於中原民族，對於漢民族長期排斥壓抑，致使靈智難展，尤其是中後期以來的專制國策，遭致國弱民窮，導致久有的科技一蹶不振，於是在列强的視野下，中華民族變成了一個愚昧的"劣等"民族。受此影響，一些居留國外或留學國外的學人，亦曾自卑自弃，本書《導論》曾引胡適的評語：中華民族是"又愚又懶的民族"，是"一分像人，九分像鬼的不長進民族"（見胡適《介紹我自己的思想》，1930年 12 月亞東圖書館初版《胡適文選》自序）。本《通考》有關民族靈智的追踪考索，巨細無遺，成爲另一大特點。

　　《通考》遵從以下學術體系：宗法樸學，不尚空論，既重典籍記載，亦重實物（包括傳世與出土文物）考察，除却既有博物類專著自身外，今將博物研究所涉文獻歸納爲十大系統：一曰史志系統，即史書中與紀傳體并列，所設相對獨立的諸志。如《禮樂志》《刑法志》《藝文志》《輿服志》等，頗便檢用。二曰政書類書系統。重在掌握典制的沿革，廣求佚書異文。三曰考證系統。如《古今注》《中華古今注》《敬齋古今黈》等，其書數量無多，見重實物，頗重考辨。四曰博古系統。如《刀劍錄》《過眼雲煙錄》《水雲錄》《墨林快事》等，這些可視爲博物研究散在的子書，各有側重，雖常具玩賞性，却足資藉鑒。五曰本草系統。其書草木蟲魚、水土金石，羅致廣博，雖爲藥用，已似百科全書。六曰注疏系統。爲古代典籍的詮釋與發揮。如《易》王弼注、《詩》毛亨傳、《史記》裴駰集解、《老子》魏源本義、《楚辭》王夫之通釋、《三國志》裴松之注、《水經》酈道元注、《世說新語》

劉孝標注等。七曰雅學系統、許學系統，或直稱之爲訓詁系統，其主體就是名物研究，後世稱爲“名物學”。八曰异名辨析系統。已成爲名物學的獨立體系。如《事物异名》《事物异名録》等，旨在同物异名辨析。九曰説部系統。包括了古代筆記、小説、話本、雜劇之類被正統學者輕視的讀物，這是正統文化之外，隱逸文化、民間文化的淵藪，一些世俗的衣、食、住、行之類日常器物，多藉此得見生動描述。十曰文物考古系統，這是博物研究中至爲重要的最具震撼力的另一方天地，因爲這是以歷代實物遺存爲依據的，足可印證文獻的真僞、糾正其失誤，多有創獲。

二、《通考》内容究如何，今世當作何解讀？

《通考》内容極爲豐富，所涉範圍極廣，古今上下，時空縱橫，實難詳盡論説，今略予概括，主要可分兩大方面，一爲自然諸物，二爲社科諸物，兹逐一分述如下：

（一）自然諸物：包括了天地生殖及人力之外的一切實體、實物，浩博無涯，可謂應有盡有。

如“太陽”“月亮”，在我中華凡是太空中的發光體（包括反射光體）皆被稱爲“星”，因此漢語在吸納現代天文學時，承襲了這一習慣，將“太陽”這類自身發光的等離子物體命名爲恒星。《天宇卷》研究的主體就是天空中的各種星象。星象就是指各種星體的位置、明暗、形狀等的變化。星象極其繁複，難以辨識。於是，在天空中位置相對穩定的恒星就成爲必要的定位標志。在人們目力所及的範圍内，恒星數以千計，先民將漫天看似雜亂無章的恒星位置相近者予以組合并命名，這些組合的星群稱之爲星宿，因而就有了三垣二十八宿之説。在远古難以對宇宙進行深入探索的時代，先民未能建立起完整的天體概念，也不知彼此的運動關係，僅憑藉直感認知，將所見的最強發光體——“太陽”本能地給予更多的關注，作出不同於西方的别樣解釋。視太陽爲天神，太陽的出没也被演繹成天神駕車巡游，而夸父追日、后羿射日等典故，則承載了諸多遠古信息。先民依據太陽的陰陽屬性、形體形象、光熱情況、時序變化、神話傳説及俗稱俗語等特點，賦予了諸多别名和异稱，其數量達一百九十餘種，如“陽精”“丙火”“赤輪”“扶桑”“東君”“摩泥珠”等，可見先民對太陽是何等的尊崇。對人們習見的“月亮”，《天宇卷》同樣考釋了其异名别稱及其得名由來。今知月亮异名别稱竟達二百二十餘種，較之“太陽”所收尤爲宏富。如

"太陰""玉鏡""嬋娟""姮娥""顧兔""桂影""玉蟾蜍""清凉宮"，等等。而關於"月亮"的所見所想，所涉傳聞佳話，連綿不絕，超乎所料。掩卷沉思，無盡感慨！中華民族是一個明潔温婉、追求自由、嚮往和平、極具夢想的偉大民族。愛月、咏月、賞月、拜月，深情綿綿，與月亮别有一番不解之緣！饒有趣味者，爲東君太陽神驅使六龍馭車的羲和，如同爲太陰元君駕車的望舒一樣，竟也是一位女子，可見先民對於女性的信賴與尊崇。何以如此？是母系社會的遺風流韵麽？不得而知！足證《通考》探討"博物"的意義并不祇在"博物"自身，而是關乎"博物"所承載的傳統文化。

再如古代出現的"雪""雹"之類，國人多認定與今世無多大差异，實則不然。《氣象卷》收有"天山雪""陰山雪""燕山雪""嵩山雪""塞北雪""南秦雪""秦淮雪""廬山雪""嶺南雪""犬吠雪"（偏遠的南方之雪。因犬見而驚吠，故稱），等等，這些雪域不祇在長城内外，又達於大江南北，可謂遍及全國各地，令人眼界大開。這些雪域的出現，又并非遠古間事，所見文字記載盡在南北朝之後，而"嶺南雪"竟見於明清時期，致使今人難以置信。若就人們對雪的愛惡而言，有"瑞雪""喜雪""灾雪""惡雪"；若就雪的屬性而言，有"乾雪""濕雪""霧雪""雷雪"；若就降雪時間長短而言，有"連旬雪""連二旬雪""連三旬雪""連四旬雪"；若就雪的危害而言，有"致人凍死雪""致人相食雪"等，不一而足。此外，雪另有色彩之别，本卷收有"紅雪""綠雪""褐雪""黑雪"諸文，何以出現紅、綠、褐、黑等顔色？這是由於大地上各類各色耐寒的藻類植物被捲入高空，與雪片相遇，從而形成不同色彩。對此，先民已有細微觀察，生動描述，但未究其成因。1892 年冬，意大利曾有漫天黑雪飄落，經國際氣象學家研究測定，此一現象乃是高空中億萬針尖樣小蟲，在飛翔時與雪片粘連所致。這與藻類植物被捲入高空，導致顔色的變幻同理。或問，今世何以不見彩色之雪？因往昔大地之藻類及針尖樣小蟲，由於生態環境的破壞而消失殆盡。就氣象學而言，古代出現彩雪，是正常中的不正常，現代祇有白雪，則是不正常中的正常。本卷中有關雹的考釋，同樣頗具情趣，十分精彩。依雹的顔色有"白色雹""赤色雹""黑色雹""赤黑色雹"，依形狀有"杵狀雹""馬頭狀雹""車輪狀雹""有柄多角雹"，依長度有"長徑尺雹""長尺八雹"，依重量有"重四五斤雹""重十餘斤雹"，依危害則有"傷禾折木雹""擊殺鳥雀雹""擊殺獐鹿雹""擊死牛馬雹""壞屋殺人雹"等，這些記載并非出自戲曲小説，而是全部源於史書或方志，時間地點十分明確，毋庸置疑。古今氣象何以如此不同？何以如此反常？祇嘆中國古代的科研體系多注重對現象的觀察，而不求其成因，祇是將以上現象置於史志之中，予以記載而已。本《通考》對中華“博物”的考辨，不祇是展現了大自然的原貌、大自然的古今變幻，而且也提供了社會的更迭興替和民生的禍福起落等諸多耐人尋味的思考。

另如，《水族卷》中收有棘皮動物“海參”，其物在當代國人心目中，是難得的美味佳餚和滋補珍品。《水族卷》還原其本真面貌，明確指出海參爲海洋動物中的棘皮動物門，海參綱之統稱，而後依據古代典籍，考證其物及得名由來：三國吳沈瑩《臨海水土異物志》：“土肉，正黑，如小兒臂大，中有腹，無口目……炙食。”其時貶稱“土肉”，祇是“炙食”而已。既貶稱爲“土”，又止用於燒烤而食，此即其初始的“身份”“地位”，實是無足稱道。直至明代謝肇淛《五雜俎·物部一》中，始見較高評價，并稱其爲“海參”：“海參，遼東海濱有之，一名海男子。其狀如男子勢然，淡菜之對也。其性溫補，足敵人參，故名海參。”“男子勢”，舊注曰“男根”，因海參形如男性生殖器，俗名“海男子”，正與形如女性生殖器的淡菜（又稱“海牝”“東海夫人”，即厚殼貽貝）相對應。此一形似“男根”之物，何以又被重視起來？國人對食療養生素有“以形補形”的觀念，如“芹菜象筋骼，吃了骨頭硬；核桃象大腦，吃了思維靈”之類，而因海參似男根，故認定其有補腎壯陽的功能，這就是“足敵人參”的主要根據之一。謝氏在贊其“足敵人參”的同時，又特別標示了其不雅的綽號“海男子”，則又從另一側面反映了明代對於海參仍非那麼珍視，故而在其當代權威的醫典《本草綱目》中未予記載。“海參”在清朝的國宴“滿漢全席”中始露頭角，漸得青睞。本卷作者在還其本真面貌的過程中，又十分自然地釐清了海參自三國之後的異名別稱。如，“土肉”“海男子”之後，又有“蚪”“沙噀”“戚車”“鼅鼄”“刺參”“光參”“海鼠”“海瓜”“海瓜皮”“白參”“牛臀”“水參”“舂皮”“伏皮”諸稱，“蚪”字之外，其他十三個異名別稱，古今辭書無一收録，唯一收録的“蚪”字，又含混不清。而“海參”喻稱“海瓜”，則爲英文sea cucumber的中文義譯，較中文之喻稱“海男子”似有异曲同工之妙，又可證西人對海參也并不那麼重視。

全書三十六卷，卷卷不同。本書設有《珍奇卷》，別具研究價值。如“孕子石”，發現於江蘇省溧陽市蘇溧地區。此石呈灰黄色，質地堅硬，其外表平凡無奇，但當人們把石頭敲開時，裏面會滾出許多圓形石彈子，直徑2l厘米左右，和母石相較，顏色稍淺，但成分一致。因石中另包小石，好似母石生下的子石，故稱“孕子石”。這種“石頭孕子”史志無載，首次發現，地質學家們同樣百思而不得其解，祇能“望石興嘆”。再如“預報天旱井”，位於廣西全州縣內，每年大旱來臨前二十天，水井會流出渾水，長達兩天之久，附近村民見狀，便知大旱將臨，便提前做好抗旱準備。此外，該井每二十四小時漲潮六次，每次約漲五十分鐘，水量約增加兩倍。此井如同“孕子石”一樣，史志無載，首次發現，對此井的奇特現象有關專家同樣百思不得其解，也衹能“望井興嘆”。

（二）社科諸物：自然物外，中華博物中的社科諸物漫布於社會生活之中，其形成發展、古今變化，尤爲多彩，展現了一種別樣的國情特徵和民族靈智。

如《國法卷》，何謂“國法”？國法係指國家之法紀、法規。國法其詞作爲漢語語詞起源甚爲久遠，先秦典籍《周禮·秋官·朝士》中即已出現，“國法”之“法”字作“灋”，其文曰：“凡民同貨財者，令以國灋行之，犯令者刑罰之。”同書《地官·泉府》中又有另詞“國服”，其文曰：“凡民之貸者，與其有司辨而授之，以國服爲之息。”此“國服”言民間貿易必須服從國法，故稱“國服”。作爲語詞，“國法”“國服”互爲匹配。國法爲人而設，國服隨法而施，有其法必有其服，有法無服，則法罔立，有服無法，舉世罔聞。今“國法”一詞存而未改，“國服”則罕見使用。就世界範圍而言，中國的國法自成體系，具有國體特色與民族精神，故西方學者稱之爲“中華法系”或“東方法系”。本《國法卷》即以“中華法系”爲中心論題，全面考釋，以現其固有特色與精神。中華法系如同世界諸文明古國法系一樣，源於宗教，興於禮俗，而最終成爲法律，遂具有指令性、强制性。中華法系一經形成，即迥異於西方，因其從不以“永恒不變的人人平等的行爲準則”自詡，也沒有立法依據的總體理論闡釋，而是明確標示法律應維護帝王及權貴的利益。在中國古代，從没出現過如古希臘或古羅馬的所謂絕對公正的“自然法”，毋須在“自然法”指導下制定“實在法”。中國古代的全部法律皆爲正在施行的“實在法”，但卻有不可撼動的權威理論——“君權天授”說支撐。“天”，在先民心目中是無可比擬的最神秘、最巨大的力量。“天”，莊重而仁慈，嚴厲而公正，無所不察，無所不能。上自聖賢哲人，下至黎民百姓，少有不“敬天意”、不“畏天命”者，帝王既稱“天子”，且設有皇皇國法，條文森然，何人敢於反叛？天下黔首，非處垂死之地，絕不揭竿而起，妄與“天”鬥！故而在中國古代，帝王擁有最高立法權與司法權，享有無盡的威嚴與尊貴。今知西周時又强化了宗族關係，即血緣關係。血緣關係又分爲近親、遠親、异姓之親等。血緣關係成爲一切社會關係的核心，由血緣關係擴而廣之，又有師生、朋友及當體恤的其他人等關係。由血緣關係又進而强化了尊卑關係，即君臣關係、臣民關係，這些關係較之血緣關係更爲細密，爲此而設有"八辟"之法，規定帝王之親朋、故舊、近臣等八種人，可以享有減免刑罰之特權。漢代改稱"八議"，三國魏正式載入法典。其後，歷代常有沿襲。這一血緣關係在我國可謂根深蒂固，直至今世而未衰。爲維護這尊卑關係，西周之法典又設有《九刑》，以"不忠"爲首罪。另有《八刑》以"不孝"爲首罪。"忠"，指忠君，"孝"指孝敬父母，兩者難以分割。《九刑》《八刑》雖爲時過境遷之古法，但其倡導的"忠孝"，已成爲中華民族的一種處世觀念，一種道德規範。作爲個人若輕忽"忠孝"，則必極端自私，害及民衆；作爲執政者若輕忽"忠孝"，則必妄行無忌，危及國家。今世早已摒弃愚忠愚孝之舉，但仍然繼承并發揚了"忠孝"的傳統。"忠"不再是"忠君"，而是忠於祖國，忠於人民，或是忠於信守的理想；"孝"謂善事父母，直承百代，迄今不衰。"忠孝"是人們發自心底的感恩之情，唯知感恩，始有報恩，人間纔有真情往還，纔有心靈交融。佛家箴言警語曰"上報四重恩，下濟三途苦"（見《大乘本生心地觀經》），"四重恩"指父母恩、師長恩、國土恩、衆生恩（衆生包括動植物等一切生靈）。我國傳統忠孝文化中又融入了佛家的這一經典旨意，可謂相得益彰。"忠孝"乃我文明古國屹立不敗的根基，絕不可視之爲"封建觀念"。縱觀我中華信史可知，舉凡國家昌盛時代，必是忠孝振興歲月，古今如一，堪稱鐵律。國家可敬又可愛，所激起的正是人們的家國情懷！"忠孝"這一處世觀念，這一道德規範，直涉人際關係，直涉國家命運，成爲我中華獨有、舉世無雙的文化傳統。

　　中國之國法，并非僅靠威懾之力，更有"禮治"之宣導，而關乎禮治的宣導今人常常忽略。前已述及中華法系如同世界諸文明古國法系一樣，源於宗教，興於禮俗，由禮俗演進爲禮治，禮治早於刑法之前已經萌生。自商周始，《湯刑》《呂刑》（按，《湯刑》《呂刑》之"刑"當釋爲"法"）相繼問世，尤重"禮治"，何謂"禮治"？"禮治"指遵守禮儀道德與社會規範，破除"禮不下庶人"的舊制，將仁義禮智信作爲基本的行爲規範，《孟子·公孫丑上》曰："辭讓之心，禮之端也。""辭讓"指謙和之道，尊重他人，由"禮讓"而漸發展爲"禮制"。至西周時，"禮治"已成定制。這一立法思想備受推崇。夏商以來，三千餘載，王朝更替，如同百戲，雖脚色各异，却多高揚禮制之大旗，以期社會和諧，民生安樂。不瞭解中國之禮治，也就難以瞭解中華法制史，就難以瞭解中國文化史。此後"禮治"配以"刑治"，相輔相成，久行不衰。"禮刑相輔"何以行使？答曰：升平之世，統治者無不强調禮制之作用，藉此以示仁政；若逢亂世，則用重典，施酷刑（下將述及），軟硬兩手交替使用。這就組成了一張巨大的不可錯亂、不可逾越的法律之網，這就是中華民族百代信守的國家法制的核心，這就是中華民族有史以來建國治國之道。這一"禮刑相輔"的治國之道，迥別與西方，爲我中華所獨有，在漫長而多樣的世界法制史中居於前沿地位。

在我古老國度中，國家既已形成，於是又具有了不同尋常的歷史意義與價值觀。自先秦以來，"國家"一詞意味着莊嚴與信賴。在國人心目中，"國"與"家"難以分割，直與身家性命連爲一體，故"報效國家"爲中華民族的最高志節，而"國破家亡"則爲全民族的最大不幸。三十年前本人曾是《漢語大詞典》主要執筆者之一，撰寫"國家"條文時，已注意了先民曾把皇帝直稱爲"國家"。如《東觀漢紀・祭遵傳》："國家知將軍不易，亦不遺力。"《晋書・陶侃傳》："國家年小，不出胸懷。"稱皇帝爲"國家"，以皇帝爲國家的代表或國家的象徵，較之稱皇帝爲天子，更具親切感，更具號召力。中國歷史上的一些明君仁主也多以維護國家法制爲最高宗旨，秦皇、漢武皆曾憑藉堅定地立法與執法而國勢强盛，得以稱雄天下，這對始於西周的"八辟"之法，無疑是一大突破。本書《國法卷》第一章概論論及隋唐五代立法思想時，有以下論述：據《隋書・王誼傳》及文帝相關諸子傳載，文帝楊堅少時同王誼爲摯友，長而將第五女嫁王誼之子，相處極歡，後王誼被控"大逆不道，罪當死"，文帝遂下詔"禁暴除惡"，"賜死於家"。《隋書・文四子傳》又載，文帝三子秦王楊俊，少而英武，曾總管四十四州軍事，頗有令名，文帝甚爲愛惜，獎勵有加。後楊俊漸奢侈，違制度，出錢求息，窮治宮室，文帝免其官。左武衞將軍劉升、重臣楊素，先後力諫曰："秦王非有他過，但費官物、營廨舍而已。"文帝答曰："法不可違！"劉、楊又先後諫曰："秦王之過，不應至此，願陛下詳之。"文帝答曰："我是五兒之父，若如公意，何不別制天子兒律？"文帝四子、五子皆因違法，被廢爲庶民，文帝處置毫不猶豫，毫不留情。隋文帝身爲人君，以萬乘之尊，率先力行，實踐了"王子犯法，與民同罪"的古訓。在位期間，創建"開皇之治"，人丁大增，百業昌盛，國人視文帝爲真龍天子，少數民族則尊稱其爲聖人可汗。《國法卷》主編對歷史上身爲人君的這種舉措，有"忍割親朋私情，立法爲公"的簡要評論。這一評論對於中國這種以宗族故交爲關係網的大國而論，正是切中要害。此後，唐太宗李世民、玄宗李隆基、憲宗李純等君王皆有類似之舉，終成輝煌盛世。時至明代，面對一片混亂腐敗的吏治，明太祖朱元璋更設有"炮烙""剝皮"之類酷刑嚴法，懲治的貪官污吏達十五萬之衆，即便自家的親朋故舊，也毫不留情。如進士出身的駙馬，朱元璋的愛婿歐陽倫只因販茶違法，就直接判以死刑，儘管安慶公主及儲君朱允炆苦苦哀求，也絕不饒恕。據《明史·循吏傳序》載："〔官吏〕一時受令畏法，潔己愛民，以當上指……民人安樂、吏治澄清者百餘年。"其時，士子們甘願謀求他職，而不敢輕率爲官，而諸多官員却學會了種田或捕魚，呈現了古今難得一見的別樣的政治生態。明太祖的這類嚴酷法令雖是過當，却勝於放縱，故而明朝一度成爲世界經濟大國、經濟强國。中國歷史上的諸多建國之名君仁主，執法雖未若隋文帝之果決，未若明太祖之嚴酷，但無一不重視國家安危。這些建國名君仁主"上以社稷爲重，下以蒼生在念"（見《舊唐書·桓彦範傳》），故而贏得臣民的擁戴。今之世人多以爲帝王之所以成爲帝王，盡皆爲皇室一己之私利，祇貪圖自家的享榮華富貴而已，實則并非盡皆如此。歷代君王既已建國，亦必全力保國，并垂範後世，以求長治久安。品讀本書《國法卷》，可藉以瞭解我國固有的國情狀况，瞭解我國歷史中的明君仁主如何治理國家，其方策何在，今世仍有藉鑒價值。縱觀我國漫長的歷史進程，有的連續數代，稱爲盛世；有的衰而復起，稱爲中興；有的則二世而亡，如曇花一現。一切取決於先主與後主是否一脉相繼，一切取決於執法是否穩定。要而言之：嚴守國法，則國家興盛，嚴守國法，則社會祥和，此乃舉世不二之又一鐵律。

《國法卷》雖以國法爲研究主體，却力求超越法律研究自身，力求探索法律背後的正反驅動力量，其旨義更加廣遠。因而本卷又區別於常見的法律專著。

另如《巧藝卷》，在《通考》全書中未占多大分量，但在日常社會生活中却有無可替代的獨特地位，藉此大可飽覽先民的生活境遇和精神世界。何謂"巧藝"？古代文獻中無此定義。所謂"巧藝"，專指巧智與技藝性的娛樂及各種健身活動，同時展現了與之相應的家國關係。中華民族的"巧藝"別具特色，所涉内容十分廣泛，除却一般游戲活動外，又包涵了棋類、牌類、養生、武術、四季休閑、宴飲娛樂、動物馴化等等。細閱本卷所載，常爲古人之智巧所折服。如西漢東方朔"射覆"之奇妙，今已成千古佳話。據《漢書·東方朔傳》載，漢武帝嘗覆守宫（即壁虎）於杯盂之下，令衆方士百般揣度，各顯其能，并無一言中的者，而東方朔却可輕易解密，有如神算，令滿座驚呼。何謂"射覆"？"射覆"爲古代猜測覆物的游戲。射，揣度；覆，覆蓋。"射覆"之戲，至明清始衰，其間頗多高手。這些高手似乎出於特異功能，是古人勝於今人麼？當作何解釋？學界認爲這些高手多善《易》學，故而超乎常人，但今世精於《易》學者并非罕見，却未見有如東方朔者，何也？難以作答，且可不論，但古代對動物的馴化，又何以特別精彩，令今人嘆服？

著名的唐代象舞、馬舞，久負盛名，這些大動物似通人性，故可不論，而那些似乎笨拙的小動物，如"烏龜疊塔""蛤蟆説法"之類的馴養，也常常勝過今人，足可展現先民的巧智，"'疊塔''説法'，固教習之功，但其質性蠢蠢，非他禽鳥可比，誠難矣哉！"（見明陶宗儀《輟耕録·禽戲》）古人終將蠢蠢之蟲馴化得如此聰明可愛，藉此可見古人之扎實沉着，心智之專一，少有後世浮躁之風。目前，國人甚喜馴養，寵物遍地，却未見馴出如同上述的"疊塔"之烏龜與"説法"之蛤蟆，今之馬戲或雜技團體，爲現代專業機構，也未見絶技面世。

《巧藝卷》的條目詮釋，大有建樹，絶不因襲他人成説，明確關聯了具體事物形成的歷史淵源與社會背景。如"踏青"，《漢語大詞典》引用了唐代的書證，并稱其爲"清明節前後，郊野游覽的習俗"。本卷則明確指出，"踏青"是由遠古的"春戲"演變而來。西周時曾爲禮制。漢代已有"人日郊外踏青"之俗，同時指出"踏青"還有"游春"的別稱。《漢語大詞典》與本卷的釋文内容差異如此之大，實出常人之所料。何謂"春戲"？所有辭書皆未收録。本卷有翔實考證，兹録如下：

　　春戲：古代民間春季娱樂活動。以繁衍後代和期盼農作物豐收爲目的的男女歡會活動。始於原始社會末期，西周時仍很流行。《周禮·地官·司徒》："中春之月，令會男女。於是時也，奔者不禁。若無故而不用令者，罰之。司男女之無夫家者而會之。"《墨子·明鬼篇》："燕之有祖，當齊之社稷。宋之有桑林，楚之雲夢也，此男女之所屬而觀也。"《詩·鄭風·溱洧》："溱與洧，瀏其清矣。士與女，殷其盈矣。女曰：'觀乎？'士曰：'既且。''且往觀乎！洧之外，洵訏且樂。'維士與女，伊其將謔，贈之以芍藥。"《楚辭·九歌·少司命》："秋蘭兮麋蕪，羅生兮堂下。緑葉兮素枝，芳菲菲兮襲予。夫人兮自有美子，蓀何以兮愁苦？"戰國以後逐漸演變爲單純的春游活動"踏青"。

《巧藝卷》精心地援引了以上經典，可證在中國上古時期男女歡會非常自然，而且是具有相當規模的群體性活動。此舉在中國遠古時代已有所見，青海大通縣上孫家寨出土的舞蹈紋彩陶盆，已展現了男女携手共舞的親密生動場景，那是馬家窰文化的代表，距今已有五千年歷史，但必須明確，這并非蒙昧時期的亂性之舉。這是一種男女交往的公開宣示。前述《周禮·地官·司徒》曰："中春之月，令會男女……司男女無夫之家者而會之。"其要點是"男女無夫之家者"。這是明確的法律規定，故而作者的篇首語曰："以繁衍後代和期盼農作物豐收爲目的。"這就撥正了後世對於中國古代奴隸社會或封建社會有關男女關係的一些偏頗見解，可證本卷之"巧藝"非同一般的娛樂，所展現的是中華先民多方位的生活狀態。

三、博物研究遭質疑，古老科技又誰知？

《通考》所涉博物盡有所據，無一虛指，如繁星麗天，構成了浩大的博物學體系，千載一脉，本當生生不息，如瀑布之直下，但却似大河之九曲，時有峽谷，時有險灘，終因清廷喪權辱國、全盤西化而戛然中斷，故而迴異於西方。由於西方科技的巨大影響，致使一些學人缺少文化自信，多認爲中國古老的博物學，無甚價值。豈知我中華民族從不乏才俊、精英，從不乏偉大的發明，很多祇是不知其名而已。如《淮南子·泰族訓》："欲知遠近而不能，教之以金目則快射。"漢代高誘注曰："金目，深目。所以望遠近射準也。"何謂"金目"？據高注可知，就是深目。"深目"之"深"，謂深遠也（又說稱"金目"爲黃金之目，用以喻其貴重，恐非是）。"金目"當是現代望遠鏡或眼鏡之類的始祖。"金目"其物，在古代萬千典籍中僅見於《淮南子》一書，别無他載。因屬古代統治者杜絕的"奇技淫巧"，又甚難製作，故此物宮廷不傳，民間絕踪，遂成奇品。上世紀80年代，揚州邗江縣東漢廣陵王劉荆墓中出土一枚凸透鏡，此鏡之鏡片直徑1.3厘米，鑲嵌在用黃金精製而成的小圓環内，視物可放大四五倍，此鏡至遲亦有兩千餘年的歷史。廣陵墓之外，安徽亳州曹操宗族墓等處，亦有出土。是否就是"金目"已難考證。作爲眼鏡其物，發展到宋代，始有明確的文字記載，其時稱之爲"靉靆"（見明方以智《通雅·器用·雜用諸器》引宋趙希鵠《洞天清録》）。今日學者皆將眼鏡視爲西方舶來品，一說來自阿拉伯，又說來自英國，如猜謎語，不一而足；西方的眼鏡實則是由中國傳入的，如若說是西方自家發明，也晚於中國千年之久。

"金目"其物的出現絕非偶然，《墨子》中的《經下》《經說下》已有關於光的直綫傳播、反射、折射、小孔成象、凹凸透鏡成象等連續的科學論述，這一原理的提出，必當有各式透體器物，如鏡片之類爲實驗依據，這類器物的名稱曰何今已不得而知，但製造出金目一類望遠物，是情理之中的必然結果。據上述《經下》《經說下》記載可知，早在戰國時期，先賢已有光學研究的成就，與後世西方光學原理盡同。在中國漫長的古代日常生活中，隨時可見新奇的創造發明，這類創造發明所展現的正是中國獨有的科學。《導論》中所述"被中香爐""長信宮燈"之外，更有"博山爐"（一種形似傳說中神山"博山"的香爐，當香料在爐內點燃時，烟霧通過鏤空的山體宛然飄出，形成群山蒙蒙、衆獸浮動的奇妙景象，約發明於漢代）、"走馬燈"（一種竹木扎成的傳統佳節所用風車狀燈具，外貼人馬等圖案，藉燈內點燃蠟燭的熱力引發空氣對流，輪軸上的人馬圖案隨之旋轉，投身於燈屏上，形成人馬不斷追逐、物換景移的壯觀情景，約發明於隋唐時期）之類。古老中華何止是"四大發明"？此外，約七千年前，在天災人禍、形勢多變的時代背景之下，先民爲預測未來，指導行爲方嚮，始創有易學，形成於商周之際，今列爲十三經之首，稱爲《周易》，這是今世的科學不能完全解釋的另一門"科學"，其功用不斷地爲當世諸多領域所驗證，在我華夏、乃至歐美，研究者甚衆，本《通考》對此雖有涉及，而未立專論。

那麼，在近現代，國人又是如何對待古代的"奇技奇器"的呢？著名的古代"四大發明"，今已家喻户曉，婦幼皆知，但却如同可愛的國寶大熊猫一樣，乃是西方學者代爲發現。我仁人志士，爲喚醒"東方睡獅"，藉此"四大發明"，竭力張揚，以振奮民族精神。這"四大發明"影響非凡，但在中國傳統文化中亦無重要地位，其中"火藥"見載於唐孫思邈《丹經》，"指南針""印刷術"同見載於宋沈括《夢溪筆談》，皆非要籍鴻篇，唯造紙術見於正史，全文亦僅七十一字，緊要文字祇有可憐的四十三字（見《後漢書·宦者傳·蔡倫》）。而這"四大發明"中有兩大發明，不知爲何人所爲。

在古老中國的歷史長河中，更有另一種科學技術，當今學界稱之爲"黑科技"（意謂超越當今之科技，出於人類的想象之外。按，稱之爲"超科技"，似更易理解，更準確），那就是現代科學技術望塵莫及、無法破解的那些千古之謎。如徐州市龜山西漢楚襄王墓北壁的西邊墻上，非常清晰地顯示一真人大小的影子，酷似一位老者，身着漢服，峨冠博帶，面東而立，作揖手迎客之狀。人們稱其爲"楚王迎賓圖"。最初考古人員發掘清理棺室時，并無壁影。自從設立了旅游區正式開放後，壁影纔逐漸地顯現出來，仿佛是楚王的魂魄顯靈，親自出來歡迎來此參觀的游人一樣。楚襄王名劉注，是西漢第六代楚王，死後葬於此。劉注墓還有五謎，今擇其三：一、工程精度之謎。龜山漢墓南甬道長 55.665 米，北甬道長爲 55.784 米，沿中綫開鑿，最大偏差僅爲 5 毫米，精度達 1/10000；兩甬道相距 19 米，夾角 20 秒，誤差爲 1/16000，其平行度誤差之小，大約需要從徐州一直延伸到西安纔能使兩甬道相交。按當時的技術水準，這樣的墓道是何人如何修建的？二、崖洞墓開鑿之謎。龜山漢墓爲典型的崖洞墓，其墓室和墓道總面積達到 700 多平方米，容積達 2600 多立方米，幾乎掏空了整個山體。勘察發現，劉注墓原棺室的室頂正對着龜山的最高處，劉注府庫中的擎天石柱也正位於南北甬道的中軸綫上。龜山漢墓的工程人員是利用什麽樣的勘探技術掌握龜山的山體石質和結構？三、防盜塞石之謎。南甬道由 26 塊塞石堵塞，分上下兩層，每塊重達六至七噸，兩層塞石接縫非常嚴密，一枚硬幣也難以塞入。漢墓的甬道處於龜山的半山腰，當時生產力低下，人們是用什麽方法把這些龐大的塞石運來并嵌進甬道的？今皆不得而知。

斷言"中國古代衹有技術而没有科學"者，對中國歷史的瞭解實在是太過膚淺，并不瞭解在中國古代不衹有科技，而且竟然有超越科學技術的"黑科技"。

四、當世灾難甚可懼，人間正道何處覓？

在《通考》的編纂過程中，常遇到的重要命題，那就是以上論及的"科技"。今之"科技"，在中國上古曾被混稱爲"奇技奇器"，直至清廷覆亡，迄未得到應有的重視，導致國勢衰微，外寇侵略，民不聊生。這正是西方視之爲愚昧落後，敢於長驅直入，爲所欲爲的原因。因而一個國家、一個民族，要立於不敗之地，必須擁有自家的科技！世人當如何評定"科技"？如何面對"科技"？本書《導論》已有"道器論"，今《總説》以此"道器論"爲據，就現代人類面臨的種種危機，論釋如下：

何謂"道器"？所謂"道"是指形成宇宙萬物之原本，是形成一切事理的依據與根由。何謂"器"？"器"即宇宙間實有的萬物，包括一切科技，一切發明，至巨至大，至細至微，充斥天地間，而盡皆不虛。科技衍生於器，驗證於器，多以器爲載體，是推進或毁壞人類社會的一種無窮力量，故而又必須在人間正道的制約之下。此即本書道器并重之緣由，或可視爲天下之通理也。英國自 18 世紀第一次工業革命以來，其科學技術得以高速而全方位地發展，引起西方乃至全世界的密切關注與重視，影響廣遠。這一時期，英帝國統治者睥睨全球，居高臨下，自我膨脹，發表了"生存競争，勝者執政"等一系列宏論；托馬斯·馬爾薩斯的《人口論》亦應時而起，其核心理論是："貧富强弱，難以避免。承認現實，存在即合理。"甚而提出"必須控制人口的大量增長，而戰争、饑荒、瘟疫是最後抑制人口增長的必要手段"（這一理論在以儒學爲主體的傳統文化中被視爲離經叛道，滅絕人性，而在清廷走投無路全面西化之後，國人亦有崇信者，直至 20 年代初猶見其餘緒）。在這樣的時代背景下，查爾斯·達爾文所著《物種起源》得以衝破基督教的束縛，順利出版，暢行無阻。該書除却大量引用我國典籍《齊民要術》《天工開物》與《本草綱目》之外，還鄭重表明受到馬爾薩斯《人口論》的啓示和影響。《物種起源》的問世，形成了著名的進化理論："物競天擇、優勝劣汰，弱肉强食，適者生存。"（近世對其學說已有諸多評論，此略）進化學說在人們的社會生活中留下了深刻的印迹，在世界範圍内引起巨大反響，當時英國及其他列强利用了自然界"生存法則"的進化理論，將其推行於對外擴張的殖民戰爭中，打破了世界原有生態格局，在巨大的聲威之下，暢行無阻，遍及天下。縱觀人類的發展史，尤其是近世以來的發展史可知，科技的高下決定了國家的强弱，以强凌弱，已成定勢，在高科技强國的聲威之下，無盡的搜羅，無盡的采伐，無盡的探測實驗（包括核試驗），自然資源和自然環境漸遭破壞，各種弊端漸次顯露。時至 20 世紀中後期，以原子能、電子電腦、信息技術、空間技術等發明和應用爲標志、第三次科技革命的到來，學界稱之爲"科技革命的紅燈時刻"，其勢如風馳電掣，所向披靡，人類社會發生了翻天覆地的變化，時至 21 世紀，又凸顯了另一灾難，即瘟疫肆虐，病毒猖獗，危及整個人類。這一系列禍患緣何而生？天灾之外，罪魁爲人。何也？世間萬種生靈，習性歸一，盡皆順從於大自然，但求自身生息而已，別無他求，而作爲"萬物之靈"的人類，在茹毛飲血，跨越耕獵時代之後，却欲壑難填，毫無節制！爲追求享樂、滿足一己之貪婪，塗炭萬種生靈，任你山中野外，任你江面海底，任你晝藏夜出，任你天飛地走，皆得作我盤中佳餚。閑暇之日，又喜魚竿獵槍，目睹异類掙扎慘死，以爲暢快，以爲樂趣，若爲一己之喜慶，更可"磨刀霍霍向猪羊"，視之爲正常！"萬物之靈"的人類，永無休止，地表搜刮之外，還有地下的搜索挖掘，如世界著名的南非姆波尼格金礦，雖其開采僅起始於百年前，憑藉當代最先進的科技，挖掘深度已超 4000 米（我國的招遠金礦，北宋真宗年間已進行開采，至今深度不過 2000 米左右），現有 370 千米軌道，用以運送巨大的設備與成噸重的礦石，而每次開采都必須用兩千多公斤的炸藥爆破，可謂地動山摇！金礦之外，又有銀礦、鐵礦、銅礦、煤礦、水晶礦（如墨西哥的奈咯水晶洞，俗稱"神仙水晶礦"，其中一根重達 50 噸，挖出者一夜暴富），種種礦藏數以萬計。此外尚有對石油、純净水，乃至無形的天然氣等的無盡索取，山林破壞，大地沙化，水污染、大氣污染、核污染，地球已是百孔千瘡，而挖掘索取，仍未甘休，愈演愈烈，故今之地球信息科學已經發現地球性能的變异以及由此帶來可怕的全球性灾難。今日世界，各國執政者憑仗高科技，多是從一國、一族或一己之私利出發，或結邦，或聯盟，争强鬥勝，互不相顧，國際關係日趨惡化，人類時刻面臨可怕的威脅，面臨毀滅性的核戰争。凡此種種，怎不令人憂慮，令人悲痛？故而有學者宣稱："科技確實偉大，也確實可怕。一旦失控，後患無窮。"又稱："人類擁有了科技，必警惕成爲科技的奴隸。"此語并非危言聳聽，應是當世的警鐘，因爲人類面對强大的科技，常常難以自控，這是科技發展必然的結果。而作爲"萬物之靈"的人類，具有高智慧，能够擁有高科技，確乎超越了萬物，居於萬物主宰的地位，而執政者一旦擁有失控的權力，肆意孤行，其最終結局必將是自戕自毀，必將與萬物同歸於盡。一言以蔽之，毀滅世界的罪魁禍首是人類自己，而并非他類。

面對這多變的現實與可怕的未來，面對這全球性的灾難，中外科學家作了不懈努力，而收效甚微。1988 年 1 月，七十五位諾貝爾獲獎者及世界著名學者齊聚巴黎，探討了 21 世紀科學的發展與人類面臨的種種難題，提出了應對方略。在隆重的新聞發布會上，瑞典物理學家漢内斯·阿爾文發表了鄭重的演說："如果人類要在 21 世紀生存下去，必須回頭到兩千五百年前去汲取孔子的智慧。"（見 1988 年 1 月 24 日澳大利亞《堪培拉時報》原文——《諾貝爾獎獲得者説要汲取孔子的智慧》）這是何等驚人的預見，又是何等嚴正的警示！這七十五位諾貝爾獲獎者没有一位是我華夏同胞，他們對孔子的認知與崇敬，非常客觀，非常深刻，超乎我們的想象。這種高屋建瓴式的睿智呼籲，振聾發聵，可惜并没有警醒世人，也没有引起足够多的各國領導人的重視。

人類爲了自救，不能不從人類自身發展史中尋求答案。在人類發展史中，不乏偉大的聖人，孔子是少有的没有被神化、起於底層的聖人（今有稱其爲"草根聖人"者），他生於春秋末期，幼年失父，家境貧寒，又正值天下分裂，戰亂不斷，在這樣的不幸世道裏，孔子及其弟子大力宣導"克己復禮"，這是人類歷史上最切實際的空前壯舉。何謂"禮"？《説文·示部》曰："禮，履也。所以事神致福也。"禮本來是上古祭祀鬼神和先祖的儀式。史稱文、武、成王、周公據禮"以設制度"，此即"周禮"。"周禮"的内容極爲廣泛，舉凡國家的政治、經濟、軍事、行政、法律、宗教、教育、倫理、習俗、行爲規範，以及吉、凶、軍、賓、嘉五類禮儀制度，均被納入禮的範疇。周禮在當時社會中的地位與指導作用，《禮記·曲禮》中有明確記載："分争辯訟，非禮不决；君臣上下、父子兄弟，非禮不定；宦學事師，非禮不親；班朝治軍、涖官行法，非禮威嚴不行。"當然也維護了“君臣朝廷尊卑貴賤之序，下及黎庶車輿衣服宮室飲食嫁娶喪祭之分”（見《史記·禮書》），這符合於那個時代的階級統治背景。孔子提出“克己復禮”，期望世人克服一己之私欲，以應有的禮儀禮節規範自己的言行，建立一個理想的中庸和諧社會，這已跨越了歷史局限。孔子的核心思想是“敬天愛人”，何謂“敬天”？孔子強調“巍巍乎唯天爲大”（見《論語·泰伯》），又曰：“天何言哉？四時行焉，百物生焉，天何言哉！”（見《論語·陽貨》）孔子所言之“天”，并非指主宰人類命運的上蒼或上帝，并非是孔子的迷信，因“子不語怪力亂神”（見《論語·述而》）。孔子認爲四季變化、百物生長，皆有自己的運行規律，人類應謹慎遵從，應當敬畏，不得違背。孔子指稱的“天”，實則指他所認知的宇宙。此即孔子的天人觀、宇宙觀。“巍巍乎唯天爲大”，在此昊天之下，人是何樣的微弱，面臨小小的細菌、病毒，即可淒淒然成片倒下。何謂“愛人”？孔子推行“仁義之道”，何謂“仁”？子曰：“仁者，愛人！”（《論語·顏淵》）即人人相親、相愛。又曰：“己所不欲，勿施於人。”意即重正義，絕不損人利己。何謂“義”？“義”指公正的道理、正直的行爲。子曰：“不義而富且貴，於我如浮雲。”（見《論語·述而》）這就是孔子的道德觀與道德規範，當作爲今世處理人與自然、人與社會的規範與行動指南。其弟子又提出“親親而仁民，仁民而愛物”（見《孟子·盡心上》），漢代大儒又有“天人之際，合而爲一”的主張（董仲舒在《春秋繁露·深察名號》中，爲維護皇權的需要而建立了皇權天授的觀念），這種主張已遠遠超越了維護皇權的需要，成爲了一種可貴的哲理。時至宋代，大儒張載再度發揚孟子“親親而仁民，仁民而愛物”的襟怀，又有“民吾同胞，物吾與也”（見其所著《西銘》）之名言箴語，即將天下所有的人皆當作同胞，世間萬物盡視爲同類，最終形成了著名的另一宏大的儒學系統，其主旨則是“天人合一”論。何謂“天人合一”？“天人合一”有兩層意義：一曰天人一致，天是一大宇宙，人則如同一小宇宙，也就是說人類同天體各有獨立而相似之處；二是天人相應，這是說人與天體在本質上是相通的，是相互相連的。因此，一切人事應順乎自然規律，從而達到人與自然的和諧。達到人與自然的和諧統一，當作爲今世處理人與自然、人與社會的明確規範與行動指南。這是真正的“人間正道”，唯有遵循這一“人間正道”，人際關係纔能融洽，社會纔能和諧，天下纔能太平。

古老中國在形成“孔子智慧”之前，早已重視人與自然的關係。約在七千年前，我中華先祖已能够通過對於蟲鳥之類的物候觀察，熟練地確定天氣、季節的變幻，相當完美地適應了生產、生活、繁衍發展的需求，這一遠古的測算應變之舉，處於世界領先地位。約四千年前，夏禹之時，已建有令今人嚮往的廣袤的緑野濕地。如《書・禹貢》即記載了"雷夏""大野""彭蠡""震澤""菏澤""孟豬""豬野""雲夢"諸澤的形成及其利用情況，如其中指出："淮海惟揚州，彭蠡既豬（瀦），陽鳥攸居；三江既入，震澤底定。篠簜既敷，厥草惟夭，厥木惟喬……厥貢惟金三品，瑶琨篠簜，齒革羽毛，惟木。"這是説揚州有彭蠡、震澤兩方緑野濕地，適合於鴻雁類禽鳥居住，適合於篠竹（箭竹）、簜竹（大竹）生長，青草繁茂，樹木高大，向君主進貢物品有金銀銅等三品，又有瑶琨美玉、箭竹、大竹以及象齒皮革與孔雀、翡翠等禽鳥羽毛。所謂"大禹治水"，并非衹是被動的抗災自救，實則是大治山川，廣理田野，調整人與大自然的關係，使之相得益彰。《逸周書・大聚解》又載，夏禹之時"且以并農力，執成男女之功，夫然則有生不失其宜，萬物不失其性，人不失其事，天不失其時……放此爲人，此謂正德"，此即所謂夏禹"劃定九州"之功業所在。其中"放此爲人，此謂正德"的論定，已蘊含了後世儒家初始的"天人合一"的觀念。西周初期，已設定掌管國土資源的官職"虞衡"，掌山澤者謂"虞"，掌川林者稱"衡"（見《周禮・天官・太宰》及賈疏）。後世民衆，繼往開來，對於保護生態環境，保護大自然，采取了各種措施，又設有專司觀察氣象、觀察環境的機構，并有方士之類的"巫祝史與望氣者"，多管道、多方位進行探測研究，從而防患於未然。《墨子・號令篇》（一説此篇非墨子所作，乃是研究墨學者取以益其書）曰："巫祝史與望氣者，必以善言告民，以請（讀爲'情'）上報守（一説即太守），上守獨知其請（情）。無［巫］與望氣，妄爲不善言，驚恐民，斷弗赦。"這裏明確地指出，由"巫祝史與望氣者"負責預告各種灾情，但不得驚恐民衆，否則即處以重刑，絶不饒恕。愛惜生態，保護自然，這是何樣的遠見卓識，這又是何樣的撫民情懷！

是的，自夏禹以來，先民對於大自然、對於與蒼生，有一種別樣的愛惜、保護之舉措，防範措施非常細密，非常全面而嚴厲。《逸周書・大聚解》有以下記載：夏禹時期設定禁令，大力保護山林、川澤，春季不准帶斧頭上山砍伐初生的林木；夏季不准用漁網撈取幼小的魚鱉，此即世界最早的環境保護法。《韓非子・内儲説上》又載：殷商時期，在街道上揚弃垃圾，必斬斷其手。西周時又有更爲具體規定：如，何時可以狩獵，何時禁止狩獵，何樣的動物可以獵殺，何樣的動物禁止獵殺；何時可以捕魚，何時禁止捕魚，何樣的魚可以捕取，何樣的魚禁止捕取，皆有明文規定，甚而連網眼的大小也依季節不同而嚴予區別。并特別强調：不准搗毁鳥巢，不准殺死剛學飛的幼鳥和剛出生的幼獸。春耕季節不准大興土木。《禮記・月令》又載："毋變天之道，毋絶地之理，毋亂人之紀。"這一"毋變""毋絶""毋亂"之結語，更是展現了後世儒家宣導并嚮往的"天人合一"説。至春秋戰國之際，法律法規的範圍更加全面，特别嚴厲。這一時期已經注意到有關礦山的開發利用，若發現了藏有金銀銅鐵的礦山，立即封禁，"有動封山者，罪死而不赦。有犯令者，左足入，左足斷，右足入，右足斷"（見《管子・地數》）。古人認爲輕罪重罰，最易執行，也最見成效，勝過重罪重罰。這些古老的嚴厲法令，雖是殘酷，實際却是一聲斷喝，讓人止步於犯罪之前，因而犯罪者甚微。這就最大限度地保護了大自然，同時也最大限度地保護了人類自己。而早在西周建立前夕，又曾頒布了令人欽敬的《伐崇令》："文王欲伐崇，先宣言曰……令毋殺人，毋壞室，毋填井，毋伐樹木，毋動六畜，有不如令者，死無赦！崇人聞之，因請降。"（見漢劉向《説苑・指武》）這是指在殘酷的血火較量中，對於敵方人民、財産及生靈的愛惜與保護。我中華上古時期這一《伐崇令》，是世界戰争史中的奇迹，是人類應永恒遵守的法則！當今世界日趨文明，闊步前進，而戰争却日趨野蠻，屠殺對方不擇手段，實是可怖可悲！我華夏先祖所展現的這些大智慧、大慈悲，爲後世留下了賴以繁衍生息的楚山漢水，留下了令人神往的華夏聖地，我國遂成爲幸存至今、世界唯一的文明古國。

五、筆墨革命難預料？卅載成書又何易？

《通考》選題因國内罕見，無所藉鑒，期望成爲經典性的學術專著，難度之大，出乎想象，初創伊始，即邀前輩學者南京大學老校長匡亞明先生主其事。這期間微信尚未興起，寧濟千里，諸多不便，盛岱仁、康戰燕伉儷滿腔熱情，聯絡於匡老與筆者之間，得到先生的熱情鼓勵與全力支持，每逢疑難，必親予答復，但表示難做具體工作，在經濟方面也難以爲力。因爲先生於擔任國家古籍整理領導小組組長之外，又全面主持南京大學中國思想家研究中心的工作，正在編纂《中國思想家評傳》，百卷書稿須親自逐一審定，難堪重任。筆者初赴南大之日，老人家親自接待，就餐時當場現金付款，没有讓服務員公款記賬，筆者深受感動，終生難以忘懷。此後在匡老激勵之下，筆者全力以赴，進而邀得數百作者并肩携手，全面合作，并納入國家"九五"重點出版規劃中。1996 年 12 月，匡老驟然病逝，筆者悲痛不已，孤身隻影，砥礪前行，本書再度確定爲國家"十五"重點出版規劃項目，并將初名更爲今名。那時，作者們盡皆恪守傳統著述方式，憑藏書以考釋，藉筆墨以達志。盛暑寒冬，孜孜矻矻，無敢逸豫。爲尋一詞，急切切，一目十行，翻盡千頁而難得；爲求善本，又常千里奔波，因限定手抄，不得複印，纍日難歸！諸君任勞任怨，潛心典籍，閱書，運筆，晝夜伏案，恂恂然若千年古儒。至上世紀末，一些年輕作者已擁有個人電腦，各種信息，數以億計，中文要籍，一覽無餘，天下藏書，“千頃齋”“萬卷樓”之屬，皆可盡納其中，無須跋涉遠求。搜集檢索，祇需“指點”，瞬息可得；形成文章，亦祇需“指點”，頃刻可就。在這世紀之交，面臨書寫載體的轉換，老一輩學人步入了一個陌生的电脑世界，遭遇了空前的挑戰。當代作家余秋雨在其名篇《筆墨祭》中有如下陳述：“五四新文化運動就遇到過一場載體的轉換，即以白話文代替文言文；這場轉換還有一種更本源性的物質基礎，即以‘鋼筆文化’代替‘毛筆文化’。”由“毛筆文化”向“鋼筆文化”的轉換，經歷了漫長的數千載，而今日再由“鋼筆文化”向“電腦文化”轉換，卻僅僅是二十年左右，其所彰顯的是科學技術的力量、“奇技奇器”的力量。作家所謂的“筆墨”，係指毛筆與烟膠之墨，《筆墨祭》祇在祭五四運動之前的“毛筆文化”。今日當將毛筆文化與鋼筆文化并祭，乃最徹底的“筆墨祭”。面對這世紀性的“筆耕文化”向“電腦文化”的轉換，面對這徹底的“筆墨祭”，老一輩學人沒有觀望，沒有退縮，同青年作者一道，毅然決然，全力以赴，終於跟上了時代的步伐！筆者爲我老一輩學人驕傲！回眸曩日，步履維艱，隨同筆墨轉型，書稿也隨之經歷了大修改、大增補，其繁雜艱辛，實難言喻。天地逆旅，百代過客，如夢如幻，三十餘年來，那些老一輩學人全部白了頭，卻無暇“含飴弄孫”，又在指導後代參與其事。那些“知天命”之年的碩博生導師們皆已年過花甲，卻偏喜“舞文弄墨”，又在尋覓指導下一代弟子同步前進。如此前啓後追，無怨無悔，這是何樣的襟懷？憶昔乾嘉學派，人才輩出，時有“高郵王父子，棲霞郝夫婦”投入之佳話，今《通考》團隊，於父子合作、夫婦合作之外，更有舉家投入者，四方學人，全力以赴。但蒼天無情，繼匡老之後，另有幾位同仁亦撒手人寰。上海那位《天宇卷》主編年富力強，卻在貧病交加、孩子的驚呼聲中，英年早逝。筆者的另一位老友爲追求舊稿的完美，於深夜手握鼠標闋然永訣，此前他的夫人曾勸其好好休息，答說“我没有那麽多時間”！可謂鞠躬盡瘁，死而後已，這又是何樣的壯志，思之怎能不令人心酸！這就是我的同仁，令我驕傲的同仁！

自 2012 年之後，因面臨多種意外的形勢變化，筆者連同本書回歸原所在單位山東師範大學，于是增加了第一位副總主編——文學院副院長、古籍整理研究所所長韓品玉，解決了編務與財力方面的諸多困難，改變了多年來的孤苦狀況。時至 2017 年春，爲盡快出版、選定新的出版社，又增加了天津人民出版社總編輯、南開大學客座教授陳益民，中國職工教育研究院常務副院長、全國職工教育首席專家俞陽，臺北大學人文學院東西哲學與詮釋學研究中心主任賴賢宗教授三位爲副總主編，於是形成了現今的編纂委員會。

在全書編纂過程中，編纂委員會和學術顧問，以及分卷正副主編、主要作者所在單位計有：中國國家博物館、中國國家圖書館、中央文史研究館、中國佛教圖書文物館、全國總工會、中聯口述歷史研究中心、河北省文物與古建築保護研究院、河北省文物考古研究院、河北閱讀傳媒有限責任公司、北京大學、浙江大學、南京大學、南京師範大學、東北師範大學、鄭州大學、河北大學、河北師範大學、河北醫科大學、廈門大學、佛山大學、山東大學、中國海洋大學、山東師範大學、曲阜師範大學、山東中醫藥大學、濟南大學、山東財經大學、山東體育學院、山東藝術學院、山東工藝美術學院、山東省社會科學院、山東博物館、山東省圖書館、山東省自然資源廳、山東省林業保護和發展服務中心、濟南市園林和林業綠化局、濟南市神通寺、聊城市護國隆興寺、臺北大學、臺灣成功大學、臺灣大同大學、臺北中國文化大學、臺灣中華倫理教育學會，以及澳大利亞國立伊迪斯科文大學等，在此表示由衷的謝忱！

本書出版方——上海交通大學領導以及上海交通大學出版社領導，高瞻遠矚，認定《通考》的編纂出版，不祇是可推動古籍整理、考古研究的成果轉化，在傳承歷史智慧，弘揚中華文明，增強民族凝聚力和認同感，彰顯民族文化自信等各個方面具有重要意義。出版方在組織京滬兩地專家學者審校文字的同時，又付出時間精力，投入了相當的資金，增補了不少插圖，這些插圖多來自古籍，如《考工記解》《考工記圖解》《考工記圖説》《考古圖》《續考古圖》《西清古鑑》《西清續鑑》《毛詩名物圖説》《河工器具圖説》等等，藉此亦可見出版方打造《通考》這一精品工程的決心。而山東師範大學各級領導同樣十分重視，社科處高景海處長一再告知筆者："需要辦什麼事情，儘管吩咐。"諸多問題常迎刃而解，可謂足智善斷。筆者所屬文學院孫書文院長更親行親爲，給予了全面支持，多方關懷，令筆者備感親切，深受鼓舞，壯心未老，必酬千里之志。此前，著名出版家和龔先生早已對本書作出權威鑒定，并建議由三十二卷改爲三十六卷。本書在學術界漂游了三十餘載終得面世，并引起學界的關注。今有國人贊之曰：《通考》是中華優秀傳統文化創造性

轉化、創新性發展的優异成果，是一部具有極高人文價值的通代史論性的華夏物態文化專
著，凝聚了中華民族的深層記憶，積澱了民族精神和傳統文化的精髓。又有國際友人贊之
曰:《通考》如同古老中國一樣，是世界唯一一部記述連續數千載生機盎然的人類生活史。
國內外的評論祇是就本書的總體面貌而言，但細予探究，缺憾甚爲明顯，因本書起步於
三十餘年前，三十餘年以來，學術界有諸多新的研究成果未得汲取，田野考古又多有新的
發現，國內外的各類典藏空前豐富，且檢索方式空前便捷，而本書作者年齡與身體狀況又
各自不同，多已是古稀之年，或已作古，或已難執筆，交稿又有先後之別，故而三十六卷
未能統一步伐與時俱進，所涉名物，其語源、釋文難能確切，一些舊有地名或相關數據，
亦未及修改，而有些同物異名又未及增補。這就不能不有所抱憾，實難稱完美! 以上，就
是本書編纂團隊的基本面貌，也是本書學術成就的得失狀況。

　　筆者無盡感慨，卅載一瞬渾似夢，襟懷未展，鬢髮盡斑，萬端心緒何曾了? 長卷浩
浩，古奧繁難，有幾多知音翻閱? 何處求慰藉? 人道是紅袖祇搵英雄泪! 歲月無情，韶光
易逝，幾位分卷主編未見班師，已倏而永別，何人知曉老夫悲苦心情? 今藉本書的面世，
聊以告慰匡老前輩暨謝世的同仁在天之靈!

張述錚

丙子中呂初稿於山東師範大學映月亭
甲辰南呂增補於歷下龍泉山莊東籬齋

凡　例

一、本書係通代史性的中華物態文化學術專著，旨在對構成中華博物的名物進行考釋。全書三十六卷，另有附錄一卷。各卷之基本體例：第一章爲概論，其後據内容設章，章下分節，爲研究考釋文字，其下分列考釋詞目。

二、本書所涉博物，分兩種類型：一曰"同物异名"，二曰"同名异物"。前者如"女墙"，隨從而來者有"女垣""女堞""女陴""城堞""城雉""陴堞"等，盡皆爲"女墙"的同物异名；後者如"衽"，其右上分别角標有阿拉伯數字，分别作"衽¹"（指衣襟）、"衽²"（指衣服胸前交領部分）、"衽³"（指衣服兩旁掩裳際處）、"衽⁴"（指衣袖）、"衽⁵"（指下裳）等，皆爲"衽"的同名异物。

三、各卷詞目分主條、次條、附條三種。次條、附條的詞頭字型較主條小，并用【　】括起。主條對其得名由來、産生年代、形制體貌、歷史演進做全面考釋，然後列舉古代文獻或實物爲證，并對疑難加以考辨，或列舉諸家之説；次條往往僅用作簡要交代，補主條不足，申説相佐；附條一般衹用作説明，格式如即"××"、同"××"、通"××"、"××"之單稱、"××"之省稱，等等。

四、各卷名物，或見諸文獻記載，或見諸傳世實物，循名責實，依物稽名，於其本稱、别稱、單稱、省稱，務求詳備，代稱、雅稱、謔稱、俗稱、譯稱，旁搜博采。因中華博物的形成、演化有自身規律，實難做人爲的斷代分割。如"朝制"之類名物，隨同帝王的興起而興起，隨同帝王的消亡而消亡，因而其下限達於辛亥革命；"禮俗"之類名物起源於上古，其流緒直達今世；而"冠服"之類名物，有的則起源甚晚，如"中山裝"之類。故各卷收詞時限一般上起史前，下迄清末民初，有的則可達現當代。

五、各卷考釋條目中的文獻書證一般以時代先後爲序；關乎名物之最早的書證，或揭示其淵源成因之書證，尤爲本書所重，必多方鈎索羅致；二十五史除却《史記》《漢書》外，其他諸史皆非同朝人編纂，其書證行用時間則以書名所標時代爲準；引書以古籍爲主，探其語源，逐其流變，間或有近現代書證爲後起之語源者，亦予扼要采用。所引典籍文獻名按學術界的傳統標法。如《詩》不作《詩經》，《書》不作《尚書》，《説文》不作《説文解字》等；若作者自家行文爲了强調或區別於他書，亦可稱《詩經》《尚書》《説文解字》等。文獻卷次用中文小寫數字：不用"千""百""十"，如卷三三一，不作卷三百三十一；"十"作〇，如卷四〇，不作卷四十。

六、本書使用繁體字。根據 1992 年 7 月 7 日新聞出版署、國家語言文字工作委員會發布的《出版物漢字使用規定》第七條第三款、2001 年 1 月 1 日施行的《中華人民共和國通用語言文字法》第二章第十七條第五款之規定，本書作爲大量引徵古籍文獻的考釋性學術專著，既重視博物的源流演變，又重視對同物异名、同名异物的考辨，故所有考釋條目之詞頭及文獻引文，保留典籍原有用字，包括异體字，除明顯錯别字（必要時括注正字訂誤）之外，一仍其舊。其中作者自家釋文，則用正體，不用异體，但關涉次條、附條等异體字詞頭等，仍予保留。繁體字、异體字的確定，以《規範字與繁體字、异體字對照表》（國發〔2013〕23 號附件一）及《通用規範漢字字典》爲依據。

七、行文叙述中的數字一律采用漢字小寫，但標示公元紀年及現代度量衡單位時，用阿拉伯數字。如"三十六計"，不作"36 計"；"36 米"，不作"三十六米"。

八、各卷對所收考釋詞條設音序索引，附於卷末，以便檢索。

目　録

序　言

　　《中華博物通考》（下稱《通考》）是一部通代史論性的華夏物態文化專著，係"十四五"國家重點出版物出版專項規劃項目，并得到2020年度國家出版基金資助。全書共三十六卷，另有附録一卷，達三千萬字，《水族卷》即其中的一卷。

　　何謂"水族"？水族指一切水生動物。其名始見於漢代張衡《西京賦》："摘瀏瀙（瀏瀙，小水別名。指水溝，小渠；瀙，湖汊，湖泊），搜川瀆（川瀆，泛指河川），布九罭，設罜麗（罜麗，小漁網），擽鯤鮞（擽，古同"剿"），殄水族（殄，本意斷絶，竭盡）。"而作爲書名，則始見於五代時期毛勝所著《水族加恩簿》。此書共收録十三種脊椎動物，十九種無脊椎動物，總計三十二種，皆爲水生經濟動物。毛勝對這些水生經濟動物進行了饒有趣味的評價，而後假藉滄海龍王"旨意"，授予以上水族相應的"官銜"，以示表彰。如鱸魚，"令：惟爾清臣，銷醒引興，鱗鬣之鄉，宜授橙虀録事、守招賢使者"；鱭魚，"令：珍曹必用郎中時充，鑙材本美、妙位無高，宜授諸衛效死軍使、持節雅州諸軍事"；鱖魚，"令：以爾錦袍氏，骨疎肉緊、體具文章，宜授蘇腸御史、仙盤游奕使"；鯉魚，"令：以爾李本，三十六鱗，大烹允尚，宜授跨仙君子、世美公"；等等。其後，宋代李昉等所編《太平廣記》《太平御覽》諸書皆以"水族"之名作爲部屬分類之一。時至近現代，又將水族分爲廣義、狹義兩類。廣義的水族包括了水生植物，本卷概論第一節"水族的古今類名辨析"已有論述，此不重複。

本卷分類非常簡明，僅有三章。第一章爲"概論"，第二章爲"水生無脊椎動物説"，第三章爲"水生脊椎動物説"。"概論"又分四節：第一節"水族的古今類名辨析"、第二節"水族的歷代研究狀況"、第三節"水族與日常生活"、第四節"水族與中華傳統文化"。非常嚴謹而細密。第四節"水族與中華傳統文化"在前三節論述了"水族的分類地位""水族的名物訓詁""水族的歷代研究狀況"等之後，詳盡論述了"水族與貨幣的誕生""水族與占卜、文字""水族與中華醫學""水族與漁文化、魚文化"，可證水族與人類，重在闡明與我中華民族的關係是何樣的密切，迴别於西方。"概論"就"水族文化"的理論論述而言，當居於領先地位。其對於水族的歷代的文史研究狀況，從先秦、漢晉、唐宋、明清，直達近現代，擘畫得如此清晰，尋常研究海洋生物的專家恐難企及。第二、三兩章的章節分合及條目考釋，則遵從世界統一的階元系統，即界、門、綱、目、科、屬、種七種分類法。如前所述，雖依古制，而所展示的却正是現代科學章法。

在我國古代生物學典籍中，水族類著述頗爲宏富，如《養魚經》《種魚經》《魚品》《漁書》《閩中海錯疏》《海味索引》《金魚譜》《異魚圖贊》《異魚圖贊補》《相貝經》《蟹譜》等，廣於閱讀，逐一識別，頗有難度。本卷切實梳理、辨析了歷代水族名物研究中的紛亂命題，解開了諸多千古謎團。

又如第二章第五節"水生節肢動物考"中的"蟹"，先釋其綱目、種類、形態、習性，由海蟹而河蟹、由大蟹而小蟹，由"饅頭蟹"而"關公蟹"，由"招潮蟹"而"股窗蟹"，形形色色，各有差异，另有的則是蟹中怪體"蟹奴""寄居蟹"之類，可謂應有盡有。而且凡重要蟹品，必配置其圖，如同全卷其他條目一樣，堪稱圖文并茂。此後，再依朝代次第，逐一釋其同物异名，由先秦直達近現代。而有關"蟹"的得名由來，概括爲三種説法：一、隨潮解甲説。《爾雅・釋魚》："蟹字從解者，以隨潮解甲也。"宋傅肱《蟹譜》："蟹之類隨潮解甲，更生新者，故字從解。"二、如蟬蜕解説。明李時珍《本草綱目・介一・蟹》〔釋名〕宗奭曰："此物每至夏末秋初，如蟬蜕解。名蟹之意，必取此義。"反映了"解"字旁係依據"蟹"的蜕殼習性而來。三、"解結散血"説。清胡世安《異魚圖贊補》卷下引明謝肇淛《五雜俎》曰："是物以解結散血得名，惟霜後可食。"此得名三説，古今字書、辭書無一收載，足見作者的功力所在。再後則考釋國人的食蟹史以及有關吟蟹頌蟹的詩文。蟹文之末，另附有《蟹製品及其他》，開列了幾種典型的蟹製品及食蟹的器具"蟹八件"及捕撈器具"蟹籪"等。據此，可展現我中華民族的蟹文化與蟹文化史。全卷條目條條如此，展現的是我中華民族的水族文化與水族文化史。

又如第二章第七節"棘皮動物考"中的"海參"，在當代國人心目中，是難得的美味佳餚，認定其滋補功能冠蓋當世，似無可取代者。今中國大地，店鋪林立，商賈遍地，鼓吹之聲不絕於耳，且不時存在弄虛作假，優劣難辨。本考則還原了其本真面貌，引經據典，文若鐵石，毋庸置疑。其物於三國吳沈瑩《臨海水土異物志》首見記載："土肉，正黑，如小兒臂大，中有腹，無口目……炙食。"其時貶稱"土肉"，祇是"炙食"而已，既貶稱爲"土"，又祇用於燒烤而食，此即其初始的"身份""地位"。直到明謝肇淛《五雜俎·物部一》中，始見較高評價，稱其爲"海參"："海參，遼東海濱有之，一名海男子，其狀如男子勢然……其性温補，足敵人參，故名參。"謝氏在贊其"足敵人參"的同時，又特別標示了其不雅的綽號"海男子"。何謂"海男子"？因"其狀如男子勢然"。"男子勢"，專指男子生殖器"男根"。這從側面反映了明人對於海參仍非那麼珍視，故而在其當代權威的醫典《本草綱目》中未予記載，在清朝的國宴"滿漢全席"中始露頭角，漸得到重視。此即前文所言，本考"還原了其本真面貌"。作者在還其本真面貌的過程中，又十分自然地理清了海參自三國之後的異名別稱。如"土肉""沙噀""海男子""戚車""魶""鼅魚""刺參""光參""海鼠""海瓜""海瓜皮""海黃瓜""白參""牛腎""水參""春皮""伏皮"諸稱，除却"魶"字之外，其他十六個異名別稱，古今辭書無一收録，唯一收録的"魶"字，又含混不清。而"海黃瓜"則爲英文sea cucumber的漢文義譯。英文喻稱"海黃瓜"較中文之喻稱"海南子"似有異曲同工之妙。本卷所涉水族名類，常做中外對比，如"偕老同穴"，爲海洋多孔動物海綿的一屬。我國最著名者爲海綿物種"馬氏偕老同穴"（*Euplectella maushalli*），體呈圓筒形，長30～100厘米，自上而下逐漸趨窄，直立生長，外形如精緻的花瓶。幼體時期的儷蝦常成對經篩板孔進入其體内腔栖居，當蝦體長大無法逸出，便被終生禁錮其中，國人故喻稱"偕老同穴"。日本人常把"偕老同穴屬"的乾製標本作爲男女定情的信物，以示到老永不分袂；西方則視其爲愛和美的女神之花籃，名曰"維納斯花籃"。諸如此類的對比，開闊了讀者的視野，增加了愉悦感。

再如第三章第二節"魚類考"中的"比目魚"一條，凸顯了我國先民習慣的目斷臆想式思維方式，而後予以翔實考證，對於了解先民的另端思維史，提供了具體生動的例證。作者始引先秦典籍《管子·封禪》："東海致比目之魚，西海致比翼之鳥。"房玄齡注："〔比目魚〕各有一目，不比不行……〔比翼鳥〕各有一翼，不比不飛。"（按，《管子》之《封禪》

篇久佚，後世據《史記·封禪書》補）此後連引秦漢至魏晋南北朝典籍，最後以明李時珍《本草綱目·鱗四·比目魚》作結：“比，並也。魚各一目，相並而行也。”可證在我國歷史長河中連續數千載，一直認定比目魚衹有一側一隻眼，必須與另一條匹配，左右各一眼，“相並而行”。在中國古代典籍中，又常以傳説中衹有一翼，必須與另一隻匹配，雌雄並飛的比翼鳥爲喻，尤爲虛妄無度。本卷作者指出，國人自清代始知比目魚有兩眼，無須“相並而行”，但同時又誤認爲其兩眼一明一暗，並不相同（見清李調元《然犀志》），直至徐珂所著《清稗類鈔·動物類》中，比目魚的生態狀况始得以還原。在正本清源的同時，如前述海參一樣，亦十分自然地理清了比目魚得名的來龍去脉，而自先秦以還的二十四種異名别稱亦得以全面的考釋，這些異名别稱有的源自其生活習性，如“拖沙魚”；有的源自其體形，如“鞋底魚”；有的源自先民的誤認，如“兩鮃”（即兩魚並行之意）；有的則源自經史演繹，如“報娘魚”“孝子魚”等。這些异名别稱，提供了本名之外的諸多可資藉鑒研究的信息。

又如第三章第四節“水生爬行動物考”中的“龜[1]”條，首先介紹了各種名稱，接着扼要闡明其學科歸屬、形態、習性，之後全面展開考證論析：據古文獻記載，我國先民認識爬行動物至遲可以追溯到文字出現之前。商代已將文字刻在龜甲或獸骨上，即甲骨文。從《甲骨文編》中可以辨認出獸、龜、鼉、龍等七個有關爬行動物的文字。龜的象形文字，上部像蛇頭，下部像龜的四肢和尾巴，讀音同“規”“貴”。規者圓也，示其體圓；貴者，示其高貴。《説文·龜部》：“龜，舊也。外骨内肉者也。從它，龜頭與它頭同。”段玉裁注：“龜古音姬，亦音鳩。舊，古音臼，亦音忌。舊本鴟舊宇，假借爲故舊，即久字也。”這些引證，一方面理清了“龜”的得名由來，一方面還原了其本有的歷史地位：體圓、高貴而生命長久，撥正了後世的偏見與污稱。其後又列出污名“王八”的多家説法。而後考釋了龜的種種别名亦稱，如泛稱者有“玄武”“神使”“大蔡”“玉虛”“神屋”“玄衣督郵”“洞玄先生”“輜衣大夫”“巳日時君”“清江使者”等五十餘種；不同形態、不同顔色、不同習性及不同用途者又有“平胸龜”“綠海龜”“眼斑水龜”“四眼斑水龜”“黄喉擬水龜”“神龜”“蠵龜”“攝龜”“寶龜”“文龜”“筮龜”“山龜”“澤龜”“水龜”“火龜”等八十餘種。最後，開列了龜體的常用物“龜甲”的異名别稱，如“靈骨”“神屋”“玄衿”“敗將”“漏天機”等十餘種。何謂“龜”，何謂中華之“龜”，在此得以全面展示。

上述“蟹”“海參”“比目魚”“龜”之類的精彩考釋，翻檢本卷，俯拾可得，在此不複舉證。

　　本卷兩位主筆，陳萬青教授、楊秀英博士皆爲中國海洋大學研究海洋領域的專家，却從傳統文化的角度，爬梳參閱了如此繁雜的古代典籍，對於我國有史以來的浩浩水族做出如此系統全面的考釋，這在當代學術分類日趨割裂的境況下，實屬難能可貴。

　　本卷書稿幾經審閱，幾經修改補充，力求更好，多達七十餘萬字。其間人事、編務交錯繁雜，頗費周折。蒼天見怜，廿載辛勞，終得蕆事。

　　匆而執筆，是以爲序。

張述錚

太歲旃蒙協洽桃月中浣於師大新村初稿
太歲上章困敦菊月上浣於師大新村定稿

第一章　概　論

引　言

近世以來，一方面，經濟騰飛，科技創新，社會進步，人民奮進。另一方面，人類也面臨種種巨大的災難，如戰爭屠殺、大氣污染、土地沙化等，其中江河湖泊魚蝦變形，尤爲可怕。這就涉及了本命題，這就涉及了水。何謂水？水是生命之源，水孕育出水族，也養育了人類。從開天闢地、遠古時代起，水族就陪伴人類一路走來。考釋水族，瞭解水族，知其古今，曉其價值，保護水族，利用水族，愛護水族，合理地開發水族，是我中華，也是當今人類共同的歷史使命。本卷僅就本選題之水族而言，不涉其他。

第一節　水族的古今類名辨析

一、水族的分類

所謂水族，有狹義和廣義之分。狹義的爲生活於水中動物之泛稱，廣義的包含水生動物和水生植物，本卷則指前者。《現代漢語詞典・水族》定義：“生活在水中的動物的總稱。”
《漢語大詞典・水部》則定義：“水族，水生動物的統稱。”臺灣三民書局《大辭典・水部》
又定義：“水生動物之總稱。”

應當指出，本卷指稱的“水族”隸屬於傳統分類體系，并非屬於現代生物分類學概念
或分類階元。因爲許多門、綱、目中所屬動物，既有水栖者又有陸生者。如軟體動物，既
有水栖的螺、貝，又有陸生的蝸牛，節肢動物既有水栖的蝦、蟹，又有陸生的蟋蟀、螞
蚱，爬行動物既有水栖的龜、鱉，又有陸生的蜥蜴，哺乳動物既有水栖的鯨、海豚，又有
陸生的牛、羊等。本書遵從我國傳統的分類體系，祇選各門類中的水栖者，依照世界通行
的階元系統，分爲界、門、綱、目、科、屬、種七級。又依照瑞典卡爾・馮・林奈創立的
雙名命名法命名，再標以拉丁學名。這樣的研究方法，這樣的分類與標注，避免了傳統分
類及形狀描述的失誤與不確定性，即走出國門，可與國際接軌。這就是源本而又嶄新的中
華古典水族學，而非重蹈全盤西化的老路。

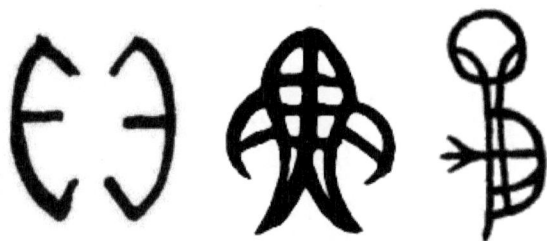

貝　　　　魚　　　　龜
（《甲骨文合集》）

人類最早認識的水生動物是貝和
魚。五億七千萬年至五億一千萬年前的
寒武紀是貝類等水生無脊椎動物的繁
盛期，魚類的崛起是在四億年前的泥盆
紀，至一億六千年前的侏羅紀中演化出
第一隻海龜。幾乎所有的水域都有魚，
而且幾乎都可食，故人們常把水生動物混稱作魚（見下文）。

《爾雅》將動物分爲蟲、魚、鳥、獸四類。春秋末年齊國《考工記》中將動物分爲大
獸與小蟲兩大類，相當於現在的脊椎動物和無脊椎動物。大獸又分爲脂、膏、臝、羽、鱗
五類。而戰國末期的《吕氏春秋・十二紀》、漢初的《淮南子・時則訓》記載，大獸即羽、
毛、鱗、介、臝，其中的羽指鳥類，鱗指魚和爬行類，介即鱉類，毛即獸類，臝指人類。
直到明代李時珍《本草綱目》，仍把動物分爲蟲、鱗、介、禽、獸、人等類。

《大戴禮記・曾子天圓》曰：“毛蟲之精者曰麟，羽蟲之精者曰鳳，介蟲之精者曰龜，
鱗蟲之精者曰龍，倮蟲之精者曰聖人。”該書把動物統稱爲“蟲”。

二、水族的名物訓詁

　　凡物皆有名，水族亦然。在漫長的歷史長河中，因有古今、時地之别，秦漢唐宋，江南塞北，异風别俗，各有不同，且有文字變革；另有多種民族語言，自成體系，而又融合交會，作爲表述方式，又常富有感情色彩；此外，同一名物，諸子百家，各有己見，國際交流，翻譯有别，而宗教隱語，政治規避，另有影響，甚至有以訛傳訛、以錯傳錯之類。水族之名，尤爲繁複，難以捉摸，故而除正名之外，往往出現别稱、异稱、俗稱、美稱、貶稱、雅稱、擬稱、戲稱、愛稱、尊稱、喻稱、代稱，等等。南宋羅願的《爾雅翼》是一部名物訓詁學著作，專釋《爾雅》中動植物名，以補其不足，實爲《爾雅》之羽翼。全書三十二卷：《釋草》八卷，凡一百二十名；《釋木》四卷，凡六十名；《釋鳥》五卷，凡五十八名；《釋獸》六卷，凡七十四名（今本爲八十五名）；《釋蟲》四卷，凡四十名；《釋魚》五卷，凡五十五名。《釋魚》五卷，并非全釋魚，還包括釋蝦、蟹、螺、貝、龜、鰐、蛇、鯨等（可證前述"魚"，并非專指"魚"）。每釋一物，既考之於書傳，又參之以目驗，原原本本，足以解疑釋惑。《爾雅》祇釋物名，而本書則進而"名原其始，物徵其族，肖其形色象貌，極其性情功用"。其《序》曰："物之難明，爲名之難明；名之難明，緣物多异名。异名之起，蓋因五方之名既已不同，而古今之言又自有别。大而别之，或同物异名，或同名异物，因其紛繁，每易淆誤。"今以魚爲例，其异名達四十五種之多，先秦稱魚類爲"水蟲"，又有"波臣"之擬稱，南北朝時西南少數民族稱魚爲"娵隅"，宋人又稱"水花羊"，明代又有"龍王兵"之美稱，政治家稱其"小鮮"，僧家隱語稱其"水梭花"，文人又稱其"游鱗""霜鱗"……明屠本畯《閩中海錯疏·序》："夫水族之多莫若魚，而名之异，亦莫若魚，物之大莫若魚，而味之美亦莫若魚，多而不可算數窮推。"

　　清郭柏蒼著有《海錯百一録》："凡物命名之始，必有取義。"名物或緣其形態，或據其習性，或源於傳説，或出於神話，或突出其利，或警戒其惡，或參人之情等，内涵甚爲豐富。如稱貝，認爲其殼當背用，"貝""背"同音；稱蟹，説其隨潮蜕殼，如解甲胄；牡蠣，牡爲雄，誤以爲其是有雄無雌的大螺；稱鱸，誤認爲其頭有七星，有夜朝北斗行自然之禮之習性；稱鰣，説其來游準時；稱蟾蜍，是擬其叫聲；稱鱉，是説其爬行蹩躠等。

　　許多水族名物沿用至今，已成爲正名，更多的是沉澱下來，成爲祖國燦爛的文化遺産。今溯其源，探其流，釋其意，定其位，即確定其現代分類位置，并確立拉丁學名，以解惑辨异，古爲今用。但其中某些名物，因歷史的局限，存在認識上的差失。如，烏羽變魚、鷽卵生蟹、鯧魚無雄、比目魚必兩兩比目而行等，從而糾其誤，還其本來面目。

我國古籍多達數萬種，且連續數千載，所涉水族，浩浩然難以勝數，紛紛紜紜，或有別解，或有异說，莫衷一是。本卷的主旨在於上下求索，廣予羅致，并對其形態、屬性、習性、功能、功用以及得名由來（包括异名別稱），以現代視野、現代科研體系與章法，進行全方位的考釋，存真辨僞，還其真貌，藉此以展現先民的日常生活情狀、生活樂趣，乃至於天人觀念。這一展現，是直接、具體、生動、形象的，是其他著述不可取代的。

第二節　水族的歷代研究狀况

巍巍中華，歷史悠久，疆域遼闊，且毗鄰大海，海岸曲折，大陸岸綫長 18400 多千米，更有 7600 多個島嶼，頗似璀璨的明珠，散落在約 473 萬平方千米的渤海、黄海、東海、南海四大海域之中，島嶼岸綫長 14000 多千米。我國的海域，多海底平坦，屬泥沙底之冲積層，適於水生動物的生長栖息。加之我國沿海有寒暖二流之匯合，其所受寒流影響較大，受暖流影響較小，寒水性魚類與暖水性魚類在此會合。在祖國約 960 萬平方千米的遼闊疆域中，還有長江、黄河、珠江等大江大河，連接大海，源遠流長；東南各省，細流溝瀆，縱橫交錯，其入海口處，浮游生物及其他生物滋生繁盛，成爲魚類和許多其他水生動物的餌料，是水産豐富的主因。還有無數湖泊池塘，星羅棋布。大者浩浩似海，如鄱陽湖、洞庭湖、太湖、洪澤湖、巢湖之類，次者數十里之闊者不勝枚舉，故淡水生物亦極爲繁多。如此遼闊的江河湖海水域，還有橫跨熱帶、温帶、寒温帶三個氣候帶，複雜多樣的氣候條件，必然孕育出無比豐富的水中生靈，即水族類。

我中華擁有連續五千多載的漫長歷史，古今疆土、氣候有別，改朝換代，治理方式亦自不同，這就决定了水族的繁衍、漁業的盛衰。以下依時代先後，擇其關注、研究最詳者分述。

一、先秦時期

秦代以前，人們在和大自然的接觸中，多識草木鳥獸蟲魚之名，辨生物之同异、揭生物之指歸，人們的水産活動散見於《詩》《周禮》《爾雅》以及諸子百家的著述。《爾雅》是辭書之祖，被稱爲中國訓詁的開山之作，成書於戰國或兩漢之間。"爾：正也；雅：近也，言可近而取正也。"（《爾雅翼·自序》）全書收詞語四千三百多個，分爲二千零九十一個條目，按類别分爲"釋詁""釋言"等十九篇。其中有關動物的五篇，即《釋鳥》《釋獸》《釋畜》《釋蟲》《釋魚》。其《釋魚》篇，今人考證記魚五目十一科二十二種，有水生脊椎動物活東、魚、鱉、蠑螈等，有水生無脊椎動物蝦、蚌、蜃、貝、蛭、鱟等。在《釋器》篇中記載了古人用於漁獵的多種網具，"緵罟謂之九罭。九罭，魚罔也。嫠婦之笱謂之罶，罺謂之汕，篧謂之罩，椮謂之涔……魚罟謂之眔"。這裏，"緵罟"爲網，"罶"爲捕魚的竹簍，"罺"爲撩網，"篧"爲捕魚籠。"椮"爲聚積柴木於水中，魚得寒，入其裏藏隱，因以簿圍捕取之（見晋郭璞《爾雅注》）；這類似於今聚魚之人工魚礁，古人稱之爲"罧業"。

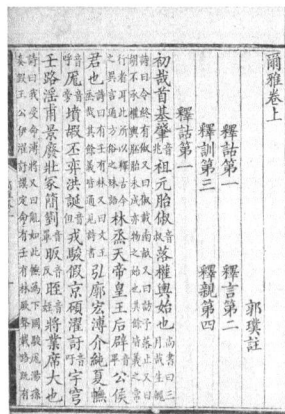

清版影宋本《爾雅·釋詁》

《詩》是中國早期的詩歌總集，編成於春秋時代，共三百零五篇，爲周初至春秋中葉的作品，其中很多篇記有當時可捕撈到的魚類、使用的漁具和漁法，以及進行人工養魚等内容，其中出現的魚名已達十種。如《小雅·采緑》："其釣維何，維魴及鱮。"《陳風·衡門》："豈其食魚，必河之魴……豈其食魚，必河之鯉。"等等。

《周禮》是記載周王室官制和戰國時代各國制度的彙編，爲戰國時代作品。《周禮·天官·鱉人》："鱉人，掌以時鱉爲梁。春獻王鮪，辨魚物，爲鱻薧，以共王膳羞……凡鱉者，掌其政令，凡鱉征，入於玉府。"（鱉本作魚，又音御）《周禮·地官·大司徒》："〔大司徒之職〕辨其山林、川澤、丘陵、墳衍、原隰之名物……辨五地之物生。一曰山林，其動物宜毛物，其植物宜皁物，其民毛而方；二曰川澤，其動物宜鱗物，其植物宜膏物，其民黑而津；三曰丘陵，其動物宜羽物，其植物宜覈物，其民專而長；四曰墳衍，其動物宜介物，其植物宜莢物，其民皙而瘠；五曰原隰，其動物宜臝物，其植物宜叢物，其民豐肉而庫。"這些都記載了中國早期的漁業職官及其職責。

被稱作荒誕怪异的《山海經》也記魚數十種，甚至還記載了有毒的魚。此外，《管子》《孟子》《荀子》《吕氏春秋》等著作中，也分別記有捕魚、養魚和水產資源保護等漁業内容。

二、秦漢三國兩晋時期

自漢代始，繼前述第一部辭書《爾雅》之後，第一部字典《説文》誕生；注疏考釋之風興起，水產著述逐漸增多，集前人成就的類書大量出版；隨着水生動物養殖業發展，多種水生動物專著問世。

西漢初年，《爾雅》正式問世，是中國第一部全方位地詮釋漢語語詞的詞典，天地萬物無不包容，設有《釋魚》專章，其中包括了蝦、蚌、龜、蛇及蝾螈，等等。可見《爾雅》所謂"魚"，意同"水族"，"釋魚"亦即"釋水族"。《爾雅》在兩漢時期影響最爲廣遠，成爲士子必讀的典籍，先成爲十二經之一，後又成爲十三經之一。

東漢許慎《説文解字》，簡稱《説文》，是中國第一部系統地分析漢字字形和考究字源的字書，也是世界上很早的字典之一。創五百四十個部首，收一万零五百一十六个字。其中，蟲部一百六十餘字，魚部和鳥部各百餘字。該書對先秦至東漢動植物的歸類有着繼往開來的規範化作用。

三國吴沈瑩撰《臨海水土異物志》是一部記載吴國臨海郡（今浙江省南部與福建省北部沿海一帶）的志書（原書已佚，現傳世本是後人輯佚而成的）。該書記魚五十多種（二分之一以上爲海魚），有烏賊、魿魚（章魚）、蚶、石華（鮑）等軟體動物十餘種，還記土肉（海參）、陽遂足等棘皮動物。除記其名，又記其形態、習性乃至食用價值，故被譽爲我國第一部地方志。

三國吴陸璣撰《毛詩草木鳥獸蟲魚疏》是一部專門針對《詩》中提到的動植物進行注解的著作，因此有人稱它是"中國第一部有關動植物的專著"。全書共記載草本植物八十種、木本植物三十四種、鳥類二十三種、獸類九種、魚類十種、蟲類二十種，共計動植物一百七十六種；對每種動物的描述包括當時的名稱、別名、形態特徵、生態習性、發聲部位、營巢特點和使用價值等。

晋郭璞所撰《江賦》記魚、貝、蝦、水母、海藻等"水物怪錯"和海鳥，記動物之洄游，亦記共栖生活的動物，"魚則江豚、海狶、叔鮪、王鱣……鰻鱨順時而往還。爾其水物怪錯，則有……玉珧、海月、土肉、石華……璅蛣腹蟹、水母目蝦……紫菜熒曄"。該文是水族研究中頗有價值、彌足珍貴的文獻。值得注意的是，郭璞所稱"水物怪錯"，不僅包括水生動物，而且包含水生植物。

三、隋唐五代宋時期

唐代是封建社會發展的一個高峰期，生產力有了大幅度的發展，漁業經濟空前活躍，多種淡水魚和海水魚得到大力開發。

唐段成式撰《酉陽雜俎》三十卷，在《鱗介篇》中，介紹了三十三種水生動物的資料，如："鯉，脊中鱗一道，每鱗有小黑點，大小皆有三十六鱗。"再如："寄居，殼似蝸，一頭小蟹，一頭螺蛤也。"書中還記載了中國早期的水獺捕魚。

唐劉恂撰《嶺表錄異》三卷，記載嶺南（今廣東、廣西大部地區）的風俗物產（原書已佚，今本是從《永樂大典》等書中輯出的）。其卷下介紹了近三十種水生動物的形態特徵，從魚、蝦、蟹、貝到巨鯨。如："鸚鵡螺，旋尖處屈而朱，如鸚鵡嘴，故以此名。"再如："蟕蠵者，俗謂之茲夷，乃山龜之巨者。人立其背，可負而行。"書中還最早記載了中國的草魚養殖。

唐段公路《北戶錄·魚種》："南海諸郡郡人至八九月，於池塘間采魚子着草上者，懸於竈烟上。至二月，春雷發時，却收草浸於池塘間，旬日內如蝦蟆子狀，悉成細魚，其大如髮，土人乃編織藤竹籠子，塗以餘糧或遍泥蠣灰，收水以貯魚兒，鬻於市者，號爲魚種。魚即鲶鯽鱧鯉之屬，育池塘間，一年內可供口腹也。"

唐歐陽詢等《藝文類聚》，是中國現存較早的一部完整的官修類書；全書一百卷，一百餘萬字；徵引古籍一千四百三十一種，分門別類，摘錄彙編；計有寶玉、鳥獸、鱗介、蟲豸、瑞祥、灾異等四十四部。其卷九六《鱗介部上》記龍、蛟、蛇、龜、鱉、魚等，卷九十七《鱗介部下》記螺、蚌、蛤、蛤蜊、烏賊、石劫等，頗爲詳盡。

唐宋時有關蟹的專書尤爲豐富。如，唐陸龜蒙所撰《蟹志》，謀篇布局十分精當。主要分三大部分：首段寫古籍記載的蟹，末段寫蟹對當時學者的啓示，中間一段記述了稻蟹的洄游以及以簖捕捉稻蟹，并記述了稻蟹洄游和以簖捕捉的關聯。此書對研究漁業史有很高的藉鑒價值。又有北宋傅肱所撰《蟹譜》一書，分上下兩篇。上篇多采舊文；下篇多爲作者述作。南宋高似孫又著《蟹略》共四卷，卷一爲蟹原、蟹象，卷二爲蟹鄉、蟹具、蟹品、蟹占，卷三爲蟹貢、蟹饌、蟹牒，卷四爲蟹雅、蟹志、賦咏；除《郭索傳》外爲十二門，每門之下分條記載，合計一百三十三個條目；是宋代及以前中國蟹文化的彙總之作。《四庫全書總目提要》評《蟹略》曰："特其采擷繁富，究爲博雅，遺篇佚句，所載尤多。"時至清代，孫之騄又盡半生精力，輯成《晴川蟹録》四卷，後又成《晴川後蟹録》，本卷明清文中有專考，此略。

尤令人矚目的是宋陸佃所撰《埤雅》二十卷。此書專釋名物，以爲《爾雅》的補充，所以稱《埤雅》；初名《物性門類》，後改今名。書中始於釋魚，繼之以釋獸、釋鳥、釋蟲、釋馬、釋木、釋草，最後是釋天，陳振孫評其著"於特性精詳，所援引甚博"；解釋名和詞常從文字結構、字形、字音入手，追溯其原始意義，爾後博引典籍，闡釋它在不同語境中的含義及作用。如《爾雅·釋魚》："鯊，鮀。"晋郭璞注："今吹沙小魚，體圓而有點文。"甚爲簡略，祇言形體而已，而本書關於"鯊"的説解，却洋洋大觀："鯊，《釋魚》云'鯊，鮀'。今吹沙小魚，常張口吹沙，故曰'吹沙'也。鯊性善沈，大如指，狹圓而長，有墨點文，常沙中行，亦於沙中乳子。故張衡云'縣淵沈之鯊鰡'也。《字指》云：'鰡，鯊屬。'《詩》曰：'魚麗于罶。'鱣鯊、魴鱧、鰋鯉。蓋鱣也、魴也、鯉也，其性浮；鯊也、鱧也、鰋也，其性沈。而'罶'則嫠婦之筍，其用功寡，又以待魚之自至。今魚麗于罶，鱣鯊、魴鱧、鰋鯉，沈浮、小大、美惡與其形色之異具有，則餘物盛多可知也。俗云：'鯊性沙抱。'《異物志》曰：'吹沙，長三寸許，背上有刺，螫人。'《海物異名記》曰：'鯊，似鯽而狹小。'"僅"鯊"一物，本書説解、考辨就如此詳盡、豐富，實乃此前訓詁著作所無。

宋邵雍《漁樵問答》載："釣者六物：竿也，綫也，浮也，況也，鈎也，餌也。一不具，則魚不可得。"

宋李昉等《太平廣記》，因成書於宋太宗太平興國年間，故名。全書共五百卷，其中水族九卷，彙集自兩漢至北宋各著述中有關水族類的記載。如："東方之大者，東海魚焉。行海者，一日逢魚頭，七日逢魚尾。魚産則百里水爲血。"又如："海人魚，東海有之，大者長五六尺，狀如人，眉目、口鼻、手爪、頭，皆爲美麗女子，無不具足。皮肉白如玉，無鱗，有細毛。"

四、元明清時期

　　明清時期，對水生動物的研究利用達到了高峰，著作多姿多彩，呈現蓬勃發展的趨勢。在世界生物學著作中，按國家或地區記載動物種類的分類學專著，稱爲動物志。古希臘亞里士多德（公元前 384—前 322）的著作中所載動物已達五百餘種。18 世紀瑞典博物學家林奈（1707—1778）發表的分類學名著《自然系統》（1735 年初版），是歐洲真正的地區性經濟動物志。我國早在 16 世紀就已出版《閩中海錯疏》（按，閩中：地名，福建；海錯：種類繁多的海洋動物，此處錯爲錯雜、繁多之意，而非對錯之錯；疏：説明或解釋）一書，由明代時任福建鹽運司同知的屠本畯所撰，是記述福建沿海水産動植物的專書，成書於萬曆二十四年（1596）。全書分上、中、下三卷。卷上爲《鱗部上》，含鯉、鯽、魴、鯊、鮪等習見魚類和海鰌（鯨）；卷中爲《鱗部下》，含烏賊、章魚、水母、蝦等運動能力較強的“鱗”類和帶魚、鯢（河豚）、魟、彈塗等體形特殊的魚類以及蝦蟆（澤蛙）、水鷄（虎紋蛙）、蟾蜍等兩栖動物；卷下爲《介部》，含龜、鱉等爬行動物和蟹、蚶、海膽等無脊椎動物。全書共記述二百餘種海洋動物和少數淡水物種，詳述了真鯛的食性和洄游規律、泥螺的生殖發育過程，總結了草、鰱兩種魚的飼養方法，糾正了對海粉（海兔之生殖産物）、寄生（寄居蟹）等的誤傳。雖然所列動物種類與南方動物區系相比較還不够豐富，描述也不像現代動物志那樣精詳，但從内容和分類方法來看，本書確已進入動物志的領域，是我國現存最早的地區性水産動物志。

　　明黄衷《海語》分四部，其中，物産一篇，記述了海鯊、海龜、印魚、海鰌、海鷄、

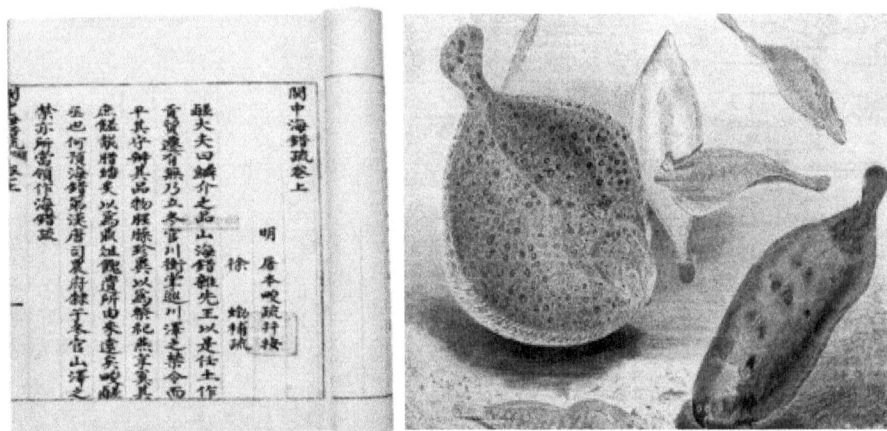

明屠本畯《閩中海錯疏》書影

海鷗等；全書可作爲 16 世紀東南亞史地研究的參考資料。

明彭大翼《山堂肆考》二百四十卷，分宫、商、角、徵、羽五集；羽集含羽蟲、毛蟲、鱗蟲、甲蟲、昆蟲；采集宏富，内容浩博。

清代經學家、訓詁學家郝懿行，所著《記海錯》記述了山東沿海水産動植物；成書於嘉慶八年（1803）；書中共列出海産四十九種，特點是注意考證，文筆精練。例如記"望潮"（蟹）："海壖間泥孔漏穿，平望彌目，穴邊有一小百蟹，趺脚昂頭，側身遥睇，見人欻入……"作者的寫作原則是眼見爲實，不録傳説中的神秘、怪异之物，所記海産大多爲有經濟價值的種類。

清郭柏蒼《海錯百一録》是記述福建沿海水産動植物的專書，成書於光緒十二年（1886）。全書五卷，卷一、卷二記漁，寫捕魚工具及捕魚方法，共記魚一百七十四種；卷三記介、殼石一百二十一種；卷四記蟲三十種，另附記海洋植物二十四種，補充和豐富了清代以前諸書的内容，所記多爲實際觀察記録，采用民間資料也較多；卷五記海鳥、海獸、海草。如記鯊稱"其皮如沙，背上有鬛，腹下有翅，胎生"，并記有海鯊、胡鯊、鮫鯊、劍鯊、虎鯊等二十五種鯊。其自序稱："以數十年所見者，所證之老漁，老漁所見者，粗細必記，不厭其鄙。以老漁所聞者，證之諸書，諸書同亦録之，存其名，備其説，使音與義合。其因音訛而訓背者，皆從删。"足見作者以實地考察爲依據，耳聞者必證之於典籍記載，絶無想象之弊，經得起驗證；全書分記漁、記魚、記介、記殼石、記蟲、記鹽、記海菜等，附記海鳥、海獸、海草等，堪稱一部内容詳盡的清代福建海洋水産生物區系志。

清李調元著《然犀志》兩卷，記廣東水産動物九十三種。上卷載螺蚌類、甲殼、哺乳類三十一種，下卷載鱗部等六十二種。《自序》中稱："水族之適用惟魚，而魚之類不一。漢、淮、河、漢之魚，尚可約指，而海中之魚之衆，則尤瑣屑而難名。余視學粵東，半皆濱海，以故供食饌者惟魚爲先，而其中奇奇怪怪令人瞠目而不下等者，指不勝屈。"作者慧心慧目，以是博采方言，按諸山海地志，一一精細備載。每得一物，即志其形狀，考其出處。例如記"海馬"："其首如馬，其腹身如蝦，其背佝僂，有竹節紋，長二三寸，雌者黄色，雄者青色。"叙述很生動，可以之與現在海馬圖相對照。全書内容盡爲作者親察所得，與上述郝懿行所著《記海錯》一樣，具有很高的科學價值。何以稱《然犀志》？因《晋書·溫嶠傳》記有溫嶠至牛渚磯曾燃犀牛角，照得深水中的各種怪物，實爲自謙之語。

按，"然"爲"燃"的本體字。

清聶璜《清宫海錯圖》（簡稱《海錯圖》）四册，作於康熙三十七年（1698）；該書繪海錯（主要是海洋動物）三百七十一種，圖像清晰，栩栩如生，且對每一種生物都有細緻入微的觀察、考證與描述，内容翔實，圖文并茂，具有很高的博物學和科學史的研究價值。

清孫之騄（號晴川）盡半生精力，搜集了自先秦至清初經、史、子、集裹的數百種典籍，於康熙五十五年（1716）秋輯成《晴川蟹録》"譜録""事録""文録""詩録"四卷，後又成《晴川後蟹録》"事典""賦咏""食憲""拾遺"四卷。

清李元《蠕範》八卷，在中國古文獻中極爲獨特。書出在中國處於閉關自守之時（1816年前後）。該書依動物之理（陰陽）、匹（雌雄）、生（生殖）、化（化生）、體（内構）、聲、食、居、性、制、材、知、偏、候、名、壽等分爲十六部分；其分類備檢有禽屬、獸屬、鱗屬、介屬、蟲屬等；承前啓後，立意新穎，多爲他書不載。何謂《蠕範》？"蠕"，原指爬行的小蟲，此處藉指動物；"範"，謂範例。書名意即動物的範例。

清陳元龍《格致鏡原》，含一百卷三十類，卷九〇至九五爲水族類。清張英等《淵鑑類函》，計五百四十卷，含鳥、獸、鱗介、蟲豸等四十五部。

清蔣廷錫等《古今圖書集成》被譽爲"中國古代之大百科全書"，其《禽蟲典》一百九十二卷，彙集了水生動物的古文獻并附精細之圖。下分羽禽總部、走獸部、魚部、异魚部（龜貝等）和蟲部，各部又分若干小部以歸類品種，共計三百四十部。每種禽獸或魚蟲均列彙考、總論、圖表、列傳、藝文、選句、紀事、雜録、外編等項，從不同角度記録了大量典籍中的水族。

此外，另有明李時珍《本草綱目》五十二卷，并有序例、總目、百病主治藥目録、藥品總目及《圖卷》（上、中、下）；所涉水族尤爲廣博，全爲藥用，下有專述，此略。

五、近現代時期

清代閉關自守的打破，是 1840 年後的事。豐富的文化遺産整理、仁人志士科學救國的熱情與舉措、洋務運動中的技術引進、西方近代科學的傳入等，在我國科學技術近代化進程中都起到了積極的推進作用。

1949 年以前，對水族類的零星研究多源於生物學家的興趣。如 1927 年中山大學生物系主任費鴻年組織的南海沿岸生物考察，1934 年中國社會生物研究所等六個單位組織海南生物科學采集團。20 世紀 30 年代，國立北平研究院動物學研究所先後對山東沿海的動物進行多次調查。中國最早的海洋生物研究團體是 1935 年成立的太平洋科學協會海洋學組中國分會，該會於 1937 年籌建成立了中國最早的海洋生物研究所——青島海濱生物研究所，其後又分別成立了廈門大學海洋生物研究室、渤海海洋生物研究室、定海海洋生物研究室。本階段開展了對海洋生物特別是對魚類、珊瑚及水產方面的基礎研究，但對於傳統的水族系統研究已無甚興趣，後因全面抗日戰爭爆發，上述機構中止了研究活動。

中華人民共和國成立以後，開啓了水族類研究的新篇章。

首先就是建立了相關研究机構。科學院系統：1950 年 8 月中國科學院在青島成立水生生物研究所海洋生物研究室，1959 年 1 月擴建爲中國科學院海洋研究所，1950 年北平研究院動物學研究所和静生生物調查所調整組建成中國科學院動物標本整理委員會，1953 年更名爲動物研究室，1957 年正式成立中國科學院動物研究所并在 1962 年與昆蟲所合并；中國科學院水生生物研究所，1950 年由原中央研究院動物研究所的一部分和植物所藻類學部分在上海合并而成，1954 年遷往武漢，主要研究内陸水生生物；1959 年南海海洋研究所在廣州成立。水產系統：中共十一屆三中全會以後國務院設立國家水產總局（後以水產、漁政兩局歸入原農業部），1978 年組建中國水產科學研究院，下設黑龍江、長江、珠江三個淡水漁業研究所，黄海、東海、南海三個海洋漁業研究所。1976—1985 年，恢復了上海水產大學、大連水產學院、湛江水產學院、廈門水產學院，以及天津農學院、華中農學院、中國海洋大學水產系。海洋局系統：1964 年國家海洋局組建，其三個研究所（青島一所、杭州二所、廈門三所）亦相繼建制。教育系統：早期的水產學校有 1911 年創建的江蘇省水產學校，1920 年創建的集美高級水產航運學校，1923 年創建的山東水產講習所，設立於烟臺，1926 年創建的河北省立水產專科學校等。1946 年，廈門大學海洋系及中央水產實驗所和山東大學水產系成立。中華人民共和國成立後，水產教育受到高度重視，水產高等院校獲得了大發展，除上述水產院校外還有六所海洋大學，即中國海洋大學、上海海洋大學、浙江海洋大學、廣東海洋大學、大連海洋大學、臺灣海洋大學等，海洋大學裏多設有海洋生物和水產專業院系。還有在其他大學裏的水產學院，如華中農業大學水產學院、河南師範大學水產學院等。以上科研院所對推動海洋和水產科學研究和人才培養，皆有着不可或缺的作用。

　　在我國，爲把握全貌，最早的近海調查，是於 1935—1936 年由北平研究院動物學研究所與青島市政府聯合組建的"膠州灣海産動物采集團"實施的。1949 年中華人民共和國成立，先後又有多次調查。1953—1957 年，我國首次全面系統的海洋漁業資源調查；1957—1958 年，又有渤海、北黃海西部海洋綜合調查；1958—1960 年，更有歷時三年的"全國海洋普查"（亦稱"全國海洋綜合調查"）；1974—1985 年，有南海中部、東北部綜合調查；1980—1985 年，有"南海北部大陸斜坡海域漁業資源綜合調查"；1988—1992 年，有"全國海島資源綜合調查"；1988—2000 年，又有"南沙群島及其鄰近海區綜合科學考察"。此後，國家陸續建造現代化的近海和遠洋調查船五十多艘，如"向陽紅"系列、中國最大的極地考察船"雪龍號"，以及中國海洋大學的"東方紅" 1、2、3 號調查船等，進行多方位的各種海上調查。

　　通過調查、實驗研究，不僅基本理清了我國近海各種動植物的種類、形態、生態、分布的情況，同時造就了新老幾代專家學者，相關專著也陸續出版，如苟萃華等的《中國古代生物學史》，張璽等的《貝類學綱要》，劉月英、伍獻文等的《中國經濟動物志》，董正之等的《中國動物志》，董聿茂、張鳳瀛、黃祝堅等的《中國動物圖譜》，沈嘉瑞等的《我國的蝦蟹》，劉瑞玉的《中國北部經濟蝦類》，張春霖的《黃渤海魚類調查報告》，動物所等單位的《南海魚類志》《東海魚類志》，朱元鼎的《中國軟骨魚類志》。以上不少專著的內容，收於《中國動物志》，現已出版一百六十餘卷（其中脊椎動物三十五卷，昆蟲類六十八卷，其他無脊椎動物五十七卷）；該書爲過去研究成果之大成，堪稱蓋世巨著。

第三節　水族與日常生活

　　早在石器時代，處於原始社會的人類就在居住地附近的水域中撈取魚、貝類作爲維持生活的重要手段。那時蚌蛤是一種非常重要的食物來源。至今，北起遼寧，南至海南島，遺留着大量上古之世食後弃置的蚌蛤之殼堆積——貝丘遺址，又稱貝冢；大都屬於新石器時代，有的則延續到青銅時代或稍晚。貝丘遺址多位於遼東半島、長山群島、山東半島及廟島群島，在河北、江蘇、福建、臺灣、廣東和廣西的沿海地帶也有分布。考古發現，距今一萬八千年，北京周口店山頂洞人有磨孔之貝殼，發現鑽孔的草魚眼上眶骨一個；廣

仰韶文化半坡遺址出土的
人面魚紋陶盆圖案

東的貝丘距今已逾五千年；福建金門富國墩貝丘，經考察距今6310±307年；臺北圓山淡水貝丘距今有四千五百至三千五百年。貝丘出土物中，除陶器、石器、骨器外，還有大量貝殼、魚骨和魚鱗。旅順小磨盤山貝丘中的蠑螺殼頂被擊掉，東興貝丘中的蚶殼被擊出圓孔且成串縛於漁網上，均是貝類被食用或加工的結果。浙江餘姚河姆渡遺址不僅出土了大量青、鯉、鯽、鯰、黃顙、烏鱧、中華鱉、烏龜、無齒蚌等骨鰭

化石，而且出土了令人矚目的木槳。木槳的出現，説明已經開始使用木舟捕魚。陝西西安的半坡遺址中，出土有製作精巧、具有倒刺的釣鉤。在安陽小屯殷墟發掘出土的甲骨“魚骨二十六號”中，今人已識別出鯔魚、黃顙魚、鯉魚、草魚、青魚和赤眼鱒，這足以詮釋古人早期開發水生動物之踪迹。

　　隨同生產力的提高，社會的發展進步，人們與水族的關係也發生了顯著變化，對於水族不衹是捕撈、獵殺而已，更懂得了愛護、養殖、享用與鑒賞，兹分述如下。

一、水族與漁業

　　華夏兒女，勤勞善良，不僅躬耕田畝，狩獵山林，靠水者還漁獵江海，開發其中的魚蝦蟹貝，爲食、爲衣、爲藥、爲器、爲飾、爲珍品、爲禮品，甚至將龜甲、貝殼作貨幣，并逐漸形成農、林、牧、副、漁五業之一的漁業。漁業爲原始生產門類之一，古代漁、獵并稱，獵鳥獸爲佃，捕魚鱉爲漁。沿海湖泊之處，人們以手工捕捉、棒打石擊、作柵攔截、圍堰竭澤，發展爲鈎釣矢射、叉刺網撈、鏢投籠卡和舟槳驅取等捕魚方式，其起源遠在農業產生之前。甲骨卜辭中有商王“在圃漁”的記載。據考古研究，中國漁業的發端，可以追溯至舊石器時期。古本《竹書紀年》曰：“〔夏王〕芒命九夷，狩於海，獲大魚。”《詩·大雅·靈臺》載，周文王時築靈池，“于牣（牣，滿）魚躍”。《孟子·萬章上》言：“有饋生魚於鄭子產，子產使校人畜之池。”（意從前有人向鄭國子產贈送活魚，子産命校人將魚養在池中。）《周易·繫辭下》：“古者，包（伏）羲氏之王天下也……作結繩而爲網罟，以佃以漁，蓋取諸離。”《韓非子·外儲説右下》説：“善張網者引其綱，不（若）一一攝萬

目而後得，一一攝萬目而後得，則是勞而難，引其綱而魚已囊矣。"行漁工具的發明，可謂我國漁業之始。《史記·貨殖列傳》："楚越之地，地廣人希，飯稻羹魚，或火耕而水耨，果隋蠃蛤，不待賈而足。"説明漁在人們生活中的地位。燧人氏教人捕魚、伏羲氏教人結綱，舜"漁雷澤，雷澤之人皆讓居"（意在雷澤捕魚，雷澤的人都讓他居住），呂尚受封齊後興漁之利，使齊成爲大國。漁字古爲灙，《説文·水部》："灙，搏魚也。""搏"，舊作"捕"。段玉裁注："必從鱻者，捕魚則非一魚也。"至小篆則灙爲漁矣，説明漁業出現在有文字之前。

　　秦漢隋唐，是傳統漁業的大發展時期。秦始皇統一六國，設治粟内史以"掌穀貸"，置少府"掌山海池澤之税，以給供養"。漢承秦制，"大司農供軍國之用，少府以養天子"。從春秋到北朝的七八百年間，人們對魚類品種和生態習性積纍了很多知識。《詩》中提到的漁具名目有網、釣、罛、罬、汕、筍、罶、罩、潛、梁等十餘種，這些距今兩三千年的漁具名稱，幾乎一直延續到現在。到了漢代，得益於漢初休養生息的政策，以及水體環境的優越，漁業勃興，漁具也有了各類變體，大致有徒手捕魚、網捕魚、釣魚、罩捕魚、魚鷹捕魚、水獺捕魚等多種方法。漢武帝時已能建"樓船""戈船"等大型船，能捕鮐、鯖、鱘、石首魚等中上層水域和底層水域魚類。唐代的淡水捕撈很發達，出現了多種多樣、各盡其妙的漁具、漁法。内陸水域捕魚已有專業漁民，詩人稱之爲漁人、漁父、漁翁；漁具則魚叉、弓箭、釣具、網、籪、梁、籠都已具備。晚唐詩人陸龜蒙《漁具詩十五首》儼然是分類詳盡的唐代漁具史料。如《漁具詩·網》："大罟綱目繁，空江波浪黑。沈沈到波底，恰共波同色。牽時萬罃入，已有千鈞力。尚悔不横流，恐他人更得。"宋代，浙江出現大莆網。南宋時還有滾鈎之法，已經接近現代的延繩釣。宋范致明《岳陽風土記》："江上漁人取巨魚，以兩舟夾江，以一人持綸鈎，共一綸，繫其兩端，度江所宜用，餘皆軸之，中至十鈎。有大如秤鈎，皆相連。每鈎相去一二尺，鈎盡處各置黑鉛一斤。"南宋朝廷偏安一隅，不思進取。元王朝工部不理漁政，完全"聽民自漁"。明清時期，傳統漁業的發展出現兩種情況：一是民間的漁業生產蓬勃發展，二是統治階級的保守。明代嘉靖年間倭患猖獗，朝廷嚴令"禁海"——禁止漁民出海捕魚。清初，海疆多事，令濱海民悉徙内地。《漁書》是明代記述水產動植物和漁具、漁法的書。其第二至第十卷記水產動植物，每卷一類，分別標爲"神品""巨品""珍品""雜品""介品""柔品""畜品""蔬品""海獸"，内容雜引古代文獻，近似譜録；第十一卷爲漁具，又分"網類""緡類""雜具""漁舟漁筏"等子目，所記漁具的内容，爲他書所罕見，可稱該書特色。《官井洋討魚秘訣》一稱《官井洋拾捌隻招臟與討魚秘訣》，又稱《官井洋暗礁情况與討魚秘訣》，是一部記述福建官井洋捕撈大黄魚經驗的專書；作者及寫作年代不詳，但書的扉頁上注明係清代乾隆八年（1743）抄録。官井洋爲海名。書中專講官井洋内的暗礁位置以及魚群早晚隨着潮汐進退的動嚮，極爲詳細，并述及尋找魚群的秘訣，是一本很有實用價值的書，似爲漁民收集、整理而成。

現代漁業開端，以蒸汽爲動力，用機械操作網具，在海洋上進行高産量捕撈，以 1882 年現代漁輪在英國問世爲標志。國人矚目。以張謇爲代表的有識之士以"中國漁政久失，士大夫不知海權"，條陳清政府開近創現代漁業。清王朝照准，詔令張謇規劃。1906 年，江浙漁業公司成立，張謇兼任經理，其時適有一艘德國漁輪在黄海侵漁，張謇即乘機將其收買，定名"福海"，是爲中國第一艘現代漁輪。1908 年，廣東有識之士集資白銀六十萬兩，創立了廣東漁業公司；山東亦以準備金三萬兩，在烟臺創立漁業公司。民國政府成立後，於實業部内設立漁牧司，繼續鼓勵現代漁業發展。此後公司創辦漸多，競争激烈，1936 年全國已擁有拖網漁輪十艘、手繰網漁輪一百五十餘艘，初創起一支現代漁輪隊伍。

中華人民共和國成立之前，由於帝國主義和官僚資本操縱了中國漁業的命脉，上海、青島、烟臺、大連等地陸續出現外國水産公司。它們的漁輪倡狂侵漁，酷漁濫捕，産品在中國市場上傾銷，造成了中國漁業的破産，全國水産品總量從 1936 年的 150 萬噸下降到 1949 年的 44 萬噸。中華人民共和國成立後，開始了現代漁業的新篇章。1950 年 2 月，中央人民政府確定了"先恢復，後發展"的方針。1952 年全國水産品産量 166 萬噸，超過歷史最高水準。1960 年，上海求新造船廠等單位造出了第一批國産漁輪，開始了我國漁船的機械化時代。1970 年開始，國家七部委共同支援，用三年時間發展了漁輪燈光圍網漁業，填補了中國海洋漁業的空白。1990 年起連續十幾年中國水産品産量位居世界首位，2007 年産量達到 4747.5 萬噸。據中國農業出版社出版的《2019 年中國漁業統計年鑒》，2018 年全國漁輪擁有量 86.39 万艘，總噸位 1080.18 萬噸。水産品總産量爲 6457.66 萬噸，其中海水産 3301.43 萬噸，淡水産 3156.23 萬噸；其中捕撈於海水和淡水者 1466.6 萬噸，包括魚類 863.31 萬噸、甲殼類 223.80 萬噸，貝類 64.25 萬噸，頭足類 56.99 萬噸，其他 30.67 萬噸。全國人均水産品占有量爲 46.37 千克。

二、水族與水産養殖

　　水族及其産物被稱爲水産，有時亦直稱水族。西周至春秋戰國時期，已能注意資源保護和禁漁。《孟子·梁惠王》："數罟不入洿池，魚鱉不可勝食也。"《荀子·王制》："黿鼉魚鱉鰌鱣孕別之時，網罟毒藥不入澤，不夭其生，不絶其長也。"《淮南子·道應訓》："季子（泛指年齡最小之子）治亶父三年，而巫馬期（官名，掌管醫療馬病事務）絻衣短褐，易容貌，往觀化焉。見得魚釋之，巫馬期問焉，曰：凡子所爲漁者，欲得也。今得而釋之，何也？漁者對曰，季子不欲人取小魚也，所得者小魚，是以釋之。"《國語·魯語上》："澤不伐夭，魚禁鯤鮞。"韋昭注："草木未成曰夭；鯤，魚子也，鮞，未成魚也。"《吕氏春秋·孝行覽》："竭澤而魚，豈不得魚，而明年無魚。"《周禮》《禮記》中允許捕魚的時節是"孟春之月冰上封"之初春，"季春薦鮪於寢廟"之春季，"秋獻鱉魚"之秋季，"木落葉，獺祭魚，是十月得取魚"之十月，"冬季漁人始魚"之冬季。故不得捕魚的季節祇有"夏三月，川澤不入網罟，以成魚鱉之長"，夏三月相當於今之陽曆四至六月，正是魚類繁殖生長的時節。《禮記·月令》還有"東風解凍，蟄蟲始振，魚上冰，獺祭魚，鴻雁來"等物候方面的記述；現代則規定每年的休漁期，以保證水族類的繁衍生息，健康成長。

　　水族與水産養殖，隨着我國文化中心由黃土高原逐步向南開拓，在東南沿海得以迅速發展。晉張華《博物志》卷一："東南人食水産，西北人食陸畜。食水産者，蛤螺蚌，不覺其腥臊也。食陸畜者，狸兔鼠雀，以爲珍味，不覺其膻臊也。"人們不僅開發自然資源，更開展了人工養殖。水産養殖始於何時，無文字確切記載。一般認爲，池塘養魚始於商代末年。春秋時，養魚業者已漸興旺。《詩·大雅·靈臺》："經始靈臺，經之營之。庶民攻之，不日成之……王在靈沼，于牣魚躍。"靈沼，養魚池。據考，此靈沼開鑿於公元前1127年，位於陝西長安海子村附近，早已乾枯。《史記·貨殖列傳》："水居千石魚陂，山居千章志林。"張守節正義："言波澤養魚，一歲收得千石魚賣也。"又稱千乘之家，"鮐鮆千斤，鮿（小雜魚）千石，鮑（鹹魚）千鈞"。《藝文類聚》卷九六引漢趙曄《吳越春秋》曰："越王既栖會稽，范蠡等曰：臣竊見會稽之山有魚池上下二處，水中有三江四瀆之流，九溪六谷之廣，上池宜於君王，下池宜於臣民，畜魚三年，其利可以致千萬，越國當富盈。"范蠡居陶（通説爲山東定陶），自稱陶朱公，據傳其所著《養魚經》不僅是我國，也是世界上最早的養魚專著。其書載："朱公曰：夫治生之法有五，水畜第一。水畜，所謂魚池也。

以六畝地爲池，池中有九洲。求懷子鯉魚長三尺者二十頭，牡鯉魚長三尺者四頭，以二月上庚日内池中。令水無聲，魚必生。至四月内一神守，六月内二神守，八月内三神守。神守者，鱉也。所以内鱉者，魚滿三百六十，則蛟龍爲之長，而將魚飛去，内鱉則魚不復去。在池中周繞九洲無窮，自謂江湖也。至來年二月，得鯉魚長一尺者一萬五千枚，三尺者四萬五千枚，二尺者萬枚。枚值五十，得錢一百二十五萬。至明年得長一尺者十萬枚，長二尺者五萬枚，長三尺者五萬枚，長四尺者四萬枚。留長二尺者二千枚作種，所餘皆取錢，五百二十五萬錢。候至明年，不可勝計也。"

中國漁業史顯示，水産養殖歷代不衰。漢代養鯉已成規模。稻田養魚始於東漢，青、草、鰱、鱅魚養殖始於唐，鯔魚養殖始於明代。除淡水魚的養殖外，還有海洋貝類包括蚶、牡蠣、縊蟶、珍珠貝等的養殖。我國養蚶，始於三國吳，最遲不晚於明代。此見三國吳沈瑩《臨海水土異物志》："蚶之大者，徑四寸，肉味佳。今浙東以近海田種之，謂之蚶田。"唐段公路《北户録·魚種》："南海諸郡，郡人至八九月，於池塘間采魚子著草上者，懸於竈烟上。至二月，春雷發時，却收草浸於池塘間，旬日内如蝦蟆子狀，悉成細魚，其大如髮，土人乃編織藤竹籠子，塗以餘糧或遍泥蠣灰，收水以貯魚兒，鬻於市者，號爲魚種。魚即鮗鯽鱧鯉之屬，於池塘間，一年内可供口腹也。"宋代已見插竹養牡蠣。宋梅堯臣（梅聖俞）《食蠔》詩："薄宦游海鄉，雅閑靖康蠔……亦復有細（佃）民，並海施竹牢，采掇種其間，衝激恣風濤。"中國是世界上可考證的最早人工養殖珍珠的國家。養珍珠技術始於宋代。宋龐元英《文昌雜録》卷一："禮部侍郎謝公，言有一養珠法，以今所作假珠，擇光瑩圓潤者，取稍大蚌蛤以清水浸之，伺口開急以珠投之。頻換清水，夜置月中，蚌蛤采月華玩此，經兩秋，即成真珠矣。"

元代養魚因受戰争影響，建樹較少，但王禎所著《農書》對當時的漁業，有一定促進作用。

最完整且流行最廣的養魚書，見於明黄省曾《魚經》，包括一之種、二之法、三之江海諸品，即魚秧苗的培育、飼養養殖技術、魚種品系及習性三部分。除含淡水魚的養殖，對海水魚的養殖亦有記述，如"鯔魚，松之人於潮泥地鑿池，仲春潮水中捕盈寸者養之，秋而盈尺，腹背皆腴，爲池魚之最"。明代又有養蚶的記載。明屠本畯《閩中海錯疏》卷下："四明蚶有二種。一種，人家水田中記種而生者。一種，海塗中不種而生者，曰野蚶。"縊蟶之養殖，見於明代閩粤沿海。明李時珍《本草綱目·介二·蟶》〔集解〕時珍曰：

"蟶乃海中小蚌也。其形長短大小不一，與江湖中馬刀、蜆、蜆相似，其類甚多。閩粤人以田種之，候潮泥壅沃，謂之蟶田。呼其肉爲蟶腸。"明代鄭鴻圖所作《蠣蜅考》，記載了福建沿海等地漁民養殖、采集牡蠣的方法，同時又有關於養蟶的記載。《古今圖書集成·禽蟲典·蟶部》引明何喬遠《閩書》："耘海泥若田畝，然浹雜鹹淡水，乃濕生如苗，移種之他處。乃大長二三寸，殻蒼白，頭有兩巾出殻外。所種者之畝，名蟶田，或曰蟶埕，或曰蟶蕩。福州、連江、福寧州最大。"還記述了對海珠的培養。清李調元《南越筆記》卷一二："海珠，狀如蛞蝓⋯⋯海人冬養於家，春種之。"

我國是世界上水産養殖大國，也是最早開展池塘養殖的國家。1958 年率先突破鱅魚、鰤魚兩大家魚人工繁殖關，爲淡水養魚大發展創造了條件。1976—1985 年水産科研也取得了成果，如大面積池塘養魚高産技術、稻魚互利理論、海水養殖和海水增殖技術、河蟹人工繁殖技術、魚類遺傳育種研究、對蝦育苗和養成技術等。貽貝養殖形成穩定的産業始於1958 年。80 年代取得對蝦人工養殖的輝煌成就，1986 年養殖對蝦産量達 8.28 萬噸，其後逐年增加達 100 萬噸（2014）。海灣扇貝的引種始於 1983 年底，1985 年推廣，1988 年鮮品産量達 5 萬噸，并開拓了海底、浮筏、封閉水體等養殖技術；1991 年墨西哥灣扇貝引種成功。大規模的海水綜合養殖始於 1975 年，1986 年已進行水産養殖的淺海、灘塗面積爲488 萬畝（占可供養殖面積 2000 萬畝的 24%），産量爲 85.8 萬噸，占全國水産總産量的10%。據統計，2018 年全國養殖面積約達 7200 千公頃，其中海水養殖面積逾 2000 千公頃，淡水養殖面積約 5100 千公頃。海水、淡水的養殖産量約 5000 萬噸，其中包括魚類約 2000萬噸、甲殼類約 500 萬噸、貝類約 1600 萬噸、其他約 85 萬噸。

三、水族與美食

許多水産動物是美味佳品。《詩·小雅·南有嘉魚》："南有嘉魚，烝然罩罩，君子有酒，嘉賓式燕以樂。南有嘉魚，烝然汕汕，君子有酒，嘉賓式燕以衎。"又《陳風·衡門》："豈其食魚，必河之魴⋯⋯豈其食魚，必河之鯉。"《左傳·宣公四年》："楚人獻黿于鄭靈公。公子宋與子家將見，子公之食指動，以示子家曰：'他日我如此，必嘗異味。'⋯⋯及食大夫黿，召子公而弗與也。子公怒，染指於鼎，嘗之而出。"《周禮·天官》："莊子言：'獨鱉於江，甘味尤美，而食者甚衆。'"《孟子·告子上》曰："魚我所欲也，熊掌亦爲我所欲，二者不可兼得。"此處已把魚和熊掌并列爲珍品。此外，《錦綉萬花谷》卷三六引唐劉餗《隋唐嘉話》："隋時吴郡獻松江鱸，煬帝曰：'金齏玉鱠，東南佳味。'"宋葉廷珪《海録碎事》卷六："里語曰：'洛鯉伊魴，貴於牛羊。'"其他古俚語甚多，如"寧可去世宅，不去鯛魚額""寧可去我三畝稻，不可去我鱉魚腦""鰣魚味美在鱗，鰱魚之美在腹，鱅之美在頭""河魨爲水族之奇味也"。

北魏賈思勰所著《齊民要術》中記有海味珍品車螯的烹飪方法："炙如蠣。汁出，去半殼，去屎。三肉一殼，與薑、橘屑，重炙令熩……勿太熟則肕。"元倪瓚著《雲林堂飲食制度集》一書記録了生吃蛤蜊的方法："用蛤蜊洗净，生劈開，留漿別器中。刮去蛤蜊泥沙，批破，水洗净，留洗水。再用温湯洗，次用細葱絲或橘絲少許拌蛤蜊肉，匀排碗内，以前漿及二次洗水湯澄清，去脚，入葱、椒、酒調和，入汁澆供。"

海産食品，多就珍貴者而言。《南齊書·虞悰傳》："雖在南土，而會稽海味，無不畢至。"唐耿湋《送友人游江南》詩："潮聲偏懼初來客，海味惟甘久住人。"《水滸傳》第九回："安排得酒食、果品、海味，擺在桌上，抬在各人面前。"海味又叫乾海産，海味乾貨。過去由於船上没有冷凍設施，漁民便把他們的漁獲曬乾。其中除鮑魚、海參、魚翅及魚肚（花膠）合稱爲"四大海味"外，其他常見的海味包括鹹魚、蝦米、公魚仔、乾貝、魷魚乾、魚鰾、青口乾、蟶乾、蜇皮、沙蟲乾及蠔豉等。中華料理中八個著名的海産品俗稱"海味八珍"，分別是海參、魚翅、鮑魚、乾貝、螃蟹、蝦、烏賊、比目魚。此八珍的組成，不同地區、不同朝代略有差別。如另據舊時南貨老人曰："海味八樣：魚翅、海參、魚肚、淡菜（乾貽貝肉）、乾貝、魚唇、鮑魚、魷魚。"

明屠本畯在其著作《海味索隱》中説其同時代人張九峻的《食海味隨筆十六品》别具一格。張在浙東海濱嗜好海味特産，品嘗了很多"生猛海鮮"。他認爲，海錯不但食之爽口，而且具有入眼新奇的欣賞價值。如《魚》："豐若無肌，柔若無骨。截之肪耶？盡之脂耶？乳沉雪山缽底，酥凝玉門關外，露滴仙盤掌中。其即若個之化身也耶？"又如《蠣贊》："蜂房水窩，幾千萬落。附石以生，得潮而活。所茹海藻，所吞月魄。貯白玉甌，雲凝霧結。沁甘露漿，涎流溢咽。"不但對牡蠣的生活習性體察深入，而且還寫到美食與美器的和諧統一。亦有的誇張而失實，如《江瑶柱贊》："冠於石髓瓊漿，美如瑶雲腴露。膏圓而柱，玉鬚冰箸。倘生北海，伯夷不采西山之薇以供，赤松、留侯永辟人間之穀。笑説麟脂是俗羹，不堪大嚼屠門肉。"有考者謂，江瑶柱本與伯夷、赤松、留侯等的事迹毫不相干，作者却信口戲説，無中生有。明屠本畯《海味索隱》自序中説，張九峻食海味，隨筆作贊、頌、銘、角，凡十六品，頗多不實之處，須訂正。作者以頌、贊、歌、説、箋等多種文學形式，表述了水産動物的名稱、形態、種類、性味、産地和用途多方面的知識，也很有特色。

清陳鑒《江南魚鮮品》記述了吳中魚類，包括品名、形體、性味等屬皆可入饌者，列舉者有鰣魚、刀鱭、鯉魚、鯇魚、青魚、鱸魚、菜花小鱸魚、鱖魚、白魚、鯿魚、鱘鼻魚、鱧魚、鮰魚、玉筋魚、鯽魚、麵條魚、黃鱔、黃魚等。清屈大均《海味》詩對這些魚的食用品質等第做了評價：“海味沙螺美，河豚好在秋。白憐蠔粉嫩，黃愛蟹膏流。魚買多論斗，禾儲少滿簹。今年西潦苦，沙坦半無收。”

四、水族與水族鑒賞

我國是世界上最早飼養金魚的國家。金魚和鯽魚屬於同一物種，在分類學上同用一個學名（ *Carassius auratus* ）。在晋朝已有紅色鯽魚的記載；唐代的放生池裏出現過紅黃色鯽魚；宋代則出現過金黃色鯽魚，始有專門的養魚池，金魚作爲分支已經形成，有了百花與花斑兩大類；至明代，金魚已進入普通百姓家，有了專門的養魚盆。現存關於金魚品鑒圖譜之類的古代專書有三種：明張謙德（又名張丑）《硃砂魚譜》一卷，明屠隆撰《金魚品》一卷，清句曲山農撰《金魚圖譜》（不分卷）。世界各國的金魚，最初都是從我國傳入的。

隨同時代的發展變化，國人已不滿足於金魚的養殖與鑒賞，而是對栖於水下的水族類深感興趣，對於其在水中的自然狀態頗感神秘，期望能一睹爲快。在此需求驅使之下，我國的水族館應運而生。1930 年秋，中國科學社在青島開會，蔡元培、李石曾、楊杏佛等人認爲青島形勢優美，海産豐富，便於海洋學之研究，遂發起組織中國海洋研究所籌委會；第一次會議決議籌設青島水族館，公推當時青島市長胡若愚、氣象臺長蔣丙然和商會會長宋春舫爲常委。青島水族館於 1932 年 5 月正式建成。館址在青島萊陽路海洋公園，首任館長蔣佑滄。水族館初建之宗旨：“一爲公開展覽，提倡海洋科學，補助學校教育，引起民衆對海洋之興趣與注意；二爲從事科學研究，協助海洋生物學之進步并促進海洋漁業之改進與發展。”幾十年來，長盛不衰，現擴大爲海底世界。

20 世紀 80 年代，第一代水族館演變爲海洋公園或海洋主題公園、海底世界或極地海洋世界。海洋公園在全國幾乎遍地開花，既有沿海城市，也有内陸城市，有的一個城市就有好幾座。以水族館爲核心，放養的動物種類越來越多，既有形形色色的魚蝦蟹貝，也有大型的海鳥、海獸，既有來自南極憨態可掬的企鵝，也有來自北極膘肥肉胖的海象，還有來自熱帶的千姿百態的熱帶魚；還增加了動物表演，如海獅頂球、海豚鑽圈、白鯨噴水及騎鯨遨游、人鯊共舞等；且更加注重其規模化、主體化、專業化和市場化；亦娱亦教，對普及水族知識、開展科學研究起到重要的作用。

　　隨着社會穩定、經濟發展、人民生活水平的提高，在水族箱内養育、觀賞水族（包括海水魚、淡水魚、海洋無脊椎動物，如珊瑚、多毛類龍介蟲、海葵等）和水草等，也迅速發展起來。

第四節　水族與中華傳統文化

一、水族與貨幣的誕生

　　我國進入文明社會，在以物易物之後，首先使用的貨幣就是貝。在漢字系統中，凡關於財貨之字多從貝旁，如財、貨、買、賣、寶、貯……貝在原始商業萌芽時期，就發揮了無可替代的作用。其實物已在殷墟中發現。殷墟婦好墓出土的六千八百枚海貝，經鑒定均爲貨貝。郭沫若《中國古代社會研究》："大抵貝朋用爲通行貨幣之事即起源於殷人。其貝形由圖録及筆者所見之實物（日本東京博物館有真貝、石貝、銅貝諸物陳列）觀察，實爲海貝，即學名所稱爲貨貝者，此決非黄河流域中部所能産。"《説文・貝部》："古者貨貝而寶龜，周而有泉，至秦廢貝行錢。凡貝之屬皆从貝。"段玉裁注："謂以其介爲貨也。"西周青銅銘文中"易貝一朋"，即賞賜一對貝幣之意。《書・盤庚中》："兹予有亂政同位，具乃貝玉。"孔穎達疏："貝者，水蟲。古人取其甲以爲貨，如今之用錢然。"《史記・平準書》："太史公曰：農工

晋貝　　齊貝　　魯貝　　楚貝

古代貝幣

商交易之路通，而龜貝金錢刀布之幣興焉。"司馬貞索隱："《食貨志》有十朋五貝，皆用爲貨貝，各有多少，兩貝爲朋，故直二百一十六。"《爾雅翼·釋魚四》："古者貨貝而寶龜。周則有泉，至秦廢貝而行錢，故《釋魚》於貝之名色尤詳。而古者貨賂貢賦賞賜凡屬於貨者，字皆從貝也。至王莽反漢，猶以貝四寸八分以上至十二分爲五品，故有大貝、牡貝、麼貝、小貝之名。不盈六分不得爲貨。"

除貝幣之外，也用龜幣，漢代墓中出現龜幣。梁啓超《中國古代幣材考·龜幣》："古代用龜幣，以全龜爲之者固多，然割裂之者亦不少，蓋勢之所趨，不得不爾也。"

二、水族與占卜、文字

文字的産生是華夏走向文明的標志。最早出現的是象形字，其最初的運用，與占卜密切相關。占卜是推斷未來吉凶禍福的手法。《禮記·經解》："《易》曰：君子慎始，差若毫厘，謬以千里。"古人認爲微小改變會對未來有很大影響。伏羲最早用卦象、箸草占卜；夏改用龜甲，也就是烤龜殼，根據殼上的裂紋判斷吉凶。龜乃長壽之物，古人認爲其能通神，故用於占卜。古有《龜經》一卷，言龜卜之術，著者及年代均不詳。五經之一的《易經》就是一本記載卜卦文字的書籍。《周禮·春官·龜人》："龜人掌六龜之屬。各有名物。天龜曰靈屬，地龜曰繹屬，東龜曰果屬，西龜曰雷屬，南龜曰獵屬，北龜曰若屬，各以其方之色與其體辨之。凡取龜用，秋時；攻龜用，春時，各以其物，入於龜室。上春釁龜，祭祀先卜。若有祭事，則奉龜以往。旅，亦如之。喪，亦如之。"賈公彥疏："旅，謂祈禱天地及山川；喪，謂卜葬宅及日，皆以奉龜往卜處也。"龜人，古代官名。龜人掌管六類龜，各有各的名稱與特徵。行走低頭的天龜之類叫作靈屬，行走仰頭的地龜之類叫作繹屬，前甲稍長的東龜之類叫作果屬，龜甲左側稍斜的西龜之類叫作雷屬，後甲稍長的南龜之類叫作獵屬，龜甲右側稍斜的北龜之類叫作若屬。凡捕龜必在秋季，治龜甲必在春季，各依照它們的名稱種類收入藏龜室。春正月用牲血塗龜。如果有祭祀，就捧龜而往，卜筮以斷休戚。

在陝西臨潼仰韶文化遺址出土的文物中有魚蛙紋盆，西安半坡文化遺址出土的文物中有人面魚紋盆等。殷墟甲骨文的出土，確定商代爲中國文字的定型期。羅振玉所輯殷墟甲骨文，共一千一百六十九條，内容有祭祀、卜告、卜享、出入、漁獵、征伐、卜年、風

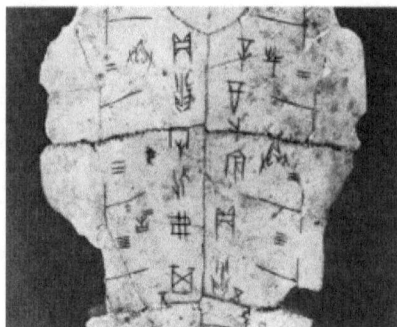

殷墟出土的甲骨文

雨、雜卜等九項。涉及祭祀的有五百三十八條，涉及漁獵的有一百九十七條，涉及漁者僅七條。涉漁者之所以如此少，郭沫若認爲，漁在當時已不是主要生產手段，當時的生產狀況，已超過了漁獵時代，説明我國漁業的發展遠在商朝之前。其中有關捕魚的内容，如"癸未卜丁亥漁""貞其雨，在圃漁""在圃漁，十一月"等；被認讀的還有蟲、魚、鳥等動物的類名和以竿釣魚、以網捕魚的記載。

上述一千多條甲骨文中，超半數有關祭祀、占卜等，其中還有魚類。因爲祭祀是古代社會的頭等大事，而在商周時期，魚是祭祀、禮宴中的必要祭品和食物。《周禮·夏官·大司馬》："大祭祀、饗食，羞牲魚，授其祭。"牲魚，祭祀用的魚。《詩·小雅·無羊》："牧人乃夢，衆維魚矣，旐維旟矣，大人占之；衆維魚矣，實維豐年；旐維旟矣，室家溱溱。"牧人夢到蹦蹦跳跳的魚群，認爲是美好年景的好兆頭。《大戴禮記·夏小正》："正月啓蟄，魚陟負冰。"陟，升也；負冰云者，言解蟄也。"二月祭鮪。祭不必記，記鮪何也，之至有時，美物也。"《禮記·曲禮下》："凡祭宗廟之禮……槁魚曰商祭，鮮魚曰脡祭。"槁魚即乾魚。又《月令》："《季春之月》天子始乘舟，薦鮪於寢廟。"鮪，鱏魚之類。《史記·周本紀》："武王渡河，中流，白魚躍入王舟中，武王俯身以祭……諸侯皆曰：'紂可伐矣。'"

三、水族與中華醫學

許多水產品不僅是美味佳品，而且可入藥。中國是世界上最早研究和利用海洋生物藥物的國家之一，至今已有兩千多年的歷史。據歷代統計，我國藥用海洋動物達一千四百三十一種，各有其用。《黃帝内經》記載以烏（即烏賊）骨作丸、飲以鮑魚汁，可治療血枯。漢《神農本草經》是我國最早的醫學專著，記載了近江牡蠣、海藻、海蛤、蟹、貝等十種海洋動植物的藥用價值。唐《新修本草》是世界上第一部由國家發行的藥典，記鯊魚、珊瑚、珂、紫貝的功效。三百餘載後，宋代又對此書在編纂與傳抄過程中出現的謬誤進行了修訂，編成《開寶重訂本草》（簡稱《開寶本草》），連同目録共二十一卷；

全書共收藥物九百八十四種，新增一百三十四種，近百種選錄自歷代《本草》經典，其中《海藥本草》的藥物，全部由水族組成。稍後，《嘉祐補注神農本草》（簡稱《嘉祐本草》）問世，此書以《開寶本草》爲藍本，新增藥九十九種，其中八十二種輯自前典，十七種爲前典所未見，共載藥一千零八十二種；前典中的《食療本草》《南海藥譜》所收水族藥物，愈加繁夥，又勝《開寶本草》，其補注尤詳，如："鱉內臟主治痔，驅蟲，膽主治大風痢疾。"時至明代，李時珍《本草綱目》問世，是中國古代傳統醫學集大成者，成爲《本草》系統中的頂峰之作。全書分十六部、六十類，收載藥物一千八百九十二種。在動物類藥物中，則分爲蟲、鱗、介、禽、獸五部。其卷四十三至卷四十四鱗部，又分龍、蛇、鱗及無鱗魚四大類。鱗部共記載魚類三十一種，無鱗魚二十八種。此後又有清趙學敏《本草綱目拾遺》，載藥九百二十一種，水族類有幾十種，其中記載海蜇有消痰行積、止帶祛風之療效，烏賊、鮑魚、近江牡蠣、貽貝、鱟、寄居蟹、對蝦、海參、紫海膽、海馬、海龍以及海龜、海蛇、海豚、斑海豹等，各有不同的藥用價值。

今《中華大藥典》收入海洋藥物達一百四十四種。其中藥用軟體動物一百三十種，如貽貝（俗名淡菜）能養腎清補、降低血壓、抗心律失常；珍珠具有鎮驚安神、養陰熄風、清熱解毒、養顏美容、延緩衰老等多種功效。藥用節肢動物十四種，如寄居蟹有清熱散血、滋陰補腎、壯陽健胃、除濕熱、利小便、破瘀解毒、消積止痛、抑制膽固醇等功效，而且含有一定的抑瘤成分；對蝦有補腎壯陽、健脾化痰、益氣通乳等功效，可以用來治療腎虛陽痿、腰酸膝軟、中風後半身不遂、氣血虛弱、產後乳汁不下等症；鱟因體位不同而功用亦不同，其肉能治療痔瘡、殺蟲、治紅眼、青光眼等，其膽可治風癲，其殼尾刺燒成灰，能治積年呷咳、高燒和婦科疾病。本書所述甚詳，現已廣泛應用於臨床和製藥工業。

西漢朱仲《相貝經》爲中國公元前 2 世紀初研究貝類的作品。原書已佚，今本全文三百餘字，記載貝類動物十二種，多爲藥用，即"黃帝、唐堯、夏禹三代之貞瑞，靈奇之秘寶（'貞瑞'指黃帝、唐堯、夏禹下令所用的以玉製成的符節、印信，堪稱'秘寶'），其有次此者，貝盈尺，狀如赤電黑雲，謂之紫貝。素質紅黑謂之朱貝，青地綠文謂之綏貝，黑文黃蓋謂之霞貝。紫愈疾，朱明目，綏清氣障，霞伏蛆蟲。雖不能延齡增壽，其禦害一也。"再如雖貝：使病瘧黑鼻；爵貝：使胎消；慧貝：使人善忘，勿以近人；螯貝：使童子愚、女人淫等。

我國藥用海洋魚類有二百多種，已知能防治一百三十多種疾病。海洋魚類普遍含有二十碳五烯酸，這種成分具有防治心血管疾病的功能。鯊魚中的角鯊烯有抗癌的用途。海馬、海龍以可入強壯補益中藥而知名，中醫認爲具有補腎壯陽、散結消腫、舒筋活絡、止血止咳等功能，主治神經衰弱、婦女難産、乳腺癌、跌打損傷、哮喘、氣管炎、陽痿、疔瘡腫毒、創傷流血等。清李調元《然犀志》卷上："海馬……暴乾之，以備産患，凡婦人難産割裂而生者，手持此蟲，即如羊之易産也。"鯔和鮻有健脾益氣、消食導滯的功用，對消化不良、小兒疳積、貧血等有特效。

傳統藥用海洋爬行動物，如玳瑁爲名貴中藥，具有定驚、清熱解毒之功，適應於治熱病神昏、譫語、驚厥等症。海蛇肉能滋補強壯，海蛇膽有行氣化痰、清肝明目等效能，海蛇血能補氣血、壯筋骨，海蛇油用於治療凍傷、燙傷、皮膚皸裂，海蛇酒有祛風活血、止痛等作用。海龜具有滋陰潛陽、柔肝補腎、清火明目、祛風除濕、止咳化痰的效果，可用於陰虛陽亢、熱病傷陰虛風動、風濕痹症、關節疼痛、咳嗽等症的治療。

傳統藥用海洋哺乳動物，如真海豚的脂肪、肝、腦垂體、胰、卵巢等都是寶貴的藥材，能提製抗貧血劑、胰島素，以及催産素和促腎上腺皮質激素等多種激素。海狗、斑海豹雄性的陰莖和睾丸入藥（即海狗腎），有補腎壯陽、益精補髓的功效，主要用於虛損勞傷、腎精衰損所致的陽痿、滑精、精冷、腰膝冷痛或酸軟等；脂肪入藥（即海狗油）有潤滑肌膚、解毒的效用，用於治皮膚皸裂、凍傷等；肝和膽對肋膜炎有很好的治療效果。

20世紀六七十年代開始，我國對海洋生物醫藥的研究發展很快，出版了《中國藥用海洋生物》《中國有毒魚類和藥用魚類》《南海海洋藥用生物》《中華海洋本草》等著作。如《中華海洋本草》彙集了公元前1600年至2009年間的六百一十三味海洋中藥，三千一百餘方劑，集中國海洋本草之大成。廣東、深圳、上海、青島等許多地區都建立了海洋生物醫藥研究院。中成藥研究現已取得突出成績，在全國四十多個中成藥劑型中，海洋中成藥約占百分之三十，如以牡蠣爲主要原料的春血安、婦科止血靈、血牡片活力鈣等七種，以烏賊爲原料的烏貝散、海墨素片，含海蛇成分的海蛇追風酒、海蛇酊，還有深海龍、海維特、海力特、安腦、降脂安等十餘種。

四、水族與魚文化、漁文化

從遠古狩獵、采集時代起，水族一直與人類密切相關。在長期的歷史發展中，人類賦予水族以豐厚的文化内涵，使之形成了一個獨特的門類，可稱爲魚文化或漁文化。早期先民依水而居，魚是重要的食物來源，久而久之，對魚產生了崇敬心理，進而發展出現了魚圖騰。仰韶文化出土了魚圖彩陶，河姆渡文化出土了魚形玉璜、玉玨（玨，即合在一起的兩塊玉）等物。直至今天，侗族人依然把魚和始祖都稱爲“薩”，其古歌將子孫後代與魚群相比，其族的鼓樓以“魚窩”相喻，顯然具有圖騰意味。此外，在巫山大溪遺址的墓葬中，還出現了以魚殉葬的情況。以上可證中華民族的魚文化源遠流長，縱貫古今。據《周禮·天官·宰夫》、《儀禮》之《聘禮》《公食大夫》等記載，古代天子舉行宴饗，食具爲九鼎八簋，其中第四鼎盛放的便是烹製好的魚，而第八鼎則是生魚。《史記·陳涉世家》尚有“魚腹丹書”的記載：陳涉爲率衆反秦，使人將自己要當王的消息書於絹帛，藏於魚腹。他人買到後，以爲立陳爲王是神意，於是擁戴者蜂擁而起。魚又可表達愛情，如漢樂府《江南》詩：“江南可采蓮，蓮葉何田田，魚戲蓮葉間。魚戲蓮葉東，魚戲蓮葉西。魚戲蓮葉南，魚戲蓮葉北。”同時又有“魚雁傳書”的佳話，另一漢樂府詩《飲馬長城窟行》載：“客從遠方來，遺我雙鯉魚。呼兒烹鯉魚，中有尺素書。”此指“魚書”。《漢書·李廣蘇建傳》記匈奴扣留蘇武，并謊稱其已死。漢使得知此爲謊稱後，告知匈奴單于：“天子射獵林中，得雁，足繫帛書，言蘇武在某澤中。”單于無奈，遂送蘇武歸漢。此指“雁書”。二者合稱爲“魚雁傳書”。元王實甫《西廂記》中崔鶯鶯的那句“休要‘一春魚雁無消息’”之“魚雁”即源於上述“魚雁傳書”的佳話。

在中華傳統文學藝術中，有關水族的傳說、典故，更是不勝枚舉，既有“鷸蚌相爭”以喻不相讓而利他人的警示，又有“黿鼉爲梁”的啓迪；既有“鯉躍龍門”的希冀，又有“蟾蜍奔月”的幻想；既有“怒蛙可式”以示對勇士的敬重，又有“蒓羹鱸膾”因鱸魚而引起的思鄉之情；既有“禁食鯉魚”“進貢鱘魚”的勞民傷財之皇令，又有“左慈釣魚”對權貴的嬉戲；既有“魚肉鄉里”，欺壓百姓，得意於自己的權勢地位，又有寧願“曳尾塗中”，過平民生活，也不留骨廟堂的高風亮節。古時還有里革“斷罟匡君”之忠、“羊續懸魚”之廉、王祥“卧冰求鯉”之孝、莊子“濠梁觀魚”之樂等，這類傳說與典故對後世皆有熏陶、濡染、啓迪、激勵等教化功效。

魚文化見於歷代詩詞歌賦者，亦洋洋大觀，因限於篇幅，略選兩首名作如下。

唐杜甫《觀打魚歌》：“綿州江水之東津，魴魚鱍鱍色勝銀。漁人漾舟沈大網，截江一擁數百鱗。衆魚常才盡棄却，赤鯉騰出如有神。潛龍無聲老蛟怒，回風颯颯吹沙塵。饗子左右揮霜刀，膾飛金盤白雪高。徐州禿尾不足憶，漢陰槎頭遠遁逃。魴魚肥美知第一，既飽歡娛亦蕭瑟。君不見朝來割素鬐，咫尺波濤永相失。"

宋歐陽修《奉答聖俞達頭魚之作》："吾聞海之大，物類無窮極。蟲蝦淺水間，贏蜆如山積。毛魚與鹿角，一龠數千百。收藏各有時，嗜好無南北。其微既若斯，其大有莫測。波濤浩渺中，島嶼生頃刻。俄而没不見，始悟出背脊。有時隨潮來，暴死疑遭謫。海人相呼集，刀鋸爭剖析。骨節駭專車，鬚芒侔劍戟。腥聞數十里，餘臭久乃息。始知百川歸，固有含容德。潜奇與秘寶，萬狀不一識。嗟彼達頭微，誰傳到京國。乾枯少滋味，治洗費炮炙。聊兹知異物，豈足薦佳客。一旦辱君詩，虛名從此得。"

除却一般詩文之外，尚有明代文學家楊慎的宏作《異魚圖贊》，這是一部記水族品類及生態的奇書。其中魚圖三卷，异魚八十七種，贊八十六首。附海錯一卷，海物三十五種，贊三十首。清胡世安作《異魚圖贊補》及《異魚圖贊閏集》。《四庫提要》稱："是書前有自序，題萬曆戊午，乃其未第時所作。以楊慎《異魚圖贊》尚多所闕漏，因撫其遺脱，作爲此編。凡魚類補一百五十四種，爲贊五十七首。海錯類補三十八種，爲贊二十八首。又《閏集》一卷，魚三十餘種，冠以摩竭海多非常之魚，亦各爲之贊，而其子璞及其門人雷琯等共加箋釋。《閏集》所載，與目録多不相應，前後舛互，贊文亦往往闕佚，疑當日修改未竟之本也。慎之作贊，雖屬文人游戲之筆，而源出郭璞，要自古雋可觀。世安續加仿效，其徵據典博，亦不失爲馴雅。與慎書相輔以行，於水族品目，亦略備矣。"《異魚圖贊閏集》主要記載了閩南、粤東二十餘種海產魚類的形態和產地。此書爲兩百三十餘種水生動物作贊百餘首。四字一韵，詩文俱佳，録述皆詳，亦應爲魚文化的表現形式之一。

自元明以後，魚文化加速走向大衆化、日常化、民間化。直至今日，魚文化已走進尋常百姓家。詩歌、繪畫、陶瓷工藝、郵票、年畫、剪紙、風箏、燈籠、中國結，都以形態優美、色彩斑斕多樣的魚作爲題材。在建築、服飾、美術作品等方面也不乏魚的形象。在我國傳統民俗之中，魚包含着極爲豐富的内涵，并且多表現吉祥寓意。如以鯰魚與橘子組合表達"年年吉祥"；蓮花與鯉魚組合表達"連年有餘"，與牡丹結合寓意勃勃生機；還有藉助"魚化"現象，如鯉魚、龍門、浪花結合寓意魚躍龍門、飛黃騰達；藉助胭脂魚背鰭高大似帆，寓意"一帆風順"；古時人們還藉助魚類繁殖能力强盛的特點，以祈求多子多孫，如蓮蓬、荷花、童子、鯉魚等相結合組成"童子抱魚""鯉魚撒子"等圖案皆是如此。此外，魚還被用來表達魚水之情，如雙魚戲水圖表達男女相愛，群魚共游表達軍民相親等。漢語中含"魚"字的成語，據今人統計，高達一百九十八條，如"三天打魚，兩天曬網""叢雀淵魚""鴻斷魚沉""臨淵羨魚""鷹飛魚躍"等。

在全國各地還形成許多各具特色的魚文化活動，如浙江舟山的海鮮美食節、江蘇泗洪的金秋螃蟹節、山東即墨的上網節、山東田橫島的祭海民俗節、廣西陽朔的漁火節、博鰲漁家的平安節、臺東的旗魚文化節、太湖漁家的獻頭魚、湖南漢壽的魚龍會、天津北塘的跑火把、青藏高原的牛皮船、安徽黃山的蚌殼舞、浙江溫嶺的大奏鼓、江西鄱陽湖的漁鼓魚燈、福建浦源的魚溪魚塚、白洋淀的船轎迎親、新安江"九姓漁民"的拋新娘、香港漁家的天后誕、澳門漁家的媽祖祭等。最爲廣泛流行的當屬"蚌殼舞"，簡稱"蚌殼""蚌舞"，全稱"蚌殼精舞"。此舞多由一老翁、一少女表演。少女身着麗妝，躲在用竹篾扎成的蚌殼內，老翁肩背魚簍，手拿漁網，一心想獲得蚌殼內的少女。雙方在歡快的鑼鼓聲中，一捉一藏，老翁時或托起少女，蚌殼時或夾住老翁，身段變幻，舞姿精彩，最後以老翁得勝告終。此舞流行於山東、江蘇、浙江沿海及湖南、湖北等地，反映了漁民對美好生活的嚮往與追求。各民族中又有不同的表現，如高山族的漁祭節、雲南白族的漁潭會、貴州苗族的殺魚節、維吾爾族的魚生肖、黎族的魚茶、侗族的酸魚席、撒尼人的酸菜鰍、布朗族的卵石魚湯、摩梭人的豬槽船、藏族的馬頭船、赫哲族的魚皮服等，成爲各地具有民族風情的文化形態。

我國貴州黔南、黔東南等地，居住着一個非常古老的少數民族，稱作"水族"，人口約四十九萬。因發祥於古代睢水流域，故其原名"睢族"。唐朝在今黔桂交界的環江一帶設置以安撫其族先民爲主體的羈縻撫水州，睢族人開始自稱水族，族名從此以"水"代"睢"。其族認爲水是動植物的生命源泉，是一種遇強則強、遇弱則弱、遇山則繞、遇水則融的特殊物質，自古以來在人類社會發展歷程中，起到了無法替代的重要作用。水族不僅以"水"爲名，而且其飲食習於"飯稻羹魚"，即以稻米飯爲主食，以魚蝦爲副食。在水族不少風俗中還留有魚文化的影响。

本書第一、三章及附錄由陳萬青、陳馳撰寫；第二章的第一至第三節、第六至第八節，以及其他部分內容由楊秀英撰寫，第四節的軟體動物部分內容由朱來航撰寫，第五節中有關蟹的詞條主要由張彤彤撰寫。

第二章　水生無脊椎動物説

第一節　多孔（海綿）動物考

多孔動物門（Porifera），又名海綿動物門（Spongia），是動物界的一門。此名由拉丁文porus和ferre組成，直譯爲帶孔的動物。多孔動物是最原始的多細胞動物，但細胞間保持着相對的獨立性。體形有塊狀、墊狀、球狀、指狀、樹枝狀、杯狀或漏斗狀等，大小不一，從幾毫米到一米，甚至三米不等。體表具有極多的小孔，故稱。小孔是水流入體内的開口，稱入水孔。體較鬆軟，故又稱海綿動物。約五千種，全部爲固着生活。多海栖，從淺海到數千米的深海中都有分布；淡水裏祇有針海綿屬約二十種。依骨骼特點分爲六放（射）海綿綱、尋常海綿綱和鈣質海綿綱三個綱。六放（射）海綿綱（Hexactinellida），又稱三軸海綿綱（Triaxonida）及玻璃海綿綱（Hyalospongiae）。具硅質骨針，三軸且多爲三軸六輻，分散或連接成網。無海綿質絲。體外無皮層，靠變形細胞的僞足連成合胞體覆於體表。全部海生。多分布於五百至八千五百米的深海。計六百餘種，如偕老同穴、拂子介等。尋常海綿綱（Demospongiae）爲海綿動物門最大綱，95%的海綿動物屬於本綱。體大、不規則，均爲複構型，具硅質骨針或海綿絲，骨針多埋在海綿絲中呈網狀。分布於淺海到深海，極少數生活於淡水中，如針海綿（*Spongilla*）。鈣質海綿綱（Calcarea）具鈣質骨針，骨針有針狀體、三輻體等，體小，灰白色，水溝係單溝型或雙溝型，常栖於淺海地帶。有分枝成群體的，如白枝海綿（*Leucosolenia*）；有單體的，如毛壺（*Grantia Compressa*）等。

偕老同穴

海洋動物名，多孔動物門六放海綿綱六星海綿目。我國現已確知有三種，其中最著名者爲"馬氏偕老同穴"（*Euplectella maushalli*），體呈圓筒形，長 30 ～ 100 厘米，自上而下逐漸趨窄。直立生長，外形如精緻的花瓶。頂端爲圓形或略呈橢圓形的出水口，體表具許多細孔，內部有廣闊的空腔。腔壁由扁細胞構成。骨針爲硅質，多爲五放形或六放形。水溝爲複溝型。因幼體時期的儷蝦常成對經篩板孔進入其體內腔栖居，當蝦體長大無法逸出，便被終生禁錮其中，故喻稱"偕老同穴"。《書·禹貢》："導渭自鳥鼠同穴。"《詩·邶風·擊鼓》："執子之

偕老同穴

手，與之偕老。"可視爲藉喻之典。日本人常把偕老同穴的乾製標本作爲男女定情的信物，以示到老永不分袂；西方則視其爲愛和美的女神之花籃，故名"維納斯花籃"。

第二節　腔腸（刺胞）動物考

腔腸動物門（Coelenterata）是動物界的一門。通常分成三個綱：水螅綱（Hydrozoa），約兩千七百種；鉢水母綱（Scyphozoa），衹有兩百餘種；珊瑚綱（Anthozoa），有六千一百多種。因具特殊的刺細胞，故又名刺胞動物門（Cnidaria），英譯nettle，中譯爲蕁麻，意爲蜇人使之起蕁麻疹的動物。刺胞動物除極少數種類爲淡水生活外，絕大多數種均爲海洋生活，多數在淺海，少數爲深海種。現存約一萬一千種，我國已記近千種。

水螅綱（Hydrozoa），係具水螅水母體的物種，如淡水的桃花水母，因形似而得名。

鉢水母綱（Scyphozoa），英文意爲鉢狀動物。古代一般將水母歸入海魚類或蟲類，并

記載其形態、大小和習性。《文選・郭璞〈江賦〉》："璅蛣腹蟹，水母目蝦。"李善注引南朝宋沈懷遠《南越志》："〔水母〕有智識，無耳目，故不知避人。常有蝦依隨之。蝦見人則驚，此物亦隨之而没。"唐劉恂《嶺表錄異》卷下："水母，廣州謂之水母，閩人謂之蛇。其形乃渾然凝結一物，有淡紫色者，有白色者。大如覆帽，小者如碗，腹下有物，如懸絮，俗謂之足，而無口眼。常有數十蝦寄腹下，咂食其涎。浮泛水上，捕者或遇之，即欻然而没，乃是蝦有所見耳。《越絕書》云，海鏡蟹爲腹，水母即蝦爲目也。南人好食之。"

珊瑚綱（Anthozoa），英文意爲花樣的動物。現存六千餘種，我國已記五百多種。珊瑚綱動物生活於海洋，大多生活於熱帶淺海海底，營底栖固着生活。珊瑚蟲是一種腔腸動物，多具角質、鈣質的骨針或外骨骼，珊瑚是生物成因的寶石。珊瑚在我國分布於南海海域，多爲六放珊瑚蟲亞綱的種類，形成造礁石珊瑚，形態多樣。漢代已記珊瑚。因爲珊瑚和琅玕易混淆，故在相當長時期内，認爲珊瑚"生於山"，或誤認其爲植物、礦物。元代已經將二者區分開來。晋葛洪《抱朴子》已記石芝珊瑚，不過歷代典籍所記"石芝"亦有歧義。沙箸最早記載見於唐代，屬珊瑚綱，海鰓目。詳見下文。

水螅

淡水動物名。體小型，呈管狀，下端有基盤着生，上端有口，周圍生六至十條小觸手，觸手滿布刺細胞，可射出刺絲和毒液，用以捕獲小型食餌。一般營出芽繁殖。再生能力極強。最常見的如褐水螅（*Hydra fusca*），灰褐色，基柄部淡白色；緑水螅（*Hydra viridis*），深緑色，與一種單細胞藻類共生。我國典籍中尚無此具體記載。《爾雅・釋蟲》："蛂，毛蠹。"郭璞注："即蝕。"陸德明釋文："今俗呼爲毛蝕。有毒，螫人。《楚辭》云：'蝕緣兮我裳'是也。"《説文・蟲部》："蛂，毛蠹也。"又："蝕，毛蟲也。"其後《直音》記："螅，同蝕。"

水母

亦稱"石鏡""蛇""樗蒲魚""鮓""海蜇"等。水生動物名，包括淡水水母，也包括海水水母，係低等無脊椎浮游肉食動物。在分類學上隸屬刺胞動物門、鉢水母綱，已知道的有二百五十餘種。是具水母體腔腸動物的統稱。水母體形呈傘形或錐形、半圓形、碟形等因種而異，體透明，除喇叭水母外，皆浮游於水層中。無口、眼，蝦子附在其腹下吞食涎沫。據説水母還能預測風暴，仿生學中謂之"水母耳"。

此稱唐代已行用。唐劉恂《嶺表錄異》卷下引《越絕書》云："海鏡蟹爲腹，水母即蝦爲目。南人好食之。"《越絕書》所記内容以春秋末至戰國初吳越争霸的歷史爲主幹，由此可見，早在春秋時期，水母已成爲東南沿海居民的美味佳餚。《文選・郭璞〈江賦〉》："璅蛣腹蟹，水母目蝦。"李善注引南朝宋沈懷遠《南越志》："〔水母〕有智識，無耳目，故不知避人。常有蝦依隨之。蝦見人則驚，此物亦隨之而没。"（後因以"水母目蝦"喻人没有主見，人云亦云）《太平御覽》卷九四三又引南朝宋沈懷遠《南越志》："海岸間有水母，東海謂之蛇。"唐劉恂《嶺表録異》卷下："水母，廣州謂之水母，閩人謂之蛇，其形乃渾然凝結一物，有淡紫色者，有白色者，大者如覆帽，小者如碗。腹下有物，如懸絮，俗謂之足，而無口眼，常有數十蝦寄腹下咽食其涎，浮泛水上，捕者或遇之，則欻然而没，乃是蝦有所見耳。"唐楊濤《水母目蝦賦》："物有相感，動無不濟。嗟水母之不明，假蝦目以能睆。"宋沈與求《錢塘賦水母》詩曰："疾風吹雨回江城……眼中水怪狀莫名，出没沙嘴如浮罌，復如緇笠絶兩纓，混沌七竅俱未形，塊然背負群蝦行。嗟其巧以怪自呈，凝目懼視相將迎。老漁旁睨笑發聲，曰此水母官何驚？"宋許及之《德久送沙嘴信筆爲謝》詩："海物惟錯群分命，並海饞涎爲物病。采拾烹煮如擷蔬，豈念含靈鈞物性。就中水母爲最蠢，以蝦作眼資汲引。蝦入罔罟自不知，水母浮悠亦良窘。"元謝宗可《蝦助》詩："層濤濡沫綴蝦行，水母含秋孕地靈。海氣凍成紅玉脆，天風寒結紫雲腥。霞衣褪色脂流滑，瓊縷烹香酒力醒。疑是楚江萍實老，誤隨潮汐落滄溟。"明懶庵禪師《有渡》詩："水母浮還没，風鴛出復藏。"明屠本畯《閩中海錯疏》卷中："水母一名鮀，一名鮓，海中浮漚所結也。色正白。濛濛如沫，又如凝血，縱廣數尺。有知識，無腹臟，無頭目處所。不知避人，隨其東西，以蝦爲目，無蝦則浮沉不常，蝦憑之，其

泛水如飛，蝦見人驚去，鮀亦隨之而没。潮退，蝦棄之於陸，故爲人所獲。《本草》謂水母爲樗蒲魚，《北户録》謂水母爲鮓，一名石鏡，南人治而食之。性熱，偏療河魚疾也。"徐渤補疏："按《物類相感志》云：水母大者如床，小者如斗，明州謂之蝦鮓，其紅者名海蜇，其白者名白皮子。皮切作縷，名水母縷。唐劉恂《嶺表録異》卷下云：淡紫色，大者如覆帽，小者如碗，腹下有物如懸絮。"此記中"大者如床"者，可能指今之霞水母（*Cyanea*），其直徑可達 1～2 米。一説謂"水母乾者名海蜇"。光緒二十三年（1897）《文登縣志·物產》："蛇……元謝宗可詩曰：'層濤擁沫綴蝦行，水母含秋孕地靈。'謂蛇也。"清《山東通志·物產》："水母俗名海蜇。"在相當長的歷史時期，"水母""海蜇"混用不別，異名衆多。以"蛇"名海蜇，多見於清代及之前的典籍。

　　清郝懿行的《記海錯》詳細考證了"蛇"的別稱，當時海邊人也稱水母爲海蜇。清郭柏蒼《海錯百一録》卷二："鮀，一作鮓，俗作蚱，又作蛇，一名海蜇，即水母也。《三山志》亦稱乍魚，《異苑》名石鏡。"清《山東通志·物產》："水母俗名海蜇。"按，在我國古代典籍記載中，蛇、水母和海蜇經常混用。明李時珍《本草綱目·介二·海鏡》〔釋名〕時珍曰："'蛇，作宅二音，南人訛爲海折，或作蜡鮓者，並非。劉恂云：'閩人曰蛇，廣人曰水母。《異苑》（南朝宋劉敬叔撰）名石鏡也。'"清同治十一年（1872）《黃縣志·物產》："水母名石鏡，一名撑蒲魚，一名海蛇，作海折者誤也。"鮀又有衍生含義，謂蠢子。清郭柏蒼《海錯百一録》卷二："福州呼蠢子爲鮀，譏其無眼目鼻舌，任

人作爲也。"

明陸容《菽園雜記》卷一二："世傳水母以蝦爲眼，無蝦則不能行。云蝦聚食其涎，因載之以行，近聞溫州人云水母大者圓徑五六尺，肥厚而重，一人止可擔二個。頭在上，面正中，兩眼如牛乳。剖之，中各有小紅蝦一隻，故云以蝦爲眼。前說非也。又水母俗名海蜇。直列反。但不知爲某字。"按，清顧張思撰寫的《土風錄》是一本考證民俗和俗語的筆記體性質的專書，記錄了清代乾嘉以來江南一帶民衆的風俗與俗語。《土風錄》引《臨淮新語》："水母乾者名海蜇，腹下有脚紛紜，名曰蜇花，鮮者一名海蛇。氣最腥，爲蟲之所宅，蟲者蝦也。"清屈大均《廣東新語・蟲語》："〔水母〕……乾者曰海蜇。腹下有脚紛紜，名蜇花。八月間乾者肉厚而脆，名'八月子'，尤美。"舊時乾的水母纔叫海蜇，現在統稱海蜇。清《陽江縣志・物産》云："水母，以鹹水之渣滓爲母，故名。一名蛇（土音，呼他赦切），有紫、白二種，形如羊胃，無口眼，腹下有物如懸絮，群蝦附之咂其涎，洙蝦動則蛇沉，故《江賦》曰

水　母
（清蔣廷錫等《古今圖書集成》）

'水母目蝦'。乾之曰海蜇。"參見本卷《水生無脊椎動物説・腔腸（刺胞）動物考》"海蜇"文。

【石鏡】[1]

即水母。此稱南北朝時期已行用。見該文。

【蛇】[1]

"水母"之單稱。此稱唐代已行用。見該文。

【樗蒲魚】

即水母。此稱宋代已行用。見該文。

【鮐】[1]

即水母。此稱明代已行用。見該文。此又有衍生含義，謂海蜇。參見本卷《水生無脊椎動物説・腔腸（刺胞）動物考》"蛇[2]"文。

海月水母

亦稱"海月"。海洋動物名。屬腔腸動物門，鉢水母綱，旗口水母目，洋鬚水母科，海月水母（*Aurelia aurita*）。無緣膜，口腕彼此分離，水母體有呈傘狀的膜及連於底部的觸手。胃部下有四個鮮明的環形生殖腺。海月水母是一種典型的漂流水母，世界各海洋均有分布。在中國山東烟臺沿岸，於七、八月間可發現成群的海月水母。此種水母形態美麗，因其傘狀體從側面看就如海中升起來的圓月，故有"海月"之雅稱。三國時即有"海月"的記載。三國吳沈瑩《臨海水土異物志》："海月，大如鏡，

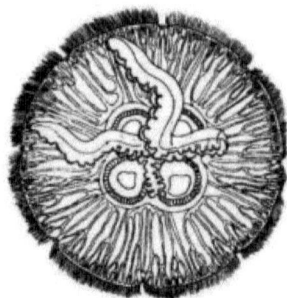

海月水母

白色正圓。常死海邊。其柱如搔頭大，中食。”又：“海月，形圓如月，亦謂之蠣鏡。”後人因此多有誤解。其實，此書記載兩處“海月”係同名異實。前者爲“水母”，後者爲“窗貝”。此後典籍記載也多圍繞二者。此海月非彼海月。明屠本畯《閩中海錯疏》卷下：“海月，形圓如月，亦謂之蠣鏡。土人多磨礪其殼，使之通明。鱗次以蓋天窗。《本草》云，水沫所化，煮時猶化爲水。嶺南謂之海鏡，又曰明瓦。”清杜臻《粵閩巡視紀略》：“又有海鏡，亦名海月，土人呼爲膏藥，兩片合以成形，殼瑩滑如雲母，內有小肉，腹中蟹子，小頭，黃螯。時出覓食，蟹飽亦飽。或迫以火，蟹出，海鏡立斃；或生剖之，蟹子尚活，逡巡亦斃。即《海賦》所云‘瑣珸腹蟹’也。”明楊慎《異魚圖贊》卷四稱“海月有緣無骨”，曰：“海物正圓，名曰海月，指如搔頭，有緣無骨。海賦江圖，藻咏互發。”四庫全書本《浙江通志》卷一二〇：“《爾雅翼》：‘蛇，一名水母，又曰鮓魚，又名樗蒲魚，今浙西通呼蝦蛇，又名海粗。’天啓《平湖縣志》一名海月，俗呼海蜇。”民國十年《莊河縣志·物產》：“海蜇，一名水母，亦名海月。質柔無殼，無鱗。”以上記“大如鏡”者爲“水母”，“蠣鏡”爲“窗貝”。

【海月】[1]

“海月水母”之省稱。此稱三國時期已行用。此有歧義，係同名異實。參見本卷《水生無脊椎動物説·水生軟體動物考》“海月[2]”文。

桃花水母

亦稱“桃花魚”，俗稱“桃花扇”。淡水動物名，屬腔腸動物門，水螅綱，淡水水母目，笠水母科桃花水母（*Craspedacusta* Lankester）。

直徑約 15 ～ 25 毫米，是僅有的一種淡水生活的小型水母。呈傘狀，具緣膜，傘緣具觸手，平衡囊位於觸手基部，生殖腺位於主輻管下方。明萬曆三十七年（1609）劉玉森《歸州志·土產》記“桃花魚出叱溪河，桃花開時始見，有紅白二種，花落後即無”。但詳盡的記載見於《古今圖書集成·職方典·荊州府部彙考·物產考》：“桃花魚出彝陵，非魚也。生於水，故名之曰魚。生於桃花開時，故名之曰桃花魚。形如榆莢，大小不一，蠕蠕然旋游水中，動則一斂一舒，若人攢指收放之狀，不知避人。取貯盂水中，亦然。離水取視，不過如涎。一捻，綿軟無復形體，體亦非蟲類。惟一溪有之，溪在松蔭菴後距城三里許。”荊州即今湖北省荊門市。其他古籍中還有：“桃花魚形圓，薄如蟬翼，浮水面作翕張狀。”“以桃花爲生死，桃花既盡，則是無物矣。”清王柏心等纂《宜昌府志·天文祥異》：“同治二年冬，沿江產桃花魚，彌月不絕。以上東湖。”又《宜昌府志·雜志》：“劉家麟《桃花魚記》云：桃花魚，東湖之異蟲也。生於江，以桃花爲生死，蓋自城西渡內江爲西洲，洲又西爲桃花園。其渚爲屯，甲沱上下，東西不一里，而是物生焉。質甚微，視之僅有形，或取着盆中，大如桃花，翕張往來，中高而輪，後卷輪之周痕，一發碧前着數點，後攢芷，則尾也。人以其時與形名之，故謂之桃花，以其水生故謂之魚漉，諸手涎一捻，而已觸人氣輒死。桃花既盡，則是物亦無有矣。……按，乾隆壬午長至後，水夫自鎮川門汲得此魚，置盆盎中，宛然桃花，則知亦有非時而生者也。特其色純白耳，附識於此。”

桃花水母在桃花盛開時突然出現，在水中

游動，狀如浮在水面上的桃花瓣，經數日或十數日後又悄悄地消失，古人常誤爲桃花落水而成。清顧槐《桃花魚》詩："三月放桃花，鮮妍如錦簇，莆落江流中，化魚何其速。"桃花水母有粉紅色的生殖腺，透明的傘頂，在水中浮沉漂蕩，有如落水桃花，因此，古代稱它們爲"桃花魚"。但又明確指出，桃花魚"非魚也"，因其水生，故名之曰魚；又因其生於桃花開時，故名之曰"桃花魚"。清楊裕仁《桃花魚歌》："春來桃花水，中有桃花魚。淺白深紅畫不如，是花是魚兩不知。"水質很好的地方，纔能見到桃花水母。作爲世界級瀕危物種，桃花水母有"水中大熊猫"之稱，具有極高的研究價值和觀賞價值。清林鳴鶯《桃花魚》詩："花開溪魚生，魚戲花影亂。花下捕魚人，莫作桃花看。"

我國已有十二省發現桃花水母，但主要分布於長江流域。除索氏桃花水母和日本的伊勢桃花水母兩種外，其餘九種我國均產。除中華桃花水母外，還發現了秭歸桃花水母等種類。湖北秭歸的桃花水母不僅是中國記錄最早的，也是世界上對於桃花水母非正式記載中最早的。一度在每年的十月到次年的三月出現，爲世所罕見。在秭歸，"桃花魚"可謂家喻户曉，并流傳着一個美麗動人的傳說。傳說桃花魚是昭君流的淚水滴在桃花瓣上變的。把人的美與自然物的美巧妙地聯繫起來，增添了幾分浪漫色彩。在中國文化中，桃花魚還被看成是愛情的象徵。當然，桃花魚的産生并非民間傳說中所説的昭君涕淚所化。人們囿於目力所及，發現桃花魚祇在桃花開時纔出現，桃花謝了就沒有了。其實不然，桃花魚在水下一年四季都有。夏天陽光強烈，水面溫度高，又可能會有洪水的冲擊，

而冬天水面溫度低，沒有它們可捕食的浮游生物，它們就祇在水下和石頭縫裏覓食。到了春暖花開時節，桃花魚纔浮到水面來。科學研究發現，桃花水母生活史中有世代交替現象，桃花水母的神秘面紗也被逐步揭開。

【桃花魚】

即桃花水母。此稱明代已行用。見該文。此有歧義，屬同名异實。淡水的鱲魚，亦稱此名。

【桃花扇】

即桃花水母。此稱多行用於近現代。見該文。

海蜇

亦作"海蟄"，也稱"蚝""鱭""蠐""蚱""蜡""鮓"，亦稱"鮓魚""乍魚""海蛇""海鮀""蝦鮓""海粗""樗蒲魚""蝦蛇""蛇魚""蜡鮓""海舌""江蜇""石鏡""蝦助""借眼公""白皮紙""水母綫""水母鮮""海豆腐"等。海洋動物名。爲腔腸動物門，鉢水母綱，根口水母目之統稱。海蜇（*Rhopilema esculentum*）又名水母，主產於中國東南沿海。體形呈半球狀，可食用，上呈傘狀，白色，藉以伸縮運動，稱爲海蜇皮，下有八條口腕，其下有絲狀物，呈灰紅色，叫海蜇頭。可供食用，并可入藥。海蜇屬祇是水母家族中的一個小分支。海蜇屬祇有四個種，分別是海蜇、黃斑海蜇、棒狀海蜇、疣突海蜇。作爲漁業資源捕撈的祇有海蜇和黃斑海蜇。除這兩種海蜇外，我國常見的食用水母還有口冠水母（沙海蜇）、葉腕水母和擬葉腕水母。

海蜇是比較後出的稱呼，在早期文獻記載中多以水母稱之（參見"水母"文）。二者又統稱鮓魚、蚝、蚱、石鏡、蝦蛇、蠐、海粗、蛇魚、蜡、樗蒲魚等。晋張華《博物志》卷三：

海 蜇

"東海有物，狀如凝血，從廣數尺，方員（圓），名曰鮓魚。無頭目處所，內無臟。衆蝦附之，隨其東西，人煮食之。"唐劉恂《嶺表錄異》卷下："水母，廣州謂之水母，閩謂之蛇，其形乃渾然凝結一物，有淡紫色者，有白色者，大如覆帽，小者如碗。腹下有物如懸絮，俗謂之足，而無口眼。常有數十蝦寄腹下啣食其涎。浮泛水上，捕者或遇之，即欻然而沒，乃是蝦有所見耳。"五代毛勝《水族加恩簿》："令惟爾借眼公，受體不全，兩相藉賴。宜授同體合用功臣，左右衛駕海將軍。"宋羅願《爾雅翼·釋魚三》：'蛇生東海，濛濛如沫，如凝血，縱廣數尺，有知覺，無頭目，故不知避人。衆蝦附之，隨其東西。故人謂其以蝦爲目。土人取之，以灰鹽礬水，去其涎沫，名海鮓。佐酒極佳。"

清胡世安《異魚圖贊箋》卷四引唐段公路《北户録》："一名蚱，一名石鏡。《海篇》：一名蝦蛇，一名蟦，一名海觐（音折），狀象柔皮。"宋羅願《爾雅翼·釋魚三》："蛇一名水母，又曰鮓魚，又名樗蒲魚，今浙西通呼蝦蛇，又名海觐。"明馮時可《雨航雜録》卷下："蛇魚，一名蟦，一名撈蒲，一名水母，俗所謂海蜇也。雨水多則是物盛。其形如覆笠。以蝦爲目，蝦動則沉。土人食之。皆以爲去積。其實損脾。南人以爲性暖。能治河魚疾。"清聶璜《清宮海

錯圖》："蛇魚，吴俗稱爲海蜇，越人呼爲蛇魚，亦作鮓魚，以其矗而切之也。"

在相當長的時期，"水母""海蜇"混用不別，异名衆多。明屠本畯《閩中海錯疏》卷中："水母一名鮀，一名鮓，海中浮漚所結也。……《本草》謂水母爲樗蒲魚，《北户録》謂水母爲鮓，一名石鏡，南人治而食之。性熱，偏療河魚疾也。"徐渤補疏："按《物類相感志》云：'水母大者如床，小者如斗，明州謂之蝦鮓，其紅者名海蜇，其白者名白皮子。皮切作縷，名水母縷。《嶺表錄異》云：'淡紫色，大者如覆帽，小者如碗，腹下有物如懸絮。'"水母又名"蝦助"。明蔣一葵《堯山堂外紀》卷七二："蝦助，海鑽也，一名水母，又云海蜇。其形一片如輪，均無目，凡行，蝦必附之，故云蝦助。"明陸容《菽園雜記》卷一二："又，水母俗名海蟄。直列反。但不知爲某字。《松江志》作海蟄，或作海蜇。《翰墨大全》作海蛇。按，蟄蟲冬伏也，蜇蟲傷人也，皆非物名，亦非直列音。蛇，音除駕。《本草》作蠟，音同。音雖非直列，實水母之異名，温州人又呼水母爲鮓魚。鮓字無義，豈即蛇音之訛耶？"

以"蛇"名海蜇，多見於清代及之前的典籍。清郝懿行《記海錯》："蛇，《文選·江賦》云'水母目蝦'，李善注引《南越志》曰：海岸間頗有水母，東海謂之蛇……蛇音蠟。余按：蛇，今海人名爲蟄，蜇是俗作字，又因聲近訛轉也。《廣韵·四十禡》：蛇音除駕切，云水母也，一名蟦。形如羊胃，無目，以蝦爲目。今驗蛇之形狀，惟《南越志》説之極詳。其物大者有如一間屋，體如水沫結成。"清郭柏蒼《海錯百一録》卷二："鮀，一作鮓，俗作蚱，又作

蛇，一名海蜇，即水母也。《三山志》亦稱乍魚，《異苑》名石鏡。”明李時珍《本草綱目·鱗四·海蛇》〔釋名〕：“水母，樗蒲魚，石鏡。蛇，乍、宅二音。南人訛爲海折，或作蜡、鮓者，并非。劉恂云：閩人曰蛇，廣人曰水母。《異苑》名石镜也。”清顧張思在《土風録》中引《臨淮新語》：“水母乾者名海蜇，腹下有脚紛紜，名曰蜇花，鮮者一名海蛇。氣最腥，爲蟲之所宅，蟲者蝦也。”清道光二十五年（1845）《重修膠州志·物産》：“海蛇，郭璞《江賦》‘水母目蝦’，注曰：‘海蛇。’李時珍曰：‘蛇有乍宅二音，南人訛爲海折，或謂蜡鮓者，並非。’舊志作蟄尤非，蓋此物之下，諸蟲所集，有宅之義，故字從宅。”何謂蛇？如上所述，蛇字意爲蟲之宅，蟲指共栖的水母蝦，而“海折”乃南人的訛誤。今天，“蛇”之稱呼已不通用，皆稱爲海蜇。明王圻等《三才圖會·鳥獸六》：“水母，其大如席，無頭目，然亦能作聲。水母不能動，蝦或負之，則所往如意，俗呼海蟄。”清光緒二十三年（1897）《文登縣志·物産》：“蛇，音蜡，今海人名海蜇，蟄俗字，又因聲近訛轉也。”

海蜇，後世多作水母的俗稱。清《山東通志·物産》：“水母俗名海蜇。”亦稱鰖、海舌、江蜇、石鏡。清李元《蠕範》卷三：“蛇以蝦爲目，以蟹爲腹，虎以很爲手。”又：“蛇，鰖也，鮓也，水母也，蝦鮓也，海靼也，海舌也，江蜇也，海蜇也，蜇皮也，石鏡也，樗蒲魚也。”徐珂《清稗類鈔·動物類》記：“海蜇，即水母，又謂之蛇，腔腸動物也，產於近海，大者徑尺餘，種類甚多，最普通者，上面高凸，狀如張傘，平滑而軟，色淡藍，其薄皮，俗稱‘海蜇皮’。下有八腕，延長如柄，色淡紅，俗稱‘鷄冠海蜇’。腕上觸手叢生，觸手之間有無數細口，内通胃腔。傘之邊緣有耳及目，以司感覺。常浮游水面，衆蝦附之以爲栖息，古稱‘水母目蝦’，謂其以蝦爲目，實非。”

蛇　魚

（清聶璜《清宫海錯圖》）

古代典籍中還記載了海蜇漁業和氣象的關係，以及海蜇加工製作的方法。明彭大翼《山堂肆考》卷二二八：“水母，生海中，四五月初生如帶，至六月漸大如盤，形似白綫絮，而無耳目口鼻鱗骨，一段赤色破碎者謂之頭……肉如水晶，以明礬腌之，吴人呼爲水母鮮，久則漸薄如紙，俗呼爲白皮紙。”清郭柏蒼《海錯百一録》卷二：“夏至時海漚所結，有淡色、白色二種，海面日烈，時雨迸之，則多結，無雨則産缺。諺云‘四月八，一晡雨，一蒲鮀’。閩人呼暑雨挾雷者爲晡時雨，呼物之聚結者爲蒲。言夏至前後，一點雨得一蒲鮀也。鮀本海物，時或浮於江海之交。蝦聚腹背而咂其膩，故曰水母目蝦。”

關於海蜇的食用方法，典籍記載亦多見。我國早在晋代就已食用海蜇了。晋張華《博物志》卷三：“東海有物，狀如凝血，縱廣數尺方圓，名曰鮓魚，無頭目處所，内無臟。衆蝦附之，隨其東西，人煮食之。”到了唐代，唐陳藏器《本草拾遺》載：“〔海蜇〕炸出以薑醋進之，海人以爲常味。"宋代煮海蜇已經是街頭小吃了（見宋周密《武林舊事·市食》）。海蜇在元代以前爲煮食。如元倪瓚《雲林堂飲食制度集》中記載的無錫名菜"海蜇羹"："用對蝦鮮蝦頭熬清汁。或入片子鷄脆……和入供。"到了明代，人們纔開始生食，明李時珍《本草綱目·鱗部·海蛇》〔集解〕時珍曰："……人因割去之。浸以石灰、礬水，去其血汁，其色遂白。其最厚者，謂之蛇頭，味更勝，生熟皆可食。"清袁枚《隨園食單》中也有生食海蜇的記載："用嫩海蜇。甜酒浸之，頗有風味。其光者名'白皮'，作絲，酒、醋同拌。"今江南地區最常見的海蜇燒法是"炖海蜇"及"拌海蜇皮"。有些地方還推出了"海蜇席"：厨師以海蜇爲主料，經燒、燴、蒸、煮之後，做成各式各樣的大菜。海蜇的食法生熟兼備，熱炒、凉拌皆可，佐餐下酒，風味尤佳。唐段公路《北户録》卷一《水母》："水母，《兼名苑》云：一名蚱，一名石鏡，南人治而食之。云性熱，偏療河魚疾也。其法先以草木灰退去外肉，中有一物，或紫或白，合油水再三洗之，雜以山薑、豆蔻煮過，其瑩澈不可名狀，至於真珠、紫玉無以比方。此物須以薑醋食之，蓋相宜也。"清郝懿行《記海錯》："蛇，……海人采得之，漬以礬，下盡其水，形如猪肪，或蹙縮如羊胃。……柔之以醯，啖之極脆，可以案酒。"清光緒五年（1879）《永平府志·物産》："《鮀》云：目蝦水母佐盤餐，佳品端應列食單。隨水團團類羊胃，登筵叠叠肖鷄冠。"自注云："鮀，土人呼其皮爲片子。鮀，其足爲鷄冠鮀。"清光緒六年（1880）《寧河縣志·物産》："海蛇，俗訛爲海蜇，南方名水母。……其最厚者，曰蛇頭，南

方爲水母髻，味更勝，生熟皆可食。"

　　剛剛捕獲的海蜇不能食用，必須用明礬和食鹽進行腌製，促其脱水，然後將蜇體和蜇頭剖開用水洗净，并把頭、體連接的筋肉、血衣膜（即紅皮）和黏液刮净。最後要用明礬與鹽反復腌浸、脱水，即爲成品。海蜇不但風味佳，口感獨特，也頗具營養價值，有清胃、潤腸、化痰、平喘、消炎、降壓等作用。從海蜇中提取的水母素，在抗菌、抗病毒和抗癌等方面，皆具藥效。

【鮓魚】

　　即海蜇。此稱晋代已行用。見該文。

【蛇】[2]

　　即海蜇。此稱唐代已行用。見該文。

【蚱】

　　即海蜇。此稱唐代已行用。見該文。

【乍魚】

　　即海蜇。此稱宋代已行用。見該文。

【蝦蛇】

　　即海蜇。此稱宋代已行用。見該文。

【蝦鮓】

　　即海蜇。此稱宋代已行用。見該文。

【海蛆】

　　即海蜇。此稱宋代已行用。見該文。

【海靼】

　　即海蜇。此稱宋代已行用。見該文。

【蝦鮀】

　　即海蜇。此稱宋代已行用。見該文。

【水母綫】

　　即海蜇。此稱宋代已行用。見該文。

【蟥】

　　即海蜇。此稱宋代已行用。見該文。

【借眼公】

　　即海蜇。此稱宋代已行用。見該文。

【海䖳】

　　即海蜇。此稱宋代已行用。見該文。

【海蛇】

　　即海蜇。此體明代已行用。見該文。

【䖴】[2]

　　即海蜇。此體明代已行用。見該文。

【鮓】

　　即海蜇。此稱明代已行用。見該文。

【蛇魚】

　　即海蜇。此稱明代已行用。見該文。

【蠟鮓】

　　即海蜇。此稱明代已行用。見該文。

【白皮紙】[1]

　　即海蜇。此稱明代已行用。見該文。

【水母鮮】

　　即海蜇。此稱明代已行用。見該文。

【蝦助】

　　即海蜇。此稱明代已行用。見該文。

【海蟄】

　　同“海蜇”。此體明代已行用。見該文。

【鰿】[1]

　　即海蜇。此稱清代行用。見該文。

【海舌】

　　即海蜇。此稱清代行用。見該文。

【江蜇】

　　即海蜇。此稱清代行用。見該文。

【海豆腐】

　　“海蜇”之俗稱。此稱多行用於今山東沿海。見該文。

櫛水母

　　櫛水母門動物的通稱。櫛水母并非水母，是外形類似水母的海洋無脊椎動物。因其無刺囊細胞，故不屬於刺細胞動物，單列爲櫛水母門（Ctenophora）。其構造非常原始，體呈中心對稱的放射狀。在其半透明的身體上分布着八行櫛板。櫛板上覆蓋着短短的、毛髮一樣的纖毛。體呈球形、瓜形、卵圓形扁平帶狀等，透明而能發光。當其在海中游動時，可以發射出藍色的光，發光時櫛水母就變成了一個光彩奪目的彩球。全世界約一百五十種，世界性分布。中國東海和南海北部有六種。古時常按植物命名，如“海胡桃”“海醋栗”“猫眼”等。此稱清代已行用。徐珂《清稗類鈔·動物類》：“櫛水母爲腔腸動物，單獨浮游，不成群體，發生與結構多與普通水母异。有數種。其體或圓如瓜，或扁平如帶，體壁極薄而透明，周圍有纖毛四條，各分爲二，相比如櫛，故名。雌雄同體。常游於海面，夜放磷光。”櫛水母屬於稀缺海洋生物，對科學研究有着十分重要的價值。研究發現，其是目前已知唯一擁有“時隱時現”肛門的生物，具有與地球上其他動物完全不同的神經系統，能在短短三天內再生一個基本大腦。它是最早出現的動物之一，可能早在六億年前的震旦紀就已經出現。

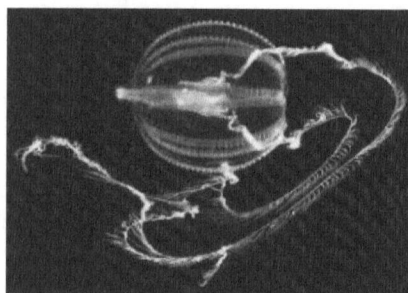

櫛水母

附録：海蜇製品及相關

鮀跤

似指海蜇頭。清郭柏蒼《海錯百一録》卷二："漁者以洗釣撈得黑者曰鮀跤。"此稱清代已行用。見該文。

鮀鰾

海蜇身體上如同懸絮的部位。清郭柏蒼《海錯百一録》卷二："周圍比附如懸絮者曰鮀鰾。"此稱清代已行用。見該文。

鮀血

海蜇腹中形如敗芝而渣滓者。清郭柏蒼《海錯百一録》卷二："皆以灰攀和薄鹽壓去其汁，腹中無腸，形如敗芝而渣滓者曰鮀血。"此稱清代已行用。見該文。

蜇頭

指海蜇頭。民國十年（1921）《莊河縣志·物産》："海蜇，一名水母，亦名海月。質柔無殼，無鱗。游泳水面，漁人以手網捕之，取其頭身二部，攀以白攀，然後漬鹽出售。俗呼蜇頭、蜇皮。"此稱民國時期已行用。見該文。

蜇皮

指海蜇皮。民國十年（1921）《莊河縣志·物産》："海蜇，一名水母，亦名海月。質柔無殼，無鱗。游泳水面，漁人以手網捕之，取其頭身二部，攀以白攀，然後漬鹽出售。俗呼蟄頭、蜇皮。"此稱民國時期已行用。見該文。

片子

指海蜇皮。清光緒五年（1879）《永平府志·物産》："《鮀》云：目蝦水母佐盤餐，佳品端應列食單。隨水團團類羊胃，登筵疊疊肖鷄冠。"自注云："鮀，土人呼其皮爲片子。鮀，其足爲鷄冠鮀。"此稱清代已行用。見該文。

鷄冠鮀

指海蜇足部。清光緒五年（1879）《永平府志·物産》："《鮀》云：目蝦水母佐盤餐，佳品端應列食單。隨水團團類羊胃，登筵疊疊肖鷄冠。"自注云："鮀，土人呼其皮爲片子。鮀，其足爲鷄冠鮀。"此稱清代已行用。見該文。

蛇頭

指海蜇頭。清光緒六年（1880）《寧河縣志·物産》："海蛇，俗訛爲海蜇，南方名水母。……其最厚者，曰蛇頭，南方爲水母髻，味更勝，生熟皆可食。"此稱清代已行用。見該文。

水母髻

指海蜇頭。清光緒六年（1880）《寧河縣志·物産》："海蛇，俗訛爲海蜇，南方名水母。……其最厚者，曰蛇頭，南方爲水母髻，味更勝，生熟皆可食。”此稱清代已行用。見該文。

白皮子

指海蜇。清趙學敏《本草綱目拾遺·鱗部》：“朱排山《柑園小識》：海上有白皮，潔白脆美，過于海，謂之白皮子。”此稱清代已行用。見該文。

白皮紙 [2]

指海蜇皮，亦指陳久之海蜇。清趙學敏《本草綱目拾遺·鱗部》：“白皮子，生南海，四五月初生如帶，至六月漸大如盤，形似白綠絮，而無耳目口鼻鱗骨。一段赤色破碎者，謂之頭。其肉如水晶，以明礬腌之，吳人呼爲水母。鮮久則漸薄如紙，俗呼爲白皮紙。”此稱清代已行用。見該文。

秋風子

指海蜇皮。清趙學敏《本草綱目拾遺·鱗部》：“今所云白皮紙，乃海蜇外面之皮，非陳久之海蜇也，一名秋風子。”此稱清代已行用。見該文。

珊瑚 [1]

亦稱“珊瑚樹”“烽火樹”“海花石”“青琅玕”“浮石”“石闌干”“石珠”“青珠”“缽擺娑福羅”。海洋動物名。爲腔腸動物門，珊瑚蟲綱動物之統稱。珊瑚由珊瑚蟲分泌的石灰質骨骼聚結而成，狀如樹枝，多爲紅色，也有白色或黑色。珊瑚蟲是一種腔腸動物。珊瑚是生物成因的寶石，多具角質、鈣質的骨針或外骨骼。此稱漢代已行用。《史記·司馬相如列傳》：“玫瑰碧琳，珊瑚叢生。”張守節正義因郭璞曰：“珊瑚生水底石邊，大者樹高三尺餘，枝格交錯，無有葉者也。”漢班固《西都賦》：“珊瑚碧樹，周阿而生。”《說文·玉部》：“珊，珊瑚。色赤。生於海，或生於山。”又“瑚，珊瑚也。”晉葛洪《西京雜記》卷一：“積草池中有珊瑚樹，高一丈二尺，一本三柯，上有四百六十二條。是南越王趙佗所獻，號爲烽火樹。至夜，光景常欲燃。”唐段成式《酉陽雜俎》卷一〇“物異”亦載此事，稱“夜有光影，常似欲燃”。元王逢《宮中行樂詞》之四：“天地烽火樹，日暮蔓金苔。”

關於珊瑚的産地及特點，古代典籍記載頗詳。宋唐慎微《重修證類本草》卷四：“《圖經》曰：珊瑚生南海。注云：又從波斯國及獅子國來，今廣州亦有。云生海底，作枝柯狀，明潤如紅玉，中多有孔，亦有無孔者，枝柯多者更難得，采無時。”宋趙汝適《諸蕃志》卷上：“蒲哩嚕與三嶼聯屬，聚落差盛，人多猛悍好攻劫，海多鹵股之石……産青琅玕、珊瑚樹，然絕難得，風俗博易與三嶼同。”元戴侗《六書故》卷七：“珊，蘇干切，珊瑚石也，出海底，或赤或青，高一二尺餘。海人沒水，候其

珊瑚樹
（清聶璜《清宮海錯圖》）

初出，羅以鐵網，俟其扶疏，揭而取之。徐鍇曰：裹以繒帛，燒之不熱，生海島，根其爲樹者，交柯可愛，或如今太湖石，可琢爲器。"明李賢等《明一統志》卷九〇："珊瑚有赤、黑二種，在海直而軟，見日曲而堅。漢初，趙佗獻赤珊瑚，名火樹。"又："珊瑚生海中最深處，初生色白，漸長變黃。以絲繩繫五爪鐵猫兒，用黑鉛爲墜，擲海中取之，初得肌理軟膩，見風則乾硬。變紅色者爲貴，若失時不取則蠹敗。"明［意大利］艾儒略《職方外紀》卷五："〔海產〕有珊瑚島，其下多出珊瑚。初在海中色綠而質柔軟，上生白子，土人以鐵網取之，出水便堅。有紅、黑、白三色，紅色者堅而密，白、黑色者鬆脆不堪用。大浪山之東北有暗礁，水涸礁出，悉是珊瑚之屬。"清屈大均《廣東新語·貨語》："珊瑚，水之木也，生海中磐石之上，初白如菌，一歲乃黃。海人以鐵網先沉水底，俟珊瑚貫出其中，絞網得之。"清林豪纂《臺灣澎湖廳志》卷一〇《雜產·金石之屬》："珊瑚樹。《紀略》：澎湖海中有一種土珊瑚，在水中見淡紅色，出水則白而枯槁，並無紅潤之色，且極鬆脆，夕則碎折，亦海樹之屬耳。又陳廷敬云：外堅海中有珊瑚樹，夷人百計采取，鯨魚守之不得下取。"清李準《巡海記》記載了作者奉命巡閱南海，發現一個島，"其紅珊瑚遍地皆是……又過對岸之島，較小於甘泉島，縱橫不過八里耳，其珊瑚比以前更多，因名字曰珊瑚島。"

珊瑚自古被視爲珍寶。《晉書·石崇傳》："〔武帝〕嘗以珊瑚樹賜之……愷以示崇。崇便以鐵如意擊之，應手而碎。愷既惋惜，又以爲嫉己之寶，聲色方厲。崇曰：'不足多恨，今

還卿。'乃命左右悉取珊瑚樹，有高三四尺者六七株，條幹絶俗，光彩曜日。"南朝梁任昉《述異記》卷上："珊瑚樹，碧色。生海底，一株十枝，枝間無葉，大者高五六尺，至小者尺餘。蛟人云，海上有珊瑚宫。漢元封二

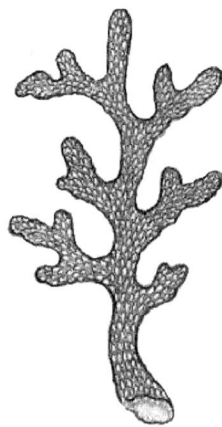

青琅玕
（明文俶《金石昆虫草木狀》）

年，鬱林郡獻瑞珊瑚。"明曹昭《格古要論·珊瑚》："珊瑚樹，生大海山陽處水底，海人以鐵網取之。其色如銀珠鮮紅，樹身高大，枝柯多者爲勝。"我國典籍所記之珊瑚，應指鹿角珊瑚或紅珊瑚。明李時珍《本草綱目·金石一·珊瑚》〔集解〕時珍曰："珊瑚生海底，五七株成林，謂之珊瑚林。居水中直而軟，見風日則曲而硬，變紅色者爲上，漢趙佗謂之火樹是也。亦有黑色者不佳，碧色者亦良。昔人謂碧者爲青琅玕，俱可作珠。許慎《説文》云：'珊瑚色赤，或生於海，或生於山。'據此説，則生於海者爲珊瑚，生於山者爲琅玕，尤可徵矣。"《説文·玉部》段玉裁注："《廣雅》：'珊瑚爲珠類'，故次於此。《上林賦》注曰：'珊瑚生水底石邊，大者樹高三尺餘，枝格交錯，無葉，有青色者。或云，赤爲珊瑚，青爲琅玕。'"珊瑚"和"琅玕"在古書中經常被混爲一談。琅玕一指似珠玉的美石，《書·禹貢》："厥貢惟璆、琳、琅玕。"孔傳："琅玕，石而似玉。"孔穎達疏："琅玕，石而似珠者。"琅玕又指神話傳説中的仙樹，其果實似珠。《山海經》載："開明

山北有珠樹。"此珠樹即爲琅玕。《説文》云"琅玕似珠者""生於山"即指琅玕。元陳櫟《書集傳纂疏》卷二引《爾雅》曰:"西北之美者,有昆侖虚之璆、琳、琅玕,今南海有青琅玕,珊瑚屬也。"明方以智《物理小識·珊瑚》卷七:"琅玕亦是青珊瑚。"明李時珍《本草綱目·金石一·青琅玕》〔釋名〕:"青琅玕又名石闌干,石珠,青珠。"又〔集解〕藏器曰:"石闌干生大海底,高尺餘,如樹,有根莖,莖上有孔,如物點之。漁人以網罾得之。初從水出微紅,後漸青。"此處所記石闌干當爲珊瑚。古人將琅玕作爲昆石,其實琅玕爲石珊瑚目鹿角珊瑚科的種類。

因爲珊瑚和琅玕的混淆,在相當長的時期內,對珊瑚"生於山",或誤認其爲植物、礦物的看法,非常普遍。唐蘇敬《新修本草》記載了珊瑚可藥用,可治療疾病。他將珊瑚放在玉石部玉類,當作礦石。宋蘇頌《圖經本草》卷三《玉石下品·青琅玕》:"青琅玕,生蜀郡平澤。蘇恭注云:'琅玕乃有數種,色是琉璃之類,火齊寶也。且琅玕五色具,以青者入藥爲勝。'……又如上所説,皆出西北山中,而今圖乃云:海底得之,珍瑰之物。山、海或俱産焉,今醫方家亦以難得而稀用也。"元代已經將二者區分開來。元汪大淵《島夷志略》:"地産青琅玕、珊瑚樹,其樹或長一丈有餘,或七八尺許,〔圍〕一尺有餘。秋冬民間皆用船采取,以橫木繫破網及紗綫於其上,仍以索縛木兩頭,人於船上牽以拖之,則其樹槎牙,挂挽而上。貿易之貨,用金、銀、五色緞、巫崙布之屬。"《本草綱目》將"珊瑚"與"青琅玕"分別列入金石部。清聶璜《清宮海錯圖》:"石珊瑚,産海洋深水岩麓海底,其狀如短拙枯幹,而有斑,紋如松花。其色在水則紅色,出水則漸變矣。然亦有五色,青、黃、紅、赤、白各枝分派如點染之者。福州省城海以盆水養此珍藏,其質在深水則軟而可曲,出水見風則堅矣。其本則皆一,石以爲之根。今往往得者皆斷,遂不解。"作者對石珊瑚的生成做了探討,并加按語:"按,石珊瑚古無其名,惟《異魚圖》載琅玕,青色,生海中。……琅玕,《本草》有圖仿佛似之,然《禹貢》璆琳琅玕當又是一種,南宋時臨海貢琅玕石三,皆交柯,即此物也。"清魯曾煜等編《廣東通志》卷五二:"琅玕,青色,生海底,人以網得之,初出水紅色,久而青黑,枝柯似珊瑚,而上有孔竅如蟲蛀,擊之有金石之聲。"徐珂《清稗類鈔·動物類》記:"海花石爲珊瑚蟲類,《本草》謂之浮石。面有多數淺窩,紋如菊花,灰白色,堅硬如石。鞣皮廠中每以之磨皮垢,小者常供案頭清玩。"珊瑚的主要成分爲碳酸鈣,它由珊瑚蟲骨骼堆積而成,一代又一代的珊瑚蟲在固定地點生長死亡,最終形成珊瑚。我們一般所見的白色珊瑚,係一個個珊瑚蟲死後遺留下的骨骼,真正活的珊瑚蟲是在其上面開着的一朵朵柔嫩的"小花"。今天市售的白色珊瑚,則多是石珊瑚經加工後的骨骼標本。

我國臺灣及南海諸島都盛産珊瑚。青琅玕,爲鹿角珊瑚科動物鹿角珊瑚(*Acropora austera*)群體的骨骼及其共肉(軟體部分)。分布於我國西沙群島及海南島。紅珊瑚經過打磨雕刻,由工匠製成各種飾物,自古以來就象徵着尊貴吉祥。紅珊瑚(*Corallium rubrum*)作爲稀世之寶,與珍珠、琥珀并列爲三大有機寶石,在中外歷史上均具有崇高地位，在東方佛典中亦被列爲七寶之一，被視爲富貴祥瑞之物。清朝二品官上朝穿戴的帽頂及朝珠均係由貴重紅珊瑚製成。《清史稿·輿服志二》："朝服朝珠三盤，東珠一，珊瑚二。"珊瑚在古代還是一種名貴藥物。

古人也將珊瑚寫入詩詞歌賦。漢司馬相如《上林賦》："玫瑰如林，珊瑚叢生。"漢張衡《四愁詩》："美人贈我琴琅玕，何以報之雙玉盤。"三國曹植《美女篇》詩："頭上金爵釵，腰佩翠琅玕。明珠交玉休，珊瑚間木難。"唐杜甫《哀王孫》詩："腰下寶玦青珊瑚，可憐王孫泣路隅。"唐韋應物《咏珊瑚》詩："絳樹無花葉，非石亦非瓊。世人何處得，蓬萊石上生。"唐仲子陵作《珊瑚樹賦》。宋文天祥《珊瑚吟》詩："南方有珍禽，鳴聲天下奇。毛羽黑如漆，兩臉凝瓊脂。燕趙佳公子，籠檻以自隨。童子重丁寧，飲食必以時。將獻上林苑，來巢萬年枝。待之豈少恩，不免加縶維。珊瑚真珊瑚，碎琢良自悲。中原寒氣深，風土非所宜。"清乾隆帝《珊瑚樹》詩："《説林》珊樹竟開花，河伯宴禹信荒誕；南海更以婦人稱，《述異》之説騁詭辯；石崇所擊或類真，惟其類真益形舛；三四尺者六七株，非是天來非地產；郿塢王籍王振家時，二十餘株入官輦；審然此應在世間，不可謂同桑海變；百歲昇平天府藏，盈尺者弗一再見；此非却珍知世無，石崇王振安從管。咄哉千秋紀載家，顏腆耳食逞虛撰。"詩中所謂"珊瑚婦人"，見於宋曾慥編《類説》卷八《女珊瑚》："光武時，南海貢珊瑚婦人。帝植於殿前，號女珊瑚。靈帝時樹死，漢將亡之兆也。"

【烽火樹】

即珊瑚[1]。此稱漢代已行用。見該文。

【珊瑚樹】

即珊瑚[1]。此稱漢代已行用。見該文。

【青琅玕】

即珊瑚[1]。此稱唐代已行用。見該文。

【石闌干】

即珊瑚[1]。此稱唐代已行用。見該文。

【石珠】

即珊瑚[1]。此稱唐代已行用。見該文。

【青珠】

即珊瑚[1]。此稱唐代已行用。見該文。

【缽擺娑福羅】

即珊瑚[1]。出自《梵書》，見明李時珍《本草綱目別名錄》。此稱明代已行用。見該文。

【海花石】

即珊瑚[1]。此稱民國時期已行用。見該文。

石芝

海洋動物名。屬於腔腸動物門，珊瑚綱，石珊瑚目，石芝珊瑚（*Fungia fungites*）。單體，源自拉丁語 fungus，意思是"蘑菇"。其骨骼形如蘑菇傘蓋，珊瑚個體的中央凹陷處是石芝珊瑚的口。

此稱晉代已行用。晉葛洪《抱朴子·仙藥》記："五芝者，有石芝，有木芝，有草芝，有肉芝，有菌芝，各有百許種也。石芝者，石象芝生於海隅名山，及島嶼之崖有積石者。其狀如肉象有頭尾四足者，良似生物也，附於大石……赤者如珊瑚，白者如截肪，黑者如澤漆，青者如翠羽，黃者如紫金，而皆光明洞徹如堅冰也。晦夜去之三百步，便望見其光矣。"

宋蘇軾《石芝（并叙）》："元豐三年五月

十一日癸酉，夜夢游何人家。開堂西門有小園、古井，井上皆蒼石，石上生紫藤如龍蛇，枝葉如赤箭。主人言，此石芝也。余率爾折食一枝，衆皆驚笑，其味如鷄，蘇而甘，明日作此詩：'空堂明月清且新，幽人睡息來初勻。了然非夢亦非覺，有人夜呼祁孔賓。披衣相從到何許，朱欄碧井開瓊戶。忽驚石上堆龍蛇，玉芝紫笋生無數。'"宋蘇軾《北海十二石記》："登州下臨大海，目力所及，沙門、鼉磯、牽牛、大竹、小竹凡五島。惟沙門最近，兀然焦枯，其餘皆紫翠巉絕，出没濤中，真神仙所宅也。上生石芝，草木皆奇瑋，多不識名者。又多美石，五采斑斕，或作金文。"宋蘇軾《與鞠持正二首》之二："文登雖稍遠，百事可樂。島中出一藥名白石芝者，香味初若嚼茶，久之甚美，聞其益人，不可不白公知也。白石芝狀如石耳，而有香味，惟此爲辯，秘之！秘之！"宋蘇軾《次韵記肉芝（并序）》："予昔夢食石芝，作詩記之，今乃真得石芝於海上。"

明李時珍把其他軟珊瑚歸爲石芝或石桂芝，見於《本草綱目·石部·石芝》〔集解〕時珍曰："神仙之説，渺茫不知有無；然其所述之物，則非無也。……時珍按圖及《抱朴子》説，此乃石桂芝也。海邊有石梅，枝幹橫斜。石柏，葉如側柏，亦是石桂之類云。"清徐葆光《中山傳信錄》卷六："石芝，生沿海海底石礴中。天使

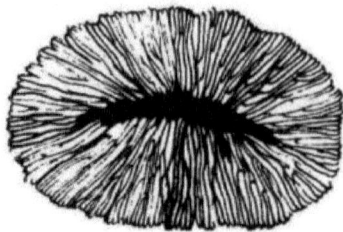

石 芝

館西北海上有小石，山名石笋崖，土人亦稱爲波上；此崖之下，石芝所聚。前使《舊録》云：'有根、有葉，大者如盆、小者如盎；其他如菌、如菊、如荷葉者，不可勝數。'"乾隆《福州府志》卷六《石芝》詩："燁燁山中芝，何日變爲石。自承雨露多，千歲高幾尺。"今之石芝，不同於古稱。目前，我國已記石芝十餘種。多見於南沙群島海域。

【蘑菇珊瑚】

即石芝珊瑚。此名譯自英文mushroom coral。此稱多行用於近現代。見該文。

沙箸

海洋動物名。屬於腔腸動物門，珊瑚蟲綱，海鰓目。形狀像鵝毛，淡紅或紅紫色，長三四寸，生活在深海底，能發磷光，也叫海筆。群體，具葉狀體和石灰質骨軸，葉狀體上有許多八羽狀觸手的水螅體。群體基部錨於軟泥沙中。此稱唐代已行用。唐段公路《北戶録》："次有沙筯，產於海島間，狀如蓴菜，春吐黃花，其心若骨，可爲籌筯。凡欲采者，須輕步拔之，不爾，聞人行聲，則縮入沙中，了不可取。"唐劉恂《嶺表録異》卷下："沙箸，生於海岸沙中，春吐苗，其心若骨，白而且勁，可爲酒籌。凡欲采者，輕步向前，及手，急捄之。不然，聞行者聲，遽縮入沙中，掘尋之，終不可得也。"至明代稱之爲沙箸或塗釵。明屠本畯《閩中海錯疏》卷下："沙箸，長尺餘，其狀如箸，故又名塗釵。"《廣東通志·土產》："沙箸，生於海岸沙中，春吐苗，其心若骨，白而且勁，可

沙 箸

爲酒籌。”沙箸之名至今仍行用。我國沿海灘塗習見。現已報道三種。

【海筆】

即沙箸。形似西方古代之羽毛狀筆。其名譯自 seapen。此稱多行用於近現代。見該文。

【沙筋】

同“沙箸”。此體明代浙南至閩北沿海地區已行用。見該文。

【塗釵】

即沙箸。此稱明代浙南至閩北沿海地區已行用。見該文。

海柳

亦稱“越王餘算”。海洋動物名，腔腸動物門，珊瑚蟲綱，黑角珊瑚科，學名黑珊瑚。因栖於海底 30 米的巖石上，高者達 3～4 米，狀似陸地之柳而得名。骨骼爲角質，色白，外被肉，色黑褐，或紅。各水螅體群生，其下緣各體各出八觸手，屬八放珊瑚類。生長慢。

南朝宋劉敬叔《異苑》卷二：“晋安平有越王餘算菜，長尺許，白者似骨，黑者如角。古云越王行海，曾於舟中作籌算，有餘者，棄之於水生焉。”唐段公路《北户録·越王竹》：“陳藏器云：‘越王餘算，味鹹，生南海，算子，長尺許。’”明李時珍《本草綱目·草八·越王餘算》〔集解〕引李珣曰：“越王餘算，生南海水中，如竹算子，長尺許。”清吳偉業《聞台州警》詩之三：“亂後有人還采藥，越王餘算禹餘糧。”

海柳密度大，質地堅硬，水滲不腐、火焚不損，可爲烟斗、盆景、手鐲、茶杯、戒指、佛珠等藝術珍品。1958 年，福建東山島官路尾村古代金石巡簡司遺址附近發掘到一座宋代古墓。陪葬品有用海柳雕刻的手鐲、工夫茶具等，完好無損。據史料記載，官路尾村曾是宋朝末少帝趙昺及左右丞相陸秀夫、陳宜中逃亡路過之地，至今已有七百多年歷史。海柳還可入藥。

【越王餘算】

即海柳。此稱唐代已行用。見該文。

第三節　水生環節動物考

環節動物門（Annelida）爲具真分節，裂生真體腔，多具疣足或剛毛的蠕蟲狀動物，體長從幾毫米到 3 米不等。栖息於海洋、淡水或潮濕的土壤，是軟底質生境中最占優勢的潛居動物之一，如沙蠶、螞蟥等。環節動物門全球已報道種類約有一萬七千種，分布在中國的種類大約有一千四百七十種。本門可分爲多毛綱（Polychaeta）、寡毛綱（Oligochaeta）和蛭綱（Hirudinea）三個綱。

多毛綱（Polychaeta）是環節動物中最多的及比較原始的一類，有一萬多種。除極少數種類外，均爲海洋底栖生活。常見的種類如沙蠶等。多毛類一般有發達的頭部及感覺器，具疣足，雌雄异體，無生殖環帶，發育中經過擔輪幼蟲。沙蠶亦稱"海蟲""海蠶""鳳腸""龍腸""龍蟲""沙蟲""海蜈蚣""流蜞"。唐代稱爲"海蟲"；宋代記"海蠶"；明代稱"沙蠶"，又稱"龍腸"；清代稱"鳳腸"。禾蟲亦稱"沙蠶""水蜈蚣"。

寡毛綱（Oligochaeta）包括常見的蚯蚓等一類動物，寡毛綱種類有六千七百多種。一般認爲寡毛類是由海產穴居的原始環節動物侵入淡水及陸地而發展起來的一支，它們以明顯的特徵獨立於多毛類：身體分節但不分區，疣足退化，體表具剛毛，但剛毛的數目遠遠少於多毛類，故名。

蛭綱（Hirudinea）動物俗稱蛭或螞蟥，營暫時性外寄生生活。體背扁平，體節固定，每體節又分爲數體環。蛭類爲雌雄同體，异體授精。蛭類大部分栖於淡水中，少數陸生或海產，約有三百種，我國分布的種類約九十種。東漢時期的《説文》與《傷寒論》已記載有蛭的名稱。水蛭之稱最早見於《神農本草經》，水蛭亦稱"蛭蝚""至掌""蛭蟣""水癥""草蛭""蚑""馬蜞""馬蛭""馬鱉""馬蟥""馬蠐""馬蚿"，單稱"蛭""蟣""蜞"。

環節動物可提高土壤肥力，有利於改良土壤。可促進固體廢物還原，可用做餌料，增加動物蛋白質，也可作爲環境指示種，還可用於醫療和入藥。多毛綱如沙蠶等，大多數可作爲魚的餌料。寡毛綱多是陸生或水生的蚯蚓，具有醫藥、保健等作用。蛭綱包括日本醫蛭、魚蛭、金綫蛭等，俗稱螞蟥，寄生或半寄生。蛭素具有醫藥作用。

沙蠶 [1]

亦稱"海蟲""海蠶""鳳腸""龍腸""龍蟲""沙蟲""海蜈蚣""流蜞"，俗稱"海蛆""海蜈蚣""海螞蟥""水百脚"。海洋動物名，環節動物門、多毛綱、游走目、沙蠶科，沙蠶（*Nereis succinea*），體扁長，長十餘厘米，呈淡紅色，似蜈蚣而細長。多環節，每節有側足一對，側足末端叢生剛毛，用以行動。卵生，栖息於海濱泥沙中，可用作釣餌。唐代稱爲"海蟲"。唐韓愈《孔左丞墓志銘》："明州歲貢海蟲、淡菜、蛤蚶可食之屬。"宋代記"海蠶"。

宋唐慎微《經史證類大觀本草》卷二一："海蠶沙，謹按《南州記》云：'生南海山石間。其蠶形大如拇指，沙甚白，如玉粉狀。每有節，味鹹，大温，無毒。'主虛勞冷氣、諸風不遂，久服令人光澤，補虛羸，輕身，延年不老。"明李時珍《本草綱目·蟲一·海蠶》〔集解〕：李珣曰："按《南州記》云，海蠶生海南山石間，狀如蠶，大如拇指。其沙甚白，如玉粉狀。每有節，難得真者。""海蠶"异名衆多，亦有同名异實之稱。清聶璜《清宮海錯圖》："海蠶，裸蟲也。裸蟲無毛，毛蟲盡則繼以裸蟲……今海

上之裸蟲多矣，不得不並毛蟲而共列之。"《古
今圖書集成·禽蟲典·雜海錯部》引《直省志
書》："福州府："海蠶俗名泥笋。"

此稱明代已行用。明屠本畯《閩中海錯疏》
卷下："沙蠶，似土笋而長。"又稱風腸、龍腸。
清胡世安《異魚圖贊閏集》："沙蠶類蚓，味甘
登俎。別種土穿，汁凝盛暑。"引《漁書》："沙
蠶，一名鳳腸，似蚯蚓而大，生於海沙中，首
尾無別，穴地而處，發房引露，未嘗外見，取
者惟認其穴，荷鍤捕之，鮮食味甘，脯而中
俎。"又引《蠡書》："沙蠶，無筋骨之强、爪
牙之利，穴沙吸露，尚不免見食於人者，以美
味也。近聞捕蟬食者，廉而受殃，口腹何厭之
有。"清郭柏蒼《海錯百一録》卷四："沙蠶，
產連江東岱汐海沙中。福州呼之爲龍膅。形類
蚯蚓，而其文如布，經緯分明。鮮者剪開淘净
炒食，乾者刷去腹中細沙，微火略炸，有風味。
其形極醜，其物極净。"《古今圖書集成·禽蟲
典·雜海錯部》引明代《閩書·閩產》："沙蠶，
生汐海沙中，如蚯蚓，泉人美謐曰龍腸。"清
黃任等《泉州府志·物產》："沙蠶，一名龍腸，
生海沙，甘美而清，鮮食、乾食俱佳。"清陳淑
均《噶瑪蘭廳志》："沙蠶，一名龍腸，生海泊
泥塗中。形如蠶，中有沙，味甚甘美，曬乾焙
食特佳。"清代許多地方志中均記載"沙蠶，一
名龍腸……"如《諸羅縣志》《彰化縣志》《臺
灣通志》《新安縣志》《續修臺灣府志》《晋江縣

龍　腸
（清聶璜《清宮海錯圖》）

志》等。清聶璜則認爲龍腸和沙蠶不同，《清宮
海錯圖》："一種沙蠶，形味與龍腸相似，又有
一種似龍腸而粗紫色，而味勝龍腸。"

清陳培桂《淡水廳志·物產》："沙蠶，一
名龍蟲，生海泊沙塗中。似蠶，中有沙、味美，
曬乾焙食亦佳。"清沈茂蔭《苗栗縣志》亦載。
清林豪纂《澎湖廳志·物產》："龍蟲，一名沙
蟲。"清陳蘭彬等纂《高州府志·輿地志·物
產》："沙蟲，《漁書》一作沙蠶，一名鳳腸。似
蚯蚓而短，生海沙中。取者認其穴，荷鍤捕之。
鮮食味甘，脯亦中俎。"清聶璜《清宮海錯圖》：
"謝若愚曰：'海蜈蚣在海底，風將作則此物多，
入網而無魚蝦。'按：海蜈蚣一名流蜻，生海泥
中，隨潮飄蕩，與魚蝦侶。柔若螞蟻，兩旁疏
排肉刺，如蜈蚣之足。其質灰白，而斷紋作淺
藍色，足如菜葉綠。漁人網得不鬻於市，人多
不及見。而海魚吞食，每剖魚得厥狀，考之數
書、志書，通不載。詢之土人，知爲海蜈蚣，
得圖其狀。"

我國已記沙蠶八十餘種，黃海和渤海沿岸

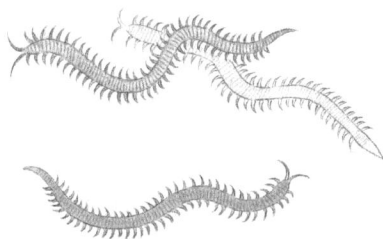

海　蠶
（清聶璜《清宮海錯圖》）

海蜈蚣
（清聶璜《清宮海錯圖》）

多產，經濟種類和用於養殖的品種有日本沙蠶、多刺圍沙蠶和雙齒圍沙蠶等。它是魚、蝦、蟹人工育苗和養殖的優質活體天然餌料，是極好的"萬能"釣餌，還是生產抗癌、防癌及防輻射的海洋生物藥品的主要原料之一。亦可作爲人的美食。福建、廣東、廣西沿海居民視生殖腺成熟的沙蠶爲營養珍品。乾製后，煮湯白如牛奶，味極鮮美，且濃度大，有"天然味精"之稱。油炸後酥鬆香脆，爲下酒佳肴。1934 年從沙蠶體内分離出一種活性物質，命名爲"沙蠶毒素"，1964 年發現這種毒素對水稻螟蟲具有特殊的毒殺作用。按照沙蠶毒素的化學結構，仿生合成了一系列能做農用殺蟲劑的類似物，如殺螟丹、殺蟲雙、殺蟲單、殺蟲環、殺蟲蟥等，統稱爲沙蠶毒素類殺蟲劑，也是人類開發成功的第一類動物源殺蟲劑。

【海蟲】

即沙蠶。此稱唐代已行用。見該文。

【海蠶】

即沙蠶。此稱宋代已行用。見該文。

【龍腸】

即沙蠶。此稱明代已行用。見該文。

【鳳腸】

即沙蠶。此稱清代已行用。見該文。

【龍蟲】

即沙蠶。此稱清代已行用。見該文。

【沙蟲】[1]

即沙蠶。此稱清代已行用。見該文。

【海蜈蚣】[1]

即沙蠶。此稱清代已行用。見該文。

【流蜞】

即沙蠶。此稱清代已行用。見該文。

禾蟲

亦稱"水蜈蚣"。海洋動物名，環節動物門沙蠶科，疣吻沙蠶（*Tylorrhynchus heterochaetus*）。體細長稍扁，長 4 ~ 8 厘米，有六十多個環節。每一環節均有側足一對，頭部略呈三角形，并有多對觸角。通體粉紅色。可自斷自生。以腐爛的禾根爲食，故稱禾蟲。福州方言"流蜞"。分布於浙江、廣東、福建三省。晋郭義恭《廣志》："夏暑雨，禾中蒸鬱而生蟲，或稻根腐而生蟲。大者如箸許，長至丈，節節有口，生青，熟紅黃，霜降前禾熟，則蟲亦熟。以初一、二及十五、六乘大潮斷節而出，浮游田上，網取之。得醋則白漿自出，以白米泔濾過，蒸爲膏，甘美益人。"清吳震方《嶺南雜記》："禾蟲，絕類螞蝗，青黃色，狀絕可惡厭。潮所淹没淡水田禾根内出，數尺長至丈餘，寸寸斷皆活，能游泳，午後即敗不可食。滴鹽醋一小杯，裂出白漿，蒸鷄鴨蛋，牛乳最鮮。"清屈大均《廣東新語·蟲語》："禾蟲，狀如蠶，長一二寸，無種類。夏秋間，早晚稻將熟，禾蟲自稻根出。潮漲浸田，因乘入海，日夜浮沉。"清趙學敏《本草綱目拾遺·蟲部》又記："禾蟲，閩、廣、浙海濱多有之，形如蚯蚓。閩人以蒸蛋食，或作膏食，餉客爲饈。云食之補脾健胃。……《粵錄》：禾蟲狀如蠶，長一二寸，無種類，夏秋間，早、晚稻將熟，禾蟲自稻根出。潮漲浸田，因趁潮入海，日浮夜沉，浮者水面皆紫。采者以巨口狹尾之網繫於杙，逆流迎之，網尻有囊，重則傾瀉於舟。"清周碩勳纂修《潮州府志·物產》卷三九："《嶺南雜記》：禾蟲身軟如蟲，小如箸，長二寸餘，中有白漿，狀甚可惡。海濱田中禾根所產，長數尺，或至丈許，縷縷如血絲，隨水而出，漾至海濱，寸寸自斷，即爲此蟲。土人網而食之。一名水蝹，一名水蜈蚣。"禾蟲蛋白質含量非常豐富，可以煎、煮、蒸、炖。由於產量少價格高，被福州漁民稱爲"江中的冬蟲夏草"。

水蛭

亦稱"蛭蝚""至掌""蛭蟣""水癡""草蛭""蚑""馬蜞""馬蛭""馬鱉""馬蟥""馬蟶""馬蚑"，單稱"蛭""蟣""蜞"。環節動物名，環節動物門，水蛭綱，咽蛭目，水蛭科，學名水蛭（*Whitmania pigra* Whitman）。水蛭俗稱螞蟥。其分布範圍很廣，我國大部分地區均有。全世界有三百多種，我國有一百多種。體一般長而扁平，略似蚯蚓，前後各有一個吸盤。生活在水庫、溝渠、稻田、湖泊、沼澤等淡水水域中，以動物的血液或體液爲主要食物。

此稱漢代已行用。最早見於《神農本草經》："水蛭味鹹平。主逐惡血瘀血、破血瘕積聚……生池澤。"《說文·蟲部》云："蛭，蟣也，從蟲，至聲。"宋羅願《爾雅·釋蟲》云："蛭，蟣。"郭璞注："今江東呼水中蛭蟲，入

水　蛭
（清蔣廷錫等《古今圖書集成》）

水　蛭
（明王圻等《三才圖會》）

人肉者爲蟣。"又《釋蟲》："蛭蝚，至掌。"宋羅願《爾雅翼·釋魚三》："水中蟲入人肉者爲蛭，《爾雅》一名蟣，其讀如祈，今人呼水蛭。大者長尺，呼馬蛭，亦呼爲馬蜞，蜞即古語蟣也。又別其所生有石蛭、草蛭、泥蛭之異，並能傅着人及牛馬股間，咂其血，甚者入肉中產育爲害，耘者尤以爲苦。楚惠王食寒葅而得蛭，因遂吞之，腹有疾而不能食，懼膳夫得罪，有仁人之言。是夕也，惠王之後而蛭出，其久病心腹之疾皆愈。《論衡》曰：蛭，食血之蟲。惠王殆有積血之疾，故食食血之蟲而疾愈也。而陶隱居亦以爲蛭能去結積，雖曰陰祐，亦物性兼然。古法有以此唼瘡者，卒求之不可得。崔知悌令兩京無處預養之，以備緩急。一名馬蟥。余嘗游野廟，廟中繪后稷母踐巨人迹，及生稷弃之。及岐嶷種樹，長乞穀種於神農，神農使馬皇載穀種賜之，乃畫水蛭無數，爲可嗤也。又有一種細而長，亦入人肉，曳之輒斷，俗呼爛蜞。"南宋鄭樵《通志略》卷五二"昆蟲"："水蛭，曰蚑，曰至掌。"清錢大昕《問答七》："問："蛭蝚、至掌是何物？"曰："此即《釋魚》之蛭蟣。"明稱水癡，明李時珍《本草綱

目》卷四〇《蟲部・水蛭》〔釋名〕時珍曰："方音訛蛭爲痴，故俗有水痴、草蛭之稱。"又寇宗奭曰："汴人謂大者馬鱉，腹黃者爲馬蟥。"又稱馬蟣。明黃自烈《正字通》："螞，俗字……蛭呼馬蟣、馬蟥，因作螞（蟥）。……《本草綱目》卷四〇《蟲部・水蛭》〔集解〕《別錄》曰：水蛭，生雷澤池澤。五月、六月采，暴乾。弘景曰：處處河池有之。蛭有數種。以水中馬蟥得齧人腹中有血者，乾之爲佳。山蛭及諸小者皆不堪用。"明王圻等《三才圖會・鳥獸六》："蛭，水中蟲，《爾雅》一名蟣，今人呼水蛭，大者長尺，呼馬蛭，亦呼爲馬蟥，其所生有石蛭、草蛭、泥蛭之異。並能傳着人及牛馬腹間咂其血，甚者入肉中產育爲害。一名馬蟥，又有一種細而長，亦入人肉，曳之輒斷，俗呼爛蟣。"清代稱馬蚍。清李元《蠕範》卷七："馬蛭，蟣也，蛂也，馬蟥也，馬蚍也，馬蟣也，馬鱉也，馬蟥也，雷蟣也，水癡也，至掌也。生水中如蚓……斷之寸寸，得水復活。"清屈大均《廣東新語・蟲語・蟣》："螞蝗，一名水蛭，池澤處處有之，入人肌肉咂血。"清何東銘纂咸豐《邛崍野錄》卷一五："水蛭，《府志》：螞蝗，西昌產。按：別名曰蛂，曰蟣，曰蟣，曰螞蟥，曰馬蛂，曰馬蟣，曰馬蛭，曰馬蟥，曰馬鱉，曰蟣，曰至掌，曰百足，水蟲也。蠕動如血片，斷之寸寸，得水復活，能咂牛、馬、人血。蜂蜜可以死之。"清周璽纂道光《彰化縣志》卷一〇："水蛭，俗名蜈蟣，水蟲也。蠕動如血片，斷之，得水復活，能咂牛、馬、人血。《本草》：大者名馬蟣，腹黃者名馬蟥。《物理小識》曰：馬蟥燒成灰，以碗覆之於地，過一夜復生。"除上述異稱外，尚有"紅蛭""水

琪""螞蝗蟣""黃蟣""牛蟣""水麻貼""沙塔幹""肉鑽子"等稱。

水蛭亦稱"醫蛭"，氣味鹹、苦、平，有毒，是中國傳統的特種藥用水生動物。唾液中含有水蛭素，醫學上能發揮抗凝血作用。其乾製品泡製後中醫入藥，具有破血、逐瘀、通經，治蓄血、症瘕、積聚、婦女經閉、乾血成癆、跌撲損傷、瞀目亦痛、雲翳、中風、高血壓等功效。近年新發現水蛭製劑在防治心腦血管疾病和抗癌方面具有特效。關於誤吞水蛭的危害，尤其是其醫療價值，歷代典籍多有記載。如漢劉向《新序》卷四："楚惠王食寒葅而得蛭……是夕也，惠王之後蛭出。"漢賈誼《新書》、王充《論衡》皆有類似敘事。其後，歷代醫書闡釋更爲繁夥。如唐孫思邈《備急千金要方》卷五："治產後漏血不止方：大黃三兩，芒硝一兩，桃仁、水蛭、虻蟲各三十枚。"金成無己《傷寒論方・抵擋湯方》："水蛭，味鹹苦寒，微。《內經》曰：鹹勝血，血畜於下。勝血者必以鹹爲主，故以水蛭爲君。"宋張杲《醫說》卷五、明汪機《外科理例》卷七及明薛己《薛氏醫案》卷一〇等醫書中又記載了"誤吞水蛭"之病例，并最終得以醫治諸例。明張介賓《景岳全書》卷六〇所記尤詳："誤吞水蛭入腹，經停日久，復生水蛭，食人肝血，腹疼不可忍，面目黃瘦，全不進食，不治必死。方用田中泥一塊，小死魚三枚，同豬膏溶搗勻，再用巴豆十粒去油，同魚膏四味搗勻，丸如綠豆大。用田中冷水吞下，大人五七丸，小兒三丸，須臾泄下水蛭，水蛭盡卻。用八珍湯調理。"

【蛭】

即水蛭。此稱漢代已行用。見該文。

【蟣】

　　即水蛭。此稱漢代已行用。見該文。

【蛭蝚】

　　即水蛭。此稱漢代已行用。見該文。

【至掌】

　　即水蛭。此稱漢代已行用。見該文。

【蛭蟣】

　　即水蛭。此稱漢代已行用。見該文。

【水癡】

　　即水蛭。此稱明代已行用。見該文。

【草蛭】

　　即水蛭。此稱宋代已行用。見該文。

【石蛭】

　　即水蛭。此稱宋代已行用。見該文。

【泥蛭】

　　即水蛭。此稱宋代已行用。見該文。

【蚑】

　　即水蛭。此稱宋代已行用。見該文。

【馬蜞】

　　即水蛭。此稱宋代已行用。見該文。

【馬蛭】

　　即水蛭。此稱宋代已行用。見該文。

【馬蟥】

　　即水蛭。此稱宋代已行用。見該文。

【爛蜞】

　　即水蛭。此稱宋代已行用。見該文。

【馬蟥】

　　即水蛭。此稱明代已行用。見該文。

【馬蚿】

　　即水蛭。此稱清代已行用。見該文。

【蜈蜞】

　　即水蛭。此稱清代已行用。見該文。

【蜞】

　　即水蛭。此稱清代已行用。見該文。

【馬鱉】

　　即水蛭。此稱明代已行用。見該文。

第四節　水生軟體動物考

　　軟體動物門（Mollusca）動物種類繁多，生活範圍極廣，海水、淡水和陸地均有分布；全球已記載十三萬種，僅次於節肢動物門，爲動物界中的第二大門。軟體動物形態結構差异較大，但基本結構相同，大都身體柔軟，常由貝殼、外套膜、頭部、足部和內臟團五部分組成。軟體動物門分爲七綱：單板綱（Monoplacophora）、無板綱（Aplacophora）、多板綱（Polyplacophora）、掘足綱（Scaphopoda）、腹足綱（Gastropoda）、瓣鰓綱（Lamellibranchia，亦稱雙殼綱）、頭足綱（Cephalopoda）。其中，腹足類在陸地、淡水（湖與小溪）和海洋均有分布，瓣鰓綱生活在淡水和海洋中，其他類群則完全生活在海洋中。

　　關於軟體動物，古代雖然沒有"腹足綱""雙殼綱""頭足綱"等類名，但古人根據外形、顏色、生活習性和海域分布等，對此已有不同程度的認識及開發利用，散見於典籍記載。如，螺類，指單殼類；介類、蛤類，指雙殼類；亦有以"貝""蜃""蠃""蚌"等對軟體動物進行分類與命名。由於它們大多數貝殼華麗、肉質鮮美、營養豐富，又較易捕獲，遠在上古漁獵時期，就已被人類開發利用。我國舊石器時代，沿海居民已經采撈海產軟體動物食用。北京周口店山頂洞人遺址出土了穿孔蚶殼，是當時的裝飾品。我國沿海許多地方有新石器時代的貝丘分布。考古發現貝丘遺址包含的軟體動物，有牡蠣、海蛤、蚶等二十多種。

　　此後至戰國，人們對軟體動物的認識已有很大發展。甲骨文、鐘鼎文記有"貝"字，商周至戰國文獻中，記有不少軟體動物，如蠃、蜃、蠯、蚆、蠡、蝸、蜬蝓、蛹、蒯等。此時，還以海錯爲貢品（《書·禹貢》），以貝爲貨幣（《漢書·藝文志》），以珍珠爲裝飾（《戰國策·秦策五》）。春秋時期，已開始關注軟體動物的生殖習性，認識到海洋生物的活動與光和潮汐相關，月之盈虧對蚌蛤活動具有一定影響。《呂氏春秋·精通》："月望則蚌蛤實，群陰盈；月晦則蚌蛤虛，群陰缺。"

　　漢代以來，由於《説文》和《爾雅》等工具書繼往開來的影響，名物分類與命名上取得了新突破。如，《爾雅·釋魚》："蚌，含漿。""蜌，廬。""蠃，小者蜬。""蜃，小者珧。"《説文·蟲部》："蠣，蚌屬。"此時，關於軟體動物的分類是多樣的，主要根據個體大小、顏色、形態特徵及生活環境分類。《説文·蟲部》又記："蛤，蜃屬，有三，皆生於海，蛤蠣，千歲鳥所化也。海蛤，百歲燕所化也。魁蛤，一名復累，老服翼所化。"雖然軟體動物從"魚"或從"蟲"，對其認識也帶有神秘色彩，但所記較先秦更加具體豐富，如碑磲（《尚書大傳》卷二）、貽貝（《爾雅·釋魚》）、珠母貝（《孝經援神契》）、鰒魚（《漢書·王莽傳》）、法螺（《無量壽經》卷一）等，類名也更加明確化。

　　三國至南北朝，對軟體生物的認識逐漸加深。很多新品種進入人們的視野，如紅蠃、田蠃、甲香（蠑螺的別稱）、蚶、石華（海月的別稱）、馬刀（蚌的一類）、鸚鵡螺等。對同物異名動物也多有辨析，并對玉珧、海月、蚶等十餘種軟體動物進行了詳細描述。如三國魏吳普《吳普本草·蟲獸類》："馬刀，一名齊蛤。……生池澤、江海，采無時也。"三國吳沈瑩《臨海水土異物志》："玉珧，似蚌，長二寸、廣五寸，上大下小，其殼中柱炙之，味似酒。"又記："海月，形圓如月，亦謂之蠣鏡。"至遲三國，我國就已掌握了蚶類的養殖技術，此時出現了"蚶田"。《臨海水土異物志》："蚶之大者徑四寸，背上溝文似瓦屋之壟，肉味極佳。今浙東以近海田種之，謂之蚶田。"此外，南海采珠也取得較大發展。晉徐衷《南方草物狀·白蚌珠》云："凡采珠常三月，……白蚌珠長三寸半，在漲海中。其一寸五分，有光色，一旁小形似覆釜，爲第一；璫珠凡三品，其一寸三分，雖有光色，形不圓正，爲第二。滑珠凡三品。"

隋唐至宋元，增記了軟體動物的内部類別，其在養殖、醫藥、建築、裝飾等領域的應用也更加廣泛。如對海螺做了較爲詳細的區分，《寶慶四明志·郡志四》："螺，多種，掩白而香者曰香螺，有刺曰刺螺，味辛曰辣螺，有曰拳螺、劍螺，又曰丁螺、斑螺，又有生深海中可爲酒杯者，曰鸚鵡螺。"關於章魚、烏賊等頭足綱動物，也較好地掌握了其特徵。唐劉恂《嶺表録異》卷下："石拒，亦章舉之類。身小而足長，入鹽乾燒，食極美。又有小者，兩足如常，曝乾後，似射踏子。"明李時珍《本草綱目·鱗四·烏賊魚》引宋蘇頌《本草圖經》云："烏賊，厚三四分，似小舟，輕虚而白，又有兩鬚如帶，可以自纜。"至遲宋代，我國便已掌握了牡蠣的養殖技術。宋方勺《泊宅編》卷中："取蠣房散置石基上，歲久延蔓相黏，基益膠固矣。""石塊養蠣"之後，宋人又發明了灘塗養蟶。南宋梁克家《淳熙三山志》記三山沿海"有海田一千一百三十頃"用於養蟶。此時，編貝、螺鈿等工藝日臻成熟，古人的生活被裝扮得更加雅致。

明清時期，軟體動物被進一步的開發與利用，發掘出獨特的經濟、食用和藥用價值。此時，海洋漁業發展到了封建社會的頂峰。《異魚圖贊》《蠣蜅考》《閩中海錯疏》《記海錯》《海錯百一録》《閩小記》等漁書相繼問世，不僅拓寬了對軟體動物的認識，還促進了同一類群的劃分，如新發現二種蚶類（絲蚶、珠蚶），三種牡蠣類（草鞋蠣、黄蠣、滾蠣），四種蟶類（玉箸蟶、牛角蟶、指甲蟶、獨脚蟶）。一些新的品種也爲人們所發現，如石鱉、海粉、海牛等。此時，更加突出貝類食用價值，如黄螺"殼硬色黄，味美，其黑而微刺者，尤佳"，泥螺"多涎有膏、味美"，海扇"肉與柱味均美"。軟體動物資源之豐富不僅表現在品種衆多上，更表現在種群數量之衆上，"堆積如山阜""割網而取"的現象屢見不鮮。"近海生涯當種田"，牡蠣、蚶和蟶類養殖在浙江、閩粤沿海已經比較普及，較高的經濟價值，使其養殖與捕撈成爲沿海漁民維持生計的重要生産方式之一。

貝

亦稱“賧”“焱”“蜬”“鱋”“蠙”“魧”“蜎”“餘貾”“餘蚳”“餘泉”“貾”“蚳”“貱”。因軟體動物體外大都覆蓋各式各樣的貝殼，故通常又稱之爲貝類。貝類早在寒武紀就已生活在地球上，自古以來便爲人們所采集、食用。從遍布我國沿海的史前貝冢遺址，到歷代文人食客留下的食影味踪，再到如今水産市場琳琅滿目的海味珍品，便可略窺一二。先人獲取貝類，除了依靠海民天然采集、捕撈，還通過人工養殖的方式謀海濟生。外形精巧、色彩繽紛的貝類，也常被用於研究、鑒賞與收藏。貝殼編貝、螺鈿工藝技術的開發，提升了古人的文化水準和生活品質。古老的東方人視貝類爲驅邪治病的良方，西方人更將貝類視爲宗教或族群的圖騰與表徵。在人類早期文明中，貝類還充當過原始的貨幣。貝類與人類生活息息相關。

此稱先秦時期已行用。貝，象形字。甲骨文和金文的“貝”字像張開的“蛤”，貝形。殷墟之“貝”字，似寶貝之腹面觀。其後，禹尊、古匋之貝字，出現兩“尾垂”，爲寶貝之觸角，逐漸演化成現今通用的帶有兩點的“貝”字。史前，我國先人就已利用和食用貝類。我國遼東半島、膠東半島、福建、廣東及廣西等沿海地區均發現了大量的貝丘遺址，遺址數量超過一百三十處。《山海經》中關於貝類的記載就出現多次。《山海經·西山經》：“濁浴之水出焉，而南流注於蕃澤，其中多文貝。”《山海經·東山經》：“東始之山，上多蒼玉……泚水出焉，而東北流注於海，其中多美貝。”《山海經·西次四經》：“濛水出焉，南流注於洋水，其中多黃貝。”“文貝、美貝、黃貝”似指形態不同、顏色各異的貝類。文貝一說爲紫貝，參見本卷《水生無脊椎動物説·水生軟體動物考》“紫貝”文。

夏代又以貝爲貨幣，取代了以貨易貨的局面。這可以從諸多史籍記載和考古發掘得以證實。《史記·平準書》：“虞夏之幣，金爲三品，或黃，或白，或赤；或錢，或布，或刀，或龜貝。”《説文·貝部》：“貝，海介蟲也。居陸名焱，在水名蜬。古者貨貝而寶龜。周而有泉，至秦廢貝行錢。凡貝之屬皆从貝。”《詩·小雅·菁菁者莪》：“既見君子，錫我百朋。”漢鄭玄箋：“古者貨貝，五貝爲朋。《周易》亦言‘十朋之龜’，故許以貝與龜類言之。”《書·禹貢》：“淮海惟揚州……島夷卉服，厥篚織貝。”貝之花紋，最初見於絲織物上，後隨貝之應用，遂多異名。《爾雅·釋魚》：“貝，居陸賧，在水者蜬。大者魧，小者鱋。玄貝，貽貝。餘貾，黃白文。餘泉，白黃文。蚆，博而頯。蜎，大而險。蠙，小而橢。”《爾雅》：“餘貾，黃白

貝字演變

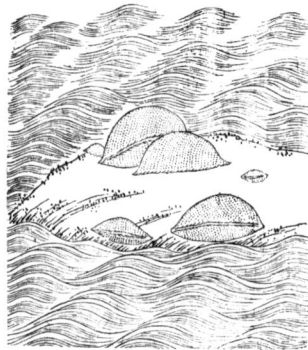

貝
（清蔣廷錫等《古今圖書集成》）

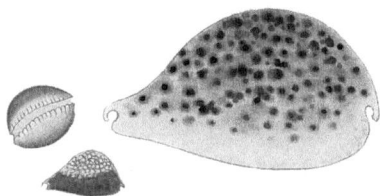

醬色花貝
（清聶璜《清宮海錯圖》）

文。"郭璞注："以黃爲質，白爲文點。"鄭玄箋作"餘蚳。"宋《集韻·平脂》："蚳，蟲名，通作蚔。"《爾雅》"餘泉"，郭璞注："以白爲質，爲黃文點。"《集韻·上軫》："蜃，貝也。或從貝。"金《四聲篇海》引《川篇》："蚢，大貝也。"《相貝經》記有紫貝、朱貝、綏貝、霞貝、浮貝、濯貝、雛貝、爵貝、慧貝、醬貝、碧貝、委貝十二種。貝作爲貨幣的一種，稱"貝貨"，以"朋"爲貨幣衡量單位。《漢書·食貨志下》記有大貝、壯貝、麼貝、小貝。宋陸游《書巢五咏·硏蟲》云："古者貝爲貨，庶物賴以通。"郭沫若《中國古代社會研究》："貝在周初本來是一種原始的貨幣，所用的是海貝，學名爲貨貝，殷周民族的疆域離海尚遠，可知貝的使用是起源於濱海民族。"先秦時期，貝多指貨幣或寶貝，多言其功用而非食用。

近代以來，貝的含義已包括古籍所載多種軟體動物，如石鱉、螺、鮑、蚌、蛤、牡蠣、貽貝、烏賊、章魚等。時至今日，在膳食、醫藥、建築、工藝裝飾等領域中，貝類依舊與人類生活密不可分。貝類約有三萬種生活在陸地上，稱爲陸貝，如蝸牛、蛞蝓；另有五千多種生活在河川、湖泊與水田之中，稱爲淡水貝；其餘生活在海洋裏或海岸邊，稱爲海貝。

【螩】

"貝"之一種。陸生之貝。此稱漢代已行

用。見該文。

【螊】

"貝"之一種。此稱漢代已行用。見該文。

【蝛】[1]

"貝"之一種。水生之貝。此稱漢代已行用。見該文。另有歧義，參見本卷《水生無脊椎動物説·水生軟體動物考》"螺"文。

【蟦】[1]

"貝"之一種。小貝之統稱。此稱漢代已行用。見該文。

【蟥】

"貝"之一種。此稱漢代已行用。見該文。

【魷】[1]

"貝"之一種。大貝之統稱。此稱漢代已行用。見該文。

【蚢】

"貝"之一種。大貝之統稱。此稱漢代已行用。見該文。

【餘貾】

"貝"之一種。黃色白點貝之統稱。此稱漢代已行用。見該文。

【餘蚳】

"貝"之一種。此體漢代已行用。見該文。

【餘泉】

"貝"之一種。白色黃點貝之統稱。此稱漢代已行用。見該文。

【貾】

"餘貾"之省稱。此稱宋代已行用。見"貝"文。

【蚔】

同"貾"。此體宋代已行用。見"貝"文。

【䑶】

同"魟"。此體金代已行用。見"貝"文。

石鱉

今俗稱"海石鱉""八節毛""石鐵板",中藥名"海八節"。海產軟體動物,多板綱,石鱉目,石鱉科之統稱。體呈橢圓形,背面有殼板多片。無頭無眼,亦無觸手,但殼板的皮膜上有感光細胞。石鱉是一種移動緩慢、食水藻的軟體動物,栖息於潮間帶巖石上或石縫間,緩慢匍匐爬行於海藻叢中。先秦至唐宋,文獻所記"石鱉"并不指軟體動物。如《晋書·成都王穎傳》及唐馮贄《雲仙雜記》中的"石鱉"指鱉形石。直至明清,石鱉纔開始記爲海產軟體動物。如明李時珍《本草綱目·石部二·石鱉》〔集解〕時珍曰:"生海邊,形狀大小儼如蟅蟲,蓋亦化成者。蟅蟲,俗名土鱉。"石鱉可以食用,肉味鮮美,亦可入藥。我國沿海均分布有石鱉,東南沿海種類較多,常見的種類有紅條毛膚石鱉(*Acanthochitona rubrolineatus*)、朝鮮鱗帶石鱉(*Lepidozona coreanica*)等。由於石鱉是貝類中的原始類型,從化石的形態看,自白堊紀至現代,其形態變化不大,所以在科學研究上具有一定的意義。

【海石鱉】

即石鱉。此稱近現代行用。見該文。

【八節毛】

即石鱉。此稱近現代行用。見該文。

【石鐵板】

即石鱉。此稱近現代行用。見該文。

【海八節】

即石鱉。此稱近現代行用。見該文。

螺

亦作"蠃",亦稱"蝸""蠡""蝓""蠅蝓""芘蠃""芘蠃""躶步"。軟體動物門,腹足綱之統稱。水生或陸生。足位於頭部的腹面,具錐形、紡錘形或橢圓形。多螺旋的單個殼,上有旋紋貝殼可用以保護肉體,體液可助其附着於光滑的石面。

先秦至秦漢文獻并無"螺"字,代之以"蠃"。《爾雅·釋魚》:"蠃,小者蜬。"晋郭璞注:"蠃與螺音義同,其小者名蜬,螺屬。"《禮記·内則》:"蝸醢而芘食雉羹。"《儀禮·士冠禮》:"葵菹蠃醢。"漢鄭玄注:"蠃醢,蠅蝓醢,今文蠃爲蝸。"《山海經·南山經》:"洵水出焉,而南流注於閼之澤,其中多芘蠃。"郭璞注:"紫色螺也。"《山海經·東山經》:"激水出焉,而東流注於婜檀之水,妥其中多芘蠃。"郝懿行疏:"蠃當爲蠃字之訛。芘蠃,紫色蠃也。"

南北朝後,"蠃""蝸""蠡"等別稱逐漸消失,文獻開始記載爲"螺",作爲蚌屬螺類之統稱。晋王嘉《拾遺記·蓬萊山》:"有大螺名躶步,明王出世,則浮於海際焉。"《爾雅翼·釋魚四》:"蠃,古字通於蠡,今惟作螺。"《集

螺
(清蔣廷錫等《古今圖書集成》)

韵·平歌》:"螺,音騾,與嬴同。"又記:"嬴,
蚌屬,大者如斗,出曰南海中,或作螺、蠡、
蝸。"《説文·蟲部》段玉裁注:"嬴者,今人所
用螺字。一曰嬴,蠣蝓。此物亦名蝸。"

螺種類繁多,到了明代,人們根據其外殼、
生活習性及生長環境,辨析出多種螺類。《山堂
肆考》卷二二五:"螺種最多,有田螺、海螺、
蚜螺、甲香螺、鸚鵡螺、緑桑螺、珠螺、梭螺、
鑚螺、刺螺、辣螺、泥螺、白螺、劍螺,或生
田澤,或生海塗,或生巖石上。"明屠本畯《閩
中海錯疏》記有螺類二十一種:"香螺、鈿螺、
紫背、鸚鵡、泥螺、米螺、田螺、溪螺、黃螺、
紅螺、蓼螺、梭尾、馬蹄、指甲、江橈、鵓鴿、
花螺、竹螺、油螺、醋螺、莎螺。"又記:"按,
'螺,其種類不一而肉多同,惟殼異。此外若石
螺、螺蛳種種,不能悉録。'"今全球約計八萬
八千種螺,是軟體動物中最大的種群。在我國
鮑魚、紅螺、花螺、東風螺等均已人工養殖。

【嬴】

同"螺"。此體先秦已行用。見該文。

【蠡】[1]

即螺。此稱先秦時期已行用。見該文。

【蝸】

即螺。此稱先秦時期已行用。見該文。

【蛆】[2]

"螺"之一種。小螺。此稱先秦已行用。另
有歧義,參見本卷《水生無脊椎動物説·水生
軟體動物考》"貝"文。

【茈嬴】

"螺"之一種。紫色螺之統稱。此稱先秦時
期已行用。見"螺"文。

【茈蠃】

"茈嬴"之訛字。此體先秦時期已行用。見
"螺"文。

【蠣蝓】

即螺。此稱漢代已行用。見該文。另有歧
義,一説即蝸牛。今以水生者爲螺,陸生者爲
蝸牛。古人無此分別。

【躶步】

"螺"之一種。大螺。此稱晋代已行用。見
"螺"文。

海螺

亦稱"屈突通""斑道人""梵響參軍""流
螺"。"螺"的一種。指海生螺類。從廣義上來
説,海生的螺類可統稱爲海螺。栖息於淺海海
域,常以海藻及微小生物爲主食,尤嗜食棘皮動物。其殼體的外唇部極度外展,雌螺的體型明顯大於雄螺。肉可食用,殼供觀賞,亦可做號角或手工藝品。海螺富含蛋白質、維生素和人

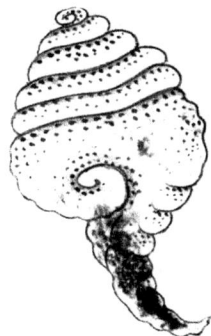

海　螺
(《食物本草》)

體必需的氨基酸和微量元素,是典型的高蛋白、
低脂肪、高鈣質的天然動物性食品。全世界有
七萬多種,我國已發現二千五百多種。今已發
展爲海水養殖的優良品種。在古代,海螺多與
淡水螺一起歸爲螺類。

此稱晋代已行用。晋葛洪《抱朴子·酒
誡》:"夫琉璃海螺之器,並用滿酌,罰餘之令
遂急,醉而不止。"宋陸游《老學庵筆記》卷
四:"男未娶者,以金雞羽插髻;女未嫁者,以

海螺爲屬豬挂頸上。”以其殼形曲如烟囱，宋稱“屈突通”。五代毛勝《水族加恩簿》：“屈突通，聲震遠聞，可知佛樂，可曲沃郎，梵響參軍，攝玉塔金舍。”又擬稱斑道人。宋陶穀《清異錄·文用·發光地菩薩》：“〔舒雅〕一日得海螺甚奇，宜用滑紙，以簡獻於〔韓〕熙載云：‘海中有無心斑道人，往詣門下，若書材糙澀逆意，可使道人訓之，即證發光地菩薩。’”明李時珍《本草綱目·介部·海螺》〔集解〕蘇頌曰：“海螺即流螺，厴曰甲香，生南海。”清郭柏蒼《海錯百一錄》卷三：“海螺，大如拳，軍營吹螺是也，有花黃花白二色。”郭柏蒼所記“軍營吹螺”，疑爲“法螺”。參見本卷《水生無脊椎動物説·水生軟體動物考》“法螺”文。

【屈突通】[1]

即海螺。此稱宋代已行用。另有歧義，參見本卷《水生無脊椎動物説·水生軟體動物考》“法螺”文。

【斑道人】

即海螺。此稱宋代已行用。見該文。

【梵響參軍】

即海螺。此稱宋代已行用。見該文。

【流螺】[1]

即海螺。此稱明代已行用。另有歧義，見“蠣螺”文。

【海蠃】

即海螺。此稱南北朝時期已行用。《南齊書·東南遺傳·林邑國》：“國人凶悍，悉山川，善鬥，吹海蠃爲角。”唐許嵩《建康實錄·東南夷·林邑國》：“國人凶戾，喜鬥，吹海蠃爲角，人皆裸形。”唐段成式《酉陽雜俎·語資》：“俄而酒至鸚鵡杯……肇師曰：‘海蠃蜿蜒，翅

尾皆張，非獨爲玩好，亦所以爲爵。’”宋樂史《太平寰宇記·嶺南道九·貢布》：“〔檳榔樹結子〕五月熟，大如雞子，以海蠃殼燒作灰，曰‘蛤奔灰’。”明彭大翼《山堂肆考》卷二二五：“螺，一作‘蠃’，一作‘贏’。螺品種最多。”明李時珍《本草綱目·介一·海贏》題注：《拾遺》（按，即唐陳藏器《本草拾遺》）〔集解〕時珍曰：“螺，蚌屬也。大者如斗，出日南漲海中。香螺厴可雜甲香，老鈿螺光彩可飾鏡背者，紅螺色微紅，青螺色如翡翠，蓼螺味辛如蓼，紫貝螺即紫貝也。鸚鵡螺質白而紫，頭如鳥形，其肉常離殼出食，出則寄居蟲入居，螺還則蟲出也。肉爲魚所食，則殼浮出，人因取之作杯。”從狹義上來説，海螺也專指某一具體螺類，如“流螺”“法螺”等。前書引蘇頌曰：“海螺即流螺，厴曰甲香，生南海。今嶺外、閩中近海州郡及明州皆有之，或祇以台州小者爲佳。其螺大如小拳，青黃色，長四五寸。諸螺之中，此肉味最厚，南人食之。”蘇頌所説“流螺”，應指蠣螺科動物，因爲祇有蠣螺科的殼纔有頗爲堅實的石灰質的“厴”，入藥名“甲香”。

贏
（明王圻等《三才圖會》）

參見本卷《水生無脊椎動物説·水生軟體動物考》"甲香"文。

海蠃

即海螺。此稱唐代已行用。明李時珍《本草綱目·介一·海蠃》題注稱"海蠃"，首見於唐陳藏器《本草拾遺》。宋岳珂《趙季茂以酒香蠃來適亦得京中遠致此品乃鮮者恨地遠不大佳擇十五殼爲贈》詩："海蠃風味冠東瀛，一種俱從香得名。"《通雅·動物·蟲》："蠃，即螺。通作'蠡'，別作'膈'。海蠃有絶大者，《臨海志》：'烏頭似蚶，蚶有徑四尺者。'"

【海膈】

即海螺。此稱至遲明代已行用。見該文。

蠣

俗作"緝"，亦稱"石磷""老蜯牙""牛蹄"。"海螺"的一類。腹足綱，前鰓亞綱，原始腹足目，帽貝科或笠貝科動物的一種。貝殼呈斗笠狀，低平，殼質結實。背殼隆起，略呈圓錐形，没有螺旋紋。生活於潮間帶，吸附於巖石上或沿海潮帶的海岸石板上，喜食浮游生物和藻類。此稱明代已行用。明屠本畯《閩中海錯疏》卷下："蠣，生海中，附石。殼如麂蹄。殼在上，肉在下，大者如雀卵。"又記："石磷，形如箬笠，殼在上，肉在下。"清道光《晋江縣志·物産志》："蠣，海中附石，殼在上，肉在下，俗呼曰緝。"因無外殼顏色、生活習性等具體描述，根據"殼在上，肉在下"，疑爲今帽貝科或笠貝科的一種。兩者殼形相似，爲笠狀或低圓錐形。今嫁蠣（Cellana toreuma）較爲習見，全國沿海均有分布。老蜯牙，亦稱"牛蹄"，"蠣"的一種。似蠣而味厚，狀如牛蹄。明屠本畯《閩中海錯疏》卷下："老蜯牙，

似蠣而味厚。一名牛蹄，以形似之。"

【石磷】

即蠣。此稱明代已行用。見該文。

【老蜯牙】

"蠣"之一種。此稱明代已行用。見該文。

【牛蹄】

即蠣。此稱明代已行用。見該文。

【緝】

"蠣"之訛字。此體清代已行用。見該文。

龍貝

亦稱"䗩""笠貝"。"海螺"的一類。腹足綱，前鰓亞綱，原始腹足目，笠貝科之統稱。貝殼呈橢圓狀，低笠帽狀，表面光滑或具放射肋，殼頂位於中央近前方。殼内珍珠光澤弱或無。臺灣稱爲青螺科。龍貝始見於漢代，但歷代記載均少。明梅膺《字彙·貝部》："䗩，龍貝，出南海。"清郭柏蒼《海錯百一録》卷三："龍貝，殼如笠，尖有文蹙起，與石鱗、海膽皆爲醬。"我國主要有白笠貝（Acmaea pallida），矮擬帽貝（Patelloida pygmaea），鳥爪擬帽貝（Patelloida sacharina lanx）和史氏背尖貝（Nipponacmea schrenchi）。多栖息於潮間帶巖石或礫石上，營附着生活。爲草食性貝類，以海藻爲食。白天它依靠腹足緊附在礁巖上，夜間則四處尋找食物。龍貝早在寒武紀早期就已經出現，一直繁衍到現代。

【䗩】

即龍貝。此稱明代已行用。見該文。

【笠貝】

即龍貝。此稱近現代已行用。見該文。

鰒魚[1]

省稱"鰒"，亦稱"新餐氏""倭螺""鮑

螺""石決明""石華""佛羊蚶"等。海螺名。腹足綱，前鰓亞綱，原始腹足目，鮑科之統稱。殼低扁而寬，呈耳狀，又稱海耳。殼緣具一列四至十個小孔。殼內具珍珠的光澤。其軟體部分有一個寬大扁平的肉足，用以爬行或吸附於巖石之上，一個殼長 15 厘米的鰒魚，其足的吸着力高達 200 千克。我國沿海分布有八種，如北方著名的皺紋盤鮑（ *Haliotis discus hannai* ），具四至五個孔，殼長約 10 厘米。南方的雜色鮑（ *Haliotis diversicolor* ），具七至九個孔，殼長 8 ～ 9 厘米。

晋郭璞《江賦》："玉珧海月，土肉石華。"明屠本畯《閩中海錯疏》卷下："石華，附石而生，方言謂之石蔕。肉如蠣房，殼如牡蠣而大。可飾户牖天窗。按，謝靈運詩云：'挂席拾海月，揚帆采石華。'其味與海月俱同蠣房。"《説文·魚部》："鰒，海魚也。"顏師古注曰："鰒，海魚也，音雹。"唐李賢注《後漢書·伏湛傳》："張步遣使隨隆，詣闕上書，獻鰒魚。"《淵鑑類函》卷四四四引《本草》云："石決明，一曰鰒魚。"郭璞注《三倉》云："鰒，似蛤，偏着石。"晋郭義恭《廣志》："鰒，無鱗有殼，一面附石，細孔雜雜，或七或九。"宋代《集韵·入覺》："鰒，石決明，藥旁有七空者良。"《漢書·王莽傳》所記："莽軍師外破，大臣内畔，左右亡所信，莽憂懣不能食，亶飲酒，啗鰒魚。"顏師古注曰："鰒，海魚也，音雹。"後因戲稱鮑新餐氏。宋陶穀《清異録》卷下："鰒名新餐氏。令新餐氏，爾療饑無術。清醉有材，莽新妖亂，臨盤肆餐，物以人污，百代寧洗，爾之得氏，累有由矣，宜特補輔庖生。"

清郝懿行《曬書堂筆録》："今京師市肆及苞苴間遺，鰒魚也通作鮑魚，文字假借，古人弗禁也。"意今日所謂的"鮑魚"，在清代以前皆稱爲"鰒魚"。鮑魚自古被列爲"餐桌黄金，海珍之冠"，而且普通百姓也食用。宋朝時，南至廣東，北抵渤海，都可見到食用鰒魚的現象。宋孔平仲《清江三孔集》卷三一《食鰒》詩："風流東武鰒，三月已看花。及冬稍稍盛，來自滄海涯。味腴半附石，體潔不藏沙。被之以火光，何幸挂齒牙。一舉連十頭，不復録魚蝦。海物類多毒，惟汝性則佳。"鮑屬螺類，被稱鮑螺。宋周密《武林舊事·市食》："鮑螺，裹蜜。"清張岱《陶庵夢憶·方物》："蘇州則帶骨鮑螺、山查丁、山查糕、松子糖、白圓、橄欖脯。"北宋時期與日本貿易，日産鰒魚已輸入中國，人們稱外來鰒魚爲"倭螺"。宋蘇軾《鰒魚行》詩："東隨海舶號倭螺，異方珍寶來更多。"宋袁文《甕牖閑評》卷二："鰒魚，倭螺也。今《漢書·王莽傳》載莽亶飲酒啖鰒魚。注云：'海魚也。'恐顏師古未必知是倭螺耳。"

石決明亦稱"九孔螺""千里光""將軍帽""真珠牡"。爲雜色鮑、皺紋盤鮑、耳鮑、羊鮑等的貝殼。即鰒魚。宋李石《續博物志》卷一〇："石決明，亦名九孔螺。"中藥以九孔者爲良，故名。宋陳師道《後山談叢》卷二："石決明，登人謂之鰒魚，明人謂之九孔螺。"唐《新修本草》卷一六《蟲魚上》："石決明是

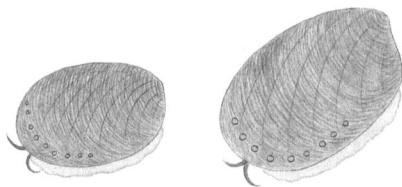

九孔螺
（清聶璜《清宮海錯圖》）

鰒魚甲也，附石生，狀如蛤，惟一片無對，七孔者良。"明李時珍《本草綱目·介二·石決明》〔釋名〕"時珍曰：石決明，形長如小蚌而扁，外皮甚粗，細孔雜雜，内則光耀。背側一行有孔如穿成者。生於石崖之上。……吴越人以糟決明、酒蛤蜊爲美品者，即此。""鰒魚，乃王莽所嗜者……海人亦啖其肉。""主治目障醫痛，青盲。久服，益精輕身。"明屠本畯《閩中海錯疏》卷下："石決明，俗名將軍帽，温州與登州海中俱有之，即名鰒魚。"此外尚有"真海決""海決明""關海決""鮑魚殼""九孔石決明""鮑魚皮""金蛤蜊皮"等稱。

時至明代，"鰒"被稱爲"鮑""鮑魚"。明謝肇淛《五雜俎》卷九："鰒音撲，入聲，今人讀作鮑。"明屠應峻《秋懷賦》："秋日曀兮鳳翔于淵，鮑魚御兮，余溘與百草同死兮。"清段玉裁《説文解字注》："鰒，音薄。〔顔〕師古曰：鰒，音雹，雹與薄同。"鰒的古代發聲與"薄""雹"相近。清金埴《巾箱説》亦云："鰒，音薄，入聲。北方讀入爲平，故呼鰒魚爲庖魚；而今南方亦相率呼爲庖，則南方而北音矣！"清桂馥《札樸》："登州以鮑魚爲珍品，實即鰒魚也。"清周亮工《書影》："鰒魚出膠州。鰒音撲，今皆呼'鮑'。膠人言：'鰒生海水中，亂石上，一面附石。'"明李時珍《本草綱目·介二·石決明》〔集解〕"時珍曰：陶氏以爲紫貝，雷氏以爲真珠牡，楊倞注《荀子》以爲龜甲，皆非矣。惟鰒魚是一種二類。"〔主治〕："目障醫痛青盲，久服益精輕身。"牡，一本作"母"。明李時珍《本草綱目·介二·石決明》〔釋名〕時珍曰："決明，千里光，以功名也。九孔螺，以形名也。"按，千里光又爲草

名。清李元《蠕範》卷七："鰒，鮑魚也，石鮭也，石華也，石決明也，九孔螺也，千里光也，佛羊蚶也，將軍帽也。"徐珂《清稗類鈔·動物志》云："鰒，亦稱鮑魚，殼爲橢圓狀，長二寸許，亦稱石決明，有吸水孔八、九個，殼薄，外爲淡褐色，内即真珠色，附着海底巖石間。"鮑魚足部肌肉極發達，其肉柔嫩細滑，味極鮮美，在國菜中唯我獨尊，素有"海味珍品之冠""海中之王"美譽，名列海味"鮑參翅肚"之首。清代食界對其推崇備至，被奉爲"海八珍"之一。清金埴《巾箱説》："鰒魚，出登州海上，世之席珍也。"

古人開發鰒魚的歷史很早，其中以山東沿海開發最早，故史稱"登萊鰒魚"。早期的鰒魚供應產地主要爲山東沿海，至少在南北朝以前，江南人尚不知從本地海域采捕鰒魚，祇能依賴北方的產品輸入。《南史·褚彦回傳》記載："時淮北屬魏，江南無鰒魚，或有間關得至者，一枚直數千錢。"唐朝以後，南方的鰒魚資源得到開發。

【鰒】

即鰒魚[1]。此稱至遲晋代已行用。見該文。

【石華】

即鰒魚[1]。此稱晋代已行用。見該文。

【石決明】

即鰒魚[1]。此稱宋代已行用。見該文。

【新餐氏】

"鰒魚[1]"之戲稱。亦稱"輔庖生"。此稱宋代已行用。見該文。

【鮑螺】

即鰒魚[1]。此稱宋代已行用。見該文。

【倭螺】

即鰒魚[1]。此稱宋代已行用。見該文。按，特指日本進口者。

【九孔螺】

即鰒魚[1]。實爲雜色鮑。此稱宋代已行用。見該文。

【鮑】

即鰒魚[1]。此稱明代已行用。見該文。

【鮑魚】[1]

即鰒魚[1]。此稱明代已行用。見該文。

【將軍帽】

即鰒魚[1]。此稱明代已行用。見該文。

【千里光】

即鰒魚[1]。此稱明代已行用。見該文。

【真珠牡】

即鰒魚[1]。此稱明代已行用。見該文。

【石鮭】

即鰒魚[1]。此稱清代已行用。見該文。

【佛羊蚶】

即鰒魚[1]。此稱清代已行用。見該文。

馬蹄螺

亦稱"馬蹄鐘螺""公螺"，入藥名"海決明"，省稱"馬蹄"。"海螺"的一類。腹足綱，前鰓亞綱，原始腹足目，馬蹄螺科之統稱。貝殼多呈圓錐形或蝸牛形，有的呈耳形，殼表常雕刻有顆粒、瘤結或棘等。貝殼底部較平坦，多具同心肋。殼口方圓形或馬蹄形，故得名。多栖息於潮間帶至淺海巖石、沙或泥沙質海底。此稱明代已行用。明屠本畯《閩中海錯疏》卷下："馬蹄，形似，故名。"《古今圖書集成·禽蟲典·螺部》引《瑞安縣志》："螺有刺螺、花螺、香螺、馬蹄螺。"《溫州府志·土產·海族》："螺有花螺、香螺、刺螺、蓼螺、馬蹄螺。"大的貝殼可作紐扣或貝雕工藝；有的貝殼可藥用，中藥名"海決明"。我國沿海已發現八十餘種，南北沿海均有分布。習見的有大馬蹄螺（Trochus niloticus）、斑馬蹄螺（Trochus maculatus）、塔形馬蹄螺（Trochus pyramis）等。臺灣稱爲馬蹄鐘螺。海南俗爲公螺。

【馬蹄】

"馬蹄螺"之省稱。此稱明代已行用。見該文。

【海決明】

"馬蹄螺"之中藥名。此稱於現代中藥學中行用。見該文。

【公螺】

即馬蹄螺。此稱於今海南一帶行用。見該文。

【馬蹄鐘螺】

即馬蹄螺。此稱多於今臺灣一帶行用。見該文。

蠑螺

亦稱"流螺""假豬螺""榮螺""拳螺"，厴稱爲"甲香"。"海螺"的一類。腹足綱，前鰓亞綱，原始腹足目，蠑螺科之統稱。流螺殼厚，殼口寬闊，殼面可有珠狀突、瘤突或肋紋，大多數種類呈球形或者陀螺形，殼表面或平滑，有的還有棘或凹槽。少數蠑螺有臍孔，殼口具有珍珠光澤。"蠑螺"稱呼於近現代行用，古人多稱其爲"泥螺""甲香"。《太平御覽》卷九八二引三國吳萬震《南州異物志》云："甲香，螺屬也。大者如甌面，前一邊直攡長數寸，圍殼岨峿有刺，其掩可合，衆香燒之皆使益芳，獨燒則臭。甲香一名流螺，諸螺之中，流螺味最厚。"同書卷九八二："甲香,《廣志》曰:'甲香,出南方。'"宋蘇頌《本草圖經·甲香》:"甲香,生南海,今嶺外、閩中近海州郡及明州皆有之,海蠃(音螺)之掩也。"明周嘉胄《香乘》卷五:"甲香,蠃類,大者如甌。一名流螺,諸螺之中流最厚味是也。生雲南者大如掌,青黃色,長四五寸。"清厲荃《事物異名錄·螺·流螺》卷三八:"流螺,《本草綱目》:'海蠃,一名流螺,一名假豬螺。'"

民國時期,隨着現代生物學的發展,"泥螺"稱呼逐漸消失,開始稱其爲"蠑螺"。徐珂《清稗類鈔·動物志》:"蠑螺,爲軟體動物,亦作蠑螺,形如拳,故又名拳螺。殼甚厚,有掩,孔大而圓,外暗青色,肉稍作真珠色,螺層上間有突出處如管,栖息巖礁之陰,肉味頗美。"高士賢《中國動物藥志·軟體動物類藥》:"甲香,爲蠑螺科動物的掩厴。"蠑螺多爲温帶和熱帶種,從潮間帶巖石岸至深海均有踪迹。我國沿海皆有分布,但南部多於北部。以藻類爲食。貝殼珍珠層厚,大型者可作貝雕工藝的材料。其厴可藥用,名甲香。最大的種類是東印度群島和澳大利亞的夜光蠑螺(*Turbo mormoratus*)。我國已發現六屬二十七種。

【甲香】

即蠑螺。此稱三國時期已行用。見該文。

【流螺】[2]

即蠑螺。此稱三國時期已行用。見該文。另有歧義,參見本卷《水生無脊椎動物説·水生軟體動物考》"海螺"文。

【假豬螺】

即蠑螺。此稱明代已行用。見該文。

【榮螺】

同"蠑螺"。此體清末已行用。見該文。

【拳螺】

即蠑螺。此稱清末已行用。見該文。

小月螺

亦稱"郎君子""醋鱉""鐵關門螺"。"海螺"的一類。腹足綱,前鰓亞綱,原始腹足目,蠑螺科,小月螺屬的通稱。貝殼近球形,殼質堅厚,周緣膨圓。殼面有小株狀連成的螺肋,縫合綫下結節突起較大。厴石灰質。明李時珍《本草綱目·介二·郎君子》〔集解〕珣曰:"郎君子生南海,有雌雄,狀似杏仁,青碧色,欲驗真假,口內含熱放醋中,雌雄相逐,逡巡便合,即下卵如粟狀者,真也。亦難得之物。"明顧玠《海槎餘録》:"相思子狀如螺,中實如石,大如豆。藏篋笥,積歲不壞。若置醋中,即盤旋不已。按,此即郎君子也。"民國《定海縣志·物産》:"郎君子,又名醋鱉、鐵關門螺。"朝鮮花冠小月螺(*Lunella coronata coreensis*)、

郎君子
(清蔣廷錫等《古今圖書集成》)

粒花冠小月螺（*Lunella coronata granulata*）爲習見種類，潮間帶巖石間常見。小月螺的厴，可入藥。

【郎君子】

即小月螺。此稱明代已行用。見該文。

【醋鱉】

即小月螺。此稱民國時期已行用。見該文。

【鐵關門螺】

即小月螺。此稱民國時期已行用。見該文。

竹螺

"海螺"的一類。腹足綱，前鰓亞綱，中腹足目，錐螺科的一種。貝殼呈尖錐形，螺層多，螺旋部很高，體螺層低。殼口圓形、卵圓形。此稱明代已行用。明屠本畯《閩中海錯疏》卷下："竹螺，殼文粗而尾脆，味清香。"明弘治《八閩通志》卷二五："竹螺，殼文粗而尾脆，味清香。"清郭柏蒼《海錯百一録》卷三："竹螺，產寧德，大如蓑螺，殼薄脆，其節如竹。"清道光《晉江縣志·物產志》："刺螺、竹螺，殼粗，味清。"根據"其節如竹"的特性，疑爲今笋錐螺（*Turritella terebra*）。生活在潮下帶水深 10～60 米的泥沙質海底。我國沿海僅發現四種。

笋錐螺

蛇螺

亦稱"石蛇"。"海螺"的一類。腹足綱，前鰓亞綱，中腹足目，蛇螺科之統稱。貝殼形狀不規則，呈管狀或盤踞成蛇臥狀，故名。其殼面粗糙，殼口圓形或卵圓形，角質厴，較厚。殼表面灰黃色或褐色，殼內面褐色，有珍珠樣光澤。多爲暖海產。從潮間帶至潮下帶淺海均有分布，通常以全殼大部分固着在巖石上或其他物體上生活。古人稱其爲"石蛇"，近代以後纔有"蛇螺"的稱呼。宋寇宗奭《本草衍義》卷五："石蛇，《本經》不收，始自《開寶本草》添附。其色如古墙上土，盤結如楂梨大，中空，兩頭巨細一等，無蓋，不與石蟹同類。蟹則真蟹也，蛇非真蛇也。今人用之絶少。"明李時珍《本草綱目·石四·石蛇》〔集解〕蘇頌曰："石蛇，出南海水旁山石間，其形盤屈如蛇也，無首尾，內空，紅紫色，已左盤者爲良，又似車螺，不知何物所化。大抵與石蟹同類，功用亦相近。尤能解金石毒，以左盤者良。采無時。味鹹，性平，無毒。"蛇螺退潮後於巖石上剥取、曬乾，可入藥。其種類不多，我國已發現三屬三種，其中覆瓦小蛇螺（*Serpulorbis imbricata*），爲浙江嵊山以南沿海的習見種類。

蛇　螺

（清聶璜《清宮海錯圖》）

【石蛇】

即蛇螺。此稱宋代已行用。見該文。

海蛳螺

亦稱"釘頭螺"，省稱"海蛳"。此稱明代已行用。"海螺"的一類。腹足綱，前鰓亞綱，中腹足目，梯螺科之統稱。臺灣稱爲海蛳螺科。貝殼呈圓形或塔形，殼質較薄，結實。螺層膨圓，螺旋部高呈圓錐形或塔形。生活在近海礁石附近和泥沙底，肉食性，同時也是其他動物的餌料。明《正德瓊臺志·土産下》："海蜎，清明漬酒喡食。"清乾隆《杭州府志·物産》："海蜎，杭俗立夏以爲應時之味，以花椒灑之，麻油拌食。"近人孫錦標《南通方言疏正》："海蜎，長寸許，以錢眼斷其尾，倒吸食之，味鮮美。"清趙學敏《本草綱目拾遺》卷一〇："海蜎有大如指長一二寸許者，名釘頭螺，温台沿海諸郡多有之。海蜎螺生海塗中，立夏後，有人見其群變爲虻，今人所稱豆娘是也。或云，此螺能跳丈許，蓋遷其處。此物又能食蚶。明州奉化多蚶田，皆取苗於海塗種之，久則自大，時田者不時耨視，恐有海蜎苗，蓋蚶不畏他物，惟畏海蜎，蚶田中一有此物，蚶無遺種，皆被其吮食盡。玉環出者大如指，名釘頭螺。鹹寒，治療痢結核，能降鬱氣。"又記："《從新》云：'比螺蜎身細而長，殼有旋紋六七屈，頭上有靨，春初蜓起，碇海崖石壁，海人設網於下，一掠而取，治以鹽酒椒桂。'"據"釘頭"描述，應爲梯螺科的一種。至於説"海蜎螺生海塗中，立夏後，有人見其群變爲虻，今人所稱豆娘是也"，顯然是一種臆測。我國已發現五十種左右，沿海均有分布。東南沿海地區食用海蜎螺較多，在福建莆田民間甚至還流傳着吃螺過節的習俗。

【海蜎】

"海蜎螺"之省稱。此稱明代已行用。見該文。

【釘頭螺】

即海蜎螺。此稱清代已行用。見該文。

玉螺

"海螺"的一類。腹足綱，前鰓亞綱，中腹足目，玉螺科之統稱。貝殼多呈球形、半球形。螺層較少，殼面平滑，殼口大，無前後水管，有角質靨和石灰靨兩種類型。玉螺記載較少，多見於文學作品中。此稱唐代已行用。唐白居易《驃國樂》詩："玉螺一吹椎髻聳，銅鼓千擊文身踊。"清汪懋麟《銅鼓歌爲樹百給事作》詩："龍師慘澹直千鎰，驃國不得跨玉螺。"自注："貞元中，驃國進樂有玉螺銅鼓。"玉螺常用作吹奏樂器，是海螺的美稱。今玉螺分布廣泛，從潮間帶、淺海至較深的沙、泥沙或軟泥質海底都有栖息。爲肉食性動物，喜食雙殼類，人們在海灘上常見到一些空貝殼上具有圓形小孔，即被玉螺所食。目前已知八十種左右，全國沿海均有分布，以斑玉螺（*Natica tigrina*）、扁玉螺（*Glossaulax didyma*）最爲習見。

梭螺

亦作"篓螺"，亦稱"梭尾"。此稱清代已行用。"海螺"的一類。腹足綱，前鰓亞綱，中腹足目，梭螺科之統稱。我國臺灣稱爲海兔螺科。貝殼呈卵圓、梭形或紡錘形。大部分種類較小，表面光滑或具細溝紋或斑點。殼口狹長，外唇緣一般具有肋齒，內唇通常光滑無肋。前、後水管溝長或短。無靨。因外形酷似織工手中的梭，故名"梭螺"。明屠本畯《閩中海錯疏》卷下："梭尾，殼細而長，文如雕鏤，味佳。"明弘治《八閩通志》卷二五："梭螺，殼細長，文如雕鏤，味佳。"清郭柏蒼《海錯百一錄》卷三："篓螺，産鹹淡水，形瘦，削紋如

梭　螺
（清聶璜《清宮海錯圖》）

梭，呼梭螺者音訛也。夏秋肉滿，截其殼尾三分之一，蕩拌豉葱蒜香油，微帶苦味。”其廣泛分布在熱帶和亞熱帶暖海區，生活於潮間帶至潮下帶的巖礁、泥沙或沙質海底，有的種類寄生在軟珊瑚或柳珊瑚上生活。我國沿海已發現五十種左右，分布從浙江杭州灣至温州灣外海，向南至廣東。鈍梭螺（*Volva volva*）、卵梭螺（*Ovula ovum*）較爲習見。

【簑螺】

同“梭螺”。此體明代已行用。見該文。

【梭尾】

即梭螺。此稱明代已行用。見該文。

貝子

亦稱“蚆”“貝齒”“白貝”“海肥”。“海螺”的一類。腹足綱，前鰓亞綱，中腹足目，寶貝科（亦稱寶螺科），貨貝（*Monetaria moneta*）或環紋貨貝（*Monetaria annulus*）的統稱。貝殼呈卵圓形或長卵圓形，殼面平滑而富有光澤，表面有一層琺瑯質，花紋色彩豐富。殼口狹長，兩唇具齒，成體無厴。《爾雅・釋魚》：“蚆，博而頯。”郭璞注：“頯者，中央廣，兩頭鋭。”郝懿行義疏：“蚆者，雲南人呼貝爲海肥。”貝幣種類不一，以貝齒最爲通行，學名“貨貝”。晋法顯《佛國記》：“市無屠行及酤酒者，貨易則

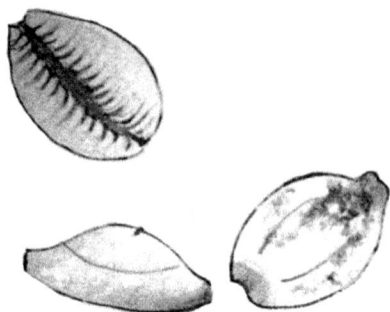

貝　子
（《食物本草》）

用貝齒。”《南史・夷貊傳上・林邑國》：“又出玳瑁、貝齒、古貝、沈木香。”《新唐書・西域傳上・天竺國》：“以貝齒爲貨，有金剛、旃檀、鬱金，與大秦、扶南、交趾相貿易。”宋范成大《桂海虞衡志・志蟲魚》：“貝子，海旁皆有之。大者如拳，上有紫斑。小者指面大，白如玉。”明李時珍《本草綱目・介二・貝子》〔釋名〕：“貝齒，白貝，海肥。時珍曰：貝字象形。其中二點，象其齒刺。其下二點，象其垂尾。古者貨貝而寶龜，用爲交易，以二爲朋。今獨雲南用之，呼爲海肥。以一爲莊，四莊爲手，四手爲苗，五苗爲索。”引蘇頌曰：“貝腹下潔白，有刻如魚齒，故曰貝齒。”引漢《別録》曰：“貝子生東海池澤。采無時。”引陶弘景曰：“出南海。此是小小白貝子，人以飾軍容服物者。”引李珣曰：“雲南極多，用爲錢貨交易。”蘇頌釋其名曰：“貝腹下潔白，有刻如魚齒，故曰貝齒。貝子，貝類之最小者。亦若蝸狀，長寸許。色微白赤，有深紫黑者。”明李時珍曰：“貝子，小白貝也。大如拇指頂，長寸許，背腹皆白。諸貝皆背隆重如龜背，腹下兩開相向，有齒刻如魚齒，其中肉如蝌蚪，而有首尾。”可知，此即寶貝科貨貝類。生活於熱帶和亞熱帶暖海區，從潮間帶至較深的巖礁、珊瑚礁或泥沙海底均

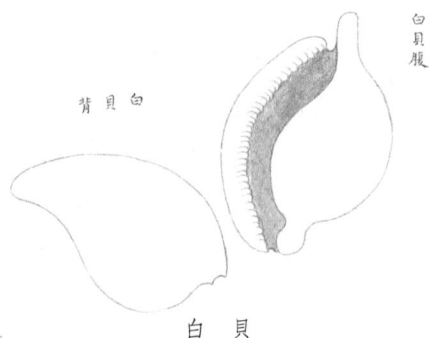

白　貝
（清聶璜《清宮海錯圖》）

有其踪迹。主要以藻類或珊瑚動物等爲食。其外形美麗，備受廣大貝類愛好者青睞，具有較高的觀賞和收藏價值。

【蚆】

即貝子。此稱先秦時期已行用。見該文。

【貝齒】

即貝子。此稱晉代已行用。見該文。

【白貝】

即貝子。此稱明代已行用。見該文。

【海肥】

即貝子。此稱明代已行用。見該文。

紫貝

亦稱“寶貝”“文貝”“蚜螺”“紫背”。“海螺”的一類。腹足綱，前鰓亞綱，中腹足目，寶貝科，阿文綬貝（*Mauritia arabica asiatica*）或虎斑寶貝（*Cypraea tigris*）的統稱。殼質堅固，背部膨圓，兩側下部漸收縮，邊緣稍厚。殼表光亮細滑，褐色或淺褐色，具縱橫交錯、不甚規則的棕褐色斷續條紋及許多星狀花紋。先秦時期，已有文貝的記載。《山海經·大荒南經》：“赤水之東，有蒼梧之野，舜與叔均之所葬也。爰有文貝。”郭璞注：“即紫貝也。”文貝，還指有花紋的貝殼。《書·顧命》：“西序東

紫　貝
（《食物本草》）

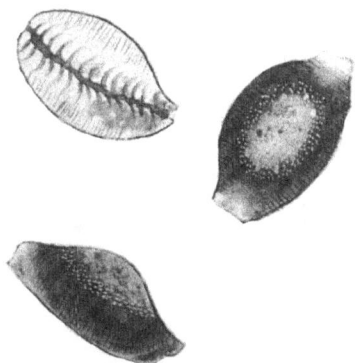

純紫貝
（清聶璜《清宫海錯圖》）

向，敷重底席，綴純，文貝仍几。”孔傳：“有文之貝飾几。”三國吳陸璣《詩疏》：“紫貝，質白如玉，紫點爲紋，皆行列相當。大者徑一尺七八寸。交趾、九真以爲杯盤。”《爾雅·釋魚四》：“紫貝螺，紫色有斑點，號蚜螺，即紫貝是也。”郭璞注：“今紫貝則以紫爲質，黑爲紋點也。貝之類極多，古人以爲寶貨，而此紫貝尤爲世所貴重。”唐劉恂《嶺表錄異》卷下：“紫貝，即蚜螺也。”宋蘇頌《本草圖經·紫貝》：“紫貝，《本經》不載所出州土。蘇恭注云：‘出東海及南海上，今南海多有之，即矸螺也。形似貝而圓，大二、三寸，僧振夷黎采以爲貨幣，北人唯畫家用矸物。’”宋寇宗奭《本草衍義》卷一七：“紫貝，大二三寸，背上深紫有點，但黑。《本經》以此燒存性，入點眼藥。”明李時珍《本草綱目·介二·紫貝》〔釋名〕文貝、蚜螺，引三國吳萬震《南州異物志》：“文貝甚大，質白文紫，無姿自然，不假外飾而光彩焕爛，故名。”〔集解〕引蘇恭曰：“紫貝出東南海中，形似貝子而大二三寸，背有紫斑而骨白，南夷采以爲貨幣。”

明屠本畯《閩中海錯疏》卷下：“紫背，紫色有斑點，俗謂之矸螺。”清鈕琇《觚賸·石言》：“嶺表珍奇，是不一類，珊瑚碑碌，明珠文貝。”清郭柏蒼《海錯百一錄》卷三：“凡螺之小者，其殼或淡黄或白或花點，形如龜殼，而兩瓣中分，不作旋轉者，可矸紙，大者如杯，

小者如指，皆呼研螺。《本草》或呼研螺爲文貝、紫貝，皆誤。貝産外洋，廣盈尺，色紫，夷人寶之，俗呼寶貝，於内地爲無用。"清人郭柏蒼予以細分，認爲研螺指寶貝科螺類小者，文貝、紫貝則産於外洋，包括寶貝科其他種類。紫貝多栖息於低潮區巖石的下面或珊瑚礁的洞穴内，喜晝伏夜出。入藥具有鎮驚安神、平肝明目之功效。

【寶貝】

即紫貝。此稱先秦時期已行用。見該文。

【文貝】

即紫貝。此稱先秦時期已行用。見該文。另有歧義，參見本卷《水生無脊椎動物説·水生軟體動物考》"貝"文。

【研螺】

即紫貝。此稱先秦時期已行用。見該文。

【紫背】

即紫貝。此稱明代已行用。見該文。

珂

亦稱"馬軻螺"。"海螺"的一類。腹足綱，前鰓亞綱，中腹足目，寶螺科屬。又名虎斑寶貝。學名（Cypraea tigris）。貝殼渾圓，螺層内卷。殼口狹長，外唇和内唇有細齒。殼面平滑而富有光澤，貝殼的背面至周緣以白色至淺褐色爲底，綴有許多大小不同的黑褐色斑點。此稱漢代已行用。《爾雅·釋魚》："大者爲珂，黃黑色，其骨白，可以飾馬。"《玉篇·玉部》："珂，螺屬，生海中。"珂本義爲似玉的美石，亦可用作馬籠頭上的裝飾。唐李賀《馬詩》："汗血到王家，隨鸞撼玉珂。"晋張華《輕薄篇》："文軒樹羽蓋，乘馬鳴玉珂。"宋戴侗《六書故》："珂，《本草》曰：'珂，貝類，生南

海。大如鰒，皮黃黑而骨白。以爲馬飾。冬采者白而膩，且有旋文。'"

明李時珍《本草綱目·介二·珂》〔釋名〕時珍曰："馬軻螺，馬勒飾也。此貝似之，故名。"〔集解〕時珍曰："按徐表《異物志》云："馬珂螺，大者圍九寸，細者圍七八寸，長三四寸。'"《廣雅疏證·釋地》："珂，石之次玉。亦碼碯，潔白如雪者。"《中藥大辭典》和《本草綱目藥物彩色圖鑑》皆認爲珂指雙殼類蛤蜊科凹綫蛤蜊，但凹綫蛤蜊的形狀、大小、産地并不符合上文的描述，也不能做馬飾，故所辨錯誤。根據"骨白、黃黑色、生南海"等外形以及生活習性的描述，應指今虎斑寶貝。生活於熱帶和亞熱帶暖海區，從潮間帶至較深的巖礁、珊瑚礁或泥沙海底均有其踪迹，主要以藻類或珊瑚動物等爲食。

【馬軻螺】

即珂。此稱明代已行用。見該文。

米螺

亦稱"珠螺"，今稱"濱螺"。"海螺"的一類。腹足綱，前鰓亞綱，中腹足目，濱螺科之統稱。呈卵圓形或球形，表面較粗糙，具有螺肋或顆粒狀突起。殼口圓形，厴角質，褐色。生活在潮間帶的高潮區、潮水的浪花能擊到的巖石上以及紅樹（mangrove）的基部或枝葉上。各海區都有分布，但種類不多。此稱明代已行用。明屠本畯《閩中海錯疏》卷下："米螺，小粒如米，肉可食。"清郭柏蒼《海錯百一録》卷三："珠螺，晶瑩如珠。形如半豆，腌食其厴，似醋鼈。"清道光《晋江縣志·物産志》："珠螺，米螺。小似豆，有五色。"據"小粒如米、小似豆"的特徵，應爲濱螺科螺類。

我國南北沿海都有發現。常見的有小結節濱螺（*Nodilittorina exigua*）、粗糙濱螺（*Littoraria articulata*）、短濱螺（*Littorina brevicula*）。濱螺的經濟意義不大，但在潮間帶生態學的研究中，常以它的分布作爲劃分區或層的標志。

【珠螺】

即米螺。此稱清代已行用。見該文。

法螺

亦稱"梭尾螺""屈突通""海哮羅""梵貝"。"海螺"的一類。腹足綱，前鰓亞綱，中腹足目，嵌綫螺科，法螺屬之統稱，屬學名（*Charonia*）。貝殼特大，外形似號角狀，其粗細相間的螺肋和結節突起，并有縱腫肋。殼面黃紅色，内有紫褐色鱗狀斑和花紋。殼口内橘紅色，外唇内緣具有成對的紅褐色齒肋。法螺頂端穿孔，吹奏最爲洪亮。古印度佛教用作吹奏的法器，約東漢時傳入中國，其後漁船、航船等也用來做號角。此稱南北朝時期已行用。北魏楊衒之《洛陽伽藍記·宋雲惠生使西域》："晨夜禮佛，擊鼓吹貝。"《法華經·序品》："吹大法螺，擊大法鼓。"《南史·夷貊傳上·海南諸國傳》："吹螺擊鼓。"五代毛勝《水族加恩簿》："令屈突通，振聲遠聞，可知佛樂。"明李時珍《本草綱目·介二·海螺》〔釋名〕時珍曰："蠃與螺同，亦作蠡。蠃從蟲，蠃省文，蓋蟲之蠃形者也。"〔集解〕引三國萬震《南州異物志》云："梭尾螺，形如梭，今釋子所吹者。"《格致鏡原》卷九五引明徐炬《事物原始》云："僧家用海螺，以供法器。亦曰南海中所産也。"徐珂《清稗類鈔·動物志》："法螺，我國古時軍隊用以示進退者，今釋道齋醮多用之。"《辭海·水部》："法螺，別名海哮羅、梵貝。"可知，古代

法螺并不專指某一具體螺類，而是腹足綱許多形狀相似海螺的統稱。一般用作佛家法器、漁民呼應及軍隊號角，故名"法螺"。爲暖水種。生活在淺海約 10 米水深的珊瑚處或巖礁間，喜栖息於藻類叢生的生活環境中。

【梭尾螺】

即法螺。此稱三國時期已行用。見該文。

【屈突通】 [2]

即法螺。此稱宋代已行用。見該文。另有歧義，參見本卷《水生無脊椎動物説·水生軟體動物考》"海螺"文。

【海哮羅】

即法螺。此稱宋代已行用。見該文。

【梵貝】

即法螺。此稱宋代已行用。見該文。

蓼螺

亦稱"辣螺"。"海螺"的一類。腹足綱，前鰓亞綱，新腹足目，骨螺科，荔枝螺屬的一種。屬學名（*Thais*）。貝殼呈卵圓形或紡錘形，殼面多具結節或瘤狀，棘狀突起，貝殼堅實。因煮食時具有辣味，故名"蓼螺"或"辣螺"。生活在潮間帶中潮區的上區巖石縫内，爲肉食性動物，捕食雙殼類，藤壺或其他小型腹足類，故對灘塗貝類養殖有害。宋傅肱《蟹譜》："海中有小螺，以其味辛，謂之辣螺。可食，至二三月間，多化爲蟛蜞。"辣螺死後，其殼常爲寄居蟹居住，古時稱

蓼　螺
（清聶璜《清宮海錯圖》）

寄居蟹爲小蟹，故誤認爲"化爲蟞蟷"。此稱明代已行用。明屠本畯《閩中海錯疏》卷下："蓼螺，大如拇指，有刺，味辛如蓼。"明李時珍《本草綱目·介二·蓼螺》〔集解〕藏器曰："蓼螺，生永嘉海中，味辛辣如蓼。"時珍曰："按《韻會》云：'蓼螺，紫色有斑文。'今寧波出泥螺，狀如蠶豆，可代充海錯。"蠣敵荔枝螺（*Thais gradata*）、疣荔枝螺（*Thais clavigera*）的殼，可入藥。蠣敵荔枝螺我國分布於東海、南海；疣荔枝螺我國南北沿海均有分布。具有軟堅散結、清熱解毒之功效。

【辣螺】

即蓼螺。此稱宋代已行用。見該文。

苦螺

亦稱"莎螺"。"海螺"的一類。腹足綱，前鰓亞綱，新腹足目，骨螺科，荔枝螺屬的一種。屬學名（*Thais*）。貝殼呈卵圓形，殼面呈灰褐色或青褐色，殼口外唇緣呈黑褐色。煮熟後，肉質豐腴細膩，先苦而後甘，故名"苦螺"。明屠本畯《閩中海錯疏》卷下："莎螺，形如竹螺，味微苦，尾極脆。"此稱明代已行用。清道光《晋江縣志·物產志》："苦螺，即莎螺。"生活在潮間帶、低潮區的巖礁或石礫下，我國南北沿海均有分布。

【莎螺】

即苦螺。此稱行用於明代。見該文。

紅螺

亦作"紅蠃"，亦稱"皺紅螺"。"海螺"的一類。腹足綱，前鰓亞綱，新腹足目，骨螺科，紅螺屬。學名（*Rapana bezoar*）。紅螺殼呈球狀，殼質堅厚，表面生有肋紋及棘突。殼內光滑，呈橘紅色，故名"紅螺"。古代紅螺可製爲

紅　螺
（清聶璜《清宮海錯圖》）

酒杯，或用作酒杯或酒的代稱。此稱唐代已行用。唐劉恂《嶺表録異》卷下："紅螺，大小亦類鸚鵡螺，殼薄而紅，亦堪爲酒器。刳小螺爲足，綴以膠漆，尤可佳尚。"唐陸龜蒙《襲美醉中寄一壺并一絶走筆次韵奉酬》詩："酒痕衣上雜莓苔，猶憶紅螺一兩杯。"後蜀李珣《南鄉子》："傾緑蟻，泛紅蠃，閑邀女伴簇笙歌。"《爾雅翼·釋魚四》："今閩海中有紅螺，微紅色，亦可爲杯。"宋曾鞏《南湖行》詩之一："山回水轉不知遠，手中紅螺豈須勸。"明屠本畯《閩中海錯疏》卷下："紅螺，肉可爲醬。"清袁枚《隨園詩話》卷七引清王文治《在西湖寄都中同年》詩："每向東華散玉珂，相於花下酌紅螺。"我國較爲習見，喜栖息於淺海泥沙灘上，肉質肥美，是很好的海產食品。

【紅蠃】

同"紅螺"。此體三國時期已行用。見該文。

【皺紅螺】

即紅螺。此稱於今東南沿海多行用。見該文。

香螺

"海螺"的一類。腹足綱，前鰓亞綱，新腹足目，蛾螺科的一種。學名（*Neptunea cumingii Crosse*）。貝殼近菱形，殼質較堅硬，貝殼圓胖

而厚重，整體呈長雙錐形，體螺層中部膨大，螺肋和結節凸出。因其肉肥大，味美，供食用，故名"香螺"。此稱南北朝時期已行用。北周庾信《園庭》詩："香螺酌美酒，枯蚌藉蘭殽。"明屠本畯《閩中海錯疏》卷下："香螺，大如甌，長數寸，其掩雜衆香燒之，使益芳，獨燒則臭。諸螺之中，此螺味最厚。《本草》謂之甲香。"根據"大如甌，長數寸"的外表特徵，此處應爲"蠑螺"，見"蠑螺"文。《古今圖書集成·禽蟲典·螺部》引《瑞安縣志》："螺有刺螺、花螺、香螺、馬蹄螺。"古代關於香螺的外觀、習性描述不多，故難以判斷是否爲今蛾螺科貝類。今香螺喜栖息於潮下帶淺海巖礁或泥質海底，爲我國特有種，主要分布於廣東、福建、遼寧、山東等地區。

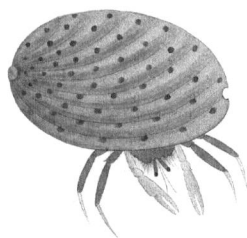

香　螺
（清聶璜《清宮海錯圖》）

花螺

亦稱"海猪螺""南風螺""甜螺"。"海螺"的一類。腹足綱，前鰓亞綱，新腹足目，蛾螺科，東風螺屬的一種。屬學名（*Babylonia*）。貝殼長卵圓形，質堅厚。內面白色，有光澤。此稱明代已行用。明屠本畯《閩中海錯疏》卷下："花螺，圓而扁，殼有斑紋，味勝黃螺。"清郭柏蒼《海錯百一録》卷三："花螺，大如拳

花　螺
（清聶璜《清宮海錯圖》）

而輕薄潤澤，渾身深淺皆米色，殼上隆起如脊者，凡二十道，節節分明。"清李調元《然犀志》卷上："花螺，橢形如巨貝，而尾不尖長。黃質黑章，肉亦具黑花條條，如彪虎之皮。"據清人的細述，應爲東風螺屬貝類。分布於我國東南沿海，東南亞及日本也有分布。方斑東風螺（*Babylonia areolata*）在我國較爲習見。其肉質鮮美、酥脆爽口，是國內外市場近年十分暢銷的優質海産貝類。

【海猪螺】

即花螺。此稱於今廣東沿海地區行用。見該文。

【南風螺】

即花螺。此稱於今廣東沿海地區行用。見該文。

【甜螺】

即花螺。此稱於今廣東沿海地區行用。見該文。

黃螺

亦稱"旺螺""泥東風螺"。"海螺"的一類。腹足綱，前鰓亞綱，新腹足目，蛾螺科，東風螺屬的一種。學名（*Babylonia lutosa*）。螺體呈倒圓錐形，殼高爲 56～70 毫米。殼質厚重且堅實，表面光滑，爲不對稱右旋螺旋形。

螺殼表皮呈土黃色，各螺層上都均勻分布着黃褐色斑塊。栖息於以泥沙爲主的海底，晝伏夜出。黃螺多見於文學作品中，文人騷客多稱頌之。此稱南北朝時期已行用。南朝蕭繹《采蓮

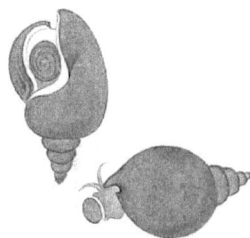

黃　螺
（清聶璜《清宮海錯圖》）

賦》："蕭繹紫莖兮文波，紅蓮兮芰荷，綠房兮翠蓋，素實兮黃螺。"唐王勃《采蓮賦》："風低綠幹，水濺黃螺。"明屠本畯《閩中海錯疏》卷下："黃螺，殼硬色黃，味美，其黑而微刺者尤佳。"清郭柏蒼《海錯百一錄》卷三："黃螺，殼硬色黃，其黑而微刺者產北港，尤佳。"清道光《晉江縣志·物產志》："黃螺，俗呼旺螺。"泥東風螺不僅生長速度快、肉質鮮美，而且其體內還含有人體所必需的氨基酸和稀有元素，易被人體消化吸收利用，具有較高經濟價值。

【旺螺】

即黃螺。此稱清代已行用。見該文。

【泥東風螺】

即黃螺。此稱於近現代行用。見該文。

油螺

"海螺"的一類。腹足綱，前鰓亞綱，新腹足目，渦螺科的一種。貝殼多呈卵圓形或紡錘形，殼表光滑有黑褐色斑點，殼口寬闊，外唇薄。始見於明代。此稱明代已行用。明屠本畯《閩中海錯疏》卷下："油螺，形如花螺，殼柔。鹽之美味，產興化。"疑爲今瓜螺（*Cymbium melo*）。栖息在近海和前潮下帶區，水深20米淺海泥砂底。爲掠食性腹足類，喜食蛾螺科貝類及其他底栖性的小型動物。我國東南沿海爲習見。

田螺[1]

亦作"田贏"，亦稱"田青""溪螺"。"淡水螺"的一類。腹足綱，前鰓亞綱，中腹足目，田螺科之統稱。外殼較薄，螺旋形，殼頂略尖，殼底膨大，殼口卵圓形。田螺食性雜，齒舌爲攝食器官，用於刮取水底和附生的食物。

此稱宋代已行用。宋吳自牧《夢粱錄》卷

一八："螺有數種，螺螄、海螺、田螺、海螄。"明李時珍《本草綱目·介二·田贏》〔集解〕弘景曰："田贏，生水田中及湖濱岸側。形圓，大如梨橘，小如桃李。人煮食之。"明彭大翼《山堂肆考》卷

田　螺
（《食物本草》）

二二五："田螺，形圓低銳。大如梨橘，小如梅李。"明屠本畯《閩中海錯疏》卷下："田螺，似黃螺而差小，生水田中。"又記："溪螺，似田螺，差小而長。"清厲荃《事物異名錄·水族·田青》引五代毛勝《水族加恩簿》："惟爾田青，微藏淺味。按：'此即田螺也。'"田螺在中國大部地區有分布。常見的有中國圓田螺（*Cipangopaludina chinensis*）、中華圓田螺（*Cipangopaludina cathayensis*），我國各地的淡水湖泊、水庫、稻田、池塘溝渠廣泛分布。因其肉嫩味美、營養豐富，且有清熱止渴、明目等食療功效，成爲人們喜愛的水產品之一，特別是南方人把它作爲席上佳肴。

【田贏】

同"田螺[1]"。此體南北朝時期已行用。見該文。

【田青】

即田螺[1]。此稱宋代已行用。見該文。

【溪螺】

即田螺[1]。"田螺"之小而長者。此稱明代已行用。見該文。

蝸螺

亦稱"螺螄""螄""湖螺"，殼名"鬼眼

睛"。"淡水螺"的一類。蝸螺肉質細嫩肥實，在我國食用較早。《晋書·食貨志》杜預疏："臣愚謂既以水爲困，當恃魚菜螺蟀（蚌）。"南朝宋謝惠連《咏螺蚌》詩："螺蚌非有心，沉迹在泥沙。"此稱宋代已行用。宋晁補之《閭子常携琴入村》詩："芸芸麥田翻黄波，蝸蟲盤穗如蝸螺。"《正字通·蟲部》："蛳，螺蛳。"明李時珍《本草綱目·介二·蝸螺》〔釋名〕"螺蛳，時珍曰：師，衆多也，其形似蝸牛，其類衆多故有二名。爛殼名鬼眼睛。"〔集解〕引漢《別録》曰："蝸螺生江夏溪水中。小於田螺，上有棱。"時珍曰："處處湖溪有之，江夏、漢沔尤多。大如指頭，而殼厚於田螺，惟食泥水。春月，人采置鍋中蒸之，其肉自出，酒烹糟煮食之。清明後其中有蟲，不堪用矣。"藏器曰："此物難死，誤泥入壁中，數年猶活也。"根據外表形態、生活習性及栖息環境，李時珍所記應爲今環棱螺，食性雜，以水生植物嫩莖葉、細菌和有機碎屑等爲食。除可食用外，也可作飼料或餌料，殼亦可入中藥。今有二種，一爲螺蛳屬之統稱，學名*Margarya*，外殼呈圓錐形或塔圓錐形，一般個體較小，爲我國特有，僅分布在雲南；二爲方形環棱螺，學名*Bellamya quadrata*，江浙一帶俗稱螺蛳，螺殼圓錐形，堅厚，殼面黄褐色或深褐色，中國大部地區有分布。

【螺蛳】

即蝸螺。此稱明代已行用。見該文。

【鬼眼睛】

"螺蛳"之殼名。此稱明代已行用。見該文。

【蛳】

"螺蛳"之省稱。此稱明代已行用。見該文。

【湖螺】

即蝸螺。此係今民間俗稱。見該文。

釘螺

亦作"丁螺"，亦稱"石螺蛳""石上螺蛳""鬼螺蛳"。"淡水螺"的一類。腹足綱，前鰓亞綱，中腹足目，觿螺科，釘螺屬（*Oncomelania*）。清趙學敏《本草綱目拾遺》卷一〇："石上螺蛳，俗名鬼螺蛳，形如海蛳而小，秋冬常在墙脚石隙中，夏月在濕地青苔上，取用洗去土。"又記："石螺蛳，形似螺，而體質則石也。亦石蟹、石蛇之類，故主治亦大略相似。"《格致鏡原·水族類·螺》引《華夷鳥獸考》："又有拳螺、劍螺、斑螺、丁螺。"據能够水陸兩栖的描述，疑爲今釘螺的一種。習見的有湖北釘螺指名亞種（*Oncomelania hupensis hupensis*）、釘螺丘陵亞種（*Oncomelania hupensis fausti*）等。釘螺是血吸蟲的中間宿主。血吸蟲可引起人、畜及禽得血吸蟲病，嚴重危害健康，爲了防治血吸蟲病，釘螺是被消滅的對象。

【石螺蛳】

即釘螺。此稱清代已行用。見該文。

【石上螺蛳】

即釘螺。此稱清代已行用。見該文。

【丁螺】

同"釘螺"。此體清代已行用。見該文。

【鬼螺蛳】

即釘螺。此稱清代已行用。見該文。

泥螺

亦作"泥蠃"，亦稱"土鐵""麥螺""梅螺""泥蛳""沙屑""沙衣""吐鐵""吐脱"。"螺"的一類。淡水、海水中皆可生長。腹足綱，後鰓亞綱，頭楯目，阿地螺科，泥螺屬。學名（*Bullacta exarata*）。貝殼近卵球形，殼口廣闊，外唇簡單而鋒利，內唇平滑，無厴。體柔軟，極肥大，不能完全縮入殼內。因其色褐，故名"吐鐵"。此稱明代已行用。因地區差異，泥螺別稱衆多。明王圻等《三才圖會·鳥獸六》："土鐵，一名沙屑，一名沙衣，殼薄而綠色，有尾而白色，出四明者爲上。"明屠本畯《閩中海錯疏》卷下："泥螺，一名土鐵，一名麥螺，一名梅螺。"又記："按：'泥螺產四明鄞縣南田者爲第一，春三月初生，極細如米，殼軟味美，至四月初旬稍大，至五月內大，脂膏滿腹。以梅雨中取者爲梅螺，可久藏，酒浸一兩宿，膏溢殼外，瑩若水晶。秋月取者肉硬膏少，味不及春。'""脂膏滿腹"，即泥螺產卵期；"秋月取者肉硬膏少"，說明明代已認識到泥螺於秋季開始排卵。明《廣快書》卷五〇引明張九嵕《海味索隱》："土鐵，一名泥螺，出南田者佳，梅雨收製。"明張如蘭《吐鐵歌》："土非土，鐵非鐵，肥如澤，鮮如屑。乍來產自寧波城，看時却似嘉魚穴。盤中個個瑪瑙烏，席前一一丹丘血。見嘗者，飲者捏。舉杯吃飯兩相宜，腥腥不惜廣長舌。""見嘗者，飲者捏"，凸顯出了泥螺的鮮美。

明清兩代視其爲海味珍品。萬曆《溫州府志·物產》："土鐵，一名泥螺，俗稱泥蛳。歲時銜以沙，沙黑似鐵，至桃花時鐵始吐盡。"溫

泥　螺
（清聶璜《清宮海錯圖》）

州因有獨特的泥質灘塗生長，取名泥蛳。清趙學敏《本草綱目拾遺》卷一〇引《食物本草》："吐鐵，海中螺屬也，大如指中，有腹如凝膏白，其殼中吐膏，大於本身，光明潔白可愛，姑蘇人享客，佐下酒小盤，爲海錯上品，一名麥螺，一名梅螺。"清道光《晋江縣志·物產志》："麥螺，浙東謂之土鐵。"清乾隆《福州府志·物產》："泥螺，一名土鐵，又名麥螺。"清雍正《揚州府志·物產》："泥蠃，大者名土鐵。"清光緒《餘姚縣志·物產》："土鐵，狀類蝸而殼薄。"因麥熟季節最爲肥美，福建民間稱爲麥螺；江浙地區因梅雨季節味佳，稱爲梅螺。泥螺棲息於低潮區至淺海泥沙灘上，或在海藻間爬行，爲雜食性動物。我國產量很大，廣泛分布於我國沿海，日本、朝鮮也有。其肉質鮮美，經濟價值較高。

【土鐵】

　　即泥螺。此稱明代已行用。見該文。

【麥螺】

　　即泥螺。此稱明代已行用。見該文。

【梅螺】

　　即泥螺。此稱明代已行用。見該文。

【泥蛳】

　　即泥螺。此稱明代已行用。見該文。

【沙屑】[1]

　　即泥螺。此稱明代已行用。見該文。

【沙衣】

　　即泥螺。此稱明代已行用。見該文。

【泥蠃】

　　同"泥螺"。此體清代已行用。見該文。

【吐鐵】

　　即泥螺。此稱民國時期已行用。見該文。

【吐脱】

即泥螺。此稱民國時期已行用。見該文。

海粉

亦稱"緑菜""海珠""海粉蟲""海珠母""海蛞蝓""海猪仔"。"海螺"的一類。腹足綱，後鰓亞綱，無盾目，海兔科之統稱。海兔不是兔，而是螺類的一種。今指乾燥後之刺海兔卵，供食用。貝殼完全退化成爲内殼，呈板狀或斧狀。體呈卵圓或蛞蝓形。屬於淺海生活的貝類，因其頭上的兩對觸角凸出如兔耳而得名。以藻類爲食，是海苔與裙帶菜的大敵。此稱明代已行用。

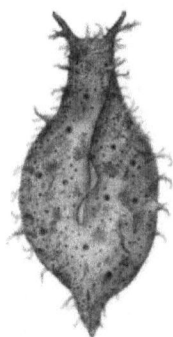

藍斑背肛海兔
（《中國經濟動物志》）

明屠本畯《閩中海錯疏》卷下："海粉，出廣南，亦名緑菜。"《古今圖書集成·禽蟲典·雜海錯部》引明何喬遠《閩書》："海粉，狀如緑毛，無介純肉。背有小孔，海粉出焉。清明收之則色緑，陰雨收之則色黄。"清李元《蠕範》卷三："海粉蟲，如蛞蝓，大如臂。食海菜，食紅則紅，食緑則緑。士人取其糞爲粉。"

明清不僅能準確辨識海粉，還開始人工養殖。清李調元《南越筆記》卷一二："海珠，狀如蛞蝓，大如臂，所茹海菜。於海濱淺水吐絲，是爲海粉。鮮時或紅或緑，隨海菜之色而成。曬晾不得法，則黄。有五色者，可治痰。或曰此物名海珠母，如黑魚大三四寸。海人冬養於家，春種之瀕海田中。遍插竹枝，其母上竹枝吐出，是爲海粉。乘濕舒展之，始不成結，以點羹湯，佳。"海兔是雌雄同體的生物，"母上

竹枝吐出"不準確。紅海粉又名"海粉"，是軟體動物海兔科海兔的卵群帶。據《中國藥用動物志》記載，産卵群帶作爲海粉入藥的海兔有藍斑背肛海兔、黑斑海兔、黑指紋海兔和截尾海兔。一般以藍斑背肛海兔（*Notarchus leachii cirrosus* Stimpson）爲代表，具有清熱養陰、軟堅消痰之功效。

【緑菜】

"海粉"之乾製品。此稱明代已行用。見"海粉"文。

【海珠】

即海粉。此稱清代已行用。見該文。

【海珠母】

即海粉。此稱清代已行用。見該文。

【海粉蟲】

即海粉。此稱清代已行用。見該文。

【海蛞蝓】

即海粉。此稱多行用於近代。見該文。

【海猪仔】

即海粉。此稱於今閩、粤沿海地區行用。見該文。

海牛 [1]

"海螺"的一類。腹足綱，後鰓亞綱，頭楯目，擬海牛科，擬海牛屬之統稱。屬學名（*Philinopsis*）。體呈長橢圓形，長約 4～12 厘米，貝殼已經退化成爲内殼，腹面平，背面呈塊狀，前方狹，至後方漸大。頭部前端腹面有口，其背面有肉質觸角一對。生活海濱巖礁間，常吸附於石面，性遲鈍，遇刺激即放出赤紫色液體，使海水混濁以爲掩護。此稱清代已行用。清趙學敏《本草綱目拾遺》卷一〇引明李中立《本草原始》："海牛生東海，海贏之屬，頭有角

如牛，故名。其角硬尖銳有紋，身蒼色，有龜背紋，腹黃白色，有筋，頂花點，魚尾，今房術中多用之。"此記疑爲擬海牛，習見於我國沿海潮間帶泥砂質底。據《中國藥用動物志》記載，入藥的有海牛科的石磺海牛、西沙瘤背海牛、黑枝鰓海牛、瘤枝鰓海牛、樹枝背海牛，還有擬海牛科的小擬海牛和肉食擬海牛，一般以石磺海牛爲代表。此外，哺乳動物中也有一種"海牛"，與此爲同名异物。

鈿螺

亦作"鈿贏"，亦稱"螺鈿""甸嵌""陷蚌""坎螺""螺填"。用來鑲成飾物的各種貝類之統稱。各種螺貝磨成的薄片，做鑲嵌漆器及其他器物之用。螺鈿材料主要來源於螺殼、海貝、夜光螺、三角蚌、鮑魚、硨磲殼等。螺鈿的歷史非常悠久，相傳起源於商代的漆器。《御定韻府拾遺》卷二〇："《本草注》：老鈿螺，光彩可飾鏡背。"至唐宋始，中國的螺鈿工藝已達到相當成熟的地步，尤其是銅鏡漆背螺鈿，更是這一時期的工藝瑰寶。《説郛》卷八〇引唐薛瓊故事："種之，旬日發苗，又旬日生花，花有銀色，若鈿螺。"《宋史·高宗紀二》："錢伯言奏，已依處分。螺鈿椅桌於市中焚毀，百姓觀者莫不悦服。"元尹廷高《車中作古樂府》詩："蟠螭金函五色毯，鈿螺椅子象牙床。"

明清時期，是封建社會漆器的發展和繁榮時期，出現了厚螺鈿與薄螺鈿作鑲嵌并存的局面。清代螺鈿傢具達到高峰，同時又受到宮廷的青睞。明屠本畯《閩中海錯疏》卷下："鈿螺，光彩如鈿，可飾鏡背。"明何喬遠《閩書》："又別製器象天體，虛中而縶之，上刻周天度數，填以鈿贏。"明黃成《髹飾録》："螺鈿，一名甸嵌，一名陷蚌，一名坎螺，即螺填也。"清趙翼《陔餘叢考·螺填》："髹漆器用蚌蛤殼鑲嵌，象人物花草，謂之螺填。"如今，螺鈿是一種常見的傳統裝飾藝術，被廣泛應用於漆器、傢俱、樂器、屏風、盒匣、盆碟、木雕以及有關的工藝品。

【鈿贏】

同"鈿螺"。此體至遲明代已行用。見該文。

【螺鈿】

即鈿螺。此稱至遲明代已行用。見該文。

【甸嵌】

即鈿螺。此稱至遲明代已行用。見該文。

【陷蚌】

即鈿螺。此稱至遲明代已行用。見該文。

【坎螺】

即鈿螺。此稱至遲明代已行用。見該文。

【螺填】

即鈿螺。此稱至遲明代已行用。見該文。

角貝

今俗稱"象牙貝"。多指角貝屬動物。掘足綱，角貝科。貝殼呈管狀，殼近直或彎曲，形似象牙或牛角而得名。貝殼通常前端較粗，頭和足部從兩端伸出，後端的開口爲肛門口。殼面具細的縱肋或棱角，殼頂部具裂縫或缺刻，殼口不收縮。此稱魏晋南北朝時期已行用。當時佛教興盛，《法華經·方便品》載有："若使人作樂，擊鼓吹角貝。"角貝分布較廣，栖息於潮下帶至深海上千米水深的泥或泥沙質海底。爲肉食性動物。我國已發現二十餘種，黃、渤海種類較少，主要見於東海和南海，以大縫角貝（*Pictodentalium vernedei*）和變肋角貝（*Dentalium octangulatum*）爲代表。角貝沒有經濟價值，僅在一些不發達地區用作裝飾品。

【象牙貝】

"角貝"之俗稱。此稱多於近現代行用。見該文。

蚌[1]

亦作"蜯""鮮"，亦稱"蠙""蜃""含漿""蠯""蠯""蛂""蚍""美珠""水菜""河歪"。雙殼綱，古异齒亞綱，蚌目之統稱。多生活在淡水中。用鰓呼吸，有兩扇堅硬的石灰質的殼。肉可食，殼可製裝飾品或供藥用。有的蚌殼内能産珍珠。此稱秦漢時期已行用。秦漢及以前，稱蚌爲蠙，爲蜃，爲含漿，或殼狹長者爲蚌。《周易·説卦》："離爲蚌。"《書·禹貢》："淮夷珠蠙暨魚。"孔穎達疏："蠙是蚌之别名。"《爾雅·釋魚四》："蚌，含漿。"晋郭璞注："蚌，即蜃也。"宋邢昺疏："謂老産珠者也。一名蚌，一名含漿。"清郝懿行疏："蓋蚌類多薶伏泥中，含肉而饒漿，故被斯名矣。"稱蠯，古同"蠯"。《爾雅·釋魚四》："蛂，蠯。"郭璞注："今江東呼蚌長而狹者爲蠯。"《周禮·天官·鱉

人》："祭祀共蠯，蠃蚳以授醢人。"《集韵·平模》："蠯，蚌狹而長者。"稱蜯。《韓非子·五蠹》："民食果蓏，蜯蛤腥臊惡臭。"漢張衡《南都賦》："巨蜯函珠，駮瑕委蛇。"漢揚雄《蜀都賦》："蜯函珠而擘裂，蜯與蚌同，函與含同。"稱蚍。《大戴禮記·保傅》："上有雙衡，下有雙璜、衝牙，蚍珠以納其間。"盧辯注："蚍，亦作蠙。"《説文·玉部》"蚍"字引漢宋宏曰："淮水中出蚍珠。蚍珠，珠之有聲者。"宋稱美珠。《類篇·蟲部》："蚌，美珠。"《集韵·上講》："蚌，《説文》蜃屬，一曰美珠，或作鮮。"

明代對蚌、蛤有了較爲清晰的區分。明李時珍《本草綱目·介二·蚌》〔釋名〕時珍曰："蚌與蛤同類而异形。長者通曰蚌，圓者通曰蛤。故蚌從中，蛤從合，皆象形也。後世混稱蛤蚌者，非也。"〔集解〕弘景曰："雀入大水爲蜃。蜃即蚌也。"藏器曰："生江漢渠瀆間，老蚌含珠，殼堪爲粉。非大蛤也。"時珍曰："蚌類甚繁，今處處江湖中有之，惟洞庭、漢沔獨多。大者長七寸，狀如牡蠣輩；小者長三四寸，狀如石决明輩。其肉可食，其殼可爲粉。湖沔人皆印成錠市之，謂之蚌粉，亦曰蛤粉。古人謂之蜃灰，以飾墻壁，圉墓壙，如今用石灰也。"清汪曰楨《湖雅》卷六："蜯，一作蚌，《武康劉志》：'漁人熟之，於市名曰水菜。'"清朱駿聲《説文通訓定聲》："蠙，蚌也。"蚌種類繁多，我國常見的蚌科動物有十餘種。褶紋冠蚌（*Cristaria plicata*）、三角帆蚌（*Hyriopsis cumingii*）、背瘤麗蚌（*Lamprotula leai*）、圓頂珠蚌（*Unio douglasiae*）等動物的貝殼可作中藥珍珠母，其中自褶紋冠蚌、三角帆蚌等體内得到的顆粒狀珍珠亦可藥用。

蚌圖

蚌
（清蔣廷錫等《古今圖書集成》）

【蠙】

即蚌[1]。此稱先秦時期已行用。見該文。

【蜃】[1]

即蚌[1]。此稱秦漢時期已行用。另有歧義，參見本卷《水生無脊椎動物説·水生軟體動物考》"蛤""江珧"文。

【含漿】

即蚌[1]。此稱秦漢時期已行用。見該文。

【廬】

"蚌[1]"之一類。泛指狹長的蚌。此稱先秦時期已行用。見該文。

【鱸】

同"廬"。"蚌[1]"之一類。此體先秦時期已行用。見"蚌[1]"文。

【蠯】

同"蚌[1]"。此體先秦時期已行用。見該文。

【蛘】[1]

"蚌[1]"之一類。此稱先秦時期已行用。另有歧義，參見本卷《水生無脊椎動物説·水生軟體動物考》"馬刀[1]"文。

【玭】

即蚌[1]。此稱先秦時期已行用。見該文。

【美珠】

"蚌[1]"之一類。此稱宋代已行用。見該文。

【鮮】

同"蚌[1]"。此體宋代已行用。見該文。

【水菜】

即蚌[1]。此稱清代已行用。見該文。

【河歪】

"蚌[1]"之俗稱。此稱民國時期已行用。見該文。

馬刀[1]

亦稱"蛘""蟶蟶""馬蛤""齊蛤""單姥""燀岸"。雙殼綱，古异齒亞綱，蚌目。泛指狹長的蚌蛤。此稱南北朝時期已行用。梁陶弘景《名醫別録·下品·馬刀》："馬刀，一名馬蛤。生江湖及東海。取無時。"明李時珍《本草綱目·介二·馬刀》〔釋名〕：馬蛤、齊蛤、廬、蟶蟶、蛘、單姥、燀岸。時珍曰："俗稱大爲馬，其形象刀，故名。……《説文》云圓者曰蠣，長者廬，江漢人呼爲單姥，汴人呼爲燀岸，《吳普本草》言馬刀即齊蛤。"〔集解〕引蘇頌曰："今處處有之。多在沙泥中。頭小鋭。人亦謂之蚌。"引陳藏器曰："齊蛤生海中。狀如蛤，兩頭尖小。海人食之，別無功用。"時珍曰："馬刀似蚌而小，形狹而長。其類甚多，長短大小，厚薄斜正，雖有不同，而性味功用，大抵則一。"蚌名稱極多，命名也没有統一標準，致使不同時期稱呼不一。參見本卷《水生無脊椎動物説·水生軟體動物考》"蚌[1]""蛤"等文。

【蛘】[2]

即馬刀[1]。此稱漢代已行用。另有歧義，參

馬　刀
（清蔣廷錫等《古今圖書集成》）

見本卷《水生無脊椎動物説·水生軟體動物考》"蚌"文。

【蟧蛏】[1]

即馬刀[1]。此稱漢代已行用。另有歧義，參見本卷《水生無脊椎動物説·水生軟體動物考》"繨蟶"文。

【馬蛤】

即馬刀[1]。此稱漢代已行用。見該文。

【齊蛤】

即馬刀[1]。此稱兩晋時期已行用。見該文。

【單姥】

"馬刀[1]"之俗稱。此稱明代已行用。見該文。

【娹岸】

"馬刀[1]"之俗稱。此稱明代已行用。見該文。

珠貝

亦稱"珠母"，今稱"珍珠貝"。"蚌"的一類。雙殼綱，蚌目，珍珠蚌科之統稱。殼長卵圓形，堅厚，珍珠層發達，殼頂部刻紋常爲同心圓形，鉸合部有大的中央齒。能産珍珠，貝殼亦可作珍珠母藥用。此稱先秦時期已行用。《管子·侈靡》："若江湖之大也，求珠貝者不捨也。"晋左思《蜀都賦》："騰波沸涌，珠貝

珠 蚌
（清聶璜《清宮海錯圖》）

汜浮。"南朝梁江淹《貽袁常侍》詩："珠貝性明潤，蘭玉好芳堅。"唐劉恂《嶺表録異》卷上："取小蚌肉貫之以篾，曬乾，謂之珠母，容桂人率將燒之以薦酒也。"唐楊衡《送孔周之南海謁王尚書》詩："潮盡收珠母，沙間拾翠翎。"宋蔡絛《鐵圍山叢談》卷五："俗言珠母者，謂蚌也。"宋謝翱《采藥候潮山夜中望海》詩："暗光珠母徙，秋影石花消。"喜栖息於水質清澈透明、底質爲沙或石、水較深的河流内，常以水中浮游生物、有機碎屑爲食。三角帆蚌（*Hyriopsis cumingii*）、褶紋冠蚌（*Cristaria plicata*）爲最主要的淡水養殖珍珠蚌。

【珠母】

即珠貝。此稱唐代已行用。見該文。

珍珠[1]

亦稱"蠙珠""明珠""蚌胎""蚌珠""白琁""蚌中月""没爹蝦羅""真珠""珠蠙""珠子""蚌人""圓輝隱士""神胎"。珍珠，古代多稱"真珠"，是一種神奇的貝類産物，産於軟體動物海水或淡水雙殼貝類體内。在沙粒等異物入侵到貝殼體内時，貝類出於自我保護的本能而分泌出一些物質來包裹住異物，隨着歲月的積纍一層層地變厚，形成了珍珠。其主要成分爲碳酸鈣和角質蛋白。珍珠之珍貴在於祇有少數貝類能孕育珍珠，其中海水珍珠貝以馬氏珠母貝最優質。國際上公認中國南部海域的馬氏珠母貝所産珍珠的品質最佳。馬氏珠母貝對生長環境的要求極高，而北海合浦沿海最適宜馬氏珠母貝生長，故馬氏珠母貝又稱"合浦珠母貝"，所産珍珠稱"南珠"，又稱"白龍珠""合浦珠"或"廉珠"。南珠，即産於古代合浦（今屬北海市）附近海域的珍珠，是珍珠

中的極品。以其品質優、有故事、有文化、歷史悠久、影響深遠而著稱，有"天下第一珠"的美譽。歷史上，合浦附近一些最適宜南珠生長的海域被稱作珠池，有樂民、烏泥、平江、白龍、楊梅、青嬰、斷望等七大古珠池。除樂民池之外，其餘六個均位於古合浦（今屬北海）南部近海海域。合浦因而享有"南珠之鄉"的美譽。南珠品質優良，世所公認。南珠具有凝重結實、渾圓剔透、晶瑩光潤、色澤經久不變的特點，被民間視爲寶物，從漢朝起成爲貢品，一直被視爲國寶。南珠還具有藥用價值，富含多種氨基酸和微量元素。古代中藥處方有"真珠""南珠""廉珠""白龍珠"等藥名。清屈大均《廣東新語·貨語》云"東珠豆青白色，其光色不如西珠，西珠又不如南珠"，從而確立了南珠的歷史地位。明洪武七年（1374），爲了防備倭寇入侵，同時監管珠池，朝廷先後在合浦建造白龍城和永安城。派欽差太監專管珠池，城內則設采珠太監官邸、珠場巡檢司等衙門。1958年3月26日，我國第一個海水珍珠養殖場在北海誕生。南珠，在古代是尊貴珍奇的裝飾寶物；當代，南珠加工產品有首飾、化妝品、護膚品、珍珠貝殼工藝品、貝雕畫和紐扣。

珍珠種類豐富，形狀各異，有圓、梨、蛋、淚滴、紐扣和任意形，其中以圓形爲佳。非均質體。色彩斑斕，有白、粉紅、淡黃、淡綠、淡藍、褐、淡紫、黑色等，以白色爲主。地質學和考古學的研究證明，在兩億年前，地球上就已經有了珍珠。中國的珍珠養殖技術已非常成熟。人工培育珍珠的記載始見於宋代，宋龐元英《文昌雜録》："禮部侍郎謝公言有一養珠法……取稍大蚌蛤，以清水浸之，伺其口開，急以珠投之，頻換清水……經兩秋，即成真珠矣。"此"養珠法"已比較成熟，即將人造核插入母貝中，令其形成珍珠。明宋應星《天工開物·珠玉》："凡珍珠必產蚌腹……經年最久，乃爲至寶。"

早期稱爲蠙珠。《尚書·禹貢》："淮夷蠙珠暨魚。"注："蠙珠，珠名。"疏："蠙是蚌之別名，此蚌出珠，遂以蠙爲珠名。"漢賈誼《新書·容經》："鳴玉者，佩玉也。上有雙珩，下有雙璜，冲牙蠙珠，以納其間。"漢代稱明珠。珍珠晶瑩明亮，故名。漢班固《白虎通》卷五《封禪》："江出大貝，海出明珠。"又稱蚌胎。蚌孕珠如人懷妊，故名。漢揚雄《羽獵賦》："剖明月之珠胎。"李善注："明月珠，蚌子珠，爲蚌所懷，故曰胎。"唐高適《和賀蘭判官望北海作》詩："日出見魚目，月圓知蚌胎。"又稱蚌珠。《後漢書·西南夷傳》："哀牢夷出……水精、琉璃、軻蟲、蚌珠。"唐元稹《飲致用神曲酒三十韵》詩："蚌珠懸皎皛，桂魄倒瀠溟。"隋稱白珫。《隋書·禮儀志六》："陳永定元年，武帝即位……侍中頤和奏：'今不能備玉珠，可用白珫。'從之。蕭驕子云：'白珫，蚌珠是也。'"唐稱蚌中月。舊謂蚌孕珠與月的盈虧有關，故名。唐孟郊《咏懷》詩："思逢海底人，乞取蚌中月。"稱珍珠。唐江妃《謝賜珍珠》詩："桂葉雙眉久不描，殘妝和淚污紅綃。長門盡日無梳洗，何必珍珠慰寂寥。"題下原注："上在花萼樓，封珍珠一斛，密賜妃，妃不受。"

宋稱真珠。同珍珠。《宋史·外國傳五·注輦國》："地產真珠、象牙、珊瑚、頗黎、檳榔、豆蔻、吉貝布。"稱珠蠙。宋葉適《毛希之隱居廬山臥龍瀑》詩："龍分自眠地，蕙帳饒珠蠓。"
明胡應麟《少室山房筆叢·丹鉛新錄八》引劉
楨《魯都賦》云："纖纖絲履，燦爛鮮新，表以
文纂，綴以珠蠓。"稱蚌人。人通仁。蚌中之
核，指珍珠。宋許顗《許彥周詩話》："作詩押
韵是一巧，《中秋夜月詩》押尖字。數首之後，
一婦人詩云：'蚌人光透殼，犀角暈盈尖。'"
按："今本作蚌胎。"梵語譯音稱"没爹蝦羅"。
《宋史·闍婆國傳》："方言謂珍珠爲没爹蝦羅。"
清代稱神胎。清厲荃《事物異名錄·珍寶·珠》
引明彭大翼《山堂肆考》："神胎，珠也。"清屈
大均《廣東新語》卷一五《貨語·珠》："珠一
名神胎，凡珠有胎……其（蚌）孕珠如孕子然，
故曰珠胎，蚌之病也。"又擬稱圓輝隱士。清厲
荃《事物異名錄·珍寶·珠》引五代毛勝《水族
加恩簿》："李藏珍照乘走盤，厥價不貲。宜授
圓輝隱士。"《格致鏡原》引作"圓輝處士"。

　　珍珠貝肉可食用，味道鮮美且極具營養價
值。珍珠既可作裝飾品，又可入藥。中國是世
界上利用珍珠最早的國家之一。早在四千多
年前，《書·禹貢》中就有河蚌能産珠的記載，
《詩》《山海經》《爾雅》《周易》也都記載了有
關珍珠的內容。《格致鏡原·裝臺記》中記載了
周文王用珍珠裝飾髮髻的史實。

【蠙珠】

　　即珍珠[1]。此稱先秦時期已行用。見該文。

【明珠】

　　即珍珠[1]。此稱漢代已行用。見該文。

【蚌胎】

　　即珍珠[1]。此稱漢代已行用。見該文。

【蚌珠】

　　即珍珠[1]。此稱漢代已行用。見該文。

【白琁】

　　即珍珠[1]。此稱隋代已行用。見該文。

【蚌中月】

　　即珍珠[1]。此稱唐代已行用。見該文。

【没爹蝦羅】

　　"珍珠[1]"之梵語譯音。此稱宋代已行用。
見該文。

【真珠】

　　即珍珠[1]。此稱宋代已行用。見該文。

【珠蠓】

　　即珍珠[1]。此稱宋代已行用。見該文。

【蚌人】

　　即珍珠[1]。此稱清代已行用。見該文。

【圓輝隱士】

　　即珍珠[1]擬稱。此稱清代已行用。見該文。

【神胎】

　　即珍珠[1]。此稱清代已行用。見該文。

【南珠】

　　即珍珠[1]。此稱清代已行用。特指原産於今
天北海沿海的珍珠。見該文。

蛤青

　　亦稱"青蚌"。"蚌"的一類。雙殼綱，蚌
目，蚌科的一種。貝殼卵圓形，殼呈暗褐色，
略帶青綠色，內面有白色珍珠光澤。此稱明代
已行用。明屠本畯《閩中海錯疏》卷下："蛤
青，似蚌而殼薄，青
色。"根據"殼薄、
青色"，疑爲今青蚌
（*Cristaria discoidea*）。
我國較爲習見。廣泛
分布於池塘、湖泊及
河流。

青　翠
（清聶璜《清宮海錯圖》）

翠翠

"蚌"的一類。此稱明代已行用。明屠本畯《閩中海錯疏》卷下："翠翠，似蚌而殼翠。"清郭柏蒼《海錯百一録》卷三："翠翠，似蜯而殼翠，閩大記翠翠以色名，味美。詢之，海人不知有翠翠，或蚌屬含紫者之稱耳。"清聶璜《清宮海錯圖》："青翠其形色如翠羽也，亦名泥匙，又名瓠栽。兩殼如蚌，外有細毛，如孔雀尾式。白肉一條如蟶鬚吐出殼外，有白堅皮包之。生入海泥中，拔之則起，其肉如蛤而白根，味也清脫。海鄉取充饌以誇客，市上絕無。《福寧志》有土匙即此。"今所指不詳。見"蚌[1]"文。

蚶

亦作"鮎"，亦稱"魁陸""魁蛤""復累""伏老""瓦壟子""瓦屋子""空慈子""蚶子""天臠炙""蜜丁""瓦衖子"。雙殼綱，蚶目，蚶科之統稱。貝殼呈卵圓形、球形、長方形或圓形，殼表具粗糙的殼皮。兩殼之間有韌帶面，閉殼肌發達，外套膜游離，無水管。蚶類是我國最早被利用的海洋生物之一，貝丘遺址中保留了大量的蚶類貝殼。此稱晋代已行用。《爾雅·釋魚》："魁陸。"晋郭璞注："《本草》云：'魁，狀如海蛤，圓而厚，外有理縱橫，即今之蚶也。'按：'宋人謂之瓦屋子，今浙人食之，亦名瓦壟子。以其紋理名之。'"宋邢昺疏："即魁蛤也。"《說文·蟲部》："魁蛤，一名復累，老服翼所化。"郭璞《爾雅注》："魁陸，即今之蚶也，狀如小蛤而

魁　蛤
（明文俶《金石昆虫草木狀》）

圓厚。"《玉篇·雨部》："鮎，似蛤，有文如瓦屋。"唐劉恂《嶺表録異》卷下："瓦屋子，蓋蚶蛤之類也，南中舊呼爲蚶子（一作空慈子），頃因盧鈞尚書作鎮，遂改爲瓦屋子，以其殼上有棱如瓦壟，故以名焉。殼中有肉紫色而滿腹，廣人尤重之，多燒以薦酒，俗呼爲天臠炙……亦謂之蜜丁。"明李時珍《本草綱目·介二·魁蛤》〔釋名〕時珍曰："魁者，羹斗之名，蛤形肖之故也。蚶味甘，故從甘。"引蘇頌曰："《説文》云：'老伏翼化爲魁蛤，故名伏老。'"〔集解〕時珍曰："按郭璞《爾雅注》云：'魁陸即今之蚶也，狀如小蛤而圓厚。'《臨海異物志》云：'蚶之大者徑四寸。背上溝紋似瓦屋之壟，肉味極佳。'今浙東以近海田種之，謂之蚶田。"明田藝蘅《留青日札·蚶》卷三〇："其小者名瓦衖子，言形如瓦壟也。"明屠本畯《閩中海錯疏》卷下："蚶，殼厚有棱，狀如屋上瓦壟，肉紫色，大或專車，殼可爲器。"蚶種類較多，各地稱呼各异。我國南北沿海均有分布，多栖息於潮間帶至百米内的淺海，以足絲附着營底栖生活。我國已發現五十多種，其中經濟價值較大的有毛蚶（*Scapharca kagoshimensis*）、泥蚶（*Tegillarca granosa*）和魁蚶（*Scapharca broughtonii*）。

【魁陸】

即蚶。此稱漢代已行用。見該文。

【魁蛤】[1]

即蚶。此稱漢代已行用。一説爲蚶的一種，參見本卷《水生無脊椎動物説·水生軟體動物考》"魁蚶"文。

【復累】

即蚶。此稱漢代已行用。見該文。

【伏老】

即蚶。此稱漢代已行用。見該文。

【瓦壟子】

即蚶。此稱兩晋時期已行用。見該文。

【瓦屋子】

即蚶。此稱魏晋已行用。見該文。

【魽】

同“蚶”。此體南北朝時期已行用。見該文。

【空慈子】

即蚶。此稱唐代已行用。見該文。

【蚶子】

即蚶。此稱唐代已行用。見該文。

【天臠炙】

即蚶。此稱唐代已行用。見該文。

【蜜丁】

即蚶。此稱唐代已行用。見該文。

【瓦㢄子】

即蚶。此稱明代已行用。見該文。

泥蚶

亦稱“血蚶”“寧蚶”“奉蚶”“粒蚶”“花蚶”。“蚶”的一種。學名（*Tegillarca granosa*）。貝殼極堅硬，卵圓形，極膨脹，兩殼頂相距甚遠，韌面帶呈菱形，殼表被有棕色的殼皮。殼内灰白色，邊緣呈鋸齒狀，鉸合齒細密。我國養殖泥蚶始見於三國吳，此後至明清人工養殖技術逐漸成熟。《格致鏡原·水族類·蚶》引三國吳沈瑩《臨海水土異物志》：“蚶之大者徑四寸，背上溝文似瓦屋之壟，肉味極佳。今浙東以近海田種之，謂之蚶田。”今人考證，浙東西二道，始置於唐肅宗以後，故“今浙東”句非沈《志》原文。同書又引舊題宋陳師道《後山叢談》：“蚶子益血，該蛤屬惟蚶有血。”明屠本

畯《閩中海錯疏》卷下：“按：‘四明蚶有兩種，一種人家水田種而生者，一種海塗中不種而生者，曰野蚶，殼緇色而大，肉紉。醫書取殼入藥，名瓦壟子。’”今貝類學家證實“水田中而生者”爲泥蚶，沿海灘塗的“蚶田”均指此。

清王步霄《種蚶詩》：“瓦壟名争郭賦傳，江鄉蚶子莫輕捐。團沙質比魚苗細，孕月胎含露點圓。願祝鷗鳧休浪食，好充珍饈入賓筵。東南美利由來擅，近海生涯當種田。”明清兩朝，沿海漁民把養蚶同種田一樣看待，或者用以維持生計，或者作爲重要的副業。泥蚶栖息在淡水注入的内灣及河口附近的軟泥灘塗上，爲濾食性貝類，以硅藻類和有機碎屑爲食。肉味鮮美，可鮮食或酒漬，亦可製成乾品。以浙江寧波地區或寧波奉化地區産著爲佳，故得名“寧蚶”或“奉蚶”。以其形又名“花蚶”或“粒蚶”。

【血蚶】

即泥蚶。因血液含血紅素故名。此稱於今海南一帶行用。見該文。

【寧蚶】

即泥蚶。因產地而得名。此稱多於近現代行用。見該文。

【奉蚶】

即泥蚶。因產地而得名。此稱多於近現代行用。見該文。

【粒蚶】

即泥蚶。因形得名。此稱多於近現代行用。見該文。

【花蚶】

即泥蚶。因形得名。此稱多於近現代行用。見該文。

珠蚶

"蚶"的一種。此稱明代已行用。明屠本畯《閩中海錯疏》卷下："珠蚶，蚶之極細者，形如蓮子而扁。"清郭柏蒼《海錯百一録》卷三："珠蚶，蚶屬之極小者，殼黑有毛，生海渚潮汐長落之處，四月極肥，至南臺下渡尾始傅以泥，以其便於澆水以養之，近物力漸竭，所傅之泥，視珠蚶過半矣。"清查慎行《珠蚶》："珠蚶細已甚，魚鱗鵝眼許。海錯幸自多，烹鮮乃及汝。""形如蓮子而扁"，説明殼較小且扁平，再依據"尾始傅以泥"，疑爲今泥蚶（*Tegillarca granosa*）或聯珠蚶（*Mabellarca consociata*）的一種。其肉嫩味鮮、營養豐富，具有較高的經濟價值。

絲蚶

"蚶"的一種。明屠本畯《閩中海錯疏》卷下："殼上有紋如絲，色微黑，比珠蚶稍大，產長樂縣。"此稱清代已行用。清郭柏蒼《海錯百一録》卷三："絲蚶，產長樂，紋細微黑，味遜於蚶。"疑爲今結蚶（*Tegillarca nodifera*）。臺灣稱作結毛蚶。貝殼似不規則四邊形到橢圓形。我國東南沿海、臺灣均有分布。常栖息在淺海沙底、潮間帶至潮下帶。

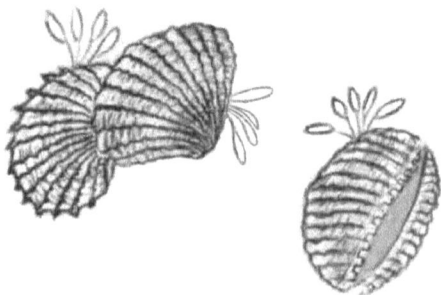

絲　蚶
（清聶璜《清宮海錯圖》）

毛蚶

亦稱"毛蛤""毛蛤蜊"。"蚶"的一種。學名（*Scapharca kagoshimensis*）。殼質近方圓形，膨脹，通常兩殼大小不等，右殼稍小。殼面白色，殼內白色或灰黃色，鉸合部直，齒小而細。生活於低潮綫附近至幾十米水深的軟泥和泥沙質海底。我國近海海域均有分布，萊州灣、渤海灣、遼東灣、海州灣等淺水區資源尤爲豐富。

【毛蛤】

即毛蚶。此稱多於近現代行用。見該文。

【毛蛤蜊】

即毛蚶。此稱多行用於近現代。見該文。

魁蚶

亦稱"魁蛤"。"蚶"的一種。學名（*Scapharca broughtonii*）。殼質堅實且厚，斜卵圓形，極膨脹。左右兩殼近相等。殼面白色，被有棕色殼毛和黑棕色殼毛。殼內白色，內緣有鋸齒狀缺刻，鉸合部具一列細密的小齒。栖息於潮間帶至數十米水深的軟泥或泥沙質海底。《説文・蟲部》："魁蛤，一名復累，老服翼所化。"梁陶弘景《名醫別録・上品・魁蛤》："魁蛤生東海。正圓兩空，表有文，取無時。"魁蛤，蚶也。魁蚶營養價值高，味道鮮美，具有良好的市場前景和開發利用價值。

【魁蛤】[2]

即魁蚶。此稱漢代已行用。一説泛指蚶類，參見本卷《水生無脊椎動物説・水生軟體動物考》"蚶"文。

貽貝

亦稱"玄貝""黑貝"，省稱"蛤"。雙殼綱，貽貝目，貽貝科之統稱。貽貝殼呈楔形，前端尖細，後端寬廣而圓。一般殼長 6 ~ 8 厘米，殼長小於殼高二倍。生活在海濱巖石上。分布於中國黄海、渤海沿岸。此稱秦漢時期已行用。《爾雅·釋魚四》："玄貝，貽貝。"郭璞注："黑色貝也。"宋邢昺疏："黑色之貝名貽貝。"宋《集韵·平支》："蛤，蟲名，黑貝也。"《廣韵·平咍》作蛤，音胎。《正字通·蟲部》："蛤，舊注音臺，《字林》：'黑貝，又音胎。'"古籍關於貽貝所記欠詳，没有外形特徵、生活習性及生活環境的具體描述，是否爲今海産生物"貽貝"存疑。古代貽貝科海産貝類多記爲"淡菜"，參見本卷《水生無脊椎動物説·水生軟體動物考》"淡菜"文。

【玄貝】

即貽貝。此稱漢代已行用。見該文。

【黑貝】

即貽貝。此稱宋代已行用。見該文。

【蛤】

"貽貝"之省稱。此稱宋代已行用。見該文。

淡菜

貽貝之俗稱。亦稱"東海夫人""殼菜""海蜌""海牝""沙箭""烏蜦""文蠜"，俗稱"乾""烏頭""烏投""沙婆蠣"。雙殼綱，貽貝目，即貽貝。貝殼呈三角形、長方形、楔形和橢圓形等。兩殼相等，兩側不等。殼表被有角質的殼皮或殼毛。其肉經燒煮曝曬而成的乾製食品，味佳美。以煮曬時不加鹽，故名。淡菜充當貢品，最早見於唐代史書，時人稱爲"貢淡"。此稱唐代已行用。唐韓愈《孔公墓志銘》："明州貢海蟲、淡菜、蛤蚶。"後代史書、方志大都因襲記之。因深受市場歡迎，淡菜不斷大衆化。唐陳藏器《本草拾遺》："東海夫人，生東南海中。似珠母，一頭尖，中銜少毛，味甘

淡　菜
（清蔣廷錫等《古今圖書集成》）

美，南人好食之。"宋梁克家《淳熙三山志》卷四二："淡菜，亦謂之殼菜。"

明清時期，漸把淡菜、殼菜與東海夫人視爲一物。《山堂肆考》卷二二五："生東海崖上，肉如人牝，故又名海牝。"明李時珍《本草綱目·介二·淡菜》〔釋名〕：殼菜、海蜌、東海夫人。時珍曰："淡以味，殼以形，夫人以似名也。"明屠本畯《閩中海錯疏》卷下："殼菜，一名淡菜，一名海夫人，生海石上，以苔爲根，殼長而堅硬，紫色，味最珍。生四明者肉大而肥，閩中者肉瘦，其乾者，閩人呼曰乾，四明呼爲乾肉。殼菜，形似珠母，一頭尖，中銜少毛，號東海夫人。"又記："沙箭，淡菜之小者。烏蜦，似淡菜而極小，中無毛。烏投，味甘似烏蜦，而殼堅，中有毛。"又記："按：'殼菜，生四明者殼黑而厚，形如斧頭，形醜而味美。'《本草》云：'海中有物，其形如牝，紅者補血，白者補腎。今閩中取以煮湯治痢病。'"

清郭柏蒼《海錯百一録》卷三："淡菜，《本草》稱東海夫人，亦名殼菜，以殼中有菜也。肉有黄白兩種，又名海蜌，福州呼爲沙婆

蠣，生海石上，殼長而色紫，呭海苔蟲也。"
《南通方言疏證·釋饌》："按，淡菜亦蚶類，今
俗以大者爲貢蚶，小者爲淡菜。"清厲荃《事物
異名錄》卷三八引《嬭嬛記》："文蛤類女陰，
即淡菜也。"清乾隆《福州府志·物產》："淡
菜，生海石上，以苔爲根，殼長而堅硬，一名
殼菜，又名東海夫人。"清嘉慶《閩鼎縣志·物
產》："淡菜，俗名烏投，亦曰殼菜。"清道光
《晋江縣志·物產志》："淡菜，殼小而深綠，俗
呼爲乾。"其栖息於潮間帶至淺海，常以足絲
附着在巖石、砂礫上，或穿孔營穴居或埋於
泥沙中生活，除少數種類外，多數爲海產，并
有較高的經濟價值。我國沿海已發現六十六
種。據《中國藥用動物志》，入藥的貽貝科動
物有紫貽貝等二十一種，一般以紫貽貝（*Mytilus
galloprovincialis*）、厚殼貽貝（*Mytilus coruscus*）
和翡翠股貽貝（*Perna viridis*）爲代表。

【東海夫人】

即淡菜。此稱唐代已行用。見該文。

【殼菜】

即淡菜。此稱宋代已行用。見該文。

【海蜌】

即淡菜。此稱明代已行用。見該文。

【海牝】

即淡菜。此稱明代已行用。見該文。

【烏投】

"淡菜"之俗稱。此稱明代已行用。見該文。

【乾】

"淡菜"之乾製品。此稱明代已行用。見
該文。

【乾肉】

"淡菜"之乾製品。此稱明代已行用。見

該文。

【烏頭】 [1]

"淡菜"之俗稱。此稱清代已行用。見該文。

【沙箭】

"淡菜"之小者。此稱明代已行用。見該文。

【烏蜕】

"淡菜"之極小者。此稱明代已行用。見
該文。

【沙婆蠣】

即淡菜。此稱清代已行用。見該文。

【文蛤】

即淡菜。此稱清代已行用。見該文。

海紅

"貽貝"的一種。雙殼綱，貽貝目，貽貝
科。貝殼大而厚重，呈楔形。殼表粗糙，呈黑
褐色。生長紋細密，殼頂較尖細，常被腐蝕
呈白色。清郭柏蒼《海錯百一錄》卷三："海
紅，似紫蛤而大，剝之炒食。"疑爲今厚殼貽
貝（*Mytilus coruscus*），個體大，肉味鮮美。浙
江沿海產量較大。乾製品爲"淡菜"，參見本卷
《水生無脊椎動物説·水生軟體動物考》"淡菜"
文。

石蟶

亦稱"馬蹄蟶"。雙殼綱，貽貝科，石蟶
屬之統稱。此稱清代已行用。清杜臻《粵閩
巡視紀略》："石蟶生海底石孔中，類蟶，圓
尖，上小下大。殼似竹蟶而更紅紫。石孔本
小，蟶長，孔亦隨大，海人用小鐵鑿破石取

馬蹄蟶
（清聶璜《清宮海錯圖》）

之。"外形類蟶。清郭柏蒼《海錯百一録》卷三："石蟶,《閩書》:'生海底石孔中,長類蟶,圓尖,上小下大,殼似竹蟶而更紅紫,石孔原小,及蟶漸大,孔亦隨大。海人以小鐵鑿鑿石取之,出鎮海衛。'蒼按:'石蟶形如馬蹄,味清,又名馬蹄蟶。'"我國已報道石蟶十三種,金石蟶(*Lithophaga zitteliana*)、銼石蟶(*Lithophaga lima*)爲我國南部沿海習見種。石蟶多穴居於石灰巖、珊瑚礁或牡蠣殼之中。

【馬蹄蟶】

即石蟶。此稱清代已行用。見該文。

江珧

亦稱"蜃珧""蜃""玉珧""江殊""玉柱仙君""江瑤""江鰩""沙瑤""玉蚑""盤柱",省稱"珧"。雙殼綱,貽貝目,江珧科之統稱。殼大而薄,前尖後廣,呈楔形。群栖海底。主要分布於熱帶和亞熱帶沿海,我國廣東、福建沿海產量最多。現我國已報道江珧科江珧三屬六種。如櫛江珧(*Atrina pectinata*)。俗稱"大海紅""海鍁""大海蕎麥""簸箕蛤""老婆扇",潮汕俗稱"割豬刀""殺豬刀"。江珧最早稱蜃珧,始見於《山海經·東山經》:"嶧皋之水出焉,東流注於激女之水,其中多蜃珧。"晋郭璞注:"蜃,蚌也。珧,玉珧,亦蚌屬。"《爾雅·釋魚》:"蜃,小者珧。"郭璞注:"珧,玉珧,即小蚌。"珧,字從玉從兆,兆意遠。珧意遠方進貢來的玉貝。《爾雅翼·釋魚四》:"蜃,大蛤也。冬月雉入水所化。蓋雀入淮爲蛤,雉入海爲蜃,比雀所化爲大,故稱大蛤也。"三國吳沈瑩《臨海水土異物志》:"玉蚑似蚌,長二寸、廣五寸,上大下小,其殼中柱炙之,味似酒。"又記:"玉珧柱,厥甲美如珧。"戲稱玉柱仙君。清厲荃《事物異名録·水族·江殊》引五代毛勝《水族加恩簿》:"江殊乃江珧之文名。令咨爾獨步王江殊,鼎鼐仙姿,瓊瑶紺體,天賦巨美時稱絶佳,宜以流碧郡爲靈,淵國,追號玉柱仙君,稱海珍元年。"亦稱江鰩,同江珧。宋蘇軾《四月十一初食荔支》詩:"似聞江鰩斫玉柱,更洗河豚烹腹腴。"宋陸游《老學庵筆記》卷一:"明州江瑶柱有二種:大者江瑶,小者沙瑶。然沙瑶可種,愈年則江瑶矣。"宋陶穀《清異録》卷下:"令合州刺史仲扃,重負雙宅,閉藏不發,既命之爲含津令,陞之爲愍誠君矣。粉身功大,償之實難。宜授紫暉將軍、甘鬆左右丞監,試甘圓内史。"有考者謂,此"甘鬆左右丞""仲扃""含津令""愍誠君""合州刺史""紫暉將軍""甘圓内史"皆爲江珧之異稱。清李元《蠕範》卷三:"蚑也,江瑶也,海月也,膏葉也,盤柱也,馬頰也,馬甲也,玉珧也,蜃蚑也,角帶子也,瓦楞子也,楊妃舌也,似蚌,大如鏡,色白正圓。"徐珂《清稗類鈔·動物類》:"江珧爲蚌屬,亦作江瑶,一名玉珧。殼長而薄,爲直角三角形,殼頂在其尖端,面有鱗片,排列爲放射狀,殼内黑色,有閃光……肉不中食,而前後兩柱,以美味著稱,俗稱之爲江瑶柱。"江珧養殖早有記載。宋周必大《周愚卿江西美劉棠仲同賦江珧詩牽强奉答》詩:"東海沙田種蛤珧,南烹苦

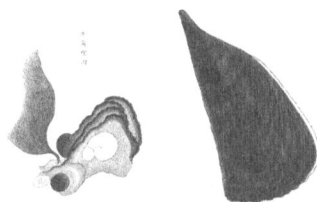

牛角蟶
(清聶璜《清宮海錯圖》)

酒濯瓊瑤。……珠剖蚌胎那畏鷸，柱呈馬甲更名珧。"

清聶璜《清宫海錯圖》："牛角蟶産福寧州海塗，其色、其狀望之絶類，比比然也。康熙已卯四月四日，海人持牛角蟶贈余，余見之大快。其殻略如馬頰柱而紋各異，活時張開其肉五色燦然。有兩肉釘連其殻，一連於上，近外而小，一連於腹如柱而大。"清郭柏蒼《海錯百一録》卷三："牛角蟶，出羅源海邊。"

【蜃珧】

即江珧。此稱先秦已行用。見該文。

【蜃】[2]

即江珧。此稱秦漢已行用。另有歧義，參見本卷《水生無脊椎動物説·水生軟體動物考》"蛤""蚌"文。

【珧】

"江珧"之省稱。此稱秦漢時期已行用。見該文。

【玉蚼】

即江珧。此稱三國時期已行用。見該文。

【玉珧】

即江珧。此稱晉代已行用。見該文。

【江殊】

即江珧。此稱宋代已行用。見該文。

【玉柱仙君】

江珧之戲稱。此稱宋代已行用。見該文。

【江瑶】

即江珧。此稱宋代已行用。見該文。

【江鰩】

同江珧。此體宋代已行用。見該文。

【沙瑶】

江珧之幼小者。此稱宋代已行用。見該文。

【盤柱】

即江珧。此稱清代已行用。見該文。

【牛角蟶】

即江珧。此稱清代已行用。見該文。

江珧柱

江珧之乾製品，亦稱"江瑶柱""紅蜜丁""蛤柱""馬頰""馬甲柱""角帶子""楊妃舌""梅妃骨""蛤丁"。江珧後閉殻肌發達，達體長三分之一以上，其乾製品即江珧柱。江珧美在其柱，故言江珧必談其柱。此稱明代已行用。《正字通·蟲部》："江珧形似蚌，殻中肉柱長寸許，似搔頭尖，謂之江珧柱。甲可飾物。"宋吴曾《能改齋漫録》卷一五《方物·車螯》："紹聖三年，始詔福、唐與明州，歲貢車螯、肉柱五十斤。俗謂之紅蜜丁，東坡所傳江瑶柱是也。"稱馬頰。宋蘇轍《次韵子瞻望湖樓上五絶》之三："菱角鷄頭應已厭，蟹螯馬頰更勤飡。"稱蛤柱。宋陸游《讀近人詩》："君看大羹玄酒味，蟹螯蛤柱豈同科？"因其柱形如馬甲而稱馬甲柱。明屠本畯《閩中海錯疏》卷下："江珧柱，一名馬甲柱。按：'江珧殻色如淡菜，上鋭下平，大者長尺許，肉白而紉。柱圓而脆。

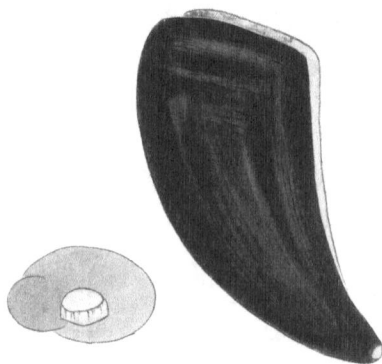

江瑶柱
（清聶璜《清宫海錯圖》）

沙蛤之美在舌，江珧之美在柱。四明奉化縣者佳。'"馬頰同馬甲。明楊慎《異魚圖贊》卷四："江瑶柱，厥甲美，肉柱膚寸，名江瑶柱。今之馬甲柱，故曰玉瑶。"《正字通·蟲部》："珧，蜃屬，形似蚌，殼中肉柱長寸許，俗謂之江珧柱。……廣州人謂之角帶子。"明黃一正《事物紺珠》："江珧柱，一名楊妃舌。"清王士雄《隨息居飲食譜》："江瑶柱甘溫。周櫟園比之梅妃骨。"稱蛤丁。清周亮工《閩小記·江瑶柱》："江瑶柱出興化之涵江……美祇雙柱，亦如蛤中之有丁，蛤小則字以丁。"

【江瑶柱】

即江珧柱。此稱宋代已行用。見該文。

【紅蜜丁】

即江珧柱。此稱宋代已行用。見該文。

【蛤柱】

即江珧柱。此稱宋代已行用。見該文。

【馬頰】

即江珧柱。此稱宋代已行用。見該文。

【馬甲柱】

即江珧柱。此稱明代已行用。見該文。

【角帶子】

即江珧柱。此稱明代已行用。見該文。

【楊妃舌】

即江珧柱。此稱明代已行用。見該文。

【梅妃骨】

即江珧柱。此稱清代已行用。見該文。

【蛤丁】

即江珧柱。此稱清代已行用。見該文。

扇貝

亦稱"海扇""海蒲扇"。雙殼綱，珍珠貝目，扇貝科之統稱。貝殼多呈圓盤或圓扇形，殼頂前後方有耳，兩耳相等或不等，多數右殼前耳下方有明顯的足絲孔和細櫛齒，殼面具放射肋或同心片狀棱。其肉柱味美，閉殼肌加工乾製成"乾貝"，被列爲海八珍之一。清代以前，沒有"扇貝"稱呼，人稱其爲"海扇"。元任士林《松鄉集》卷八："海扇，海中有甲物如扇，文如瓦屋，三月三日潮盡乃出。"明劉績《霏雪錄》："海扇，甲物形如扇，文如瓦屋，一名車渠，《玉篇》作硨磲。"劉績將"扇貝"和"硨磲"混爲一談。辨識時應分析其形狀、習性、大小、繁殖及產地。參見本卷《水生無脊椎動物説·水生軟體動物考》"硨磲"文。

清郭柏蒼《海錯百一錄》卷三："海扇，即海蒲扇，以殼名。"扇貝種類繁多，全部爲海產。多栖息於低潮帶至100米左右淺海，營附着或自由生活，以浮游藻類爲食。我國沿海已發現五十餘種。常見的經濟品種主要包括櫛孔扇貝（*Chlamys farreri*）、海灣扇貝（*Argopecten irradians*）、蝦夷扇貝（*Patinopecten yessoensis*）和華貴櫛孔扇貝（*Mimachlamys nobilis*）。扇貝長期以來是我國海水養殖的重要品種之一。目前，我國扇貝產量主要來源於養殖，捕撈產量極少。俗稱"海簸箕""乾貝蛤"，多行用於近現代。

【海扇】

即扇貝。此稱元代已行用。見該文。

【海蒲扇】

即扇貝。此稱清代已行用。見該文。

【海簸箕】

即扇貝。見該文。

【乾貝蛤】

即扇貝。此稱多於近現代行用。見該文。

日月貝

　　省稱"日月"，亦稱"日月蛤""萬年蛤"。雙殼綱，珍珠貝目，扇貝科，日月貝屬之統稱。兩殼近等圓形，無足絲。殼面平滑有光澤，上殼紅色，下殼黃白色。殼內具放射肋。至清代，我國始有日月貝的記載。清李元《蠕範》卷六："日月蛤，大如掌而圓扁，殼半邊白，半片黃，曰萬年蛤。"清李調元《然犀志》卷上："海鏡，蛤類也。形如荷包，其黏連處類口，其開張處類囊。而色一白一紅，潮人呼爲日月。""一白一紅"應指日月貝，而不是"海鏡"，見"海鏡"文。栖息於潮下帶泥沙及砂泥質海底，一般是白殼朝下，紅殼朝上。我國常見種有長肋日月貝（Amussium Pleuronectes）、臺灣日月貝（Amussium japonicum taiwanicum）。分布在我國臺灣和廣東以南沿海。除鮮食外，其閉殼肌和外套膜編在一起加工乾製，是廣東等地有名的海珍品"帶子"。

【日月】

　　日月貝之省稱。此稱清代已行用。見該文。

【日月蛤】

　　即日月貝。此稱清代已行用。見該文。

【萬年蛤】

　　即日月貝。此稱清代已行用。見該文。

海月 [2]

　　亦稱"海鏡""膏藥盤""膏菜盤""礵鏡""蛣""明瓦""石鏡""蠣盤""鴨卵片"。雙殼綱，珍珠貝目，不等蛤科，海月屬之統稱。貝殼近圓形，極扁平，殼質脆薄而半透明，邊緣易破碎。右殼具有兩枚長度不等的鉸合齒，呈"八"字形，左殼微突起，足退化成指狀，無足絲。種名海月的學名（Placuna placenta）。因其形圓如半月，而稱海月。此稱三國時期已行用。三國吳沈瑩《臨海水土異物志·海月》："海月，大如鏡，白色正圓。常死海邊，其柱如搔頭大，中食。"南朝梁江淹《陸東海譙山集》詩："青莎被海月，朱華冒水松。"南朝宋謝靈運《游赤石進帆海》詩："揚帆采石華，挂席拾海月。"殼反光如鏡，而稱海鏡。唐劉恂《嶺表錄異》卷下："海鏡，廣人呼爲膏葉盤，兩片合以成形。殼圓，中甚瑩滑，日照如雲母光。內有少肉如蚌胎，腹中有小蟹子，其小如黃豆，而螯足具備。海鏡飢，則蟹出拾食，蟹飽歸腹，海鏡亦飽。"《爾雅翼·釋魚四》："蛣，蚌也。長一寸，廣二分，大者長二三寸。腹中有蟹子如榆莢，合體共生，時出取食，復入殼中，一名璅蛣。"（璅，意小）宋葉廷珪《海錄碎事》引漢袁康《越絶書》："海鏡，廣人呼爲膏藥盤，盤殼相合已成形。"明李時珍《本草綱目·介二·海月》引陳藏器曰："海月，蛤類也，似半月，故名。"又〔附錄〕海鏡，時珍曰："一名鏡魚，一名璅蛣，一名膏藥盤。生南海。"明屠本畯《閩中海錯疏》卷下："海月……土人多磨礲其殼，使之通明。鱗次以蓋天窗……嶺南謂之海鏡，又曰明瓦。"清李調元《然犀志》卷上："海鏡，蛤類也。……兩殼相合甚圓，故又名石鏡。"《古今圖書集成·禽蟲典》引《省直志書·寧波府》："海月，形圓如月，亦謂之海鏡。"又《省直志書·福州府》："海鏡，一名礵鏡。"清郭柏蒼《海錯百一錄》卷三："海月，又名蠣鏡，連江呼蠣盤，長樂呼鴨卵片，粵人呼膏藥盤。"

【海鏡】

　　即海月 [2]。此稱漢代已行用。見該文。

【膏藥盤】

　　即海月[2]。此稱漢代已行用。見該文。

【蠣鏡】

　　即海月[2]。此稱三國已行用。見該文。

【膏菜盤】

　　即海月[2]。此稱唐代已行用。見該文。

【蛣】[1]

　　即海月[2]。此稱宋代已行用。見該文。

【明瓦】

　　即海月[2]。此稱明朝已行用。見該文。

【石鏡】[2]

　　即海月[2]。此稱清代已行用。見該文。

【蠣盤】

　　即海月[2]。此稱清代已行用。見該文。

【鴨卵片】

　　即海月[2]。此稱清代已行用。見該文。

牡蠣

　　亦作“牡厲”，也稱“古賁”“石雲慈”“鬼眼”“左顧”“蠔”，省稱“厲”“蠣”等。雙殼綱，珍珠貝目，牡蠣科之統稱。牡蠣科（Ostreidae），兩殼不等大，右殼平如蓋，左殼

大而深且附於他物上。俗稱“海蠣子”，福建稱“蚵仔”“蠔”。其名始見於秦漢，《説文·蟲部》：“厲，三歲雀所化，秦人謂之牡厲。”牡蠣之名，因古人認爲“純雄無雌，獨此化生”而得。明李時珍《本草綱目·介二·牡蠣》〔釋名〕：“牡蛤、蠣蛤、古賁、蠔。……時珍曰：‘蚌蛤之屬，皆有胎生、卵生，獨此化生，純雄無雌，故得牡名，曰蠣、曰蠔，言其粗大也。’”牡，意雄性，蠣，意粗大。故牡蠣是雄性大蛤之意。多數牡蠣雌雄異體，少數雌雄同體。牡蠣還可以自發“變性”，同一個體在不同年份或不同的環境條件下，呈現出不同的性別，致古人誤解。三國吳沈瑩《臨海水土異物志》：“古賁灰，牡蠣灰也。”《本草綱目》引唐陳藏器語“天生萬物皆有牡牝，唯蠣是鹹水結成。”唐段成式《酉陽雜俎·鱗介篇》：“牡蠣，言牡，非謂雄也。介蟲中唯牡蠣是鹹水結成也。”

　　牡蠣亦稱“蠣蛤”“牡蛤”“蠣蠔”“蠟”“蠣槎”。《説文·蟲部》：“蠣，蚌屬。似蜌，微大，出海中，今民食之。從蟲萬聲。”三國吳沈瑩《臨海水土異物志》：“蠣長七尺。”《文選》引晉郭璞《江賦》：“蜛蝫森衰以垂翹，玄蠣磈磊而碨砢。”宋唐慎微《證類本草》卷二二：“一名蠣蛤，一名牡蛤。生東海池澤。采無時。”明劉基《郁離子·九難》：“蜑艇蠻舠，出没風濤……止水母，鑿蠣蠔，擒化鯤，縶翔鰡。”

牡蠣
（清蔣廷錫等《古今圖書集成》）

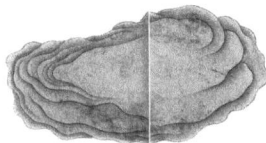

牡蠣
（清聶璜《清宮海錯圖》）

明陳懋仁《泉南雜志》卷上："牡蠣，麗石而生，肉各爲房，剖房取肉，故曰蠣房。泉無石灰，燒蠣爲之，堅白細膩，經久不脱。"明屠本畯《閩中海錯疏》卷下："蠣房，一名牡蠣，出海島，麗石而生。其殼硴碥相粘，如房，《嶺表録異》謂之蠔山。"明楊慎《異魚圖贊》卷四："蠣房，海曲蠣房，或名蠔山。眉渠磊砢，牡牝異斑，肉白蠣黄，醰味海蠻。"《正字通·蟲部》："蠣，俗蠇字。"《説文·蟲部》"蠇"，清王筠句讀："按蠇有兩種，《本草》之牡蠣，吾鄉謂之蠇槎，其爲物族處而定居也。"

牡蠣亦稱"蠔山""蠔""蠣""蠔殼""蠔房""蠔莆""蠔圍""豪山太守""房叔化""藥藏監""固濟官"。《能改齋漫録·方物》引《番禺記》："蠔之殼，即藥中之牡蠣也。"唐劉恂《嶺表録異》卷中："蠔，即牡蠣也，其初生海島邊，如拳而四面漸長，有高一二丈者，巍巖如山。每房内蠔肉一片，隨其所生，前後大小不等。每潮來，諸蠔皆開房，見人即合之。"唐韓愈《初南食貽元十八協律》詩："蠔相黏爲山，百十各自生。"《太平御覽》卷九四二引唐劉恂《嶺表録異》云："（盧）循昔據廣州，既敗，餘黨奔於海島野居，唯食蠔蠣，疊殼爲墻壁。"宋陶穀《清異録》卷上："叔化可豪山太守，樂藏監圓濟。"宋施元之注引《番禺雜編》："蠔殼，即牡蠣也。……水底見之如山岸，呼謂蠔山。"明宋應星《天工開物·蠣灰》："凡海濱石山傍水處，鹹浪積壓，生出蠣房，閩中曰蠔房。"《康熙字典·虫部》引《本草》："虫部有之，附石而生，硴碥相連如房，呼爲蠣房，晋安人呼爲蠔莆。"清李元《蠕範》卷四稱其蠔圍。

唐梅彪《石藥爾雅》："牡蠣，一名石雲慈。"因其兩殼不對稱，下殼即左殼大，《補闕肘後方》稱其左顧牡蠣。亦有稱其左蛤。清李調元《然犀志》卷下："牡蠣，附石而生，不能行游，硴碥連屬如房，故一名蠣房，又名蠔山。……覆其殼，左顧者謂之牡蠣。"牡蠣亦稱"房叔化""藥藏監""固濟官"。五代毛勝《水族加恩簿》："牡蠣曰房叔化……令房叔化，粉厠湯丸，裹護丹器，可授豪山太守，樂藏監固濟。"豪諧蠔音。明徐伯齡《蟫精雋》卷三："房叔化，封豪山太守、藥藏監、固濟官。"

清袁枚《隨園食單》卷下："蠣黄，生石子上……一名鬼眼。"乾隆《吴江縣志》："牡蠣，俗呼千層蚌，出汾湖東口。"徐珂《清稗類鈔·動物志》："牡蠣爲軟體動物，一名蠔。右殼小而薄，左殼大而凸，外面硴碥不平，腹緣爲波狀屈折，色淡黄，内面白而滑潤。足退化而失其用，常以左殼附著於巖石。"我國沿海約有二十種。有栖於岸邊礁石山的矼蠣，有培植於繩子上的索蠣，還有褶牡蠣、近江牡蠣、太平洋牡蠣、長牡蠣、大連灣牡蠣和密鱗牡蠣等。早在新石器時代，人們就開始采集牡蠣。廣西東興考古發現二百多件采集牡蠣用的工具"牡蠣啄"。牡蠣爲世界性養殖種類，我國漢代就養殖。宋梅堯臣《食蠔》詩："薄宦游海鄉，雅聞静康蠔，……亦復有細〔佃〕民，並海施竹牢，采掇種其間，衝激恣風濤。"蠣肉鮮食稱蠣黄，乾品名蠔豉，其鮮湯濃縮後稱蠔油，其殼可製工藝品或燒製石灰。考古出土的文物中就有牡蠣殼做的工具。

【蠣房】

即牡蠣。此稱秦漢時期已行用。見該文。

【蠔莆】

即牡蠣。此稱秦漢時期已行用。見該文。

【蠣】

“牡蠣”之省稱，此稱秦漢時期已行用。見該文。

【牡厲】

同“牡蠣”。此體漢代已行用。見該文。

【厲】

“牡蠣”之省稱。此稱漢代已行用。見該文。

【古賁】

即牡蠣。此稱三國時期已行用。見該文。

【蠔】

即牡蠣，此稱唐代已行用。見該文。

【石雲慈】

即牡蠣。此稱唐代已行用。見該文。

【蠔蠣】

即牡蠣。此稱唐代已行用。見該文。

【蠔山】

即牡蠣。此稱唐代已行用。見該文。

【豪山太守】

即牡蠣。此稱宋代已行用。見該文。

【房叔化】

即牡蠣。此稱宋代已行用。見該文。

【蠣蛤】

即牡蠣。此稱宋代已行用。見該文。

【牡蛤】

即牡蠣。此稱宋代已行用。見該文。

【蠔殼】

即牡蠣。此稱宋代已行用。見該文。

【蠔房】

即牡蠣。此稱明代已行用。見該文。

【藥藏監】

即牡蠣。此稱明代已行用。見該文。

【固濟官】

即牡蠣。此稱明代已行用。見該文。

【蠣蠔】

即牡蠣。此稱明代已行用。見該文。

【蠔圃】

即牡蠣。此稱清代已行用。見該文。

【蠣槎】

即牡蠣。此稱清代已行用。見該文。

【千層蚌】

即牡蠣。此稱清代已行用。見該文。

【鬼眼】

即牡蠣。此稱清代已行用。見該文。

【左顧】

即牡蠣。此稱清代已行用。見該文。

草鞋蠣

亦稱“長牡蠣”。“牡蠣”的一種。雙殼綱，珍珠貝目，牡蠣科，巨牡蠣屬，學名（ Crassostrea gigas ）。殼大而堅厚，呈長條形，背腹緣幾乎平行，殼長爲高的三倍左右。殼内白色，閉殼肌痕大，通常呈紫色或棕黄色。此稱明代已行用。明屠本畯《閩中海錯疏》卷下：“草鞋蠣，生海中，大如盆，漁者以繩繫腰，入水取之。”清杜臻《粤閩巡視紀略》：“亦名蠔袍，亦名蠔山，又一種生海中，大如杯曰草鞋蠣。”清郭柏蒼《海錯百一録》卷三：“草鞋蠣，房大如杯，殼長如履。”類似草鞋，應爲長牡蠣，常栖息在潮間帶及淺海的巖礁海底，以其左殼固定在巖石上，漁民須入水采集。我國沿海均有分布，經濟價值較高，是重要的海産養殖貝類。

【長牡蠣】

即草鞋蠣。此稱多行用近現代。見該文。

黃蠣

亦稱"石蠣"。"牡蠣"的一種。雙殼綱，珍珠貝目，牡蠣屬。宋梁克家《淳熙三山志》卷四二："一種名黃蠣，生海中，大如杯，漁者為繩繫腰，跏足屏息，入海中取之。"明屠本畯

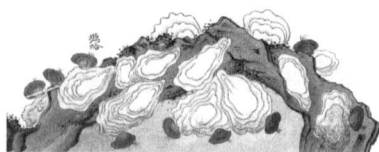

石　蠣
（清聶璜《清宮海錯圖》）

《閩中海錯疏》卷下："黃蠣，五、六月有之。大於蠣房數倍，味雖不如蠣房，而汁亦適口，但牡蠣可為醬，此不堪醃耳。"清郭柏蒼《海錯百一錄》卷三："亦名石蠣，本草海鰡魚亦稱石蠣，大於蠣房數倍。土人以刀鑿取，連江、荻蘆、東沙、官嶺生海中，大如酒杯，漁者入海取之，亦名蠔蠣。""五、六月有之"，疑為農曆五至六月產卵的巨牡蠣屬，其產卵大都在潮汛期間進行。

【石蠣】[1]

即黃蠣。此稱清代已行用。見該文。

滾蠣

亦稱"桑蠣"。"牡蠣"的一種。雙殼綱，珍珠貝目，牡蠣屬。滾蠣隨潮漂泊，采集方式不同於附石而生的牡蠣，頗費功夫。清郝懿行《記海錯》："文登海中桑島出者，清味絕異，遠近珍之，謂之桑蠣。其殼不附石，隨水漂泊，名曰滾蠣。說者謂地當河海之交，蠣得河水之淡，故其味獨清。榮成者，古成山地也，其海

中滾蠣大者如碗口，然不及桑島者美。"清光緒《文登縣志·物產》："牡蠣，以西南海中桑島出者為勝，清味絕異，遠近珍之，謂之桑蠣。其殼不附石、隨水漂泊者，亦曰滾蠣。"清林培玠《廢鐸嚵》："邑南鄙有海口曰桑島，牡蠣之美，甲於一郡。顧其殖不繁，殼生海底，與潮上下，名曰滾蠣。"清劉儲鯤《燒蠔詩》："蠣房乘潮來，盆涌桑墨島。"文登桑島海域所產的牡蠣，白嫩鮮美，食用、藥用價值極高。

【桑蠣】

即滾蠣。此稱清代已行用。見該文。

竹蠣

用竹子插在灘塗上生長的牡蠣。宋舒岳祥《冬日山居好十首》之一〇："竹蠣含梅蕊，江鱸著玳斑。"明馮時可《雨航雜録》卷下："漁者於海淺處植竹扈，竹入水纍纍而生，斫取之，名曰竹蠣。"

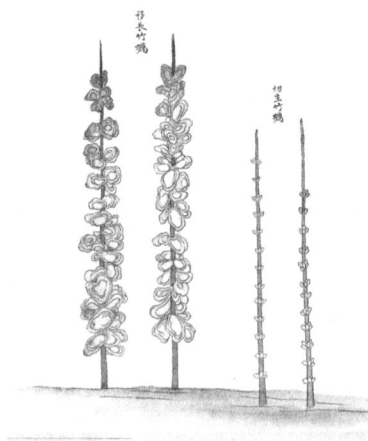

竹　蠣
（清聶璜《清宮海錯圖》）

硨磲[1]

亦作"車渠"，亦稱"牟婆洛揭拉婆"。海蛤名。雙殼綱，帘蛤目，硨磲科之統稱。本科共六種，如大硨磲（*Tridacna gigas*），又名庫

車　渠
（清蔣廷錫等《古今圖書集成》）

氏硨磲。貝殼極厚且重，殼面白色，有五條強大的覆瓦狀放射肋。最大殼長可達 2 米，重達 300 千克以上，爲雙殼貝類軟體動物中的最大者。堪稱“貝類之王”。三齡性成熟。爲雌雄同體。生命周期可達八十至一百年。此外，尚有鱗硨磲（*Tridacna squamosa*）、長硨磲（*Tridacna maxima*）、硨蠔（*H.hippopus*）等種類。

“車渠”之稱始於漢代。漢伏勝《尚書大傳》記載有周文王被商紂王囚於羑里，散宜生用硨磲敬獻紂王，贖回文王的故事。因其外殼表面有一道道呈放射狀之溝槽，其狀如古代車轍，故稱車渠。宋沈括《夢溪筆談·謬誤》：“海物有車渠，蛤屬也，大者如箕，背有渠壠如蚶殼，故以爲器，緻如白玉，生南海。”人們認爲其殼是僅次於玉的美石，《廣雅·釋地》：“蜀石、碝、玫、硨磲……石之次玉。”王念孫疏證：“硨磲，古亦作車渠。”又因其堅硬如石，車渠字加石偏旁，便改成硨磲。宋周去非《嶺外代答·硨磲》：“南海有蚌屬，曰硨磲，形如大蚶，盈三尺許，亦有盈一尺以下者，惟其大

者爲貴。”明李時珍《本草綱目·介二·車渠》：“車渠，大蛤也。大者長二三尺，闊尺許，厚二三寸。殼外溝壠如蚶殼而深大，皆縱文如瓦溝，無橫文也。殼內白皙如玉。”又記：“海中大貝也，背上壠文如車輪之渠，故名……梵書謂之牟婆各揭拉婆。”梵名音譯爲牟娑洛揭婆、目娑羅伽羅婆等，意爲紫色寶、紺色寶。我國佛教將金、銀、琉璃、硨磲、瑪瑙、珊瑚、珍珠尊爲七寶。三國魏曹丕《車渠碗賦序》：“車渠，玉屬也，多纖理縟文。生於西國，其俗寶也。”明屠隆《曇花記·西游净土》：“嵌珊瑚、硨磲、瑪瑙，光射月輪孤。”

硨磲殼可爲重要飾品。《大清會典》記載：“……六品鷺鷥補，朝冠頂飾小藍寶石，上頂硨磲，吉服冠用硨磲頂；……六品彪補，朝冠頂飾小藍寶石，上頂硨磲，吉服冠用硨磲頂。”

【車渠】

同“硨磲[1]”。此體漢代已行用。見該文。

【牟婆洛揭拉婆】

即硨磲[1]。“硨磲[1]”梵書之稱謂。此稱明代已行用。見該文。

蛤

亦作“螶”，亦稱“蜃”“方諸”“陰燧”“海蛤”。軟體動物門，雙殼綱，蛤類之統稱。先秦至秦漢，認爲蛤由燕雀等變化而成，這給蛤染上了一點神秘色彩，也給食蛤增添了雋永的詩意。《説文·蟲部》：“蛤，蜃屬，有三。”《玉篇·蟲部》：“蛤，雀入水爲蛤，亦作螶。”《國語·晉語九》：“雀入海爲蛤，雉入淮爲蜃。”《禮記·月令》：“季秋之月，爵入大水爲蛤。”《淮南子·天文訓》：“方諸見月則津而爲水。”漢高誘注云：“方諸，陰燧，大蛤也。”《爾雅翼·釋

魚》："盒，今文作蛤。"《通雅·動物》："蛤不一，圓大者曰蛤梨，亦作蛤蜊，西施舌亦蛤類。"蛤肉可以吃，其殼經過打磨後，可以作農具。《淮南子·氾論訓》："古者剡耜而耕，摩蜃而耨。"蛤又叫蠣，源於"礪"字：礪是磨石，派生出需要打磨的蠣名。

宋沈括《夢溪筆談》卷二六："海蛤今不識其生時，海岸泥沙中得之，大者如棋子，小者如油麻粒，黃、白或赤相雜，蓋非一類，乃諸蛤之房爲海水礱礪光瑩，都非舊質。"又記："蛤之屬其類至多，房之堅久瑩潔者皆可用，不適指一物，故通謂之海蛤也。"明屠本畯《閩中海錯疏》卷下："蛤，其種不一而味皆同。《南海志》云：'蛤一月生一暈。'《南越志》云：'凡蛤之屬，開口聞雷鳴則不復閉。'"清郭柏蒼《海錯百一錄》卷三："蒼按：'一殼大一殼小者稱蛤，兩殼恰合者稱花蛤、文蛤。表有文。黃蛤，似蛤似蟟，殼黃黑色，出連江。白蛤，似蛤而小，殼薄，白色。油蛤，似蛤而大，肉粗宜作湯。'"海蛤爲海洋中雙殼綱下蛤類的統稱，而非某一種蛤的專稱。廣泛分布於我國沿海。

【蜃】[3]

即蛤。此稱秦漢時期已行用。另有歧義，參見本卷《水生無脊椎動物說·水生軟體動物考》"蚌""江珧"文。

【方諸】

"蛤"之大者。此稱漢代已行用。見該文。

海　蛤
（《食物本草》）

【陰燧】

"蛤"之大者。此稱漢代已行用。見該文。

【盒】

同"蛤"。此體南北朝時期已行用。見該文。

【海蛤】

即蛤。海生蛤類之統稱。此稱至遲宋代已行用。見該文。

蛤蜊

亦作"合蛪""蛤梨""合梨""蛤蚸"，亦稱"蛤蚶""仲扃""月蛤""白蛤""盧雉""蜞螂""蜏蛾"。海蛤名。雙殼綱，帘蛤目，蛤蜊科之統稱。我國沿海已發現三十多種。多栖息在潮間帶的中下區和潮下帶百米以內的淺海海底，少數能生活在 100 米以上的深海，營穴居生活。常見的有西施舌、四角蛤蜊（*Mactra veneriformis*）和中國蛤蜊（*Mactra chinensis*）等。漢王充《論衡·道虛》："若士者食合蛪之肉，與庸民同食。"《別雅》卷一引注："合梨、合蛪，蛤蜊也。"蛤蜊其稱魏晉時期已行用。《南史·王弘傳》附王融："不知許是，且食蛤蜊。"

蛤　蜊
（清蔣廷錫等《古今圖書集成》）

晋葛洪《抱朴子》："蛤蜊未加煮炙，凡人所不能啖，況君子與士乎？"宋孔仲武《蛤蜊》詩："去年曾賦蛤蜊篇，旅館霜高月正圓。"何以稱蛤蜊？明李時珍《本草綱目·介二·蛤蜊》〔釋名〕時珍曰："蛤類之利於人者，故名。"清胡世安《異魚圖贊箋》卷四："蛤蜊生東海，似蚌略小，白腹紫唇，兩片相合而生故曰蛤，食之有利於人，曰蜊。"據此，凡利於人之蛤皆稱"蛤蜊"。又稱"蛤梨"。《三國志·蜀書·郤正傳》注《淮南子·道應訓》："盧敖就而視之，方倦龜殼而食蛤梨。"漢高誘注："楚人謂倨爲倦。龜殼，龜甲也。蛤梨，海蚌也。"唐稱"蛤蜊"。唐段成式《酉陽雜俎·廣動植之二·鱗介篇》："蛤蜊，候風雨，能以殼爲翅飛。"唐韓愈《孔公墓志銘》："明州貢海蟲、淡菜、蛤蚶可食之屬。"宋代稱其月蛤。古人認爲蛤蜊的實虛隨月的盈虧而變，故名。宋梅堯臣《泰州王學士寄車螯蛤蜊》："車螯與月蛤，寄自海陵郡。"五代毛勝《水族加恩簿》："仲扁乃蛤。令合州刺史仲扁，重負雙宅閉藏不發，即命之爲含津令，陞之爲愨誠君矣。"明代稱"蟶蠣"。明屠本畯《閩中海錯疏》卷下："蟶蠣，似蛤蜊。"所記欠詳。清稱"白蛤"。清李元《蠕範》卷七："蛤蜊，白蛤也，盧雉也。白殼紫唇。每一潮生一暈，能以殼飛，善候風雨。其生育但以誕液隨氣而化。"清同治《上海縣志》卷八："蛤蜊，白殼紫唇而厚，肉最鮮美，殼有赤斑，文者較大，俗名蟶蛾。""白殼紫唇"者，應爲四角蛤蜊，其殼呈白色，腹面周緣具有一圈黑紫色邊緣。蛤蜊科的動物經濟價值很高，肉嫩味美，營養豐富，也是我國灘塗養殖的主要品種。

【合蜊】
　　同"蛤蜊"。此體漢代已行用。見該文。

【蛤梨】
　　同"蛤蜊"。此體漢代已行用。見該文。

【合梨】
　　同"蛤蜊"。此體南北朝時已行用。見該文。

【蛤犁】
　　同"蛤蜊"。此體唐代已行用。見該文。

【蛤蚶】
　　即蛤蜊。此稱唐代已行用。見該文。

【仲扁】
　　即蛤蜊。此稱宋代已行用。見該文。

【月蛤】
　　即蛤蜊。此稱宋代已行用。見該文。

【蟶蠣】
　　似蛤蜊。此稱明代已行用。見該文。

【白蛤】[1]
　　即蛤蜊。此稱清代已行用。見該文。

【盧雉】
　　即蛤蜊。此稱清代已行用。見該文。

【蟶蛾】
　　即蛤蜊。此稱清代已行用。見該文。

西施舌

　　亦稱"沙蛤""紫蛤""車蛤""車螯""沙螺"。海蛤名。雙殼綱，帘蛤目，蛤蜊科的一種。學名*Coelomactra antiquata*。殼大而薄，略呈三角形，長約5～7厘米，殼頂部和殼內面呈淡紫色。具片狀主齒和黃棕色之內外韌帶，足部肌肉發達。後閉殼肌痕卵圓形。足舌狀，肌肉發達，被戲稱爲"舌"。俗稱"西刀舌""土匙"，閩、浙地區叫"海蚌"，杭州稱"蘭花舌"。其稱宋代已行用。宋胡仔《苕溪漁隱叢話後集·梅都官》："福州嶺口有蛤屬，號西施舌，極甘脆……呂居仁有詩云：'海上凡魚不識名，百千生命一杯羹。無端更號西施舌，重與兒曹起妄情。'"宋梁克家《淳熙三山志》卷四二："沙蛤，出長樂，殼黑而薄，中有沙焉，故名，俗呼西施舌。"明王世懋《閩部疏》："海錯出東西四郡者，以西施舌爲第一，蠣房次之。西施舌本名車蛤，以美見謚，出長樂灣中。"清胡世安《異魚圖贊補》卷下："西施舌，獷殼如頤，肉蟾（䑛）䑛而，化自鷾鴯，久復差池。既儷女施，亦方男儀。惟其似之，是以謚之。"頤，面頰或下頜。䑛䑛，吐舌貌。鷾鴯，燕子的別名。明馮時可《雨航雜錄》卷下："西施舌，一名沙蛤，大小似車螯，而肉自殼中突出，長可二寸如舌。溫州公嘗與人食此，戲曰：'西施舌如此，亦不足美！'其人曰：'非也。舌長能搬弄，可稱張儀舌。'"又引《漁書》："西施舌，狀如蚌，殼色青綠，肉作銀紅，似女子舌，故名。"清李調元《然犀志》卷上："西施舌，殼類珠蚌而薄，張口時膚肉潔白，圓長而匾，絕類乎舌。一端又有二肉柱外伸，形與蟶等，色亦如玉。烹之甘脆，脆嚙妃子唇者以爲何如。廉雷人呼爲沙螺。"清郝懿行《記海錯》："〔西施舌〕味美在肉，謂之舌者有肉突出，宛如人舌，唊之柔脆，以是爲珍。其殼圓厚，淡紫色，可飾治器，即墨海中有之。"清方

西施舌（紫蛤）
（清聶璜《清宮海錯圖》）

旭《蟲薈》卷五："沙蛤，產溫州海邊沙石中，故名沙蛤，又名車蛤。"

其稱與傳說有關。一說古代美女西施，被越王王后沉江溺亡，變爲沙蛤，不時伸出小舌期望傾吐冤情。二說唐玄宗東游嶗山時，吃到此蛤，當即賜名"西施舌"。以第一說流傳最廣。

西施舌被譽爲天下第一鮮、百味之冠。清趙學敏《本草綱目拾遺》卷一〇："介屬之美，無過西施舌，天下以產諸城黃石嵐海濱者爲第一。"清鄭板橋《濰縣竹枝詞》："更有諸城來美味，西施舌進玉盤中。"清周亮工《閩小記》載："畫家有神品，能品，逸品；閩中海錯，西施舌當列爲神品。"清張燾《津門雜記》："燈花樓臺一望開，放杯那惜倒金罍。朝來飽唊西施舌，不負津門鼓棹來。"

又說西施舌是紫雲蛤科，紫蛤屬的一種貝類。清聶璜《清宮海錯圖》："西施舌，即紫蛤中之肉。閩中一種紫蛤，其肉如舌，產連江海濱而不多，粵中最繁生。"另說西施舌是紫雲蛤科，雙綫紫蛤（*Soletellina diphos*）。殼大而薄、略呈三角形，殼頂部和殼內面淡紫色。明代在江浙沿海稱之爲"西施舌"。宋王十朋《吳宗教惠西施舌戲成三絕》之一："吳王無處可招魂，惟有西施舌尚存。曾共君王醉長夜，至今猶得奉芳尊。"亦有考者謂，現比較認同的說法，真正的西施舌是指帘蛤目，馬珂蛤科，西施馬珂蛤（*Coelomactra antiquata*）。其貝殼大，略呈三角形，較薄。殼頂位於貝殼中部稍靠前方。腹緣圓，殼表具有黃褐色發亮的外皮。頂部淡紫色。俗稱"漳港海蚌"，潮州人稱爲"紅卵"。

【沙蛤】

即西施舌。此稱宋代已行用。見該文。

【車蛤】

即西施舌。此稱明代已行用。見該文。

【車螯】[1]

即西施舌。此稱明代已行用。見該文。另有歧義，參見本卷《水生無脊椎動物説·水生軟體動物考》"車螯[2]"文。

【沙螺】

即西施舌。此稱清代已行用。見該文。

【紫蛤】

即西施舌。爲雙綫紫蛤。此稱清代已行用。見該文。

【西刀舌】

即西施舌。係"西施舌"之俗稱。見該文。

【土匙】[1]

即西施舌。係"西施舌"之俗稱。

【海蚌】

即西施舌。閩、浙地區對"西施舌"的俗稱。見該文。

文蛤

亦稱"花蛤""黃蛤"。"海蛤"的一類。雙殼綱，帘蛤目，文蛤屬之統稱。種名文蛤的學名爲（*Meretrix meretrix*）。貝殼略呈三角形，兩殼相等，兩側不等，殼長略大於殼高，殼質堅厚。被有一層黃褐色殼皮，生長紋清晰，有環形褐色帶、鋸齒狀或波紋狀褐色花紋。栖息於淺海泥沙中，爲濾食性生物。其名初見於魏晋，唐時一度充當土貢品。《晋書·后妃傳

花　蛤
（清聶璜《清宮海錯圖》）

論》："惠皇稟質，天縱其囂，識暗鳴蛙，智昏文蛤。南風肆狡，扇禍稽天。"宋沈括《夢溪筆談·藥議》："文蛤即今吳人所食花蛤也，其形一頭小，一頭大，殼有花斑便是。"宋彭乘

文　蛤
（明文俶《金石昆虫草木狀》）

《續墨客揮犀》："海傍有蛤，背有花紋者，土人謂之花蛤。"明李時珍《本草綱目·介二·文蛤》〔釋名〕花蛤，時珍曰："皆以形名也。"〔集解〕引漢《別録》曰："文蛤生東海，表有文取無時。"引陶弘景曰："小大皆有紫斑。"李時珍曰："按沈存中《筆談》云：'文蛤即今吳人所食花蛤也。其形一頭小，一頭大，殼有花斑的便是。'"明屠本畯《閩中海錯疏》卷下："文蛤，殼有文理，唐時嘗充土貢。"清乾隆《福清縣志·物產》："福清花蛤，形短而小，殼斑駁爲雕鏤，唐時嘗上貢。"文蛤廣泛分布於潮間帶至淺海細泥沙質海底。其肉質鮮美，爲蛤中之上品，是我國灘塗傳統養殖的主要貝類之一，也是我國大宗出口的鮮活水產品。

【花蛤】

即文蛤。此稱宋代已行用。見該文。

【黃蛤】

即文蛤。此稱多於今浙江沿海行用。見該文。

車螯[2]

亦稱"沙蟯""沙白""螯白""車白""海白"。"海蛤"的一類。雙殼綱，帘蛤目，帘蛤科，文蛤屬的一種。"車螯"一詞，至遲南北

朝已行用。《太平御覽》卷九四二引南朝宋謝靈運《答弟書》：“前月十二日至永嘉郡，蠣不如鄞縣，車螯亦不如北海。”唐陳藏器《本草拾遺》：“車螯生海中，是大蛤，即蜃也。”宋沈括《夢溪筆談·藥議》：“魁蛤即車螯也。”陳藏器、沈括將車螯與蜃、魁蛤混爲一談，其實并非如此，參見本卷《水生無脊椎動物説·水生軟體動物考》“蜃”“魁蛤”文。《古今圖書集成》卷一五六引《臨海水土記》云：“似車螯而殼薄者曰姑勞，似車螯而小者曰羊蹄，出羅江。昔人皆謂雉化者，乃蚑蜃之蜃，而陳氏、羅氏以爲蛤蜃之蜃，似誤。”清胡世安《異魚圖贊箋》卷四引《漁書》：“車螯亦蛤類，大小不等，大者如拳，土名沙蟯，小者如指，土名沙白，小之味甚於大，其殼光滑如佳瓷。”明李時珍《本草綱目·介二·車螯》〔集解〕時珍曰：“其殼色紫，璀架如玉，斑點如花。”明屠本畯《閩中海錯疏》卷下：“車螯，陳藏器云：‘大蛤也。殼有花文，肉白色，大者如碟，小者如拳。’”又記：“螯白，車螯之最小者也。”因味美鮮嫩，車螯號稱“味高食部，百味之冠”。

清李調元《然犀志》卷上：“車螯，潔白如玉，俗呼車白，殼厚微黃。梁元帝以爲味高食部者。”《淵鑑類函·鱗介部七》：“車螯，唇厚而白背傴而斑，紫錦交錯，肉美中食，疑即文蛤也。”清乾隆《潮州府志·物產》：“海陽、潮陽、揭陽、饒平四邑有車白，一名海白，殼厚

車　螯
（《食物本草》）

微黃，似蚌非蚌，或云即蜃之小者，昔梁元帝以爲味高食部者即此。”車螯與文蛤的形態、顏色相似，應爲帟蛤科文蛤屬的一種。另有歧義，參見本卷《水生無脊椎動物説·水生軟體動物考》“車螯[1]”文。

【沙蟯】

即車螯[2]。此稱明代已行用。見該文。

【沙白】

即車螯[2]。此稱明代已行用。見該文。

【螯白】

即車螯[2]。爲“車螯”之最小者。此稱明代已行用。見該文。

【車白】

即車螯[2]。此稱清代已行用。見該文。

【海白】

即車螯[2]。此稱清代已行用。見該文。

木理蛤

亦稱“沈香蛤”“蟯蛤”。“海蛤”的一類。雙殼綱，帟蛤目，帟蛤科，文蛤屬的一種。此稱清代已行用。清郭柏蒼《海錯百一録》卷三：“木理蛤，臺灣、澎湖皆產，俗呼蟯蛤，大寸許，殼黑色，文如沈香，又名沈香蛤。”清光緒《澎湖廳志》卷一四：“木理蛤，俗呼蟯蛤，大寸許，中有肉角。殼色黑，紋如沈香木，又名沈香蛤，肉角雙雙出蝸舍，殼紋細細似沈香。”根據殼色花紋的記載，疑爲文蛤屬的一種，參見本卷《水生無脊椎動物説·水生軟體動物考》“文蛤”文。

【沈香蛤】

即木理蛤。此稱清代已行用。見該文。

【蟯蛤】

即木理蛤。此稱清代已行用。見該文。

蟶[1]

亦作"虹",亦稱"蟶子",軟體部分亦稱"蟶腸"。雙殼綱,帘蛤目,多個蟶屬之統稱。介殼兩扇,形狀狹而長。先秦時期,常把非圓形之蛤統稱爲蚌。蟶多記爲蚌類。《玉篇·蟲部》:"蟶,同虹。"《廣韵·平清》:"蟶,蚌屬。"後人因襲之,《類篇》《集韵》《正字通》《古今通韵》等均列蚌類。對於食之不當産生的副作用,宋人有了初步認識,《寶慶四明志·郡志四》:"蟶子,行病後不可食,切忌之。飯後食之佳。"蟶是重要的養殖品種。明李時珍《本草綱目·介二·蟶》〔集解〕時珍曰:"蟶乃海中小蚌也。其形長短大小不一,與江湖中馬刀、蚶、蜆相似,其類甚多。閩、粵人以田種之,候潮泥壅沃,謂之蟶田。呼其肉爲蟶腸。"明屠本畯《閩中海錯疏》卷下:"蟶,生海泥中,大如指,長三寸許,肉白殼薄,兩頭稍開。"清李調元《然犀志》卷上:"蟶似馬刀而殼薄,長二三寸,大如拇指。"蟶常見於潮間帶的泥沙中,縊蟶(*Sinonovacula constricta*)、長竹蟶(*Solen strictus*)、大竹蟶(*Solen grandis*)爲常見的海鮮食材,也可人工養殖,肉味鮮美,是重要的經濟貝類。

【虹】[1]

同"蟶"。此體南北朝時已行用。見該文。

【蟶子】

蟶之俗稱。此稱宋代已行用。見該文。

蟶子
(明王圻等《三才圖會》)

【蟶腸】

蟶的軟體部分。此稱明代已行用。見該文。

縊蟶

單稱"蟶""虹",亦稱"蟶虷""蟶蚷""馬刀"。海蛤名。雙殼綱,帘蛤目,蟶科,縊蟶(*Sinonovacula constricta*)。貝殼脆而薄,呈長扁方型,兩殼前後具開口。自殼頂到腹緣,有一道斜行的凹溝,故名縊蟶。在我國主要分布在南北沿海灘塗,喜栖有淡水流入、鹽度較低的河口軟泥灘,是我國四大養殖貝類之一。俗稱"蟶子皇""聖子""竹蟶""蟏"。宋明兩朝記載較多且養殖。宋唐慎微《證類本草》卷二二:"蟶,生海泥中,長二三寸,大如指,兩頭開。"《玉篇·蟲部》:"蟶,同虹。"明李時珍《本草綱目·介二·馬刀》〔釋名〕:"䗋,品、脾、排三音,出《周禮》。蟶蚷,音亭䗋。……時珍曰蛤、曰䗋,皆蚌字之音轉也,古今方言不同也。"《古今圖書集成·禽蟲典·蟶部》引《閩書》:"耘海泥若田畝,然浹雜鹹淡水,乃濕生如苗,移種之他處乃大。長二三寸,殼蒼白,頭有兩,中出殼外。所種之畝,名蟶田,或曰蟶埕,或曰蟶蕩。福州、連江、福寧州最大。"明李時珍《本草綱目·介二·蟶》〔集解〕引陳藏器曰:"蟶生海泥中。長二三寸,大如指,兩頭開……閩、粵人以田種之,候潮泥壅沃,謂之蟶田。呼其肉爲蟶腸。"清《寧海縣志》:"蟶、蚌屬,以田種之謂蟶田,形狹而長如中指,一名西施舌,言其美也。"清李元《蠕範》卷四:"蟶,蟶虷也,蟶蚷也,馬刀也,長二三寸,大如拇指,外殼內肉。肉謂之蟶腸。"徐珂《清稗類鈔·動物類》:"閩人濱海種蟶,有蟶田，亦曰蟶埕。蓋蟶産卵期在春冬間，孵化後，常隨海潮漂至他處，聚於淺海之岸，稍長，即須移植，故種蟶者常買蟶苗於他岸也。”蟶子肉可鮮食，也可加工製成蟶乾、蟶油等，其殼可燒石灰。中國養殖歷史悠久，以福建、浙江産量最大。

【蟶】[2]

即縊蟶。此稱南北朝時期已行用。見該文。一說爲蟶類統稱，參見本卷《水生無脊椎動物說・水生軟體動物考》“蟶[1]”文。

【虹】[2]

即縊蟶。此稱南北朝時期已行用。見該文。一說爲蟶，參見本卷《水生無脊椎動物說・水生軟體動物考》“虹[1]”文。

【蟟蚏】[2]

即縊蟶。此稱明代已行用。見該文。另有歧義，參見本卷《水生無脊椎動物說・水生軟體動物考》“蟟蚏[1]”文。

【馬刀】[2]

即縊蟶。此稱明代已行用。見該文。另有歧義，馬刀泛指狹長的蚌類，參見本卷《水生無脊椎動物說・水生軟體動物考》“馬刀[1]”文。

【蟶蚰】

即縊蟶。此稱清代已行用。見該文。

竹蟶

海蛤名。雙殼綱，帘蛤目，竹蟶科，竹蟶屬之統稱。如大竹蟶（*Solen grandis*），體呈狹長形，長約 11 厘米，貝殼光滑，黃褐色，有光澤，殼質脆薄；表面凸出，背緣與腹緣平行，後端純圓，呈長方形，兩殼合抱後呈竹筒狀，故得名竹蟶。鉸合部具齒一枚。俗稱“青子”“蟶子王”。此外尚有長竹蟶、細長竹蟶和

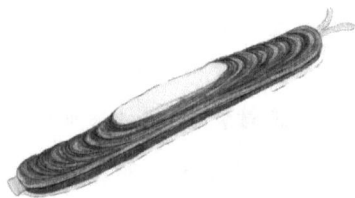

竹筒蟶
（清聶璜《清宮海錯圖》）

短竹蟶等品種。皆習見於我國近海沙質潮間帶，是優良的食用貝。

此稱宋代已行用。宋陳耆卿嘉定《赤城志・風土門》：“蟶，大者曰竹蟶，長二三寸，大如指而頭開。”明屠本畯《閩中海錯疏》卷下：“竹蟶，似蟶而長大，殼厚。”清胡世安《異魚圖贊補》卷下引《漁書》：“有名竹蟶者，長二三寸，如小竹管。大者廣一二寸，長十之……二三月間最肥，味淡而爽，與蛤相伯仲。”《古今圖書集成・禽蟲典・蟶部》引《閩書》：“又有竹蟶，似蟶而圓，類小竹節。”清道光《晉江縣志・物産志》：“蟶，有一種形似竹節，曰竹蟶，味最美。又有一種似竹蟶而極小者，曰草蟶。”清郭柏蒼《海錯百一録》卷三：“竹蟶，似蟶而圓如竹，蒼按：‘竹蟶出塭中，長者五六寸。’”其營養與經濟價值很高，肉味鮮美，鮮食、乾製均可。

玉箸蟶

亦稱“麥稿蟶”“麥藁蟶”。“蟶”的一種。明屠本畯《閩中海錯疏》卷下：“玉箸蟶，似蟶而小，三月麥熟時最盛，以其形如麥稿，又名麥稿蟶。”《清一統志・天津府志》卷一七：“蟶以潮退取之。《府志》：天津産裙帶蟶，極美。”清郭柏蒼《海錯百一録》卷三：“玉箸，蟶屬之極品，産於春末，長二三寸，形如麥稿，亦呼麥稿蟶，殼薄而紋細。”今所指不詳。參見本

卷《水生無脊椎動物説・水生軟體動物考》"蟶"
文。

【麥稿蟶】

即玉箸蟶。此稱明代已行用。見該文。

【麥藁蟶】

即玉箸蟶。此稱清代已行用。見該文。

麥藁蟶
（清聶璜《清宮海錯圖》）

指甲蟶

"蟶"的一種。此稱清代已行用。清李調元
《然犀志》卷上："指甲蟶，大可二寸，圓長如
指甲，殼白薄亦如人爪甲，有肉鬚二，吐殼外，
觸之則攝縮入内。"清郭柏蒼《海錯百一録》卷
三："指甲蟶，殼薄如指甲，羅源、寧德皆産
之。"今所指不詳。參見本卷《水生無脊椎動物
説・水生軟體動物考》"蟶"文。

獨脚蟶

"蟶"的一種。此稱清代已行用。清郭柏蒼
《海錯百一録》卷三："獨脚蟶，味美於蟶而小，
頭祇一巾，故呼獨脚。"今所指不詳。參見本
卷《水生無脊椎動物説・水生軟體動物考》"蟶"
文。

紅栗

亦稱"赤蜆"。櫻蛤的一種。雙殼綱，帘蛤
目，櫻蛤科。此稱明代已行用。明屠本畯《閩
中海錯疏》卷下："紅栗，似蛤而小，色白而
微紅。"清郭柏蒼《海錯百一録》卷三："似
蛤而小，色紅，又名赤蜆。臺灣、興化、泉州

皆産。"據"色紅"特徵，疑爲今散紋小櫻蛤
（ *Tellinella virgata* ）。殼呈三角形，殼面多呈淺
紅色，殼内粉紅色或橘黄色。爲暖水種，生活
在淺海泥沙質海底。我國較爲習見。

【赤蜆】

即紅栗。此稱清代已行用。見該文。

紅緑

櫻蛤的一種。雙殼綱，帘蛤目，櫻蛤
科。此稱明代已行用。明屠本畯《閩中海錯
疏》卷下："紅緑，似蛤而小，味美。"明弘
治《八閩通志》卷二六："紅緑，似蛤而差
小，色紅緑，味美。"清郭柏蒼《海錯百一
録》卷三："産泉州，似蛤而差小，色紅緑，味
美。"據外形、顏色及産地，疑爲今彩虹明櫻蛤
（ *Moerella iridescens* ）或江户明櫻蛤（ *Moerella
jedoensis* ）。殼面呈紅色，貝殼小型，質薄，兩
側不等。生活在低潮綫附近至淺海細沙或泥沙
質海底。我國較爲習見。

蜆

亦稱"扁螺""黑蜆""白蜆""金口""玉
口"，俗稱"蟟""黄蟟""土蟟""螺杯"。雙
殼綱，帘蛤目，蜆科，蜆屬之統稱。兩殼相等，
圓或近三角形。殼面褐色有光澤，殼内面白色
或青紫色。鉸合部有三枚主齒，側齒上端呈鋸
齒狀。蜆屬動物殼小型到中型，生活在淡水中
或河流入海的地方。《北史・劉臻傳》："性好噉
蜆，以音同父諱，呼爲扁螺。"明李時珍《本
草綱目・介二・蜆》
〔釋名〕扁螺，時珍
曰："蜆，睍也。殼
内光耀，如初出日采
也。《隋書》云：'劉

白蜆
（明王圻等《三才圖會》）

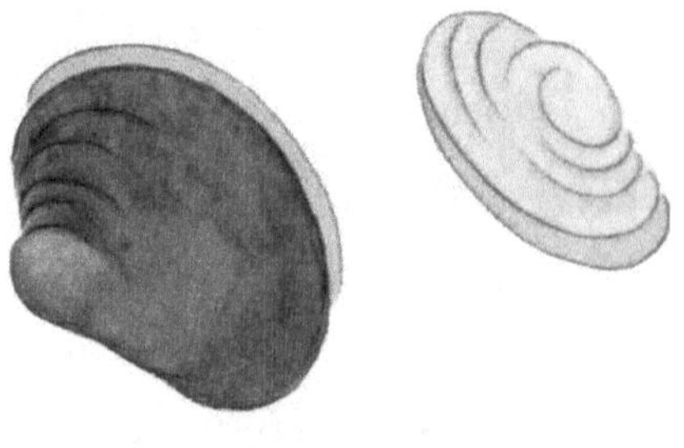

白　蜆
（清聶璜《清宫海錯圖》）

臻父顯嗜蜆，呼蜆爲扁螺。'"〔集解〕引陳藏器曰："處處有之。小如蚌，黑色。能候風雨，以殼飛。"李時珍曰："溪湖中多有之。其類亦多，大小厚薄不一。漁家多食之耳。"明屠本畯《閩中海錯疏》卷下："蜆，似蚌而小，色黄殼薄，俗謂之蟟，有黄蟟、土蟟之别。"據傳，明正德年間（1506—1521），福州地區就進行養殖，稱爲金蚶，并爲貢品。清郭柏蒼《海錯百一録》卷三："蟟，有黄殼、烏殼二種，於潮汐往來之處耘泥如田，以蜆種種之，名曰蜆埕。"清趙學敏《本草綱目拾遺》卷一〇："蜆生沙泥中，江湖溪澗多有，其類不一，有黄蜆、黑蜆、白蜆、金口、玉口等名。黄蜆殼薄肉肥，黑蜆殼厚肉薄，又番禺韋涌地方，産無耳蜆，更甘美異常。"清李調元《然犀志》卷上："蜆殼青黄，生溪湖中，其類甚多，大小厚薄不一。"清道光《江陰縣志》卷一〇："蜆，似蜯而細，一名扁螺。"我國河蜆（*Corbicula fluminea*）較爲習見，俗稱沙蜊、蜊蟟，殼厚而堅硬，殼長約 28 毫米，外形圓形或近三角形，殼面光澤，具有同心圓的輪脉。蜆肉味鮮美，營養價值高，可供食用，亦可入藥，是魚類、水禽的天然餌料，并可作爲農田肥料。

【扁螺】

即蜆。此稱南北朝時期已行用。見該文。

【蟟】

"蜆"之俗稱。此稱明代已行用。見該文。

【黄蟟】

"蜆"之一種。此稱明代已行用。見該文。

【土蟟】

"蜆"之一種。此稱明代已行用。見該文。

【黑蜆】

即蜆。此稱清代已行用。見該文。

【白蜆】

即蜆。此稱清代已行用。見該文。

【金口】

即蜆。此稱清代已行用。見該文。

【玉口】

即蜆。此稱清代已行用。見該文。

【螺杯】

"蜆"之俗稱。此稱民國時期已行用。見該文。

空豸

亦稱"白蛤""泥星"，俗稱"公代""鴨嘴蛤""薄殼蛤"。雙殼綱，笋螂目，薄殼蛤科之統稱。此稱明代已行用。明屠本畯《閩中海錯疏》卷下："白蛤，一名空豸，泉人呼爲江大，似蛤而小，殼薄色白，又名泥星。""江大"，閩南語讀爲"公代"。明弘治《八閩通志》卷二六："空豸，似蛤而小，殼薄白色，一名泥星。"連横《臺灣通史》卷二八："空豸，産於海濱，甲絶薄。前時一斤值錢數文，近來較少。"渤海鴨嘴蛤（*Laternula marilina*）爲習見種。殼質極薄脆，半透明。從遼寧至廣東和廣西沿海均有分布。喜栖息於潮間帶沙灘、泥灘，將身體埋入泥中，以過濾水中的小生物爲生。

【白蛤】[2]

即空豸。此稱明代已行用。見該文。

【泥星】

即空豸。此稱明代已行用。見該文。

【公代】

“空豸”之俗稱。此稱今閩南沿海多行用。
見該文。

【鴨嘴蛤】

“空豸”之俗稱。此稱近現代多行用。見
該文。

【薄殼蛤】

“空豸”之俗稱。此稱近現代多行用。見
該文。

船蛆

亦稱“水蟲”“鑿船貝”。雙殼綱，海螂
目，船蛆科之統稱。外形細長呈蛆狀，前面有
小而薄、對稱的外殼。廣布於世界各海洋，對
海洋中碼頭、木樁和木船等木質設備破壞嚴
重。船蛆的記載始見於唐代，唐段成式《酉陽
雜俎·廣東植之二·鱗介篇》：“水蟲，象浦其川
渚有水蟲，攢木食船，數十日船壞，蟲甚微細。
抱槍，水蟲也，形如蛞蝓，稍大，腹下有刺，
似槍，如棘針螫人，有毒。”水蟲，即船蛆，我
國已報道三屬十八種。

【水蟲】[1]

即船蛆。此稱唐代已行用。見該文。

【鑿船貝】

即船蛆。此稱於近現代多行用。見該文。

烏賊

亦作“烏鰂”“鰞鰂”，亦稱“何羅
魚”“茈魚”“烏鰂魚”“烏賊魚”“河伯
度事小吏”“鰞鰂”“鰞魚”“墨魚”“河伯
從事”“花枝”“苗魚”“烏子”“秦王算袋
魚”“甘盤”“噀墨將軍”“纜魚”“黑魚”，省
稱“鰂”“鱡”“鰞”“鮹”。海洋軟體動物。頭
足綱，烏賊目之統稱。其體分頭、足和軀幹三
部分，軀幹相當於內臟團，外被肌肉性套膜。
足生於頭頂，故稱頭足類。足十條，其中八條
較短，內側密生吸盤，稱爲腕；另兩條較長、
活動自如，能縮回到兩個囊內，稱觸腕，衹有
前端內側有吸盤。烏賊目約一百六十種，我國
有二十六種。習見種如金烏賊、曼氏無針烏賊
（ *Sepiella maindroni* ）、針烏賊等。烏賊具鈣質
內殼，而耳烏賊科和微鰭烏賊科烏賊內殼退化。
除深水烏賊外，皆具能分泌墨汁之墨囊。

古稱“何羅魚”。《山海經·北山經》：“譙
明之山，譙水出焉，西流注於河。其中多何羅
之魚，一首而十身，其音如吠犬，食之已癰。”
楊慎補注云：“何羅魚，今八帶魚也。”《山海
經·東山經》：“東始之山……泚水出焉，而東
北流注於海，其中多美貝，多茈魚，其狀如鮒，
一首而十身，其臭如蘪蕪，食之不糟。”早期
稱“鰂”。《説文·魚部》：“鰂，烏鰂魚也。”鰂，
《爾雅翼·釋魚二》：“鰂字在《説文》從則，蓋
以其有文墨可決則。”鰂者，則也。文墨，可

烏　鰂
（明王圻等《三才圖會》）

泛指律令判狀。《説文》"鰂"："《吴都賦》作賊，他書作鰃。"晋左思《吴都賦》："烏賊擁劍，鼂鼉鯖鰐，涵泳乎其中。"清郭柏蒼《海錯百一録》卷二則認爲："墨魚，《素問》稱烏鰂，《説文》鰞鰂，魚名，諸書亦稱烏賊。鰂，賊音之訛。"

何以稱烏賊？一説，唐段成式《酉陽雜俎·廣動植之二·鱗介篇》："江東人或取（烏賊）墨書契，以脱人財物，書迹如淡墨，逾年字消，唯空紙耳。"宋周密《癸辛雜識續集·烏賊得名》："世號墨魚爲烏賊，何爲獨得賊名，蓋其腹中之墨可寫僞書卷。"以此爲詐騙之謀，故謔稱烏賊。但有人實測，以其墨書字，逾十年未消，故此説無據。明《方以智全書》第一册引《蒙筌》言："其墨作卷，隔年則字滅。"張氏曰："不驗。"另説，《初學記》卷三〇引南朝宋沈懷遠《南越志》："烏賊魚，一名河伯度事小吏，常自浮水上，烏見以爲死，便往啄之，乃卷取烏，故謂之烏賊。"烏賊不食烏，此説爲謬。另認爲烏賊係烏入水所化。《集韵·平模》："鰞，鰞鰂，魚名。九月寒烏入水化爲之。"《爾雅翼·釋魚二》："此魚乃鸒烏所化。鸒烏，蓋

烏賊魚
（清蔣廷錫等《古今圖書集成》）

水鳥之似鶃者。……又曰，匹烏化之，《月令》：'九月有寒烏入水，化爲烏鰂。故其名爲烏或烏鰂。'"此亦謬。如是，則非賊而稱賊，有失公允，《説文》之鰂，似更合理。因"腹中有墨，見人及大魚，常吐墨，方數尺，以混其身"（《爾雅翼》），故烏賊又稱"墨魚"。《南越志》："烏鰂懷墨而知禮。"《雅俗稽言》："舊説一名河伯從事，腹内有墨，又名墨魚。"明屠本畯《閩中海錯疏》卷中："烏鰂，一名墨魚，大者名花枝。形如鞋囊。"明李時珍《本草綱目·鱗四·烏賊魚》〔釋名〕引蘇頌曰："腹中有墨可用，故名烏鰂。能吸波噀墨，令水溷黑，自衛以防人害。"也稱"黑魚"。清方旭《蟲薈》卷五："烏鰂，狀如草囊，無鱗，黑色，一名黑魚。"嘉慶《如皋縣志》卷六："烏鰂，名曰苗魚，胸有墨水。"民國《阜寧縣新志》卷一一："烏賊，一名墨魚，邑人名烏子，産海中。"

唐段成式《酉陽雜俎·廣動植之二·鱗介篇》曰："海人言，昔秦王東游，弃算袋於海，化爲此魚，形如算袋，兩帶極長。"宋蘇易簡《文房四譜·墨譜三之雜説》："海人云：'烏賊魚，即秦王算袋魚也。'"清郭柏蒼《海錯百一録》卷二引《閩小記》云："墨魚，一名算袋，一名烏鰂，一名海鰾鮹。相傳一胥吏醉歸墜海，周身悉化爲異物，此即招文袋也。"即烏賊。五代毛勝《水族加恩簿》："烏賊名甘盤，令甘盤校尉，吐墨自衛，白事有聲，（宜）授噀墨將軍。"因遇較大風波即以前腕黏石爲纜，又稱纜魚。《淵鑑類函》卷四四三引《埤雅廣要》："烏賊八足絶短，肉白皮黑，無鱗，有鬚髯甚長，一名纜魚。風波稍急，即以鬚黏石爲纜。"

清李元《蠕範》卷七："鰂，烏賊也，墨魚

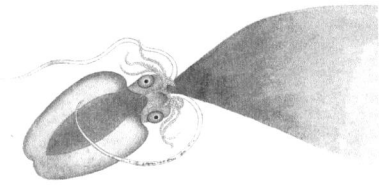

墨　魚
（清聶璜《清宮海錯圖》）

也，黑魚也，纜魚也，花枝也，算袋也，河伯
從事也，海君白事小吏也。狀如算袋，白質黑
章，無鱗而鬚長如帶。遇風則以鬚釘石如纜。
遠岸糾前一鬚爲矴，近岸黏前一鬚爲纜。腹下
八足，聚生口旁，縮喙在腹下。懷板含墨，見
人輒噀墨方數尺以自蔽；若小蝦魚過其前，則
吐墨以惹之。"清邱迥《烏鰂行》詩："烏鰂吐
沫如玄雲，妄冀屏蔽藏其身。"清光緒《台州府
志·物産》："烏賊，又名墨魚、算袋魚，或稱
明府，蓋以諷貪墨吏也。"

烏賊所屬之頭足類，是我國四大海産（大
黃魚、小黃魚、帶魚、烏賊）漁業之一。肉鮮
美，富有營養。

【烏鰂】

同"烏賊"。此體先秦時期已行用。見該文。

【鰞鰂】

同"烏鰂"。此體漢代已行用。見該文。

【何羅魚】

即烏賊。此稱先秦時期已行用。見該文。

【芘魚】

即烏賊。此稱先秦時期已行用。見該文。

【鰂】

即烏賊。此稱漢代已行用。見該文。

【鰂】

即烏賊。此稱漢代已行用。見該文。

【烏鰂魚】

即烏賊。此稱漢代已行用。見該文。

【烏賊魚】

即烏賊。此稱南北朝時期已行用。見該文。

【河伯度事小吏】

即烏賊。此稱南北朝時期已行用。見該文。

【秦王算袋魚】

即烏賊。此稱唐代已行用。見該文。

【甘盤】

即烏賊。此稱宋代已行用。見該文。

【噀墨將軍】

即烏賊。此稱宋代已行用。見該文。

【鰞】

"烏賊"之省稱。此稱宋代已行用。見該文。

【鰞鰂】

同"烏賊"。此體宋代已行用。見該文。

【鰞魚】

即烏賊。此稱宋代已行用。見該文。

【墨魚】

即烏賊。此稱宋代已行用。見該文。

【鮿】[1]

即烏賊。《集韵·平尤》："鮿，魚名，烏賊
也。"此稱宋代已行用。見該文。

【河伯從事】[1]

即烏賊。此稱明代已行用。見該文。

【花枝】

即烏賊。此稱明代已行用。見該文。

【纜魚】

即烏賊。此稱明代已行用。見該文。

【苗魚】

即烏賊。此稱清代已行用。見該文。

【黑魚】[1]

即烏賊。此稱清代已行用。見該文。

【烏子】

即烏賊。此稱民國時期已行用。見該文。

柔魚

單稱"鰇"，亦作"鰇魚"，亦稱"鰌魚""鰇筒""脆筒""東洋魷""北魷"。頭足綱，十腕目，柔魚科之統稱。西北太平洋巴特柔魚的學名爲 *Ommastrephes bartrami*。柔魚的形狀略似烏賊，頭部兩側具有一對發達的眼和圍繞口周圍的腕足。身體蒼白色，有淡褐色斑點，尾端呈菱形，觸角短，有吸盤。柔魚，比如太平洋褶柔魚（*Todarodes pacificus*），頗具經濟價值，鮮、乾品均爲佳品。漢唐時期，烏賊、柔魚不分，統稱爲烏賊。宋代開始辨識柔魚，但誤認爲無骨。《爾雅翼・釋魚二》："其無骨者名柔魚。又章舉、石距相類而差大。"《廣韵・平尤》："鰇，魚名。"《正字通・魚部》："鰇，柔魚，似烏鰂，無骨，生海中，越人重之。"明清加以區分，認識到"無骨"爲誤解，但還是沒有發現柔魚與鎖管的最大差別，即眼的開閉，柔魚爲開眼類，而鎖管爲閉眼類。明屠本畯《閩中海錯疏》卷中："柔魚，似烏鰂而長，色紫，一名鎖管。"又記："柔有骨如三層紙厚，

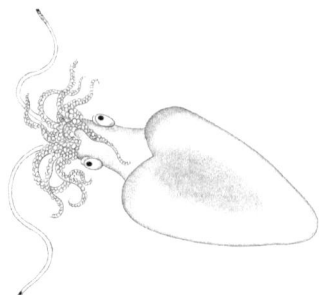

柔　魚
（清聶璜《清宮海錯圖》）

白而差紉，云無骨，非也，但鰂作腥，柔不作腥而味佳。"清郭柏蒼《海錯百一録》卷二："柔魚，亦作鰇魚。似墨魚，皮微紫，諸書皆云無骨。蒼按：'有一片如玳瑁者，即其骨，故曰柔魚。'"嘉慶《新安縣志》卷三："鰇魚，小者名鰇筒，亦名脆筒。"道光《晋江縣志・物產志》："柔魚，形似烏賊。"民國《陽江縣志》卷一六："柔魚，類墨魚而長，無鰾鮹骨，俗呼鰌魚。"我國沿海分布有二科五種。黃海北部、東海外海均有分布。

【鰇】

"柔魚"之單稱。此稱宋代已行用。見該文。

【鰇魚】

同"柔魚"。此體宋代已行用。見該文。

【鰇筒】

"柔魚"之小者。此稱清代已行用。見該文。

【脆筒】

"柔魚"之小者。此稱清代已行用。見該文。

【鰌魚】[1]

即柔魚。此稱民國時期已行用。見該文。另有歧義，"鰌"同"鰍"，指泥鰍。

【東洋魷】

"柔魚"之一種，今指太平洋褶柔魚。此稱於黃海北部沿海多行用。見該文。

【北魷】

"柔魚"之一種。今指太平洋褶柔魚。此稱於臺灣地區多行用。見該文。

鎖管

亦作"瑣管"，亦稱"静斑""筆管"，俗稱"本港魷魚""長筒魷""中國魷魚"。頭足綱，管魷目，槍烏賊科之統稱。體形似標槍的槍頭，故稱槍烏賊。腕八條，上生有吸盤兩

鎖　管
（清聶璜《清宮海錯圖》）

列，觸腕兩條，不能完全縮入頭内，上生有吸盤四列。吸盤有角質齒環。内殼較小，呈角質薄片。在相當長的時期，無"鎖管"稱呼，古籍多將其歸爲烏賊類，到了明清時期纔開始區分。《格致鏡原・水族類三・烏鰂》引《興化府志》："鎖管，大如指，其身圓直如鎖管，其首有薄骨插入管中，如鎖鬚。"清郭柏蒼《海錯百一録》卷二："瑣管，腹中有烟如墨魚，而皮略紫，其管瑣瑣焉，似足非足，氣通於管，重不越二三兩。"《廣東通志・物産志》引《雜記》："瑣管形如瑣，十餘相連，味如蠣房。"《臺灣府志》卷七《風土・鱗之屬》："鎖管，一名静斑。"槍烏賊是淺海性種類，主要生活於大陸架以内，但在水深 150 ～ 200 米左右的大陸架邊緣也有密集群體。我國南北沿海都有分布，主要有中國槍烏賊（*Loligo chinensis*）、日本槍烏賊（*Loligo japonica*）等十種。福建沿海稱爲本港魷魚，廣東沿海稱爲長筒魷、中國魷魚，山東漁民稱爲筆管。

【瑣管】

同"鎖管"。此體清代已行用。見該文。

【静斑】

即鎖管。此稱清代已行用。見該文。

【筆管】

即鎖管。此稱於今山東沿海行用。見該文。

【本港魷魚】

即鎖管。此稱於今福建沿海行用。見該文。

【長筒魷】

即鎖管。此稱於今廣東沿海行用。見該文。

【中國魷魚】

即鎖管。此稱於今廣東沿海行用。見該文。

【墨斗】

鎖管之一種。此稱明代已行用。明屠本畯《閩中海錯疏》卷中："墨斗，似鎖管而小，亦能吐墨。"清郭柏蒼《海錯百一録》卷二："墨束，即墨斗，似瑣管而小，皮紫白，亦能吐墨，醃法如瑣管，味尤勝。"今所指不詳。參見本卷《水生無脊椎動物説・水生軟體動物考》"鎖管"文。

【墨束】

即墨斗。此稱清代已行用。見該文。

【猴染】

"鎖管"之一種。此稱明代已行用。明屠本畯《閩中海錯疏》卷中："猴染，比墨斗稍大，比鎖管稍小。"清郭柏蒼《海錯百一録》卷二："猴染，大於墨斗，小於鎖管稍。"今所指不詳。參見本卷《水生無脊椎動物説・水生軟體動物考》"鎖管"文。

章魚

亦作"鱆魚"，省稱"鱆"，亦稱"章舉""章鋸""章拒""章巨""紅舉""塗婆""章花魚""望潮魚""八帶魚""八梢魚"，訛稱"膠水"。頭足綱，八腕目，章魚科之統稱。章魚身軀柔軟，没有骨骼，軀幹背面表皮内殘留有退化的貝殼。體卵形或卵圓形，具兩鰓，八腕，體呈短卵圓形，囊狀，無鰭。因運動時軀幹部高舉而急行，腕吸盤圓潤似圓章，故名章舉。古代流傳着許多有關章魚的故事。唐韓愈《初南食貽元十八協律》："章舉馬甲柱，鬥以怪自呈。"朱熹注："有八脚，身上有肉如臼，亦曰章魚。"明馮時可《雨航雜録》卷下："其名章巨，蓋江東子弟所名。項羽引江東卒與秦戰，秦將章邯拒之，卒爲羽所降，故江東名是物章拒。"明方以智《通雅·釋魚》："章拒，石距，今之章花魚、望潮魚也。"

明屠本畯《閩中海錯疏》卷中記作"鱆"，還對不同種類進行了區分。同書卷中："章舉，紅舉也，似石拒而大。"又記："塗婆，章舉也，似石拒而足短。按：'明州所產章舉，大有至五六斤者，與鱆魚性俱寒，不可多食，能發宿疾。'"明何喬遠《閩書·石拒》："章魚，一名紅舉，味更珍好。"《格致鏡原·水族類三·章魚》卷九三引明穆希文《蟫史集》："章舉，一名章魚，一名章拒。一名章鋸，以其足似鋸也，形類烏賊而小。"又引《陽江縣志》："章魚，足數寸，獨二足長尺許而名，密綴肉如臼，曰吸

物絶有力。就淺水佯死，鳥信而啄之，則舉其足以取。"清李調元《然犀志》卷上："章舉，體型橢圓如猪膽。端分六足，如抽花鬚，而其長倍於身。每足陰面起小圈子，密比蜂巢，錯如蓮房，八足聚處有細眼有針孔，其後尻也，其口邇尻，幸有足爲之間上下耳，無皮無骨，肉頗含脂，黑比蟹膏，膩同蚌髓。非鱗非介，又名章魚。潮人訛稱章魚曰膠水。"此記"足長倍於身"，疑爲今長蛸。清查慎行《人海記·八梢魚》："八梢魚，灰褐色，無鱗，腹圓，口生腹下，後拖八尾，產遼東海中。"清郭柏蒼《海錯百一録》卷二："章魚，一作鱆魚。《閩書》：'鱆魚，一名望潮魚。'"章舉名今已弃用，而章魚名沿用，爲頭足綱最大科，可分爲深海多足蛸亞科（Bathypolypodinae）、愛爾斗蛸亞科（Eledoninae）、穀蛸亞科（Graneledoninae）和蛸亞科（Octopodinae）。我國已報道章魚三屬十七種。

"章魚"作爲八腕目章魚科之統稱，其習見種"短蛸""長蛸""真蛸"外形相似，古代并未進行具體分類，雖然認識到了"大者名石拒"的差異，但在命名與類群劃分上稍顯混亂，多將"章魚""章舉""石拒"解釋爲同物。其別稱衆多，各地俗呼不一，甚至出現一名釋多物現象。參見本卷《水生無脊椎動物説·水生軟體動物考》"章魚""短蛸""石拒"文。

【章舉】

即章魚。此稱唐代已行用。見該文。

【章拒】

即章魚。此稱宋代已行用。見該文。

【鱆魚】

同"章魚"。此體明代已行用。見該文。

章　魚
（清蔣廷錫等《古今圖書集成》）

【鱆】 1

　　"章魚"之省稱。此稱明代已行用。見該文。

【章鋸】

　　即章魚。此稱明代已行用。見該文。

【章巨】

　　即章魚。此稱明代已行用。見該文。

【章花魚】

　　即章魚。此稱明代已行用。見該文。

【望潮魚】

　　即章魚。此稱明代已行用。見該文。

【八帶魚】 1

　　即章魚。此稱明代已行用。另有歧義，參見本卷《水生無脊椎動物説·水生軟體動物考》"短蛸""石拒"文。

【塗婆】

　　"章魚"之一種。此稱明代已行用。見該文。

【紅舉】

　　"章魚"之一種。此稱明代已行用。見該文。

【八梢魚】

　　即章魚。此稱清代已行用。見該文。

【膠水】

　　"章魚"之訛稱。此稱清代於廣東潮州行用。見該文。

短蛸

　　省稱"蛸"，亦稱"望潮""八帶魚""桃花蛸""飯蛸""坐蛸""短腿蛸""小蛸""短爪章"。"章魚"的一種。頭足綱，八腕目，蛸科，蛸屬。學名（*Octopus ocellatus*）。胴部卵圓形或球形。各腕較短，其長度大體相等，腕爲軀幹部長之三四倍。古無"短蛸"的直接記録，多記在章魚大類中。明屠本畯《閩中海錯疏》卷中："鱆，腹圓，口在腹下，多足，足長，環聚口傍，紫色，足上皆有圓文凸起，腹内有黃褐色質，有卵黃，有黑如烏鰂墨，有白粒如大麥，味皆美，明州謂之望潮。""有白粒如大麥"，這裏應爲短蛸産的卵，屠本畯并未細分，統稱爲章魚，參見本卷《水生無脊椎動物説·水生軟體動物考》"章魚"文。清代始有"蛸"的稱呼。清郝懿行《記海錯》："今驗此物，海人名蛸，音梢。春來者名桃花蛸，頭如肉彈丸，都無口目處。其口目乃在腹下。多足如革帶散垂，故名之八帶魚。"短蛸民間稱爲飯蛸，爲我國北方沿海重要的經濟品種。多栖息於淺海、軟泥或巖礁處，肉肥厚鮮美，營養豐富。

【望潮】 1

　　即短蛸。此稱明代已行用。見該文。

【八帶魚】 2

　　即短蛸。此稱清代已行用。見該文。另有歧義，參見本卷《水生無脊椎動物説·水生軟體動物考》"章魚""石拒"文。

【蛸】

　　"短蛸"之省稱。此稱清代已行用。見該文。

【桃花蛸】

　　即短蛸。此稱清代已行用。見該文。

【飯蛸】

　　即短蛸。此稱於今山東沿海行用。見該文。

【坐蛸】

　　即短蛸。此稱於今山東沿海行用。見該文。

【短腿蛸】

　　即短蛸。此稱於今山東沿海行用。見該文。

【小蛸】

　　即短蛸。此稱於今山東沿海地區行用。見該文。

【短爪章】

即短蛸。此稱於今廣東沿海於今廣東沿海行用。見該文。

石拒

今稱"長蛸"，亦作"石距"，亦稱"射踏子""八帶魚"，俗稱"馬蛸""長腿蛸""大蛸""長爪章""水鬼"。頭足綱，八腕目，蛸科，蛸屬。學名（*Octopus variabilis*）。其胴部短小，亞圓或卵圓形。頭足部具有肉腕四對，一般腕的長度相當於胴部的 2～5 倍，腕上有大小不一的吸盤。無肉鰭，殼退化。此稱唐代已行用。唐劉恂《嶺表錄異》卷下："石拒，亦章舉之類。身小而足長，入鹽乾燒，食極美。又有小者，兩足如常，曝乾後，似射踏子。故南中呼爲射踏子也。"《古今圖書集成·禽蟲典·章魚部》引《漳州府志》："石拒，朝鮮人謂之八帶魚，脚長四五尺，往往緣石拒人……其肉柔韌，不如章舉爲脆。"

明李時珍《本草綱目·鱗四·章魚》〔集解〕時珍曰："章魚生南海，形如烏賊而大，八足，身上有肉。……石距亦其類，身小而足長，入鹽燒，食極美。"明何喬遠《閩書·石拒》："石拒似章魚，一名八帶，大者至能食豬，居石穴中，人或取之，能以足黏石拒人。"清郭柏蒼《海錯百一錄》卷二："石拒，無鱗亦無皮，渾身雪白，略似章魚而烟薄於章魚……蒼按：'石拒生海潭中，性寒，海族之最怪者。頭似兔而無口眼，項長，眼在項上。一鬣形如䉔蕈負於項後，口在腹下，有牙如蟻螯，腹扁薄，祇一黑者，乃其肝也。渾身飄出七條如帶，其長視身二倍有奇。'"長蛸個體大、肉質肥厚鮮美，既可鮮食，又可加工成乾製品，具有較高的經濟價值。我國南北海域均有分布，其中北部海域較多。

【射踏子】

即石拒。此稱唐代已行用。見該文。

【八帶魚】[3]

即石拒。此稱明代已行用。見該文。另有歧義，參見本卷《水生無脊椎動物説·水生軟體動物考》"章魚""短蛸"文。

【石距】

同"石拒"。此體明代已行用。見該文。

【馬蛸】

即石拒。此稱多於今山東沿海地區行用。見該文。

【長腿蛸】

即石拒。此稱多於今山東沿海地區行用。見該文。

【大蛸】

即石拒。此稱多於今山東沿海地區行用。見該文。

【長爪章】

即石拒。此稱多於今廣東沿海地區行用。見該文。

【水鬼】

即石拒。此稱多於今廣東沿海地區行用。見該文。

鸚鵡螺

頭足綱，鸚鵡螺科之統稱。鸚鵡螺科，學名爲 *Nautius Pompilius*。殼質薄，左右對稱，殼內分成許多氣室，氣室可調節貝殼浮力。殼薄而輕，呈螺旋形盤捲，殼面呈白色。外殼光滑如圓盤狀，形似鸚鵡嘴，故此得名"鸚鵡螺"。鸚鵡螺有數十隻腕（雄性約六十隻，而雌性多達九十隻），腕上無吸盤，有鰓四個。爲肉食性動物，主要以蟹類、貝類和底栖魚類爲食。我國沿海僅發現一種。此称三國時期已行用。《淵鑑類函·鱗介部·螺一》引三國吳萬震《南州異物志》："鸚鵡螺，狀如覆杯，頭如鳥頭向其腹，視似鸚鵡，故以爲名。肉離殼出食，飽則還殼中。若爲魚所食，殼乃浮出，人所得，質白而紫，文如鳥形，與觴無異，故因其象鳥，爲作兩目兩翼也。"唐劉恂《嶺表録異》卷下："鸚鵡螺，旋尖處屈而朱，如鸚鵡嘴，故以此名。殼上青緑斑文，大者可受三升。殼內光瑩如雲母。"宋范成大《桂海虞衡志·志蟲魚》："鸚鵡螺，狀如蝸牛。殼磨治出精采，亦雕琢爲杯。"清李調元《然犀志》卷下："鸚鵡螺，出清瀾海中。《南州異物志》云：'狀如覆杯，頭如鳥頭向其腹，視之鸚鵡，故名。士人取以爲酒器，名鸚鵡杯。'"

古人對鸚鵡螺生活習性、食性不甚瞭解。直到民國，纔有了科學的認識。徐珂《清稗類鈔·動物志》："鸚鵡螺爲軟體動物，有四鰓，口之周圍多絲狀觸手。介殼爲螺旋狀，螺層尖處屈曲如鸚鵡嘴，故名。殼乳白色，有青緑斑，裏面有光如真珠，大者可受二升，製爲酒器，奇而可玩，《格古要論》謂之鸚鵡杯。"鸚鵡螺已經在地球上經歷了數億年的演變，但外形、習性等變化很小，故被稱作海洋中的"活化石"，在研究生物進化和古生物學等方面有很

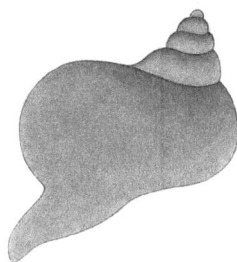

鸚鵡螺
（清聶璜《清宫海錯圖》）

高的價值。

船蛸

亦稱"船章魚""紙鸚鵡螺"。頭足綱，八腕目，船蛸科之統稱。口的周圍有八隻腕，腕吸盤二列，腕間膜淺。雌雄性別二態性明顯，雌體具"貝殼"，實爲雌性的卵囊，并非真正的貝殼，殼質薄脆，半透明；雄體無貝殼。雌性船蛸營浮游生活，而雄性多營底栖生活，以浮游甲殼類或小魚爲食。其種類不多，古籍對其記載很少。我國目前僅知二種：船蛸（*Argonauta argo*）和錦葵船蛸（*Argonauta hians*），分布在東海和南海。船蛸是暖水性種類，栖息在開放水域。因軟體部分和章魚相似，俗稱"船章魚"。由於卵殼薄如紙，和鸚鵡螺有些類似，也被稱爲"紙鸚鵡螺"。

【船章魚】

即船蛸。此稱多於近現代行用。見該文。

【紙鸚鵡螺】

即船蛸。此稱多於近現代行用。見該文。

第五節　水生節肢動物考

　　節肢動物門（Arthropoda）是動物界中種類最多、數量最大、分布最廣的一類。本節水生節肢動物考主要涉及甲殼綱動物。甲殼綱（Crustacea），多數可食用，其中蝦、蟹類絕大多數水生，海洋種類較多。甲殼動物爲節肢動物的一類，全身有硬的甲殼，頭部和胸部結合成頭胸部，後面是腹部。頭胸部前端有兩對觸角，生活在水中，用鰓呼吸。蝦和蟹是最常見的甲殼動物，屬於軟甲亞綱十足目。

　　海洋中生活着衆多的甲殼動物，如滷蟲、龜足、蝦蛄（螳螂蝦）、蝦、龍蝦、蟹、鱟等。鹵蟲，俗稱豐年蟲、豐年蝦、鹽蟲子，生活在鹽田、鹽湖的高鹽鹵水中。龜足，先秦記"紫䖉"。《荀子·王制》："東海則有紫䖉、魚、鹽焉。"楊倞注："字書亦無䖉字，當爲蚼。"南朝梁江淹《石劫賦》記爲"石劫"，明屠本畯《閩中海錯疏》卷下記"龜脚"爲"蚼""仙人掌""佛手蚶"等。

　　我國典籍有關蝦、蟹的記載頗豐。蝦屬於甲殼綱十足目。現代分類系統所依據的蝦的形態特徵，我國古籍基本已記載。古代一般將蝦歸入"介"和"鱗介"類。秦已有蝦字，其內涵所指并非今日之蝦。《説文·蟲部》："蝦，蝦蟆也。"今之蝦字，古謂之蝦魚。《説文·蟲部》："鰕，魵也。從魚段聲。"清段玉裁謂之"蝦"字，古代也用作魵魚名。大蝦謂之"鰝"。《説文·魚部》："鰝，大蝦也。從魚高聲。"段注："如《爾雅》蝦三見。鰝，大蝦，則今之蝦也。魵蝦，則穢邪頭國之魚也。鯢，大者謂之蝦，則今有四脚之魚也。而皆謂之蝦。豈可合而一之乎？"鰝蝦指今之龍蝦。"蝦"還有一個義項是"大鯢"。"蝦"字從蟲旁，指代節肢動物之"蝦"，大約從晋代開始。晋郭璞《江賦》"水母目蝦"，用了今天通用的蝦字，但是後世仍有用"鰕"指代"蝦"者。"蝦"得名由來還與其顏色特徵和字音密不可分。見"蝦"文。蝦，亦作"鰕"，亦稱"鰝""魵""蝦魚""長鬚公""沙虹""虎頭公""曲身小子""長鬚蟲""朱衣侯""水母目""謝豹蝦""水晶人"等。蝦的種類繁多，不可勝數，古代典籍中對其顏色、形態特徵、習性及生活環境都有記載。本節考證的蝦類有對蝦、鷹爪蝦、龍蝦、毛蝦、白蝦、長臂蝦、沼蝦、蝲蛄蝦等。

　　蟹是節肢動物門甲殼綱的一屬，古代對其所屬綱名"甲殼"早有認識，一般將其歸入"介"屬或"甲"類。《大戴禮記》："蟹亦（甲）蟲之一也。"《周禮·考工記·梓人》："仄行。"鄭玄注："蟹屬。"《説文》將"蟹"歸入"蟲"類。蟹書古有唐陸龜蒙《蟹志》、宋傅肱《蟹譜》、宋高似孫《蟹略》、宋吕亢《蟹圖》（佚）、清孫之騄《晴川蟹録》等。古人對蟹的特徵及習性早有關注。晋葛洪《抱朴子・登涉》曰：“無腸公子，蟹也。”《周禮・考工記・梓人》唐賈公彦疏：“今人謂之螃蟹，以其側行也。”關於“蟹”得名由來，有兩種説法。《爾雅翼・釋魚四》：“蟹，字從解者，以隨潮解甲也。”宋傅肱《蟹譜》：“蟹之類隨潮解甲，更生新者，故字從解。”明李時珍《本草綱目・介一・蟹》〔釋名〕宗奭曰：“此物之來，秋初如蟬蜕殻。名蟹之意，必取此義。”以上反映了“解”字旁係依據“蟹”的蜕殻習性而來。另外，明代有蟹“解結散血”之説，清胡世安《異魚圖贊補》引明劉鳳《雜俎》：“是物以解結散血得名，惟霜後可食。”古人對蟹的内部結構（腸短誤爲無腸）、運動方式（側行）、蜕皮現象（解甲）等都有所認識。蟹异名衆多，漢代有“蠏”“斛”“蛫”“蝑”“蟛”“螃”之稱，三國時有“輔”之説，稱雄蟹爲“蜋螘”，雌蟹爲“博帶”。關於蟹的“仄行”“喜潮”等特徵，都有記載。最早食蟹之記載見於秦漢，有關蟹的飲食文化源遠流長，咏蟹的詩詞亦數不勝數，留下許多文壇佳話。

　　鱟，隸屬肢口綱（Merostomata），該類動物無觸角，第一對附肢爲螯肢，附肢皆爲單肢型。有關鱟的記載，在我國最早見於晋，西晋左思《吴都賦》：“乘鱟黿鼉，同罘共羅。”鱟，亦稱“鱟帆”“鱟防”“鱟牌”“馬蹄蟹”“大王蟹”“鱟魚”“長尾先生”“鬼鱟”“鱟媚”等。關於鱟的形狀，典籍中有“如車文”“如惠文冠”“如熨斗”“如便面”等記載。關於鱟成雙成對特性的成因，古人也試圖加以解釋。因鱟的頭胸甲似馬蹄，故亦名馬蹄蟹。因其似蟹且形體大於蟹，故又名大王蟹。字書、辭書則記鱟爲魚名。關於鱟名之由來，《爾雅翼・釋魚四・鱟》曰：“鱟善候風，故其音如候也。”清屈大均《廣東新語・介語》：“鱟者，候也，善候風，諸水族亦候之而出，故曰鱟。”對鱟記載最詳盡的當推明清兩代海錯類專書。明屠本畯《閩中海錯疏》和清郭柏蒼《海錯百一録》對鱟記載頗爲全面。東晋即已食用鱟。鱟有很高的藥用價值，它的肉、殻、尾皆可入藥。鱟殻還用來製作鍋鏟、辟邪用的虎頭牌等。最神奇的是鱟的血。因爲人類的無度索取，鱟已成了瀕危物種，2012年，被列入《世界自然保護聯盟瀕危物種紅色名録》。作爲四億多年前就存在的“活化石”，鱟身體的奇特構造和遺傳密碼還有待繼續研究。古代典籍對鱟的詳細記載，令人禁不住對此神奇的海洋動物驚嘆着迷。

　　如今，對滷蟲、蝦、蟹、鱟等甲殻動物的研究和開發均取得較大進展。以蝦爲例，我國海洋蝦類已記五百餘種，其中黄海、渤海四十九種，東海一百三十八種，南海三百一十六種。時至今日，對海洋環境和瀕危動物的保護已成爲重要議題。

鱟

亦稱"鱟帆""鱟防""鱟牌""馬蹄蟹""大王蟹""鱟魚""長尾先生""鬼鱟""鱟媚"等。海洋動物名。爲節肢動物門，螯肢亞門，肢口綱，劍尾目，鱟科之統稱。鱟的身體分爲頭胸部、腹部和劍尾三部分。頭甲呈馬蹄形，胸甲略呈六角形，背部有一對大的複眼和兩單眼，腹面具附肢六對，其中步足四對。尾細長，身褐色。此稱晉代已行用。左思《吳都賦》："乘鱟黿鼉，同罛共羅。"李善注引劉逵曰："形如惠文冠，青黑色，十二足，似蟹，足悉在腹下。長五六寸，雌常負雄行。漁者取之，必得其雙，故曰乘鱟。南海朱崖、合浦諸郡皆有之。"宋羅願《爾雅翼·釋魚四·鱟》："其相負，則雌常負雄，雖風濤終不解，故號鱟媚。失雄則不能獨活。漁者取之，必得其雙。故《吳都賦》云：'乘鱟黿鼉，同罛共羅。'乘言相乘也，亦古語，以偶爲乘，如乘禽乘雁之屬。"關於鱟雌雄成雙的記載遍布於古代字書、辭書、醫書、志書等。《玉篇》及《廣韻》《康熙字典》均記載其："雌常負雄，漁子取之，必得其雙。"

關於鱟的形狀，典籍中有"如車文""如惠

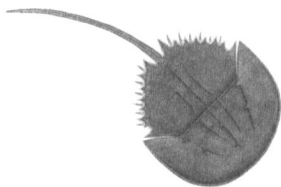

鱟 魚
（清聶璜《清宮海錯圖》）

文冠""如熨斗""如便面"等記載。《廣韵·去候》："鱟，郭璞注《山海經》云形如車文，青黑色，十二足，長五六尺，似蟹。"《文選·郭璞〈江賦〉》："蟳蝏鱟媚。"李善注引晋郭義恭《廣志》："鱟魚似便面，雌常負雄而行，失雄則不能獨活。出交阯南海中。"《爾雅翼·釋魚四·鱟》："鱟形如惠文，亦如便面。惠文者，秦漢以來武冠也。侍中中常侍則加金璫、貂蟬之飾，謂之趙惠文冠。便面，古扇也。背黑而穹，張敞所用以拊馬者，今號溫凉扇。"宋吳曾《能改齋漫錄》卷一五《辨鱟》認爲鱟形"如惠文冠"，而非所謂"如車文"。明李時珍《本草綱目·介一·鱟魚》〔集解〕時珍曰："鱟狀如惠文冠及熨斗之形，廣尺餘，其甲瑩滑，青黑色，鏊背骨眼。眼在背上，口在腹下，頭如蜣螂，十二足似蟹，在腹兩旁，長五六尺，尾長一二尺，有三棱如棕莖……腹有子如黍粟米，可爲醢醬，尾有珠如粟。"清胡建偉《澎湖紀略》："鱟，《閩書》云，如熨斗，如便面，如惠文冠，廣尺許。"明屠本畯《閩中海錯疏》卷下："徐渤補疏：'按，便面，古扇。婦人取以障面者。惠文，秦漢以來武冠，侍中中常侍則加金璫、貂蟬之飾，謂之趙惠文冠。蓋狀鱟形也。'"

關於鱟成雙成對特性的成因，古人也試圖加以解釋。元陳世隆《北軒筆記》："鱟魚，雄小雌大，水中浮者雄，沉者雌。"明李時珍《本草綱目·介一·鱟魚》〔集解〕引陳藏器曰："鱟生南海，大小皆牝牡相隨，牝無目，得牡始行，牝去則牡死。"〔集解〕時珍曰："其行也，雌常負雄，失其雌則雄即不動。雄小雌大，置之水中，雄浮雌沉，故閩人婚禮用之。"清朱彝尊《鱟魚》注："腹下有十二足，雌雄常相負，取之輒作雙。"《爾雅翼·釋魚四·鱟》："鱟牡小無目，得牝始行，故又號鱟媚。"清周元文《重修臺灣府志》："鱟，海中甲蟲也。雌常負雄，雖波濤不改。漁人每雙得之。"清范咸《重修臺灣府志》："鱟，殼黑色，甚堅，可作杓；尾長如槍。有足十二，生在腹下。雄小、雌大，置之水中，雄者浮、雌者沉。雌常負雄而行，雖波濤終不解。失雄則不能獨活，故號鱟媚。漁人拾之，必得雙。"

因鱟的頭胸甲似馬蹄，故亦名"馬蹄蟹"。因其似蟹且形體大於蟹，故又名"大王蟹"。字書韵書《康熙字典》《集韵》等則記鱟爲魚名，形似蟹。宋傅肱《蟹譜》中還收録了鱟類。這種認識一直持續到清代。還有説法認爲鱟乃諸魚蝦之母。清屈大均《廣東新語·介語》："其子如粒珠，出而爲鱟者僅二，餘多爲蟹，爲寧蝦麻蝦及諸魚族。蓋淡水之魚，多生於魚，鹹水之魚，多生於鱟，鱟乃諸魚蝦之母也。"另有一説認爲鱟既生鱟，亦生蟹。清郭柏蒼《海錯百一録》卷三："所孕之子，點水爲鱟，著草爲蟳。"蟳指海蟹，一般指青蟹。這種説法其實由來已久，見於典籍記載。清屈大均《廣東新語·介語》："炎海之蟹不孕，子皆鱟子所化，九爲蟹，十一爲鱟也。鱟者蟹之母，然獨炎海之蟹母之，他處無鱟，蟹之所生又異矣。"隨着對鱟認識的深入，可以斷定以上説法并無科學根據，祇是反映了當時古人的看法。

唐代稱之爲"鱟魚"，唐劉恂《嶺表録異》

卷下："鱟魚，其殼瑩净滑如青瓷碗，鰲背，眼在背上，口在腹下，青黑色。腹兩傍爲六脚，有尾，長尺餘，三棱如棕莖。雌常附雄而行。捕者必雙得之，若摘去雄者，雌者即自止，背負之方行。腹中有子如綠豆，南人取之，碎其肉脚，和以爲醬，食之。尾中有珠，如栗色黃。雌者小，置水中，即雄者浮雌者沉。"宋代記述已較詳盡。《爾雅翼·釋魚四·鱟》："鱟形如覆釜，大如車，青褐色，其血碧色，口足皆在覆釜之下。足有十二，長五六寸。尾勁而尖，長二三尺，有刺能觸傷人，尾中有珠如栗色黃。雄小雌大，置之水中，雄者浮雌者沉。南人或帶其珠或磨飲之，云利市。殼堅硬，腰間橫文一綫，軟可屈摺，每一屈一行。"宋方萬里、羅濬《寶慶四明志》卷五："鱟，形如覆斗，其大如車。青褐色，十二足，長五六寸，尾長二三尺，其殼堅硬，腰間橫紋一綫，軟可屈折，每一屈一行，尾尖硬有刺，能觸傷人。口足皆在覆斗之下，海中每雌負雄，漁者必雙得，以竹編爲一甲鬻焉。牝者子如麻子，土人以爲醬或鮓。牡鱟無子。《本草》云牝牡相隨，牝者背上有目，牡者無目，牡得牝始行，牝去而牡死。"明清典籍對鱟的記載更加詳盡。《古今圖書集成·博物彙編·禽蟲典·鱟部》引明張如蘭《鱟箋》："《海味索隱》曰：'鱟，介屬，口足皆在覆斗之下，每雌負雄，雖風濤不解。故漁必雙得之，以竹編爲一甲鬻焉。……若形色狀態則備於此箋矣。形如覆釜，色如紺，血如蔚藍，尾如禿戟，負如浮圖，行如屈折，眼竅於背，足攢於腹，珠綴於肋，乘風曰帆，聯游曰筏。伏雌曰媚，奇形異狀，莫詳其説。解曰東海閑行，覓釣槎先生，浪道侶魚蝦，急將一甲歸，圖畫始信，漁翁舌不差。"又如明屠本畯《閩中海錯疏》卷下："鱟，形如熨斗，如便面，如惠文冠。廣尺許，有刺，頭如蜣螂而骨眼，眼在背上，背青黑色而穹。其血蔚藍，熟之純白，而肉甚甘美。當脊一行，兩旁有刺，殼覆身上，腹下十二足。長五六寸，環口而生。尾銳而長，觸之能刺，斷而置地，其行郭索。雌嘗負雄，捕得其雄，雌亦就斃。"清郭柏蒼《海錯百一錄》卷三："鱟，產於夏，色深碧，如半瓠覆地。前廣後殺，末坼如鱉。甲尾三脊而多刺，其長等身，兩骨眼分展於背上。十二足，鋸列於腹下，口在足中，子盈額上。其血藍色。全形似熨斗，多食動肺。諸書皆云雌常負雄，漁者取之，必得其雙，謂之鱟媚。"

關於鱟名之由來，《太平御覽》卷九四三引南朝宋沈懷遠《南越志》曰："張海口有鱟，每過海，輒相積於背，高尺餘。如帆乘風而下游。"唐段成式《酉陽雜俎·廣動植之二·鱗介篇》："舊說過海輒相負於背，高尺餘，如帆乘風游行。今鱟殼上有一物，高七八寸，如石珊瑚，俗稱爲鱟帆。"《埤雅·釋魚》："鱟，今鱟青黑色，十二足似蟹，腹中有子，如粟而大，中醢殼上有物如角，常偃高七八寸，每遇風至即舉，扇風而行，俗呼鱟帆。"《爾雅翼·釋魚

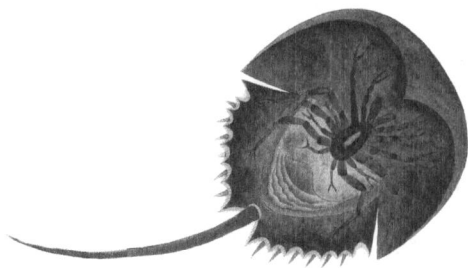

鱟　腹
（清聶璜《清宮海錯圖》）

四·鱟》又稱："是物在海中群行，輒相積於背，高尺餘，如帆乘風游，人呼爲鱟帆。又其衆如簿筏，名鱟簿。"宋葉廷珪《海錄碎事》卷二二："鱟殼上有物如角，常偃，高七八寸，每遇風至即舉，扇風而行，俗呼之以爲鱟帆。"宋曾慥《類說》卷四："鱟帆，鱟背上有骨如扇，乘風而行，名鱟帆。其衆如簿筏，名鱟簿。"明彭大翼《山堂肆考》羽集："鱟筏，《番禺雜記》：'鱟象如牌筏，亦名鱟牌。'"明屠本畯《閩中海錯疏》卷下："過海輒相負於背，高尺餘，乘風游行如帆，謂之鱟帆。其衆如防柶，謂之鱟防。"清陳元龍《格致鏡原》卷九四引《南海志》："鱟背有骨如扇，乘風而行，名鱟帆。其衆如牌筏，亦名鱟牌。"清屈大均《廣東新語·介語》："鱟性喜群游，雌常負雄於背，背有骨如扇，作兩截，常張以爲帆，乘風而行，雌雄相積，雖遇驚濤不解，名曰鱟帆。漁者每望其帆取之，持其雄則雌者不去，如持其雌則雄去矣，然失雄亦不能獨活，故曰鱟媚。"清郭柏蒼《海錯百一錄》卷三："諸書皆云雌常負雄，漁者取之，必得其雙，謂之鱟媚。醫書多云雌常負雄，獲雌則得雄，雌或脫去，終亦就斃。蒼按，鱟取於水湄，不聞雙得，夜則雌者多尋湄放子，後至輒踞其背，潮滿則一一豎尾而逝。或接叠或次第如帆，然古稱鱟媚、鱟帆、鱟簿，殆以此耳。"又，《爾雅翼·釋魚四·鱟》曰："鱟善候風，故其音如候也。"清屈大均《廣東新語·介語》："蓋淡水之魚，多生於魚，鹹水之魚，多生於鱟，鱟乃諸魚蝦之母也。鱟者，候也，善候風，諸水族亦候之而出，故曰鱟。"關於鱟產子時的特點，明屠本畯《閩中海錯疏》卷下："鱟產子時先往石邊，周身擦之，

罅裂而生。”

東晉即已食用鱟，《北堂書鈔》卷一四六引晉劉欣期《交州記》：“鱟，如惠文冠玉，其形如龜，子如麻，子可爲醬，色黑。十二足，似蟹，在腹下。雌負雄行。南方用以作醬，可噉之。”唐段成式《酉陽雜俎》也記載了製鱟醬一事。《爾雅翼·釋魚四·鱟》記：“鱟，腹中子無數，如麻子。或云亦罅裂而生，未知其審。今閩浙重鱟子醬，其珠如粟，南人或帶或磨飲之，云利市。”宋陶穀《清異録》卷一七：“至今閩嶺重鱟子醬。”明屠本畯《閩中海錯疏》卷下：“雄少肉，雌多子，子如綠豆大而黃色，佈滿骨骼中，東浙閩廣人重之，以爲鮓，謂之鱟子醬。”清范咸《重修臺灣府志》：“鱟，腹中有子如粟大，可腌以爲醬，甚佳。”“鱟”還被譽爲“典醬大夫”，五代毛勝《水族加恩簿》：“鱟名長尾先生。令長尾先生，惟吳越人以謂。用先生治醬，華夏無敵，宜授典醬大夫、仙衣使者。”“鱟醬”作爲海味記載於宋元筆記中。元周密《武林舊事》將鱟醬列入海味之一，謂之“醒酒口味”。

明楊慎撰、清胡世安箋《異魚圖贊箋》卷一引明林日瑞《漁書》云：“鱟魚殼如箕，雌者腹中子如黍米，可數升，鮮食作醢並佳。四五月間多。”清屈大均《廣東新語·介語》：“又昌黎《南食》詩：‘一曰鱟，二曰蠔，三曰蒲魚，四曰蛤，五曰章舉，六曰馬甲柱。’其詩曰：‘南食驚呈怪。’又曰：‘南烹多怪味。’又曰：‘我來禦魑魅，自宜味南烹。’鱟亦佳味，故昌黎首言之。”清郭柏蒼《海錯百一録》卷三：“鱟，美在尾尻，做羹用鹽不用豉。”將鱟作爲食物，烹調并非易事，而且稍有不慎，還

可能會中毒。清朱彝尊《閩中海物雜咏·鱟魚》詩曰：“尾插茨菇葉，臍攢螃蟹拑。南庖驚束手，非止北人嫌。”清屈大均《廣東新語·介語》：“雌稍大，常負其雄，得其雙者乃可食。單者及身小名鬼鱟者，與尾有鋸刺者，不可食。漁者殺而賣之，中有清水二升許，不肯弃，云以其水同煮，味乃美。非水也，血也，以色碧，故不知其爲血也。”明楊慎撰、清胡世安箋《異魚圖贊箋》卷一：“另一種名黃鱟，能殺人，又不可不辨。”道光《晉江縣志·物産志》：“漁人得之每雙。其單行者。謂之孤鱟，食或傷人。”《格致鏡原·水族類五·鱟》引《事林廣記》：“鱟魚小者，謂之鬼鱟，食之害人。”此處所記害人之“鬼鱟”爲圓尾鱟。常會發生因誤食圓尾鱟中毒乃至死亡的案例。

鱟的殼和尾也頗有用途。唐皮日休《訶陵樽》詩：“一片鱟魚殼，其中生翠波。買須繞紫貝，用合對紅螺。”明屠本畯《閩中海錯疏》卷下：“殼可屈爲杓，轑釜輒盡。尾可爲如意。”清郭柏蒼《海錯百一録》卷三：“其殼規之爲瓢，軟不傷釜，名曰鱟槃，山媪畬民治其尾作簪，曰鱟簪。癩者燒鱟殼，則蟲動身癢不支。《本草》以爲焚鱟殼可以聚群鼠。唐皮日休以鱟魚殼爲樽，謂之訶陵樽。”宋傅肱《蟹譜》：“阿陵酒樽用鱟魚殼爲之，澀鋒鱟角，內元外黃。”對此也有人質疑。明楊慎撰、清胡世安箋《異魚圖贊箋》卷一引明謝肇淛《五雜俎》云：“唐皮日休以鱟魚殼爲樽，澀峰鱟角，內玄外黃，謂之訶陵樽。好奇之甚，閩人以爲杓，入沸湯中甚便，不聞可作樽也。”清周亮工《閩小記》：“鱟殼閩人皆以爲杓，形既不倫，用之久久始脫腥薰。不知日休何所取，登爲飲器。”

鱟還有很高的藥用價值，它的肉、殼、尾皆可入藥。明李時珍《本草綱目》卷四五記載，鱟魚皮殼入香中能發香氣。鱟殼還可用來製作鍋鏟、辟邪用的虎頭牌等。最神奇的是鱟的血。宋陸佃《埤雅》卷二：“鱟狀如便面……其血碧。”明王世懋《閩部疏》記：“鱟之爲物，介而中坼。厥血蔚藍，熟之純白。”清屈大均《廣東新語·介語》：“其血碧。凡諸血皆赤，惟鱟碧色。碧生於鹹，赤生於淡，海之水鹹，故色碧。鱟之血與海水同，得鹹之氣多故也。”鱟血最神奇的地方并不在於顏色，而是其獨一無二的抗菌能力。近年來，用鱟血製成的“鱟試劑”，廣泛應用於毒素檢測，并在革藍氏陰性細菌所致疾病的預防中，取得重大進展。因爲人類的無度索取，鱟也成了瀕危物種，險遭滅頂之灾。2012 年，鱟已被列入《世界自然保護聯盟瀕危物種紅色名錄》。

2008 年發現的鱟化石，距今已有 4.45 億年。鱟從四億多年前問世，繁衍至今，變化甚微，仍保留其原始而古老的相貌，故有“活化石”之稱。我國已報道三種鱟。中國鱟（三刺鱟）（*Tachypleus tridentatus*）分布於寧波以南沿海，四至五月至潮間帶沙灘產卵，九至十月移向外海。

鱟懼蚊子叮咬，還對光綫特別敏感。《埤雅》云：“鱟尾燒之，可辟蚊。然蚊螫之，輒斃。又暴之日中，往往無恙。隙光射之，即死。未知其故何也。”明屠本畯《閩中海錯疏》卷下：“其尾燒烟，可辟蚊蚋。”至於其“置陰處有火光”的特性，也載於典籍，備考。清屈大均《廣東新語·介語》：“凡鱟蟹之屬，置陰處皆有火光，鰉魚亦有火。元微之《送客游嶺南》詩：‘曙朝霞睒睒，海夜火磷磷。’火磷磷，謂鱟蟹之屬也。”

唐韓愈《咏鱟》詩：“鱟形如惠文，背眼相負行。”宋楊萬里《鱟醬》詩：“忽有瓶罌至，捲將江海來。元霜凍黿殼，紅露染珠胎。魚鮓兼蝦鮓，奴才更婢才。平章堪一飯，斷送更三杯。”又《小飲，俎豆頗備江西淮浙之品，戲題》二首其一詩：“滿盤山海眩芳珍，未借前籌已咽津。鱟醬子魚總佳客，玉狸黃雀是鄉人。”宋陸游《春晚小飲》詩：“小兒偶得官樓酒，鱟醢尊乾一醉同。”又《近村暮歸》詩：“鱟樽恰受三升醖，龜屋新裁二寸冠。”宋樂雷發《桂林送人之瓊州招捕海寇》詩：“旌旗楓鬼雨，舟楫鱟簁風。”明王鏊《海蝦圖》詩：“有魚如屋鱟如帆，蝦最細微猶十丈。”明羅頎《送下洋客》詩：“風帆搖鱟媚，霜杼響鮫人。”連橫《臺灣詩乘》引張蒼水詩：“鱟帆天外落，蝦島水中央。應笑清河客，輸君是望洋。”清范咸纂《重修臺灣府志》引孫元衡詩：“家在蠔山蜃氣開，鯨潮初起鱟帆來。虎鯊鬼蟹紛無數，就裏難求蛤蚌胎。”清查慎行《鱟魚》詩：“介屬魚其名，雌雄同一束。爬沙苦無力，安用十二足。”宋李綱著有《放鱟文》。

《爾雅翼·釋魚四·鱟》卷三〇：“牝常負牡，牝牡相隨。牝者背有目，牡者則無，牝去則牡死。故海上稱婦女健壯操家者，號爲鱟。”鱟還成爲夫婦和美和諧的象徵。明程敏政編《明文衡》卷五〇：“漁者庶其廉與婦競，絕數月不通。於越入楚，兵大掠，各西東匿，死生不相恤。人静庶其廉盍聚諸，輒謝去。一日漁於海，獲甲蟲曰鱟，雌雄相負，雖風濤不解。庶其廉悔曰：‘是物也，人或不如，可乎？’歸召婦與居，禮之終身。"《古今圖書集成·博物彙編·禽蟲典·鱟部紀事》引《對類》："昔有漁者與婦不和，一日獲鱟，嘆曰：是物也，人或不如，可乎？歸召婦與居，禮之終身。"

關於鱟爲兵兆的記載，《古今圖書集成·博物彙編·禽蟲典·鱟部紀事》引《松江府志》："嘉靖壬子春，徐長谷獻臣同一二友人步郡治前，見賣鱟魚者。徐問曰：吾松向無此物，汝從何處得來。對曰：網之黄浦中。徐嘆曰：甲胄之物忽至，兵兆可慮也。同行者迁之。明年癸丑，倭亂。"明林日瑞則稱鱟"論文事武備俱焉"。明楊慎撰、清胡世安箋《異魚圖贊箋》卷一引明林日瑞《漁書》云："鱟魚殼如箕，雌者腹中子如黍米，可數升，尾如槍，長二尺餘，身分兩截，下截裏面有葉，如册葉然，呼爲鱟册。兩傍有刺，其身肉、口腹、足螯俱在上，截足盡處有二小佩，狀似刀。"又引《蟲史》曰："古人視鷗製柁、視鱟製帆以餘，論文事武備俱焉。身披甲胄，尾常帶鋒，左右有刀，足如列戟，非武備乎？腹滿珠璣，腰帶書册，非文具乎？"

鱟類似螃蟹爬行的特點見於典籍記載。明王世懋《閩部疏》引《爾雅翼·釋魚四·鱟》："尾鋭而長，觸之能刺，斷之而置地，其行郭索。"俗語"鱟脚鱟蟯"，比喻人辦事不利索、遲鈍、慢吞吞，也是當地人對鱟的習性非常瞭解以後得出的生活用語。鱟融入了沿海地區的文化，出現了許多生動有趣的俗語、諺語，比如"抓鱟公，衰三冬""抓鱟母，衰一斗仔久"，意思是祇抓成對出現的成鱟中的一隻，就好像拆散了他人的好姻緣，會帶來厄運。

【鱟媚】

即鱟。此稱晋代已行用。見該文。

【鱟魚】

即鱟。此稱唐代已行用。見該文。

【鱟帆】

即鱟。指鱟接叠或次第如帆，也用來指代鱟。此稱唐代已行用。見該文。

【鱟牌】

即鱟。此稱唐代已行用。見該文。

【長尾先生】

即鱟。此稱宋代已行用。見該文。

【鱟簰】

即鱟牌，此稱宋代已行用。見該文。

【鱟筏】

即鱟。此稱宋代已行用。見該文。

【鱟防】

即鱟。因群鱟彙集，其衆如防栅，故名。此稱明代已行用。見該文。

【馬蹄蟹】

即鱟。因其頭胸甲似馬蹄而得名，譯自英文 horseshoe crab。此稱於近現代行用。見該文。

【大王蟹】

即鱟。因鱟似蟹又大於蟹而得名。此名譯自英文 king crab。此稱於近現代行用。見該文。

鱟子

謂鱟所生之蟹。清屈大均《廣東新語·介語》：鱟子："鱟，雌者子滿腹中，殆無空隙。炎海之蟹不孕，子皆鱟子所化，九爲蟹，十一爲鱟也。鱟者蟹之母，然獨炎海之蟹母之，他處無鱟，蟹之所生又異矣。"清李調元《然犀志》卷上："鱟，生子最多，而成鱟者僅二，餘則爲蟹，爲蟬蝦、麻蝦及諸魚族。"此説謬。

蠍鱟

亦稱“鬼鱟”“兒鱟”。海洋動物名，螯肢亞門，肢口綱，劍尾目，鱟科，蠍鱟（*Carcinoscorpius rotundicauda*），亦稱“圓尾鱟”。鱟類中個體最小的一種，體長 40 厘米（加尾長），頭胸部側面有一對複眼，另有一對感受紫外綫的單眼。具一對螯肢，是專門捕食蠕蟲、薄殼軟體動物用的。主要分布於印度、印尼等地區。我國廣西欽州、北海，海南儋州、臨高、澄邁、海口等沿海地區也有分布。人食後會中毒。明張自烈《正字通·魚部》：“小者名鬼鱟，食之害人。”明楊慎撰、清胡世安箋《異魚圖贊箋》卷一亦載：“小者名鬼鱟，食之害人。”廣西沿海稱其爲“鬼鱟仔”。清郭柏蒼《海錯百一録》卷三：“小者名鬼鱟，害人。”清李調元《然犀志》：“又一種小者，謂之兒鱟，亦不可食。”參見本卷《水生無脊椎動物説·水生節肢動物考》“鱟”文。

【鬼鱟】

即蠍鱟。此稱明代已行用。見該文。

【兒鱟】

即蠍鱟。此稱清代已行用。見該文。

滷蟲

亦稱“赤蝦”“滷蝦”“鹹水蝦”“鹽水豐年蟲”“豐年蝦”“滷蟲蝦”“赤尾”，民間也稱“鹽蟲子”。係高鹽水生動物名。滷蟲是鰓足綱，薩甲亞綱，無甲目，滷蟲科，滷蟲屬的通稱。廣布於大陸鹽湖、與海隔離的潟湖、鹽田等高鹽水域中。蟲長 1.2～1.5 厘米，身體分爲頭、胸、腹三部分，分節明顯。頭部短小，複眼成對，具柄，單眼在額部正前方。胸部具十一對葉狀的附肢，腹部八節、無附肢、具尾叉。終生仰游於水面。可用以製成蝦醬。明屠本畯《閩中海錯疏》卷中：“赤蝦，蝦之小者，即天津之滷蝦。”清郭柏蒼《海錯百一録》卷四：“赤尾，天津呼鹵蝦。”我國是一個滷蟲資源豐富的國家，作爲一種重要的餌料生物和良好的實驗動物材料，滷蟲一直受到人們的廣泛重視。其作爲水産動物餌料應用，是從 20 世紀 30 年代開始的。从以滷蟲無節幼體做幼魚餌料，到培良試驗及商業性開發，并對其進行基礎生物學研究和深層次的營養學研究，滷蟲已爲我國沿海蝦類養殖業廣泛使用，對製鹽業及魚蝦蟹幼苗的培育，均具重要意義。動物學上因其英譯名或似豐年蟲，亦稱其爲“鹹水蝦”“鹽水豐年蟲”“豐年蝦”或“滷蟲蝦”。

【赤蝦】[1]

即滷蟲。此稱明代已行用。見該文。此有歧義，爲同名异實。參見本卷《水生無脊椎動物説·水生節肢動物考》“赤蝦[2]”“毛蝦”文。

【滷蝦】[1]

即滷蟲。此稱明代已行用。見該文。

【鹹水蝦】

即滷蟲。此名譯自英文 brine shrimp。此

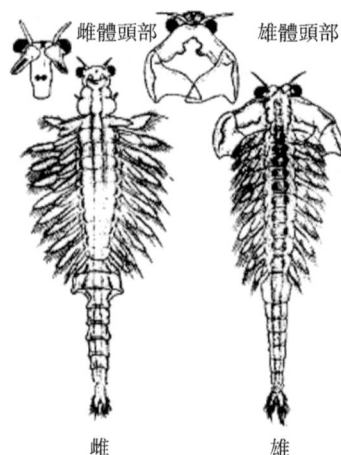

雌體頭部　雄體頭部

雌　　　雄

滷蟲外形

稱多於近現代行用。見該文。

【鹽水豐年蟲】

即滷蟲。此稱多於近現代行用。見該文。

【豐年蝦】

即滷蟲。此稱多於近現代行用。見該文。

【滷蟲蝦】

即滷蟲。此稱多於近現代行用。見該文。

龜足

亦稱"龜脚""紫蚨""石蚨""紫紶""紫蚨""紫蠵""仙人掌""佛手蚶""龜脚蠌""佛瓜""指甲蠃""佛手貝""狗爪螺""鷄冠貝""鷄足""鷄脚""觀音掌"。海洋動物名。屬於節肢動物門，顎足綱，鞘甲亞綱，鎧茗荷科。龜足，形如龜足，學名 *Capitulum mitella*。體分頭狀部和柄部，頭狀部呈淡黃色和綠色，具八塊主殻板和二十四片小殻板。柄部軟，呈黃褐色，外表被有石灰質鱗片。我國產於東海、南海。習見於浙江舟山以南巖岸高中潮區。盛產於廣東珠海外伶仃島海域。先秦稱"紫紶"。《荀子·王制》："東海則有紫紶、魚鹽焉。"唐楊倞注："字書亦無紶字，當爲蚨。"

又晉郭璞《江賦》："石蚨應節而揚葩。"注云："石蚨，龜形，春則生花。蓋亦蚌蛤之屬。"南朝梁時呼"紫蠵"爲"石劫"，亦誤爲蚌蛤類，此見南朝梁江淹《石劫賦序》："海人有食石蚨，一名紫蠵，蚌蛤之類也，春而發華，有足異者，戲書爲短賦。"明清對龜足所記更詳。明張自烈《正字通·蟲部》："蚨，古協切，音劫，蛤屬。殻如蟹，色紫，可食。……《通雅》曰紫蚨、紫蠵，即今仙人掌。……楊慎贊云：蘭陵紫蚨，江淹紫蠵，是惟蚌類，發花應春。又名龜脚，陶弘景曰：大者如手……智見閩中

仙人掌，長寸許，根附石，有囊如腕，上生五指，即紫蠵。"明蔡芳纂《溫州府志·土產》："龜脚，形如龜脚，有指爪。一名長裙，色青黃，其柄褐色而軟，謂之裙肉，如小者。"明屠本畯《閩中海錯疏》卷下："龜脚，一名蚨。生石上，如人指甲。連枝帶肉，一名仙人掌，一名佛手蚶。春夏生苗如海藻，亦有花，生四明者肥美。"明李時珍《本草綱目·介二·石蚨》〔集解〕時珍曰："石蚨生東南海中石上，蚌蛤之屬，形如龜脚，亦有爪狀殻，如蟹螯，其色紫，可食。《真臘記》云：'有長八九寸者。'"清趙學敏《本草綱目拾遺》："石蚨，俗呼龜脚蠌，海濱多有之。"明楊慎撰、清胡世安箋《異魚圖贊箋》卷四引《海味索隱》："石蚨，土名龜脚，又名佛手蚶，皆以象形立名，其肉端有兩黑爪，至春月散開如花。"唐王維《送元中丞江淮轉運》詩："去問珠官俗，來經石蚨春。"明楊慎著有《石蚨賦》。清郭柏蒼《海錯百一錄》卷三："石蚨，亦名石砝，附石而生，身如小竹大，有甲，正黑。《八閩通志》：'龜脚以形名，一名石蚨。生石上，如人指甲，連支帶肉，春夏生苗如海藻，亦有花。……蒼按，海月、石華、石蚨之屬，或生石上，或結苔中，皆無子種，故江淹稱之爲發華，郭璞稱之爲揚葩，直以苔草視之。《閩書》謂春而發華者，春月肉

龜　脚
（清聶璜《清宮海錯圖》）

吐在外，秋冬則否。其説近鑿。《南越志》：'石
砝，形如龜脚，得春雨則生花，花如草華。《閩
小記》《閩中海錯》名龜脚者，蚌蛤之屬，味劣
而值亦甚賤。江淹賦以爲石砝，一名紫蘤，春
而發華，有足，異者。謝靈運詩云'紫蘤曄春
流'即此。曄者，言華也。荀子書名紫結，郭
璞賦曰石砝。楊用修亦效江淹作《石砝賦》云
曄流吐葉，應節揚葩，言有花也。今海中龜脚
附石而生，並無發花者，用修好奇，未有灼見
耳。蒼按，《三山志》指石蜐之大如掌者爲龜
脚。今莆陽呼佛瓜，泉州呼仙人掌。一物也。"
清屈大均《廣東新語·介語》："有指甲蠃，一
名紫蜐。"

龜足經濟價值不大，但柄部可食或入藥，
明李時珍《本草綱目·介二·石蜐》〔主治〕：
"利小便。"清屈大均《廣東新語·介語》："一
名石蜐，味甘鹹，能利小水。……味絶鮮美，
虛損人以米酒同煮最補益。"

【紫結】

　　即龜足。此稱先秦時期已行用。見該文。

【石蜐】

　　即龜足。此稱晋代已行用。見該文。

【紫蘤】

　　即龜足。此稱南北朝時期已行用。見該文。

【紫蚨】

　　即龜足。此稱唐時已行用。見該文。

【龜脚】

　　即龜足。此稱明代已行用。見該文。

【仙人掌】

　　即龜足。此稱明代已行用。見該文。

【佛手蚶】

　　即龜足。此稱明代已行用。見該文。

【紫蜐】

　　即龜足。此稱明代已行用。見該文。

【蜐】

　　"石蜐"之省稱。此稱明代已行用。見該文。

【長裙】

　　即龜足。此稱明代已行用。見該文。

【龜脚蟶】

　　即龜足。此稱清代已行用。見該文。

【佛瓜】

　　即龜足。此稱清代已行用。見該文。

【指甲蠃】

　　即龜足。此稱清代已行用。見該文。

蝦[1]

亦作"鰕"，亦稱"鰝""魵""蝦魚""長
鬚公""沙虹""虎頭公""曲身小子""長鬚
蟲""朱衣侯""謝豹蝦""水晶人"等。屬節
肢動物門，甲殼綱，軟甲亞綱，十足目。節肢
動物，身上有殼，腹部有很多環節，頭部有長
短觸角各一對。中國海域寬廣、江河湖泊衆多，
盛産海蝦和淡水蝦。海蝦有南極紅蝦、褐蝦、
對蝦、明蝦、基圍蝦、琵琶蝦、龍蝦等；淡水
蝦有青蝦、河蝦、草蝦等；還有半鹹水蝦，如
白蝦等。

此稱先秦時期已行用，其内涵所指并非今
日之蝦。《説文·蟲部》："蝦，蝦蟆也。從蟲叚
聲。"段玉裁注："蝦蟆見於《本草經》，背有黑
點，身小，能跳接百蟲。"漢代雖有"蝦"字，
所指對象多爲"蝦蟆"，與今天所指迥异。

《説文·魚部》："鰕，魵也。從魚叚聲。"
段玉裁注："鰕，魚也。各本作魵也。今正。蝦
者，今之蝦字。古謂之蝦魚。……郭注《爾雅》
云：'今青州呼蝦魚爲鰝。皆其證。……至於物

有同名異實者，如《爾雅》蝦三見。鰝，大蝦，則今之蝦也。魵蝦，則穢邪頭之魚也。鯢，大者謂之蝦，則今有四脚之魚也。而皆謂之蝦。豈可合而一之乎？"段玉裁明確指出，鰕，就是今之"蝦"字，古代也作"魵魚"。例如《爾雅·釋魚》："魵，蝦。"郭璞注："出穢邪國，見呂氏《字林》。"邢昺疏："魵魚，一名蝦。"三國魏曹植《名都篇》："膾鯉臇胎蝦，寒鱉炙熊蹯。"大蝦謂之"鰝"。《說文·魚部》："鰝，大蝦也。从魚高聲。"段玉裁注："見《釋魚》郭云：'蝦大者出海中，長二三丈，鬚長數丈。青州呼蝦魚大者為鰝蝦。'《吳都賦》曰：'翼鰝蝦。'""蝦"還有一個義項是"大鯢"。《爾雅·釋魚》："鯢，大者謂之蝦。"明楊慎《異魚圖贊》："蝦實四足，而有魚名，頭頂類鯷，岐岐而行，長生山澗，出入沉浮。"清胡世安《異魚圖贊箋》："蝦魚，《山海經》名人魚。《爾雅》一名魵。蜀人名魶，秦人名鰼。《拾遺》名鯢魚，與海中鯨鯢同名異物。"段玉裁《說文解字注》中已說明此係同名異實。南朝梁顧野王《玉篇·魚部》："蝦，何加切，魵也。長鬚蟲也。""蝦"字從蟲旁，指代節肢動物之"蝦"，

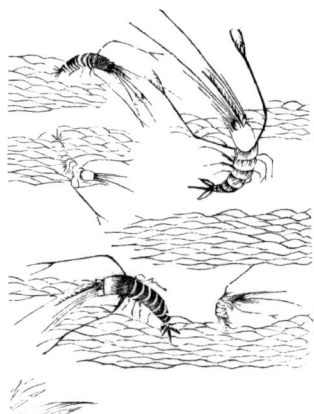

蝦
（明王圻等《三才圖會》）

大約從漢代開始，漢焦延壽《焦氏易林·謙之明夷》："鰍鰕去海，藏於枯里；街巷褊隘，不得自在。"清屈大均《廣東新語·蟲語》："蝦字始見於賈誼《吊屈賦》，曰夫豈從蝦與蛭螾。"晉郭璞《江賦》"水母目蝦"，也用了今天通用的蝦字。但是後世仍有用"鰕"指代"蝦"者。

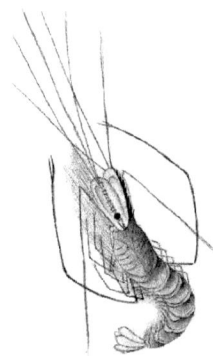

蝦
（明文俶《金石昆虫草木狀》）

從蝦的顏色特徵來看，明王達《蠡海集》："蝦，熟之色而歸赤。"明李時珍《本草綱目·鱗三·鰕》〔釋名〕："時珍曰：'蝦音霞，俗作蝦，入湯則紅色如霞也。'"從字音來看，瑕、霞、騢、蝦四字同音，屬於同源字。《說文·玉部》："瑕，玉小赤也。"《說文新附》："霞，赤雲氣也。"《說文·馬部》："騢，馬赤白雜色，謂色如蝦魚也。"從造字法的角度來看，從"叚"字一般有赤紅義。段注所謂"凡叚聲，如瑕、蝦、騢等，皆有赤色"。"蝦"名稱由來與其顏色特徵和字音密不可分。

關於"蝦"之得名，還有假物一說。宋羅願《爾雅翼·釋魚三》："蝦，蝦多鬚善游而好躍。其字從叚，物假之而遠者。今水母不能動，蝦或附之，則所往如意。荀卿曰：'假輿馬者，非利足也，而致千里，假舟楫者，非利水也，而絕江河。'水母之假於蝦，亦其類。"羅願的解釋有點牽強附會，可備一說。

蝦的種類繁多，不可勝數，古代典籍中對其顏色、形態特徵、習性及生活環境都有記載。

《爾雅翼・釋魚三》："今閩中五色蝦，長尺餘，具五色。梅蝦，梅雨時有之。蘆蝦，青色，相傳蘆葦所變。白蝦、青蝦各以其色。泥蝦，相傳稻花變成，多在田泥中。一名苗蝦。蝦性好游。今診脉者有雀啄、蝦游之屬，以爲惡候。又海中有蝦姑，狀如蜈蚣，云管蝦。"明屠本畯《閩中海錯疏》記載福建海域海蝦十二種之多。有蝦魁、蝦姑、白蝦、草蝦、梅蝦、金鈎子、蘆蝦、稻蝦、對蝦、赤尾、塗苗、海蜈蚣等。明謝肇淛《五雜俎》卷九："吳越王宴陶穀……自龍蝦至綫蝦極小者，計亦不下三十餘種。"清郭柏蒼《海錯百一錄》記載了福建沿海水產蝦類有六大類。有龍蝦（附蝦杯、對蝦、南鎮、赤尾、金鈎子）、五色蝦、蕈蝦、白蝦、黃蝦（附節蝦）、蝦姑、苗鮮（附蝦鮮）。又記："五色蝦，長尺餘，具五色，鹹淡水有之。梅蝦、蘆蝦、青蝦、泥蝦，皆產池澤及稻畦中。"清屈大均《廣東新語・蟲語》："蝦莫多於粵水，種類甚繁，小者以白蝦，大者以蟳蝦爲美。……其次曰黃蝦、白蝦、沙蝦。最小者銀蝦，狀如綉針。……丹蝦，產惠州西湖。其色青，煮熟丹紅，絕鮮美。諺云：湖上漁家，白飯丹蝦。"

清郝懿行所著《記海錯》是記述山東沿海水產動植物的專書，極具科學價值。其中記載："海中有蝦，長尺許，大如小兒臂。漁者網得之，俾兩兩而合。日乾或腌漬，貨之，謂爲對蝦。其細小者曰蝦米也。案，《爾雅》云：鰝，大蝦。郭注：蝦大者，出海中，長二三丈，鬚長數尺。今青州呼蝦魚爲鰝。《北户錄》云，海中大紅蝦，長二丈餘，頭可作杯，鬚可作簪，其肉可爲鱠，甚美。又云蝦鬚有一丈者，堪拄杖。《北户錄》之説與《爾雅》合。余聞榜人言，

船行海中，或見列桅如林，橫碧若山，舟子漁人，動色攢眉，相戒勿前。碧乃蝦背，桅即蝦鬚矣。"張震東《〈記海錯〉名物辨析》認爲，郝懿行引用《北户錄》記載，屬於訛傳誇大之詞，不便據以辨別，衹是對文中的"對蝦"和"其細小者"進行了解析。《北户錄》作爲唐代嶺南中國風土錄，其中記載海中大紅蝦并非空穴來風，結合《閩中海錯疏》以及《海錯百一錄》記載，此處記述應爲龍蝦，亦名蝦魁。黃海、渤海經濟蝦類中，體型較大的是對蝦，小型蝦中主要是鷹爪蝦，體形更小的是毛蝦。

蝦的種類名稱實繁，見於地方志記載猶多。宋方萬里、羅濬《寶慶四明志》卷五："蝦，有赤白青黃斑數色，青者大如兒臂，土人珍之，多以餉遠。梅熟時曰梅蝦，鱟熟時曰鱟蝦，狀如蜈蚣而大者曰蝦姑，身尺餘，鬚亦二三尺，曰蝦黃，不常有。皆產於海。其產於陂湖者曰湖蝦，生於河者曰蝦公，二鉗比他種其長倍之。"明李時珍《本草綱目・鱗三・蝦》〔集解〕時珍曰："江湖出者大而色白，溪池出者小而色青，皆磔鬚鉞鼻，背有斷節，尾有硬鱗，多足而好躍，其腸屬腦，其子在腹外，凡有數種。米蝦、糠蝦以精粗名也，青蝦、白蝦以色名也，梅蝦以梅雨時有也，泥蝦、海蝦以出產名也，嶺南有天蝦，其蟲大如蟻，秋社後群墮水中，

大黃蝦
（清聶璜《清宮海錯圖》）

化爲蝦，人以作鮓食。凡蝦之大者，蒸曝去殼，謂之蝦米，食以薑醋，饌品所珍。"清李元《蠕範》卷八："蝦，鰝也，魵也，沙虹也，長鬚公也，朱衣侯也，虎頭公也。"又記龍蝦、苗蝦、盧蝦、五色蝦、青蝦、白蝦、紅蝦、謝豹蝦、梅蝦、金鈎等。還記載了蝦蛄和糠蝦，以及天蝦等傳說。《古今圖書集成·禽蟲典·蝦部》引《閩書·閩產》："蝦有赤蝦、黃蝦、沙蝦、水港蝦、斑節蝦、白蝦、狗蝦。盧蝦，蘆花所變。梅蝦，梅雨時出。泥蝦，稻花所發，暴而槁之，小者揉之曰蝦米，巨者對插之曰對蝦，其大者名蝦魁。"《閩縣鄉土志》："各色蝦有梅蝦、蘆蝦、青蝦、泥蝦之別。槁螺即似螺，鬚脚乃蝦，肉可爲江珧柱，蓋寄生也。蝦蛄，一名蝦魁。"

清周學曾編道光《晉江縣志》："蝦有九節蝦，有白丁蝦，又白而小者，名玉鈎，名白蝦；尤小者，名苗蝦；小如粟芒者，名玉蝦；如塵沫者，名塗蝦；其產於池塘者，有螯，名大脚蝦；無螯者，名蘆蝦。龍蝦長可尺許，其鬚四繚，長過其身，目睛凸出，上隱起二角負介昂藏，體似小龍，真奇種也。蝦姑狀如蜈蚣，有殼，尾如僧帽。青龍即蝦姑之類。少肉，多黃，味最美。"民國十九年（1930）《安東縣志·物產》："蝦，《正字通》云：'磔鬚鉞鼻，背有斷節，尾有硬翅腸在腦子在腹外，多足善躍，頭

胸部具三對顎足五對步足，腹背有橈足，適於游泳，鹹水、淡水均產之，種類甚多。'安東江海所產者最小曰蠓蝦以形名，冰畔時出江中製醬取油最美；大者曰青蝦，春夏秋皆有，鮮可取仁，乾可曬米，俗呼大蝦米，年產數萬斤，運銷四方，爲鴨綠江大宗特產；又有白蝦，俗名白曬子，可製小蝦米，豐收時，年約二十餘萬斤，歉收亦四五萬斤，三種皆產江中。趙氏溝、大東溝等處別有蠐蝦，產海中，色青而大長五六寸，出水即死，俗亦謂之明蝦，製成色紅，兩兩成對，俗呼對蝦，味最鮮美。產河中及溪澗中有草蝦、泥蝦，色皆灰黑。又海中有蝦蛄，狀如蜈蚣，長四寸許，全體淡黃微綠，殼硬而厚，食之無肉，俗呼蝦爬，人皆見之。蝲蛄，似蝦有螯，似蟹無甲，身短尾闊，能爲退却運動，產溪澗中，高江村《松漠紀聞》云：土人謂之天厨之珍，歲薦寢陵必需焉，蓋吉林爲出產地，滿洲人嘗搗成膏以薦宗廟，安東所產無多，亦不重視之。"臺灣文獻叢刊《諸羅縣志》："蝦，或作蝦。種類不一，有紅蝦、沙蝦、斑節蝦、白丁蝦。各塭紅蝦最佳。又有黃梔米蝦，小而色紅。"民國二十年（1931）《膠志·物產》："蝦，春有老公蝦，夏有跕蝦，秋冬有秋蝦、白蝦、草蝦之屬，春又有風蝦、桃花蝦之屬。"

紅　蝦
（清聶璜《清宮海錯圖》）

白　蝦
（清聶璜《清宮海錯圖》）

清胡世安《異魚圖贊補》："蝦，蝦代蛇睇，亦兆兵歲，鬚可杖，帘尤繁厥系，水母目蝦，詳前。又《蟹譜》：'吳俗有蟹荒蝦兵之諺，以其披堅執銳也。歲或暴至，則鄉人以爲兵證。'《爾雅》：'鰝，大蝦，出海中者長二三丈，游行則豎其鬚，高於水面，故字從高鬚，長數尺可以織帘。'《嶺表錄異》：'劉恂曾登海舶入施樓，忽見窗板懸二巨蝦殼，頭尾鉗足具全，各七八尺，首占其一，分嘴尖利如鋒刃，嘴上有鬚，如紅箸，各長二三尺，雙腳有鉗，鉗麤如人大指，長二尺餘，上有芒刺，如薔薇枝，赤而銛硬，手不可觸，腦殼烘透，彎環尺餘，何止於杯盂也？'《北戶錄》：'滕循爲廣州刺史，有客語循曰：蝦鬚有一丈者，堪作拄杖。循不之信。客去東海取鬚四尺，以示循，方伏其異。'《交廣記》：'吳有廣州刺史語滕修，蝦鬚長一丈。不之信。其人後至東海取蝦鬚，長四丈四尺，封以示修。'一事而載小異。又交趾蝦，巨如柱鬚，長七八尺者，海濱以作拄杖甚佳。陳剛中詩：'蝦鬚作筇杖。'《廣韵》："蝦，魚屬。閩中有五色蝦、梅蝦、盧蝦、泥蝦、苗蝦。又海中有管蝦、梅蝦數千萬尾不及斤。五六月間生，一日可滿數十舟。色白可愛。泥蝦可爲醬，並苗蝦，皆極細不可辨。'《五雜俎》：'吳越王宴陶穀蝦，自龍蝦至綫蝦，計亦不下三十餘種。'按，龍蝦大者重二十餘斤，鬚三尺餘，可作杖。《漁書》云龍蝦一名蝦魁，其首如龍，有刺眼如蟹，而大眉上起二角，鬚長數尺，兩傍共十腳，腳末有爪，爪上有毛徑寸，黃金色，負介昂藏體。似小龍，大可二三斤，色綠碧，炊熟硃紅。鬚紅白相間，味絕甘美，鮮食尤佳。出閩之鍾銅山間海蝦名最多，黃蝦每兩相插成對，有金

鈎、班節、沙蝦、劍青尾之類，又有蝦姑，蝦候各種。雖不中俎，皆蝦族也。溪澗中亦有，多產其大者，產婦食之有乳，鄉人呼爲狗蝦。"

蝦，一名"沙虹"。《分類字錦》卷六〇引南朝宋沈懷遠《南越志》："蝦，一名沙虹，小者如鼠婦，大者如螻蛄。"明彭大翼《山堂肆考》卷二二五："蝦，一名沙虹，小者如鼠婦，大者如螻蛄。"蝦亦名"朱衣侯"。朱者，紅也，蝦遇熱而赤。唐唐彥謙《索蝦》詩："姑孰多紫蝦，獨有陽湖優……雙箝鼓繁鬚，當頂抽長矛。鞠躬見湯王，封作朱衣侯。"蝦亦曰謝豹蝦，《古今圖書集成·博物彙編·禽蟲典·杜鵑部》："《老學庵筆記》：'吳人謂杜宇爲謝豹，杜宇初啼時，漁人得蝦曰謝豹蝦。市中賣笋曰謝豹笋。唐顧況《送張衛尉》詩曰：'綠樹村中謝豹啼。'若非吳人，殆不知謝豹爲何物也。"杜宇即杜鵑。故杜鵑花亦名謝豹。清厲荃《事物異名錄》亦引用《老學庵筆記》："吳人謂杜宇爲謝豹。杜宇啼時得蝦，亦曰謝豹。"蝦亦稱"長鬚蟲""長鬚公"。《玉篇·魚部》："蝦，魤也，長鬚蟲也。"宋施宿等《會稽志·魚部》："蝦，字書云長鬚蟲也。海中有蝦鬚長二丈。海蝦搗潑生食以案酒，殊俊快。"《格致鏡原·水族類六·蝦》引明黃一正《事物紺珠》："蝦名長鬚公，又虎頭公，曲身小子。"蝦還被戲稱爲"水晶人"。清厲荃《事物異名錄》引自《清異錄》："謝謙冲曰：'蝦女豈不好？白角衫裏一個水晶人。'滿座皆笑。"

宋梅堯臣《蝦》詩："宮簾織以鬚，水母憑爲目。"明王鏊《海蝦圖》詩："茫茫大海浮穹壤，日月升沉鰲背上。其間物怪何所無？海馬天吳大如象。有魚如屋鱟如帆，蝦最細微猶十

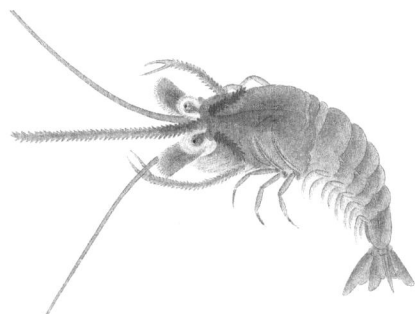

龍頭蝦
（清聶璜《清宮海錯圖》）

丈。犖犖怒氣鬚如戟，力戰洪濤欲飛出。江湖魚蟹總蜉蝣，畜眼平生未曾識。畫工何處寫汝真，夢中曾到長鬚國。黑風吹海浪如山，魚龍變化須臾間。從龍願作先驅去，去上青天生羽翰。"《古今圖書集成·博物彙編·禽蟲典·蟹部》引白居易詩："亥日饒蝦蟹。"

據統計，我國海洋蝦類已計達四百七十六種。其中，黃海、渤海四十九種，東海一百三十八種，南海最多達三百一十六種。以對蝦、鷹爪蝦、毛蝦、沼蝦最具經濟價值。

【鰕】

同"蝦[1]"。此體先秦時期已行用。見該文。

【鰝】[1]

即大海蝦。此稱先秦時期已行用。見該文。龍蝦亦稱鰝。參見本卷《水生無脊椎動物説·水生節肢動物考》"龍蝦"文。

【魵】

即蝦[1]。乃誤用。此稱先秦時期已行用。見該文。

【蝦魚】

即蝦[1]。此稱漢代已行用。見該文。

【長鬚蟲】

"蝦[1]"之俗稱。此稱南北朝時期已行用。見該文。

【朱衣侯】

"蝦[1]"之戲稱。此稱唐代已行用。見該文。

【沙虹】

即蝦[1]。此稱宋代已行用。見該文。

【謝豹蝦】

即蝦[1]。亦稱"謝豹"。此稱南宋已行用。見該文。

【長鬚公】

"蝦[1]"之俗稱。此稱明代已行用。見該文。

【虎頭公】

即蝦[1]。此稱明代已行用。見該文。

【曲身小子】

即蝦[1]。此稱明代已行用。見該文。

【水晶人】

"蝦[1]"之戲稱。此稱清代已行用。見該文。

對蝦

亦稱"五色蝦""明蝦""蟳蝦""大蝦""鈎子""青蝦""黃蝦""斑節蝦""草蝦""蘆蝦""稻蝦""沙蝦"等。海蝦名。甲殼綱，軟甲亞綱，十足目，游泳亞目，對蝦科之通稱。對蝦體長而略側扁，全身由二十節組成，除尾節外，各節均有附肢一對。有五對步足。前三對步足皆呈鉗狀，額角上下緣均有鋸齒，腹部附肢發達適於游泳，每一體節包括一背板和一腹板。宋陳耆卿嘉定《赤城志》卷三六："蝦有赤白青黃斑數色，青者大如掌，土人珍之，多以餉遠。梅熟時曰梅蝦，蠶熟時曰蠶蝦，狀如蜈蚣而大者曰蝦姑，身尺餘鬚亦二三尺曰蝦王。不常有，皆産於海。"明屠本畯《閩中海錯疏》卷中："對蝦，土人腊之，兩兩對插以寄遠。"清謝道承等纂乾隆《福建通志·物産》："對蝦，土人熟而乾之，兩兩對插，可以寄遠。"是説當地人風乾對蝦，兩兩成對，以便寄送遠方。民國十八年（1929）《臨榆縣志·物產》："對蝦，海產，長四寸許，賣者必以對，故名。"這類蝦通常體型都比較大，過去漁民常常以"對"來統計漁獲量，在市面上出售也以"對"來標注價格，久而久之就習慣把它們稱爲對蝦，中文學名也沿用了這個俗稱。

對蝦也有以雌雄爲對之說，《格致鏡原·水族類六·蝦》引《正字通》："今閩中有五色蝦，兩兩乾之，謂之對蝦。一曰以雌雄爲對。"清郭柏蒼《海錯百一録》卷四："對蝦，産羅源、寧德，長二三寸，土人薨之，兩兩相對，可以寄遠。味豐。"清胡世安《異魚圖贊補》："黃蝦，每兩相插成對。"《古今圖書集成·禽蟲典·蝦部》引《閩書·閩產》："泥蝦，稻花所發，暴而槁之，小者揉之曰蝦米，巨者對插之曰對蝦，其大者名蝦魁。"

"對蝦"於明代前後亦稱爲"海馬"。清光緒《文登縣志·土產》："別有紅色者，長五六寸，兩兩成對曰對蝦，即《正字通》所謂海馬也，其尤大者，橫背如山，列鬚如林，舟子漁人動色相戒。"清乾隆《沂州府志·海族》："蝦大者爲對蝦，次爲白蝦，可曬蝦米，小者爲米蝦。"清光緒《永平府志·物產》："蝦有青白二種，七屬河山皆產，海蝦堪爲酢酺，曝乾去皮，呼曰海米，大者俗呼對蝦。《對蝦》詩云：'芍藥飛香撲玉缸，海棠扶影上紗窗。賞花佐飲須珍味，笑指珊瑚鈎一雙。'"

中國明對蝦（*Fenneropenaeus chinensis*），亦稱"中國對蝦""明蝦""東方對蝦""對蝦"。民國十九年（1930）《安東縣志·物產》："趙氏溝、大東溝等處別有蟬蝦，産海中，色青而大，長五六寸，出水即死，俗亦謂之明蝦，製成色紅，兩兩成對，俗呼對蝦，味最鮮美。"民國二十四年（1935）《萊陽縣志·物產·鱗屬》："蟬蝦，長五六寸，出海即死，漁人兩兩對之，故俗亦稱對蝦，味最美，其略小者，俗稱鈎子。"《古今圖書集成·方輿彙編·職方典》引《廣州府物產考》："蟬蝦，北人呼對蝦。"徐珂《清稗類鈔·動物類》："蟬蝦，産鹹水中。大者長五六寸，出水即死，俗亦謂之明蝦。兩兩乾之，謂之對蝦，爲珍饌。去其殼，俗謂之大金鈎。鮮者味尤美。"其體形較大，體長 13 ～ 24 厘米。甲殼薄，光滑透明，雌體青藍色，雄體呈棕黃色。額角側脊不超過頭胸甲中部，頭胸甲無額胃脊和肝脊。第三步足伸不到第二觸角鱗片的末端。常栖於淺海海底，分布於黃海、渤海、東海北部和朝鮮，是我國和朝鮮的特有種，是黃海、渤海區主要的捕撈對象。雌蝦體色呈灰青色，雄蝦體色發黃，最顯著的特徵是長長的額劍。中國對蝦的個頭很大，最長近 30 厘米。中國沿海均産，主要分布在黃海、渤海及朝鮮半島西部沿海。中國明對蝦屬廣溫、廣鹽性、一年生暖水性大型洄游蝦類。經濟價值高，是中國沿海的主要養殖蝦類之一。在中國，海水養殖的對蝦主要是南美白對蝦、斑節對蝦、中國對蝦和日本對蝦。中國明對蝦洄游路程很長，因長江流域徑流的阻隔，中國明對蝦一般分布於長江以北海域，長江以南不會形成很大的種群，故清代郭柏蒼所記五色蝦之對蝦，應是斑節對蝦（*Penaeus monodon*）或日本對蝦（*Penaeus japonicus*）。目前斑節對蝦和日本對蝦等養殖面積，已占全國養蝦面積的 30% 以上。

《古今圖書集成·博物彙編·禽蟲典·蝦部彙考》："四明海物，青蝦次於江瑤柱，無海腥氣。"清黃之雋等編纂乾隆《江南通志·食貨志·松江府》："青蝦大如掌，俗稱對蝦。"清郭柏蒼《海錯百一録》卷四："黃蝦，海濱皆産，長二三寸，腌入省會，味遜白蝦。"清趙學敏《本草綱目拾遺》卷一〇："對蝦，《粵志》：'蟳蝦産鹹水中，大者長五六寸，出水則死。漁人以絲粘網，其深四尺有五寸、六寸者，仄立海中，絲柔而輕，蟳蝦至則鬚尾穿骨，弗能脱也。兩兩乾之爲對蝦，鮮者肉肥白而甘。'朱排山《柑園小識》：'海蝦，碟鬚鉞鼻，背有斷節，尾有硬鱗，多足而好躍，大於溪河所生，長尺餘，鬚可爲簪。土人兩兩乾之，謂之對蝦，以充上饌。'《宦游筆記》："淮海産對蝦，長數寸，兩兩乾之，勾結如環，烹以爲羹，味鮮美，居人往往以享客，且可致遠。或曰，以雌雄爲對，但當懷子，即散之後，雌雄亦無從辨。至其出時，自正月望後始，二、三、四月大盛，端陽而後即杳不可得，亦物理之不可推者也。"徐珂《清稗類鈔·動物類》："蟳蝦，産鹹水中。大者長五六寸，出水即死，俗亦謂之明蝦。兩兩乾之，謂之對蝦，爲珍饌。去其殼，俗謂之大金鈎。鮮者味尤美。"

【海馬】[1]

即對蝦。此稱至遲於明代已行用。見該文。

【蟳蝦】

即對蝦。此稱清代已行用。見該文。

【青蝦】[1]

對蝦性成熟之雌個體名。因雌性生殖腺呈翡翠之青色，故名。此稱清代已行用。此有歧義，係同名異實。參見本卷《水生無脊椎動物說·水生節肢動物考》"對蝦""沼蝦"文。

【黃蝦】

對蝦性成熟之雄個體名。因雄性生殖腺呈瑪瑙之黃色，故名。此稱清代已行用。見該文。

【明蝦】

即對虾。學名"對蝦"，也稱"中國對蝦""大蝦""角蝦""白蝦""鳳蝦"。此稱至遲於民國時期已行用。見該文。

【鈎子】

即對蝦。此稱至遲於民國時期已行用。見該文。

【中國明對蝦】

即對蝦。省稱"明蝦"。此稱於近現代行用。見該文。

【東方對蝦】

即對蝦。此稱於近現代行用。見該文。

【大蝦】

"中國明對蝦"之俗稱。此稱行用於近現代。見該文。

斑節對蝦

亦稱"草蝦""斑節蝦""五色蝦"。明李時珍《本草綱目·鱗三·海蝦》〔集解〕時珍曰："閩中有五色蝦，亦長尺餘，彼人兩兩乾之，謂之對蝦，以充上饌。"斑節對蝦（*Penaeus monodon*），俗稱鬼蝦、草蝦、花蝦、竹節蝦、黑虎蝦。體表光滑，殼稍厚，體被黑褐色、土黃色相間的橫斑花紋。額角側脊較低且鈍，額角後脊中央溝明顯。有明顯的肝脊，無額胃脊。斑節對蝦爲當前世界上三大養殖蝦類（南美白對蝦、斑節對蝦、羅氏沼蝦）中養殖面積和産量最大的對蝦養殖品種。我國南方沿海可以養兩茬，因爲它具有生長快、適應性强的特徵。我國海水養殖斑節對蝦多分布在南方沿海地區。徐珂《清稗類鈔·動物類》："斑節蝦，長六七寸，前三對脚之尖端具小螯，體色常有青、紅、黃、褐等斑，故名。"浙江、福建、臺灣、廣東、廣西沿海均有分布。參見本卷《水生無脊椎動物説·水生節肢動物考》"對蝦"文。今人多省稱"斑節蝦"，或直稱"草蝦"。此稱於近現代行用。

【草蝦】[1]

即斑節對蝦。此稱多於近現代行用。見該文。此有歧義，係同名异實。參見本卷《水生無脊椎動物説·水生節肢動物考》"沼蝦"文。

【五色蝦】

即斑節對蝦。《爾雅翼·釋魚三·蝦》："今閩中五色蝦，長尺餘，具五色。"《古今圖書集成·禽虫典·蝦部》引唐劉恂《嶺表録异》云：'海蝦，皮殼嫩紅色，前足有鉗者，色如朱，最大者長七八尺至一丈也。閩中有五色蝦，亦長尺餘，彼人兩兩乾之，謂之對蝦，以充上饌。'"清郭柏蒼《海錯百一録》卷四："五色蝦，長尺餘，具五色，鹹淡水有之。"此稱宋代已行用。見該文。

【斑節蝦】

即斑節對蝦，亦稱黑虎蝦、鬼蝦、草蝦、花蝦、牛形對蝦。徐珂《清稗類鈔·動物類》："斑節蝦，長六七寸，前三對脚之尖端具小螯，體色常有青、紅、黃、褐等斑，故名。"民國二十四年（1935）《霑化縣志·物產》："蝦，節足動物之長尾者。其種類較著者如左：1.斑節蝦，俗稱對蝦。爲蝦類之最大而味美者……"

此稱多行用於近現代。

【節蝦】

即日本對蝦（*Penaeus Japonicus*）。又稱日本囊對蝦，別稱"車蝦""斑節蝦""花蝦""斑竹蝦""竹節蝦"，體被藍褐色橫斑花紋，尾尖爲鮮艷的藍色。原產日本、中國、菲律賓、澳大利亞等國，廣泛分布於印度洋、西太平洋地區，主要在日本列島、南非紅海、阿拉伯灣、孟加拉灣等海區，以日本沿海數量最多。我國的黃海、東海和南海海域都有分布。清郭柏蒼《海錯百一録》卷四："節蝦，節黑，長與黃蝦等，殼厚肉粗。"此稱清代已行用。見該文。

蘆蝦

指淡水蝦。此稱宋代已行用。《爾雅翼·釋魚三·蝦》："蘆蝦，青色，相傳蘆葦所變。"明屠本畯《閩中海錯疏》卷中："蘆蝦，是蘆葦所變。味甘美，鮓之尤妙。國初曾進貢。"清郭柏蒼《海錯百一録》卷四："梅蝦、蘆蝦、青蝦、泥蝦皆產池澤及稻畦中。"今亦爲海蝦名，刀額新對蝦别名蘆蝦。

泥蝦 [1]

淡水蝦名。此稱宋代已行用。《爾雅翼·釋魚三·蝦》："泥蝦，相傳稻花變成，多在田泥中，一名苗蝦。"此係物生説，謂泥蝦生活在淡水中。參見本卷《水生無脊椎動物説·水生節肢動物考》"糠蝦"文。又，刀額新對蝦（*Metapenaeus ensis*）俗稱沙蝦、泥蝦、土蝦，商品名俗稱"基圍蝦"。隸屬甲殼綱，十足目，對蝦科，新對蝦屬。體長 70 ~ 130 毫米，大的個體可達 160 毫米。體色淡褐色，體表光滑，表面散布許多青色小點，體表凹下部分着生短毛。刀額新對蝦分布範圍很廣，中國南海資源豐富，是重要的經濟種，東海數量較少，僅分布於福建、浙江近海。

【稻蝦】

即泥蝦。明屠本畯《閩中海錯疏》卷中："稻蝦，是稻花所變。"此稱明代已行用。見該文。

沙蝦 [1]

俗稱"羊毛蝦""黃蝦""站蝦""麻蝦""黃新對蝦"等，味道鮮美。此稱至遲行用於明代。《古今圖書集成·禽蟲典·蝦部》引明何喬遠《閩書·閩產》："蝦有赤蝦、黃蝦、沙蝦、水港蝦、斑節蝦、白蝦、狗蝦。"清胡世安《異魚圖贊補》卷下："海蝦，名最多。黃蝦每兩相插成對，有金鈎、斑節、沙蝦、劍青尾之類。"

赤蝦 [2]

對蝦科赤蝦屬（*Metapenaeopsis*）之通稱。戴氏赤蝦（*Metapenaeopsis dalei*）俗名"紅筋蝦"，在我國產於東海。身體遍布斜行排列的紅色斑紋，甲殼厚而粗糙，表面生有密毛。額角短，末端尖。腹肢側部具紅斑。尾扇後部呈紅色。一般體長 4 ~ 6 厘米，最長 8 厘米。《古今圖書集成·禽蟲典·蝦部》引明何喬遠《閩書·閩產》："蝦有赤蝦、黃蝦、沙蝦、水港蝦、斑節蝦、白蝦、狗蝦。"此稱至遲行用於明代。此有歧義，爲同名異實。參見本卷《水生無脊椎動物説·水生節肢動物考》"蝦"文及"滷蟲""毛蝦"文。

鷹爪蝦

亦稱"立蝦""鷄爪蝦""厚皮蝦""傻蝦""沙蝦""粗皮""紅蝦""金鈎""金鈎蝦米"。海蝦名。爲甲殼綱、軟甲亞綱、十足目、枝鰓亞目、對蝦總科、對蝦科、鷹爪蝦屬之統稱。鷹爪蝦因其腹部彎曲、形如鷹爪而得名。體較

粗短，甲殼很厚，表面粗糙不平。體長 6 ~ 10 厘米，體重 4 ~ 5 克。額角上緣有鋸齒。頭胸甲的觸角刺具較短的縱縫。腹部背面有脊。尾節末端尖細，兩側有活動刺。我國黃、渤海至南海沿岸淺水產的鷹爪蝦（*Trachy Salambria curvirostris*）鮮品亦名立蝦，是用於煮曬蝦米的優質蝦。鷹爪蝦煮熟曬乾剝製而成的蝦米名"金鈎蝦米"。古稱"金鈎子""金鈎"。黃、渤海經濟蝦類中，體型較大的是對蝦，小型蝦中主要是鷹爪蝦。明屠本畯《閩中海錯疏》卷中："金鈎子，小於赤尾，曬乾，淡者佳。"清胡世安《異魚圖贊補》卷下："海蝦名最多……有金鈎、斑節、沙蝦、劍青尾之類。"其稱"金鈎"，即今之鷹爪蝦。清郭柏蒼《海錯百一錄》卷四："金鈎子，小於赤尾，味佳。"清康熙五十年（1711）《永平府志·物產》："蝦，大小不一，近海產，有金鈎、玉鈎之名，出蠶叢口，取肉乾之，爲蝦米，灤河亦多。"清乾隆《膠州志·物產》："蝦，蝦米，大者名鷹爪，出頭營子。"民國十年（1921）《莊河縣志·物產》："蝦有大小之別，小者爲鷹爪蝦，生剝者爲仁，曬乾者爲蝦米。"民國十六年（1927）《綏中縣志·物產》："小者俗呼爲青蝦，去殼者曰蝦米、金鈎。"

【金鈎子】

即鷹爪蝦。此稱明代已行用。見該文。

【金鈎】

即鷹爪蝦。其加工後乾品名金鈎蝦米。此稱明代已行用。見該文。

【立蝦】

"鷹爪蝦"之鮮品名。此稱於今北方沿海行用。見該文。

【鷄爪蝦】

"鷹爪蝦"之俗稱。此稱多於今北方沿海行用。見該文。

【鷹蝦】

"鷹爪蝦"之俗稱。清乾隆七年（1742）《威海衞志·物產》記："鷹蝦。"此稱清代已行用。見該文。

【厚皮蝦】

"鷹爪蝦"之俗稱。此稱多行用於今浙江沿海。見該文。

【傻蝦】

"鷹爪蝦"之俗稱。此稱多行用於今浙江沿海。見該文。

【沙蝦】[2]

"鷹爪蝦"之俗稱。因其甲殼表面粗糙不平，故名。見該文。

【粗皮】

"鷹爪蝦"之俗稱。因其甲殼表面粗糙不平，故名。見該文。

【紅蝦】[1]

"鷹爪蝦"之俗稱。此稱通行於近現代。見該文。亦有歧義，同名異實。參見本卷《水生無脊椎動物説·水生節肢動物考》"長臂蝦"文。

毛蝦

亦稱"梅蝦""玉鈎""白蝦""小白蝦""香山蝦""紅毛子""蝦皮""苗蝦""塗苗""土苗""醬蝦"。爲甲殼綱、十足目、櫻蝦科、毛蝦屬之通稱。體小而側扁，長3～4釐米，體側扁，體色透明，有小白蝦之稱。

殼極薄，額角短小，係温、熱帶海洋蝦類，具較大經濟價值。《爾雅翼·釋魚三·蝦》："梅蝦，梅雨時有之。"明屠本畯《閩中海錯疏》卷中："梅蝦，梅雨時出洲渚間。"清胡世安《異魚圖贊補》卷下："梅蝦，數千尾不及斤，五六月間生，一日可滿數十舟。色白可愛。"清《晉江縣志·物產》："又白而小者，名玉鈎，名白蝦。"根據所記漁獲期、個頭大小以及產量來看，應爲可製蝦皮之毛蝦。

明屠本畯《閩中海錯疏》卷中："塗苗，《海物異名記》云，謂之醬蝦，細如針芒，海濱人鹹以爲醬，不及南通州出長樂港尾者佳，梅花所者不及。"清郭柏蒼《海錯百一録》卷四："土苗，即塗苗。海蟲之極微細者。《海物異名記》謂之醬蝦，細如針芒，波徒頃鬚，若泥淖。海濱人鹽以爲醬。蒼按，今海人亦稱醬蝦。色藍，鹽醃可久不壞。福興村民藉此下飯，年貨數萬桶。"清《晉江縣志·物產》："尤小者，名苗蝦。"清光緒五年（1879）《順天府志·物產》："蝦，《寧河縣志》：大小不等，蒸曝去殼，謂之蝦米；又有麻綫蝦，細而無肉，土人多糟爲醬，名滷蝦。"清寶樂安、許家惺審定《動物學教科書》第一〇章《甲殼類》："苗蝦，似蝦而體小，足肢歧而爲二，不便行走，常游泳於海面。"

香山蝦和紅毛子皆可製作味美的蝦醬。清趙學敏《本草綱目拾遺》卷一〇："蝦醬以香山

白蝦苗
（清聶璜《清宮海錯圖》）

所造爲美，曰香山蝦，其出新寧大襟海上下二川者亦香而細，頭尾與鬚皆紅，白身黑眼。初腌時，每百斤用鹽三斤，封定缸口，俟蝦身潰爛，乃加鹽至四十斤，於是味大佳，可以久食。解毒樹蠱。廣有毒樹蠱，其樹無花，結子如牛奶，食之立死，以蝦醬解之。《宦游筆記》：遼東大凌河出蝦醬、蝦油，皆甘美。平海又出一種小蝦，名紅毛子，作蝦醬尤佳。今浙江寧波及蘇，皆有蝦醬，味亦佳。"

中國毛蝦分布於渤海、黃海、東海沿岸和南海北部沿岸海域。中國毛蝦（A.chinensis）產量最高，其次是日本毛蝦（A.japonicus）。毛蝦除供鮮食外，還可加工成蝦皮、蝦醬、蝦油等。因其體小，皮薄肉少，在氣溫高時，鮮蝦不能長期保存，且漁獲量大，除少數鮮售外，大多是直接曬乾，或把毛蝦煮熟後曬乾，稱蝦皮。蝦皮的營養價值很高，在水產品中屬價格比較低廉的大衆海味。春汛捕撈的毛蝦，體大肉肥，煮熟曬乾後還可剝製成小蝦米。此外，將毛蝦搗碎、加鹽，在陽光下曝曬、發酵，可製成蝦醬。用鹽浸製濾出發酵品的汁液，就是蝦油。

【苗蝦】[1]

即毛蝦。此稱宋代已行用。《古今圖書集成·禽虫典·蝦部》引《閩書·閩產》："次者名蝦姑，《開元遺事》載其名，狀如蜈蚣，尾如僧帽，泉人謂之青龍，其絕小者名苗蝦。《海物異名記》謂之醬蝦，細如針芒，聚若淖泥，可鹽而醬之。"參見本卷《水生無脊椎動物説·水生節肢動物考》"糠蝦"文。

【梅蝦】

即毛蝦。此稱宋代已行用。見該文。

【玉鈎】

即毛蝦。此稱宋代已行用。見該文。

【白蝦】[1]

即毛蝦。此稱清代已行用。見該文。

【小白蝦】

即毛蝦。此稱明代已行用。見該文。

【滷蝦】[2]

似毛蝦。此稱明代已行用。見該文。

【香山蝦】

即毛蝦。此稱清代已行用。見該文。

【土苗】[1]

即毛蝦。此稱清代已行用。見該文。參見本卷《水生無脊椎動物説·水生節肢動物考》"糠蝦"文。

【紅毛子】

即毛蝦。此稱清代已行用。見該文。

【紅毛蝦】

似指毛蝦。此稱清代已行用。見該文。

【麻綫蝦】

似毛蝦。此稱清代已行用。見該文。

【塗苗】

即毛蝦。此稱明代已行用。《古今圖書集成·方輿彙編·職方典·福州府部》："塗苗謂之醬蝦。"此有歧義，爲同名異實。參見本卷《水生無脊椎動物説·水生節肢動物考》"糠蝦"文。

【醬蝦】

即毛蝦。此稱明代已行用。《古今圖書集成·方輿彙編·職方典·興化府部》："有細若針芒者曰醬蝦。"《古今圖書集成·禽蟲典·蝦部》引《閩書·閩產》："其絕小者名苗蝦。《海物異名記》謂之醬蝦，細如針芒，聚若淖泥，可鹽而醬之。"

沼蝦

亦稱“湖蝦”“青蝦”“草蝦”“河蝦”“蝦公”。淡水或近岸半鹹水域之蝦名。甲殼綱，軟甲亞綱，十足目，長臂蝦科，沼蝦屬之統稱。沼蝦屬學名爲（Macrobrachium）。額角側扁，上、下緣均具齒。頭胸甲具觸角刺、肝刺，第四胸節腹甲有中央突。腹部第二側甲覆於第一三側甲外，前兩對步足螯狀，尤以第二對最大。分布於淡水湖泊和半鹹水河口水域。多稱爲河蝦，又稱青蝦，學名日本沼蝦（Macrobranchium nipponense），我國湖沼中習見，體青綠色，帶有棕色斑紋，故稱青蝦。有關青蝦之記載，始見於宋朝。宋羅願《爾雅翼·釋魚三·蝦》：“白蝦，青蝦，各以其色。”宋陳耆卿嘉定《赤城志》卷三六：“蝦有赤、白、青、黃、斑數色，青者大如掌，土人珍之，多以餉遠。梅熟時曰梅蝦，鼊熟時曰鼊蝦，狀如蜈蚣而大者曰蝦姑，身尺餘鬚亦二三尺曰蝦王。不常有，皆産於海。其産於陂湖者曰湖蝦。二鉗比他種其長倍之。”宋羅濬《寶慶四明志》卷四：“蝦有赤、白、青、黃、斑數色……其産於陂湖者曰湖蝦，生於河者曰蝦公，二鉗比他種其長倍之。”此處青蝦指對蝦，湖蝦乃沼蝦。

明代稱“草蝦”。明屠本畯《閩中海錯疏》卷中：“草蝦，頭大身促，前兩足大而長，生池澤中。”清謝道承等編纂乾隆《福建通志·物産》亦記載草蝦。沼蝦常栖息於江河、湖泊、溪溝的水生藻、草叢中，不利於網捕。捕撈河蝦的方法有許多種，籠捕河蝦效果較好。漁民常用蘆葦或竹條、柳條製成蝦籠，籠內放置魚骨或米糠、麥麩等餌料，以長繩繫近百隻蝦籠入水，待蝦鑽入而捕獲。

【湖蝦】

即沼蝦。此稱宋代已行用。見該文。

【青蝦】[2]

“沼蝦”之俗稱。此稱宋代已行用。此有歧義，係同名异實。參見本卷《水生無脊椎動物說·水生節肢動物考》“對蝦”“白蝦”文。

【蝦公】[1]

即沼蝦。此稱宋代已行用。見該文。

【河蝦】

即沼蝦。此稱多於近現代行用。見該文。

【草蝦】[2]

“沼蝦”之俗稱。民國十六年（1937）《遼陽縣志·物產》：“至溪澗池沼産者多草蝦，身黑而屈，亦可食，或有以之治痘疹者，合韭根搗爛服之，發表有效。”此稱明代已行用。此有歧義，係同名异實。參見本卷《水生無脊椎動物說·水生節肢動物考》“對蝦”文。

白蝦[2]

亦稱“青蝦”“晃蝦”“絨蝦”。淡水或近岸半鹹水之蝦名。甲殼綱，軟甲亞綱，十足目，長臂蝦科，白蝦屬之統稱。係體長 50 ~ 80 毫米的中型蝦類。甲殼薄，體色透明，微帶藍色或紅色的小斑點。活體身體透明，死後肌肉呈白色，故名。白蝦屬已知共有六種，都分布在印度洋及西太平洋地區温暖海域或淡水中。白蝦形態和沼蝦接近，多數生活於近岸的淺海或河口附近的鹹淡水域。額角發達，頭胸甲具一觸角刺和一鰓甲刺、無肝刺，第二步足不如沼蝦那樣强壯，額角上緣基部具鷄冠狀隆起。脊尾白蝦喜在泥沙底質的環境中生活。《爾雅翼·釋魚三·蝦》：“白蝦，青蝦，各以其色。”明屠本畯《閩中海錯疏》卷中：“白蝦，生江浦中，郡城南有白蝦浦。"清郭柏蒼《海錯百一録》卷四："白蝦，湖湘所出白蝦傳爲美品，産連江東岱。百姓及福清寧德者，得鹹淡水。味尤豐，香糟和薄鹽腌之，或切厚片炒食。福清、興化、泉州常市蝦麵，可口。"清孫星衍、莫晋纂嘉慶《松江府志·物産》："白蝦，《陳志》與梅魚同出，並稱海鮮，俗有賞新之會。"乾隆二十五年（1760）《沂州府志·海族》："蝦大者爲對蝦，次爲白蝦，可曬蝦米。小者爲米蝦。"《古今圖書集成·禽蟲典·蝦部》引《烏程縣志》："蝦，長鬚蟲也。其細者曰糖蝦，蠶時曰蠶蝦，太湖中有一種白蝦，軟而更鮮。"民國十九年（1930）《安東縣志·物産》："安東江海所産者最小曰蟛蝦，以形名，冰畔時出江中製醬取油最美；……又有白蝦俗名白曬子，可製小蝦米，豐收時，年約二十餘萬斤，歉收亦四五萬斤，三種皆産江中。"民國二十年（1931）《天津志略·物産》："晃蝦、港蝦、船青蝦、白米蝦、紅草蝦。"民國二十四年（1935）《萊陽縣志·物産》："乾之去殼曰蝦米者，俗稱大蝦；乾之不去殼曰蝦皮者，俗稱白蝦。"

我國南北方河口區均有白蝦出産，爲我國特有種。黃海、東海、南海沿岸水域都有分布。以淺海生活的脊尾白蝦産量最大，僅次於中國毛蝦和中國對蝦，漁民多用拖網、張網等捕獲。此外，它還是對蝦養殖池和海水魚類養殖池中的重要副産品，産量可觀。白蝦除鮮食外，也可乾製成蝦米。

【青蝦】[3]

即脊尾白蝦。此稱宋代已行用。參見本卷《水生無脊椎動物説·水生節肢動物考》"對蝦""沼蝦"文。

【晃蝦】

"脊尾白蝦"之俗稱。此稱至遲於民國行用。見該文。

【絨蝦】

即脊尾白蝦。此稱多於近現代行用。見該文。

長臂蝦

亦稱"紅蝦""桃花蝦""桃紅蝦""花蝦""紅長臂蝦"。淡水或近岸半鹹水生。爲甲殼綱，軟甲亞綱，十足目，長臂蝦科，沼蝦屬之統稱。頭胸部短而肥；第二對胸足粗而長，約爲體長的三倍。頭胸甲具觸角刺和鰓甲刺、無肝刺。其形態似沼蝦和白蝦。著名的羅氏沼蝦（*Macrobrachium rosenbergii*）爲個體最大的淡水蝦類。太湖白蝦是有名的長臂蝦，俗稱"水晶蝦"，生長在太湖開闊的水域。在黃渤海，以葛氏長臂蝦（*Palaemon gravieri*）産量最高。葛氏長臂蝦，其體長在 40～60 毫米，體透明且微帶黃色、具紅棕色斑紋，故俗稱"紅蝦""桃紅蝦""紅長臂蝦""紅獅頭蝦""渣籽蝦"，是中國和朝鮮近海的特有種。

清李元《蠕範》："蝦、苗蝦、蘆蝦、五色蝦、青蝦、白蝦、紅蝦、謝豹蝦、梅蝦、金鈎蝦。"清光緒二十三年（1897）《文登縣志·土産》："邑海中不一，最小者曰蟛蝦，以形名曰桃花蝦者，以時名又白蝦，可腌爲醬，紅蝦殼曬爲米，米有大小，小者名春米，大者名鷹爪米。"民國二十年（1931）《膠志·物産》："蝦，春有老公蝦，夏有跕蝦，秋冬有秋蝦、白蝦、草蝦之屬，春又有風蝦、桃花蝦之屬。"葛氏長臂蝦，可鮮食或乾製成蝦米，還是富有嵊泗地方特色的高價值經濟蝦類，因其自然資源量少，亟須通過人工繁育苗種，實施增殖放流，補充海域中野生種群數量，以達到資源持續利用。

【紅蝦】[2]

"長臂蝦"之俗稱。此稱清代已行用。此有歧義，同名異實。參見本卷《水生無脊椎動物說·水生節肢動物考》"鷹爪蝦"文。

【桃花蝦】

即長臂蝦。此稱清代已行用。見該文。

【桃紅蝦】

即長臂蝦。此稱清代已行用。見該文。

【紅長臂蝦】

即長臂蝦。此稱清代已行用。見該文。

【水晶蝦】

"長臂蝦"之俗稱。此稱於近現代行用。見該文。

【紅獅頭蝦】

"長臂蝦"之俗稱。此稱於近現代行用。見該文。

【渣籽蝦】

"長臂蝦"之俗稱。此稱於近現代行用。見該文。

龍蝦[1]

單稱"鰝""蛭"，亦稱"蝦魁""蝦杯""水馬""棘龍蝦""季遝""蝦王""海蝦""紅蝦""藬蝦""大蝦""龍頭蝦""巨蝦"。海蝦名。龍蝦係節肢動物門，甲殼綱，十足目，龍蝦科四個屬十九種龍蝦的通稱。它頭胸部較粗大，外殼堅硬，色彩斑斕，腹部短小，體長一般在20～40厘米之間，重0.5千克上下，無螯，是蝦類中最大的一類。最重的能達到5千克以上，人稱龍蝦虎。體呈粗圓筒狀，背腹稍平扁，頭胸甲發達，堅厚多棘，前緣中央有一對強大的

眼上棘，具封閉的鰓室。主要分布於熱帶海域，是名貴海產品。中國已發現八種，以淡水龍蝦產量較大。

先秦稱"鰝"。《爾雅·釋魚》："鰝，大蝦。"郭璞注："蝦，大者出海中，長二三丈，鬚長數尺，今青州呼蝦魚爲鰝。"其後，有海蝦、蝦魁、蝦王、紅蝦、龍蝦、蛭、藬蝦、巨蝦之稱。古籍中對其形態特徵及產地描述甚詳。唐劉恂《嶺表錄異》卷下："海蝦，皮殼嫩紅色，就中腦殼與前雙脚有鉗者，其色如朱。余嘗登海舶，忽見牖版懸二巨蝦殼，頭尾鉗足俱全，各七八尺。首占其一分，嘴尖如鋒刃，嘴上有鬚如紅箸，各長二三尺，前脚有鉗，云以此捉食，鉗粗如人大指，長三尺餘，上有芒刺如薔薇枝，赤而銛硬，手不可觸。腦殼烘透，彎環尺餘，何止於杯盂也！"唐段公路《北户錄》卷一："紅蝦，出潮州、番州、南巴縣。大者長二尺，土人多理爲杯。"又稱"季遝"，五代毛勝《水族加恩簿》："玉德公季遝純潔内含，爽妙外濟。滄浪頭上可靈淵國上相無比，白中隱可含珍大元由豐甘上柱國兼脆尹。淡然子可天味大將軍遠勝王。季遝可青綃内相頡羹郡王。"宋梁克家（淳熙）《三山志·物產》："蝦有數種，其大者爲蝦魁，腦殼攢刺，可爲杯，亦名蝦杯。

龍頭蝦
（清聶璜《清宮海錯圖》）

鬚長二尺，大如指，上有細芒，肉雪白，出福清。”宋陳耆卿嘉定《赤城志》卷三六：“蝦有赤、白、青、黄、斑數色，青者大如掌，土人珍之，多以餉遠。梅熟時曰梅蝦，蠶熟時曰蠶蝦，狀如蜈蚣而大者曰蝦姑，身尺餘鬚亦二三尺曰蝦王。不常有，皆産於海。”《古今圖書集成·方輿彙編·職方典·福州府部》：“蝦有數種，蝦魁即龍蝦。”明屠本畯《閩中海錯疏》卷中：“蝦魁，《嶺表録異》云：前兩脚大如人指，長尺餘，上有芒，芒刺銛硬，手不可觸，腦殼微有錯，身彎環，亦長尺餘。熟之鮮紅色，一名蝦盆，俗呼龍蝦。按《閩部疏》云，海味重於天下者，稱西施舌、江瑤柱，泉、漳間皆有之，而苦不稱美。其他鱗介，殊狀異態，多不可名。而最奇者龍蝦，置盤中猶蠕動，長可一尺許。其鬚四繚，長半其身，目睛凸出，上阢起二角，負介昂藏，體似小龍，尾後吐紅子，色奪榴花，真奇種也。”清胡世安《異魚圖贊補》卷下：“按，龍蝦大者重二十餘斤，鬚三尺餘，可作杖。《漁書》云：龍蝦，一名蝦魁，其首如龍，有刺，眼如蟹而大，眉上起二角，鬚長數尺，兩傍共十脚，角末有爪，爪上有毛徑寸，黄金色，負介昂藏，體似小龍，大可二三斤，色緑碧，炊熟硃紅，鬚紅白相間，味絶甘美，鮮食尤佳，出閩之玄鐘銅山間。”清屈大均《廣東新語·鱗語》：“龍蝦巨者重七八斤，頭大徑尺，狀如龍，采色鮮燿。有兩大鬚如指，長三四尺，其肉味甜，稍粗於常蝦。以殼作燈，光赤如血珀，曰龍燈。東莞、新安、潮陽多有之。”清郭柏蒼《海錯百一録》卷四：“龍蝦即蝦魁，目精隆起，隱露二角，産寧德。……《北户録》：潮州出紅蝦，大者長二尺，土人多理爲杯。以蝦爲杯，非名杯也。按：閩亦製蝦殼杯。蒼按，寧德以龍蝦爲燈，居然龍也。以其大乃稱之爲魁，僕人陳照賈吕宋，舶頭突駕二朱柱，夾舶而趨，舶人焚香請媽祖，棍三擊，如樺燭對列，閃灼而逝，乃悟爲蝦鬚。《南海雜志》：商舶見波中雙檣摇漾，高可十餘丈，意其爲舟。老長年曰：此海蝦乘霽曝雙鬚也。《洞冥記》載有蝦鬚杖，舉此則龍蝦猶小耳。”《古今圖書集成·禽蟲典·蝦部》引《閩書·閩産》：“小者揉之曰蝦米，巨者對插之曰對蝦，其大者名蝦魁。”龍蝦又稱“龍頭蝦”，清吴綺《嶺南風物記》：“龍頭蝦，出海南惠州等處，頭似龍，身有金色，大者約有十餘斤。”

明李時珍《本草綱目·鱗四·蝦》〔釋名〕：“紅蝦，鰝。”〔集解〕藏器曰：“‘海中紅蝦，長一尺，鬚可爲簪。’……時珍曰：按，段公路《北户録》云：‘海中大紅蝦，長二尺餘，頭可作杯，鬚可作簪杖，其肉可爲鱠，甚美。又劉恂《嶺表録》云：‘海蝦，皮殼嫩紅色，前足有鉗者，色如朱，最大者長七八尺至一丈也。’”清李元《蠕範》卷三：“蛭，龍蝦也，海蝦也，蝦魁也，水馬也。頭目如龍，嘴利如刀，前兩足大如人指，上有芒刺，如薔薇枝，赤而銛硬，手不可觸。大者長一丈，或七八尺。鬚亦長數尺，可爲簪杖。頭殼可爲杯斗，空中置燈，望之如龍形。”《古今圖書集成·博物彙編·禽蟲典·蝦部彙考》引《泉南雜志》：“龍蝦，蝦有長一二尺者，名龍蝦。肉實有味，人家掏空其殼，如船燈挂佛前。”

清代稱紅蝦、水馬等。清李調元《然犀志》卷上：“龍蝦，蝦之頭其長與尾相等而巨於尾。周圍皆刺，兩目上出，頭生兩角，彎環前向。

前有巨鬚二，長而多刺，又有細鬚二，長而分歧。嘴在其下。近嘴有小足，長短六枚。……生者青黑色，煮則赤如塗朱。磔鬚暉目，不啻錢唐君之怒欲飛去，故又謂之紅蝦。"清郭柏蒼《海錯百一録》卷四："藁蝦，即鰝也。其形似魚而鬚脚蝦也。"徐珂《清稗類鈔·動物類》："龍蝦爲蝦之絶大者，可食，長七八寸至尺許，體濃赤褐色，胸甲有小疣甚多，前端有二短棘。產於近海，以小甲殼類及貝類爲食，其鬚頗長，韓愈詩'又常疑龍蝦，果誰雄牙鬚'是也。"清周學曾編道光《晋江縣志·物產》："龍蝦長可尺許，其鬚四繚，長過其身，目睛凸出，上隱起二角負介昂藏，體似小龍，真奇種也。"《古今圖書集成·方輿彙編·職方典·廣州府部》引《廣州府物產考》："巨蝦，鬚長二丈，其頭亦可爲杯，今則罕見。《南越志》：'南海以蝦頭爲長杯，頭長數尺，金銀鏤之。'"

宋黄庭堅《代書》詩："譬如觀滄海，細大極龍蝦。"清趙翼《題嶺南物產圖六十二韵》："龍蠣殼杯深，龍蝦鬚杖矗。"我國已報道龍蝦科二屬十二種。其中東海以南的中國龍蝦（*Panulirus stimpsoni*）產量最高，而舟山群島以南所產錦綉龍蝦色彩最美。

【鰝】[2]

"龍蝦[1]"之單稱。此稱至遲於漢代已行用。見該文。

【海蝦】

即龍蝦[1]。此稱唐代已行用。見該文。

【紅蝦】[3]

即龍蝦[1]。此稱唐代已行用。見該文。

【季遐】

即龍蝦[1]。此稱五代時期已行用。見該文。

【蝦杯】

即龍蝦[1]。此稱宋代已行用。見該文。

【蝦王】

即龍蝦[1]。此稱宋代已行用。見該文。

【蟶】

即龍蝦[1]。此稱明清時期已行用。見該文。

【蝦魁】[1]

即龍蝦[1]。此稱明清時期已行用。見該文。參見"蝦蛄"文。

【水馬】[1]

即龍蝦[1]。此稱清代已行用。見該文。

【龍頭蝦】

即龍蝦[1]。此稱清代已行用。見該文。

【藁蝦】

即龍蝦[1]。此稱清代已行用。見該文。

【巨蝦】

即龍蝦[1]。此稱清代已行用。見該文。

糠蝦

亦稱"泥蝦""苗蝦""天蝦""土苗"。爲甲殼綱，軟甲亞綱，糠蝦目之統稱。糠蝦絶大多數生活在海洋中，淡水種類極少。深海產的糠蝦甲殼較硬且厚，一般種類甲殼薄軟而光滑。糠蝦身體分頭、胸、腹三部分。頭部最多和胸部前三節癒合，爲頭胸甲所覆蓋。眼柄一對，尾肢的内肢基部有平衡囊。宋代稱"泥蝦""苗蝦"。《爾雅翼·釋魚三·蝦》："泥蝦，相傳稻花變成，多在田泥中，一名苗蝦。"清屈大均《廣東新語·蟲語》："次則番禺深井、江勒海

天　蝦
（清聂璜《清宫海錯圖》）

所產，村落間家有數甕，終歲腌食之，或以入糟，名泥蝦。”宋范成大《桂海虞衡志·蟲魚》：“天蝦，狀如大飛蟻，秋社後有風雨，則群墮水中，有小翅，人候其墮，掠取之爲鮓。”此處“蟻入水爲天蝦”雖爲誤說，但天蝦可以製蝦醬（鮓）却屬實。宋張師正《倦游録》：“嶺南暑月，白蟻入水爲蝦，土人夜以火燭取，製爲鮓，名天蝦鮓。”明張自烈《正字通·蟲部》：“李時珍曰：嶺南有天蝦，蟲大如蟻，秋社後群墮水中化爲蝦，人以作鮓食。”《古今圖書集成·禽蟲典·蝦部》引《閩書·閩產》：“次者名蝦蛄，《開元遺事》載其名，狀如蜈蚣，尾如僧帽，泉人謂之青龍，其絕小者名苗蝦。《海物異名記》謂之醬蝦，細如針芒，聚若淖泥，可鹽而醬之。”

宋施宿等《會稽志》卷一七：“又有小蝦，大如糠糜，曰糠蝦。”《古今圖書集成·方輿彙編·職方典·紹興府部》引《山陰縣志》亦載糠蝦。清李元《蠕範》卷三：“又米蝦、糠蝦，以精粗分。”糠蝦可鮮食或發酵製成蝦醬，也可作養殖魚蝦的飼料。清柯璜譯編《博物學講義動物篇》第一〇章《節足動物·甲殼類》：“有海糠者似蝦，形甚小，可製鹽，辛。步行肢八對，各肢末端分爲叉形藉以游泳，故有裂足之稱。”明雪山法師《漁父歌》：“賣得糠蝦買得鹽，鼾眠自謂心無挂。夜則慣挨江鷺眠，籬橫萬朵秋峰邊。明月爲燈照江口，江高露冷芙蓉鮮。或蝦或蚌撈江底，官徭不差私自喜。所愁只恐市城饑，爭道魚蝦不如米。”

【泥蝦】[2]

　　即糠蝦。此稱宋代已行用。見該文。此有歧義。參見本卷《水生無脊椎動物說·水生節肢動物考》“泥蝦[1]”文。

【苗蝦】[2]

　　即糠蝦。此稱宋代已行用。見該文。參見本卷《水生無脊椎動物說·水生節肢動物考》“毛蝦”文。

【天蝦】

　　即糠蝦。此稱宋代已行用。見該文。

【土苗】[2]

　　即糠蝦。此稱清代已行用。見該文。參見本卷《水生無脊椎動物說·水生節肢動物考》“毛蝦”文。

蝦蛄[1]

　　亦作“蝦姑”，亦稱“管蝦”“蝦鬼”“琴蝦”“蝦斗”“螳螂蝦”“蝦殼子”“喇蛄”等。海洋動物名。爲甲殼綱，軟甲亞綱，口足目，蝦蛄科之統稱。軀體窄長平扁，頭胸甲短，胸節外露，頭部與腹部的前四節結合，背面頭胸甲與胸節明顯，腹肢與尾節組成尾扇，適於挖掘。頭部前端有大型的具柄複眼一對，觸角兩對。常在淺海泥沙底穴居。我國習見的口蝦蛄（ *Oratosquilla oratoria* ），以黄、渤海區產量最大。唐代記有“蝦姑”之名，又稱“管蝦”。唐段成式《酉陽雜俎續集》卷八：“蝦姑，狀若蜈蚣，管蝦。”《古今圖書集成·方輿彙編·職方典·福州府部彙考》：“蝦姑，《通志》曰：狀如蜈蚣而大，能食蝦。《開元遺事》謂之蝦姑。”

　　明屠本畯《閩中海錯疏》卷中：“蝦姑，形如蜈蚣，能食諸蝦。”清李元《蠕範》卷三：“蝦公，蝦蛄也，管蝦也，似蜈蚣而擁楯。”清施鴻保《閩雜記》：“蝦姑，蝦目蟹足，狀如蜈蚣，背青腹白，足在腹下，大者長及尺，小二三寸，喜食蝦，故又名蝦鬼，或曰蝦魁。其形如琴，故連江福清人稱爲琴蝦。又一種殼軟而小，頭大尾尖者，俗名蝦斗。"清郭柏蒼《海錯百一録》卷四："蝦姑，一名管蝦。以其足善彈，又名琴蝦。形似蜈蚣又似鼊，大者廣三指，能食大蝦，小者食小蝦。炒食味豐，或爲醢，疥瘡最忌。……海蜈蚣，形類蝦姑，鱠食瘡疥忌。"同時又有"螳螂蝦""琵琶蝦""蝦虎"和"蝦殼子""蝦爬"之俗名。清光緒五年（1879）《永平府志·物産》引詩《琵琶蝦》云："賦形原不似琵琶，頭似螻蛄體似蝦。憶得兒時酷嗜此，剥將紫玉净無瑕。"清光緒二十四年（1898）《灤州志·物産》："琵琶蝦，出海中，乃水蟲也。本不堪食，海人熟之，每市於鄉里小兒。"民國二十四年（1935）《萊陽縣志·物産》："龍蝦，形扁而長，前端有而短棘，其鬚頗長，《韓文公》詩'又常疑龍蝦，果誰雄牙鬚'者是也。'俗稱琵琶，亦稱蝦虎。"清李調元《然犀志》卷上："蝦姑，形類蝦，無鬚而尾扁闊，類乎螳螂。"《古今圖書集成·禽蟲典·蝦部》引《閩書·閩産》："次者名蝦姑，《開元遺事》載其名，狀如蜈蚣，尾如僧帽，泉人謂之青龍，其絶小者名苗蝦。"徐珂《清稗類鈔·動物類》記："刺蛄，亦作'剌姑'，蝦之屬，大可盈寸，第一對脚有螯如蟹，吉林、寧古塔等處産生最多。滿洲人嘗搗之成膏，以薦宗廟。其體有炭酸石灰質之突起物，供咀嚼之

蝦蛄（琴蝦）
（清聶璜《清宮海錯圖》）

用，稱蜊蛄石，可作藥。"民國十六年（1927）《遼陽縣志·物産》："蝦蛄，俗名喇蛄，形頗似蝦，而前無長刺，蟹身魚尾，殼堅硬，穿洞深藏，山澗石下多有之。捕多搗爛如帶如漉豆漿，取汁熬熟，類豆腐而味甚鮮。"民國十九年（1930）《安東縣志·物産》："又海中有蝦蛄，狀如蜈蚣，長四寸許，全體淡黄微緑，殼硬而厚，食之無肉，俗呼蝦爬，人皆見之。"民國二十年（1931）《膠志·物産》："蝦虎，大者四五寸，皮有骨節，首多鬚，二月出海中，雌者有子，味鮮美。"民國二十四年（1935）《萊陽縣志·物産》："龍蝦，形扁而長，前端有短棘，其鬚頗長，《韓文公》詩'又常疑龍蝦，果誰雄牙鬚'者是也。俗稱琵琶，亦稱蝦虎。"

【蝦姑】

同"蝦蛄"。此體唐代已行用。見該文。

【龍蝦】[2]

即蝦蛄。俗稱琵琶，亦稱蝦虎。此稱至遲行用於唐代。見該文。此係同名異實，參見本卷《水生無脊椎動物説·水生節肢動物考》"龍蝦"文。

【管蝦】

即蝦蛄。此稱唐代已行用。見該文。

【蝦公】[2]

即蝦蛄。此稱明清已行用。見該文。

【蝦鬼】

即蝦蛄。此稱清代已行用。見該文。

【蝦魁】[2]

即蝦蛄。此稱清代已行用。此係同名異實，參見本卷《水生無脊椎動物説·水生節肢動物考》"龍蝦[1]"文。

【琴蝦】

即蝦蛄。此稱清代已行用。見該文。

【蝦斗】

蝦蛄之一種。此稱清代已行用。見該文。

【琵琶蝦】

"蝦蛄"之俗稱。此稱至遲於清代行用。見該文。

【蝦虎】

即蝦蛄。因喜食其他蝦類，故名食蝦之虎。此稱至遲於民國行用。見該文。

【蝦殼子】

即蝦蛄。此稱於今浙江沿海行用。見該文。

【蝦爬】

蝦蛄之俗稱。見該文。此稱於民國行用。見該文。

【喇蛄】[1]

蝦蛄之俗稱。此稱行用於民國。見該文。其實二者係同名异實，參見本卷《水生無脊椎動物説·水生節肢動物考》"喇蛄[2]"文。

【螳螂蝦】

蝦蛄之俗稱。此稱多於近現代行用。見該文。

喇蛄[2]

亦作"剌蛄""刺姑"，亦稱"哈食馬拉姑""哈什馬""刺姑魚""大頭蝦""龍蝦""鰲蝦""東北小龍蝦"。係甲殼綱，真軟甲亞綱，十足目，腹胚亞目，河蝦科，喇蛄屬。因其形體與海洋裏的龍蝦十分相似，所以有"淡水龍蝦"之稱。喇蛄有堅硬的外骨骼，俗稱硬殼。全身由頭胸部和腹部組成。頭部覆有頭胸甲，在中部有一條弧形的橫溝，稱爲頸溝，是頭部和胸部的分界綫。頭胸部的前方有一個額劍，其邊緣有鋸齒狀突起。胸部腹面兩側生有五對步足，前三對步足都有鰲（像老虎鉗），第一對步足十分發達。中國共有四種喇蛄，有三種生活在東北地區的山地溪流或山地附近的河川、湖泊，肉質細膩，味道鮮美，僅在深山中還有少數。徐珂《清稗類鈔·動物類》記："刺蛄，亦作刺姑，蝦之屬，大可盈寸，第一對脚有鰲如蟹，吉林、寧古塔等處産生最多。滿洲人嘗搗之成膏，以薦宗廟，其體有炭酸石灰質之突起物，供咀嚼之用，稱蛄石，可作藥。"民國十六年（1927）《遼陽縣志·物産》："蝦蛄，俗名喇蛄，形頗似蝦，而前無長刺，蟹身魚尾，殼堅硬，穿洞深藏，山澗石下多有之。捕多搗爛如帶如漉豆漿，取汁熬熟，類豆腐而味甚鮮。"民國十九年（1930）《安東縣志·物産·鱗介》："喇蛄，似蝦有鰲，似蟹無甲，身短尾闊能爲退却運動，産溪澗中。高江村《松漠紀聞》云：土人謂之天厨之珍，歲薦寢陵必需焉，蓋吉林爲出産地，滿洲人嘗搗成膏以薦宗廟，安東所産無多，亦不重視之。"

清劉謹之、阿桂等纂《盛京通志·物産》："喇蛄，蟹身魚尾。澤畔石下有之。"清吳振臣《寧古塔紀略》："又一種生於江邊淺水處石子下。上半身似蟹，下半截似蝦，長二三寸。亦鮮美可食。名哈什馬，今上祭太廟必用此物。"清李桂林等纂《吉林通志·食貨七·物産下》："哈食馬拉姑，水族也。似蝦有鰲，似蟹無甲，寸許，産溪間（《扈從日録》）。刺姑魚，身如蝦，兩鰲如蟹，大可盈寸。搗之成膏（《絶域紀略》）。"清方旭《蟲薈》卷五《介蟲·刺姑》："《絶域紀略》：關外水中多刺姑，身如蝦，兩鰲如蟹，彼人搗成膏以供宗廟之用。"

【龍蝦】[3]

即蝲蛄[2]。此稱唐代已行用。見該文。此係同名異實,參見本卷《水生無脊椎動物説·水生節肢動物考》"龍蝦"文。

【哈食馬拉姑】

即蝲蛄[2]。此稱清代已行用。見該文。

【哈什馬】

即蝲蛄[2]。此稱清代已行用。見該文。

【刺蛄】

即蝲蛄[2]。此稱清代已行用。見該文。

【刺姑】

同"蝲蛄[2]"。此體清代已行用。見該文。

【刺姑魚】

即蝲蛄[2]。此稱清代已行用。見該文。

【蝦蛄】[2]

即蝲蛄[2]。此稱清代已行用。見該文。此係同名異實,參見本卷《水生無脊椎動物説·水生節肢動物考》"蝦蛄[1]"文。

【大頭蝦】

即蝲蛄[2]。此稱於近現代行用。見該文。

【鰲蝦】

即蝲蛄[2]。此稱於近現代行用。見該文。

【東北小龍蝦】

即蝲蛄[2]。此稱於近現代行用。見該文。

蟟蛄蝦

亦稱"苗蝦""蝦公""海蜈蚣"。學名"大蟟蛄蝦"(*Upogebia major*)。因其頭部的形狀很像蟟蛄(一種昆蟲,俗稱"土狗")頭,故名。節肢動物門,甲殼綱,十足目,蟟蛄蝦科,體長 7～10 厘米,頭胸部側扁,呈長卵形。甲殼軟薄,頭胸甲稍側扁,一定程度鈣化,具短的三角型額角,下緣具二至五刺,頭胸甲側脊

前部不具刺或最多衹有一到兩個小顆粒。腹部長且扁平,有腹節六節。穴居於淺海及海灣低潮綫附近的泥沙中。我國北方海域有分布,以大連灣、膠州灣的産量最高。俗稱"海蜂子"。美食蟟蛄蝦(*Austinogebia edulis*),俗稱鹿港蝦猴,是遼寧大連、臺灣鹿港地區的海鮮名産。明清時又有"苗蝦""蝦公""海蜈蚣"等名。宋趙德麟《候鯖録》卷三:"《海物異名》云:又苗蝦,狀蜈蚣而擁楯曰蝦公。"明屠本畯《閩中海錯疏》卷中:"海蜈蚣,狀類蝦姑,産興化海中。土人取之切以爲膾食。"在過去,蟟蛄蝦在食用價值和經濟效益上,都被人們認爲是一種低廉的蝦類,古書中也定蟟蛄蝦爲"品最下"。如今隨着休漁期的到來,以及現代營養學對蟟蛄蝦營養價值的發掘,蟟蛄蝦變成了人們的盤中佳餚。

【苗蝦】[3]

即蟟蛄蝦。此稱宋代已行用。見該文。

【蝦公】[3]

即蟟蛄蝦。此稱宋代已行用。見該文。

【海蜈蚣】[2]

即蟟蛄蝦。此稱明代已行用。見該文。

【海蜂子】

即蟟蛄蝦。此稱行用於近現代。見該文。

蠓蝦

學名"太平洋磷蝦"(*Euphausia pacifica*),甲殼綱,磷蝦科。形似蝦,體上具發光器。個體極小,形同蠓虫,故膠東人稱之爲蠓蝦。雌性體長 12～15 毫米,雄性體長 12～14 毫米,眼呈球形,中等大小,額角短,向前伸展不超過眼柄基部。背甲胃區稍隆起,背甲側緣中部具一齒,腹部無背末刺及棱。分布於中國黃海

和東海及日本東南沿海。太平洋磷蝦是一種營養價值較高的蝦類，爲美味水產品，除鮮食外，常製成蝦醬，爲調味佳品。此稱民國時已行用。民國十九年（1930）《安東縣志·物產》："安

東江海所產者最小曰蠓蝦，以形名，冰畔時出江中，製醬取油最美。"民國二十四年（1935）《霑化縣志·物產》："草蝦、蠓蝦，二種蝦多用以製醬。"

附錄：蝦製品及相關

蝦頭杯

即用龍蝦頭製作的杯。唐段公路《北户錄》："紅蝦出潮州、番州、南巴縣。大者長二尺，土人多理爲杯。或釦以白金，轉相餉遺，乃玩用中一物也。王子年《拾遺》云：'大蝦長一尺，鬚可爲簪。'……然《兼明苑》云：'廣州獻蝦頭杯，簡文將盛酒，無故自躍，乃不復用。'愚又按《毛詩義疏》：'貝大者有一尺六七寸，今九眞、交阯以爲杯盤，實奇物也。'"《爾雅翼·釋魚三》："按，廣中有紅蝦杯，出潮州、番州縣、南巴縣。大者長二尺，土人多理爲杯。或釦以白金，轉相餉遺，亦謂之蝦頭杯。"此稱唐代已行用。見該文。

蝦鬚杖

用蝦鬚製作的杖。漢郭憲《洞冥記》載"蝦鬚爲杖"："馬丹常折丹蝦鬚爲杖，後弃杖爲舟石於海旁也。王隱《晉書》云，吳復置廣州，以南陽滕循爲刺史。或語循，蝦鬚長一丈，循不信。其人後故至東海取，鬚長四丈四尺，杖以示循，循方乃服也。"此稱唐代已行用。見該文。

蝦鬚

實指蝦的鬚。清郭柏蒼《海錯百一錄》卷四："藁蝦，即鰝也。其形似魚而鬚脚蝦也。各島得者，以肉僞江珧柱。《爾雅》：'鰝，大蝦。'注：'鰝，大蝦，出海中，長二三丈，游行則豎其鬚，高於水面，故其字從高。鬚長數尺，可以爲簾。'蒼按，凡蝦皆磔鬚鉞鼻，背有斷節，尾有硬鱗，多足好躍，腸屬腦，子在腹外。藁蝦僵硬，其鬚有細刺，古稱蝦鬚簾。《拾遺記》：'蝦鬚長一尺，可以爲簾。'今蜀中之中江簾，細者稱蝦鬚，言其細如蝦鬚，未聞竟以蝦鬚爲簾也。"《古今圖書集成·經濟彙編·考工典·簾箔部》引宋蘇易簡詩："蝦鬚半捲天香散。"宋梅堯臣《蝦》詩："宮簾織以鬚，水母憑爲目。"清《澎湖紀略》卷八引《南海雜志》載："商舶見波中雙檣遥漾，高可十餘丈，意其爲舟。老長年曰：此海蝦，乘霽曝雙鬚也。"此稱宋代已行用。見該文。

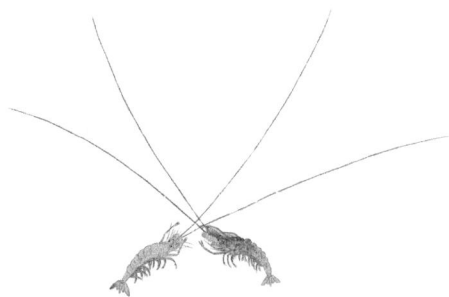

長鬚白蝦
（清聶璜《清宮海錯圖》）

謝豹笋

杜鵑初啼時市場上賣的笋，與謝豹蝦同時出現。宋陸游《老學庵筆記》："吴人謂杜宇爲謝豹，杜宇初啼時，漁人得蝦，曰謝豹蝦。市中賣笋曰謝豹笋。"唐顧況《送張衛尉》詩曰："'緑樹村中謝豹啼'，若非吴人，殆不知謝豹爲何物也。"此稱宋代已行用。見該文。

苗鮮

即蝦醬。清郭柏蒼《海錯百一録》卷四："瀝小蝦，腌以薄鹽，名苗鮮。和薑調醋生食或和肉釘微蒸食。"此稱清代已行用。見該文。

蝦鮮

即蝦醬。清郭柏蒼《海錯百一録》卷四："瀝小蝦，腌以薄鹽，名苗鮮。和薑調醋生食或和肉釘微蒸食。又蝦鮮，鹹淡不等，村名山居，年市數萬桶。"此稱清代已行用。見該文。

蝦米 [1]

曬乾後的小蝦。清趙學敏《本草綱目拾遺》卷一〇："以蝦煮曬乾去殼。大者曰鷹爪，小者曰蝦米。"清郭柏蒼《海錯百一録》卷四："又蝦米，瀝小蝦曬乾，出長樂梅花者白潤潔净，厂石以下次之。"民國十年（1921）《莊河縣志・物産》："蝦有大小之别，小者爲鷹爪蝦，生剥者爲仁，曬乾者爲蝦米。"此稱清代已行用。見該文。

蝦米 [2]

白蝦曬乾加工後的産物。清乾隆二十五年（1760）《沂州府志・志海族》："蝦大者爲對蝦，次爲白蝦，可曬蝦米，小者爲米蝦。清光緒五年（1879）《順天府志・物産》："《寧河縣志》：蝦，大小不等，蒸曝去殼，謂之蝦米。"民國十六年（1927）《綏中縣志・物産》："小者俗呼爲青蝦，去殼者曰蝦米，金鈎。"此稱清代已行用。見該文。

蝦子

蝦産的卵。清趙學敏《本草綱目拾遺》卷一〇："蝦子名蝦春。錢塘八月潮盛時，江濱人俟潮退後，率於江沙淺水處撈取蝦子，入市貨賣。……敏按，粵語云蝦春，非蝦子也。江中有水蟣，大僅如豆，其卵散布，取之不窮。"此稱清代已行用。見該文。

海米

海蝦曬乾去皮，俗稱"海米"。清光緒五年（1879）《永平府志・物産》："蝦有青白二種，七屬河山皆産，海蝦堪爲酢醢，曝乾去皮，呼曰海米。"此稱清代已行用。見該文。

大金鈎

明蝦曬乾後去殼，俗稱"大金鈎"。鷹爪蝦加工後乾品名金鈎蝦米。清康熙五十年（1711）《永平府志・物産》："蝦，大小不一，近海産，有金鈎、玉鈎之名，出竈叢口，取肉乾之，爲蝦米，灤河亦多。"徐珂《清稗類鈔・動物類》："蟳蝦，産鹹水中。大者長五六寸，出水即死，俗亦謂之明蝦。兩兩乾之，謂之對蝦，爲珍饌。去其殼，俗謂之大金鈎。鮮者味尤美。"此稱民國時期已行用。

見該文。

金鈎米

小而紅色的蝦米。清光緒二十五年（1879）《重修天津府志‧物産‧鱗屬》："蝦，《金史‧地理志》《天津衛志》有虹蝦、綫蝦、對蝦、蝦米，色白者爲銀米，小而紅者爲金鈎米。"此稱清代已行用。見該文。

金鈎蝦米

鷹爪蝦煮熟曬乾後剝製而成的蝦米名。此稱於近現代行用。見該文。

銀米

白色的蝦米。清光緒二十五年（1879）《重修天津府志‧物産‧鱗屬》："蝦，《金史‧地理志》《天津衛志》有虹蝦、綫蝦、對蝦、蝦米，色白者爲銀米，小而紅者爲金鈎米。"此稱清代已行用。見該文。

春米

小的蝦米。清光緒二十三年（1877）《文登縣志‧土産‧鱗介》："紅蝦殼曬爲米，米有大小，小者名春米，大者名鷹爪米，米以姚山頭爲良，名姚米，味甘而腴，人爭珍之。"此稱清代已行用。見該文。

鷹爪米

大的鷹爪蝦曬成的蝦米。清光緒二十三年（1877）《文登縣志‧土産‧鱗介》："紅蝦殼曬爲米，米有大小，小者名春米，大者名鷹爪米，米以姚山頭爲良，名姚米，味甘而腴，人爭珍之。"此稱清代已行用。見該文。

姚米

特指文登姚山頭出産的蝦米。清光緒二十三年（1877）《文登縣志‧土産‧鱗介》："紅蝦殼曬爲米，米有大小，小者名春米，大者名鷹爪米，米以姚山頭爲良，名姚米，味甘而腴，人爭珍之。"此稱清代已行用。見該文。

蝦飰

蝦米之一種。清郭柏蒼《海錯百一録》卷四："又蝦米，瀝小蝦曬乾，出長樂梅花者白潤潔净，厂石以下次之，帶濕者曰蝦飰。"此稱清代已行用。見該文。

蝦醬

用蝦製作的醬。北魏賈思勰《齊民要術》卷八："作蝦醬法：蝦一斗，飯三升爲糝，鹽一升，水五升，和調，日中曝之，經春夏不敗。"清趙學敏《本草綱目拾遺》卷一〇"介部"引《宦游筆記》："遼東大凌河出蝦醬、蝦油，皆甘美。平海又出一種小蝦，名紅毛子，作蝦醬尤佳。今浙江寧波及蘇，皆有蝦醬，味亦佳。"此稱南北朝時期已行用。見該文。

海蝦子

用白色海蝦子製作的醬。宋范成大《吳郡志·土物》卷三〇："海蝦子。大業六年，吳郡獻四十挺，挺一尺，闊二寸，厚寸許。先取海中白蝦子，以小布袋盛，末鹽封之，日曬，夜則平板壓，乾則破袋出之。包如赤琉璃，美勝鯽子。"宋李昉等編《太平廣記》卷二三四："吳郡……獻海蝦子三十梃，梃長一尺，闊一寸，厚一寸許，甚精美。作之法：取海白蝦有子者，每三五斗置密竹籃中，於大盆內以水淋洗。蝦子在蝦腹下，赤如覆盆子，則隨水從籃目中下。通計蝦一石可得子五升。從盆內漉出。縫布作小袋子如徑寸半竹大，長二尺。以蝦子滿之，急擊頭。隨袋多少，以末鹽封之，周厚數寸。經一日夜出曬，夜則平板壓之。明旦又出曬，夜依前。壓十日，乾則拆破袋出蝦子，梃色如赤琉璃，光徹而肥美，鹽（鮮）於鯔魚數倍。"此稱宋代已行用。見該文。

蝦油

蝦醬的浮油。民國十年（1921）《莊河縣志·物產·海產》："蝦，又有紅毛蝦、蠓蝦等可做蝦醬，醬之浮油曰蝦油，味尤鮮美。"此稱民國時已行用。見該文。

蝦蛋

腌製的蝦子。清郭柏蒼《海錯百一錄》卷四："又有蝦蛋，群蝦集海套，放子與水草，承而薄腌之，色青者味美，色紅者攙豆渣，以薑蒜和豬油，一沸即熟。瘡疥勿食，防潰爛癢痛。"此稱清代已行用。見該文。

蝦皮

毛蝦煮熟後曬乾的產品。參見本卷《水生無脊椎動物說·水生節肢動物考》"毛蝦"文。

蝦仁

生剝鷹爪蝦，去殼後之產物。民國十年（1921）《莊河縣志·物產·海產》："蝦有大小之別，小者爲鷹爪蝦，生剝者爲仁，曬乾者爲蝦米。"此稱民國時期已行用。見該文。

藤壺

亦稱"蝛""老婆牙""撮嘴"。海洋水生動物名。爲節肢動物門，甲殼亞門，顎足綱，蔓足亞綱，無柄目，藤壺亞目動物之通稱。其介殼由六片結合，呈倒覆的杯狀，殼頂有孔，孔內有六對多歧的蔓足，可以從流水中獲取生物食用。雌雄同體，幼蟲自由生活，成蟲常成密集的群落附着於海邊巖石、木樁等物體。迄今共記有八科約五百四十一種，我國約有一百一十種。如東方小藤壺（*Chthamalus challengeri*），又俗稱馬牙，習見於黃渤海巖岸

撮　嘴
（清聶璜《清宮海錯圖》）

潮上帶和高潮帶。藤壺，浙江玉環稱"蛐""觸嘴"，岱山俗稱"銼""銼殼""觸"，平陽稱"曲嘴"。宋嘉定陳耆卿《赤城志》："蟣，一名老婆牙。生於岩或篾竹上。"清聶璜《清宮海錯圖》："撮嘴，初生水花凝結。如井欄，而殼中通如蓮花莖。欄内又生兩片小殼，上尖下圓。肉上有細爪數十。開殼伸爪，可收潮内細蟲以食。"

藤壺屬典型污損生物，也是典型敵害生物，附着在巖礁、碼頭、船底、海底電纜等硬物上，可使經濟海藻失去食用價值，航標、航燈乃至定深水雷過重而失效，使海水的管道孔徑縮小失去使用價值，使養殖動植物的附着基被占領而影響種苗的附着，航船也會因負重阻力過大航速減低或被迫停航，危害很大。但其肉可食。

【蟣】

即藤壺。此稱宋代已行用。見該文。

【老婆牙】[1]

即藤壺。此稱宋代已行用。見該文。

【撮嘴】

即藤壺。此稱清代已行用。見該文。

蟹奴[1]

海洋動物名。甲殼亞門，顎足綱，蔓足亞綱，蟹奴科之統稱。幼體自生生活，成體寄生。寄生在蟹的腹部，形如小袋，突露在蟹的頭胸部與腹部交界處的腹面，蟲體分蟹奴外體和蟹奴内體兩部分，前者突出在寄主體外，後者爲分枝狀細管，伸入寄主體内吸取蟹體營養。是水產養殖業上"蟹奴病"的元兇。寄主以十足甲殼動物爲主。此稱唐代已行用。唐代文獻記載有"蟹奴""蠣奴""寄居"，所記三種動物常常混淆。唐段公路《北户錄·紅蟹殼》引《廣志》云："又蟹奴，如榆莢，在其腹中，生死不相離。"又明陳耀文《天中記》引《博物志》曰："南海有水蟲，名曰蒯，蛤之類也。其中有小蟹大如榆莢，蒯開甲食，則蟹亦出食。蒯合甲，蟹亦還入爲蒯取以歸，始終生死不相離。"按，段文所記在"蟹"中"生死不相離"者爲蟹奴，而《博物志》記"蛤"中可出入取食之"小蟹"，爲今之豆蟹。宋孫奕《履齋示兒編·雜記·人物異名》："蟹曰蠣奴，一名蟹奴。"此處言辭含混，"蠣奴"與"蟹奴"的區別在於寄主的不同，二者所指迥異。《爾雅翼·釋魚四》："附蚝者名蠣奴，附蟹者名蟹奴。皆附物而爲之役，故以奴名之。"此"附物而爲之役"者應爲寄居蟹。宋傅肱《蟹譜》："郭景純《江賦》云：'蟛蛣腹蟹，水母目蝦。'又《松陵集》注云：'蟛蛣似蟹，常有一小蟹在腹中爲蛣出求食，蟹或不至，蟛蛣餒死。故淮海人呼爲蟹奴。'"明李時珍《本草綱目·介一·蟹》〔集解〕時珍曰："海中蟹大如錢，而腹下又有小蟹如榆莢者，蟹奴也。居蚌腹者，蠣奴也，又名寄居蟹，並不可食。"此一類是寄生於軟體動物海月體内，與其共生。《蟹譜》又記："蟹之腹有風蟲，狀如木鱉子而小，色白，大發風毒，食者宜去之。"此"風蟲"即指寄生在蟹腹的蟹奴，取以蟹爲奴之意。唐皮日休《送李明府之任海南》詩："蟹奴晴上臨湘檻，燕婢秋隨過海船。"清屈大均《沉香蟹子》詩："蟹奴何太小，璅蛣腹中來。乃是沉香作，天然六脆開。持爲兒女佩，市自海南回。贈我瓊瑤似，芬芳此一枚。"清趙翼《放言》詩："蟹奴寄殼居，水母借月視。"詩中所記"蟹奴"，似爲寄居蟹，二者同名異實。我國近海的網紋蟹奴（*Sacculina confragosa*），寄生於蟹之腹部，隨寄主分布於淺海。參見本卷《水生無脊椎動物説・水生節肢動物考》"豆蟹""寄居蟹"文。

寄居蟹

亦稱"蝸螺""寄居蟲""寄居""寄生""寄生蠃""寄寓子""蟪蛄""璅蛄""蛄""共命蠃""月蛄""寄居蝦""蟹螺"。海洋動物名。甲殼綱,軟甲亞綱,十足目,腹胚亞目,寄居蟹科下寄居蟹類之通稱。其頭胸部多堅硬,第三對步足多退化,腹部軟、左右不對稱、螺旋盤曲,腹部附肢退化,尾扇常呈鉤狀。其形態結構介於長尾類蝦和短尾類蟹之間。常栖居於空螺殼或蟲管中。它常常吃掉貝螺等軟體動物,把殼占爲己有。寄居蟹的房子有海螺殼、貝殼、蝸牛殼等。"蝸螺"謂寄居於海螺殼的小蟹。《爾雅・釋魚》:"蝸螺,小者蟧。"清郝懿行《爾雅義疏》卷下四:"蝸螺,小者蟧。……今按:蝸螺,《釋文》滑澤、骨鐸二音。滑澤猶言護宅也,即寄居之義。骨鐸猶言胍肭也,象其殼形。今海邊人凡戴殼者通謂之螺。螺與蟧聲相轉。今驗寄居,形狀大小不一,其蟲俱如蜘蛛,而有螯如蟹,戴殼而游,亦能走,出殼如小螺,

寄居蟲
(清蔣廷錫等《古今圖書集成》)

形色瑰異。然則《埤蒼》以爲螺屬,殆指此也。"

蟹早期被稱作"水蟲"。宋傅肱《蟹譜・總論》稱:"蟹,水蟲也。"寄居蟹早期被稱寄居蟲。南北朝時即有"寄居蟲"之稱,但常與栖居於蛤中之豆蟹相混。亦稱"寄居"。唐段成式《酉陽雜俎》卷一七:"寄居,殼似蝸,一頭小蟹,一頭螺蛤也。寄在殼間,常候蝸(一曰螺)開出食,螺欲合遽入殼中。"又:《酉陽雜俎續集》卷八:"寄居之蟲,如螺而有脚,形似蜘蛛,本無殼,入空螺殼中載以行,觸之縮足如螺閉户也。火炙之乃出走,始知其寄居也。"清胡世安《異魚圖贊補》卷下引三國吳萬震《南洲異物志》:"寄居之蟲,如螺而有脚,味似蝦,形如龜,本無殼,入空螺中載以行,觸之縮足如螺閉户也,火炙之乃出走。"《異魚圖贊補》卷下引明王世懋《閩部疏》:"前人於海味最重鰽魚及寄生。鰽魚即浙之望潮也,形雖不雅而味美於烏賊。寄生最奇,海上枯蠃殼存者,寄生其中戴之而行,形味似蝦,細視之有四足兩螯,又似蟹類。得之者不煩剔取,曳之即出,以肉不附也。炒食之,味亦脆美。"又引陶弘景云:"寄居蟲,益顏色,美心志。"

璅蛄又稱"璅蛄""共命蠃""月蛄",單稱"蛄",有考者謂此指寄居蟹,也有考者謂指貝類。南朝梁任昉《述異記》卷下:"璅蛄似小蚌,有一小蟹在腹中,爲蛄出求食,故淮海之人呼爲蟹奴。"《爾雅翼・釋魚四》:"蛄,蚌也。長一寸,廣二分。大者長二三寸,腹中有蟹,子如榆莢,合體共生,時出取食,復入殼中。一名璅蛄。《江賦》曰:'璅蛄腹蟹,水母目蝦。'……然則蛄蓋恃蟹以爲命,不可一日

無也。"宋沈懷遠《南越志》:"瑣蛣,長寸餘,大者長二三寸,腹中有蟹子,如榆莢,合體共生,俱爲蛣取食。"宋傅肱《蟹譜》上篇:"瑣蛣似蟧,常有一小蟹在腹中,爲蛣出求食,蟹或不至,蛣餒死,所以淮海人呼爲蟹奴。"何以稱蛣?《爾雅翼·釋魚四》:"漢會稽鄮縣有鮚埼亭。埼,曲岸也,中多此物,故以爲名。"清代又稱其共命贏。清李調元《然犀志》:"瑣蛣,狀如珠蚌,殼青黑色,小者長寸,大者長二三寸……又有數白蟹子在腹中,狀如榆莢,爲之出取口實。郭璞所謂瑣蛣腹蟹,葛洪所謂小蟹不歸而蛣敗,是也。一名共命贏,又名月蛣。每冬大雪則肥,瑩滑如玉,日映如雲母。"

明李時珍《本草綱目·介二·海鏡》〔釋名〕時珍曰:"一名鏡魚,一名瑣蛣,一名膏藥盤,生南海。兩片相合成形,殼圓如鏡,中甚瑩滑,映日光如雲母。內有少肉如蚌胎。腹有寄居蟲,大如豆,狀如蟹。海鏡饑則出食,入則鏡亦飽矣。郭璞賦云:'蠟蛣腹蟹,水母目蝦,即此。'"明李時珍《本草綱目·介二·寄居蟲》〔集解〕藏器曰:"'又南海一種,似蜘蛛,入螺殼中,負殼而走,觸之即縮如螺,火炙乃出,一名踦,無別功用。'時珍曰:案孫愐云寄居在龜殼中者名曰蜎,則寄居亦非一種也。"明屠本畯《閩中海錯疏》卷下:"寄生,海上枯贏殼存者,寄生其中,負殼而走,形如蟹,四足兩螯,大如榆莢,其味若蝦,得之者不煩剔取。曳之即出,以肉不附也。炒食味亦脆美。"明周嬰《巵

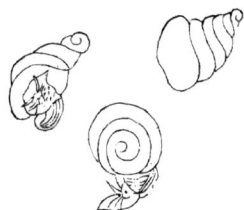
寄居蟲
（明王圻等《三才圖會》）

林》卷五:"今南方海中小螺多有蟹生其中,所謂瑣蛣腹蟹者,閩人皆以寄生呼之,《異苑》《南洲異物志》、陶隱居《本草注》俱謂之寄居。陳藏器《本草》曰:寄居在殼間而非螺也。候螺、蛤開當自出食,螺、蛤欲合已還殼中,亦名寄生。"清吳綺《嶺南風物記》:"惠州濱海別有二湖,一鹹一淡,各産小蟹,其大如錢,以螺殼爲房,寄居其內,名曰寄生。好事者捕得,就其房之廣狹,別以金銀模之,蟲見光彩,即棄舊巢而居焉。貯於香奩紙裏中頗堪把玩,間日飼以微物。其飲水也必從其鹹淡之宜,反是則死。"

古人對於"寄生"的認識也頗有曲折。清聶璜《清宮海錯圖》第四冊"響螺化蟹"云:"海中之螺,不但小者能變蟹,即大如響螺亦能變。但不能離螺,必負螺而行,蓋其半身尚係螺尾也。海人通名之曰'寄生',不知變化之説也……"根據所畫圖樣和描述生物背負螺殼、頭爪如蟹的特徵,應是寄居蟹。聶璜也引用海濱人士所説的"寄生"情節,但仍然深信螺能變蟹之説,并以此糾正寄生的説法,可見物種之間相互變化的説法影響深遠,以致作者無視海濱人士的正確説法。清屈大均《廣東新語·介語》:"有寄生贏,生鹹水者,離水一日即死,生淡水者可久畜。殼五色如鈿,或純赤如丹砂。其蟲如蟹有螯足。腹則贏也。以佳殼或以金銀爲殼,稍炙其尾,即出投佳殼中,海人名爲借屋。以之行酒,形至某客前而駐則飲,故俗以爲珍。有輸螯者,二螯四足,似彭蜞,其尻柔脆蜿屈,則贏每竊枯贏以居,出則負殼,退則以螯足扞户,稍長更擇巨殼遷焉。與寄居蟲異名。"清郝懿行《記海錯》:"寄居,薄贏之

異種也。《藝文類聚》卷九七引《南洲異物志》云：'寄居之蟲，如螺而有脚，形如蜘蛛，本無殼，入空螺殼中戴以行。觸之縮足，如螺閉户也。火炙之乃出走，始知其寄居也。'又引《異苑》云：'鸚鵡螺常脱殼而游，朝出則有蟲類如蜘蛛入其殼中，螺夕還，則此蟲出。庚闓所謂鸚鵡内游，寄居負殼者也。今驗寄居形狀，一如二書所説，有自洋舶携來者，京師謂之四不相，兒童喜弄之。其殼形色詭異，大小差殊，或圓白如錢，瑩净可玩，取出置器中，投以飯顆，其蟲亦出唊之。四不相者，以其似蟹乃有首，似蝦乃有螯，似蠃乃有足，似蜘蛛乃有殼也。"清道光《晋江縣志·物産志》："本名車蛤蜂，中有小蟹寄居焉。西施舌者，恃蟹而生，相倚爲命。蟹出，求沙土之類以哺之。蟹非蜂無所居，西施舌非蟹則不食。一相失，皆無生理，亦一異也。……寄生，俗呼龍種，海中螺殼蝦蟹之屬，寄生其中，形亦似螺。火熱其尖則走出。"清郭柏蒼《海錯百一録》卷三："寄生，諸書皆以蚌蛤中有小蟹寄居其中，蚌蛤恃以爲生。蟹出，求沙土之類哺之。蒼按，凡螺蚌蛤之屬皆有似蝦非蝦，似蟹非蟹者，曳其枯殼，寄居其中，殼不容身，乃徙入他殼，不寄不生，名曰寄生。即所謂璅蛣腹蟹也。或炒食或作醬，味與蝦姑同。"

寄居蟹又稱"寄寓子"，清寶樂安、許家惺審定《動物學教科書》第一〇章："寄寓子，似蝦而腹部至柔，常寄生於貝類之空殼。"清柯璜譯編《博物學講義動物篇》第一〇章："寄居蟹，其種極多，爲海濱尋常動物，形如蝦，腹部甚軟，嘗覓空虛之貝居而負之，以避危險，迨身漸長，將不能容，又徙他貝寄居云。"因其

形頗似蝦，民國時又稱其"寄居蝦"，俗稱"蝦怪"。徐珂《清稗類鈔·動物類》："寄居蝦，蝦屬，以其形略似蟹，故又名寄居蟹。體之前半有甲，後半爲柔軟肉體，常求空虛之介殼而入居之，腹部變爲螺旋狀，與介殼合，故俗又稱蟹螺。第一對脚則爲大螯，以捕取食物，並爲閉塞殼口之用。種類甚多，有居木孔及海綿中者。"寄居蟹，我國現已報道三十餘種，主要産在黄海及南方海域和東海的海岸邊緣，一般生活在沙灘和海邊的巖石縫隙裏。其中以居於香螺中之方腕寄居蟹（*Pagurus ochotensis*）最具食用價值。寄居蟹并非全寄居於空螺殼。三國吴萬震《南洲異物志》："又一種寄居蟹，名蠣奴，居蚌腹。按孫恬云寄居在龜殼中者曰蝐，則寄居亦非一種。"亦有少數寄居蟹發展出類似螃蟹的硬殼，也叫硬殼寄居蟹，著名的椰子蟹即屬此類。

【蜎蠌】

即寄居蟹。此稱漢代已行用。見該文。

【寄居蟲】

即寄居蟹。此稱南北朝時期已行用。見該文。

【璅蛣】

即寄居蟹。此稱南北朝時期已行用。見該文。

【寄居】

即寄居蟹。此稱唐代已行用。見該文。

【蛣】[2]

即寄居蟹。此稱宋代已行用。見該文。

【璅蛣】

即寄居蟹。此稱宋代已行用。見該文。

【寄生】

即寄居蟹。此稱明代已行用。見該文。

【寄生蠃】

　　即寄居蟹。此稱清代已行用。見該文。

【寄寓子】

　　即寄居蟹。此稱清代已行用。見該文。

【共命蠃】

　　即寄居蟹。此稱清代已行用。見該文。

【月蛄】

　　即寄居蟹。此稱清代已行用。見該文。

【寄居蝦】

　　即寄居蟹。此稱清末已行用。見該文。

【蟹螺】

　　即寄居蟹。此稱清末已行用。見該文。

蟹 [1]

　　亦作"蠏""䲒"。亦稱"蝑""蟚""蛫""蝠""螃蟹""旁蟹""蜋鯉""蜋蟷""博帶""無腸公子""内黄侯""無腸""郭索""介士""尖臍""團臍""尖團""蟛蜞""蟹匡""蟛""蝤蛑""夾舌蟲""含黄伯""奥蟹"等。蟹（Brachyura），動物名，爲水生生物，節肢動物門，甲殼綱，十足目，短尾亞目動物之統稱。全身被有甲殼，頭胸多扁平而廣闊，有五對足，

蟹
（清蔣廷錫等《古今圖書集成》）

第一對變形爲螯，横行甚速。腹部分數節屈折於胸部之下，俗稱爲臍，雄的臍尖，雌的臍圓。鹹淡水皆産，種類甚多。關於蟹的歸類，《周易·説卦》將蟹歸入"離"屬。因"離"爲火，屬陽性，含堅硬之意，指蟹有硬殼。《周易·説卦》："離……爲鱉、爲蟹、爲蠃、爲蚌。"先秦時蟹歸介類或甲類，隨後，蟹從蟲或從魚，或二者兼用。從蟲，宋傅肱《蟹譜》卷上引漢戴德《大戴禮記》："甲蟲三百六十四，神龜爲之長，蟹亦（甲）蟲之一也。"《説文·虫部》："蠏，有二敖八足，旁行，非蛇鮮之穴無所庇。从蟲解聲。"段玉裁注："敖，俗作螯……蟹大脚也。螯，蟹屬。然則俗作螯尤誤也，出游也。故其大脚曰敖。螯，'旁行'，《考工記·梓人》'仄行'，即旁行也。鄭亦云蟹屬。庇者，陰也。鮮者，今之鱓字。鱓者，魚名。見魚部。魚之似蛇者也。常演切。又作鮭。今《大戴禮》作鮭。或誤鮭。《荀子》作蟺。許書古本多作鮮。蓋漢人多叚貉國鮮魚之字爲之。本無正字也。玄應曰，鱓又作鱓鮮二形，同。《勸學篇》曰："蟹二螯八足。非虵鮭之穴而無所寄者，用心躁也。……《廣韻》曰蟹，《説文》作蠏。知古如此作。"《説文·虫部》："蛫，蟹也。从蟲危聲。"宋司馬光《類篇》卷三八："蛫：苦委切。又古委切。"宋唐慎微《證類本草·蟹》卷二一："《圖經》曰：'蟹之類多，六足者名蛫，音跪。'"明李時珍《本草綱目·介一·蟹》〔集解〕蘇頌曰："其類甚多，六足者名蛫（音跪）……皆有大毒，不可食。"又："䲒：蟹，或從魚。"宋陸佃《埤雅·釋魚·蠏》卷二："蟹類甚多……凡數十種。蟛蜞大者長尺餘，兩螯至强，能與虎鬥，虎不

如也。隨大潮退殼,一退一長。"

"螃蟹"之稱,大約始自唐代。《周禮·冬官考工記·梓人》:"謂之小蟲之屬。"唐賈公彥疏:"今人謂之螃蟹,以其側行者也。"關於"蟹"得名由來,有三種説法。一、《爾雅·釋魚》:"蟹字從解者,以隨潮解甲也。"宋傅肱《蟹譜》:"蟹之類隨潮解甲,更生新者,故字從解。"二、明李時珍《本草綱目·介一·蟹》〔釋名〕宗奭曰:"此物之來,秋初如蟬蜕殼。名蟹之意,必取此義。"反映了"解"字旁係依據"蟹"的蜕殼習性而來。三、又有蟹"解結散血"之説,清胡世安《異魚圖贊補》卷下引明謝肇淛《五雜俎》曰:"是物以解結散血得名,惟霜後可食。"

蟹異名衆多,漢代有"蠏""螶""蛫""蜅""螖""螃"之稱,三國時有"蜅"之説,稱雄蟹爲"蜋螘",雌蟹爲"博帶"。《爾雅·釋魚》稱蟹:"蜅,螖,小者螃。"《廣雅·釋魚》:"蜅、蟹,蛫也,其雄曰蜋螘,其雌曰博帶。"尖臍、團臍也是對雄蟹雌蟹的別稱。宋陸佃《埤雅·釋魚》卷二:"蟹,水蟲。殼堅而脆,團臍者牝,尖者牡也。"蟹的種類名,古籍所記頗多,三國吳沈瑩《臨海水土異物志》記有倚望、竭樸、沙狗、蘆虎、招潮、石蜠、蜂江、彭蜅等。晋崔豹《古今注》記有蟛蜞、長卿、擁劍、執火。唐段成式《酉陽雜俎》增記蜅蟹、數丸、千人捏。唐段公路《北户錄》記紅蟹、虎蟹、石蟹等。宋傅肱《蟹譜·總論》:"小者謂之蟛蜠,中者謂之蟹匡,長而鋭者謂之蟛,大者謂之蜅蟹。"

蟛蜞爲古籍中常見的一種蟹。《爾雅·釋魚》卷三一:"蜅、螖,小者螃。"晋郭璞注云:"即蟛蜞也。"又郭璞注:"螺屬,見《埤蒼》。或曰即蟛蜞也,似蟹而小,音滑。"邢昺疏:"螖即蟛蜞也。似蟹而小,一名蟳。其小者別名螃。"《漢書·韓彭英盧吳傳》:"十一年,夏,漢誅梁王彭越,盛其醢以遍賜諸侯。"傳説漢高祖劉邦醢彭越,將其肉醬賜九江王英布食,俄覺,而哇於江,肉變爲小蟹。唐孫愐《唐韵》:"蟛蜞。户八反似蟹而小。予謂即兀五忽反,今之蟛蚏也。一名蟛蜞耳,蟲屬似蟹。"唐代吳越人呼蟛蜞爲蟛越,唐劉恂《嶺表録異》卷下:"蟛蜞,吳(人)呼爲蟛越,蓋(其)語訛也。足上無毛,堪食。吳越間,多以異鹽藏,貨於市。"唐代已用鹽藏蟹,但從分類來看,僅依據蟹之大小,毛之有無,來識別蟹的種類尚不够充分。唐陸龜蒙《蟹志》引張如蘭《子蟹解》:"蟹何多名也?爲蟛蜞,爲蟛蜞,爲蟛蚏,爲招潮,爲郭索,爲博帶,爲傑步,爲蜋螘,蟹何多名也?"

宋高似孫《蟹略》卷三:"白居易詩:'鄉味珍彭越,時鮮貴鷓鴣。'張祐詩:'鸂鶒穿蘆葉,彭蜞上竹根。'章甫詩:'外事添蛇足,餘生嚼越螯。'"宋謝維新《古今合璧事類備要別集》卷八八:"其最小者名彭蜞,吳人語訛爲蟛蜞。《爾雅·釋魚》云:'蜅螖,小者螃。'郭璞云:'即彭蜞也。'似蟹而小,蟛蜞亦其類也,食之誤人矣。……四曰蟛蜞,螯微毛,足無毛,以鹽藏而貨於市。……《搜神記》言此物嘗通人夢,自稱長卿,今臨海人多以長卿呼之。"明李時珍《本草綱目·介一·蟹》〔集解〕弘景曰:"蟹類甚多,蟛蜞、擁劍、蟛蜞皆是,並不入藥。……其最小無毛者,名蟛蜞(音越),吳人訛爲彭越。"明楊慎撰、清胡世安箋《異魚圖贊箋》卷四："《古今注》：'蟛蜞，小蟹。生海塗中，食土。吳人蝐訛作越，遂附會其說。謂漢祖醢彭越。置其肉於江。化此。'傅肱曰：'蟛蜞者，二月三日盛出於海塗，吳俗尤所嗜，尚歲或不至，則指目禁烟，謂非佳節也。'今通泰其類實繁。"清劉存等《劉馮事始》曰："世傳漢醢彭越，賜諸侯，英布不忍視之，覆江中，化此。故曰彭越。"清李元《蠕範》卷七："曰蟛，蝐蟷也，蝐蟳也，蟛蜞也，彭越也，小於蟹，足無毛，螯微有毛。生泥塗中，食土。"《古今圖書集成·禽蟲典·蟹部》："蟛蜞，吳人呼爲蟛蟻，蓋語訛也，足上無毛，堪食。"此處"蟛蟻"似爲"蟛越"之誤。清胡世安《異魚圖贊補》卷下："惟茲彭蟻與蝐混錯不熟。"

自宋代始，稱蟹爲"内黄侯""笑舌蟲""含黄伯"。宋曾幾《謝路憲送蟹》詩："從來嘆賞内黄侯，風味尊前第一流。只合蹣跚付湯鼎，不須辛苦上糟丘。"宋陶穀《清異録·魚》："盧絳從弟純，以蟹肉爲一品膏。嘗曰：四方之味，當許含黄伯爲第一。後因食二螯，笑傷其舌，血流盈襟，絳自是戲純'蟹爲笑舌蟲'。"蟹的異名蟶，自宋代始。宋戴侗《六書故》卷二〇："蟶：烏介切，似彭蜞，可食，薄殼而小。"明馮時可《雨航雜録》卷下："浙蟹有數種：一曰蟶，似彭越而小。"此處應爲肉球近方蟹類，在分類上屬於軟甲亞綱，十足目，短尾亞目，方蟹科之近方蟹。清方旭《蟲薈》卷五《介蟲·蟶》："《正字通》：蟶似彭蜞而小，殼薄，肉可食。旭按：此物多生磚縫中，大者如錢。"明李時珍《本草綱目·介一·蟹》〔釋名〕："螃蟹（《蟹譜》）、郭索（《揚雄《方言》）、横行介士（《蟹譜》）、無腸公子（《抱朴子》）。雄曰

蜋螘，雌曰博帶。"

"郭索"一詞最初指蟹的特點，記載頗多。漢揚雄《太玄·銳》："蟹之郭索，心不一也。"北宋司馬光集注："范曰：'郭索，多足貌。'王曰：'郭索，匡攘也。'吳曰：'匡攘，躁動貌。'"宋張端義《貴耳集》卷上："廬山偃蹇坐吾前，螃蟹郭索來酒邊。"宋高似孫《蟹賦》卷三："其武郭索，其行睢盱，其心易躁，其腸實枯。"清胡世安《異魚圖贊箋》卷四："蟹之郭索，用心躁也。"清譚嗣同《菊花石秋影硯銘》："郭索郭索，墨聲如昨。"大約自唐代始稱郭索爲螃蟹，唐陸龜蒙《酬襲美見寄海蟹》詩："藥杯應阻蟹螯香，却乞江邊采捕郎。自是揚雄知郭索，且非何胤敢饞饕。"宋楊萬里《以糟蟹洞庭柑送丁端叔端叔有詩因和其韵》詩："驅使木奴供露顆，催科郭索獻霜螯。"清趙翼《醉蟹》詩："霜天稻熟郭索行，雙螯拗折香珠粳。"清道光《重修膠州志·物產》："蟹，一名郭索，俗名白角蟹。"傅肱《蟹譜》云："蟹，水蟲也，故字從蟲。亦魚屬也，故古文從魚。以其横行，則曰螃蟹。以其行聲，則曰郭索。以其外骨，則曰介士。以其内空，則曰無腸。"明屠本畯《閩中海錯疏》記毛蟹、金錢蟹、石蟹、蟛蜞、螃蟻、虎獅、桀步（一名擁劍，一名執火，一名揭哺子）、海蟳、金蟳、虎蟳、蘆禽、塗蜥（俗呼"塗蟻"）、蟶、千人擘。清郝懿行《記海錯》："海錯之中，蟹族甚多，不可殫述。大者如車，細者如豆，狀類難名。"其中記蟹名有鬼蟹、蟛蟻、望潮。清郭柏蒼《閩產録異》記有虎蟶、毛蟹、石蟹、踏板蟹、蟛蟻。其《海錯百一録》記蟳、虎蟳、蟶、千人擘、赤脚（又名桀步、揭捕子、擁劍、執火）、

朱蟹、金錢蟹、長蛟蟹、滷、倚（步倚）、蘆禽（即蘆蟹，又名蘆根）。清道光《晋江縣志·物產志》："蟹，其螯與爪皆有毛，大者曰毛蟹，小者曰石蟹；螯無毛，色微黄而小曰蟛越；小而螯赤，生溝渠中曰蟛蜞；殼圓如虎頭，有斑點曰虎獅；腰有黄紋者曰金腰帶，形扁者曰扁蟹。蟳，似蟹而大，殼青黄色。又有金嶼蟳，色黄，此種味最美，在蟹蠘之上。蠘，蟳殼圓而蠘殼尖，有紫點。蟳螯光圓，蠘有棱而長，性頗冷。牝者有黄，牡者無黄，而色青名步青，出在冬春之交，至驚蟄發雷，則牝者吐黄爲子，亦無黄矣。"地方志記載如此翔實者確屬罕見，而古籍中對蟹的分類大多含混言之。所以據此分類也頗多歧義。清方旭《蟲薈》卷五："《本草綱目》：蟹，俗名螃蟹，一名郭索，又名橫行介士，又名無腸公子。其性躁，引聲噀沫，至死乃已。生於流水者，色黄而腥；生於止水者，色紺而馨。《佛書》云：其散子後即自枯死。霜前食物，故有毒，霜後將蟄，故味美。所謂入海輸芒者，亦謬談也。蟛蜞大於蟛蜝，生於陂池田港中，故有毒，令人吐下。似蟛蜞而生於沙穴中，見人便走者，沙狗也，不可食。似蟛蜞而生海中，潮至出穴而望者，望潮也，可食。兩螯極小如石者，蚌江也，不可食。生溪澗石穴中，小而殼堅赤者，石蟹也，野人食之。又海中有紅蟹，大而色紅。飛蟹能飛。善化國有百足之蟹。海中蟹大如錢，而腹下又有小蟹如榆莢者，蟹奴也。居蚌腹者，蠣奴也，又名寄居蟹，並不可食。"

關於蟹的特徵，《爾雅·釋魚》："蟹，八跪而二螯，八足折而容俯，故謂之跪。兩螯倨而容仰，故謂之敖。字從解者，以隨潮解甲也。

殼上多作十二點深燕脂色，如鯉之三十六鱗。其腹中虛實亦應月。"《山海經·海内北經》："姑射國在海中，屬列姑射，西南山環之，大蟹在海中。"晋郭璞注："蓋千里之蟹也。"晋葛洪《抱朴子·登涉》曰："無腸公子，蟹也。"東漢《周禮·考工記·梓人》："仄行。"東漢鄭玄注："蟹屬。"唐賈公彦疏："今人謂之旁蟹，以其側行故也。"明屠本畯《閩中海錯疏》卷下："蟹，八跪二螯，堅殼，其行郭索，八足而容俯，故謂之跪，兩螯倨而容仰，故謂之螯。制字從解，以隨潮解甲也。殼上多作十二點，深胭脂色，亦猶鯉之三十六鱗。月盛腹中肉虛，月衰肉滿。臍尖者牡，團者牝。"明顧清《松江府志·土產·水族之屬》："螃蟹，江、湖、海、浦皆有之。"明王圻等《三才圖會》卷九四："蟹八跪而二螯，殼上多作十二點，深胭脂色，其腹中虛實亦應月，以臍大小爲雌雄，雄曰狼螖，雌曰博帶，其種類甚多。"蟹喜潮，清屈大均《廣東新語·介語》："蟹善候潮，潮欲來，舉二螯仰而迎之，潮欲退，折六跪俯而送之"。清末記蟹特徵頗豐，徐珂《清稗類鈔·動物類》："蟹，亦作蠏，一稱螃蟹，節足動物，淡水、鹹水皆產之，可食。頭胸部甲甚闊，腹甲扁平，屈折於胸部之下，有橫紋，雄者小而尖，雌者大而圓。複眼在背甲前緣之深窩，有柄承之。……内臟皆在背甲下，俗所謂六角板者，即心臟，所謂脂與黄者，即精巢及卵巢也。"

國人食蟹，先秦兩漢已見記載。《周禮·天官·庖人》記："庖人供祭祀之好羞。"鄭玄注："薦羞之物謂四時所膳食，若荆州之魚，青州之蟹胥。""蟹胥"，即蟹醬，是歷史記載中最早的蟹名品之一。俗謂"螃蟹上桌百味淡""一蟹壓百菜"，中國有幾千年的吃蟹史，而食蟹、飲酒、賞菊、賦詩、作畫，則是文人墨客金秋聚會時的雅興。北魏賈思勰《齊民要術》中不但提到蒸、炸、面拖、酒醉等蟹的食法，而且介紹了一種腌製螃蟹的"藏蟹法"。唐杜寶《大業拾遺録》記載，隋代蘇州蟹業盛極一時，有"蜜蟹""糖蟹""糟蟹"等多種做法。明清之交的文人李漁，嗜蟹如命，雅號"蟹仙"，呼九月、十月爲"蟹秋"。其《閑情偶寄・飲饌部》載："予於飲食之美，無一物不能言之，且無一物不窮其想象，竭其幽渺而言之；獨於蟹螯一物，心能嗜之，口能甘之，無論終身一日皆不能忘之，至其可嗜可甘與不可忘之故，則絶口不能形容之。此一事一物也者，在我則爲飲食中癡情，在彼則爲天地間之怪物矣。予嗜此一生。每歲於蟹之未出時，即儲錢以待。因家人笑予以蟹爲命，即自呼其錢爲'買命錢'……慮其易盡而難繼，又命家人滌甕釀酒，以備糟之醉之之用。糟名'蟹糟'，酒名'蟹釀'，甕名'蟹甕'。向有一婢，勤於事蟹，即易其名爲'蟹奴'，今亡之矣。蟹乎！蟹乎！汝於吾之一生，殆相終始者乎！"清袁枚《隨園食單》："蟹宜獨食，不宜搭配他物。最好以淡鹽湯煮熟，自剥自食爲妙。蒸者味雖全，而失之太淡。"曹雪芹在《紅樓夢》第三八回描寫了一場螃蟹宴，借賈寶玉之手寫詩："持螯更喜桂陰凉，潑醋擂薑興欲狂。饕餮王孫應有酒，横行公子却無腸。臍間積冷饞忘忌，指上沾腥洗尚香。原爲世人美口腹，坡仙曾笑一生忙。"此外，唐代吳道子的《螃蟹圖》，明代徐渭的《黄甲傳臚圖》，齊白石的《螃蟹圖》等，均體現了文人對螃蟹的喜愛之情。

歷代文人墨客咏唱蟹的詩詞不可勝數。唐李白《月下獨酌》詩："蟹螯即金液，糟丘是蓬萊。且須飲美酒，乘月醉高臺。"唐殷堯藩《九日病起》詩："重陽開滿菊花金，病起支床惜賞心。紫蟹霜肥秋縱好，緑醅蟻滑晚慵斟。"唐白居易《奉和汴州令狐令公二十二韵》詩："陸珍熊掌爛，海味蟹螯鹹。"唐元稹《江邊四十韵》詩："池清漉螃蟹，瓜盡拾螬蟊。"唐陸龜蒙《酬襲美見寄海蟹》詩："樂杯應阻蟹螯香，却乞江邊采捕郎。自是揚雄知郭索，且非何胤敢饞饟。骨清猶似含春靄，沫白還疑帶海霜。强作南朝風雅客，夜來偷醉早梅傍。"唐唐彦謙《蟹》詩："漫誇豐味過蝤蛑，尖臍猶勝團臍好。"宋傅肱《蟹譜》："蟹之爲物，雖非登俎之貴，然見於經，引於傳，著於子史，志於隱逸，歌咏於詩人，雜出於小説，皆有意謂焉。"宋方岳《次韵田園居》詩"草卧夕陽牛犢健，菊留秋色蟹螯肥"，描繪了秋日持螯賞菊的優美意境。宋梅堯臣《吳正仲遺蛤蜊》詩："樽前已奪蟹滋味，當日蒓羹枉對人。"宋强至《贈賈麟》詩："何時却挂吳淞帆，霜蟹初肥恰新稻。"宋歐陽修《病中代書奉寄聖俞二十五兄》詩："憶君去年來自越，值我傳車催去闕。是時新秋蟹正肥，恨不一醉與君別。"宋黄庭堅《次韵師厚食蟹》詩："海饌糖蟹肥，江醪白蟻醇。每恨腹未厭，誇説齒生津。"又："一腹金相玉質，兩螯明月秋江。"宋蘇軾《丁公默送蝤蛑》詩："堪笑吳興饞太守，一詩換得兩尖團。""半殼含黄宜點酒，兩螯斫雪勸加餐。"又《飲酒四首》其二詩："左手持蟹螯，舉觴矚雲漢。天生此神物，爲我洗憂患。"宋徐似道《游廬山得蟹》詩："不識廬山辜負目，不食螃蟹辜負腹。"宋陸游《糟蟹》詩："舊交髯簿久相忘，公子相從獨味長。醉死糟丘終不悔，看來端的是無腸。"又《今年立冬後菊方盛開小飲》詩："傳芳那解烹羊脚，破戒尤慚擘蟹臍。"又《冬日》詩"山暖已無梅可折，江清獨有蟹堪持。"又《記夢》詩："團臍霜蟹四鰓鱸，尊俎芳鮮十載無。"金王若虛《文辨二》："晏殊以爲柳勝韓，李淑又謂劉勝柳，所謂一蟹不如一蟹。"元朱名世《彭月》詩："彭月沙懷小更肥，團臍風味頗相宜。""一杯持兩螯"的典故也頗爲有名。《藝文類聚》卷四八《職官部四》引吏部郎畢茂世云："一手持蟹螯，一手持酒杯，拍浮酒池中，便足了一生。"元郭鄧《蟹》詩："黃金填胸高塊磊，十月尖臍更精彩。"明唐寅《江南四季歌》詩："左持蟹螯右持酒，不覺今朝又重九。一年好景最斯時，橘綠橙黃洞庭有。"明徐渭《題蟹》詩："稻熟江村蟹正肥，雙螯如戟挺青泥。"清李漁《咏蟹》詞："嗜蟹因仇霧，憐花復怒霜。無窮好事爲天荒，一度擲秋光。造物將儂負，還令造物償。急開梅蕊續秋芳，不許蟹無腸。"

記蟹之古籍有唐陸蒙《蟹志》、宋傅肱《蟹譜》、宋高似孫《蟹略》、宋呂亢《蟹圖》（佚）、清孫之騄《晴川蟹録》等。現代寫蟹的書有沈嘉瑞等《我國的蝦蟹》《中國動物圖譜·甲殼動物·蟹類》、戴愛雲等《中國海洋蟹類》、陳惠蓮《中國動物志·海洋低等蟹類》等。目前我國的淡水蟹有百餘種、海水蟹有七百三十多種。

【蠏】
　　同"蟹"。此體漢代已行用。見該文。

【觧】
　　同"蟹"。此體漢代已行用。見該文。

【蜻】
　　即蟹。小蟛蜞。此稱秦漢時已行用。見該文。

【蝟】
　　生於海邊的一種小蟹。形似蜘蛛，寄居在空螺殼内。此稱漢代已行用。見該文。參見本卷《水生無脊椎動物説·水生節肢動物考》"蟛蜞"文。

【蟫】
　　生於海邊的一種小蟹。此稱漢代已行用。見該文。

【蛫】
　　即蟹。此稱漢代已行用。見該文。

【郭索】
　　即蟹。最初指螃蟹爬行貌，亦指蟹爬行時的聲音。此稱漢代已行用。見該文。

【蜅】
　　即蟹。此稱三國時期已行用。見該文。

【博帶】
　　雌蟹之别稱。此稱三國時期已行用。見該文。

【蜋鎧】
　　雄蟹之别稱。此稱三國時期已行用。見該文。

【蜋螘】
　　雄蟹之别稱。此稱三國時期已行用。見該文。

【蟛蜞】
　　即蟹。亦作"彭蜞""彭越"。指足上無毛之小蟹。此稱晋代已行用。參見本卷《水生無脊椎動物説·水生節肢動物考》"蟛蚏"文。

【無腸公子】

即蟹。此稱晋代已行用。見該文。

【螃蟹】

即蟹。此稱唐代已行用。見該文。

【旁蟹】

即蟹。此體唐代已行用。見該文。

【尖臍】

雄蟹之別稱。與“團臍”相對而言。此稱唐代已行用。見該文。

【團臍】

雌蟹之別稱。與“尖臍”相對而言。此稱唐代已行用。見該文。

【内黄侯】

即蟹。此稱宋代已行用。見該文。

【無腸】

即蟹。此稱宋代已行用。見該文。

【介士】

即蟹。亦稱“橫行介士”。此稱宋代已行用。見該文。

【水蟲】[2]

即蟹。此稱宋代已行用。見該文。

【筴舌蟲】

即蟹。此稱宋代已行用。見該文。

【含黄伯】

即蟹。即筴舌蟲。此稱宋代已行用。見該文。

【尖團】

即蟹。此稱宋代已行用。見該文。

【蟹匡】

中等大小的蟹。此稱宋代已行用。見該文。

【蟛】

長而尖銳的蟹。此稱宋代已行用。見該文。參見本卷《水生無脊椎動物説·水生節肢動物考》“梭子蟹”文。

【蝤蛑】[1]

即大蟹。此稱宋代已行用。見該文。參見本卷《水生無脊椎動物説·水生節肢動物考》“蝤蛑”文。

【㷸蟹】

指剛蜕皮之軟殼蟹。“㷸”通“軟”。清孫之騄《晴川蟹録》卷三引明張九嵕《子蟹集》：“其匡初蜕，柔弱如棉絮，通體脂凝，（名爲）㷸蟹。”此稱清代已行用。見該文。

蟛蜞

亦作“蟛蜞”“蟛蚏”“彭越”“蟛蛆”，亦稱“彭蜞”“蟛蜞子”“彭蚑子”。蟹的一種。體小，足無毛。晋崔豹《古今注·魚蟲》：“蟛蜞，小蟹也，生海邊塗中，食土，一名長卿。”晋干寶《搜神記》卷一三：“蟛蚑，蟹也。嘗通夢於人，自稱長卿。今臨海人多以長卿呼之。”蟛蜞的記載很多，《爾雅·釋魚》卷三一：“蜌、蠕，小者蟧。”郭璞注云：“即蟛蜞也。螯微毛，足無毛，以鹽藏而貨於市。”又郭璞注：“螺屬，見《埤蒼》。或曰即蟛蜞也，似蟹而小，音滑。”邢昺疏：“蜌即蟛蜞也。似蟹而小，一名蠕。其小者別名蟧。”唐孫愐《唐韻》：“蟛蜞。户八反

蟛　蜞
（清聶璜《清宫海錯圖》）

似蟹而小。予謂即兀五忽反，今之蟛蜞也。一名蟛蜞耳，蟲屬似蟹。"唐代吳越人呼蟛蜞爲蟛越，唐劉恂《嶺表錄異》卷下："蟛蜞，吳（人）呼爲蟛越，蓋（其）語訛也。足上無毛，堪食。吳越間，多以異鹽藏，貨於市。"唐代已用鹽藏蟹，但從分類來看，僅僅依據蟹之大小，毛之有無，來識別蟹的種類尚不夠充分。唐陸龜蒙《蟹志》引張如蘭《子蟹解》："蟹何多名也？爲蟛蚑，爲蟛蜞，爲蟛螖，爲招潮，爲郭索，爲博帶，爲傑步，爲蜋蟛，蟹何多名也？"宋高似孫《蟹略》卷三："白居易詩：'鄉味珍彭越，時鮮貴鷦鴣。'張祐詩：'鸂鶒穿蘆葉，彭蚑上竹根。'章甫詩：'外事添蛇足，餘生嚼越螯。'"宋謝維新《古今合璧事類備要別集》卷八八："其最小者名彭蜞，吳人語訛爲蟛。明李時珍《本草綱目·介一·蟹》〔集解〕弘景曰："蟹類甚多，蟛蚸、擁劍、蟛蜞皆是，並不入藥。……其最小無毛者，名蟛蜞（音越），吳人訛爲彭越。"清胡世安《異魚圖贊箋》卷四："《古今注》：'蟛蜞，小蟹。生海塗中，食土。吳人蜞訛作越，遂附會其説。謂漢祖醢彭越。置其肉於江。化此。'傅肱曰：'蟛蜞者，二月三日盛出於海塗，吳俗尤所嗜，尚歲或不至，則指目禁烟，謂非佳節也。'今通泰其類實繁。"清李元《蠕範》卷七："曰蟛，蜞螜也，蜞蟑也，蟛蜞也，彭越也，小於蟹，足無毛，螯微有毛。生泥塗中，食土。"《古今圖書集成·禽蟲典·蟹部》："蟛蜞，吳人呼爲蟛蚑，蓋語訛也，足上無毛，堪食。"此處"蟛蚑"似爲"蟛越"之誤。清胡世安《異魚圖贊補》卷下："惟茲彭蚑與蜞混錯不熟。"

　　唐段公路《北戶錄》卷一："蟛蚑，證俗

音，無毛者爲彭滑，堪食。俗呼彭越，訛耳。"唐蘇鶚《蘇氏演義》卷下："蟛蜞子，小蟹也，亦曰彭蚑子。"唐劉恂《嶺表錄異》卷下："蟛蜞，吳呼爲彭越，蓋語訛也。足上無毛，堪食。吳越間多以異鹽藏，貨於市。"唐蘇鶚《蘇氏演義》卷下："彭越子似蟹而小。揚楚間每遇寒食，其俗競取而食之。或傳云：漢黥布覆彭越醢於江，遂化爲蟹，因名彭越子。恐爲誤説。此蓋彭蜞子矣（蜞又作蜞）。人語訛以蜞子爲越子。彭越有名於世，故習俗相傳，因而不改。據崔正熊云，蟛蜞子，小蟹也，亦曰彭蚑子，海邊塗中食土，一名長卿。其有螯大者名擁劍，一名執火，其螯赤故也。晋司徒蔡謨初過江，誤食彭蜞子以爲蟹，吐下，以至委頓。他日言於謝尚，尚曰：'卿讀《爾雅》不熟也。'"五代馬縞《中華古今注·蟛蚎》卷下："蟛蚎，小蟹也，生海邊塗中，食土。一名長卿。其有一螯大者名擁劍，一名執火。"宋傅肱《蟹譜·總論》："小者謂之蟛蜞。……曰蟛蚎者，二月、三月之盛，出於海塗。吳俗猶所嗜尚，歲或不至，則指目禁烟，謂非佳節也。今之通泰，其類實繁，然有同蟛螖差大而毛，好耕穴田畝中，謂之蟛蚸，毒不可食。晋蔡道明誤食之幾死，尤宜慎辨也。"宋鄭樵《通志》卷七六："彭蜞，吳人語訛爲彭越，南人謂之林禽，可食，作蟹尤佳。"宋司馬光《類篇》卷三八："蜞螜，王伐切。彭蚎，水蟲，似蟹而小，或作蜞螜。蜞，又古忽切。螺屬。又丘葛切。又戶八切。文二重音三。"明張自烈《正字通》（清廖文英續）申集中《蟲部》："蚎、蜞：並俗蟹字。舊注同蟹，誤。又蜞：下刮切，音滑。蟹最小無毛者曰蟛蜞，吳人認爲彭越。《爾雅》：蜞蟑。注：

蟛蜞，一名蟛，即蟛蜞。舊注泥《埤蒼》螺屬，非。蜞亦作蟩。從蜞爲正。"清胡世安《異魚圖贊箋》卷四引此作："蚏。"［日］箕作佳吉著，柯黃譯編《博物學講義動物篇》第十章《節足動物·甲殼類》："彭越蟹（原書注鬼面蟹）。第四及第五步行肢每向背上捧，戴貝殼蔽護自己，恰如戴笠，背紋隆起，酷肖人面。"清李維鈺原本，吳聯薰增纂光緒《漳州府志》卷三九《物產》："彭越似蟹小。今漳人呼爲青蚶。"清黃叔璥《臺海使槎録》卷三："青蚶蟹，青白色，兩螯大。"

蟛蚏與蟛蜞形似，自古難以分辨。宋方萬里、羅濬纂，胡矩修《寶慶四明志》："彭越，《爾雅》名彭蜞，螯赤者名擁劍。一種爲彭蜞，性寒甚。蔡謨謂'讀《爾雅》不熟，幾爲《勸學》所誤。'"

明謝肇淛《五雜俎·物部一》卷九："吳越王宴陶穀，蚨蟷至蟛蚏六十餘種。"明馮時可《雨航雜録》卷下："浙蟹有數種：一曰蟛蜞，似蟹有毛而赤，性極寒。一曰彭越，即彭蜞也。"明屠本畯《閩中海錯疏》卷下："蟛蟚，似石蟹而小，微黃色，左螯大而無毛，其行斜傍。"清胡世安《異魚圖贊補》卷下："《爾雅翼》：南海之物，《感應經》蟹屬名彭蚏，以螯取土作丸，從潮來至潮去，或三百丸，因名三百丸。"此處"三百丸"亦稱爲彭蚏。清道光《晉江縣志·物產志》："螯無毛，色微黃而小曰蟛越；小而螯赤，生溝渠中曰蟛蜞。"清姚之駰《元明事類鈔》卷三九："明《王瓊集》：白思明爲嘉定令，濱海地多產蟛蟚，狀如小蟹，橫行岸塍間，爲苗害不減蝗災。公爲文，躬祭海神，害隨息。"清莊履豐、莊鼎鉉《古音駢字續編》卷五："蟛

蚏《正韵》，彭螖《韵會》，彭蚏《廣韵》，蟛蜞《集韵》，彭越。五同。清張文虎等纂光緒《重修奉賢縣志》卷二〇："隆慶（略）三年夏六月海溢，鹹潮入內，蟛蚏爲害。"

今之"蟛蜞"與"蟛蚏"等同屬方蟹科厚蟹屬的動物。主要包括日本厚蟹、天津厚蟹和沈氏厚蟹等。日本厚蟹（*Helice japonica*），係方蟹科，相手蟹亞科，厚蟹屬，分布於我國臺灣、福建、浙江、山東半島。天津厚蟹（*Helice tridens tientsinensis*）廣布於我國廣東至遼東半島，穴居於沿岸或河口的泥灘上。厚蟹數量大，是沿岸漁民的佐餐佳品。營口俗稱天津厚蟹爲燒夾子。沈氏厚蟹（*Helice tridens sheni*）則生於河口泥岸上，或在積有海水的泥池中。唐白居易《和微之春日投簡陽明洞天》詩："鄉味珍蟛蚏，時鮮貴鷦鴣。"可見其鮮美。彭越主要分布在中國大陸的南海、東海。

【蟶】[1]

即蟛蚏。此稱宋代已行用。見該文。此有歧義，爲同名异實。今蟶即單環刺螠，俗名海腸，又稱海腸子。參見本卷《水生無脊椎動物説·棘皮動物考》"刺螠"文。

【林禽】

即蟛蚏。此稱宋代已行用。見該文。

【青蚶】

即蟛蚏。此稱清代已行用。見該文。

蟛蟚[1]

單稱"蟛""蟚"，亦作"蟛蚑""蟚蟖"，亦稱"長卿""螃蟹""磨蟹"。"蟛蟚"是否屬"蟹"，古籍記載有不同觀點，一般將其視爲小蟹類，生於海邊河畔，比蟛蜞稍大而有毛。晋崔豹《古今注·魚蟲》："蟛蟚，小蟹，生海邊

泥中，食土。一名長卿。”晋干寶《搜神記》卷一三：“蟚，蟹也。嘗通夢與人，自稱長卿。今臨海人多以長卿呼之。”又《搜神記》卷七：“晋太康四年，會稽郡蟚蚑及蟹，皆化爲鼠。其衆覆野。大食稻，爲灾。”南朝梁顧野王《玉篇》卷二五：“蟚：步庚切，似蟹而小。蟚：同上。蚑：巨宜切，蟚蚑也。”唐段公路《北户録》卷一：“蟚蚑，證俗音。有毛者曰蟚蚑，無毛者爲蟚蜞，堪食。俗呼彭越，訛耳。《世說》云：蔡司徒誤食蟚蚑，吐下，謝仁祖曰：卿讀《爾雅》不熟，幾爲勸學死。蜞，音滑。”宋司馬光《類篇》卷三八：“蟚：蒲光切。蟚蚑，蟹屬。又悲萌切。蝦蟆類，又補朗切。蟲名，陸居，蝦蟆也。又補曠切。又蒲浪切。”又：“蚑：渠之切。彭蚑，蟲名，似蟹而小，不可食。”唐劉恂《嶺表録異》卷下：“竭樸乃大蟚蚑也，殼有黑斑，雙螯一大一小，常以大螯捉食，小螯分自食。招潮子，亦蟚蚑之屬。”宋陳彭年等《廣韵·平之》：“蚑：蟚蚑，似蟹而小，晋蔡謨食之殆死也。”宋陸佃《埤雅》卷二：“彭蚑有毛，海人亦食之。”宋唐慎微《證類本草》卷二一：“彭蚑有小毒，膏主濕癬，疽瘡不差者塗之。食其肉能令人吐下至困。蔡謨渡江誤食。”宋鄭樵《通志》卷七六：“唯彭蚑不擇地生，多於溝渠間。其膏可塗濕癬、疽瘡。肉不可食，令人吐下至困。蔡謨誤食之，此也。”宋代記

蟚　蚑
（清聶璜《清宮海錯圖》）

有毒之“蟚蚓”，即蟚蚑。宋傅肱《蟹譜·總論》卷上：“曰蟚蚓者，二月、三月之盛出於海塗。……今之通泰，其類實繁，然有同蟚蟟差大而毛，好耕穴田畝中，謂之蟚蚓，毒不可食。晋蔡道明誤食之幾死，尤宜慎辨也。”又：“有同蟚蟟，差大而毛，好耕穴田畝中，謂之蟚蚓，毒不可食。晋蔡道明誤食之幾死，尤宜慎辨也。又多生於陂塘、溝港穢雜之地。往往因雨則瀕海之家列陣而上，填砌緣屋，雖驅掃之不去也。”

宋洪邁《容齋四筆·臨海蟹圖》：“彭蚑，大於蜞，小於常蟹。”宋梁克家《三山志》卷四二：“彭蚑似蟹而小，似彭蜞而大。”宋謝維新《古今合璧事類備要別集》卷八八：“十二曰蟚蚑，大於蜞，小於常蟹，吕君云：‘此皆常所見者，北人罕見，故繪以爲圖。’”宋戴侗《六書故》卷二〇：“蚑：渠之切，似蜞而不可食。”清胡世安《異魚圖贊箋》卷四：“然有同蟚蚓差大而毛，好穴處田畝中，名蟚蚑。毒不可食。”

“蟚蚑”亦名“蟛蚑”，似“蟚蚓”。明屠本畯《閩中海錯疏》卷下：“蟛蚑，似蟚蟟而大，右螯小而赤。生溝渠中。”明馮時可《雨航雜録》卷下：“浙蟹有數種：一曰蟚蚑，似蟹有毛而赤，性極寒。一曰彭越，即彭蜞也。”明李時珍《本草綱目·介一·蟹》〔集解〕弘景曰：“海邊又有蟚蚑，似蟚蜞而大，似蟹而小，不可食。蔡謨初渡江，不識蟚蚑，啖之幾死。嘆曰：讀《爾雅》不熟，幾爲勸學者所誤也。頌曰：今淮海、汴京、河北陂澤中多有之，伊洛反難得也。今人以爲食品佳味。”時珍曰：“……蟚蚑大於蟚蜞，生於陂池田港中，故有毒，令人吐下。似蟚蚑而生於沙穴中，見人便走者，沙狗也，

不可食。似蟛蜞而生海中，潮至出穴而望者，望潮也，可食。"清李化楠《醒園録序》："誤食蟛蜞即蟛螖，相手蟹者，由讀《爾雅》不熟。"

明陶宗儀《輟耕録》卷九："松江之上海、杭州之海寧人，皆喜食蟛蜞螯，名曰鸚哥嘴，以有極紅者似之。故也。"清屈大均《廣東新語·禽語》："廣州瀕海之田，多產蟛蜞，歲食穀芽爲農害。"清史澄纂《廣州府志》卷一六："生毛者曰毛蟛蜞，當以糞田、飼鴨。《粤東筆記》：《渭崖文集》云順德產蟛蜞，能食穀芽，惟鴨能啖之。惟廣南爲盛，以其蟛蜞能拏鴨，亦有鴨能啖蟛蜞，雨相濟也。"清郭柏蒼《閩產録異》："蟛蜞，寧福浦淑出者大，洲渚出者小。……《本草》以爲'不可食'。蔡謨初渡江，不識蟛蜞，啖之幾死；嘆曰：'讀《爾雅》不熟，爲勸學者所誤也。'蒼按，蟛蜞，寧福、興化家啖之，能解喉痛。蟛蜞醬，年出數萬桶。明興化林嵋，且名其詩集曰《蟛蜞集》。乃蔡謨啖之幾死，殆亦水土不服耳。蟛蜞微冷，毒不至死也。"清王士禎《池北偶談》卷一九亦記《蟛蜞集》。郭柏蒼對蟛蜞的認識更爲客觀全面。清屈大均《廣東新語·介語》："凡春正二月，南風起，海中無霧，則公蟛蜞出。夏四五月，大禾既蒔，則母蟛蜞出。其白者曰白蟛蜞，以鹽酒腌之，置荼蘼花朵其中，曬以烈日，有香撲鼻。生毛者曰毛蟛蜞。嘗以糞田飼鴨，然有毒，多食發吐痢，而潮人無日不食以當園蔬。故諺有曰："水潮蚭，食鹹解。鹹解者，以毛蟛蜞入鹽水中，經兩月，熬水爲液，投以柑橘之皮，其味佳絶。解其渣滓不用，用其精華，故曰解也。蚭者，蛤之屬。"清李調元《南越筆記》卷一一亦記此段。清沈翼機等編纂《浙江

通志·物產》卷一〇一《杭州府》："蟛蜞，《輟耕録》：海人皆喜食蟛蜞螯，名鸚哥嘴，以極紅者似之故也。《武林紀事》：錢塘江邊有小蟹潛於沙穴中，謂之彭月。寒食，人家多腌食之。又海邊出一種比彭月差大，食之令人瀉痢。又一種足生毛者，名曰毛蜞，尤不可食。"清孫星衍等嘉慶《松江府志》卷六《物產》："蟛蜞，《陳志》：里人呼爲走菜。見《王梧溪集》。《輟耕録》：松江之上海人喜食蟛蜞螯，名鸚哥嘴，以有極紅者相似。《閬耕餘録》：《世說》載司徒蔡謨食蟛蜞吐下委頓事。今海濱小民食之，未聞有吐者。蔡是偶然，後人遂爲口實。"

蟛蜞單稱"蟛"。《晋書·隱逸傳·夏統》："夏統字仲御，會稽永興人也，幼孤貧，養親以孝聞……或至海邊捉蟛以資養。"明范濂《雲間據目抄》："鹹潮入内地六里許，淹死禾稼無算，三年水尚鹹，田皆赤鹵，蟛亦自此入，至今大爲苗害。"又稱彭蜞，清胡世安《異魚圖贊補》卷下："按，《成都故事》：王吉夜夢一彭蜞在都亭，作人語曰：'我翌日當舍此。'吉覺而異焉，使人早候，見司馬長卿至。吉曰：'此人文章當横行一世。'因呼彭蜞爲長卿。卓文君一生不食彭蜞。"清胡世安《異魚圖贊補》卷下引《漁書》："二螯並者爲彭蜞，生海泥中，食土。大僅盈寸，一名長卿。"又引《爾雅》注："彭蜞亦蛣類。"清郝懿行《記海錯》："别有一種似蟹而小其色微黄，螯跪俱短，不可食，蔡謨啖之幾死。《本草》陶注所謂蟛蜞者也。"張震東《〈記海錯〉名物辨析》（山東省海洋水產研究所烟臺市水產局1992年版）："'似蟹而小，其色微黄，螯跪俱短'的蟹，可能是方蟹中的相手蟹，古稱蟛蜞。"《古今圖書集成·博物彙編·禽

蟲典·河豚魚部》："螃蜞螯名曰鸚哥，嘴以有極紅者似之，故也。"此處應爲紅螯相手蟹。民國二十四年（1935）《霑化縣志·物產》："螃蜞，螯足無毛。"上述所記螃蜞，包含今沙蟹科螯不等大之招潮蟹、痕掌沙蟹和方蟹科之相手蟹。唐皮日休《病中有人惠海蟹轉寄魯望》詩："族類分明連璅蛣，形容好個似螃蜞。"宋景文《吳中友人惠蟹》詩："定知不作螃蜞惧，曾廁西都學士名。"宋李彭《食蟹》詩："大嚼故知羞海鏡，嗜甘乃惧食螃蜞。欲將磊落輕周雅，委頓深憐蔡克兒。"宋陶弼《句》其九詩："蠢困發嬉笑，螃蜞生嘔洩。"清屈大均《廣東新語·介語》記其《食白螃蜞》詩："正月螃蜞出，雌雄總有膏。絕甘全在殼，雖小亦持螯。"又云："風俗園蔬似，朝朝下白黏。難腥因淡水，易熟爲多鹽。"

螃蜞是淡水産小型蟹類，又稱"磨蜞""螃蜞"，俗稱嘟嚕子、小蟹子等。形似小螃蟹，學名相手蟹。甲殼綱，十足目，方蟹科，相手蟹屬。頭胸甲略呈方形，體寬2～3厘米，背呈青褐色，足無毛，大爪特粗，蓋內有黃。雄性螯足較大，雌性螯足較小，螯足無毛，淡紅色，步足有毛。穴居海邊或江河泥岸，對農作物有害。參見本卷《水生無脊椎動物説·水生節肢動物考》"蟹""招潮蟹""沙蟹"文。

【螃】

"螃蜞"之省稱。螃蟹的一種。此稱晉代已行用。見該文。

【長卿】

即螃蜞。此稱晉代已行用。見該文。

【螃蚑】

同"螃蜞"。此體晉代已行用。見該文。

【蝥蚑】

同"螃蜞"。此體南北朝時期已行用。見該文。

【蚑】

"螃蜞"之省稱。此稱南北朝時期已行用。見該文。

【螃蜞】

即螃蜞。此稱晉代已行用。見該文。

【磨蜞】

即螃蜞。此稱晉代已行用。見該文。

關公蟹

亦稱"鬼蟹""鬼臉蟹""鬼面蟹"。海蟹名，屬於甲殼綱，軟甲亞綱，十足目，短尾亞目，關公蟹科，關公蟹屬之統稱。端正關公蟹（*Dorippe polita*）頭胸甲赤褐色，背面有大疣狀突和許多溝紋，形似舊時古戲中的關公臉譜，故名。第二、第三對足發達，用以爬行，第四、第五對足短小，轉向背面，行走時常用以頂一貝殼，遮蔽身體。穴居沿海泥沙中。種類較多，中國常見的有日本關公蟹等。因殼面凹凸狀如鬼，又稱之爲"鬼臉蟹""北"。宋唐慎微《證類本草》卷二一："《圖經》曰：蟹之類多。四足者名北，皆有大毒，不可食。誤食之，急以豉汁可解。"清周亮工《閩小記》卷下："閩中虎蟳，蟹之別派，質粗味劣，無足取。獨其殼

鬼面蟹
（清聶璜《清宮海錯圖》）

紅　蟹
（清聶璜《清宮海錯圖》）

極類人家户上所繪之虎頭，色亦殷紅斑駁，北人異之，有鑲爲酒器者。通州、如皋亦有此種，俗稱爲關公蟹。"此處所記關公蟹實指今饅頭蟹科之虎頭蟹，與今關公蟹同名异實。因二者形狀相似，皆有凶相，故常混淆。清方旭《蟲薈》卷五《介蟲·關公蟹》："《閩小記》：閩中虎蟳，蟹之別派，質粗味劣，無足取，獨其殼似人家户上所繪虎頭，色亦殷紅斑駁，北人異之，有鑲爲酒器者。通州、如皋亦有此種，俗呼關公蟹。"關於關公蟹的形狀，清蔣師轍《台游日記》："鬼蟹，狀如傀儡。"清朱景英《海東札記》："虎蟳、鬼蟹，則名狀皆惡劣矣。"清郝懿行《記海錯》："海錯之中，蟹族甚多，不可殫述。大者盈車，細者如豆，狀類難名。其尤異者，甲上有文作老人面，鬢眉畢具，謂之鬼蟹，蓋《説文》所謂蜅（過委切）蟹也。"清姚光發等纂光緒《松江府續志》卷五："又有殼皺若老嫗面皮者曰婆蟹，一名鬼面蟹，並産海中。"民國《崇明縣志》卷四："海蟹曰蜻蚌，即蟛也。殼有眉目若鬼臉，後跪扁闊似棹者，曰攝棹，俗名鬼蟹。"張震東《〈記海錯〉名物辨析》（山東省海洋水産研究所烟臺市水産局 1992 年版）："'甲上有文作老人面，鬢眉畢具'的蟹，俗稱鬼臉蟹、關公蟹。在北方沿海，關公蟹中有端正關公蟹、日本關公蟹。關公蟹體形前後稍長，頭胸甲表凹凸不平如人面，最後兩對步足退化

短小。每於潮退後支撑着貝殼在沙灘上爬行。"我國已報道的關公蟹約十種。

【北】

屬關公蟹科。此稱宋代已行用。見該文。

【鬼蟹】

即關公蟹。此稱清代已行用。見該文。

【鬼面蟹】

"關公蟹"之俗稱。此稱行用於清代。見該文。

【鬼臉蟹】

"關公蟹"之俗稱。此稱行用於近現代。見該文。

蛙蟹

亦稱"紅蟹""鎧蟹""朝日蟹"。海蟹名，因形似蛙而得名。蛙蟹隸屬於甲殼綱，軟甲亞綱，十足目，短尾亞目，蛙蟹科。蛙蟹（*Ranina ranina*）頭胸甲呈蛙形，長大於寬，前寬後窄，背部甚隆，密具鱗片狀刺。額分三齒，中齒大，呈三角形，側齒小。我國主要分布在東海、南海。因體呈鮮艷之橘紅色，俗稱紅蟹。紅蟹産瓊岸海邊，唐劉恂《嶺表録異》卷中："虎蟹殼上有虎斑，可裝爲酒器，與紅蟹皆産瓊岸海邊。"宋高似孫《蟹略》卷三："又有紅蟹，即赤蟹也。"《太平御覽》："紅蟹殼殷紅色，巨者可以裝爲酒杯也。"明李時珍《本草綱目·介一·蟹》〔集解〕時珍曰："又海中有紅蟹，大而色紅。"清康熙《御定歷代賦彙補遺》卷六："蛙蟹産於疇垡，鱔鱉穴於沙渚。"《古今圖書集成·禽蟲典·蟹部》引唐段公路《北户録》："儋州出紅蟹……大小殼上多作十二點深燕支色……其殼與虎蟳堪作叠子。"清刊《丹州蟹譜》："紅蟹，俗稱'鎧蟹'，薩州方言'朝日

蟹'。"蛙蟹爲可食種。見於我國廣西、臺灣、廣東、海南等地，栖息於水深十到五十米的沙質海底。

【紅蟹】[1]

"蛙蟹"之俗稱。此稱唐代已行用。見該文。參見本卷《水生無脊椎動物説・水生節肢動物考》"饅頭蟹"文。

【赤蟹】

即蛙蟹。此稱宋代已行用。見該文。

【鎧蟹】

"蛙蟹"之俗稱。此稱清代已行用。見該文。

【朝日蟹】

即蛙蟹。薩州方言，此稱清代已行用。見該文。

拳蟹

亦稱"千人捏""千人擘"。海蟹名。甲殼綱，軟甲亞綱，十足目，短尾亞目，玉蟹科，拳蟹屬之統稱。拳蟹屬（*Philyra*），頭胸甲呈圓球形或長卵圓形，長度稍大於寬度，表面隆起，額窄而短，前緣平直，表面豆形中央稍隆。唐段成式《酉陽雜俎・廣動植之二・鱗介篇》卷一七："千人捏，形似蟹，大如錢，殼甚固，壯夫極力捏之不死，俗言千人捏不死，因名焉。"明屠本畯《閩中海錯疏》卷下："千人擘，狀如蝦姑，殼堅硬，人盡力擘之不開。《海物異名記》云："千人擘，聚刺獷殼，擘不能開。《酉陽雜俎》謂之千人捏。"段文"大如錢"之"千人捏"與屠文"狀如蝦姑"之"千人擘"似非同物。清胡世安《異魚圖贊箋》卷四："石蜫疑即千人捏，按，《雜俎》：'形似蟹，大如錢，殼甚固，壯夫極力捏之不死，俗呼千人捏不死。因名。'《漁書》作'千人擘'，殼堅肉滿，無隙可

乘，當有子時，一擘而開，乘其瑕也。"清郭柏蒼《海錯百一録》卷三："千人擘，狀如小蟹，殼堅難擘。《酉陽雜俎》謂之千人捏。"清乾隆《福州府志》卷二六："千人擘狀如小蟹，殼堅，擘不能開。"綜上記載，"大如錢"之"千人捏"爲拳蟹，"千人擘"則有歧義，即指拳蟹，亦有與拳蟹同名異實之意。拳蟹亦稱沙鑽蟹，清黃叔璥《臺海使槎録》卷三："沙鑽蟹色黃，遍身有刺，遇人即伏沙底。"清蔣師轍、薛紹元光緒《臺灣通志・物產》："海中則有沙鑽蟹，色黃，遍身有刺，遇人即伏沙底。"據《中國海洋蟹類》，千人捏即拳蟹，日本文獻認爲是琵琶蟹。因"蝦姑"又名"琵琶蝦"，"琵琶蟹"之得名似與屠本畯文"千人擘"之"狀如蝦姑"相關。豆形拳蟹（*Pyrhila pisum*）生活在河口附近的潮間帶，體型相當小，外形猶如一顆豆子。外殼相當堅硬，因此有"千人捏不死"之稱。該蟹種腹部扁平，背部凸起，從上往下看呈圓形，頭部凸出像豆子，有兩隻大螯，因其形似拳，故名拳蟹。拳蟹螯足粗壯，雄比雌大，掌節扁平。分布於中國的廣東向北至遼東半島等地，一般生活在淺水及低潮綫的泥沙灘上。

【千人捏】

"拳蟹"之俗稱。日本《千蟲譜》（1811）中記其爲蛙蟹科琵琶蟹，俗稱唐人蟹。此稱唐代已行用。見該文。

【千人擘】

"拳蟹"之俗稱。此稱明代已行用。見該文。

【沙鑽蟹】

即拳蟹。此稱清代已行用。見該文。

饅頭蟹

亦稱"麵包蟹""石蜫""虎蟹""蘆虎"等。

海蟹名。海蟹名，屬甲殼綱，軟甲亞綱，十足目，短尾亞目，饅頭蟹科，饅頭蟹屬物種的統稱。口框三角形，具鰓九對，頭胸甲卵圓或半球形、背部隆起似饅頭。分布於中國廣東、福建、海南、臺灣。栖息於水深三十至一百米的沙質或沙泥質海底。三國吳沈瑩《臨海水土異物志》："石蜠大如蟹，八足，殼通赤，狀若鵝卵。"又："蘆虎，似彭蜞，兩螯正赤，不中食也。"明馮時可《雨航雜録》卷下："浙蟹有數種：一曰蘆虎，兩螯正赤不可食。"唐劉恂《嶺表録異》卷下："虎蟹，殼上有虎斑，可裝爲酒器，與紅蟹皆産瓊岸海邊。"宋羅願《爾雅翼·釋魚》卷三一："蟹八跪而二螯，其種類甚多。其大而有虎斑紋，隨波渒淪者名虎蟳。"宋洪邁《容齋四筆·臨海蟹圖》卷六："蘆虎，似彭蜞，正赤，不可食。"明屠本畯《閩中海錯疏》卷下："虎獅，形似虎頭，有紅赤斑點，螯扁，與爪皆有毛。"清徐渤《補疏》："金錢蟹，形如大錢，中最飽，酒之味佳。"以上"狀若鵝卵""可裝爲酒器"及"形似虎頭"等記載符合饅頭蟹科動物之特徵。

饅頭蟹亦稱虎蟳、虎蟳，南唐陳致雍《晋安海物異名記》："蟹名虎蟳，海蟹之大者，有虎斑文蟹，謂之蟳者，以其隨波渒淪。"明屠本畯《閩中海錯疏》卷下："虎蟳，文有虎斑。"明馮時可《雨航雜録》卷下："浙蟹有數種：一曰虎蟳，大者有虎斑文。"虎蟳，形似虎蟳。明王世懋《閩部疏》曰："殼作猙獰斑斕，盡似虎頭，土人名之曰虎蟳，以配龍蝦爲的對也。"清胡世安《異魚圖贊補》卷下："蟹有虎蟳，蹣跚而行，猙獰斑斕，遂冒虎名。"明謝肇淛《五雜俎》卷九："又有殼斑如虎頭形者曰虎蟳，它方

之人多取爲玩器，而其味彌不及蟹矣。"明馮時可《雨航雜録》卷下："大者有虎斑文，闊足亦如蟳。"清郭柏蒼《海錯百一録》卷三："虎蟳，偶於長樂江田蟳網中得之。兩螯大，八足小，形似虎鱘。殼分三瓣如瓜殼；後十四刺，刺間、殼下皆有毛。味似蟳。漁者以無肉，棄之。"對石蜠、蘆虎的記載有明馬愈《馬氏日抄》："石蜠大於常蟹，殼通赤，長如鵝卵；蜂江，螯足堅如石，不可食；蘆虎，殼堅硬不可食。"明楊慎《異魚圖贊》卷四："蟹有石蜠、蜂江、蘆虎，石殼鐵卵，不中鼎俎，好事取之，充畫圖譜。"清黃叔璥《臺海使槎録》卷三："金錢蟹身扁，赤黑色。"清郭柏蒼《海錯百一録》卷三："金錢蟹，産於夏，殼薄膏黃，腌食加薑，勝長跤蟹。"清李維珏《漳州府志·物産》："《北户録》：'金錢蟹，蝐小蟹，大如貨錢'，想即此耳。中有黑膏，腌食甘美。"清郭柏蒼《海錯百一録》卷三："虎蟳，興化、泉州呼虎獅，味豐，似蟳而小，殼脚皆斕斑，然以殼似虎頭，故名。《閩部疏》：'虎蟳，色瑪瑙，其殼作猙獰斕斑，極似虎頭。'《閩小紀》：'閩中虎蟳，蟹之別派，質粗味劣，無足取，獨其殼似人家户上所繪虎頭，色亦殷紅斑駁，北人異之，有鑲爲酒器者。通州、如皋亦有此種，俗呼關公蟹。'蒼按：虎蟳味美於蟳，閩縣下江人極重虎蟳。"《古今圖書集成·職方典·漳州府部》："虎獅，《北户録》曰虎蟹，殼色黃赤，文如虎首斑。"徐珂《清稗類鈔·動物·金錢蟹》："金錢蟹，小蟹也，以其形如錢，故名。産鹹、淡水間，有黑膏，可腌食。"又："虎蟳，蟹類，産閩中。其殼類人家門户所繪之虎。""虎蟹""虎蟳"大致與今中華虎頭蟹（*Orithyia*

金錢蟹
（清聶璜《清宮海錯圖》）

虎　蟳
（清聶璜《清宮海錯圖》）

sinica）相似。"金錢蟹"與今黎明蟹科的黎明蟹屬（*Matuta*）相似。參見"蟳""青蟳""蝤蛑"等文。

【蘆虎】

即饅頭蟹。此稱三國時期已行用。見該文。

【石蜠】

即饅頭蟹或梭子蟹。此稱三國時期已行用。見該文。

【虎蟹】

指饅頭蟹科之虎頭蟹。此稱唐代已行用。見該文。

【虎蟳】

指饅頭蟹科之虎頭蟹。此稱宋代已行用。見該文。

【虎獅】

指饅頭蟹科之虎頭蟹。此稱於明清時期行

用。見該文。

【金錢蟹】

指饅頭蟹科之黎明蟹。此稱於明清時期行用。見該文。

【雷公蟹】

即中華虎頭蟹。在中國多分布於廣東沿海等地。此稱多於近代行用。見該文。

【拱手蟹】

即中華虎頭蟹。在中國多分布於廣東沿海等地。此稱多於近代行用，見該文。

蝤蛑 [2]

亦稱"蝤蝥""游泳蟹""撥棹子""撥掉子"。海蟹名。甲殼亞門，軟甲綱，十足目，短尾次目，梭子蟹科之統稱。頭胸甲呈橫卵圓形，表面隆起，螯足壯大，不甚對稱，背面綠棕色或深紫色，螯足表面呈深紫色，指深黑色，步足上面紫棕色，下面較淺。善游泳，故而又稱游泳蟹。《説文・蟲部》中有"蝤""蝥"二字，唐代以"蝤蝥""蝤蛑"指海蟹之巨者，唐段公路《北户録》卷一："蝤蛑，大蟹也。音從俾，莫侯反。"唐劉恂《嶺表録異》卷下："蝤蛑乃蟹之巨者、異者，蟹螯上有細毛如苔，身上八足。蝤蝥則足無毛，後兩小足薄而闊（俗謂之"撥棹子"），與蟹有殊，其大如升，南人皆呼爲

蝤　蛑
（清聶璜《清宮海錯圖》）

蟹（有大如小楪子者）。八月，此物與人鬥，往往夾殺人也。"可見蝤蛑螯上有細毛，蟳蝤螯上無毛，爲會游泳的兩種蟹。唐陳藏器《本草拾遺》："蝤蛑，大者長尺餘，兩螯至强。隨大潮退殼，一退一長。"唐段成式《酉陽雜俎·廣動植之二·蟲篇》卷一七："蝤蛑，大者長尺餘，兩螯至强。八月能與虎鬥，虎不如。隨大潮退殼，一退一長。"唐孫恤《唐韵》："蝤蛑，似蟹而大。"宋李石《續博物志》："蝤蛑，大有力，能與虎鬥，螯能剪殺人。"可見蝤蛑螯力量之大。宋姜嶼《明越風物志》："蝤蛑並螯十足，生海邊泥穴中，潮退探取之，四時常有。雌者掩大而肥重者踰數斤，其小而黃者謂之石蝤蛑，最大者曰青蟳，小者曰黃甲。後足闊者又曰撥棹子。"宋洪邁《容齋四筆·臨海蟹圖》："一曰蝤蛑，乃蟹之巨者，兩螯大而有細毛如苔，八足亦皆有微毛。二曰撥棹子，狀如蝤蛑，螯足無毛，後兩小足薄而微闊，類人之所食者，然亦頗異，其大如升。南人皆呼爲蟹，八月間盛出，人采之與人鬥，其螯甚巨，往往能害人。"宋代人們把蝤蛑、撥棹子視爲一物，嶺南人多稱其爲"撥棹子"。宋蘇頌《本草圖經》："扁而最大，後足闊者爲蝤蛑，嶺南人謂之撥棹子，以後脚形如棹也。其大者如升，小者如盞。"

撥棹子（撥棹）
（清聶璜《清宮海錯圖》）

碟，兩螯無毛，所以異於蟹。"據宋蘇軾《艾子雜説》，艾子行於海上，初見蝤蛑，繼見螃蟹及彭越，形皆相似而體愈小，因嘆曰："何一蟹不如一蟹也。"可見蝤蛑似螃蟹和彭越。宋高似孫《蟹略》："蝤蛑，並螯十足，生海邊泥穴中，大者曰青蟳，小者曰黃甲，《埤雅》曰蝤蛑，兩螯至强，能與豹鬥。"宋蘇軾《丁公默送蝤蛑》詩："溪邊石蟹小如錢，喜見輪囷赤玉盤。半殼含黃宜點酒，兩螯斫雪勸加餐。蠻珍海錯聞名久，怪雨腥風入座寒。堪笑吴興饞太守，一詩換得兩尖團。"明王圻等《三才圖會》卷九四："蝤蛑大者長尺餘，兩螯至强，能與虎鬥。"明李時珍《本草綱目·介一·蟹》〔集解〕蘇頌曰："其扁而最大，後足闊者，名蝤蛑，南人謂之撥掉子，以其後脚如掉也，一名蟳。""海蟳"也是蟹之別稱，明王世懋《閩部疏》："蟹之別種曰蝤蛑。吾地名黃甲，此名海蟳，特多此種，而蟹乃爲異狀，不中食，此又一種，非真蟹也。獨興化數里河中有蟹，形味似吴中，而土人不之重，豈曰厭海錯，不能別味耶？"明屠本畯《閩中海錯疏》卷下："海蟳，蝤蛑也，長尺餘，殼黃色青。金蟳色黃。"清胡世安《異魚圖贊補》卷下："惟東坡蝤蛑石蟹之喻，品驚最工，未嘗二果，不知此語。"明馮時可《雨航雜録》卷下："浙蟹有數種：一曰蝤蛑，南人謂之撥棹，言力可撥棹也。兩螯至强能與虎鬥，虎不如。隨大潮退殼，一退一長。一曰蟳，乃蝤蛑之大者，兩螯無毛。"清方旭《蟲薈》卷五："撥棹子，螯足無毛，後多兩小足闊而薄，其大者如升，今江邊時有之，味不及常蟹。"説明蝤蛑螯無毛且堅。清趙翼《甌北詩話·黃山谷詩》："魯直詩文如蝤蛑、江瑶柱，格韵高絶，然不可多食，多食則發風動氣。"清李元《蠕範》卷上："曰蝤蛑，青蟳也，撥棹也，似蟹而大，長可尺許，身扁殼青，螯強，兩螯有細毛，八足皆有微毛，後足薄而闊。"在此處，"青蟳"即"青蟹"，梭子蟹亦并入，參見本卷《水生無脊椎動物説・水生節肢動物考》"梭子蟹"文。清稽曾筠雍正《浙江通志》卷一〇三："蟹凡十二種，一曰蝤蛑，兩螯大而有細毛如苔，八足亦有微毛，二曰撥棹子，狀如蝤蛑，螯足無毛，後兩小足薄而微闊。"

我國已記錄的梭子蟹科八十餘種，包括可食用的梭子蟹屬（*Portunus*）、青蟹屬（*Scylla*）和蟳屬（*Charybdis*）等。參見本卷《水生無脊椎動物説・水生節肢動物考》"蟹""青蟹""蟳""梭子蟹"等文。

【蝤螯】

"蝤蛑"之一種。當指"青蟹"。此稱唐代已行用。參見本卷《水生無脊椎動物説・水生節肢動物考》"青蟹"文。

【撥棹子】

"蝤蛑"之一種。"棹"，槳也。此稱唐代已行用。見該文。

【蝤蝶】

即蝤蛑。此稱宋代已行用。見該文。

【撥掉子】

"蝤蛑"之一種。"掉"，擺動也。此稱宋代已行用。見該文。

【黄甲】[1]

即蝤蛑。此稱宋代已行用。參見本卷《水生無脊椎動物説・水生節肢動物考》"蟳"文。

【海蟳】

即蝤蛑。此稱明代已行用。參見本卷《水

生無脊椎動物説・水生節肢動物考》"蟳"文。

【撥櫂】

即蝤蛑。"櫂"，槳也。此稱清代已行用。見該文。

【游泳蟹】

即蝤蛑。此稱多近現代行用。見該文。

梭子蟹

亦稱"蠞""蠘""搔掉""蛾蟹""紫蟹""銅蟹""白蟹""蠘蟹"。海蟹名。梭子蟹（*Portunus trituberculatus*），甲殼亞門，軟甲綱，十足目，短尾次目，梭子蟹科，梭子蟹屬。頭胸甲梭形，寬幾乎爲長的兩倍，螯足粗壯，長度較頭胸甲寬長，長節棱柱形，雄性長節較修長。甲殼的中央有三個突起，所以又稱"三疣梭子蟹"，因頭胸甲呈梭子形，故名。雄性臍尖而光滑，螯長大，殼面帶青色；雌性臍圓有絨毛，殼面呈赭色，或有斑點。南朝梁顧野王《玉篇》："蠞，子結切，又音截，似蟹也。"宋司馬光《類篇》卷三八："蠞，昨結切。蟲名，海蟹也。"宋傅肱《蟹譜》卷上："小者謂之蟛蚏，中者謂之蟹，匡長而銳者謂之蠞，其大者謂之蝤蛑。"宋鄭樵《通志》卷七六："蠘如升大，頗似蝤蛑而殼銳。"宋高似孫《蟹略》卷三：《圖經》曰：'闊殼而多黄者名蠘，生南海'；《廣韵》曰：'蠞若蟹，生海中。'"明屠本畯《閩中海錯疏》卷下："蠘，似蟹而大殼，兩傍尖出而多黄。螯有棱鋸，利截物如剪，故曰蠘。折其螯，隨復更生，故曰：龍易骨，蛇易皮，麋鹿易角，蟹易螯。二三月應候而至，膏滿殼，子滿臍，過時則味不及矣。"梭子蟹的成熟期是在三四月，此處"二三月"係按照中國傳統的農曆記載，與今天的陽曆記載大致相同。

蟛、蟹均可食用，明馮時可《雨航雜録》卷下："一曰蟛，肉殼而多黄，其螯最鋭，斷物如芟刈焉，食之行風氣。"又："蟹，即蟹。經霜後有赤膏，曰赤蟹。無膏曰白蟹，始穴泹洳稻，熟時及出，各執一穗，朝其魁。或曰，以輸海神。入江則稍大，入海益大。"

關於"蟳"與"蟛"的區別，明代已有記載。明何喬遠《閩書》："蟳殼圓而色青，蟛殼尖而有紫點，蟳螯光圓，蟛螯有棱而長。"清施鴻保《閩雜記》曰："蟛與蟳同類而異。蟳殼圓如常蟹，而螯一大一小。蟛則兩旁有尖棱如梭，兩螯皆長。"關於蟛的特徵，明謝肇淛《五雜組·物部一》卷九："閩中蝤蟳，大者如斗，俗名曰蟳。其螯至強，能殺人。……又有一種殼兩端鋭而螯長不螯，俗名曰蟛。……在雲間名曰黄甲。浙之海鹽、齊之沂州皆有之。"明黄仲昭《八閩通志》卷二五："蟛似蟹而大，殼兩旁尖出而多黄。"清胡世安《異魚圖贊補》卷下："蟛，《漁書》作蟛，云："海蟛，蟹屬，甲廣，兩角尖利，螯長數寸無毛，端有兩牙如剪刀，遇物截之則斷，故名。螯有花文，生時色緑，熟則變紅。"又："名有數種……有冬、黄、青脚、三目，四時皆有，形多相似。"清陳文達《鳳山縣志》卷七："蟛，殼上有斑點，其螯甚鋭。"關於蟛的烹飪之法，清郭柏蒼《海錯百一録》卷三："蟛，性帶寒，殼花紫色，形如蟳而分牝牡。產賤於蟳，秋末至春仲皆有之，獨大寒節入穴，難取。無膏者爲彭蟛，牝者膏滿成子，溢於厴外，名子蟛。味醨。細切生蟛，先入薄鹽、膏粱少許，臨饌加薑葱、香油、胡椒、醋、豉，名曰蟛生。或擇小者去其脚，以香糟調鹽，傅其厴，越二宿食之，亦美品。或

取其膏肉，實殼中淋以五味，蒙以細麴，爲蟛䱥，或和肉膾丸，皆可口。……《蟹譜》：蟛又名横江，亦名白蟹。"宋梁克家（淳熙）《三山志》："蟛殼鋭而膏黄，螯銛利斷截如剪。"清胡世安《異魚圖贊補》卷下："行氣剉毒，莫佳於蟛，肉殼多黄，螯最利銛。"明謝肇淛《五雜組》卷九："殼兩端鋭而螯長，不螯，俗名曰蟛。……在雲間名曰黄甲。"梭子蟹另有諸多名稱。清繆泳《黄圖雜志》引明佚名《直沽棹歌》（其三）："蘼蕪楊柳緑依依，檣燕檣烏立又飛。賺得南人歸思緩，白魚紫蟹四時肥。"清嵇曾筠《浙江通志》卷一〇二："汾湖，半屬吳江，一名分湖，周二十餘里中產蟹，紫螯殊美。"清屈大均《廣東新語·介語》："紫蟹得霜肥，銜禾上釣磯。閑垂兄弟釣，更得白魚歸。……紫蟹迎潮復送潮，紛紛銜穗上蘭橈。蟹黄應月秋逾美，亂擲金錢向市橋。"清道光《晉江縣志·物產志》："又有金嶼蟳，色黄，此種味最美，在蟹蟛之上。"清孫錦標《通俗常言疏證·動物》引《通州物產志》："蟛蟹出海中，殼尖而鋭。"

銅蟹又名"梭子蟹"。清桂馥《札樸·鄉里舊聞》："沂州海中有蟹，大者徑尺，殼横有兩錐，俗稱銅蟹。"關於銅蟹殼的作用，清乾隆《皇朝文獻通考》卷一五："銅蟹殼作爲九成匀配鼓鑄。"清博潤修、姚光發等纂《上海府縣志輯》之光緒《松江府續志》卷五："梭子蟹，其殼似梭，六足雙螯，螯長如鉗。"張震東《〈記海錯〉名物辨析》："如今記載的梭子蟹屬約十九種，其中以三疣梭子蟹最爲著稱，已進行人工養殖。在北方目前分布較廣、產量較多的，首推三疣梭子蟹，宋代蘇頌所描述的'後足闊者名蝤蛑'的蟹類，郝文則未提到。三疣梭子

蟹在蟹中分布面最廣，資源較厚，産量也較大。山東以萊州灣比較集中，全省近年年産量曾高達二萬噸，一般年景三五千噸。"梭子蟹肉肥味美，有較高的營養價值和經濟價值，且適宜於海水養殖增肥。參見本卷《水生無脊椎動物説·水生節肢動物考》"蝤蛑""青蟹""蟳"文。

【蟹】

即梭子蟹。此稱南北朝時期已行用。見該文。

【蝤】

即梭子蟹。此稱宋代已行用。見該文。

【紫蟹】

即梭子蟹。俗稱"紅星梭子蟹"（*Portunus sanguinolentus*）。紫蟹是一種毛腿河蟹，大者如銀元，小者如銅錢，多冬季聚栖於河堤。它的頭胸甲後部具三個卵圓形之血紅色斑塊，主要分布在福建以南海域。因其蟹黄異常豐厚，透過薄薄的蟹蓋，呈現出一層紫色，故名。明、清時紫蟹曾爲貢品。每值冬季，聚栖於河邊泥窩之中，須破冰掏捕。日本的《紫藤園蟹圖》中記載了紫蟹。此稱明代已行用。見該文。

【銅蟹】

"梭子蟹"之一種。此稱清代已行用。見該文。

【白蟹】

即梭子蟹。此稱明代已行用。見該文。

【横江】

即梭子蟹。此稱清代已行用。見該文。

【蟔蟹】

即梭子蟹。亦作"蟹蟔""蟹截"。此稱清代已行用。見該文。

【梭子懈】

即梭子蟹。此稱民國時期已行用。見該文。

【搔掉】

即梭子蟹。此稱民國時期已行用。見該文。

【蛾蟹】

即梭子蟹。此稱民國時期已行用。見該文。

青蟹

亦稱"青蟳"。海蟹名。甲殼綱，軟甲亞綱，十足目，短尾亞目，梭子蟹科，青蟹屬之統稱。鋸緣青蟹（*Scylla serrata*），俗名蟳，廣東稱膏蟹，臺灣地區、福建稱紅蟳，浙南稱蝤蛑。青蟹的頭胸甲呈卵圓形，螯足粗大，表面光滑，長度比步足長，青蟹體扁平且無毛，螯有力，足形如棹，又稱鋸棹子。青蟹白天穴居在洞穴內，夜間出來覓食。在我國東海和南海比較多見。有關青蟹的記載可以追溯到唐宋，衹是與"梭子蟹"及"蟳"的記載相混雜。宋代有關"青蟳"之記載，與今之青蟹性狀大致相同。宋戴侗《六書故·蟲部》："蟳，青蟳也。敖侶蟹，殼青，海濱謂之蝤蛑。"《閩雜記》云："蟔與蟳同類而異。蟳殼圓如常蟹，而螯一大一小。則兩旁有尖棱如梭，兩螯皆長。""螯一大一小"正是青蟳的特點。宋代始稱其爲青蟳。宋高似孫《蟹略》卷三："《明越風物志》云："蝤蛑並螯十足，生海邊泥穴中，大者曰青蟳，小者曰黄甲。"宋陳耆卿嘉定《赤城志》卷三六："蝤蛑，八足二螯，隨潮退殼一退一長，最大者曰青蟳，斑者曰虎蟳。"青蟹亦稱紅蟳、膏蟹，明林日瑞《漁書》："蟳小者不結黄，惟深海産者，其黄與秋蟹冬蟔一同，名爲紅蟳。食品重之。"清王禮《臺灣縣志·輿地志》："蟳，膏多於肉曰紅蟳，無膏曰菜蟳。"清屈大均《廣東新語·介語》："其未蜕者曰膏蟹，蓋

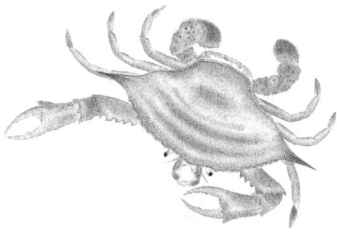

膏蟹（福州膏蠘）
（清聶璜《清宮海錯圖》）

蟹黄應月盈虧，爲月之精所注，故以膏爲美。"宋釋道潛《淮上》其一："日出岸沙多細穴，白蝦青蟹走無窮。"徐珂《清稗類鈔·動物類》："蟹，亦作蠏，一稱螃蟹，節足動物……圓長，無爪，與梭子蟹同，閩人稱之爲青蟹，較梭子蟹爲貴，而俗亦稱梭子蟹爲蟳蛑。"青蟹作爲穴居性水生甲殼動物，喜歡栖息於潮間帶的泥沙海灘、紅樹林或沼澤地，我國東南沿海多見鋸緣青蟹（Scylla serrata）。青蟹是中國海水養殖品之一，由於其肉質細嫩，味道鮮美，營養豐富，尤其是性腺發育成熟的雌蟹（俗稱膏蟹）廣受歡迎。參見本卷《水生無脊椎動物説·水生節肢動物考》"蟳蛑""梭子蟹""蟳"文。

【青蟳】

即青蟹。此稱宋代已行用。見該文。

【紅蟳】

即青蟹。學名"鋸緣青蟹"，紅蟳爲其在福建的俗名。此稱明代已行用。見該文。

【膏蟹】

即青蟹。廣東稱"膏蟹"，爲青蟹中的雌蟹。此稱清代已行用，見該文。

蟳

亦稱"黃甲蟹""黃甲"。海蟹名。甲殼綱，軟甲亞綱，十足目，短尾亞目，梭子蟹科，蟳屬之統稱。蟳（Charybdis）螯足强大，不大對

稱，第四對步足像槳，適於游泳。蟳係閩、浙、臺灣一帶泛指十足目蟹類的地方性俗稱。古書中對"蟳"的記載比較雜，宋梁克家《淳熙三山志》："蝤蛑，俗呼爲蟳，扁而大，後兩足薄。"宋蘇頌《本草圖經》："蟳隨潮退殼，一退一長，其大者如升，小者如盞。"宋鄭樵《通志》卷七六："蝤蝫，一名蟳，大者徑尺，小者如螃蟹。"明謝肇淛《五雜俎》卷九："蝤蛑大者如斗，俗名曰蟳。"明代稱蟳爲黃甲，明王世懋《閩部疏》："蟹之別種曰蛑蝤，吾地名黃甲。此名海蟳，特多此種。"又記："蟹之別種曰蚌鰭，吾地名黃甲，此地名海蝤，特多此種，而蟹乃爲異狀，不中食。"我國古代文獻所記的蟳包括除梭子蟹外適於游泳的蟹類，有饅頭蟹科之虎蟳、蝤蛑科之青蟹（青蟳）和蟳。明張自烈《正字通》："蟳：徐盈切，音尋。《六書故》：青蟳也。螯似蟹，殼青，海濱謂之蝤蛑。"關於蟳名的由來，明林日瑞《漁書》："蟳，一名黃甲蟹，生海岸中，殼圓而滑，後脚有兩葉如棹而闊，其螯無毛，穴處石縫中，慣捕者遍尋其穴而得，故名蟳。足善走，漁人得之，即以草緊繫而藏之簍，當潮至時，雄在簍中，亦引聲沸沫，嶺南人謂之撥棹子，一名蝤蛑。余鄉蟳有一二尺大，殼可作花盆。汲塚專車之殼必此類。然蟹勝蟳，蟳勝蠘，故陶穀云：'一蟹不如

蟳（金蟳）
（清聶璜《清宮海錯圖》）

一蟹。'”蟳异於蟹，明馮時可《雨航雜録》卷下：“蟳，乃蝤蛑之大者，隨潮殼一退一長，其大者如升，小者如盞楪，兩螯無毛，所以異於蟹。”明林日瑞《漁書》：“蟳小者不結黄，惟深海産者，其黄與秋蟹冬蠟一同，名爲紅蟳。食品重之。又有石蟳、虎獅、蟳，狀如獅頭。”清王禮《臺灣縣志・輿地志》：“蟳，膏多於肉曰紅蟳，無膏曰菜蟳。”清黄叔璥《臺海使槎録》卷三：“蟹，螯生毛者；無毛者爲蟳。”清郭柏蒼《海錯百一録》卷三：“蟳，興化泉州呼虎獅，味豐，似蟳而小，殼脚皆爛斑，然以殼似虎頭，故名。”清謝道承等編纂雍正《福建通志・物産》卷一〇：“蟳似蟹而大。……又有石蟳，一種差小而殼堅如石，冬春時有之。”現我國已記録的蟳大約有二十種，常見的日本蟳（ *Charybdis japonica* ）爲梭子蟹科蟳屬的動物，是經濟價值僅次於中華絨螯蟹和三疣梭子蟹的食用蟹。我國主要分布於臺灣島以及廣東、福建、浙江、山東半島等地，生活環境爲海水。日本蟳腹部退化，折伏於頭胸部下方，一般生活於低潮綫、有水草或泥沙的水底以及或潛伏於石塊下，背面灰緑色或棕紅色，頭胸部寬大，甲殼略呈扇狀。無尾節及尾肢，經濟價值高。參見本卷《水生無脊椎動物説・水生節肢動物考》“蝤蛑”“梭子蟹”“青蟹”文。

【黄甲蟹】

即蟳。此稱明代已行用。見該文。

【黄甲】[2]

即蟳。此稱明代已行用。見該文。

溪蟹

亦稱“石蟹”。屬甲殼綱，軟甲亞綱，十足目，短尾亞目，溪蟹科之統稱。溪蟹，頭胸

溪蟹（甌郡溪蟹）
（清聶璜《清宫海錯圖》）

甲略呈方圓形，産於溪澗石穴，體小殼堅。外形與一般方蟹類相似，終生栖於淡水。常見的有中華束腹蟹、毛足溪蟹、鋸齒華溪蟹等。古稱溪蟹爲石蟹。南朝宋鮑照《登大雷岸與妹書》：“至於繁化殊育，詭質怪章，則有……石蟹、土蚌、燕箕、雀蛤之儔。”唐段公路《北户録》卷一：“《洞冥記》：‘有貢百足蟹，長九尺，四螯。’今恩州又出石蟹。”石蟹有藥用價值，宋周去非《嶺外代答・石蟹石蝦》：“海南州軍海濱之地生石蟹，軀殼頭足，與夫巨螯，宛然蝤蛑之形也……《本草》：‘石蟹能療目。’”宋高似孫《蟹略》卷三：“石蟹出南海，蟹化爲石，過潮漂出，主消眼澀，細研和水入藥，相佐，用以點眼。”宋傅肱《蟹譜》卷上：“明越溪澗石穴中，亦出小蟹，其色赤而堅，俗呼爲石蟹。”宋蘇軾《丁公默送蝤蛑》詩：“溪邊石蟹小如錢，喜見輪囷赤玉盤。半殼含黄宜點酒，兩螯斫雪勸加餐。”宋高似孫《句》詩十七：“秋蘭臨澗活，石蟹帶霜飢。”《句》詩三十七：“近澗取白水，初篝烹石蟹。”

清胡世安《異魚圖贊補》卷下：“明越溪澗石穴中亦出小蟹，其色赤而堅，俗呼爲石蟹。”明李時珍《本草綱目・金石四・石蟹》〔集解〕

時珍曰："按顧玠《海槎録》云：'崖州榆林港内半里許，土極細膩，最寒，但蟹入則不能運動，片時成石矣。人獲之，名石蟹，置之几案，云能明目也。'"關於石蟹的特徵，清李調元《然犀志·石蟹》卷上："石蟹，匡臍螯足，遍體磊砢，不啻黃石之縐瘦也，故名。然匡紋凹凸，儼如怒貌，大鼻睅目，雖繢刻亦遜其巧。"清李元《蠕範》："石蟹，小而殼堅赤，生恩州之石山嘴，崖州之榆林港。土極細而氣寒，蟹入則不能運動，片時化石，置几案上，可以明目。"此有歧義，係同名异實。蟹之化石、寄居蟹之石蟹科皆稱此名。宋范成大《桂海虞衡志》："石蟹，生海南，形真是蟹。云是海沫所化，理不可詰。又有石蝦，亦其類也。"清郭柏蒼《閩産録異》："石蟹，産邵屬。螯紫，味極清。凡蟹口後有囊，即飲管，中有半體僧，露胸作着袈狀，眉、目、口、耳，皆具其色相，居然僧也。"石蟹主要分布於中國的臺灣、四川、廣東等地。清屈大均《廣東新語·介語》："環瓊水鹹，獨崖州三亞港水淡，故産石蟹。"

蜂江爲石蟹的一種，亦作"虾江""蚌江"。似蟹而小，兩螯，有足，殼牢，不中食。傳説共有十二脚。三國吳沈瑩《臨海水土異物志》："蜂江如小蟹大，有足兩螯，殼牢如石蜠同，不中食也。"蜂江爲水生生物，體型較小，有多隻脚。《文選·郭璞〈江賦〉》卷上："爾其水

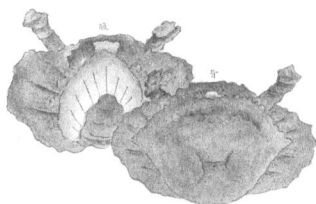

石蟹（廣東石蟹）
（清聶璜《清宮海錯圖》）

物怪錯，則有潛鵠……虾江、鸚螺。"李善注："舊説虾江似蟹而小，有十二脚。"宋洪邁《容齋四筆·臨海蟹圖》："文登吕亢，多識草木蟲魚。守官台州臨海，命工作《蟹圖》，凡十有二種……十曰蜂江。如蟹，兩螯足極小，堅如石，不可食。"明楊慎《異魚圖贊》卷四："蟹有石蜠、峰江、蘆虎。石殼而鵝卵，不中鼎俎，好事取之充書圖譜。（峰江又作虾江。虾，音流。）"明李時珍《本草綱目·介一·蟹》〔集解〕時珍曰："兩螯極小如石者，蚌江也，不可食。"明馮時可《雨航雜録》卷下："浙蟹有數種：一曰虎蟳，大者有虎斑文。一曰蜂江。"明馬愈《馬氏日抄》："蜂江螯足堅如石，不可食。生溪澗石穴中，小而殼堅赤者，石蟹也。"蜂江，爲不可食用的蟹類生物，多分布於中國的浙江等地。蚌江又稱爲石蟹。《古今圖書集成·禽蟲典·蟹部》："蚌江，如小蟹大，有足兩螯，殼牢如石同，不中食也。"《淵鑑類函·鱗介部·蟹》引《一統志》："臨川水在崖州東一百三十里，唐以水名，縣中産石蟹，漁人采之初頗軟，出水堅硬如石。"

我國現已記溪蟹百餘種，其中山蟹、澤蟹、穀蟹皆爲溪蟹之不同物種。其中華溪蟹科的華溪蟹屬（*Sinopotamon*）之物種可供食用，但不宜生食，因生食此蟹有感染寄生蟲的風險。

【蜂江】

此稱三國時期已行用，詳見該文。

【虾江】

即溪蟹。此稱晋代已行用。見該文。

【石蟹】

"溪蟹"之俗稱。此稱南北朝時期已行用。見該文。

【蚌江】

即溪蟹。此稱明代已行用。見該文。

豆蟹

亦稱"蟹奴""腹蟹""蟹子""蠣奴"，海蟹名。甲殼綱，軟甲亞綱，十足目，短尾亞目，豆蟹屬之統稱。豆蟹屬（*Pinnotheres*）身長僅數毫米，頭胸甲近似圓形，寬度略大於長度，表面光滑。額向前突出，前緣呈弧形。眼窩很小。兩性异形。雄性豆蟹身軀淺黃或棕褐，腹甲偏窄，爲三角形；雌性豆蟹身軀更透明，內臟纖毫畢現。腹甲較大，呈圓盤狀。豆蟹在淺海中生存，因形似豆，故名。豆蟹常與水母、海葵、貝類（牡蠣、江瑶、扇貝、貽貝等）和棘皮動物共栖或寄生。我國寄居在貝類中的豆蟹有四種：中華豆蟹、近緣豆蟹、戈氏豆蟹、玲瓏豆蟹。秦漢時就有蟹奴之稱，《爾雅》："魚婢，小魚也，亦曰妾魚。大蟹腹下有數十小蟹，名蟹奴。"晋郭璞《江賦》："璅蛣腹蟹，水母目蝦。"李善注引南朝宋沈懷遠《南越志》："璅蛣長寸餘，大者長二三寸，腹中有蟹子，如榆莢，合體共生，俱爲蛣取食。"璅蛣，五臣本作"瑣蛣"。晋葛洪《抱朴子·內篇》卷三："璅蛣，長寸餘，腹中有蟹子如榆莢，合體共生，俱爲蛣取食。"《昭明文選》卷一二："璅蛣詰腹蟹，水母目蝦遐。"南朝梁任昉《述异記》卷下："璅蛣似小蚌，有小蟹在腹中，爲蛣出求食，故淮海之人呼爲蟹奴。"晋郭璞所記之"腹蟹"，南朝宋沈懷遠所記之"蟹子"及南朝梁任昉所記之"蟹奴"，應係今之雄性豆蟹。豆蟹俗稱蠣奴。南唐陳致雍《晋安海物异名記》卷一二："蠣奴，蠣殼中有小蟹時出，取食復入蠣殼，謂之蠣奴。"《爾雅翼·釋魚》卷三一："隨

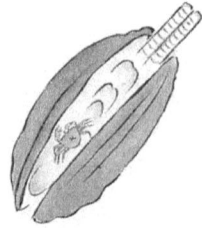

腹蟹（瑣蛣腹蟹）
（清聶璜《清宮海錯圖》）

潮退殼，潮退徐行泥中者名攤塗。在蠣殼中爲蠣，取食者名蠣奴，皆蟹之族。"清胡世安《异魚圖贊補》卷四："又一種寄居蟹，名蠣奴。居蚌腹。"豆蟹亦稱蟹奴，唐皮日休《送李明府之任海南》詩："蟹奴晴上臨潮檻，燕婢秋隨過海船。"宋孫奕《履齋示兒編·雜記·人物异名》："蟹曰蠣奴，一名蟹奴。"宋傅肱《蟹譜》上篇："瑣蛣似蜂，常有一小蟹在腹中，爲蛣出求食，蟹或不至，蛣餒死，所以淮海人呼爲蟹奴。"清趙翼《放言》詩："蟹奴寄殼居，水母借月視。"此有歧義，屬同名异實。唐劉恂《嶺表錄异》卷上："如蚌胎，腹中有小蟹子，其小如黃豆而螯足具備。"《太平廣記》卷四六五："內有少肉如蚌胎，腹中有紅蟹子，其小如黃豆，而螯具足。"宋代已有對"蠣奴"和"蟹奴"的區分。《爾雅翼·釋魚》卷三一："附蛣者名蠣奴，附蟹者名蟹奴。皆附物而爲之役，故以奴名之。"此處所載"皆附物而爲之役"誤以爲寄生者爲寄主提供食物。宋孫奕《示兒編》卷一五："魚婢，《爾雅注》：'蟹，曰蠣奴。'南唐陳致雍《海物异名記》：'嶺南人呼爲蠣奴，蠣殼中有小蟹，時出取食而又入。'"清胡世安《异魚圖贊補》卷下："在蠣殼中爲蠣，取食者名蠣奴，皆蟹之族。"明李時珍《本草綱目·介一·蟹》〔集解〕時珍曰："海中蟹大如錢，而腹下又有小蟹

如榆荚者，蟹奴也。居蚌腹者，蠣奴也，又名寄居蟹，並不可食。"豆蟹因寄生於其他動物體內，主要依靠所共栖動物之濾食爲生，常常失去主動外出攝食的能力。因其常栖於牡蠣殼內，因此被稱爲"蠣奴"。寄生於蟹體的則稱爲"蟹奴"。此稱與今天的"蟹奴"，屬同名异實。參見"寄居蟹"文。

我國已知豆蟹科之豆蟹約二十種。豆蟹可寄生在牡蠣、扇貝、貽貝和雜色蛤子等瓣鰓類的外套腔中，能降低養殖貝類的産量和品質，是我國貽貝養殖的主要病害。清光緒二十三年（1897）《文登縣志・物産》："豆蟹爲'蠣奴'。"張震東《〈記海錯〉名物辨析》："'細者如豆'的蟹，是各種豆蟹，有中華豆蟹、近緣豆蟹和寬豆蟹等。豆蟹常與其他生物特別是貝類營共栖或共生生活，如中華豆蟹的宿主常是牡蠣和蛤類。以上這幾種豆蟹，均山東沿海習見種類。"參見本卷《水生無脊椎動物説・水生節肢動物考》"蟹奴""寄居蟹"等文。

【蟹奴】[2]

即豆蟹。此稱至遲漢代已行用。見該文。

【腹蟹】

即豆蟹。此稱晋代已行用。見該文。

【蟹子】

即豆蟹。此稱南北朝時期已行用。見該文。

【蠣奴】

居牡蠣殼內豆蟹之俗稱。此稱南唐時期已行用。見該文。

沙蟹

亦稱"沙狗""沙鈎""幽靈蟹"。海蟹名。甲殼綱，軟甲亞綱，十足目，短尾亞目，沙蟹科，沙蟹屬之通稱。沙蟹，頭胸甲橫四角形、梯形、橫橢圓形或近球形；背面隆起，通常光滑或具溝。外肢纖細，通常被內肢遮蓋。雄性腹部窄。雌雄生殖孔均位於腹胸甲。穴居，營群集生活。三國時已有"沙狗"之稱。三國吳沈瑩《臨海水土異物志》："沙狗似彭蜞，壤沙爲穴，見人則走，曲易道，不可得也。"沙蟹似蟛蜞而小於彭越，宋高似孫《蟹略》："《海物志》曰：'一種小於彭越，曰沙蟹。'"明楊慎撰、清胡世安箋《異魚圖贊箋》卷四："沙狗，蟹有沙狗，亦似蟛蜞，穿沙爲穴，見人則蟄，曲徑易通，了不可得。"明時亦曰"沙鈎"。明馮時可《雨航雜録》卷下："沙狗，穴沙中，見人則走，或曰沙鈎，從沙中鈎取之也。味甚美。"沙狗是否可食有不同説法，明宋詡《竹嶼山房雜部》卷四："蟛二種，沙蟹亦滑，螯一大一小，體性柔和，味甚甘肥。"明李時珍《本草綱目・介一・蟹》〔集解〕時珍曰："似蟛蜞而生沙穴中，見人則走者，沙狗也，不可食。"明馬愈《馬氏日抄》："沙狗小若彭蚏，見人輒走入沙穴，鈎致不可得。"又："其蜻蛑螯珊、沙狗疾走之狀，宛然在於墨迹濃淡點染間。"清李鼎元《使琉球記》："土人不知其名，以其得於沙也，名之曰沙蟹。"清楊振福等纂光緒《嘉定縣志》卷八："沙裏鈎，蟹屬，小於蟛蜞，肉厚，殼青，見人即走。沙中鈎出，酒漬味美。"

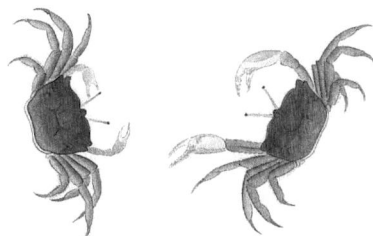

沙　蟹
（清聶璜《清宮海錯圖》）

清黃景仁《皖口》詩："兩際賞沙狗，潮頭望海狶。"日本的"走蟹"之圖及其生活習性的記載，極似沙蟹，并以漢字"沙狗"記之。我國沿海開敞性沙灘高潮綫分布之痕掌沙蟹（*Ocypode stimpsoni*），頭胸甲呈方形，額窄，眼窩大而深，眼睛呈無角狀凸起、咖啡色，兩螯大小不對稱，體色從鮮紅、暗紅、褐色到黃白色均有。因其遇敵則快速逃脫，民間又稱其爲沙馬。清范咸《重修臺灣府志》卷一八："有沙馬蟹，色赤，走甚疾。"沙蟹主要分布於我國的臺灣、南部沿海及北部的山東半島等地。

【沙狗】

"沙蟹"之俗稱。此稱三國時已行用。見該文。

【沙鈎】

"沙蟹"之俗稱。此稱明代已行用。見該文。

【沙馬蟹】

"沙蟹"之俗稱。此稱清代已行用。見該文。

【幽靈蟹】

即沙蟹。此稱譯自英文。見該文。

招潮蟹

亦稱"招潮""倚望""望潮""招潮子""蟳"等。海蟹名。甲殼綱，軟甲亞綱，十足目，短尾亞目，沙蟹科，招潮蟹屬之統稱。招潮蟹，頭胸甲呈梯形，前寬後窄，額窄，眼眶寬，眼睛如火柴棒般凸出，眼柄細長。其雄性個體兩螯大小懸殊。三國即有"招潮""倚望""望潮"之記載。據稱，此蟹於潮來時，舉螯以望似招之狀。雄蟹一螯很大，漲潮前，舉大螯上下運動，故名"招潮"。又稱"望潮"。三國吳沈瑩《臨海水土異物志》："招潮，小如彭螖，殼白，依潮長，背坎外向，舉螯不失常期，俗言招潮水（子）也。"又："倚望，常起，顧眄西東，其狀如彭螖大，行塗上四五，進輒舉兩螯八足起望，行常如此，入穴乃止。……望潮，殼白色，居則背坎外向，潮欲來，皆出坎，舉螯如望，不失常期。"明李時珍《本草綱目·介一·蟹》〔集解〕時珍曰："似蟛蜞而生海中，潮至出穴而望者，望潮也，可食。"

晋崔豹《古今注·魚蟲》："蟛蜞，小蟹，生海邊泥中，食土。一名長卿，其有一螯偏大者，名擁劍，一名執火。"唐段成式《酉陽雜俎》卷一七："擁劍，一螯極小，以大者鬥，小者食。"宋姚寬《西溪業語》卷上："何遜詩云：躍魚如擁劍。孟浩然詩云：游魚擁劍來。按：擁劍如彭螖之類，蟹屬，一螯偏大，故謂之擁劍，非魚也。"明王圻等《三才圖會》卷九四："擁劍，一螯大一螯小，以大者鬥，小者食。其大而有虎斑文隨波涇淪者名虎蟳，小如蟛蜞，殼白，見潮欲來，出穴舉螯迎之者名招潮。"《古今圖書集成·禽蟲典·蟹部》："擁劍，似蟹，色黃，方二寸，其一螯偏長，如足大指長三寸餘，有光其短細者如簪。"清方旭《蟲薈》卷五："《埤雅》：擁劍又名桀步。一螯極小，常以

擁　劍
（清聶璜《清宮海錯圖》）

大者鬥，小者食。《古今注》：擁劍又名執火，謂其螯赤也。又名越王劍。"清道光《重修膠州志·物産》："又一種生海灘泥窟中，一小螯一大螯，土人名曰獨角蟹。疑即古人所謂執火、擁劍也。"清光緒《文登縣志·土産》："一螯大一螯小，名一角紅者，即擁劍也。"民國二十四年（1935）《萊陽縣志·物産·介屬》："擁劍，穴居海邊泥中，螯一大一小，俗呼大角蜋，一稱赭石蜋。"

唐劉恂《嶺表録異》卷中："招潮子亦蟛蜞之屬，殼帶白色。海畔多潮，潮欲來皆出坎，舉螯如望，故俗呼招潮也。"唐段公路《北户録》卷一："招潮，《修文殿御覽》：招潮小於蟛蜞，殼白，依潮漲退，背坎外向，舉螯不失常期，俗言招潮子也。"宋黃庭堅《又借答送蟹韻見意》詩："招潮瘦惡無永味，海鏡纖毫祗强顏。"元楊維楨《鐵崖樂府》卷一一："招潮小兒不畏死，兩螯蹋浪心何粗。"明馮時可《雨航雜録》卷下："浙蟹有數種：一曰招潮，殼白。"招潮又稱望潮，明楊慎撰，清胡世安箋《異魚圖贊箋》卷四："招潮蟹：有招潮，遡月而翹背，向不失與潮相招。"又："招潮，一名望潮，似蟛蜞，生海中，潮至出穴而望，可食。《爾雅翼·釋魚四》：'小如蟛蜞，殼白，見潮欲來，出穴舉螯迎之，故名。'……望潮，里人呼爲章魚，生於海泥中，潮至則出穴取食。"招潮也稱鱘，明陳世懋《閩中疏》："鱘魚即浙之望潮也，形雖不雅，而味美於烏賊。"招潮蟹的別稱倚望、桀步、倚、步倚等也在古籍中有記載，其中《爾雅翼·釋魚》卷三一："倚望，如蟛蜞，青色，進輒舉兩螯以望。"清胡世安《異魚圖贊箋》卷四："倚望，亦大如蟛蜞，居常東西顧睍，

行不四五又舉兩螯，以足起望。惟入穴乃止。"明馬愈《蟹蘆圖》："倚望大如彭蜞，每行數步，輒舉兩螯相拱而望。"清方旭《蟲薈》卷五：《事物紺珠》：倚望大於蟛蜞，居常東西顧睍，惟入穴乃止。"明屠本畯《閩中海錯疏》卷下："桀步，一名擁劍，橫行，螯大小不一，以大者鬥，小者食，一名執火，以其螯赤也，一名揭哺子。"《古今圖書集成·職方典·漳州府部》："步倚，俗呼浮倚，按，《蟹志》有倚望者或是。"清郭柏蒼《海錯百一録》卷四："倚，又稱步倚，一步一倚，小於滷海蟹之逸品。"清李元《蠕範》曰："鱘，倚望也、望潮也，似蜞而青或白，常舉兩螯，東西顧睍。行四五，進亦如之，入穴乃止。潮將來，則必坎顧望，不失常期。其迎來，謂之望潮，退潮行泥中。"清（日）箕作佳吉著，柯黃譯編《博物學講義動物篇》第一章《通論》："蟹類甚多，有曰小娘蟹，其螯長倍於身，大者青綠如錦，味與諸蟹同。而新安人賤之，惟熟其螯以進客。有擁劍，五色相錯，螯長如擁劍然。新安人以獻嘉客，名曰進劍，爲敬之至。有飛蟹，小者如錢，大者倍之，從海面飛越數尺，以螯爲翼，網得之，味勝常蟹。此三者，蟹之異者也。尋常以膏蟹爲上。"清郭柏蒼《海錯百一録》卷三："赤脚，擁劍之屬，又名桀步，泉州、福州稱赤脚，莆田謂之港蟹。《三山志》：'揭捕子，一螯大一螯小，穴於海濱。潮退而出，見人即匿。'《八閩通志》：'擁劍，螯大小不侔，以大者鬥，小者食，一名執火，以其螯赤故也。'"此郭柏蒼所記"擁劍""桀步""赤脚""港蟹""揭捕子""執火"乃弧邊招潮蟹。

招潮蟹是暖水性具群集性的蟹類。中國的

招潮蟹屬有十餘種，常見種有弧邊招潮蟹、凹指招潮蟹、清白招潮蟹及環紋招潮蟹等，分布於沿海各省及海南、臺灣等地。招潮蟹主要栖居在苦鹹的海灘，在泥濘的領域生存，營穴居生活，并常有專一的洞穴。招潮蟹的活動隨潮水漲落有一定規律，高潮時停於洞底，退潮後則到海灘上活動、取食、修補洞穴。弧邊招潮蟹（*Uca arcuata*）爲沙蟹科招潮蟹屬的動物。常見於臺灣、廣東、福建、浙江、山東等地，生活環境爲海水，多穴居於港灣中的沼澤泥灘。招潮蟹的體色會隨白天黑夜交替變化，這種隨潮汐變化而變換顏色的生物鐘現象，引起了不少生物學家的關注。

【招潮】

即招潮蟹。此稱三國時期已行用。見該文。

【望潮】 2

即招潮蟹。此稱三國時期已行用。見該文。

【倚望】

即招潮蟹。此稱三國時期已行用。見該文。

【擁劍】

即招潮蟹。此稱晋代已行用。詳見該文。

【執火】

即招潮蟹。此稱晋代已行用。詳見該文。

【招潮子】

即招潮蟹。此稱唐代已行用。見該文。

【桀步】

即招潮蟹。此稱明代已行用。見該文。

【倚】

即招潮蟹。此稱清代已行用。見該文。

【步倚】

即招潮蟹。此稱清代已行用。見該文。

【鱘】 2

即招潮蟹。此稱清代已行用。見該文。此有歧義，係同名异實。"短蛸"亦稱"鱘"。

【赤脚】

即招潮蟹。此稱清代已行用。見該文。

【提琴蟹】

即招潮蟹。因大螯形似也，此譯自英文。

股窗蟹

亦稱"數丸""沙丸""涉丸""丸蟹""搗米蟹"。海蟹名。甲殼綱，軟甲亞綱，十足目，短尾亞目，沙蟹科，股窗蟹屬之統稱。頭胸甲呈球形。步足長節内外側面各具一個卵形鼓膜，但螯足長節隻内側具一長卵形鼓膜。股窗蟹群居於沙灘上，退潮後活動。股窗蟹以圓球股窗蟹和長趾股窗蟹居多，其中，長趾股窗蟹（*Scopimera longidactyla*）分布於我國的臺灣島以及山東、渤海灣等地，生活環境爲海水，主要穴居於潮間帶的泥沙灘上，洞口常覆蓋許多細沙。圓球股窗蟹（*Scopimera globosa*）頭胸甲前方窄、近球形，主要分布於我國的臺灣島以及廣東、福建、山東等地，生活環境爲海水，常穴居於潮間帶泥沙灘的下部。漲潮時潜入穴内。退潮時則快速攝取穴周圍的沉積物，其食渣則積成沙球。據統計，三個小時即可形成四百至一千粒，故我國古籍稱之爲"數丸"，民間俗稱爲"搗米蟹"。唐段成式《酉陽雜俎·廣動植之二·鱗介篇》卷一七："數丸，形似蟛蜞，競取土各作丸，丸數滿三百而潮至。一曰沙丸。"宋朱勝非《紺珠集》卷六："數丸生江岸，如彭蜞，取泥作丸，數至三百則潮至。舟人以爲候，因名之曰數丸也。"清胡世安《異魚圖贊補》："數丸，介蟲。數丸形亦似蜞，丸土三百，潮信與期。”明謝肇淛《五雜俎·物部一》卷九：“數丸生海邊，形似彭蜞。取土作丸，數滿三百而潮至。人以爲候，因名。常在海沙中，一曰沙丸，有青脚、白脚二種。”明顧起元《説略》卷二九：“一産三百，數丸，取土作丸，三百而潮至。”明方以智《通雅》卷四七：“數丸，一曰沙丸。”《古今圖書集成·禽蟲典·蟹部》：“數丸，形似蟛蜞，竟取土，各作丸，丸數滿三百而潮至，一曰沙丸。”明馮時可《雨航雜録》卷下：“浙蟹有數種：一曰數丸，競搏土作丸，滿三百而潮至。”清李元《蠕範》：“涉丸，丸蟹也。似蟻，常搏土作丸，滿三百丸則潮至。”清《淵鑑類函》卷四四四：“蟹類甚衆，其名亦殊，大而有虎豹文者曰虎蟳，行泥塗中者曰攤塗，似蟛蜞可食殼薄而小者曰蟚，搏土作丸，滿百丸而潮至者，曰數丸。”我國現已記股窗蟹約十種。

【數丸】

即股窗蟹。此稱唐代已行用。見該文。

【沙丸】

即股窗蟹。此稱唐代已行用。見該文。

【涉丸】

即股窗蟹。此稱清代已行用。見該文。

【丸蟹】

即股窗蟹。此稱清代已行用。見該文。

【搗米蟹】

“股窗蟹”之俗稱。見該文。

中華絨螯蟹

亦稱“河蟹”“大閘蟹”“蘆根蟹”“樂蟹”“橙蟹”“毛蟹”“江蟹”“田蟹”“勝芳蟹”。淡水蟹之經濟品種。隸屬於甲殼綱，軟甲亞綱，十足目，短尾亞目，弓蟹科，絨螯蟹屬。中華

絨螯蟹（*Eriocheir sinensis*），體近圓形，頭胸甲背面爲草綠色或墨綠色，腹面灰白，頭胸甲呈圓方形，後半部寬於前半部。螯足用於取食和抗敵，其掌部内外緣密生絨毛，因此得名絨螯蟹。常穴居江、河、湖蕩泥岸，晝匿夜出，以動物尸體或穀物爲食。到每年秋季，長得比較豐滿，常洄游到近海繁殖，母體所帶的卵在翌年三到五月間孵化，幼體經過多次變態，發育成爲幼蟹，再溯江河而上，在淡水中繼續生長。唐代已記其習性，《古今圖書集成·禽蟲典·蟹部》引唐陸龜蒙《蟹志》：“蟹始窟穴於沮洳中，秋冬交必大出。江東人曰稻之登也，率執一穗以朝其魁，然後從其所之也。早夜膚沸，指江而奔。漁者緯蕭，承其流而障之曰蟹斷……既入於江，則形質寖大於舊，自江復趨於海。”所記除“以朝其魁”不够精確，其餘皆合。古人知其洄游習性，以竹栅截之，謂之“大閘蟹”，或稱“大煠（音閘）蟹”。中華絨螯蟹俗稱蘆根蟹、樂蟹，可食。宋傅肱《蟹譜·總論》卷上亦曰：“其生於盛夏者，無遺穗以自充，俗呼爲蘆根蟹（謂其止含茭蘆根）。瘠小而味腥，至八月則蜕形，已蜕而形浸大。秋冬之交，稻粱已足，各腹芒走，俗呼爲樂蟹，最號肥美。由江而納其芒，於海中之魁。”宋吴自牧《夢粱録·諸色雜賣》：“又有挑擔抬盤架賣江魚……河蟹、河蝦、田鷄等物。”中華絨螯蟹又稱橙蟹、毛蟹、江蟹、江蟳等，古籍中多處記載。宋林洪《山家清供·蟹釀橙》：“橙用黄熟大者，截頂剜去穰，留少液，以蟹膏肉實其内，仍以帶枝頂覆之。入小甑，用酒醋水蒸熟，用醋鹽供食，香而鮮，使人有新酒菊花、香橙螃蟹之興。”宋范致明《岳陽風土記》：“江

蟹大而肥實，第殼軟，漁人以爲厭，自云‘網中得蟹，無魚可賣’。十年前土人亦不甚食，近差珍貴。”明葉子奇《草木子》卷一：“江之水族，如揚子大江，族類各有所限，江蟹至潯陽則少。”清胡世安《異魚圖贊補》：“臍長多足，其生於盛夏者，無遺穗以自充，止食茭蘆根，俗呼爲蘆根蟹。”清郭柏蒼《海錯百一録》卷三：“蘆禽，即蘆蟹，又名蘆根。”

宋梅堯臣《二月七日吴正仲遣活蟹》詩：“年年收稻賣江蟹，二月得從何處來。滿腹紅膏肥似髓，貯盤青殼大於杯。定知有口能噓沫，休信無心便畏雷。幸與陸機還往熟，每分吴味不嫌猜。”宋盧祖《沁園春·雙溪狎鷗》詞：“笠澤波頭，垂虹橋上，橙蟹肥時霜滿天。”中華絨螯蟹又稱田蟹，宋方萬里、羅濬纂，宋胡矩修《寶慶四明志》：“螃蟹，俗呼毛蟹，又曰田蟹，螯跪帶毛。”宋高似孫《蟹略·蟹品》引《海物志》曰：“螃蟹曰毛蟹。”明屠本畯《閩中海錯疏》卷下：“毛蟹，青黑色，螯足皆有毛。”清郭柏蒼《閩産録異》：“毛蟹，即蟹也。福興、泉漳，潮汐往來之處皆産。”其他异稱古書中的記載亦多，明王鏊《姑蘇志》卷一四：“蟹，凡數種，出太湖者大而色黄，殼軟，曰湖蟹，冬月益肥美，謂之十月雄。出吴江汾湖者曰紫鬚蟹，出崐山蔚洲者曰蔚遲蟹。又江蟹、黄蟹皆出諸品下。吴中以稻秋蟹食既足，腹芒朝江爲樂蟹。采捕於江浦間，承峻流，緯蕭而障之，名曰蟹簖。”民俗稱“九月團臍十月尖”，指九月（寒露以後）吃雌蟹，十月（立冬前後）食雄蟹。中華絨螯蟹主要以水生植物、底栖動物、有機碎屑爲食，主要分布於江蘇、安徽、遼寧、湖北等地區。如今，人工養殖中華絨螯蟹已遍及沿海諸省，并已隨海船遠播北歐各國。

毛　蟹

（清聶璜《清宫海錯圖》）

【河蟹】

中華絨螯蟹之俗稱。河蟹於海水中繁殖，淡水裏生長，喜掘穴而居，常匿居於江河、湖池的岸邊，或隱藏在石礫、水草叢中。另，此有歧義，凡生河中之蟹皆可稱此名。此稱宋代已行用。見該文。

【蘆根蟹】

中華絨螯蟹之幼蟹名。此稱宋代已行用。見該文。

【樂蟹】

中華絨螯蟹之成體名。此稱宋代已行用。見該文。

【橙蟹】

即中華絨螯蟹。此稱宋代已行用。見該文。另，此有歧義，用橙子和螃蟹調製的食品也稱此名。

【毛蟹】

“中華絨螯蟹”之俗稱。此稱宋代已行用。見該文。此有歧義，毛多之蟹也稱“毛蟹”。

【江蟹】

即中華絨螯蟹。此稱宋代已行用。見該文。

【江蠏】

即中華絨螯蟹。此稱明代已行用。見該文。

【大閘蟹】

即中華絨螯蟹。此稱多行於近現代。見該文。

【大煠蟹】

即中華絨螯蟹。今蘇州吳音“煠”音“閘”，水蒸煮之音。

【陽澄湖清水蟹】

即中華絨螯蟹。今昆山陽澄湖一帶所産之中華絨螯蟹最爲肥美，故名。

【勝芳蟹】

即中華絨螯蟹。因市場所售此蟹，采運自河北霸州的勝芳，故得名。

中華束腰蟹

亦稱“花蟹”“仙蟹”“仙蠏”。中華束腰蟹（ *Somanniathelphusa sinensis* ），隸屬於節肢動物門，軟甲亞綱，十足目，束腹蟹科，束腰蟹屬。頭胸甲稍隆，表面光滑具微細凹點，頸溝淺，可辨，胃、心區之間的溝細而深，十分清晰。生活在山澗溪流。秋季挖洞爲冬眠做準備，冬季洞口被泥土封住，到隔年二到三月份蘇醒，并且進行交配。清屈大均《廣東新語·介語》：“仙蟹，産羅浮阿耨池旁，形如錢大，色深紅，明瑩如琥珀。大小數十，群行見人弗畏。以泉水養之，可經數月，見他水則死。相傳仙人擲錢所變。”清李調元《然犀志》：“花蟹，八跪二螯，與諸蟹同，但跪小而螯大，幾與筐等。”中國主要分布於廣東（廣州、高要）等地區。

【仙蟹】

即中華束腰蟹。此稱清代已行用。見該文。

【仙蠏】

即中華束腰蟹。此稱清代已行用。見該文。

【花蟹】

即中華束腰蟹。此稱清代已行用。見該文。

紅斑瓢蟹

亦稱“紅蟹”。紅斑瓢蟹（ *Carpilius maculatus* ）爲節肢動物門，甲殼綱，軟甲亞綱，扇蟹科，瓢蟹屬的動物。頭胸甲卵圓形，成蟹甲寬可超過十五厘米，背面相當隆起，表面光滑，前後側緣之間各有一鈍齒。全身背面橙紅色至淡棕色，腹面鵝黃色，頭胸甲背面共有十二個呈左右對稱分布的暗紫紅色斑點，似瓢蟲。唐段公路《北户録》：“儋州出紅蟹，大小殼上多作十二點，深胭脂色，其殼與虎蟹堪作壘子。”唐劉恂《嶺表録異》卷下：“紅蟹殼，殷紅色，巨者可以裝爲酒杯也。虎蟹，殼上有虎斑，可裝爲酒器，與紅蟹皆産瓊岸海邊。”明方以智《物理小識》卷八：“儋州紅蟹，殼形有十二點，堪作碟子。”紅斑瓢蟹在中國主要分布於臺灣島以及海南島、西沙群島等地，生活環境爲海水，常栖息於巖石岸或珊瑚礁的淺水中，不可食用。

【紅蟹】[2]

即紅斑瓢蟹。此稱唐代已行用。見該文。參見本卷《水生無脊椎動物説·水生節肢動物考》“蛙蟹”文。

幹練平殼蟹

幹練平殼蟹（ *Conchoecetes artificiosus* ），亦稱“婆蟹”，爲節肢動物門、甲殼綱、走蟹科、平殼蟹屬的動物。頭胸甲呈五角形，全身具絨

幹練平殼蟹

毛，長寬近等，背面十分扁平，中部呈“H”形溝，此溝兩側與頸溝、鰓溝相連。後緣向内凹陷呈弧形。分布於中國的廣東、浙江等地，生活環境爲海水，一般生活於三十到一百米深的泥沙底。清博潤修，姚光發等纂《上海府縣志輯》之《光緒松江府續志》卷五：“又有殼皺若老嫗面皮者曰婆蟹。”此種蟹不太常見。

【婆蟹】

即幹練平殼蟹。此稱清代已行用。見該文。

短指和尚蟹

短指和尚蟹（*Mictyris brevidactylus*），又名“和尚蟹”“兵蟹”“海珍珠”“海和尚”。體型小，生活在潮間帶沙土的地道中，退潮時出來活動。雌雄没有明顯差异，需將腹部打開纔可分辨。平均體重約爲兩克，行走方式與其他螃蟹不同，可以向前走。活動習性亦與其他蟹不同，通常會成群結隊聚集在一起行動。除了在地表進食外，有時會藏身地表下，微露雙螯取食表土，濾食後的糞堆積至地表。這種攝食方式如地鼠挖地道，故稱爲隧道式攝食。清姚光發等纂光緒《松江府志續志》卷五：“殼高突寸許，若髡僧者，曰和尚蟹。”

短指和尚蟹
（清聶璜《清宮海錯圖》）

蟹製品及相關

蟹胥

指美食蟹醬。《周禮·天官·庖人》鄭玄注：“薦羞之物謂四時所膳食，若荆州之魚，青州之蟹胥。”晋吕忱《字林》曰：“胥，蟹醬也。”又曰：“蟹胥，取蟹藏之，使骨頭解胥胥然也。”這種蟹醬用海蟹製作，非常美味。蟹胥是古籍記載中最早的蟹名品之一。晋張載《登成都白菟樓》詩：“黑子過龍醢，果饌踰蟹胥。”北周庾信《奉和永豐殿下言志》之一〇：“濁醪非鶴髓，蘭肴異蟹胥。”宋黄庭堅《奉答謝公定與榮子邕論狄元規孫少述詩長韵》詩：“蟹胥與竹萌，乃不美羊腔。”清曹寅《藥後除食忌謝方南董饋鮓鷄二品》詩：“耐寒時欲存梟臛，躁擾疇堪議蟹胥。”此稱先秦時期已行用，見該文。

【蟚蜞醬】

“蟹胥”之一種。清郭柏蒼《閩産録異》：“蟚蜞，寧福浦淑出者大，洲渚出者小。立冬後，以薑、鹽、紅糟腌食，或醢而藏之，名‘蟚蜞醬’。蒼按，蟚蜞，寧福、興化家啖之，能解喉痛。蟚蜞醬，年出數萬桶。”此稱清代已行用，見該文。

蟹生

即生食螃蟹，現爲江浙區域的凉菜，或以腌製食用。宋高似孫《蟹略》卷三：“黄太史賦云：蟹微糟而帶生，今人以蟹沃之鹽酒，和以薑橙，是蟹生。”此稱宋代已行用，見該文。

洗手蟹

一種有關蟹的食品。活蟹剖析後加調料，洗手後立即可食者，故謂之“洗手蟹”。宋孟元老《東京夢華録·飲食果子》：“生炒肺、炒蛤蜊、炒蟹、𣸣蟹、洗手蟹之類，逐時旋行索喚，不許一味有闕。”宋祝穆《事文類聚·介蟲·蟹》：“北人以蟹生析之，酏以鹽梅，芼以椒橙，盥手畢即可食，目爲洗手蟹。”宋高似孫《蟹略》卷三：“洗手蟹、酒蟹，黃太史賦云：蟹微糟而帶生，今人以蟹沃之鹽酒，和以薑、橙，是蟹生，亦曰洗手蟹。東坡詩‘半殼含黃宜點酒’，即此也。宋景文詩：‘曲長溪舫遠，宴暮酒螯香。’黃太史詩：‘解縛華堂一座傾，忍堪支解見香橙。’王初寮詩：‘熟點醯薑洗手生，樽前此物正施行。哺糟晚出尤無賴，尚有饞夫染指争。’陸放翁詩：‘披綿珍鮓經旬熟，斫雪雙螯洗手供。’”此稱宋代已行用，見該文。

螃蟹宴

即以螃蟹爲主的宴席。明劉若愚《明宮史》記明代宮廷內的螃蟹宴：“（八月）始造新酒，蟹始肥。凡宮眷内臣吃蟹，活洗净，蒸熟。五六成群，攢坐共食，嬉嬉笑笑。自揭臍蓋，細細用指甲挑剔，蘸醋蒜以佐酒。或剔蟹胸骨，八路完整如蝴蝶式者，以示巧焉。食畢，飲蘇葉湯，用蘇葉等件洗手，爲盛會也。”明《天啓宮詞一百首》詞：“海棠花氣静，此夜筵前紫蟹肥。玉笋蘇湯輕盥罷，笑看蝴蝶滿盤飛。”《紅樓夢》第三八回宴中有食用螃蟹的描寫。其中有賈寶玉《咏蟹》詩：“持螯更喜桂陰凉，潑醋擂薑興欲狂。饕餮王孫應有酒，横行公子却無腸。臍間積冷饞忘忌，指上沾腥洗尚香。原爲世人美口腹，坡仙曾笑一生忙。”又有林黛玉《咏蟹》詩：“鐵甲長戈死未忘，堆盤色相喜先嘗。螯封嫩玉雙雙滿，殼凸紅脂塊塊香。多

肉更憐卿八足，助情誰勸我千觴。對斯佳品酬佳節，桂拂清風菊帶霜。”薛寶釵《咏蟹》詩：“桂靄桐陰坐舉觴，長安涎口盼重陽。眼前道路無經緯，皮裏春秋空黑黃。酒未敵腥還用菊，性防積冷定須薑。於今落釜成何益？月浦空餘禾黍香。”此稱明代已行用，見該文。

蟹八件

指八件主要的食蟹工具。國人食蟹的歷史，最早可追溯到西周時期。從《周禮》和晋代《字林》記載可知，我國已有兩千七八百年的吃蟹歷史。據傳明代初創的食蟹工具有錘、鐓、鉗、鏟、匙、叉、刮、針八種，現代指腰圓錘、小方桌、鑷子、長柄斧、調羹、長柄叉、刮片、釬，故稱之爲“蟹八件”。分別具有敲、墊、夾、劈、叉、剪、剔、盛等功用。古人使用小巧玲瓏的銅製或銀製工具食蟹，視爲一種高雅的餐飲行爲。

桌　剪　釬　斧　叉　鑷　錘　匙

蟹八件

蟹籪

指捕蟹的器具。古人很早即以器具捕蟹，《莊子·列禦寇》：“河上有家貧，恃緯蕭而食者。”唐陸龜蒙《蟹志》：“漁者緯蕭承其流而障之，曰蟹籪。”《太平廣記》卷三二三引南朝梁任昉《述異記》：“宋元嘉初，富陽人姓王，於窮瀆中作蟹籪。”宋傅肱《蟹譜·采捕》卷下：“今之采捕者，於大江浦間，承峻流，環

蟹　簖
（明王圻等《三才圖會》）

緯簾而障之，其名曰簖。"清袁景瀾《吳郡歲華紀麗》卷一○："稻熟時，以緯蕭障流取之，謂之蟹簖。"清顧張思《土風錄》卷三："編竹湖中，以取魚蟹，名曰蟹簖。按，字書無簖字，吳梅村《塗松晚發》詩：'簖響若鳴灘。'《吳江縣志》引陸魯望《漁具》詩序：列竹海澨曰滬，今謂之簖。考陶九成引魯望《蟹志》：'漁者緯蕭，承其流而障之，名曰蟹斷，斷其江之道焉爾。'則當爲斷字，《姑蘇志》亦作斷。"由此可知古人以蟹簖捕蟹。此稱南北朝時期已行用，見該文。

第六節　腕足動物考

腕足動物門（Brachiopod）是具兩枚殼瓣的海生底栖固着動物。兩枚殼瓣大小不等，每枚殼瓣左右對稱。腹殼的後段有一孔洞，稱肉莖孔，由此伸出肉莖的柄，叫肉莖，用以固着底質或挖掘潛穴，故腹殼又稱爲莖殼。腕足動物門全部生活在海洋中，多數分布於淺海。體外具背腹兩殼，很像軟體動物，故以前將其歸爲擬軟體動物門，但這兩類動物差異極大。腕足類現存三百多種，已描述的化石種在三千種以上；下寒武紀時出現，奧陶紀至二叠紀時最繁盛，中生代時大爲減少，到新生代時大部分滅絕。

腕足動物主要根據兩殼瓣鉸合構造的有無，分爲低等的無鉸綱（Inarticulata）和高等的有鉸綱（Articulata）。無鉸綱，如海豆芽（Lingula），亦稱"土鉇""沙屑""泥屑""江蟯""塗杯""家愁""土匙""土飯匙""霜雪""泥磚""土坏""水豆芽""沙聖"。其稱最早見於明代。海豆芽，古生物學上又稱舌形貝，腕足綱的一屬；貝體長舌形，背腹兩殼瓣都稍稍隆凸，殼面光滑；寒武紀開始出現，至現代仍未滅絕。我國沿海常見的鴨嘴海豆芽（Lingula anatina）殼長約 40 毫米，寬約 20 毫米，柄長約 60 毫米。舌形貝是世界上已發現生物中生存歷史最長的屬，是著名的"活化石"，生活在温帶和熱帶海域。有鉸綱，如酸醬貝（*Terebratelia coreanica*）。酸醬貝與真正雙殼貝的差別是兩殼一大一小，另外大殼端有一孔，活體内生肉質伸出附着於海床。酸漿貝又稱"酸醬介"，分布於遼東半島南岸、山東半島北岸和南岸。

　　腕足動物是最古老的動物類群之一，最早出現於五億年以前古生代的寒武紀，志留紀和泥盆紀達到高峰，以後便衰落下來。我國沿海常見的有酸醬貝和海豆芽，均爲活化石。腕足綱化石是主要的標準化石之一。

　　腕足動物全係海生，從北極至南極，從低潮綫下至 5000 米以上的深海海底，都有它們的代表。生活在潮間帶的種類爲數極少，純粹深海種類也不多，絶大部分種類生活在大陸架淺海底。腕足類喜生活在冷水區域，純熱帶性種類甚少。

海豆芽

　　亦稱"土銚""沙屑""泥屑""江蟯""塗杯""家愁""土匙""土飯匙""霜雪""泥磚""土坏""水豆芽""沙聖"。海洋動物名，腕足動物門，無絞綱，舌形貝目，舌形貝科，舌形貝屬（*Lingula*）。比如鴨嘴海豆芽，其體形奇特，具觸手冠，屬裂冠型，雙葉狀。具背腹兩殼，呈扁平鴨嘴形，帶綠色。殼表光滑，由殼多糖和磷灰質交互成層而成。殼長約 4 厘米，寬約 2 厘米。下部是一根可以伸縮的、半透明的肉莖，宛若一根剛長出來的豆芽，故名。肉莖粗而長，圓柱形，由殼後端伸出。能在海底鑽孔穴居，還能在孔穴内自由伸縮。栖息在温帶和熱帶水深不超過 30 米的潮間帶泥沙灘。其在地球上已生存 4.5 億年之久，被稱爲活化石。已記述的化石種超三萬種，現存僅三百種，我國僅存鴨嘴海豆芽和亞氏海豆芽兩種。

　　其稱明代已行用。明屠本畯《閩中海錯疏》卷下："土銚，一名沙屑。殼薄而綠色，有尾而白色，味佳。"銚，原意一種帶柄有嘴的小鍋，此述其形。清胡世安《異魚圖贊閏集·江蟯》："介屬，植根，其名江蟯，殼分碧瓣，肉緣素毫。《漁書》：江蟯，生海泥中，殼如花瓣，而緣有根，直植於泥，白如豆芽，殼軟，肉邊有毛而白，海味之佳者。《蠡史》曰：介屬生根底，惟此一種，蓋奇品也。昔中有貴，食而美之。篕盡見根，笑謂海錯，亦著豆芽乎。"蟯，原意蠕形動物，此述其莖的形象。

　　清代稱其"土匙"。清李拔等修纂《福寧通

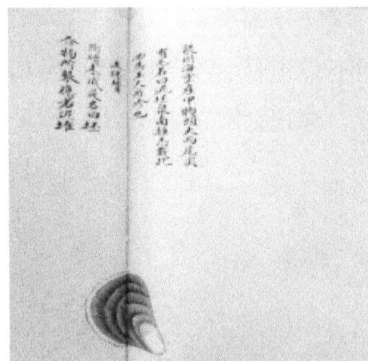

土　坏
（清聶璜《清宫海錯圖》）

志・食貨志・物産》介屬："土匙。有柄有葉，狀如茶匙。""土匙"與下述"土飯匙""塗杯"意同，均述其形若茶匙。清黃任等纂《泉州府志・物産》："介之屬，沙屑，一名土飯匙，亦名海豆芽，俗呼霜雪。《泉南縣志》：北方謂泥磚，曰土坯。晋江有介屬，亦曰土坯，綠殼白尾，其房有毛。又，指甲螺，形如指甲，大者名江橈。同安有。"又名霜雪，因其綠殼白尾，猶如綠葉凝霜，故名。清光緒《漳州府志・物産》："介之屬：沙屑。一名沙聖。殼白至薄，其品頗重。"又有一種粗者，名泥屑。清周璽纂《彰化縣志・物産志》："介之屬：海豆芽。似蜆而大，形扁，殼綠，吐尾如豆芽。一名江蟯，……俗呼家愁。"清魯曾煜等編纂《廣東通志》卷五二《物産志》："水豆芽，蟶類也。鮮時殼中有一肉柱如牙箸，腌之則無。"清郭柏蒼《海錯百一錄》卷三："土銚，即土坯，又名土杯，似蜆而大，形扁，綠殼白尾。吐尾如豆芽，其旁有毛。"明凌登名《榕城隨筆》："沙屑，一名小蜆，味極鮮美，但恨太小，不堪咀嚼。臺灣呼爲海豆芽。或稱土飯匙。凡殼石殼薄者多鮮芳，殼厚者多穠郁。"以上有的描述將海豆芽與酸漿貝混爲一談。

清李調元《然犀志》卷上："水豆芽，蟶類也，鮮時殼中有一肉柱如牙箸，腌之則無。"清吳震方《嶺南雜記》："水豆芽，蟶類也。鮮

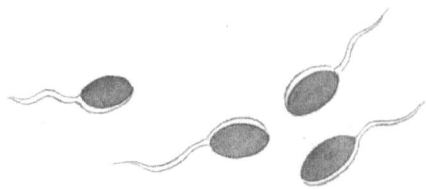

海豆芽
（清聶璜《清宮海錯圖》）

時殼中有一肉柱如牙箸，腌之則無。小如豌豆莢。"清嘉慶《澄海縣志》便予以引用，衹將"水豆芽"改爲"海豆芽"。清乾隆四十八年（1783）《南澳志》："海豆芽殼青、牙白、味甘。"

潮汕地區的特色海鮮小吃舌形貝，閩南語稱"膠墻"，其學名"舌形貝"，由兩片綠色的舌型貝殼黏合而成，中間有根乳白色的"膠墻根"，尾端附着有綠豆大小的顆粒，仿似豆芽一般，因而也叫"海豆芽"。舌形貝，俗名海豆芽屬，是世界上已發現生物中生存歷史最長的一個屬，是著名的"活化石"，生活在温帶和熱帶海域。我國沿海常見的鴨嘴海豆芽（*Lingula anatina*），殼長約4厘米，寬約2厘米，柄長約6厘米。

【土銚】

即海豆芽。此稱明代已行用。見該文。

【沙屑】[2]

即海豆芽。此稱明代已行用。見該文。

【江蟯】

即海豆芽。此稱明代已行用。見該文。

【泥屑】

即海豆芽。此稱清代已行用。見該文。

【塗杯】

即海豆芽。此稱清代已行用。見該文。

【家愁】

即海豆芽。此稱清代已行用。見該文。

【土匙】[2]

即海豆芽。此稱清代已行用。見該文。

【土飯匙】

即海豆芽。此稱清代已行用。見該文。

【霜雪】

即海豆芽。此稱清代已行用。見該文。

【泥磚】

即海豆芽。此稱清代已行用。見該文。

【土坯】

似指海豆芽，也似酸漿貝。此稱清代已行用。見該文。

【水豆芽】

即海豆芽。此稱清代已行用。見該文。

【沙聖】

即海豆芽。此稱清代已行用。見該文。

酸漿貝

亦稱“酸醬介”，海洋動物名，腕足動物門，有絞綱，鑽孔貝目，貫殼貝科。酸漿貝（*Terebratalia coreanica*），外殼略呈卵圓形，殼質爲碳酸鈣，紅色，頗似雙殼類軟體動物，但殼爲背腹兩片，兩側對稱，大小不等。觸手冠屬捲冠型、雙腕狀。栖於低潮綫以下至二百八十米深的近岸淺海，營固着生活。分布於遼東半島南岸、山東半島北岸和南岸。清柯璜譯編《博物學講義動物篇》第一三章《甲殼類》附屬：“腕足綱……俗稱酸醬介，形狀實似雙殼類。”

【酸醬介】

即酸漿貝。此稱清代已行用。見該文。

第七節　棘皮動物考

棘皮動物門（Echinodermata），其名源自希臘文，意爲皮上有棘的動物，屬後口動物（Deuterostomes），在無脊椎動物中進化地位很高。體形多樣，如星狀、球狀、圓筒狀和花狀，但基本構造一致，成體五放輻射對稱，具獨特的水管系統和圍血系統，骨骼發達，由許多分開的碳酸鈣骨板構成。多底栖，少數海參行浮游生活。分布於從淺海到數千米的深海。現存種類六千多種，分如下五個綱：海百合綱、海星綱、蛇尾綱、海膽綱、海參綱。

海百合綱（Crinoidea），現存的海百合分爲兩個類型，即柄海百合類，終生有柄，營固着生活，外形似植物，有根、莖、冠三部分；二是海羊齒或稱羽星類，成體無柄，營自由生活或暫時性固着生活。在古生代繁盛，現已衰退。化石種類有五千多種，現存六百五十餘種，如海百合、海羊齒等。因其與人類關係不明顯，古書無記載。

海星綱（Asteroidea），體扁平，多爲五輻射對稱，體盤和腕分界不明顯。生活時口面向下，反口面向上。腕的口面中央具步帶溝，溝內有管足。體表具棘和叉棘，水管系發達。現有約兩千一百種，中國已知一百多種。對貝類養殖業危害大。古書記載極少。因形與蛇尾綱相似，古人視其爲一類，如明李時珍《本草綱目·海燕篇》既有海燕，也有陽遂足的叙述。林奈 1841 年將其分爲兩個不同的綱。

蛇尾綱（Ophiuroidea），爲棘皮動物門中種類最多的一綱，現存約兩千種，分布廣，生活類型多樣。外形呈扁平狀、盤圓或五角形，和海星相似，但腕與體盤間界綫明顯，腕的形狀與運動方式似蛇尾，無開放之步帶溝，再生能力强。因其個體小，和人的關係不密切，古書記載少。最早見於三國吳沈瑩《臨海水土異物志》記陽遂足，此後宋、明、清各代一直在引述，此名至今沿用。

海膽綱（Echinoidea），體呈球形、盤形或心臟形。口面向下，口位於中央；反口面中央爲肛門。殼由石灰質板相互嵌合而成，堅固。殼上有疣，上生能活動的棘，其生殖腺可食用，故古書，特別是地方志記載較多。如明代屠本畯《閩中海錯疏》記海膽的形態、結構及食用價值等；清代李調元《南越筆記》和《浙江通志》《福建通志》《廣東通志》都有關於海膽的形態、食用價值、生殖腺及生態的描述。現存約一千種。

海參綱（Holothuroidea），體輻射對稱，呈蠕蟲狀或臟腸形，前端具口，後端具肛門，口周圍具觸手，表皮層下有極小的石灰質骨骼，體壁柔軟而能屈伸。骨骼退化顯微小骨片。種類多，現生約一千四百種。分布廣。海參綱是無脊椎動物中最高級，也是經濟價值很大的一個類群，近千年前就被人們食用，古書記載也多。如金代李杲的《食物本草》記多種海參的形態、食用及藥用價值，清代趙學敏的《本草綱目拾遺》記多種海參的形態、生態、食用、藥用價值及名稱的由來等。中國南海沿岸海參種類較多，有二十餘種可供食用。

海盤車

亦稱“海星”“海盤纏”“星魚”“海茴香”。海洋動物名。爲棘皮動物門，海星綱，海盤車科之統稱。海盤車科動物羅氏海盤車（*Asterias rollestoni*）、多棘海盤車（*Asterias amurensis*），習見於我國北部海域，栖息於潮間帶的沙底或石礫底，具藥用價值。體盤背面稍凸出，周圍生有五腕，狀如星形，口面平坦，淺黃色，表面粗糙，具有許多疣狀突起和棘刺。清聶璜《清宮海錯圖》：“海茴香，其殼五花，内有肉。生石上，不能移動而活。其形如茴香狀，故名。

但不可食，爲海錯具名耳。”清郝懿行《記海錯》：“海盤纏，大者如扇，中央圓平，旁作五齒歧出。每齒腹下皆作深溝，齒旁有髯，水蟲幺麼誤入其溝，便乃五齒反張，合并其髯，夾取吞之。然都不見口目處，釣竿所得，餌懸腹

海茴香
（清聶璜《清宮海錯圖》）

下。蓋骨作四片，開即取食，闔仍無縫也。即乏腸胃，純骨無肉。背深藍色，雜以經點，腹下純紅。其小者，腹背皆紅。狀即詭異，莫知所用。乃至命名，亦復匪夷所思。將古海貝之屬，其類非一，及其用之，皆爲貨賄，故雅擅斯名歟？"清許家惺審定《動物學教科書》第一三章《棘皮動物·第二目海星類》："是類通常具五腕，成星形，其體壁所含石灰板較小，而各片易動，故軀體稍能伸屈，管足則生於腕之下面，例如海盤車是也。注：海盤車産海底，好食貝類，遇小者則逕吞之，大者則腕抱之，且轉胃囊以消化之。"海盤纏類似古海貝之屬性，係作貨賄而得。至於"海盤車"之稱，或許因其形似車輪。海星又名海盤車，星魚。在漁業養殖場，海星是不利於貝類養殖的動物，也會妨礙拖網作業。

【海茴香】

即海盤車。此稱清代已行用。見該文。

【海盤纏】

即海盤車。此稱清代已行用。見該文。

【海星】

"海盤車"之俗稱。此稱於近現代行用。見該文。

【星魚】

"海盤車"之俗稱。此稱於近現代行用。見該文。

海燕 [1]

海洋動物名。爲海星綱，有棘目，海燕科之統稱。海燕科（Asterinaidea）動物，體扁平，呈五角形星狀，中央稱體盤，體盤隆起面稱反口面，反口面骨板作覆瓦狀排列，板上有成簇的小棘或顆粒。其凹面彎向體盤中央，腕

海　燕
（清聶璜《清宮海錯圖》）

五個，也有四至八個者，體色一般較鮮艷。習見於我國北部海區沿岸砂、碎貝殼或巖礁底。明李時珍《本草綱目·介二·海燕》〔集解〕時珍曰："海燕出東海，大一寸，狀扁面圓，背上青黑，腹下白脆，似海螵蛸，有紋如蕈菌。口在腹下，食細沙，口旁有五路正勾，即其足也。"所記海燕形態特徵與今同。如今，我國已報道海燕科三屬八種。多分布於我國黄海、渤海一帶。能入藥，滋陰、祛風濕，主治腰腿酸痛。

陽遂足

亦作"陽燧足"，亦稱"蛇尾""海蛇尾""蛇海星""脆海星"。海洋動物名。棘皮動物門，蛇尾綱，真蛇尾目，陽遂足科之統稱。顎頂各有明顯成對的齒下口棘。顎旁各有一至三個與齒下口棘相連或不相連的口棘。具五個能自由運動且與體盤分界明顯的腕，腕無步帶溝和管

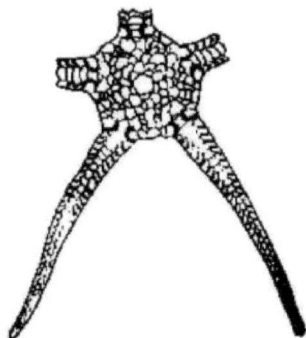

陽遂足

足，體盤上亦無肛門。對陽遂足的記載，始見於三國吳沈瑩《臨海水土異物志》："陽遂足，此物形狀：背青黑，腹下正白，有五足，長短大小皆等，不知頭尾所在。生時體軟，死即乾脆。""陽燧"，係古代照日取火之凹面銅鏡，因該動物之體盤與其相似，故名。《藝文類聚·火部》引《淮南子》舊注曰："陽燧，金也。取金盂無緣者，日高三四丈時持以向，日燥艾承之寸餘，有頃焦之，吹之即得火。"

　　明方以智《通雅》謂陽遂足與海燕、燕魚同類，尚有混淆之處。明李時珍《本草綱目·介二·海燕》〔集解〕時珍曰："《臨海水土記》云：'陽遂足，生海中，背青黑，腹白，有五足，長短大小皆等，不知頭尾所在。生時體軟，死即乾脆。'即此物也。"文中認為陽遂足與海燕同類，而燕魚衹是同名而已。此處記載與今天的認識基本一致。又因其形似蜘蛛，而稱海蛛。清許家惺審定《動物學教科書》第一三章《棘皮動物》："海蛛腕細而長，分畫於圓體盤，動作不賴管足，專恃腕部為伸屈。紛綫子其腕歧而又歧，頗見繁庶。"我國現已記陽遂足科動物四十餘種。其中灘栖陽遂足（*Amphiura vadicola*）習見於我國海區沿岸，係中藥"陽遂足"的藥材基源。該類動物因形似古代取火器具陽燧而得名。近代因其形似海星，而腕似蛇且脆易斷，故動物學中譯名稱為海蛇尾、蛇海星或脆海星。

【陽燧足】

　　同"陽遂足"。此體三國時期已行用。見該文。

【海蛛】

　　即陽遂足。此稱清代已行用。見該文。

【蛇尾】

　　即陽遂足。此稱行用於近現代。見該文。

【海蛇尾】

　　即陽遂足。此稱於近現代行用。見該文。

【蛇海星】

　　即陽遂足。此稱於近現代行用。見該文。

【脆海星】

　　即陽遂足。此稱於近現代行用。見該文。

海百合

　　海洋動物名。棘皮動物門，海百合綱之通稱。多節新海百合（*Metacrinus multisegmentatus*），體呈花狀，具多條腕足，表面有石灰質的殼，外形像植物，有

海百合

一個像植物莖一樣的柄，長約 0.5 米，五棱形，分許多節，柄上端羽狀的觸手，也叫腕。清柯璜譯編《博物學講義動物篇》第一四章《棘皮動物》："海百合。有長達一二尺。嘗一柄附着巖石。柄之頂端，有各枝，酷似海星之體，而叢生周圍，狀如花冠。其體排列整齊，甚有規則。為石灰質骨片所成。多產深海。"

海膽

　　亦稱"石榼""海縋筐""海刺蝟"。海洋動物名。為棘皮動物門，海膽綱之統稱。海膽體多數呈球形，少數呈盤形或心臟形，無腕，內骨骼互相癒合形成一堅固的殼，殼上有疣突及可動的長棘，多數種類口內具咀嚼器。體色有綠色、橄欖色、棕色、紫色及黑色。宋人典籍記載之"石榼"，即今之"海膽"。宋梁克家

《淳熙三山志·土俗》卷三九：“石楯，形圓，色紫有刺，見人則動搖。”明嘉靖《廣東通志》：“廣州舊志，殼圓如盂，外結密刺，内有膏，黄色，可爲醬。”明代海洋生物專書中已記有“海膽”。明屠本畯《閩中海錯疏》卷下：“海膽，殼圓如盂。外結密刺。内有膏黄色，土人以爲醬。按，海膽，四明謂之海縐筐。”又：“石楯，形圓色黄，肉紫有刺，人觸之，則刺動搖。”清郭柏蒼《海錯百一録》卷三：“石楯，詢之土人，疑海膽而異名也。”又：“石楯，殼紫，似海膽而差扁。”“石楯”似指盤形海膽。

明彭大翼《山堂肆考》誤將海膽與石決明同類。《山堂肆考》卷二二五：“海縐筐，石決明之類也。但決明堅而此物殼甚脆易碎，背多瘤瘰如蟾皮，蒼黑色，中有肉，兩頭軟，出其肉，兩頭穿，小兒取其殼以爲戲。其形圓而稍扁，如縐筐，故名。”明屠本畯《閩中海錯疏》將石決明與海膽（四明謂之海縐筐）、石楯并列，已有所區分。徐珂《清稗類鈔·動物類》記：“海膽爲棘皮動物，體爲半球形，色紫黑，殼面密生硬棘，口在腹部，與背部之肛門位置相對，食道周圍有一水管，分枝伸出體外，而成管足，以爲運動。栖息於暖地海岸。性遲鈍。卵巢黄色，可入鹽佐酒，鄞有之。以其殼圓如盂，外結密刺，内有黄色之膏，鄞人謂之‘海縐筐’。”

對海膽之開發利用亦見於典籍記載。《古今圖書集成·禽蟲典·雜海錯部》引《肇慶府志》：“海膽，出陽江海島石上，殼圓有珠，珠上有硬刺甚長。纍纍相連，取一帶十，如破其一，餘皆死粘石上，殼破漿流終不得起。肉色黄，有四瓣，鮮煮甚甜。殼用漆灰厚襯，可鑲酒杯。”

文中“肉色黄”係指海膽之生殖腺，俗稱海膽黄。海膽生殖腺可供食用，又稱海膽卵、海膽籽、海膽黄、海膽膏，色橙黄，味鮮香。海膽黄實爲五瓣，經深加工，可腌製成“雲丹”（海膽卵醬），係優質營養滋補品。《古今圖書集成·方輿彙編·職方典》之《廣州府物産》：“海膽，舊志：殼圓如盂，外結密刺，内有膏，黄色，可爲醬，出東莞。”又見《漳州府物産》：“海膽，《通志》曰：‘殼圓如盂，外結密刺，内有膏，黄色，土人以爲醢。’”

海膽，中國主要分布於黄海、渤海沿岸，遼東半島及山東半島的北部，向南至浙江、福建淺海以及舟山群島和臺灣海峽，現已進行人工養殖。大連海域常見的經濟海膽有蝦夷馬糞海膽、馬糞海膽（*Hemicentrotus pulcherrimus*）、光棘球海膽（俗稱大連紫海膽）（*Strongylocentrotus nuda*）和海刺蝟（俗稱黄海膽）。海膽不僅是一種上等的海鮮美味，還是一種貴重的中藥材。我國現已記海膽綱動物一百餘種。

【石楯】

即海膽。此稱宋代已行用。見該文。

【海縐筐】

即海膽。此稱明代已行用。見該文。

【海刺蝟】

即海膽。此稱於近現代行用。見該文。

海參[1]

亦稱“土肉”“海男子”“戚車”“海黄瓜”“白參”“牛臀”“水參”“刺參”“光參”“海鼠”“海瓜”“海瓜皮”“春皮”“伏皮”等。海洋動物名。爲棘皮動物門，海參綱之統稱。海參體常呈蠕蟲狀或臘腸狀圓柱形，腹部常略扁，口在前端，口周圍有觸手，肛門在後端。海參，三國時稱之爲"土肉"，明代稱"海參"，英文名sea cucumber，中譯爲"海黃瓜"。三國吳沈瑩《臨海水土異物志》："土肉，正黑，如小兒臂大，長五寸，中有腹，無口目，有三十足，炙食。"清郝懿行《記海錯》記"土肉"，引用《臨海水土異物志》所記，并加按語："今登萊海中有物，長尺許，淺黃色，純肉無骨，混沌無口目，有腸胃。海人没水底取之，置烈日中，濡柔如欲消盡，淪以鹽則定，然味仍不鹹，用炭灰腌之，即堅韌而黑，收乾之猶可長五六寸。貨致遠方，啖者珍之，謂之海薆，蓋以其補益與人薆同也。"郝懿行還親自目驗了海參，稱《臨海志》文中"有三十足"則非矣，而"海薆無足，背上肉刺如釘"。清代認識已基本達到今天的水準，即所謂"三十足"，係海參的管足及肉刺。

清胡世安《異魚圖贊補》將"土肉"與"海參""沙噀"并列收録，其卷下："土肉，海豐土肉大如嬰臂，卅足笄影，五官不備。《一統志》：'土肉色黑，大如小兒臂，長四五寸，有腹無口目，有三十足，如笄簪，出海豐縣大海中。……爰有海參，産於遼海，以配海蛭，牝牡形在。功敵人微，名因不改。……蠕蠕頑質，縮如桃栗。沙噀沙蒜，名殊物一。去涎糅辛，味美無匹。"其中，"産於遼海"者爲著名之

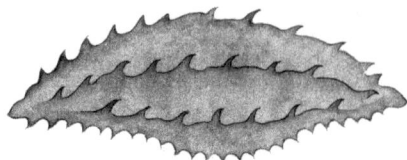

海參
（清聶璜《清宮海錯圖》）

刺參（*Stichopus japonicus*）。明謝肇淛《五雜俎·物部一》："海參，遼東海濱有之，一名海男子。其狀如男子勢然，淡菜之對也。其性溫補，足敵人參，故名海參。""男子勢"指男子生殖器官之"男根"，因海參形如男性生殖器，俗名海男子，正與形如女性生殖器的淡菜（俗稱東海夫人）成對。"以形補形"，所以傳聞海參有溫補壯陽的功能。淡菜又稱"海牝""東海夫人"，即厚殼貽貝（參見"淡菜"文）。清李元《蠕範》卷三："海參，戚車也。黑色，浮游海中，生東海者有刺，生南海者無刺，長可尺餘，得而斫之纔數寸，像男子勢。"又記："蚹，土肉也，龜魚也。色黑，長五寸，大者尺餘，狀如小兒臂，無口目，有腹腸，三十足如釵股，出海中。"

海參的別稱衆多。晉郭璞《江賦》："玉珧海月，土肉石華。"宋方萬里、羅濬《寶慶四明志》卷五："沙噀，塊然一物，如牛馬腸臟。頭長可五六寸許，胖然如水蟲，無首無尾無目無皮骨，但能蠕動，觸之則縮小如桃栗，徐復擁腫。土人以沙盆揉去其涎腥，雜五辣煮之，脆美，味爲上物。"徐珂《清稗類鈔·動物類》記："海參爲棘皮動物，舊名沙噀，而稱乾者爲海參，今通稱海參。"依此記載，明代已掌握了海參乾製技術，可以長久保存，輸送到遠方。

關於海參的品質優劣，清趙學敏《本草綱目拾遺》引《閩小記》云："有刺者名刺參，無刺者名光參，入藥用大而有刺者佳。一名海男子，有粳、糯二種，而黑膩者尤佳。"引《百草鏡》云："南海泥塗亦産海參，色黃而大，無刺，肉亦硬，不中食品，土人名曰海瓜皮，言其如瓜皮之粗韌也。"又引明杜文燮《藥鑒》

云："海參出盛京、奉天等處者第一，色黑，肉糯，多刺，名遼參、刺參；出廣海者名廣參，色黃；出福建者皮白肉粳，糙厚無刺，名肥皂參；光參出浙江寧波者，大而軟，無刺，名瓜皮參，品更劣矣。"《本草綱目拾遺》又載："蓬萊李金什言：'海參亦出登州海中，與遼東接壤，所産海參亦佳。……福山陳良翰云：'海參生北海者佳，爲天下第一。其參潛伏海底，至二、三月東風解凍時，多浮出水面，在海塗淺沙中孳乳，入水易取，然腹中出子後，惟有空皮，皮薄體鬆，味不甚美，價亦廉，識者賤之，名曰春皮。……至伏月則潛伏海中極深處石底，或泥穴中，不易取，其質肥厚，皮刺光澤，味最美，此爲第一，名曰伏皮，價頗昂，入藥以此種爲上。'"

關於海參的食用價值，三國吳沈瑩《臨海水土異物志》："土肉……炙食。"或是因爲烤海參的口感不佳，或是因爲海參難以保鮮輸入內陸，早期海參并沒有引起廣泛的重視，也限制了其食用價值的開發。明代纔發現它的營養價值可與人參媲美，遂成爲貢品、珍品。明劉若愚《明宮史·飲食好尚》記載了皇帝最喜用的美食之一就是海參。清代海參入菜譜之林，清袁枚《隨園食單》記有"海參單"，"滿漢全席"也有了海參的一席之地，又有專以海參爲主料的"海參席"。此後，海參成了宴席上的佼佼者，位列海味"八珍"之一，與燕窩、鮑魚、魚翅齊名，在大雅之堂上扮演着"壓臺軸"的角色。

海參自古亦有假冒僞劣者，清周亮工《閩小記》卷下："閩中海參，色獨白，類撐以竹簽，大如掌，與膠州、遼海所出異，味亦澹劣。

海上人復有以牛革僞爲之，以愚人者，不足尚也。"文中"色獨白"者，即閩産之白參。清郭柏蒼《海錯百一錄》卷四："海參，閩所産者不及外洋，曰白參。大者撐以竹簽，小而圓黑者名牛腎，以形名。易爛無膠。極小者味苦，名水參。"海參入藥的療效也見於醫書記載，《百草鏡》云："入滋補陰分藥，必須用遼東産者，亦可熬膏作膠用。"

南宋許及之《德久送沙噀信筆爲謝》詩："沙噀噀沙巧藏身，伸縮自如故納新。穴居浮沫兒童識，探取累累如有神。鈎之並海無所聞，吾鄉專美獨擅群。外脆中膏美無度，調之滑甘至芳辛。年來都下爲鮮面，獨此相忘最云久。"清吳偉業《咏長島海參》詩："預使燂湯洗，遲纔入鼎鐺。禁猶寬北海，饌可佐南烹。莫辨蟲魚族，休疑草木名。但將滋味補，勿藥養餘生。"

我國沿海有海參六十餘種，可食用者二十種左右。南方種類多於北方。北方的刺參，南方的梅花參（*Thelenota ananas*），都具食用價值。

【土肉】

即海參[1]。此稱三國時期已行用。見該文。

【海男子】

海參[1]之謔稱。此稱明代已行用。見該文。

【沙噀】[1]

即海參[1]。此稱宋代已行用。古代常泛稱食泥噀沙者爲沙噀。故"海參"等皆可稱之爲沙噀。見該文。

【虷】

"海參[1]"之單稱。此稱清代已行用。見該文。

【戚車】

即海參[1]。此稱清代已行用。見該文。

【龜魚】[1]

　　即海參[1]。此稱清代已行用。見該文。

【刺參】[1]

　　即海參[1]。此稱清代已行用。見該文。

【光參】

　　即海參[1]。此稱清代已行用。見該文。

【白參】

　　指閩產之海參[1]。此稱清代已行用。見該文。

【牛腎】

　　特指閩產海參[1]的一種。此稱清代已行用。見該文。

【水參】

　　特指閩產海參[1]的一種。此稱清代已行用。見該文。

【海瓜皮】

　　即海參[1]。此稱清代已行用。見該文。

【春皮】

　　特指春天產的海參[1]。此稱清代已行用。見該文。

【伏皮】

　　特指伏天產的海參[1]。此稱清代已行用。見該文。

【海瓜】

　　即海參[1]。此稱於近現代行用。見該文。

【海鼠】

　　即海參[1]。此稱於近現代行用。見該文。

【海黃瓜】

　　即海參[1]。此名譯自英文seacucumber。見該文。

白底輻肛參

　　亦稱"白海參"。海洋動物名。棘皮動物門，海參綱，楯手目，海參科，白底輻肛參（*Actinopyga mauritiana*）。體長約35厘米，背面隆起，散生許多小疣和管足。腹面平坦，形似足底，密生多數管足。口大，具二十五至二十七個大形觸手，肛門周圍有五個石灰質小齒。常栖熱帶珊瑚礁低潮綫附近。俗稱"赤瓜參""白底靴參""靴海參""紅魚""白底靴""草鞋底""猪蟲參"。清聶璜《清宮海錯圖》第二冊："海參不知興於何代，其味清而腴，甚益人，有人參之功效。故曰參。然有二種。白海參，產廣東海泥中，大者長五六寸，背青腹白而無刺，探者剖其背以蠣灰腌之，用竹片撐而曬乾，大如人掌，食者浸泡去泥沙，煮以肉汁，滑澤如牛皮而不酥。"

【白海參】

　　即白底輻肛參。此稱清代已行用。見該文。

仿刺參

　　亦稱"海葓""刺參""海參""遼參"。海洋動物名，棘皮動物門，海參綱，楯手目，刺參科，仿刺參（*Apostichopus japonicus*），體大，最長達一米。體呈圓筒狀，背面隆起，有四至六行圓錐形疣足（肉刺），大小不等，排列不規則。體壁厚而柔軟，腹面平坦，管足密集。口具觸手二十個。分布於我國從遼寧到江蘇連雲港沿海。俗稱"刺參""日本刺參""灰刺參""灰參""海鼠"。此係我國現有二十種可食用海參中品質最好、經濟價值最高的種類。清李圖等纂《膠州志》卷一四《物產》："海葓。葓亦作參，生海底石礁上，長六七寸，無首、目，遍身鈍刺如丁，曝而韰之，長二三寸，黑色，食補腎。"清吳儀洛《本草從新·蟲魚鱗介部》："海參。甘鹹温，補腎益精，壯陽療痿。遼海產良……引《閩小記》云：閩中海

參，色獨白（按：此或爲白尼參），類撐以竹
簽，大如掌，與膠州、遼海所出異，味亦淡劣。
海上人，復有以牛革僞爲之，以愚人者，不足
尚也。膠州所出，生北海鹹水中，色又黑，以
滋腎水，從其類也。有刺者名刺參，無刺者名
光參。”清趙學敏《本草綱目拾遺》卷一〇《蟲
部·海參》引《藥鑒》：“海參出盛京奉天等處
者第一，色黑肉糯，多刺，名遼參。”清聶璜
《清宮海錯圖》第三冊：“參。然有二種。產遼
東、日本者，亦長五六寸不等，純黑如牛肉色，
背穿腹平，周繞肉刺，而腹下兩旁列小肉刺如
蠶足。探者去腹中物，不剖而圓，乾之，烹洗
亦如白參法，柔軟可口，勝於白參，故價亦分
高下也。”清阿桂、劉瑾之等纂《盛京通志》卷
二七：“海參形如蟲，有肉刺，琿春出者尤勝。”

【海薓】

即仿刺參。此稱清代已行用。見該文。

【刺參】[2]

即仿刺參。此稱清代已行用。見該文。

【海參】[2]

即仿刺參。此稱清代已行用。見該文。

【遼參】

即仿刺參。此稱清代已行用。見該文。

梅花參

海洋動物名，棘皮動物門，海參綱，楯手
目，刺參科，梅花參（*Thelenota ananas*）。體
長可達一米，圓筒狀。海參綱中最大的一種。
背面肉刺很大，每三至十一個肉刺基部相連呈
花瓣狀，故名“梅花參”。又因體形很像鳳梨，
也稱“鳳梨參”，也俗稱“紅刺參”。背面橙黃
或橙紅，腹面赤色。泄殖腔中常有隱魚共栖。
分布廣，栖於深二十至四十五米熱帶珊瑚堡礁
和珊瑚潟湖帶。屬深海海參。個體大，品質佳，
爲食用海參中最好的一種。清李準《巡海記》：
“余視其船內，以石灰腌大烏參及刺參一艙，皆
甚小者。余問以海資之大烏參，有大逾一尺
者，何不腌之？漁人曰：內地不屑此大者。因
引余視海邊淺水內有大烏參，長丈餘，色黑如
死豬。”

海地瓜

亦稱“海茄”。海洋動物名，棘皮動物門，
海參綱，芋參目，尻參科，海地瓜（*Acaudina
molpadioides*）。體紡錘形，最長二十厘米，觸
手十五個，活體肉紅色，體壁薄，半透明，體
形和顏色都頗似番薯，因以得名。又俗稱“海
瓜”“茄參”“海茄子”“香參”“白參”。分布於
山東到海南島等地近海，穴居從潮間帶到水深
八十米的軟泥底。清薩英額《吉林外記》卷七：
“海茄形似團哈皮，肉似海參無刺。滋陰勝品，
功同海參。出琿春。”

【海茄】

即海地瓜。此稱清代已行用。見該文。

第八節　水生蠕蟲考

蠕蟲爲多細胞、身體細長柔軟而通常無附肢的各種無脊椎動物，藉由身體的肌肉收縮

而做蠕形運動，故通稱爲蠕蟲。體呈長管狀、圓柱形、扁平或葉片狀。全球現有超過一百萬種，分布於世界各地的海洋、淡水和陸地。已发现最大的海洋蠕蟲，體長達四米。蠕蟲包括扁形動物門（俗稱扁蟲）、環節動物門（俗稱環蟲）、紐形動物門（俗稱紐蟲）、袋形動物門（俗稱綫蟲、蟯蟲、小綫蟲、毛細綫蟲、糞類圓綫蟲等）、星蟲動物門（俗稱星蟲）、蟶蟲動物門（俗稱蟶蟲）、棘頭動物門（俗稱棘頭蟲）、鬚腕動物門（俗稱鬚蟲）及毛顎動物門（俗稱箭蟲）。在動物分類學史上，蠕蟲曾被認爲是獨立的，具有特殊性的一類動物，所有蠕蟲樣的動物曾歸爲一類——蠕形動物門（Vermes），此名今廢。因此在分類學上，蠕蟲這個名稱已無意義，但習慣上仍沿用此詞。本卷稱之水生蠕蟲，主要有扁蟲、紐蟲、綫蟲、輪蟲、環蟲、星蟲、蟶蟲、苔蟲、帚蟲、腕足、箭蟲等。古時，蟲字的使用範圍較廣，許多動物被稱爲水蟲。如《大戴禮記·曾子天圓》："毛蟲之精者曰麟，羽蟲之精者曰鳳，介蟲之精者曰龜，鱗蟲之精者曰龍，倮蟲之精者曰聖人。"但都不稱蠕蟲。清柯璜譯編《博物學講義動物篇》始有節足動物、環節動物、蠕形動物之分章。今科研人員研究蠕蟲無限再生機制，或有助於延緩人體衰老。

渦蟲

扁形動物門，渦蟲綱動物之通稱。體呈葉片狀，柔軟有纖毛。尾尖，口在腹面後側，無體腔，咽下接腸，腸爲盲管，多無肛門。雌雄同體，再生能力強。運動時，使水出現渦漩狀，因此得名渦蟲。清柯璜譯編《博物學講義動物篇》記："扁蟲之不寄生爲世所知者，笄蛭是也。又栖息山澗溪流石下，有扁蟲。稍帶黑色，前部有眼二者，爲盤渦蟲；有生産海中，其形略大，呈種種美麗色彩者，爲海葉蟲。"按，文中謂之盤渦蟲，爲淡水渦蟲；而海葉蟲爲海生之渦蟲，俗稱海片蛭。我國是最早記渦蟲類動物的國家，如唐段成式《酉陽雜俎·廣動植之二·蟲篇》曰："度古，似書帶色。類蚓，長二尺餘，首如鏟，背上有黑黄襴，稍觸則斷。常趁蚓，蚓下復動，乃上蚓掩之。良久蚓化，惟腹泥如涎。有毒，鷄吃輒死，俗呼土蟲。"晚清編譯《博物學·動物篇》第八門《扁形動物類·渦蟲類》："度古微似水蛭，背黑色，腹灰色，頭如三絃之撥。匐行之時，常伸縮其兩角以司觸覺。口在腹之中央，腸二歧，而形如琴柱，居巖石、蘚苔等陰濕之地。"

紐蟲

亦稱吻腔動物、吻蟲、緞帶蟲。爲紐形動物門動物之通稱。體爲長形、圓柱狀或背腹扁平呈帶狀，不分節，兩側對稱。頭部不明顯，具特別的吻，位於背部的一個特殊的腔中，幾乎超過體長的二分之一。捕食時，吻部可突然伸出。體表具纖毛。全世界一千二百八十多種，我國有七十多種。體長一般在 5 ～ 20 厘米，個別種可達 30 米。青縱溝紐蟲（*Lineus fuscovirids*），爲代表性種，俗名青紐蟲。國內分布於青島、大連等地。體長一般爲 50 厘米。清柯璜譯編《博物學講義動物篇》記："產海濱岩石間，或附著海藻之根者，爲唏摸磨希扁蟲，俗名紐蟲。長常達數尺。"

輪蟲

爲袋形動物門輪蟲門（Rotifera）動物之通稱。輪蟲因有初生體腔，新的分類系統把它歸入原腔動物門（Aschelminthes）。體長形，分頭、軀幹及尾部。頭部有一個由 1～2 圈纖毛組成的、能轉動的輪盤，形如車輪故叫輪蟲。咽內有一個幾丁質的咀嚼器。雌雄異體。卵生，多爲孤雌生殖。形體微小，多數自由生活，有寄生的，有個體，也有群體。廣泛分布於湖泊、池塘、江河、近海等各類淡、鹹水水體中。清柯璜譯編《博物學講義動物篇》記："輪蟲產池溝。雖爲蠕形動物，而體甚小，非顯微鏡不能窺見。"輪蟲是大多數經濟水生動物幼體的開口餌料，也是一類指示生物，在環境監測和生態毒理研究中被普遍采用。

螠[2]

亦稱"泥腸""土猪腸"。爲螠蟲動物門動物之通稱。螠蟲動物門，螠綱，無管螠目，刺螠科的單環刺螠（*Urechis unicinctus*），體粗大，蠕蟲狀，不分節，體表滿布大小不等的粒狀突起，吻圓錐形，不能伸縮。腹剛毛一

泥　腸
（清聶璜《清宮海錯圖》）

對，粗大；肛門周圍有一圈 9～13 條褐色尾肛毛。胚胎發育早期與環節動物類似。因此，一般認爲螠蟲動物是由環節動物多毛類祖先進化出來的一支。我國北方沿海泥沙岸潮間帶下區及潮下帶淺水區底栖生物的常見種。俗名"海腸""海腸子""腸子"，山東膠東漁民稱"海地瓜"，有些地方稱"裸體海參"。南朝梁顧野王《玉篇》卷二五："螠，音縊，蟲名。"清聶璜《清宮海錯圖》："泥腸，亦名土猪腸。春月生海水淺泥間，形如猪腸。而中疙瘩處散作垂絲，吸水以爲活。海人治此者，浸去泥，然後煮爛加肉汁，爲美味，清堪醒酒。""螠"亦有同名異實之稱。清胡世安《異魚圖贊補》卷下引《雨航雜錄》："螠，似蟛蜞而小。"指一種小蟹。

單環刺螠個體肥大，肉味鮮美，自古以來，在我國、日本和朝鮮沿海均作爲名貴的海鮮食品，有較高的經濟價值，是魯菜中的重要原料。還具有溫補肝腎、壯陽固精的作用，一般人皆可食用，特別適合男性食用。

【泥腸】

即螠[2]。此稱清代已行用。見該文。

【土猪腸】

即螠[2]。此稱清代已行用。見該文。

星蟲

爲星蟲動物門（Sipuncula）動物之通稱。體細長，常爲紡錘形，不分節，無剛毛，體由翻吻和軀幹部組成，翻吻細長，肌肉質，可藉收縮肌縮入軀幹內。因翻吻前端之葉瓣或觸手呈星芒狀，故稱星蟲，具真體腔，兩側對稱。海產，底栖，鑽在潮間帶泥沙中或最深的海溝的軟泥中，有些種生活在空螺殼、海綿的水管、

珊瑚及管栖多毛類的管内，甚至在海産植物纏結的根中。已知約三百二十種，如弓形革囊星蟲（*Phascolosoma arcuatum*）。清聶璜《清宮海錯圖》："龍腸亦無毛之螺（裸）蟲也，生海塗中。長數寸，紅黃色，如蚯蚓縮泥中。海人用銅綫紐鈎出之，將去泥沙，中更有一小腸如綫，亦去之。煮爲羹，味清肉脆。曬乾亦可寄遠。爲珍品一種。沙蠶形味與龍腸相似，又有一種似龍腸而粗，紫色，味勝龍腸，曰官人，不知何所取意。予因其狀與龍腸同，不更重繪。"

沙蟲 [2]

亦稱"沙蒜""光裸星蟲""沙腸子""方格星蟲"等。爲星蟲動物門光裸星蟲之通稱。星蟲動物門，光裸星蟲綱，光裸星蟲目，光裸星蟲科，光裸星蟲（*Sipunculus nudus*）。體長約10～22厘米，圓長不分節，略帶淺紅，很像一根腸子，渾身光裸無毛，體壁縱肌成束，與環肌交錯排列，形成方塊格子狀花紋。埋栖於低潮綫沙灘，漲潮時鑽出，退潮時潛伏在沙泥洞中，故名沙蟲。又俗稱"方格星蟲""沙腸子""海人參""沙腸蟲"。産於山東、江蘇、福建、廣東沿海。三國吳沈瑩《臨海水土異物志》："沙蒜，一種曰海笋。"清胡世安《異魚圖贊閏集》引《漁書》："沙蠶，一名鳳腸，似蚯蚓而大，生於海沙中，首尾無別，穴地而處，發房飲露，未嘗外見，取者惟認其穴，荷鍤捕之，鮮食味甘，脯而中俎。"清郭柏蒼《海錯百一録》卷四："沙蠶，産連江東岱汐海沙中。福州呼之爲龍腪（腪，原意肥，故此字或爲腸）。形類蚯蚓，而其文如布，經緯分明。鮮者剪開淘净炒食，乾者刷去腹中細沙，微火略炸，有風味。其形極醜，其物極净。"以上雖稱

沙蠶，但所述特徵與沙蠶不符。沙蠶體具剛毛的疣足，此述"形類蚯蚓"，故此應指沙蟲。體型肌肉發達，故沿海居民常掘食用。亦可入藥，作爲自古的"海藥"，具滋陰降火功能。

又稱"油筯""土蟲"。清魯曾煜、施廷樞等纂《福州府志》卷二六《物産志·鱗之屬》："油筋。《北户録》：生海淖中，長如筯，周身是油，味佳。"清李維玨原本，吴聯薰增纂《漳州府志·物産》："生海泥中，其長如筋，周身是油，其味尤佳。"清張雋、邢定綸纂《崖州志·輿地志·物産》："形如管，生於港泥中，土人挖取之，倒穿，去其腸，色白如銀，一沸即熟。"

【沙蠶】 [2]

即沙蟲[2]。此稱明代已行用。見該文。

【油筯】

即沙蟲[2]。此稱清代已行用。見該文。

【土蟲】

即沙蟲[2]。此稱清代已行用。見該文。

泥笋 [1]

亦稱"土笋""泥綫""泥釘""塗蠶"，爲星蟲動物門革囊星屬蟲動物之俗稱。海洋動物名。革囊星蟲綱，革囊星蟲目，革囊星蟲科，弓形革囊星蟲（*Phascolosoma arcuatum*），體長6～12厘米，吻部細長，管狀，觸手指狀，通常爲10個，吻部遠端有50～70鈎環，其後有約一百不完整鈎環。縱肌18～19束環肌成束，棕褐色，分布於我國東南沿海，浙江、福建、

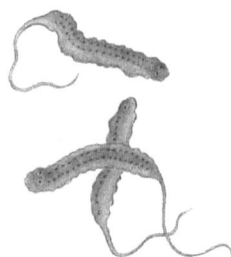

泥 釘
（清聶璜《清宮海錯圖》）

廣西、廣東、海南島。早在唐代就有記載。唐杜甫《大曆三年春白帝城放船出瞿塘峽久居夔府將適江陵漂泊有詩凡四十韵》："泥笋苞初荻，沙茸出小蒲。"明仇兆鰲注："荻笋含泥，蒲茸出沙。"明謝肇淛《五雜俎·物部一》："南人口食可謂不擇之甚……又有泥笋者，全類蚯蚓。擴而充之，天下殆無不可食之物。"明代稱土笋。明屠本畯《閩中海錯疏》卷下："泥笋，其形如笋而小，生江中。形醜味甘，一名土笋。"清胡世安《異魚圖贊補》卷下《閩集·土穿》："別種土穿，汁凝盛暑。《漁書》……又一種名土穿，生海泥中，比沙虀略大，其尾小。六月煮之，堅如凍，漳浦、雲霄多有之。"清代還記載"土蟀"及"泥釘"。清郭柏蒼《海錯百一錄》卷四："泥笋，即土笋，又名沙噀，似蚯蚓。《八閩通志》：'其形如笋，生泥沙中，猪油和蘆笋炒。'又'土蟀'，即蚨蛦，又名海蟀，與泥笋相似，亦名泥釘。去泥沙炒韭芽和淡醋食。"清聶璜《清宮海錯圖》："泥笋，一名泥綫。《福寧州志》有泥綫，即此也。生海塗泥中，狀如蚯蚓，藍色作月白紋。食者先洗净，復用滾水煮去泥氣，用油炒食，味亦清美。《漳州府志》復載泥笋。"又"泥釘，如蚓一段而有尾，海人冬月掘海塗取之，洗去泥，復搗敲净白，僅存其皮。寸切炒食，甚脆美。臘月細剁，和猪肉熬凍，最清美，而性冷。"清陳培根等纂修《臺灣淡水廳志》卷一二《物產·鱗屬》："沙蒜，一名沙噀，俗呼土笋。可煮作凍。"此係中國星蟲中較大的種群，產地居民多食用。

【泥綫】

即泥笋[1]。此稱清代已行用。見該文。

【泥釘】

即泥笋[1]。此稱清代已行用。見該文。

【塗蠶】

即泥笋[1]。此稱清代已行用。見該文。

【土穿】

即泥笋[1]。此稱清代已行用。見該文。

【沙噀】[2]

即泥笋[1]。此稱清代已行用。見該文。

【土笋】[1]

即泥笋[1]。此稱清代已行用。見該文。

【土蟀】

即泥笋[1]。此稱清代已行用。見該文。

土笋 [2]

亦稱"塗笋""泥笋""沙蒜"，實指以泥笋爲原料做成的土笋凍，是一種色香味俱佳的特色傳統風味小吃，起源於福建省泉州市安海鎮，相傳發明人是鄭成功。清施鴻保《閩雜記》："塗笋生於海灘沙穴中，今泉州海崖有產。"清周亮工《閩小記》："予在閩常食土笋凍，味甚鮮異，但聞其生於海濱，形類蚯蚓，終不識作何狀。後閱《寧波志》，沙噀，塊然一物如牛馬腸臟，頭長可五六寸許，胖軟如水蟲。無首無目，無皮骨，但能蠕動，觸之則縮。小如桃栗，徐復臃腫。其涎腥，雜五辣煮之，脆美爲上味，乃知余所食者即沙噀也，閩人誤呼爲笋云……謝在杭作泥笋，樂清人呼爲沙蒜。"

【塗笋】

即土笋[2]。此稱清代已行用。見該文。

【泥笋】[2]

即土笋[2]。此稱清代已行用。見該文。

【沙蒜】

即土笋[2]。此稱清代已行用。見該文。

苔蟲

　　爲苔蘚動物門（Bryozoa）之通稱。因其外形酷似苔蘚植物而得名。自其被發現之日起，曾有植蟲（Zoophyta）、群蟲（Polyzoa）和苔蘚蟲等稱謂。地質學家簡稱其“苔蘚”，爲免與苔蘚植物混淆，苔蟲研究學者主張用“苔蟲”一稱。多爲海栖，少數見於淡水。苔蟲營群體底栖定居生活。多數都固着於海藻、貝殼和其他動物的外骨骼、巖石、浮筏、船底等硬物上，呈被覆結殼狀、塊狀、膠塊狀或灌木叢狀。污損生物，附藻生活者，影響經濟藻類的生長，使其失去食用價值；附貝生長者，封閉牡蠣、貽貝的殼口，使其從養殖架上脱落而減産；附於碼頭、船底、工廠用水管上，則使之失效、失速或失去使用價值。後生動物，因肛門位於觸手冠外，故又名外肛動物（Ectoprocta）。寒武紀及之前没有苔蟲化石的記録，最早、可靠的苔蟲化石發現於我國峽東地區早奥陶世特裏馬道克期沉積中。我國學者共修訂、厘定和描述了四百一十六種苔蟲，出版了《中國海洋污損苔蟲生物學》專著，系統地論述了中國沿岸水域海洋污損苔蟲生態學和分類學的研究成果。

帚蟲

　　帚形動物門（Phoronida）動物之通稱。帚蟲體呈長圓柱形，蠕蟲狀，身體分爲觸手環、軀幹和球根三部分。觸手環呈馬蹄形，上具纖毛。無附肢，有U形消化道，栖居在幾丁質栖管中。種類不多，僅十六種左右，全部海栖。多分布於温帶的潮間帶或淺海中，但也見於熱帶和深海。因其形似倒置的笤帚，故名。我國已記一屬四種。習見的有飯島帚蟲（*Phoronis. ijimai* Oka），栖管彼此纏繞成塊。其成體壽命可達數年，每年可産生數千個自由游泳的幼體，幼體數周後變態。

箭蟲

　　毛顎動物門（Chaetognatha）海生蠕蟲樣無脊椎動物。體透明、半透明或不透明，形似箭。體分爲頭、軀幹及尾三部分，長三厘米至一百多厘米不等。口在頭部下面，身有剛毛，軀幹兩旁有二對扁平的鰭狀突起，另有尾鰭。頭部有鈎，具纖毛冠，爲嗅覺感受器或化學感受器，爲毛顎動物門所特有。故其分布和海域裏特定理化性質的水體（水團）有關。據報道，强壯箭蟲（*Sagitta crassa*）衹分布於中國和日本近海和内灣，是黄海水團和日本内海低鹽水的指標種，六鰭軟箭蟲（*Flaccisagitta hexaptera*）和龍翼箭蟲（*Pterosagitta draco*）是東海黑潮流的指標種，而中華箭蟲（*Sagitta sinica*），則是東海西部混合水和日本南部沿岸水的指標種。目前，我國已記毛顎動物十七屬，四十多種。我國沿海常見的肥胖箭蟲（*Sagitta enflata*），好聚集，有人曾在一立方米的海水中發現一千多隻箭蟲。古箭蟲生活在五億五千萬年前的海洋，被認爲是脊椎動物的始祖。

柱頭蟲

　　半索動物門（Hemichordata）腸鰓綱（Enteropneusta）無脊椎動物的通稱。體呈蠕蟲狀，分吻、頸和軀幹三部分，吻位於體前端，可伸縮，呈柱狀，故名柱頭蟲。體長可達六十厘米以上。具口索和體腔，後口式發育。前端有吻和齶，用於鑽泥沙，形似橡子，得名橡果蟲。穴居於淺海泥沙中，生活方式類似蚯蚓，藉吻的伸縮在海底泥沙中挖穴和蠕動。俗稱“腸鰓蟲”“櫟實蟲”。黄殖翼柱頭蟲（*Pty-*

chodera flava）1825 年最早被發現和命名，全世界已發現九十餘種，中國已報道六種。如三崎柱頭蟲（*Glossobalanus misakiensis*）、短殖舌形蟲（*Glossobalanus mortenseni*）、多鰓孔舌形蟲（*Glossobalanus polybranchioporus*）、黄島長吻蟲（*Saccoglossus hwangtauensis*）等，均爲我國一級保護動物。其分類位置存有爭議，有人認爲，半索動物具口索，相當於脊椎動物的脊椎，應該列入動物界最高等的脊索動物門；另有人認爲其口索很可能是一種内分泌器官。目前已有的研究資料認爲，把它作爲無脊椎動物中的一個獨立的門較爲合適。在進化和生態學上有重要的研究價值，有助於瞭解物種的起源與發生，認識生物圈與生態系統。

第三章　水生脊椎動物説

　　脊椎動物是動物界中最高等的類群，是脊索動物門（Chordata）中的一個亞門。脊椎動物成體或幼體背側都有一條脊椎，因以得名。包括半索動物亞門（Hemichordata）如柱頭蟲，尾索動物亞門（Urochordata）如海鞘，頭索動物亞門（Cephalochordata）如文昌魚，及脊索動物亞門（Vertebrate）等四個亞門。不少學者將半索動物放在無脊椎動物中。脊椎動物不僅種類多，而且和人的關係最密切，往往被當作脊索動物門的代表。它們和無脊椎動物的主要區別是身體背部有一條由若干脊椎骨相連而成的脊柱，身體左右對稱，分頭、軀幹和尾三部分，神經管在身體背面，心臟在腹面。早在春秋末年齊國《考工記》中就將動物分爲大獸與小蟲兩大類，相當於現在的脊椎動物和無脊椎動物。它包括圓口綱、軟骨魚綱、硬骨魚綱、兩栖綱、爬行綱、鳥綱和哺乳綱。從爬行綱到哺乳綱是真正的陸栖動物，但其中有一部分又二次性地進入水中生活，它們和魚、兩栖類等就構成了水生脊椎動物。

第一節　海鞘綱、文昌魚綱

海鞘

　　動物名。尾索動物亞門，海鞘綱，無管海鞘目。體呈壺狀或囊狀，體被纖維質鞘而稱海鞘。口和肛門位於體上部。營固着生活。雌雄同體，幼蟲呈蝌蚪狀，可以運動，有脊索，故屬脊索動物門，是脊椎動物中最低級的類群，因脊椎限於尾部，故屬尾索動物亞門，變態後脊椎消失。如柄海鞘（*Styela clava*）。其獨特的可逆式血液循環在動物界中是絕無僅有的（即血管無動、靜脉之分，血液也無固定地單嚮流動）。海鞘是尾索動物亞門中最主要的類群，占全部總數的 90% 以上，而柄海鞘又是海鞘類的優勢種群。清柯璜譯編《博物學講義動物學》第六章《被囊類》："其一種曰海鞘。種類極多，嘗附着海濱巖石。其體外層或堅似革，或被柔軟白皮。體上有二腔，水時入甲腔，而出乙腔，有物壓之，立即射水，高出尺餘。山東烟臺等處所產，其類亦同。夫如此動物，使附屬脊椎一類，何也？蓋當幼時，世人每誤爲兩栖蝌蚪。即此便是脊椎動物特徵。迨其成長，此等特徵次第消減，遂至全失本來面目。故學者往往以之徵脊椎動物之退化云。"清西師意譯《動物學教科書》第七章《魚類・被囊類》："是類亦屬海產，幼時稍似魚及兩栖類，迨長則全異脊椎動物，如石勃率即其類也。注：石勃率產日本東北海，體成囊形，皮成於細胞膜質，略如革，粘附於巖石，通二孔於外界，以一孔吸海水，獲水中細藻以爲食。是類覺感不顯著，或疑其非動物，然幼者形如蝌蚪，具有長尾，且尾部中軸有脊索，曾用以游泳海面。被囊類中或有體質明亮，而浮於海面，或軀體極小，芽生繁殖，群寄生於海藻巖石中。總之，是類於人殆無損意。"柄海鞘大量繁殖，會對當地近海養殖業造成巨大損失，但也是一種具有極大食用和藥用價值的生物。

文昌魚

　　亦稱"鰐魚蟲""兩尖魚""蛞蝓魚"。頭索動物亞門，文昌魚綱，文昌魚目，文昌魚科，白氏文昌魚（*Branchiostoma belcheri*）。半透明魚形動物，非真正魚。一條脊索縱貫全身。體側扁，兩頭尖，長者達 6 厘米。無頭與軀幹之分。平時埋於沙中，僅前部外露，靠漏斗狀口部攝食硅藻等食物。夜間較活躍。俗稱"蛞蝓魚"，廈門部分地區稱"生仔勿"，同安稱"折擔魚"，泉州名"米魚"。清康熙《漳州府志》："文昌魚，狀如鰻，細如箸，長二三寸，其行以陣，味甘美。郡城文昌閣前有之，餘處不可得也。故俗呼爲文昌魚，甚貴之。"一説"文昌魚"的"文昌"二字，源於"文昌帝君"。民國《同安縣志》載："文昌魚，似鰻而細如絲，產西溪近海處，俗謂文昌誕辰時方有，故名。"清郭柏蒼《海錯百一録》卷二："泉州西溪產文昌魚，細如絃。曬乾，越文昌誕則滅。"清李維鈺原本，吳聯薫增纂光緒《漳州府志》卷三九："文昌魚狀如鰻，細如箸，長二三寸，其行以陣，味甘美。郡城文昌閣前有之，他處不可得也。故俗呼爲文昌魚，甚貴之。"清柯璜譯編《博物學講義動物學》第六章《蛞蝓魚》："蛞蝓魚，兩尖魚。嘗產世界積沙海濱，體透明。長約一二寸。構造、發生俱極單簡，爲研究脊椎動物構造、發生所必要者。"文昌閣位於廈門同安區劉五店的海嶼上，是我國最先發現文昌魚群的地方。文昌魚一稱是取之首次發現的地名，

文昌魚

而非人名命名。1774 年俄國人發現它時，誤爲軟體動物蛞蝓的一種，故名蛞蝓魚，後又誤其口鬚爲鰓，名鰓口動物。"鱷魚蟲"之稱來自《古今圖書集成・禽蟲典》中的一個神話傳説。言有島名鱷魚嶼，形似鱷，成妖後每年吃一名同安人。島上無人敢住。一位十二歲少年自願出任此處縣令，命砌石爲寺，并命在鱷魚島之頭部鑿穿石礁，隨之見血流不已。後來發現文昌魚，言爲鱷魚精屍體所化，故稱。1932 年定名爲（*Branchiostoma belcheri*），鰓口動物。文昌魚後又在青島、烟臺等地近海發現，對研究脊椎動物進化及系統發育有重要意義，屬稀有名貴海味，享譽世界。文昌魚約起源於五億年前，是最接近脊椎動物直接祖先的現生動物，被稱作"活化石"，列爲國家二級保護動物。

【鱷魚蟲】

　　即文昌魚。此稱清代已行用。見該文。

【兩尖魚】

　　即文昌魚。此稱清代已行用。見該文。

【蛞蝓魚】

　　即文昌魚。此稱清代已行用。見該文。

第二節　魚類考

　　魚類是終生水栖，用鰓呼吸的變溫脊椎動物，靠鰭在水中游泳和維持身體平衡，體多被鱗，體形多樣，隸屬於脊索動物亞門，早期僅設魚綱。《孔子家語・執轡》曰："食水者善游而耐寒。"此謂魚類也。我中華先民自遠古時即已開始識別和食用魚類。距今七千年左右的河姆渡遺址出土的陶器上就刻有魚、蟲等圖飾。西安半坡仰韶文化遺址出土的陶器上刻有魚形的符號，距今約六千年。山東膠州市三里河大汶口文化遺址中有鱸魚、黑鯛、鮁魚和藍點馬鮫的骨骼，距今已有五千多年的歷史。以上説明遠在人類社會初期，我們的祖先在從事簡單的漁獵活動中就逐漸認識了這些動物，這些魚就已是人們喜食的水産品。殷墟中的甲骨文已有了"魚"字。四千多年前我國人民把動物分爲蟲、魚、鳥、獸四大類，説明對魚類已有相當的瞭解。六千年前出現了釣具、網具，并用於捕撈，甲骨文中也有了"漁"字。《莊子》説："投竿而求諸海。""投竿東海，旦旦而釣。"《詩》中有"魚網之設，鴻則離之"的詩句。古本《竹書紀年》記載了夏朝一個國王曾"東狩於海，獲大魚"。以上可證夏、商、周時代捕魚就有了一定發展。春秋時期越國大夫范蠡的《養魚經》是我國，也是世界上最早的養魚書籍，距今約二千五百年。

　　《詩》編成於三千年至二千五百年前的春秋時代，僅就博物方面而言，推動了人們對動、植物的研究，可多識於鳥獸草木之名。該書記載魚類十四種，隸屬四目十三科。三國吳陸璣《毛詩草木鳥獸蟲魚疏》除記述了《詩》中的魚及其他動、植物名和地方异名外，還記載了每種動、植物的形態及使用價值，是我國第一部生物學專著。《山海經》是一部囊括古代歷史、物産、地理及神話等内容豐富的著作，也記載了許多魚和其他動物；由於該書的特點是荒誕怪异，所記魚等動物也難免有詭譎荒誕或臆測之處。要全部弄清所記魚的種類及其分布情況，實爲不易；現在可確定的動物共二百九十一種，其中魚類五十八種。該書和一些其他古籍還記録若干特殊魚類，現名不詳，有待進一步考證。

漢代對魚類的記載有了很大發展，東漢就對魚類做了簡要界定，并對常見魚類做了簡單的形態描述。《説文·魚部》："魚，水蟲也，象形，魚尾與燕尾相似。"并收"魚"部首字一百零三個。《爾雅》把動物劃分爲蟲、魚、鳥、獸，表明人們已初步具備動物從低等到高等的演化概念。該書卷上共記録魚類二十三種，按現代分類觀點，隸屬於五目十一科，其中鯉形目最多，共十種；卷下雖誤把爬行綱的鱉，兩栖綱中的蟾蜍、鯢及軟體動物的貝類等均列入魚類，但仍記有魚類十七種。秦漢時期，已有"竭澤而漁，豈不得魚，而明年無魚""魚不長尺不得取"的記述，説明當時對魚類資源的保護，已有了合乎科學道理的主張；當然也有認識受局限之處。《淮南子·墜形訓》曰"介鱗生蛟龍，蛟龍生鯤鯁，鯤鯁生建邪，建邪生庶魚，凡鱗者生於庶魚"，反映出當時之人對遺傳與生物進化的觀念有不少衹是臆測。

三國至南北朝時，隨着經濟和科技的發展，一大批新的著作問世，諸多方面取得了重大的進展，并奠定了以後發展的基本模式和基礎。東漢末曹操《魏武四時食制》主要記録了魏國所産魚類，海産魚主要爲黄、渤海所産。郭璞《江賦》、左思《吴都賦》主要記録了長江下游地區及沿海所産魚類。郭璞《爾雅注》記載了江東即今上海沿海所産魚類，所述魚類内容包括形態特徵、大小、習性、别名、用途及産地等，與現代描述接近。當時編寫沿海方志已有較大發展，并有《博物志》等書問世。

隋唐至宋元，社會生産力有了很大發展，隨着人們生活與實踐活動的增加，對魚類的瞭解逐漸加深和擴大。當時的許多類書、字書、韵書、辭書、通志、方志、醫書及詩詞等，總結了前人的成果，增加了魚的種類，擴大了記述内容，著名的有《酉陽雜俎》《爾雅翼》《埤雅》等。其中宋羅願的《爾雅翼》是一部博物書，列釋草、木、鳥、獸、蟲、魚六門三十二卷，其中釋魚五卷，記五十五種。南宋羅濬等的《寶慶四明志》記載了十七種鯊魚和許多鱝目軟骨魚類，對鯊魚進行了詳細分類。元末陶宗儀的《臨海水土記》記錄了江浙沿海地區的七十多種魚和貝類的形態、習性、繁殖、能否食用等内容，當時就瞭解"鮪魚出海，三月從河上來"，鯔魚"生淺海中，着底，專食泥""石首常以三月八月出"，河豚"春岸飛楊花……河豚當是時"的活動規律，也掌握"魚鹹産者不入江，淡産者不入海"的特點。此期對經濟魚類和名貴魚類的研究較爲突出，掌握其生長發育規律，記錄了重要的漁場；當然也還存有某些誤解，如"鰻有雄無雌"等。

明清時代繼承了歷代的研究成果，記載了許多魚的洄游規律、生長發育及習性，所記魚的種類和形體，都比以前豐富準確。當時有許多名著問世。如明屠本畯的《閩中海錯疏》就是我國一部較早的地方動物志，主要記載了福建一帶的二百多種海産動物。其中記載的魚類有八十多種，隸屬二十個目四十個科，重點記述了魚的命名、形態、生活習性及經濟價值等，與現代動物志的編寫體系很相似。明李時珍《本草綱目》卷四三《鱗部》，分龍、蛇、鱗及無鱗魚四大類。《鱗部》共記載魚類三十一種，無鱗魚二十八種。部分魚類的命名直到現在還襲用。清郭柏蒼《海錯百一錄》主要記述了福建魚類，清李調元《然犀志》記載了廣東魚類，清郝懿行《記海錯》則記述了山東海産。另外《淵鑑類函》《古今圖書集成》等書，也都對魚類的類名緣起、分類原則及具體特徵進行了詳細記述。《康熙字典》載有一百多種魚，基本上包括了主要經濟魚類和珍貴魚類。古籍中還載有用於防治疾病的海洋魚類二十多種和若干淡水魚類。這些古籍記載了勞動人民長期積纍的有關魚類的分類命名、生活習性、捕撈經驗及加工利用等，許多知識至今還有現實意義。現在的魚類名稱，絕大部分出自古人定名。當然，其中也有對少數動物的認識因受歷史局限而存有誤解，如鯨類曾較長時期被誤當作魚等。

近代以來，我國人民對魚類進行了大量調查研究工作，理清了我國豐富的魚類資源。伍漢霖等2021年出版《中國海洋及河口魚類系統檢索》，可視作魚類詞典，輯我國海洋及河口魚類三千七百一十一種。此外，我國有淡水魚約一千二百八十五種。

魚[1]

亦稱"水蟲""水畜""川禽""鯣""鱦""波臣""魚鯠""鮮""小鮮""蠡""小鱗""脡祭""鱄""鱗""落頭鮮""潛鱗""素鱗""文鱗""游鱗""華鱗""紅鮮""促鱗""陽魚""游泳""姬隅""鮭菜""白鱗""素鬐""錦鱗""霜

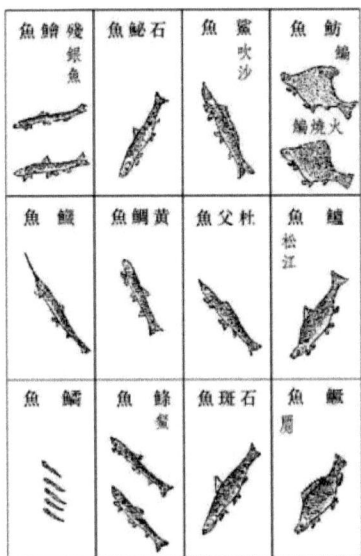

部分魚類圖
（據初刻本《本草綱目·圖卷下》繪）

鱗”“雪鱗”“雪”“銀梭”“凡鱗”“水花羊”“宵魚”“水梭花”“玉鱗”“鹿角”“川鱗”“魚栽”“玉尺”“魚秧”“龍王兵”“銀鱗”“魚苗”“魚花”。

先秦時，魚稱“水蟲”。首見於《國語·魯語上》：“鳥獸成，水蟲孕，水虞於是乎禁罞麗，設穽鄂。”罞麗，小魚網。水虞，古代官名，專管水産。《説文·魚部》：“魚，水蟲也，象形，魚尾與燕尾相似。其尾皆枝，故象枝形，非从火也。”直至宋代江休復《江鄰幾雜志》（《説郛》卷三〇上引）載：“范希文（仲淹）戍邊，行水中甚樂之，從人前云‘此水不好，裏面有蟲，謂之蟲，乃是魚也’。答云：‘不妨，我亦食此蟲也。’”篆書“魚”字，下部四點像火字，但非从火，是述魚尾枝形如火字。殷墟中的甲骨文就已有了魚字。明楊慎《異魚圖贊》云：“魚之爲字，燕尾相似。水蟲之中，實繁厥類。鱗鬣風濤，抑龍之次。百種千名，研桑莫記。”研桑，人名，計研和桑弘羊的并稱。計研，一名計然，春秋時越國范蠡的老師，善經商；桑

弘羊，漢武帝時的御史大夫，長於理財。二人皆古之善計算者。漢班固《答賓戲》有“研桑心計於無垠”之語。楊慎之意“百種千名”的魚類，連“心計於無垠”的研桑也難於記載。魚代稱“水畜”。舊題范蠡《養魚經》：“朱公居陶，齊威王聘朱公，問之曰：‘公居足千萬，家累億金，何術乎？’朱公曰：‘治生之法有五，水畜第一。’”但古時“水畜”多意，《魏書·律曆志上》：“龜爲水畜。”《周易·乾》：“云從龍。”唐孔穎達疏：“龍是水畜。”魚亦稱“川禽”。《國語·魯語上》：“取名魚，登川禽而嘗之。”名魚，即大魚。明王志遠《元亭涉筆》：“水畜，魚也；又川禽，亦魚也。”川禽，亦泛指魚鱉蠯等水生動物。未成年魚稱“鮞”。《國語·魯語上》：“魚禁鯤鮞。”韋昭注：“鮞，未成魚也。”意禁捕未成年魚。清張衍懿《巴江打魚歌》：“吾曹何爲圖快意，一朝饕餮戕鮞鯤。”仔魚稱“鯢”。《爾雅·釋魚》：“鯢，小魚。”郭璞注：“其小者鯢魚也。”邢昺疏：“魚之大者名鱒鱣，吾大夫愛之，其小者名鯢，吾大夫欲長之。”喻稱“波臣”。《莊子·外物》：“周顧視車轍中，有鮒魚焉。周問之曰：‘鮒魚來，子何爲者耶？’對曰：‘我東海之波臣也。君豈有斗升之水而活我哉？’”意周顧視車轍中，有鮒魚……鯽魚説：“我是東海的波臣，不幸掉在這乾涸的車溝裏了，你能給我斗升之水救救我嗎？”南朝齊謝朓《拜中軍記室辭隨王箋》：“滄溟未運，

古文中魚字寫法

波臣自蕩。"波臣亦泛指水族。古人設想江海的水族也有君臣，其被統治的臣隸稱爲"波臣"。代稱"魚鮪"。《周記·春官·大司樂》："龍以爲畜，故魚鮪不淰。"淰，驚走。意畜養了龍，則大魚、小魚不會受到驚嚇而亂游。宋方夔《立冬前後大雷電》詩："雨下如注翻四溟，黑風吹落魚鮪腥。""鮮""小鮮""小鱗"爲魚之省稱。《禮記·內則》："冬宜鮮羽。"鄭玄注："鮮，魚也。"《說文·魚部》："鮮，魚名。出貉國。""貉國"是我國古代東北地區少數民族建立的國家。《老子·道德經下》："治大國，若烹小鮮。"河上公注："鮮，魚也。"南宋范應元則注爲："小鮮，小魚也。治大國譬如烹小魚。"《韓非子·解老》："烹小鮮而數撓之則賊其澤。"唐高適《過盧明府有贈》詩："何幸逢大道，願言烹小鮮。"宋陸游《夜歸》詩："寒齏煮餅坐茅店，小鮮供饌尋魚罾。"寒齏，醃菜。魚罾，魚網。又稱"鱻"。漢張衡《南都賦》："歸雁鳴鵝，黃稻鱻魚。"李善注《聲類》曰："鱻，小魚也。"鱻，古同鮮，漢代始以鮮代鱻。稱鮮魚爲"脡祭"。《禮記·曲禮下》："鮮魚曰脡祭。"孔穎達疏："脡，直也。祭有鮮魚，必須鮮者，煮熟則脡直。"脡祭，古稱供祭祀用的鮮魚。

至漢代，魚別名"陽魚"。漢枚乘《七發》："陽魚騰躍，奮翼振鱗。"李善注："曾子曰：'鳥、魚皆生於陰，而屬於陽。'……魚游於水，鳥飛於雲。"仔魚稱"鮞"。《說文·魚部》："鮞，魚子已生者也。謂魚卵生於水草間，初乎有魚形者，從魚陑聲。"又"魳，魚子也。魚子，謂成細魚者……凡細者偁（同稱）子"。"鱗"，常被用作魚之代稱。晉摯虞有《觀魚賦》："觀鱗族於彪池兮，睨羽群於瀨涯。"漢司馬相如《難

蜀父老》："二方之君，鱗集仰流。"李周翰注："如魚鱗之相次仰承流風也。"唐杜甫《觀打魚歌》："漁人漾舟沉大網，截江一擁數百鱗。"《周書·蕭大圜傳》："俯泳鱗於千尋。"白居易《輕肥》詩："果擘洞庭橘，膾切天池鱗。"明袁宏道《滿井游記》："呷浪之鱗，悠然自得。"呷浪之鱗，意浮到水面戲水的魚。郭沫若《星空孤竹君之二子》："囚籠中的小鳥還想飛返山林，縈池中的魚鱗還想逃回大海。"腐魚別名"落頭鮮"。漢王充《論衡·四諱》："肴食腐魚之肉，不可爲諱。"宋葉廷珪《海錄碎事·飲食·落頭鮮》："送人郎鄉'無慚折腰吏，勉食落頭鮮'。注：'郎人相尚食腐魚，故俗傳爲落頭鮮。'"郎，古地名。《說文·邑部》："郎，漢南之國也。"今江蘇省海安市。宋梅堯臣《代書寄歐陽永叔四十韻》詩："難醒撥醅醯，殊厭落頭鮮。"醅醯，指酒面浮起的淺碧色濃汁浮沫。代稱"潛鱗"。漢王粲《贈蔡子篤》詩："潛鱗在淵，歸雁載軒。"南朝宋范曄《後漢書·馬融傳》："測潛鱗，踵介旅。"李賢注："介，謂鱗蟲之屬也；旅，眾也。"唐杜甫《上後園山腳》詩："潛鱗恨水壯，去翼依雲深。"明李東陽《與顧天錫夜話》詩："潛鱗自足波濤地，別馬長懷秣飼心。"秣飼，意喂飼料，亦指飼料。

晉代，魚泛稱"素鱗"。晉王廙《笙賦》："厭瑤口之陸離，舞靈蛟之素鱗。"唐杜甫《麗人行》詩："紫駝之峰出翠釜，水精之盤行素鱗。"紫駝，指用駝峰做成的珍貴菜肴。翠釜，精美的炊器。水精，水晶。宋劉仙倫《鼓瑟》詩："彩鳳拂衣鳴翠竹，素鱗鼓鬣出寒波。"素鱗，也特指白鱗魚。美稱"文鱗"。晉葛洪《抱朴子·知止》："文鱗濫潛，朱羽頡頏。"濫潛，

魚在水出没之貌。頡頏，鳥上下飛。唐柳宗元《登蒲州石磯望橫江口潭島深迴斜對香零山》詩：“浮輝翻高禽，沉景照文鱗。”清彭孫遹《蘇幕遮》詞：“欲倩文鱗傳尺素，妻水無情，不肯西流去。”文鱗，亦指具斑紋之魚鱗。魚也代稱“游鱗”。晋潘岳《閑居賦》：“游鱗瀺灂，菡萏敷披。”菡萏，荷花之別稱。意游魚出没水中，芙蓉枝葉重重。晋左思《吳都賦》：“北山亡其翔翼，西海失其游鱗。”唐王維《戲贈張五弟諲》詩之三：“設置守麏兔，垂釣伺游鱗。”麏，狡猾。唐方干《陪胡中丞泛湖》詩：“綺綉峰前聞野鶴，旌旗影裏見游鱗。”元廼賢《賦環波亭送楊校勘歸豫章》詩：“天空夕陰斂，川迴游鱗躍。”又稱“華鱗”。晋張協《七命》：“挂歸翮於赤霄之表，出華鱗於紫淵之里。”唐吕向注：“華鱗，魚也。”赤霄，劍名，相傳漢高祖劉邦斬蛇所用之劍。紫淵，水名或深淵。代稱“紅鮮”。晋潘岳《西征賦》：“紅鮮紛其初載，賓旅竦而遲御。”唐張松齡《漁父》詩：“釣得紅鮮劈水開，錦鱗如畫逐鈎來。”元張斛《寓中江縣樓》詩之七：“松薪炊白粲，水蔓繫紅鮮。”小魚代稱“促鱗”。晋張協《七命》：“何異促鱗之游汀潭，短羽之栖翳薈。”李周翰注：“促鱗，小魚也。汀潭，淺水也。”翳薈，意草木茂盛，可爲障蔽。

南北朝時，魚方言“娵隅”。古代四川境内少數民族稱魚爲娵隅。南朝宋劉義慶《世説新語·排調》：“郝隆爲桓公南蠻参軍……既飲，攬筆便作一句云：‘娵隅躍清池。’桓（桓温）問：‘娵隅是何物？’答曰：‘蠻名魚爲娵隅。’”桓温，東晋杰出軍事家、權臣，譙國桓氏代表人物。所記係東晋時期的事。宋沈與求《還愨湖光亭復次元壽韵》詩：“羊酪蒓羹本異區，江湖隨俗語娵隅。”代稱“游泳”。南朝宋顔延之《三月三日曲水詩序》：“松石峻崿，葱翠陰烟，游泳之所攢萃，翔驟之所往還。”攢萃，意聚集。游泳，亦藉指水中游泳的動物，多指魚類。南朝宋何承天《達性論》：“行葦作歌，宵魚垂化。”魚無眼瞼，夜不閉目，故稱宵魚。古人門鎖製成魚形，喻其日夜睁着眼睛看守門户。唐丁用晦《藝田録》：“門鎖必以魚，取其不瞑目守夜之義。”此即“宵魚垂化”成語之來源，意贊官吏的德政。

唐代魚別名“鮭菜”。唐杜甫《王竟携酒》詩：“自愧無鮭菜，空煩卸馬鞍。”宋黄庭堅《食笋十韵》：“洛下斑竹笋，花時壓鮭菜。”明彭大翼《山堂肆考》卷二二五：“晋人以魚爲鮭菜。”鮭菜，亦爲古時魚類菜肴的總稱。又稱“白鱗”。唐韋應物《送劉評事》詩：“洞庭摘朱實，松江獻白鱗。”前蜀韋莊《雨霽池上作呈侯學士》詩：“正是如今江上好，白鱗紅稻紫蒓羹。”代稱“素鬐”。唐獨孤申叔《獻白龜賦》：“孟澤之鱗，恥捷乎素鬐；越裳之雉，羞奮乎翹英。”素鬐，亦指白鰭。《佩文韵府》引元袁哀詩句：“青簾客沽酒，素鬐漁收網。”美稱“錦鱗”。唐李賀《竹》詩：“織可承香汗，裁堪釣錦鱗。”宋范仲淹《岳陽樓記》：“沙鷗翔集，錦鱗游泳。”有考者謂錦鱗并非指魚，而指蚺，又叫作蚺，是活動於水邊的幾種蟒蛇的特稱。代稱“霜鱗”。唐皮日休《釣侶》詩之一：“趁眠無事避風濤，一斗霜鱗换濁醪。”自注：“吳中賣魚論斗。”濁醪，濁酒。宋陸游《新晴泛舟至近村偶得雙鱖而歸》詩：“歸舍不妨成小醉，眼明細柳貫霜鱗。”清厲鶚《摸魚兒·首夏歸杭過吳淞景物清曠有會而作》詞:“梅風里，換得霜鱗盈斗。”霜鱗，也意白鱗。代稱“雪鱗”。唐韓偓《秋郊閑望有感》詩:“魚沖駭浪雪鱗健，鴉閃夕陽金背光。”宋蘇軾《魚蠻子》詩:“破釜不着鹽，雪鱗芼青蔬。”宋陸游《游郫》詩:“掠水翻翻沙鷺過，供厨片片雪鱗明。”魚也代稱“雪”。唐賈島《雙魚謠》詩:“天河墮雙魴，飛我庭中央。掌握尺餘雪，劈開腸有璜。”

　　五代時期，魚喻稱“銀梭”。南唐李璟《游後湖賞蓮花》詩:“蓼花蘸水火不滅，水鳥驚魚銀梭投。”宋惠洪《冷齋夜話·詩説烟波縹緲處》:“銀梭時撥剌，破碎波中山。”銀梭，喻魚體形如銀梭。普通的魚稱“凡鱗”。南唐李家明《元宗釣魚無獲進詩》:“凡鱗不敢吞香餌，知是君王合釣龍。”宋陸游《五月五日蜀州放解榜第一人楊鑒具慶下孤生愴然有感》詩:“甲午五月之庚寅，淵魚躍起三江津。震雷霹雨夜達晨，我知決定非凡鱗。”元張憲《雙龍圖》詩:“吾將倒三江，傾五湖，洗餘百戰玄黃血，盡率凡鱗朝帝都。”

　　兩宋時期，魚諱稱“水花羊”。宋陶穀《清異録·獸名門》:“楊虞卿家號魚爲水花羊，陸象先家號象爲鈍公子…… 俱以避諱故也。”楊虞卿，元和末監察御史。僧人素食，禁食酒肉葷腥，諱言葷腥之名，故特作隱語呼之。因魚往來水中，形似穿梭，故稱水梭花。宋蘇軾《東坡志林·僧文葷食名》:“僧謂酒爲‘般若湯’，謂魚爲‘水梭花’，鷄爲‘鑽籬菜’，竟無所益，但自欺而已，世人常笑之。”水梭花一稱，另見於宋胡繼宗《書言故事·水族類》:“魚曰水梭花。”代稱“玉鱗”。宋蘇軾《與趙陳同過歐陽叔弼新治小齋戲作》詩:“主孟當啗

我，玉鱗金尾魚。”明陳汝元《金蓮記·就逮》:“江上風清，門前遇故人；屋裏雲生，湖中膾玉鱗。”魚喻稱“鹿角”。宋歐陽修《奉答聖俞達頭魚之作》詩:“毛魚與鹿角，一龠數千百。”龠，古代容量單位。宋蘇軾《歐陽季默饋魚》詩:“我是騎鯨手，聊堪充鹿角。”施元之注:“鹿角，小魚也。”河魚稱“川鱗”。宋梅堯臣《寄光化退居李晉卿》詩:“川鱗可爲饗，山毛可爲蕨。”饗，意熟食。山毛，山中可供食用之物。蕨，菜肴。

　　元、明、清時期，除却通常命名外，進而關注發展了先秦時期魚苗的命名。如范蠡《養魚經》:“魚花者，魚苗也，亦曰魚秧。以其利用田禾等，故曰苗、曰秧，而常名則曰魚種云。”元代又稱“魚栽”，元袁士元《咏城南書舍呈倚雲樓公》:“閑種石田供鶴料，旋開園沼買魚栽。”魚又代稱“玉尺”。元王舉之《水仙子·春日即事》曲:“魚鱗玉尺戲晴波，燕嘴芹泥補舊窩。”明代，魚苗又稱“魚秧”。清屈大均《廣東新語·鱗語·魚花》:“〔魚花〕亦曰魚秧，農人種禾兼種魚，視魚猶禾也。而多言魚花者，又以其類不一，故曰花也。”明黃省曾《魚經·種》:“古法俱求懷子鯉魚，納之池中，俾自涵育……今之俗惟購魚秧。”清孫枝蔚《春園有感》詩:“藥圃修纔畢，魚秧買始回。”《滬諺外編·山歌·十二月野花歌》:“九月裏白扁豆花開來一點點，來討魚秧小鴨錢。”魚擬稱“龍王兵”。清厲荃《事物異名録·水族·魚總名》引《雲龍州志》:“普河魚池在趙州，池中多魚，人不敢捕，云龍王兵。”魚稱“銀鱗”。清唐孫華《維揚舟中作》詩之一:“贏得淮魚賤如土，堆盤膾縷煮銀鱗。”清李調元《南越筆記·魚

花》："粵有三江，惟西江多有魚花……子曰花者，以其在荇藻之間若花。又方言，凡物之微細者皆曰花也。亦曰魚苗。"碧野《青山常在水長流》："這孵化出來的魚種，分爲冬花和夏花。"

【水蟲】 [3]

即魚[1]。此稱先秦時期已行用。見該文。

【水畜】

即魚[1]。此稱先秦時期已行用。見該文。

【川禽】

即魚[1]。此稱先秦時期已行用。見該文。

【魳】

小魚。此稱先秦時期已行用。見該文。

【鰡】 [1]

仔魚。此稱先秦時期已行用。見該文。

【波臣】

"魚[1]"之喻稱。此稱先秦時期已行用。見該文。

【魚鮪】

即魚[1]。此稱先秦時期已行用。見該文。

【鮮】

即魚[1]。此稱先秦時期已行用。見該文。

【小鮮】 [1]

小魚。此稱先秦時期已行用。見該文。

【鱻】

即魚[1]。此稱漢代前已行用。見該文。

【小鱗】

小魚。此稱先秦時期已行用。見該文。

【脡祭】

鮮魚。此稱先秦時期已行用。見該文。

【陽魚】

即魚[1]。此稱漢代已行用。見該文。

【鮪】

仔魚。此稱漢代已行用。見該文。

【鱗】

即魚[1]。此稱漢代已行用。見該文。

【落頭鮮】

腐魚。此稱漢代已行用。見該文。

【潛鱗】

即魚[1]。此稱漢代已行用。見該文。

【素鱗】

即魚[1]。此稱晉代已行用。見該文。

【文鱗】

即魚[1]。此稱晉代已行用。見該文。

【游鱗】 [1]

即魚[1]。此稱晉代已行用。見該文。

【華鱗】

即魚[1]。此稱晉代已行用。見該文。

【紅鮮】

即魚[1]。此稱晉代已行用。見該文。

【促鱗】

小魚。此稱晉代已行用。見該文。

【娵隅】

"魚[1]"之方言。此稱晉代已行用。見該文。

【游泳】

即魚[1]。此稱南北朝時期已行用。見該文。

【宵魚】

"魚[1]"之喻稱。此稱南北朝宋已行用。見該文。

【鮭菜】

即魚[1]。此稱唐代已行用。見該文。

【白鱗】

即魚[1]。此稱唐代已行用。見該文。

【素鬣】

　　即魚[1]。此稱唐代已行用。見該文。

【錦鱗】[1]

　　"魚[1]"之美稱。此稱唐代已行用。見該文。

【霜鱗】

　　即魚[1]。此稱唐代已行用。見該文。

【雪鱗】

　　即魚[1]。此稱唐代已行用。見該文。

【雪】

　　即魚[1]。此稱唐代已行用。見該文。

【銀梭】

　　"魚[1]"之喻稱。此稱五代時期已行用。見該文。

【凡鱗】

　　即魚[1]。此稱五代時期已行用。見該文。

【水花羊】

　　"魚[1]"之諱稱。此稱宋代已行用。見該文。

【水梭花】

　　"魚[1]"之僧家隱語。此稱宋代已行用。見該文。

【玉鱗】

　　即魚[1]。此稱宋代已行用。見該文。

【鹿角】[1]

　　"魚[1]"之喻稱。此稱宋代已行用。見該文。

【川鱗】

　　即魚[1]。此稱宋代已行用。見該文。

【魚栽】

　　即魚[1]。此稱元代已行用。見該文。

【玉尺】

　　即魚[1]。此稱元代已行用。見該文。

【魚秧】

　　即魚[1]。此稱明代已行用。見該文。

【銀鱗】

　　即魚[1]。此稱清代已行用。見該文。

【龍王兵】

　　"魚[1]"之擬稱。此稱清代已行用。見該文。

【魚苗】

　　"仔魚"之俗稱。此稱清代已行用。見該文。

【魚花】

　　"仔魚"之喻稱。此稱清代已行用。見該文。

圓口綱

　　圓口綱（Cyclostomata）體鰻形，裸露無鱗，軟骨，無偶鰭。無上下頜，故又稱無頜類（Agnatha）。因有一個圓形的口吸盤而得名圓口類。具一鼻孔。鰓呈囊狀，又稱囊鰓類。脊椎終生存在。約起源於四億八千万年前。是魚形動物中最早的一類。清寶樂安、許家惺審定《動物學教科書》第七章《圓口類》："是類口成圓孔，上下無腭，體成筒形，中樞有脊索，無四肢，而頭上有一鼻竅，皮膚無鱗。"現存七十多種，分屬於兩個目：一、七鰓鰻目（Petromyzoniformes），約二十六種。分布於淡水或海洋，成體營半寄生生活。有口漏斗和角質齒，鰓囊七對，如東北七鰓鰻（*Lampetra morii*）、日本七鰓鰻（*Lampetra japonica*）、雷氏七鰓鰻（*Lampetra reissneri*）等，分布於我國東北松花江、黑龍江等水域，日本七鰓鰻成體在海中生活。二、盲鰻目（Mytiniformes），約二十一種。全爲海產，幼體以多毛類爲食，也襲擊魚類，鑽入魚體或其他動物體內，吸食其血肉和內臟，營全寄生生活。無口漏斗，口緣有四對觸鬚，如蒲氏黏盲鰻（*Eptatretus burgeri*）。七鰓鰻和盲鰻類對魚類危害較大，但其肉均可食用。

七鰓鰻

又稱“鰓鱧”“八目鰻”。動物名。圓口綱，七鰓鰻目，七鰓鰻科。日本七鰓鰻（*Lampetra japonica*），體呈圓柱形，尾部側扁。頭的兩側各在眼睛之後有一行七個分離的鰓孔，故稱七鰓鰻，鰓孔與眼睛排成一直行共八個像眼睛的點，古稱八目鰻。口的兩側有許多黃色角質齒，口內有肉質呈舌形的活塞，其上亦有角質齒。頭前腹面有陷入呈漏斗狀的吸盤、鰓囊營寄生生活。清寶樂安、許家惺等審定《動物學教科書》第七章《圓口類》：“是類口成圓孔，上下無腭，體成筒形，中樞有脊索，無四肢，而頭上有一鼻竅，皮膚無鱗。”注：“鰓鱧產於河流，頭部兩側有鰓囊七對，各開孔於頰外，如列目竅然。”清柯璜譯編《博物學講義動物學》第七章《圓口類》：“如八目鰻類，體圓形，雖如鰻鱺，然其口殊異，生有吸盤，能附木石等處。眼後生七鰓孔，世嘗誤認爲目，故有八目之名。”現代的七鰓鰻與三億六千萬年前的祖先沒有太大的變化，稱“活化石”，是研究脊椎動物起源和進化的首選材料，還可藥用。

【鰓鱧】

即七鰓鰻。此稱清代已行用。見該文。

【八目鰻】

即七鰓鰻。此稱清代已行用。見該文。

盲鰻

亦稱“盲鱧”。動物名。圓口綱、盲鰻目、盲鰻科。體呈鰻形，無鱗；肛門近尾鰭基。尾部頗短，眼退化，埋入皮下。鼻孔一個，位吻端中央；口前腹位，呈縱縫狀。不呈漏斗狀吸盤，無上下頜。海生、高度特化的寄生動物，主要以將死或已死的魚類爲食。在約一百米深的海底挖穴居住。其活動深度可以達到1700米。我國有一目、一科、三屬、十六種。中國黏盲鰻（*Eptatretus chinensis*），最大長度37厘米，分布於我國南海。清柯璜譯編《博物學講義動物學》第七章《圓口類》：“是類有盲目鰻，產海中。眼內構造甚不完全，終身吸着他魚皮膚，且有穿入其肌以營寄生生計者。在脊椎動物中，寄生者惟此一種。”清寶樂安、許家惺審定《動物學教科書》：“盲鱧，產於海，寄生異類之體。鰓孔居頜下，皮膚泌泄多量之粘液。”爲害漁業甚烈。

【盲鱧】

即盲鰻。此稱清代已行用。見該文。

軟骨魚綱

　　軟骨魚綱（Chondrichthyes），包括鯊、鰩、魟和銀鮫等。體內骨骼全爲軟骨，體外被盾鱗或無鱗。具奇鰭和偶鰭。五或七對鰓裂，口中有衆多牙齒。體內受精，卵胎生或卵生。多爲海栖，少數爲淡水種。一般分爲板鰓亞綱（Elasmobranchii）和全頭亞綱（Holocephali）。板鰓類具板狀鰓，全頭類鰓裂外被一膜質鰓蓋。板鰓類亞綱分：側孔總目（Pleurotremata），即鯊總目，現存約二百二十五種，全爲食肉動物；下孔總目（Hypotremata），即鰩和魟，又稱鰩形總目（Batomorpha），約有三百二十種，大部身體扁平，呈盤狀，還有翼狀的極大胸鰭。古籍中軟骨魚類以鮫、鯊、魦、鰽等名出現，且多放在"鱗類"中論述，如《本草綱目》卷四四、《通雅》卷四七等。最早把板鰓亞綱統稱爲鮫類或鯊類，後來把體呈紡錘形者即側孔總目稱爲鮫類，把體形圓扁者即下孔總目稱爲鰩類，把全頭亞綱稱爲銀鮫。

鯊魚

　　亦稱"鮫""鮫魚""魦""魦魚""鰽魚""鮫鰽""河伯健兒""魚虎""沙魚""鯨魚""溜魚"。軟骨魚類，內骨骼全爲軟骨。體被盾鱗。鰓孔五個，呈板狀，又稱板鰓類。卵生或卵胎生。我國約有一百六十六種。多爲海產，少數可入淡水。大者長二十米。少數爲性凶猛者，能噬人。廣東潮安的貝丘遺址中，發現有巨大魚骨，屬於鯊魚類，據此推斷我國捕撈鯊魚已有四千餘年的歷史。

　　鯊魚，因體被盾鱗，鱗的結構像齒，細小如沙而稱魦、魦魚。《說文·魚部》："魦，魦魚也。出樂浪潘國。"桂馥義證："鯊，海中所產，以其皮如沙而得名。哆（張口貌）口，無鱗，胎生，其類尤多。大者伐之盈舟。"被盾鱗，而非"無鱗"，亦非全胎生。《爾雅翼·釋魚一》："鯊，鯊魚。狹而小，常張口吹沙，故曰吹沙。"《正字通·魚部》："鯊，海鯊，青目赤頰，背上有鬣，腹下有翅，味肥美。"

　　先秦稱"鮫魚"。《山海經·中山經》："東北百里曰荊山……漳水出焉，而東南流注於睢，其中多鮫魚。"秦漢時稱"鮫"與蛟龍齊名。《說文·魚部》："鮫，海魚也，皮可飾刀。"《通雅·動物·魚》："鮫，海鯊魚之最大者也。"《爾雅翼·釋魚三》："鮫，今總謂之沙魚。鮫既世所服用，人多識者，特其音與蛟龍之蛟同……許叔重以爲'蛟者魚之長……一說魚二千斤爲鮫。'是以二物

鯊　魚
（《食物本草》）

爲一物也。皮有珠飾刀劍者，是鮫錯之鮫；滿二千斤，爲魚之長，是蛟龍之蛟。"《埤雅·釋魚》："鮫，海魚也，似鱉而無足，背文粗錯，皮間有珠，可以飾刀。"此"似鱉而無足"之說，應指鰩類。鮫，一說述其大，"海鯊魚之最大者"堪比蛟龍，故曰鮫。一說述其色，"其文交錯鵲駮""離散間雜謂之駮"。唐韓愈《南海神廟碑》："雲陰解駮，日光穿漏。"亦稱"錯魚"。《通雅·動物》："蛟，其皮粗錯堅厚，可飾刀室。"《後漢書·輿服志》載之。《本草·證類》卷二〇云："錯魚皮也。"唐李白《醉後贈從甥高鎮》詩："匣中盤劍裝錯魚，閑在腰間未用渠。"《廣韵·入藥》："錯，魚名，出東海。"明楊慎《異魚圖贊》卷二："南越勁錯，揚鬐排流。洞腹養子，朝泳暮游。臍入口出，貯水若抽。鱗皮斑駮，可飾觔緱。"飾觔緱，用草繩纏劍柄。如明王錂《春蕪記·訪友》："愁睹青霜點鬢毛，觔緱長夜氣蕭蕭。"此"朝出索食，暮入母腹"或"洞腹養子，朝泳暮游。臍入口出"之說，是由其卵胎生特點而產生的臆斷。明馮時可《雨航雜録》卷下："錯魚，長二丈，大數圍，小者圓廣尺餘，背粗錯有文，一名鮫魚。"亦有考者謂此指灰鯖鯊（*Isurus Oxyrinchus*），屬鼠鯊科，此魚軀幹肥大，長四米以上。喙尖，口深，牙尖。體色青，腹白，卵胎生。性凶猛，游速快，在水表層追食鯡魚等，分布於南海、

龍門橦
（清聶璜《清宮海錯圖》）

鼠鯊
（清聶璜《清宮海錯圖》）

東海。俗稱"河伯健兒"。唐段成式《酉陽雜俎·廣動植之二·鱗介篇》："錯魚，章安縣出。子朝出索食，暮入母腹，腹中容四子。頰赤如金，甚健，網不能制。俗呼爲河伯健兒。"河伯健兒，源於神話，河伯即黃河水神，又名馮夷。相傳他在渡黃河時淹死，被天帝封爲水神。曾娶婦害民，又使黃河泛濫。後化爲白龍在水上游，被后羿射瞎了左眼。此意爲凶猛的鯊魚猶體魄強健的河伯。

明代稱"魚虎"。明楊慎《異魚圖贊》卷二："天淵魚虎，老化爲鮫。其皮朱文，可飾弓刀。"魚虎，古時指翠鳥、魚狗、刺魨等化變爲鮫。古記多有鳥"老化爲鮫"之說，爲謬。《古今圖書集成·禽蟲典·鮫魚部》引晋張華《博物志》曰："東海鮫錯魚生子，子驚還入母腹，尋復出。"鮫是卵胎生或胎生，子驚入母腹，實誤。又稱"沙魚""鰒魚""溜魚"。鯊、鮫同類。明李時珍《本草綱目·鱗四·鮫魚》〔釋名〕："沙魚、錯魚、鰒魚、溜魚。時珍曰：'鮫波有沙，其文交錯鵲駮（同駮），故有諸名。古曰鮫，今曰沙，其實一也。或曰本名鮫，訛爲沙。'"又時珍曰："古曰鮫，今曰沙，是一類而有數種也。東南近海諸郡皆有之。"錯魚，述其盾鱗粗糙如銼。鰒魚，鰒，字從复，意體有覆蓋物，即盾鱗。有謂鮑、鮑魚爲鹽乾之鹹臭魚爲鰒、鰒魚，此亦爲异物同名，或一名多用。

溜字從留，留同流，如《莊子·天地》："留動而生物。"示其體形光滑，游泳快速。清代稱"龍門撞"。

鯊魚種類很多。明彭大翼《山堂肆考·鱗蟲》："鯊魚中有犁頭鯊，頭似犁鑱而長，尖銳刺人；有香鯊，體有香氣；有熨斗鯊，斗如熨頭；有丫髻鯊，頭如丫髻；有劍鯊，長嘴如劍，對排牙棘，人不敢近；又有名狗鯊者，狗頭魚身，聲如狗吠。"明嘉靖《寧波府志·物產》："鯊魚有白蒲鯊、黃頭鯊、白眼鯊、白蕩鯊、青頓鯊、斑鯊、牛皮鯊、鹿文鯊、鯸鯊、燕尾鯊、刺鯊、鋸鯊、鹿鯊，其類甚多。"

自西周以後，常有用鯊魚皮飾物的記載。飾竹爲笏，稱魚笏，爲古代朝臣所用。《禮記·玉藻》："笏……大夫以須（須，頒之訛字，音班，即鯊魚皮）文竹。"孔穎達引庚氏云："鮫魚須飾竹以成文。"陸德明釋文："須音班。"班通斑。《詩·小雅·采薇》中有："四牡翼翼，象弭魚服。"孔穎達疏："以魚皮爲矢服，故云魚服。""魚服"是鯊魚皮作的箭袋。南朝梁江淹《橫吹賦》："貝冑象弭之威，織文魚服之容。"金馮延登《射虎得山字》詩："柳營共許千人敵，魚服仍餘一矢還。"《左傳·閔公二年》："歸婦人魚軒。"杜預注："魚軒，夫人車，以魚皮爲飾。""魚軒"是鯊魚皮裝飾的車子。《荀子·議兵篇》有："楚人鮫革、犀兕以爲甲，鞈如金石。"楊倞注稱鮫魚皮及犀兕爲甲。"甲"是用鯊魚皮做的護身服飾。《淮南子·説山》："一淵不兩鮫。"高誘注："鮫魚之長，其皮有珠，今世以爲刀劍之口是也。"自商代起，歷代皆令東南沿海地區進貢鯊魚皮。其皮、肉、肝、膽、胎、鰭均可入藥，唐蘇敬等《唐本草》云："皮，甘鹹平無毒，主治心氣鬼疰、蠱毒吐血……治食魚成積不消；肉，甘平無毒，主治作膾補五臟；膽，主治喉痹。"

【鮫】[1]

即鯊魚。此稱先秦時期已行用。見該文。

【鮫魚】[1]

即鯊魚。此稱先秦時已行用。見該文。

【魦】

即鯊魚。此稱漢代已行用。見該文。

【魦魚】

同"鯊魚"。此體漢代已行用。見該文。

【鯌魚】

即鯊魚。此稱漢代已行用。見該文。

【鮫鯌】

即鯊魚。此稱晉代已行用。見該文。

【河伯健兒】[1]

即鯊魚。此稱唐代已行用。見該文。

【魚虎】[1]

即鯊魚。此稱明代已行用。見該文。

【沙魚】[1]

同"鯊魚"。此體明代已行用。見該文。

【鰒魚】[2]

即鯊魚。此稱明代已行用。見該文。

【溜魚】[1]

即鯊魚。此稱明代已行用。見該文。

【龍門撞】

即鯊魚。此稱清代已行用。見該文。

側條真鯊

亦稱"烏頭"。魚名，鼠鯊目，真鯊科，側條真鯊（*Carcharhinus limbatus*）。體紡錘形，軀幹粗。頭寬扁，口寬圓弧形，上下頜每側十五枚牙，狹三角形。鰓孔五個，背鰭二個。

被盾鱗。體背灰褐，腹白。地方名"烏翅""裂心鯊""烏斬"。分布於南海。明屠本畯《閩中海錯疏》卷上："烏頭，煩尾黑背，大有百餘斤者。淺在海沙不能去，人割其肉，潮至復去。其皮用湯泡净，沙縷作膾，礬礬泡去外皮，存系亦用作膾，色晶瑩若銀絲。"

【烏頭】[2]

即側條真鯊。此稱明代已行用。見該文。

側條真鯊（花鯊、真鯊）
（清聶璜《清宮海錯圖》）

姥鯊

亦稱"黃鯊"。魚名，鼠鯊目，姥鯊科，姥鯊（*Cetorhinus maximus*）。體巨大，長者達 10 餘米，重 6000 千克。體紡錘形，中部最粗。頭大，吻短，口寬大。鰓孔五個，鰓耙細長而密，角質，適於濾食浮游性無脊椎動物和小型魚類。性和善，無危害，常静浮水面，或張口緩游，或翻身曬腹。方言稱"蒙鯊""老鼠鯊""昂鯊"。明屠本畯《閩中海錯疏》卷上："黃鯊，好吃百魚，大者五六百斤。""好吃百魚"之說不切。

【黃鯊】

即姥鯊。此稱明代已行用。見該文。

條紋斑竹鯊

亦稱"狗鯊"。魚名，鼠鯊目，鬚鯊科，條紋斑竹鯊（*Chiloscyllium plagiosum*）。體長而細，長約 1 米。吻頗長，口平橫。體色灰褐，具十二至十三條暗色橫紋，橫紋及邊緣上具白斑，腹面淡白。行動不活潑。分布於東海、南海。方言亦稱"犬鯊""狗鯊"。明屠本畯《閩中海錯疏》卷上："狗鯊頭如狗。"明彭大翼《山堂肆考·鱗蟲》："鯊魚中……又有名狗鯊者，狗頭魚身，聲如狗吠。"

【狗鯊】[1]

即條紋斑竹鯊。此稱明代已行用。見該文。

皺唇鯊

亦稱"龍門撞"。魚名，真鯊目，皺唇鯊科，皺唇鯊（*Triakis scyllium*）。體頗延長，成體長可達 150 厘米。頭寬扁，口寬大。體色灰褐帶紫，具暗褐色橫紋 13 條，橫紋上具不規則黑斑，腹白。背鰭 2 個，形狀相同，各鰭褐色。我國分布於黃海、東海、臺灣東北和西南海域，南海偶見。底棲性魚類，常出現於河口區域或港灣淺水域。俗稱"九道三峰齒鮫""九道箍""竹鯊"。清聶璜《清宮海錯圖》第三册："龍門撞，亦鯊魚之名。其背黑白相間，其肉嫩甚美。張漢逸曰：'此魚即鮪也。'《詩》：'鱣鮪發發。'指河中之魚也。今此魚不止在海，必能入河，入河則可達龍門矣，故曰龍門撞。"鮪指白鱘，鱣指中華鱘。

【龍門撞】

即皺唇鯊。此稱清代已行用。見該文。

雙髻鯊

亦稱"槌額魚""鱝鱛""帽魛""雙髻魟""丫髻鯊"。魚名，真鯊目，雙髻鯊科，我國報道路氏雙髻鯊（*Sphyrna lewini*）。體延長，側扁而高，體長達 3 米多。頭的額骨向左右兩側擴展，形成槌狀凸出，將圓形眼也推到側凸的兩端。口寬大，弧形，體背灰褐，腹白，卵胎生。因其額部形似槌，宋代稱"槌額魚""鱝鱛"。《集韵·平元》："鱝《南越志》：鱝魚鼻有横骨如鐇，海船逢之必斷。”《文選·左思〈吴都賦〉》：“王鮪鯸鮐，鯽龜鱕錯。”李善注引劉逵曰：“錯鱕，有横骨在鼻前，如斤斧形，（江）東人謂斧斤之斤爲鱕，故謂之鱕錯。”明陶宗儀引漢楊孚《臨海水土記》：“槌額魚似錯魚，長四尺。”鱕，鱕如鐇，板斧或鏟。錯，鱗粗糙如銼。明代始稱“帽鯋”“雙髻鯊”“雙髻魟”。明屠本畯《閩中海錯疏》卷上：“帽鯋，鰓兩邊有皮，如戴帽然，又名雙髻鯊，頭如木拐，又名雙髻魟。”清郭柏蒼《海錯百一録》卷一：“帽紗鯊，兩邊有皮如帶帽。”亦因其頭形似古代婦女的髮髻，稱雙髻鯊；似古代官帽，稱帽鯊。稱丫髻鯊。明彭大翼《山堂肆考·鱗蟲》：“鯊魚中有丫髻鯊，頭如丫髻。”丫髻，古時幼女與未婚女子多將頭髮集束於頂，編結成左右兩個髻，狀似樹枝丫杈，故名“丫髻”。徐珂《清稗類鈔·動物類》：“頭有横骨作丁字形，眼在其兩端，長二丈許者，曰雙髻鯊。

【鱕錯】

即雙髻鯊。此稱晋代已行用。見該文。

【槌額魚】

即雙髻鯊。此稱宋代已行用。見該文。

【帽鯋】

即雙髻鯊。此稱明代已行用。見該文。

雙髻鯊
（清聶璜《清宫海錯圖》）

【雙髻魟】

即雙髻鯊。此稱明代已行用。見該文。

【丫髻鯊】

即雙髻鯊。此稱明代已行用。見該文。

真鯊

亦稱“淡鯊”“青鯊”。鯊魚名，真鯊目，真鯊科，沙拉真鯊（*Carcharhinus sorrah*）。長約 1 米，體粗大，頭寬扁，歪形尾，體背灰褐，腹白，分布於南海。方言稱“銅頁”“烏志鯊”。明代稱“淡鯊”。明屠本畯《閩中海錯疏》卷上：“鯊之種類不一，皮肉皆同，惟頭稍異，此外又有青鯊、淡鯊。”徐珂《清稗類鈔·動物類》：“藍色長丈許者，曰青鯊。”俗名亦稱“灰鯊”“青鯊”。

【淡鯊】

即真鯊。此稱明代已行用。見該文。

【青鯊】[1]

即真鯊。此稱明代已行用。見該文。

烏翅真鯊

亦稱“烏髻”。鯊魚名，真鯊目，真鯊科，烏翅真鯊（*Carcharhinus melanopterus*）。體紡錘形，長 4 米以上。口大，牙三角形，邊緣具鋸齒。卵胎生。分布於南海、臺灣海峽。明屠本畯《閩中海錯疏》卷上：“烏髻，頬、尾皆黑。”

【烏髻】

即烏翅真鯊。此稱明代已行用。見該文。

大青鯊

亦稱“錯”“青鯊”。魚名，真鯊目，真鯊科，大青鯊（*Prionace glauca*）。體細長，似紡錘形，長二至四米。頭寬扁，上下頜各有牙二十八至三十枚，體背灰青，腹白。性凶猛，游泳敏捷。貪食魚群、魷魚和其他鯊魚。卵胎生，一次可生四至一百隻鯊。分布於温帶暖海和熱帶海洋。俗稱"鋸峰齒鮫""藍鯊""青鯊""大藍鮫"。三國吳沈瑩《臨海水土異物志輯校》："鯌，腹下正白，長五尺。"明屠本畯《閩中海錯疏》卷上："青鯊。"

【鯌】[1]

即大青鯊。此稱三國時期已行用。見該文。

【青鯊】[2]

即大青鯊。此稱明代已行用。見該文。

長尾鯊

亦稱"劍鯊"。魚名，鼠鯊目，長尾鯊科，弧形長尾鯊（*Alopias vulpinus*）。體粗大，頭較短，尾特長，比頭和軀幹長1.5倍。體色灰褐。卵胎生。分布於黃海、東海、南海。明屠本畯《閩中海錯疏》卷上："劍鯊，尾長似劍，薧鯗（意魚乾）味佳。"尾特長，稱長尾鯊；長形如劍，稱劍鯊。

【劍鯊】[1]

即長尾鯊。此稱明代已行用。見該文。

虎鯊

亦稱"虎鯌""胡沙"。鯊魚名，虎鯊目，虎鯊科，狹紋虎鯊（*Heterodontus zebra*）。體延長，前部粗大，長1米多。頭高大，吻寬而鈍。背鰭兩個，各具一硬棘。體色黃褐，具深褐色橫紋，常寬窄交迭。暖水性底層魚，不活潑，以貝和甲殼動物爲食。卵生。《初學記》卷三〇

虎　鯊
（清聶璜《清宮海錯圖》）

注引三國吳沈瑩《臨海水土異物志》："虎鯌，長五丈，黃黑斑，耳目齒牙有似虎形。唯無毛，或曰變乃成虎。"又："虎鯌，長三尺，黃色斑紋。"明屠本畯《閩中海錯疏》卷上："虎鯊，頭目凹而身有虎文。"明李時珍《本草綱目·鱗四·鮫魚》："背有斑文如虎而堅强者曰虎沙，亦曰胡沙，云虎魚所化也。"

清屈大均《廣東新語》卷二二："南海多鯊魚，虎頭鱉足，有黑紋。巨者二百餘斤。嘗以暮春至海山之麓，旬日化爲虎，惟四足難化，經月乃成。有虎皮、白皮、料影三種。鯊魚亦能化虎，故凡炳炳成章者，虎之虎也。紋直而疏且長者，鯊之虎也。有見鯊之虎者，但擊其足則斃之。"清郭柏蒼《海錯百一錄》卷一："虎鯊，頭凹而有虎文。按，能噬人手足。"虎鯊，因體色斑紋似虎而得名。徐珂《清稗類鈔·動物類》："背茶色微紅，體側有紅斑長三尺許者，曰虎沙。"

【虎鯌】

即虎鯊。此稱三國時期已行用。見該文。

【胡沙】

即虎鯊。此稱明代已行用。見該文。

噬人鯊

亦稱"海狼"。鯊魚名，真鯊目，鯖鯊科，噬人鯊（*Carcharodon carcharias*）。體巨大，長可達13米，分布廣。體色灰、淡藍或淡褐，腹白，俗稱大白鯊。性凶猛，能噬人。按，明馮時可《雨航雜錄》卷下曰"海上鯊最多"，計有二十一種，其中之"白蒲鯊"當是"噬人鯊"，明嘉靖《寧波府志·物產》亦記其物。清乾隆《諸城縣志·方物》："最悍者鯊……其翅味美而猛惡，噬人，泅水者遇之必斃，海上畏之，號

曰海狼。"此應確指噬人鯊。山東海域常見凶猛大鯊魚多爲此鯊，且"海狼"之稱也與之相符。

【海狼】[1]

即噬人鯊。此稱清代已行用。見該文。

梅花鯊

鯊魚名。真鯊目，猫鯊科。梅花鯊（*Halaelurus burgeri*）。體型修長，近似圓柱形或稍縱扁。頭短而寬扁；尾部細長側扁。吻短。

梅花鯊
（清聶璜《清宮海錯圖》）

眼大。噴水孔小。盾鱗細如絨化。體淡褐色，體側具暗色橫帶及黑色斑點，三五成群夾雜，似梅花狀排列；各鰭亦具黑色斑點。分布於南海和東海南部等。此稱清代已行用。清聶璜《清宮海錯圖》第二册："梅花鯊，康熙戊寅，考訪鯊魚，漁人以梅花鯊爲予述其狀。緣魚市既不及見，而書傳内從無其名，未敢遽信存而不論者久矣。圖將告成，有客自南路海岸來，述所見有梅花鯊。鯊形與諸鯊同，獨背上一帶五瓣梅花，白色排列井井，背翅更有一花，歧尾上有二花，其魚大五六尺。予聞而喜與前説相符，更以其圖詢諸漁叟，皆曰然。其肉可食，因即爲之附圖，面嘆造化之工巧乃至於此。"

猫鯊

鯊魚名。真鯊目，猫鯊科。虎紋猫鯊（*Scyliorhinus torazame*）。體延長，前部較粗大，亞圓筒形，後部側扁狹長。體長可達50厘米。體色黃褐，具十一至十二條不整齊橫紋，并散布着不規則淡色斑紋；腹面淡褐。頭寬扁

而短，約爲體長的六分之一。比較寒水性，栖息近海底層，我國主要分布在黃海和東海沿岸。此稱清代已行用。清聶璜《清宮海錯圖》第二册："猫鯊，頭圓，身有黑白點如豹紋。此鯊至難死，離水數日，肉難腐，撻之尚能作響。"

小抹香鮫

亦稱"香鯊"。鯊魚名。角鯊目，鎧鯊科。小抹香鮫（*Squaliolus laticaudus*），最大體長約二十厘米，是硬棘小鯊，栖深水。其腹部能在黑夜裏發光，是能發出生物光的極少數鯊魚之一，或是爲了吸引它所捕食的小生物。清稽璜等《續通志》卷一七九："香鯊，體有香氣。"

【香鯊】

即小抹香鮫。此稱清代已行用。見該文。

刺鯊

鯊魚名。角鯊目，刺鯊科，葉鱗尖鰭鮫（*Centrophorus squamosus*）。體細而延長；頭平扁而長，頭寬大於頭高。卵胎生，每產五子。深水鯊，栖息温帶暖水域及熱帶水域，大陸斜坡水深145～3940米處。我國分布於臺灣南部及東北部海域。俗稱"棘沙""沙魚"。清高經等纂《寧波府志》卷一三："刺鯊。"肝臟頗大，富含鯊烯（Squalene），是提煉魚肝油的主要魚種之一。

角鯊

又稱"狗鯊"。鯊魚名。角鯊亞目，角鯊科，白斑角鯊（*Squalus acanthias*）。體細而延長。平均體長100～124厘米。頭平扁而長，頭高大於寬。背部有白點。兩個背鰭上均具鰭棘。無臀鰭。卵胎生。分布於温帶淺海域。又名棘角鯊或薩氏角鯊。明彭大翼《山堂肆考》卷二二四："魚有名狗鯊者，狗頭，魚身，聲如

狗吠。形類彈塗而大，大者長丈餘，好伏泥塗中而吠，見人則驚入水。"明屠本畯《閩中海錯疏》卷上："狗鯊，頭如狗。"

【狗鯊】[2]

即角鯊。此稱明代已行用。見該文。

扁鯊

亦稱"琵琶魚""劍魚""沙魚"。鯊魚名，扁鯊目，扁鯊科，日本扁鯊（*Squatina japonica*）。體平扁，延長，大者長可達一米半。頭寬扁，頭長小於頭寬。鱗細小，主要分布於黃海、渤海和東海。行動滯緩，不善游泳，常淺埋於泥沙中。因其體形如琵琶而稱琵琶魚。三國吳沈瑩《臨海水土異物志輯校》："琵琶魚，無鱗，形如琵琶。"唐段成式《酉陽雜俎續集》："劍魚，海魚千歲爲劍魚。一名琵琶魚，形似琵琶而喜鳴，因以爲名。"清李調元《然犀志》卷上："沙魚，一名琵琶魚，形似琵琶，善鳴，比沙之大者也。"

【琵琶魚】[1]

即扁鯊，此稱三國時期已行用。見該文。

【劍魚】[1]

即扁鯊，此稱唐代已行用。見該文。

【沙魚】[2]

即扁鯊，此稱清代已行用。見該文。

鋸鯊[1]

鯊魚名。鋸鯊目，鋸鯊科，日本鋸鯊（*Pristiophorus japonicus*）。體長70厘米。吻平扁，延長突出，邊緣自口隅外側開始至吻端，具尖齒一縱列，每兩個大齒間有一到三個小齒。吻基部寬闊。背鰭兩個。性凶猛，常以帶鋸齒的長吻獵取食物，以魚、蝦、軟體動物爲食。本科共七種，我國祇此一種。分布於東海、黃海。此稱宋代已行用。宋王禹翶《仲咸借予海圖觀罷有詩因和》詩："鯤蚱脚多垂似帶，鋸鯊具密刮如刀。"清聶璜《清宮海錯圖·鋸鯊》："《説文》云：鮫鯊，海魚，皮可飾刀。《爾雅翼》云：鯊有二種，大而長喙如鋸者名胡沙，小而粗者名白鯊。今鋸鯊，鼻如鋸，即胡鯊也。《字彙》鯄但曰魚名，疑即鋸鯊也。此鯊首與身全似犁頭鯊狀，惟此鋸爲獨異。其鋸較身尾約長三分之一，漁人網得必先斷其鋸，懸於神堂以爲厭勝之物。及鬻城市，僅與諸鯊等，人多不見其鋸也。《彙苑》載鋸魚，注云'左右如鐵鋸'，而不言鼻之長，總未親見，故訓注不能暢論。……漁人云此鯊狀雖惡而性善，肉亦可食。"

鋸　鯊
（清聶璜《清宮海錯圖》）

鰩[1]

亦稱"蒲魚""鯆""鯆魚""鱄魚""老盤魚""荷魚""命魚"。魚名，鰩類魚的古稱。體盤寬大，近亞圓形或近斜方形。鰓孔腹位。胸鰭前緣與頭側相連。尾中大，平扁。我國有八十四種，常見的有孔鰩、中國鰩、喀氏鰩等。鰩從鷂。鷂，鳥名。述鰩胸鰭寬如翅，翔泳狀如飛，似鳥。不止鰩類，也包括下述之魟和鱝類。蒲魚是廣東方言，言其形圓如蒲扇。方言還稱"老板魚"。清光緒《文登縣志·土產》："老般魚即老盤魚，狀如荷葉，故亦名荷魚。又形近隸書'命'字，俗亦謂之'命魚'。魚口在腹下，正圓如盤。般，古音同盤，故老般即老盤也。"鱄意團，體圓也，其稱始見於唐代典籍。唐韓愈《初南食貽元十八協律》詩："蒲魚尾如蛇，口眼不相營。"注："或曰鱄魚也。今廣州曰蒲魚。"《太平御覽》卷九四〇引漢曹操《魏武四時食制》："蒲魚其鱗如粥，出郫縣。"明《正字通·魚部》："鱄，鱄魚，俗名蒲魚，潮州有之。"清屈大均《廣東新語·介語》："蒲魚者，鱄也。形如盤，大者圍七八尺。無鱗。口在腹下，目在額上。尾長有刺，能螫人。肉白多骨，節節相連比，柔脆可食。"

【蒲魚】

"鰩[1]"之方言。此稱唐代已行用。見該文。

【鱄】

即鰩[1]。此稱明代已行用。見該文。

【鱄魚】

即鰩[1]。此稱明代已行用。見該文。

【鱄魚】

即鰩[1]。此稱清代已行用。見該文。

【老盤魚】

即鰩[1]。此稱清代已行用。見該文。

【荷魚】[1]

即鰩[1]。此稱清代已行用。見該文。

【命魚】

即鰩[1]。此稱清代已行用。見該文。

犁頭鰩

亦稱"犁頭鯊"。魚名，鰩形目，犁頭鰩科魚的通稱。前體扁平，胸鰭與頭側癒合，胸鰭寬大，背鰭兩個，尾鰭明顯，類似鯊。牙細小，成鋪石狀。鰓孔狹小，位於腹面。分布於溫熱帶海洋。我國有五種。如顆粒犁頭鰩（*Rhinobatos granulatus*）。體長約 1 米，體重 5 ~ 10 千克；大者可達 2 米多。吻長而平

犁頭鯊
（清聶璜《清宮海錯圖》）

扁，呈三角形突出。頭和胸鰭基底連成一體盤呈犁頭形。方言"六件鯊"。明彭大翼《山堂肆考·鱗蟲》："鯊魚中有犁頭鯊，頭似犁鑱而長，尖銳刺人。"

【犁頭鯊】

即犁頭鰩。此稱明代已行用。見該文。

團扇鰩

亦稱"鯌""河伯健兒""鮫"。鰩魚名。犁頭鰩亞目團扇鰩科，中國團扇鰩（*Platyrhina sinensis*）。體盤平扁，呈亞圓形，團扇狀。其寬長約 1.2 ~ 1.3 倍。吻短。眼小。鼻孔寬大。體背灰褐，腹部淡白色。卵胎生。分布於東海、南海及黃海、渤海。唐段成式《酉陽雜俎》卷一七："鯌魚，章安縣出。出入鯌腹，子朝出索食，暮入母腹。腹中容四子。頰赤如金，甚健，網不能制，俗呼爲河伯健兒。"明李時珍《本草綱目·鱗四·鮫魚》："恭曰：鮫出南海。形似鱉，無腳有尾。"

【鯌】[2]

即團扇鰩。此稱唐代已行用。見該文。

【河伯健兒】[2]

即團扇鰩。此稱唐代已行用。見該文。

【鮫】[2]

即團扇鰩。此稱唐代已行用。見該文。

尖齒鋸鰩

亦稱"胡沙""胡鯊""鋸魚""狼藉魚""鋸沙""鋸鯊""劍鯊"。鯊魚名，鋸鰩目，鋸鰩科，尖齒鋸鰩（*Pristis cuspidatus*）。體延長而平扁。背鰭兩個，體背暗褐，腹白。吻平扁，狹長，堅硬，具三至五個鈣化軟骨，作劍狀凸出，前部稍斜，前端圓鈍；吻齒二十五對。卵胎生。本科約六種，我國產二種，另有小齒鋸鰩。古時稱鯊魚，但其鰓裂腹位，鯊類是在頭側，故此屬鰩類。明李時珍《本草綱目·鱗四·鮫魚》："南人通謂之沙魚。大而長喙如鋸者曰胡沙……鼻前有骨如斧斤，能擊物壞舟者，曰鋸沙。"古稱"胡鯍"。明屠本畯《閩中海錯疏》卷上："鋸鯊，上唇長三四尺，兩傍有齒如鋸。"又："胡鯊，青色，背上有沙，大者長丈餘，小者長三五尺，鼻如鋸。皮可縷爲膾，薨以爲修，可充物，亦名鋸鯊。"薨意乾，修或爲饈，即乾魚食品。又稱鋸魚。清胡世安《異魚圖贊補》卷中《寰宇記》："惠州出鋸魚，亦名狼籍魚，身長二丈，口長三尺，廣三寸左右，齒如鐵鋸。《南越志》作鯻魚。《漁書》云：鋸魚生大海中，不多見。其牙齒長五六尺，兩傍如鋸齒，故名。漁人云，此魚惜齒，齒挂於網，則身不敢動，恐傷其齒。諺謂‘千金之鋸，命懸一絲’是也。"以其長嘴似劍而稱"劍鯊"。明彭大翼《山堂肆考·鱗蟲》："鯊魚中有劍鯊，

劍鯊（尖齒鋸鰩）
（清聶璜《清宮海錯圖》）

長嘴如劍，對排牙棘，人不敢近。"清郭柏蒼《海錯百一録》卷一引《嶺南續聞》："劍鯊，俗呼爲鋸鯊。云其大者鼻衝長丈餘，闊尺許，黃黑色，其直似劍，其旁排列戟刺，捷業如齒然，力能破舟、裂網，橫行海中，群魚遠避，稍不及，即磔（把肢體分解）而食之，莫敢攖其衝也。'"清聶璜《清宮海錯圖》第二册：劍鯊、琵琶魚："劍鯊略如鋸鯊，鼻甚長，兩旁有齒各三十二。劍鯊鼻稍短，兩旁不列齒，其形如劍而甚利，漁人莫敢攖其鋒。"此爲東海和南海次要經濟魚類，產量不大。肉質鮮美，鰭可製魚翅，皮可製革和刀鞘，肝可製魚肝油。

【胡鯊】

即尖齒鋸鰩。此稱明代已行用。見該文。

【胡鯍】

即尖齒鋸鰩。此體明代已行用。見該文。

【鋸魚】

即尖齒鋸鰩。此稱明代已行用。見該文。

【狼藉魚】

即尖齒鋸鰩。此稱明代已行用。見該文。

【鋸沙】

即尖齒鋸鰩。此稱明代已行用。見該文。

【鋸鯊】[2]

即尖齒鋸鰩。此體明代已行用。見該文。

【劍鯊】[2]

即尖齒鋸鰩。此稱明代已行用。見該文。

電鰩

亦稱"麻魚""痲魚"。海魚名，電鰩目，共三科，約三十八種。體背腹扁平，體長可達1.5米，頭與胸鰭形成橢圓形體盤。體柔軟，皮膚光滑，尾鰭很小，褐色，具少數不規則暗斑。鰓孔五個，位於腹面。卵胎生。發電器一對，

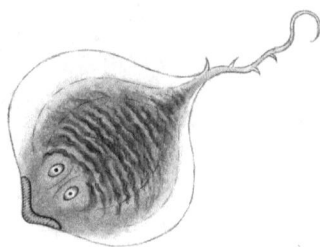

麻　魚
（清聶璜《清宮海錯圖》）

由變態的肌肉組織構成，位於體盤內，頭部兩側能發電，可以放電50安培，電壓60～80伏，用於防禦和捕獲獵物，電壓低者8～17伏，高者達220伏。大型電鰩發出的電流足以擊倒成人。水雷的英語名稱torpedo就是取自電鰩的拉丁種名。早在古希臘和羅馬時代，醫生常把病人放到電鰩身上，以治療風濕症和癲狂症等病。雙鰭電鰩，中國產三種，均衹見於南海；單鰭電鰩，中國有二屬二種，分布於南海、東海南部。清聶璜《清宮海錯圖》第一冊，“麻魚”：“閩海有一種麻魚，其狀口如鯰，腹白，背有斑，如虎紋。尾拖如魟而有四刺。網中偶得，人以手拿之，即麻木難受，亦名痹魚。人不敢食，多弃之，蓋毒魚也。其魚體亦不大，僅如圖狀。按，麻魚，《博物》等書不載，即海人亦罕知其名，鮮識其狀。閩人吳日知居三沙，日與漁人處，見而異之特爲予圖述之……其狀醜笨，飢時則潛於魚之聚處，凡魚近其身則麻木不動，因而唼之。”

【麻魚】

即電鰩。此稱清代已行用。見該文。

【痹魚】

即電鰩。此稱清代已行用。見該文。

鱝[2]

亦稱“魟魚”“鯆魮魚”“蕃踰魚”。魚名，鱝類魚的通稱。體盤菱形，胸鰭前部分化爲吻鰭。鰓孔五個，腹位，口在腹面。尾細長如鞭，多具尾刺。牙寬扁，鋪石狀。卵胎生。常見的如鳶鱝（*Myliobatis tobijei*）、無斑鷂鱝（*Actobatus flagellum*）等，分布於溫熱帶海域。三國吳沈瑩《臨海水土異物志》：“鱝魚如圓盤，口在腹下，尾端有毒。”《玉篇·魚部》：“鱝，盤尾，毒魚也。口在腹下。”明代《正字通·釋鱝》：“鱝，音憤，魚形大如荷葉，長尾，口在腹下，目在額上，無足，無鱗，尾長有節，螫人。韵書作魟魚，或曰鯆魮魚，隨其方俗名之。”

【魟魚】

即鱝[2]。此稱明代已行用。見該文。

【鯆魮魚】[1]

即鱝[2]。此稱明代已行用。見該文。

【蕃踰魚】

即鱝[2]。亦稱“海鷂魚”“銅盆魚”“蕃蹋魚”“少陽”“邵陽魚”“石蠣”“荷魚”“蕃踏魚”“魚尾魚”“魟”“地青”“赤魚”“海鷂”“鑊蓋魚”“燕子魚”“老鴉頭”。明《通雅·動物·魚》：“蕃蹋魚，今銅盆魚也。蕃蹋魚一名邵陽魚……曰鱝，形如大荷葉，長尾，口在腹下，無足無鱗，福州呼爲銅盆魚。”鱝字從賁。《周易·序卦》：“賁者，飾也。”《廣雅》：“賁，美也。”示其胸鰭寬大如翼，巡游似鳥，很美。胸鰭前突成吻鰭，猶如頭飾。唐徐堅《初學記》卷三〇引《魏武四時食制》：“蕃踰魚，如鼈，大如箕，甲上邊有髯，無頭，口在腹下，尾長數尺，有節，有毒，螫人。”無頭之説實誤，衹是頭與體盤的界綫不明顯而已。明李時珍《本草綱目·鱗四·海鷂魚》〔釋名〕：“邵陽魚、荷

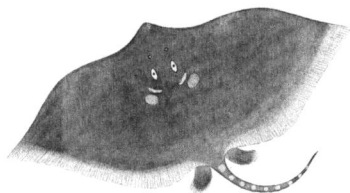

海　鰩
（清聶璜《清宮海錯圖》）

魚、鱝魚、鯆魮魚、蕃蹹魚、石蠣。時珍曰：'海鷂，象形。少陽、荷，並言形色也。'"蕃蹹"，蕃如布幡，蹹如榻，貼底而動，其菲薄的胸鰭波如布幡。清李元《蠕範·物體》："鱝，鱒也，鮣也，鯆魮也……海鷂也。"清稽璜《續通志》："地青，魚尾有刺，甚長……色白者曰地白，與魟相類，又名邵洋魚。"清光緒《川沙廳志·鱗之屬·赤魚》卷四："赤魚，一名鱝，又名海鷂，形圓如荷葉，色赤紫，無鱗，口在腹下，尾長於身，如狸鼠，有刺，甚毒，俗呼鑊蓋魚，大者色青，呼燕子魚，又呼老鴉頭。"鑊，大鍋，形如大盆。鑊蓋魚，意其形如鍋蓋。老鴉頭，是關中人喜吃的一種麵食，兩端略尖，中間偏粗，狀似老鴉頭。此述其形似。

【蕃踏魚】[1]

即蕃蹹魚。此稱東漢末已行用。見該文。

【海鷂魚】[1]

即蕃蹹魚。此稱明代已行用。見該文。

【銅盆魚】

即蕃蹹魚。此稱明代已行用。見該文。

【蕃蹹魚】

即蕃蹹魚。此體明代已行用。見該文。

【少陽】

即蕃蹹魚。此稱明代已行用。見該文。

【邵陽魚】[1]

即蕃蹹魚。此稱明代已行用。見該文。

【石蠣】[2]

即蕃蹹魚。此稱明代已行用。見該文。

【荷魚】[2]

即蕃蹹魚。此稱明代已行用。見該文。

【魚尾魚】

即蕃蹹魚。此稱清代已行用。見該文。

【鱒】[1]

即蕃蹹魚。此稱清代已行用。見該文。

【地青】

即蕃蹹魚。此稱清代已行用。見該文。

【赤魚】[1]

即蕃蹹魚。此稱清代已行用。見該文。

【海鷂】

即蕃蹹魚。此稱清代已行用。見該文。

【鑊蓋魚】

即蕃蹹魚。此稱清代已行用。見該文。

【燕子魚】

即蕃蹹魚。此稱清代已行用。見該文。

【老鴉頭】

即蕃蹹魚。此稱清代已行用。見該文。

蝠鱝

又稱"天牛魚""鱏""燕魚""老烏鴉魚""海魔""海燕"。魚名，軟骨魚綱，蝠鱝科魚的通稱。如日本蝠鱝（*Mobula japonica*）。體呈菱形，寬可達 8 米，重 3 噸。胸鰭特大，翼狀，有凸出的頭鰭。尾細長如鞭，具尾刺。體青褐色。平時底栖生活，但有時上升表層游弋，并做遠程洄游。行動敏捷。性情溫和，以浮游甲殼類和小魚爲食。卵胎生。我國有兩屬四種。俗稱"魔鬼魚""毯魟""飛魷仔""鷹鲂""燕仔魟"，臺灣稱"日本蝠魟"等。清胡世安《異魚圖贊補》卷上《南越記》："天牛魚，方圓三丈，眼大如牛，口在脅下，露齒無唇。兩肉角如臂，兩翼長六尺。"清李調元《然犀志》卷上《魟魚》："魟魚，一名海燕，大者盈車。頭如蝙蝠，身勢如翔燕，尾有鬣。其歧亦類燕剪。當歧之間，復有修圓之尾，形等尾蛇。其脅各具扁孔五，層叠相間。大概與蒲魚相類，亦無鱗甲……《新志》云有赤、白、黃三種，兩翅似燕，能飛翔海上，故以燕名，俗呼爲老鴉魚。"清方旭《蟲薈》卷四："海魔。《正字通》：海魔，魚名也，大如島，有二手二足，洋舶甚畏之。"

【燕魚】[1]

即蝠鱝。此稱明代已行用。見該文。

【天牛魚】

即蝠鱝。此稱清代已行用。見該文。

【海魔】

即蝠鱝。此稱明代已行用。見該文。

【老鴉魚】

即蝠鱝。此稱清代已行用。見該文。

【海燕】[2]

即蝠鱝。此稱清代已行用。見該文。

【魟】

即蝠鱝。此稱清代已行用。見該文。

魟

亦稱"鍋蓋魚""魶魚""魶""鮨魚""鮂魚""鬼尾魚"。鱝形目，魟科魚的通稱。體圓盤形或斜方形，大者體盤寬1米多，尾細長如鞭，具一到三尾刺。口小，橫裂，牙細小，鋪石狀。體光滑或具小刺。胸鰭伸達吻端。鰓孔五個，腹位，種類較多，常見的有花點魟、齊氏魟、礬魟、黃魟等。宋代稱作魶魚。《廣韵·去合》："魶，魚名，似鱉無甲，有尾，口在腹下。"至明代始稱"魟魚"，且識別的"魟

魚"種類漸多。明馮時可《雨航雜録》卷下："魟魚，形圓似扇，無鱗。色紫黑。口在腹下。尾長於身如狸鼠。其最大曰鮫，其次曰錦魟、曰黃魟、曰斑魟、曰牛魟、曰虎魟。"明王圻等《三才圖會·鳥獸五》："魟魚一名鮨魚，俗名鍋蓋魚。形如團扇，口在腹下，無鱗，軟骨，紫黑色，尾長於身，能螫人。"《古今圖書集成·禽蟲典·雜魚部》："《正字通》曰：海魚，無鱗，狀如蝙蝠，大者如車輪。《類篇》曰：魚似鱉，又曰白魟。魚名，又作鮨。與邵陽魚相類，無鱗，又與鮂同。"又直省志書《瑞安縣》："魟魚，身圓無鱗，鼠尾，有黃魟、錦魟、燕魟。"又《興化府》："魟，一作鮨，胎生，形如覆笠，有肉翅能刺人，一名魶魚，有虎魟、劍魟、狗魟，種類不一。"因其尾具毒刺，能刺人斃命，俗稱鬼尾魚。清方旭《蟲薈·海鷂魚》："海鷂魚，一名蒲魚……俗名鍋蓋魚，鬼尾魚。"

【魶】[1]

即魟。此稱宋代已行用。見該文。

【魶魚】[1]

即魟。此稱宋代已行用。見該文。

【鮨】

即魟。此稱宋代已行用。見該文。

【鍋蓋魚】[1]

即魟。此稱明代已行用。見該文。

魟
（清聶璜《清宮海錯圖》）

【鮎魚】

即魟。此稱明代已行用。見該文。

【鬼尾魚】

"魟"之喻稱。此稱清代已行用。見該文。

赤魟

亦稱"邵陽魚""荷魚""鯆魮魚""蕃踏魚""鮫魚"。魚名，長而堅硬棘刺，其基部連毒腺，若被刺傷，重者可致死亡。鱝形目，魟科，赤魟（*Dasyatis akajei*）。體極扁平，體盤近圓形，尾部長，後部細長呈鞭狀，尾背具俗稱"黃鱝""土魚""滑子魚""鯆魚""草帽魚""黃貂魚"。卵胎生。分布於東海、南海，也見於廣西南寧和龍州淡水中，是國内僅有的内陸淡水水域中的軟骨魚類。明李時珍《本草綱目·鱗四·邵陽魚》："邵陽魚、荷魚、鮎魚、鯆魮魚、蕃踏魚、石蠣……時珍曰：海中頗多，江湖亦時有之。狀如盤及荷葉，大者圍七八尺。無足無鱗，背青腹白。口在腹下，目在額上。尾長有節，螫人甚毒。"清謝啓昆監修《廣西通志》卷八九："鮫魚，南海出，狀如團扇。口在腹中而方，尾間有刺，傷人甚毒，皮裝刀靶。"

【邵陽魚】[2]

即赤魟。此稱明代已行用。見該文。

【荷魚】[3]

即赤魟。此稱明代已行用。見該文。

【鯆魮魚】[2]

即赤魟。此稱明代已行用。見該文。

【蕃踏魚】[2]

即赤魟。此稱明代已行用。見該文。

【鮫魚】[2]

即赤魟。此稱清代已行用。見該文。

黑魟

亦稱"燕魟魚""鍋蓋魚""牛尾魚""鯕魚"。魚名，鱝形目，魟科，黑魟（*Dasyatis atratus*）。體盤斜方形，前緣斜直或微凸，與吻端成60°～70°；體盤寬比體盤長大 1.3～1.5 倍。

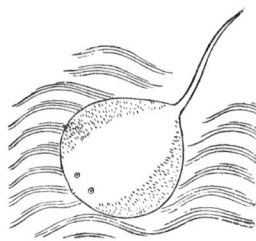

鍋蓋魚
（明王圻等《三才圖會》）

口小，橫平，齒稍外露，鋪石狀排列。眼中大。尾長，後部呈鞭狀，尾刺一至二枚。國内分布於西沙群島海域。明屠本畯《閩中海錯疏》卷中："黑魟，形如團魚，口在腹下，無鱗，軟骨，紫黑色，尾長於身，能螫人。此魚頭圓禿如燕，身圓褊如簸，尾圓長如牛尾。其尾極毒，能螫人。有中之者，日夜號呼不止。以其首似燕，名燕魟魚。以其尾似牛尾，故又名牛尾魚。其味美在肝，俗呼鯕魚。"明王圻等《三才圖會·鍋蓋魚》："魟魚，一名鯕魚，俗名鍋蓋魚。形如團扇，口在腹下，無鱗軟骨，紫黑色，尾長於身，能螫人。又云：此魚頭圓禿如燕，身圓褊如簸，尾圓長如牛尾，其味美在肝。"

【燕魟魚】[1]

即黑魟。此稱明代已行用。見該文。

【鍋蓋魚】[2]

即黑魟。此稱明代已行用。見該文。

【牛尾魚】[1]

即黑魟。此稱明代已行用。見該文。

【鯕魚】

即黑魟。此稱明代已行用。見該文。

小眼魟

亦稱"鯠"。魚名，鱝形目，魟科，小眼魟（*Dasyatis microphthalma*）。體盤亞圓形帶斜方形；寬與長幾相等。吻長爲盤長七分之三，顯著突出，口中大。腹鰭狹長，鰭脚平扁。尾中長。體色淡紅，腹白，邊緣略帶灰。此爲較大型魟類之一。我國分布於臺灣海峽和東海南部等。明張自烈《正字通・魚部》："鯠：譌字，舊注音：象。魚似魟，白而鼻長，誤。"清張玉書《康熙字典》卷三五："魚名，似魟而鼻長。"

【鯠】

即小眼魟。此稱明代已行用。見該文。

雙斑燕魟

又稱"戴星鳶魟""戴星魚"。魚名，鱝形目，燕魟科，雙斑燕魟（*Gymnura bimaculata*）。體盤寬大，近三角形，體盤長大於寬度之半；吻短鈍；眼小稍突起；鼻孔寬大，幾橫列；鰓孔狹小。口寬平，齒細小而多，密列。體背暗褐帶青。側具一對顯著白色或藍色卵狀大斑；腹白。分布於東海、臺灣、南海。三國吳沈瑩《臨海水土異物志》："戴星魚狀如鳶魚，背上有兩白璑如指大，因名之云。"璑，《説文・王部》："華飾也。"

【戴星魚】

即雙斑燕魟。此稱三國時已行用。見該文。

扁魟

又稱"燕魟魚""牛尾魚"。魚名，鱝形目，扁魟科，扁魟屬（*Urolophus*）動物統稱。體平扁，體盤斜方形，尾部粗壯，有尾鰭，尾鰭上有輻狀軟骨支撐。清方旭《蟲薈》卷四《鱗

燕魟魚
（清聶璜《清宮海錯圖》）

蟲》：《興化府志》："魟魚頭如燕，身圓而扁，如籤箕，尾長如牛，極毒，中之者連日號呼不止。一名燕魟魚，又名牛尾魚，福州人食之。"清黃仁等纂乾隆《泉州府志》卷一九："牛尾魚色黃，形如牛尾。"

【燕魟魚】[2]

即扁魟。此稱明代已行用。見該文。

【牛尾魚】[2]

即扁魟。此稱明代已行用。見該文。

光魟

亦稱"土魚""黃裏""黃金牛""黃鱝"。魚名，鰩目，魟科，光魟（*Dasyatis laevigata*）。體盤寬可達35厘米，亞斜方形，背表光滑無刺。牙小，排列鋪石狀。腹鰭近長方形。尾細長如鞭，具一强刺。基部具毒腺，被刺傷後疼痛難忍。方言"黃鱝""羅盤魚""黃邊勞子""滑子魚"。分布於東海、黃海。清道光《招遠縣續志・物産》記載："土魚，尾有大針，最毒，着物立斃。漁人得知，先拔其針，埋沙中。"清道光《膠州志・物産》卷一四："黃鱝，狀如盤，無足無鱗，背青腹黃，口在腹下，目在額上，尾長有針，螫人甚毒。"清郝懿行《記海錯》："《臨海水土異物志》曰：'鱝魚如圓盤，口在腹下，尾端有毒。'余案此物即今之土魚，形與老般無異，唯微厚，腹色黃，俗呼爲黃裏，大者

爲黄金牛，頭與身連，非無頭也，尾如彘尾而無毛，有刺如針，螫人立死。"

【土魚】[1]

即光釭。此稱清代已行用。見該文。

【黄裏】

即光釭。此稱清代已行用。見該文。

【黄金牛】

即光釭。此稱清代已行用。見該文。

【黄鱝】

即光釭。此稱清代已行用。見該文。

中國釭

亦稱"錦釭""鮫鯊"。魚名，鱝形目，釭科，中國釭（*Dasyatis sinensis*）。體盤亞斜方形，吻尖而凸出，口小，噴水孔大。體背黄褐，具深色斑。方言"洋魚""勞板"。分布於東海、黄海、渤海。食用魚。明屠本畯《閩中海錯疏》卷上："鮫鯊，似蛟而鼻長，皮可飾劍靶，俗呼錦釭。"

【鮫鯊】

即中國釭。此稱明代已行用。見該文。

【錦釭】[1]

即中國釭。此稱明代已行用。見該文。

黄釭魚

亦稱"黄釭""燕釭魚""牛尾魚"。魚名，

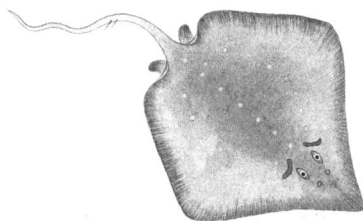

黄釭魚
（清聶璜《清宫海錯圖》）

鰩目，釭科，黄釭（*Dasyatis bennettii*）。體盤亞圓形，尾長爲體長之 2.7 ~ 3 倍，體光滑，背面黄褐或灰褐，腹白。分布於南海。其稱始見於唐代典籍，并沿用至今。唐段成式《酉陽雜俎續集·支動》："黄釭魚，色黄無鱗，頭尖，身似大楠葉，口在頷下，眼後有耳。竅通於腦。尾長一尺，末三刺甚毒。"《格致鏡原》卷九二引段氏之文稱："以其首似燕，故又名燕釭魚；以其尾言，故又名牛尾魚。"清胡世安《異魚圖贊補》卷上："魚曰黄釭，身類楠葉，頭尖無鱗，末刺堪憎（懾）。"楠葉，即楠樹葉，形大如荷葉。"竅通於腦"之説爲謬。尾刺具有清熱消炎、化結等功能，古代用於治療齒痛，現代還用以治療乳腺炎、咽喉炎、胃癌、食道癌等。

【黄釭】

"黄釭魚"之省稱。此稱至遲明代已行用。見該文。

【燕釭魚】[3]

即黄釭魚。此稱明代已行用。見該文。

【牛尾魚】[3]

即黄釭魚。此稱明代已行用。見該文。

齊氏釭

亦稱"錦釭"。海魚名，鱝形目，釭科，齊氏釭（*Dasyatis gerrardi*）。體盤菱形，吻長而尖，稍凸出，眼中大，口小，腹鰭頗狹長。我國分布於南海與臺灣西部海域。清聶璜《清宫海錯圖》第二册："錦釭，背有黄點斑駁如織錦。《福寧州志》有錦釭。《錦釭贊》：'金吾不禁刀鬥無聲，釭飛月下衣錦夜行。'"

【錦釭】[2]

即齊氏釭。此稱清代已行用。見該文。

銀鮫

魚名，銀鮫目，銀鮫科，銀鮫（*Chimaera phantasma*）。體延長側扁，長 60～200 厘米，吻短而圓錐形。鰓裂四對，外被一膜狀鰓蓋，後具一總鰓孔。體光滑，尾歪形，下葉比上葉大。游泳緩慢。清柯璜譯編《博物學講義動物學》第六章："銀鮫者，形甚奇。鰓孔雖似硬骨魚，以全體結構論，與鯊魚、黃貂魚相肖之點不少。"

錦　虹
（清聶璜《清宮海錯圖》）

硬骨魚綱

18 世紀國外近代生物學傳入我國後，纔出現硬骨魚綱之稱。硬骨魚綱（Osteichthyes）包括内鼻孔亞綱（Sarcopterygii），如肺魚、矛尾魚等，和輻鰭亞綱（Actinopterygii）（又稱真口亞綱 Teleostomi）。種類多，約占魚類總數的 95％。主要特徵：骨骼或多或少爲硬骨。無内鼻孔。多有鰾。鰓間隔退化。體多被鱗或無鱗。我國產二十八目，分九個總目，即鯡形總目、骨舌總目、鯉形總目、鰻鱺總目、銀漢魚總目、鮭鱸總目、鱸形總目、蟾魚總目。多海栖，少數生活於淡水。分布廣，西起青藏高原湖泊，東至大陸近海，北起黑龍江，南至南海諸島海域。從浩瀚大海，到池塘小溪，到處都有其踪迹。與人類關係密切，故古籍所述魚類有 88％ 屬於本綱。經考證，古籍中有關魚類的記載有本綱二十一目，一百零五科，二百一十六屬。其中有我國特有的大型淡水魚類中華鱘和白鱘；冷水珍稀魚類哲羅魚；温水大型魚類胭脂魚；高原湖泊特有魚類鰊裳白魚、青海湖裸鯉；我國特有種鮰魚、圓口銅魚、北方銅魚、金綫鲃、鯮；貴重藥用魚類海龍、海馬；珍稀上層魚類劍魚；著名洄游魚類鰻鱺、大麻哈魚；名貴食用魚類鰣魚、松江鱸魚、長吻鮠、真鯛；著名觀賞魚類金魚、鬥魚；著名的"四大家魚"青、草、鰱、鱅；重要經濟魚種帶魚、黃花魚、鯡魚等。

小體鱘

魚名，鱘形目，鱘科，小體鱘（*Acipenser ruthenus*）。體呈長錐形，被五行骨板，口小、橫裂，下頜中間有小口。體背常呈深灰褐色，腹部黃白。分布於額爾齊斯河流域。清袁大化、王樹枏等纂《新疆圖志》："塔城、科布多之間，額爾齊斯河産魚似鱘，大者數尺。河距塔城千里。冬令冰合，游牧人裹糧往開冰孔徑尺，燃火其上，魚見火競躍而出，每夜或得數十百斤，味似鱖。"

施氏鱘

又稱"鱘鰉魚""秦王魚""鱏鰉魚""秦皇魚"。魚名，鱘形目，鱘科，施氏鱘（*Acipenser schrenckii*）。體長梭形，最大體長 2.44 米，重 102 千克，吻尖，口小，下位，吻腹面口前方鬚兩對，鬚基部前方若干疣狀突，多數爲七粒，故俗稱"七粒浮子"。體被五行縱列骨板狀硬鱗，尾鰭歪形。分布於黑龍江流域。清長順修《吉林通志》卷三四："鱘鰉魚，《地理志》：會寧府貢秦王魚。《酉陽雜俎》：東海人常獲魚，長五六尺，腹胃成胡鹿刀槊之狀，或號秦皇魚……秦王二字，即鱏鰉之誤。盛京之魚肥美甲天下，而鱏鰉尤奇。巨口細睛，鼻端有角，大者丈許，重可三百斤，冬日輦以充庖備賜，亦有售於市肆者，都人分鱠之，目爲珍品。"清西清《黑龍江外記》卷八："鱏鰉魚，古名秦王魚，音之譌也。大者首專車。捕之方法：長繩繫叉，叉魚背縱去，徐挽繩以從數里外。魚倦少休，敲其鼻，鼻骨至脆，破則一身力竭。然後戮其鰓使痛，自然一躍登岸。索倫尤擅能。"爲大型名貴經濟魚類。

【鱘鰉魚】[1]

即施氏鱘。此稱清代已行用。見該文。

【秦王魚】

即施氏鱘。此稱清代已行用。見該文。

【鱏鰉魚】

即施氏鱘。此稱清代已行用。見該文。

【秦皇魚】

即施氏鱘。此稱清代已行用。見該文。

達氏鱘

亦稱"鱣"。魚名，硬骨魚綱，鱘科，達氏鱘（*Acipenser dabryanus*）。體亞圓筒形，長 1.1 米，最大體重 15 千克以上，體色灰褐，腹白。吻端尖細。口腹位，口前有兩對較長的吻鬚，鬚長。體被五行骨板，餘皆裸出。淡水定居性魚類，僅分布於我國長江幹支流。故亦稱"長江鱘"。俗稱"沙臘子""小臘子""鱘魚""鰉魚"。明張自烈《正字通·魚部》："鱣；音鱣。《山海經》：鳥鼠同穴之山，渭水東流注於河。其中多鱣魚，狀如鱑。郭璞贊：物以感應，亦不數動。壯士挺劍，氣激白虹。鱣魚潛淵，出則邑悚。"大型經濟魚類，屬國家一級野生保護動物，列入聯合國《瀕危野生動植物種國際貿易公約》。

【鱣】

即達氏鱘。此稱先秦時期已行用。見該文。

白鱘

亦稱"鱏""仲明""鮸鱣""鮔鱣""鱘鰉魚""淫魚""玉板""牛魚""鮛""鮥""鱭""碧魚""黃魚""鱘""鸛嘴魚""道士冠""鸛嘴""鮮龍"。魚名，鱘形目，匙吻鱘科，白鱘（*Psephurus gladius*）。體呈梭形，長一般 2 ~ 3 米，重 10 ~ 30 千克，大者長 7 米，重 500 多千克。頭超過體長之半。吻甚長，凸出如劍，長如象鼻，占頭長的五分之三。古有"鱘鰉龍喙"之說。唐沈仲昌《狀江南·仲秋》詩："江南仲秋天，鱣鼻大如船。"吻部及頭部兩側有許多梅花狀陷器。眼小，口裂大，下位，弧形，能伸縮，上下頜有尖細小齒。體無鱗，側綫完全。歪形尾。體背灰黄，腹白。分布於長江幹支流中，岷江、錢塘江也有，東海、黄海曾有發現。爲我國特産。方言稱"象魚""象鼻魚""劍魚""琵琶魚""琴魚""柱鱘鰉""朝劍魚"等。因其吻如鶴嘴，古又有"鶴嘴魚""牛魚"之稱。

先秦時期稱"鱏""鱏魚"。《爾雅·釋魚》："鱏。"邢昺疏："伯牙鼓琴，鱏魚出聽。"《史記·屈原賈生列傳》："横江湖之鱣鱏兮，固將制於螻蟻。"唐陸德明《經典釋文·爾雅音義下》："鱏……《字林》云：長鼻魚也，重千斤。"又："鮪……或曰即鱏魚也，似鱣而長鼻，體無鱗甲。"明李時珍《本草綱目·鱗四·鮪魚》〔釋名〕："鱏魚、鮪魚、王鮪、碧魚。時珍曰：'此魚延長，故從尋，從覃，皆延長之義。'"明彭大翼《山堂肆考》卷二二四：'鱏，一作鱘……鼻長如鶴嘴，故名鶴嘴魚。'"漢代以還又稱"淫魚"。《淮南子·説山訓》："瓠巴鼓瑟，而淫魚出聽。"高誘注："淫魚喜音，出於水而聽之。"古時"淫""游"可互换。三國魏曹丕《善哉行》："淫魚乘波聽，踊躍自浮沉。"漢代又稱"鮔鱕"，《史記·司馬相如傳》："蛟龍赤螭，鮔鱕螹離。"顔師古注引李奇曰："周洛曰鮪，蜀曰鮔鱕，出鞏山穴中。"《玉篇·魚部》："鮔，鮔鱕，鮪也。"鮔從恒，意形貌奇偉；鱕從番，意晦暗無光貌。又稱"鮥""叔鮪"。《説文·魚部》："鮥，叔鮪也。"

唐宋以還，稱"黄魚""玉板"。唐杜甫《黄魚》詩："日見巴東峽，黄魚出浪新。"宋李石《續博物志》卷二："鱣，黄魚，口在腹下，無鱗，長鼻，軟骨，俗稱玉板，長二三丈，江東呼爲黄魚。"明李時珍《本草綱目·鱗四·鱘魚》〔釋名〕："黄魚、蠟魚、玉板魚……玉板，言其肉色也。"玉板，有云指鮪之軟骨。明楊慎《異魚圖贊》卷一："鱘鰉逆流，不過鑽江。灘崩秭歸，又隔巫陽，魚官空設，玉板不嘗。"清方文《品魚》："玉板浸金膏，允爲盤中最。"

明清以還，白鱘又有諸多異名别稱。《正字通·雜魚釋》："鯯，音斯，魚名。一曰鮪别名。按：鮪，江淮曰鮛，伊洛曰鮪，海濱曰鮥。"明顧起元《魚品》："江東，魚國也，有鱘，鼻長與身等，口隱其下，身骨脆美，可啗（即吃），爲鮓良。其鰓曰玉梭衣。"明黄佐《粤會賦》："鱘鰉龍喙，鯊鰻虎質。"單稱"鯯"。《字彙·魚部》："鯯，一曰鮪别名。"清李元《蠕範·物居》："鮪，鱏也，鱘也……鮥子也，碧魚也，鶴嘴也，鮮龍也，牛魚也，尉魚也，仲明魚也，秦皇魚也。青色，尖頭哆口，長鼻等身。"方言

鱘　魚
（《食物本草》）

牛魚圖

牛　魚
（清蔣廷錫等《古今圖書集成》）

"道士冠"。清光緒《丹徒縣志》："鮪，土人謂之道士冠。"

白鱘陽曆二至三月産卵，性温和，不善游，喜美聲。《埤雅·釋魚》："鮪魚……岫居至春始出。"《爾雅翼·釋魚一》："鱣鮪之類，雖食於水，而不正飲水。《淮南子》曰：'鵜鶘飲水數斗而不足，鱣鮪入口若露而死。'故鱣鮪不善游，冬乃岫居，入河而眩浮。"白鱘靠口膜的伸縮將水生昆蟲、軟體動物和小魚等食物吸入口内，故稱飲而不食。晋左思《蜀都賦》："吹洞簫，發櫂謳，感鱏魚。"櫂爲古棹字，意船槳，此處意划船。謳爲歌唱或歌曲。即吹着洞簫，划着船，唱着歌，召應鮪魚。

白鱘及白鱘卵皆爲美食用材。元劉應李《新編事文類聚翰墨大全》："江東人以鱘鰉作鮓，名片醬，亦名玉板鮓也。"鮓是經過加工的魚類食品，如腌魚、糟魚之類。鱘魚的卵也是美味食品。宋范致明《岳陽風土記》："岳州人極重鰉魚子，每得之，瀹以皂角水少許，鹽漬之即食，味甚甘美。"

古代對白鱘存有許多崇信之處。唐段成式《酉陽雜俎·廣動植之二·鱗介》："蜀中每殺黃魚，天必陰雨。"舊題宋張師正《括異志》："人有以黃魚與彘肉同食，立遭雷震。"白鱘爲我國特産，約起源於一億年前的白堊紀末期，學術上有重要價值。我國列爲一級保護動物。

【鱏】

"白鱘"之古稱。此稱先秦時期已行用。見該文。

【仲明】

"白鱘"之方言。此稱先秦時期已行用。見該文。

【鮪鱏】

"白鱘"之方言。此稱漢代已行用。見該文。

【鮪鱏】

即白鱘。此稱漢代已行用。見該文。

【鱘鰉魚】[2]

"白鱘"之方言。此稱漢代已行用。見該文。

【淫魚】

即白鱘。此稱漢代已行用。見該文。

【鮥】

"白鱘"之方言。此稱漢代已行用。見該文。

【黃魚】[1]

即白鱘。此稱唐代已行用。見該文。

【玉板】[1]

"白鱘"之美稱。此稱宋代已行用。見該文。

【牛魚】[1]

"白鱘"之方言。此稱宋代已行用。見該文。

【鮢】

"白鱘"之方言。此稱明代已行用。見該文。

【碧魚】

"白鱘"之方言。此稱明代已行用。見該文。

【鱭】

"白鱘"之方言。此稱明代已行用。見該文。

【鱘】

即白鱘。此稱明代已行用。見該文。

【鸛嘴魚】

即白鱘。此稱明代已行用。見該文。

【道士冠】

"白鱘"之方言。此稱清代已行用。見該文。

【鸛嘴】

即白鱘。此稱清代已行用。見該文。

【鮮龍】

即白鱘。此稱清代已行用。見該文。

【鮪】[1]

即白鱘。亦稱"尉""鮬""鱣鮪""叔鮪"。鮪一稱源於仲明之説。《古今圖書集成・禽蟲典・鱘鰉魚部》："東萊遼東人謂之尉魚，或謂

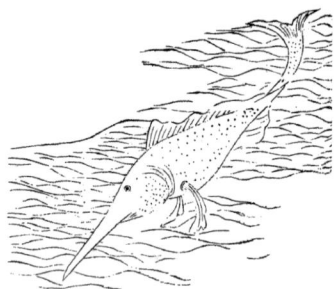

鮪
（明王圻等《三才圖會》）

之仲明魚。仲明者，樂浪尉溺死海中化爲此魚，尉蓋鮪聲之訛。"傳説不足爲憑。宋《廣韵・去未》："鮬，鮪別名。"鮬與鮪同音。《山海經・東山經》："碧陽，其中多鱣鮪。"郭璞注："鮪即鱏也，似鱣而長鼻，體無鱗甲。"《詩・周頌・潛》："有鮪有鱣，鰷鱨鰋鯉。"陸璣疏："鮪魚形似鱣而色青黑，頭小而尖，似鐵兜鍪，口在頷下，其甲可以磨薑，大者不過七八尺，益州人謂之鱣鮪。大者爲王鮪，小者爲叔鮪，一名鮥。"鐵兜鍪，古代武士頭盔。《詩・衛風・碩人》："施罛濊濊，鱣鮪發發。"罛，同罟，一種大的漁網；濊濊，撒網入水聲。發（音潑），活躍，魚甩尾狀。言其魚健，跳躍發發然。鱏意延長，緣於吻之形。

【鮪】[2]

"白鱘"之古稱。此稱先秦時期已行用。見該文。

【尉】

"鮪"之方言。此稱先秦時期已行用。見該文。

【鮬】[1]

"鮪"之方言。此體先秦時代已行用。見該文。

【鱣鮪】[1]

"鮪"之方言。此稱先秦已行用。見該文。

【叔鮪】

"鮪"之方言。此稱三國時期已行用。見該文。

【王鮪】

"鮪"之別稱。鮪之大者稱王鮪。《禮記・月令》云："〔季月之春〕天子始乘舟，薦鮪於寢廟。季月，每季的最後一月。《周禮・天官・䱷人》："春獻王鮪。"鄭康成曰："王鮪，鮪之大者，亦名鱏。王者，王氏曰言大也，物之大者多謂之王。"鄭玄曰："王鮪，則鮪之尤大者。"漢張衡《東京賦》："王鮪岫居。"山有穴曰岫。其穴在河南小平山。長老言，王鮪之魚由南方來，出此穴入河水。"晋陸璣《擬行行重行行》："王鮪懷河岫，晨風思山林。"四川漁民有"千斤臘子（中華鱘）萬斤象（白鱘）"之説。

中華鱘

亦稱"鱣""鱣鮪""鱘鰉""牛魚""玉板""食鱷侯""添厨大監""含光""潛龍鯊"。魚名，鱘形目，鱘科，中華鱘（*Acipenser sinensis*）。體延長呈亞圓柱形，腹部較平。頭大平扁，吻長而尖。口腹位，無齒。體裸無鱗，被五縱行骨板，頭部骨板多塊。歪形尾。體背青灰褐，腹白。個體較大，生命周期較長，最長達四十歲，雄魚平均年齡十五歲，平均體長2米，重86千克；雌魚年齡平均二十二歲，長2.7米，重217千克，最大體重560千克，四川有"千斤臘子萬斤象"之説。主要分布於長江幹流，贛江、珠江、洞庭湖、錢塘江、黃河也有。方言

"鱘魚""大癩子""黃鱘""着甲""黃臘子"。半洄游性底棲魚，平時海棲，秋季溯河產卵，肉食性。

古稱"鱣"，始見於先秦典籍。《詩·周頌·潛》："有鱣有鮪，鰷鱨鰋鯉。"陸璣疏："鱣，身形似龍，銳頭，口在頷下，背上腹下皆有甲，縱廣四五尺……大者千餘斤。"甲指其骨板。鱣，字從亶，意天生的，平坦，廣大貌，示其體延長。《爾雅·釋魚》："鱣。"邢昺疏："郭義具注：陸璣云：'鱣出江海，三月中從河下頭來……今於盟津東石磧上釣取之，大者千餘斤。可蒸為臛（肉羹），又可為鮓，子可為醬。'"唐杜甫《又觀打魚》詩："日暮鮫龍改窟穴，山根鱣鮪隨風雷。"

宋代又有"牛魚""玉板"之異稱，似與白鱘有混，但從所述其他特徵看，應指中華鱘。宋程大昌《演繁露·牛魚》："《燕北錄》云：'牛魚，嘴長，鱗硬，頭有脆骨，重百斤，即南方鱘魚也。'鱣、鱘同。"《埤雅·釋魚》："鮪肉白，鱣肉黃。鱣，大魚似鱘，口在頷下，無鱗，長鼻，軟骨，俗謂之玉板。"《正字通·魚部》："鱣，《異物志》謂之含光，言脂肉夜有光。"明代掌握鱘吃自來之食的習性。明李時珍《本草綱目·鱗四·鱣魚》〔集解〕："時珍曰：鱣出江、淮、黃河、遼海深水處，無鱗大魚也。其狀似鱘，其色灰白，其背有骨甲三行，其鼻長，有鬚，其口近頷下，其尾歧……其食也，張口接物，聽其自入，食而不飲，蟹魚多誤入之。昔人所謂'鱣鮪岫居'，世俗所謂'鱘鰉魚喫自來食'是矣。"清光緒《丹徒縣志》："鱘出揚子江中，大者長丈餘……鼻端有脊骨……兩頰有肉……曰鹿頭……土人呼爲鱘鰉魚。"鱘和鰉實

是兩魚。清王士禎《玉淵潭》詩："夜黑風雨來，鱣鮪皆避徙。"清厲荃《事物異名錄·水族部·鱘鰉》："（五代）《水族加恩簿》：'食寵侯，宜授添厨大監。'按：謂鱘鰉也。"鱘靠口膜的伸縮將水生昆蟲、軟體動物和小魚等吸入口內，故食而不飲。鱘爲大型珍貴魚，肥碩多脂，肌肉、卵子的脂肪、蛋白質含量很高。清王士禎《西陵竹枝四首》詩："江上夕陽歸去晚，白蘋花老賣鱘鰉。"清聶璜《清宮海錯圖》第二册："潛龍鯊，青色而有黃黑細點，頭如虎鯊而圓，口上缺裂不平。背皮上有黃甲，六角如龜紋而尖凸，長短共三行……張漢逸謂此魚即鱘鰉之類。"

鱘最早出現於兩億三千萬年前，是世界現存魚類中最原始的種類之一。我國曾在遼寧北票晚侏羅世（距今一億四千萬年前）地層中發現過鱘類化石，名"北票鱘"。中華鱘爲我國特有的古老珍稀魚類，稱作"活化石"，國家一級保護動物。其爲白堊紀孑遺種類，爲我國特產，在學術研究上具有重要價值，需注意保護。

【鱣】

即中華鱘。此稱先秦時期已行用。見該文。

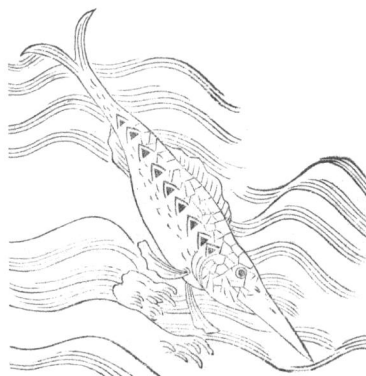

鱣
（明王圻等《三才圖會》）

【鱣鮪】[2]

　　即中華鱘。此稱先秦時期已行用。見該文。

【鱘鰉】

　　即中華鱘。此稱唐代已行用。見該文。

【食寵侯】

　　即中華鱘。此稱五代時期已行用。見該文。

【添厨大監】

　　即中華鱘。此稱五代時期已行用。見該文。

【牛魚】[2]

　　即中華鱘。此稱宋代已行用。見該文。

【玉板】[2]

　　即中華鱘。此稱宋代已行用。見該文。

【含光】

　　即中華鱘。此稱明代已行用。見該文。

【潛龍鯊】

　　即中華鱘。此稱清代已行用。見該文。

【黃魚】[2]

　　亦稱"鱘魚""鱲""鱘龍魚""着黃甲魚""鱣"。即中華鱘。《爾雅·釋魚》："鱣。"晋郭璞注："鱣，大魚，似鱏而短，鼻口在頷下，體有邪行甲，無鱗，肉黃，大者長二三丈，今江東呼爲黃魚。"宋陸游《入蜀記》："過謝家磯……有聚落，如小縣，出鱘魚，居民率以賣鮓爲業。"清李元《蠕範·物性》："鱣，鰉魚也，鱲也，含光也，玉版也，黃魚也。"清屈大均《廣東新語·鱗語·魚》："鱘魚多產端州……一曰鱘龍魚，長至丈，有甲無鱗，魚之至貴者也。"道光《江陰縣志》："鱣，鼻口在項下，無鱗，大者長二三丈，俗名着黃甲魚。"着黃甲魚，應爲着裝黃甲之魚。清光緒《丹徒縣志》："鱣……今江東呼爲黃魚，黃一作鱣。"

【鱘魚】

　　即黃魚。此稱宋代已行用。見該文。

【鱲】

　　即黃魚。此稱清代已行用。見該文。

【鱘龍魚】

　　即黃魚。此稱清代已行用。見該文。

【着黃甲魚】

　　即黃魚。此稱清代已行用。見該文。

【鱣】

　　即黃魚。此稱清代已行用。見該文。

鰉魚

　　亦作"黃魚""黃臘魚""橫魚""玉版魚""牛魚""阿八兒忽魚""哈八兒魚""氣里麻魚""鱘鰉""鱘鰉魚"。魚名，鱘形目，鱘科，鰉魚（ *Huso dauricus* ）。體延長呈圓錐形，最大個體長5米以上，重1000千克，壽命可達百年。漁獲物中一般長1～3.4米。吻突出呈三角形，口下位，三角形。體裸露無鱗，被五列菱形骨板，歪形尾。分布於我國東北黑龍江流域。以魚等爲食。十六歲性成熟，陽曆五至七月產卵。鰉魚，乃黃魚音之訛。稱黃魚緣於其脂黃。方言頗多，赫哲語稱"阿静"（或阿真），滿語稱"阿真"，濟勒彌人通呼爲"麻勒特"，或"麻特哈魚"，宋金時代盛稱"牛魚"。宋周麟之《海陵集》："牛魚出混同江，其大如牛。"混同江指松花江（亦有指黑龍江者）。鰉魚別稱十餘種，以"牛魚"的使用最廣。《通雅·動物·魚》："牛魚，即北方之鮪類也。"明嚴從簡《殘城周咨録》卷二四："牛魚，混同江出，大者長丈三尺，重三百斤，無鱗骨，肉脂相間，食之味長。"

　　唐稱"黃臘魚""橫魚"。唐劉恂《嶺表録

異》卷上：“黃臘魚即江湖之橫魚，頭嘴長而鱗皆金色。”明李時珍《本草綱目·鱗四·鱣魚》〔釋名〕：“黃魚，蠟魚，玉版魚。時珍曰：‘鱣肥而不善游，有遵如之象。曰黃曰蠟，言其脂色也。玉版，言其肉色也。’”《正字通·魚部》：“鰉，鱣也，今俗名鰉魚。”

蒙古語譯稱“乞里麻魚”。明顧起元《魚品》卷第三：“乞里麻魚，味甘，平，無毒。利五臟，肥美人。脂黃肉稍粗。脆亦作膘。其魚大者，有五六尺長，生遼陽東北海河中。”元忽思慧《飲膳正要》云：“遼人名阿八兒忽魚。”阿八兒忽魚，又可譯作“哈八兒魚”，來源於產地名阿八剌忽者，即肇州，今黑龍江肇州縣東南松花江北岸八里城。同書卷四又引作“乞里麻魚”。

清稱鰇鰉魚。清乾隆撰《御製詩集》卷五二《咏鱘鰉魚》：“有目鰍而小，無鱗巨且修。鼻如矜闔戟，頭似戴兜黎（即胄，古代頭盔名）。一雀安能齧，半豚底用投。伯牙鼓琴處，出聽集澄流。”清紀昀《閱微草堂筆記·姑且聽之一》：“金重牛魚，即瀋陽鰇鰉魚，今尚重之。”徐珂《清稗類鈔·動物》：“奉天之魚，至爲肥美，而鱘鰉尤奇。巨口細睛，鼻端有角，大者丈許，重可三百斤，冬日可食，都人目爲珍品。出黑龍、混同等江，非釣所能得，捕之以網，圍之岸邊，伺魚首向岸，挽强射之。魚負痛，一躍而上。既至陸地，即易掩取。或鑿冰以捕，則必繫長繩於箭以掣取之。”

鰉魚爲珍貴食用魚，歷史上曾用作貢品或獎品。宋周必大《二老堂雜志》：“金主愛之，享以所釣牛魚⋯⋯金人甚貴此品，一尾之值與牛同。”《金史·地理志》載，會寧府“歲貢秦

王魚”。鰉魚皮做衣物歷史很早。明張縉彦《寧古塔山水記》：“魚皮部落，食魚爲生，不種五穀，以魚皮爲衣，暖如牛皮。”其魚卵和軟骨都是美味食品。

【黃魚】[3]

同“鰉魚”。此體唐代已行用。見該文。

【黃蠟魚】

即鰉魚。此稱唐代已行用。見該文。

【橫魚】[1]

即鰉魚。此稱唐代已行用。見該文。

【玉版魚】

即鰉魚。此稱宋代已行用。見該文。

【牛魚】[3]

即鰉魚。此稱宋代已行用。見該文。

【阿八兒忽魚】

即鰉魚。此稱元代已行用。見該文。

【哈巴兒魚】

即鰉魚。此稱元代已行用。見該文。

【乞里麻魚】

即鰉魚。此稱元代已行用。見該文

【鱣鰉】

即鰉魚。此稱明代已行用。見該文。

【鰇鰉魚】[3]

即鰉魚。此體清代已行用。見該文。

海鰱

亦稱“四破魚”“火魚”“夥魚”。魚名，海鰱科，海鰱（*Elops saurus*）。體呈延長的側扁圓柱形，頭小，吻尖，口大，端位。有眼瞼，體長 16 ~ 18 毫米，被小圓鱗，背鰭及臀鰭基部有鱗鞘，體色黃褐。清郭柏蒼《海錯百一錄》卷一：“四破魚，似鰛而無鱗，惟喜火光，產臺灣大武崙至三貂一帶。昏夜張罾於船，以小艇

燃炬爲導，群魚望火躍入罾中。福州興化海中亦有，望火結隊而來，間有飛入棹中，呼之爲火魚。以其多也，又呼之爲夥魚。"我國臺灣僅一種。

【四破魚】

即海鰱。此稱清代已行用。見該文。

【火魚】[1]

即海鰱。此稱清代已行用。見該文。

【夥魚】

即海鰱。此稱清代已行用。見該文。

鰣魚

亦稱"鮥""當魱""箭魚""時魚"。魚名，鯡形目，鯡科，鰣魚（*Tenualosa reevesii*）。體長而側扁，呈橢圓形；六齡雌魚長近 60 厘米，雄魚 50 厘米，重 0.5～1 千克，大者 3 千克。吻尖，口大，口裂斜。脂眼瞼發達。圓鱗大而薄。體背暗綠，側和腹面銀白。中上層洄游性魚，生殖期溯河進入珠江、錢塘江、長江等。濾食性魚，以浮游生物爲食。產卵前的鰣魚，豐腴肥碩，含脂量高，屬魚之上品。鰣魚平時海栖，每年農曆四至六月，溯河生殖，後返大海，來

去準時，是故而得鰣魚之名。宋王安石《後元豐行》詩："鰣魚出網蔽洲渚，荻笋肥甘勝牛乳。"明楊琬《丹徒縣志·物產》云："鰣本海魚，季春出揚子江中，游至漢陽生子化魚而復還海。"明李時珍《本草綱目·鱗三·鰣魚》〔集解〕時珍曰："腹下有三角硬鱗如甲，其肪亦在鱗甲中，自甚惜之。其性浮游，漁人以絲網沉水數寸取之，一絲罣鱗，即不復動。"清謝墉《鰣魚》詩："網得西施國色香，詩云南國有佳人。"清李調元《南越筆記》卷一："取鰣魚以潑生釣，以輕絲爲之，往來游，則不損其鱗。"

古稱"鮥""當魱"。《爾雅·釋魚》："鮥，當魱。"郭璞注："海魚也，似鯿而大鱗，肥美多鯁，今江東呼其最大長三尺者爲當魱。"鮥，如鳩集，意大群來游。魱如剗，意其腹部棱鱗尖銳，刺人。又稱"魱""時魚""箭魚"。宋戴侗《六書故·動物四》："魱，魚似鯿而大，生江海中，四五月大上，肥美而多骨，江南珍之。以其出有時，又謂之時魚。"鮥或當魱，爲鰣魚古稱，是吳人以爲珍鰣之意；鰣之大者稱當魱。明王圻等《三才圖會·鳥獸五》："鰣魚一名箭魚。腹下細骨如箭鏃。"箭魚一稱言其腹下棱鱗似箭。明嘉靖《寧波府志》："箭魚即江湖鰣魚，海出者最大，甘肥異常，腹下細骨如箭鏃，俗名箭魚。味甘在皮鱗之交。"鰣魚之味美亦在鱗。世人但工皮相術。鰣魚一旦觸網，爲避傷

鰣　魚
（清蔣廷錫等《古今圖書集成》）

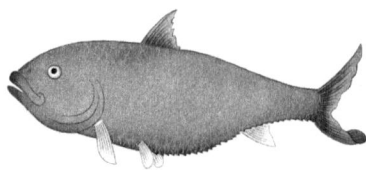

鰣　魚
（清聶璜《清宮海錯圖》）

鱗，不作挣扎，因惜其鱗而失其命，成人們的盤中餐。因此，古時以絲織挂網捕撈鰣魚。

食用鰣魚有一種特殊的食法，即所謂"鰣魚味美在皮鱗之交，故食不去鱗"，以"出富陽者尤美"，成爲皇家追索的貢品。富陽一帶百姓爲供鰣魚，常常導致傾家蕩産，苦不堪言。鰣魚進貢始於明代，朱元璋定都金陵後，鰣魚被列入御膳之譜。燕王朱棣奪權後，金陵改稱南京，遷都北京後，下令南京向北京進貢鰣魚，持續二百餘年。明彭大翼《山堂肆考》卷二二四："鰣魚，一名箭魚，腹下細骨如箭鏃。鰣魚味美在皮鱗之交，故食不去鱗，而出富陽者尤美。此東坡有鰣魚多骨之恨也。"帶鱗鰣魚，以清蒸爲最佳。明高濂《遵生八箋·飲饌服食箋上》："鰣魚去腸不去鱗，用布拭去血水，放蕩鑼内，以花椒、砂仁、醬擂碎，水、酒、葱拌匀其味，和蒸，去鱗供食。"鰣魚過去一直是高級食品。明何景明《鰣魚》詩："五月鰣魚已至燕，荔枝盧橘未應先。"五月荔枝、枇杷還未上市，鰣魚便已送到京城。明于慎行《賜鮮鰣魚》詩："六月鰣魚帶雪寒，三千里路到長安。"六月的鰣魚，還帶着霜雪的寒意，經過三千里路的長途跋涉，被送到了京城。爲供上用，捕鰣擾民。明佚名《沂陽日記》："韓苑洛（時任浙江按察僉事）性剛直……目擊其患。作歌曰：'富陽山之茶，富陽江之魚，茶香破我家，魚肥賣我兒。采茶婦，捕魚夫，官府拷掠無完膚。皇天本至仁，此地獨何辜？魚兮不出別縣，茶兮不出別都！富陽山何日頹？富陽江何日枯？山頹茶亦死，江枯魚亦無。山不頹，江不枯，吾民何日蘇？'"富陽地區是重災區。清吳嘉紀《打鰣魚》："打鰣魚，供上用，船頭密網猶未下，官長已備驛馬送。"至清康熙二十二年（1683），山東按察司參議張能麟上《代請停供鰣魚疏》曰："……鰣産於江南之揚子江，達於京師，二千五百餘里。進貢之員，每三十里立一塘，竪立旗杆，日則懸旌，夜則懸燈，通計備馬三千餘匹，夫數千人。東省山路崎嶇，臣見州縣各官，督率人夫，運木治橋，石治路，晝夜奔忙，惟恐一時馬蹶，致乾重譴。且天氣炎熱，鰣性不能久延，正孔子所謂魚餒不食之時也……"康熙見後，遂下令"永免進貢"，纔結束了鰣貢。

鰣魚速腐多刺，爲美中不足。明李時珍《本草綱目·鱗三·鰣魚》〔集解〕："鰣，形秀而扁，微似魴而長，白色如銀，肉中多細刺如毛，其子甚細膩。"因此，江以西之人頗不賞識。隋唐以前，習慣上稱長江下游北岸淮水以南地區爲江西。明楊慎《異魚圖贊》卷一："時魚似魴，厥味肥嫩，品高江東，價百鱣鮪，畀江而西，謂之瘟魚，弃而不餌。"鰣魚在江東身價百倍，而在江西却被當作"瘟魚"，連當年蘇東坡吃過鰣魚後也恨它刺太多。

【鮥】

"鰣魚"之古稱。此稱秦漢時期已行用。見該文。

【當魱】

"鰣魚"之古稱。此稱秦漢時期已行用。見該文。

【箭魚】

即鰣魚。此稱唐代已行用。見該文。

【時魚】

同"鰣魚"。此體宋代已行用。見該文。

【三鯬】

即鰣魚。亦稱"三鯠"。此稱明代已行用。"三鯬""三鯠"之稱亦由鰣魚的來去規律而得。明馮時可《雨航雜録》卷下："箭魚即鰣魚也。腹下細骨如箭簇，首夏以時至而得名。"又："鯬，音黎，鰣別名。廣州謂之三鯬之魚。"又："鯠，音來，鰣魚別名。"鰣魚在珠江下游每年從初夏起，有三次大群游來，故稱"三來"。因廣東鯬、鯠發音相似，三來也説成三鯬。清全祖望《説鰣》："諺曰：'三鯬不上銅鼓灘。'謂粵鰣不過潯州也。"

【三鯠】

即鰣魚。此稱明代已行用。見該文。

【時充】

即鰣魚。亦稱"諸衞效死軍使""瘟魚""時舅""小麥魚""香魚""何洛魚"。宋陶穀《清異録·魚門》："鰣，名時充。"五代毛勝《水族加恩簿》："令珍曹必用郎中時充，鐕材本美，妙位無高，宜授諸衞效死軍使、持節雅州諸軍事。"明李時珍《本草綱目·鱗三·鰣魚》〔集解〕："鰣，形秀而扁，微似魴而長，白色如銀，肉中多細刺如毛，其子甚細膩。"明楊慎《異魚圖贊》卷一："嘉州魚舅，載新厥名，鱗鱗迎勝，夫豈其甥，其文實鰳，江圖可徵。"勝，意隨嫁。明萬曆《紹興府志》卷一一："鰣魚，餘姚之梅奧溪，小麥熟時有，亦名小麥魚。"清乾隆《福寧府志》卷一二："鰣魚，青脊燕尾，亦曰香魚。"郝懿行義疏："今登萊人呼鮰鮥魚爲何洛魚……鮰鮥、鰣魚實一類，出於江海爲異耳。"

【諸衞效死軍使】

即鰣魚。此稱五代時已行用。見該文。

【瘟魚】

即鰣魚。此稱明代已行用。見該文。

【魚舅】

即鰣魚。此稱明代已行用。見該文。

【小麥魚】[1]

即鰣魚。此稱清代已行用。見該文。

【香魚】[1]

即鰣魚。此稱清代已行用。見該文。

【何洛魚】

即鰣魚。此稱清代已行用。見該文。

鰳魚

亦稱"雪映魚""勒""勒魚"。魚名，鯡形目，鋸腹鰳科，鰳魚（*Ilisha elongata*）。體甚側偏，大者長45厘米，重1000克。口大，上斜。被圓鱗。體色銀白。近海洄游性中上層魚類。游泳迅速。以魚和頭足類爲食。四到六月近岸在泥沙底處産卵。鰳魚其稱緣於其腹部的鋸齒狀棱鱗。舊題先秦范蠡《養魚經》："鰳魚，腹下之骨如鋸可勒，故名。"元徐碩《至元嘉禾志·魚品》："鯔、勒、鱉、石首……"明李時珍《本草綱目·鱗三·勒魚》〔釋名〕時珍曰："魚腹有硬刺勒人，故名。"〔集解〕時珍曰："勒魚出東南海中，以四月至。漁人設網候之，聽水中有聲，則魚至矣。有一次、二次、三次乃止……""肉氣味甘平無毒，主治開胃暖中，作鮝尤良。"鰳魚汛期各漁場不同，舟山爲

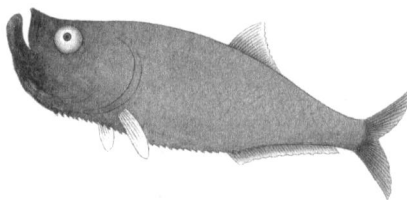

鰳　魚
（清聶璜《清宮海錯圖》）

四到七月，廣東萬山爲三到五月，渤海爲四到六月等。主要用流刺網、手釣、延繩釣等漁具捕撈。鰳以生殖期前肥。《正字通·魚部》："鰳魚以四月至海上，漁人聽水聲取之。狀如鱄魚，小首細鱗，腹下有硬刺，乾曰鰳鯗。頭上有骨，合之如鶴喙形，蓋鰒魚之一種也。"鯗，意乾魚、臘魚。鰒爲石首魚，鰳非其一種。明陳仁錫《潛確居類書》："肋魚似鱄而小，身薄骨細，冬月出者名雪映魚，味佳；至夏則味減矣。"清胡世安《異魚圖贊補》卷上："勒魚，東南海中，初夏謖謖。漁人設網，伺鰳次逐。狀刺如鱄，冰鮮是鬻。甜瓜若生，骨蒂尋熟。"甜瓜若未成熟，鰳鯗骨插入瓜蒂，一夜便可成熟。捕撈鰳魚至今已有五千多年歷史。山東膠州三里河遺址之墓中四次發現鰳魚骨，廢坑中又有成堆的明鰳鱗片，説明鰳魚在新石器時代就成爲主要經濟魚，人活着時愛吃，死後隨葬。鰳魚肉嫩味美，營養價值很高。現仍爲我國主要經濟魚之一，年產可達三萬四千噸。除鮮銷外，主要製成鹹乾品，廣東曹白魚鯗、浙江的酒糟鯗均負盛名。鰳之方言，廣東稱"曹白魚"，福建稱"白力魚"，江浙稱"鯗魚"，山東稱"白鱗魚"，河北、遼寧稱"鱠魚"和"快魚"，又因其汛期藤蘿開花，故又名"藤香"，還有"鱗子魚""火絡魚""白鯗"等。

【勒】
即鰳魚。此稱元代已行用。見該文。

【勒魚】
同"鰳魚"。此體清代已行用。見該文。

【雪映魚】
"鰳魚"之美稱。此稱明代已行用。見該文。

【鮚魚】
即鰳魚。單稱"鯗"，亦稱"鯗魚""白鱗魚""鱺魚"。宋范成大《吳郡志·雜志》："美下着魚，是爲鯗字。"宋朱熹《朱子語類》卷一二四："據其所見，本不須聖人文字得，他卻須要以聖人文字説者。此正如販鹽者，上面須得數片鯗魚遮蓋，方得過關津，不被人捉了耳。"清光緒《重修常昭合志·物產》："鰳，即鯗魚。"鯗魚，本意魚乾，此處寓意美味之魚。清郭柏蒼《海錯百一録》卷一："鰳魚，又名鮚魚。產臺灣。鱗細脊腴，味甘美。春初由海沿溪入內山。其時長方徑寸，每月長一寸，至冬成尺矣，還自內山到海邊，出卵而没。蓋飲淡水而成卵，還鹹水而出卵。"鰳魚分布很廣，并非衹產臺灣。鮚，鰳的諧音字。鮚從吉，通棘，腹部棱鱗如棘。清郭柏蒼《海錯百一録》卷一："鱺魚，又呼白鱺，多鯁似鱄而薄小，《閩書》鰳魚似鱄……蒼按：海產之白鱺，出於春末，至暑漸減，其狀與《閩書》所稱鰳魚正合。"勒，福建讀作力，鰳魚福建稱白力魚；鱺與力同音。清光緒《日照縣志》卷三："鰳，俗呼白鱗魚，故名鮚。"

【鯗】[1]
即鮚魚。此稱至遲宋代已行用。見該文。

【鯗魚】
即鮚魚。此稱宋代已行用。見該文。

【鱺魚】[1]
即鮚魚。此稱清代已行用。見該文。

【白鱗魚】
即鮚魚。此稱清代已行用。見該文。

金色小沙丁魚
古稱"鰛""臭魚"。魚名，鯡形目，鯡

科，金色小沙丁魚（*Sardinella aurita*）。體呈圓柱形，略側扁。長17厘米。眼中大。口裂短。鱗片近六角形，有五到六條横溝綫。腹部有棱鱗。體背青緑，腹部銀白，體側上方有一淡黄色縱帶。以小蝦爲食。見於我國東海、南海。汕尾稱“黄澤”，廣東其他地區稱“澤魚”，亦稱“青鱗”。産量不多。元徐碩《至元嘉禾志·魚之品》:“鰛、勒、鱉、石首……”明屠本畯《閩中海錯疏》卷中:“鰛，似馬鮫而小。有鱗，大者僅三四寸。”清胡世安《異魚圖贊閏集》:“鰛魚，身圓鱗厚，長數寸。”鰛如榅，《玉篇·木部》:“榅，柱也。”清郭柏蒼《海錯百一録》卷一:“鰛，連江、長樂皆有之，似青鱗而少細骨。六月無北風，少晡時則多産，骨軟者佳，以鹽水腌，隔歲發香味，食之扶土。詔安、銅山之鰛，在海旁咂東洋土，尤爲補脾。閩人以此下飯，不厭腥䲲。外省見者呼爲臭魚，不敢近。”金色小沙丁魚體呈圓柱形，故稱鰛。沙丁一稱，是英語sardine的音譯。

【鰛】

即金色小沙丁魚。此稱元代已行用。見該文。

【臭魚】

即金色小沙丁魚。此稱清代已行用。見該文。

青鱗小沙丁魚

古稱“鯯魚”“青鮻”。魚名，鯡形目，鯡科，青鱗小沙丁魚（*Sardinella zunasi*）。體長橢圓形，側扁而高。長12厘米，頭中大，吻中長，眼中大。被圓鱗，鱗片具一到八條連續溝，一到七條中斷溝，腹部具棱鱗。體背青褐，腹白，鰓後具一黑斑。沿海常見中上層小型魚。古稱“鯯魚”。鯯魚，鯯字從制，《説文·刀部》:“制，斷也。”示其腹部棱鱗鋒利，具割裂作用。《太平御覽》卷九三八引三國吴沈瑩《臨海水土異物志》云:“鯯魚至肥，炙食甘美。諺曰‘寧去累世宅，不去鯯魚額’。”南朝宋劉義慶《世説新語·紕漏》:“虞嘯父爲孝武侍中。帝從容問曰:‘卿在門下，初不聞有所獻替。’虞家富春，近海，聞謂帝望其意氣。對曰:‘天時尚暖，鯯魚蝦鱃未可致，尋當有所上獻。’帝撫掌大笑。”宋陸游《秋日雜咏》詩:“白蟹鯯魚初上市，輕舟無數去乘潮。” 明楊慎《異魚圖贊》卷三:“鯯魚之味，其美在額。古諺有之，價蹔世宅。鱣鰓沙刺，黄骨鰌脊。”清郭柏蒼《海錯百一録》卷一:“青鮻，福州呼青鮻，仔長不及三寸。眼赤，鱗小、色青，生於首夏。油煎有香氣，煮之者䱑。”

【鯯魚】[1]

即青鱗小沙丁魚。此稱三國時已行用。見該文。

【青鮻】

即青鱗小沙丁。此稱清代已行用。見該文。

青鱗魚

亦稱“柳葉魚”。魚名，鯡形目，鯡科，青鱗魚（*Harengula zunasi*），體長橢圓形，長10～12厘米，體被大圓鱗，易脱落，腹緣有鋸齒狀大棱鱗。體背青緑，腹白。脂眼瞼發達。方言“青皮”“青濟”“白羔”。分布於我國東海、黄海和渤海。清郝懿行《記海錯》:“柳葉魚，魚體似魴而狹，長不盈五寸，闊幾二寸，厚半分許。海人爲其輕薄，形如柳葉，因被此名矣。腌藏而脯乾之，可以餉遠。炙啖甚佳。萊州街市編爲四五草束而貨之，有野素之風。”産量較大。但魚體小，刺多。除鹵鮮油煎食用外，大都加工成鹽乾魚。是烤食方便食品。

【柳葉魚】

"青鱗魚"之方言。此稱清代已行用。見該文。

斑鰶

亦稱"黃魚""青鯽""青鱗""鰶""油鰶""黃雀魚"。魚名，鯡形目，鯡科。斑鰶（*Konosirus punctatus*）。體長橢圓形，側扁。長可達20多厘米。背鰭最後一鰭條延長成絲狀。鰓蓋後上方有一黑斑。喜群游，性活潑。以硅藻爲食，分布很廣。次要經濟魚類。廣東稱"黃流魚""黃魚"，山東稱"扁鰶""古眼魚"，河北稱"氣泡子"，方言還有"刺兒魚""磁魚""春鰶""鮁鰶魚"等。《玉篇·魚部》："鰶，魚名。"明王圻等《三才圖會·鳥獸五》："有一種名鰶，如鰣而小，鱗青色，俗呼青鯽，又名青鱗。按：鰶，四明奉化具有之，鱗脊具青，故名青鯽，冬月味甘腴，春月魚首生蟲，漸瘦不可食。"

明稱"鰶魚"。明馮時可《雨航雜錄》卷下："又名鰶魚。《文字集略》：鰶亦作鰶字，音祭，又音制。炙食甘美。諺曰：寧去累世宅，不去鰶魚額。"清李元《蠕範》卷一："鰶，訓鰶也，黃雀魚也，多刺而肥，其美在額，黃雀所化。"又稱青鯽。清胡世安《異魚圖贊補》卷上："青脊非鯽，而有鯽名，身扁鱗白，腴美可鯖，清明改候，腦內虱生，肉瘦味減，不中燖烹。"明張九峻《海味索隱·青鯽歌》："探茅積，得玄鯽，顏如漆，味如臙。煮白石，防中咽，啖蟠桃，吐崑核。比五葷，是雞肋。中間弃之殊可惜。"清郭柏蒼《海錯百一録》卷一："黃魚，身扁薄，多鯁多油，腌食可口。福州呼油鰶。"黃雀化魚之説爲謬。清康熙《招遠縣志·物產》卷五："鰶魚，麥黃時始肥，八月尤美。"

【青鯽】

即斑鰶。此稱明代已行用。見該文。

【青鱗】

即斑鰶。此稱明代已行用。見該文。

【鰶】

即斑鰶。此稱明代已行用。見該文。

【黃魚】 [4]

即斑鰶。此稱清代已行用。見該文。

【油鰶】

即斑鰶。此稱清代已行用。見該文。

【黃雀魚】 [1]

即斑鰶。此稱清代已行用。見該文。

鯡魚

單稱"鯡"，亦稱"青魚"。魚名，鯡形目，鯡科，太平洋鯡（*Clupea pallasii*）。體長而側扁，長25～35厘米。被圓鱗。體背藍黑，腹白。以浮游生物爲食，冷水性中上層魚類。分布廣，我國黃海、渤海都有。鯡如扉，示魚體扁薄。《集韵·平未》："鯡，海魚名。"清郝懿行《記海錯》："青魚，大者長尺許，腹背鱗色俱青，以是得名。冰解春融，海魚大上，挂網之繁，無慮千萬，貨者賤之。"喜集群，其個體之多，魚群之密，無與倫比，是世界上數量最多的重要經濟魚類之一。但洄游數量不穩，時多時少。清王培荀《鄉園憶舊録》卷八："青魚，至期駕潮而上，海水

青　魚
（《食物本草》）

爲赤，魚眼射波紅也。價低而別味，比户皆買，如杜詩所謂‘頓頓食黄魚’者。”清道光《招遠縣續志·物産》卷一：“青魚……其來最早，爲群甚多，亦漁家之大利也。”清宋婉《青魚》詩：“枕上春鶯向曉鳴，故園風物最關情。青魚白勝西施乳，堪笑河豚浪得名。”鮐魚、鯖魚也有“青魚”之异稱，并非同魚，係一名多用。

【鯡】

即鯡魚。此稱宋代已行用。見該文。

【青魚】[1]

即鯡魚。此稱清代已行用。見該文。

鯷魚

亦稱“離水爛”“鮰”“丁香魚”“白沫魚”“水沫魚”“海焰魚”。魚名，鯡形目，鯷科，日本鯷（*Engraulis japonicus*）。温帶海洋中上層小型魚類，分布廣泛。喜群栖。多爲經濟魚類的餌食。清郝懿行《記海錯》：“離水爛，無名小魚也。漁者爲細網，海邊撩取之，長數寸許，圓體饒肪。逡巡失水，便致糜爛，海人爲難於收藏，腌以爲醬，鮮美可啖，經典所稱魚醢當指此而言。” 清李元《蠕範》卷七：“鮰，丁香魚也，白沫魚也。梅雨時海水凝沫而成，雪色無骨。”清聶璜《清宫海錯圖》第一册：“閩海有一種水沫魚，係水沫結成，柔軟而明澈。照見其中若有骨節狀，其實無骨也，不但無骨，而且無肉……又海焰魚，産寧波海濱，亦名海沿。秋日繁生，長僅寸餘而細，色黄味美。”

海焰魚
（清聶璜《清宫海錯圖》）

【離水爛】

“鯷魚”之俗稱。此稱清代已行用。見該文。

【鮰】[1]

“鯷魚”之俗稱。此稱清代已行用。見該文。

【丁香魚】

“鯷魚”之俗稱。此稱清代已行用。見該文。

【白沫魚】

“鯷魚”之俗稱。此稱清代已行用。見該文。

【水沫魚】

“鯷魚”之俗稱。此稱清代已行用。見該文。

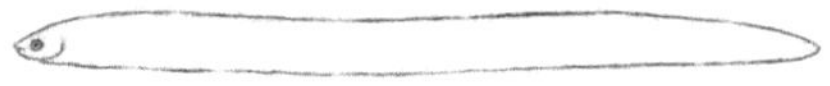

水沫魚
（清聶璜《清宫海錯圖》）

【海焰魚】

“鯷魚”之俗稱。此稱清代已行用。見該文。

江口小公魚

又稱“江魚”。魚名，鯡形目，鯷科，江口小公魚（*Stolephorus commersonii*）。體長而側扁。一般體長 6 ~ 8 厘米，重 15 ~ 30 克。吻鈍圓。口大，下位。被圓鱗，體乳白間黄色。分布於我國沿海。俗稱“康氏小公魚”“黄巾”“白弓”“公魚”。清胡世安《異魚贊閏

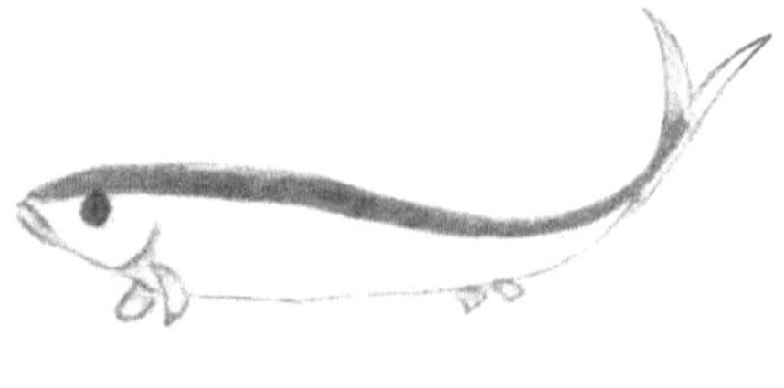

厦門江魚
（清聶璜《清宫海錯圖》）

集·江魚》："江魚瑩玉，流魚浪花。宜脯宜畜，收盈舟車。江魚生於海，長二寸許，潔白如銀。其來成群，漁人以爲利，舟車俱滿。其用甚廣，或醢或脯，以行四方。"清聶璜《清宮海錯圖》第一冊"江魚"："厦門海上産一種小魚，名曰江魚。至春則發，背上一條燦爛如銀。長不過二寸，土人宴客，以爲珍品，乾之可以貽遠人。"

【江魚】[1]

即江口小公魚。此稱清代已行用。見該文。

小公魚

又稱"黃鱠"。魚名，鯡形目，鯷科，中華小公魚（*Stolephorus chinensis*）。體長圓柱形，稍側扁。體長僅 6.5~7.5 厘米。頭較小。吻突出。眼側前位，口大，亞下位，斜裂，體被薄圓鱗，易脱落，背鰭中大，體色乳白，體側具一銀白色縱帶。頭頂具一"U"形青黑斑。近海小型中上層魚類。俗名"公魚"，是中國的特有物種。分布於南海和東海等。清聶璜《清宮海錯圖》第一冊："黃鱠似紫魚而闊，多刺，與石首同時發，然不甚大。《字彙》鱠音獲。閩人呼此魚爲黃隻。"有經濟價值的小形魚類，多烤製成乾，味美，爲廣大消費者所歡迎。或銷至山區鄰縣，作筵席上用。

【黃鱠】

即中華小公魚。此稱清代已行用。見該文。

赤鼻棱鯷

又稱"黃雀魚""黃雀"。魚名，鯡形目，鯷科，赤鼻棱鯷（*Thryssa kammalensis*）。最大體長 8.3 厘米，頭略小，側扁。吻鈍，口大傾斜；腹部在腹鰭前后有一排鋭利的棱鱗，體背青灰，具暗灰色帶，被圓鱗，分布於我國沿海。古稱"黃雀魚"。三國吳沈瑩撰《臨海水土異物志》："黃雀魚，常以八月化爲黃雀，到十月入海爲魚。"明屠本畯《閩中海錯疏》卷中："黃雀，似鰤而小，冬月最盛。"清胡世安《異魚贊閏集》"黃雀、白雀"："飛躍貿形，味隨氣革。昊瑣乘權，術衒黃白。黃雀，似箬葉而薄，色黃。《異苑》：魚以八月化爲雀，十月復入海化魚。出惠州。作膾，粵人多尚之。又有白色者名白雀，蓋因色而名，味不及黃。"黃雀化魚之説爲謬。

【黃雀魚】[2]

即赤鼻棱鯷。此稱三國時期已行用。見該文。

【黃雀】

即赤鼻棱鯷。此稱明代已行用。見該文。

刀鱭

單稱"鮤""鱴"，亦稱"鱭刀""魛魚""刀魚""鱴魚""刀鱴""望魚""鱴魚""鱭魚"。魚名，鯡形目，鯷科，刀鱭（*Coilia ectenes*）。體長一般 20 厘米，長者達 32 厘米。體被大而薄的圓鱗，無側綫。尾分叉，尖端狹長，呈紅色，狀如鳳尾，故稱鳳尾魚。其體背若青石板，色或呈金黃，或青黃交雜，又有"青背""黃背"和"花背"之稱，腹側銀白，沾青、藍或淡黃螢光。口上緣一對頜骨延伸游離於口後部。胸鰭上緣有七條游離的絲狀鰭條，長若麥芒，最長的向後可超過肛門，有觸覺作用。以

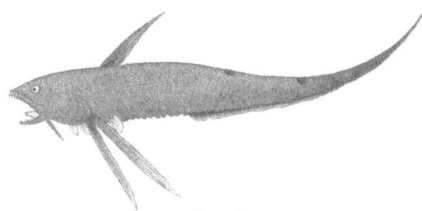

紫　魚
（清聶璜《清宮海錯圖》）

鱭　魚

（清蔣廷錫等《古今圖書集成》）

魚、蝦等爲餌。方言稱“鳳尾魚”，崇明叫“子魚”，上海稱“烤子魚”，還有“野毛魚”“毛花魚”“子鱭”“河刀魚”“黄齊”“毛鱭”“刀鞘”“海刀魚”等。我國東海、黄海資源豐富，沿海各大江河口附近均有分布。體側扁，形若蔑刀，腹緣有棱鱗，古時稱刀魚。

鮆魚之稱始見於先秦典籍。《山海經·南山經》：“〔浮玉之山〕……苕水出於其陰，北流注於具區，其中多鮆魚。”晋郭璞注：“鮆魚，狹薄而長頭，大者尺餘，太湖中今饒之，一名刀魚。”《爾雅·釋魚》：“鮤，鱴刀。”晋郭璞注：“今之鮆魚也，亦呼爲魛魚。”《説文·魚部》：“鮆，飲而不食，刀魚也。”段玉裁注：“刀魚，以其形像刀也。俗字作魛。”清郭柏蒼《海錯百一録》卷一曰：“鮆，身狹長如彎刀，鰓下有長刺如麥芒，其鯁微彎。”鮤、鱴刀、鮆、魛魚等稱相互詮釋，其意相似。刀魚之名緣於其形，魛則是刀的俗字；鱴，制字從篾，是竹子劈成的薄片，含薄刀之意；鮤或來於裂，亦刀之功能；鮆與鱭同音，是鱭的古稱。明屠本畯《閩中海錯疏》卷上云：“鮆，頭長而狹，腹薄而腴，多鯁，脊如刀刃，故謂之刀鮆。”

宋時稱望魚、鱭魚等。明張自烈《正字通·魚部》：“《魏武四時食制》謂之望魚，一名鱭魚，又名鱭魚。春到，上側薄，類刀，大者曰母鮆。”鱭魚源於神話傳説。明李時珍《本草綱目·鱗三·鱭魚》引三國吴沈瑩《臨海水土異物志》：“鱭魚仲夏從海中溯流而上，長尺餘，腹下如刀，肉中細骨如毛，云是鱭鳥所化，故腹内尚有鳥腎二枚。其鳥色白如鷗，群飛至夏，鳥藏魚出，變化無疑。”此説實謬，此魚非鳥所化，腹内無鳥腎。明楊慎《異魚圖贊》卷二：“望魚，明都溠澤，望魚之沼，形側如刀，可以刈草。”明都是古澤藪名，藪是生長很多草的湖，溠是古水名。

刀鱭爲洄游性魚類，平時多栖於外海，每年二到三月間春末夏初則由海入江，在江河的中下游的淡水入口處産卵洄游。晋郭璞《江賦》：“介鯨乘濤以出入，鯼鮆順時而往返。”鯼即石首魚，是説石首魚和刀鱭都是按照一定的季節準時而往返的。明錢宰《江居什興》詩：“三月江南春雨歇，雙雙子鱭上桃花。”俗云“河魨來看燈，刀鱭來踏青”，説明刀鱭在河魨之後溯河。宋梅堯臣《雪中發江寧浦》詩：“鮆魚何時來，梅花吹茫茫。”宋宋琬《刀魚》詩：“銀花爛漫委筠筐，錦帶吴鈎總擅長。千載專諸留俠骨，至今匕箸尚飛霜。”元貢師泰《送東流葉縣尹》詩：“荻笋洲青鷗鳥狎，楊花浪白鱭魚鮮。”荻是多年生草本植物，狎意不莊重的接近，即鷗鳥嬉戲。清潘高《寒食》詩：“黄鴉觳觳雨疏疏，燕麥風輕上鮆魚。”進入長江的刀鱭，可上溯至洞庭湖一帶，距海約1400千米，此時不攝食或很少攝食，飲而不食。四月産卵，三至五月爲漁汛期，以刺網、圍網、張網、罾網等緝之。長江最盛産，年産可達七百多萬斤。長江中下游清明前的鳳尾魚品質最好。幼魚十一月降河入海。刀鱭肉嫩，脂多，味珍，可以鮮食，江南佳品之一。明魏浣初《望江南》詞："江南憶，佳味憶江鮮。刀鱭霜鱗婁水斷，河豚雪乳福山船，齊到試燈前。"明許恕《故國》詩："河豚羹玉乳，江鱭膾銀絲。"常吃刀鱭，還對消化功能紊亂、消化不良、身體虛弱者有調節和補償作用。清王士雄《隨息居飲食譜》稱："鳳尾魚味美而膩，與病無忌。"刀鱭不僅肉好吃，卵也是佳品，古時謔稱螳螂子。吃鱭魚無須刮鱗破肚，祇要由口中掏出内臟，洗净晾乾，用油一炸，香味撲鼻，連骨刺一起嚼碎，酥脆可口。除鮮食外，還常用於製作罐頭，俗稱"銀魚柳"。

【鮆】

　即刀鱭。此稱先秦時期已行用。見該文。

【鮆魚】[1]

　即刀鱭。此稱先秦時期已行用。見該文。

【鴷】

　即刀鱭。此稱秦漢時期已行用。見該文。

【鱴刀】

　即刀鱭。此稱秦漢時期已行用。見該文。

【魛魚】

　即刀鱭。此稱漢代已行用。見該文。

【刀魚】[1]

　即刀鱭。此稱漢代已行用。見該文。

【鱭魚】

　即刀鱭。此稱三國時期已行用。見該文。

【望魚】

　即刀鱭。此稱宋代已行用。見該文。

【鱭魚】

　即刀鱭。此稱宋代已行用。見該文。

【刀鱭】

　即刀鱭。此稱明代已行用。見該文。

【刀鱭】

　同"刀鱭"，亦稱"骨鯁卿""白圭夫子""刺魚""鮊""鯯魚""螳螂子""刀鱭魚""鳳尾魚""黄雀魚""魛鮆""聚刀魚""毛花魚"。清厲荃《事物異名録·水族》引《養魚經》："鮆魚狹薄而首大，其形如刀，俗呼刀鱭。"五代毛勝《水族加恩簿》："令惟爾白圭夫子，貌則清臞，材極美俊，宜授骨鯁卿。"有考者謂，因其腹部棱鱗呈三角形，尖利易卡喉嚨，故稱骨鯁卿。明馮時可《雨航雜録》卷下："鮆魚即刀魚，一名鮊，腹皆似刀，又名鯯魚。"鯯魚亦爲青鱗小沙丁魚之古稱。《古今圖書集成·禽蟲典》引《江寧府志》："刀鱭魚出水而死，類鰣魚，頭有二長鬚。"此鱭與鱭同音。清王士雄《隨息居飲食譜》云："鳳尾魚味美而膩，與病無忌。"清嘉慶《元宵廳志》"鮆魚……漳以多刺名刺魚。"清光緒《通州直隸州志》："魛鮆，俗名刀魚，在海名黄雀魚。"黄雀魚，亦爲黄鯽之俗稱。清光緒《黄州府志》："鮆魚，俗名聚刀魚，形薄似刀。"清光緒《武昌縣志》："鮆，俗名毛花魚，多骨而鮮嫩。"鮆魚亦爲鳳鱭（*Coilia mystus*）之異名。

【骨鯁卿】

　即刀鱭。此稱五代時期已行用。見該文。

【白圭夫子】

　即刀鱭。此稱五代時期已行用。見該文。

【鮊】

　即刀鱭。此稱明代已行用。見該文。

【鱭魚】[2]

　　即刀鱭。此稱明代已行用。見該文。

【螳螂子】

　　即刀鱭。此稱明代已行用。見該文。

【刀鱭魚】

　　即刀鱭。此稱明代已行用。見該文。

【刺魚】[1]

　　即刀鱭。此稱清代已行用。見該文。

【鳳尾魚】

　　即刀鱭。此稱清代已行用。見該文。

【黃雀魚】[3]

　　即刀鱭。此稱清代已行用。見該文。

【魛鮆】

　　即刀鱭。此稱清代已行用。見該文。

【聚刀魚】

　　即刀鱭。此稱清代已行用。見該文。

【毛花魚】

　　即刀鱭。此稱清代已行用。見該文。

黃鯽

　　亦稱"黃炙"。魚名，鯡形目，鯷科，黃鯽（ *Setipinna taty* ）。體甚側扁，長16厘米。頭短小，口大而斜。腹緣具棱鱗。胸鰭上部第一鰭條延長爲絲狀。喜栖近海中下層，泥沙底海區。不成大群。渤海五到六月產卵。體小肉薄，但產量尚不少。廣東稱"黃隻""薄口"，山東稱"毛口""黃尖子"，河北稱"麻口"。明屠本畯《閩中海錯疏》卷上："黃炙，似鱭而小，多鯁細鱗，味不甚佳。"

【黃炙】

　　即黃鯽。此稱明代已行用。見該文。

寶刀魚

　　亦稱"獅刀""刀魚"。魚名，鯡形目，寶刀魚科，寶刀魚（ *Chirocentrus dorab* ）。體長而側扁，狀似刀。最長3.6米。口大，眼大，兩頜均具大犬牙。體背藍綠，體側銀白。清郭柏蒼《海錯百一錄》卷二："獅刀，形如刀……臺海白水雜魚。"清敕修《福建通志·物產》："鱗之屬……獅刀、鰛魚、花鈴、金綫魚。"清聶璜《清宮海錯圖》："刀魚，產福寧海洋。身狹長而光白如銀，首如鱭魚而窄，腹下骨芒甚利。"

【獅刀】

　　即寶刀魚。此稱清代已行用。見該文。

【刀魚】[2]

　　即寶刀魚。此稱清代已行用。見該文。

刀　魚
（清聶璜《清宮海錯圖》）

哲羅魚

　　亦稱"遮鱸魚""赭鱸""細鱗""哲禄魚""赭禄魚"。魚名，鮭形目，鮭科，哲羅魚（ *Hucho taimen* ）。體呈圓柱形。頭平扁，口裂大。鱗極細小，背部青褐，體側銀白，有"十"字形黑斑。大型經濟魚，最大長2米，一般個體重3千克以上，大者可達100千克。冷水性淡水凶猛魚類，分布於我國境内的黑龍江、圖們江、額爾齊斯河等水系。栖於15℃以下的低溫、水流湍急的溪流。清方式濟《龍沙紀略》："遮鱸魚，類白魚，而首銳無骨，味若鱸，一名赭鱸，一名細鱗。歲貢百尾。九月，栖江濱，捕而畜之。"清阿桂等纂修《盛京通志》："哲禄魚，似鱸魚，色黑，味美而不腥，出寧古塔、黑龍江。"清長順等修《吉林通志》卷三三：

“遮鱸魚，大可百餘斤，有骨而無刺，如中華之鯉，而其味更勝。赭禄魚，細鱗魚，頭尖色白。”徐珂《清稗類鈔·動物類》：“遮鱸，寧古塔之川有魚，其取之也，不網而刀。月明燎火，棹小舟，見魚而揕之。有遮鱸，大可百餘斤，有骨而無刺，如内地之鰉，味更勝。”高寒地區特産，爲産區内珍貴的食品。因其體大而皮厚，哲羅魚皮被赫哲人用來做衣褲和靴鞋。哲羅魚，赫哲語稱“撒卡那”，方言還稱“者羅魚”“折羅魚”，新疆稱“大紅魚”。

【遮鱸魚】

即哲羅魚。此稱清代已行用。見該文。

【赭鱸】

即哲羅魚。此稱清代已行用。見該文。

【細鱗】

即哲羅魚。此稱清代已行用。見該文。

【哲禄魚】

即哲羅魚。此稱清代已行用。見該文。

【赭禄魚】

即哲羅魚。此稱清代已行用。見該文。

大麻哈魚

亦作“達發哈魚”“大發哈魚”“打發哈”“達布哈魚”。魚名，鮭形目，鮭科，大麻哈魚（*Oncorhynchus keta*）。體長而側扁，最大重7500克。洄游性魚，生於江，長於海，死於河。每年暮春，江河冰解，小魚乘流冰入海，三至五年，體重2千克左右達性成熟，便成群結隊由日本海、鄂霍次克海，逆流進入黑龍江。一路闖險灘，過激流，奮力拼搏，達其出生地，産卵後死亡。

大麻哈魚一稱來自赫哲語daoimaha，清朝人譯爲“大麻哈魚”。滿語稱大麻哈爲“刀依嘛哈”，意“其來有時”，或稱“達莫泥瑪哈”，亦爲“戴伊嫣哈”之音轉。伊徹滿語，魚統稱“伊嫣哈”“戴”爲“過路”之意，或云“遠處來的”。當地人謂魚躍曰“果多”，轉爲“孤東”，故達發哈有“孤東魚”之號。其方言還有“達抹哈”“答抹哈”“達摩缺鱘”“達不害”“達巴哈”“莊魚”“達烏”“果多”等，多因音轉或諧音而成。

徐珂《清稗類鈔·動物類》：“達法哈魚，歲八月，達法哈魚自海入江，積數至衆，或有履魚背而渡者。寧古塔、黑龍江土人每取魚炙臘，積以爲糧。”寧古塔位於黑龍江省寧安縣。清《呼蘭府志》：“達布哈魚……每歲由海入江，由江入河，秋末大木蘭達河左右極多，水淺則止不行，或騰踔岸上，如積薪然。”它是黑龍江、烏蘇里江及松花江的珍貴名優魚種，經濟價值很大。我國最高年産一百萬尾。清朱履中“海外魚來億萬浮”，述其數量之巨。《黑龍江志稿》：“答抹哈魚，臨江府之赫哲人腌製爲糧，染采魚皮爲衣，故名魚皮韃子。此魚繁殖於興凱湖中，待夏初，烏蘇冰泮輒乘流而下，其數不知紀極，松花江下游，恒至擠塞斷流，如架樑焉。立秋後，即又逆流南返入湖，陷身土穴中，腐爛以死，故土諺‘往生來死’之説。”除食用外，大麻哈魚皮厚而柔軟，用於製作衣袍曾是最普遍的，一年四季都可穿用。清楊賓《柳邊紀略》卷三：“大發哈魚，一作打發哈。子若梧桐子，色正紅，啖之鮮水耳。其皮色淡黄，若文錦，可爲衣，爲裳，爲履，爲襪，爲綫。本産阿機各喀喇，而走山及寧古塔之貧者，多服用之。”烏稽人穿着大麻哈魚皮製成的衣服及襪履登山，俗呼“烏稽韃子”。赫哲人以其爲衣食的主要來源，稱其爲"魚皮韃子"。珍貴食用魚，肉澤鮮艷豐滿，江魚、海魚味道兼而有之。其卵子含有豐富的蛋白質，更是名貴食品。

【大發哈魚】

即大麻哈魚。此稱清代已行用。見該文。

【打發哈】

即大麻哈魚。此稱清代已行用。見該文。

【達布哈魚】

即大麻哈魚。此稱清代已行用。見該文。

【達發哈魚】

即大麻哈魚。此稱民國時期已行用。見該文。

銀魚 [1]

亦稱"銀刀""銀魛""龍頭魚""水晶魚""挨水嘯""吳王餘鱠""王餘魚""膾殘魚"。銀魚的通稱。銀魚體細長而圓，細嫩而透明，且色白如銀而得名。銀魚種類較多，我國有十五種，其中特有種六種。明蔡羽《冬日寄諸昆》詩："湖鄉晚喜銀魚賤，霜閣朝留紅葉遮。"明彭大翼《山堂肆考・鱗蟲》："銀魚身圓如筋，潔白無鱗，目兩點黑，形如麵條而純白色。"明屠本畯《閩中海錯疏》卷中："銀魚，口尖身銳，瑩白如銀條。"明黃省曾《魚經》："銀魚其形纖細，明瑩如銀，太湖之人多鱐以鬻焉，長者不過三寸。"清厲荃《事物異名錄・水族部》："《養魚經》：殘魚狀如銀魚而大，冬月帶子者，謂之挨水嘯。"

海銀魚
（清聶璜《清宮海錯圖》）

銀魚形如銀刀，獲銀刀之稱。宋蘇軾《贈孫莘老七絕》詩："今日駱駝橋下泊，恣看修網出銀刀。"宋楊萬里《垂虹亭觀打魚斫鱠》詩："一聲磔磔鳴榔起，驚出銀刀躍玉泉。"鳴榔，漁民捕魚時用長木板敲打船舷，發出朗朗的聲音，使魚受驚而入網，故也作鳴木根。元王惲《捕魚歌》："縱橫張網截兩涘，挺叉遠混驚銀魛。"銀魛，同"銀刀"。銀魚還因產地等不同，而有不同的名稱。《正字通・魚部》："銀魚形如鱠殘，海中出者曰龍頭魚，福州一種曰水晶魚。"燕窩係銀魚之初生者海燕銜以結窩，故曰燕窩。明屠本畯《閩中海錯疏》卷中："相傳冬月英子銜小魚入海島洞中壘窩，明歲春初燕弃窩去，人往取之。"明吳偉業《燕窩》詩："海燕無家苦，爭銜小白魚。却供人采食，未卜汝安居。味入金齏美，巢營玉壘虛。大官求遠物，早獻上林書。"金齏，切成細末的精美食物。大官，即太官令，是掌管御食的官員。此詩道出了燕窩之珍貴，爲朝官進貢、御膳之珍品。明清兩代的地方志《廣東通志》上也有《海燕窩》詩："海燕大如鳩，春回巢於古。岩危壁茸壘，乃曰海菜也。島夷伺其秋，去以修竿接。鏟取而鬻之，謂之海燕窩。隨舶至廣貴，家宴品珍之。"銀魚可炸，可炒，可蒸，可湯，吃法很多。除鮮食外更多的是曬成魚乾外銷，稱"燕乾"。乾銀魚的營養豐富，其蛋白質含量很高。宋張先《吳江》詩："春後銀魚霜下鱸，遠人曾到合思吳。"將銀魚與鱸魚并列爲魚中珍品。燕窩味甘淡平，大養肺陰，化痰止咳，補而能清，爲調理虛損老疾之用藥。

【銀刀】 [1]

即銀魚 [1]。此稱宋代已行用。見該文。

【銀魛】

　　“銀魚[1]”之喻稱。此體元已行用。見該文。

【龍頭魚】[1]

　　“銀魚[1]”之方言。此稱明代已行用。見該文。

【水晶魚】[1]

　　“銀魚[1]”之方言。此稱明代已行用。見該文。

【挨水嘯】

　　即銀魚[1]。此稱清代已行用。見該文。

【吳王餘鱠】

　　亦稱“吳王鱠餘”“膾殘魚”“王餘魚”“鱠殘魚”，即銀魚，源於傳説。説法有四：其一，晉干寶《搜神記》卷一三：“江東名餘鱠者，昔吳王闔閭江行，食膾有餘。因弃中流，悉化爲魚。”膾指切細的魚肉。闔閭，春秋末年吳國君，一名闔廬。其二，宋高承《事物紀原·蟲魚禽蟲部·膾殘》：“越王勾踐之保會稽也，方斫魚爲膾，聞有吳兵，弃其餘於江，化而爲魚，猶作膾形，故名膾殘，亦曰王餘魚。”保會稽，舊稱傭工。斫，意用刀斧砍。其三，宋葉廷珪《海録碎事·飲食器用》引晉張華《博物志》：“吳孫權嘗行江，食膾弃其餘，悉化爲魚。其長數寸，大如箸，猶膾條，因名吳餘膾。”一本作“吳王鱠餘”。其四，《爾雅翼·釋魚二》：“《高僧傳》則云：‘寶誌對梁武帝食鱠，帝怪之。誌乃吐出小魚，鱗尾亦然。今金陵尚有鱠殘魚。’二説相似，然吳王之傳，則自古矣。此魚與比目不同。”又：“王餘，長五六寸，身圓如箸，潔白而無鱗，若已鱠之魚，但目兩點黑耳。”此説又見《文選·左思〈吳都賦〉》“王餘”劉逵注等。唐段公路《北户録》卷一：“又吳王江行食鱠有餘，弃江中爲魚。今江中有魚名吳王餘鱠者，長數寸，大如簪是也。”唐皮日休《松江早春》詩：“穩憑船舷無一事，分明數得膾殘魚。”《通雅·動物》：“王餘銀魚，或曰膾殘魚。”

【吳王鱠餘】

　　即吳王餘鱠。此稱晋代已行用。見該文。

【吳餘膾】

　　即吳王餘鱠。此稱晋代已行用。見該文。

【王餘魚】[1]

　　即吳王餘鱠。此稱晋代已行用。見該文。

【膾殘魚】

　　即吳王餘鱠。此稱唐代已行用。見該文。

大銀魚

　　亦稱“麵條魚”。魚名，銀魚的一種。鮭形目，銀魚科，大銀魚（ *Protosalanx chinensis* ）。此是銀魚中最大的一種，體長可達28厘米。體無鱗而透明，活體腹面兩側各有數行小黑點。早春孵出，冬季産卵，一年生短周期經濟魚類。方言“才魚”“黄瓜魚”“麵杖魚”“泥魚”。可栖於淡水和半鹹水。清郝懿行《記海錯》：“銀魚，體白而狹長，可六七寸許，曝乾燗啖及瀹湯，味清而腴，不逮冰魚遠矣。海人爲其纖而修長如切湯餅之狀，謂之麵條魚。”

【麵條魚】[1]

　　即大銀魚。此稱清代已行用。見該文。

前頜間銀魚

　　魚名，銀魚的一種。鮭形目，銀魚科，前頜間銀魚（ *Hemisalanx prognathus* ）。體細小，半透明，與大銀魚頗相似，古時常被混而爲一。外形柔軟，前部近圓柱形，後部側扁。頭長而平扁，口裂大。吻尖。一年生河口性魚類，平時栖於近海，二月溯河産卵。俗稱“米丈魚”。清乾隆《昌邑縣志·物産》：“銀魚，白如銀條，無骨，生濰水，近海二十里方有出，以二、三月，過此則無。"

安氏新銀魚

　　亦稱"冰魚""黃瓜魚"。魚名，銀魚的一種。鮭形目，銀魚科，安氏新銀魚（*Neosalanx anderssoni*）。體圓柱形，無鱗，長約 20 厘米，重 100 克。全身臘白如玉，故名。冬季鮮肥滿子，溯河產卵。河面薄冰初覆，漁民破潛，以罾網之，用冰封藏，運之遠方，故名冰魚。清郝懿行《記海錯》："冰魚體狹而長，可四寸許，鱗細而白，肌膚洞徹，骨體瑩明，望若鏤冰矣。"清王培荀《鄉園憶舊録》卷八："冰魚，隆冬雪盛乃出。粗如指，長三四寸，身通明洞徹，除脊骨外，無刺亦無鱗。"又："黃瓜魚，冬日始有，明透如冰魚。遠販者必澆以水，冰凍，包裹如檐溜間冰筍，不見魚也。食之，味如黃瓜。"冰魚和黃瓜魚屬同一種魚，祇是封凍方法不同，加之出售時，雌雄配對，襯托菜葉，白緑分明，有一股黃瓜的清香味，故名。清周楚良《津門竹枝詞》詩："銀魚紹酒納於觴，味似黃瓜趁作湯。玉眼何如金眼貴，海河不如衛河强。"

【冰魚】

　　即安氏新銀魚。此稱清代已行用。見該文。

【黃瓜魚】 [1]

　　即安氏新銀魚。此稱清代已行用。見該文。

白肌銀魚

　　亦稱"白飯魚""麵條""麵條魚"。魚名，銀魚的一種。鮭形目，銀魚科，白肌銀魚（*Leucosoma chinensis*）。體細長，長 15 厘米。吻長而尖，頭長而平扁。體無鱗，白色半透明，腹緣有二行小黑點。無鰾。近內海河口的小型中上層魚。八到十二月產卵，產卵後親魚死亡。

尾鰭赤黃色，福建稱"赤尾銀魚"。明屠本畯《閩中海錯疏》卷中："麵條，似銀魚而極大，一名白飯魚。"《古今圖書集成·禽蟲典·雜魚部》引明顧起元《魚品·麵條魚》："江東，魚國也，有麵條魚。身狹而長不逾數寸，銀魚之大者也。"《輿地記》又曰："寶坻縣生銀魚，曰麵條魚。"

【白飯魚】

　　即白肌銀魚。此稱明代已行用。見該文。

【麵條】

　　即白肌銀魚。此稱明代已行用。見該文。

【麵條魚】 [2]

　　即白肌銀魚。此稱明代已行用。見該文。

短尾新銀魚

　　亦稱"白小""漿""銀魚"。魚名，銀魚的一種。鮭形目，銀魚科，短尾新銀魚（*Neosalanx brevirostris*）。體細長，長 9 厘米。吻短而圓鈍，口小。體無鱗，白色透明。有鰾。十二月至翌年四到五月產卵，產卵後親魚死亡。近內海河口小型中上層魚。方言"小銀魚"，福建稱"銀纖仔"。唐杜甫《白小》詩："白小群分命，天然二寸魚。細微霑水族，風俗當園蔬。入肆銀花亂，傾箱雪片虛。"宋唐庚《白小》詩："二年遵海濱，開眼即浩渺。謂當飽長鯨，朒口但白小。百尾不滿釜，烹煮等芹蓼。咀嚼何所得，鱗鬛空紛擾……"明張存紳《雅俗稽言》卷三六："白小，銀魚也，小於麵條。"亦稱"漿"。明屠本畯《閩中海錯疏》卷中："漿，似麵條而嘴小。"

【白小】

　　即短尾新銀魚。此稱唐代已行用。見該文。

【漿】

即短尾新銀魚。此稱明代已行用。見該文。

【銀魚】[2]

即短尾新銀魚。此稱明代已行用。見該文。

香魚[2]

亦稱"鯦魚""記月魚""國姓魚""溪鰮""海鮎"。魚名，鮭形目，香魚科，香魚（*Plecoglossus altivelis*）。體略細長，長一般18～25厘米，長者30厘米，重0.5千克。頭小，吻尖，吻端下彎成鈎。口大。被細鱗。僞鰓發達。鰾大。體背青灰，腹部銀白。以底栖硅藻、藍藻等爲食。溯河性中小型魚類。九到十月由海入淡水産卵，生殖後親魚死亡，生命周期僅一年，俗稱"年魚"。福建稱"溪鰮""時魚"，樂青稱"鮎魚""海胎魚"，遼東半島稱"秋生魚"，還有的稱"油香魚""留香魚""山溪魟""溪鯉""瓜魚"。肉細味美，具特殊香味。浙江雁蕩香魚，用火焙乾成金黄色魚乾。分布於東、黄、渤海及華北、華東的通海河流中。

其稱始見於三國時典籍，稱"鯦魚"。《太平御覽》卷三九引三國吴沈瑩《臨海水土異物志》："鯦魚，三月生溪中，裁長一寸，至十月中，東還死於海。香氣聞於水上，到時月輒復更生。"鯦，制字從宛。宛意釋散。意釋散香氣之魚。因肉有香味，稱香魚；月長一寸，稱記月魚。生命周期僅一年，俗稱年魚。明朝，鄭成功率兵驅逐荷倭，把香魚帶至臺北溪潭放養成功，被稱爲"國姓魚"。由此，臺灣也就盛産香魚。清連橫《臺灣通史・虞衡志》載："俗稱國姓魚，亦曰香魚，産於臺北溪中，而大料崁尤佳。"明萬曆《温州府志》記載，香魚"長

三四寸，味佳而無腥，生清流惟十月時有，與樂産少異"。《雁蕩山志》又載："凡蕩水所入處皆有之，蕩水西流永楠溪，則自楓林、檔溪、下潭、古廟潭諸處亦有之。"清胡世安《異魚圖贊補》卷上："雁珍維五，香魚殿供，豐美拔萃，五斗曷庸，月增一寸，自春徂冬。"人可爲其弃官。如明代朱諫曰："豈以五斗，易我香魚。"明馮時可《雨航雜録》卷下："雁山五珍，謂龍湫茶、觀音竹、金星草、山樂官、香魚也。……土人朱太守素無宦情，嘗曰：豈以五斗易我五珍？""香魚鱗細不腥。春初生，月長一寸，至冬月長盈尺。則赴潮際生子，生已輒槁，惟雁山溪澗有之，他無有也，一名'記月魚'。"香魚并非雁蕩山獨有。《古今圖書集成・禽蟲典・雜魚部》引《樂清縣志》："香魚香而無腥，以火焙之如黄金。"明樂清進士朱諫《寄香魚與趙雲溪》詩："雁山出香魚，清甜味有餘"，被譽爲雁山五珍之一。清連橫有詩曰："香魚上鈎剛三寸，斗酒雙相去聽鸝。"清黄仁等纂《泉州府志》卷一九："溪鰮，浙東之香魚也，今安溪亦有之。"清田易等編纂《畿輔通志》卷五七："海鮎，永平出，形如黄姑，大不過三四兩。"香魚被譽爲淡水魚之王，價格昂貴，素有"斤魚斗米"之説，足見其經濟價值之高。

【鯦魚】

即香魚。此稱三國時期已行用。見該文。

【記月魚】

即香魚。此稱明代已行用。見該文。

【國姓魚】[1]

即香魚。此稱清代已行用。見該文。

【溪鰮】

即香魚。此稱清代已行用。見該文。

【海鮐】

即香魚。此稱清代已行用。見該文。

黑斑狗魚

亦稱"狗魚""鴨嘴魚"。魚名。鮭形目，狗魚科，黑斑狗魚（*Esox reicherti*）。體細長，頭前部扁平，吻似鴨嘴。口大，體背青銅色，腹白，體側具黑斑，因以得名。大型淡水魚類。最大個體重16千克以上。分布於我國黑龍江水系。高緯度寒冷地區水域的特產魚類。俗稱"黑龍江狗魚""狗魚""鴨魚""鴨子魚""河狗"。清萬福麟、張伯英纂《黑龍江志》卷一五："狗魚，喙尖銳，身細長，鱗白色而有黑斑，肉細無冗刺。《望奎縣志》：狗魚，銳喙，長身，有黑斑，巨者長二三尺，黃白色。又一種曰季狗，魚形似狗而身稍短，多冗刺。"清何秋濤《朔方備乘》卷二九："'鴨嘴魚'秋濤謹案，《異域錄》言：喀山、薩拉託付皆有鴨嘴魚。"

【狗魚】[1]

即黑斑狗魚。此稱清代已行用。見該文。

【鴨嘴魚】

即黑斑狗魚。此稱清代已行用。見該文。

狗　魚
（清蔣廷錫等《古今圖書集成》）

遮目魚

亦稱"麻虱目""麻薩末""國姓魚"。魚名，鼠鱚目，遮目魚科，遮目魚（*Chanos chanos*）。體長最大1.7米。口小，無齒，以海藻和無脊椎動物爲食，又稱海草魚。脂眼瞼發達，幾遮蓋整個眼，故稱遮目魚。體色銀白，體背灰棕，被小圓鱗。尾鰭甚大。屬廣鹽性熱帶、亞熱帶魚類，五至六月來臺灣海峽東南產卵。我國分布於黃海、臺灣。臺灣早在17世紀就開始養殖。"麻薩末"之稱，一說是荷蘭語，虱目魚可能是荷蘭語的轉音。比較合理的推測是來自臺灣西拉雅部族語。亦有傳說，鄭成功收復臺灣時，士兵因食無魚而苦惱，國姓爺（鄭成功）指海曰："莫說無，此間舉網可得也。""莫說無"諧音爲"麻虱目"，久傳而成虱目魚。亦有說是漁民向鄭獻魚，鄭問"甚麼魚"，後人以爲是鄭給魚賜名，久之訛傳爲虱目魚。臺灣民間俗稱"麻虱目仔魚"，臺南稱"安平魚""國姓魚""塞目魚""麻虱目"；東港地區稱"海草魚"；臺中呼爲"殺目魚"。據連橫《臺灣通史》卷二八載："麻薩末，清明之時，至鹿耳斗網取魚苗，極小……至夏秋間，長約一尺，可取賣。入冬而止，小者畜之，明年較早上市，肉味美。臺南沿海均畜此魚，而鹽田所飼者尤佳。然魚苗雖取之鹿耳斗，而海中未見，嘉義以北無飼者，可謂臺南之特產，而漁業之大利也。"又："臺南沿海素以畜魚爲業，其魚爲麻薩末，番語也。或曰，延平入臺之時，泊舟安平，始見此魚，故義名國姓魚云。"清郭柏蒼《海錯百一錄》卷一："麻虱目，身長，鱗細，四鰭，塭中所產，夏秋尤多。臺灣以爲美品。"清蔣師轍、薛紹元《臺灣通志·物產》："鱗魚，方言名桀魚：巨口細鱗，無刺，形如鯔，味甚美。長者可六七寸，出淡水、武勝灣等社。近內山溪澗甚多，俗呼國姓魚，鄭氏至臺始有之。”其肉質肥腴細膩，營養價值高，素有“臺灣家魚”“臺灣第一魚”之稱。清蔡如笙《國姓魚》：“莫説無名得大名，長留絶島紀延平。細鱗亦有英雄氣，抵死星星眼尚明。”1998 年，廣東省汕頭等地區試養遮目魚成功。

【麻虱目】

“遮目魚”之譯稱。此稱清代已行用。見該文。

【麻薩末】

“遮目魚”之方言。此稱清代已行用。見該文。

【國姓魚】 [2]

“遮目魚”之美稱。此稱清代已行用。見該文。

細鱗魚

亦稱“柘緑魚”。魚名。鮭形目、鮭科，細鱗魚（*Brachymystax lenok*）。體長而側扁，最大重 8 千克。頭稍尖、口小、吻鈍。鱗細小，背部黑褐，體側銀白或黃褐、紅褐色，有不規則黑斑。方言稱“山細鱗魚”，東北稱“江細鱗魚”“閭魚”“閭花魚”“金板魚”，陝西稱“花魚”，甘肅稱“梅花魚”，新疆稱“小紅魚”。分布於黑龍江、遼河上游、河北灤河及白河上游，秦嶺地區渭河和漢水的支流等水域。冷水性魚，多栖息於水溫較低、水質清澈的流水中。我國高寒地區特産名貴經濟魚類之一。清查慎行《人海記·細鱗魚》：“細鱗魚，産灤河中，旁近溪澗多有之。重唇，鱗如魴，中有黑斑，大者一頭重斤許，味極鮮腴。”清林從炯等纂《承德通志》卷二九：“柘緑魚，色微緑，産灤河中。即查慎行所咏細鱗魚也。”清和珅等《清一統志》卷四二：“細鱗魚，《通志》：圓身細鱗，出太子河者尤佳。今有司貫以柳木炙之，以供祀典。”清王河等修《盛京通志》卷二七：“細鱗魚，圓身細鱗，多出山流狹處。”

【柘緑魚】

即細鱗魚。此稱清代已行用。見該文。

龍頭魚 [2]

亦稱“鰝”“鱴”“鮗”“綿魚”“水晶魚”“水鮗”“油筒”“龍鬆魚”。魚名，燈籠魚目，狗母魚科，龍頭魚（*Harpadon nehereus*）。體長而側扁，長可達 41 厘米。體背淡棕，腹白。近海常見食用魚。肉鬆軟，含水分高。因魚頭形似龍頭，故稱。方言“鼻涕魚”“流鼻魚”“豆腐魚”“狗奶”“龍頭鮗”“絲丁魚”“硬魚”等。元戴侗《六書故·動物四》：“鰝，海魚之小者，決吻芒齒，不鱗而弱。”《通雅·動物·魚》：“福州之水晶魚最妙，在甬東則呼為龍頭。”《康熙字典·魚部》：“鮗，音定，魚名。廣人呼為綿魚。”鮗音錠，其頭大尾小似錠。明馮時可《雨航雜録》卷下：“鰝魚身軟如膏，無骨，鱗細，口闊，齒多。一作鱴。海上人目人弱者為鰝。”鰝，制字從屛。屛，弱也。明屠本畯《閩中海錯疏》卷中：“鮗，無皮、鱗。嶺南呼為綿魚。”清郭柏蒼《海錯百一録》卷二：“鮗

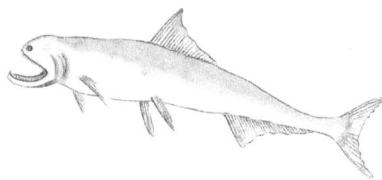

龍頭魚
（清聶璜《清宮海錯圖》）

魚，又名水鮻，即龍頭魚。福州呼油筒。形如火管，無鱗而多油，海魚之下品，食者恥之。"清陳蘭彬等纂《吳川縣志》卷二："龍鬆魚，一名鱎魚，一名龍頭魚。巨口有齒，骨柔而脆，作羹白如乳，滑如脂。《異魚圖贊補》：鱎魚無骨，膩膩如膏。徒哆厥口，不足以豪。"體大部無鱗，但有皮。廣東方言還稱"九吐"。九，廣東讀狗，九吐也即狗吐，意其肉欠佳，連狗都不吃。

【鱎】

"龍頭魚[2]"之方言。此稱元代已行用。見該文。

【鰺】

"龍頭魚[2]"之方言。此稱明代已行用。見該文。

【鮻】

"龍頭魚[2]"之方言。此稱明代已行用。見該文。

【綿魚】

"龍頭魚[2]"之方言。此稱清代已行用。見該文。

【水晶魚】[2]

"龍頭魚[2]"之方言。此稱明代已行用。見該文。

【水鮻】

"龍頭魚[2]"之方言。此稱清代已行用。見該文。

【油筒】

"龍頭魚[2]"之方言。此稱清代已行用。見該文。

【龍鬆魚】

"龍頭魚[2]"之方言。此稱清代已行用。見該文。

長蛇鯔

亦稱"狗母魚"。魚名，燈籠魚目，狗母魚科。長蛇鯔（*Saurida elongata*）。體長圓形，長30厘米，重300克。頭略平扁，口大。被小圓鱗。體背色棕，腹白。廣東、福建沿海海域產量較多。爲我國主要經濟魚類之一。方言"狗棍""細鱗丁""香梭""神仙梭""沙梭"等。清連橫《臺灣通史》卷二八："狗母魚長尺餘，多刺，與醬瓜煮之，湯極甘美。"

【狗母魚】

即長蛇鯔。此稱清代已行用。見該文。

鮰魚[1]

亦稱"山蛆"。魚名，鯉形目，鯉科，鮰魚（*Coreius heterodon*）。狀如鯉魚，鱗片金黃，鰭尾鮮紅，肉呈蒜瓣形，細嫩，味美，有補胎、健胃、消腫、止痛之功能。方言"金鰍""水密子""尖頭棒""麻花魚""銅綫""芝麻魚""長江銅"，現已瀕危。金李杲編輯，明李時珍參訂《食物本草》卷一〇《鱗部》："鮰魚，生直隸寧國縣東岸溪澗中。長二三寸。細鱗，味極甘美。其性甚黠，人難捕捉，惟暮春時，腹中孕子，則目昧不見，纔能網之。"《古今圖書集成·禽蟲典》："鮰，一名山蛆。"

【山蛆】

即鮰魚[1]。此稱清代已行用。見該文。

圓口鮰魚

亦稱"青鮰魚"。魚名，鯉形目，鯉科，圓口鮰魚（*Coreius quichenoti*）。長江上游特有經濟魚類。分布於長江上游幹流和岷江、嘉陵江、烏江等支流中。栖息於水流湍急的水域。其肉質細嫩肥美，富含脂肪。俗稱"水米子"。清和坤等《清一統志》卷三八二：“青鮰魚，出漾共江中，細鱗，長不盈尺，夏月始出。”

【青鮰魚】

即圓口銅魚。此稱清代已行用。見該文。

北方銅魚

亦稱“沙嘴魚”“鴿子魚”。魚名，鯉形目，鯉科，北方銅魚（*Coreius septentrionalis*）。體長 25～30 厘米，頭小腹大，眼小，體窄嘴尖，背褐腹白，是中國的特有物種。僅分布於黄河水系。栖於河水湍急的峽谷水流中，難捕撈。富含脂肪，味特肥美，肉質潔白細嫩，在清代是貢魚。故此魚又名“宫廷魚”。今已瀕危。俗名“鴿子魚”“尖嘴”“沙嘴子”“黄頭魚”。清徐鴻儀編輯《蘭州府志》：“惟黄河及洮水有之，靖遠産沙嘴魚，尤美。”清王樹枏訂《郭氏爾雅訂經》卷二二《釋魚》：“甘肅靖遠縣山巖之上，鴿子最多，陡入黄河即變爲魚，謂之鴿子魚，味最美。”鴿子變魚之説爲謬。

【沙嘴魚】

即北方銅魚。此稱清代已行用。見該文。

【鴿子魚】

即北方銅魚。此稱清代已行用。見該文。

蛇鮈

亦稱“推車魚”“折船釘”“船矴魚”“鋼鑽魚”。魚名，鯉形目，鮈亞科，蛇鮈（*Saurogobio dabryi*）。體延長，略呈圓筒形，最大體長 24 厘米。頭較長，吻突出，口下位，馬蹄形。唇發達，具有顯著的乳突，眼較大。體背青灰，腹部灰白。體側中軸有一條淺黑色縱帶，上有十三四個不明顯的黑斑。分布極廣，從黑龍江向南直至珠江各水系均産。俗稱“船釘子”“白楊魚”“打船釘”“棺材釘”“沙錐”。

明王鏊《姑蘇志》卷一四：“推車魚，一名折船釘，冬月見於冰間。”清陸綸纂乾隆《太平府志》卷一二：“船釘魚，俗稱鋼鑽魚，無志。出關口江中者也。”清王河等修《盛京通志》卷二七：“船矴魚，長二三寸，大頭闊口，黄色有斑，見人則以喙插泥中。”

【推車魚】

即蛇鮈。此稱明代已行用。見該文。

【折船釘】

即蛇鮈。此稱明代已行用。見該文。

【船矴魚】[1]

即蛇鮈。此稱清代已行用。見該文。

【鋼鑽魚】

即蛇鮈。此稱清代已行用。見該文。

青海湖裸鯉

亦稱“無鱗魚”“湟魚”。魚名，鯉形目，鯉科，裂腹魚亞科，青海湖裸鯉（*Gymnocypris przewalskii*）。體延長，稍側扁。頭錐形。吻鈍圓。口裂大，亞下位，呈馬蹄形。上頜略突出，肛門和臀鰭兩側各有一列發達的大鱗，向前達腹鰭基部。分布於青海湖及其支流中。高原低温鹽鹼性水域經濟魚類。俗稱“湟魚”“花魚”“無鱗魚”。清胡世安《異魚圖贊補》卷中：“無鱗魚，黄帝游雒，見鯉無鱗。其長三丈，赤文青身。《河圖》：黄帝游於雒，見鯉魚，長三丈，青身無鱗，赤文成字。《西寧衛志》：‘城西三百里外，西海方數百里，中有魚無鱗，背負黑點。’”清姚明輝編《蒙古志》卷三：“青海産無鱗之奇魚，爲他處所無。”清康敷鎔纂《青海記》：“魚産於青海，名曰湟魚。”

【無鱗魚】[1]

即青海湖裸鯉。此稱清代已行用。見該文。

【湟魚】

即青海湖裸鯉。此稱清代已行用。見該文。

新疆裸重唇魚

亦稱"無鱗魚"。魚名，鯉形目，鯉科，裂腹魚亞科，新疆裸重唇魚（*Gymnodiptychus dybowskii*）。體較大，長 30 ~ 50 厘米，重可達 3 千克，體稍側扁，頭圓錐形，吻部略尖。口下位，呈馬蹄形。唇發達，下唇分左右兩葉，肛門和臀鰭兩側各有一行大鱗片。爲冷水性魚類。栖江河急流中，分布於我國新疆伊犁河、塔里木河、烏魯木齊河等水體。爲貴重的經濟魚類。俗稱"重唇魚""石花魚""花魚""裸黃瓜魚"。清袁大化修，王樹枏等纂《新疆圖志》卷二八："烏魯木齊一帶居天山陰，水皆西北流，瀦爲海子。迪化省垣西烏魯木齊河，上有橋曰鞏寧。橋下漁者持網撈魚，日不絶。魚形長，細如梭，有翅無鱗，市廛畜池以售，有長尺餘者，然色味俱劣。"

【無鱗魚】[2]

即新疆裸重唇魚。此稱清代已行用。見該文。

扁吻魚

亦稱"大頭魚""無鱗魚""凱都河魚""虎魚"。魚名，鯉形目，鯉科，扁吻魚（*Aspiorhynchus laticeps*）。體長 80 ~ 94 厘米，體重最大 50 ~ 60 千克。身體肥大，口寬大，口裂呈斜狀，肛門及臀鰭基兩側各有一行特大臀鰭，臀鱗發達。凶猛的大型食肉魚類。僅分布於塔里木河水系，海拔 800 ~ 1200 米水域。是新疆塔里木盆地的特有魚類，1988 年，被列入中國一級保護動物名録，俗稱"新疆大頭魚""大頭魚""虎魚"。清傅恒等《皇輿西域圖志》卷四三："伊蘭有無鱗之魚焉，口甚圓，身微扁，大者七八尺，小者六七尺。"清紀昀撰《紀文達公遺集》卷一四《烏魯木齊雜詩》："凱渡河魚八尺長，分明風味似鰄鰉。西秦只解紅羊鮓，特乞倉公製膾方。"清袁大化修，王樹枏等纂《新疆圖志》卷二八："温宿瑚瑪喇克河産魚，曰大頭魚。"清王樹枏訂《郭氏爾雅訂經》卷二一："新疆羅卜淖爾，虎豹入水即變爲虎魚。"虎豹入水變爲虎魚之説爲謬。

【大頭魚】[1]

即扁吻魚。此稱清代已行用。見該文。

【無鱗魚】[3]

即北方鮰魚。此稱清代已行用。見該文。

【凱渡河魚】

即扁吻魚。此稱清代已行用。見該文。

【虎魚】[1]

即扁吻魚。此稱清代已行用。見該文。

原鯉

此屬魚的通稱。亦稱"鬼頭魚""巖鯉""鮸"。魚名，鯉形目，鯉科，如巖原鯉（*Procypris rabaudi*）。體側扁，呈菱形，腹部圓。十齡魚體長 59 厘米，體重 4 千克；最大個體 10 千克。頭小，呈圓錐形，吻較尖，唇厚。鬚二對，背、臀鰭刺均特別强壯，後緣有鋸齒。俗名"水子""黑鯉魚""巖鯉""墨鯉"。分布於長江中上游幹支流等水域，是中國的特有物種。金李杲編輯，明李時珍參訂《食物本草》卷一○《鱗部》："鬼頭魚，生廣東韶州府樂昌榮溪中，味極香美，形狀獰惡，故名。鬼頭魚味甘。"明張自烈《正字通》亥集中《魚部》卷一○："鮸，舊注音委，魚名。一説鬼頭魚。出廣東韶州府樂昌榮溪中，味美，狀獰惡，故名。俗加魚作鮱，舊注音委，非。"清寇宗纂《重慶府志》："巖鯉，巴縣、涪州俱出。"清單興詩纂《韶州府志》卷二："鬼頭魚，出樂昌榮溪，味香美。俗傳古曾入貢。"

【鮱】

即原鯉。此稱明代已行用。見該文。

【鬼頭魚】

即原鯉。此稱金代已行用。見該文。

【巖鯉】

即原鯉。此稱清代已行用。見該文。

唇䰲

亦稱"重唇魚""重唇"。魚名，鯉形目，鯉科，唇䰲（*Hemibarbus labeo*）。體較長，稍側扁。吻長，口下位，呈馬蹄形。唇厚，下唇分爲左右兩側葉，顯著寬厚，邊緣游離，其上有許多皺褶。四川省内分布甚廣。方言"土風魚""重唇魚"。金李杲編輯，明李時珍參訂《食物本草》卷一〇《鱗部》："重唇魚，出湖廣石門縣東陽山下東陽水中。魚口兩層，故名。其味鮮美，爲此地珍品。"明屠本畯《閩中海錯疏》卷中："重唇，頭大尾小，無鱗，長三寸許，生石穴中。"

【重唇魚】

即唇䰲。此稱金代已行用。見該文。

【重唇】

即唇䰲。此稱明代已行用。見該文。

鯉魚[1]

亦稱"鱺""鱺鯉""赤驥""青馬""玄駒""白騏""黃雉""賴鯉""跨仙眉子""世美公""李本""王字鯉""赤稍""桃花春""時鯉""紅鯉"等。魚名，鯉形目，鯉科，鯉魚（*Cyprinus carpio*）。體側扁，腹部圓，長一般

30～60厘米，偶有越一米者。口端位，觸鬚二對。體背緑褐，腹面銀白。側綫鱗三十至三十六片。雜食性。分布廣，四至六月在黃河流域産卵。適應性强，耐寒、耐碱和耐缺氧。方言"鯉拐子""鯉子"。

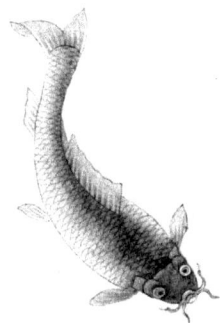

鯉　魚
（《食物本草》）

其稱先秦已行用，并沿用至今。《詩·陳風·衡門》："豈其食魚，必河之鯉。"又《小雅·六月》："飲御諸友，炰鱉膾鯉。""炰"同"炮"，急火炒魚肉，"膾"同"膾"。又《魚麗》："魚麗於罶，鰋鯉。"《爾雅》釋魚，以鯉冠篇，足見其重要性。古樂府《飲馬長城窟行》詩："客從遠方來，遺我雙鯉魚。呼兒烹鯉魚，中有尺素書。"這裏用鯉作書信的代稱。明楊慎《丹鉛總録·物用類·簡牘》謂漢世書札相遺，或以絹素叠成雙魚之形。《説文·魚部》："鯉，鱺也，从魚里聲。"里，原指整齊劃一的田地，這裏表示魚鱗排列整齊之意。

晉代則給體色不同的鯉命以不同的馬名。晉崔豹《古今注·魚蟲》："兗州人謂赤鯉爲赤驥，謂青鯉爲青馬，黑鯉爲玄駒，白鯉爲白騏，黃鯉爲黃雉。"之所以取馬之名，古人以其爲靈仙所乘，能飛越江湖故也。

唐章孝標《鯉魚》詩："眼似真珠鱗似金，時時動浪出還沉。河中得上龍門去，不嘆江河歲月深。"唐李白《九日登山》詩："赤鯉涌琴高，白黿道馮夷。"在唐朝的數百年間，鯉魚一步步被神化。唐用魚符，蓋取象於鯉，甚至調

兵遣將的兵符也改爲鯉形，至武后革李氏，則代之以龜。甚至孔子之子，也取名鯉。據《孔子家語》，孔子十九歲，娶了宋國亓官氏的女兒爲妻，一年後生下伯魚。伯魚出生時，魯昭公送給孔子一條鯉魚。孔子得到國君的賞賜感到很榮耀，所以給兒子取名鯉，字伯魚。伯魚活到五十歲，比孔子先去世。

宋代，鯉魚有琴高之美稱。宋蘇軾《盧山二勝・開元漱玉亭》詩：“願隨琴高生，脚踏赤鯶公。手持白芙蕖，跳下清泠中。”琴高爲傳説中的仙人。漢劉向《列仙傳》卷上：“琴高者，趙人也。以鼓琴爲宋康王舍人。行涓、彭之術，浮游冀州、涿郡之間，二百餘年後，辭入涿水中取龍子。與諸弟子期曰：‘皆潔齋待於水旁，設祠。’果乘赤鯉來，出坐祠中。旦有萬人觀之。留一月餘，復入水去。”涓、彭，涓子、彭祖，皆神仙名。《事物異名録・水族部》引五代毛勝《水族加恩簿》：“李本……宜授跨仙君子、世美公。”《格致鏡原・水族二》引宋陶穀《清異録》云：“魚多是龍化，額上有真書王字者名王字鯉。”元李祁《題赤鯉圖》詩：“風翻雷吼動乾坤，赤鯉騰波勢獨尊。”此等皆傳鯉神化。歷來還有鯉魚跳龍門之説，來源有二，一是神話傳説。《埤雅・釋魚》：“鯉，此今之赬鯉也，一名鱣鯉……俗説魚躍龍門過而爲龍唯鯉。”另一是其本身習性。每逢春江水漲，鯉總是迎急流，躍險灘，以尋找良好的産卵場所。明清時代，鯉魚則更多美稱。　明李時珍《本草綱目・鱗三・鯉魚》：“鯉鱗有十字文理，故名鯉。”明楊慎《異魚圖贊》卷一：“務光憤世，自投盧川，盧川水伯，赤鯉送游。易名琴高，化形而仙。至今揚光，清泠之淵。”《古今圖書集成・禽蟲典・鯉魚部》引《丹徒縣志》：“鯉出江中者謂之赤稍。”又《萬安縣志》：“有鯉名桃花春，桃盛開則魚多而味美。又謂之時鯉，以因時而生也。”清陳維崧《偷聲木蘭花・懷戴無忝客成都》詩：“竹郎祠畔紅棉好，濯錦江頭紅鯉少。”鯉魚肉質細嫩，氣味鮮美，尤以黄河鯉爲佳，鯉魚膾尤妙。唐王維《洛陽女兒行》詩：“良人玉勒乘驄馬，侍女金盤膾鯉魚。”

早在二千四百多年前，鯉魚已成爲我國的養殖對象。它也是我國歷史乃至世界歷史上最早的家養魚。舊題范蠡《養魚經》：“水畜所謂魚池也，以六畝地爲池……求懷子鯉魚，長三尺者二十頭，牡鯉魚長三尺者四頭，以二月上庚日納池水，令水無聲，魚必生。”宋朝以後，歐洲人來華，將我國鯉魚移置奧地利，後由奧傳播到其他國家。鯉魚養殖，幾遍全球。我國還培育出許多鯉魚養殖品種，如“鏡鯉”“革鯉”“荷包鯉”“紅鯉”等。鯉魚是我國淡水魚類總産量極高的一種。

【鱣】[1]

即鯉魚[1]。此稱漢代已行用。見該文。

【鱣鯉】

即鯉魚[1]。此稱漢代已行用。見該文。

【赤驥】

即鯉魚[1]。指赤鯉。此稱晋代已行用。見該文。

【青馬】

即鯉魚[1]。指青鯉。此稱晋代已行用。見該文。

【玄駒】

即鯉魚[1]。指黑鯉。此稱晋代已行用。見該文。

【白騏】

即鯉魚[1]。指白鯉。此稱晋代已行用。見該文。

【黄騅】

即鯉魚[1]。指黄鯉。此稱晋代已行用。見該文。

【赬鯉】

即鯉魚[1]。此稱南北朝時期已行用。見該文。

【跨仙君子】

"鯉魚[1]"之美稱。此稱五代時期已行用。見該文。

【世美公】

"鯉魚[1]"之美稱。此稱五代時期已行用。見該文。

【李本】

即鯉魚[1]。此稱五代時期已行用。見該文。

【王字鯉】

即鯉魚[1]。此稱宋代已行用。見該文。

【赤稍】

即鯉魚[1]。此稱明代已行用。見該文。

【桃花春】

即鯉魚[1]。此稱清代已行用。見該文。

【時鯉】

即鯉魚[1]。此稱清代已行用。見該文。

【紅鯉】

即鯉魚[1]。此稱清代已行用。見該文。

【赤鯶公】

"鯉魚[1]"之別稱。唐代，因皇帝姓李，"鯉""李"同音，鯉一度被禁止食用。此令始於唐高宗李治，廢止於女皇武則天。隱稱赤鯶公。唐段成式《酉陽雜俎·鱗介篇》："國朝律，取得鯉魚即宜放，仍不得喫，號赤鯶公，賣者杖六十，言鯉爲李也。"宋代也有相似的記載。明陶宗儀《説郛》卷二七上引宋方勺《泊宅編》："唐律禁食鯉，違者杖六十。豈非李鯉同音，彼自以爲裔出老君，不敢斥言之，至號鯉

爲赤鯶公。"鯶爲草魚古稱，似鯉，故藉稱鯉，諱其同音也。

【六六魚】

即鯉魚[1]。又稱"六六鱗""三十六鱗"，即鯉。唐代陳藏器首先發現鯉魚的側綫鱗是三十六片。宋唐慎微《重修政和經史證類本草》卷六："鯉魚，從脊當中數至尾，無（論）大小（魚），皆有三十六鱗。"《神農書》也有相似記載："鯉爲魚王，無大小，脊旁鱗皆三十有六。鱗上有小黑點，文有赤黄白三種。"鯉魚因此而獲得"六六鱗"之美稱。唐盧仝《觀放魚歌》："老鯉變化頗神異，三十六鱗如抹朱。"宋宋祁《祗答太傅鄧國張相公》詩："君軒戀結蕭蕭馬，客素愁憑六六魚。"古謂魚雁傳書，此亦藉指書信。宋陸游《九月晦日作》詩："錦城誰與寄音塵，望斷秋江六六鱗。"《埤雅·釋魚》："鯉三十六鱗，具六六之數，陰也。"《學林》卷三："二四爲六六者，老陰之能變者也。鯉三十六鱗六六之數也，能神化。"六在《易經》中稱老陰。陰對陽，互相轉化。老陰是至極之陰將轉陽。老陰之鯉，蓄勢待變，但變至今日，鯉還是鯉。

【六六鱗】

即鯉魚[1]。此稱宋代已行用。見該文。

【三十六鱗】

即鯉魚[1]。此稱宋代已行用。見該文。

【文鯉】

即鯉魚[1]。亦稱"鯖""點額魚""稚龍""朱砂鯉""琴高魚""鍵魚""魚王""三色鯉"。《廣雅·釋魚》："黑鯉謂之鯖。"唐白居易《點額魚》詩："龍門點額意何如，紅尾青鬐却返初。見説在天行雨苦，爲龍未必勝爲魚。"舊題

宋《采蘭雜志》："鯉魚一名稚龍。"《酉陽雜俎續集·支動》："句容赤砂湖出朱砂鯉，帶微紅，味極美。"《埤雅·釋魚》引《神農書》稱："鯉最爲魚之主。今人以盤水養之，雖困鱗，不反白，蓋健魚也。"盤水指靜止的水。清李元《蠕範·物體》："鯉……魚王也，稚龍也。"直省志書《餘姚縣》："鯉分三色。自出黃山港至汪姥橋，曰姚江，其鯉口尾青；自橋而西至西石廟，曰舜江，其鯉口尾赤；自廟而西，曰蕙江，其鯉口尾白而微黃。共在一水中而分界不亂。"

【鯡】

即文鯉。此稱三國時期已行用。見該文。

【點額魚】

即文鯉。此稱唐代已行用。見該文。

【朱砂鯉】

即文鯉。此稱唐代已行用。見該文。

【稚龍】

即文鯉。此稱宋代已行用。見該文。

【琴高魚】

即文鯉。此稱宋代已行用。見該文。

【健魚】

即文鯉。此稱宋代已行用。見該文。

【魚王】[1]

即文鯉。此稱清代已行用。見該文。

【三色鯉】

即文鯉。此稱清代已行用。見該文。

四大家魚

青魚、草魚、鰱魚、鱅魚，是我國上千年來培育出的，可以在池塘中混養的高產品種，同時也是我國重要的淡水養殖魚類，被稱作四大家魚。從晚唐起人們就開始養殖，至宋代已發展到專業化的程度。據宋周密《癸辛雜志》記載，四大家魚魚苗的捕獲、運輸、篩選、販賣已經達到專業化程度，并逐步發展出混養技術，而且迅速普及。清乾隆《湖州府志》中說："有花鰱、黃鰱、白鯇三種。鯇魚即草魚，因其食草也，鄉人多畜之池中，與青魚俱稱池魚。青魚飼之以螺螄，草魚飼之以草，鰱獨受肥，間飼以糞。蓋一池中畜青魚、草魚七分，則鰱魚二分、鯽魚、鱅魚一分，未有不長養者。"混養能提高餌料的利用效率，提高單位面積水體的魚產量，降低生產的風險。它們在我國淡水養殖品種結構中，一直占據主要位置，其產量約占總產量的80%。

青魚[2]

亦作"鯖魚"，亦稱"鯖""鱮魚""烏鯇""五侯鯖"。魚名，四大家魚之一。鯉形目，鯉科，青魚（*Mylopharyngodon piceus*）。體略呈圓筒狀，頭稍平扁。口端位。咽喉有齒，臼齒狀，適於捕食蚌、螺螄、蛤蜊等動物，肉食性。體背青黑，腹部乳白。主要分布於長江以南，華北較少，喜栖中下層水域。

明代稱"鱮魚"。明李時珍《本草綱目·鱗三·青魚》〔釋名〕時珍曰："青亦作鯖，以色名也，大者名鱮魚。集解曰：'青魚生江湖間，南方多有，北地時或有之，取無時。似鯇而背正青色。'""取無時"，意一年四季都能捕得到。因其體似鯇，方言"黑鯇""青鯇""烏鯇""烏鯖""銅青""螺螄青""青棒""烏鯇"

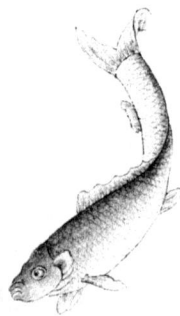

鯖魚
（《食物本草》）

等。《正字通·魚部》："鯖……即青魚，俗呼烏鰡。"明屠本畯《閩中海錯疏》卷上："烏鰡，形似草魚，頭與口差小而黑色，食螺。"常見的個體重15～20千克，重者達70千克，且生長迅速，二至三齡魚體重就達3～5千克，是我國重要的淡水漁業資源，也是湖泊和池塘中的主要養殖對象之一。現已被引入到許多國家。青魚以其色黑而得名。

明顧起元《魚品》："江東，魚國也。爲人所珍者，自鰣魚、刀鱭、河魨外有青魚。"南人多以作鮓，即加鹽等調料腌漬及糟魚類。清王士雄《隨息居飲食譜》："唯青魚爲最美，補胃醒脾，温運化食。"漢劉歆《西京雜記》卷二："五侯不相能，賓客不得來往。婁護豐辯，傳食五侯間，各得其歡心，競致奇膳，護乃合以爲鯖，世稱'五侯鯖'。"唐王維《贈吴官》詩："江鄉鯖鮓不寄來，秦人湯餅那堪許。"江鄉，古國名，位處今河南正陽西南。明楊慎《異魚圖贊》卷三："江有青魚，其色正青。泔以爲酢，曰五侯鯖。"泔，米泔，也作烹調之意解釋。"酢"即古"醋"字。《南史·臨川静惠王宏傳》："宏縱恣不悛，奢侈過度，好食鯖魚頭，常日進三百。"巨集即梁臨川静惠王宏，時爲揚州刺史。

【鯖】

即青魚[2]。此稱漢代已行用。見該文。

【五侯鯖】

即青魚[2]。此稱漢代已行用。見該文。

【鯖魚】

同"青魚[2]"。此體南北朝時期已行用。見該文。

【鰱魚】

"青魚[2]"之大者。此稱明代已行用。見該文。

【烏鰡】

即青魚[2]。此稱明代已行用。見該文。

【青鯇】

即青魚[2]。亦稱"溪魚""大麥青"。《文選·晋潘岳〈西征賦〉》："於是弛青鯇於網鉅，解赬鯉於黏徽。"李善注："鯉、鯇，二魚名。"清汪曰楨《湖雅》："青魚，《雙林志》俗名溪魚。"溪魚，也是栖息於小溪中魚之泛稱。清光緒《重修常昭合志》："〔鯖〕府志出常熟海道，麥熟時至，俗呼大麥青，腴莫及焉。"宋葉紹翁《四朝聞見録·秦夫人淮青魚》："憲聖召（秦）檜夫人入禁中賜宴，進淮青魚。憲聖顧問夫人：'曾食此否？'夫人對曰：'食此久矣，又魚視此更大且多，容臣妾翌日供進。'夫人歸，亟以語檜，檜恚之曰：'夫人不曉事。'翌日，遂易糟鯶魚大者數十枚以進。憲聖笑曰：'我便道是無許多青魚，夫人誤爾。'"由此足見秦檜之狡詐和青魚之可貴。

【溪魚】

即青鯇。此稱清代已行用。見該文。

【大麥青】

即青鯇。此稱清代已行用。見該文。

草魚

亦稱"鯇""鰀""鯤""鯶""鯶魚""草鯇""鯶子"。魚名，"四大家魚"之一。鯉形目，鯉科。草魚（*Ctenopharyngodon idella*）。體呈亞圓柱形，六齡魚長近1米，重12千克，最大重35千克。頭寬平，口端位。咽喉齒扁平梳狀。鱗中大。體色茶黄，腹部灰白。草食性，以苦草等植物爲食。分布廣，栖於江河、湖泊中下層。性較活潑。方言稱"鯇""白鯇""混子""鯶"，東北稱"草根""草青"等。

草魚，因食草而得名。古稱鯶、鮌。《爾雅·釋魚》："鮌。"郭璞注："今鯶魚，似鱒而大。"宋代《集韵·上緩》："鰀，魚名。或作鮌、鯶。"明李時珍《本草綱目·鱗三·鮌魚》〔釋名〕："鮌……郭璞作鯶。其性舒緩，故曰鮌，曰鰀，俗名草魚，因其食草也。"明屠本畯《閩中海錯疏》卷中："鯶，色微黑，一名鯤。"清李元《蠕範·物性》："鯶，鮌也，鰀也，草魚也。似鱒而大，形長身圓，肉厚而鬆，有青白二色。其性舒緩。"此處的青色者應指鯖魚。清光緒《新襄兩縣續修合志》："鮌，一名草魚，又名鯶子。"

因草魚食料簡單，魚苗來源容易，生長快，肉味佳，已人工繁殖成功，向來為我國主要養殖和放養的對象之一。我國四大家魚之一。鯶、鮌，均有圓之意，述草魚體圓如棍；鰀，意性舒緩，草魚雖也算活潑，但與四大家魚之一的鰱魚等相比較就顯和緩。我國很早就人工養殖，唐代末期在廣東有將荒田築埂，灌以雨水，放養草魚一二年，以清除野草的記載。《常德府志·物產》："鯇，其形似鯉，青黑色，土人畜於池，飼以草，又名草鯇。"按，"鯇"為"鮌"的异體，二字音義均同。草魚四月下旬產卵。生長快，一冬齡魚體長就達 34 厘米，重約 750 克。自 1958 年人工繁殖成功後，以其食性和覓食手段獨特，被當作"拓荒者"，已被引入到亞、歐、美、非各大洲的許多國家。本來是我國的"家魚"，現已發展成世界許多國家的"家魚"。

【鮌】

即草魚。此稱秦漢時期已行用。見該文。

【鯶魚】

即草魚。此稱晋代已行用。見該文。

【鰀】

即草魚。此稱宋代已行用。見該文。

【鯤】 [1]

即草魚。此稱明代已行用。見該文。

【鯇】

即草魚。此稱清代已行用。見該文。

【草鯇】

即草魚。此稱清代已行用。見該文。

【鯶子】

即草魚。此稱清代已行用。見該文。

鰱魚

亦稱"鱮""素鱗""鰱魚""白鰱""鴙鱮""胡鱅"。魚名，"四大家魚"之一。鯉形目，鯉科，鰱魚（*Hypophthalmichthys molitrix*）。體側扁，大型個體重達 35 千克。頭大，占全長四分之一，吻圓鈍。眼小。鰓耙連成多孔膜質片，適於濾食浮游生物。中上層魚，性活潑，喜跳躍。平時栖於水深的江河湖泊，性成熟後於每年四月去大江產卵。生長快，分布廣。

古稱"鱮"，於先秦時期已行用。《詩·齊

鰱　魚
（清蔣廷錫等《古今圖書集成》）

風·敝笱》："敝笱在梁，其魚魴鰥。"又《大雅·韓奕》："孔樂韓土，川澤訏訏，魴鰥甫甫。"明彭大翼《山堂肆考·鱗蟲》："白鰱曰鱮。"白鰱之稱沿用至今。明毛晋《毛詩陸疏廣要》曰："鱮似魴，厚而頭大，魚之不美者。俚語曰網魚得鱮，不如啖茹。其頭尤大而肥者，徐州人謂之鰱或鱅，幽州人謂之鶻鷰或謂之胡鱅。"方言亦稱"洋胖子"，東北、北京稱"胖頭"，珠江稱"扁魚"。鱮和鰱都以其習性而得名。鰱好結群而行，彼此聯繫緊密，所以稱鰱、鱮。鰱，制字從連；鱮，制字從與，述其性喜群行，因其體色銀白，故稱白鰱。明李時珍《本草綱目·鱗三·鰱魚》〔釋名〕："時珍曰：酒之美者曰釃，魚之美者曰鰱。陸佃云：鱮好群行相與也，故曰鱮；相連也，故曰鰱。"又："鰱魚，處處有之。狀如鱅而頭小，形扁，細鱗，肥腹，其色最白。故《西征賦》曰：'華魴躍鱗，素鱮揚鬐。'"其體色銀白，謂白鰱。鰱與鱅係二魚，既相似又有別。

明顧起元《魚品·江東鰱》云："江東，魚國也。有鰱，頭巨而身微，類鱣。鱗細，肉頗膩，江南人家塘池中多種之，歲可長尺許，俗曰此家魚也。"明黃省曾《養魚經》曰："鰱乃魚之貴者。白露左右始可納之池中。或前一月，或後一月，皆不育。"清胡世安《異魚圖贊補》卷上曰："白鰱，魚之貴者，爰有白鰱。納池白露，遠時則胺。"爰，於是。胺，減小。清連橫

《臺灣通史·虞衡志》卷二八："鰱，每歲自江西購入魚苗，飼於池沼。"鰱爲我國重要淡水養殖對象之一，因餌料易得，生長迅速，人工繁殖成功，產量頗高。

【鱮】

即鰱魚。此稱先秦時期已行用。見該文。

【素鱮】

即鰱魚。此稱晋代已行用。見該文。

【鱮魚】

即鰱魚。此稱明代已行用。見該文。

【鶻鷰】

即鰱魚。此稱明代已行用。見該文。

【胡鱅】

即鰱魚。此稱明代已行用。見該文。

【白鰱】

即鰱魚。此稱清代已行用。見該文。

【禿尾】

即鰱魚。亦稱"白鱮""嚴魚""鱇""白扁""白蘇""連魚"。唐杜甫《觀打魚歌》詩："徐州禿尾不足憶，漢陰搓頭遠遁逃。魴魚肥美知第一，既飽歡娛亦蕭瑟。"錢謙益注："徐州謂之鰱，或謂之鱅，殆所謂徐州禿尾也。"唐陸龜蒙《秋思》詩之二："至今思禿尾，無以代寒菹。"寒菹，泛指腌漬的菜蔬。明彭大翼《山堂肆考》卷二二四："鱮魚似魴而長。北土呼爲白鱮，徐州人謂之鰱。"清同治《會理州志》："鰱，一名鱮魚……俗呼嚴魚。"嚴，鰱的近音字。清宣統《高要縣志》："鰱，俗呼作鱇……身扁而白，故俗呼白扁，又曰白蘇。"鱇，與鰱同音。白蘇，原爲植物名，用作魚名係方言。清童岳薦《調鼎集·水族有鱗魚·連魚》："（連魚）喜同類相連而行，故名。"

鰱　魚
（《食物本草》）

【白鰱】

即禿尾。此稱明代已行用。見該文。

【嚴魚】

即禿尾。此稱清代已行用。見該文。

【鱅】

即禿尾。此稱清代已行用。見該文。

【白扁】

即禿尾。此稱清代已行用。見該文。

【白蘇】

即禿尾。此稱清代已行用。見該文。

【連魚】

即禿尾。此稱清代已行用。見該文。

鱅魚

單稱"鰫"，亦稱"鱃魚""庸魚"。魚名，"四大家魚"之一。鯉形目，鯉科，鱅魚（*Aristichthys nobilis*）。體側扁而高，重可達45千克。頭大，可占全長三分之一。吻鈍，口闊。眼小。鰓耙細密。鱗小。體背微黑，腹部灰白。栖於流水或靜水域，以浮游藻爲食。四月産卵。分布較廣。

鱅魚圖

鱅魚
（清蔣廷錫等《古今圖書集成》）

先秦時稱"鱃魚"。《山海經·東山經》曰："旄山，蒼體之水出焉，而西流注於展水，其中多鱃魚。其狀如鯉而大首，食者不疣。"《說文·魚部》："鰫，魚也。"鱅魚一稱首見於宋代典籍，并沿用至今。曰鱃，源於鱃，美食。故鱅并非魚之下品。《埤雅·釋魚》云："鱅，庸魚也。故其字從庸，蓋魚之不美者。而鱅讀曰慵者，則又以其性慵弱而不健，故也。"明李時珍《本草綱目·鱗三·鱅》〔釋名〕："此魚中之下品，蓋魚之庸常以供鱃食者，故曰鱅曰鱃，鄭玄作鰫魚。"又"處處江湖有之。狀似鰱而色黑，其頭最大，有至四五十斤者，味亞於鰱。鰱之美在腹，鱅之美在頭"。鱅魚性較和緩，行動遲鈍，不善跳，較易捕捉，和鰱相似而又有別。方言亦稱"胖頭魚""黑鰱""花鰱""黃鰱"，珠江稱"松魚"。鱅爲我國重要的淡水經濟魚類，生長快，疾病少，是湖泊和池塘養殖的重要對象，産量可觀。

【鱃魚】[1]

即鱅魚。此稱先秦時期已行用。見該文。

【鰫】

即鱅魚。此稱漢代已行用。見該文。

【鰫魚】

同"鱅魚"。此體晉代已行用。見該文。

【庸魚】

同"鱅魚"。此體宋代已行用。見該文。

【皂鰱】

即鱅魚。單稱"鱃"，亦稱"鱃頭""黑鰱""黑包頭魚""紅鰱""青鰱""鰱胖頭""花鰱""包頭魚""大頭""鰈""烏蘇"。南朝梁顧野王《玉篇·魚部》："魣，鱃（原注：籀文）。"宋洪适《石鼓》詩："左驂秀弓射麋豕，有鱃有鯀君子漁。"金李杲編，明李時珍參訂《食物本草》："鱅似鰱而黑，俗呼黑包頭魚。一名鱃魚。"明彭大翼《山堂肆考》卷二二四："青鰱曰鱅，白鰱曰鰱。"明張自烈《正字通·魚部》："鱅，一名鱃魚，俗呼皂鰱。"皂，意黑色。皂鰱，似鰱而黑。明屠本畯《閩中海錯疏》卷上："紅鰱，似鰱而色紅。"此魚色黑，説色紅未必恰切。清汪曰楨《湖雅》："鱅，即花鰱，湖録一名鱃……俗之所謂鰱胖頭也，《武康疏志》俗名包頭魚。"清方文《品魚·下品·鱅》詩注："鱅，即鰟頭，此魚之庸常供饌食者，故名。"鰟頭應爲胖頭之諧音。清屈大均《廣東新語·魚花》："正西爲柳州右江，其水多鱢、鱃。"清宣統《高要縣志》："鱅一作鯑，俗作鱃……鱅頭大而黑，故俗呼大頭，又曰烏蘇。"徐珂《清稗類鈔·動物類》："鱅，産於江湖，似鰱而黑，頭甚大。俗呼黑鰱，又稱鰱胖頭。"

【鰟】

即皂鰱。此稱南北朝時期已行用。見該文。

【黑包頭魚】

即皂鰱。此稱元代已行用。見該文。

【紅鰱】

即皂鰱。此稱明代已行用。見該文。

【青鰱】

即皂鰱。此稱明代已行用。見該文。

【鰟頭】

即皂鰱。此稱清代已行用。見該文。

【黑鰱】

即皂鰱。此稱清代已行用。見該文。

【鰱胖頭】

即皂鰱。此稱清代已行用。見該文。

【花鰱】

即皂鰱。此稱清代已行用。見該文。

【包頭魚】

即鱅魚。此稱清代已行用。見該文。

【大頭】[1]

即皂鰱。此稱清代已行用。見該文。

【鱃】

即皂鰱。此稱清代已行用。見該文。

【烏蘇】

即皂鰱。此稱清代已行用。見該文。

洛氏鱥

亦稱"柳根赤"，魚名，鯉形目，鯉科，洛氏鱥（*Phoxinus lagowskii*）。體稍側扁。成體長 100 ～ 150 毫米。頭長而尖。鱗小而密。體背灰褐，體側中軸有一條黑色紋帶，腹部灰白。游泳敏捷。分布於黄河以北廣大地區。數量多且分布較廣，爲産地常見食用魚。俗稱"柳根赤"。清林從炯等纂《永德縣志》卷二九："柳根赤，魚名。蓋柳根之色赤，此魚好唼柳根，故名。國朝查慎行《釣魚恭記》詩云：'魚藻池邊輦路平，直隨仙仗到蓬瀛。官廚既飫紅蓮飯，御饌仍分碧澗羹。'自注：'午刻，賜御饌紅蓮米飯、柳根魚羹。佳名原自柳根來，釣得仍將柳貫鰓。分賜詞臣三百尾，插竿騎馬雨中回。'"

【柳根赤】

即洛氏鱥。此稱清代已行用。見該文。

杞麓鯉

亦稱"大頭鯉"，魚名，鯉形目，鯉科，杞麓鯉（*Cyprinus chilia*）。體延長、側扁、頭後背部隆起不顯著，頭較長，口端位，呈馬蹄形，通常有鬚二對。背部青灰，腹部微黄。分布於雲南杞麓湖、星雲湖、滇池、洱海等湖，個體較大，達4千克，是產地常見的經濟魚類。清王文韶修光緒《續雲南通志稿》："大頭鯉。'《滇黔紀游》："洱海出大頭魚，食之脫皮，土人不忌。"

【大頭鯉】[1]

即杞麓鯉。此稱清代已行用。見該文。

鯽魚

亦稱"鰿""鮒""鮒魚""鰶魚""佛鯽""鰶""鮯魚""逆鱗""鯽核"。魚名，鯉形目，鯉科，鯽魚（*Carassius auratus*）。體側扁而高，長者達28厘米，重500～1000克。口端位，無鬚。鱗大，體背褐，腹面銀灰。雜食性。分布廣，我國各地淡水域都有。方言稱"寒鮒""鮒魚"，湖北稱"其喜頭"，福建稱"鯽仔""鯽母""田池仁"等。

戰國時期就有"鮒""鰶"之稱。《莊子·外物》："夫揭竿累，趣灌瀆，守鯢鮒，其於得大魚難矣。"《墨子·公輸》："江漢魚鱉黿鼉爲天下富，宋所謂無雉兔鮒魚者也，此猶粱肉之與糠糟也。"《楚辭·大招》："煎鰿膗（音霍，肉

鯽　魚
（清蔣廷錫等《古今圖書集成》）

羹）雀，遽爽存只。"王逸注："鰿，鮒。"鮒，意其喜結群而游，群附而行。"過江名士多於鯽"，即成語"過江之鯽"，形容其群集特性。

至漢代亦稱作"鰶"。《説文·魚部》："鰶，鰶魚也。从魚脊聲。"《南史·梁宗室傳上·臨川靖惠王宏》："〔江無畏〕好食鰿魚頭，常日進三百。"江無畏，臨川靖惠王的愛妾。唐杜甫《陪鄭廣文游將軍山林十首》之二："鮮鯽銀絲膾，香芹碧潤羹。"《集韵·入昔》："鰿，魚名，鮒也。"《埤雅·釋魚》："吕子曰：魚子美者，洞庭之鮒。鮒，小魚也，即今之鯽魚。其魚肉厚而美，性不食釣。《本草》所謂鯽魚，一名鮒魚，形亦似鯉，色黑而體促，腹大而脊隆，所在池澤皆有之是也……今此魚旅行，吹沫如星然，則以相即也謂之鯽；以相附也謂之鮒。"《爾雅翼·釋魚一》："鮒，今謂之鯽魚。其味最美。吴人以菰首爲羹，以鯉鯽爲鱠，謂之金羹玉鱠。古者謂鮒爲鰿，其字從責。今之鯽字，乃烏鰂之鰂，後世借用爲鮒之別名爾。"

鯽魚
（《食物本草》）

鮒
（明王圻等《三才圖會》）

魚小而耐寒，大者止二三斤。"直省志書《山陰縣志》："'郡志云越人謂鯽之小者爲鯽核。'《浮梁縣志》：'鯽出北湖中者，名佛鯽。'"《太平御覽》卷九四〇引漢楊孚《臨海水土記》："鮀魚，似鮧魚。"明彭大翼《山堂肆考·鱗蟲》："鯽魚，一名鮒，熊氏謂之逆鱗。俗語曰：冬鯽夏鱓，蓋鯽至冬而肥味甚美也。"清黃亨《無題》詩："激泉濟鮒涸，解網縱獸奔。"

【鰶】[2]

即鯽魚。此稱先秦時期已行用。見該文。

【鮒】

即鯽魚。此稱先秦時期已行用。見該文。

【鮒魚】[1]

"鯽魚"之異稱。此稱先秦時期已行用。見該文。

【鰿】

即鯽魚。此稱漢代已行用。見該文。

【鰿魚】

同"鯽魚"。此體漢代已行用。見該文。

【鮀魚】[1]

即鯽魚。此稱漢代已行用。見該文。

【佛鯽】

出北湖中之鯽魚。此稱宋代已行用。見該文。

【逆鱗】

即鯽魚。此稱明代已行用。見該文。

【鯽核】

"鯽魚"之小者。此稱約於明清時期行用。見該文。

【鮮于羹】

即鯽魚。亦稱"輕薄使""餍德郎""喜頭魚""荷包鯽""土魚"。鯽肉味鮮美，是我國重要食用魚。宋鄭望《膳夫録》："膾莫先于鯽魚。"宋黃庭堅《謝榮緒惠貺鮮鯽》詩："偶思暖老庖玄鯽，公遣霜鱗貫柳來。"貺，意贈予。庖，廚師。貫柳，用柳條穿着。五代毛勝《水族加恩簿》："以爾鮮于羹，斫膾清妙，見稱杜陵，宜授輕薄使、銀絲省餍德郎。"餍，意吃飽。宋陸游《秋郊有懷四首》詩："縷飛緑鯽膾，花簇頳鯉鮓。"清光緒《武昌縣志》："鮒，一名鯽，俗名喜頭魚。蓋喜頭爲吉，吉音近鯽。"清光緒《浦城縣志》："鯽，諸魚皆屬火，惟鯽魚屬土，其脊隆腹大者尤益人，邑名荷包鯽。"清陳鑒撰《江南魚鮮品》："鯽魚，水中自産，爲野魚……其性屬土，亦曰土魚。"清汪紱《醫林纂要》："鯽魚性和緩，能行水而不燥，能補脾而不清，所以可貴耳。"至唐以後，皇帝與士官多用鯽做膾。唐玄宗就"酷嗜鯽魚膾"，曾派人專取洞庭湖大鯽魚，放養於長安景龍池中，"以鯽爲膾，日以游宴"。而民間秘方，鯽魚煨湯，則用於産婦下奶，男子可增强性欲，亦可治陽痿不堅等症。

【輕薄使】

"鮮于羹"之戲稱。此稱宋代已行用。見該文。

【餍德郎】

"鮮于羹"之戲稱。此稱宋代已行用。見該文。

【喜頭魚】

"鮮于羹"之方言。此稱清代已行用。見該文。

【荷包鯽】

"鮮于羹"之方言。此稱清代已行用。見該文。

【土魚】[2]

"鮮于羹"之別名。此稱清代已行用。見該文。

鯪魚 [1]

古稱"鮐魚""雪鮐"。魚名，鯉形目，鯉科，鯪魚（*Cirrhinus molitorella*）。體梭形，長60厘米，重者可達8千克。頭短，吻鈍圓，口下位，鬚兩對。體背青灰，腹部銀白。分布於珠江、閩江、韓江、海南島、臺灣島、元江及瀾滄江水系。栖於水溫較高的江河中下層，以定生藻類爲主要食料，爲重要經濟魚類。

《楚辭·天問》："鯪魚何所？魁堆焉處？"王逸注："鯪魚，鯉也。"唐段公路《北戶録》卷一："鮐魚，其鱗如銀，肉白如雪，脆而且甜，偏宜作鱠，北中無也。故《異物志》曰：'南方魚多不肥美，唯鮐魚爲上，大者長二尺，作鱠炙，尤香而美。'"鯪從淩，肉白如雪，猶如冰淩，加之冬月最肥，故稱雪鮐。鯪與鮐同。俗稱"土鯪魚""鯪公""雪鮐""花鯪"。唐劉恂《嶺表録異》卷上："鮐魚，如白魚（即紅鰭魴）而身稍短，尾不偃。清遠江多此魚，蓋不産於海也。廣人得之多爲膾，不腥而美，諸魚無以過也。"清趙學敏《本草綱目拾遺·鱗部》引《粤語》曰："鮐魚廣人池塘多畜之，以魚秧長成，與鯽性相反。鯽屬土，其性沉，長潛水中；鮐屬水，其性浮，長躍水上。鯽食之可以實腸，鮐食之可以行氣，鯽守而鮐行，性各不同如此。其物以冬而肥，故名雪鮐。"又引《梧尋雜佩》："鮐魚形似鰱而稍短，味甚美作膾尤佳。"清屈大均《廣東新語·鱗語》："雪鮐以冬而肥。其性屬水，喜游泳波上，得濬流則躍躍尋丈。生食之宜人氣。"鯪魚肉有活血行氣、逐

水利濕的功效，主治膀胱結熱、黄疸、水腫膨脹等症。

【鮐魚】[2]

同"鯪魚[1]"。此體漢代已行用。見該文。

【雪鮐】

即鯪魚[1]。此稱清代已行用。見該文。

野鯪魚

亦稱"鯇""竹魚""竹頭""竹丁"。魚名，鯉形目，鯉科，野鯪魚（*Labeo decorus*）。體稍側扁，五齡魚體長達47厘米，體重最大5千克。吻端圓鈍，口下位，上頜爲下唇所包。鬚兩對。鱗大。體背青緑，腹部白帶黄。分布於長江上、中流及珠江，栖於水流較急的溪流中。草食性。經濟食用魚之一。方言亦稱"青龍棒""桃花棒"，湖南稱"青魚""青衣"。

早期稱"鯇""竹頭"。宋代《集韵》："鯇，魚名。"亦名竹丁。三國張揖《廣雅》："欄竹頭鯇，滇池所饒，亦名竹丁，熠以爲鮏，案酒薦馨。"竹魚之稱，始見於唐代典籍。唐劉恂《嶺表録異》卷上："竹魚，出溪間，形如鱧魚，大而少骨，青黑色，鱗下間以朱點，鬣可玩，或烹以爲羹臛，肥而美。"宋范成大《桂海虞衡志·志蟲魚》："竹魚出漓水，狀如青魚，味如鱖魚。"明屠本畯《閩中海錯疏》卷中："竹魚身甚薄。"明楊慎《異魚圖贊》卷三："竹頭，鯇魚。"明李時珍《本草綱目·鱗三·竹魚》〔集解〕時珍曰："出桂林湘、漓諸江中……色如竹色，青翠可愛，味如鱖魚肉，爲廣南珍品。"清胡世安《異魚圖贊閏集》："竹魚條生。博可二寸，長二三尺。嘴尖而長。通身緑色，青翠可愛，腹白狀似竹。當寒食前後，漁者以絲網取之。"竹魚，示其體色翠緑似竹。鯪，從夌，

意菱形或斜四邊形。其胸鰭基部後上方有八至十二個鱗片的基部有黑斑，構成菱形斑塊，因以得名。

【鮄】

即野鮼魚。此稱先秦時期已行用。見該文。

【竹丁】

即野鮼魚。此稱三國時期已行用。見該文。

【竹頭】

即野鮼魚。此稱三國時期已行用。見該文。

【竹魚】[1]

即野鮼魚。此稱唐代已行用。見該文。

金魚

亦稱"金鯽魚""火魚""盆魚""硃砂魚"。魚名，鯉形目，鯉科，金魚（*Carassius auratus*）。盆養觀賞魚類，由鯽魚培育而成。其體形有狹長、短圓，體色有灰、紅、黃、黑、白、花斑、藍、紫、五花，背鰭有龍背、殘背、長背、短背，尾有單、雙、上單、下雙、殘臀、長臀、短臀、缺臀，頭有狹頭、寬頭、鵝頭、獅頭，眼有小眼、龍眼、望天眼、水泡眼，鰓有正常鰓、翻鰓，鼻孔有薄膜、絨球，鱗有不透明、透明和珠鱗等許多品種，玲瓏剔透，千姿百態，共五類二十九型。

金魚最早的記載見於宋代。宋蘇軾《去杭州十五年復游西湖用歐陽察判韵》："我識南屏金鯽魚，重來扚檻散齋餘。"王十朋注："西湖南屏山興教寺有鯽魚十餘尾，皆金色。道人齋餘爭倚檻投食耳爲戲。"宋潛學友《咸淳臨安志·記遺五》："今中都有豢魚者能變魚，以金色鯽爲上，鯉次之。貴游多鑿石爲池，實之檐牖間以供玩問，其術秘不可言。"宋周應合《景定達康志·官守志一》："其上爲鍾山樓……下爲金魚池。"明李明珍《本草綱目·鱗三·金魚》〔集解〕："金魚有鯉、鯽、鰍、鱉數種，鰍、鱉尤難得，獨金鯽耐久，前古罕知……自宋始有畜者，今則處處人家養玩矣。"由此知金魚有四種，祇有金鯽自宋朝以來繼續被人飼養，至明朝已傳到各地。"金鯽魚"一詞宋朝典籍常見，至近代嘉興、杭州等地亦常用，但在其他地區早已廢止，金鯽魚也不作四種魚的總名，而成爲專指。自然界的鯽魚銀灰色，宋代開寶年間（968—975）刺史丁延贊最早在嘉興發現紅黃色鯽魚。因受佛教影響，當時有放生之舉。金黃鯽魚有神秘之感，是優先放生對象。放生池有二處，一在嘉興，一在杭州六和塔寺。"金魚"初稱"金鯽"，始見於宋蘇舜欽所作《六和塔寺》詩："沿橋待金鯽，竟日獨還留。""獨"一作"欲"。稍後即稱"金魚"。事見宋戴埴《鼠璞·臨安金魚》篇。該篇詳記金魚的發現與品種，并記四十年後蘇東坡重游六和塔寺時對蘇舜欽詩的感悟及南宋王公貴人競建園池，已得飼養之法。宋吳自牧《夢粱錄·物産》記錢塘

金　魚
（清蔣廷錫等《古今圖書集成》）

門外，尋常百姓已多蓄之，入城貨賣，名"魚兒活"，云云。

1163 年南宋高宗趙構在臨安城建德壽宮，亦始家養金魚。1276—1546 年，金魚由池養發展到盆養，元燕帖木兒時（1330 年前後）傳播到鎮江和北京。明神宗萬曆二年（1574）時盆養已逐漸普及。明彭大翼《山堂肆考·鱗蟲》："金魚體如金，一名火魚。有通身赤者，有半身赤者，有亂赤文者，有背赤文作卦形者，有頭赤尾白者，有鱗紅身白者，色象各各不同。"《格致鏡原》卷九一引明郎瑛《七修類藁》曰："杭自嘉靖戊申來，生有一種金鯽，名曰火魚，以色至赤故也。人無有不好，家無有不畜。競色射利，交相爭尚，多者十餘缸。"明歸有光《火魚》詩："水畜非昔種，火魚自新肇，僅以數寸奇……真於盆盎中，獨覺江湖淼。"1574 年，火魚改稱"硃砂魚"，用盆蓄養。明代蘇州人張謙德《硃砂魚譜》上篇一："硃砂魚，獨盛於吳中。大都以色如辰州硃砂，故名之云爾。"又上篇二："有白身頭頂朱砂王字者、首尾具朱腰圍玉帶者……滿身純白背點硃砂界一綫，作七星者、滿身硃砂皆間白色作七星者、巧雲者、波浪紋者、白身頭頂紅硃者、藥葫蘆者、菊花者、梅花者、硃砂身頭頂白珠者、白身硃戟者、硃緣池者、琥珀眼者、金背者、銀背者、金管者、銀管者、落花紅滿地者、硃砂白相錯如錦者。"

明萬曆七年（1579）用缸盆養育的金魚，杭州專稱"盆魚"。直省志書《仁和縣》云："盆魚有金玉、玳瑁、水晶藍，其異品者若梅花點、鶴頂紅、天地分之類。名色甚衆，不能盡識。說者謂魚本傳沫而生，即紅白二色雌雄相感而生花斑之魚，以溪花魚與白魚相感而生翠花之魚，又取蝦與魚感則魚尾酷類蝦，至有三尾五尾者，皆近時好事者所爲也。明弘治之前蓋無之。"感即雜交之意，當時已知通過雜交培育金魚新品種，但蝦不可能和魚雜交，當時瞭解尚有誤。清句曲山農《金魚圖譜》曰："咬子時，雄魚須擇佳品，與雌魚色類大小相稱。"16 世紀末，張謙德在《硃砂魚譜》一書中提到金魚選種時說："蓄類貴廣，而選擇貴精，須每年夏間市取數十頭，分數缸飼養，逐日去其不佳者，百存一二，並作兩三缸蓄之，加意培養，自然奇品悉具。"由此可以看出，古人用混合選擇法選擇金魚。金魚的各種品種的形成，是我國人民對金魚變异長期、大量選擇的結果。明屠隆等《考槃餘事·金魚品》："顧品有妍媸，而謂巧在配嘯者……惟人好尚與時變遷。初尚純紅、純白。繼尚金盔、金鞍、錦被及印紅頭、裹頭紅、連鰓紅、首尾紅、鶴頂紅、若八卦、若骰色。又出贗爲繼尚黑眼、雪眼、珠眼、紫眼、瑪瑙眼、琥珀眼、四紅至十二紅、二六紅，甚至所謂十二白，及堆金砌玉、落花流水、隔斷紅塵、蓮臺八瓣。"明朱之蕃《金魚》詩："誰染銀鱗琥珀濃，光搖馨鬣映芙蓉，清池躍處桃生浪，綠藻分開金在鎔。"明屠本畯《閩中海錯疏》卷上："金鯽，能變幻，可畜盆中供玩，閩人呼爲盆魚。金箍魚，三尾，色如朱砂，盆魚中品之佳者。"

【金鯽魚】

"金魚"之早期稱謂。此稱宋代已行用。見該文。

【火魚】[2]

即紅色金魚。此稱明代已行用。見該文。

【硃砂魚】

即紅色金魚。此稱明代已行用。見該文。

【盆魚】

即盆養金魚。此稱明代已行用。見該文。

【玳瑁魚】[1]

即金魚。亦稱"金鱗""五色文魚""五色魚""文魚""朱魚""手巾魚""丹魚""赤鱗魚""變魚"。宋岳珂《桯史》卷一二："又别有雪質而黑章，的皪若漆，曰玳瑁魚，文采尤可觀。"明王恭《三山送客歸錢塘》詩："浙水金鱗活，西湖白藕香。"明黄省曾《養魚經》："五色文魚，其色相本異，而金魚特總名也。"五色文魚，意五色斑紋魚，或斑紋五彩。1934 年重修《井陘縣志》："邑人呼金魚爲五色魚，因金魚之顔色甚多也。"明文震亨《長物志·小池》："階前石畔鑿一小池，必須湖石四圍，泉清可見底。中畜朱魚、翠藻，游泳可玩。"又《朱魚》："朱魚獨盛吴中，以色如辰州朱砂故名。"《正字通·金部》："金魚，吉安有一身具五色者，曰手巾魚。"清李斗《揚州畫舫録》："費家花院，本費密故宅，草屋三四楹，與藝花人同居，自密移家入城，是地遂爲蓄養文魚之院。"文魚，意斑紋魚。清李元《蠕範》卷四："金魚，丹魚也，赤鱗魚也，春末生子草上，初出黑色，久

金　魚
（明王圻等《三才圖會》）

則紅色，或白色，或紅白黑斑相間無常。"丹魚，述其色。清光緒《邵武府志》："金魚，俗呼變魚，有紅白金黑諸色，江南魚鮮品。"

世界各國的金魚皆由中國傳入。因此，金魚也被譽爲我國的"國魚"。1502 年傳入日本。據箕作佳吉（Mitsukuri）1904 記載，約在 1500 年，由中國將一些金魚帶到大阪附近的山阪城。那時帶進的品種現在稱爲"和金者"。按照保蘭格（Boulenger）記載，17 世紀末葉金魚由中國傳入英國，18 世紀中傳到歐洲，林奈把它命名爲 *Carassius auratus*，意爲金黄色的鯽魚。他還記載了許多金魚品種的學名，但祇有這一個學名爲世界普遍采用。

【金鱗】[1]

即玳瑁魚[1]。此稱明代已行用。見該文。

【五色文魚】

即玳瑁魚[1]。此稱明代已行用。見該文。

【手巾魚】

玳瑁魚[1]之戲稱。此稱明代已行用。見該文。

【赤鱗魚】[1]

即玳瑁魚[1]。此稱明代已行用。見該文。

【五色魚】

即玳瑁魚[1]。此稱明代已行用。見該文。

【朱魚】

即玳瑁魚[1]。此稱清代已行用。見該文。

【文魚】[1]

即玳瑁魚[1]。此稱清代已行用。見該文。

【丹魚】[1]

即玳瑁魚[1]。此稱清代已行用。見該文。

【變魚】

即玳瑁魚[1]。此稱清代已行用。見該文。

鯿

亦作"鯾"，亦稱"魴""鰫""槎頭鯿""縮項鯿""縮項仙人""槎頭刺史""魿魚"。魚名，鯉形目，鯉科，北京鯿（*Parabramis pekinensis*）。體側扁，呈菱形。長者38厘米，重2千克。頭小，口小，端位。體背青灰，腹面銀白。分布廣，靜水、流水都能生存，喜栖中下層。草食性。五至八月產卵。重要經濟魚之一，肉味鮮美，含脂量十分豐富。生長快，是養殖對象之一。東北稱"長身鯿""鯿花""草鯿"，河南稱"魴魚"，兩廣稱"白鯾魚""槎頭鯿"等。古時常把鯿與魴混爲一魚。

其稱先秦時期已行用。舊題宋玉《釣賦》："精不離乎魚喙，思不出乎鮒鯿。"《說文·魚部》："鯾，魚名。從魚便聲。鯿、鯾又從扁。"《爾雅·釋魚》："魴，鰫。"郭璞注："江東呼魴魚爲鯿，一名鰫。"《玉篇·魚部》："鯾，魴魚也。"金元好問《峽口食鯿魚》詩："憑君莫愛襄陽好，縮頸鯿魚刺鯾多。"至唐宋時亦稱"縮項仙人""槎頭刺史"，因常以竹槎（用竹木編成的筏）斷水攔捕而得名。唐孟浩然《峴潭作》詩："試垂竹竿釣，果得槎頭鯿。"唐杜甫《解悶十二首》之六："即今耆舊無新語，漫釣槎頭縮項鯿。"唐唐彥謙《寄友》詩："新酒秦淮

魴
（明王圻等《三才圖會》）

縮項鯿，凌霄花下共流連。"唐皮日休《送從弟歸復州》詩："慇懃莫笑襄陽住，爲愛南溪縮項鯿。"《事物異名録》卷三六引五代毛勝《水族加恩簿》："縮項仙人宜授槎頭刺史。按：鯿，亦名槎頭鯿。"明李時珍《本草綱目·鱗三·魴魚》〔釋名〕："魴，方也。鯿，扁也。其狀方，其身扁也。"明楊慎《異魚圖贊》卷三："魿魚，黄帛其魿，石鼓祓鑱，槎頭縮項，味珍襄川。即鯿。"

徐珂《清稗類鈔·動物類》："鯿，古謂之魴，體廣而扁，頭尾皆尖小，細鱗。產於淡水，可食。"鯿，從扁，因其體側扁而得。古人分類較粗，將鯿、鰫、魴三魚混爲一體。如上述"魴魚爲鯿，一名鰫""鯾，魴魚也""魴一名鰫，青鯿也"等。三者雖似，但屬不同種。魴是團頭魴，鰫是長吻鮠，都不是鯿，見該條。

【鯾】

同"鯿"。此體漢代已行用。見該文。

【魴】[1]

即鯿。此稱秦漢時期已行用。見該文。

【鰫】[1]

即鯿。此稱秦漢時期已行用。見該文。

【槎頭鯿】

即鯿。此稱唐代已行用。見該文。

【縮項鯿】

即鯿。此稱唐代已行用。見該文。

【縮項仙人】

"鯿"之美稱。此稱宋代已行用。見該文。

【槎頭刺史】

"鯿"之美稱。此稱宋代已行用。見該文。

【魿魚】

即鯿。此稱明代已行用。見該文。

【邊魚】

即鯿。亦稱“青鯿”“小頭魚”“宿項扁”“石坎”。此稱明代已行用。宋强至《陳伯成學士垂訪以病中新浴不克見走書二短篇謝之》詩：“時情逐勢餌邊魚，貧病由來俗易疏。”明徐宏祖《徐霞客游記·粵西游日記四》：“邊魚，南寧頗大而肥，他處絶無之。”邊，鯿的諧音字，同鯿。《埤雅·魴》：“魴一名鯾，今之青鯿也，細鱗、縮項、闊腹，魚之美者……其廣方，其厚褊，故一曰魴魚，一曰鯿魚。魴，方也；鯿，褊也。”《古今圖書集成·禽蟲典》引《烏程縣志》：“鯿，一名魴，湖魚之最佳者，所謂小頭魚。出太湖者鱗白，出龍溪者鱗黑，更肥味美。”清同治《黄陂縣志》：“鯿，項短，身匾，鱗細，俗呼曰宿項扁。”清光緒《光福志》：“鯿魚，按府志出太湖最佳，有一種巨者，曰石坎，出光福一帶，形似而味遜於湖産者。”

【青鯿】

即邊魚。此稱明代已行用。見該文。

【小頭魚】

即邊魚。此稱明代已行用。見該文。

【宿項扁】

即邊魚。此稱清代已行用。見該文。

【石坎】

即邊魚。此稱清代已行用。見該文。

胭脂魚

亦稱“火燒鯿”。魚名。鯉形目，胭脂魚科，胭脂魚（*Myxocyprinus asiaticus*）。體側扁，頭後背部顯著隆起，四齡魚體長達 71 厘米，重 4 ~ 7 千克，大者長達 1 米，重約 70 千克。頭短。口小。背鰭基底甚長。體色黄褐或紅。分布於長江、嘉陵江、沱江等，栖水質清新的水體中下層。性活潑，生長快。肉雖粗，味尚鮮美。方言“黄排”“紅魚”“紫鯿魚”“木葉排”“燕雀魚”。明李時珍《本草綱目·鱗三·魴魚》〔集解〕：“火燒鯿，頭尾俱似魴，而脊骨更隆，上有赤鬣連尾，如蝙蝠之翼，黑質赤章，色如烟熏，故名。其大有至二三十斤者。”古時視火燒鯿與鯿爲一種魚，實爲兩種魚。

【火燒鯿】

即胭脂魚。此稱明代已行用。見該文。

紅鰭鲌

亦稱“鰋”“鰋”“偃額白魚”。魚名，鯉形目，鯉科，紅鰭鲌（*Culter ery thropters*）。體側扁而延長，長約 28 厘米，重 150 ~ 200 克。口小而上翹。腹棱完全。體色銀白。分布很廣，喜栖於水草繁盛的湖泊中。方言“翹嘴巴”“大白魚”，福建稱“巴刀”“駝背巴刀”“溪巴刀”等。

其稱秦漢時已行用。《詩·小雅·魚麗》曰：“魚麗于罶，鰋鯉。君子有酒，旨且有。”毛傳：“鰋，鲇也。”《爾雅·釋魚》：“鰋。”晋郭璞注：“今偃額白魚。”《正字通·魚部》：“鰋，身圓白額，性好偃。腹平著地，故得偃名。”但不少古籍中謂鰋爲鲇。《説文·魚部》：“鰋，鮀也。鰋或从匽。”段玉裁注：“按‘鮀’也，乃‘鲇’也之誤。”將“鰋、鮀、鲇”注爲一魚，實際上各自有别。明李時珍《本草綱目·鱗四·鮧魚》〔釋名〕：“魚額平夷低偃，其涎黏滑……鰋，偃也；鲇，粘也；古曰鰋，今曰鲇；北人曰鰋，南人曰鲇。”鲌，制字從白，示體色白。鰋，字從匽，意藏匿。示額平低如隱，又喜腹平着地而偃，《説文·人部》：“偃，僵也。”此爲習見食用魚之一，肉嫩味美，具一定經濟價值。

【鰻】 [1]

即紅鰭鮊。此稱先秦時已行用。見該文。

【鰻】

即紅鰭鮊。此稱先秦時期已行用。見該文。

【偃額白魚】

即紅鰭鮊。此稱晉代已行用。見該文。

翹嘴紅鮊

亦稱"白魚""鰷鮋""陽橋""陽喬""鱎""鮊""鱎魚""鱅魚""魠""白萍""陽鱎"。魚名，鯉形目，鯉科，翹嘴紅鮊(*Erythroculter ilishaeformis*)。體延長而側扁，長達 23 厘米。吻長，口大，口裂垂直，下頜肥厚，急劇上翹。腹部具一肉棱。被小圓鱗。體背灰黃，腹部銀白。性凶猛，善跳躍。肉食性。分布於江河湖泊中上層。常見食用魚。其方言，福建稱"翹嘴巴刀""巴刀"，廣東稱"長江和順"，長江中游稱"翹白""白魚"，長江下游稱"太湖白魚"。方言還有"翹嘴巴""大白魚""翹殼""白絲""興凱大白魚""翹鮊子""鮊刺魚""翹白"等。鮊，制字從白，體色白。鮊，亦如舶，鱎，如翹，述其體如

白　魚
(《食物本草》)

白　魚
(明文俶《金石昆虫草木狀》)

白魚圖

白　魚
(清蔣廷錫等《古今圖書集成》)

兩端上翹的船舶。陽鱎，陽，為上，或為仰翹，示其嘴上翹，并非浮水就陽。《荀子·榮辱》："鰷鮋者，浮陽之魚也。"楊倞注："鰷鮋，魚名。浮陽，謂此魚好浮於水上就陽也。"

《尚書大傳》卷二："《泰誓》傳(書注：'《泰誓》並非伏生所傳，今並歸於伏生。')……白魚躍入於王舟。"《竹書紀年》卷下："(周武王)伐紂，度孟津，中流，白魚躍入王舟，王俯取魚，長三尺，目下有赤文成字，言紂可伐。王寫以世字，魚文消，燔魚以告天。有火自天止於王屋，流為赤烏，烏銜穀焉。穀者，紀后稷之德，火者，燔魚以告天，天火流下，應以告也。遂東伐紂，勝於牧野，兵不血刃，而天下歸之。"漢劉向《說苑·政理》："夫極綸錯餌，迎而吸之者，陽橋也，其為魚薄而不美。"陽橋，一作"陽喬"。晉崔豹《古今注·魚蟲》："白魚，赤尾者曰鱅，一曰魠。或云雌者曰白魚，雄者曰鱅魚。子好群游水上者名曰白萍。"《廣雅·釋魚》："鮊，鱎也。"王念孫疏證："今白魚生江湖中，鱗細而白，首尾俱昂，大者長六七尺，一名鱎。"鱱，意小雜魚。此是較大型

經濟魚類，非小雜魚，最大重可達 15 千克。宋梅堯臣《糟淮鮊》詩：“寒潭縮淺瀨，空潭多鮊魚。”明屠本畯《閩中海錯疏》卷中：“白魚，板身，色白，頭昂，多細鯁，大者六七尺，生江中。”明李時珍《本草綱目·鱗三·白魚》〔釋名〕：“鱎魚……時珍曰：‘白亦作鮊，白者，色也。鱎者，頭尾向上也。’〔集解〕劉翰曰：‘生江湖中，色白頭昂，大者長六七尺。’時珍曰：‘鮊，形窄，腹扁，鱗細，頭尾俱向上，肉中有細刺。’”明楊慎《陽鱎》：“陽喬，魚名。不釣而來，喻士之不招而至者也。其魚之形則未詳……喬從魚爲鱎，字義乃全。”清胡世安《異魚圖贊補》卷上：“北勝陳海，白魚是育。江湖類生，太湖擅獨。”清王士禛《題顧茂倫雪灘釣叟圖》詩：“投竿一笑烟波外，陽鱎紛紛入釣來。”

【白魚】[1]

即翹嘴紅鮊。此稱先秦時期已行用。見該文。

【鯈鮇】

即翹嘴紅鮊。此稱先秦時期已行用。見該文。

【陽橋】

即翹嘴紅鮊。此稱漢代已行用。見該文。

【陽喬】

即翹嘴紅鮊。此體漢代已行用。見該文。

【鮿】

即翹嘴紅鮊。此稱三國時期已行用。見該文。

【鮊】[1]

即翹嘴紅鮊。此稱三國時期已行用。見該文。

【鰯魚】

即翹嘴紅鮊。此稱晋代已行用。見該文。

【魧】[2]

即翹嘴紅鮊。此稱晋代已行用。見該文。

【白萍】[1]

即翹嘴紅鮊。此稱晋代已行用。見該文。

【鱎魚】

即翹嘴紅鮊。此稱明代已行用。見該文。

【陽鱎】

即翹嘴紅鮊。此稱清代已行用。見該文。

【淮白】

即翹嘴紅鮊。亦稱“輕鯈”“淮白”“傾淮別駕”“楚鮮”“時裏白”“紅白魚”“黄白魚”“鮩”。唐王維《山中與裴迪秀才書》詩：“當待春中，草木蔓發，春山可望。輕鯈出水，白鷗矯翼，露濕青皋，麥隴朝雊。”宋楊萬里《初食淮白》詩：“淮白須將淮水煮，江南水煮正相違。”五代毛勝《水族加恩簿》：“楚鮮，白魚也。”又“以爾楚鮮，隱釜沉糟，價傾淮甸，宜授傾淮別駕。”元袁桷《寄王儀伯太守》詩：“逆浪風高淮白上，寒沙雲落海青低。”清厲荃《事物異名録·水族部》：引《避暑録》：“太湖白魚冠天下，梅後最甚，謂之時裏白。”明黄省曾《魚經·江海諸品》：“有白魚……梅後十五日入時，於時白魚最盛，謂之時裏白。”太湖白魚每年夏至後尤盛，故稱“時裏白”。《青浦縣志·鱗之屬·白魚》：“郭志：今澱湖、三泖皆有之，本名白鰷。”清汪曰楨《湖雅》：“鰋，即紅白魚，一作黄白魚，一作白魚……此魚身白而翅尾略有紅色，故人謂之紅白魚。”清光緒《孝感縣志》：“鮩，俗呼白魚。”

【輕儵】

即淮白。此稱唐代已行用。見該文。

【楚鮮】

"淮白"之擬稱。此稱五代時期已行用。見該文。

【傾淮別駕】

"淮白"之擬稱。此稱五代時期已行用。見該文。

【時裏白】

"淮白"之方言。此稱清代已行用。見該文。

【紅白魚】

"淮白"之方言。此稱清代已行用。見該文。

【黄白魚】

"淮白"之方言。此稱清代已行用。見該文。

【鮩】

即淮白。此稱清代已行用。見該文。

捲口魚

亦稱"嘉魚""䱩魚""拙魚""鮇魚""丙穴魚"。魚名。鯉形目，鯉科，野鯪亞科。捲口魚（*Ptychidio jordani*）。形似鱒，頭圓體長，皮多黏液。背灰青，有淡黑斑紋，腹灰白，喜食小魚。其稱始見於先秦典籍。《詩·小雅·嘉魚》："南有嘉魚，烝然罩罩。"朱熹集注："南，謂江漢之間。嘉魚，鯉質，鱒鱗，鲫肌，出於沔南之丙穴。"烝然，衆多之意。罩，篧也，即今之"竹罩"。《山海經·東山經》："南水行五百里，曰諸鉤之山……是山也，廣員百里，多䱩魚。"晉郭璞注："即鮇魚。"晉左思《蜀都賦》曰："嘉魚出於丙穴，良木攢於褒谷。"唐劉恂《嶺表録異》卷下："嘉魚，形如鱒，出梧州戎城縣江水口，甚肥美，衆魚莫可與比。"《埤雅·釋魚》："嘉魚，鯉質，鱒鱗，肌肉甚美，食乳泉，出於丙穴。"明楊慎《異魚圖贊》卷一："南有嘉魚，出於丙穴，黄河味魚，嘉味相頡。最宜爲鮏，鬲以蕉葉，不爾脂腴，將滴火滅。"明李時珍《本草綱目·鱗三·嘉魚》："鮇魚、拙魚、丙穴魚…… 時珍曰：嘉，美也。杜甫詩曰'魚知丙穴由來美'是矣。河陽呼爲鮇魚，言味美也；蜀人呼爲拙魚，言性鈍也。"丙穴，一説地名，在漢中勉縣北。《正字通·魚部》："嘉魚也，長身，細鱗，肉白如玉，出漢沔丙穴中。"宋宋祁《益都方物略記·魚》："丙穴在興州，大丙、小丙山，魚出穴中。今雅州亦有之，蜀人甚珍其味。"宋周去非《嶺外代答》卷一〇《嘉魚》："蒼梧大江之南山曰火山，下有丙穴，嘉魚出焉。"一説是穴的形狀。《水經注》："丙水出丙穴。穴口向丙，故名。"三説魚出穴時間。李善注左思賦："魚以丙日出穴，蜀人呼爲鮇魚。"清李元《蠕範》卷七："鮇，拙魚也，嘉魚也，丙穴魚也。首有黑點，長身細鱗，肉如白玉。二三月隨水出穴，八九月逆水入穴，其出入必丙日。"四説魚尾之形。《埤雅·釋魚》："舊言尾象篆文丙字，故曰丙穴。"但《爾雅》謂魚尾

嘉　魚
（清蔣廷錫等《古今圖書集成》）

象丙，不獨嘉魚。魚何能擇日而出？穴口形狀之説牽強，唯地名一説較合理。冷水性魚，大型土著鮭魚類，屬我國特產珍貴魚類，在研究動物地理學、魚類系統發育與氣候變化等方面具有很高的科學價值，被列爲國家二級保護動物。

【嘉魚】[1]

　　即捲口魚。此稱先秦時期已行用。見該文。

【㝱魚】

　　即捲口魚。此稱先秦時期已行用。見該文。

【鮇魚】

　　即捲口魚。此稱晋代已行用。見該文。

【拙魚】

　　即捲口魚。此稱明代已行用。見該文。

【丙穴魚】

　　即嘉魚。此稱明代已行用。見該文。

鱤

　　亦稱“鰥”“鰥魚”“黃頰魚”“黃頰”“生母魚”“鮊魚”“䰇”“鱯”“鳡魚”“魠”“魧”。魚名，鯉形目，鯉科，鱤（*Elopichthys bambusa*）。體細長，腹部圓。頭長而尖，口大，無鬚，頜粗壯。體長可達1米，重者50多千克。眼小。鱗小，體色微黃，腹部銀白。性凶猛，游泳力強，以追捕其他魚爲食。分布在全國平原水系中。

　　其古稱曰鰥，始見於先秦典籍。《詩·齊風·敝笱》：“敝笱在梁，其魚魴鰥。”毛傳：“鰥，大魚。”鄭玄箋：“鰥，魚子也，魴也，鰥也，魚之易制者。”所以稱鰥，言其喜獨游，如無妻之夫。《山海經》稱鱤魚。《山海經·東山經》：“〔番條之山〕減水出焉，北流注於海，其中多鱤魚……”晋郭璞注：“一名黃頰。”鱤魚一稱沿用至今。鱤，敢也，意凶猛；或杆也，意其體圓如杆。《集韵·上感》：“䰇，魚名。”《正字通·魚部》：“䰇，俗鱤字。”䰇同杠，示鱤體圓如杆，如棍。唐劉恂《嶺表録異》卷下：“鮊魚，南人曰魚之欲産子者，須此魚以頭觸其腹而産，俗呼爲生母魚。”鱤魚“啖魚最毒”，甚至“吞陷同類”，“池中有此，不能畜魚”。鱤與其他魚的關係是捕食與被捕食的關係，不可能爲它的獵物催生，故“生母魚”或“魚母”之説是錯誤的。《古今圖書集成·禽蟲典·鱤魚部》引《異苑·爲魚母》：“鮊魚，凡諸魚欲産，鮊輒以頭衝其腹，魚自欲生者，亦更相撞觸。”實則諸魚産子，雄者衝雌魚腹排卵，利産卵受精，不祇鮊魚。明李時珍《本草綱目·鱗三·鱤魚》〔釋名〕：“鮊魚、鰥魚、黃頰魚。時珍曰：‘鱤，敢也，鮊，胎也，音陷，食而無厭也。健而難取，吞陷同類，力敢而胎物者也。其性獨行，故曰鰥。’”又：“鱤生江湖中，體似鯮而腹平，頭似鯇而口大，頰似鮎而色黃，鱗似鱒而稍細。大者三四十斤，啖魚最毒，池中有此，不能畜魚。”鱤，實是養魚之害，養魚者稱其“魚虎”，漁民稱“蛇蟥”。方言還稱“竿魚”“大口鱤”“水老虎”等。《古今圖書集成·禽蟲典·雜魚部》引《肇慶府》：“鱯魚大者如指，長八寸，有鋒刺，脊骨美滑，宜羹。”鱯，古同鰥，故鰥亦稱鱯。遼僧行均《龍龕手鑒·魚部》："鮯，魚名。"《廣輿記》："廣東惠州府，土產鮯魚，大如指，長八寸，脊骨美滑，宜羹。"鮯，鯰的諸音字。清李元《蠕範》卷二："鱤，鯛也，鯌也，鯇也，魤也，魧也，黃頰魚也。好獨行，體似鳝而腹平，頰似鯰而黃，鱗似鱒而細。性好啖魚，池中有鱤，則魚不可畜矣。諸魚欲產者，鱤以頭衝其腹，則子出，其自生亦更相撞觸，世謂之眾魚生母。"

《孔叢子·抗志》篇："子思居衛，衛人釣於河，得鯇魚焉，其大盈車。子思問之曰：'鯇魚，魚之難得者也，子果何得之？'對曰：'吾始下釣，垂一魴之餌，鯇過而弗視也，更以豚之半體則吞之矣。'子思喟然曰：'鯇雖難得，貪以死餌；士雖懷道，貪以死祿矣。'"

【鯇】

即鱤。此稱先秦時期已行用。見該文。

【鯇魚】

即鱤。此稱先秦時期已行用。見該文。

【黃頰魚】[1]

即鱤。此稱漢代已行用。見該文。

【黃頰】

即鱤。此稱晉代已行用。見該文。

【生母魚】

即鱤。此稱唐代已行用。見該文。

【鯌魚】

即鱤。此稱唐代已行用。見該文。

【鮯】

即鱤。此稱遼代已行用。見該文。

【鯛】

即鱤。此稱宋代已行用。見該文。

【鳤】

即鱤。此稱明代已行用。見該文。

【魤】

即鱤。此稱清代已行用。見該文。

【魧】[3]

即鱤。此稱清代已行用。見該文。

銀飄魚

亦稱"藍刀魚"。魚名，鯉形目，鯉科，銀飄魚（*Pseudolaubuca sinensis*）。長12～15厘米。一年生。每年結冰後產卵。分布極廣，我國遼河、長江、錢塘江、閩江等水系均有分布。俗稱"飄魚""籃片子""籃刀片""薄削"。清陳伯陶纂修《東莞縣志》卷一五："藍刀魚，背藍，腹白，長三四寸，形如刀。喜食屎。諺云：做藍刀，不怕屎蹋頭。"

【藍刀魚】

即銀飄魚。此稱清代已行用。見該文。

大眼華鯿

亦稱"大目孔""大眼鯿魚"。魚名，鯉形目，鯉科，大眼華鯿（*Sinibrama macrops*）。頭小而尖，吻短，口端位，眼大。常見個體長200～300毫米。背鰭具一根粗短的光滑硬刺，體背青灰，腹部銀白。分布於臺灣、福建、廣西等地。清王必昌纂《重修臺灣縣志》卷一二："大目孔，狀如黃魚，眼大，口微紅。"清金蓉鏡纂輯《靖州鄉土志》卷三："大眼鯿魚，長僅數寸，形頗似鯿魚而目大，身體較圓。"

【大目孔】

即大眼華鯿。此稱清代已行用。見該文。

【大眼鯿魚】

即大眼華鯿。此稱清代已行用。見該文。

麥穗魚

亦稱"麥魚""小麥魚"，魚名，鯉形目，鯉科，鮈亞科，麥穗魚（*Pseudorasbora*

parva）。體長約 10 厘米，稍側扁，頭尖，略平扁。口上位。無鬚，唇薄。背鰭無硬刺。雄體大於雌魚。生殖期雄魚體色深黑，吻部、頰部出現珠星。廣布於除青藏高原之外的我國各地，栖於池塘、湖泊、溝渠中。清稽璜等《續通志》卷一七九：“麥魚，其形鋭小如麥可愛，出東流縣四十里上溪潭。遡流至石入瀨下，形漸大，越此則化蜻蜓飛去。”魚化蜻蜓之説爲謬。清沈翼機等編纂《浙江通志》卷一〇四：“小麥魚，《餘姚縣志》：其大如箸。小麥熟時生，産積慶寺前溪。舊志作鰤魚者，非。”

【麥魚】[1]

即麥穗魚。此稱清代已行用。見該文。

麥　魚
（清聶璜《清宫海錯圖》）

【小麥魚】[2]

即麥穗魚。此稱清代已行用。見該文。

鬚鱊

亦稱“魚婢”“妾魚”“春魚”“鯗”“鵝毛脡”。魚名，鯉形目，鱊鮍亞科，鬚鱊（*Acheilognathus barbatus*）。體呈長卵圓形，長 7 厘米。頭小。口前下位，口角具鬚一對。被圓鱗。體色銀白，體側上半部鱗後緣黑色。四

到五月産卵，雌魚具一淺灰色産卵管，卵産於蚌體内。栖於河溪底層，以水草和水生昆蟲爲食。食用價值不大。《爾雅·釋魚》：“鱊鮬，鱴鰤。”郭璞注：“小魚也，似鮒子而黑，俗呼爲魚婢，江東呼爲妾魚。”實則此係四魚。鱊從矞，“三色而成矞”，示魚體色美。《正字通·魚部》：“鯗，即妾魚。其行以三爲率，一前二後若婢妾。”婢，婢女；鯗同妾，舊時男人娶的小老婆或女人自稱，述其“行以三爲率，一前二後若婢妾”。此説欠妥，魚結群而游，隨機組合，何會總以三爲率？其鹽製品細白如鵝毛，稱“鵝毛脡”。唐段公路《北户録·鵝毛脡》：“恩州出鵝毛脡，乃鹽藏鱊魚。其味絶美，其細如蝦雛。郭義恭云：‘小魚一斤千頭，未之過也。’”唐劉恂《嶺表録異》補遺：“鵝毛，出海畔恩州，乃鹽藏鱊魚兒也，甚美。其細如毛而白，故謂之鵝毛。”明李時珍《本草綱目·鱗三·鱊魚》〔釋名〕：“春魚，作臘名鵝毛脡。時珍曰：‘春，以時名也。脡，係乾臘名也。’”清李元《蠕範》卷七：“鱊，麥魚也，春魚也，文魚也，跳艇也，武陽魚也，狀似魚苗，大如針，一斤千頭，春月自東流縣岩穴流出，溯流至石人瀨漸大，越此則化蜻蜓飛去。”

【魚婢】

即鬚鱊之俗稱。此稱晋代已行用。見該文。

【妾魚】[1]

即鬚鱊。此稱晋代已行用。見該文。

【鵝毛脡】

“鬚鱊”之鹽製品。此稱唐代已行用。見該文。

【春魚】[1]

即鬚鱊。此稱明代已行用。見該文。

【鱊】

即鬐鰆。此稱明代已行用。見該文。

中華鰟鮍

亦稱"鰽""鯞""婢魚""妾魚""婢嬸""青衣魚""旁皮鯽""婢妾魚""鯽魚""鰟鮍鯽""鰟沽""鰟魚""鰟鼓"。魚名，鯉形目，鰟鮍亞科，中華鰟鮍（*Rhodeus sinensis*）。體側扁成卵圓形，長約 4 厘米。頭小。吻鈍。口小，前位。被中大圓鱗，側綫不完全。體背淡灰，腹白。栖於溝渠、池塘等淺水底層，攝食藻類。五月生殖，雌魚具一長産卵管，將卵産於蚌體内。分布廣。食用價值不大。

宋代《廣韵·平葉》："鮍，婢鮍魚，即青衣魚。"晋崔豹《古今注·别名》："江東人呼青衣魚爲婢嬸。"唐白居易《禽蟲十二章》詩之三："江魚群從稱妻妾，塞雁聯行號弟兄。"書注："江沱間有魚，每游輒三，如媵隨妻，一先二後，土人號爲婢妾魚。"《爾雅翼·釋魚二》："鱊鯞，似鯽而小，黑色而揚赤，今人謂之旁皮鯽，又謂之婢妾魚。蓋其行以三爲率，一頭在前，兩頭從之，若媵妾之狀，故以爲名。"《格致鏡原·水族四》引《山堂肆考》："梧州有大荒山，山上泥中有婢妾魚，兩翼及臍下有三條如練帶。長四尺許，摇動有光。"此臍下之"練帶"是其産卵管，長四尺之説失實。長 4 厘米的小魚不會有四尺之帶，且不會有三條。明李時珍《本草綱目·鱗三·鯽魚》時珍曰："鱊魚，即《爾雅》所謂鱊鯞，郭璞所謂妾魚、婢魚，崔豹所謂青衣魚，世俗所謂鰟鮍鯽也。似鯽而小且薄，黑而揚赤。"清汪曰楨《湖雅》："鰟鮏，即鰟沽。"清乾隆《金山縣志》："鰟魚，春深有子曰鰟鼓。"鰟鼓，或意孕魚腹大而側鼓。

鰟沽，與鰟鼓音意同。鰟，制字從旁，旁者傍也；鮍，制字從比，比者并也。三五同游的鰟鮍，猶如左陪右伴的妾與使女，因而得名。是故有"婢妾魚""妾魚""婢魚"諸稱。媵妾，陪嫁的女子；婢妾，妾與使女。但群游魚隨機成群，何會以三爲率？

【鰽】

"中華鰟鮍"之古稱。此稱秦漢時期已行用。見該文。

【鯞】

即中華鰟鮍。此稱秦漢時期已行用。見該文。

【婢魚】

即中華鰟鮍。此稱晋代已行用。見該文。

【妾魚】 [2]

即中華鰟鮍。此稱晋代已行用。見該文。

【婢嬸】

即中華鰟鮍。此稱晋代已行用。見該文。

【青衣魚】

即中華鰟鮍。此稱晋代已行用。見該文。

【旁皮鯽】

即中華鰟鮍。此稱宋代已行用。見該文。

【婢妾魚】

即中華鰟鮍。此稱宋代已行用。見該文。

【婢鮍魚】

即中華鰟鮍。此稱宋代已行用。見該文。

【鯽魚】

即中華鰟鮍。此稱明代已行用。見該文。

【鰟鮍鯽】

即中華鰟鮍。此稱明代已行用。見該文。

【鰟沽】

即中華鰟鮍。此稱清代已行用。見該文。

【鰷魚】

即中華鰷鮍。此稱清代已行用。見該文。

【鰷鼓】

即中華鰷鮍。此稱清代已行用。見該文。

鰷魚

亦稱"鰷""鰷魚""鰷魚""白鰷""白條""鰷""鰷""鮹""鮈""鰷魚""鰺魚""參條魚""鰷魚""鮈魚""鰷條魚"。魚名，鯉形目，鯉科，鰷魚（*Hemiculter leucisculus*）。體長而側扁，長一般 8～15 厘米，最大 24 厘米，18 厘米長者重 90 多克。習見小型魚。頭尖。口端位。體背淡青灰，腹部銀白。腹部略彎凸，腹棱完全。分布很廣，在靜水與流水中均能生長。繁殖力強，行動迅速。雜食性，常群游於水的上層索餌。冬季深水越冬。方言稱"鰺子""白條""鯵鰷""白漂"，福建稱"苦條仔""苦梭料仔""青條"，四川稱"刀片魚"。

其稱先秦時期已行用，并沿用至今。《爾雅·釋魚》："鮈，黑鰦。"晉郭璞注："即白鰷。江東呼爲鰱者。"《詩·周頌·潛》："潛有多魚，有鱣有鮪，鰷鱨鰋鯉。"晉鄭玄箋："鰷，白鰷也。"《山海經·北山經》："〔帶山〕彭水出焉，

鰷　魚
（清蔣廷錫等《古今圖書集成》）

而西流注於芘湖之水，其中多鰷魚。其狀如鷄而赤毛，三尾六足四首，其音如鵲，食之可以已憂。"清郝懿行箋疏："鰷與鰷同，《玉篇》作鰷。"《莊子·秋水》："鰷魚出游從容，是魚之樂也。"晉郭象注："鰷魚，即白鰷也。"又《至樂》："浮之江湖，食之鮂。"晉張華《答何邵》詩："屬耳聽鶯鳴，流目玩鰷魚。"屬耳，以耳觸物，常謂竊聽。南朝宋謝靈運《山居賦》："撫鷗鰷而悅豫，杜機心於林池。"唐王維《山中與裴迪秀才書》詩："輕鰷出水，白鷗矯翼。"《埤雅·釋魚》曰："鰷魚形狹而長，若條然，故曰鰷也。今江淮之間謂之殘魚。性浮，似鱤而白。"《爾雅翼·釋魚一》云："鰷，白鰷也。其形纖長而白，故曰白鰷，又謂白條，江東呼爲鮈。而《詩經·周頌·潛》'……潛有多魚。有鱣有鮪，鰷鱨鰋鯉。'潛者，摻也。積柴水中，令魚依之止息，因而取之。《爾雅》曰：魚之所息謂之摻。蓋《潛》之詩謂季冬及春，寒氣方盛，故魚止摻中，因而薦之，非其出游之時。今人謂鰷爲參魚，參音近於摻。或以其伏摻中得名耶？"槮，將柴草積聚於水中養魚。摻，大木或古代的一種捕魚器。

"鰷條"一稱於明代已行用。《正字通·魚部》："鰷，小白魚，俗稱鰷魚，亦曰參條魚。小而長，時浮水面，性好游，故名。"明李時珍《本草綱目·鱗三·鰷魚》〔釋名〕："白鰷、鰷魚、鮈魚。時珍曰：'鰷，條也。鰺，粲也。鮈，囚也。條，其狀也。粲，其色也。囚，其性也。'……'鰷，生江湖中，小魚也。長僅數寸，形狹而扁，狀如柳葉，鱗細而整，潔白可愛，性好群游。'"清陳維崧《朝中措·客中雜憶》："紅魚明鰷映淪漪，相間倍離離。"徐

珂《清稗類鈔・動物類》云："白鰷即鯈魚，産於淡水。"食用魚之一，煮食尚有暖胃、止冷瀉之效。在西周時代，鰷魚爲民間習見經濟魚類，且爲王者祭獻宗廟用魚。

【鰷】

即鯈魚。此稱先秦時已行用。見該文。

【鯈魚】

即鰷魚。此體先秦時期已行用。見該文。

【儵魚】

同"鰷魚"。此體先秦時期已行用。見該文。

【白鰷】

即鰷魚。此稱漢代已行用。見該文。

【白鯈】

即鰷魚。此體漢代已行用。見該文。

【鯈】

即鰷魚。此體漢代已行用。見該文。

【鮋】[2]

即鰷魚。此稱秦漢時期已行用。見該文。

【鰌】[1]

即鰷魚。此稱晉代已行用。見該文。

【鰶魚】

即鰷魚。此稱宋代已行用。見該文。

【參條魚】

即鰷魚。此稱宋代已行用。見該文。

【鰲魚】

即鰷魚。此體明代已行用。見該文。

【鮋魚】

即鰷魚。此稱明代已行用。見該文。

【鰲條魚】

即鰷魚。此體清代已行用。見該文。

【鮭條】

即鰷魚。亦稱"烙魚""苦條"。清汪曰楨《湖雅》："鮭鰷，按形似鰷而小，即以鰷名呼之，俗呼鮭條。鮭，音叉，即粲音之轉。"清光緒《丹徒縣志》："鰲，形類白鰷，長四五寸，産南閘，河中者佳，俗曰烙魚，宜烙而食也。"清郭柏蒼《閩産録異》："苦條，即鰷，溪中小魚也，色白性好群游，肥不盈斤。"

【烙魚】

即鰷魚。此稱清代行用。見該文。

【苦條】

即鰷魚。此稱清代行用。見該文。

工魚

亦稱"弓魚""公魚""魚魁工"。魚名，鯉形目，鯉科，大理弓魚（*Schizothorax taliensis*）。又名"大理裂腹魚"。體延長，頭短，體長15～20厘米。被細鱗。體色銀白，背部淡灰。僅分布於洱海。其肛門和臀鰭兩側各有一行大鱗，腹部成一裂痕，故名裂腹魚。又因其遇障礙時能以嘴銜尾像弓一樣躍出水面飛越障礙，故白族人稱其"弓魚"。《新纂雲南通志・物産考》："工魚，一作公或弓。魚似鰷而鱗細，長不滿尺，肉細刺少，子腴美，可腌食。"早在唐代弓魚就用作貢品，故又有"貢魚"之稱。肉質細嫩，味極鮮美，爲著名經濟魚類。"内腹含瓊膏，圓脊媚春酒。"方言"弓魚""公魚""竿魚"。

其稱始見於漢代，源於地方名弓魚。《太平御覽》卷九四〇引漢楊孚《臨海水土記》云："弓魚長三寸，似鯢魚。"但至明代，弓誤寫作同音字公。明楊慎《異魚圖贊》卷一："弓魚，西洱弓魚，三寸其修。誰書以公，音是字謬。

又晒多子，亦孔之羞。”自注：“弓魚見《魚譜》，今誤作公。滇中俗諺，既誤作公魚而怪其有子。遂綴爲謔語云：‘大理公魚皆有子，雲南和尚豈無兒。’”至清代又增工魚一稱。《古今圖書集成·禽蟲典·雜魚部》引《大理府志》曰：“工魚出洱海，如鰷而鱗細，長不盈尺。”明楊慎稱其爲“魚魁工”，或作公，又作弓。按，《瑞安縣志》：“弓魚長二三寸，背曲。”《格致鏡原·水族四》引《事物紺珠》云：“公魚似鰷，細鱗，長不滿尺，有子美，出大理。”魚雖不大，但肉質肥嫩多脂，味美，産量也不少。

【弓魚】

同“工魚”。此稱漢代已行用。見該文。

【魚魁工】

即工魚。此稱明代已行用。見該文。

【公魚】

即工魚。此稱明代已行用。見該文。

墨頭魚

亦稱“二斗魚”“墨鱸”“北斗魚”“鮇魚”。魚名，鯉形目，鯉科，墨頭魚（*Gars Pingi Pingi*）。體延長，稍成圓柱狀，長者達 30 ～ 70 厘米。頭寬而平扁。吻鈍，口大，下位，下唇成寬大橢圓形吸盤，中央有一肉質墊。眼小。鱗中大。體色褐，腹面灰白。分布於四川岷江和金沙江水系，喜栖上游流水湍急而多巖石的環境，以藻類、植物碎屑爲食。方言稱“墨魚”“烏棒”“黑魚”。傳說蘇東坡臨池，墨汁入江，將魚染成黑色，故又稱“東坡魚”。但宋代則傳爲郭璞注《爾雅》之墨水所染。宋胡仔《苕溪漁隱叢話後集》卷一二：“何文縝《送王正臣序》曰：‘烟波量，墨頭魚。風庭録，書帶草……’嘉州烏牛山，在水中心，昔郭景純

注《爾雅》於此，有臺在焉，景純每以研之餘水，瀝於臺下，遂生墨頭魚。”明代也有類似傳說。明李時珍《本草綱目·鱗三·石首魚》：“墨頭魚。時珍曰：四川嘉州出之。頭類鰤子，長者及尺。其頭黑如墨，頭上有白子二枚。又名北斗魚。常以二三月出，漁人以火夜照叉之。”清胡世安《異魚圖贊補》卷上：“墨頭魚，蜀嘉州出，又名二斗魚……惟郭璞臺前有。世傳璞著書臺上，魚吞洗硯之墨所化，或名墨鱸。”清代亦稱“鮇魚”，與“墨”同音。《古今圖書集成·禽蟲典·雜魚部》引《益都方物記》云：“鮇魚，出蜀江，皆鱗黑而膚理似玉，蜀人以爲鱠，味美，比鯽則大，膚理玉瑩，以鱠諸庖無異隽末。”其肉肥厚，多脂，味極鮮美，是珍貴經濟魚類。

【東坡魚】

即墨頭魚。此稱宋代已行用。見該文。

【二斗魚】

即墨頭魚。此稱明代已行用。見該文。

【墨鱸】

即墨頭魚。此稱明代已行用。見該文。

【北斗魚】

即墨頭魚。此稱明代已行用。見該文。

【鮇魚】

即墨頭魚。此稱至遲清代已行用。見該文。

鯮魚

亦作“鰺魚”，亦稱“鱒”“火筒嘴”。魚名，鯉形目，鯉科，鯮魚（*Luciobrama macrocephalus*）。體甚長，略側扁，最大個體重達 50 千克。外形頗似鱤魚，但頭的前半部細長，稍呈管狀。口上位，下頜上斜，無鬚。鱗細小。體背青灰，腹白。分布於長江及其支

流、閩江，栖於江水中下層。以細長管筒狀頭，伸至草叢或亂石隙間，捕食各種魚。大型凶猛魚，極貪食。四到七月生殖。生長極快，一年增長 1～2 千克，爲養魚之害。方言稱"尖頭鱤""馬頭鯨""鴨嘴鯨""長嘴鯨""喇叭魚""吹火筒"等。宋唐慎微《證類本草・蟲魚部上品・鯨魚》："鯨魚，平補五臟，益筋骨，和脾胃，多食宜人。"《古今圖書集成・禽蟲典・雜魚部》引明顧起元《魚品・江東》曰："江東有鱓，身圓如竹，頭尖而喙長，俗所名火筒嘴也。善啖諸魚而品下。"明李時珍《本草綱目・鱗三・鰻魚》〔集解〕："鯨生江湖中，體圓厚而長，似鱓魚而腹稍起，扁額長喙，口在頷下，細鱗腹白，背微黃色，亦能啖魚，大者二三十斤。"明張自烈《正字通・魚部》："鰻魚，體圓厚而長，似鱓魚，腹稍起，扁額長喙，細鱗腹白，背微黃色。性好啖魚。《說文》《爾雅翼》《異物志》皆以爲石首魚，並非。《本草綱目》：石首魚，一名鱤，非鰻類也。《食療本草》省作鯨。鯨即鰻之俗字，從鰻爲正。"

【鰻魚】

同"鯨魚"。此體明代已行用。見該文。

【鱓】

即鯨魚。此稱明代已行用.見該文。

【火筒嘴】

即鯨魚。此稱明代已行用。見該文。

寬鰭鱲

亦稱"膴魚""含光魚""橫魚""石鮅魚"。魚名，鯉形目，鯉科，寬鰭鱲（*Zacco platypus*）。體長而側扁。頭短，吻鈍。口端位，唇厚，無鬚。鱗大。體背灰黑，腹面銀白，體側有十二到十三條藍色垂直條紋，其間有不規

則粉紅斑，腹鰭淡紅色。分布於黑龍江、長江及珠江流域，喜水流較急、砂石底質的水域，以浮游甲殼類爲食。方言稱"桃花魚""雙尾魚""雙尾子""鱛魚"等。

其物之記載始見於三國典籍。三國吳沈瑩《臨海水土異物志》："含光魚，一名膴魚。黃而美，故謂之膴。有光照燭。"南朝宋沈懷遠《南越志》曰："含光謂蠟魚，正黃而美，故謂爲蠟魚，夜則有光。"唐劉恂《嶺表錄異》卷下曰："黃蠟魚，即江湖之橫魚，頭嘴長，而鱗皆金色。南人饡爲炙，雖美而毒，或煎爆或乾。夜即有光如燭。"饡，切成小塊的肉。明李時珍《本草綱目・鱗三・石鮅魚》〔集解〕藏器曰："生南方溪澗中，長一寸，背黑腹下赤。南人以作鮓，云甚美。"鱲字從鬛，《廣雅》："鬛，毛也。"此處指魚之鰭條。其臀鰭第一至四根鰭條甚長，臀鰭特寬，故名寬鰭鱲。生殖季節其頭、吻、臀鰭條上有許多珠星，色澤鮮艷，稱含光魚、桃花魚等。膴爲鱲之音訛。石鮅，小魚之意。

【膴魚】

即寬鰭鱲。此稱三國時已行用。見該文。

石鮅魚
（清蔣廷錫等《古今圖書集成》）

【含光魚】

即寬鰭鱲。此稱三國時已行用。見該文。

【横魚】[2]

即寬鰭鱲。此稱唐代已行用，見該文。

【石鮆魚】

即寬鰭鱲。此稱明代已行用，見該文。

大頭鯉 [2]

亦稱“大頭魚”“碌魚”。魚名，鯉形目，鯉科，柏氏鯉或大頭鯉（*Cyprinus pellegrini*）。頭大而寬，頭長大於體高。體長達 40 厘米，重 2000 克。眼大。無鬚。鰓耙排列緊密，細長而軟。鱗大。體背灰黑，腹部銀白。分布於雲南盤江水系的星雲湖和杞麓湖，喜栖湖泊中央，水深而清處中上層，游泳迅速，性活躍，以浮游生物爲食。生長快，兩年達 1 ～ 1.5 千克。地方稱大頭魚。明周季鳳纂修正德《雲南志》卷六：“大頭魚，出星雲湖，漁者以午、戌二日編竹爲籠，沉水取之。其頭味甚美。游泳至海門輒返，不入撫仙湖。”《古今圖書集成·禽蟲典·雜魚部》引《澂江府志》曰：“碌魚出星雲湖，形似鯉而首巨，極肥美，俗呼大頭魚。”肉嫩味美，含脂量多，是產區上等魚類，屬我國特有種。

【大頭魚】[2]

即大頭鯉[2]。此稱明代已行用。見該文。

【碌魚】

即大頭鯉[2]。此稱清代已行用。見該文。

鮰 [1]

亦稱“黃姑”“黃骨”“黃鮰”“黃骨魚”。魚名，鯉形目，鯉科，銀鮰（*Xenocypris argentea*）。體延長而側扁，長約 30 厘米。口小，下位，下頜鏟形，邊緣常具角質突起，刮藻類等爲食。體色銀白帶黃。分布於各地江湖中。生長較快。天然產量大，食用經濟魚之一。方言“板黃魚”“沙姑子”“黃條”“黃川”“黃尾魚”等。明李時珍《本草綱目·鱗三·黃鮰魚》〔集解〕時珍曰：“魚腸肥曰鮰。此魚腸腹多脂，漁人煉取黃油燃燈，甚鰹也。”鮰因其腸肥而得名。黃姑與黃骨則是鮰之音訛。亦有謂魚胃曰鮰。《集韻·平莫》：“鮰，杭、越之間謂魚胃爲鮰。”《正字通·魚部》：“鮰，黃鮰，狀似白魚，長不近尺，闊不踰寸，扁身細鱗，腸腹多脂，南人謿名黃姑，北人謿名黃骨魚。”清胡世安《異魚圖贊補》卷上：“黃鮰小魚，身扁鱗白，闊不踰寸，長不近尺。可充鮓菹，宜於熇炙。黃姑黃骨，呼訛南北。”鮓菹，魚醬。熇炙，一種烹調方法。

【黃姑】

即鮰[1]。此稱明代已行用。見該文。

【黃骨】

即鮰[1]。此稱明代已行用。見該文。

【黃鮰】

即鮰[1]。此稱明代已行用。見該文。

【黃骨魚】[1]

即鮰[1]。此稱明代已行用。見該文。

黃尾蜜鮰

亦稱“黃尾”。魚名，鯉形目，鯉科，黃尾蜜鮰（*Xenocypris davidi*）。體長而側扁，最大 40 厘米以上。頭頗小而尖。口下位，無鬚。體背黑灰，腹部銀白。鱗片中大。長江流域常見，以高等植物碎屑爲食。食用魚之一，天然資源豐富。地方名稱“黃尾”“黃片”“黃姑子”“黃魚”。明屠本畯《閩中海錯疏》卷上：“黃尾，似鯉而尾微黃，食之微有土氣。”

【黄尾】

即黄尾蜜鯛。此稱明代已行用。見該文。

圓吻鯝

亦稱“鱲魚”“鋤魚”。魚名，鯉形目，鯉科，圓吻鯝（*Distoechodon tumirostris*）。體略側扁，腹部圓，體較大，最大個體重4千克，吻圓鈍突出，下頜角質邊緣發達，體部深褐，腹部銀白。中下層魚類，雜食性。經濟食用魚。分布於我國閩江、錢塘江、長江等水系。因其口下位，頗似老婦之嘴，杭州稱“老太婆魚”“青潮”“青尾巴”，方言還有“翼魚”“力燥”“鮫魚”等。明屠本畯《閩中海錯疏》卷中：“鱲，大者長五六寸。白質黑章。味美少鯁。”明商文昭《福州府志·物産》：“鱲魚大者長五六寸，白質黑章。”清周學曾等纂修《晋江縣志·寺觀志》卷七七：“厲魚，俗呼鋤魚，白質黑文。”

【鱲魚】

即圓吻鯝。此稱明代已行用。見該文。

【鋤魚】

即圓吻鯝。此稱明代已行用。見該文。

鰁

亦稱“鮔”“石鯽”，方言“石鯽”“花鯽”“山鯉子”“老母猪魚”。魚名，鯉形目，鯉科，華鰁（*Sarcocheilichthys sinensis*）。體側扁，長可達20厘米，體背灰黑，腹部灰白。喜群游，易飼養。《集韵·仙韵》：“鰁，魚名。”金李杲編，明李時珍參訂《食物本草》卷一〇：“石鯽，生溪澗池潭中。長五六寸，有斑點，身圓厚。”宋王之道《南歌子·端午》：“玉斝浮菖虎，金盤饋鰁魚。”斝，玉製的酒器。清段玉裁《説文解字注》卷一一下：“鮔，魚也，從魚，豆聲。”清夏力恕等編纂《湖廣通志》卷一九：“石鯽出慈利，重唇，雙鱗，常至東陽潭止，不過石門縣。”

【石鯽】

即鰁。此稱金代已行用。見該文。

【鮔】

即鰁。此稱清代已行用。見該文。

重唇魚[1]

亦稱“似鮻鯝魚”“唇鯝”等。魚名，鯉形目，鯉科，重唇魚（*Hemibarbus labeo*）。體長約25厘米。頭長，吻長，唇厚，肉質，上唇與吻褶間形成一深溝，下唇前面中斷，分成左右二葉，狀如重唇。頜鬚一對。體背微黑，腹白。分布於岷江、嘉陵江、漢江及黑龍江各水系中。此稱明代已行用。明姚可成《食物本草》：“重唇魚，出湖廣石門縣，東陽山下東陽水中，魚口兩層，故名。”明屠本畯《閩中海錯疏》卷中：“重唇，頭大尾小。無鱗。長二三寸許。生石穴中。”

棒花魚

亦稱“鰼”，方言“爬虎魚”“沙錘”“花裹棒子”“猪頭魚”“淘沙郎”等。魚名，鯉形目，鯉科，棒花魚（*Abbottina rivularis*）。體延長，長約11厘米。體背暗色。底栖魚，分布廣，内河、湖泊習見。《文選·張衡〈歸田賦〉》：“落雲間之逸禽，懸淵沉之魦鰼。”李善注引《字指》：“鰼，沙屬。”清陳大章《詩傳名物集覽》：“《廣志》：‘吹沙魚，大如指，沙中行。’”

【鰼】

即棒花魚。此稱漢代已行用。見該文。

鮈魚

魚名，鯉形目，鯉科，鮈亞科，我國八十

餘種，中小型魚類，以小型爲多。體圓筒形，長 8～20 厘米。口下位，馬蹄形，鬚一對。分布廣，生活在温帶淡水中。《廣韵·平虞》：“鮈，鯢鮈，魚名。”鮈，字從句，意曲，如《説文·句部》：“句，曲也。”述其口形曲如馬蹄。鯢，字從吴。吴，其本義爲説唱之人，此亦述其口形如唱。如達氏蛇鮈（*Saurogobio dabryi*）。最大個體長 24 厘米。分布於黑龍江至珠江各水系中。方言“船釘子”“打船釘”“棺材釘”“白楊魚”“沙錐”等。有一定經濟價值。

鱒

亦稱“鯥”“赤目魚”。魚名，鯉形目，鯉科，赤眼鱒（*Squaliobarbus curriculus*）。體延長，前部圓筒狀，後部側扁，長約 30 厘米。頭平扁，口端位。眼上緣紅色，體背銀灰。雜食性。分布廣，除西南、西北地區外，我國其他廣大淡水域均産，栖於中上層，不喜群游。鱒，其好獨行而得，亦有謂鱒從尊，或從樽，意鱒體圓若木桶。方言有“紅眼”“野草鷄”“火燒草魚”“紅眼棒”“醉眼魚”“馬娘魚”“馬郎棒”等。

其稱先秦時期已行用。《詩·豳風·九罭》：“九罭之魚，鱒魴。”孔穎達疏引郭璞曰：“鱒似鯶子赤眼者。”罭，魚網的一種，有九囊。意小魚網中的魚竟是鱒魴。《説文·魚部》：“鱒，赤目魚。从魚尊聲。”《爾雅·釋魚》：“鯥，鱒。”郭璞注：“似鯶子，赤眼。”邢昺疏：“鯥，一名鱒。”鯥如駿，馬肥曰駿，魚肥必爲鯥，示鱒體肥圓。《埤雅·釋魚》：“鱒似鯶，而鱗細於鯶，赤眼……孫炎曰：‘鱒好獨行，制字從尊，殆以此也。’”《爾雅翼·釋魚一》：“鱒魚，目中赤色一道横貫瞳，魚之美者。今俗人謂之赤眼鱒，

其音乃如蹲踞之蹲。”明李時珍《本草綱目·鱗三·鱒》〔集解〕時珍曰：“狀如鯶而小，赤脉貫瞳，身圓而長，鱗細於鯶，青質赤章，好食螺蚌，善於遁網。”明屠本畯《閩中海錯疏》卷上：“鱒似鰻。目中赤色一道，横貫瞳。食螺蚌，好獨行。按，鱒好獨行，制字從尊……以魚美而稱之，亦有二三尾同行者。”鱒好食螺蚌之説可能與青魚有混，該魚以藻類等水生植物爲食，也吃水生昆蟲和小魚。爲重要可食用魚。

【鯥】

即鱒。此稱秦漢時期已行用。見該文。

【赤目魚】

即鱒。此稱漢代已行用。見該文。

魴 [2]

亦稱“大鰟”“嘉魴”。魚名，鯉形目，鯉科，三角魴（*Megalobrama terminalis*）。體側扁，長者 50 厘米，最大重 5 千克，背甚隆起，體色銀灰，草食性。分布於我國各地江河湖泊，喜栖中下層。可供養殖。福建稱“鯿”“三角鯿”。其稱先秦時期已行用。《詩·小雅·采綠》：“其釣維何，維魴及鱮。”三國吴陸璣《毛詩草木鳥獸蟲魚疏》卷下：“魴，今伊洛濟潁魴魚也。廣而薄，肥恬而少力，細鱗，魚之美者。”伊，伊水；洛，洛水；濟，濟水，包括黄河南北兩部分。《詩·小雅·魚麗》：“魚麗于罶，魴鱧。”《山海經·海内北經》：“大鰟居海中。”晋郭璞曰：“鰟即魴也，音鞭。”《爾雅·釋魚》：“魴，魾。”郭璞注：“江東呼魴魚爲鯿，一名魾。”邢昺疏：“魴……詩云：其魚魴鰥。”南朝齊謝朓《在郡卧病呈沈尚書》詩：“嘉魴聊可薦，綠蟻方獨持。”綠蟻，酒的别稱。魴字從方，述其體扁如菱，呈斜方形。體甚側扁，稱

大鯿，鯿同扁。南朝梁何遜《七召》詩："鱠溫湖之美鮒，切丙穴之嘉魴。"宋陸游《閑居對食書愧》詩："鱮刺河魴初出水，迷離穴兔正迎霜。"《爾雅翼・釋魚一》曰："魴，縮頭穹脊博腹，色青白而味美，今之鯿魚也。漢水中者尤美。常以槎斷水，用禁人捕，謂之槎頭鯿。"明李時珍《本草綱目・鱗三・魴魚》〔釋名〕時珍曰："魴，方也；鯿，扁也。其狀方，其身扁也。"又〔集解〕時珍曰："魴魚處處有之，漢沔尤多。小頭縮項，穹脊闊腹，扁身細鱗，其色青白。腹內有肪，味最腴美。其性宜活水。故《詩》曰：'豈其食魚，必河之魴。'"魴、鯿、魾實是三魚，魴指平胸魴，鯿係北京鯿，魾是長吻鮠，古時常混爲一魚。

【大鯿】

即魴[2]。此稱先秦時期已行用。見該文。

【嘉魴】

"魴[2]"之美稱。此稱南北朝時期已行用。見該文。

團頭魴

亦稱"武昌魚"。魚名，鯉形目，鯉科，團頭魴（*Megalobrama amblycephala*）。體高而側扁，整體輪廓呈菱形。頭較小，吻圓鈍。口闊，端位。體長可達47厘米，重3千克。體色灰黑，腹部淺灰。分布於湖北梁子湖、東湖及江西鄱陽湖等湖泊中。主要以苦草、輪葉黑藻等水生植物爲食。中型經濟魚，肉味腴美，脂肪豐富，屬上等魚。俗稱"團頭鯿"。《三國志・吳志・陸凱傳》："寧飲建業水，不食武昌魚。"北周庾信《奉和就豐殿下言志》詩："還思建業水，終憶武昌魚。"宋姜夔《春日抒懷》詩："日日潮風起，悵望武昌魚。"元馬祖常《送宋顯示夫南歸》詩："携幼歸來拜丘陵，南游莫忘武昌魚。"明何景明《送衞進士推武昌》詩"此去且隨彭蠡雁，何須不食武昌魚"，毛澤東《水調歌頭・游泳》"纔飲長沙水，又食武昌魚"所指的就是該魚。因多產於武昌而得名。古代有"鯿魚產樊口者甲天下"的説法。樊口，古代屬武昌。現在湖北省鄂州市鄂城區，三國時孫權自公安遷都鄂城，"以武而昌"之義，改名叫武昌。武昌魚始得名於此，是武昌魚的真正故鄉。1967年，武昌魚正名爲團頭魴。

【武昌魚】

即團頭魴。此稱三國時期已行用。見該文。

油四鬚魮

亦稱"油魚"。魚名，鯉形目，鯉科，油四鬚魮（*Barbodes exigua*），體厚稍側扁，近紡錘形，頭後凸出，吻前端尖，鬚兩對，鱗中大。分布雲南洱海北部及其沿岸小水域。金李杲編輯，明李時珍參訂《食物本草》卷一〇："油魚，生雲南大理府鄧川州南二十里油魚穴中。長僅二三寸，中秋則肥美，其味更勝於公魚。"清胡世安《異魚圖贊補》卷上："河首石穴，油魚所裔。三寸而修，豈魟之儷？肥以中秋，炙食腴毳。油魚，在雲南鄧川州南，上有珥池，又五里爲油魚穴。魚長僅二三寸。中秋則肥，孟冬則絶。《沮水記》云：河首關有石穴，八九月產油魚，甚肥，人謂水鹹則然。油魚視魟魚更小，而肥美過之。炙則腴毳。"

【油魚】

即油四鬚魮。此稱金代已行用。見該文。

金綫魮

亦稱"金綫魚""透明魚""駝背魚"，俗稱"金綫魚""小洞魚""鳳梨魚"。魚名，鯉形目，鯉科，金綫屬的統稱。滇池金綫鲃（ *Sinocyclocheilus grahami* ）。體長而側扁，頭後背部顯著隆起呈弧形，通體透明，呈粉紅色。多生活於水面較開闊的静水湖泊中，爲中國特有種，常見於雲南。明彭大翼《山堂肆考》卷二二四："碧鷄山下洞内有金綫魚。"清靖道謨等編纂乾隆《雲南通志》卷二七："金綫魚，出滇池金綫洞，金色，細鱗，長不盈尺，味極鮮美。……透明魚，出瀘源洞口，其大如指。額有肉角，色白，無鱗。畜水盆中，臟腑俱見。"清檀萃輯《滇海虞衡志》卷八："駝背魚，出黑龍潭，脊起如蛋，眼如硃砂。潭魚種類多，此魚亦間出，人不敢犯。"清和珅等《清一統志》卷三八三："透明魚，出瀘源洞口，其大如指。額有肉角，色白，無鱗。畜水盆中，表裏瑩然。"

【金綫魚】

即金綫鲃。此稱明代已行用。見該文。

【透明魚】

即金綫鲃。此稱清代已行用。見該文。

【駝背魚】

即油金綫鲃。此稱清代已行用。見該文。

鱇浪白魚

亦稱"蜣蜋魚""鮊鮮魚""窠宿""康郎魚""濂宿""鮮魚"。魚名，鯉形目，鯉科，鱇浪白魚（ *Anabarilius grahami* ）。 體細長，眼大，嘴尖，全身銀白。腹部有棱鱗。習於狂水惡浪中暢游。雲南撫仙湖的特産。此魚早在南詔和大理時代就有記載。明代稱"蜣蜋魚"。明景泰年間《雲南圖經志書》卷二《澄江府·土産》："蜣蜋魚，出玉笋山下撫仙湖中。其魚形似鰷……常隱身於淵，春秋則依岸浮於水面。"

又："俗云食此魚可以避瘴。"明嘉靖《大明一統志》："康郎魚，雲南諸府賈爲瘴藥。"蜣蜋，一種昆蟲，俗稱屎殼郎。古人相傳食蜣蜋魚去瘴的藥理功效與蜣蜋相似，故藉以爲魚名。清胡世安《異魚圖贊補》卷上："鮊鮮之魚，體薨中薄，滇澂所饒，市充瘴藥。《一統志》：澂江府河陽縣，出鮊鮮魚，一名康郎魚。雲南諸府買作瘴藥，一作濂宿。"至清代，由於雲南環境變化，瘴氣漸弱，魚名漸改爲窠宿魚。清雍正《雲南通志》："窠宿，一名鮊鮮。出河陽撫仙湖。凡山麓水涯之石洞曰窠宿。魚出石涯石穴。土人挾巨笴，汨水承洞口而取之。"此魚喜栖深水及洞穴等處，是故而以洞穴之名窠宿命名。明楊慎撰，張士佩編《升庵集》卷八一："濂宿魚，方言：康之爲言空也。注：濂宿，空貌，亦丘墟之空無也。《莊子》'曷胡視其宿'，亦指虛墓言，可證。今澂江有魚，滇人呼爲濂宿魚，其魚亦乾而中空。"亦稱康郎魚。清康熙《雲南通志》："康郎魚，出撫仙湖。"地方志中還有"鱇浪魚""鱇鯽魚""濂宿魚"等稱，皆爲窠宿的諧音字。亦稱鮮魚。清康熙《澂江府志》："康郎魚，一名鮮魚。"稱鮊鮮，《滇海志略》："窠宿魚，一名鮊鮮。"現俗稱"抗浪魚"。清師範輯《滇系》第五冊《賦産》中贊其"爾其膩勝脂凝，柔同肪截，骨鏤金針，膚匀瓊屑。曾依葦港，截來數段蓼花；偶過柳堤，拖去萬條金雪。佐東坡於酒，客贈松江。入杜老之算筒，人歌丙穴……允偕夏鱣冬鯉，供鼎俎之奇珍，豈必玉膜膾金齊東南之佳味也。"

【蜣蜋魚】

即鱇浪白魚。此稱明代已行用。見該文。

【鮊鮮魚】

即鰷浪白魚。此稱清代已行用。見該文。

【鱇宜】

即鰷浪白魚。此體清代已行用。見該文。

【康郎魚】

即鰷浪白魚。此稱清代已行用。見該文。

【㬥宜】

即鰷浪白魚。此稱明代已行用。見該文。

【鮮魚】

即鰷浪白魚。此稱清代已行用。見該文。

南方擬鱎

亦稱"白魚"。魚名，鯉形目，鯉科，鮊亞科，南方擬鱎（*Pseudohemiculter dispar*）。體長而扁薄，背部稍平直，腹鰭基至肛門具腹棱，頭尖，口端位。是我國特有物種。分布於長江以南各水系。俗稱"藍刀""白條魚"。古稱白魚。唐杜甫《狹隘》詩："聞說江陵府，雲沙静渺然。白魚如切玉，朱橘不論錢。水有遠湖樹，人今何處船。青山各在眼，却望峽中天。"清平恕等纂《紹興府志》卷一八："白魚，《剡錄》：嶀山下巨潭，白魚所聚。大者二三尺，頭昂者第一，尾赬者謂之追紅白。方干詩：'山鳥蹈枝紅果落，家童引釣白魚驚。'韋應物詩：'沃野收紅稻，長江釣白魚。'"

【白魚】[2]

即南方擬鱎。此稱唐代已行用。見該文。

花鰍

亦稱"豆角魚"。魚名，鯉形目，鰍科，花鰍亞科，我國有六屬十二種，中華花鰍（*Cobitis sinensis*）。體較小而細長，頭短小，口小，下位。唇較厚，鬚四對，吻鬚兩對，體被細鱗，體色淺黃，體側有九個大黑斑。底栖魚類，經濟價值不大。分布於雲南元江以北各水系。俗名"花泥鰍"。清姚張才編輯《保定郡志》："豆角魚似小鰍，七月後從雄縣大湖中，西經白溝定興河至淶水，成群作隊，逆水至山西廣昌河。味美，無骨。其母似鰍而褊，俗呼爲豆角母。每年夏五月，由山西河東順流而至雄縣湖中。"清史紅帥譯《穿越陝甘一九○八～一九○九年克拉克考察隊華北行紀》："花鰍（*Cobitis taenia*）是山西、陝西和甘肅三省北部地區唯一一種真正稱得上數量豐富的魚類。無論是在群山之中，還是黃土丘陵間的大多數溪流中都會發現它。"

【豆角魚】

即花鰍。此稱清代已行用。見該文。

美麗小條鰍

亦稱"竹葉魚""千年瘦""竹葉"。魚名，鯉形目，鰍科，美麗小條鰍（*Micronemacheilus pulcher*）。體略呈紡錘形，頭稍平扁，吻較長，眼較大。口亞下位，口裂小，唇厚，唇面多乳頭狀突起，上層一至四行，呈流蘇狀。體色淺紅，多紅褐色斑塊。分布於珠江水系和海南島。清張雋、邢定綸纂《崖州志》卷四："竹葉魚，長尺餘。鱗細，肉薄。土人名爲千年瘦。"清王映斗纂《安定縣志》卷一："竹葉魚，多刺。"清陳宗琛纂《樂會縣志》："竹葉。"

【竹葉魚】

即美麗小條鰍。此稱清代已行用。見該文。

【千年瘦】

即美麗小條鰍。此稱清代已行用。見該文。

【竹葉】

即美麗小條鰍。此稱清代已行用。見該文。

平鰭鰍

亦稱"抱石魚""石伏魚"。魚名，鯉形目，平鰭鰍科，平鰭鰍（*Gobiobatia homalopteroidea*）。身體前部扁平，腹部平坦，觸鬚三對，胸鰭和腹鰭向兩側伸展如扇形，鰭條下有吸附趾墊。栖於水流湍急的溪流，能平貼在石頭上，在石頭間活動，以青苔、藻類爲食。我國有四十九種。方言"棕簑貼仔""簑衣貼仔"。金李杲編輯，明李時珍參訂《食物本草·鱗部》："抱石魚，生江西龍泉縣南遂水中，其魚抱石而生。抱石魚味甘，無毒。主清邪熱，祛暑氣，益胃調中，消痞滿。"清謝道承等編纂《福建通志》卷一○："石伏魚，浮於溪石下，舊興化縣有之。"

【抱石魚】

即平鰭鰍。此稱金代已行用。見該文。

【石伏魚】

即平鰭鰍。此稱清代已行用。見該文。

泥鰍

亦稱"鯢鰌""委蛇""泥鰌""鰌""鰼""鱃""魚鰍"。魚名，鯉形目，鰍科，泥鰍（*Misgurnus anguillicaudatus*）。體圓柱形，長10～25厘米。口亞下位，鬚五對。鱗細小，埋於皮下。體色橙褐或綠，有不規則暗斑。分布廣，湖、塘、水溝、稻田等淺水域均有之，喜栖静水底層，常鑽入泥中，善由小澗逃遁。雜食性。生命力强，能用腸呼吸，適應性强，頗便人工養殖。

《莊子·庚桑楚》："夫尋常之溝，巨魚無所還其體，而鯢鰌爲之制。"《說文·魚部》："鰌，鰌也。从魚酋聲。"《爾雅·釋魚》："鱃，鰌。"郭璞注："今泥鰌。"邢昺疏："鱃，一名鰌，即今泥鰌也。穴於泥中，因以名云。"《廣雅·釋魚》："鰇，鰌也。"《埤雅·釋魚》："鰌，今泥鰌也。似鱔而短，無鱗，以涎自染，難握……鰼，尋也，尋習其泥，厭其清水。"唐韓偓《余臥病深村聞一二郎官今稱繼使閩越笑余迂古潛於異鄉聞之因成此篇》詩："霧豹祇憂無石室，泥鰌唯要有洿池。"霧豹，原出自《列女傳·陶答子妻》，後比喻退隱避害的人。洿，指池塘。《爾雅翼·釋魚二》："鰌，亦魚之類。首尖銳，色黃黑。"明李時珍《本草綱目·鱗四·鰌魚》〔集解〕時珍曰："泥鰌，生湖池，最小，長三四寸，沉於泥中。狀微似鱔而小，銳首肉身，青黑色，無鱗。以涎自染，滑疾難握。"明屠本畯《閩中海錯疏》卷上："泥鰌，產水田中，大如指，夏月最多。"清厲荃《事物異名録·水族部》引《莊子》："食之以委蛇。"注："委蛇，泥鰍。"委蛇，原意匍匐逶迆，此示其體態柔軟。清道光《龍巖州志》："泥鰌，似鱔而短，俗呼魚鰍。"

鰼，字從習，本義小鳥反復地試飛。《說文·羽部》："習，數飛也。"此處意尋找，"尋習其泥"。鰌字從酋，酋指腐敗、發酵。意鰌"厭其清水"，尋稻田、池水之泥，静水底泥多腐。鰌是鰍之古字。鰍，音囚，囚身於泥，不

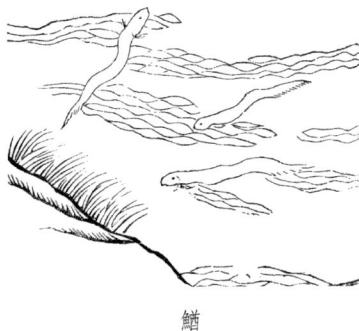

鰌
（明王圻等《三才圖會》）

捨離去。泥鰍，或爲泥囚。鰻字從澳，通澳，意污濁。鰻意喜濁泥之魚。宋梅堯臣《江鄰幾饌鰍》詩："泥鰌魚之下，曾不享嘉賓。"泥鰍味甘，性平，有補中益氣、去濕强腎、殺蟲收痔等功效，是老人、兒童、孕婦及貧血患者的理想食品。

【鯢鰌】

同"泥鰍"。此體先秦時期已行用。見該文。

【委蛇】

"泥鰍"之古稱。此稱先秦時期已行用。見該文。

【鰌】[2]

"泥鰍"之古稱。此稱漢代已行用。見該文

【鰼】

"泥鰍"之古稱。此稱漢代已行用。見該文。

【鰻】[1]

"泥鰍"之古稱。此稱三國時已行用。見該文。

【泥鰌】

同"泥鰍"。此體晋代已行用。見該文

【魚鰍】

"泥鰍"之俗稱。此稱清代已行用。見該文。

黄顙魚

亦稱"鱨""揚""黄頰魚""黄鱨魚""黄顙""黄鉠""鉠軋""黄軋"。魚名，鯉形目，鱨科，黄顙魚（*Pelteobagrus fulvidraco*）。體延長，大者長30厘米，重500 ~ 750克。頭大。眼小。口大，下位。具鬚四對。體無鱗，側綫平。具脂鰭。體背黑褐，側面青黄，腹部淡黄。底栖魚，喜群居，多夜間覓食。分布很廣，江河湖泊中均有。

其稱始見於先秦典籍。《詩·小雅·魚麗》："魚麗于罶，鱨鯊。"三國吴陸璣《毛詩草木鳥獸蟲魚疏》曰："鱨，一名揚，今黄頰魚。似燕頭魚身，形厚而長，（頰）骨正黄，魚之大而有力能飛者。江東呼黄鱨魚，一名黄頰魚。"宋晁補之《北渚亭賦》："鱨鯉窘乎深塘兮，鴻雁起於中泜。"《埤雅·釋魚》："鱨，今黄鱨魚是也。性浮而善飛躍，故一曰揚也。"底栖魚，善飛躍。稱揚，緣其游泳時的聲音。明李時珍《本草綱目·鱗四·黄顙魚》〔釋名〕："黄鱨魚、黄頰魚、鉠軋、黄軋。時珍曰：'顙、頰以形，鱨以味，鉠軋以聲也。今人析而呼爲黄鉠、黄軋。'"又〔集解〕時珍曰："黄顙，無鱗魚也。身尾俱似小鮎，腹下黄，背上青黄，鰓下有二横骨，兩鬚，有胃。群游作聲如軋軋。性最難死。"明屠本畯《閩中海錯疏》卷上："鉠軋，似鮎而小，邊有刺，能螫人，其聲鉠軋。""鰓下二横骨"指其發達的胸鰭硬刺。又稱"鱨"，因其味美。鉠軋，緣其胸鰭發出的聲音。顙，頰，述其形，但此二者均不妥。顙爲額，其額不黄，頰亦不黄。陸璣誤把鰄魚和黄鱨魚相混。魚大、頰黄是鰄之特徵（見鰄魚條），故鰄又名黄頰魚。黄鱨魚是底栖魚類，體小，頰不黄。後人襲陸璣之誤，都把黄頰魚作爲黄鱨魚

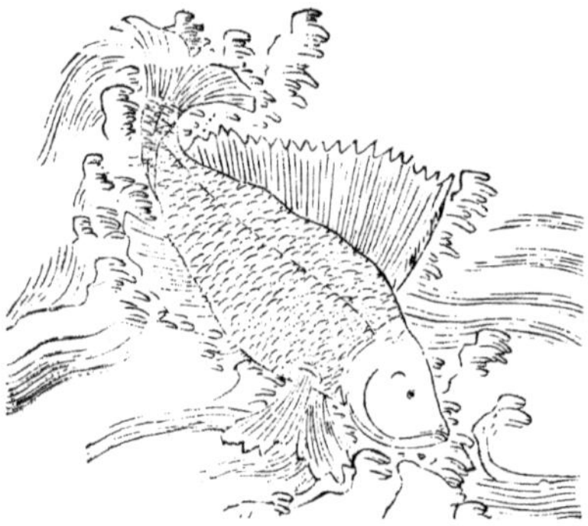

鱨

（明王圻等《三才圖會》）

之异名之一。清李調元《然犀志》卷下曰："黃
顙魚，古名黃鱨魚，《詩》注名黃頬魚，今人
名黃鯁、黃魟，陸璣誤爲黃揚。"方言稱"黃
鮫""草鮫""草黃鮫角"，上海稱"昂牛"；因
其胸鰭棘發達，蘇州稱"汪釘頭"，四川稱"黃
臘丁"，寧波稱"昂刺魚"；又因其群游時發出
"嘎嘎"之聲，東北叫"嘎牙子"，湖南稱"黃
鴨叫""鯁絲""嘎魚""黃蠟魚"。

常見食用魚，還有醒酒、祛風、利尿、治
水腫等藥效。明李時珍《本草綱目·鱗四·顙
魚》附方："一頭黃顙八鬚魚，綠豆同煎一合
餘。白煮作羹成頓服，管教水腫自消除。"

【鱨】

即黃顙魚。此稱先秦時期已行用。見該文。

【揚】

即黃顙魚。此稱三國時期已行用。見該文。

【黃頬魚】[2]

即黃顙魚。此稱三國時期已行用。見該文。

【黃鱨魚】

即黃顙魚。此稱三國時期已行用。見該文。

【黃顙】

即黃顙魚。此稱明代已行用。見該文。

【黃鯁】

即黃顙魚。此稱明代已行用。見該文。

【鯁魟】

即黃顙魚。此稱明代已行用。見該文。

【黃魟】

即黃顙魚。此稱明代已行用。見該文。

【大頭】[2]

即黃顙魚。亦稱"赤魚""汪牙""黃道
士""盎獅魚"。清李調元《然犀志》卷下："黃
鱨魚，《儋州志》曰，一名大頭，土人呼作赤

魚。"清汪曰楨《湖雅》："鱨，烏程羅志，鄉土
呼爲汪牙。"汪牙爲黃牙音之訛。《川沙廳志·鱗
之屬·黃顙魚》："俗名鯁魟，亦名黃道士……
古名黃鱨。"清嘉慶《如皋縣志》："盎獅魚，似
鮎有角。"盎獅魚一稱，源於寧波方言昂刺魚。

【赤魚】[2]

"大頭"之方言。此稱清代已行用。見該

【汪牙】

"大頭"之方言。此稱清代已行用。見該文。

【黃道士】

"大頭"之擬稱。此稱清代已行用。見該文。

【盎獅魚】

即大頭。此稱清代已行用。見該文。

海鮎

亦稱"鱨魚""鱨鱅""鱅""松魚""鯀
魚""海鱅"。魚名。鮎形目，海鮎科，海鮎
（Arius thalassinus）。體長形，後部側扁，長達
32厘米。頭較大，寬而平。口大，下位。小鬚
三對。體裸無鱗。體背青黑褐，腹部淡黃。分
布很廣。方言稱"赤魚"。《山海經·東山經》：
"旄山無草木，蒼體之水出焉，而西流注於展
水，其中多鱨魚。其狀如鯉而大首，食者不
疣。"《史記·司馬相如列傳》："鰅鱅鰬魠。"宋
戴侗《六書故·動物四》："鱨鱅，今海魚，肉
如麤，謂之鱅。"明李時珍《本草綱目·鱗
三·鱅魚》〔集解〕藏器曰："鱨魚……海上鱅

松　魚
（清聶璜《清宮海錯圖》）

魚，其臭如屍，海人食之。"明屠本畯《閩中海錯疏》卷中："鱐，雌生卵，雄吞之成魚。青色無鱗，一名松魚。"清屈大均《廣東新語·鱗語》："蓋鯑魚放卵，雄者爲雌者含卵口中，卵不分散，故類繁。"《重纂福建通志》："海鱐，俗呼松魚，色青頭大，目旁有骨，似池鱐而無鱗。閩書雌生卵，雄魚吞之成魚而吐出，即《山海經》鱃魚。"

【鱃魚】[2]

　　即海鮎。此稱先秦時已行用。見該文。

【鱐】

　　即海鮎。此稱漢代已行用。見該文。

【鱃鱐】

　　即海鮎。此稱宋代已行用。見該文。

【松魚】

　　即海鮎。此稱明代已行用。見該文。

【鯑魚】

　　即海鮎。此稱清代已行用。見該文。

【海鱐】

　　即海鮎。此稱清代已行用。見該文。

鮎

　　亦稱"鰋""鮧""鯷""鮀""鯷""鯸""肥鮀"。魚名。鮎形目，鮎科，鮎魚（*Silurus asotus*）。體延長，長20～25厘米，重達1.5～2千克。頭中大。眼小。口大。體色暗灰或灰黃，腹部灰白。體光滑無鱗；富黏液。頜鬚兩對，鬚長達胸鰭末端。背鰭很小，臀鰭很長。底栖魚，廣泛分佈於江河湖泊淡水中。性凶猛，肉食性，常夜間覓食。魚體黏滑，故稱鮎。鮎，黏也。鮎的異稱頗多，或古今有異，或是南北有別。明方以智《通雅·動物·魚》："鮎，口方無鱗，江東謂之鮧，又名鮀，今南都、江北並稱鮎鮀，

而鯷、鮧、鯷，皆漢晋以前之語，亦一字也。"夷，意平，偃意仰。鮧，江東方言，鰋，北人方言，鯷，漢晋前與鮧同。方言"黃騰""青鮎""菜花鮎""小喉鮎"等。

　　其稱先秦時已行用。《詩·小雅·魚麗》："魚麗于罶，鰋鯉。"毛傳："鰋，鮎也。"孔穎達疏："郭璞曰鰋，今鰋額白魚也。別名鯷。孫炎以爲鰋、鮎一魚，鱧、鯇一魚；郭璞以爲鰋、鮎、鱧、鯇四者各爲一魚。"郭說爲是。鰋現名紅鰭鮊。《説文·魚部》亦將鰋、鮀、鮎相互注爲一魚。《爾雅·釋魚》："鮎。"郭璞注："別名鯷，江東通呼鮎爲鮧。"又："鰋。"郭璞注："鰋，今偃額白魚。"晋左思《蜀都賦》："鱣鮪鱒魴，鯷鱧䱜鱨。"《廣雅·釋魚》："鯷、鯷，鮎也。"鯷同鯷。《爾雅翼·釋魚二》："鮧魚，偃額，兩目上陳，頭大尾小，身滑無鱗，謂之鮎魚，言其黏滑也。"明李時珍《本草綱目·鱗四·鮧魚》〔釋名〕："鮎魚。時珍曰：'魚額平夷低，其涎黏滑。鮧，夷也。鰋，偃也。鮎，粘也。古曰鰋，今曰鮎；北人曰鰋，南人曰

鮎　魚
（清蔣廷錫等《古今圖書集成》）

鮧
（明王圻等《三才圖會》）

鮐。’”又〔集解〕時珍曰：“鮧乃無鱗之魚，大首偃額，大口大腹，鮑身鱧尾，有齒有胃有鬚。生流水者色青白；生止水者色青黄。”明楊慎《異魚圖贊》卷一：“鮧魚偃額，兩目上陳，頭大尾小，身滑無鱗，或名曰鮐，黏滑是因。”肉質細嫩，味道美，刺骨少，爲習見食用魚之一，有利尿、催乳之功效。《巴縣志·物産》：“鮀魚，俗稱肥鮀……《齊民要術》有鮀臛湯法。按，吾縣所稱爲肥鮀者，口腹俱大，背黄腹白，身滑無鱗。蒸食之極佳，爲江魚中上品。”鮥亦鮐類之一。《説文·魚部》：“鮥，魚名。皮有文。”《史記·司馬相如列傳》：“鮥鱅鰯魠，禺禺鱋魶。”裴駰集解引徐廣曰：“鮥，皮有文，出樂浪。”

【鯷】[2]

即鮐。此稱先秦時期已行用。見該文。

鮧　魚
（明文俶《金石昆虫草木狀》）

【鮷】

即鮐。此稱晉代已行用。見該文。

【鮥】

即鮐。此稱漢代時已行用。見該文。

【鮀】[1]

即鮐。此稱漢代已行用。見該文。

【鯱】

即鮐。此稱晉代已行用。見該文。

【鯷】

即鮐。此體晉代已行用。見該文。

【肥鮀】

即鮐。此稱明代已行用。見該文。

鱨

亦稱“鮤”“鰊”“鮟”“鮰魚”。魚名，鮐形目，鱨科，斑點鱨（*Mystus guttatus*）。體細長，長約 30 厘米。體重一般 0.5 千克，最大重 5 千克。頭平扁。口具四鬚。體色灰褐，脂鰭甚長，幾達尾鰭基。無鱗。分布於長江幹、支流及其他河流中。習見食用魚。福建稱“白鬚鰍”“白鰊”。《山海經·北山經》：“〔繡山〕洧水出焉，而東流注於河，其中有鱨、鼉。”《史記·司馬相如列傳》：“鮥鱅鰊魠。”三國《廣雅·上馬》：“鮤魚，似鮐也。”《説文·魚部》：“鮤，鱧也。”朱駿聲通訓：“一名鱨，今謂之回魚。”又：“鰊，魚也。從魚賴聲。”宋《廣韻·平魚》：“大鮤謂之鮟。”王念孫疏證：“鮤即《爾雅》之鱨。”《正字通·魚部》：“鮐、鮑、鱨皆無鱗魚。鱨蓋鮑之大者。”宋陸游《春日》詩：“已過燕子穿簾後，又見鮰魚上市時。”明李時珍《本草綱目·鱗四·鮧魚》：“鱨，即今之鮰魚。似鮐而口在頷下，尾有歧，南人方音轉爲鮑也。”清陳維崧《滿江紅·江村夏咏》詞：

"鶯暖鮰魚新上市，草香蠶子齊登簇。"鱯屬鮠科，與同科魚形相近，故常混而爲一。

【鯤】

即鱯。此稱漢代已行用。見該文。

【鰊】

"鱯"之异稱。此稱漢代已行用。見該文。

【鮛】

即鱯。此稱漢代已行用。見該文。

【鮰魚】[1]

即鱯。此稱宋代已行用。見該文。

大鰭鱯

亦稱"鮧""鮡""鮤""牙鬍子魚""牙魚"。魚名，鮎形目，鱨科，大鰭鱯（_Mystus macropterus_）。體延長，背鰭前平扁，頭寬而平扁，口寬闊，眼小，體無鱗，色灰黑。最大個體重5千克。肉質細嫩，有一定經濟價值。分布於長江至珠江各水系。方言"江鼠""石板頭""石扁頭""巖扁頭""石鬍子""牛尾巴""罐巴子"。《山海經·北山經》："又北百里，曰繡山，其上有玉青碧，其木多枸，其草多芍藥、芎藭。洧水出焉，而東注於河，其中有鱯。"南唐徐鍇撰，朱翱反切《説文繫傳》卷二二："鮤，鮝也。一曰大魚爲鮤，從魚，今聲。"晋郭璞注，唐陸德明音義，宋邢昺疏《爾雅注疏》卷一〇："鮧，大鱯，小者鮡。（注）鱯似鯰而大，白色。（疏）鱯，魚名，似鯰而大，白色。鱯之大者別名鮧，小者別名鮡也。"清金蓉鏡纂輯《靖州鄉土志》卷三："牙鬍子魚，又名牙魚，無鱗，長僅數寸，形似小鯰而色黑，吻下有二鬍，刺人。"

【鮧】[2]

即大鰭鱯。此稱晋代已行用。見該文。

【鮡】[1]

即大鰭鱯。此稱晋代已行用。見該文。

【鮤】

即大鰭鱯。此稱五代時期已行用。見該文。

【牙鬍子魚】

即大鰭鱯。此稱清代已行用。見該文。

【牙魚】

即大鰭鱯。此稱清代已行用。見該文。

長吻鮠

亦稱"鮇""鮠""鮰魚""洄魚""鮠魚""水底羊""民魚""江鰾""鮰老鼠""烏骱"。魚名，鮎形目，鱨科，長吻鮠（_Leiocassis longirostris_）。體較大，長一般60～85厘米，長者達1米，捕撈體重2～3千克，最大達10千克。體前部平扁，後部側扁。體色淺灰。口腹位，鬚四對。體無鱗，脂鰭低而長。分布於長江幹、支流中，栖於底層，以無脊椎動物和小魚爲食。方言也稱"團魚"，福建稱"梅鼠"。

古稱鮇。《爾雅·釋魚》："鮇，大鱯。"郭璞注："鱯，似鮎而大，白色。"明李時珍《本

鮠魚圖

鮠　魚
（清蔣廷錫等《古今圖書集成》）

草綱目·鱗四·鮠魚》〔釋名〕："北人呼鱯，南人呼鮠，並與鮰音近，邇來通稱鮰魚，而鱯、鮠之名不彰矣。"實則鮠、鱯與鮰是三魚。此魚肉嫩味美，又無細刺，被

鮠　魚
（明文俶《金石昆虫草木狀》）

譽爲淡水食用魚之上品。其味頗似河豚，古人有時用其冒充河豚。宋張耒《明道雜志》："余在真州會上食假河豚，是用江鮰作之，味極珍。有一官妓謂余曰：'河豚肉味頗類鮰魚而過之，又鮰魚無脂膜。'"真州，是儀徵市的一個鎮。明楊慎《異魚圖贊》卷一《洄魚》："河豚藥人，時魚多骨。兼此二美，而無兩毒。粉紅雪白，洄美堪録。西施乳溢，水羊胲熟。鮰魚一名水底羊。"水羊胲熟，即短時間促熟。清胡世安箋："洄魚，一名水底羊，東坡有《洄魚》詩。"按，蘇東坡詩爲《戲作洄魚一絶》："粉紅石首仍無骨，雪白河魨不藥人。寄語天公與河伯，何妨乞與水精鱗。"清李調元《然犀志》卷下："民魚，高麗人以民魚爲鮰魚。按，鮰魚味美無毒，膘可作膠，一名江鰾。""鮰魚"，一作"洄魚"。清陳維崧："鶯暖鮰魚新上市，草香鼉子齊登簇。"關於"鮰"字，清代著名詩人查慎行認爲，蘇東坡寫了白字，《院長餉新年食物兼示四絶句次答·次韵鮠魚》詩："《類篇》止有鮠魚字，梵語蘇詩恐誤人。我是江湖釣杆手，爲公箋釋到纖鱗。"并加注疏曰："《説文》《玉篇》俱無鮰字，司馬公《類篇》有鮠字。"鮰乃鮠音之轉，意同。清陳方嘉《川沙廳志·鱗之屬·鮰魚》："一名鮠，身白無鱗……鼻短，口在頷下，

俗呼鮰老鼠。極大者呼烏骱。"鮰魚嘴兩邊各有兩條觸鬚，頗像老鼠，故名。唯其背鰭和胸鰭刺有毒腺，毒性較强，人被其刺後劇痛、灼熱，局部腫脹，甚至發燒，半小時至一小時後方止。捕捉時須小心。

【鮏】[3]

即長吻鮠。此稱秦漢時期已行用。見該文。

【鮠】[1]

即長吻鮠。此稱宋代已行用。見該文。

【鮰魚】[2]

即長吻鮠。此稱宋代已行用。見該文。

【洄魚】

即長吻鮠。此體宋代已行用。見該文。

【鮠魚】[1]

即長吻鮠。此稱宋代已行用。見該文。

【水底羊】

即長吻鮠。此稱明代已行用。見該文。

【民魚】

"長吻鮠"之俗稱。此稱明代已行用。見該文。

【江鰾】

"長吻鮠"之俗稱。此稱明代已行用。見該文。

【鮰老鼠】

"長吻鮠"之俗稱。此稱清代已行用。見該文。

【烏骱】

"長吻鮠"之俗稱。此稱清代已行用。見該文。

【鮠】[2]

長吻鮠之省稱，亦稱"白戟魚""鱯魚""鮸魚""肥佗魚"。金李杲編輯，明李時珍參訂

《食物本草·鱗部》卷一〇："鮸魚，即今所稱白戟魚。生江淮間。身無鱗，亦鱘屬也。頭尾身鰭，俱似鱘狀，惟鼻短爾。口亦在頷下，骨不柔脆，腹似鮊魚，背有肉鰭。南人甚珍貴之。"明張自烈《正字通·魚部》："鮸似鮊而大，白色，背有肉鰭。秦人謂其發癲，呼鱳魚。"清張玉書、陳廷敬等《康熙字典》卷三五："鮸，《本草圖經》：鮸魚，口小，背黃，腹白，名鮸。"清邱晋成等纂《敘州府志》卷二："鮰魚，俗呼肥佗魚。府屬濱江諸縣皆産。彭瑞毓《戎州留別詩》'又有粉紅魚，嘉味勝石首'，即指此也。"

【白戟魚】

即鮸。此稱金代已行用。見該文。

【鱳魚】

即鮸。此稱明代已行用。見該文。

【鮸魚】[1]

即鮸。此稱清代已行用。見該文。

【肥佗魚】

即鮸。此稱清代已行用。見該文。

鮡[2]

亦稱"石爬子""土爬子"。魚名，鮎形目，鮡科，黃石爬鮡（*Euchiloglanis kishinouyei*）。體延長，長一般15厘米。前部平扁，後部側扁。胸部前方常具一吸着器。背鰭、胸鰭皆具硬刺，脂鰭低平。無鱗。底栖性魚類，分布於長江上游一帶，栖於山澗溪流中，爲長江上游的特有經濟魚類之一。又稱"石斑鮡"。方言"石爬子""大嘴巴"，青海玉樹稱"娃娃魚"。《説文·魚部》："鮡，大鱳也，其小者名鮡。"《廣韵·上小》："鮡，似鮊而大。"《爾雅·釋魚》："鮡，大鱳，小者鮡。"邢昺疏："鱳，魚

名，大者別名鮡，小者別名鮡也。"實則鮡與鱳是兩魚，并無大小之別。清連横《臺灣通史·虞衡志》卷二八："鮡魚，生海濱泥中，長三四寸，色黑善跳，俗稱花鮡，以身有白點也。"清留輔延纂《茂州志》："石爬子，又名土爬子。"鮡字從兆，兆的大篆形似龜甲受灼所生的裂痕，本意示徵兆，此處示魚身體斑紋如龜甲之灼痕。

【石爬子】

即鮡[2]。此稱清代已行用。見該文。

【土爬子】

即鮡[2]。此稱清代已行用。見該文。

胡鮎

亦稱"塗虱""彈虱""田瑟"。魚名。鮎形目，胡鮎科，胡鮎（*Clarias batrachus*）。體前部平扁，後部側扁，長達19厘米，頭部鬚四對，體裸無鱗，背鰭基部長。鰓腔内具輔助呼吸器，密布血管，能利用空氣中的氧。乾燥時穴居，能數月不死。性凶猛，以各種小魚等爲食。五至七月雄魚挖窩，雌魚其中産卵，并在旁護卵。分布廣。福建稱"扁猪""塘虱""土虱"。明屠本畯《閩中海錯疏》卷中："塗虱，生於泥中如虱，故名。一呼塗虱。有刺彈人，一名彈虱。田塍潭底，往往有之，一名田瑟。"清連横《臺灣通史·虞衡志》卷二八："塗虱，頭扁，身黑，長五六寸，産於溪沼。"

塗虱，塗意灘塗，虱，本意虱子；"生於泥中如虱"，也意置身。如唐韓愈《瀧吏》詩："得無虱其間，不武亦不文。"意栖身泥塗中。田瑟，瑟爲古樂器，此意其形扁如瑟。屬鮎類，鬚發達，稱鬍鮎。可藥用，與綠豆、陳皮煮服可治黃疸、慢性肝炎等。胸鰭棘有毒腺，

人被刺會有劇痛。

【塗虱】

即胡鮎。此稱明代已行用。見該文。

【彈虱】

即胡鮎。此稱明代已行用。見該文。

【田瑟】

即胡鮎。此稱明代已行用。見該文。

鰻鱺

亦稱“鯬”“鯠”“鰻鯬”“鰻”“鰻魚”“鱺”“鱺魚”“鰻鯠”“白鱔”“蛇魚”“風鰻”“鰻綫”“海龍”“海狗”“鰻鱓”。魚名。鰻鱺目，鰻鱺科，中華鰻鱺（*Anguilla sinensis*）。體圓長如蛇，尾部稍側扁；長可達60厘米。口大而闊，齒鈍圓錐狀。體背暗褐或灰黑，側面微緑，腹面銀白。體黏滑多脂，被細鱗埋於皮下，排列如席狀。分布很廣。

其名始見於東漢典籍。古稱鰻、鱺。《爾雅·釋魚》：“鯬、鯠。”宋鄭樵注：“今鰻魚也，亦呼鰻鯬。”《説文·魚部》：“鰻，鰻魚也。从魚曼聲。”又：“鱺，鱺魚也。从魚麗聲。”段玉裁注：“此即今人謂鰻爲鰻鱺之字也。”晋葛洪《肘後備急方》卷一：“又方，取鰻鱺魚淡炙令熟，與患人食一二枚，永差飽食彌佳。”《埤雅·釋魚》卷二：“鰻無鱗甲，白腹，似鱔而大，青色。焚其烟氣辟蠹，有雄無雌，以影漫鱧而生子。”《韓詩外傳》卷七：“南假子過程本子，本子爲之烹鱺魚。”宋徐鉉《稽神録》卷三：“因取置漁舍中，多得鰻鯬魚以食之。”鰻鯬同“鰻鱺”。宋釋贊寧《宋高僧傳·唐五臺山華嚴寺志遠傳》：“山之家有井，井有鰻鯠焉。”明李時珍《本草綱目·鱗四·鰻鱺魚》〔釋名〕：“白鱔，蛇魚，乾者名風鰻。”又〔集解〕時珍曰：“鰻鱺，其狀如蛇，背有肉鬣連尾，無鱗，有舌，腹白。大者長數尺，脂膏最多。”

鰻鱺在海中生殖。每年秋末冬初，性成熟的鰻在河口聚成大群，游向深海，在北緯20°～28°深400～500米海區産卵。卵經孵化、變態後而成幼鰻。江浙俗稱“鰻綫”。明《山陰縣志》：“鰻綫，鰻之初生者數寸，瑩白如綫，産三江，惟清明後十日有之。味美鮮。”幼鰻期長可達三年，變態後溯河到淡水發育。清陳方瀛《川沙廳志·鱗之屬·鰻鱺》：“生海中者大，俗呼海龍，又呼海狗，恒鹽藏之。”清光緒《沛州志》：“鰻鱺，即鰻鱓。”

南唐徐鉉《稽神録》卷三：“瓜村有漁人妻得勞瘦疾，轉相傳染，死者數人。或云取病者生釘棺中弃之，其病可絶。頃之，其女病，即生釘棺中，流之於江。至金山有漁人見而異之，引之至岸，開視之，見女子猶活，因取置漁舍中，多得鰻鯬魚以食之，久之病愈，遂爲漁人之妻，至今尚無恙。”

古人對鰻鱺的看法也不盡相同。明李時珍《本草綱目·鱗四·鰻鱺魚》〔集解〕：“〔孫〕思邈曰：大温。〔陳〕士良曰：寒。〔寇〕宗奭曰：

鰻　鱓

（明王圻等《三才圖會》）

動風。吳瑞曰：腹下有黑斑者，毒甚。與銀杏同食，患軟風。〔汪〕璣曰：小者可食，重四五斤及水行昂頭者不可食。嘗見舟人食之，七口皆死。時珍曰：按《夷堅續志》曰：四目者殺人。背有白點無鰓者，不可食，妊娠食之令胎有疾。"鰻鱺在不少國家都很受歡迎。

【鰖】

　　即鰻鱺。此稱秦漢時已行用。見該文。

【鯠】

　　即鰻鱺。此稱秦漢時已行用。見該文。

【鰻】

　　即鰻鱺。此稱漢代已行用。見該文。

【鰻魚】

　　即鰻鱺。此稱漢代已行用。見該文。

【鱺】

　　即鰻鱺。此稱漢代已行用。見該文。

【鱺魚】²

　　即鰻鱺。此稱漢代已行用。見該文。

【鰻鰖】

　　同"鰻鱺"。此體宋代已行用。見該文。

【鰻鯠】

　　即鰻鱺。此稱宋代已行用。見該文。

【白鱔】

　　"鰻鱺"之俗稱。此稱明代已行用。見該文。

【蛇魚】

　　"鰻鱺"之俗稱。此稱明代已行用。見該文。

【鰻綫】

　　"鰻鱺"之幼體。此稱明代已行用。見該文。

【風鰻】

　　"鰻鱺"之乾者。此稱明代已行用。見該文。

【海龍】¹

　　"鰻鱺"之喻稱。此稱清代已行用。見該文。

【海狗】¹

　　"鰻鱺"之喻稱。此稱清代已行用。見該文。

【鰻鯬】

　　即鰻鱺。此稱清代已行用。見該文。

花鰻鱺

　　亦稱"蘆鰻""舐鰻""糍鰻""溪巨"。魚名，鰻鱺目，鰻鱺科，花鰻鱺 (*Anguilla mauritiana*)。體細長呈圓柱狀，長者 2 米，重 30 ~ 35 千克，俗稱"鱔王"。體色灰褐，具不定型黑褐色斑。性凶猛，以魚、貝甚至蛇為食。分布廣，東海及長江以南各水域均有之。每年三至九月，在山澗溪流和水庫亂石洞中穴居，十至十一月洄游。清《仙游縣志·物產》云："蘆鰻，有兩耳，身有花紋。伏深潭中，夜則上山食蘆笋，形短而肥。土人以灰摻土，俟下山擒之。冬則以楊梅枝為籃取之。"清周學曾等《晉江縣志》卷六九鱗之屬："蘆鰻，一名舐鰻，土人名曰糍鰻。大如升，長四五尺，能陸行，食蘆笋。其有耳者，名溪巨。魚之腴者，莫過於此。"清李調元《然犀志》：《海語》云：大者長丈餘。槍嘴鋸齒，遇人能鬥，往往隨潮陟山。人知之，布灰於路，體粘灰則澀不能行，乃擊殺之。"清連橫《臺灣通史·虞衡志》："鰻……別有蘆鰻，産內山溪中，專食蘆茅，徑大及尺，重至數十斤，力強味美。"糍，用糯米做成的食品，黏性大；糍鰻，示其體黏如糍。

花鰻鱺
（清聶璜《清宮海錯圖》）

福建稱"溪滑"，亦意溪中黏滑之鰻。因體大而稱溪巨，溪中之巨。舐鰻，示其性凶猛，捕食如舔。

【蘆鰻】

即花鰻鱺。此稱清代已行用。見該文。

【舐鰻】

即花鰻鱺。此稱清代已行用。見該文。

【糙鰻】

即花鰻鱺。此稱清代已行用。見該文。

【溪巨】

有耳之鰻鱺。此稱清代已行用。見該文。

海鰻

亦稱"狗魚""慈鰻""鍋狗魚""狗頭鰻"。魚名，鰻鱺目，海鰻科，海鰻（*Muraenesox cinereus*）。體近圓柱狀，長者 80 厘米，重者 15 ~ 20 千克。口大，牙强大而鋭利。體無鱗。性凶猛，游泳迅速。栖於深 50 ~ 80 米的泥沙底海區，以蝦、蟹及其他魚爲食。六至七月生殖。經濟魚。《通雅·動物·魚》："廣州海鰻最大，曰狗魚，其涎即能殺蟲。"明李時珍《本草綱目·鱗四·海鰻鱺》〔集解〕："《日華》曰：〔海鰻鱺〕生東海中。類鰻鱺而大，功用相同鰻鱺。"明屠本畯《閩中海錯疏》卷上："鰻，似鱧而腹大，有黃色，有青色。春生者毒，産海中者相類而大，土人名慈鰻，又名鍋狗魚。海鰻之大者百餘斤，小者二三斤。"清李調元《然

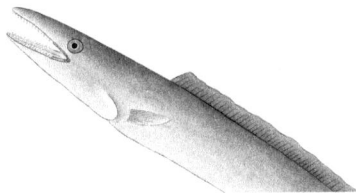

海　鰻
（清聶璜《清宮海錯圖》）

犀志》："海鰻鱺，一名慈鰻鱺，名狗魚，又名狗頭鰻。"清李元《蠕範》卷一："慈鰻，狗魚也。體大，生東海。曰壯鰻，生江水中。多脂無刺。"狗，音勾，示其牙大如鈎，如山東稱"即勾""狼牙"，河北、遼寧稱"狼牙鱔""勾魚"等。慈音糍，糯米糍，示其體黏。鍋狗是鈎的一種，地方方言。

【狗魚】 [2]

即海鰻。此稱明代已行用。見該文。

【慈鰻】

即海鰻。此稱明代已行用。見該文。

【鍋狗魚】

即海鰻。此稱明代已行用。見該文。

【狗頭鰻】

即海鰻。此稱清代已行用。見該文。

海鱔

亦稱"鱒""海鮮""狼牙魚""海狼""油龍"。魚名，海鱔科魚類的通稱。體延長如蛇，長一般不超過 1.5 米。頭小，口裂大，具鋭鋸齒狀或犬牙狀牙。鰓孔小。多無胸鰭。皮厚，無鱗，多具鮮艷的體色或斑紋。全海栖。喜栖珊瑚礁中。種類較多，如海鱔屬（*Muraena*）、裸胸鱔屬（*Gymnothorax*）等。《集韵·平諄》："鱒，魚名。"清郝懿行《記海錯·海鱓魚》：

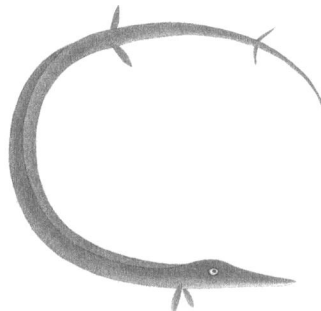

海　鱔
（清聶璜《清宮海錯圖》）

"海鱔魚,體圓青色,略似河鱔,銳頭大口。利齒如鋸,兩邊絕無,乃在中央,一道鋒鋩,直入咽喉,巨魚遭之,迎刃立斷。肉雖腴美,骨刺纖長,須防作鯁……魚大者長四五尺,闊可尺許,爲性悍猛,釣者憚之,呼之狼牙魚,或曰海狼。"闊尺許之説失實。清聶璜《清宮海錯圖》第一册:"海鱔,色大赤而無鱗,全體皆油,不堪食。乾而鹽之,懸以充玩而已。大者粗如臂,長數尺,亦赤。張漢逸曰:大者名油龍,亦有嗜食者云,亦肥美。"

【鱘】

即海鱔。此稱宋代已行用。見該文。

【海鮮魚】

即海鱔。此稱清代已行用。見該文。

【狼牙魚】

即海鱔。此稱清代已行用。見該文。

【海狼】[2]

即海鱔。此稱清代已行用。見該文。

【油龍】

"海鱔"之大者。此稱清代已行用。見該文。

蚓鰻

又稱"血鱔""血鰻""紅鰻"。魚名,鰻鱺目,蚓鰻科,大鰭蚓鰻(*Moringua macrochir*)。體特別細長,呈杆狀。尾部側扁,極短,頭小,錐狀。吻短而尖。眼很小,埋於皮下。體光滑、無鱗。背鰭、臀鰭、尾鰭均不發達。暖水性近岸魚類。分布於我國東海、南海。清代稱其血鱔、

血鰻。清趙學敏輯《本草綱目拾遺》卷一〇:"血鱔,出浙江寧波府慈溪縣,以白龍潭産者爲第一。他産者尾尖尚黑,不能通體如硃砂紅也。葛三春言白龍潭血鱔,周身紅如血,每年所産亦稀。取其血冲酒飲,可以驟長氣力,行武中學習八段錦工夫者,多服之。"

清李書吉等纂修《澄海縣志》卷二四:"血鰻,身小如黄鱔,多血,曬乾食之佳。"清聶璜《清宮海錯圖》第一册:"血鰻,通體皆赤,亦名紅鰻。産閩海大洋中,其狀似鰻而細,背翅至尾末,大而有彩色,口上長喙盤曲爲奇,或云在水能直能鈎,所以牽物入口也。"

【血鱔】[1]

即大鰭蚓鰻。此稱清代已行用。見該文。

【血鰻】

即大鰭蚓鰻。此稱清代已行用。見該文。

【紅鰻】

即大鰭蚓鰻。此稱清代已行用。見該文。

豆齒鰻

亦稱"土龍""土龍魚"。魚名,鰻鱺目,蛇鰻科,食蟹豆齒鰻(*Pisodonophis cancrivorus*)。體延長成圓柱狀。眼小。齒顆粒狀,多行成齒帶。胸鰭發達,無尾鰭,尾端光禿。肉食性,攝食甲殼類、貝類及其他無脊椎動物。分布於南海、東海。方言:連江稱"青骨",平潭"鼓頭鑽",厦門、龍海稱"土龍",臺灣稱"硬骨篡""土龍"。明屠本畯《閩中海錯疏》卷上:"土龍,似鱔而小。"清蔣師轍、薛紹元纂光緒《臺灣通志》:"土龍魚,有力,性燥,補火。"

【土龍】[1]

即豆齒鰻。此稱明代已行用。見該文。

血　鰻
（清聶璜《清宮海錯圖》）

【土龍魚】

即豆齒鰻。此稱清代已行用。見該文。

綫口鰻

亦稱“青鰻”。魚名，鰻鱺目，綫鰻科，綫口鰻（*Nemichthys scolopaceus*）。體甚延長且纖細，長可達 1.5 米，尾端細小，有時呈絲狀。吻喙狀，上下頜細長突出，上頜上翹，下頜下彎，不能完全閉合。口裂延伸至眼後下方。游泳時張開嘴巴，捕食甲殼動物。體無鱗。背鰭起始於胸鰭基底附近；胸鰭小型；尾鰭纖細。世界性分布，主要生存在開放大洋 100～1000 米的中層帶；亦有資料説，其生存在 4300 米的深海中。也稱“狙擊鰻”“鶴鰻”。清聶璜《清宮海錯圖》第二冊“青鰻”：“青鰻，如鰻而細。其喙甚長，紅色。其身透明，能照見骨節。皆油也，不堪食。海濱兒童乾而懸之以爲戲。按，《臨海異物志》稱鳶魚似鳶，燕魚似燕，陰雨皆能高飛丈餘。今考鳶之爲鳥，身小而黑綠，喙長而赤。鶴魚喙長而身亦長狹，則青鰻當作鳶魚矣。然必驗此魚能飛，則始可定評矣。青鰻鳥喙，疑爲鳶化。”

【青鰻】

即綫口鰻。此稱清代已行用。見該文。

青　鰻
（清聶璜《清宮海錯圖》）

青鱂

亦稱“鱂鱂”或單稱“鱂”。魚名，鱂形目，青鱂科，青鱂（*Oryzias latipes*）。體側扁，長約 20～26 毫米，背部平直。頭略平扁，被鱗。眼大。口上位，橫裂。無側綫。背、腹鰭均小。分布於遼河至華南各平原地區水系。俗名“稻田魚”“魚目娘”“亮眼魚”。宋司馬光《類篇》：“鱂鱂，魚也。”明屠本畯《閩中海錯疏》卷上：“鱂，板身，口小，項縮，肥腴而少鯁。”

【鱂鱂】

即青鱂。此稱宋代已行用。見該文。

【鱂】[1]

即青鱂。此稱明代已行用。見該文。

鱵

亦稱“箴魚”“銅哾魚”“姜公魚”“針口魚”“馬婆魚”“箴梁魚”“宥魚”“針魚”。魚名，頜針魚目，鱵科，寬吻鱵（*Hemiramphus far*）。體長而側扁，長達 22 厘米。頭較小，眼較大，吻較短，下頜延長成一短粗平扁的喙。上頜三角形，其狀像針。被圓鱗。體背青綠，側及腹面銀白，喙尖鮮紅。方言又稱“針良魚”“錢串”“針絮魚”“單針魚”“針嘴魚”“針工魚”等。其稱始見於秦漢典籍。《山海經·東山經》：“〔枸狀之山〕枳水出焉，而北流注於湖水，其中多箴魚，其狀如儵，其喙如箴，食之無疫疾。”郭璞注：“出東海，今江東水中亦有之。”郝懿行箋疏：“今登萊海中有箴梁魚，碧色而長，其骨亦碧，其喙如箴，以此得名。”三國吳沈瑩《臨海水土異物志》：“銅哾魚，長五寸，似儵魚。”清胡世安《異魚圖贊》卷上引宋樂史《寰

針　魚
（清聶璜《清宮海錯圖》）

宇記》："鱵魚生江湖中，大小形狀並同鱠殘。但喙尖有一細黑骨如針，是異耳。俗云姜太公釣針所化，又名姜公魚。"此是海魚，"生江湖中"之說不妥。明屠本畯《閩中海錯疏》卷中："鱵，狀如鰷，其喙如針。"明李時珍《本草綱目·鱗四·鱵魚》〔釋名〕："針魚。時珍曰：'此魚喙有一針，故有諸名。俗云姜太公釣針，蓋亦傅會也。'"姜太公，周武王大臣。清胡世安《異魚圖贊補》卷上："箴魚，喙有箴紋，字曰箴魚，形同鱠殘，疫疾同除，釣針所化，俗説堪噱。"清《江都續志》："鱵魚，即針口魚，又名罵婆魚。"罵婆魚一稱源於民間故事。説一媳婦辱罵婆婆成性。一日，當其生母之面脱口又罵，生母氣急，用大針戳女兒的嘴，以示教訓。針再拔不出，女兒羞愧跳水，後變爲鱵魚。

領針魚可以食用。宋梅堯臣《針口魚賦》："有魚針喙形甚小，常乘春波來不少。人競取之一掬，不重乎銖秒。其爲箴也，穎不能刺肌膚，目不能穿絲縷。上不足以附醫而醫疾，下不足以因工而進補。以口得名，終親技女。大非膾才，唯便鮓漉，烹之則易爛，貯之則易腐。嗟玉色之可愛，聊用實乎雕俎。過此已往，未知其所處。"技女，工於針黹的婦女。泛指家庭主婦。清聶璜《清宮海錯圖》第一冊："宥魚，是魚喙長，確肖宥形，而尾端綠歧。"

【箴魚】

即鱵。此稱先秦時期已行用。見該文。

【銅吮魚】

即鱵。此稱三國時已行用。見該文。

【姜公魚】

即鱵。此稱宋代已行用。見該文。

【針口魚】[1]

即鱵。此稱宋代已行用。見該文。

【箴梁魚】

"鱵"之异稱。此稱清代已行用。見該文。

【罵婆魚】

"鱵"之俗稱。此稱清代已行用。見該文。

【宥魚】

"鱵"之俗稱。此稱清代已行用。見該文。

宥　魚
（清聶璜《清宮海錯圖》）

小鱗鱵

亦稱"錢串""針口魚""青針""竹魚"。魚名，領針魚目，鱵科，小鱗鱵（*Hemirhamphus sajori*）。體延長，長40厘米。下頜延長成喙，上頜成三角形。體寬稍大於體高。四至七月近岸海藻處產卵。常在水面跳躍。分布於近海，供食用。俗稱"針良魚"。明屠本畯《閩中海錯疏》卷中："錢串，身長而小，嘴長五六寸，青色，亦名青針。"明彭大翼《山堂肆考·鱗蟲》："針口魚口似針，頭有紅點，腹兩旁自頭至尾有白路如銀色，身細，尾歧，長

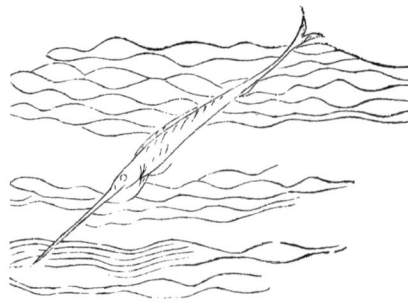

針口魚
（明王圻等《三才圖會》）

三四寸，二月間出海中。" 明黄省曾《魚經》："有針口之魚，首戴針芒，身長五六寸，土人多取爲鱐。" 因其味清香，頗似黄瓜，故名"黄瓜魚"，或簡稱"瓜魚"。清聶璜《清宮海錯圖》第一册："竹魚，細長而緑色，嘴長尾歧。"

【錢串】[1]

即小鱗鱵。此稱明代已行用。見該文。

【針口魚】[2]

即小鱗鱵。此稱明代已行用。見該文。

【青針】

即小鱗鱵。此稱明代已行用。見該文。

【竹魚】[2]

即小鱗鱵。此稱清代已行用。見該文。

竹　魚
（清聶璜《清宮海錯圖》）

燕鰩魚

亦稱"文鰩魚""鰩""飛魚""文魚""鱶魚""緋魚""飛鱗""燕魚"。魚名，頷針魚目，飛魚科，燕鰩魚（*Cypselurus agoo*）。體略呈圓柱狀。長約 35 厘米。圓鱗。胸鰭特別大，向後達尾基，可作滑翔之用，尾鰭叉形。暖水性上層魚類，游泳迅速，受驚時或被追擊時常躍出水面 1 米多高，滑翔數十至上百米遠。分布較廣。方言"燕兒魚""飛魚"。

《吕氏春秋·本味》："雚水之魚名曰鰩，其狀若鯉而有翼。"文鰩魚一稱始於先秦。《山海經·西山經》："泰器之山，觀水出焉，西流注於流沙，是多文鰩魚，狀如鯉魚，魚身而鳥翼，

蒼文而白首，赤喙，常行西海，游於東海，以夜飛。"《説文·新附》："鰩，文鰩，魚名。"明李時珍《本草綱目·鱗四·文鰩魚》〔集解〕："飛魚。身圓，大者丈餘，翅如胡蟬，出入群飛。游翔翳薈，沉則泳於海底。"《爾雅翼·釋魚三》："文鰩魚，出南海。大者長尺餘，有翅，與尾齊，一名飛魚，群飛水上。"明何喬遠《閩書·緋魚》："飛魚頭大尾小，有翅善飛，福人名緋魚，以其色紅如緋。"飛魚體色多不紅，此應是飛的諧音。《太平御覽》卷四〇引三國吴沈瑩《臨海異物志》云："鱶魚長五寸，陰雨起飛高丈餘。" 因"魚身而鳥翼""形似鵲"，堪比空中之鵲，故有"鰩""文鰩""海鰩"等稱，或似燕，如鳶，而有"鷄子魚""海燕"等似鳥之稱；又因其能"群飛海上"而稱"飛魚"。清郭柏蒼《海錯百一録》甚至認爲："飛魚，有兩翼，傳爲沙燕所化。"此説謬。飛魚有時爲避風險，掠水凌空，甚至急不擇路，誤入漁舟，成了人們的盤中餐，或成爲海鳥的口中食。清南懷仁《坤輿圖説》："海中有飛魚，僅尺許，能掠水面而飛。狗魚善窺其影，伺飛魚所向先至其所，開口待啖，恒追數十里，飛魚急上舟，爲舟人得之。"飛魚具有趨光性，夜晚若在船甲板上掛一盞燈，成群的飛魚就會尋光而來，自投羅網，撞到甲板上。明孫作《飛魚》詩："飛魚集檣柂，翅尾錯珍貝。初疑燕雀翻，復駭蝗螟墜。"

鷰毛魚
（清聶璜《清宮海錯圖》）

文鰩魚經常出現於古代名著中。《楚辭·九歌·河伯》："靈何惟兮水中，乘白黿兮逐文魚。"《文選·曹植〈洛神賦〉》："騰文魚以警乘。"李善注："文魚有翅，能飛。"警乘，警戒車乘，爲車乘警衛。又《七啓》："奉芳苓之巢龜，膾西海之飛鱗。"李善注："西海飛鱗，即文鰩魚也。"芳苓，苓與蓮同。晉王嘉《拾遺記》卷一："軒轅黃帝時，仙人寧封食飛魚而死，二百年更生。"明楊慎《異魚圖贊》卷二："飛魚身圓長丈餘，登雲游波形如鮒，翼如胡蟬翔泳俱，仙人寧封曾餌諸，青藐灼爍千載舒。"寧封是古代傳說中的仙人，是黃帝時掌管燒陶事務的官員，叫陶正，是第一個發明製陶的人。傳聞他修煉成仙，能積火自焚，隨烟氣而上下。餌諸，即道教辟穀服餌諸術，不食五穀，吐納氣功。青藐，生長在浩然沙海深處的石藻，也叫青藻，是難得一見的奇珍藥材。灼爍，鮮明、光彩貌。飛魚肉質鮮嫩，特別鮮美，是上等菜肴。北魏酈道元《水經注·巨洋水》："小東有一湖，佳饒鮮同笋，匪直芳齊芍藥，實亦潔並飛鱗。"晉郭璞《鰩魚贊》："見則邑穰，厥（其）名曰鰩。經營二海，矯翼閑宵。唯味之奇，見嘆伊庖。"閑宵，寂寞無聊的夜晚。庖，厨師。每年清明前後，是飛魚的産卵季節，也

飛　魚
（清聶璜《清宮海錯圖》）

是捕撈飛魚的汛期。

【文魚】[2]

即燕鰩魚。此稱先秦時期已行用。見該文。

【文鰩魚】[1]

即燕鰩魚。此稱先秦時已行用。見該文。

【鰩】[2]

即燕鰩魚。此稱秦漢時期已行用。見該文。

【飛鱗】

即燕鰩魚。此稱在三國時已行用。見該文。

【鱶魚】

即燕鰩魚。此稱三國時已行用。見該文。

【飛魚】

即燕鰩魚。此稱晉代已行用。見該文。

【緋魚】

即燕鰩魚。此稱明代已行用。見該文。

【文鰩】

即燕鰩魚。亦稱"燕兒魚""鷄魚""鸁魚"。此稱晉代已行用。晉左思《吳都賦》："精衛銜石而遇繳，文鰩夜飛而觸綸。"精衛，神話中的鳥名，源於《精衛填海》的故事。繳是繫在箭上的絲繩，射鳥用。綸是釣絲。清郝懿行《記海錯·燕兒魚》："體長五六寸，色黑如燕，鬛長解飛，不能赴遠，浮游水面，不過數武，翩然而下，如燕子投波，味酸不中啖。"清乾隆《龍溪縣志》："鰩魚，俗名鷄魚，有翅能飛。"清方旭《蟲薈四·文鰩魚》："文鰩魚……即鸁魚也。"此稱源出於《山海經·西山經》："鸁魚，魚身而鳥翼，音如鴛鴦，見則其邑大水。"

【鸁魚】

文鰩魚之俗稱。此稱漢代已行用。見該文。

【燕兒魚】

即文鰩魚。此稱清代已行用。見該文。

【鷄魚】

文鰩魚之俗稱。此稱清代已行用。見該文。

海燕 [3]

魚名，頜針魚目，飛魚科，少鱗燕鰩魚（ *Cypselurus oligolepis* ）。體延長略呈梭形，長約 20 厘米。頭短鈍。被薄圓鱗。體背青黑，腹白。近海暖水上層魚，胸鰭特大。被鱵鱵、鯊魚追逐時，常空中滑翔數十米。福建俗稱“飛鳥”“飛魚”。明屠本畯《閩中海錯疏》卷中：“海燕，形如飛燕，有肉翅，能奮飛海上。”

翱翔飛魚

亦稱“鳶魚”“鷄子魚”“風雨魚”“海鷂魚”。魚名，飛魚科。翱翔飛魚（ *Exocoetus volitans* ）。長 15 厘米。胸鰭甚長，後達尾鰭基。吻短鈍。眼大，上側位。圓鱗易脫。體背藍黑，腹白。分布於南海中上層。供食用。《太平御覽》卷九四〇引三國吳沈瑩《臨海水土異物志》：“鳶魚，狀如鳶，唯無尾足，陰雨日亦飛高數丈。”唐劉恂《嶺表錄異》卷上：“鷄子魚，口有嘴如鷄，肉翅無鱗，尾尖而長，有風濤即乘風飛於海上。”清胡世安《異魚圖贊補》卷上“風雨魚”條引《雨航雜錄》：“海鷂魚，即文鰩類也。形似鷂，有肉翅能飛上石頭，齒如石板，出主風。”古“鳶”“鷂”或通。

【鳶魚】

即翱翔飛魚。此稱三國時期已行用。見該文。

【鷄子魚】

即翱翔飛魚。此稱唐代已行用。見該文。

【風雨魚】

即翱翔飛魚。此稱明代已行用。見該文。

【海鷂魚】 [2]

即翱翔飛魚。此稱明代已行用。見該文。

海馬 [2]

亦稱“鰢”“水馬”。魚名，刺魚目，海龍亞目，海龍科，日本海馬（ *Hippocampus mohnikei* ）。體側扁，腹部凸出，尾細長，常蜷曲，頭部彎曲與軀幹部成直角，體長可達 10 厘米。體無鱗，外包骨質環。吻呈管狀。雄性尾部腹面具育兒囊。栖於近海，無食用價值，可作藥用。

《玉篇·玉部》：“鰢，魚名。”《正字通·魚部》：“鰢，此即海蝦名水馬者。俗作鰢。”古籍中多將其與魚蝦歸於同一大類，且海馬體包骨質環，頗類蝦，故誤被當作蝦類。《宋史·地理志六》：“廣州中都督府南海郡……元豐貢沉香、甲香、詹糖香、石斛、龜殼、水馬……”明李時珍《本草綱目·鱗四·海馬》〔釋名〕：“水馬。弘景曰：‘是魚蝦類也，狀如馬形，故名。’〔集解〕：“藏器曰：‘海馬出南海。形如馬，長五六寸，蝦類也……’宗奭曰：‘其首如馬，其身如蝦，其背傴僂，有竹節紋，長二三寸。’……時珍曰：‘海馬，雌者黃色，雄者青色。’”因頭形似馬而得名。水馬與海馬意同。此屬魚類，而非蝦類。又：“主治婦人難產，帶之於身，甚驗。臨時燒末飲服，並手握之，即易產。”清李調元《然犀志》卷上：“海馬，有魚狀如馬頭，其喙垂下，或黃或黑，海人捕得，不以啖

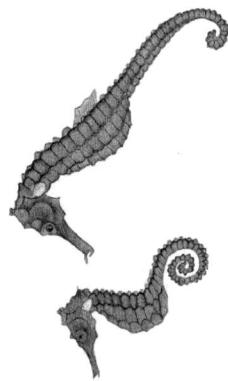

海　馬
（明文俶《金石昆虫草木狀》）

食，暴乾之，以備產患，凡婦人難產割裂而生者，手持此蟲，即如羊之易生也。"清趙學敏《本草綱目拾遺》卷一〇引《百草鏡》："海馬，中等長一二寸，尾盤旋作圈，形扁，如馬。其性溫，味甘，暖水臟，壯陽道，消瘕塊，治療腫，產難，血氣痛。"清連橫《臺灣通史·虞衡志》卷二八："海馬，亦產澎湖，狀如馬，頭有鬃，四翅，漁人網之，以爲不祥。"又說"海馬屬獸類，《本草綱目》歸入鱗部，實誤"。此說亦誤，海馬確屬魚類。

【鰝】

即海馬[2]。此稱南北朝時期已行用。見該文。

【水馬】[2]

即海馬[2]。此稱宋代已行用。見該文。

刺海馬

魚名。刺魚目，海龍科，刺海馬（*Hippocampus histrix*）。體側扁，腹部凸出，軀幹部骨環呈七棱形。頭呈馬頭形，頭部彎曲，與軀幹部成直角。吻細長，管狀；眼小，上側位；口小，前位。體無鱗，體色黃褐。近海暖水性魚類。栖息於内灣海藻叢生處。游泳緩慢。屬肉食性。卵胎生，雄性有育兒囊。廣泛分布於印度洋至太平洋地區，我國產於南海、東海及臺灣沿海。俗稱長棘海馬。全魚乾燥入藥。清蔣師轍、薛紹元《臺灣通志》："海馬狀如馬，頭有髮，亦四翅，獲之不祥。（《淡水廳志》）謹案：《本草衍義》：海馬，其首如馬，其身如蝦，其背傴僂有節文，長二三寸。"清柯璜譯編《博物學講義動物學》第六章《魚類》："海馬首肖馬首，尾能攀捲海藻，雄者腹有一袋，嘗育其子其中。"

海龍[2]

又稱"七里香"。魚名，海龍目，海龍科魚的通稱。體長形，全身被膜質骨片，頭細長。口小，具凸出的管狀吻。無腹鰭，雄性體腹面具育兒囊，卵或幼魚在囊中孵化。南海較多，我國有二十五種，常見的如藍海龍、冠海龍、刁海龍（*Solegnathus hardwickii*）等。體很大，長47厘米，軀幹四棱形，體無鱗，全被包於骨環之中。吻特別延長，口小。在我國分布於南海。藥用海龍僅此一種。清趙學敏《本草綱目拾遺》卷一〇"介部"引《赤嵌集》曰："海龍產澎湖澳，冬日雙躍海灘，漁人獲之，號爲珍物。首尾似龍，無牙爪。大者尺餘，入藥。《繹史》：此物有雌雄，雌者黃，雄者青。"又引《百草鏡》："海龍乃海馬中絶大者，長四五寸至尺許不等，皆長身而尾直，不作圈，入藥功力尤倍……此物廣州南海亦有之。體方，周身如玉色，起竹節紋，密密相比，光瑩耀目，誠佳品也。"海龍與海馬在分類上屬同一目，但不同種，故海龍并非海馬中之絶大者。其體細長，全身被膜質骨片，吻管狀，與人們塑造的龍體形象相似，故名。清連橫《臺灣通史·虞衡志》卷二八："海龍，產於澎湖，首尾似龍，

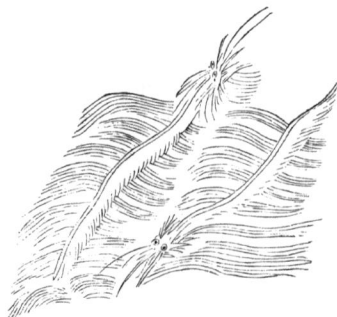

龍　魚
（明王圻等《三才圖會》）

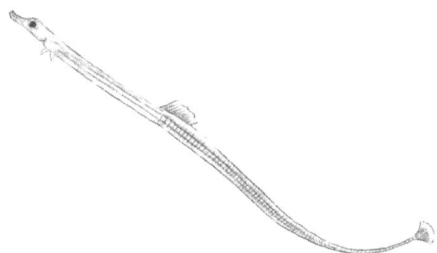

七里香
（清聶璜《清宮海錯圖》）

無足，長及尺，冬日雙躍海灘，以之入藥，功倍海馬。”海龍并非祇產於澎湖。現在研究證明其治療難產效果優於海馬。清聶璜《清宮海錯圖》第一冊：“七里香，閩海小魚。言其輕而美也。其魚狹長似鱔，身有方楞，白色。”

【七里香】

　　即海龍 [2]。此稱清代已行用。見該文。

鱗烟管魚

　　亦稱“鮹”“馬鞭魚”“牛尾鮹”“鮹魚”。魚名，刺魚目，烟管魚科，鱗烟管魚（ *Fistularia petimba* ）。體呈烟管狀，長 18 ～ 41 厘米。稍平扁。頭甚長。吻延長成管狀，口開於管前端。體裸無鱗。尾鰭叉形，中間鰭條延

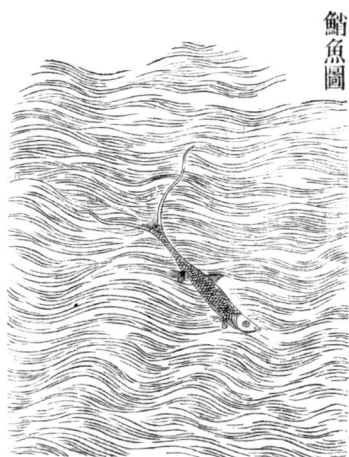

鮹　魚
（清蔣廷錫等《古今圖書集成》）

長成絲狀。體背淡褐，腹面色淡。分布廣，熱帶、亞熱帶深海中均可見。其稱始見於南北朝。《玉篇·魚部》：“鮹，魚名。”《廣韵·平肴》：“鮹，海魚，形如鞭鞘。”晋葛洪《抱朴子·微旨篇》：“寸鮹泛迹濫水之中，則謂天下無四海之廣也。芒蠋宛轉果核之内，則謂八極之界盡于兹也。雖告之以無涯之浩汗，語之以宇宙之恢闊，以爲空言，必不肯信也。”明李時珍《本草綱目·鱗四·鮹魚》〔集解〕藏器曰：“出江湖，形似馬鞭，尾有兩歧如鞭鞘，故名。”此係海魚，出江湖之説屬誤。鮹，述尾形，尾末有一長絲，形如鞭梢；烟管，述吻形如烟管。清蔣師轍、薛紹元纂《臺灣通志》：“馬鞭魚，赤而長，尾尖，上有絲一條。”清郭柏蒼《海錯百一録》第二冊：“馬鞭魚，即鮹魚。《集韵》：海魚，形似鞭鞘。”清陳澧纂《香山縣志》卷五：“鮹魚，形類牛尾，亦名牛尾鮹。”

【鮹】

　　即鱗烟管魚。此稱南北朝時已行用。見該文。

【馬鞭魚】

　　即鱗烟管魚。此稱清代已行用。見該文。

【牛尾鮹】

　　即鱗烟管魚。此稱清代已行用。見該文。

【鮹魚】

　　即鱗烟管魚。此稱清代已行用。見該文。

大頭鱈

　　亦稱“大口魚”“海骨董魚”“家鱗魚”。魚名，鱈形目，鱈科，大頭鱈（ *Gadus macrocephalus* ）。體長形，稍側扁，長一般 21 ～ 70 厘米。鱗很小，吻微凸，下頜一鬚。鰭無硬棘，三背鰭分離。體背綠褐，腹側淡白。

冷水性底棲魚類。分布於我國黃海、渤海。食用魚。清李調元《然犀志》卷上："生東北海，俗名大口魚。性平，味鹽，食之補氣，腸與脂味尤佳。按，字書有夻字，注云：魚之大口者。"清王河等修《盛京通志》卷二七："海骨董魚，即大頭魚，身粗短，味亦腴。一名家鱗魚。朝鮮人作夻，文異而義同。"

【大口魚】

即大頭鱈。此稱清代已行用。見該文。

【海骨董魚】

即大頭鱈。此稱清代已行用。見該文。

【家鱗魚】

即大頭鱈。此稱清代已行用。見該文。

海魴

魚名，海魴目，海魴科，海魴（*Zeus faber*）。體卵圓形，側扁而高，大者長達90厘米。頭似馬面。眼中大，口大，斜向上，體淡灰，體側中央有一黑斑。鱗退化。分布於南海、東海。方言稱"月亮"。清李書吉等纂修《澄海縣志》卷二四："海魴魚，兩翅似燕，有毒，能發宿瘡，形、味與河魴異，遍閱諸書皆不載，然此魚邑常有之。"

三刺魚

亦稱"棘魚""絲魚"。魚名，刺魚目，刺魚科，三刺魚（*Gasterosteus aculeatus*）。體細長，長不過15厘米。頭大，吻不突出。口中大。鰓蓋膜連於頰部。鰓孔小。背鰭前具游離鰭棘三個，因以得名三刺魚。背部淺青綠，體側銀白。棲居河口。繁殖期雄魚築巢、護卵。分布於黑龍江、圖們江等水域。清寶樂安、許家惺等審定《動物學教科書》第七章："棘魚恒產淡水中，以泥為巢穴。背有棘刺，性勇。"清

柯璜譯編《博物學講義動物學》第六章："又有一種小魚，曰絲魚，產於淡水。善能營巢。雌魚產卵巢中，雄魚時在其旁保護云。"

【棘魚】

即三刺魚。此稱清代已行用。見該文。

【絲魚】

即三刺魚。此稱清代已行用。見該文。

玻甲魚

亦稱"倒挂魚"。魚名，刺魚目，玻甲魚科，玻甲魚（*Centriscus scutatus*）。體甚側偏，腹緣薄，似刀，俗稱"刀片魚"。最大體長150毫米。體包透明骨質甲，猶如體被玻璃盔甲，故稱玻甲魚，俗稱"玻璃刀魚"，又頗似帶殼的蝦，故俗稱"蝦魚"。吻突出，呈管狀。口小，位於吻管頂端。游泳方式特殊，常管狀吻向上，腹緣向前直立游泳，也有時吻向下顛倒着游泳。故古稱倒挂魚。清李調元《然犀志》："倒挂魚，鮮食醉人，宜作鮓。出萬州。"

【倒挂魚】

即玻甲魚。此稱清代已行用。見該文。

鰃

亦稱"鯎"。魚名，金眼鯛目、鰃科魚的通稱。體長方或長圓形，側扁。被強櫛鱗或棘鱗，鱗緣具鋸齒。眼較大。種類較多，約三十種，如紅鰃（*Dispinus ruber*）。體長方形，長20厘米。體色鮮紅。因頭與鰭棘較強，鱗緣鋸齒較尖銳，形甚威嚴，故稱鰃。《廣韵·平·灰韵》："鰃，魚名。"清李元《蠕範·物名》："曰鰃，鯎也。"

【鯎】

同"鰃"。此體清代已行用。見該文。

鯔魚 [1]

亦稱“鯔”“鮻子魚”“蛇頭鯔”“鰡鯓”“烏魚”。魚名，鯔形目，鯔科，鯔魚（*Mugil cephalus*）。體延長，前部圓柱狀，後部側扁。長達90厘米，重5～6千克，大者達12千克。吻短鈍，頭背寬扁。鰓耙細密。被弱櫛鱗，無側綫。體背灰青，腹面銀白。其胃壁很厚，肌肉發達，呈砂囊狀，腸很長。以硅藻、綠藻、藍藻和底泥中的小動物爲食，其腸道内常多沙。鯔魚一稱緣於其體色。鯔，同緇，淄，意黑色。方言或因其色黑而稱“烏支”“烏頭”“烏鯔”“黑耳鯔”，或因其他特點而稱“大頭鯔”“脂魚”“田魚”“九棍”“白眼”“葵龍”等。性活潑，善跳躍。晋左思《吳都賦》：“躍龍騰蛇，蛟鯔琵琶。”明李時珍《本草綱目·鱗三·鯔魚》〔釋名〕時珍曰：“鯔，色緇黑，故名。粵人訛爲子魚。生東海，狀如青魚，長者尺餘。其子滿腹，有黃脂味美。”清施鴻保《閩雜記·烏魚》：“鯔魚出海中者，閩人謂之烏魚。”宋代就知其“性喜食泥”，至今沿海漁民還以爲鯔吃“油泥”。鯔魚性猛，不入網罟，海人長綱圍之，俟潮退取之。鯔魚養殖在我國有四百多年歷史。明徐光啓《農政全書·牧養·魚》：“鯔魚，松之人於潮泥地鑿池。仲春，潮水中捕盈寸者養之，秋而盈尺。腹背皆腴，

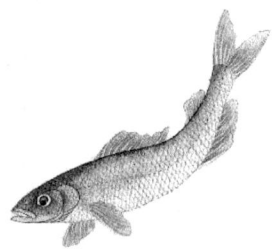

鯔　魚
（明文俶《金石昆虫草木狀》）

爲池魚之最。是食泥，與百藥無忌。”金李杲編輯，明李時珍參訂《食物本草》卷一〇：“鮻子魚，生江海交畛之處。形軀大小與鱗魚相似，但首俯背駝。每四五月浮出，腹内有子。煎炙作菹，極佳。”鯔魚對鹽度的適應範圍很廣，喜栖於河口附近鹹淡水相交匯的水域，是沿海海水養殖和鹹淡水池塘養殖的主要魚類。

殷墟中有鯔魚骨骼，説明三千多年前鯔已成王公貴族食品之一。鯔肉氣味甘平無毒，可開胃，利五臟，令人肥健，鯔魚子更無與倫比。明孫文恪《鯔魚》詩：“思歸夜夜夢鄉居，何事南宮尚曳裾？家在越州東近海，鯔魚味美勝鱸魚。”南宮，尚書省。裾，衣服的大襟。越州，今浙江紹興。明張如蘭《鯔魚頌》：“駕青虬，驂元螭，肥而癡，涅而緇。似烏鰂比黑。魚，不嫌入淤而食泥，猶堪哺糟與啜醨。”涅，礦物名，古代用作黑色染料；緇，黑色。用涅染黑。哺糟與啜醨，意吃酒糟，喝薄酒。清吕輝斗等《丹徒縣志》曰：“鯔，身圓頭匾，謂之蛇頭鯔。生江中，味埒鰡魚，謂之鰡鯓。”清王士禎《頃和子文蜀姜詩殊非本意再成一首爲寄》詩：“蜀味初嘗萬里餘，子薑作膾憶鯔魚。”子薑，薑的嫩芽。晋葛洪《神仙傳·介象》：“吳主共論膾魚何者最美，象曰：‘鯔魚膾爲上。’”明姚可成《食物本草》：“吃鯔魚助脾氣，令人能食，益筋骨，益氣力，温中下氣。”

南朝梁吳均《續齊諧記》：“魏明帝游洛水，水中有白獺數頭，美静可憐，見人輒去。帝欲見之，終莫能遂。侍中徐景山曰：‘獺嗜鯔魚，乃不避死。’畫板作兩生鯔魚，懸置岸上。於是群獺競逐，一時執得，帝甚佳之，曰：“聞卿善畫，何其妙也！”答曰：“臣亦未嘗執筆，然人

之所目，可庶幾耳。"帝曰："是善用所長。"顏公《庭誥》云："徐景山之畫獺是也。"

【鯔】

即鯔魚[1]。此稱晋代已行用。見該文。

【鮮子魚】

"鯔魚[1]"之方言。此稱明代已行用。見該文。

【蛇頭鯔】

即鯔魚[1]。此稱清代已行用。見該文。

【鮂舅】

即鯔魚[1]。此稱清代已行用。見該文。

【烏魚】[1]

"鯔魚[1]"之方言。此稱清代已行用。見該文。

【鮻】

亦稱"黑鯔""鮈鮋""浪鯉""滑魚"。即鯔魚[1]。《爾雅·釋魚》："鮈，黑鮻。"郭璞注："即白鯈魚，江東呼爲鮈。"《玉篇·魚部》："鮻，黑鮻也。"《六書故·動物四》："鮻，按：今生鹹淡水中者，長不過尺，博身椎首而肥，俗謂之鮻，海亦有之。"明屠本畯《閩中海錯疏》卷中："鮻，頭微而小扁。"據所述特徵，鮻和鮈不應是白鯈，郭璞所注或有誤，既是"黑"鮻，何會是"白"鯈魚？既是"江湖中小魚"，不會生於鹹淡水，更不會海中有之。此應指鯔魚[1]，鯔色黑，栖於鹹淡水，也可生活於海，且鮻鯔同音，有烏鯔等稱。明張自烈《正字通》："鯔，鮻本字。舊注：鮻，音茲。鯔，音支。泛云魚名。分鮻、鯔爲二。非。"清李元《蠕範》卷四："鮻，舥也，子魚也，黑鯔也，鮈鮋也，浪鯉也，滑魚也。似鯉，身圓頭扁，口小目赤，鱗黑骨軟。其子滿腹，重不及兩，生江海淺水中。好食泥，性慧，不入網罟。海人以長網罩之，潮退始取。獺好食之，其小者曰撥尾。"

【黑鯔】

即鯔魚[1]。此稱秦漢時期已行用。見該文。

【鮈鮋】

即鮻。此稱清代已行用。見該文。

【浪鯉】

即鮻。此稱清代已行用。見該文。

【滑魚】[1]

即鮻。此稱清代已行用。見該文。

鯪魚

亦作"杪魚"，亦稱"赤目烏"。魚名，鯔形目，鯔科，鯪魚（*Liza haematocheila*）。體細長，長達60厘米，重2～3千克，大者10千克。頭短而寬扁。口大，無齒。被圓鱗，無側綫。栖近海，鯪魚可進入江河、海灣。性活潑，喜群游跳躍。成體以淤泥中的硅藻爲食。四至五月群游港灣河口，在泥沙處產卵。在山東膠州三里河發現的一處新石器時代大汶口文化遺址中，出土有鯪魚頭骨，推算體長80厘米，重6～8千克，說明早在五千年前該魚就被食用。明何喬遠《閩書》曰："赤目烏，此魚產江南大江中。春時群來至湖打子。蓋魚子須跳擊乃出，大江無石，澎湖海石廉外，於此犯擊方得出子。"清郝懿行《記海錯·鯔魚》云："鯔之言緇也，其色青黑而目赤青。又有杪魚，其形與鯔同，唯目作黃色爲異，當是一類二種耳。其肉作鱠並美。"又曰："杪魚，出文登海中者尤佳。以冰泮時來，彼人珍之，呼開凌杪。"清朱彝尊《曝書亭集》卷一一："梭魚，雉兔關東最，梭魚味更良。刺方青鯽少，鱠比玉鱸香。賜出春初早，携歸尺半長。罟師題字在，寧分小臣嘗。"清郭柏蒼《海錯百一録》卷二："梭魚，《閩書》：似鱭魚，稍大如織梭，豐肉脆骨。蒼按：梭魚似江河中之苦條，而味勝之。”體細長，形“如織梭”，稱鮻魚；眼有紅色稱赤目烏；杪與鮻同音。山東文登一帶有“青眼鯔”“黄眼鮻魚”的叫法。渤海漁民把春季海冰初融時捕到的鮻魚叫“凌鮻”，此時處生殖之前，魚肥味美。鮻魚爲華北主要港養對象之一，肉味雖略遜於鯔，仍很可口。

【赤目烏】

即鮻魚。此稱明代已行用。見該文。

【杪魚】

同“鮻魚”。此體清代已行用。見該文。

棱鮻

亦稱“通印子魚”“子魚”“通應子魚”“魣魚”“撥尾”“鯊魚”。魚名，鯔形目，鯔科，棱鮻（*Liza carinata*）。體延長，體長20厘米以上，形似鯔。口小，亞腹位。體背暗灰青，微紅，腹面銀白。被弱櫛鱗，無側綫。其稱始見於宋代。烏魚即鯔魚，鬐或爲鬣，指棱鮻第一背鰭至眼間隔，背中綫有一縱行隆起脊，棱鮻因以而得名。山東俗稱“隆背鯔”，紹安人呼“尖頭魚”，閩、廣稱“尖頭”或“尖頭鯔”。棱鮻分布於我國沿海及鹹淡水交界處，是重要港養魚之一，生長快，一年即可成熟。宋王得臣《麈史·詩話》：“閩中鮮食最珍者，所謂子魚者也。長七八寸，闊二三寸許，剖之，子滿腹，冬月正其佳時。”宋蘇軾《送牛尾狸與徐使君》詩：“通印子魚猶帶骨，披綿黄雀漫多脂。”宋莊綽《鷄肋編》卷中：“莆田縣去城六十里，有通應侯廟，江水在其下……海潮之來，亦至廟所，故其江水鹹淡得中，子魚出其間者，味最珍美。上下數十里，魚味即異，頗難多得。故通應子魚，名傳天下。”金李杲編輯，明李時珍參訂《食物本草》卷一〇：“子魚，産閩之莆田縣通應港。魚身長七八寸，闊二三寸。其味絶佳，名著天下。王荆公詩‘長魚俎上通三印’，蓋亦誤認也。《遁齋閑覽》云：莆陽通應子魚名播海内。蓋其地有通印廟，廟前有港，港中魚最多，故世傳爲通印子魚。今人必求其大可容印者，乃謂之通印子魚。非也。”明屠本畯《閩中海錯疏》卷上：“魣魚，似烏魚而短，身圓口小，目赤鱗黑，一名鯔。味與鰣相似。冬深脂膏滿腹；至春漸瘦無味，一名鮐。”魣魚屬鯔類，也有的稱鯔魚，故此處有“一名鯔”，但“一名鮐”不妥。烏魚是另一種鯔魚。又：“撥尾，魣魚之小者。魣魚以子月肥極，故云，其子尤佳。莆田縣東北五十里，迎仙橋下潭所産極爲珍味。”清黄任等《泉州府志》云：“子魚，俗名鯊魚，與烏魚形同。但烏魚頭大，子魚頭小；子魚有鬐，烏魚無之。”鯊，子之音。

【通印子魚】

即棱鮻。此稱宋代已行用。見該文。

【子魚】

即棱鮻。此稱宋代已行用。見該文。

【通應子魚】

即棱鮻。此稱宋代已行用。見該文。

【魣魚】

即棱鮻。此稱明代已行用。見該文。

【撥尾】

“棱鮻”之小者。此稱明代已行用。見該文。

【鯊魚】[2]

即棱鮻。此稱清代已行用。見該文。

粗鱗鮻

亦稱“海鮎”“潮鮎”“江鮎”。魚名，鯔形目，鯔科，粗鱗鮻（*Liza dussumieri*）。清郭柏蒼《海錯百一録》卷一："海鮭色微黑，形似草魚，肉厚多油。不論四時，隨潮群至，一漁得則群魚皆得。鹹淡水者名潮。以暑月美。凡海鮭、潮鮭、江鮭及江塘之鮭，蛋腹中皆有二圓盂，肥美。海人呼爲肒。"肒指胃，是閩南地區方言，即鮻魚胃幽門部特化的球形肌胃，并非魚名。再者魚以生殖季節時味最美，棱鮻肥於子月，鮭是以暑月美，説明生殖季節不同。由此看鮭不是棱鮻，而是粗鱗鮻。此魚二齡個體重 360 克，七至九月生殖，生長迅速。

【海鮭】

即粗鱗鮻。此稱清代已行用。見該文。

【潮鮭】

即粗鱗鮻。此稱清代已行用。見該文。

【江鮭】

即粗鱗鮻。此稱清代已行用。見該文。

大魣

亦稱"機杼魚""魣"，魚名，鱸形目，魣科，大魣（Sphyraena barracuda）。體延長，呈亞圓筒形。頭長而尖。口大，不能伸縮；上頜寬大，下頜突出；頜骨强大，被稱"帶長刀片的剪刀"。被細小圓鱗；背鰭兩個。分布於臺灣、西沙、廣東沿海。俗稱"巴拉金梭魚""吹魚"。《山海經·東山經》："又南三百里，曰狙山，其上無草木，其下多水，其中多堪予之魚。"三國吳沈瑩撰《臨海水土異物志》："機杼魚，狀如鯼魚，味美於諸魚。"清胡世安《異魚圖贊補》卷上："閩莆有魣，鮮食朵頤；剖腹子滿，元冬佳時。"

【機杼魚】

即大魣。此稱三國時期已行用。見該文。

【魣】

即大魣。此稱清代已行用。見該文。

烏鱧[1]

亦稱"鮦""蠡""黑魚""鱺魚""烏魚""鯶魚""七星魚""鱯""鮸""鰹""鮫""蠡魚""黑鱧""玄鱧""鮦魚""文魚""火柴頭魚""烏鯉""元鱧""烏魚""黑鯉頭""黑頭魚""朝天魚"等。魚名，鱸形目，鱧科，烏鱧（Channa argus）。體延長成亞圓柱形，長者 50 厘米以上，重 5 千克。頭扁，口大，牙尖。體色青褐，具三縱行黑斑。被細鱗。性凶猛，以各種魚蝦爲食。分布很廣。

其物始見於先秦典籍。《説文·魚部》："鮦魚。一曰蠡也。"朱駿聲通訓："鮦，按，即鱧也，蘇俗謂之黑魚，首有七星，夜則北向。"歷代典籍上屢有類似記載。《韓詩外傳》卷七："南假子過程本子。本子爲之烹鱺魚。南假子：'吾聞君子不食鱺魚。'本子曰：'此乃君子不食也，我何與焉？'"舊題戰國范蠡《養魚經》："黑魚者，鱧魚也，一名烏魚，一名七星魚。"《詩·小雅·魚麗》："魚麗于罶，鲂鱧。"毛傳："鱧，鮦也。'"《文選·張衡〈西京賦〉》："其中則有黿鼉巨鱉，鯉鮒鮦。"李善注引薛綜曰："《爾雅》曰：'鱧，鮦也。'"《爾雅·釋魚》："鱧。"

鱧
（明王圻等《三才圖會》）

郭璞注：“鯛也。”邢昺疏：“今鱷魚也。鯛與鱷音義同。”又：“鰹，大鯛，小者鮵。”郭璞注：“今青州人呼小鱺爲鮵。”邢昺疏云：“此即鱧也，其大者名鰹，小者名鮵。”鰹，如堅，強大。鯛，如筒，圓而大。鮵，如蛻，猶如蛻變或孵化。《爾雅翼·釋魚一》：“鱧魚，圓長而斑點，有七點作北斗之象，夜則仰首向北斗而拱焉。有自然之禮，故從禮。”《埤雅·釋魚》：“鱧，今玄鱧是也，諸魚中唯此魚膽甘可食。有舌，鱗細，有花文，一名文魚。與蛇通氣，其首戴星，夜則北嚮。”因體色黑而有黑鱧等稱。明李時珍《本草綱目·鱗四·鱧》〔釋名〕：“蠡魚、黑鱧、玄鱧、烏鱧、鯛魚、文魚。時珍曰：‘鱧首有七星，夜朝北斗，有自然之禮，故謂之鱧。又與蛇通氣，色黑，北方之魚也，故有玄、黑諸名。俗呼火柴頭魚，即此也。鱧是公蠣蛇所化……性至難死，猶有蛇性也。’”公蠣蛇，即水蛇。

　　體有斑紋而稱文魚。《正字通·魚部》：“鮫，魚名。文魚之改爲鮫，猶人魚之改爲魜也。”鱧魚頭形及頭部的細小鱗片頗似蛇頭，其拉丁學名亦爲蛇頭之意，其身上黝黑的圖案亦頗似蟒皮，現在有些地方索性稱“蛇魚”或“蛇頭魚”。但鱧非公蠣蛇所化，與蛇通氣、夜向北斗之說，純屬臆測。所謂“頭戴七星”，是依其頭部斑紋想象而來，難免衆說紛紜。有說斑點呈七星狀，有說“頭上有七個小孔，如北斗星象”（見南朝梁陶弘景《本草經集注》）等。《說文·魚部》：“鱷，鯛也。”桂馥義證：“戴侗曰：‘鱷，魚之摯者，鱗黑斑駁首，左右各有竅如七星。’”竅應指口鼻眼耳七竅，魚，概莫能外，鱧有何特殊？明屠本畯《閩中海錯疏》卷上：

“鱧，文魚也，一名烏鯉……夜則昂首北向，嶺南謂之玄鱧。”《古今圖書集成·禽蟲典·鱧魚部》引《萬安縣志》：“鱧即黑頭魚，頭有七竅如北斗象，子夜昂首向北，又謂之朝天魚。”清汪曰楨《湖雅》：“鱧，一作鱺，即黑魚，一作烏魚……俗呼黑鯉頭。”鱺、鯉與鱧同音。清多隆阿《毛詩多識》：“‘鱧’又名元鱧，則以此魚色黑，故名，黑名元，元亦黑色也。”清李元《蠕範·物體》：“鱧，鮫也，鱷也，蠡也，鱺也，鯛也，烏魚也，文魚也，柴魚也，北斗魚也，七星魚也，火柴頭也。身圓而長，黑鱗駁首……”

蠡魚
（《食物本草》）

　　“孝魚”之俗稱，加入了人類的倫理成分而成。此魚繁殖上有築巢和護卵習性，親魚產卵後潛伏巢下或於附近長時間守護，很少攝食，有時飢餓難耐，會吞食自己的幼魚。有人認爲是幼魚自動進入親魚口中，以報其養育之恩，

鱧魚
（清蔣廷錫等《古今圖書集成》）

故稱"孝魚"。此説誤。廣東等地還稱它爲"才魚"，認爲其肉不僅營養豐富，而且有祛濕利尿、去瘀生新、通氣消腫等功效，對急性腎炎、肺炎、咽喉炎等十多種疾病均有療效，外科手術後食用烏鱧有生肌補血、促進傷口癒合的功效，故稱。明楊慎《異魚圖贊》卷二："烏魚戴星，禁在仙經，鮹鮦鱧蠡，紛其別稱。其膽獨甘，以爲是徵。"

性至難死，非是公蠣蛇所化，因其鰓腔上方有一寬大的輔助呼吸器官，稱鰓上腔，能攝取空氣中的氧。對缺水、缺氧等的耐受力很强，即使出水後也不易死，能活數個小時，而且死後肌肉不易腐爛。明顧起元《遁園居士魚品》："烏魚，其性耐久，埋土中數月不死，得水復活。"冬季，烏鱧常在深水處埋身於淤泥中停食不動，越過寒冬，生命力的確是很强的。

此魚性凶猛，攻擊力很强，以各種魚蝦及青蛙等動物爲食，是養魚之害。明屠本畯《閩中海錯疏》卷上："凡鱧一尾，入人家池塘，食小魚殆盡，人每惡而逐之。"它生長快，肉雖較粗，但肥而刺少，營養豐富，頗受青睐。古人對它褒者有之。明李時珍《本草綱目·鱗四·鱧》〔集解〕："花文頗類蝮蛇……形狀可憎，氣息鯹惡，食品所卑，南人有珍之者，北人尤絶之，道家指爲水厭，齋録所忌。"厭，戒食之意。齋録，道教祭禱儀式的秘文秘録。《爾雅翼·釋魚一》："今道家忌之，以其首戴星也，又指爲厭。故有天厭雁、地厭犬、水厭鱧之説，皆禁不食。"三厭是孫思邈真人所提，按《孫真人衛生歌》的解釋是，某些動物知情達理："雁有序兮犬有義，黑鯉朝北知臣禮。人無禮義反食之，天地神明俱不喜。"這就是烏鱧被道教列

爲水厭之故。更爲突出的是"其膽獨甘""專治喉痹"。清楊時泰《本草述鈎元》："諸魚膽苦，惟此膽甘而可食，爲異。臘月收取陰乾。喉痹將以鱧魚膽點入少許，即瘥。病深者，水調灌之。"由於需求量大，除我國外，世界不少國家都開展了人工養殖。

【鮦】

　　即烏鱧。此稱漢代已行用。見該文。

【蠡】[2]

　　即烏鱧。此稱漢代已行用。見該文。

【鱧】

　　"烏鱧"之單稱。此稱先秦時期已行用。見該文。

【黑魚】[2]

　　"烏鱧"之俗稱。此稱先秦時期已行用。見該文。

【鱺魚】[3]

　　即烏鱧。此稱先秦時期已行用。見該文。

【烏魚】[2]

　　即烏鱧。此稱先秦時期已行用。見該文。

【七星魚】

　　即烏鱧。此稱先秦時期已行用。見該文。

【鮦】

　　即烏鱧。此稱漢代已行用。見該文。

【鮹】

　　即烏鱧。此稱漢代已行用。見該文。

【鮦魚】[2]

　　即烏鱧。此稱漢代已行用。見該文。

【鯇】

　　"烏鱧"之大者。此稱漢代已行用。見該文。

【鮫】

　　即烏鱧。此稱宋代已行用。見該文。

【玄鱧】

即烏鱧。此稱宋代已行用。見該文。

【文魚】[3]

即烏鱧。此稱宋代已行用。見該文。

【鯶魚】

即烏鱧。此稱宋代已行用。見該文。

【火柴頭魚】

“烏鱧”之俗稱。此稱明代已行用。見該文。

【黑鱧】

即烏鱧。此稱明代已行用。見該文。

【烏鯉】

即烏鱧。此稱明代已行用。見該文。

【蠡魚】

即烏鱧。此稱明代已行用。見該文。

【元鱧】

即烏鱧。此稱清代已行用。見該文。

【黑鯉頭】

即烏鱧。此稱清代已行用。見該文。

【黑頭魚】

即烏鱧。此稱清代已行用。見該文。

【朝天魚】

即烏鱧。此稱清代已行用。見該文。

黃鱔

亦作“黃鮰”，亦稱“鱓”“鱣”“鮰魚”“蝦鮰”“鱓魚”“單長福”“泥蟠橡”“粽熬將軍”“油蒸校尉”“矓州刺史”“泥猴”“蛇鱔”“微鱗公子”“長魚”“魚鱣[2]”。魚名，合鰓魚目，合鰓魚科，黃鱔（*Monopterus albus*）。體甚細長，前部圓柱狀，後部側扁，最大個體重 1～1.5千克。頭部膨大，吻尖、口大。左右鰓孔在腹面相連。體無鱗，側綫明顯。體背黃或黃褐，腹面色淡，全身有黑褐小斑點。無胸、腹鰭。喜栖稻田、池塘、河溝，夜間覓食昆蟲、幼蛙、小魚等。冬季穴中越冬數月之久，四月產卵，幼時都爲雌性，產卵一次後都轉爲雄性。方言稱“田鱔”“黃參”“田赤”等。

其稱先秦時已行用。《山海經·北山經》：“湖灌之水出焉，而東流注於海，其中多鮰。”郭璞注：“鮰，亦鱓魚字。”吳任臣廣注：“《字苑》作‘黃鱔’。”《淮南子·覽冥訓》：“蛇鱣著泥百仞中，熊羆匍匐丘山巖。”《韓非子·説林下》：“鱣似蛇，蠶似燭。”按，《説苑·談叢》“鱣”作“鱓”。《爾雅翼·釋魚二》：“古者鱓字，多假借用鱣字。故《後漢》注直以鱣鮪之鱣解之。”《説文·魚部》：“鱓，鱓魚也。”段玉裁注：“今人所食之黃鱔也。黃質，黑文，似蛇……其字亦作鮰，俗作鱔。”三國魏曹植《蝦鮰篇》：“蝦鮰游潢潦，不知江海流。”《南齊書·周顒傳》：“鮰之就脯，驟於屈伸。”《太平御覽》卷九三〇引晉周處《風土記》曰：“陽羨谷五月以韭薺鮰焉。凡鮰魚夏出冬蟄，亦以將氣養和實時節也。”唐元稹《酬樂天東南行詩一百韵》詩：“雜莼多剖鱓，和黍半蒸菰。”《爾雅翼·釋

鱓　魚
（清蔣廷錫等《古今圖書集成》）

魚二》：“鱓，似蛇而無鱗，黃質黑文，體有涎沫。生水岸泥窟中……夏月於淺水中作窟如蛇，冬蟄而夏出，故亦名蛇鱓。”宋程垓《滿江紅》詞：“卧後從教鰍鱓舞，醉來一任乾坤窄。”明代多承襲前人記述。明李時珍《本草綱目・鱗四・鱓魚》〔釋名〕：“黃䱂。宗奭曰，鱓腹黃，故世稱黃鱓。”又時珍曰：“異宛作黃䱂曰黃疸之名，取乎此也。”明屠本畯《閩中海錯疏》卷上：“鱓，似蛇無鱗，黃質黑章，體有涎沫，生水岸泥窟中，能雨水中上升，夜則昂首北向，一名泥猴。按：鱓形既似蛇，又夏月於淺水作窟，如蛇冬蟄夏出，故亦名蛇鱓。”因其形似蛇，古人認爲是蛇變而來。《太平御覽》卷九三〇引《抱朴子》曰：“田地既有自然之鮮，而有荇莖、芩根、土龍之屬化爲鱓。”更甚者如南朝梁陶弘景認爲其是“死人髮所化”。荇與芩均爲多年生水生植物。此説實謬。上述夜則昂首北向之説亦謬。明彭大翼《山堂肆考》卷二二四：“鱓似鰌而長。無鱗，有涎，黃色，俗呼黃鱓……鱓一作鱓，一作䱂。梁韋琳以鱓爲粽熬將軍，又曰油蒸校尉，又曰朧州刺史。”按，“梁韋琳”應作“唐韋琳”。韋琳曾於唐天寶中作《䱂表》，以譏時人。唐段成式《酉陽雜俎》嘗記此事。後世將段文中的韋琳前增以“後梁”二字，“天寶中爲舍人”，又誤爲“天保中爲舍人”。宋朱勝非《紺珠集》直至《山堂肆考》諸書盡皆誤引。五代毛勝《水族加恩簿》：

鱓　魚
（明文俶《金石昆虫草木狀》）

“以爾單長福，曲直靡常，鮮載具美，宜授泥蟠掾。”《古今圖書集成・禽蟲典・雜魚部》引《萬安縣志》：“鱓其味宜麵，淮北呼爲微鱗公子。”《臺灣通史・虞衡志》卷二八：“鱓，即鱓。臺俗，凡持觀音齋者禁食之。”清李斗《揚州畫舫錄・虹橋錄下》：“麵有澆頭，以長魚、鷄、豬爲三鮮。”徐珂《清稗類鈔・動物類》：“䱂，一作鱓，俗稱黃鱓。”

【䱂】

　　“黃鱓”之古稱。此稱先秦時期已行用。見該文。

【鱓】[2]

　　“黃鱓”之古稱。此體先秦時期已行用。見該文。

【鱓】

　　“黃鱓”之古稱。此稱漢代已行用。見該文。

【鱓魚】

　　“黃鱓”之古稱。此稱漢代已行用。見該文。

【蝦䱂】

　　“黃鱓”之古稱。此稱三國時期已行用。見該文。

【䱂魚】

　　“黃鱓”之古稱。此稱晋代已行用。見該文。

【黃䱂】

　　同“黃鱓”。此體晋代已行用。見該文。

【粽熬將軍】

　　“黃鱓”之謔稱。此稱唐代已行用。見該文。

【油蒸校尉】

　　“黃鱓”之謔稱。此稱唐代已行用。見該文。

【朧州刺史】

　　“黃鱓”之謔稱。此稱唐代已行用。見該文。

【單長福】

"黄鱔"之謔稱。此稱五代时已行用。見該文。

【泥蟠稼】

"黄鱔"之謔稱。此稱五代时已行用。見該文。

【蛇鱔】

"黄鱔"之俗稱。此稱宋代已行用。見該文。

【泥猴】[1]

"黄鱔"之謔稱。此稱明代已行用。見該文。

【微鱗公子】

"黄鱔"之謔稱。此稱清代已行用。見該文。

【長魚】

"黄鱔"之异稱。此稱清代已行用。見該文。

【血鱔】[2]

清趙學敏《本草綱目拾遺·鱗部》:"血鱔,出浙江寧波府慈溪縣,以白龍潭産者爲第一,他産者尾尖尚黑,不能通體如硃砂紅也。"引葛三春言:"白龍潭血鱔,周身紅如血,每年所産亦稀。取其血冲酒飲,可以驟長氣力。"

鱖魚[1]

亦稱"鱖""蘇腸御史""石桂魚""桂魚""水豚""鱖豚""銀絲省屬德郎錦袍氏""鬮"。魚名,鱸形目,真鱸科,翹嘴鱖(*Siniperca chuatsi*)。體高而側扁,長者達80厘米,重7.5千克。口大,下頜突出。前鰓蓋骨下緣具四到五個大棘。體色青黄,具許多不規則黑褐色斑。被細鱗。背鰭一個,硬棘發達。喜栖静水或水流緩慢、水草叢生的湖泊,分布於幾乎所有江河湖川。性凶猛,掠食其他魚蝦。

其稱始見於先秦典籍。《山海經·中山經》:"又東七十里,曰半石之山……合水出於其陰,而北流注於洛,多䲃魚,狀如鱖。"郭璞注:"鱖魚,大口大目細鱗,有斑彩。"明李時珍《本草綱目·鱗三·鱖魚》〔釋名〕時珍曰:"鱖,蹶也。其體不能屈曲如僵蹶也。鬮,繢也,其紋斑如織繢也。"鱖,制字從厥。厥,謂魚體僵蹶。實則鱖體屈曲自如,毫不僵厥,此説牽强。五代毛勝《水族加恩簿》:"錦袍氏骨疏肉緊,體具文章,宜授蘇腸御史。按:謂鱖魚也。"《爾雅翼·釋魚二》:"鱖魚,巨口而細鱗,鬐鬛皆圓,黄質黑章,皮厚而肉緊,特異常魚。夏月盛熱時,好藏石罅中,人即而取之……昔仙人劉憑常食石桂魚,今此魚猶有鱖名,恐即是也。"《正字通·魚部》:"魚扁形,闊尾,大口,細鱗,皮厚,肉緊,味如豚,一名水豚,鱖豚。"又:"銀絲省屬德郎錦袍氏,鱖也。"明楊慎《異魚圖贊》卷二:"石桂之魚,天仙所餌,猶有桂名。鱖借音爾,流水桃花,真隱咏美。"其音讀桂,云藉仙人劉憑常吃之石桂魚的桂音。此説無據。有謂鱖猶劍,意其背鰭棘强硬,刺人如劍。鱖的諸多俗稱都含桂字,如"桂魚""桂花魚""胖鱖"等。還因桃花流水,鱖魚肥美,加之體斑紋如錦,有些俗稱多帶花字,如"季花魚""鯚花魚""鱉花""花鯽魚""鬮""鬮花魚""錦鱗魚"等;因肉味像豚而稱"水豚"。

鱖魚肉細嫩,味鮮美,屬名貴食用魚,無論清蒸、糖醋、紅燒皆可,民間常以其作産婦

鱖 魚
(清聶璜《清宫海錯圖》)

鱖 魚
（清蔣廷錫等《古今圖書集成》）

及貧血患者的滋補品。唐張志和《漁歌子》："西塞山前白鷺飛，桃花流水鱖魚肥。青箬笠，綠蓑衣，斜風細雨不須歸。"山前，一作"山邊"。宋孟元老《東京夢華錄·飲食果子》："所謂茶飯者，乃百味羹……貨鱖魚、假元魚。"清邊壽民《題畫鱖魚》詩："春漲江南楊柳灣，鱖魚潑剌綠波間。"潑剌，形容魚在水中跳躍的聲音。清孫原湘《觀釣者》詩："昨夜江南春雨足，桃花瘦了鱖魚肥。"宋梅堯臣《上巳日午橋石瀨中得雙鱖魚》詩："修禊洛之濱，湍流得素鱗。多憑折腰史，來作食魚人。水髮黏篙綠，溪毛映渚春。風沙暫時遠，紫綾憶江莼。"修禊之"禊"，本字爲"絜"，潔，即水中潔凈自身。源於古老的巫醫傳統，即每年三月三日，春風和煦，陽氣布暢的時令，河水中洗浴而將身上的疾病及不祥拂除乾净。明李時珍《本草綱目·鱗三·鱖魚》："越州邵氏女年十八，病勞瘵累年，偶食鱖魚羹，遂愈。觀此，正與補勞、益胃、殺蟲之説相符。"越州，今浙江紹興。鱖肉鮮美，供不應求，我國從南到北開展了對鱖的人工養殖。清聶璜《清宫海錯圖》所畫鱖魚

與淡水鱖同名，但栖於海，或指另外某種魚，與淡水鱖屬同一科，形態結構與鱖相近。

【鱖】

即鱖魚[1]。此稱秦漢時期已行用。見該文。

【蘇腸御史】

"鱖魚[1]"之美稱。此稱五代時期已行用。見該文。

【銀絲省鏖德郎錦袍氏】

即鱖魚[1]。此稱宋代已行用。見該文。

【石桂魚】

即鱖魚[1]。此稱宋代已行用。見該文。

【水豚】

即鱖魚[1]。此稱明代已行用。見該文。

【鱖豚】

即鱖魚[1]。此稱明代已行用。見該文。

【鷚】

即鱖魚[1]。此稱明代已行用。見該文。

【鯼】

亦稱"鯚魚""既魚""鯚""朱鱖"。《玉篇·魚部》："鯼，音罽，魚名。"明楊慎《異魚圖贊》卷三："鯼魚又作'鯚'。吳楚鯼魚，其文如罽，薦以上春，美而多刺。"明李漁《笠翁偶集》卷五："食魚者首重在鮮，次則及肥……如鱘、如鯚、如鯉，皆以鮮勝者也。"清厲荃《事物異名錄》："罽音薊，今俗作鯚。"鯚，爲罽的諧音字，意同，述其斑紋。清乾隆《晉江縣志》："鱖，俗呼既魚，有紅斑者謂朱鱖。"既亦爲罽的諧音字，意同。清屈大均《廣東新語·鱗語·鯚魚》："鱠黄鯚白鯚花香，玉簪金盤盡意嘗。"

【鯚】

即鯼。此體明代已行用。見該文。

【鯦魚】

即鰶。此稱明代已行用。見該文。

【鱀魚】

即鰶。此稱清代已行用。見該文。

【朱鱖】

即鰶。此稱清代已行用。見該文。

方頭魚

亦稱"方頭""國公魚""芳頭魚"。魚名，鱸形目，方頭魚科，方頭魚（*Branchiostegus japonicus*）。體延長而側扁，長可達 50 厘米。頭鈍圓，近方形。眼大。近海中下層魚，以多毛類、長尾類等動物爲食。我國各海均産。經濟魚之一，肉味鮮美。廣東俗稱"馬頭魚"，山東稱"日本加吉"。其稱始見於明代典籍。明屠本畯《閩中海錯疏》卷上："方頭，似棘鬣而頭方，味美。《通志》曰：'方頭似棘鬣而頭方。'或云方當作芳，言其頭爲味芳香也。"《古今圖書集成·禽蟲典·雜魚部》引《閩産諸魚》曰："方頭魚似棘鬣而頭方味美。福州人謂之國公魚，言其方如國公頭上冠也。"清郭柏蒼《海錯百一録》卷一："方頭魚，即國公魚。似過臘而頭方，味勝之，或呼芳頭魚，言其頭芳也。凡魚一身有特異於他魚者，其美多在是。"

【方頭】

"方頭魚"之省稱。此稱明代已行用。見該文。

【國公魚】

即方頭魚。此稱清代已行用。見該文。

【芳頭魚】

即方頭魚。此稱清代已行用。見該文。

鰶

亦稱"師魚""老魚"。魚名，鱸形目，鰺科，鰺亞科魚的通稱。體亞圓柱形，略側扁，頭錐形。口大，體被小圓鱗，側綫上無棱鱗。如紡錘鰺（*Elagatis bipinnulatus*）。長 1.1 米。體背深褐，腹部灰白，體側有藍色綫條。無棱鱗。分布於温帶、熱帶海域。平時喜群游海域表層攝食。方言"瓜仔魚"。經濟魚類。《山海經·北山經》云："歷虢之水出焉，而東流注於河，其中有師魚，食之殺人。"《廣韵·平脂》："鰶，老魚。"《集韵·平脂》："鰶，老魚。一説出歷水，食之殺人。"明李時珍《本草綱目·鱗四·魚師》〔集解〕："陳藏器諸魚注云：'師大者有毒殺人。'今無識者。但《唐韵》云：鰶，老魚也。"

【師魚】

即鰶。此稱先秦時期已行用。見該文。

【老魚】

即鰶。此稱唐宋時期已行用。見該文。

海鯽魚 [1]

亦稱"打鐵爐"，魚名，鱸形目，海鯽科，海鯽魚（*Ditrema temmincki*）。體長 160 ～ 230 毫米，背鰭鰭棘部有發達的鱗鞘。卵胎生。每胎産幼魚十二到十四條，我國見於黄海北部和渤海。方言"九九魚""海鮒"。唐段成式《酉陽雜俎續集·支動》："東南海中有鯽魚，長八尺，食之宜暑而避風。""長八尺"之説失實。清郭柏蒼《海錯百一録》卷一："海鯽，骨鯁味

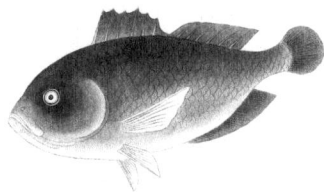

海鯽魚
（清聶璜《清宮海錯圖》）

遜於池鯽、溪鯽，而勝於江鯽、湖鯽，豫之淇鯽，爲天下最。"清聶璜《清宮海錯圖》第一冊："海鯽魚，身闊肉厚而骨硬，土人名爲打鐵爐，腌鮮皆可。"

【打鐵爐】

即海鯽魚[1]。此稱清代已行用。見該文。

竹莢魚

亦稱"土鱠"。海魚名，鱸形目，鰺科，竹莢魚（*Trachurus japonicus*）。體紡錘形，長可達 38 厘米，重 660 克。喜群栖，性貪食。中上層洄游性魚。分布很廣。我國主要經濟魚類之一。廣東俗稱"巴浪""池魚""池魚姑""馬鰓滾"，山東稱"刺鮁""山鮊魚""刺公"。明馮時可《雨航雜録》卷下："竹夾魚，似比目而肉堅，身圓，尾尖，色青黑，一名土鱠。"《古今圖書集成·禽蟲典·雜魚部》引《定海縣志》："竹魚近魴，尾有硬鱗，色青黑，一名土鱠。"此魚體形紡錘，魴體側扁，比目魚平扁，"近魴"與"似比目"之説都不恰切。其側綫被高而強的棱鱗，形如用竹板編製的隆起莢，因以名竹莢魚。土鱠，意當地淡水産之烏鱧。

【土鱠】

即竹莢魚。此稱明代已行用。見該文。

大甲鰺

亦稱"鐵甲魚"。魚名，鱸形目，鰺科，大甲鰺（*Megalaspis cordyla*），體呈紡錘形，長 20 ～ 40 厘米，大者可達 1 米。吻尖，眼大，脂眼瞼發達。口大。被圓鱗。體背灰藍，腹部銀白。我國産於南海和東海。方言"鐵甲""扁甲""黑面白魚""甘貢""八哥脚""蟬頭""硬尾鉛"。清蔣師車轍、薛紹元《臺灣通志》："鐵甲魚，鱗硬如甲，故名。去其皮方可食。"

【鐵甲魚】

即大甲鰺。此稱清代已行用。見該文。

藍圓鰺

亦稱"波郎""拜浪魚""巴榔"。魚名，鱸形目，鰺科，藍圓鰺（*Decapterus maruadsi*）。體紡錘形，16 ～ 31 厘米。頭短而尖，脂眼瞼發達。體背藍灰，腹銀色。被小圓鱗，側綫有棱鱗。南海數量較多。閩南稱"巴浪"，閩東"鯷鮎"，汕尾稱"池魚"。清胡世安《異魚圖贊閩集》："波郎，無鱗刺，五六月間多結陣而來，多者一網可售數百金，漁人望海爲田。"明張燮《東西洋考》卷九《舟師考·水醒水忌》："凡行船，可探西水色青，多見拜浪魚。"清關必登纂康熙《瓊山縣志·物産》卷九："又：巴榔，儋名朱公，多出臨儋。小而皮硬者，名老鱗。商人舟鮓之運售郡縣。"此魚生殖期在三到九月份，盛期在五到六月份。波郎，係方言。鰺，字從參，參意長。體色藍，鰓蓋後上角與肩部共有一黑色小圓點，因以得名藍圓鰺。

【波郎】

"藍圓鰺"之方言。此稱清代已行用。見該文。

【拜浪魚】

即藍圓鰺。此稱明代已行用。見該文。

【巴榔】

即藍圓鰺。此稱清代已行用。見該文。

眼鏡魚

亦稱"鏡魚"。海魚名，鱸形目，眼鏡魚科，眼鏡魚（*Mene maculata*）。體高而薄，甚側扁，形如眼鏡片。腹部輪廓彎度較大，腹緣凸而薄，背側微彎，故得名。體長 10 ～ 20 厘米，頭小，口小，近呈垂直，能伸縮，體上部深藍，下部銀白，胸鰭淺黃。全世界僅一屬一種，中國產於南海和東海，以南海產量較高。俗稱"眼眶魚""刀鯧魚""皮刀魚""肉刀魚""眼鏡片""皰刀魚""眼鏡框""斧刀"。清屈大均《廣東新語》卷二二："一名鏡魚，以其圓也。又：一名鏡魚。予詩：鏡魚春向鏡中游。又云：魚在鏡湖多似鏡。"清王河等修《盛京通志》卷二七："鏡魚，圓而色白。"

【鏡魚】[1]

即眼鏡魚。此稱清代已行用。見該文。

綠鰭魚

亦稱"紅魚"。魚名，鮋形目，魴鮄科，綠鰭魚（*Chelidonichthys kumu*）。體延長，稍側扁，長 14～30 厘米，體重 150～300 克。頭大近方形，吻角鈍圓。體被小圓鱗。頭部及背側面紅色，并有黃色網狀斑紋。背鰭兩個，分離。胸鰭長而寬大，位低，下方有三條指狀游離鰭條，內側爲具斑點的艷綠色；尾鰭截形。後緣白色。俗稱"綠翅魚""綠姑""魴鮄""國公""綠鶯鶯""角魚""紅祥""大頭魚""蜻蜓角"。分布於遼寧黃海北部及我國其他沿海。清聶璜《清宮海錯圖》第一冊："紅魚，康熙乙亥，福寧海人有得紅魚者，身全緋而翅尾翠色。其首頂微方，翅上有圈紋，深綠，俊麗可愛。此魚不恒見，土人競玩，得圖以識。考《異物志》云：海上有一種紅桃魚，全赤，稱爲緋魚，亦稱新婦魚，必此也。"

有考者謂，此指紅鰭笛鯛（*Lutjanus erythropterus*）。但"紅鰭"之名顯然與綠鰭之圖不符。紅娘魚與此近似，但其鰭顏色不甚艷，衹是因都屬魴鮄科，特徵難免會有某些相似之處。

【紅魚】[1]

即綠鰭魚。此稱清代已行用。見該文。

黑鯛

亦稱"烏頰""海鮒""佳季"。海魚名，鱸形目，鯛科，黑鯛（*Sparus macrocephalus*）。體長橢圓形，側扁，長可達 40 厘米，重近 1 千克。頭大，兩頜具四到五行臼齒。極貪食，以其他小魚、小蝦等爲食。淺海底層魚。山東沿岸五月產卵。幼時雌雄同體，至五六歲兩性方能區別開。方言"青郎""黑加立魚""黑結""烏翅""黑鱗加吉"，廣東俗稱"黑鮍"，山東稱"海鮒""黑加吉"。我國次要經濟魚類，肉味尚佳。山東膠州三里河發現的新石器時代大汶口文化遺址中，出土有該魚的脊椎骨和大量鱗片，説明早在五千年前，該魚已被我國人民食用。

明屠本畯《閩中海錯疏》卷上："烏頰，形與奇鬣相同，二魚俱於隆冬大寒時取之。然奇鬣之味在首。"清胡世安《異魚圖贊閏集》："烏頰身狹，側視之則稍圓。厚鱗少骨，多處水崖中，漁人以釣得之。色近黑，脊上有刺數十枝，長二三寸，或亦藉此以防患者。"清宋琬《海鮒》："海中之鯽也，巨口大眼，魚目之美無逾此者，土人呼爲佳季，不知何指？其來以三月上旬，諺云：'椿芽一寸，佳季一陣。'惟登州四時有之。蓬萊閣下多怪石，漁人垂綸其上，一掣而得之千尋巨浪之中。好事者掬海濱之水就烹之，不加鹽豉，其味逾鮮好。"

【烏頰】

即黑鯛。此稱明代已行用。見該文。

【海鮒】

即黑鯛。此稱清代已行用。見該文。

【佳季】

即黑鯛。此稱清代已行用。見該文。

真鯛

亦稱"嘉鱲魚""過臘""棘鬣""橘鬣""髻鬣""奇鬣""䰵鯕""家鷄魚""大頭魚""海鯽魚"。海魚名，鱸形目，鯛科，真鯛（*Pagrus major*）。體側扁，長橢圓形，長者達 40 厘米。口小，上下頜兩側各具兩列臼齒。背鰭棘强大。近海暖水底層魚類，分布於南海、東海、黃海海區。壽命很長，最大年齡三十年，漁獲物中以二至十齡魚居多。體色淡紅，背部散布若干鮮藍色小斑點。

過臘之稱源於其在福建地區來去的時間。宋龐元英《文昌雜録》卷二："登州有嘉鱲魚，皮厚於羊，味勝鱸鱖，至春乃盛，他處則無。""他處則無"之說不妥。此魚分布很廣。明屠本畯《閩中海錯疏》卷上："過臘，頭類鯽，身類鱖，又類鰱魚。肉微紅，味美。尾端有肉，口中有牙如鋸，好吃蚶蚌。以臘來春去，故名過臘。"真鯛每年農曆十月下旬至十二月上旬在福建沿海近岸產卵生殖，形成漁汛，產卵後離去，即臘來春去。當然全國各地不盡相同。清郭柏蒼《海錯百一録》："過臘，按福州呼棘鬣，以其鬣如棘也。興化呼橘鬣，以其鬣紅紫也。泉州呼髻鬣，又呼奇鬣。"鬣，魚鰭古

銅盆魚
（清聶璜《清宮海錯圖》）

稱。真鯛的背鰭棘發達，有"棘鬣"之稱。"橘鬣"是紅紫色的鰭，"髻鬣"是鰭狀如髮髻。真鯛肉味頗似鷄肉，俗名家鷄魚。《古今圖書集成·禽蟲典·雜魚部》引《省直志書》："䰵鯕，俗作家鷄魚。傳記無考。以肉潔白似鷄。""加吉魚""加級魚""嘉鱲"，與家鷄魚音同。至今不少地區仍俗稱"加吉魚"，兩廣還稱"紅鮫"，是說體側有若干粒斑，浙江叫"銅盆魚"，福建還稱"赤板""加拉魚"，有刺割破之意，山東稱"嘉鱲魚"。方言還稱"赤鯽""赤極""紅鯛""紅鱗加吉""紅帶鯛""紅鰭"等。該魚色艷味美，是筵客佳餚，屬名貴經濟食用魚類，頗受人喜愛。清郭柏蒼《海錯百一録》稱其"味豐在首，首豐在眼。十月蒸葱酒尤珍"。清郝懿行《記海錯》曰："嘉鱲魚，登萊海中有魚，厥體豐碩，鱗鬣紫頳，尾盡赤色。啖之肥美，其頭骨及目多肪腴，有佳味。率以三四月間至，經宿味輒敗。京師人將冰船貨致都下，因其形象謂之大頭魚，亦曰海鯽魚，土人謂之嘉鱲魚。"萊州灣是真鯛產卵場之一，生殖期五到七月。每年春季加吉魚尚未產卵的時候，最爲肥美，故民間有"椿芽一寸，嘉鱲一盆"之說。椿芽，是香椿樹的嫩芽。山東膠東歷史上也有"立了夏，鮁魚加吉抬到家"的諺語。民間有"加吉頭，鮁魚尾，鱗刀肚子，鱎鱰嘴"之說。清郭麟《濰縣竹枝詞》詩："梨花纔放兩三枝，名蟹佳蝦上市時。但看椿芽長一寸，爭分垜子賣嘉鱲。"自注："俗謂艫上負曰垜子。過去以黃渤海盛產。我國已開始人工養殖。"

【嘉鱲魚】

"真鯛"之方言。此稱宋代已行用。見該文。

【過臘】

即真鯛。此稱明代已行用。見該文。

【棘鬣】

"真鯛"之方言。此稱清代已行用。見該文。

【橘鬣】

"真鯛"之方言。此稱清代已行用。見該文。

【髻鬣】

"真鯛"之方言。此稱清代已行用。見該文。

【奇鬣】

"真鯛"之方言。此稱清代已行用。見該文。

【魪鯕】

即真鯛。此稱清代已行用。見該文。

【家雞魚】

"真鯛"之俗稱。此稱清代已行用。見該文。

【大頭魚】[3]

"真鯛"之俗稱。此稱清代已行用。見該文。

【海鯽魚】[2]

"真鯛"之俗稱。此稱清代已行用。見該文。

黃鯛

亦稱"赤鬃""赤鯮""交鬣""紅翅""紅魚"。魚名，鱸形目，鯛科，黃鯛（*Dentex tumifrons*）。體橢圓形，側扁，長21厘米。頭大，額高起，兩頜前端具四到六枚犬牙。被大的弱櫛鱗。體色淡紅，上部有金色光澤，腹部銀白。方言亦稱"赤宗飯""波鮫"。底棲性食用經濟魚類之一。清胡世安《異魚圖贊閏集》："赤鯮，一名交鬣。似烏頰而稍短。結陣而至，大小交錯，因名交鬣。色淺絳，故又名赤鬃。味不下烏頰，黑赤之分，眾寡之異，小者名紅翅，蓋其子也。"明屠本畯《閩中海錯疏》卷上："似棘鬣而大，鱗鬣者皆紅色。《宋志》云：'棘鬣與赤鬃味豐在首，首味豐在眼，葱酒蒸之爲珍味，十月此魚得時，正月以後，則味拗不可食。'"清李調元《然犀志》卷下："赤鬃魚，《府志》云，鱗鬐皆紅色，俗謂之紅魚，可作脯，出儋州昌化者佳。"

【赤鬃】

即黃鯛。此稱宋代已行用。見該文。

【赤鯮】

即黃鯛。此體明代已行用。見該文。

【交鬣】

即黃鯛。此稱明代已行用。見該文。

【紅翅】

"黃鯛"之俗稱。此稱明代已行用。見該文。

【紅魚】[2]

"黃鯛"之俗稱。此稱清代已行用。見該文。

射水魚

亦稱"禽首魚"。魚名，鱸形目，射水魚科，射水魚（*Toxotes jaculatrix*），體近卵形，長約20厘米。頭尖，眼大，口大，可以伸縮，下頜突出。體色淡黃，略帶綠，體側有六條黑色垂直條紋。小型觀賞魚，鹹淡水魚。原產澳大利亞、印度等地，現已作爲觀賞魚而被世界各地養殖。俗稱"高射炮魚""槍手魚""捉蟲魚""噴水魚""黃金高射炮"。

清韋廉臣《格物探原·論首第一〇》："又奇者，印度河產一魚，體甚圓，其全體如一飛禽首，名曰禽首魚。性喜食蠅蚋，其遇蠅蚋於空中，或草萊上，自其口噴滴水向蠅蚋擊而食之，如用小槍炮然。土人常活畜之爲小兒玩。小兒有時鉗一蠅蚋，遙而示之，彼即出滴水擊食之，復有魚口能作管，能噴如許水，落空中擊群飛蟲，取而食之。"其捕食方法，是以舌抵住口腔頂部的一個特殊凹槽形成管道，就像玩具水槍的槍管一樣。當鰓蓋突然合上時，一股強勁的水柱就會沿着管道被推向前方，射程可達 1 米。這時，舌尖起着活閥作用，使射水魚朝着正確的方嚮噴射水柱。

【禽首魚】

即射水魚。此稱清代已行用。見該文。

金錢魚

亦稱"金鼓魚""銅鼓魚"，魚名，鱸形目刺尾魚亞目，金錢魚科，金錢魚（ *Scatophagus argus* ）。體略呈橢圓形，側扁而高，長約 20～30 厘米。口小。鱗細小。尾鰭寬大。體色黃褐，滿布數十個黑色圓斑，狀似金錢。俗稱"金鼓魚"。我國南方江河的入海口常見。清蔣師轍、薛紹元纂《臺灣通志》："金錢魚狀如花鮹，體薄多刺。"清陳澧纂《香山縣志》："金鼓魚又名銅鼓魚，體圓如鯧，色斑斑黑，其皮苦，去之乃可食。"清聶璜《清宮海錯圖》第一冊："閩中有錢串魚，身淡青，脊上作深青色。圈紋金黃，内一點黑色。以其圈紋如錢而且黃，故曰錢串，亦名錢棚。"有考者謂，此指一種海龍。但聶璜所畫海龍圖與此相去甚遠，此或另有所指。以其"圈紋如錢而且黃"的特徵，應爲金錢魚。

【錢串】[2]

即金錢魚。此稱清代已行用。見該文。

錢串魚
（清聶璜《清宮海錯圖》）

【錢棚】

即金錢魚。此稱清代已行用。見該文。

【金鼓魚】

即金錢魚。此稱清代已行用。見該文。

【銅鼓魚】

即金錢魚。此稱清代已行用。見該文。

纖鸚嘴魚

亦稱"鸚鵡魚""鸚鵡魚""鶯哥""鸚哥魚"。魚名，鱸形目，鸚嘴魚科，纖鸚嘴魚（ *Leptoscarus vaigiensis* ）。體側扁，長橢圓形。上唇内唇發達，與外唇完全分離，上頜齒癒合成齒板，下頜齒呈重叠狀排列。栖於珊瑚礁或巖礁間。分布於我國南海諸島、海南島、臺灣島、廣東沿海。清胡世安《異魚圖贊補》卷中："羽鮮……安南嘉興州蒙縣龍門江，《漢書》封溪縣隄防龍門水即此。傍有穴，多出鸚鵡魚，色青綠，口曲而紅似鸚鵡，相傳此魚能化龍云。"化龍之説爲謬。《格致鏡原·水族類四》引明慎懋官《鳥獸考》云："龍門江在嘉興州上，飛湍聲聞百里……傍有穴，多出鸚鵡魚。色青綠，口曲而紅，似鸚鵡嘴。"《古今圖書集成·禽蟲典·雜魚部》引《肇慶府志》云："鸚鵡魚出陽江，口大身圓，似鸚鵡，鈎嘴，背青綠色，魚尾大而味劣。"清蔣師轍、薛紹元纂《臺灣通志》："鶯哥，《澎湖志》作鸚哥魚。狀如鯉而潤，色綠，嘴尖而勾曲，似鶯哥嘴，故名。産澎湖。"清孫元衡《赤嵌集·海龍》："朱施鳥喙翠成襦，陸困樊籠水厄罛。信是知名無隱法，曾聞真臘有浮胡。"真臘又名占臘，爲中南半島古國，其境在今柬埔寨境内。相傳真臘有魚名"浮胡"，嘴似鸚哥。鸚嘴魚可用牙咬碎珊瑚，將其和食用藻磨成細小的顆粒，不能消

化的部分就排出體外。一尾鸚嘴魚可年産一噸
珊瑚顆粒，對珊瑚有破壞作用。

【鸚鵡魚】

　　即纖鸚嘴魚。此稱明代已行用。見該文。

【鸚鵑魚】

　　即纖鸚嘴魚。此體明代已行用。見該文。

【鶯哥】

　　即纖鸚嘴魚。此稱清代已行用。見該文。

【鸚哥魚】

　　即纖鸚嘴魚。此稱清代已行用。見該文。

石首魚 [1]

　　亦稱“黃魚”“石頭”“江魚”“鰵”“金
鱗”“黃瓜魚”“洋山魚“菩薩魚”“石頭魚”。
海魚名，鱸形目，石首魚科魚的通稱。體稍長
而側扁，口大。頭骨具黏液腔，體被櫛鱗。耳
石很大，因以得名。鰾發達，多變化。肉食性
下層魚類，種類很多，我國有記錄的達三十七
種之多，居世界首位。有些種係我國最重要的
經濟魚類，產量可達全國年總漁獲量的四成，
常見的如黃魚、鮸魚、黃姑魚、叫姑魚、梅童
魚等。

　　石首魚一稱源於傳說。唐陸廣微《吳地記》
云：“闔廬十年，東夷侵吳，吳王親征之，逐之
入海，據沙洲上，相守月餘。時風濤，糧不得
渡，王焚香禱之。忽見海上金色逼海而來，遶
王所百匝，所司撈得魚，食之美。三軍踴躍，
夷人不得一魚，遂降吳王……魚作金色，不知
其名，見腦中有骨如白石，號爲石首魚。”石首
魚一稱至今沿用。

　　宋吳曾《能改齋漫錄》卷一五《方物·石
首魚》：“兩浙有魚，名石首，云自明州來。問
人以石首之名，皆不能言。予偶讀張勃《吳

錄·地理志》載：‘吳婁縣有石首魚，至秋化爲
冠鳧，言頭中有石。’”明彭大翼《山堂肆考》
卷二二四《物產志》：“石首魚，似鮸而小，尾
鬣皆黃色，一名黃魚。魚首有魷，堅如石，故
名石首。”清同治《上海縣志·鱗之屬·黃魚》：
“一名石首魚，首中有二石如玉。”此石爲耳石，
位於魚內耳中，用於身體平衡。其他魚也有，
祇是石首魚的耳石特大罷了。爲此有的素性稱
“石頭魚”。《正字通·石部》：“石首魚，《嶺表
錄》謂之石頭魚，《浙志》謂之江魚。”

　　石首魚三國時還稱鰵。《廣雅·釋魚》：“石
首，鰵也。”王念孫疏證引《字林》曰：“鰵魚
出南海，頭中有石，一名石首。”明李時珍《本
草綱目·鱗三·鰵魚》曰：“鰵性啖魚，其目瞑
視，故謂之鰵。”明屠本畯《閩中海錯疏》卷上
云：“石首，鰵也，頭大尾小，無（論）大小，
腦中俱有兩小石如玉。鰾可爲膠。鱗黃，璀璨
可愛，一名金鱗。朱口肉厚，極清爽不作腥，
閩中呼爲黃瓜魚。”

　　石首魚係洄游性魚類，按一定季節往返。
晋郭璞《江賦》：“介鯨乘濤以出入，鰵鮆順時
而往返。”鮆爲刀鱭。宋范成大《晚春田園》
詩：“荻芽抽笋河豚上，楝子花開石首來。”宋
《寶慶四明志》曰：“三四月，業海人每以潮汛
竟往采之，曰洋山魚；舟人連七郡出洋取之者，
多至百萬艘，鹽之可經年。”明慎懋官《華夷

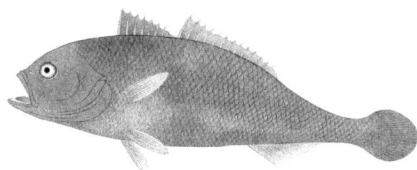

石首魚
（清聶璜《清宮海錯圖》）

花木鳥獸珍玩》："石首魚，海郡民發巨艘入洋山竞取，有潮汛往來，謂之洋山魚。"石首魚能用鰾發出强烈聲音，漁民往往根據其聲音來判斷黄魚的出没。明彭大翼《山堂肆考·鱗蟲》："石首魚能鳴，網師以長竹筒插水聽之，聞聲則下網，每獲至千餘。"明李東陽《佩之饋石首魚有詩次韵逢謝》詩："夜網初收曉市開，黄魚無數一時來。"

石首魚種類很多。清王士雄《隨息居飲食譜》："石首魚，一名江魚、黄魚，以之煨肉，味甚美。"明馮時可《雨航雜録》卷下："鰳魚，即石首魚也……諸魚有血，石首獨無血，僧人謂之菩薩魚，至有齋食而啖者，蓋亦三净肉之意。"其實，石首魚是有血的。三净肉，即眼不見殺，耳不聞殺，不疑殺。清王士雄《隨息居飲食譜》："石首魚甘温開胃，補氣填精。"明屠本畯《閩中海錯疏》卷上："黄魚首有二白石如棋子，醫家取以治石淋，肉能養胃，鰾能固精，腌糟食之己（治）酒病。"《三國志·吴書·薛綜傳》綜上孫權疏曰："故（交州）刺

石首魚圖

石首魚
（清蔣廷錫等《古今圖書集成》）

史會稽朱符，多以鄉人虞褒、劉彦之徒，分作長吏，侵虐百姓，强賦於民，黄魚一枚收稻一斛，百姓怨叛……"漢建安八年（203）改交趾爲交州，治廣信（今廣西梧州）、番禺（今廣州）。斛是舊量器，口小底大。容量本爲十斗，後改爲五斗。有人認爲"石首魚至秋化爲鳧，鳧頂中尚有石"。明楊慎《異魚圖贊》卷二："南有魚鳧國，古蜀帝所都。妻縣石首魚，至秋化爲鳧。魚鳧之名義，泝此可求諸。"魚鳧，即魚老鴰、野鴨，古稱鳧，捕魚水鳥，是神話中蜀人祖先，是古蜀魚鳧部落崇拜的圖騰。唐劉恂《嶺表録異》卷上："石頭魚，狀如鯿魚，隨其大小，腦中有二石子如蕎麥，瑩白如玉。有好奇者，多市魚之小者，儲於竹器，任其壞爛，即淘之，取其魚腦石子，以植酒籌。"酒籌，飲酒時用以計數的用具。

石首魚
（明文俶《金石昆虫草木狀》）

石首魚
（《食物本草》）

【黄魚】 [5]

即石首魚 [1]。此稱三國時期已行用。見該文。

【鰳】

即石首魚 [1]。此稱三國時期已行用。見該文。

【江魚】 [2]

即石首魚 [1]。此稱三國時期已行用。見該文。

【石頭魚】[1]

即石首魚[1]。此稱唐代已行用。見該文。

【石首】

"石首魚[1]"之省稱。此稱宋代已行用。見該文。

【洋山魚】

即石首魚[1]。此稱宋代已行用。見該文。

【金鱗】[2]

即石首魚[1]。此稱明代已行用。見該文。

【黃瓜魚】[2]

即石首魚[1]。此稱明代已行用。見該文。

【菩薩魚】[1]

即石首魚[1]。此稱明代已行用。見該文。

【鯗】[2]

"石首魚[1]"之俗稱，意乾魚或魚乾，亦稱"石首鯗""白鯗"。《神農本草經·蟲魚部中品·石首魚》："石首魚，味甘無毒，頭中有石如碁子……候乾食之名爲鯗。"晋王羲之《蘄茶帖五》："石首鯗，食之消瓜成水。"宋范成大《吳郡志》："吳王回軍，會群臣，思海中所食魚，問所餘何在。所司奏云：並曝乾。吳王索之，其味美，因書美下着魚，是爲鯗字。"《爾雅翼·釋魚二》："鯗出南海，首中有石如棋子，一名石首，南人名爲鯗。"明王士性《廣志繹》："此魚俗稱鯗，乃吳王所制字，食而思其美，故用'美'頭也。"明李時珍在《本草綱目·鱗三·鯗魚》中則另有一種解釋："鯗能養人，人恒想之，故字從養。羅願云諸魚菀乾皆爲鯗，其美不及石首，故獨得專稱。"清王士雄《隨息居飲食譜》曰："石首魚，腌而臘之爲白鯗，性即和平，與病無忌。煮食開胃，醒脾，補虛，活血，爲病人、産後食養之珍。"《夢粱録》記

南宋時杭州城内外有上百家的鯗鋪，專門出售"郎君鯗、石首鯗、黃魚鯗"十多種海魚鯗。

【石首鯗】

即石首魚[1]。此稱晋代已行用。見該文。

【白鯗】

即石首魚[1]。此稱清代已行用。見該文。

【元鎮】

即石首魚[1]。亦稱"新美舍人""鯪鮂""橫魚""黃臘魚"。宋陶穀《清異録·魚》："石首名元鎮。令元鎮：'區區枕石，子孫德甚富焉，宜授新美舍人。'"元鎮，元，首；鎮，壓物之石。《九歌·湘夫人》："白玉兮爲鎮。"舍人，古代豪門貴族家裏的門客或官名。清厲荃《事物異名録·水族·石首》引晋張華《博物志》："鯪鮂，即石首魚。"清李元《蠕範·物産》："曰橫魚，黃臘魚也，長嘴金鱗，其骨肉乾，夜有光如燭，出南海。"福建一帶橫讀黃，福州人稱黃魚爲橫三，也意農曆三月大量上市。

【鯪鮂】

即元鎮。此稱晋代已行用。見該文。

【新美舍人】

即元鎮。此稱宋代已行用。見該文。

【橫魚】[3]

即元鎮。此稱清代已行用。見該文。

【黃臘魚】

即元鎮。此稱清代已行用。見該文。

大黃魚

亦稱"同羅魚""洋生魚""桂花石首""雪亮"。魚名，鱸形目，石首魚科，大黃魚（ *Larimichthys crocea* ）。體長可達76厘米，重3800克。體長橢圓形，頭大，口寬。喜群游，以小型魚和甲殼動物爲食。東海春季、南海秋

季產卵。重要經濟魚，年產量 10 萬至 18 萬噸。廣東稱"大鮮""金龍""黃紋""黃花""紅口""紅口綫""大仲"，福建稱"黃瓜魚"，浙江稱"桂花黃"等。

古代大、小黃魚的漁場與漁期與現代的情形基本相似。《廣雅·釋魚》："今石首供食者有二種，小者名黃花魚，長尺許，大者名同羅魚，長二三尺。皆生海中，弱骨細鱗，首函二石，鱗黃如金，石白如玉也。"明屠本畯《閩中海錯疏》卷上："四明海上以四月小滿爲頭水，五月端午爲二水，六月初爲三水，其時生者名洋生魚；其薧鯗也，頭水者佳，二水勝於三水，八月出者名桂花石首，臘月出者爲雪亮。"又稱洋山魚。清厲荃《事物異名錄·水族·石首》："《華夷鳥獸考》：石首魚。海郡民發巨艘，入洋山競取，有潮汛往來，謂之洋山魚。"當時產量亦很可觀，或"千萬頭"或"魚貨鹽藏經年"。

黃魚的耳石、鰾、肉、膽、精巢均可入藥。唐《海藥本草》載："主治蝕瘡、陰瘡、痔瘡，並燒灰用。"明李時珍《本草綱目·鱗三·鱁鮧》〔附方〕載："鰾，止折傷血出不止；鰾膠，燒存性，治婦人難產，產後風搐，破傷風痓，止嘔血，散瘀血，消腫痛。"現代醫學上用處仍很廣。

【同羅魚】

即大黃魚。此稱三國時期已行用。見該文。

【洋生魚】

即大黃魚。此稱明代已行用。見該文。

【桂花石首】

即大黃魚。此稱明代已行用。見該文。

【雪亮】

即大黃魚。此稱明代已行用。見該文。

小黃魚

亦稱"小鮮""黃魚""郎君""黃衫""春魚"。小黃魚（*Larimichthys polyactis*）。似大黃魚而小，體長可達 25 厘米。被櫛鱗。喜群游，四至五月產卵。重要經濟魚類，年產達 15 萬噸。福建稱"小黃瓜"，江浙稱"小鮮"，山東稱"小黃花""黃花魚""花魚""大眼"。《老子·德經下》："治大國，若烹小鮮。"舊題河上公注："烹小鮮，不去腸，不去鱗，不敢撓，恐其麋也。"宋施宿等《會稽志·魚部》："春魚似石首而小，歲以仲春至，豈以此故得名歟？"民國《台州府志》卷六二："'石首'……其小者曰'郎君'，曰'黃衫'，又其次盛於春者曰'春魚'，僅尺許。案：石首俗呼'黃魚'，其小者曰'鮮子'。《老子》所謂'小鮮'也。"

【小鮮】 [2]

即小黃魚。此稱先秦時期已行用。見該文。

【黃魚】 [6]

"小黃魚"之俗稱。此稱三國時期已行用。見該文。

【郎君】

"小黃魚"之俗稱。此稱宋代已行用。見該文。

【黃衫】

"小黃魚"之俗稱。此稱宋代已行用。見該文。

【春魚】 [2]

即小黃魚。此稱宋代已行用。見該文。

【黃靈魚】 [1]

即小黃魚。此稱清代已行用。見該文。

梅童魚

亦稱"踏水""春來""酉水""梅大頭""梅

魚”“鰈魚”“鰌魚”“梅首”“梅童”“黄梅”“大頭魚”“小黄瓜魚”“口水”。魚名，鱸形目，石首魚科，梅童魚屬的通稱，棘頭梅童魚（*Collichthys lucidus*）。體長橢圓形，長6～16厘米。頭大，表面鬆軟。吻寬圓，眼小，口甚斜。體色淡黄褐，側綫以下各鱗下有發達的金黄色皮質發光腺體。近海小型食用魚。方言“黄皮獅頭魚”“黄皮”。《爾雅翼·釋魚二》引漢楊孚《臨海異物志》：“石首，小者名踏水，其次名春來，石首異種也……《初學記》：蓋其來以春，故以春來名之。”按，《太平御覽》卷九三八引此文，“其次名春來”一語誤作“其次名秦”。“秦”字乃“春來”二字之形訛。《格致鏡原·水族三》引漢楊孚《臨海異物志》曰：“石首，小者名酋水，即梅魚也。似石首而小，黄金色，味頗佳，頭大於身，人呼爲梅大頭。出四明梅山洋，故名梅魚。或云梅熟魚來，故名。”明馮時可《雨航雜録》卷下：“鰻魚，即石首魚也，小者曰鰈魚，又名鰌魚，最小者名梅首，又名梅童。”明屠本畯《閩中海錯疏》卷上：“黄梅，石首之短小者也，頭大尾小，朱口細鱗，長五六寸，一名大頭魚，亦名小黄瓜魚。”清厲荃《事物異名録·水族部·石首》：“《臨海異物志》：‘石首，小者名酋水，即梅魚也。人呼爲梅大頭。又酋水一名口水。’”

【梅魚】[1]

即梅童魚。此稱漢代已行用。見該文

【踏水】

即梅童魚。此稱漢代已行用。見該文。

【春來】

即梅童魚。此稱漢代已行用。見該文。

【酋水】

即梅童魚。此稱漢代已行用。見該文。

【梅大頭】

即梅童魚。此稱漢代已行用。見該文。

【梅魚】[2]

即梅童魚。此稱漢代已行用。見該文。

【鰈魚】

即梅童魚。此稱明代已行用。見該文。

【鰌魚】[2]

即梅童魚。此稱明代已行用。見該文。

【梅首】

即梅童魚。此稱明代已行用。見該文。

【梅童】

即梅童魚。此稱明代已行用。見該文。

【黄梅】

即梅童魚。此稱明代已行用。見該文。

【大頭魚】[4]

即梅童魚。此稱明代已行用。見該文。

【小黄瓜魚】

即梅童魚。此稱明代已行用。見該文。

【口水】

即梅童魚。此稱明代已行用。見該文。

【鰴】

即梅童魚。亦稱“黄靈魚”“大頭丁”“新婦啼”“黄霉魚”。《通雅·動物·魚》：“鰴，福、温多有之，即黄花魚。”清李元《蠕範·物名》：“鰴，梅童也，梅大頭也，黄花魚也，似鰻而小……以梅熟時來，故名。”《正字通·魚部》：“鰴似鰻而小，一名黄花。《温海志》名黄靈魚。”清乾隆《馬巷廳志》卷一二：“石首……其小者爲黄梅，俗號大頭丁，又曰新婦啼，以難烹調，過爛則釜無全魚。”梅童魚與黄花魚都屬石首魚類，形相近，但屬不同種，不能以大小來分類。梅，意"梅熟魚來"，童，意體小頭大，形如童年之軀，合之而稱梅童魚。梅大頭、大頭魚、梅首、鮸，意同。踏字從酉，《博雅》："酉，熟也。"《揚子·太經》："酉……夏也，物皆成象而就也。"意隨梅熟而聚也。酉水，意同。口水乃酉水之諧音。清聶璜《清宮海錯圖》第一冊："黃霉魚，形雖似石首而不大，四季皆有，一二寸長即有子，蓋小種也。"

【黃靈魚】[2]

　　即鮸。此稱明代已行用。見該文。

【大頭丁】

　　即鮸。此稱清代已行用。見該文。

【新婦啼】

　　即鮸。此稱清代已行用。見該文。

【黃霉魚】

　　即鮸。此稱清代已行用。見該文。

黃霉魚（鮸）
（清聶璜《清宮海錯圖》）

鮸魚

　　亦稱"鮡魚""茅狂""茅鮸""鮸姑""石首魚""石頭魚"。魚名，鱸形目，石首魚科，鮸（*Miichthys miiuy*）。體稍側扁，長不逾1米，重5千克以內。頭小而尖。被櫛鱗。暖水性底層魚，以其他小魚爲食，我國近海都有，長江口外海七至八月産卵。山東、河北俗稱"敏子""敏魚"，福建稱"辮魚"。屬名貴魚，産量尚多，年産達八千多噸。魚鰾可製高級食品魚膠。

　　《說文·魚部》："鮸，魚名。"《正字通·釋鮸》："鮸，音兔，石首魚，一名鱁，《嶺表錄》謂之石頭魚。"又："鮡與鮸同。"唐皮日休《孫發百篇將游天臺請詩贈行因以送之》詩："因逢二老如相問，正滯江南爲鮸魚。"清《臺灣通史·虞衡志》卷二八："敏魚，俗稱鮸魚。春、冬盛出，重二十餘斤。臺南以魚和青檨煮之，味極酸美。"明馮時可《雨航雜錄》卷下："鮸魚狀似鱸而肉粗……《樂清志》所謂鮡魚是也。一曰茅狂。"明屠本畯《閩中海錯疏》卷上："鮡，形似鱸，口闊肉粗，腦腴，骨脆而味美。按：鮡身類鱸，口類石首，大者長丈許，重百餘斤。四明諺曰'寧可弃我三畝稻，不可弃我鮡魚腦'，蓋言美在腦也。"清王士雄《隨息居飲食譜》第七："鮸形似石首魚而大，其頭較銳，其鱗較細……鮸音兔，今人讀如米。其鰾較石首魚大且厚，乾之以爲海錯。"明嘉靖《寧波府志》："鮸魚狀似鱸而肉粗，三鰓曰鮸，四鰓曰茅鮸，小者曰鮸姑。"鮡與鮸同，鮸，制字從兔。兔的金文字形，下面是人，上面人頭上戴帽形，是冠冕的冕，意美在其頭。清方文《品魚·上品·鮸》詩題注中曰："鮸，即石首魚，腦中有二石子。每歲四月從海上來，綿亘數里，其聲若雷，漁人以淡水灑之，即圍圍無

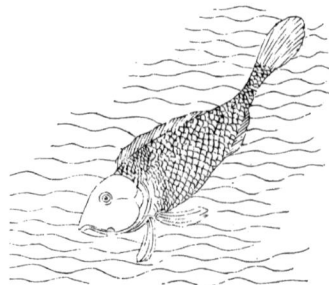

米　魚
（明王圻等《三才圖會》）

力，任人網取。軟兔同音，故名。"圉圉，困而
未舒貌。

【鮸】

　　即鮸魚。此稱漢代已行用。見該文。

【石首魚】[2]

　　即鮸魚。此稱秦漢時期已行用。見該文。

【石頭魚】[2]

　　即鮸魚。此稱唐代已行用。見該文。

【鱉】

　　即鮸魚。此稱宋代已行用。見該文。

【鱉魚】

　　即鮸魚。此稱宋代已行用。見該文。

【茅狂】

　　即鮸魚。此稱明代已行用。見該文。

【茅鮸】

　　即鮸魚。此稱明代已行用。見該

【鮸姑】

　　即鮸魚。此稱明代已行用。見該文。

【米魚】

　　即鮸魚。亦稱"鰵魚""白米子"。《三

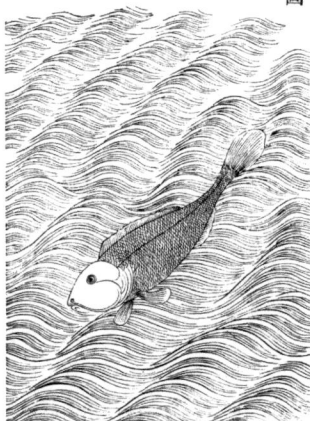

米　魚
（清蔣廷錫等《古今圖書集成》）

才圖會·鳥獸五》："米魚亦海中出，細鱗微黑，
狀如石首。"清郭柏蒼《海錯百一録》卷一：
"鰵魚，似黄花魚而差大……古無鰵字，海人
呼敏音。"鰵爲鱉的諧音，意同。儘管此魚鰓邊
之肉整塊無骨刺，很適合兒童和老人食用，或
以此而認爲此魚美在其頭。但清郝懿行《記海
錯》則認爲："鱉魚，鱗肉純白，漁人或呼白米
子，米鱉聲轉耳……此魚之美乃在於鰾。"郝
之説更合理。

【鰵魚】

　　"米魚"之方言。此稱清代已行用。見該文。

【白米子】

　　"米魚"之方言。此稱清代已行用。見該文。

黄姑魚

　　亦稱"黄尾魚""黄骨魚"，方言"黄姑
子""銅羅魚""花魚""黄婆鷄""黄鯗"等。
魚名，鱸形目，石首魚科，黄姑魚（*Nibea
albiflora*）。似黄花魚。體延長，側扁，長
20 ~ 30 厘米，體背色淺灰，兩側淺黄。宋羅
願《新安志·叙物産》："黄尾魚……婺源謂之
黄姑魚。"明李時珍《本草綱目·鱗三·黄鯝魚》
〔釋名〕："黄骨魚，時珍曰：魚腸肥曰鯝。"白
姑魚（*Argyrosomus argentatus*）。體呈橢圓形，
長 20 厘米。櫛鱗，體側色灰褐，腹部灰白。方
言"白姑子""白姑魚""白眼魚""白花魚""白
鱉子"等。我國沿海均産。

　　姑，擬其咕咕叫聲；黄或白，依其體色。
清康熙《招遠縣志》卷五："黄骨魚，在魚中爲
下品，又有白者，名白骨魚。"清同治《黄縣
志》卷五："黄鯝魚，色黄，長尺許……此魚腹
中多脂，漁人煉取黄油，作燈。"又："白鯝魚，
似黄鯝而小，色白。"姑，有寫作骨、鯝者，音

同。清光緒《文登縣志》卷一三："石首魚，腦中有白石子二枚……海上人名黃姑魚，又名白姑、紅姑、黑姑，皆因色爲名耳。"

【黃尾魚】

即黃姑魚。此稱宋代已行用。見該文。

【黃骨魚】[2]

同"黃姑魚"。此體明代已行用。見該文。

帶魚

亦稱"珠帶""帶絲""銀花魚""白帶""鱗刀魚""鱗刀""銀刀""刀魚""銀花""裙帶魚"。海魚名，鱸形目，帶魚科，帶魚（Trichiurus Lepturus）。體延長如帶，尾末細如鞭，長達1.5米，重1千克。口大，牙銳利。性凶猛，以其他魚爲食。中上層結群洄游性魚。分布甚廣。我國主要經濟魚類，四大漁產之一，年產20多萬噸，東海產量最高。方言"鞭魚""柳鞭魚""牙魚""裙帶魚""帶柳""帶魚條"，廣東稱"牙帶""青宗帶"，福建、浙江稱"白帶魚"，山東稱"刀魚"等。

帶魚一稱緣其體延長如帶而得。清光緒《鎮海縣志》："〔帶魚〕無鱗，身帶長可四五尺，故名。"明屠本畯《閩中海錯疏》卷中曰："帶魚，身薄而長，其形如帶，銳口尖尾，只一脊骨，而無鰭無鱗，入夜爛然有光，大者長五六尺。"鰭是魚的肌間小骨。入夜爛然有光，是指帶魚體表有一層銀膜，夜晚升至水面時發出光。清胡世安《異魚圖贊閏集·帶魚》："帶魚，佩帶誰遺，鎧如曳練，奇其說者，原始僬媛。帶

帶　魚
（清聶璜《清宮海錯圖》）

魚生深海中，闊二三寸，長可數尺。色白如銀，無鱗。刺骨中有珠者名珠帶，小者名帶絲，皆因其狀似。而或云西王母渡東海，侍女飛瓊腰帶爲大風所飄，化此魚。"清王培荀《鄉園憶舊錄》卷八："此魚初名銀花魚……俗呼鱗刀，銀、鱗聲相近。又形長而尾尖體薄，取名以形似也。"清光緒《文登縣志·土產》卷一三："今海人以其狀如帶，故名帶魚，亦似刀，故名鱗刀魚。"清宋琬《安雅堂未刻稿·入蜀集》卷上："帶魚，無鱗鬣，形如束帶，長六尺餘，色瑩白如銀，熌熌有光采，若刀劍之初淬者然，故又謂之銀刀。"清王蒔蕙《帶魚》詩："王准深衣歸製裁，素紳三尺曳鎧鎧。"清雍正《玉環志》："帶魚首尾相銜而行。釣法：用大繩一根，套竹筒作浮子，順浮洋面，綴小繩百二十根，每小繩頭拴銅絲一尺，銅絲頭拴鐵鉤長三寸，即以帶魚爲餌。未得帶魚之先，則以鼻涕魚代之。凡釣海魚皆如此。約期自九月起至次年二月止，謂之魚汛。"帶魚口大吻尖，饕餮成性，甚至同類相殘。捕撈帶魚時網獲物中常有部分帶魚首尾相咬的情況；有時漁網外的魚咬住網內的魚，也被一起捕上來；漁民釣帶魚時，也確有"銜尾而升"，一提一大串的現象。俗話説："帶魚兩頭紅，一連十八條。"清趙學敏《本草綱目拾遺》卷一〇引《物鑒》曰："帶魚形纖長似帶，銜尾而行，漁人取得其一，則連類而起，不可斷絶，至盈舟溢載，始舉刀割斷，捨去其餘。""不可斷絶"之説顯然言過其實了。明謝肇淛《五雜俎·物部一》云："閩有帶魚，長丈餘，無鱗而腥，諸魚中最賤者。獻客不以登俎，然中人之家用油沃煎，亦甚馨潔。"清李圖等纂《重修膠州志》："銀刀，一名帶魚，大

者長三尺餘，寬三四寸，色白如銀，故曰銀刀。穀雨時網之，動以萬計。” 清柏如亭《大刀魚》詩：“折戟百萬沉沙去，一夜東風盡作刀。”

【珠帶】

即帶魚。此稱明代已行用。見該文。

【帶絲】

即帶魚。此稱清代已行用。見該文。

【銀花魚】

即帶魚。此稱清代已行用。見該文。

【白帶】

即刀魚。此稱清代已行用。見該文。

【鱗刀魚】

即帶魚。此稱清代已行用。見該文。

【鱗刀】

即帶魚。此稱清代已行用。見該文。

【銀刀】2

即帶魚。此稱清代已行用。見該文。

【刀魚】3

即帶魚。此稱清代已行用。見該文。

【裙帶魚】

即帶魚。此稱近代已行用。見該文。

小帶魚

亦稱“帶柳”。海魚名，鱸形目，帶魚科，小帶魚（*Eupleurogrammus multicus*）。帶魚的近似種，沿岸小型帶魚，體長一般不超過 40 厘米。明屠本畯《閩中海錯疏》卷中：“帶柳，帶之小者也，味差不及帶。”

【帶柳】

即小帶魚。此稱明代已行用。見該文。

馬鮫魚

亦稱“章鮌”“章胡”“釘柱”“馬鮫鯧”“社交魚”“擺錫鮫”“青箭”“馬膏魚”“鮁魚”。海魚名，鱸形目，馬鮁科，藍點馬鮫（*Scomberomorus niphonius*）。體長而側扁，長可達 1 米，重 4.5 千克以上。口大，牙强大，性凶猛，以上層群游魚爲食。尾柄細，游泳敏捷。暖水大洋性魚，分布廣，東、黄、渤海均産，四至六月在渤海灣産卵。經濟魚之一。浙江稱“馬交”，山東、河北稱“鮁魚”“燕魚”。山東膠州三里河大汶口文化遺址中出土有該魚的骨骼，説明在五千年前，我國人民就食用該魚了。

明屠本畯《閩中海錯疏》卷中：“馬鮫，青斑色，無鱗，有齒，又名章鮌，《連江志》謂之章胡。”清胡世安《異魚圖贊箋》卷二：“《漁書》云：‘馬鮫無鱗，翅色蒼藍而有文采。一種名釘柱。’《一統志》謂：‘廣州海産，肉厚骨軟。’諺云：‘海中馬鮫鯧，味之最也。’”清陳元龍《格致鏡原·水族類四》引《寧波府志》：“馬鮫魚，形似鱅，其膚似鯧而黑斑，最腥，魚品之下。一曰社交魚，以其交社而生。”又引明徐炬《事物原始》：“馬鮫色白如錫，俗名擺錫鮫。連頭尖骨軟，味甜，無鱗。小滿至及夏至隱於海中。其小者名曰青箭。”清郝懿行《記海錯》：“登萊海中有魚，灰色無鱗，有甲，形似鮐魚而背無黑文，體復長大。其子壓乾可以餉遠，俗人謂之鮁魚。”清李調元《然犀志》卷下：“馬膏魚，即馬鮫魚也。皮上亦微有珠。”

馬鮫魚
（清聶璜《清宫海錯圖》）

【章鮌】

　　即馬鮫魚。此稱明代已行用。見該文。

【章胡】

　　即馬鮫魚。此稱明代已行用。見該文。

【釘柱】

　　"馬鮫魚"之一種。此稱明代已行用。見該文。

【馬鮫鯧】

　　"馬鮫魚"之一種。此稱明代已行用。見該文。

【社交魚】

　　即馬鮫魚。此稱清代已行用。見該文。

【擺錫鮫】

　　"馬鮫魚"之俗稱。此稱明代已行用。見該文。

【青箭】

　　"馬鮫魚"之小者。此稱明代已行用。見該文。

【馬膏魚】

　　即馬鮫魚。此稱清代已行用。見該文。

【鮁魚】

　　即馬鮫魚。此稱清代已行用。見該文。

【馬嘉】

　　亦稱"馬鰍魚""闊腰""青貫""馬膠""膏鰤""鯦鱅""鮊""馬嗥"。即馬鮫魚。宋周密《齊東野語》卷一四："〔姚銘〕又效柳河東《三戒》作《三説》,其一曰《福之馬嘉魚》,云:海有魚曰馬嘉,銀膚燕尾,大者視晬兒。爣用火燻之可致遠,常淵潛不可捕。"晬兒,滿百日或滿一周歲嬰兒。爣,切成碎塊的肉。馬嘉,爲馬鮫的諧音字。清胡世安《異魚圖贊補》卷中引晋郭義恭《廣志》:"東海有馬鰍魚,或名

馬交。"馬鰍與馬鮫音近。清郭柏蒼《海錯百一録》卷二:"馬鮫,即章鮌……又一種名闊腰,一種名青貫。"闊腰,述其形;青貫,述其色。清乾隆《金山縣志》:"馬膠魚,身長而青。"馬膠乃馬鮫的諧音字,意同。嘉慶《新安縣志》:"馬鮫,即膏鰤也。"清光緒《日照縣志》卷三:"鮊,音杷,或作鯦鱅,今呼馬鮫魚。"清洪亮吉《曉讀書齋初録》卷上:"嘉興出馬皋魚,味較他魚清美,舊未解其命名之義,今考《水經注・汚水下》云:'谷水之右有馬皋城'……則魚當以地得名。"

【馬鰍魚】

　　即馬嘉。此稱晋代已行用。見該文。

【馬交】

　　即馬嘉。此稱晋代已行用。見該文。

【闊腰】

　　即馬嘉。此稱清代已行用。見該

【馬膠魚】

　　即馬嘉。此稱清代已行用。見該文。

【青貫】

　　即馬嘉。此稱清代已行用。見該文。

【膏鰤】

　　"馬嘉"之方言。此稱清代已行用。見該文。

【鮊】[2]

　　即馬嘉。此稱清代已行用。見該文。

【鯦鱅】

　　即馬嘉。此稱清代已行用。見該文。

【馬皋魚】

　　即馬嘉。此稱清代已行用。見該文

【馬鮫】

　　即馬鮫魚。亦稱"鰆""溜魚""馬嗥""馬膏鰤""馬鱎""燕魚""雁魚""霸魚"。宋司

馬光《類篇》卷三三："鰭，樞倫切。海魚名。"
清嘉慶《松江府志·鱗之屬·馬鮫》："《鳥獸續
考》："馬鮫切成手臂大塊，淡曬乾，倉屋收貯，
各國亦販買。他處賣之，名曰溜魚，一名馬
嘷。"清屈大均《廣東新語》卷二二："馬膏鯽，
以臘月出至三四月。有馬伍者，以九十月出，
似鱸而肉厚，爲馬膏鯽之次，故曰馬伍。"清李
元《蠕範》卷八："馬交魚，社交魚也，似鱸，
膚黑無鱗，有斑，逢春社而生，銳嘴燕尾，經
宿則腐。"清光緒元年（1875）《通州直隸州志》
卷四《民賦志·物産》："馬鱎，春社時生，一
名社交魚。"稱其社交魚，是因鮫魚每年春社時
（立春後第五個戊日爲社日）來中國沿海産卵。
清光緒十年（1884）《順天府志》卷五〇《食貨
志二·物産》："燕魚，《寧海一志》魚尾又似燕
尾，故名。"清咸豐二年（1852）《盛京通志》
卷二七《物産志》："雁魚，身圓無鱗，尾巴多
三歧，一名霸魚。"

【鰭】

即藍點馬鮫。此稱宋代已行用。見該文。

【馬膏鯽】

即藍點馬鮫。此稱清代已行用。見該文。

【溜魚】[2]

即藍點馬鮫。此稱清代已行用。見該文。

【馬嘷】

即藍點馬鮫。此稱清代已行用。見該文。

【馬鱎】

即藍點馬鮫。此稱清代已行用。見該文。

【燕魚】[2]

即藍點馬鮫。此稱清代已行用。見該文。

【雁魚】

即藍點馬鮫。此稱清代已行用。見該文。

【霸魚】

即藍點馬鮫。此稱清代已行用。見該文。

四指馬鲅

亦稱"知更魚""代漏龍"。魚名，馬
鲅魚的一種。鱸形目，馬鲅科，四指馬鲅
（*Eleutheronema tetradactylum*）。體延長，一般
長30～50厘米，重800～1300克，被大而
薄的櫛鱗，體背灰褐，腹部乳白，胸鰭位低，
下方有四條游離的粗絲狀鰭條，似馬頸下的飾
絲狀，因以得名四指馬鲅。喜栖於沙底海區，
有時也進入淡水。我國沿海均産。方言"馬
友""牛魚""牛笋""祭魚""鯉後"。明陶宗
儀《説郛》卷三一引宋佚名《采蘭雜志》："薛
若社好讀書，往往徹夜……僧因就水中捉一
魚，赤色，與薛曰：'此謂知更魚。夜中每至一
更則爲之一躍。'薛畜盆中，置書几。至三更，
魚果三躍，薛始就寝。更名曰'代漏龍'。"知
更，意知更而躍，可以代替打更。清李元《蠕
範·物産》："鲅，知更魚也，代漏龍也，赤色
似鯉，一更一躍。"代漏龍，可以代替計時的漏
壺。1955年《黃渤海魚類調查報告》中，此魚
稱作"四指馬鲅"，隸於馬鲅目，以後不少文獻
均沿用此稱，但1987年出版的《中國魚類系統
檢索》中却改爲鲅字。而上述之馬鮫魚，不少
人也稱馬鲅，易致混亂。1984年《臺灣魚類檢
索》中稱作四指馬鲅。有學者認爲，馬鲅較馬
鮫類原始，且習性不同。爲避免以訛傳訛，建
議馬鲅名限於馬鲅亞目，而馬鲅、馬鮫用於鯖
科、鮫科爲好。

【知更魚】

即四指馬鲅。此稱宋代已行用。見該文。

【代漏龍】

即四指馬鮁。此稱宋代已行用。見該文。

鮐魚

亦作"鱠魚"，單稱"鮐"。魚名，鱸形目，鯖科，鮐魚（*Pneumatophorus japonicus*）。現改稱日本鯖（*Scomber japonicus*）。體粗壯，呈紡錘形，最大個體尾叉長 500 毫米。頭大，錐狀。尾柄結實，游泳力强。體背青藍，具不規則深藍色斑紋。春夏多栖中上層。肉結實，含脂豐富。重要經濟魚，我國最高年産四十萬噸。方言"青鱒""鯖魚""花池魚"，遼寧、山東稱"青光魚""鮐巴魚"，江浙稱"油胴魚""鯖鱄"。其稱始見於漢代典籍，并沿用至今。《史記・貨殖列傳》："鮐鮆千斤。"《説文・魚部》："鮐，海魚名，从魚台聲。"《漢書・食貨志》："鮐鮆千斤。"唐顔師古注："鮐，海魚也。鮆，刀魚也。飲而不食者。鮐音胎，又音菭。鮆音齎，又音才爾反。"《古今圖書集成・禽蟲典・雜魚部》引直省志書《招遠縣》："鱠魚似鮁魚而小，味微酸。"又《瑞安縣》："時鮐魚味如馬鮫。"老人皮膚消瘠而斑駁曰鮐，如《爾雅・釋詁》："老人皮膚消瘠，背若鮐魚皮也。"鮐魚皮有斑紋，狀如老人皮，故稱鮐。

【鮐】[1]

即鮐魚。此稱漢代已行用。見該文。

【鱠魚】

同"鮐魚"。此體清代已行用。見該文。

白卜鮪

亦稱"白鰍"。魚名，鱸形目，金槍魚科。白卜鮪（*Euthynnus yaito*）。亦稱"白卜金槍魚"。體粗壯，呈紡錘形。一般長約 1 米。體表光滑，尾柄尖細。栖於熱帶及温帶沿岸中上層。不成群。肉黑紅色。宋吴自牧《夢粱録・諸色雜賣》："〔杭州〕又有挑擔抬盤架，買賣江魚、石首、鰭魚……白鰍魚。"白卜，古時爲白鰍。廣東方言"白卜金槍魚"爲白卜。白卜、白鰍，爲白腹的諧音。鮪，字從魚，從有。有，有"以手持肉"之意，示其肉食性魚類。鮪，也是白鱘的古稱。

【白鰍】

即白卜鮪。此稱宋代已行用。見該文。

籃子魚

亦稱"娘哀"。籃子魚亞目，籃子魚科的通稱。體側扁，橢圓形，背鰭及臀鰭基部有毒腺，被刺傷會引起劇痛。吻形與吃食方式似兔。約二十六種，其中有經濟價值的約十四種。如黃斑籃子魚（*Siganus canaliculatus*）。長 13 厘米，被小圓鱗。體色黃綠。方言"黎猛"。清胡世安《異魚圖贊閏集》："娘哀脊刺，徑寸厥形，醃供遠致。"又："娘哀，脊上有刺，漁人或受其螫，痛不可忍，因致母戚。故名。形似鮥而無花，大如指，皆可作醃行於四方。"因魚小，鰭有毒，常用泥鰍籠捕捉。籠由鷄籠演變而來，由鐵絲網圍成。籠猶如籃子，因以得名。娘哀，緣於被刺者的哀號。

【娘哀】

即籃子魚。此稱明代已行用。見該文。

劍魚[2]

亦稱"大魚""針魚"。魚名，鱸形目，劍魚科，劍魚（*Xiphias gladius*）。體流綫型，體表光滑，最大身長 5 米，最大重約 650 千克。上頜長而尖，嘴占其身長的三分之一。游時速可達 130 千米。中國分布於南海和東海。俗稱"箭魚""劍旗魚""青箭魚""丁挽四旗魚"。清

劍　魚
（清蔣廷錫等《古今圖書集成》）

韋廉臣《格物探原》："劍魚之喙鋒利似劍，其取食也刺之，有俗名針魚者。喙長而細如針，想亦其流亞歟？"

【針魚】

即劍魚[2]。此稱清代已行用。見該文。

旗魚

亦名"破傘魚"。魚名，鱸亞目，旗魚科，平鰭旗魚（*Istiophorus platypterus*）。體略呈圓柱形，體長 2 米，重 60 千克以上。頭較長；吻長而尖，前頜骨與鼻骨向前延長成一尖而長的吻部。背鰭高大如帆，尾鰭深叉形。被細鱗。方言"東方旗魚""雨傘旗魚""芭蕉旗魚"。游速很快。温帶海洋上層大型經濟魚。清黃叔璥《臺海使槎録》卷三："旗魚色黑，大者六七百斤，小者百餘斤。背翅如旗，鼻頭一刺，長二三丈，極堅利，水面驅魚如飛。"清郭柏蒼《海錯百一録》卷一："旗魚，又名破傘魚，産臺灣……船爲所刺，不能轉動，揚鬐鼓鬣，舟即沉没。胸背間肉陷如溝，鬐翅斂而不見，忽而怒張，如支雨蓋，故亦名破傘魚。"其第一背鰭長且高，前端上緣凹陷，豎展時，如旗似帆，因以得名。

【破傘魚】

即旗魚。此稱清代已行用。見該文。

銀鯧

單稱"鯧""鰛"，亦稱"鯧鯸""鱠魚""狗瞌睡魚""鰛魚""鯧鯸魚""娼魚""斗底鯧""鏡魚""鯧鯿"。魚名，鱸形目，鯧科，銀鯧（*Pampus argenteus*）。體側扁近菱形，長者 36 厘米，重 1700 克。頭小，吻略凸，口小。眼小。食道有側囊。體被細小圓鱗。分布廣，栖近海中上層，不甚活躍。體色銀白。銀鯧爲名貴魚類，産量亦大。方言"昌魚""白鯧""長林"，江浙稱"車片魚"，山東、河北稱"鏡魚""平魚"等。

古稱"鯧鯸魚"。《玉篇·魚部》："鯧，魚名。"《廣韵·平陽》："鯧，鯧鯸，魚名。"唐代則有"狗瞌睡魚"之謔稱。唐劉恂《嶺表録異》卷下："鱠魚，形似鯿魚（原書案：《字書》曰：鯧魚，閩人誤爲鱠魚，鱠殆嶺南俗字）。鄙俚謂之狗瞌睡魚，以其犬在盤下，難伺其骨，故云狗瞌睡魚。"意鯧被人食之無餘，狗無以待而瞌睡。明屠本畯《閩中海錯疏》卷上："鰛，板身，口小項縮，肥腴而少鯁。鯧鰛之小者，其

鯧　魚
（清聶璜《清宮海錯圖》）

形匾，曰鯧，斗底鯧鱴之小者，其形圓。黃蠟樟，亦鯧也。鱗金點而差厚。按，魚以鯧名，以其性善淫，好與群魚爲牝牡，故味美，有似乎娼，制字從昌。"又"似鯿，腦上凸起，連背而圓，身肉白而甚厚。尾如燕子，只一脊骨而無他鯁。"稱鱴，緣它"狀若鱴刀"。鱴刀是磨剪子鱴刀匠人剛鱴出的刀，平而光亮，鯧魚"身扁而銳"頗似鱴刀。斗底鯧，斗底是斗下傾斜的部分，鯧魚小者身圓，"身有兩斜角"，與此也相似，故稱。明李時珍《本草綱目·鱗三·鯧魚》〔釋名〕時珍曰："'昌，美也，以味名。或云：魚游於水，群魚隨之，食其涎沫，有類於娼，故名。閩人訛爲鯧魚，廣人連骨煮食，呼爲狗瞌睡魚。'〔集解〕藏器曰：'鯧魚生南海，狀如鯽，身正圓，無硬骨，作炙食至美。'"《正字通·魚部》："鯧，名鯧鱴魚，亦作鱴。"清李調元《然犀志·鯧魚》："鯧魚，即鯧魚，一名鏡魚，有烏白二種，小者名鯧鯿，身正圓，無硬骨，炙味美。"因體側扁形如鯿魚，而稱鯧鯿。鏡魚，是因其體扁平似鏡，且呈銀白色，有光澤之故。至清代仍認爲鯧魚與諸魚群交。清厲荃《事物異名錄·水族部》："《寧波府志》曰：鯧魚，一名鱴魚，身扁而銳，狀若鱴刀，身有兩斜角，尾如燕尾，細鱗如粟，骨軟，肉白，其味甘美，春晚最肥，俗又呼爲娼魚，以其與諸魚群（交），故名。"但此與諸魚群交、群魚食其涎沫及"鯧魚爲眾魚所淫"之說屬誤解，應予正名。清潘朗《鯧魚》詩："春盤滋味隨時好，笑煞何曾費餅銀。"

【鯧】

即銀鯧。此稱南北朝時已行用。見該文。

【鯧魚】[1]

即銀鯧。此稱唐代已行用。見該文。

【狗瞌睡魚】

"銀鯧"之謔稱。此稱唐代已行用。見該文。

【鯧鱴】

即銀鯧。此稱宋代已行用。見該文。

【鱴】[2]

即銀鯧。此稱明代已行用。見該文。

【鯧鱴魚】

即銀鯧。此稱明代已行用。見該文。

【斗底鯧】

"銀鯧"之小者。此稱明代已行用。見該文。

【鏡魚】[2]

即銀鯧。此稱清代已行用。見該文。

【鯧鯿】

即銀鯧。此稱清代已行用。見該文。

【娼魚】

即銀鯧。此稱清代已行用。見該文。

【鱴魚】

即銀鯧。此稱清代已行用。見該文。

【鯧魚】[2]

即銀鯧。亦稱"昌鼠""蓮房""子鯧""篦子鯧""車片""烏輪"。鯧魚，鯧，是閩人鯧音之訛。清郭柏蒼《海錯百一錄》："以其首銳，腹廣，細如鏢槍故名。……鯧魚，似鯿而鱗特小，白色，皮細者肉嫩，曰斗底；皮厚者肉粗，曰蓮房；小者曰子鯧。"清曹寅《和毛會侯〈席上初食鯧魚〉韻》："昌鼠黃華爭臭味，伊魴洛鯉貴牛羊。"蓮房，原指蓮蓬，此處喻魚體潔白無瑕。清光緒《日照縣志》："鯧，或作鯧，形亦似鯿，而腦上突起，俗呼篦子鯧。"篦子，竹子製成的梳頭用具。述其"腦上突起"，形如梳起之頭。清光緒《川沙廳志》："鯧魚，身正圓而扁，炙食至美，俗呼大者爲烏輪，小者爲車片。"烏輪，原爲太陽故稱，此藉以比魚之形。

【昌鼠】

即鯧魚。此稱清代已行用。見該文。

【蓮房】

即鯧魚。此稱清代已行用。見該文。

【子鯧】

"鯧魚"之小者。此稱清代已行用。見該文。

【車片】

即鯧魚。此稱清代已行用。見該文。

【烏輪】

"鯧魚"之俗稱。此稱清代已行用。見該文。

【篦子鯧】

"鯧魚"之喻稱。此稱清代已行用。見該文。

刺鯧

亦稱"楓葉魚"。俗稱"刺鯧""肉鯽""肉魚""蟶鯧""南鯧""瓜核""玉鯧""海倉"。魚名，鱸形目，長鯧科，刺鯧（*Psenopsis anomala*）。體短而高，極側扁，呈橢圓形；頭稍呈圓形。吻鈍。眼中大。口裂中大，下頜略短於上頜，被圓鱗；體色淺灰藍，外罩以銀白色光澤；鰓蓋上方有一模糊黑斑。主要栖息於砂泥質

楓葉魚
（清聶璜《清宮海錯圖》）

海域，以浮游性生物及小魚、甲殼類動物爲食。在中國分布於臺灣海域（西部、南部、北部、東北部及澎湖海域）及南海。清聶璜《清宮海錯圖》第一冊："閩海有魚曰楓葉。兩翅橫張而尾岐。其色青紫斑駁。《閩志》：'福、漳二郡均載此魚。'《彙苑》亦載，云：'海樹霜葉，風飄波翻。腐若螢化，厥質爲魚。'或疑楓葉敗質化魚，難信。"此楓葉腐化成魚之説謬。

【楓葉魚】

即刺鯧。此稱清代已行用。見該文。

子陵吻蝦虎魚

亦稱"鯊""鯊魚""沙溝魚""呵浪魚""子陵魚""新婦臂""破浪魚""阿浪魚""浪柳魚""皮鱗魚"。魚名，鱸形目，蝦虎魚亞目，蝦虎魚科，子陵吻蝦虎魚（*Rhinogobius giurinus*）。體延長，前段近圓筒形，後段側扁。頭大，略平扁。口端位。兩腹鰭在腹中央癒合成長圓形吸盤；尾鰭圓形。體背淡黃，體側有六七個不規則暗斑。洄游性魚類。分布於除雲貴、青藏高原外的全國各水系。俗名"櫛蝦虎""子陵櫛蝦虎魚""朝天眼""吻蝦虎魚""極樂吻蝦虎""狗甘仔""苦甘仔"。《爾雅·釋魚》："鯊，鮀。"晋郭璞注："今吹沙，小魚，體圓而又點文。"《太平御覽》卷二六〇引漢賈誼《新書》："昔周文王使太公望傅太子發嗜鮑魚，而公弗予。"《正字通·魚部》："鯊，溪澗小魚，體圓鱗細，與海鯊殊類，俗呼沙溝魚，又名呵浪魚。"清陳元龍《格致鏡原》卷九二引明田藝蘅《留青日札》："吹沙魚，《爾雅》名鯋、鮀。海濱人呼曰新婦臂，以爲珍品。"

清吳士進原本，吳世榮續修《嚴州府志》："子陵魚出嚴陵灘。五六月間布網於河灣大灘兩

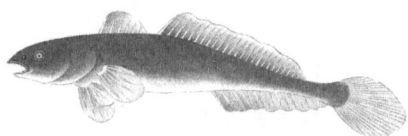

子陵吻蝦虎魚
（清聶璜《清宮海錯圖》）

岸，日中群浮水面，就而捕之，形細如針。”清
汪曰楨《湖雅》：“鯊，即破浪魚……亦呼阿浪
魚，亦呼浪柳魚。”清光緒《日照縣志》：“鯊，
一名鮀、吹沙，小魚也……俗呼皮鱗魚。”有
謂此指鯉科魚類鰍鮀（*Gobiobotia*）。該屬十二
種，鰍鮀爲其通稱。長 10 餘厘米，小型魚類，
即“大如指”；體亞圓筒形，即“狹圓而長”。
分布很廣，栖於山澗急流中，即“江南小溪
中”。啄食石礫，濾食其中的藻類及有機碎屑，
即“食沙”。但此魚尾歧，與“其尾不歧”不
符，應予捨弃。

【鮀】[2]

即子陵吻蝦虎魚。此稱秦漢時期已行用。
見該文。

【鮀魚】[1]

即子陵吻蝦虎魚。此稱漢代已行用。見
該文。

【沙溝魚】

即子陵吻蝦虎魚。此稱明代已行用。見該
文。

【呵浪魚】

即子陵吻蝦虎魚。此稱明代已行用。見該文

【子陵魚】

即子陵吻蝦虎魚。此稱清代已行用。見該
文。

【新婦臂】

即子陵吻蝦虎魚。此稱清代已行用。見

該文。

【破浪魚】

即子陵吻蝦虎魚。此稱清代已行用。見
該文。

【阿浪魚】

即子陵吻蝦虎魚。此稱清代已行用。見
該文。

【浪柳魚】

即子陵吻蝦虎魚。此稱清代已行用。見
該文。

【皮鱗魚】

即子陵吻蝦虎魚。此稱清代已行用。見
該文。

【鯊】

即子陵吻蝦虎魚。亦稱“重唇籮鯊”“吹
沙”“沙鰛”“吹鯊”“籮鯊”“重唇魚”。《爾雅·釋
魚》：“鯊，鮀。”郭璞注：“吹沙，小魚，體圓
而有點文。”漢張衡《西京賦》：“鱄鯉鱮鮦，鮪
鯢鱨鯊。”三國吳陸璣《毛詩草木鳥獸蟲魚疏》
卷下：“鯊，吹沙也，似鯽魚狹而小，體圓而
有黑點，一名重唇籮鯊。常張口吹沙。”《爾雅
翼·釋魚一》：“鯊，鯊魚狹而小……蓋鯊雖小
魚，在笱中爲大耳。今人呼爲重唇，唇厚特甚，
有若黿鼉，故以爲名。”明屠本畯《閩中海錯
疏》卷上：“吹鯊，大如指，狹圓而長，身有黑
點，常張口吹沙。按：吹鯊，小魚也。味甚美，
故《魚麗》之詩稱焉。羅願曰：‘非特吹沙，亦
止食沙，大者不過二斤，江南小溪中每春鯊
至，土人珍之。夏則隨水而下，自是以後時亦
有之，然罕至矣。’”又明李時珍《本草綱目》
〔集解〕時珍曰：“鯊魚，大者長三四寸，其頭
尾一般大。頭狀似鱒，體圓似鱔，厚肉、重唇、

細鱗。大者不過二斤，江南小溪中每春鯊至甚多，土人珍之。夏則順水而下。""大如指"，豈能重二斤？明李時珍《本草綱目·鱗三·鯊魚》〔釋名〕："鮀魚、吹沙、沙溝魚、沙鰛。時珍曰：'此非鱗，黃白色，有黑斑點文，背有鬐刺甚硬，其尾不歧。'"因其喜貼沙而栖，其異稱如"沙溝""吹沙"多緣於此。沙鰛，原意沙灘上呈現的紋理，此示其貼沙而動的狀態。鮀魚，示其體形似蛇，即"體圓如鱔"。清王河等修《盛京通志》："重唇魚，即《詩》之鯊，如鯽而狹，淡黃色，常張口吹沙，"清李元《蠕範·物食》："鯊，篩鯊也，沙鰛也，鮀魚也，沙溝魚也，重唇魚也，呵浪魚也，吹沙魚也。"

【重唇篩鯊】

即子陵吻蝦虎魚。此稱三國時已行用。見該文。

【吹沙】

即子陵吻蝦虎魚。此稱晉代已行用。見該文。

【沙鰛】

即子陵吻蝦虎魚。此稱明代已行用。見該文。

【吹鯊】

即子陵吻蝦虎魚。此稱明代已行用。見該文。

【篩鯊】

即子陵吻蝦虎魚。此稱清代已行用。見該文。

【重唇魚】[2]

即子陵吻蝦虎魚。此稱清代已行用。見該文。

【吻蝦虎魚】

"子陵吻蝦虎魚"之俗稱。亦稱""新婦魚"。方言"廬山石魚"。《彙苑詳説注》："蝦虎魚類土附，而鰓紅若虎；善食蝦，俗謂之新婦魚。"明王稚登《虎苑》："禽蟲之善搏者多稱虎，如……守宮曰蠍虎，土附曰蝦虎，鸜鵒剖葦食蟲曰蘆虎，皆以其善食是物而有是名。"此魚"善食蝦"，而稱蝦虎魚。

【新婦魚】

"吻蝦虎魚"之俗稱。此稱明代已行用。見該文。

黃鰭刺蝦虎魚

亦稱"薹甲魚""海猪蹄""厘戢盒"。魚名，鱸形目，蝦虎魚亞目，蝦虎魚科，黃鰭刺蝦虎魚（*Acanthogobius flavimanus*）。體長約18厘米。頭稍平扁，吻長圓鈍。眼小。鼻孔兩對，前鼻孔較大、短管狀、口小、前位。體色黃灰褐至淺黃灰綠，體側具一棕褐色雲狀縱紋，眼前及下至上唇有兩條黑縱紋。被弱櫛鱗。獨居、夜行、肉食性。分布於黃海、渤海、東海沿岸各河口區。清聶璜《清宮海錯圖》第一冊"薹甲魚"："薹甲魚。閩之土名也。活時黃背白腹，斃則色紫，俗名海猪蹄，又名厘戢盒。象形也。考《彙苑》：海中一種魚類，土附而鰓紅，若虎善食蝦，謂之蝦虎魚。疑必此也。土人云：三月多，味亦美。"

【薹甲魚】

即黃鰭刺蝦虎魚。此稱清代已行用。見該文。

黃鰭刺蝦虎魚（薹甲魚、蝦虎魚）
（清聶璜《清宮海錯圖》）

【海猪蹄】

即黃鰭刺蝦虎魚。此稱清代已行用。見該文。

【厘戢盒】

即黃鰭刺蝦虎魚。此稱清代已行用。見該文。

孔蝦虎魚

亦稱"赤鱗魚""小紅鰻"。魚名，鱸形目，蝦虎魚科，孔蝦虎魚（*Trypauchen vagina*），體延長而側扁；成體長 200 ～ 220 毫米，大者可達 250 毫米。頭短而側扁。眼甚小，上側位，埋於皮下。腹鰭狹小，左右腹鰭癒合成漏斗狀吸盤。我國分布於東海、南海沿岸。近海潮間帶暖水性底層小型魚類，常栖息於鹹、淡水的泥塗中，行動緩慢。清聶璜《清宮海錯圖》第二冊"小紅鰻"："閩海有小紅鰻，水不能大，土人名爲赤鱗魚，魚品之最下，不堪食。又一種可食，亦赤鱗而色白。《赤鱗魚贊》：能宮夜晏，萬千紅燭。燒殘之餘，流泛海角。"

【赤鱗魚】[2]

即孔蝦虎魚。此稱清代已行用。見該文。

赤鱗魚
（清聶璜《清宮海錯圖》）

【小紅鰻】

即孔蝦虎魚。此稱清代已行用。見該文。

彈塗魚

亦稱"泥猴""跳艇""闌胡""胡闌""跳魚"。魚名，鱸形目，蝦虎魚科，彈塗魚（*Periophthalmus modestus*）。體長而側扁。沿岸小型魚類，體長不超過 15 厘米，重約 50 克。頭部略大，眼位置較高。胸鰭基底頗長，呈臂狀，富有肌肉，在灘塗上或爬或跳，能像蜥蜴一樣活潑運動。體色青藍，布淡藍色小星點。以底栖藻類爲食。

彈塗魚，因常彈跳於灘塗而得名。明王圻等《三才圖會·鳥獸五》云："彈塗，一名闌胡，形似小鰍而短，大者長三五寸。潮退千百爲群，揚鬐跳擲海塗中，作穴而居。以其彈跳於塗故云。"闌或爲爛，體色燦爛；胡，意體圓。彈塗魚的穴呈"丫"字形，深 50 ～ 70 厘米，達水綫以下，即使天氣乾旱，它仍能得到海水，以供呼吸。唐陳致雍《海物異名記》："捷登若猴，又名泥猴。"意其能爬能跳，動作敏捷，靈性如猴，故稱"跳魚""泥猴""花跳"等。宋高承《事物紀原·蟲魚禽獸》："彈塗如望潮而大。其色黑，間有蒼黃點子……口闊而味肥甜，稻花開後內有脂膏一片。"宋羅濬等《寶慶四明志》："彈塗魚……有斑點，簇簇如星。潮退數千百萬跳躑泥塗中。海婦挾箸之如拾芥，名曰胡蘭。"明何喬遠《閩書》曰："彈塗魚大如拇指，鬚鬣青斑色，生泥穴中，夜則駢，一名跳魚。"夜則駢（首朝北）朝北的説法

彈塗魚（跳魚）
（清聶璜《清宮海錯圖》）

屬主觀臆斷。明馮時可《雨航雜録》卷下："蘭胡，如小鰍而短……潮退數千百跳躑塗坑中，土人施小鈎取之，一名彈塗。"

彈塗憑胸鰭匍匐而爬，利在能迅速避敵脱險；弊在易被人捕捉。唐劉恂《嶺表録異》卷上："跳艇，乃海味之小魚艇也……捕魚者仲春於高處卓望，魚兒來如陣雲，闊二三百步，厚亦相似者。既見，報魚師，遂槳船爭前而迎之。船衝魚陣，不施罟網，但魚兒自驚跳入，船逡巡而滿，以此爲艇，故名之跳。"退潮後，海邊女用筷子揀拾彈塗魚猶如撿蛤。明楊慎《異魚圖贊》卷一："魚兒極眇，僅若針鈎。盈咫萬尾，一箸千頭。魚師取之，不以網收。來如陣雲，壓幾沉舟。名曰跳艇，厥義可求。"清謝輔紳《彈塗》詩："狀如蜥蜴躍江幹，背上花紋數點攢。生怕塗田泥滑滑，不嫌力小幾回彈。"温嶺一帶，彈塗魚是筵席佳餚，自古就有"一根彈塗熬壇菜"的説法。

【泥猴】[2]

"彈塗魚"之謔稱。此稱唐代已行用。見該文。

【跳艇】

即彈塗魚。此稱唐代已行用。見該文。

【胡蘭】

即彈塗魚。此稱宋代已行用。見該文。

【蘭胡】

即彈塗魚。此稱明代已行用。見該文。

【跳魚】[1]

即彈塗魚。此稱明代已行用。見該文。

大彈塗魚

亦稱"跳魚""花跳""江犬""跳跳魚""泥猴""超魚""鮡魚""花鮡"。魚名，鱸形目，蝦虎魚科，大彈塗魚（*Boleophthalmus pectinirostris*）。體圓柱形，長 10～20 厘米，重 20～50 克。眼小位高，互相靠近。口大略斜。胸鰭基部寬大，肌肉柄發達，腹鰭癒合成吸盤。體色深褐，有淡藍色花斑，故名"花跳魚'。彈跳力強，喜在潮水退後的海灘上跳躍。喜穴居。暖水性潮間帶魚類，産自我國沿海地區。清郭柏蒼《海錯百一録》卷二："跳魚，一名彈塗，泉州、漳州呼花跳，福州呼江犬，又呼跳跳魚。産鹹淡水，大如指，肉細味清，腹有黄子尤勝。先用湯熟，以净水去其鬐鬣垢膩，薑豉笋絲作湯。《海物異名》：捷登若猴，又名泥猴。……按《仙游縣志》載，超魚兩目相連於額上，身有斑點，每尾極大，不過一兩。超魚即跳魚，音之訛。"清范咸纂修乾隆《重修臺灣府志》上册："鮡魚，生海島泥塗中。其大如指，善跳，故名。俗名花鮡，以身有花白點也。"清蔣師轍、薛紹元纂《臺灣通志》："鮡魚，《爾雅》'小者鮡也'是。生海邊泥塗中，其大如指，善跳故名，俗呼花鮡，以其身有白花點也。長不盈尺，肉嫩而美。"

【跳魚】[2]

即大彈塗魚。此稱清代已行用。見該文。

【花跳】

即大彈塗魚。此稱清代已行用。見該文。

【江犬】

"花跳"之方言。此稱清代已行用。見該文。

【跳跳魚】

即大彈塗魚。此稱清代已行用。見該文。

【泥猴】[3]

大彈塗魚。此稱清代已行用。見該文。

【超魚】

即大彈塗魚。此稱清代已行用。見該文。

【䱈魚】

即大彈塗魚。此稱清代已行用。見該文。

【花䱈】

即大彈塗魚。此稱清代已行用。見該文。

大青彈塗魚

亦稱“白頰”。魚名，鱸形目，蝦虎魚科，大青彈塗魚（*Scartelaos gigas*）。體粗壯，長18厘米。頭大，眼小。體色灰黑，腹白。腹鰭呈吸盤狀。分布於東海及臺灣西南部河口區。方言“花跳”“花條”。宋吴自牧《夢粱録·物産》“蟲魚之品”中載有“黄顙、白頰”。明屠本畯《閩中海錯疏》卷中：“白頰，似跳魚而頰白。”清郭柏蒼《海錯百一録》卷二：“福寧鹹淡水所産白頰，似跳魚但色白耳。”

【白頰】

即大青彈塗魚。此稱宋代已行用。見該文。

鯒魚

亦稱“牛尾魚”。魚名，鮋形目，鯒科，鯒魚（*Platycephalus indicus*）。頭寬而扁，體長20 ~ 30厘米，向後漸細，體色黄褐。我國各海區均産。方言“拐子魚”“百甲魚”“辮子魚”“狗腿魚”“扁頭魚”等。清周學曾等纂修《晋江縣志·寺觀志》：“牛尾魚，色黄，形如牛尾。”鯒從甬，楊樹達《積微居小學述林》：“甬本是鐘，乃後人用字變遷，縮小其義爲鐘柄。”意其體前部扁如鐘，後部細圓如鐘柄而稱鯒魚，亦似牛尾而稱牛尾魚。清蔣毓英等修《臺灣府志三種》：“牛尾魚，體長，頭扁，尾小。”

【牛尾魚】[4]

即鯒魚。此稱清代已行用。見該文。

大鱗鱗鯒

亦稱“甲頭魚”。方言“刀甲魚”。魚名，鮋形目，鯒科，大鱗鱗鯒（*Onigocia macrolepis*）。體平扁，延長，向後漸狹小，頭寬扁，口大，端位，下頜稍突出，胸鰭短圓，腹鰭亞胸位。暖水性底栖魚類，活動力差，常潛入沙中，栖息於近海底層，産於我國東海和南海。清許家惺審定《動物學教程》第七章《魚類》：“甲頭魚，胸鰭之前左右各有三綫如指，用以徐行。”

【甲頭魚】

即大鱗鱗鯒。此稱清代已行用。見該文。

鱸魚

亦稱“玉花鱸”“玉鱸”。方言“花寨”“黑寨”“黑豸”“花鱸”“鱸板”“鱸丁”。魚名，鱸形目，真鱸科，鱸魚（*Lateolabrax japonicus*）。體延長而側扁。長約60厘米。口大，傾斜。體背青灰，腹白，體側布有黑斑。喜栖近海、河口鹹淡水處。漢《神農本草經·蟲魚部中品·鱸魚》：“鱸魚，平補五臟，益筋骨，和腸胃，治

鱸　魚

（清蔣廷錫等《古今圖書集成》）

鱸　魚
（清聶璜《清宮海錯圖》）

水氣，多食宜人。”宋方岳《送胡兄歸嶽》詩：
“風飽橫江十幅蒲，秋聲正有玉花鱸。”宋蘇軾
《戲作放魚》詩：“縱橫爭看銀刀出，瀺灂初驚
玉花碎。”清方旭《蟲薈》卷四《鱸魚》：“鱸
魚皆兩鰓，惟松江鱸魚四鰓。旭按：即豸魚也，
四五月處處有之。其狀類鱖魚，色白如銀，無
黑斑而有黑點。其肉蒸食極佳，並益人，惟有
小毒。中其毒者，急用蘆根搗汁解之。”徐珂
《清稗類鈔·動物類》：“鱸，可食，色白，有黑
點，巨口細鱗，頭大，鰭棘堅硬。居鹹水、淡
水之間，春末溯流而上，至秋則入海，大者至
二尺。古所謂銀鱸、玉花鱸者，皆指此。康熙
時，錢塘徐茗園茂才秉仁有《秋鱸》詩云：‘斫
膾喧吳市，江南鱸正肥。秋風吹木葉，薄宦幾
人歸？晴渚三篙水，寒潭一釣磯。垂綸今古事，
適志莫相違。’”

【玉花鱸】

即鱸魚。此稱宋代已行用。見該文。

【玉花】

即鱸魚。此稱宋代已行用。見該文。

松江鱸魚

亦稱“吳松江鱸魚”“四鰓鱸”“鱸
魚”。魚名，鱸形目，杜父魚科，松江鱸魚
（*Trachidermus fasciatus*）。頭及體前部平扁，後
部側扁，長約 15 厘米。頭上有棱，前鰓蓋後緣

有四棘。口大，上頜較長。體背灰褐，有五條
黑色橫帶。當年幼魚於春夏之交即五至六月溯
河進入淡水江河索餌肥育，秋冬之交即十一月
性近成熟時降河入海越冬，翌年早春即二至三
月近岸河口處生殖。蘇北稱“花鼓魚”“花花娘
子”，山東、遼寧稱“媳婦魚”“老婆魚”“新娘
魚”。

松江鱸魚，因松江盛産而得名。舊題宋孔
平仲《談苑》説：“松江鱸魚，長橋南所出者四
鰓，天生膾材也，味美，肉緊，切（且）終日
色不變。橋北近崑山大江入海所出者三鰓，味
帶鹹，肉稍慢，迥不及松江所出。”吳江，古稱
松江，流經蘇州松陵。松江鱸魚，渤海、東海、
黃海沿岸九個省區及相關的江河湖泊中均有分
布，但以上海松江所産最有名，故稱松江鱸魚。
宋楊萬里《松江鱸魚》詩：“鱸出鱸鄉蘆葉前，
垂虹亭上不論錢。買來玉尺如何短，鑄出銀梭
直是圓。白質黑章三四點，細鱗巨口一雙鮮，
秋風想見真風味，祇是春風已迴然。”因其産卵
期間，鰓膜呈鮮紅色，與黔黑體色成鮮明對比，
六枚鰓蓋條側面觀祇見四條，覆以鰓膜宛如四
鰓，故稱。

亦稱“四鰓鱸”。宋葉廷珪《海録碎事·四
鰓鱸》引宋石處道《太湖賦》“四鰓之鱸”注
曰：“四鰓素珍，三鰓者非。”宋范成大《秋日
田園雜興》詩：“細搗根蓲賣膾魚，西風吹上四
鰓鱸。雪松酥膩千絲縷，除却松江到處無。”清
道光《昆新兩縣續修合志》：“四鰓鱸出吳江，
無鱗大頭，四鰓具紅。”清朱彝尊《鱸魚同魏作
四首》其二詩：“不信輕舟往來疾，筠籃驗取四
鰓紅。”《正字通·魚部》：“鱸，巨口細鱗。似
鱖，長數寸，有四鰓，俗以八月出，吳江、松

江尤盛。"明黃省曾《魚經》:"鱸四鰓，巨口而細鱗。"清郭柏蒼《閩產異錄》:"鱸，松江魚也。四鰓，白質黑斑，鹹水亦產，福州上下各溪中，每群至。"亦簡稱鱸或鱸魚。晋干寶《搜神記》卷一:"公（曹操）曰:'今既得鱸，恨無蜀中生姜耳。'"唐許渾《贈蕭兵曹先輩》詩:"楚客病時無鵩鳥，越鄉歸處有鱸魚。"松江鱸在魏晋時代已是名產，稱其"狀似土附魚（即塘鱧），大僅五六寸，冬至後極肥美"。松江鱸魚、黃河鯉魚、松花江鮭魚、興凱湖白魚，被譽爲我國四大名魚，而松江鱸魚因肉白、細嫩，其味絶美，居四者之首。唐馮贄《南部煙花記》:"吳都獻松江鱸魚，煬帝曰:'金虀玉膾，東南之佳味也。'"金虀玉膾，特指以金黃佐料烹製的松江臚魚。白居易"水膾松江鱸"，韋應物"松江獻白鱗"，羅隱"膾憶松江滿箸紅"，言其色香味美。唐皮日休《新秋即事三首》詩:"共君無事堪相賀，又到金虀玉膾時。"元王惲《食鱸魚》詩:"秋風時已過，滿意蕈鱸香。初非爲口腹，物異可闕嘗……肉膩勝海蟹，味佳掩河魨。燈前不放箸，愈啖味愈長。"明楊慎《異魚圖贊》卷一:"鱸魚肉白，如雪不腥，東南佳味，四鰓獨稱，金虀玉膾，擅美寧馨。"擅美，獨享美名。清康熙南巡譽爲"江南第一名魚"。

四鰓鱸
（清聶璜《清宫海錯圖》）

【吳淞江鱸魚】

即松江鱸魚。此稱漢代已行用。見該文。

【鱸】

即松江鱸魚。此稱晋代已行用。見該文。

【四鰓鱸】

"松江鱸魚[1]"之俗稱。此稱宋代已行用。見該文。

【季鷹魚】

即松江鱸魚。亦稱"季鷹鱠""張翰鱸魚""紅文生""季鷹鱸""橙虀録事""盧清臣""碧鱸""步兵鱸"。鱸魚因晋張翰而名聲大振。張翰字季鷹，故松江鱸魚又稱季鷹魚。唐杜牧《許七侍御弃官東歸瀟灑江南頗聞自適高秋企望題詩寄贈十韵》詩:"凍醪元亮秋，寒膾季鷹魚。"晋陶潛，字元亮，性嗜酒，秋，藉指酒。嘗爲彭澤令。凍醪，即春酒，是寒冬釀造，以備春天飲用的酒。五代劉兼《偶聞官吏舉請輒有一篇寄從弟舍人》詩:"張翰鱸魚因醉憶，孟光書信近春稀。"唐陳元光《候夜行師七唱》其五:"白雁遠傳蘇武劍，銀鱸細切季鷹鱠。"五代毛勝《水族加恩簿》:"橙虀録事鱸，名'紅文生''盧清臣'。令惟爾紅文生盧清臣，銷酲引興，鮮鬣之卿，宜授橙虀録事、守招賢使者。"宋張耒《和晁應之大暑書事》詩:"忍待西風一蕭颯，碧鱸東膾意何如？"因鱸魚體色而得名。金高憲《寄李天英》詩:"社翁新成元亮酒，並刀細落季鷹鱸。"張翰時號"江東步兵"，後因以稱鱸魚爲"步兵鱸"。元傅若金《送唐子華嘉興照磨》詩:"幕府初乘從事馬，江城還憶步兵鱸。"明吳廷翰《鱘》詩:"百年夢寐王祥鯉，千里風情張翰鱸。"清光緒《青浦縣志·鱗之屬·四鰓鱸》:"巨口而赤，鰓四，長不過三寸，一名吹沙，亦名蝦虎，俗稱花姑魚。”亦稱“松江鱗”。唐白居易《郡齋旬假始命宴呈座客示郡寮自此後在蘇州作》詩：“萍醅箬溪醑，水鱠松江鱗。”

張翰爲晉代文學家，蘇州吳江人，弃官還鄉，除齊王司馬冏將要失敗的因素外，思念故鄉的鱸魚也是原因之一。唐陸廣微《吳地記》：“晉張翰任齊王冏，在京師見秋風起，思松江鱸魚鱠，遂命駕東歸。”翰曰：‘人生貴得適志，何能羈宦數千里以要名爵乎！’遂命駕而歸。”後常藉爲鄉思之物。宋辛弃疾《沁園春·帶湖新居將成》：“意倦須還，身閑貴早，豈爲蒓羹鱸膾哉！”宋蘇舜欽《答韓持國書》：“渚茶野釀，足以銷憂，蒓鱸稻蟹，足以適口。”魚味雖美，但得來的確不易。宋范仲淹《江上漁者》詩：“江上往來人，但愛鱸魚美。君看一葉舟，出没風波裏。”松江鱸魚現被國家列爲二類保護動物。

左慈筵前釣鱸而戲曹操，緣於松江鱸。《後漢書·左慈傳》：“慈，字元放，廬江人也，少有神道。嘗在司空曹操坐。操從容顧衆賓曰：今日高會，珍羞略備，所少吳松江鱸魚耳。”元放於下坐應曰：“此可得也。”於是讓人拿來銅盤，放上水，他用竹竿魚餌往盤中釣，不一會兒，真地釣上一條鱸魚。曹操拊掌大笑，與會者皆大驚。曹操又説：“一魚不周坐席，可更得乎？”元放乃更餌釣，沉之須臾又釣上一條，皆長三尺餘，生鮮可愛。操使目前膾之。操還不相信，曰：“吾池中原有此魚。”慈曰：“大王何相欺也？天下鱸魚只兩鰓，惟有松江鱸魚有四鰓，此可辨也。”

【季鷹鰪】

即季鷹魚。此稱唐代已行用。見該文。

【張翰鱸魚】

即季鷹魚。此稱五代時期已行用。見該文。

【橙虀録事】

“季鷹魚”之擬稱。此稱五代時期已行用。見該文。

【盧清臣】

“季鷹魚”之擬稱。此稱五代時期已行用。見該文。

【紅文生】

即鱸魚。此稱宋代已行用。見該文。

【碧鱸】

即季鷹魚。此稱宋代已行用。見該文。

【季鷹鱸】

即季鷹魚。此稱金代已行用。見該文。

【步兵鱸】

即季鷹魚。此稱元代已行用。見該文。

河鱸

魚名，鱸形目，鱸科，河鱸（*Perca fluviatilis*）。體側扁，長橢圓形，尾柄較細。最大個體長50厘米。吻鈍，口端位。體色棕褐，有七至九條黑色橫斑，故俗稱“五道黑”，腹白。肉質鮮嫩，有“嘗罷河鱸不思魚”之説。在我國僅產於新疆額爾齊斯河與烏倫古河流域。清王樹枏等纂《新疆圖志》：“塔城千里，冬令冰合，游牧人裹糧往，開水孔徑尺，燃火其上。魚見火競躍而出。每夜或得數十百斤，味似鱖。”

塘鱧

亦稱“鮒魚”“土鮒魚”“吐鮫”“土鮒”“鱸鯉”“京魚”“伏念魚”“渡父”“杜父魚”“黃鮒”“船矴魚”“吐哺魚”“土附”“土步”“土

部魚""黃鰤魚""主簿魚""蟳虎魚"等。魚名，鱸形目，塘鱧科，刺蓋塘鱧（*Eleotris acanthopoma*）。體長而低，頭平扁，後部側扁。口大而斜。眼小而高。背鰭兩個，相當分開。被中大櫛鱗。體色暗黃褐，有黑斑。小型魚類，分布廣，從東北至長江都有，栖於江河下游。上海、南京方言稱"土步"，因其善食蝦，又稱"蝦虎"，嘉興稱"菜花魚"，寧波等地還稱"塘鯉魚"，湖州稱"鱸鯉"。因清明前後正是菜花盛開的季節，此魚味最美，所謂三月入市者佳。

此稱始於先秦。《戰國策·宋策》："宋所謂無雉兔鮒魚者也，此猶粱肉之與糟糠也。"鮑彪注："鮒，魚之小者。"《格致鏡原》卷九一："《養魚經》：'土附魚似黑鯉而短小，附土而行，不似他魚浮水，故名。'《京口錄》：'首大而身小，謂之吐鮫。'"宋程大昌《演繁露·土部魚》："此魚質沉，常附土而行，不似它魚浮水游逝也，故曰土附也。故後人加魚去'阝'部，則書以爲鮒焉耳……吳興人名此魚即云鱸鯉，以其質圓而長，與黑蠡相似，而其鱗斑駁，又似鱸魚，故兩喻而兼言之也。"宋陳克《陽羨春歌》："石亭梅花落如積，吐鮫爛斑竹茹赤。"宋唐慎微《證類本草·蟲魚部上品》已有"杜父魚"之名。

明代其異稱頗多，或釋其習性或源於音之訛。《正字通·魚部》："有附土者曰京魚，一曰吐鮫，《食物本草》曰渡父，《臨海水土異物志》曰伏念魚，吐鮫即杜父魚，一名黃鰤，俗呼舡魛魚。"明馮時可《雨航雜錄》卷下："吐哺魚名土附，以其附土而行也。或曰：食物嚼而吐之，故名。按：後人去部加魚，名土鮒，土步，又名土部。"明李時珍《本草綱目·鱗三·杜父魚》〔釋名〕："渡父魚、黃鰤魚、船魛魚、伏念魚……時珍曰：'杜父當作渡父。溪澗小魚，渡父所食也。見人則以喙插入泥中，如船魛也。'〔集解〕藏器曰：'杜父魚生溪澗中。長二三寸，狀如吹沙而短，其尾歧，大頭闊口，其色黃黑有斑。脊背上有鬐刺，螫人。'"非同一種魚。明彭大翼《山堂肆考·鱗蟲》："杜父魚，一名吐哺魚，似吹沙而大，黑皮，細鱗如粟，無鬐，俗呼主簿魚，蓋杜父訛爲主簿也。"清胡世安《異魚圖贊補》卷上："溪澗小魚，爰有杜父，狀類吹沙，口闊喙袼，脊鬐雖螫，渡父攸膴。"膴，古代祭祀用的大塊魚肉。明黃省曾《魚經》："有土附之魚，似黑鯉而短小，附土而行，不似它魚浮水，故名。"

蟳虎魚
（清聶璜《清宮海錯圖》）

杜父魚
（清蔣廷錫等《古今圖書集成》）

因其喜栖於砂石或泥沙底質的江湖清澈水流中，潛伏石和水藻之下，故名土附。前人又誤其嚼食而復吐，稱吐哺，與土附同音。"土部""渡父""杜父""吐鮫""土步""附魚"諸稱，皆土附之同音或諧音。船矴魚，"以喙插入泥中，如船矴也"。伏念魚，伏，意體伏卧，即附；念，猶如黏，即黏於土，仍是附土之意。鯽魚喜群栖稱鮒，此魚喜附土亦稱鮒。此又爲多魚一名之例。杜父魚約四十種，古時常有混，"吹沙"指蝦虎魚。清全祖望《東錢湖吐哺魚歌》："水族雖然多鉅子，我食此魚忽一笑。"清聶璜《清宫海錯圖》第一册："蠷虎魚，黑緑色，形如土附，細鱗而闊口，常游海巖石間。"我國塘鱧非此一種，常見的如烏塘鱧魚、沙塘鱧、鋸塘鱧、美塘鱧、鱸塘鱧等，都爲小型食用魚類。

【土附魚】

即塘鱧。此稱先秦時期已行用。見該文。

【吐鮫】

即塘鱧。此稱先秦時期已行用。見該文。

【鮒魚】²

即塘鱧。此稱先秦時期已行用。見該文。

【土鮒】

即塘鱧。此稱宋代已行用。見該文。

【土附】

即塘鱧。此體宋代已行用。見該文。

【鱸鯉】

"塘鱧"之方言。此稱宋代已行用。見該文。

【杜父魚】

即塘鱧。此稱宋代已行用。見該文。

【京魚】¹

即塘鱧。此稱明代已行用。見該文。

【伏念魚】

即塘鱧。此稱三國時期已行用。見該文。

【渡父】

即塘鱧。此稱明代已行用。見該文。

【黄�】

即塘鱧。此稱明代已行用。見該文。

【船矴魚】²

"塘鱧"之方言。此稱明代已行用。見該文。

【吐哺魚】

即塘鱧。此稱明代已行用。見該文。

【土步】

即塘鱧。此稱明代已行用。見該文。

【土部魚】

即塘鱧。此稱明代已行用。見該文。

【黄鮶魚】

即塘鱧。此稱明代已行用。見該文。

【主簿魚】

"塘鱧"之訛稱。此稱明代已行用。見該文。

【蠷虎魚】

即塘鱧。此稱清代已行用。見該文

【陰陠】

即塘鱧。亦稱"土鰲""蕩部""蕩婆""蕩壘魚"。明彭大翼《山堂肆考·鱗蟲》："杜父魚，一名陰陠。"陰陠，陰爲吐字之訛。明萬曆《杭州府志》："土鰲，俗呼吐哺，以清明前者爲佳。"清汪曰楨《湖雅》："杜父魚，湖録此魚吾鄉（湖州）人謂之蕩部。"清光緒《蘇州府志》："土附魚，亦名土哺，俗呼蕩婆，似黑鯉而短小，附土行。"清光緒《松江府續志》："吐哺魚，《衛志》有蕩壘魚，蓋即此。"

【土鰲】

即陰陠。此稱明代已行用。見該文。

【土哺】

即陰陠。此稱清代已行用。見該文。

【蕩部】

即陰陠。此稱清代已行用。見該文。

【蕩婆】

即陰陠。此稱清代已行用。見該文。

【蕩曇魚】

即陰陠。此稱清代已行用。見該文。

鮴

亦稱"鯫""鯉鮴"。魚名，鱸形目，塘鱧科魚的通稱。如黃黝魚（*Hypseleotris swinhonis*），廣布於珠江到黑龍江。《説文·魚部》："鮴，魚也。"段玉裁注："《廣雅》："鮴，鯫也。'謂鮴，亦名鯫，鰍之類也。"鰍即鰍類。因其頗似塘鱧，古籍中常混爲一。如三國吳沈瑩《臨海水土異物志》曰："吐鮫即杜父魚，一名黃鮴。"明李時珍《本草綱目·鱗三·杜父魚》："渡父魚、黃黝魚、船矴魚、伏念魚。"明張自烈《正字通》亥集中："鮴，舊注憂上聲，魚名。按：鮴爲附屬，生溪澗中，狀似吹沙魚而短，闊口，大頭，歧尾，色黃黑，有斑。背脊上鰭刺螫人。《魚經》：鰂魚有附土者，曰京魚，一曰吐鮫。《食物本草》曰渡父。《臨海志》曰伏念魚、吐鮫，即杜父魚，一名黃鮴。俗呼船矴魚，見人則以喙插入泥土中，如船矴也。"清光緒《通州直隸州志》："鯉鮴，即杜父魚。"把黃黝魚作爲塘鱧的異稱之一。本科共四種，還有側扁黃黝魚、似鯉黃黝魚、海南黃黝魚。

【鯫】[2]

即鮴。此稱三國時期已行用。見該文。

【鯉鮴】

即鮴。此稱清代已行用。見該文。

鰌

亦名"鰍"。魚名，鰌形目，鰌科，蓑鰌（*Pterois volitans*）。體長可達 30 厘米，體色艷麗，身上具斑馬狀條紋，栖於暖水域的巖礁或珊瑚叢中，不善游泳。鰌科魚我國約三十五種。鰭棘顔色鮮艷，既尖又硬且有毒，是蓑鰌的有毒器官，内含毒腺。若不慎被刺，會感到劇痛，嚴重時會呼吸困難甚至暈厥，重則可能致命。中小型魚類。産量雖不大，仍是近海食用魚。方言"火鷄魚""火魚"。古稱"鰍"。《集韵·平尤》："鰌，鰍，小魚，或從攸。"《文選·張衡〈西京賦〉》："釣魪鱧，緡鰋鰌。"李善注引薛綜曰："魪、鱧、鰋、鰌，皆魚名。"又晉郭璞《江賦》："鯖鰊鰶鰌。"李善注引郭璞曰："舊説曰鰌似鱓。""鰌似鱓"之説不妥。蓑鰌外形奇特，似披蓑衣，因以得名。鰌，字從由。由，自由。鰍，從攸，意攸游。

【鰍】

即鰌。此稱宋代已行用。見該文。

虎鰌

亦稱"虎魚""魚虎"。魚名，鰌形目，杜父魚亞目，毒鰌科，虎鰌（*Minous monodactylus*），體長一般在 10 厘米以内。體無鱗。眶前骨下緣具兩棘，後棘大；前鰓蓋骨後緣具數强棘，以第二棘最長大。背鰭棘銳利，鰭條部前上方有一暗色斑。尾鰭有二三條暗色橫帶。我國沿海均産。別名"軟虎""虎仔""虎魚"。清蔣師轍、薛紹元纂《臺灣通志》："虎魚狀似虎頭，巨口無鱗，長不盈尺，肉嫩而美。"清聶璜《清宮海錯圖》第一册："虎魚、魚虎，《珠璣籔》載：

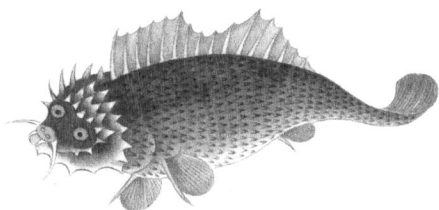

魚　虎
（清聶璜《清宫海錯圖》）

魚虎頭如虎，背皮似蝟，能刺人。《本草》曰：
魚虎背上刺着人，如蛇咬。生南海，亦能變虎，
諸類書無所考。康熙丁丑，閩中得是魚，圖之
大不過六七寸，海人云：大者罕覯。頭背棘刺，
諸魚畏之不敢犯，故曰魚虎。"

【虎魚】[2]

即虎䱀。此稱清代已行用。見該文。

【魚虎】[2]

即虎䱀。此稱清代已行用。見該文。

鮶

䱀形目，平鮋科，黑鮶（*Sebastodes fuscences*）。
體方長，體長一般爲20～30厘米。被中大
櫛鱗。口裂斜。頭棱發達。眼周圍、耳上及顱
頂等處棱上均有刺，鰓蓋上有刺狀突起。有
鰾。卵胎生。屬北方性種。方言"黑魚""黑石
鱸""黑寨""黑頭"。鮶亦作"君"。此亦爲鮶
屬魚類的通稱，我國有十種。《太平御覽》卷
九四〇引南朝宋沈懷遠《南越志》曰："君魚長
三寸，背上骨如筆管，大者似矛，逢諸細魚及
黿腹皆斷之。"明屠本畯《閩中海錯疏》卷上：
"鮶，似緇而目大，似鯉而鱗粗，能以鬣刺水
蛇，食之。"清李元《蠕範·物名》："曰鮶，似
鰷，目大鱗粗，能以鬣刺水蛇。"鮶，字從君。
此魚卵胎生，產下成千上萬小魚的大魚，猶如
魚王。又其棘發達，能斷諸魚，如魚中暴君，

因以名鮶。肉質鮮嫩、潔白，脂肪少，軟硬適
口，尤適清蒸和做湯。生長快，適應性好，是
可網箱養殖的較好種類。

鬥魚

亦稱"丁斑""花魚""錢爿魚"。魚名，
鱸形目，鬥魚科，叉尾鬥魚（*Macropodus
opercularis*）。體方長而側扁，口小而斜，頜牙
尖細。被大櫛鱗。栖於水草叢生的静水、污水
或水流緩慢的水域，對低温缺氧條件耐力强，
以昆蟲和癀蚊幼蟲爲食。生殖期雄魚用黏液包
裹水泡而在水面築巢，雄性間要進行争鬥。觀
賞魚。也稱"中國鬥魚"，俗稱"兔子魚""天
堂魚"等。

最早的記載見於宋代，且知當時已有將之
養作觀賞魚的習俗。宋張世南《游宦紀聞》卷
五："三山溪中産小魚，斑紋赤黑相間，里中兒
豢之，角勝負爲博戲。"明屠本畯《閩中海錯
疏》卷中："丁斑，大如指，長二三寸，身有花
文，紅綠相間，尾鮮紅有黄點。善鬥，人家盆
中畜之，一名鬥魚，養成半載，尾上起鬣長寸
許。"清胡世安《異魚圖贊補》卷上："鬥魚，
有魚矯悍，斑紋炫盻，習訓争長，里兒競豢。"
明王世貞輯《彙苑詳注》曰："鬥魚……兒童輩
多盆養之，每鬥相持不捨，久之勝負乃決，負
者躍而游，顏色衰謝，勝者洋洋自得，顏色充
如也，俗呼爲花魚。"明謝肇淛《五雜俎·物部
一》："閩莆中喜鬥魚，其色爛斒喜鬥，纏繞終
日，尾盡齧斷不解。此魚吾郡亦有之，俗名錢
爿魚。"清陳淏子《花鏡》附録《養鱗介法》：
"鬥魚，一名文魚，出自閩中三山溪内。花身紅
尾，又名丁斑魚。性極善鬥，好事者以缸畜之，
每取爲角戰之戲。此《博雅》者所未之見也。"

文魚，意有斑紋之魚。

【丁斑】

即鬥魚。此稱明代已行用。見該文。

【花魚】

即鬥魚。此稱明代已行用。見該文。

【錢爿魚】

即鬥魚。此稱明代已行用。見該文。

【文魚】 4

即鬥魚。亦稱"波師""波婆""錦鱗""菩薩魚"。此稱清代已行用。清陳蘭彬纂《泉州縣志》卷二："鬥魚，一名波師，一名波婆，又名錦鱗。大如指，長寸許，身有橫理十二道，鱗如錯錦，具五色，兩鰓有小點如黛。以盤盂畜之，日午投花一瓣，皆鬥爭覆陰，不得者忿而相鬥，尾盡齧斷。俗呼菩薩魚。"清陳淏子輯《花鏡》卷六："鬥魚，一名文魚，出自閩中三山溪內，其大如指，長二三寸許，花身紅尾，又名丁斑魚，性極善鬥。好事者以缸畜之，每取爲角勝之戲。此博雅者所未之見也。昔費無學有《鬥魚賦》叙云：仲夏日長，育之盆沼，作九州朱公製。亭午風清，開關會戰，頗覺快心。又先朝有人携鬥魚數十頭，以貽中貴，中貴大悅，爲之延譽於朝，遂得顯擢者，皆鬥魚之力也。"

【波師】

即鬥魚。此稱清代已行用。見該文。

【波婆】

即鬥魚。此稱清代已行用。見該文。

【錦鱗】 2

即鬥魚。此稱清代已行用。見該文。

【菩薩魚】 2

即鬥魚。此稱清代已行用。見該文。

鯏魚

魚名，鱸形目，鯏科，鯏魚（*Therapon theraps*）。體側扁，長 15 厘米，大者 30 厘米。被較大櫛鱗。體色銀灰，有黑色縱條紋。背、臀鰭具棘。鰓蓋骨具二棘，下棘強大，向後伸達鰓蓋外方。方言"硬頭浪"。《集韵·曷韵》："鰊，魚名，或書作鯏。"《古今圖書集成·禽蟲典·雜魚部》："鯏，音喇，魚名。又音賴，義同。"鯏音辣，意其棘強大，刺人毒辣，故名。

魢

魚名，鱸形目，魢科，魢（*Girella punctata*），體側扁，橢圓形，長約 30 厘米，頭較小，眼較小，背面隆凸，體色綠褐，被櫛鱗，各鱗片皆有一小黑斑點，相連形成縱條紋。俗稱"黑銅盆""斑己魚"。分布於福建、上海、浙江、海南、廣西、臺灣、廣東。南朝梁顧野王《玉篇》卷二四："魢，魚也。"明張自烈《正字通》亥集中：""魢，魿字之譌。舊注音寺，魚名，非。"

細棘海猪魚

亦稱"蠔魚"。魚名，鱸形目，隆頭魚亞目，隆頭魚科，細棘海猪魚（*Halichoeres tenuispinis*），體延長，側扁，全長 18 厘米。口端位，上下頜各具四與二犬齒，後犬齒大。被大圓鱗。體色鮮艷，雌魚黃至橙紅，雄魚黃褐至紅褐。我國分布於南海、臺灣海峽，栖息沿岸及較淺之珊瑚礁區。俗稱"纖棘儒艮鯛""蠔魚"。因其嗜吃牡蠣，

蠔　魚
（清聶璜《清宮海錯圖》）

牡蠣單稱蠔，故古稱蠔魚。清聶璜《清宮海錯圖》第一册：“蠔魚，産下南海中，專食蠣肉。兩邊有刺各七，在水張之，出水則刺斂於身旁。凡蠣潮來開口，此魚以氣吹之則不能合，以刺撥出其肉，啖之，其形長僅四寸，背緑無鱗。蠔子，注曰蚌屬，蓋即蠣也。粤人呼蠣爲蠔。《字彙》有䱛字，疑即此魚。”

【蠔魚】

即細棘海猪魚。此稱清代已行用。見該文。

鱓

亦稱“箭頭魚”。方言“甲魚”“箭頭魚”。魚名，鱸形目，鱓科魚類的通稱。體長形，無鱗，頭平扁，口小，吻尖，温熱帶近海底栖小魚。《玉篇·魚部》：“鱓，魚名。”如李氏鱓（ *Callionymus koreanus* ），長約 9 厘米。前頜骨的連合凸起很長，伸入前頜骨與中篩骨形成的深溝内，猶如被銜住，故名鱓。清王河等修《盛京通志》卷二七：“箭頭魚，頭尖，小如箭。”

【箭頭魚】

即鱓。此稱清代已行用。見該文。

鰻 [2]

魚名，鱸形目，鰻科魚類的通稱。體長橢圓形或長鰻形，多無鱗。多爲淺水海域小雜魚。種類較多。如古氏肩鰓鰻（ *Omobranchus germaini* ）。體稍細長，長 5 厘米。分布於西太平洋。清李元《蠕範·物名》：“鰻，魚名。”鰻，字從尉。《説文·寸部》：“尉，从上案下也。”意體延長如鰻。

鹿斑鰏

單稱“鰏”，亦稱“花鮻”。魚名，鱸形目，鰏科，鹿斑鰏（ *Secutor ruconius* ）。體卵圓形，側扁而高，長 7 厘米。體背銀青帶紅，腹部銀色，背部有十餘條暗色橫帶。《玉篇·魚部》：“鰏，魚名。”清胡世安《異魚圖贊閏集》：“花鮻，大寸許，上下身薄，有花紋……形似鮻而無花。”

【鰏】

多指鹿斑鰏。此稱南北朝時期已行用。見該文。

【花鮻】

即鹿斑鰏。此稱清代已行用。見該文。

日本䲗

亦稱“䲗”“鰊”“大頭丁魚”。魚名，鱸形目，䲗科，日本䲗（ *Uranoscopus japonicus* ）。頭寬大，大部爲骨板。體長形，前部稍平扁，向後漸側扁，長約 20 厘米。兩眼位頭的背面。上頜犁骨鰐骨有絨狀牙群。被小圓鱗。體背多爲棕褐色，有的具白色斑紋。近岸底層魚類，喜潛伏海底，襲捕小魚等。廣東稱“銅鑼錘”。《山海經·中山經》：“〔半石之山〕合水出於其陰，而北流注於洛，多䲗魚，狀如鱖，居逵，蒼文赤尾。”《太平御覽》卷九四〇引《臨海異物志》曰：“䲗魚，似鮠，長二尺。”《廣韵·平登》：“䲗，魚名，或作鰊。”清蔣師轍、薛紹元纂《臺灣通志》：“大頭丁魚，頭大尾尖。”䲗如藤，猶細如索，但此魚側扁，非如鰻。䲗或爲鰊音之訛，鰊從泰，泰然處之，述其潛伏海底捕食之狀。

【䲗魚】

即日本䲗。此稱先秦已行用。見該文。

【䲗】

即日本䲗。此稱宋代已行用。見該文。

【鰊】

即日本䲗。此稱宋代已行用。見該文。

【大頭丁魚】

即日本䲁。此稱清代已行用。見該文。

玉箸魚

亦稱"菜花玉箸""油箸魚""橋釘魚"。魚名，鱸形目，玉箸魚科，玉箸魚（*Ammodytes tobintus*）。體細長。無鱗。無鰾。體背灰黑，

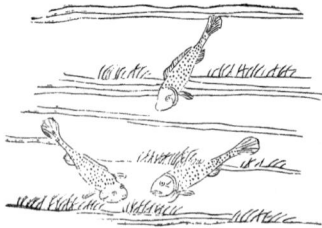

玉箸魚
（明王圻等《三才圖會》）

腹白。喜群游。栖近海沙底，常潛伏於沙內。明王圻等《三才圖會·鳥獸五》："玉箸魚，身圓如箸，微黑無鱗。兩目點黑。至菜花開時有子而肥，俗謂之菜花玉箸。"玉箸，玉製的筷子。此魚體細長如箸，因以得名。菜花開時而肥，稱菜花玉箸。清汪懋麟《醉白以杭州韭見餉欣然命酌得詩》之一："厨娘細斫銀絲鱠，老子歡齊玉箸頭。"別名"油箸魚"。清郭柏蒼《海錯百一録》卷二："油箸魚，似鰻，生海淖中，長如箸，周身是油，味佳。"油箸乃玉箸的諧音，周身是油之説失實。又稱橋釘魚，《嘉定縣志·水產類·玉箸魚》："圓身鋭尾，玉色無鱗，肉細味美，俗名橋釘魚。"

【菜花玉箸】

即玉箸魚。此稱明代已行用。見該文。

【油箸魚】

即玉箸魚。此稱清代已行用。見該文。

【橋釘魚】

即玉箸魚。此稱清代已行用。見該文。

天竺鯛

亦稱"䲗"。魚名，鱸形目，天竺鯛科魚類的通稱。體小，長 5 ～ 10 厘米，橢圓形或延長。口大。種類多，我國九十多種。多栖於温熱帶海域，有些進入淡水。經濟價值不大。有些種雄魚將卵含於口内孵化。《廣韵·至韵》："䲗，魚名。"《動物學大詞典》稱此爲天竺鯛別名。如斑鰭天竺鯛（*Apogon carinatus*）。體側扁，長 10 厘米，鱗片大。體色灰黃。印度，古時被稱天竺。唐高僧玄奘《大唐西域記》："夫天竺之稱，異議糾紛，舊云身毒，或曰天竺，今從正音，宜云印度。"天竺鯛類體色多艷麗，頗類印度紗麗，藉以爲名。䲗從致，有景致之意。

【䲗】

即天竺鯛。此稱宋代已行用。見該文。

多鱗鱚

亦稱"麥魚"。俗稱"沙鮻""沙鑽""船丁魚""麥穗"，北方地區稱"沙丁魚"，南方叫"沙尖魚"。魚名，鱸形目，鱚科，多鱗鱚（*Sillago sihama*）。體細長，略呈圓柱形，一般體長 12 ～ 16 厘米，重 10 ～ 30 克。口小。眼大，卵形。被弱櫛鱗，體背灰褐，腹部乳白。分布於我國沿海。清聶璜《清宮海錯圖》第一册："麥魚，産寧波海塗，色青，長及寸許，四月麥熟即發，故名。潛身海塗泥穴中，最善躍，難捕。兒童用足踏於兩穴中處，以兩手兜于左右乃得，然亦逃去者。其味甚美，鮮乾並佳。捕者竭終日之力得千頭，不過一斤，故貴重也。寧波黃卜先叔侄嘖嘖稱味不置。"

【麥魚】[2]

即多鱗鱚。此稱清代已行用。見該文。

鮣魚

亦作"印魚"，亦稱"鮣""首象印""應子魚""印頰魚""印子魚""鮣鱗"。魚名，鱸形目，鮣科，鮣魚（*Echeneis naucrates*）。體細長，前端平扁，長90厘米。此魚頭及體前背面有一長橢圓形吸盤，由背鰭變成，其形如印，因以得名。"首象印"意頭像印。頭稍短小，眼小。被小鱗。體色灰黑。常吸附大魚身上或船底作遠途遷移。方言，廣東澳頭稱"鞋底魚"，閘坡稱"屎狗"，北海稱"吸盤魚"，潿洲島稱"船底魚""黏船魚"。

三國吳沈瑩《臨海水土異物志》："印魚，無鱗，形如鱛，額上四方如印，有文章。"《文選・左思〈吳都賦〉》："鮣䲅鱺鱛。"李善注引劉逵曰："鮣魚長三尺許，無鱗，身中正，四方如印。"俗曰：諸大魚欲死，鮣魚皆先封之。《集韵・去震》："鮣，鮣鱗，魚名，如篆，一曰首象印。"《玉篇・魚部》："鮣，魚如印也。"唐段成式《酉陽雜俎・廣動植二》："印魚，長一尺三寸，額上四方如印，有字。諸大魚應死者，先以印封之。"《正字通・釋鮣》："魚族至衆，死無定期，豈必鮣魚一一封之，此誕説也。"明黃衷《海語》卷中："印魚出南海中，似青魚而修廣過之，頭骨中坼，如鱓（解）顱之嬰。腦後垂皮，方徑三寸許，若道巾之披餘然，上有

印　魚
（清聶璜《清宮海錯圖》）

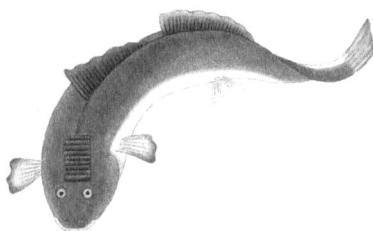

頂甲魚
（清聶璜《清宮海錯圖》）

黑文，儼如篆籀。"

【印魚】

同"鮣魚"。此體三國時期已行用。見該文。

【鮣】

即鮣魚。此稱晋代已行用。見該文。

【首象印】

即鮣魚。此稱宋代已行用。見該文。

【應子魚】

亦稱"印子魚""印頰魚""鮣鱗""頂甲魚"。即鮣魚。清胡世安《異魚圖贊補》卷上："首載篆籀，注諸魚死。似青而修，捕必先祀。勝鶡炙者，彼或疑此。……《述異記》：城陽縣南，有堯慶都墓。前一池，魚頭間有印文，謂之印頰魚。若非祀者，捕而不得。郭祥正詩'仙魚通印勝鶡炙'，亦猶蘇之誤也。"清李元《蠕範》卷六："鮣，印子魚也。無鱗，長三尺，身正四方如印，首象篆文。長一尺二三寸。或謂應子魚，以地名也。扶南俗謂：大魚死者，鮣魚必先封之。"清張玉書、陳廷敬等《康熙字典》卷三五："鮣，《類篇》：鮣鱗，魚名，如篆，一曰首象印。"清聶璜《清宮海錯圖》第一冊："福寧海上有頂甲魚，一方骨深陷頭上，中有楞列刺，活時翻抛石上，其頂緊吸，雖兩三人不能拔起，土人亦稱爲印魚。"

【印頰魚】

　　即鮣魚。此稱清代已行用。見該文。

【印子魚】

　　即鮣魚。此稱清代已行用。見該文。

【鮣鱗】

　　即鮣魚。此稱清代已行用。見該文。

【頂甲魚】

　　即鮣魚。此稱清代已行用。見該文。

鮟鱇

　　亦稱"琵琶魚""劍魚""樂魚""華臍""老婆牙""鰀魚""三脚蟾""海蝦蟇""火魚"。魚名，鮟鱇目，鮟鱇科魚類的通稱（Lophiidae）。體形平扁。頭大，圓盤狀，向體部漸細呈錐狀，狀若琵琶。一般長 20~30 厘米。口寬大，前位，兩頜及犁、齶骨均具尖銳犬牙，下頜前突於上頜，内行牙最長。體裸無鱗。背鰭第一棘分離，形成吻觸手，胸鰭有很長的假臂。底栖魚。可食用，但價值不大。我國共三種，近似種黃鮟鱇（*Lophius litulon*），能發類老人咳嗽似的聲音，俗稱"老頭魚"。鮟鱇，形如琵琶而得名琵琶魚，以守株待兔之方式誘捕獵物，似安康、快樂而稱"鮟鱇""樂魚"。另有人謂，早期漁民因其形醜而不捕，使其得以海中安定生活，得名鮟鱇。又謂源於日本，魚店老闆剝其嫩白之肉贈人，又不願明言，爲討口彩而稱鮟鱇，寓意安康。

　　南朝梁任昉《述異記》卷上："海魚千歲爲劍魚，樂魚，一名琵琶。形如琵琶而善鳴，因以爲名。"《文選·左思〈三都賦〉》："躍龍騰蛇，鮫鰡琵琶。"劉逵注："琵琶魚，無鱗，形似琵琶，東海有之。"《太平御覽》卷九四〇引三國吳沈瑩《臨海水土異物志》："琵琶魚，無鱗，形如琵琶，故因以爲名。"明馮時可《雨航雜録》卷下："鰀魚，一名華臍，一名老婆牙，其腹有帶如帔，子生附其上，形如科斗。大者如盤，或曰此《文選》所謂琵琶魚也。無鱗，冬初始出者俗重之，至春則味降矣。"帔，原意古代披在肩背上的服飾，此處意覆蓋物。鰀魚，華臍之稱，皆因此覆蓋物而得。老婆牙之稱緣其大牙。明屠本畯《閩中海錯疏》卷中："琵琶，身扁似琵琶，無鱗。生南越者，長二丈。"長二丈之説失實。明楊慎《異魚圖贊》卷三："海魚無鱗，形類琵琶，一名樂魚，其鳴亦嘉。聞音出聽，會識瓠巴。"瓠巴，春秋戰國時期楚國著名琴師、樂音家。由於其狀如蟾蜍，又有三脚蟾之稱。清李調元《然犀志》："三脚蟾，魚類。形如蝌蚪而扁，合左右兩翅，視之儼如三足蟾蜍，故名。口大有齒，細如針，密如毳，下齶（應爲頜）長於上脣。"方言亦稱"海蛤蟆""蛤蟆魚""醜魚""大嘴魚""推車魚""蚧巴子""醜老婆""扒皮魚"等。清沈翼機等編纂《浙江通志》卷一〇三："火魚，至正《四明續志》：頭巨尾小，身圓通赤，故以火名。"清方旭《蟲薈·海蝦蟇》："《坤輿外紀》：'海中有海蝦蟇，與石同色，餓時即入石穴中，於鼻内吐一紅綫，如小蚯蚓，以餌小魚。衆小魚争食之，皆被所吞。'"

【琵琶魚】 [2]

　　即鮟鱇。此稱三國時期已行用。見該文。

【劍魚】 [3]

　　即鮟鱇。此稱南北朝時期已行用。見該文

【樂魚】

　　即鮟鱇。此稱明代已行用。此該文。

【華臍】

即鮟鱇。此稱明代已行用。此該文。

【老婆牙】[2]

即鮟鱇。此稱明代已行用。此該文。

【綬魚】

即鮟鱇。此稱明代已行用。此該文。

【三脚蟾】

即鮟鱇。此稱清代已行用。此該文。

【海蝦蟇】

即鮟鱇。此稱清代已行用。此該文。

【火魚】[3]

即鮟鱇。此稱清代已行用。見該文。

蠖魚

魚名，鮟鱇目，蠖魚科，蠖魚屬魚類的通稱。我國有五種。體小，稍側扁，頭大。第一背鰭棘特化成"釣竿"，其頂端有肉質的"釣餌"，胸鰭特化成臂狀，可用其在海底緩慢爬行。蠖意"跛脚"，故蠖魚又名"跛脚魚"。或靜伏海底，誘捕獵物。如藻蠖魚，其體色花紋頗似馬尾藻。再如毛蠖魚（*Antennarius hispidus*）。體長不足 11 厘米。暖水性底層魚類。明屠本畯《閩中海錯疏》卷上："鱍，背有肉二斤，乾之名金絲鮝，形味俱類鯊魚翅。"其中"斤"字或有誤，蠖魚體小，背部不會有二斤肉，或許是兩"片"肉。且皮膚粗糙，不作食用，多作肥料，不會"類鯊魚翅"。此應指其吻上的"釣竿"和"誘餌"。

河魨

"魨"或作"豚"。亦稱"鮭""鯸鮐""鮭魚""鯸鮧""鰗""鮑魚""鯸鮐""魨""鰗魚""嗔魚""鰗鮧""鮠""鯸鮧""鮧魚""青郎君""斑兒""吹肚魚""氣包魚"明"黃

河　魨
（清聶璜《清宮海錯圖》）

駒""烏狼""胡兒""鯸""鮐""黃鯸""探黃""鯙鯺"等。魚名，魨形目，魨科。體長橢圓形，頭胸部粗圓。吻鈍圓，上下頜骨癒合成四個大牙狀。體無鱗。無腹鰭。有氣囊，遇敵能使腹部膨脹。內臟有巨毒。分布於溫熱帶近海，以蝦、蟹、海膽、烏賊和魚等爲食。河魨有一百多種。方言，南澳稱"乖魚"，江浙稱"小玉斑""大玉斑""烏狼"，汕頭稱"花河豚""包公鯸"，廣東還稱"鷄泡"，河北附近稱"臘頭魚"。

河魨的古稱很多。《山海經·北山經》："〔敦薨之山〕敦薨之水出焉，而西流注於泑澤……其中多赤鮭。"郭璞注："今名鯸鮐爲鮭魚；音圭。"又："〔少咸之山〕敦水出焉，東流注於雁門之水，其中多䲇䲇之魚，食之殺人。"《廣雅·釋魚》："鯸鮧，魺也。"王念孫疏證："鵬

河　魨
（《食物本草》）

夷即鯸鮐之轉聲，今人稱之河豚者是也。河豚善怒，故謂之鮭，又謂之鮰。”又：“鮰之言訶，《釋詁》云：‘訶，怒也。’”《太平御覽》卷九三九引晉郭義恭《廣志》：“鮑魚，一名河豚。”宋程大昌《繁演露·河豚》：“《類篇》引《廣雅》云：‘鯸鮐，豚也。背青腹白，觸物即怒，其肝殺人。’正今人名爲河豚者也。然則豚當爲‘魨’。”魨，從屯，圓也。現代用魨字，稱河魨。明李時珍《本草綱目·鱗四·河豚》〔釋名〕：“鯸鮧、鶘鮧、鯢魚、嗔魚、吹肚魚、氣包魚。時珍曰：‘豚，言其味美也。鯸鮧，狀其形醜也。鯢，謂其體圓也。吹肚、氣包，象其嗔脹也。’”又時珍曰：‘狀如蝌蚪，大者尺餘，背色青白，有黃縷，又無鱗無鰓無膽。’”《浙江通志·物產》：“黃駒俗名烏狼，吳人呼爲河豚。”

又稱“鯢”，從規，意體圓。《爾雅翼·釋魚二》：“鯢，今之河豚，背上青黑有黃文，眼能開能閉。觸物輒嗔，腹張如鞠，浮於水上，一名嗔魚。”明屠本畯《閩中海錯疏》卷中：“鯢，鮭也。一名胡兒，一名鯸鮐，一名河豚……然有毒，能殺人。”清厲荃《事物

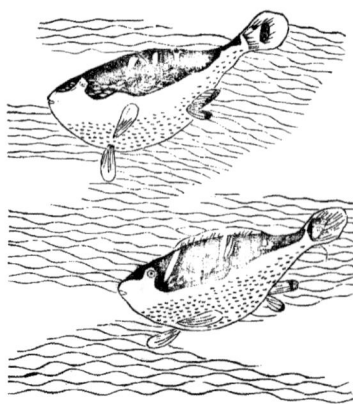

鯢
（明王圻等《三才圖會》）

異名錄·水族部·河豚》：“《通雅》：鯢、鮐、鮭，皆今之河豚，亦曰烏狼，一曰探魚，黃者曰黃鯢。”又三國吳沈瑩《臨海水土異物志》：“鯺，即河豚之大者。”鯢，一說指弓斑東方魨（Takifugu ocellatus）。體亞圓筒形，尾部尖細。長約10厘米。體背灰褐，腹白，背有一暗色橫帶。方言“雞抱”“抱鍋”。一說指條紋東方魨（Takifugu xanthopterus）。長約60厘米，背到側底色青上有白條紋，胸鰭基以前有一藍色大斑。方言，南澳稱“乖魚”，汕頭稱“花河豚”“包公鯢”。

河魨，因常見於河口；豚（魨），意體肥如豬且味美而得名。鯸鮐、鯸鮐、鯸鮧、鶘夷，可互換，意體形圓而醜；嗔魚、吹肚、氣包，意鼓氣；鮭，恚也，意怒或恨；均表達其形醜、易怒、巨毒、味美等特點。

河魨內臟、血液有毒，尤其肝臟、生殖腺有巨毒。清呂輝斗等《丹徒縣志》：“河豚之毒，曰血、曰子、曰眼。”其毒性相當於巨毒藥氰化鈉的1250倍。一尾暗紋東方魨能毒死十三人。產卵前，魚最肥美，也最毒。明馮時可《雨航雜錄》卷下：“諺云：‘蘆青長一尺，不與河豚作主客。’”意生殖季節最毒。其毒素對所有脊椎動物及原索動物、節肢動物都顯毒性，貓、犬、鳥鳶之屬食之無不立死。但對軟體、環節、棘皮和腔腸等低等動物則無反應。南朝宋雷斅《雷公炮炙論》：“鮭魚插樹，立使枯乾……曰華子謂之鶘魚。”《談苑》卷一云：“河豚瞋目切齒，其狀可惡，不中度，多死弃其腸與子，飛鳥不食，誤食必死。”明李時珍《本草綱目·鱗四·河豚》〔性味〕：“入口爛舌，入腹爛腸，無藥可解。吳人言其血有脂令舌麻，子令腹脹，

眼令目花。"

河魨肉嫩鮮美，無論清炖、清蒸、紅燒、椒鹽、生食等，都會馨香獨具，民諺謂"不吃河豚焉知魚，吃了河豚百無味""食得一口河豚肉，從此不聞天下魚""遍嘗世間魚萬種，惟有河豚味最鮮"。宋張耒《明道雜志》："河豚魚，水族之奇味也。"清洪亮吉《北江詩話》卷一："藐江鄉之風味，首鯸鮧之足誇，是也。"明陶宗儀《輟耕錄》卷九："浙西惟江陰人尤珍之，每春首初出時，必用羞祭品畢，然後作羹，而鄰里間互相饋送，以爲禮。腹中之腴曰西施乳。"古時在很多地方，特別是長江中下游地區，如在江陰就盛吃河魨。宋張耒《明道雜志》："余時守丹陽及宣城，見土人戶戶食之，其烹煮亦無法，但用蔞蒿、荻芽、菘菜三物云最相宜，用菘以滲其膏耳，而未嘗見死者。蘇子瞻是蜀人，守揚州，晁五咎濟南人，作倅（即副職）。河豚出時每日食之，二人了無所覺，但愛其珍美而已。"明馮時可《雨航雜錄》卷下："余鄉亦盛食之，春時筵客，不得此爲不敬。"清陳元龍《格致鏡源·水族三》："在仲春期間，吳人此時會客無此魚則非盛會，其味尤宜。"但古人也早有告誡。宋沈括《補筆談·補第三十卷》："吳人嗜河豚，有遇毒者，往往殺人，可爲深戒。"宋梅堯臣《坐中客語食河豚魚》詩："春洲生荻芽，春岸飛楊花。河豚當是時，貴不數魚蝦，其狀已可怪，其毒亦莫加……皆言美無度，誰謂死如麻。"宋歐陽修《六一詩話》評論此詩稱："河豚常出於春暮，群游水上，食絮而肥。南人多以荻芽爲羹，云最美。"但切不可貿然"拼死"吃河魨。

河魨分布很廣，全國各地上市的時間不盡相同。宋蘇軾《惠崇春江曉景之一》詩："竹外桃花三兩枝，春江水暖鴨先知。蔞蒿滿地蘆芽短，正是河豚欲上時。"宋范成大《晚春田園雜興》詩："荻芽抽笋河豚上，楝子花開石首來。"古人利用河豚觸物即怒的特點巧捕河豚。宋蘇軾《河豚魚說》："河之魚，有豚其名者，游於橋間而觸其柱不知遠去，怒其柱之觸已，則張頰植鬐，怒腹而浮之水，久之莫動，飛鳶過而攫之，磔其腹而食之。"清李調元《南越筆記》卷一："取河豚以秋潮始盛，垂千百鈎於網中。河豚性嗔，觸網輒不去，欲與網鬥，以故往往中鈎。又或以一大繩爲母，以千百小繩爲子，子繩繫於母繩之末，而母繩之末各繫一鈎，一河豚中鈎，衆河豚皆中鈎，是名兄弟鈎，亦名拖鈎。其鈎皆空不以餌，亦曰生釣。"人們從其肝臟、卵巢中可提取出河魨素、河魨酸、河魨卵巢素等，可製成麻醉劑、戒毒劑和鎮静劑等藥品，用極小劑量即可止痛。現用以治療神經疼、風濕及麻風，甚至癌症等疾病。

【鮭】

"河魨"之古稱。此稱先秦時期已行用。見該文。

【魣魣】

"河魨"之古稱。此稱先秦時期已行用。見該文。

【鯸】[3]

即河魨。此稱漢代已行用。見該文。

【鯸鮧】

即河魨。此稱漢代已行用。見該文。

【鯸鮐】

"河魨"之古稱。此稱三國時期已行用。見該文。

【鮰】[2]

即河魨。此稱三國時期已行用。見該文。

【鮭魚】

即河魨。此稱晉代已行用。見該文。

【鮠魚】[2]

即河魨。此稱晉代已行用。見該文。

【鯸鮐】

即河魨。此稱晉代已行用。見該文。

【魨】

即河魨。此稱南北朝時期已行用。見該文。

【鯏魚】

即河魨。此稱南北朝時期已行用。見該文。

【鮧魚】[2]

即河魨。此稱唐代已行用。見該文。

【嗔魚】

即河魨。此稱宋代已行用。見該文。

【鯢】

即河魨。此稱宋代已行用。見該文。

【鮔鰭】

即河魨。此稱宋代已行用。見該文。

【鯏鮧】

即河魨。此稱明代已行用。見該文。

【青郎君】

“河魨”之大者。此稱明代已行用。見該文。

【斑兒】

“河魨”之小者。此稱明代已行用。見該文。

【吹肚魚】

即河魨。此稱明代已行用。見該文。

【氣包魚】

即河魨。此稱明代已行用。見該文。

【黃駒】[1]

即河魨。此稱明代已行用。見該文。

【烏狼】

即河魨。此稱明代已行用。見該文。

【胡兒】

即河魨。此稱明代已行用。見該文。

【黃鰿】

即河魨。此稱清代已行用。見該文。

【鮐】[2]

“河魨”之別稱。此稱清代已行用。見該文。

【探黃】

即河魨。此稱清代已行用。見該文。

【鰾魚】

即河魨。亦稱“鮥鮧”“鯸”“黃鷹可”“醇疵隱士”“春榮小供奉”“河豘”“胡夷魚”“規魚”“海規”“冬易子”“黃駒”“嗔”“鶘夷”“烏郎”“鷗誇”“鮀魚”“鮸魚”“探魚”“玟璏魚”“鯧鮋魚”“挺鮍”“鱭蟆”。

漢王充《論衡·言毒》：“毒螫渥者，在蟲則爲蝮蛇、蜂蠆，在草則爲巴豆、冶葛，在魚則爲鮭與鮥鮧。故人食鮭肝而死。”河魨又稱河豘等。宋虞儔《佳句妙醞鼎至再和以謝》詩：“不爲河豘賦荻芽，一壺且復薦枯蝦”。豘與豚同。五代毛勝《水族加恩簿》：“黃鷹可，爾澤嫩可貴，然失於經治，敗傷厥毒，故世以醇疵隱士爲爾之目，特授三德尉，兼春榮小供奉。”按，謂河豚也。宋范成大《次韵唐子光教授河豚》詩：“胡夷信美胎殺氣，不奈吳兒苦知味。”此“胡夷”應與鯏鮧義同。宋沈括《補筆談·補第三十卷》記曰：“吳人所食河肫，有毒，本名侯夷魚……規魚，浙東人所呼；又有生海中者，腹上有刺，名海規。吹肚魚，南人通言之，以其腹漲如吹也。”規同鯢，鮭的諧音字。元盧君嘗《重修琴川志》卷九：“出揚子江中，有三種，大曰河魨，正月以後有之；次曰班兒，又次曰冬易子，皆冬月有之。"明馮時可《雨航雜録》卷下："黄駒即鮔魚，俗所謂河豚也，一名鮭，一名嗔，一名鮑，一名鶘夷。"鶘夷，原意革囊，意其善怒，鼓氣如囊。萬曆《溫州府志》，黄駒"有河豚、烏郎、鷗誇、鮔魚、鮀魚、鯢魚之名"。烏郎同前述之烏狼。清李元《蠕範·物性》："河豚也…… 規魚也，鰾魚也。"又："鮥鮔也，�鮨也…… 河豚也。"《康熙字典·魚部》："鮥鮔，殺人。"又"鮔同鮢"，意此係巨毒能致人一死之魚。

　　方言"玳瑁魚"。清阮葵生《茶餘客話》卷五："惟黄河匯淮二百里中出（河豚），又名玳瑁魚。不甚大，豐盈柔膩，斑駁可觀。薦以青蔞白苣，味致佳脆。"清俞正燮《癸巳類稿·書〈齊書·虞願傳〉後》："安南人《大越史記·李神宗紀》曰：'天順四年十二月，左武捷兵杜慶進黄色鯧鮢魚，詔以爲瑞，群臣稱賀。'注云：鯧音昌，鮢音公，即鯢魚也。"清道光《招遠縣志》："挺鮁，南方曰河豚，北方曰挺鮁。"清光緒《日照縣志》："鮐，一名鮔鮐…… 即河豚也。俗呼鯺蟆。"

【鮥鮔】

　　即河魨。此稱漢代已行用。見該文。

【鮢】

　　"河魨"之省稱。此稱三國時期已行用。見該文。

【黄薦可】

　　即河魨。此稱五代時期已行用。見該文。

【醇疵隱士】

　　即河魨。此稱五代時期已行用。見該

【春榮小供奉】

　　即河魨。此稱五代時期已行用。見該文。

【河㹠】

　　即河魨。此體宋代已行用。見該文。

【胡夷魚】

　　即河魨。此稱宋代已行用。見該文。

【規魚】

　　即河魨。此稱宋代已行用。見該文。

【海規】

　　即河魨。此稱宋代已行用。見該文。

【冬易子】

　　即河魨。此稱元代已行用。見該文。

【黄駒】[2]

　　即河魨。此稱明代已行用。見該文。

【嗔】

　　即河魨。此稱明代已行用。見該文。

【鶘夷】

　　即河魨。此稱明代已行用。見該文。

【烏郎】

　　即河魨。此稱明代已行用。見該文。

【鷗誇】

　　即河魨。此稱明代已行用。見該文。

【鮀魚】[2]

　　即河魨。此稱明代已行用。見該文。

【鯢魚】[1]

　　即河魨。此稱明代已行用。見該文。

【探魚】

　　即河魨。此稱清代已行用。見該文。

【玳瑁魚】[2]

　　即河魨。此稱清代已行用。見該文。

【鯧鮢魚】

　　即河魨。此稱清代已行用。見該文。

【挺鮁】

即河魨。此稱清代已行用。見該文。

【鯸鮧】

即河魨。此稱清代已行用。見該文。

【西施乳】

"河魨"之美稱。一說指河魨整體。唐李商隱《寄成都高苗二人從事》詩："莫將越客千絲網，網得西施別贈人。"宋阮閱《詩話總龜後集·飲食門》詩："甘美遠勝西子乳，吳王當年未曾知。"一說指河魨腸間脂肪。明陶宗儀《輟耕錄》卷九："腹中之膵曰西施乳。"一說指雄河魨的生殖腺。清童岳薦《調鼎集》卷五："河豚……春時最美。其白名西施乳。"清《天津縣志·物產》，河豚"脊血及子有毒，其白（精巢）名西施乳，三月間出，味爲海錯之冠"。宋趙彥衛《雲麓漫鈔》卷五："河豚腹脹而斑，狀甚醜，腹中有白曰肭，有肝曰脂，肭最甘肥，吳人最珍之，目爲西施乳。"宋陳耆卿嘉定《赤城志》卷三六："冬月爲上味。腹有肭，白如酥，名西施乳。"一說指其脂。明謝肇淛《五雜俎》卷九："三吳之人以爲珍品。其脂名西施乳。"王紫詮《瀛壖雜志》卷一："河豚味美而有毒……每當蘆芽短嫩，爛煮登盤，腹極甘腴，故名西施乳。"

假睛東方魨

亦稱"斑魚""斑子"。魚名，魨形目，魨科，假睛東方魨（*Takifugu pseudommus*）。吻圓鈍。體背灰褐，帶有稀疏白圓斑，腹白，背鰭基具一大黑斑。宋葉夢得《石林詩話》卷上："今浙人食河豚始於上元前……柳絮時人已不食，謂之斑子。"按，柳絮時人不食者并非河魨，當爲斑魚。明李明珍《本草綱目·鱗四·河豚》引宋嚴有翼曰："其色淡黑有文點者，名斑魚，毒最甚。"明李詡《戒庵漫筆》："大者名青郎君，小者名斑兒。"體有斑，而稱斑魚、斑子。

【斑魚】

即假睛東方魨。此稱宋代已行用。見該文。

【斑子】

即假睛東方魨。此稱宋代已行用。見該文。

刺魨

亦稱"刺龜""氣魚""龜魚""刺龜魚"。魚名，魨形目，刺魨科，九斑刺魨（*Diodon novemaculatus*）。體長卵圓形，長可達20厘米。頭稍寬大。無鱗，鱗成長棘，前部棘二個根，能前後活動，後部棘三個根，不能前後活動。體背褐，有九個大黑斑。內臟及生殖腺有毒。清郭柏蒼《海錯百一錄》卷二："氣魚，產臺灣。如龜如蝟，駝背魚也。大者尺許，小者寸許。游泳如常魚，有觸則鼓氣磔刺。又名刺龜，土人空其腹爲燈。"清胡建偉纂乾隆《澎湖紀略》："刺龜魚身圓如球，頭尖尾短，兩邊有小翼，有刺無鱗，形如龜。其刺如蝟，故名焉。好事者脫其皮以作燈，留爲上元節賞玩，殊有可觀。"清蔣師轍、薛紹元纂《臺灣通志》："氣魚大者尺許，小者寸許，平時游泳如常魚，遇物腹中鼓氣而圓，其刺如蝟，其形如龜；又名刺龜魚，中空可爲燈。"按，氣魚，河魨之類。

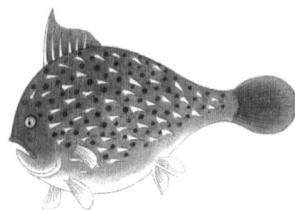

刺　魚
（清聶璜《清宮海錯圖》）

本科我國共六種，主要分布於南海，并不僅産臺灣。皮有刺而稱刺鈍，觸物鼓氣稱氣魚，狀如龜稱刺龜。"空其腹爲燈"，指人們常把刺鈍皮充氣，晾乾，中間放一燈泡，當燈用，或作藝術珍品出售。

【龜魚】 [2]

即刺鈍。此稱清代已行用。見該文。

【刺龜魚】

即刺鈍。此稱清代已行用。見該文。

【刺龜】

即刺鈍。此稱清代已行用。見該文。

【氣魚】

即刺鈍。此稱清代已行用。見該文。

三刺鈍

亦稱"蓮刺魚""蓮刺"。魚名，鈍形目，三刺鈍科魚類的通稱。短吻三刺鈍（*Triacanthus brevirostris*）。體長而側扁，長可達30厘米，吻短鈍。背鰭第一棘及腹鰭棘强大。體背淺藍灰色，腹白。內臟有弱鹼性毒。分布廣。廣西北海稱"六角魚""絨皮魚"，海門稱"三角迪"，汕尾稱"三角姑"，澳頭稱"角婆魚"，磵洲稱"木馬"，金沙稱"三旗魚"，清瀾港稱"三足蹬"，鶯歌海稱"剝皮魚"。本科五種。一般體長150毫米左右。皮膚頗堅韌，被以細小粗糙鱗片，與鯊魚皮相似。尾柄兩側各有一個或多個尖棘。清郭柏蒼《海錯百一録》卷一："蓮刺魚，俗呼蓮刺。産於二三月，似鯊仔，但鬣上有一刺，兩鰓有兩刺耳。"蓮刺魚，意其刺如蓮上刺。清聶璜《清宮海錯圖》第二册則稱鰽魚："鰽魚，亦鯊類也。背腹有刺，而皮上有硬沙。"有考者謂此指三刺鈍。

【蓮刺魚】

即三刺鈍。此稱清代已行用。見該文。

【蓮刺】

即三刺鈍。此稱清代已行用。見該文。

六斑刺鈍

亦稱"土奴魚""魚虎""刺魚"。魚名，鈍形目，二刺鈍科，六斑刺鈍（*Diodon holocanthus*）。體長卵圓形，長可達60厘米。吻短寬，口小，眼中大。無鱗，鱗變成長棘，棘很尖長，能前後活動。體背淡褐，具六個大黑斑，腹白。南海習見，碙石稱"刺乖"，清瀾港稱"刺龜"。別名"土奴魚"。明李時珍《本草綱目·鱗四·魚虎》〔釋名〕："土奴魚。"〔集解〕藏器曰："生南海。頭如虎，背皮如蝟有刺，著人如蛇咬……"時珍曰："按《倦游録》云：'海中泡魚大如斗，身有刺如蝟，能化爲豪豬，此即魚虎也。'"頭如虎而稱魚虎，不確。清郭柏蒼《海錯百一録》卷一："刺魚，産澎湖。首連於腹，左右兩鬐，尾短，渾身皆刺，其勁如錐，形圓如毯，土人噓其皮爲燈。"即用其剝製下來的魚皮，製作家庭照明燈具。刺魚并不僅産澎湖。清李調元《然犀志》卷上："魚虎，生南海……有變爲虎者。"化爲豪豬之説純係主觀臆斷。清聶璜《清宮海錯圖》第一册："刺魚産閩海，身圓無鱗，略如河豚狀而有斑點。周身皆刺棘，手難捉，亦不堪食。"

【土奴魚】

即六斑刺鈍。此稱明代已行用。見該文。

【魚虎】 [3]

即六斑刺鈍。此稱明代已行用。見該文。

【刺魚】 [2]

即六斑刺鈍。此稱清代已行用。見該文。

中華單角魨

又稱“中華單棘魨’，亦稱“鹿魚”“鹿子魚”“鹿角”。魚名，魨形目，單棘魨科，中華單角魨（*Monacanthus chinensis*）。體長可達 32 厘米。魚體上有不規則的暗色小點，體鱗大，各鱗中心有一強棘，栖息在礁區、砂泥底、河口、近海沿岸，俗名“白達仔”。三國吳沈瑩《臨海水土異物志》：“鹿魚長二尺餘，有角，腹下有脚如人足。”金李杲編輯，明李時珍參訂《食物本草》卷一〇：“鹿子魚，生南海中。身有鹿斑，赤黃色。每春、夏跳躍出洲渚，化而爲鹿。曾有人拾得一魚，頭已化鹿，尾猶是魚，已化未化。肉極鯹臭，不可向口。”魚化鹿之説爲謬。明屠本畯《閩中海錯疏》卷一：“鹿角，《海物異名記》曰：芒角持戴在鼻。小者腌爲鮓，味甚佳，大者長五六寸許，其皮可以角錯。”

【鹿魚】[1]

即中華單角魨。此稱三國時期已行用。見該文。

【鹿子魚】[1]

即中華單角魨。此稱金代已行用。見該文。

【鹿角】[2]

即中華單角魨。此稱明代已行用。見該文。

箱魨

亦稱“鹿魚”“鹿角魚”“鹿子魚”。魚名，魨形目，箱魨科，角箱魨〔*Ostracion*（*Lactoria*）*cornutus*〕。體長 13 厘米，頭短高，體甲大致四棱狀，背、側棱發達，其前、後端各有一對朝前和朝後的粗長棘。體甲淡灰黃。分布於東海、南海。方言“海牛”“黃角仔”。《初學記》卷三〇引漢楊孚《異物志》：“鹿魚，頭上有兩角如鹿。”三國吳沈瑩《臨海水土異物志》：“鹿魚長二尺餘，有角，腹下有脚如人足。”此説有誤，箱魨體不會長二尺餘，腹下亦無如人足之脚。唐陳致雍《海物異名記》：“芒角持戴在鼻，小者腌爲酢，味甚佳。大者長五六寸許，其皮可以角錯，亦謂之鹿角魚。”人們用其粗糙魚皮來磨光角製品。清胡世安《異魚圖贊補》卷上：“《嶺表録異》：‘鹿子魚赬色，其尾鬣皆有鹿斑，赤黃色。’”有角而鹿斑，所以取名鹿角魚。宋梅堯臣《賣鹿角魚》：“水中龍，角而足。海小魚，角矗矗。不擬龍，乃擬鹿。譬彼蝸，抗繭犢。漬以鹹鹵久且醭，時賣都市參鼎餗。此人何苦厭猪羊，甘爾臭味不飽腹。”繭犢，牛犢，醭，意醋或醬油等表面上長的白色黴。鼎餗，指鼎中食品，後常藉指政事。

【鹿魚】[2]

即箱魨。此稱漢代已行用。見該文。

【鹿子魚】[2]

即箱魨。此稱唐代已行用。見該文。

【鹿角魚】

即箱魨。此稱唐代已行用。見該文。

翻車魚

亦稱“鏡魚”“新婦啼魚”。魚名，魨形目，翻車魚科，翻車魚（*Mola mola*）。體短圓而又甚側扁，像一個大碟子，無尾柄，無尾鰭，身體後半段猶如被削掉，故人稱它是會游泳的頭。大型個體可長達 3.5 ～ 5.5 米，重 1400 千克，最大 3.5 噸。背鰭和臀鰭高大，是其主要游泳器官。口又尖又小，像鸚鵡嘴。主要以水母爲食，用微小的嘴巴將食物鏟起。體背灰褐，腹白。多見於熱帶海洋。

三國吳沈瑩《臨海水土異物志》：“鏡魚

如鏡，形體薄少肉，按《閩書》，鏡魚眼圓如鏡，水上翻轉如車，方言云翻車魚。”明顧玠《海槎餘録·翻車魚》曰：“海槎秋晚巡行昌化屬邑，俄海洋烟水騰沸。競往觀之，有二大魚游戲水面，各頭下尾上泱起烟波中，約長數丈餘。離而復合者數回，每一跳躍聲震里許。余怪而詢於土人，曰此翻車魚也。”臺灣稱它“乾貝魚”“鸚哥魚”。翻車魚一稱緣於方言。水車，見於南方稻田，不停地翻轉。但此魚性遲鈍，并非不停地翻轉。故此稱欠合理。因其喜海上曬太陽，稱“太陽魚”，或“浮木”，又因其栖於熱帶海洋，體表常附着許多發光動物，在其游動中會發光，遠看如明月，故又美稱“月亮魚”。眼圓如鏡，稱“鏡魚”。

清郭柏蒼《海錯百一録》卷二：“新婦啼魚，産臺灣。引《海東札記》：‘狀鮮肥，熟則拳縮，命名以此。’”此魚的特點之一是骨多肉少，剥皮後魚肉約爲體重的十分之一。魚肉含水量大，烹後劇縮。清孫元衡《赤嵌集·翻車魚》：“泔魚末學易牙方，軟玉銷爲水碧漿。厨下却憐三月婦，羹湯難與小姑嘗。”原注：“〔翻車魚〕狀本鮮肥，熱則拳縮，意取新婦未諳，恐被姑責也。”泔魚，原爲添水以漬也，後以泔魚爲追悔前非的典故，如宋王安石《欲往净因寄涇州韓持國》詩：“泔魚已悔他年事，搏虎方收末路身。”此處爲追悔之意。易牙，人名，春秋時專管料理齊桓公飲食的厨師，長於調味，善逢迎。意後悔没有學會易牙的方法，柔軟似玉的翻車魚肉，大都化爲水碧漿。可憐厨房裏的三月新媳婦，做的羹湯難以拿給小姑嘗。故此魚也俗稱新婦啼。

【鏡魚】[3]

即翻車魚。此稱三國時期已行用。見該文。

【新婦啼魚】

即翻車魚。此稱清代已行用。見該文。

石斑魚

亦稱“石鱉魚”“高魚”“姪魚”“淫蟲”“鼜魚”“蝦蝥”“石鼜”。魚名，鱸形目，鮨科，石斑魚亞科（Epinehelinae）魚類的通稱。體長橢圓形，略側扁。體被小櫛鱗，常埋於皮下。體色變异甚多，常呈褐色或紅色，并具條紋和斑點，喜栖沿岸島嶼附近的巖礁、砂礫、珊瑚礁底質的海區。肉質細嫩潔白，素有“海鷄肉”之稱。被港澳地區推爲我國四大名魚之一，是高檔筵席必備之佳餚。

海鰶魚
（清聶璜《清宫海錯圖》）

石斑魚
（清蔣廷錫等《古今圖書集成》）

其稱始見於金代典籍。金李杲編輯，明李時珍參訂《食物本草》卷一〇："石斑魚，一名石礬魚，一名高魚。生南方溪澗水石處。長數寸，白鱗黑斑。浮游水面，聞人聲則劃然深入。"

《太平御覽》卷九四〇引三國吳沈瑩《臨海水土異物志》曰："石斑魚，婬魚，六蟲爲一。"又："石斑魚，婬蟲。鼊魚，長尺餘，其斑如虎文，俗言，蝘蜓於水邊，呼之，因走上岸合牝，其子不可食也。"唐段成式《酉陽雜俎·廣動植》卷一："石斑魚，僧行儒言建州有石斑魚，好與蛇交。南中多隔蜂窠，窠大如壺，常群螫人。土人取石斑魚，就蜂側灸之，標於竿上向日，令魚影落其窠上。須臾，有鳥大如燕數百，互擊其窠，窠碎，落如葉，蜂亦全盡。"唐方千里《南方異物志》："高魚似鱒，有雌無雄，二三月與蜥蜴合於水上，其胎毒人。"明李時珍《本草綱目·鱗四·石斑魚》："石斑生南方溪澗水石處。長數寸，白鱗黑斑。浮游水面，聞人聲則劃然深入。"至清代仍誤認爲其有雌無雄，并稱其高魚。清黃宮綉《本草求真》："石斑魚屬毒物，凡服之者，無不謂患頭痛作泄……其魚有雌無雄，二三月與蜥蜴合於水上。其胎毒人……但肉食之差可，而子及腸尤甚。"清李元《蠕範》卷一："高魚，石礬也，石斑也。似鯶白鱗，有斑文如虎，長數寸，大者尺餘。"上述與蛇交或與蜥蜴合於水上及有雌無雄之説實誤。

石斑魚，體多具斑，栖於水石處，稱石板魚。古籍中婬、淫二字通用，婬魚同淫魚。古籍中淫與游二字可互換，故此淫魚可通游魚，意其喜"浮游水面"。石礬之礬，原意蚱蜢，與魚無關，故石礬乃石斑之音訛。《臨海水土異物

志輯校》一書認爲是指星點東方魨（ *Takifugu niphobles* ），從"其胎毒人"的特點看與此相符。但此魚無鱗，海栖，與上述之"生南方溪澗""白鱗黑斑""有雌無雄"等特點似不相符，應指石斑魚類。石斑魚種類較多，海栖、淡水栖者均有。雌雄同體，具性逆轉特性，性成熟時全係雌性，次年再逆轉成雄性，或許是故而生"有雌無雄"之説。但它并非有雌無雄，亦不會與蛇交或與蜥蜴交。

【婬魚】

即石斑魚。此稱三國時期已行用。見該文。

【淫蟲】

即石斑魚。此稱三國時期已行用。見該文。

【鼊魚】

即石斑魚。此稱三國時期已行用。見該文。

【蝘蜓】

即石斑魚。此稱三國時期已行用。見該文。

【高魚】

即石斑魚。此稱金代已行用。見該文。

【石礬魚】

即石斑魚。此稱金代已行用。見該文。

【石礬】

即石斑魚。此稱清代已行用。見該文。

東方豹鲂鮄

亦稱"角魚""白角魚"。魚名，鲂形目，豹鲂鮄科，東方豹鲂鮄（ *Dactyloptena orientalis* ）。體長，頭寬，短四棱狀。口下位，吻短圓，陡斜。眼側位而高。體背與鰭紅色，腹側淡白。分布於中國南海、臺灣海峽等海域。俗稱"蜻蜓角""蓋絲文""飛魱魚""飛虎""飛角魚"。清李調元《然犀志》："角魚，其頭三棱，有赤魚、白角二種。白角魚有翅能飛。"

【角魚】

即東方豹魴鮄。此稱清代已行用。見該文。

【白角魚】

即東方豹魴鮄。此稱清代已行用。見該文。

比目魚

亦稱“”“鰈”“魼”“兩鰙”“板魚”“鞋底魚”“箬葉魚”“拖沙魚”王餘魚”。鰈形目魚類之古稱，亦是沿用至今的俗稱。體甚側扁，成魚身體左右不對稱，兩眼位於頭的一側，左或右側，口、牙、偶鰭均不對稱。無鰾。無眼側栖於泥或砂質海底，通常無色素。我國有五十多種，分布很廣，各海區均產；俗稱“偏口”。《管子·封禪》：“東海致比目之魚，西海致比翼之鳥。”

三國吳沈瑩《臨海水土異物志》：“比目魚，似左右分魚，南越謂之‘板魚’。”《後漢書·邊讓傳》：“於是音氣發於絲竹兮，飛響軼於雲中，比目應節而雙躍兮，孤雌應聲而鳴雄。”《呂氏春秋·遇合》：“凡遇合也時，不合，必待合而後行。故比翼之鳥死乎木，比目之魚死乎海。”《爾雅·釋地》：“東方有此目魚焉，不比不行，其名謂之鰈，其名曰鶼鶼。”郭璞注：“狀似牛脾，鱗細，紫黑色，一眼，兩片相合乃得行。今水中所在有之，江東又呼爲王餘魚。”舊題唐

房玄齡注：“〔比目魚〕各有一目，不比不行，其名曰鰈；〔比翼鳥〕各有一翼，不比不飛。”明屠本畯《閩中海錯疏》卷上曰：“比目魚，狀如牛脾，鱗細，紫黑色，一眼，須兩眼相合乃行。”明李時珍《本草綱目·鱗四·比目魚》〔釋名〕：“比，並也。魚各一目，相並而行也。”

亦稱“鰙”。鰙從介，介，獨也。《玉篇·魚部》：“鰙，兩鰙，即比目魚也。”《集韵·去未》：“鰙，魚名，比目魚也。”《文選·左思〈吳都賦〉》：“罩兩鰙，罜鰝蝦。”李善注引劉逵曰：“鰙，左右鰙，一目，所謂比目魚也。云須兩魚併合乃能游，若單行，落魄著物，爲人所得，故曰兩鰙。”更甚者，唐段公路《北户錄·鰙魚》引《異聞記》：“東城池有王餘魚，池決，魚不得去，將死。或以鏡照之，魚看影，謂其有雙，於是比目而去。”此“二片”“一目”“相並而行”之説皆謬。從《管子》至《本草綱目》盡皆以錯傳錯。

比目魚被以愛情忠貞相比。三國魏徐幹《室思》詩：“故如比目魚，今隔如參辰。”參

比目魚
（清聶璜《清宫海錯圖》）

比目魚
（清蔣廷錫等《古今圖書集成》）

辰，以參、辰兩星比喻離別不得相見。《史記·司馬相如列傳》："禺禺魼鰨。"裴駰集解："《漢書音義》曰：'魼，比目魚也。'"晉孫綽《望海賦》："王餘孤戲，比目雙游。"明楊慎《異魚圖贊》卷二："王餘孤游，比目雙逝，水既有之，陸亦相儷。單鵙匹鷪，性亦相似。"鵙，伯勞的舊稱；鷪，黃鸝。伯勞必單栖，黃鸝必雙飛。民間亦有所謂"鳳雙飛，魚比目"之諺。

清代始知其有兩眼。清李調元《然犀志》："比目魚……兩眼並相，一明一暗，亦微分大小。"又知并非不比不行。清郭柏蒼《海錯百一錄》云："在海濱以此魚爲常肴，緝者多單行，乃受氣之偏，非不比不行也。"成、幼魚眼不同。徐珂《清稗類鈔·動物類》："比目魚……其幼魚兩側各有一眼，游泳如常魚。漸長，伏於泥沙，眼之位置亦漸移易。故其生育中，必幾經變態。種類甚多。兩眼比連於左側者，如鰈及鞋底魚是；比連於右側者，如王餘魚是。"清李元《蠕範》卷三："魼，魪也，魬也，鰈也，魿也，鰜也，東緰也，左介也，箬葉也，拖沙也，婢屣也，奴屩也，鞋屧也，版魚也，比目魚也……昔越王爲鱠，剖而未切，墮落於水，化爲此魚，故亦名王餘魚。"比目魚爲重要經濟魚類，產量頗高。爲滿足人們需要，我國及許多其他國家已開展了對牙鮃和舌鰨等魚的人工養殖。

【鰈】[1]

即比目魚。此稱秦漢時期已行用。見該文。

【魼】[1]

即比目魚。此稱漢代已行用。見該文。

【兩魪】

即比目魚。此稱晉代已行用。見該文。

【板魚】

比目魚之方言。此稱三國時期已行用。見該文。

【鞋底魚】

比目魚之方言。此稱三國時期已行用。見該文。

【箬葉魚】[1]

比目魚之方言。此稱三國時期已行用。見該文。

【拖沙魚】

即比目魚。此稱唐代已行用。見該文。

【王餘魚】[2]

即比目魚。亦稱"王餘"。《藝文類聚》卷九九引晉郭璞《比目魚贊》："比目之鱗，別號王餘。雖有二片，其實一魚。協不能密，離不爲疏。"《文選·左思〈吳都賦〉》："雙則比目，片則王餘。"劉淵林注："比目魚，其身半也，俗云：越王鱠魚未盡，因以其半弃水中爲魚，遂無其一面，故曰王餘魚。"此也是和前述銀魚之"王餘魚"傳說之區別。

【王餘】

"王餘魚[2]"之省稱。此稱晉代已行用。見該文。

【偏口魚】

亦稱"東緰""魬魚""泥鞋魚""箬魚""龍舌""龍利""箬葉魚""貼沙魚""鰙魚""板皷""孝魚""報娘魚""孝子魚"。即比目魚。清陳元龍《格致鏡原》卷九二引漢鄭玄《尚書》："中候，帝王將興，比目魚出。"注："比目魚曰東緰。"緰，古時多意，其中有游、由、自等意。唐稱"鞋底魚""拖沙魚"。唐劉恂《嶺表録異》卷上："比目魚，南人謂之鞋底魚，江淮謂之拖沙魚。"明代稱板魚。明張自烈《正字通·魚部》："魬，比目魚，名板魚，俗改作魬。"

清代稱泥鞋魚或鞋底魚。清郭柏蒼《海錯百一録》卷一："比目魚……閩呼泥鞋魚，廣名鞋底魚。"又稱偏口魚。清郝懿行《記海錯》："王餘，即偏口魚也……唯一面有鱗爲異。其口偏在有鱗一邊，極似比目魚。但比目魚一目，須兩片相合，此魚兩目相連，唯口偏一側耳。"稱箬魚。清光緒《富陽縣志》卷一五："箬魚，俗書作鮯……即所謂比目魚也。"箬同箬，一種竹子。故比目魚又稱箬魚。又稱龍舌、龍利。清光緒《莆田縣志》卷二："貼沙，一名龍舌，俗呼鞋底。"龍舌，仙人掌類植物，此述其形似。《陽江縣志》卷一六："貼沙魚，一種扁而長，俗呼龍利。方言謂舌曰利，以其形似龍舌也。"故龍利同龍舌。又稱板靫。清《松江府志·鱗之屬·比目魚》："身形如箬，故一名箬魚，亦曰板靫，味極美。"又稱孝子魚。《南匯縣續志》卷二一："比目魚，俗呼孝魚，又呼報娘魚。"《昆新兩縣續補合志》卷三："比目魚……以其形如箬，謂之箬魚，又訛爲王祥所弃，謂之孝子魚。"此源於古代二十四孝子故事之一。王祥，母久病，求活魚，祥應之。然時盛寒河冰，網罟不施，祥解衣卧冰求之。忽冰少開，一魚出游，垂綸獲之。祥爲母削去魚體之半，因不忍魚之痛苦挣扎，將魚之另一半放回冰窟之中，遂變爲比目魚。上述之"孝魚""報娘魚"等稱，同源。王祥，《晋書》有傳。

【魬魚】

　　即偏口魚。此稱宋代已行用。見該文。

【東鰊】

　　即偏口魚。此稱清代已行用。見該文。

【泥鞋魚】

　　即偏口魚。此稱清代已行用。見該文

【箬魚】

　　即偏口魚。此稱清代已行用。見該文。

【龍舌】

　　即偏口魚。此稱清代已行用。見該文。

【龍利】

　　即偏口魚。此稱清代已行用。見該文。

【箬葉魚】[2]

　　即偏口魚。此稱清代已行用。見該

【貼沙魚】

　　即偏口魚。此稱清代已行用。見該文。

【鮯魚】

　　即偏口魚。此稱清代已行用。見該文。

【板靫】

　　即偏口魚。此稱清代已行用。見該文。

【孝魚】

　　即偏口魚。此稱清代已行用。見該文。

【報娘魚】

　　即偏口魚。此稱清代已行用。見該文。

【孝子魚】

　　即偏口魚。此稱清代已行用。見該文。

鮃

　　魚名。鰈形目，鮃類幾個魚之通稱。體側扁，兩眼位於頭左側。背、臀鰭甚長。體左側色深，右側淡，以右側貼於海底而栖。種類很多，常見的有斑鮃、花鮃，大鱗鮃等。

　　鮃之稱始見於梁，并沿用至今。《玉篇·魚

部》："鮃，魚名。"至清代則明確提出兩眼在左側者謂之鮃。徐珂《清稗類鈔·動物類》："鰈，古亦稱鰜，日本人則稱兩眼之在右側者曰鰜，而以在左側者爲鮃。"鮃從平，平者平也，緣於魚體扁平如板，附底而栖，是故又有"板魚""飯魚"之稱。"鞋底魚""箬葉魚"，皆述其形。箬葉，即箬竹的葉子。據考，板魚多指牙鮃科的牙鮃（*Paralichthys olivaceus*）。該魚體長圓形，側扁，長達70厘米，重達1300克。仔魚兩眼爲置正常，三十至四十天完成變態，頭骨向左扭，兩眼移至左側。黄、渤海名貴魚類，年產量約兩千噸。廣東稱"鰗魚""左口""沙地""地魚"，江浙稱"比目魚"，山東稱"牙鰐""偏口"，河北、遼寧稱"牙片""偏口"。我國已試驗人工養殖。

鰈²

亦稱"婢屣魚""奴屩魚"。魚名，鰈形目，鰈科魚之統稱。體甚側扁，兩眼位於頭右側，體左側色淡，貼沙而卧，右側色深。背鰭臀鰭甚長。種類很多，常見的有高眼鰈、星鰈、蟲鰈、木葉鰈、冠鰈等。其稱始見於漢代典籍，并襲用至今。鰈從碟，魚體扁如碟，貼附海底生活。"婢屣魚"及"奴屩魚"述其形似女鞋。《說文·魚部》："鰈，比目魚也，從魚枼聲。"《爾雅·釋地》："鰈，音牒，比目魚。"又："鰈，婢屣魚。"漢韓嬰《韓詩外傳》卷五："宋海之魚名曰'鰈'，比目而行，不相得不能達。"宋張守《漢神魚舞河頌》："東海之鰈，北冥之鯤。披圖考異，掩於前聞。"元代還有奴屩魚一稱。《太平御覽》卷九百四十引《臨海水土記》："奴屩魚長一尺，如屩形。"屩者，用麻、草做的鞋子。明楊慎《異魚圖贊》卷二："東海

比目，不比不行，兩片得立，合體相生，狀如鞋屣，鰈實其名。"《風土記》曰："奴屩魚，皆鰈之別名。"剛孵出的仔魚兩眼位置正常，浮游生活，隨着發育，逐漸變態，左側眼漸移至頭右側，魚則沉入海底生活。多爲重要經濟魚類，分布廣，我國各海均產，有些可進入淡水。如木葉鰈（*Pleuronichthys cornutus*）。體長20厘米，身側扁，呈卵圓形。有眼側體色灰褐或紅褐。

【婢屣魚】

"鰈²"之异稱。此稱漢代已行用。見該文。

【奴屩魚】

即鰈²。此稱元代已行用。見該文。

鰜

亦稱"生介""左介"。魚名，即比目魚。鰈形目，鰜科，大口鰜（*Psettodes erumei*）。體甚側扁，長37厘米。口甚大，口裂斜。被小圓鱗。有眼側體色褐至暗褐。此稱見於漢代典籍，并沿用至今。《說文·魚部》："鰜，鰜魚也，從魚兼聲。"《廣韻·平添》："鰜，比目魚。"鮃與鰜是兩種魚。清厲荃《事物異名録·水族部·比目》"比目"注引唐段公路《北户録》："比目魚，一名鰜，亦曰生介。又生介或作左介。'"鰜從兼，即同一種魚之兩眼或在左或在右，兼而有之。介，意獨。左介意衹有左眼。此説大誤。"生介"當是"左介"之形訛。

【生介】

即鰜。此稱明代已行用。見該文。

【左介】

即鰜。此稱明代已行用。見該文。

鰐¹

亦稱"鮕""鰐鰻""鰐魶""鱸""魶""鱸

鰨"。方言"花鮹鰨""花條鰨""花手絹""花板""花牛舌""花鞋底"等。魚名，鰈形目，鰨科魚之通稱。體側扁，長約 20 厘米。體延長，呈舌狀，兩眼位於左側。口小，下位。背鰭、臀鰭與尾鰭相連，無胸鰭，無眼側無腹鰭。種類繁多，我國約有十八種，各海均産。條鰨（ *Zebrias zebra* ），體側扁，長約 20 厘米。有眼側色淡黃褐，具深褐色橫帶花紋。其稱始見於漢代典籍，并襲用至今。《文選·司馬相如〈上林賦〉》："鰨鱱鰅鮋，禹禹魼鰨。"李善注引郭璞曰："魼，比目魚。狀似牛脾，細鱗紫色。"又裴駰集解引西漢許廣曰："鱸一作魼，鮋一作鰨。"《説文·魚部》："魼，魼魚也。"朱駿聲通訓："鰨，比目魚也，一名魼。魼即《史記》鱸鰨之鱸也。鰨，鱸鰨也，從魚楊聲。"魼，同鱸，意皮膚粗糙。《廣韻·平魚》："鱸，比目魚。"按，《上林賦》"禹禹魼鰨"之"鰨"，李善注引郭璞曰："鰨，醜魚也。似鮎有四足，聲如嬰兒。"當誤。魼鰨似爲一物，單稱合稱皆可，同《史記》之"鱸鰨"。《正字通·魚部》："鰨，音塔，薄魚，蹋土而行，今謂之鰨鰻，鰨鮋。

【魼】[2]

即鰨[1]。此稱漢代已行用。見該文。

【鱸】

即鰨[1]。此稱漢代已行用。見該文。

【鮋】[2]

即鰨[1]。此稱漢代已行用。見該文。

【鱸鰨】

即鰨[1]。此稱漢代已行用。見該文。

【鰨鰻】

即鰨[1]。此稱明代已行用。見該文。

【鰨鮋】

即鰨[1]。此稱明代已行用。見該文。

【鮹鰻】

即鰨[1]。亦稱"箬鰨魚""箬獺""逤密魚""牛舌頭魚"。《古今圖書集成·禽蟲典》引《瑞安縣志》："比目魚形似蒻葉，紫黑，細文，兩魚合一，駢身比合而行，俗名鮹鰻。"蒻葉即箬葉。鮹鰻同鰨鰻。清汪曰楨《湖志》卷六："鰈，即比目魚……浙謂之鞋底魚，亦謂之箬鰨魚。"清光緒《餘姚縣志》卷六："箬獺，《嘉慶志》：狀類箭箬，細鱗紫色，即比目魚。"箬獺同箬鰨。箭箬，即箬竹，葉片寬大，可以裹粽。《福山縣志稿》卷一之三："比目魚，京師謂之逤密魚，形如牛脾，登州呼爲牛舌頭魚。"逤爲鰨、踏的諧音字，方言謂泥曰密，故逤密意踏泥或貼泥。

【箬鰨魚】

即鮹鰻。此稱清代已行用。見該文。

【箬獺】

即鮹鰻。此稱清代已行用。見該文。

【逤密魚】

即鮹鰻。此稱清代已行用。見該文。

【牛舌頭魚】

即鮹鰻。此稱清代已行用。見該文。

舌鰨

亦稱"鰈鯊""漯沙""江箬""箬漯"。魚名，鰈形目，舌鰨科魚類的通稱短吻紅舌鰨（ *Cynoglossus joyneri* ）。體延長而側扁，呈舌形扁片狀，長 19 厘米。兩眼位於頭的左側。口下位，左右不對稱。無胸鰭。有眼側色褐，有三條側綫，無眼側色淡。明屠本畯《閩中海錯疏》卷上："鰈鯊，形扁而薄，邵武名鞋底魚，又名

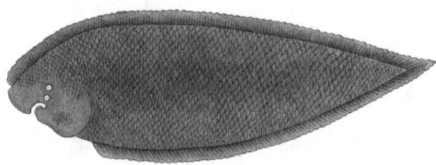

舌鰨
（清聶璜《清宮海錯圖》）

漯沙。按：漯音撻，魚在江中行漯漯也。左目明，右目晦昧。今閩廣以此魚名比目……四明謂之江箬，以形如箬，故名。又謂之箬漯，以

其行漯漯，故名。”

【鰈鯊】

即舌鰨。此稱明代已行用。見該文。

【漯沙】

即舌鰨。此稱明代已行用。見該文。

【江箬】

即舌鰨。此稱明代已行用。見該文。

【箬漯】

即舌鰨。此稱明代已行用。見該文。

附録：魚類器官及其他

魚卵

亦稱“鯤”“魚子”“鱦”“鮲”“蟻”“魟子”“白萍”“金粟平錘”“魚春子”。魚卵名。《爾雅・釋魚》：“鯤，魚子。”郭璞注：“凡魚之子總名鯤。”《國語・魯語上》：“魚禁鯤鮞，獸長麑麌。”韋昭注：“鯤，魚子也；鮞，未成魚也。”《説文・魚部》：“魚子未生者曰鯤，鯤即魚卵……魚子即魚卵，今人俗語猶如是。”晋崔豹《古今注・魚蟲》：“魚子曰鮲，亦曰鯤，亦曰鱦，言如散稻米也。”唐蘇鶚《蘇氏演義》卷下：“魟子，一名魚子，好群浮水上，曰白萍。”唐皮日休《種魚》詩：“移土湖岸邊，一半和魚子。”明李時珍《本草綱目・鱗四・魚子》〔釋名〕：“魚子曰鮲，曰蟻。”清厲荃《事物異名録・飲食部》引巨源《食譜》云：“魚有乳釀、鳳凰胎，魚白；金粟平錘，魚子。”清屈大均《廣東新語・文語・土言》：“廣州謂卵曰春，曰魚春。”又《廣東新語・蟲語》：“魚卵亦曰魚春子，唐時吳郡貢魚春子即魚子也。”

【鯤】[2]

“魚卵”之古稱。此稱漢代已行用。見該文。

【魚子】

“魚卵”之古稱。此稱漢代已行用。見該文。

【鱦】[2]

“魚卵”之古稱。此稱晋代已行用。見該文。

【鮲】

“魚卵”之古稱。此稱晋代已行用。見該文。

【魟子】

“魚卵”之古稱。此稱唐代已行用。見該文。

【白萍】[2]

“魚卵”之古稱。此稱唐代已行用。見該文。

【蟻】

“魚卵”之古稱。此稱明代已行用。見該文。

【金粟平錘】

“魚卵”之古稱。此稱清代已行用。見該文。

【魚春子】

“魚卵”之古稱。此稱清代已行用。見該文。

魚鰭

亦稱“鬣”“魚翅”“丙”“鮂”。鰭是魚的

主要運動和平衡器官，分爲奇鰭或單鰭，包括背鰭、臀鰭和尾鰭；偶鰭，包括胸鰭和腹鰭。鰭的表面覆有皮膚，内有鰭條支持。鰭條有兩種，一是柔軟而分節的鰭條，另一種是堅硬而不分節的硬棘。《爾雅·釋魚》："魚尾謂之丙。"邢昺疏："此釋魚之骨體腸尾之名也……尾似篆書丙字，亦因名之也。"《文選·司馬相如〈上林賦〉》："捷鰭掉尾，振鱗奮翼。"郭璞注："鰭，背上鬣也。"明李時珍《本草綱目·鱗四·魚鮇》曰："魚翅曰鰭，曰鬣。魚尾曰魛，音抹，曰丙。"《康熙字典》引《史記·司馬相如列傳》："捷鰭擺尾……鰭，魚背上鬣也。"

【丙】

即鰭。此稱秦漢時期已行用。見該文。

【魚翅】[1]

即鰭。此稱明代已行用。見該文。

【魛】

即鰭。此稱明代已行用。見該文。

【鬣】

即鰭。此稱晋代已行用。見該文。

魚鮇

亦稱"魚枕""丁"。魚的頭骨，即枕骨。《爾雅·釋魚》："魚枕謂之丁。"郭璞注："枕在魚頭骨中，形似篆書丁字，可作印。此皆似篆書字，因以名焉。"邢昺疏："其魚頭中骨爲枕，其骨形似篆書丁字，故因謂之丁。"宋蘇軾《魚枕冠頌》："瑩净魚枕冠，細觀初何物。"元曹文晦《魚鮇屏》詩："何人遺公魚鮇屏，定須東海繪長鯨。"明李時珍《本草綱目·鱗四·魚鮇》："諸魚腦骨曰鮇，曰丁。"清吳偉業《送許堯文之官莆陽》詩之二："抹麗香分魚鮇細，荔支漿勝橘奴甘。"

【魚枕】

即魚鮇。此稱秦漢時期已行用。見該文。

【丁】

即魚鮇。此稱秦漢時期已行用。見該文。

魚骨

亦稱"鰒""鯁"。魚骨，魚刺。魚的骨骼分爲中軸骨骼包括頭骨、脊柱、肋骨和附肢骨。《説文·魚部》："鰒，魚骨也。《爾雅》曰：'魚骨謂之鰒。'"明李時珍《本草綱目·鱗四·魚鮇》時珍曰："魚骨曰鯁，曰刺。"《儀禮·公食大夫禮》"魚七縮俎寢右。"鄭玄注："乾魚近腴多骨鯁。"賈公彦疏："鄭云'乾魚近腴多骨鯁'，故不欲以腴鄉賓，取脊少骨鯁者鄉賓。"唐韓愈《送進士劉師服東歸》詩："由來骨鯁材，喜被軟弱吞。"《晋書·曹志傳》："幹植不强，枝葉不茂；骨鯁不存，皮膚不充。"

【鰒】

"鯁"之古字。此體秦漢時期已行用。見該文。

【鯁】

同"鰒"。此體漢代已行用。見該文。

魚腸

亦稱"乙""鯛"。《爾雅·釋魚》："魚腸謂之乙。"邢昺疏："魚腸似篆書乙字。"《廣韵·平暮》："鯛……魚肚中腸。"明李時珍《本草綱目·鱗四·魚鮇》〔釋名〕："魚腸曰鯛，曰乙。"亦有謂魚胃曰鯛。《集韵·去莫》："鯛，杭、越之間謂魚胃爲鯛。"

【乙】

"魚腸"之古稱。此稱秦漢時期已行用。見該文。

【鯛】[2]

"魚腸"之古稱。此稱三國時期已行用。

見該文。

魚鱗

多數硬骨魚體外的骨質薄片狀保護結構。魚鱗可用於製作魚鱗膠、鱗光粉、磷酸鈣、鹽酸和尿素等，魚鱗膠可製電影膠片和X光膠片。《楚辭·九歌·河伯》："魚鱗屋兮龍堂，紫貝闕兮朱宮。"王逸注："言河伯所居，以魚鱗蓋屋，堂畫蛟龍之文，紫貝作闕，朱丹其宮，形容異制，甚鮮好也。"《説文·魚部》："鱗，魚甲也，从魚粦聲。"唐李賀《雁門太守行》詩："黑雲壓城城欲摧，甲光向日金鱗開。"明李時珍《本草綱目·鱗四·魚鱗》〔釋名〕時珍曰："鱗者，鄰也。魚産於水，故鱗似鄰；鳥産於林，故羽似葉；獸産於山，故毛似草。魚行上水，鳥飛上風，恐亂鱗羽也。"

魚鰾

亦稱"魚胞""鮧鮐""魚脬"。方言稱"魚白""白鰾""魚脬""魚肚"。魚之鰾，可食，亦可煉製魚膠，做工業黏合劑和外科手術用的縫合綫。宋楊士瀛《仁齋直指》卷二三："用魚鰾膠於熱湯中，煮軟乘熱研爛傅之。"明李時珍《本草綱目·鱗四·鮧鮐》引宋齊丘《化書》云："鰾即諸魚之白脬，其中空如泡，故曰鰾。可治爲膠，亦名縋膠。諸鰾皆可爲膠。"宋蘇軾《孫莘老寄墨》詩四首之一："魚胞熟萬杵，犀角盤雙龍。墨成不敢用，進入蓬萊宮。"

【魚胞】

即魚鰾。此稱宋代已行用。見該文。

【鮧鮐】[1]

即魚鰾。此稱明代已行用。見該文。

【魚脬】

即魚鰾。亦稱"細飄""佩羹""玉胰""宋珍都尉""南海詹事"。唐段成式《酉陽雜俎·酒食》："細飄，一名魚鰾。"宋江休復《江鄰幾雜志》卷二："丁正臣賣玉胰來館中，沈景休云：福州人謂之佩羹，即今魚脬是也。"清厲荃《事物異名録·飲食部》引《名物通》："玉胰，魚脬也。福州謂之佩羹。"清汪紱輯《醫林纂要》："鮫鯊白，腹中泡也，又曰鮧鮐，非此魚獨有，而此尤大，今人謂之魚肚，其實非肚也。"清厲荃《事物異名録·水族·魚總名》引五代毛勝《水族加恩簿》："江伯夷，宋帝酷好鰾，則別名宜授宋珍都尉、南海詹事。"都尉、詹事，皆古官名，原意給事、執事。秦始置，掌皇后、太子家中之事。

【細飄】

即魚脬。此稱唐代已行用。此該文。

【宋珍都尉】

即魚脬。此稱五代時期已行用。此該文。

【南海詹事】

即魚脬。此稱五代時期已行用。此該文。

【玉胰】

即魚脬。此稱宋代已行用。此該文。

【佩羹】

即魚脬。此稱宋代已行用。此該文。

鮑魚 [2]

亦稱"饐魚"。指臭鹹魚。《説文·魚部》："鮑，饐魚也。"段玉裁注："饐，飯傷濕也，故鹽魚濕者爲饐魚。《周禮·籩人》：'鄭康成以爲鮑於煏室乾之，非也。'籩人，當時的飲食職官；煏，以火焙肉。《周禮·天官·籩人》："籩人掌四籩之實。朝事之籩，其實麷、蕡、白、黑、形鹽、膴、鮑魚、鱐。"鄭玄注曰："鮑者，於煏室中糗乾之，出於江淮也。"《史記·秦始皇本紀》記始皇病死於沙丘，秦二世秘不發喪，"令車載一石鮑魚"，以掩蓋尸體臭味。唐常楚老《祖龍行》詩："祖龍一夜死沙丘，胡亥宵隨鮑魚轍。"《大戴禮記·曾子疾病》："與君子游，芝乎如入蘭芷之室，久而不聞，則與之化矣；與小人游，膩乎如入鮑魚之次，久而不聞，以與之化矣。"後人經常使用這個典故。如《孔子家語·六本》："故曰與善人居，如入芝蘭之室，久而不聞其香，即與之化矣；與不善人居，如入鮑魚之肆，久而不聞其臭，亦與之化矣。"亦稱"䱹""鮿魚""腌魚""鹹魚"。《玉篇·魚部》："䱹，鹽漬魚也。"《南齊書·武陵昭王曄傳》："尚書令王儉詣曄，曄留儉設食，盤中菹菜鮿魚而已。"明李時珍《本草綱目·鱗四·鮑魚》〔釋名〕時珍曰："其以鹽漬成者曰腌魚曰，曰鹹魚，曰鮿魚。"時珍又曰："鮑即今之乾魚也。魚之可包者，故字從包。"後者非是。明清之後，鮑魚多轉指"鰒魚"。參見本卷《水生脊椎動物説·魚類考》"鰒魚"文。

【䱹魚】

即鮑魚[2]。此稱漢代已行用。見該文。

【鮿】

即鮑魚[2]。此稱南北朝時期已行用。見該文。

【鮿魚】

即鮑魚[2]。此稱南北朝時期已行用。見該文。

【腌魚】

即鮑魚[2]。此稱明代已行用。見該文。

【鹹魚】

即鮑魚[2]。此稱明代已行用。見該文。

魚乾

亦稱"薨""鱐""鮿魚""蕭折""淡魚""鱐魚""法魚""鮫魚""鮸魚""河祇脯"。乾

魚或魚乾，非是軟體動物的鮑魚。《周禮·天官·䱷（漁）人》："辨魚物，鮮薨。"又《周禮·天官·庖人》："夏行腒鱐，膳膏臊。"鄭玄注引鄭司農曰："腒，乾雉；鱐，乾魚。"宋歐陽修《夷陵縣至喜堂記》："販夫所售，不過鱐魚腐鮑，民所嗜而已。"宋陸游《雪夜小酌》詩："地爐對火得奇溫，兔醢魚鱐窮旨蓄。"《金史·禮志三》："籩之實，魚鱐、糗餌……以序爲次。"《正字通·魚部》："鮿魚，微用鹽曰鮸。"鹽乾魚。明李時珍《本草綱目·鱗四·鮑魚》："鮑，即今之乾魚也。魚之可包者，故字從包。《禮記》謂之薨，《魏武食制》謂之蕭折，皆以蕭薨承曝而成故也。其淡壓爲腊者，曰淡魚，曰鱐魚，音搜；以物穿風乾者曰法魚，曰鮫魚，音怯；其以鹽漬成者，曰腌魚，曰鹹魚，曰鮿魚，音葉，曰鮸魚，音塞。今俗通呼爲乾魚。"按，李時珍以"鮑即今之乾魚也"，失之武斷。古之"鮑魚"當指"鮿魚"。清稱"河祇脯"。清厲荃《事物異名録·乾魚》："引《鷄跖集》："武夷君食河祇脯。"注："乾魚也。""

【薨】

即魚乾。此稱先秦時期已行用。見該文。

【鱐】

即魚乾。此稱先秦時期已行用。見該文。

【蕭折】

即魚乾。此稱三國時期已行用。見該文。

【淡魚】

即魚乾。此稱明代已行用。見該文。

【鱐魚】

即魚乾。此稱明代已行用。見該文。

【鮫魚】

即魚乾。此稱明代已行用。見該文。

【鰱魚】

即魚乾。此稱明代已行用。見該文。

【鯤魚】

鹽漬的魚。此稱明代已行用。見該文。

【河祇脯】

即魚乾。此稱清代已行用。見該文。

魚生

即今人所食之生魚片。明李時珍《本草綱目·鱗三·魚膾》〔集解〕："劊切而成，故謂之膾。凡諸魚之鮮活者，薄切洗淨血腥，沃以蒜薑、薑醋五味食之。"清李調元《南越筆記》卷一〇："粵俗嗜生魚，以鱸、以鰷、以鱠白、以黃魚、以青鱭、以雪鮻、以鯇爲上，鯇又以白鯇爲上。以初出水潑剌者，去其皮劍，洗其血鮏，細劊之爲片，紅肌白理，輕可吹起，薄如蟬翼，兩兩相比，泛以老膠和以椒芷，入口冰融，至甘旨矣，而鱭與嘉魚尤美。"清屈大均《廣東新語》卷二二："予嘗蕩舟海目山下，取鱭爲膾。有詩云：'雨過蒼蒼海目開，早潮未落晚潮催。鱭魚不少櫻桃頰，與客朝朝作膾來。'……然食魚生後，須食魚熟以適其和。身壯者宜食，諺曰：'魚生犬肉糜，扶旺不扶衰。'又冬至日宜食，諺曰：'冬至魚生，夏至犬肉。'予詩：'魚膾宜生酒，餐來最益人。臨溪親舉網，及此一陽春。'"食魚生的傳統源於我國，早在周朝就有記載。考古出土的周宣王五年（公元前 823）青銅器銘文中就記有一將軍吃魚生之事。至唐代更是食膾盛行，發展到高峰，後歷經各個朝代，幾度興盛，逐漸形成了豐富的魚生飲食文化。但吃魚生易致寄生蟲病。明李時珍《本草綱目·鱗三·魚膾》時珍曰："按《食治》云：凡殺物命，即臕仁噯，且肉未停冷，動性猶存，旋烹不熟，食猶害人，況魚膾肉生，損人尤甚，爲癥瘕，爲痼疾，爲奇病，不可不知。昔有食魚生而生病者，用藥下出，已變蟲形，膾縷尚存；有食鱉肉而成積者，用藥下出，已成動物而能行，皆可驗也。"

魚脂

魚類的脂肪，亦稱"魚油"。明李時珍《本草綱目·鱗三·魚脂》〔釋名〕："魚油，時珍曰：脂，旨也。其味甘旨也……南番用魚油和石灰艌船。"魚油可製肥皂、油漆，作潤滑油等。

【魚油】

即魚脂。此稱明代已行用。見該文。

魚鮓

腌製的魚及糟魚之類。明李時珍《本草綱目·鱗四·魚鮓》〔釋名〕："時珍曰：鮓，醡也。以鹽糝醃釀而成也。諸魚皆可爲之。大者曰鮓，小者曰鮺。一云：南人曰鮺，北人曰鮓。"北魏賈思勰《齊民要術·作魚鮓》："作魚鮓法：剉魚畢，便鹽腌。"唐白居易《橋亭卯飲》詩："就荷葉上包魚鮓，當石渠中浸酒餅。"清黃遵憲《番客篇》："穿花串魚鮓，薄紙批牛肪。"湖南祁陽的特色美食。

魚　鮓
（《食物本草》）

魚醬

亦稱"鮧鮨""郎官鱠"。即魚鰾、魚腸用鹽或蜜漬成的醬。明陳耀文《天中記》卷四六引北魏賈思勰《齊民要術·作五味法》曰："漢武逐夷至於海濱，聞有香氣而不見物，令人推求，乃是漁父造魚腸於坑中……取而食之，以爲滋味，逐夷得此物因名之。"對此一説，無任何古籍史料可以佐證，歷史學家予以否定，因爲漢武帝没有親自領兵"逐夷"事。另一説出於唐陸廣微《吴地記·逐夷》："闔閭十年，東夷侵吴，吴王親征之……夷人不得一魚。遂獻寶物，送降欵。吴王亦以禮報之，仍將魚腹腸肚，以鹹水淹之，送與夷人，因號逐夷。"一般認爲此爲鮧鮨一稱的真正出處。《南史·宋紀下·明帝》："以蜜漬鮧鮨，一食數升。"清林昌彝《杞憂》詩："嗜痂到處營蠅蚋，下酒何人啖鮧鮨。"嗜，喜愛；痂，瘡口結的硬殼。嗜痂，原指愛吃瘡痂的癖性，後形容怪癖的嗜好。

【鮧鮨】[2]

即魚醬。此稱南北朝時期已行用。此該文。

【郎官鱠】

即魚醬。此稱五代時期已行用。此該文。

魚羹

魚肉所做的羹，或魚做的糊狀食物。《南齊書·孝義傳·樂頤》："吏部郎庾杲之嘗往候，頤爲設食，枯魚菜菹而已。杲之曰：'我不能食此。'母聞之，自出常膳魚羹數種。"前蜀李珣《漁歌子》詞之二："水爲鄉，蓬作舍，魚羹稻飯常餐也。"《公羊傳·宣公六年》："（勇士）俯而窺其（趙盾）户，方食魚飧。勇士曰："嘻……子爲晋國重卿，而食重飧，是子之儉也。"晋葛洪《抱朴子·吴先》："有魚滄濯裘之

儉，以竊趙宣平仲之名。"宋曾慥《類説》卷六引五代陳致雍《海物異名記》："江南人喜作鱠，名郎官鱠，言因張翰得名。"郎官，謂侍郎、郎中等職。宋戴復古《思歸》詩："肉糜豈勝魚羹飯，紈袴何如犢鼻褌。"又宋汪元量《湖州歌》："莫問萍虀並豆粥，且餐麥飯與魚羹。"

北魏楊衒之《洛陽伽藍記》卷三"城南"："（王）肅初入國，不食羊肉及酪漿等物，常飯鯽魚羹，渴飲茗汁。京師士子道肅一飲一斗，號爲漏巵。經數年已後，肅與高祖殿會，食羊肉酪粥甚多。高祖怪之，謂肅曰：'卿，中國之味也。羊肉何如魚羹？茗飲何如酪漿？'肅對曰：'羊者是陸産之最，魚者乃水族之長。所好不同，並各稱珍。以味言之，甚是優劣。羊比齊、魯大邦，魚比邾、莒小國，惟茗不中，與酪作奴。'高祖大笑。"王肅，字恭懿，琅琊人，曾在南朝齊任秘書丞。

魚翅[2]

鯊魚鰭中的細絲狀軟骨加工而成的一種海産珍品，古代被列爲"八珍"之一，方言還稱"鯊魚筋""鯊魚翅""金絲翅""鮫鯊翅"等。清趙學敏《本草綱目拾遺》："沙魚翅，乾者成片，有大小，率以三爲對，蓋脊翅一、划水翅二也。煮之拆去硬骨，檢取軟刺色如金者。"清郝懿行《記海錯》："沙魚，色黄如沙……其腴乃在於鰭，背上腹下皆有之，名爲魚翅，貨者珍之。瀹以温湯，摘去其骨，條條解散如燕菜而大，色若黄金，光明條脱。"明李時珍《本草綱目·鱗四·鮫魚》〔集解〕："沙魚……形並似魚，青目赤頰，背上有鬣，腹下有翅，味並肥美，南人珍之。"最早食用魚翅者是漁民。至明代中期，魚翅已爲人們廣泛食用，被視爲珍品。

清汪康年《汪穰卿筆記》卷三曰："魚翅自明以來始爲珍品，宴客無之則客以爲慢。"有考者謂應始於宋代。但宋代主要是加工鯊魚皮，細切成絲，稱爲鯊魚皮膾。宋梅堯臣《答持國遺鮻魚皮膾》詩："海魚沙玉皮，翦膾金齏釅。遠持享佳賓，豈用飾寶劍。予貧食幾稀，君愛則已泛。終當飯葵藿，此味不爲欠。"將鯊魚皮膾誤認爲魚翅。但明熹宗，起年號天啓，恰與唐代李白的詩"明斷自天啓，大略駕群才……"符

合，且喜食魚翅。當時的風水師認爲鯊魚爲佛教護法神"摩羯"，吃魚翅最不吉利，且熹宗起天啓年號、喜魚翅、寓意國破家亡，妻離子散、霉運連連。故明末至清中期前無人敢吃魚翅，魚翅也被排除出八珍。但清代發展迅速，甚至有"無翅不成席"之説。清胡子晋《廣州竹枝詞》詩："由來好食廣州稱，菜式家家別樣矜。魚翅乾燒銀六十，人人休説貴聯升。"爲保護鯊魚物種，現多提倡禁食魚翅。

第三節　兩栖動物考

兩栖動物是一類原始的、初登陸的、具五趾型附肢的四足動物，是脊椎動物中由水栖發展到陸栖的過渡類型。幼體水栖、鰓呼吸；成體可以上陸，肺呼吸。隸於脊索動物亞門，兩栖綱（Amphibia）。

我國人民很早就對兩栖類有一定瞭解。在西安半坡出土的彩陶上有魚、兩栖類及鱉的花紋，説明六千年前人們就對這些動物就有一定認識。河南安陽殷墟小屯村西北發掘的武丁時代的王妃婦好墓中，有許多玉製的小動物，其中就有魚、兩栖類的蛙及爬行類的鱉，説明商代人們已對這些動物相當熟悉。

我國古代動物分類中，兩栖類多歸在魚類中記述。《山海經》中已確定的二百九十一種動物中包括兩栖類。《爾雅·釋魚》所記七十多種動物中，包括四種兩栖類。《説文》中有十七個字與兩栖類有關。兩栖類和我國古代文化發展也有密切關係。春秋時期有越王勾踐見怒蛙而式之的故事，還有人與蝌蚪的記述。《爾雅翼·釋魚三》："古有科斗篆，取象於此。魯恭王壞孔子舊宅，於壁中得孔子先人所藏古人虞夏商周之書，及傳《論語》《孝經》，皆科斗文字。是時去秦未遠……高陽作科斗書云。"民間嫦娥奔月的故事流傳頗廣，然詹諸（即蟾蜍）蓋嫦娥之別稱。

甲骨文中的蛙字

自先秦以來，先民對兩栖類與其他動物的生存競爭關係已有所瞭

解。《關尹子·三極》曰：“螂蛆食蛇，蛇食蛙，蛙食螂蛆，互相食也。”《埤雅·釋魚》：“螂蛆搏蛇。舊説，蟾蜍食螂蛆，螂蛆食蛇，蛇食蟾蜍。三物相制，莫敢先動也。”古時，人們不僅知道蜈蚣吃蛇，而且也知蛇吃蛙，蛙又吃蜈蚣，看到了三者在自然界相互制約的關係。漢代記述較多的兩栖類爲蟾蜍、蛙和蝌蚪等。《説文·黽部》：“鼃，丸，詹諸也。”漢代宮廷中已有吃蛙的習慣，“漢以黽供祭宗”。漢東方朔《諫武帝除上林苑書》：“南山天下之阻也……土宜薑芋，水多黽魚，貧者得以給家足，無飢寒之憂。”又：“蛙古者上以祭宗廟，以下給食貨。”

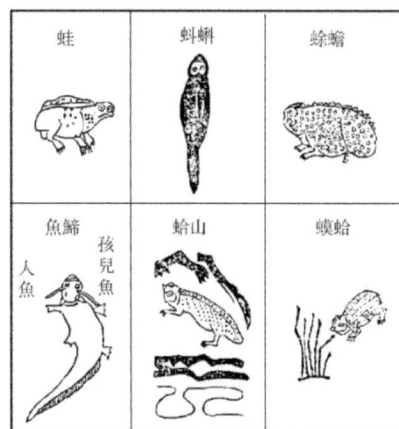

兩栖動物圖
（據初刻本《本草綱目·圖卷下》繪製）

晋崔豹認爲蝌蚪“聞雷則尾脱而脚生”。唐段成式《酉陽雜俎·廣動植一》：“鶴影抱，蝦蟆聲抱。”即所謂聲抱其子。《埤雅·釋魚》謂“蟾蜍吐生”，説明當時對其繁殖習性瞭解有誤。宋代則知其“皆脚具而尾始脱耳”。

聽蛙聲可以預測氣象，瞭解物候。元婁元禮《田家五行》中卷：“社蛤蝦蟆，叫得響亮成通，主晴。”又：“田鷄噴水叫，主雨。”清乾隆《上饒縣志》曰：“三月三日聽蛙聲，午前鳴高田熟，午後鳴低田熟。”唐詩曰：“田家無五行，水旱卜蛙聲。”蛙鳴也爲歷代詩人所稱頌。唐吳融《蛙聲》詩：“稚圭倫鑒未精通，只把蛙聲鼓吹同。”宋周紫芝《聞蛙》詩：“草合平溝漲綠醅，亂蛙聲在古城隈。”明劉基《聽蛙》詩：“繞舍荒池底且衍，螫蛙齊候鳴雷社。”春蛙秋蟬，悦耳動聽。

明屠本畯《閩中海錯疏》記録兩栖類十二種，明李時珍《本草綱目》記録藥用兩栖類九種。現存書籍中關於蛙類入藥的最早記載見於《神農本草經》，該書寫於公元前202年至公元8年間。目前已記載藥用兩栖類達三十二種。

近代對兩栖類進行了較廣泛而深入的研究，已知現有兩栖類四千二百多種。截至2019年底，我國共記録五百五十一種，分爲三個目，即無足目、有尾目和無尾目。其中無足目我國有兩種，有尾目八十二種，無尾目四百三十一種，分布於除海洋和沙漠以外的平原、丘陵、山溪、高山等環境中。

鯢

亦稱"人魚""魶魚""鰕""鰕魚""鯢魚""鰨""魶魚""鰨魚""孩兒魚"。兩棲動物，有尾目，隱鰓鯢科，如大鯢（*Megalobatrachus davidianus*）。體大，全長 1 米左右，重 2～25 千克，大者長 3 米多，重 140 千克，是現存最大兩棲動物。頭扁圓而寬。軀幹粗扁，體側各有一條厚膚褶。四肢粗短，頗似小兒手臂，尾長而側扁。分布於南方各省，栖海拔 100～200 米的水清流急溪流中。遇强敵能反胃吐出食物而脱逃，或自短頸的毛孔分泌甚黏的白汁，使渾身彌漫滑涎且不怕小火，故有"火蛇"之稱。壽命可達 50 多年，有記載最長 130 年。古稱人魚。《山海經・西山經》："又西五十二里曰竹山……丹水出焉你，東南流注於洛水，其中多水玉，多人魚。"《史記・秦始皇本紀》："以水銀爲百川大海……上具天文，下具地理，以人魚膏爲燭。"宋戴侗《六書故・動物四》："鰕，類鮎而四足。《本草》：'鯢魚，生山溪，似鮎。四脚，長尾，一名人魚。'即此物也。"《正字通・魚部》："魚人……郭璞有《人魚贊》。人魚加人作魶，猶牛魚加牛作鮏也。"有人稱其孩兒魚。與人魚意同。明張岱《夜航船・孩兒魚》："磁州出魚，四足長尾，聲如嬰兒啼，因名'孩兒魚'，其骨燃之不滅。"

單稱魶，亦作"鰨""魶"。《廣雅・釋魚》："魶，鯢也。"《集韵・入盍》："魶，魚名，鯢也。似鮎，四足，聲如嬰兒，或作鰨。"漢司馬相如《上林賦》："魠鱅鰬魠，禺禺鱋魶。"魶，一作"鰨"。唐劉恂《嶺表録異》卷下："《爾雅》云：'鯢似鮎，四足，聲如小兒。'"今陝西商州內亦有此魚，謂之魶魚。宋曾慥《類説》卷二二：

"蜀有魶魚，善緣木，有聲如兒啼。"清胡世安《異魚圖贊閏集》："魶魚（或云即鯢）有足若鯢，大首長尾，其啼如嬰，緣木弗墜。"并引《方物略》曰："魶魚，出西山溪谷及雅江。"又引《范鎮東齋筆録》云："蜀有魶魚，善緣木，有聲如啼，孟子言緣木求魚，是亦未聞此也。"《太平御覽》卷九三九引《異物志》曰："鰕有四足，如而行疾，有魚之體，而以足行，故名鰕魚。"明李時珍《本草綱目・鱗四・鯢魚》〔釋名〕："鯢魚……蜀人名魶，秦人名鰨。"此係我國特產，列爲國家二級重點保護動物。

【人魚】[1]

即鯢。此稱先秦時期已行用。見該文。

【魶魚】

即鯢。此稱漢魏時期已行用。見該文。

【鰕魚】

即鯢。此稱漢魏時期已行用。見該文。"鰕"即鯢。

【鯢魚】[2]

即鯢。此稱晋代已行用。見該文。

【鰨】[2]

即鯢。此稱宋代已行用。見該文。

【魶魚】[2]

即魶。此稱宋代已行用。見該文。

【鰨魚】

即鯢。此稱明代已行用。見該文。

【孩兒魚】

即鯢。此稱明代已行用。見該文。

【四足魚】

即鯢。亦稱"前兒""蛙蛙魚"。《逸周書・王會》："穢人前兒，前兒若獮猴，立行，聲似小兒。"兒，古通鯢。《爾雅・釋魚》："鯢大者謂之蝦。"郭璞注："今鯢魚似鮎，四脚，前似獼猴，後似狗，聲如小兒啼。大者長八九尺。"清汪曰楨《湖雅》雅五："鯢，即四足魚。"清同治《咸豐縣志》卷八："蛙蛙魚，即魸魚，有兩足，能緣木。"娃娃魚兼具水行、陸行和樹行的生存能力，易被後人誇張成具有如龍般的上天入地入水的神奇本領。

【前兒】

即四足魚。此稱先秦時期已行用。見該文。

【蛙蛙魚】

即四足魚。此稱清代已行用。見該文。

小鯢

亦稱"山椒魚"。兩栖動物名，有尾目，小鯢科（Hynobiidae）動物的通稱。形似大鯢，唯體較小。種類較多，我國約十八種。分兩類，一類陸栖爲主，如中國小鯢、擬小鯢、爪鯢等，栖於海拔 120 ～ 1800 米的林間潮濕草叢、苔蘚等處。另一類水栖爲主，如肥鯢、北鯢等，栖於海拔 1000 ～ 4000 米的山溪内。四肢較發達，體側有肋溝。主要分布於東北、西南山區。古時常將鯢魚與鰭魚相混，都稱人魚。但體型較大且水栖的是大鯢，即鰭魚，體型較小且主要陸栖。小鯢喜食山椒，又稱山椒魚。明李時珍《本草綱目·鱗四·鰭魚》〔釋名〕："孩兒魚有二種……一種生溪澗中，形聲皆同鰭，但能上樹，乃鯢魚也。"又《鱗四·鯢魚》〔集解〕："人魚、魶魚、鰯魚……時珍曰：'鯢，聲如小兒，故名。即魚之能上樹者。俗云鮎魚上竿，乃此也……蜀人名魶，秦人名鰯。'"〔集解〕藏器曰："鯢生山溪中，似鮎有四足，長尾，能上樹。大旱則含水上山，以草葉覆身，張口，鳥來飲水，因吸食之。聲如小兒啼。"唐段成式

《酉陽雜俎·廣動植之二·鱗介篇》："峽中人食鯢魚，縛樹上，鞭至白汁，出如構汗，方可食。不爾，有毒也。"徐珂《清稗類鈔·動物類》："鯢，一名山椒魚。"此係我國特産，列爲國家二級重點保護動物。

【山椒魚】

即小鯢。此稱清代已行用。見該文。

人魚膏

秦皇葬禮所燃之燈用油脂。《史記》曰："始皇之葬也，以人魚之膏爲其燭也。"東晋秘書監徐廣曰："人魚似鮎而四足，即鯢魚也。"歷來沿用此説法，認爲此人魚之膏乃鯢魚之膏。鯢是兩栖類，因聲如小兒啼哭，而獲人魚之美稱。它屬變溫動物，體内脂肪很少，不足以支持用來煉油點燈。而海獸一般身體恒溫，爲防體熱散失，皮下脂肪很厚，古時用途之一就是用來點燈。儒艮即海牛，海獸之一，因乳房位於胸部，頗類人，雖其貌不揚，也獲有人魚之稱，其皮下脂肪同樣很厚，一樣可以用來點燈。故秦王葬禮之人魚膏應爲儒艮之脂肪。

中國瘰螈

亦稱"龍音蛇""山和尚"。有尾兩栖動物名，有尾目，蠑螈科，中國瘰螈（Paramesotriton chinensis）。體粗壯，成體長約 14 厘米，頭扁平，吻鈍圓，尾部側扁，尾略長於全長之半。體背與尾側爲褐色。栖於山溪流水邊，日伏夜出。是中國的特有物種。分布於浙江、安徽、福建、湖南、廣東、廣西。俗名"水和尚""化骨丹"。清李榕等纂《杭州府志》卷八〇《物産》："龍音蛇，俗名山和尚。相傳受大士戒，不噬人。然昂首，四足厥狀可畏。有褐色、金色、藍色、翠色四種，惟翠色有毒。

過石人嶺則稀。"

【龍音蛇】

即中國瘰螈。此稱清代已行用。見該文。

【山和尚】

即中國瘰螈。此稱清代已行用。見該文。

蠑螈

亦作"榮蚖""蠑原""蠑蚖",省稱"蚖"。兩栖動物名,有尾目,蠑螈科,常見者如東方蠑螈(*Cynops orientalis*)。狀類蜥蜴,體長一般在 6 ～ 7 厘米。頭扁平,軀幹肥圓。背部暗黑,腹面朱紅而有不規則黑斑。四肢較爲發達,前肢四指,後肢五趾,指(趾)間無蹼,尾長而側扁。常栖於池沼草澤中,主要依靠嗅覺捕食水生昆蟲、蝌蚪、水蚤等。因與蜥蜴形狀相似,古多將二者混爲一物,今則別之爲二。《爾雅・釋魚》:"蠑螈,蜥蜴也。"漢揚雄《法言・問神》:"龍蟠於泥,蚖其肆矣。"《説文・蟲部》:"蚖,榮蚖。"《周禮・考工記・梓人》則認爲:"以胸鳴者。"漢鄭玄注:"胸鳴,蠑螈屬。"明屠隆《曇花記・群魔歷試》:"烏啼日落空山暝,走蠑蚖狐兔交並。"清李元《蠕範》:"蠑螈……生草澤間,狀如蜥蜴有白斑者,頭大尾小而短,形粗,亦或青黃色。蛇有傷,輒銜草傅之,俗傳蛇之舅母、龍之親家。"

【榮蚖】

同"蠑螈"。此體漢代已行用。見該文。

【蚖】

"蠑螈"之省稱。此稱漢代已行用。見該文。

【蠑原】

同"蠑螈"。此體漢代已行用。見該文。

【蠑蚖】

同"蠑螈"。此體明代已行用。見該文。

【蛇醫】

即蠑螈。亦作"它醫",亦稱"易蜴""蛇師""水蜥蜴""蛇舅母""豬婆龍"。《説文・蟲部》:"蚖,榮蚖,它醫。"它,同"蛇"。《方言》第八:"其〔守宮〕在澤中者謂之易蜴,南楚謂之蛇醫,或謂之蠑螈。"清錢繹箋疏:"易即蜥字其在澤中者謂之易蜴,即蜥易倒言之也。"按,錢疏此處亦將蠑螈與蜥蜴混爲一物。晉崔豹《古今注・魚蟲》:"其短大者名蠑螈,一曰蛇醫。"清李元《蠕範》:"蠑螈,蛇醫也,蛇師也,水蜥蜴也,蛇舅母也,豬婆龍也。"

【它醫】

同"蛇醫"。此體漢代已行用。見該文。

【易蜴】

即蠑螈。此稱漢代已行用。見該文。

【蛇師】

即蛇醫。此稱清代已行用。見該文。

【水蜥蜴】

即蛇醫。此稱清代已行用。見該文。

【蛇舅母】

即蛇醫。此稱清代已行用。見該文。

【豬婆龍】[1]

即蛇醫。此稱清代已行用。見該文。

【虺蜴】

即蠑螈。亦作"虺蜥",亦稱"祝蜒""水蜴"。《詩・小雅・正月》:"哀今之人,胡爲虺蜴。"毛傳:"蜴,螈也。"漢桓寬《鹽鐵論・周秦》引作:"哀今之人,胡爲虺蜥。"《方言》第八:"〔守宮〕其在澤中者謂之蜴……北燕謂之祝蜒。"三國吳陸璣疏:"虺蜴,一名蠑螈,水蜴也……如蜥蜴,大如指,形狀可惡。"

【虺蜥】

即虺蝪。此體漢代已行用。見該文。

【祝蜓】

即虺蝪。此稱漢代已行用。見該文。

【水蝪】

即虺蝪。此稱三國時期已行用。見該文。

【蚖蛇】

即蠑螈。《方言》第八：〔守宮〕其在澤中者謂之蝪……東齊海岱謂之蚖蛇。"郭璞注："似蜥易大，而有鱗。"按，蠑螈體表粗糙但無鱗，郭説有鱗，非。

蟾蜍 [1]

亦稱"黿鼀""醜黿""蟾諸""鼀""尢鼀""詹諸""月精""螫蠬""蟾蚾""肉芝""蟾蠬""苦蠪""蚼蚾""戚施"。山東俗稱"癩蛤蟆"，四川稱"癩炮"。兩栖動物名，無尾目，蟾蜍科，中華大蟾蜍（*Bufo bufo gargarizans*）。雄性體長95毫米，雌性105毫米。前肢長而粗壯，後肢粗短，皮膚粗糙，背面密布大小不等的圓形瘰粒，腹面滿布疣粒，耳後腺長圓形。體背灰黑，體側有黑色雲斑，腹面黃白，有棕黑色雲斑。平時栖石下、草叢或土洞内。本科約三百種，我國有十二種。分布廣，數量較多的還有黑眶蟾蜍（*Bufo melanostictus*）、花背蟾蜍（*Strauchbufo raddei*）等。

蟾　蜍
（明王圻等《三才圖會》）

其稱始見於漢代典籍，并襲用至今。《爾雅·釋魚》："黿醜（音蹙秋），蟾諸。"郭璞注："似蝦蟆，居陸地。"《説文·黽部》："鼀，尢鼀也，詹諸，其鳴詹諸，其皮鼀鼀。其行尢尢（音施）。"又云："醜黿，詹諸也。《詩》曰：得此醜黿。言其行醜黿。"

蟾蜍，擬其叫聲而得名。"詹諸""蟾蠬""蟾諸"，蟾蜍的諸音字。黿，古同蛙。《淮南子·説林訓》："月照天下，蝕於詹諸。"又《淮南子·原道訓》："夫釋大道而任小數，何異於使蟹捕鼠，蟾蠬捕蚤？"唐李賀《巫山高》詩："古祠近月蟾桂寒，椒花墜紅濕雲間。"明李時珍《本草綱目·蟲四·蟾蜍》〔釋名〕："後世名苦蠪，其聲也。又云蚼蚾，其皮蚼礴也。"〔集解〕"弘景曰：'此是腹大、皮上多痱磊者，其皮汁甚有毒，犬齧之，口皆腫。'……時珍曰：'蟾蜍鋭頭，皤腹，促眉，濁聲，土形，有大如盤者。自然論云蟾蜍吐生、擲糞自其口出也。'"蚼礴，皮膚疣粒像山上堆積的礴石。痱磊，痱即痱子，磊是衆多、重叠貌。皤，大。促，靠

蟾　蜍
（清蔣廷錫等《古今圖書集成》）

近。土形，整體厚、肥、黃。"吐生"是説蟾蜍用嘴來生殖，甚至嘴排糞，説謬。《埤雅·釋魚》："蟾蜍吐生，腹大，背黑，皮上多痱磊。跳行舒遲。其肪塗玉則軟，刻削如蠟。"其肪塗玉，玉就會變軟，無據。

蟾蜍外表醜陋，皮膚令人望而生厭，動作笨拙而稱戚施。明陳耀文《天中記》卷五七："《韓詩外傳》曰：'燕婉之求，得此戚施。'薛君曰：'戚施，蟾蜍，喻醜惡也'"。前兩句出自《詩·邶風·新臺》，意本想嫁個美男子，誰知他像癩蛤蟆一樣醜。戚施，本指蟾蜍，四足踞地，無頸，不能仰視，因以比喻貌醜、駝背之人。

唐東方虬《蟾蜍賦》："鱗蟲之聚，有蟾蜍而可稱焉……或處於泉，或漸於陸。常不離乎跬步，亦何擇於栖宿。當夫流潦初溢，陰霖未晴，乘秋風之良夜，散響耳之繁聲，頹洞雷殷，混萬籟而爲一。"跬步，跨一腳，即走半步。金元好問《蟾池》詩："老蟆食月飽復吐，天公一目頻年瞽。下界新增養蟾户，玉斧誰憐修月苦。郡國蟾池知幾所，碧玉清流水仙府。小蟾徐行腹如鼓，大蟾張頤怒於虎……"瞽，瞎眼，仰視而不見星。郡國，泛指地方行政區劃。水仙府，是中國神仙文化代表。

因嫦娥奔月的神話故事，蟾蜍而獲月精之稱。《初學記》卷一引《淮南子》："羿請不死之藥於西王母，羿妻姐娥竊之以奔月，托身於月，是爲蟾蜍，而爲月精。"《精神訓》："日中有踆鳥，月中有蟾蜍。" 西漢劉向《五經通義》曰："月中有兔與蟾蜍。兔，月陰也；蟾蜍，陽也。而與兔並明，陰系於陽也。"月中的白兔，就叫蟾兔，也用以稱月。唐李白《古朗月行》詩："蟾蜍蝕圓影，大明夜已殘。"《佩文韵府》卷六

之四引晋張華《博物志》："蟾蜍，一名蟪蟓。"蟪，意蟲。月中蟲之稱，源於嫦娥奔月的故事。《太平廣記》卷四四七引張讀《宣室志》："蝦蟆，月中之蟲。"

蟾蜍尚有肉芝之稱。晋陸璣《要覽》："萬歲蟾蜍，頭上有角，頜下有丹書重八字，名曰肉芝。以五月五日取，陰乾。以其足畫地，即流水，帶之於身，能辟兵。"此乃神話，不足爲信。宋周輝《清波雜志》："上曰：'蟾，動物也，安得生芝？'"清厲荃《事物異名録·水族部》引《抱朴子》："蟾蜍千歲頭上有角，腹下丹書，名曰'肉芝'，能食山精，人得食之可仙。"肉芝，我國古籍中稱太歲，太歲又稱肉靈芝，是傳説中秦始皇尋找的長生不老之藥。古籍中還將它與其他靈芝相提并論，標明它無毒，使人"輕身不老，延年神仙"，定爲上品。李時珍曰："蟾蜍，土之精也。上應月魄而性靈異，穴土食蟲，又伏山精，制蜈蚣。故能入陽明經、退虚熱，行濕氣、殺蟲䘌，而爲疳病，癰疽諸瘡要藥也。"

【鼀䗇】

即蟾蜍[1]。此稱漢代已行用。見該文。

【䗇鼀】

即蟾蜍[1]。此稱漢代已行用。見該文。

【蟾諸】

同"蟾蜍[1]"。此體漢代已行用。見該文。

【鼀】

即蟾蜍[1]。此稱漢代已行用。見該文。

【尢鼀】

即蟾蜍[1]。此稱漢代已行用。見該文。

【詹諸】

同"蟾蜍[1]"。此體漢代已行用。見該文。

【月精】

即蟾蜍[1]。此稱漢代已行用。見該文。

【蟾蚾】

即蟾蜍[1]。此稱漢代已行用。見該文。

【蛞蟵】

即蟾蜍[1]。此稱晋代已行用。見該文。

【蟾蟵】

同"蟾蜍[1]"。此體晋代已行用。見該文。

【肉芝】

即蟾蜍[1]。此稱晋代已行用。見該文。

【苦蠪】

即蟾蜍[1]。此稱晋代已行用。見該文。

【蚵蚾】

即蟾蜍[1]。此稱明代已行用。見該文。

【戚施】

即蟾蜍[1]。此稱明代已行用。見該文。

【顧菟】

亦稱"辟兵""蠈""蟵"踾"屈造""踾鼀""蛤蚾""去蚊""去甫""蛤霸""蝦霸""蝦蚾""蟾蚾""癩施""癩圃""癩頭蟆",即蟾蜍。

蟾蜍古稱"顧菟"。《楚辭·天問》:"夜光何德,死則又育?厥利維何,而顧菟在腹?"顧菟,東漢文學家王逸釋"菟"爲"兔",釋"顧"爲"顧望",後二句釋作"言月中有菟何所聽貪利居月之腹而顧望乎?"近人聞一多,用了十一條語言學上的佐證,判定"顧菟"是"蟾蜍",而非"兔子"。

"辟兵"之稱首見於先秦。《文子·上德》:"蘭芷以芳,不得見霜。蟾蜍辟兵,壽在五月之望。"杜道堅纘義:"案《萬畢術》:蟾蜍五月中殺塗五兵,入軍陣而不傷。"《爾雅翼·釋魚三》:"蟾蟵者,蝦蟇之類……五月五日得之,謂之辟兵。爲物絶壽,乃云有千歲者。"辟兵,原意躲避兵器傷害。此藉爲蟾蜍擬稱。

單稱蠈、蟵、踾。清王聘珍曰:"《説文》:'蠾',注曰:'蠈'或從國。鄭(玄)注云:'蠈,蛤蟆也。'單稱蟵。《爾雅》釋文:'蟵,音諸。本作諸。'《説文》作詹諸,其本字也。《爾雅》作蟾蟵,作蟾諸,蟾與蟵後起字也。後世通作蟾蜍,其實一也。"《大戴禮記·夏小正》:"蠈也者,或曰屈造之屬也。今音如聑造。""造"藉作"鼀"。《説文·蟲部》:"踾,踾鼀,詹諸,以胝鳴者。"《玉篇》:"踾,蟾蟵。"踾,古同"鞠",指一種柔物的球,述蟾蜍之形。稱去蚊。明方以智《通雅·動物·蟲》:"詹諸,蛤皮也,身大背黑。多痱磊,曰蛤蚾,一名去甫。"清李元《蠕範·物壽》:"蟾蜍,去蚊也,去甫也。""去蚊"同"去甫",淮南稱蟾蜍之方言。

稱蛤霸、蝦蚾。《正字通·蟲部》:"蟾蜍,一名蝦蚾,蚾讀若婆。"清厲荃《事物異名録·昆蟲·蟾蜍》引明穆希文《蟬史》:"蟾蜍大腹癩背,不能跳躍,亦不善鳴,人呼爲蛤霸。"

蝦 蟆
（清蔣廷錫等《古今圖書集成》）

蛤霸，亦作蝦霸。清顧張思《土風錄》卷四：
"科斗脱尾生足，好鳴，能跳，經年方老，謂之
蛤霸。"

俗稱癩頭蟆。清張南莊《何典》第一回：
"只見經岸旁邊，蹲着一隻憤氣癩團，抬頭望着
天上一群天鵝，正在那裏想吃天鵝肉。"清蒲松
齡《聊齋志異·促織》："冥搜未已，一癩頭蟆
猝然躍去。"一本作"癩頭蚕"。章炳麟《新方
言·釋動物》："今江南運河而東至於浙江皆謂
蟾蜍爲癩施。癩者，以多痱磊，或稱癩子，癩
團，皆取此義。"癩蛤蟆之滬語標準叫法是"癩
水蛤霸"。亦稱癩蝦蟆、癩子、癩蛤蟆等。

【辟兵】

即蟾蜍[1]。此稱先秦時期已行用。見該文。

【蚵】[1]

即蟾蜍[1]。此稱漢代已行用。見該文。

【蠟】

即蟾蜍[1]。此稱漢代已行用。見該文。

【踘】

即蟾蜍[1]。此稱漢代已行用。見該文。

【屈造】

即蟾蜍[1]。此稱漢代已行用。見該文。

【踘黿】

即蟾蜍[1]。此稱漢代已行用。見該文。

【蝦蟆】[1]

即蟾蜍[1]。此稱漢代已行用。見該文。

【蛤蚾】

即蟾蜍[1]。此稱明代已行用。見該文。

【去蚁】

即蟾蜍[1]。此稱明代已行用。見該文。

【去甫】

即蟾蜍[1]。此稱明代已行用。見該文。

【蛤霸】

即蟾蜍[1]。此稱明代已行用。見該文。

【蝦霸】

即蟾蜍[1]。此稱明代已行用。見該文。

【癩施】

即蟾蜍[1]。此稱清代已行用。見該文。

【癩團】

即蟾蜍[1]。此稱清代已行用。見該文。

【癩頭蟆】

蟾蜍[1]之俗稱。此稱清代已行用。見該文。

【月中蟾蜍】

月中之蟾蜍，贏得許多別名，如稱"玉蟾"。
唐李白《初月》詩："玉蟾離海上，白露濕花
村。"稱涼蟾。唐李商隱《燕臺詩·秋》："月浪
衡天天宇濕，涼蟾落盡疏星入。"稱"寒蟾"。唐
李賀《夢天》詩："老兔寒蟾泣天色，雲樓半開
壁斜白。"稱"銀蟾"。唐白居易《中秋月》詩：
"照他幾許人腸斷，玉兔銀蟾遠不知。"稱"孤
蟾"。宋司馬光《停月亭》詩："孤蟾久未上，五
寫不成歸。"稱"蟾闕"。元丁鶴年《題奚仲英進
士鵠山書堂》詩："已爲蟾闕彦，仍就鵠山居。"
稱"冰蟾"。明湯顯祖《牡丹亭·鬧殤》："海天
悠，問冰蟾何處涌？玉杵秋空，憑誰竊藥把嫦
娥奉？"稱"金蟾"。唐令狐楚《八月十七日夜
書懷》詩："金蟾著未出，玉樹悲稍破。"明高啓
《賦趙王孫家琵琶》詩："夢斷金蟾隔煙小，青塚
理聲秋不曉。"古傳，金蟾是一個妖精。呂洞賓
弟子劉海，爲民除妖，打掉金蟾的一條腿，并未
處死。三條腿的金蟾到處尋找金銀財寶送劉海，
謝其不殺之恩。後來此金蟾被人稱做"招財蟾"。
傳説它能口吐金錢，背負北斗七星，嘴銜兩串
銅錢，頭頂太極兩儀。其所到之處的人都必會

富庶起來。稱"瓊蟾"。明陳子龍《秋月篇》詩："海上瓊蟾浴已過，天邊玉蒬葉還多。"此外還稱"明蟾""靈蟾""彩蟾""素蟾""新蟾""蟾窟""蟾宮""蟾光""蟾彩"等。

傳説月亮上還有桂樹，蟾與桂、兔并列而成"兔蟾""蟾兔""蟾桂""桂蟾""桂兔"等。如唐段成式《酉陽雜俎·天咫》："或言月中蟾桂，地影也；空處，水影也。"唐李賀《巫山高》詩："古祠近月蟾桂寒，椒花墜紅濕雲閑。"

蟾蜍也成月亮的代稱，如半月稱"半蟾"，唐李白《雨後望月》詩："四郊陰靄散，開户半蟾生。"圓月稱"蟾輪"，唐元凜《中秋夜不見月》詩："蟾輪何事色全微，賺得佳人出繡幃……"稱"蟾鏡"。明陳子龍《長安夜歸曲》詩："鸞篦蟾鏡曉留人，御溝一夜冰紋白。"稱"蟾盤"。唐曹松《中秋對月》詩："無雲世界秋三五，共看蟾盤上海涯。"澄澈的月亮稱"清蟾"。宋范成大《代人七月十四日生朝》詩："已饒瑞莢明朝滿，先借清蟾一夜圓。"整個月亮稱"蟾桂""蟾窟""蟾魄""蟾兔""蟾月""蟾户""蟾精"等。

花背蟾蜍

兩栖動物名，兩栖綱，無尾目，蟾蜍科，花背蟾蜍（*Strauchbufo raddei*），平均體長60毫米，雌性最大80毫米。頭寬大於頭長，吻端圓，吻棱顯著。雄性體背多呈橄欖黃，雌性多爲淺緑色；上有美麗醬色花斑，疣粒上多有土紅色點，故名。主要分布於黑龍江、吉林、遼寧、内蒙古、青海、甘肅、寧夏、陝西、山西、河北和山東等地。栖息於海拔600～2700米間的半荒漠、黄土高原的斷層處、林間草地、樹根下、石縫間等各種生境。白天栖於洞内，黄昏外出覓食。冬季集群在沙土中冬眠。史紅帥譯《穿越陝甘——一九〇八～一九〇九年克拉克考察隊華北行紀》（2010年4月）第一二章《蛙類》："在遇到的兩栖蟾蜍中，拉德蟾蜍（Radde'stoad，*Bufo raddei*）是這一地區最具代表性的。這種兩栖動物體型不大。雌性蟾蜍有漂亮的斑紋……雄性爲暗緑棕色，没有雌性那種漂亮的斑紋。這種動物抗禦乾旱的能力也毋庸質疑。我曾在鄂爾多斯的沙丘中發現過它，還在其他地區的黄土丘陵中發現過……雖然這種蟾蜍經常出現在乾旱的地方，但它也非常喜歡在水源充足的地方活動，因爲曾在河邊的池塘和回水處都發現過它們，不僅僅是在産卵季節，而是除了冬季以外的所有時間都能見到。"

蛙

亦稱"黽""耿黽""土鴨""螻蟈""長股""田鷄""青鷄""坐魚""蛤魚"。部分無尾兩栖動物的通稱，僅蛙科我國就有九十四種。體大小因種而异，小者3厘米，大者32厘米。皮膚光滑。成體陸栖、水栖、穴居、樹栖者均有，從平原到高原的江河、湖、池甚至稻田中均有。對於蛙的研究，可追溯到三四千年前。甲骨文中，在能辨識的一千多個字中，就有"蛙"字。蛙，模擬其哇哇叫聲而得名。黽，甲骨文象形字，形像蛙。《周禮·秋官·蟈氏》："掌去鼃黽。"漢鄭玄注："黽，耿黽也。"《山海經·北山經》："〔綉山〕洧水出焉，而東流注於河，其中有鱯、黽。"郭璞注："黽似蝦蟆，小而青。"《禮記·月

《説文》中有關"蛙"的字

黿圖

黿

（清蔣廷錫等《古今圖書集成》）

令》：〔孟夏之月〕螻蟈鳴。"鄭玄注："螻蟈，蛙也。"漢代就知依蛙的鳴聲而鑒別蛙的種類。《爾雅・釋魚》："在水者黽。"郭璞注："耿黽也，似青蛙，大腹，一名土鴨。"邢昺疏："其居水者名黽，一名耿黽，一名土鴨，狀似青蛙而腹大爲異……陶又曰：一種小形善鳴喚名爲黿者，即郭云青蛙者也。"唐韓愈《河南令舍池臺》詩："長令人吏遠趨走，已有蛙黽助狼藉。"金元好問《出京》詩："城居苦湫隘，群動曰蛙黽。"明李時珍《本草綱目・蟲四・黿》〔釋名〕："長股、田鷄、青鷄、坐魚、蛤魚。宗奭曰：'後脚長，故善躍。'……時珍曰：'黿好鳴，其聲自呼。南人食之，呼爲田鷄。云肉味如鷄也。又曰坐魚，其性好坐也。'"《古今圖書集成・禽蟲典・黿部》引《兼明書・螻蟈辨》："螻蟈，蛙之類也……其形最小，其色褐黑，好聚淺水而鳴，其聲如自呼爲渴於者是螻蟈也。"蛙善鳴。宋朱熹《聞蛙》詩："兩蛙盛怒鬥春池，群吠同聲徹曉幃。等是一場狼藉事，更無人與問官私。"《周禮・考工記・梓人》云："以脰鳴者，以注鳴者，以旁鳴者，以翼鳴者，以股鳴者，以胸鳴者，謂之小蟲之屬，以爲雕琢。"鄭

玄注："脰鳴，鼃黽屬。"賈公彥疏："'脰鳴，鼃黽屬'者，鼃黽即蝦蟆也。脰，項也，以其項中鳴也。"徐珂《清稗類鈔・動物類》："蛙，體短闊，上銳下廣，喜居於陰濕地。雄者大率能鳴，雌者則否。種類甚多，有金綫蛙、蟾蜍、蝦蟆、山蛤等，皆捕食害蟲，於農家有益。"農人占其聲之早晚大小以卜豐歉。

【螻蟈】[1]

蛙之异稱。此稱先秦時期已行用。見該文。

【黽】

即蛙。此稱漢代已行用。見該文。

【耿黽】

即蛙。此稱漢代已行用。見該文。

【土鴨】[1]

即蛙。此稱晋代已行用。見該文。

【圭虫】

"申潔"之方言。此稱唐代已行用。見該文。

【濟饞都護】

"申潔"之謔稱。此稱五代時期已行用。見該文。

【圓蛤】

"申潔"之方言。此稱宋代已行用。見該文。

【長股】

即蛙。此稱明代已行用。見該文。

【田鷄】

即蛙。此稱明代已行用。見該文。

【青鷄】

即蛙。此稱明代已行用。見該文。

【坐魚】

即蛙。此稱明代已行用。見該文。

【蛤魚】

"蛙"异稱。此稱明代已行用。見該文。

【申潔】

即蛙。亦稱"濟饞都護""圓蛤""圭虫"。五代毛勝《水族加恩簿》："申潔，蒼皮癮疹，矮股跳梁……宜授濟饞都護、行水樂令。"注："申潔，是蛙。"濟饞都護，可以解饞的美食的謔稱。如清王韜《甕牖餘談·禁食蛙》："食蛙令子多病。粵居灾方，要宜少食，况煮者多以煎煤，加入辛辣，如抱薪救火，安能求益？講養生者勿視作濟饞都護也。"宋唐庚《圓蛤》詩："黃犢鳴水中，相顧皆愕然。探之亡所得，有蛙僅如錢。持問傍舍翁，云此號圓蛤。夏潦漲溝渠，喧呼自酬答……"唐馮贄《雲仙雜記》卷六引《承平舊纂》："桂林風俗日日食蛙。有來朝中爲御史者。朝士戲之曰：'汝之居非烏臺，乃蛙臺也。'御史答曰：'此非蛙，名圭虫而已。然較圭虫之奉養，豈非勝於黑面郎哉！'黑面郎謂猪也。"清厲荃《事物異名録·昆蟲下》引《承平舊薦》："桂林風俗食蛙，名圭虫。"圭虫，爲"蛙"的拆字。

黑斑蛙

亦稱"螻蟈""青蛙""土鴨""石鴨""蛤子""水鷄"。兩栖動物名，無尾目，蛙科，黑斑側褶蛙（*Pelophylax nigromaculatus*）。體長約7～8厘米；吻鈍圓而尖；前肢短，後肢較短而肥碩。體背綠或後端棕色，頗多黑斑，腹白。雄性具聲囊。分布廣，數量多。可食用、藥用。

《逸周書·時訓》："立夏之日，螻蟈鳴。"朱右曾校釋："螻蟈，蛙之屬，蛙鳴始於二月，立夏而鳴者，其形較小，其色褐黑，好聚淺水而鳴。"唐韓愈《盆池》詩："一夜青蛙鳴到曉，恰如方口釣魚時。"宋謝翱《僧池青蛙》詩："瘦分荷背白，身帶蘚文青。吐黽收寒井，隨僧

入净瓶。"明李時珍《本草綱目·蟲四·黽》〔集解〕引蘇頌曰："今處處有之。似蝦蟆而背青綠色，尖嘴細腹，俗謂之青蛙……陶氏所謂土鴨即《爾雅》所謂在水曰黽者是也。俗名石鴨。所謂蛤子，即今水鷄是也。"明陳耀文《天中記·蛙》引宋蘇頌《本草圖經》："似蝦蟆而背青綠色，俗謂之青蛙。"

【螻蟈】 [2]

即黑斑蛙。此稱先秦時清已行用。見該文。

【青蛙】

即黑斑蛙，此稱唐代已行用，見該文。

【土鴨】 [2]

即黑斑蛙。此稱晋代已行用。見該文。

【水鷄】 [1]

即黑斑蛙。此稱明代已行用。見該文。

【蟈】

亦稱"蛙蟈""水鴨""蟛""蛤""護穀蟲"。即黑斑側褶蛙。《周禮·蟈氏》注："蛙，單名蟈。"宋蘇軾《張安道見示近》詩："荒村蜩蛩亂，廢沼蛙蟈淫。"明王志堅《表異録·蟲魚》："水鴨，蛙也，今人呼爲水鷄，本此。"《廣雅·釋魚》："蛙，蟈，長股也。"王念孫疏證引鄭司農曰："蟈當爲蟛，蟛，蝦蟆也。"清李調元《南越筆記》卷一一："蛤生田間，名曰田鷄……或謂大聲曰蛙，小聲曰蛤。"清王韜《甕牒餘談·禁食蛙》："每歲四五月間，青蛙生發之際，官府多出示禁捕，以其能啄蟲保禾，大有益於農田也。故青蛙一名護穀蟲。"

【蟛】 [2]

即蟈。此稱漢代已行用。見該文。

【蛙蟈】

即蟈。此稱宋代已行用。見該文。

【水蝿】

即蠅。此稱明代已行用。見該文。

【蛤】

即蠅。此稱清代已行用。見該文。

【護穀蟲】

即蠅。此稱清代已行用。見該文。

金綫蛙 [1]

亦稱"青約"。蛙之一種，金綫側褶蛙（*Pelophylax plancyi*）。體長約 5 厘米，頭略扁，後肢粗短，體背綠，背側褶及斜股後有黃色紋，腹面鮮黃。分布廣。明李時珍《本草綱目·蟲四·黿》〔集解〕引蘇頌曰："背作黃路者謂之金綫黿。"明屠本畯《閩中海錯疏》卷中："青約，身青嘴尖，一路微黑，腹細而白。"青約，本指青蛙，因地方口音的誤傳下變成青約。《圖經》："背青綠色，謂之青蛙，土音訛爲青約。"

【青約】

即金綫蛙 [1]。此稱明代已行用。見該文。

虎紋蛙

亦稱"水鷄"。蛙之俗稱，也往往主要指虎紋蛙（*Hoplobatrachus chinensis*）。體形大而粗壯，長逾 12 厘米。體重 250 ～ 500 克。前後肢短。皮粗糙，無背側褶。體背黃綠略帶棕，有十餘條不規則膚棱。分布很廣。常栖於丘陵地帶海拔 900 米以下的水田、溝渠、水庫、池塘、沼澤地等處。鳴聲似犬，有"亞洲之蛙"之稱。南方俗名"石梆"。斑紋頗似虎紋，因以得名。亦稱"水鷄"。明屠本畯《閩中海錯疏》卷中："水鷄，似石鱗而小，色黃皮皺；頭大嘴短；其鳴甚壯，如在甕中。"

【水鷄】 [2]

"虎紋蛙"之俗稱。此稱明代已行用。見

該文。

福建側褶蛙

亦稱"大約""金綫蛙""大青約"，蛙名，無尾目，蛙科，福建側褶蛙（*Pelophylax fukienensis*）。體長約 65 毫米，吻端鈍圓，前肢較短，背綠或綠棕，背側褶黃棕色。栖於海拔 1200 米以下的水庫和池塘。中國特有種。分布於江西、福建、臺灣。明屠本畯《閩中海錯疏》卷中："大約，青背，黃脊，一路微黑，腹平而色黃褐，嘴尖，當項兩旁有白圈。"清謝道承等纂乾隆《福建通志》卷一〇："又有黃文者，謂之金綫蛙。"清黃任等纂乾隆《泉州府志》卷一九："背黃脊一路微黑，腹平而色黃褐，嘴尖，曰大青約。"清李拔等纂修乾隆《福寧縣志》卷一二："大約，青背，黃脊，尖嘴。"

【大約】

即福建側褶蛙。此稱明代已行用。見該文。

【金綫蛙】 [2]

即福建側褶蛙。此稱清代已行用。見該文。

【大青約】

即福建側褶蛙。此稱清代已行用。見該文。

澤蛙

亦稱"蝦""蟆""蝦蟆""蝦蟇""凶蟆""黿黽""蟞蟆""蛤蟆""蝦蟊""鼁蟇""蛤蟇""蛤蚆"。兩栖動物名，無尾目，陸蛙科，澤蛙（*Rana limnocharis*）。體較小，長 4 ～ 5 厘米。吻鈍尖。後肢較短。體背灰橄欖色或深灰色，常雜以赭紅色或深綠色斑，上下頜緣有六到八條縱紋，背部有許多不規則長短不一的縱膚褶，褶間散有小疣粒。分布廣，南方常見蛙類，生活在稻田、沼澤、水溝、菜園、旱地、草叢及海拔 1700 米左右的山區，是農田害蟲天敵之一。其肉、皮、腦、肝、膽及蝌蚪均可藥用。方言稱"梆聲娃""鳥蟆""蝦蟆仔"。

古時有簡稱蝦、蟆、蟇或蛤者。《説文·蟲部》："蝦，蝦蟆也。"又"蟆，蝦蟆也。"《文選·賈誼〈吊屈原文〉》："偭蟂獺以隱處兮，夫豈從蝦與蛭蟆？"李善注引三國吳韋昭曰："蝦，蝦蟇。"唐盧仝《月蝕》詩："須臾癡蟇精，兩吻自決坼。初露半個璧，漸吐滿輪魄。衆星盡原赦，一蟆獨誅磔。"唐韓愈《月蝕詩效玉川子作》詩："臣有一寸刀，可剟凶蟆腸。"唐劉恂《嶺表録異》卷上："聞田中有蛤鳴，牧童遂捕之，蛤躍入一穴。"原注："蛤即蝦蟇。"蝦蟇、黽鼃、蝦之稱多因與蝦蟆音同或相近。《國語·越語下》："而黽鼃之與同渚。"三國吳韋昭注："黽鼃，蝦也。"唐高適《東平路中遇大水》詩："室居相枕藉，蛙黽聲啾啾。"明李時珍《本草綱目·蟲四·蝦蟇》〔釋名〕："螫蟇，螫音驚，又音加。時珍曰：'按，王荊公《字説》云，俗言蝦蟇懷土，取置遠處，一夕復還其所。雖或遯之，常慕而返，故名蝦蟇。或作蝦蟆，蝦言其聲，蟆言其斑也……'〔集解〕藏器曰：'……蛤蟇在陂澤中，背有黑點，身小能跳接百蟲，解作呷呷聲，舉動極急。'"明屠本畯《閩中海錯疏》卷中："蝦蟆，大如拇指，微

蝦　蟆
（《食物本草》）

黃腹白。"《古今圖書集成·禽蟲典·蝦蟆部》引《丹徒縣志》："蝦蟆，俗名蛤蚆。"

【黽鼃】[1]

　　即澤蛙。此稱先秦時期已行用。見該文。

【蝦】[2]

　　即澤蛙。此稱漢代已行用。見該文。

【蟆】

　　即澤蛙。此稱漢代已行用。見該文。

【蝦蟆】[2]

　　即澤蛙。此稱漢代已行用。見該文。

【蝦蟇】

　　即澤蛙。此稱三國時期已行用。見該文。

【凶蟆】

　　即澤蛙。此稱唐代已行用。見該文。

【螫蟇】

　　即澤蛙。此稱明代已行用。見該文。

【蛤蟇】

　　即澤蛙。此稱明代已行用。見該文。

【蝦蟆】

　　即澤蛙。此稱明代已行用。見該文。

【螫蟆】

　　"澤蛙"之異稱。此稱明代已行用。見該文。

【蜦】[1]

　　即澤蛙。此稱明代已行用。見該文。

【蛤蟆】

　　"澤蛙"之異稱。此稱明代已行用。見該文。

【蛤蚆】

　　即澤蛙。此稱清代已行用。見該文。

【反舌】

　　稱"胡蜢""陰蟲""懷土蟲""土底鴨""穀犬""鼓造""風蛤""玉芝"。即澤蛙。《廣雅·釋魚》："胡蜢，蝦蟆也。"王念孫疏證稱："黽與

蛙同聲，故蝦蟆之轉聲爲胡蛙。"《太平御覽》卷二引晉孫綽《漏刻銘》："靈虯吐注，陰蟲承瀉。"《文選·陸倕〈新漏刻銘〉》作"靈虯承注，陰蟲吐㵢"，李周翰注曰："陰蟲，謂蝦蟆也。"南朝宋鮑照《登大雷岸與妹書》："至於繁化殊育，詭質怪章，則有……折甲、曲牙、逆鱗、返舌之屬。"清錢振倫注："《釋文》：'反舌，蔡伯喈云：蝦蟆。'疏：'蔡云，蟲名，蛙也，今謂之蝦蟆。其舌本前着口側，而末向內，故謂之反舌。'"反舌亦作"返舌"。漢高誘注："鼓造，蓋謂梟，一曰蝦蟆。今世人五月望作梟羹，亦作蝦蟆羹。"《埤雅·蝦蟆》："蝦蟆背有黑點，身小，能跳接百蟲，善鳴。"又："俗說蝦蟆性懷土，洪駒父詩：'人言懷土蟲，弃去還復存。'"宋梅堯臣《貽妄怒》詩："南方食蝦蟆，密捕向清畎……西蜀亦取之，水田名穀犬。"自注："蜀中名蝦蟆爲穀犬。"宋洪芻《蝦蟆》詩："浪號土底鴨，雄誇水中雞。"《淮南子·說林訓》："鼓造辟兵，壽盡五月之望。"清厲荃《事物異名録·昆蟲下》引宋張世南《游宦紀聞》："世南過眉州，見水濱大蝦蟆兩兩相負，牢不可拆，鄉里以爲珍品，名曰風蛤。"又引晉葛洪《神仙傳》："益州北平山有蝦蟆，謂之玉芝，王喬食之成仙。"

【胡蛙】

即反舌。此稱三國時期已行用。見該文。

【鼓造】

即反舌。此稱漢代已行用。見該文。

【陰蟲】

即反舌。此稱晉代已行用。見該文。

【玉芝】

即反舌。此稱晉代已行用。見該文。

【懷土蟲】

即反舌。此稱宋代已行用。見該文。

【土底鴨】

即反舌。此稱宋代已行用。見該文。

【穀犬】

即反舌。此稱宋代已行用。見該文。

【風蛤】

即反舌。此稱宋代已行用。見該文。

雨蛤

亦稱"雨鬼"。兩栖動物名，無尾目，雨蛙科，中國雨蛙（*Hyla chinensis*）。體較小，長約33毫米。指端有吸盤和馬蹄形橫溝；體背皮膚光滑，腹面密布扁平疣。背面綠或草綠，腹面淺黃。分布於南部各省，栖海拔200～1000米之灌叢、蘆葦及高秆作物上。晚上栖低處葉片上鳴叫，音高而急。可藥用。方言亦稱"雨鬼""綠猴""雨怪""青約"等。明屠本畯《閩中海錯疏》卷中："雨蛤，一名雨鬼，形如蝦蟆，大如小拇指，天將雨則鳴。"天將雨則鳴，而稱雨蛤。

【雨鬼】

即雨蛤。此稱明代已行用。見該文。

棘胸蛙

亦稱"黿黽""石鱗魚""長肱""石雞""錦襖子""田父""蛖""石嶵魚""谷凍""石鱗""金襖子"，蛙的一種。棘胸蛙（*Quasipaa spinosa*）。體大而粗壯，長10～13厘米。頭寬扁，吻端圓。前肢短，雄蛙前臂粗壯，後肢强壯。皮粗糙，雄蛙背部有長短不一的長形疣，雌蛙背部有小圓疣，疣上有刺，體背黑棕，多具淺色斑，腹面肉紫色。栖海拔600～1500米的山溪巖邊。晝隱石洞，晚出覓食。分布於南方各省。

江西稱"石鷄"，爲著名的"廬山三石"之一；福建稱"蟈凍"，閩西北稱"石侖"；方言還稱"山鷄""石蛙""棘蛙"。漢東方朔《七諫》："鷄鶩滿堂壇兮，鼃黽游乎華池。"《通志·蟲魚類》："蝦蟆之類，多以蟾蜍爲上……又一種生山谷中，黑色肉紅，名石鱗魚，並可食。"宋李處權《食石鱗》詩："土人重石鱗，充饌蔑有加。"明李時珍《本草綱目·蟲四·蝦蟆》〔集解〕吴瑞曰："長肱，石鷄也，一名錦襖子。六七月山谷間有之，性味同水鷄。"又《蟲四·田父》："蘇頌曰：'按《洽聞記》云："蝦蟆大者名田父，能吃蛇。"時珍曰：'按《文字集略》云："蠦，蝦蟆也，大如履，能食蛇。"此即田父也。'"《説郛》卷二三引唐尉遲樞《南楚新聞》："百越人以蝦蟆爲上味……又云疥皮者最佳，切不可除此錦襖子。"此後以此代指棘胸蛙。明屠本畯《閩中海錯疏》卷中："石鱗，生高山深澗中。皮斑肉白味美，晝伏竇中，夜居山頭石頂最高處，捕者不可預相告語……閩人飲饌以此爲佳品。俗名石峹魚，又名谷凍。按：石鱗似水鷄而巨，肉嫩骨粗而脆……閩人言，石鱗靈物，人往捕，執炬出門……炬至，鱗群坐石上，觀火不動，以是盡得之。"《古今圖書集成·禽蟲典·鼃部》引《泉南雜志》曰："鼃，一名石鱗魚，紫斑如纈錦，生溪澗高潔處，其大如鷄，得亦不易，厥俗兼皮食之。"《通志》曰："有一種生山谷，黑色，肉紅，名石鱗魚，並可食。"宋張舜民《道中聞蛙聲》詩："一夜蛙聲不暫停，近如相和遠如爭。信知不爲官私事，應恨疏螢徹夜明。"徐珂《清稗類鈔·動物類》："金襖子，爲蛙之別種，長寸許，足有吸盤，頗大。生山間清流中，鳴聲清亮，入秋爲多。"

【鼃黽】[2]

即棘胸蛙。此稱漢代已行用。見該文。

【石鱗魚】

即棘胸蛙。此稱宋代已行用。見該文。

【長肱】

即棘胸蛙。此稱明代已行用。見該文。

【石鷄】

即棘胸蛙。此稱明代已行用。見該文。

【錦襖子】

即棘胸蛙。此稱宋代已行用。見該文。

【蠦】[2]

即棘胸蛙。此稱漢代已行用。見該文。

【田父】

即棘胸蛙。此稱唐代已行用。見該文。

【石峹魚】

即棘胸蛙。此稱明代已行用。見該文。

【谷凍】

即棘胸蛙。此稱明代已行用。見該文。

【石鱗】

即棘胸蛙。此稱宋代已行用。見該文。

【金襖子】

即棘胸蛙。此稱明代已行用。見該文。

【石撞】

即棘胸蛙。亦稱"石撞""石蚌""麻括""石砆鮘""石榜""石蛤""山蛤""石獷"，宋張世南《游宦紀聞》："余世居德興，有毛山環三州界，廣袤數百里。每歲夏間，山傍人夜持火炬，入深溪或巖洞間，捕大蝦蟆，名曰石撞，鄉人貴重之。"明方以智《物理小識》卷一一《鳥獸蟲魚類》："石撞似癩蝦蟆，大者徑七八寸。其色近黑，能食蛇……蛇浮水則首仰水上。石撞仰腹誘蛇，蛇來吞之，則前兩足抱蛇入水，浸死而食之。"《埤雅·釋魚》："今其一種似蝦蟆而長跱，瞋目如怒，謂之黿。越王揖怒蛙而武士歸之即此是也。蓋其鳴聲哇淫，故曰蛙。"怒蛙，鼓足氣的蛙；向鼓足氣的蛙致敬，示對勇士的尊敬。《韓非子》卷九《内儲説上》："越王勾踐見怒黿而式之。御者曰：'何爲式？王曰："黿有氣如此，可無爲式乎？'士人聞之曰：'黿有氣，王猶爲式，況士人有勇者乎！'是歲人有自剄死，以其頭獻者。故越王將復吳而試其教。燔臺而鼓之，使民赴火者，賞在火者；臨江而鼓之，使人赴水者，賞在水也；臨戰而使人絶頭刳腹而無顧心者，賞在兵也。又況據法而進賢，其助甚此矣。"

清代亦稱"石蚌"。清謝鳴謙等纂乾隆《辰州府志》卷一六《物産考下·蟲之屬》：又有一種俗呼石蚌，藏水石中，似蟾蜍而皮光澤，味甚佳。"清宗續辰纂道光《永州府志》卷七上《食貨志·物産》："永州人好食黿黿，土人呼爲麻括，蓋蟆蛤之轉音也。又有石中出者，人呼爲石砳鮯。陳藏器所云長肱、石榜。吴瑞謂石雞，蘇頌謂石鴨，皆指是物。榜字亦假借文也。"清桂坫纂光緒《西寧縣志》卷一四《食貨·蟲類》："石蛤，一名坐魚，即蛙之大者，項短，身青黑。土人連皮食之，云不可脱此錦襖子。《嶺南雜記》：石蛤，亦名山蛤，味甘美。邑境桂河近山石中常有之。"清吴騫《拜經樓詩話》卷二："石獷生江南山谷，蓋蛙之美者。四足尤長，皮若蟾蜍，而色紫多皰。聲類犬吠，故獷字從犬旁。"

【石撞】

"棘胸蛙"之异稱。此稱宋代已行用。見該文。

【石蚌】

即棘胸蛙。稱清代已行用。見該文。

【麻括】

即棘胸蛙。此稱清代已行用。見該文

【石砳鮯】

即棘胸蛙。此稱清代已行用。見該文。

【石榜】

即棘胸蛙。此稱清代已行用。見該文。

【石蛤】

即棘胸蛙。此稱清代已行用。見該文。

【山蛤】[1]

即棘胸蛙。此稱清代已行用。見該文。

【石獷】

即棘胸蛙。此稱清代已行用。見該文。

沼蛙

亦稱"黄蛳"。兩栖動物名。無尾目，蛙科，沼蛙（*Boulengerana guentheri*）。體長 7 厘米左右。頭較平扁。指端鈍圓，皮膚較光滑。體背棕色，沿背側褶有黑縱紋，腹白。雄性具一對咽側下外聲囊。分布於南方各省，栖於静水池或稻田内，鳴聲頗似狗叫聲。故方言稱"水狗""田狗""清水蛤"。宋宋祁《僦舍西齋小圃竹樹森植秋日摇落對之愴然因作》詩："沼蛙觀聿役，檐雀聽啁啾。"宋蘇軾《張安道見示近》詩："荒森蜩蚻亂，廢沼蛙蠅淫。"因栖於沼澤而稱沼蛙。明屠本畯《閩中海錯疏》卷中："黄蛳，類水雞。按：自水雞至黄蛳，凡五種，皆水産……黄蛳可食，味不及水雞。閩人惟食石鱗、水雞，而黄蛳等種則皆不食之也。"黄蛳，乃福建地區方言。雖不食用，但因體大，多用於生物實驗，還可藥用。

【黃鮋】

即沼蛙。此稱明代已行用。見該文。

中國林蛙

蛙名，無尾目，蛙科，中國林蛙（*Rana chensinensis*）。體短寬，長約 5 厘米，大者 7 厘米。頭扁平，指趾端無吸盤或橫溝。體背、體側及四肢上部土灰色或棕黃色，散布有黃及紅色小點。栖於林木繁茂、雜草叢生、地面潮濕的環境。分布很廣，以東北三省爲主要産區。方言"哈士蟆"。

清張之洞等纂光緒《順天府志》卷五〇《食貨·物産·蟲屬》："螻蟈，一名吠蛤。按：亦居水中，慘黃色，腹下則赤，其鳴聲如曰弧格、弧格，合聲即蟈也。人家庭院止水中亦有此，其聲甚繁，群聒人耳。"

東北林蛙

亦稱"山蛤""南風蛤""哈什蟆""黿龜"。蛙名，無尾目，蛙科，東北林蛙（*Rana dybowskii*）。體型大而肥碩，雄體長 54 ~ 72 毫米，雌體長 58 ~ 81 毫米。吻端鈍圓。體色灰褐、深褐、紅棕色等。分布於黑龍江、吉林、遼寧、內蒙古（東北部）。方言"雪蛤""哈士蟆"。明李時珍《本草綱目·蟲四·山蛤》〔集解〕蘇頌曰："山蛤在山石中藏蟄，似蝦蟆而大，黃色。能吞氣，飲風露，不食雜蟲。山人亦食之。"清屠紳《蟫史》："山蛤一名南風蛤……生山谷中，遇南風則出。"清牟應震《毛詩物名考》卷三《鱗介部》："黿龜，形如鼀狗，身微長，腹色白。遼人名曰哈石螞者，是也。"清西清纂，蕭穆等重輯嘉慶《黑龍江外記》卷八："哈什螞，田鷄類也。生水邊石罅。土人嗜食，都門亦重之。"徐珂《清稗類鈔·動物類》：

"哈士蟆，生鴨綠江淺水處之石子下，上半似蟹，下半似蝦，長二三寸，鮮美可食，人以之爲滋補品。皇帝祭太廟，必用此物，蓋亦不忘土風也。"哈士蟆，滿語 hasima 的音譯。其雌蛙輸卵管的乾製品稱"蛤士蟆油"，是我國名貴藥材，有養陰潤肺、滋補强壯、補虛退熱的功效，用以治療身體虛弱及神經衰弱等病。我國已大力開展了林蛙的人工養殖。

【山蛤】[2]

即東北林蛙。此稱宋代已行用。見該文。

【哈士蟆】

"東北林蛙"之方言。此稱清代已行用。見該文。

【南風蛤】

"東北林蛙"之方言。此稱清代已行用。見該文。

【黿龜】

即東北林蛙。此稱清代已行用。見該文。

寒露林蛙

亦稱"黃蝦蟆"。蛙名，無尾目，蛙科，寒露林蛙（*Rana hanluica*）。體型較大，有較長的後肢、細直的背側褶、無聲囊，頭長於頭寬，吻端鈍尖。以其繁殖季節在中國農曆二十四節氣中的寒露前後而得名。明李時珍《本草綱目》《蟲四·蝦蟇》："有黃蛙，遍身黃色，腹下有臍帶，長五七分，住立處帶下有自然汁出。"清金蓉鏡纂編光緒《靖州鄉土志》卷三《物産·動物》："蝦蟆四，曰黃蝦蟆，身長，喙尖，四足，能跳，其色黑黃。"

【黃蝦蟆】

即寒露林蛙。此稱清代已行用。見該文。

鎮海林蛙

亦稱"尖嘴蛤"。無尾目,蛙科,鎮海林蛙(*Rana zhenhaiensis*)。雄體長44毫米,雌蛙47毫米。吻端鈍尖。皮膚較光滑,後肢較長,體背橄欖棕或棕灰色或棕紅色,顳部有黑色三角斑;腹乳白或淺棕。栖於近海平地至海拔一千四百米的山區。分布於河南、安徽、江蘇、浙江、江西、湖南、福建、廣東。明屠本畯《閩中海錯疏》卷中:"尖嘴蛤,背黃,脊一路微黑;腹大,聲微,白色。似水鷄而小。"清黃任等纂乾隆《泉州府志》卷一九《物產·蟲之屬·黽》:"黃背,脊一路微黑,腹大微白,嘴尖,曰尖嘴蛤。"

【尖嘴蛤】

即鎮海林蛙。此稱明代已行用。見該文。

花狹口蛙

亦稱"地牛"。蛙名,無尾目,姬蛙科,花狹口蛙(*Kaloula pulchra*)。體長約7厘米,肥碩粗壯,頭寬大,皮厚而光滑。指(趾)端膨大成吸盤,會爬樹,也善於挖洞,栖於土穴及樹洞中。鳴聲高吭。分布於福建、廣東、廣西、海南、雲南等地。清李書吉等纂嘉慶《澄海縣志》卷三七《物產·蟲之屬》:"又有一種眼突,身黃黑色,大與蝦蟆等,其聲甚巨如牛,每鳴則雌、雄相應,俗名地牛。"

【地牛】

即花狹口蛙。此稱清代已行用。見該文。

海蛙

兩栖動物名。無尾目,叉舌蛙科,海陸蛙(*Fejervarya cancrivora*)。雄蛙體長55～68毫米,雌蛙70～89毫米。頭長約等於頭寬,吻端鈍尖。體背較粗糙,腹面光滑。四肢較短。體色變異較大,體背多爲褐黃,有黑褐色"W"形斑,上下唇緣有6～8條深色縱紋;兩眼間有一小白點,後面有一"∧"形斑。我國分布於臺灣、廣東、澳門、海南、廣西。多棲於近海邊的鹹水或半鹹水地區,海潮能够波及的海岸區,以紅樹林地區較爲常見。白天多隱蔽在紅樹林等植物根部或洞穴內,傍晚出外到海灘上覓食,以蟹類爲主,故又名"食蟹蛙",還捕食蝦、小魚、螺類及昆蟲。海蛙體內有特殊的生理機構,既能防體內水分向外滲透,又能讓海水裏的水分通過皮膚滲入體內,使體內維持較高的滲透壓,能耐受2.8%的含鹽濃度,而一般蛙類在鹽濃度超過1%的海水中就不能生存,所以海蛙能在海水裏生活自如。清聶璜《清宮海錯圖》第二冊:"朱蛙,產溫州平陽海塗、田野間。背大紅色,腹白,狀如常蛙,惟眼金色、光華灼爍有異。冬月始有,然偶有遇之取以爲玩者,不可多得……閩人云:'吾福清亦間有此,甚大,約重八九兩,全體赤色,可愛。'土人名爲朱鷄,捕者偶得,不敢食。"由產於"平陽海塗"判斷,此應指海蛙。

【朱蛙】

即海蛙。此稱清代已行用。見該文。

蝌蚪

亦稱"活師""活東""蝦蟆子""科斗""玄針""玄魚""聒子""蛤蟇臺""蝦蟆黏""丁字""水仙子""蛞斗"。無尾兩栖動物幼體。水栖,有外鰓,行呼吸機能;尾細長,能在水中游泳。到一定階段,長出四肢,尾脫落,出現肺。經複雜變態過程,發育爲成體。先秦稱活師。《莊子·秋水》:"還虷蟹與科斗,莫吾能若也。"《山海經·東山經》:"〔𡾋山〕湖水出焉,東流注於食水，其中多活師。"《爾雅·釋魚》："科斗，活東。"郭璞注："蝦蟆子。"邢昺疏："郭云蝦蟆子。此蟲一名科斗，一名活東。頭圓大而尾細。古文似之。"蝌蚪，科如蛞，顆，圓形。蝌蚪頭大而渾圓，故稱蛞，稱科。甲骨文中的斗字ㄋ，就是一把長柄大勺子狀。斗，古代的一種盛酒器。蝌蚪尾細，視之形如斗，故而得名。又名活東，清郝懿行義疏云："活有括音……活東、科斗，俱雙聲也。"括，有圓意。活東又轉爲活師，師音如堆，意連綿。蝌蚪長尾稱師。玄魚、玄針，以其如魚而色黑，其尾似針，故名。繁殖時鳴以聒之，故謂之聒子。聒，刺耳噪聲。晉崔豹《古今注·魚蟲》："蝦蟆子曰蝌蚪，一曰玄針，一曰玄魚。形圓而尾大，尾脱即脚生。"唐岑參《南池宴餞辛子賦得蝌斗子》詩曰："臨池見科斗，羨爾樂有餘。不憂網與釣，幸得免爲魚。且願充文字，登君尺素書。"《爾雅翼·釋魚三》："蝦蟇曳腸於水際草上，纏繳如索，日見黑點漸深。至春水時，鳴以聒之，則科斗皆出，謂之聒子。古所謂鸛影抱、蝦蟇聲抱者也。頭圓色黑，始出有尾而無足，稍大足生而尾脱……故卞彬譏令史咨事云：'科斗唯唯，群浮暗水。唯朝繼夕，聿没如鬼。'言其出没不常也……今俗謂之蝦蟆臺，亦謂之蝦蟆黏。""曳腸於水際草上"指産卵帶而非其腸。《正字通·一部》："丁字，科斗也，即蝦蟇子，初生如丁有尾。"明李時珍《本草綱目·蟲四·蝌斗》〔釋名〕："活師、活東、玄魚、懸針、水仙子、蝦蟇臺。時珍曰：'蝌蚪，一作蛞斗……其狀如魚……故有諸名。元魚言其色，懸針狀其尾也。'"又〔集解〕藏器曰："活師即蝦蟇兒，生水中，有尾如鮽魚。"《古今圖書集成·禽蟲典·蝦蟆部》引《丹徒縣志》云："蝦蟆俗名蛤蟆，其子名蝌蚪，亦名活師、活東。"

科　斗
（明王圻等《三才圖會》）

【活師】

即蝌蚪。此稱先秦時期已行用。見該文。

【科斗】

同"蝌蚪"。此體先秦時期已行用，見該文。

【活東】

即蝌蚪。此稱秦漢時期已行用。見該文。

【蝦蟆子】

即蝌蚪。此稱晋代已行用。見該文。

【玄針】

即蝌蚪。此稱晋代已行用。見該文。

【玄魚】

即蝌蚪。此稱晋代已行用。見該文。

【聒子】

即蝌蚪。此稱宋代已行用。見該文。

【蝦蟇臺】

即蝌蚪。此稱宋代已行用。見該文。

【蝦蟇黏】

即蝌蚪。此稱宋代已行用，見該文。

【丁字】

即蝌蚪。此稱明代已行用。見該文。

【水仙子】

即蝌蚪。此稱明代已行用。見該文。

【蛞斗】

即蝌蚪。此稱明代已行用。見該文。

第四節　水生爬行動物考

爬行動物是行肺呼吸、混合型血液循環的變温動物，體表被鱗（蛇、蜥蜴）或骨板（龜、鱉），無毛、無羽，發育有羊膜，是真正的陸生脊椎動物，隸於脊索動物亞門，爬行綱（Reptilia）。在地質史的中生代曾盛極一時，後日漸衰敗，其部分遺種仍舊部分或完全營水栖生活，它們被劃歸水族類，主要包括龜、鱷和部分蛇類。從前我國稱爬行綱動物爲爬蟲類，然而"蟲"字的内涵甚廣，故自 1955 年起，依據中國科學院公布的《脊椎動物名稱》，統一改稱爲爬行綱，一直沿用至今。

據古文獻記載，我國先民認識爬行動物可以追溯到文字出現之前。約公元前 11 世紀，商朝後半期已將文字刻在龜甲或獸骨上，稱甲骨文。其中就有龜和鼉字。從《甲骨文編》中可以辨認出獸、龜、鼉、龍等七個有關爬行動物的文字。殷商晚期和周代（公元前 1400—前 256）出現的鐘鼎文（簡稱"金文"）中也有一些爬行動物的記載。

商代出土的銅鼓，模擬鱷魚皮紋很逼真，可知當時對揚子鱷有過詳細觀察。周本雄（1982）的《山東兖州王因新石器時代遺址中揚子鱷遺骸》一文説，揚子鱷遺骸散布很廣，且有燒烤痕迹，與魚、龜、鱉、蚌等殘骸相雜，似爲當地居民食餘。這和大汶口、安陽及襄汾的鼉鼓，乃至浙江河姆渡遺址所見之鼉骨，均可證實在新石器時代的我國黄河流域，南到浙江餘姚地區，揚子鱷也像龜、鱉同樣有着廣泛的分布區而繁庶易得，是一種比較尋常的可食用動物。《詩·大雅·靈臺》："鼉鼓逢逢。"《禮記·月令》："〔季夏之月〕命魚師伐蛟，取鼉。"説明商周以前對鱷魚就有了認識。古籍中稱鱷爲蛟。《墨子·魯問》曰："江漢之魚鱉黿鼉爲天下富。"《莊子·達生》曰："孔子觀於吕梁，縣水三十仞，流沫四十里，黿鼉魚鱉之所不能游也。"四種動物相提并論，看作能游的水族類。古人視鼉爲神靈。秦李斯《諫逐客書》："建翠鳳之旗，樹靈鼉之鼓。"這裏鼉與鳳相對應。宋人范成大的詩句"神鼉悲鳴老龍怒"也把鼉與龍看作同一類。

漢末晋初的《神農本草經》是中國第一部藥書，共記載藥物三百六十五種，分上、中、下三卷，上藥一百二十種，有龍骨與龜甲；中藥一百二十種，有鱉甲；下藥一百二十五種，有蛇蜕。《爾雅·釋魚》根據甲的構造、腹紋和生活環境等，將龜分爲十種。雖"神龜""寶龜"等名不乏神話色彩，但此期開始繪製龜圖，還是有一定科學價值的。此書的《釋魚》部分所含的動物相當於魚類、兩栖類和鱉等爬行類，也即所謂冷血動物。《説文》也記載了龜、鼉、鱷等動物名。

漢張揖所著的《廣雅》、三國時陸璣的《毛詩草木鳥獸蟲魚疏》和晋郭璞的《爾雅注》、張華的《博物志》、陶弘景的《名醫別録》中，也都記載了一些有關爬行動物的内容。《臨海水土異物志》已將海龜分爲多種。曹操寫有著名的詩篇《龜雖壽》。

唐代段成式的《酉陽雜俎·鱗介篇》中記有避役之名。陸佃的《埤雅》中的《釋魚》記有龍、鮫、蛟、龜、鼉、鱉等七則。沈括的《夢溪筆談》是北宋時期的名著，其第三八一則《嶺表異物志》記鱷魚事甚詳，對龜類、鱷類的形態和生活習性做了更詳細的描述。鄭樵在《昆蟲草木略》的《蟲鳥類》中記載有關爬行動物的共五則：龜之屬，貝即玳瑁也，蜥蜴之類，蛇之類，鼉亦作鮀。韓愈的《祭鱷魚文》記述了廣東潮州一帶鱷魚爲害人畜的情況。

明代李時珍《本草綱目》，把中藥分成十六部。爬行動物被分列在介、鱗兩部：鱗分龍、蛇、魚、無鱗魚等四類；介分龜鱉、蚌蛤兩類。龍類、蛇類就是現代的蜥蜴目和蛇目，兼含鱷形目的鼉；龜鱉類就是現代的龜鱉目。按現代分類觀點，可確認鱷形目一種：鼉；蜥蜴目五種：蛤蚧、避役等；蛇目十三種：蟒蛇、游蛇等；龜鱉目十種：蠵龜、海龜、玳瑁、鱉等。《海槎餘録》《閩中海錯疏》等書中對這些爬行動物也都有記載。

雍正年間（1723—1735）成書萬卷的《古今圖書集成》，其第四彙編爲《博物彙編》，包括四典，爬行動物見於第三典《禽蟲典》。龜部彙考列龜名三十二個，蛇部彙考列名五十二個，蜥蜴部彙考列名二十四個。《康熙字典》，收字四萬七千零三十五個，是古代收字數最多的字典，爬行動物的名稱散布在巳、蟲、黽、龍、龜五個部首下。至此，我國類書中已記録了爬行綱動物二十七種及避役一種，共二十八種。

龜　鱉
（據初刻本《本草綱目》繪製）

爬行動物對人類生活一直有很大影響。先秦時代，龜甲被視爲珍貴而神奇之物，凡事都要用其“占卜”，占卜後就把有關的事刻在骨甲上。殷朝龜甲上刻字，就稱甲骨文，這是迄今中國發現的最早的文字和歷史記載。五經之一的《易經》就是一本記載卜卦文字的書籍。據《周禮·春官》，周朝專設一種官職叫“龜人”，其職責就是“掌六龜之屬……若有祭祀，則奉以往”。所謂六龜則是“天龜曰靈屬，地龜曰繹屬，東龜曰果屬，西龜曰雷屬，南龜曰獵屬，北龜曰若屬，各以其方之色與體辨之”。爲此司馬遷在《史記》中寫有一篇《龜策列傳》。《詩·魯頌·泮水》中有“元龜象齒”的記載。

人們仍用“龜齡”比喻長壽，用“龜鶴之壽”相祝。“龜齡安可獲”（南朝宋鮑照《松柏篇》），“寧知龜鶴年”（晋郭璞《游仙詩》）。漢代的一種貨幣，稱“龜貝”，《漢書·貨食志下》稱：“古者貨貝寶龜，有元龜、公龜、侯龜、子龜。”“龜”“貴”同音，龜又作富貴的象徵。古代石碑碑座多刻成龜的樣子，叫“龜趺”，取其負重而任遠之意。

唐王建《題酸棗縣蔡中郎碑》詩：“蒼苔滿字土埋龜，風雨銷磨絕妙詞。”元宋無《咏石得天字》：“龜埋遺碣下，麟僕古塋前。”民間廣爲流傳着“龜兔賽跑”的童話；晋代還有“周處斬蛟”的故事，蛟即鱷魚。不少名人以龜取名，如春秋時代宋公子圍龜；漢代京兆尹陳龜；魏晋南北朝時的劉龜、王元龜；唐代宗室子李龜年，楚王李靈龜，還有朝臣崔從龜、進士張仁龜、詩人陸龜蒙等，另有琴師亦名李龜年；前蜀有切直重臣李龜禎；宋代呂蒙正的父親名爲呂龜圖，王十朋字龜齡，楊時中號龜山，陸游晚年自稱“龜堂”等。龜字當然也有貶意。最早見於南北朝時期的《魏書·太祖紀》：“龜鱉小豎，自救不暇，何能爲也。”顯然有輕蔑之意。唐朝規定罪犯要戴綠頭巾，其妻女要充當歌妓，因此，戴綠帽子成了妻子不貞的代名詞。又因烏龜頭是綠色，龜就成了戴綠頭巾的代稱。明陶宗儀《輟耕録·廢家子孫詩》記宋氏大家族之子孫不肖，引郡人諷刺并加按曰：“‘宅眷皆爲撑目兔，舍人總作縮頭龜。’夫兔撑目望月而孕，則婦女之不夫而妊也。”此亦謂猥瑣之男子，義與戴綠帽子近似。龜的肉可食，皮可製革，作工藝品原料等。龜板、鱉甲、龜板膠等是常見的中藥，有軟堅、收斂、補血和養血之效，幾千年來，一直受人重視。

近代，對爬行動物進行了形態、分類、養殖、開發利用等多方面研究。

已知現存爬行動物種類不多，即龜鱉類二百餘種，蜥蜴類約三千種，蛇類二千五百種，鱷類二十五種。截至2019年底，已知我國共有龜鱉類三十四種，鱷類三種，蜥蜴類二百一十一餘種，蛇類二百六十五種。

本考酌收了傳說中的龜，如《爾雅》中記載有十種龜，虛實并舉，且依次排列；若拾虛就實，讀者必生疑寶，故一仍典籍記載，二歸類統計中則就實避虛，未與計入。

龜 [1]

亦稱"玄武""傴句""大蔡""藏六""四靈""玉靈夫子""王八""玉虛""介蟲之長""甲蟲長""觜蠵""冥靈""神屋""滋夷""金龜""輻衣大夫""玄緒""時君""陰蟲""大腰""元佇神龍""陰蟲之老""元緒""白若""地甲""毗羅挈羯車婆""玄衣""玄佇""金介"。爬行動物，龜鱉目中幾個科動物的通稱。體平扁，具明顯的頭、頸、軀幹、尾等部分，軀幹短而寬。體被函狀甲，由背甲和腹甲合成，爲堅硬骨質板，外覆角質板。甲板彼此癒合不能活動，頭、尾和四肢均能縮入甲內。甲板的數量和排列方式是分類的根據。雜食性，代謝率低，行動緩慢，耐飢能力強。體內受精，卵生或卵胎生。水栖或陸栖。適於水栖者，四肢成鰭肢狀。種類較多，我國約三十種，分布於全國各地。龜和我國古代文化發展關係密切。迄今發現的我國最早的文字即刻在甲上，即甲骨文。龜的象形文字，上部像蛇頭，下部像龜的四肢和尾巴，讀音同"規""貴"。規者圓也，示其體圓，貴者，示其高貴。中國歷史上龜的美稱、尊稱、貶稱有泛數十種之多。《説文·龜部》："龜，舊也。外骨內肉者也。從它，龜頭與它頭同。"段玉裁注："龜古音姬，亦音鳩。舊，古音臼，亦音忌。舊本鴟舊字，假借爲故舊，即久字也。劉向曰：著之言者，龜之言久。龜千歲而靈，著百年而神，以其長久、故能辨吉凶。"明李時珍《本草綱目·介一·水龜》〔釋名〕："玄衣督郵。"〔集解〕："時珍曰：按許慎《説文》曰：龜頭與蛇同，故字上從它，其下象甲、足、尾之形。它，即古蛇字也。"龜蛇都屬爬行類，形態有某些相似之處，故先民即將兩者合稱玄武

龜
（清蔣廷錫等《古今圖書集成》）

類，玄武的塑像多爲龜蛇合體。《埤雅·釋魚》："龜……廣肩無雄，與蛇爲匹，故龜與蛇合謂之玄武類。"《禮記·曲禮上》："行前朱鳥而後玄武。"孔穎達疏："玄武，龜也。"漢張衡《思玄賦》："玄武宿於殼中兮，騰蛇蜿而自糾。"《後漢書·馮衍傳下》："神雀翔於鴻崖兮，玄武潛於嬰冥。"《宋史·五行志五》："雄州地大震，玄武見於州之正寢，有龜大如錢，蛇若朱漆筯，相逐而行。"玄武類指中國古代神話中的北方之神，它同青龍、白虎、朱雀（即朱鳥）合稱四方四神。龜又稱傴句、昭兆、大蔡。《左傳·昭公二十五年》："傴句不予欺也。"晉杜預注："傴句之地出寶龜，故名龜曰傴句。"

龜體被函狀甲，由背甲和腹甲合成，爲堅硬骨質板，外覆角質板。甲板彼此癒合不能活動，頭、尾和四肢這六個部分都能縮進殼內，所以龜又被戲稱爲藏六。《雜阿含經》卷二二："如龜善方便，以殼自藏六。"宋陸游《自笑》詩："那知病葉先摧落，却羨寒龜巧宿藏。"

漢代視龜爲四靈之一。《周禮·春官·大司

樂》："何謂四靈？麟、鳳、龜、龍，謂之四靈。"龜與三個虛無之物并列，足見它在古人心中的位置。《爾雅·釋魚》將龜分爲十種："一曰神龜，二曰靈龜，三曰攝龜，四曰寶龜，五曰文龜，六曰筮龜，七曰山龜，八曰澤龜，九曰水龜，十曰火龜。"郭璞注："此皆説龜生之所。"

《史記·龜策列傳》認爲龜"延頸而前，三步而止，縮頸而却，復其故處"。又："安平静正，動不用力。壽蔽天地，莫知其極。"所以龜被當作長壽的象徵。清陳元龍《格致鏡原·水族類五》引《述異記·龜壽》："龜一千年生毛，壽五千年謂之神龜，壽萬年曰靈龜。"《孫氏瑞應圖》："龜生三百歲，游於蕖葉之上。三千歲尚在蓍叢之下。"龜能否活到千歲，尚無實據，但據今研究，能活三百歲，是世界上最長壽的動物。《史記·龜策列傳》又載："南方老人用龜支床足，行二十餘歲。老人死，移床，龜尚生不死，龜能行氣導引。"《玉海》卷一九九："玄宗先天二年八月，江州獻靈龜……蕭穎士千秋節進毛龜云：'出洛登壇，青文丹甲之瑞，翠毛金介、爍日霏烟。'"唐李群玉《龜》詩："静養千年壽，重泉自隱居。不應隨跛鱉，寧肯滯凡魚。"古代寺廟前、陵墓旁多立有石碑，石碑底座多刻成龜的樣子，叫"龜趺"，取其負重而任遠之意，也企望藉它的神靈達到永垂不朽。唐王建《題酸棗縣蔡中郎碑》詩："蒼苔滿字土埋龜，風雨銷磨絶妙詞。"元宋無《咏石得天字》："龜埋遺碣下，麟僕古塋前。"

介也喻動物堅硬的外殼。《大戴禮記·易本命》曰："有甲之蟲三百六十，而神龜爲之長。"又曰："介蟲之精者曰龜，鱗蟲之精者曰龍。"

《太平御覽》卷九三一引《逸禮》："天子龜尺二寸，諸侯八寸，大夫六寸，士民四寸。龜者陰蟲之老也。龜三千歲上游於卷耳上，老者先知，故君子舉事必考之。"

《太平御覽》卷九四三："《嶺表録異》曰：'蟕蠵俗謂之滋夷，乃山龜之巨者，人立其背，可負而行。'"唐代龜另有多重含義。唐李商隱《爲有》詩："無端嫁得金龜婿，辜負香衾事早朝。"唐朝用縮頭龜嘲諷不敢出頭的人。五代孫光憲《北夢瑣言·李浣行文卷》載，唐皮日休曾謁歸融尚書，不見。因作詩以嘲，譏其不出頭。唐皮日休《嘲歸仁紹龜詩》："硬骨殘形知幾秋，屍骸終是不風流。頑皮死後鑽須遍，都爲平生不出頭。"

宋代又稱"玄緒"。宋張鎡《題崔愨畫白鷺伺龜》："能言元緒已失計，潛來公子尤多機。"宋吳淑《龜賦》："名有時君之美，文成列宿之象。"《水經注·漸江水》引南朝宋劉敬叔《異苑》："孫權時，永康縣有人入山遇一大龜，即束之以歸……夜泊越裏，纜船於大桑樹。宵中，樹忽呼龜'玄緒，奚事爾也？'後因以玄緒爲龜的別名。"明清時代龜仍有許多異稱。明李時

玄 龜
（明王圻等《三才圖會》）

珍《本草綱目・介一・水龜》〔集解〕："蓋山、澤、水、火四種，乃因常龜所生之地而名也。其大至一尺以上者，在水曰寶龜亦曰蔡龜，在山曰靈龜……年至百千，則具五色。"又："在水曰神龜，亦曰蔡龜，在山曰筮龜……火龜則生炎地，如火鼠也。攝龜則呷蛇也。"明劉基《題枯木圖》詩："不用江頭喚玄緒，何妨湖上識神仙。"稱"白若""地甲"。《通雅》："龜者，陰蟲之老也，老者先知，故君子舉事必考之。"《駢雅・釋蟲魚》："玄衣、白若、玉靈、玄緒、玄佇、滋夷、觜蠵，龜也。"明朱謀㙔《駢雅・釋魚蟲》："白若，龜也。"明馮時可《雨航雜録》卷下："《道書》：'龜爲地甲，殺者奪壽，活者延年。'"《正字通・龜部》："梵言毗羅拏羯車婆，此云龜。"此係 Viranlakacchapa 的音譯。

清代，龜又有"金介"美稱。清厲荃《事物異名録・水族部・龜》："金介，龜也。"漢代官員包括皇太子、列侯、丞相、大將軍等所用官印的印鈕，都用黃金鑄成龜形。三國魏曹植《王仲宣誄》："金龜紫綬，以彰勳則。"《文選・謝靈運〈初去郡〉》詩："牽絲及元興，解龜在景平。"李善注："牽絲，初仕，即初任官；解，去官也。"元興，晋安帝年號，景平，南朝宋少帝年號。

龜板、龜板膠等爲常見中藥，具有軟堅、收斂、補血和養血的效能。龜肉可食用，皮可製革、做工藝品，幾千年來，人們對龜的重視程度始終未變。

【玄武】[1]

即龜[1]。此稱先秦時期已行用。見該文。

【僂句】

即龜[1]。此稱先秦時期已行用。見該文。

【陰蟲之老】

即龜[1]。此稱先秦時期已行用。

【介蟲之精】

即龜[1]。此稱先秦時期已行用。見該文。

【藏六】

"龜[1]"之雅稱。此稱秦代已行用。見該文。

【玉虛】

"龜[1]"之雅稱。此稱漢代已行用。見該文。

【甲蟲長】

即龜[1]。此稱晋代已行用。見該文。

【觜蠵】

即龜[1]。此稱漢代已行用。見該文。

【冥靈】

"龜[1]"之尊稱。此稱晋代已行用。見該文。

【神屋】[1]

"龜[1]"之尊稱。此稱晋代已行用。見該文。

【玄佇神龍】

"龜[1]"之尊稱。此稱南北朝時期已行用。見該文。

【玄緒】

"龜[1]"之雅稱。此稱南北朝時期已行用。見該文。

【滋夷】

即龜[1]。此稱唐代已行用。見該文。

【金龜】[1]

"龜[1]"之美稱。此稱唐代已行用。見該文。

【時君】[1]

"龜[1]"之雅稱。此稱宋代已行用。見該文。

【大腰】

即龜[1]。此稱宋代已行用。見該文。

【白若】

即龜[1]。此稱明代已行用。見該文。

【地甲】

即龜[1]。此稱明代已行用。見該文。

【毗羅孥羯車婆】

"龜[1]"之梵語。此稱明代已行用。見該文。

【玄衣】

即龜[1]。此稱至遲明代已行用。見該文。

【玄佇】

即龜[1]。此稱至遲明代已行用。見該文。

【金介】

"龜[1]"之尊稱。此稱清代已行用。見該文。

【玉靈夫子】

即龜[1]。"龜"之擬稱。此稱漢代已行用。又稱"玉靈""昭兆""靈壽子""玄介卿""通幽博士""先知君"。古以龜甲占卜，能預知吉凶而得名。中國古代，龜幾乎被神化。"知天之道，明於上古。""先知利害，察於禍福。"《周易·繫辭上》："定天下之吉凶，成天下之亹亹者，莫大乎蓍龜。"戰國時期，大將旗號就以龜爲飾，是"前列先知"之意。《左傳·定公六年》："昭公之難，君將以文之舒鼎，成之昭兆，定之鞶鑒，苟可以納之，擇用一焉。"孔穎達疏："成公新得此龜，蓋以灼之出兆，兆文分明，故名爲昭兆。"鞶鑒，古代用銅鏡作裝飾的革帶。《史記》中稱龜"玉靈夫子""玉靈"。《史記·龜策列傳》："即以造三周龜，祝曰：'假之玉靈夫子。夫子玉靈，荊灼而心，令而先知。'"晉葛洪《抱朴子·仙藥》："可以先知君腦，或云龜，和服之，七年能步行水上。"唐韋應物《黿山頭神女歌》："紅蕖綠蘋芳意多，玉靈蕩漾凌清波。"唐馮贄《雲仙雜記》卷九："蟹曰無腸公子，龜曰先知君。"稱龜"靈壽子"，以其占卜靈驗，故名。宋陶穀《清異錄·靈壽子》：

"武宗爲潁王時，邸園畜禽獸之可人者，以備十玩，繪十玩圖，於今傳播……靈壽子（龜）、惺惺奴（猴）、守門使（犬）。"又稱"玄介卿"。五代毛勝《水族加恩簿》云："玄介卿，謂龜也。爾卜灼之效，吉凶了然，所主大矣，宜授通幽博士。"明楊慎《異魚圖贊補》卷下引晉崔豹《古今注》："一名玄衣督郵，一名洞元先生，一名冥靈。甲曰神屋，又號先知君。"督郵，漢代的一種官名。

【玉靈】

"龜[1]"之尊稱。此稱漢代已行用。見該文。

【昭兆】

即龜[1]。此稱先秦時已行用。見該文。

【先知君】

"龜[1]"之尊稱。此稱晉代已行用。見該文。

【玄介卿】

"龜[1]"之雅稱。此稱五代時期已行用。見該文。

【通幽博士】

"龜[1]"之雅稱。此稱五代時期已行用。見該文。

【靈壽子】

即龜[1]。此稱宋代已行用。見該文。

【輶衣大夫】

即龜[1]。"龜"之擬稱。又稱"玄夫""元夫""玄衣都郵""玄龜"。依其體色而得名。《史記·龜策列傳》："〔宋元王〕乃召博士衛平而問之曰：'今寡人夢見一丈夫，延頸而長頭，衣玄繡之衣而乘輜車……是何物也？'〔衛平〕乃對元王曰：'玄服而乘輜車，其名爲龜。'"晉孫惠《龜言賦》："有輶衣大夫兮，衣玄繡之衣裳，乘輕車之炎炎兮，駕雲霧而翱翔。"唐徐堅《初學記》卷三〇："龜名玄衣都郵。"唐稱龜爲"玄夫"。唐韓愈《孟東野失子》詩："東野夜得夢，有夫玄衣巾……再拜謝玄夫，收悲以歡忻。"王伯大音釋引孫汝聽曰："玄夫，大靈龜，以其巾衣玄，故曰玄夫。"宋蘇軾《書艾宣畫·蓮龜》："只應翡翠蘭苕上，獨見玄夫曝日時。"元同玄。清代避康熙諱，改玄爲元，即"獨見元夫曝日時"，故龜又稱元夫。清李元《蠕範》卷一："龜，大蔡也，元武也，元緒也，元夫也，昭兆也，神使也，時君也，清江使也，靈壽子也，先知君也，洞幽先生也，靈夫子也。"

【玄衣督郵】

"輻衣大夫"之雅稱。此稱晉代已行用。見該文。

【玄夫】

即龜[1]。此稱唐代已行用。見該文。

【玄龜】[1]

"龜[1]"之俗稱。此稱明代已行用。見該文。

【元夫】

即龜[1]。此稱清代已行用。見該文。

【巳日時君】

"龜[1]"之擬稱。又稱"清江使""江使""平福公""洞玄先生""洞元先生""洞幽先生""神使"。《莊子》卷九《外物篇》："宋元君夜半而夢人被髮窺阿門，曰：'予自宰路之淵，予爲清江使河伯之所，漁者余且得予。'元君覺，使人占之，曰：'此神龜也。'君曰：'漁者有余且乎？'左右曰：'有。'君曰：'令余且會朝。'明日，余且朝。君曰：'漁何得？'對曰：'且之網得白龜焉，其圓五尺。'君曰：'獻若之龜。'龜至，君再欲殺之，再欲活之，心疑，卜之，曰：'殺龜以卜吉。'乃刳龜，七十二鑽而無遺筴。仲尼曰：'神龜能見夢於元君，而

不能避余且之網；知能七十二鑽而無遺筴，不能避刳腸之患。如是，則知有所困，神有所不及也。雖有至知，萬人謀之。魚不畏網而畏鵜鶘。去小知而大知明，去善而自善矣。嬰兒生無石師而能言，與能言者處也。'"余且，古代神話中的漁夫。金元好問《虞坂行》詩："玄龜竟墮余且網，老鳳常飢竹花實。"宋韓元吉《有童子市龜七以百金得而放之》詩："百金爲換七玄衣……清江使者遂同歸。"亦簡稱江使。《史記·龜策列傳》："漢正南北，漢河固期。南風新至，江使先來。"稱時君。晉葛洪《抱朴子·登涉》："山中巳日稱時君者，龜也。"巳日，中國農曆的紀日法。宋陶穀《清異錄·平福公》："唐故宮池中有一六目龜，或出曝背，人見六目，其甲上有刻字微金，仿佛如曰'平福君靈'。"此龜傳說是武宗王美人所養。福，猶腹，藉音而已。清陳元龍《格致鏡原》卷九四引唐張讀《宣室志》："張鋌見巴西侯飲酒，有洞玄先生與坐。天將曉。鋌悸悟見身臥在石龕中，一龜形甚巨，乃所謂洞玄先生。"另稱"洞元先生"。晉崔豹《古今注》："一名元衣督郵，一名洞元先生，一名冥靈。"清代稱其"洞幽先生"。元衣，當爲"玄衣"，因避唐玄宗諱改。亦稱神使。《史記·龜策列傳》："宋元王二年，長江派神龜出使黃河，在泉陽被漁人網捕，龜托夢於宋元王。"後因以"神使"稱龜。晉郭璞《江賦》："應交甫之喪佩，潛神使之縹羅。""喪佩"，見漢劉向《列仙傳·江妃二女》："江妃二女神出游於江漢之湄，逢鄭交甫。鄭見而悅之，因與語而請其佩，女遂解佩與之，鄭悅受藏懷中。去數十步，懷空無佩，回顧二女，亦失所在。"

【湣】

即巳日時君。此稱漢代已行用。見該文。

【神使】

即巳日時君。此稱晉代已行用。見該文。

【洞玄先生】

即巳日時君。此稱唐代已行用。見該文。

【江使】

即巳日時君。此稱漢代已行用。見該文。

【時君】[2]

即巳日時君。此稱晉代已行用。見該文。

【洞元先生】

即巳日時君。此稱晉代已行用。見該文。

【清江使者】

即巳日時君。此稱宋代已行用。見該文。

【平福君】

即巳日時君。此稱宋代已行用。見該文。

【洞幽先生】

即巳日時君。此稱清代已行用。見該文。

【大蔡】

即龜。"龜[1]"之代稱。又稱"靈蔡""神蔡"或單稱"蔡"。以產地命名。《左傳·襄公二十三年》："臧武仲自邾使告臧賈，且致大蔡焉。"杜預注："大蔡，龜名也；一云龜出蔡地，因以爲名。"又稱靈蔡。《文選》晉張協《七命》："兆發於靈蔡。"注："蔡爲龜出蔡地。"又稱神蔡，同靈蔡。南朝梁簡文帝《納涼》詩："游魚吹水沫，神蔡止荷心。"或單稱蔡。《淮南子·說山訓》："大蔡神龜。"漢高誘注："大蔡，元龜之所出地名。因名其龜曰大蔡。"宋張表臣《珊瑚鈎詩話》卷二："呼驢曰'衛'，未知所本。豈衛地多驢，故云爾耶？命龜曰'蔡'，亦是意也。"

【蔡】

"大蔡"之省稱。此稱先秦時期已行用。見該文。

【靈蔡】

即大蔡。此稱先秦時期已行用。見該文。

【神蔡】

即大蔡。此稱南北朝時期已行用。見該文。

【王八】

"龜[1]"之俗稱。"王八"有五說。一說源於《史記·龜策列傳》："能得名龜者，財物歸之，家必大富至千萬。一曰北斗龜，二曰南辰龜，三曰五星龜，四曰八風龜，五曰二十八宿龜，六曰日月龜，七曰九州龜，八曰玉龜。"有人將"八曰玉龜"釋云"王者得之，長有天下，四夷賓服"。王八，即"王者八龜"之省。後因作龜的別稱。二說五代前蜀主王建排行第八，少時放蕩不羈，里人稱"賊王八"，或直稱"王八"，事見《新五代史·前蜀世家》。金元好問《雜著》詩之七："泗水龍歸海懸空，朱三王八竟言功。"元氏或用此典。明郭勛《雍熙樂府》卷二《叨叨令兼折桂令》："蝦兒腰，龜兒輩，玉連環繫不起香羅帶；脊兒高，絞兒細，綠茸毛生就的王八蓋。"三說源於"亡八"。明徐樹丕《識小錄》："《合紀諸不肖始末》：'諺有之：孝悌忠信禮義廉耻八者皆亡，謂之亡八。今日之縉紳競相率而爲亡八矣……'"孝悌等爲八德。亡，古亦作無，亡八，原意無八德。縉紳爲官宦的代稱。即官宦帶頭八德皆亡，被人雅謔爲"亡八"。四說由"忘八"推演而來。清蒲松齡《聊齋志異·三朝元老》："某中堂……堂上一匾云：'三朝元老。'一聯曰：'一二三四五六七，孝悌忠信禮義廉'……測之云：'首句隱忘八，次句隱無耻也。'"忘八諧音王八。五説源於龜腹甲接縫的紋理，視之狀如"王八"二字，遂戲稱龜爲"王八"。

附録：龜部件

龜甲

亦稱"龜殼""神屋""元佇""龜板""敗龜版""敗將""漏將""漏天機""龜骨""靈骨"。龜的整個甲殼的通稱。龜殼包括拱起的背甲、扁平的腹甲及稱作甲橋的連接背、腹甲的部分。約由六十塊骨頭組成。整個龜殼呈盒狀。表面鱗甲光滑，褐色至棕褐色，嵌入處黃白色。骨質堅硬，不易折斷，由嵌入處折裂後呈密集的齒狀。《周禮·春官·龜人》："攻龜用春時。"鄭玄注："治龜骨於春，是時能乾解，不發傷也。"舊題漢郭憲《洞冥記》："上起神明臺，雜玉爲龜甲屏。"《淮南子·道應訓》："方倦龜殼，而食蚌蛤。"《神農本草經》上經："龜甲，一名神屋。生池澤。"《太平御覽》卷九三一引南朝宋沈懷遠《南越志》："龜甲名神屋，出南海，生池澤中，吳越謂之玄佇神龍。"按，初指龜甲，後代指龜。唐李賀《蝴蝶飛》詩："楊花樸帳春雲熱，龜甲屏風醉眼纈。"唐王維《春日上方即事》詩："鳩形將刻杖，龜殼用支床。"稱

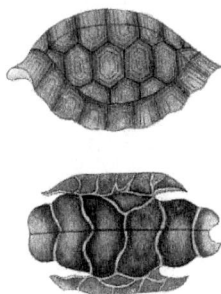

龜　甲
（明文俶《金石昆虫草木狀》）

元佇。南朝宋沈懷遠《南越志》："龜甲，一名神屋，出南海，生池澤中。吳越謂之元佇。"元佇既指龜，也指龜甲。龜甲係龜的外殼稱龜殼。甲呈板狀而稱龜板。宋周煇《清波雜志》卷一一："見岸傍漁舟取龜板，用銛刀剸其肉，最爲殘酷。"明李時珍《本草綱目·介一·水龜》："古者上下甲皆用之，至日華始用龜版，而後人遂主之矣。"龜甲骨質而稱龜骨。古用以占卜，故名靈骨。《文藝類聚》卷七五引南朝宋顏延之《大筮箴》："無惰爾儀，靈骨有知。"以龜甲占卜，預知吉凶，故名漏天機。明李時珍《本草綱目·介部·龜甲》〔釋名〕："神屋、敗龜板、敗將、漏將、漏天機。時珍曰：'並隱名也。'"稱敗龜板。清陳元龍《格致鏡原》卷九四《水族類·龜》引《格物考》："龜聽雷聲，口中所含以蟄者，吐而昂首，無蟲可食。既死，血肉腐爛，滲入下甲，此真敗龜板也……曰神屋、曰敗將、曰漏天機，皆敗龜板別名。"

龜甲古時用以占卜。商周時刻在龜甲上的文字，稱甲骨文。目前已發現有約十五萬片甲骨，四千五百多個單字，已識別出約一千五百個，所記的內容極爲豐富。古時還用作貨幣。《廣雅·釋詁》："龜，貨也。"《玉篇·骨部》："龜，貨之寶也。"還可中醫藥用，稱玄武版。《神農本草經》上經："龜甲主漏下赤白，破症瘕，痎瘧，五痔，陰蝕，濕痹，四肢重弱，小兒囟不合。久服，輕身不饑。"龜甲除上述异稱

外，尚有許多俗稱，如"黿筒""黿下甲""黿底甲""黿腹甲""元武版""坎版""拖泥板"等。

【黿殼】

即黿甲。此稱漢代已行用。見該文。

【黿骨】

即黿甲。此稱漢代已行用。見該文

【靈骨】

即黿甲。此稱南北朝時期已行用。見該文。

【神屋】[2]

即黿甲。此稱南北朝時期已行用。見該文。

【元佇】

即黿甲。此稱南北朝時期已行用。見該文。

【黿板】

即黿甲。此稱明代已行用。見該文。

【敗黿版】

即黿甲。此稱明代已行用。見該文。

【敗將】

即黿甲。此稱明代已行用。見該文。

【漏將】

即黿甲。此稱明代已行用。見該文。

【漏天機】

即黿甲。此稱明代已行用。見該文。

鰲

傳説海中大黿，俗作"鰲"。《楚辭·天問》："鰲戴山抃，何以安之？"兩手相擊曰抃，言鰲頭戴山，還能兩手相擊，則山上之仙聖何以安乎？漢班固《白虎通義》："黿之大者曰鰲，敖與久音相近。"《苟子》："東海鰲，冠蓬萊，游滄溟，騰躍而上，沉没而下。"《格致鏡原·水族五》引《玄中記》曰："鰲，巨黿，以背負山，周迴千里。"又《列仙傳》："有巨靈之鰲，背負蓬萊之山，而抃舞戲滄海之中。"《列子·湯問》："五山（岱輿、員嶠、方壺、瀛洲、蓬萊）之根無所連着，常隨潮波上下往還，不得暫峙焉。仙聖毒之，訴之於帝。帝恐流於西極，失群聖之居，乃命禹强使巨鰲十五，舉首而戴之。迭爲三番，六萬歲一交焉。五山始峙而不動。"《淮南子·覽冥訓》載："往古之時，四極廢，九州裂，天不兼覆，地不周載，火爛而不滅，水浩洋而不息……於是女媧煉五色石以補蒼天，斷鰲足以立四極……蒼天補，四極正。"鰲的四條腿足以支起蒼天，足見鰲力氣之大。唐李白《猛虎行》詩："巨鰲未斬海水動，魚龍奔走安得寧。"

神黿

古時黿名。古以爲黿之最神明者。即《爾雅·釋魚》所稱十種黿之一："一曰神黿。"郭璞注："黿之最神明。"《莊子·秋水》："吾聞楚有神黿死已三千歲矣，王巾笥而藏之廟堂之上。"《大戴禮記·易本命》："甲之蟲三百六十，神黿爲之長。"晋王嘉《拾遺記》卷一○："西有星池，千里池中有神黿，八足六眼，背負七星日月八方之圖，腹有五嶽四瀆之象，時出石上，望之煌煌如列星矣。"《太平御覽》卷九三一引南朝宋沈懷遠《南越志》云："神黿大如拳，而色如金，上甲兩邊如鋸齒，爪至利，而能緣大木。"又引南朝梁任昉《述異記》："黿一千年生毛，壽五千歲謂之神黿，壽萬年曰靈黿。"宋吳淑《事類賦》卷二八："伊神黿之效質，實瑶光之散精。"

蠵黿

亦稱"蠵""觜蠵""靈蠵""靈黿""蚆黿""蠵蠵""兹夷""贔屭""黿筒"。海黿名，黿鰲目，海黿科，蠵黿（*Caretta caretta*）。甲

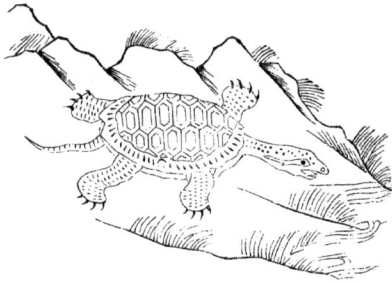

蠵龜
（明王圻等《三才圖會》）

長90～100厘米，重300多千克。頭大，喙鈎狀。背盾成延長的心形，四肢槳狀，尾較長。背甲紅褐，腹甲淡黃或淡褐。雜食性，以海螺、蟹、軟體動物等爲食。適應性强，栖於近岸海灣、河口，甚至可遠離海岸300千米。在我國四到八月在海灘挖坑產卵。

古以爲龜之有靈性者，即《爾雅·釋魚》所記十種龜之二："二曰靈龜。"郭璞注："涪陵郡出大龜，甲可以卜，緣中文似玳瑁，俗呼爲靈龜，即今蠵龜龜，一名靈蠵，能鳴。"涪陵郡，建安二十一年（216）劉備所設，治涪陵縣，即今重慶市彭水縣城。蠵龜產於海，不會達重慶地區。蠵蠵爲何龜，前人衆説紛紜。一

蠵龜（蠵蠵）
（清蔣廷錫等《古今圖書集成》）

説秦龜，一説山龜，一説海龜。如唐劉恂《嶺表錄異》卷下："蠵蠵者，俗謂之兹夷，乃山龜之巨者。人立其背上，可負而行。產潮循山中，鄉人采之，取殼以貨。"明李時珍《本草綱目·介一·蠵龜》〔集解〕："弘景曰：'蠵蠵生廣州。'恭曰：'即秦龜也。'藏器曰：'蠵蠵生海邊。甲有文，堪爲物飾。非山龜也。'……頌曰：'蠵蠵別是一種山龜之大者，非秦龜也。'……《日華》曰：'蠵蠵即蠅黽也，皮可寶裝飾物。'……時珍曰：'蠵蠵，諸説不一。按《山海經》云，蠵龜生深澤中。'注云：'大龜也。甲有文采，似玳瑁而薄。'應劭注《漢書》云：'靈蠵，大龜也。雄曰毒瑁，雌曰蠵蠵。'據此二説，皆出古典，質以衆論，則蠵蠵即蠅黽之大者。當以藏器、《日華》爲準也。"如是，則蠵蠵當指海龜。

其稱先秦時期已行用。《楚辭·招魂》："露鷄臛蠵，厲而不爽些。"王夫之通釋："蠵，大龜也。"又《大招》："先蠵甘鷄，和楚酪只。""露鷄"，楚時一菜名；"臛蠵"，肉羹。"露鷄臛蠵"，泛指蔬菜或肉類做成的羹湯。《山海經·東山經》："〔跂踵之山〕有水焉，廣員四十里皆涌，其名曰深澤，其中多蠵龜。"郭璞注："蠵，觜蠵，大龜也。甲有文彩，似玳瑁而薄。"漢劉楨《清慮賦》："布玳瑁之席，設觜蠵之床。"《後漢書·文苑傳·杜篤》："甲玳瑁，戕觜蠵。"李賢注："觜蠵，大龜，亦玳瑁之屬。"《太平御覽》卷九四三引漢楊孚《臨海水土記》："蠅黽，其狀龜形，如笠，味如黿，可食。卵大如鴨卵，正圓，中生啖，味美於諸鳥卵。其甲黃點注之，廣七八寸，長二三尺，有光色。"據《臨海縣志稿》："蠅黽即蠵龜。"晋孫綽《望海

賦》：“璿瑙熠爍以泳游，蠵蟕焕爛以映漲。”明李時珍《本草綱目・介一・蠵龜》〔釋名〕：“蠵蟕、靈蠵、靈龜、黽鼊、贔屭、皮名龜筒。時珍曰：‘蠵蟕鳴聲如兹夷，故名。黽鼊者，南人呼龜皮（皮名龜筒）之音也，贔屭者，有力貌，今碑趺象之。或云大者爲蠵蟕、贔屭，小者爲黽鼊。’”贔屭，源於傳説，龍之第六子，貌似龜而好負重，力大可馱負三山五嶽，故多讓它駝石碑、石柱。黽鼊，南方稱龜皮之音。亦有謂黽音鈎，示其喙鈎狀。鼊，如鼈，示其以肘着地爬行如鼈。

靈龜古時也被視爲神龜。《周易・頤》：“舍爾靈龜，觀我朵頤。”孔穎達疏：“靈龜，謂神靈明鑒之龜兆。”《文選・曹植〈七啓〉》：“假靈龜以託喻，寧掉尾於塗中。”李善注：《莊子》曰：‘楚王使大夫往聘莊子。莊子曰：吾聞楚有神龜，死已三千歲矣！’”靈龜又被看作長壽動物，用作長壽的代名詞。漢張衡《靈憲》：“蒼龍連蜷於左，白虎猛據於右，朱雀奮翼於前，靈龜圈首於後。”五代李中《鶴》詩：“好共靈龜作儔侣，十洲三島逐仙翁。”清金農《寒夜過荆山人山居》詩：“想見苦吟風燭下，靈龜屛息玉蟾枯。”《爾雅翼・釋魚四》：“靈龜文五色，似玉似金。背陰向陽，上隆象天，下平法地，槃衍象山。四趾轉運應四時，文著象二十八宿。蛇頭龍翅，左精（睛）象日，右精象月。”李善注引《抱朴子》：“千歲靈龜，五色具焉，其雄額上兩骨起似角。”所述靈龜皆爲想象中的神龜，而非指蠵龜。

《莊子》卷六《秋水篇》：“莊子釣於濮水，楚王使大夫二人往先焉，曰：‘願以境内累矣！’莊子持竿不顧，曰：‘吾聞楚有神龜，死已三千歲矣。王巾笥而藏之廟堂之上。此龜者，寧其死爲留骨而貴乎，寧其生而曳尾塗中乎？’二大夫曰：‘寧生而曳尾塗中。’莊子曰：‘往矣！吾將曳尾於塗中。’”

有考者謂“靈”或“靈龜”既可以是某一種龜的專名，也可以是龜的通用美稱，如説“靈異的龜”。古書及楚簡所記龜以“靈”名者有很多，未必都是同一品種。古人多以“蠵”注《爾雅》“靈龜”，似乎“蠵”就是“靈龜”。但新蔡簡既有各種各樣的“靈”，又有“偏首之蠵”，似乎“蠵”又不是“靈”。凡此皆不必看得太死。

【蠵】

“蠵龜”之省稱。此稱先秦時期已行用。見該文。

【觜蠵】

即蠵龜。此稱漢代已行用。見該文。

【靈蠵】

即蠵龜。此稱漢代已行用。見該文。

【靈龜】

即蠵龜。此稱漢代已行用。見該文。

【黽鼊】

即蠵龜。此稱漢代已行用。見該文。

【蠵鼊】

即蠵龜。此稱晋代已行用。見該文。

【兹夷】

即蠵。此稱唐代已行用。見該文。

【贔屭】

即蠵龜。此稱明代已行用。見該文。

【龜筒】

即蠵龜。此稱明代已行用。見該文。

【蟕蠵】

即蠵龜。亦稱"蟕蛦""蠵蛦""蝴蛦"。此稱漢代已行用。漢王粲《游海賦》："蟕蠵玳瑁，金質黑章。"唐李商隱《碧瓦》詩："吳市蟕蛦甲，巴賣翡翠翹。"一本作"蠵蛦"。朱鶴齡箋注："蟕蛦，大龜。其甲即玳瑁之類，故吳市有之。"蟕蛦，乃"茲夷"之諧音。唐光、威、哀（姊妹三人，失其姓）《聯句》："偏憐愛數蝴蛦掌，每憶光抽玳瑁簪。"蝴蛦，同"茲夷"。

【蠵蛦】

即蟕蠵。此稱唐代已行用。見該文。

【蝴蛦】

即蟕蠵。此體唐代已行用。見該文。

攝龜

亦稱"蠳龜""陵龜""鴛龜""呷蛇龜""夾蛇龜""甲龜"。龜名，龜鱉目，龜科，鋸緣攝龜（*Cuora mouhotii*）。腹甲的前半部可略活動，背、腹甲藉韌帶組織相連，不能完全閉合。背甲後緣鋸齒狀，甲長約15厘米。趾間具蹼，後肢四爪，尾中長。分布於我國浙江、江蘇、湖南、湖北等省。栖於山溪。能食蛇之小龜，即《爾雅·釋魚》所記十種龜之三："三曰攝龜。"郭璞注："小龜也。腹甲曲折，解能自張閉，好食蛇，江東呼爲陵龜。"以後各代屢有記載。漢張衡《南都賦》："其水蟲則有蠳龜鳴蛇。"晋葛洪《抱朴子·登涉》："雲日鳥及蠳龜，亦皆唼蛇。故南人入山，皆帶蠳龜之尾、雲日鳥之喙以辟蛇。"《爾雅翼·釋魚四》："十龜，三曰攝龜。郭氏曰：'小龜也，腹甲曲折，解能自張閉，好食蛇，江東呼爲陵龜。'蓋今之呷蛇龜是也。"《太平廣記》卷四六五引南朝宋沈懷遠《南越志》："初寧縣裏多鴛龜，殼薄狹而燥，頭似鵝，不與常龜同，而能嚙犬也。"明李時珍《本草綱目·介一·攝龜》〔釋名〕："呷蛇龜、陵龜、鴛龜、蠳龜。恭曰：'鴛龜腹折，見蛇則呷而食之，故楚人呼呷蛇龜。江東呼陵龜，居丘陵也。'時珍曰：'既以呷蛇得名，則攝亦蛇音之轉，而蠳亦鴛音之轉也。'"攝，意收斂，示其腹鱗甲十二枚，前後兩半間有韌帶相連，能活動，使甲殼閉合。亦有稱作"夾蛇龜""唊蛇龜""克蛇龜""夾蛇龜""斷版龜"者。徐珂《清稗類鈔·動物類》："呷龜蛇，似常龜而小，性專食蛇，我國南部有之。某年，法教士得二三頭，携以歸，蓄養孳生。法屬西非洲與德屬連界之處，近日開拓，種植棉花，而毒蛇極多，妨於農事，有人於其地專賣此龜，每頭可值二十佛郎也。"

【蠳龜】

即攝龜。此稱漢代已行用。見該文。

【陵龜】

即攝龜。此稱晋代已行用。見該文。

【鴛龜】

即攝龜。此稱南北朝時期已行用。見該文。

【呷蛇龜】

即攝龜。此稱宋代已行用。見該文。

【夾蛇龜】

即攝龜。此稱宋代已行用。見該文。

【甲龜】

即攝龜。此稱明代已行用。見該文。

寶龜

古時龜名。多用以占卜吉凶。即《爾雅·釋魚》所記十種龜之四："四曰寶龜。"《尚書·大誥》曰："寧王遺我大寶龜。"《左傳·昭公二十五年》："初，臧昭伯如晋，臧會竊其寶龜僂句。"唐王績《古意》詩："寶龜尺二寸，由來宅深水。浮游五湖內，宛轉三江裏。"唐劉禹錫《答饒州元使君書》："昌黎韓宣英，好實蹈中之士也……是必能知風俗之良窳，采寮之善否，盍嘗問焉？足爲群疑之寶龜也。"宋梅堯臣《龜》曰："王府有寶龜，名存骨未朽……白玉刻佩章，黃金鑄印紐。"

文龜

古時龜名。占卜用龜的一種。指甲有文彩者。即《爾雅·釋魚》所記十種龜之五："五曰文龜。"郭璞注："甲有文采者。"

筮龜

古時龜名。專用以占卜。即《爾雅·釋魚》所記十種龜之六："六曰筮龜。"郭璞注："常在蓍叢下潛伏。"邢昺疏："《策傳》云，傳曰：'上有檮蓍，下有神龜。'又曰：'聞蓍滿百莖者，其下必有神龜守之。'"明李時珍《本草綱目·介一·秦龜》〔集解〕："年至百歲能變化者，曰筮龜。或伏於芪草之下，或游於卷耳、芩葉之上，《抱朴子》所謂'山中巳日稱時君者爲龜'，即此也。"

山龜[1]

古時龜名。指生山中者。即《爾雅·釋魚》所記十種龜之七："七曰山龜。"明代則稱秦龜。明李明珍《本草綱目·介一·秦龜》〔釋名〕引宗奭曰："龜則四方皆有。但秦地山中多老龜，極大而壽，故取爲用，以地別名。"……〔集解〕藏器曰："秦龜生山陰，是深山中大龜，如碑下趺者。食草根竹萌，冬蟄春出……"時珍曰："秦龜是山龜……與《爾雅》山龜、澤龜、水龜相合。"又弘景曰："此即山中龜不入水者，其

形大小無定。"從"不入水"的特點看，似指陸龜類。本科我國有三種，即四爪陸龜、凹甲陸龜和緬甸陸龜。凹甲陸龜（*Manouria impressa*），屬陸龜科，背甲前後緣呈鋸齒狀，色淡黃，有黑斑。其盾片略凹，因以得名。腹甲平坦。眼大，口緣長。四肢粗壯。別名爲"山龜""龜王"。分布於廣西、海南、湖南、雲南等省區。棲於相當高的丘陵、斜坡上離水較遠的乾燥環境。趨於瀕危，列爲國家二級保護動物。四肢柱狀，趾間無蹼。尾短，末端有一角質突。體色綠黃，每塊甲板上都有不規則深色斑。分布於我國南方如廣西、雲南等地。

澤龜

古時龜名。指生澤中者。即《爾雅·釋名》所記十種龜之八："八曰澤龜。"邢昺疏："澤龜，生澤中者。"澤龜，俗稱水龜，隸屬澤龜科，或稱水龜科、池龜科、泥龜科、龜科。種類雖多，達50種，約占所有龜類總數的70%。但我國僅有二種水龜，其餘都分布於西半球。

水龜

古時龜名。指生水中者。即《爾雅·釋魚》所記十種之九："九曰水龜。"此應指龜科中的水龜，我國共四種，其腹甲與背甲直接相連，其間無韌帶組織。頭部光滑無鱗，趾間具蹼，尾中長，水棲，如黑頸水龜（*Mauremys nigricans*）。背甲具一條黑色縱棱脊，頭側眼後有棕、黑色縱紋，腹甲棕黑色，兩側及後緣黃色。抑或謂水棲龜類的通稱，有人認爲亦應包括海龜。

火龜

古代龜名。傳說生火中者。即《爾雅·釋魚》所記十種之十："十曰火龜。"明彭大翼《山堂肆考》卷二二五："燕相子之過魯津有赤

龜，衛璋以獻或云此即《爾雅》所謂火龜是也，生於火中而不畏火，猶火鼠之類。"

眼斑水龜

亦稱"四眼龜""四目龜"。龜名，龜鱉目，龜科。應指眼斑水龜（*Sacalia bealei*）。頭頂有眼斑，不具蟲紋，盾片爲一致的橄欖或栗棕色。別名"眼斑龜""四眼龜"。其稱始見於南北朝典籍。《宋書》卷二八《瑞符志》："明帝泰始二年八月丙辰朔，四眼龜見會稽。會稽太守巴陵王休若以獻。"《南齊書·祥瑞志》："永明八年六月建城縣昌城田獲四目龜一頭，下有萬齊字。"《梁書》卷二《本紀·武帝中》："天監六年，新吳縣獲四目龜一頭。"清胡世安《異魚圖贊補》卷下："多目龜，星池神龜，爰有六眸，或四或八，塵食獨游……劉宋太始二年八月，四眼龜見會稽……齊永明五年六月，建城獲四目龜。"

【四目龜】

即眼斑水龜。此稱南北朝時期已行用。見該文。

【四眼龜】

即眼斑水龜。此稱南北朝時期已行用。見該文。

四眼斑水龜

亦稱"六眸龜""六眼龜""六目龜"。龜名，龜鱉目，龜科，四眼斑水龜（*Sacalia quadriocellata*）。其頭頂後方有二對眼狀斑，色黑，具黃色的邊緣，頗醒目。其甲長約145毫米，四肢扁平，趾間有蹼，尾短。體背黃棕，腹面色淡，有黑色雲斑。分布於廣東、福建、海南島等地。其稱始見於先秦。《山海經·北山經》："其陽狂水出焉，西南流注於伊水，其

中多三足龜。食者無大疾，可以已腫。注：今吳興陽羨縣有君山，山上有池，水中有三足六眼龜。"《宋書·符瑞志中》："泰始二年八月丙寅，六眼龜見東陽長山，文如爻卦。太守劉勰以獻。"宋張世南《游宦紀聞》卷二："東坡謁呂微仲……見便坐有昌陽盆蓁綠毛龜，坡指曰：'此易得耳。'唐莊宗時，有進六目龜者，敬新磨獻其口號，云：'不要鬧，不要鬧，聽取龜兒口號，六隻眼兒睡一覺，抵別人三覺。'"明方以智《通雅·動物·魚》："六目龜者，四目皆斑紋也。"明方以智《物理小識》卷一一："六眼龜，乃二眼真，餘則似眼耳。"清李調元《然犀志》卷上："六眸龜，《宋史》太宗時萬安縣獻六眸龜，萬安縣即今萬州也。"

【六眼龜】

即四眼斑水龜。此稱先秦時期已行用。見該文。

【六目龜】

即四眼斑水龜。此稱南北朝時期已行用。見該文。

【六眸龜】

即四眼斑水龜。此稱宋代已行用。見該文。

平胸龜

亦稱"鷹嘴龜""玄龜""旋龜""鶚龜""瘙龜"。龜名。龜鱉目，平胸龜科，平胸龜（*Platysternon megacephalum*）。體中等，成年龜背甲長 12～18 厘米，背腹極扁平。頭大尾長，不能縮入殼內。上、下顎鈎曲。四肢強。背甲棕黃、褐、黑、墨綠色等，腹甲黃白。水陸兩棲。俗稱"鷹嘴龜""大頭龜""鷹龜"等。分布於廣東、廣西、海南、安徽、重慶、福建等省區。是我國淡水龜中較特殊的一種。數量

稀少，是國家二級保護動物，有藥用價值。其稱始於秦漢。《山海經・南山經》："〔杻陽之山〕怪水出焉，而東流注於憲翼之水，其中多玄龜，其狀如龜而鳥首虺尾，其名曰旋龜。其音如判木，佩之不聾，可以爲底。"郭璞注："底，躓也；爲，猶治也。《外傳》曰：'疾不可爲。'一作'底'，猶病癒也。"《太平御覽》卷六八三引晉王嘉《拾遺記》："禹治水，黃龍曳尾於前，玄龜負青泥於後。玄龜，河精之使者也，龜頷下有印文，皆古篆字，作九州山川之字。"因頷鈎曲，唐代稱其鷹龜。唐陳藏器《本草拾遺》卷六《蟲魚部》："瘧龜，無毒……生高山石下，身扁頭大，嘴如鷹鳥，亦呼爲鷹龜。"又因能用以治療瘧疾，而稱瘧龜。金李杲編輯，明李時珍參訂《食物本草》卷一一《介部・龜鱉類》："瘧龜，生高山石下。偏頭大嘴。瘧龜無毒。治老瘧發作無時，名瘤瘧，俚人呼爲妖瘧。用此燒灰，頓服二錢，當微利。"明李時珍《本草綱目・介一・鷹龜》〔集解〕："藏器曰：狀如龜，長二三尺，兩目在側，如鷹。"〔附錄〕："旋龜。時珍曰：……亦此類也。"清聶璜《清宮海錯圖》第三册："以其首曲而尖名之曰鷹嘴龜。"

【玄龜】[2]

即平胸龜。此稱先秦時期已行用。見該文。

【旋龜】

即平胸龜。此稱先秦時期已行用。見該文。

【瘧龜】

即平胸龜。此稱唐代已行用。見該文。

【鷹龜】

即平胸龜。此稱唐代已行用。見該文。

【鷹嘴龜】

即平胸龜。此稱清代已行用。見該文。

鶴龜

古代龜名。宋羅濬等《寶慶四明志・象山縣志全》："東攝潭縣西七十里，層峰峭壁，捫蘿而登，有小瀑布流下於潭，爲歲旱禱得鶴龜，則雨隨車至。鶴龜，其甲尺許，嘴如鸚鵡，尾長八九寸，鱗甲炯然。"元袁桷《延祐四明志・象山縣》亦此載文，"捫蘿"作"捫蘿"，"雨隨車至"作"雨隨至"，當是。彭大翼所引亦當據此。明彭大翼《山堂肆考》卷四〇引《象山志》："象山東攝潭，產鶴龜，其甲尺許，嘴如鸚鵡，尾長八九寸，鱗甲炯然。"

烏龜

亦稱"秦龜""山龜""玄武""金龜""玄龜"。龜名，龜鱉目，龜科，烏龜（*Mauremys reevesii*）。體扁，背部有長圓形硬殼，色黑褐，有花紋。頭尾及四肢皆可縮入甲殼內。趾有蹼，能游泳。栖於湖、河中，以雜草、小動物爲食。甲殼可入藥。分布於全國各地。別稱"金龜""草龜""泥龜"和"山龜"等。唐代稱"秦龜"。唐陳藏器《本草拾遺》卷九："秦龜，蘇云秦龜是蟕蠵。按：蟕蠵生海水中，生山陰者非蟕蠵矣。今秦龜是山中大龜如碑下趺者，食草根竹笋，深山谷有之，卜人取以占山澤。《漢書》十朋有山龜，即是此也。揭取甲，亦如蟕蠵，堪飾器物。龜溺，主耳聾，滴耳中差。"宋俞琰《席上腐談》卷七上："玄武即烏龜之異名。龜，水族也，水屬北。其色黑，故曰玄龜。有甲，能捍禦，故曰武。其實只是烏龜一物耳。"清李光地等編纂《月令輯要》卷一一："金龜。《錄異記》：'成武三年庚午六月五日癸亥，廣漢太守孟彥暉奏，西湖有金龜徑寸，游於荷葉之上，畫圖以聞。'"

【秦龜】

即烏龜。此稱唐代已行用。見該文。

【山龜】[2]

即烏龜。此稱唐代已行用。見該文。

【玄龜】[3]

即烏龜。此稱宋代已行用。見該文。

【玄武】[2]

即烏龜。此稱宋代已行用。見該文。

【金龜】[2]

即烏龜。此稱清代已行用。見該文。

大頭烏龜

省稱"大頭龜"。龜名，龜鱉目，龜科，大頭烏龜（*Chinemys megalocephala*）。甲長一般183～252毫米，寬133～156毫米，頭寬大，大於其背甲寬的1/3～1/2，是龜屬中比例最大者。頭不能縮入甲内。背甲栗棕或稍帶黑，具三條縱棱，四肢及身體其他軟皮部分均爲灰黑色。我國分布於江蘇、安徽、湖北、廣西、海南等地，栖息於山丘附近的溪流中。別名"大頭草龜"。野生種群。國家二級保護動物。清馬呈圖等纂修《高要縣志》卷一一《食貨篇·動物》："大頭龜，相長頭大。味極甘而少肉，滋補上品。產漾源都深山溪谷中。"

【大頭龜】

"大頭烏龜"之省稱。此稱清代已行用。見該文。

黄喉擬水龜

亦稱"綠衣使者""綠毛龜"。爬行動物名，龜鱉目，龜科，黄喉擬水龜（*Mauremys mutica*）。體中大，性成熟的最小個體重210克，甲長11厘米以上。雌雄异形，雄性尾長，腹甲凹陷；雌龜尾粗短，腹甲平。背甲低平，光滑，棕色，中央有一條明顯縱棱。四肢扁圓，趾間具蹼。分布於我國南方各省，喜栖水田、池沼、河流中。其栖息水域有基枝藻、剛毛藻等絲狀綠藻，喜附着於含鈣的基質上。龜背部鈣質豐富，加之它能長期在水中生活，很少上岸活動，很適於綠藻附着生長。水龜背部附着的絲狀綠藻，狀如毛，稱綠毛，長可達6～10厘米。附有此藻的龜即稱綠毛龜。

此稱始見於漢代典籍，并沿用至今。古時綠毛龜都捕於自然水域，作爲珍品向皇帝進貢。《宋史·樂志一》："伏見今年荆南進甘露……和州進綠毛龜，黄州（今廣西防城一帶）進白兔。"唐李嶠《爲杭州刺史獻綠毛龜表》云："錢塘縣人聶幹於市内水中獲毛龜一枚，修尾，長頸，黝甲，綠毳。名掩於楚宗，狀奇於靈繹。"該龜多出於蘄州（古地名，今湖北蘄春一帶）。明陶允宜《蘄龜》詩云："千年龜小象圍棋，其甲翠綠毛毿毿。置之盆水生漣漪，蚊蠅遠避塵自離。"宋代用作貢品。《玉海·祥瑞·動物》："祥符九年九月戊午，遼州獻白兔，荆門軍獻綠毛龜。"宋王質《林泉結契》卷五："綠毛龜：似太平，似開元，雖垂老，不逾錢。只愛綠苔净，弗愛金絲鮮。綠毛龜，綠毛龜，三三八八總不知，徜徉露蔣風薄稀。"《格致鏡原·水族類五》引《蘄州志》云："本州西河井產綠毛龜，大者重十錢，小者重五錢，甲上有綠毛茸生，出水則斂，入水則披拂如海苔然。"又引《鳥獸續考》云："綠毛龜，壓置壁間數年不死，能辟風塵。"能辟風塵及避蚊蠅之説實誤。《淵鑑類函》引《梁書》："朱友貞末年，許州獻綠毛龜以爲瑞，因宫中造室以居之，目爲龜堂。"明李時珍稱其"綠衣使者"，且已瞭解綠毛茸生成的原因。《本草綱目·介一·綠毛龜》〔集解〕時珍曰：“綠毛龜出南海之內鄉及唐縣，今惟蘄州以充方物。養鬻者取自溪澗，畜水缸中，飼以魚蝦，冬則除水。久之生毛，長四五寸。毛中有金綫，脊骨有三棱，底甲如象牙色，其大如五銖錢者，爲真。他龜久養亦生毛，但大而無金綫，底色黃黑爲異爾。”

唐蕭穎士《爲揚州李長史作千秋節進綠毛龜表》：“臣某言：臣聞在昔上皇之御極也，則玄化有助，嘉祥必臻。故升中於天，而四靈是格。若夫出洛登壇、青文丹甲之瑞，王霸以降，遼哉敻乎，不可得而聞已。然其緬邈郊藪，葳蕤簡牒，與時而升降者，亦往往而存。未有含道德之純粹，闡祖宗之休命，俛視千載，潛通百靈，允符秘祉，若今之盛者也。伏惟皇帝陛下：至誠允迪，懸解自衷，神有契而斯輔，道惟深而不測。故鎡銖繫表，寤寐胥庭。七曜垂文，則玄言焯叙；千秋表節，則綠錯來儀。以今月某日，所部江都縣崇虛觀講《聖注道德經》，於玄元皇帝座隅，有毛龜出見。翠毫金介，燦日霏烟，迹殊生育，來緣感召。應陛下長靈之期，符先聖谷神之妙。知來藏往，實見於茲。休徵委集，萬方幸甚，手舞足蹈，倍百恒情。無任喜悅之至，謹奉表以聞。”

該龜主要產於中國，肉可入藥。綠毛龜有很高觀賞價值，據傳經常觀看對視力恢復有一定好處。以江蘇常熟地區出者著稱。現已進行人工培育，且長的綠毛長而密，甚至可把背及四爪全部覆蓋。人們也可讓紅藻、褐藻附着在其背上，而培養出“紅毛龜”“褐毛龜”。

【綠毛龜】

“黃喉擬水龜”之俗稱。此稱宋代已行用。見該文。

【綠衣使者】

“黃喉擬水龜”之雅稱。此稱明代已行用。見該文。

綠海龜

亦稱“䕒鼊”“蟕蠵”“保蟻龜”。海龜名，龜鼈目，海龜科，綠海龜（*Chelonia mydas*）。甲長 120 厘米，重者 450 千克，一般 150 千克。吻短，頜無鈎。背甲短卵形，排列呈鋪石狀。四肢槳狀，雄性尾很長。背面帶青的灰褐或暗褐，腹白。草食性，偶食軟體動物、小魚等。在砂質海濱挖坑產卵，坑深 50 厘米，寬 2 米，一次產卵一百二十到二百枚，卵徑 30 ～ 45 毫米。分布於熱帶海區，我國南海有其產卵場，其他各海均有發現。

《文選·郭璞〈江賦〉》：“鱝、鮆、䕒鼊。”李善注引三國吳沈瑩《臨海水土異物志》：“䕒鼊與蠅蠵（即蟕龜）相似，形大如蘧，生乳海邊沙中，肉極好，中啖。”張崇根輯校曰：“疑蘧爲葵之誤。”“生乳海邊沙中”，意海灘沙中產卵。清康熙《廣東通志·海龜》：“海龜，鷹首鷹吻，大者方徑丈餘。春夏之交，游卵於沙際。島彝遇而捕之輒垂淚歔氣，如人遭困厄然。”海龜之“垂淚”實則是眼部排鹽腺在排除體內的過剩鹽類，并清除眼中之沙。明楊慎《異魚圖贊》卷四：“䕒鼊音迷麻。䕒鼊海魝，名曰匽黿……自注：《說文》名匽黿，《江賦》名䕒鼊，《海水土志》曰海魝，實一物也。”徐珂《清稗類鈔·動物類》：“蟕蠵爲龜屬之最大者，亦名蟕龜。體形扁闊，背甲皆相密接，不作覆瓦狀，腹甲扁平，尾露甲外，四肢成鰭，有爪，大者至五六尺，舉動遲鈍。常居海洋之中。分兩種。

背暗綠，有主紋片十三枚而食植物者，曰保蠵龜。"蠵蠵遠小於棱皮龜，故非龜屬之最大者。另"背暗綠""食植物"等特點，應爲綠海龜，而非蠵龜。古時捕海龜時夜宿島中，見大龜魚貫而上，以燈照之，龜即縮頸不動，水手以木棍插入龜腹之下，力掀之，即仰臥沙上。撥開積沙，有龜蛋無數。

【𪓨𪓟】

即綠海龜。此稱漢代已行用。見該文。

【𪓟䲋】

即綠海龜。此稱三國時期已行用。見該文。

【保蠵龜】

即綠海龜。此稱清代已行用。見該文。

玳瑁 [1]

亦稱"玳瑁""瑇冒""瑇瑁""毒冒""文甲""斑希""點化使者""護卵"。海龜名。龜鱉目，海龜科，玳瑁（*Eretmochelys imbricata*）。體甲長84厘米，寬57厘米，重60千克。已知最大的玳瑁殼長近1米。背甲卵形，背盾排列成覆瓦狀，色暗紅或黑褐，有不規則黃色綫條雲狀斑，腹黃。吻長而扁，頜鈎狀。四肢槳狀，尾短。以軟體、甲殼類等動物爲食。主要分布於熱帶和亞熱帶海域，我國沿海都有發現。肉可食，盾殼爲有名的工藝品原料，亦可入藥，俗稱"十三鱗"。

玳瑁一稱由"毒冒"演變而來。《淮南子·泰族訓》："瑤碧玉珠，翡翠玳瑁，文彩明朗，潤澤若濡。"《漢書·司馬相如列傳》："毒冒鱉黿。"顏師古注："毒音代，冒音妹。"毒古音代，"毒""代"可互替；冒古同瑁，毒冒就可以寫成玳瑁。《玉篇》："俗以玳瑁作玳。"《後漢書·地理志下》："〔粵地〕處近海，多

犀、象、瑇冒、珠璣、銀、銅、果、布之湊。"又《王符傳》："犀象珠玉、虎魄玳瑁。"李賢注引《吴録》曰："玳瑁似龜而大，出南海。"《文選·左思〈吴都賦〉》："摸玳瑁，捫鼊蠵。"張銑注："玳瑁似龜類，有文。"我國自古就廣爲流傳玳瑁製品有驅邪、袪病之功效。明李時珍《本草綱目·介一·玳瑁》〔釋名〕："其功解毒，毒物之所冒嫉者，故名。"冒嫉，即妒忌、惡之。唐劉恂《嶺表録異》卷上："玳瑁形狀似龜，惟腹背甲有紅點。《本草》云玳瑁解毒……廣南盧亭獲活玳瑁龜一枚，以獻連帥嗣薛王。王令生取背甲，小者二片，帶於左臂上以辟毒……或云玳瑁若生，帶之有驗。凡飲饌中有蠱毒，玳瑁甲即自搖動。若死，無此驗。"連帥，周代王畿千里以外的行政區劃名。蠱毒，指以神秘方式配製的巫化了的毒物。據《逸周書·王會解》記載，商湯時南海諸侯就進貢玳瑁，說明先秦時代對玳瑁已有所瞭解。

宋范成大《桂海虞衡志》云："玳瑁形似龜

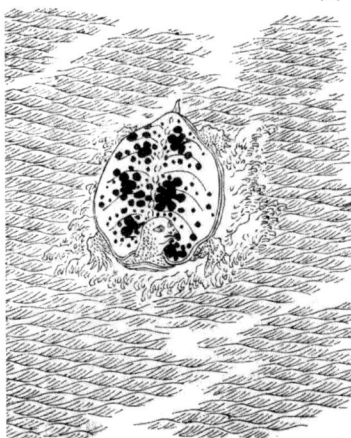

瑇瑁
（清蔣廷錫等《古今圖書集成》）

黿輩，背有甲十三片，黑白斑文相錯，鱗差以成一背。其邊裙襴缺，齬如鋸齒。無足而有四鬣，前兩鬣長，狀如楫；後兩鬣極短，其上皆有鱗甲。以四鬣櫂水而行。海人養以鹽水，飼以小魚。"鬣即鰭，指四肢鰭狀。

玳瑁貴在其甲，素有海金之稱。五代毛勝《水族加恩簿》："斑希裁簪製器，不在金銀珠玉之下，宜授點化使者。"注"斑希，即玳瑁"。斑希或爲斑稀，意其斑稀少。點化使者，意爲具斑的使者。古代將其與珠寶齊觀，視其爲祥瑞、幸福之物、傳世之寶、萬壽無疆的象徵。宋陸游《夏日雜題》詩："一枝黎峒桃榔杖，二寸羊城蝤蛑冠。"黎峒，地名，位於海南。桃榔，喬木名，亦稱砂糖椰子。玳瑁甲似動物角質而更硬，纖維少，脆性大，有光澤，半透明甚至微透明。其工藝飾品光彩奪目，晶瑩剔透，色彩經久不退。《漢書·西域傳贊》："自是之後，明珠、文甲、通犀、翠羽之珍盈於後宮。"顏師古注引如淳曰："文甲，即玳瑁也。"《三國志·吳書·陸胤傳》："銜命在州，十有餘年，賓帶殊俗，寶玩所生，而內無粉黛附珠之妾，家無文甲犀象之珍。"文甲，意甲有斑紋。《樂府詩集·雜曲歌辭·孔雀東南飛》中有"足下躡絲履，頭上玳瑁光"之句。《漢書·東方朔傳》："宮人簪玳瑁，垂珠璣。"南朝宋鮑照《擬行路難》詩之一："奉君金卮之美酒，玳瑁玉匣

瑇瑁
（明文俶《金石昆虫草木狀》）

之雕琴。"唐施肩吾《代征婦怨》詩："畫裙多淚鴛鴦濕，雲鬟慵梳玳瑁垂。"清陳維崧《菩薩蠻·贈梁陶侶》詞："誰愛紫羅囊，書籤玳瑁裝。"唐代女皇武則天就用玳瑁製作梳子、扇子、髮夾及琴板等用品，以顯示高貴。晋潘尼《玳瑁碗賦》卷四七："有瑇瑁之奇寶，亦同旅於介蟲。下法川以矩夷，上擬乾而規隆。或步趾於清源，或掉尾於泥中。隨陰陽以潛躍，與龜龍乎齊風。包神藏智，備體兼才。高下斯處，水陸皆能。文若綺波，背負逢萊。爾乃遐夷效珍，越裳貢職。橫海萬里，踰嶺千億。挺璞荒蠻，摛藻辰極。光曜炫晃，昭爛煽艷。嘉斯寶之兼美，料衆珍而靡對。文不煩於錯縷，采不假乎藻繢。豈翡翠之足儷，胡犀象之能逮。"

古代取甲之法頗爲殘酷。唐方千里《南方異物志》曰："背上有鱗，大如扇，取下乃見其文，煮柔作器，治以鮫魚皮，瑩以枯木葉即光輝矣。"《古今圖書集成·禽蟲典·玳瑁部》引明顧玠《海槎餘錄》："玳瑁產於海洋深處，其大者不可得，小者時時有之。其地新官到任，漁人必攜一二來獻，皆小者耳。此物狀如鱉，背負十二葉，有文藻，即玳瑁也。取用時必倒懸其身，用器盛滾醋潑下，逐片應手而下。"玳瑁現爲國家二級保護動物。

【瑇瑁】[2]

同"玳瑁[1]"。此體漢代已行用。見該文。

【瑁瑇】

同"玳瑁[1]"。此體漢代已行用。見該文。

【文甲】

即玳瑁[1]。此稱漢代已行用。見該文。

【毒瑇】

即玳瑁[1]。此體漢代已行用。見該文。

【瑇瑁】

即玳瑁[1]。此體晋代已行用。見該文。

【斑希】

即玳瑁[1]。此稱五代時期已行用。見該文。

【點化使者】

即玳瑁[1]。此稱五代時期已行用。見該文。

【護卵】

即玳瑁[1]。此稱宋代已行用。見該文。

棱皮龜

亦稱"黿"。龜鱉目，棱皮龜科，棱皮龜（Dermochelys coriacea）。海龜中體型最大的一種。體長3米；重800~900千克。最大的骨板形成七條規則的縱行棱，因此得名。分布於我國東海、黄海、海南沿岸。亦稱"革背龜""革龜""七棱皮龜""舢板龜""燕子龜"等。

古稱黿。三國吳沈瑩《臨海水土異物志》："黿，似蚫黿。腹如羊胃，可噉。"原注："黿，一名匽黿，又名黿黿。"明楊慎《丹鉛續録》卷四"匽黿"條："《説文》解黿字云匽也。徐鉉云：'蟲名'。蓋亦不知何物也。余近觀《臨海水土志》云：'黿似蚫黿，一名匽黿，又名黿黿，一枚有三斛膏。'""黿，讀若朝，《説文》。"黿，古朝字也。"似蚫黿"，應爲海龜的一種。海龜，全世界共七種，我國已記五種，其中較常見的是蠵龜、緑海龜、玳瑁，已如前所述。太平洋麗龜，在我國的分布直至近代纔確認，古代無記述。另外一種即棱皮龜，故黿，應指棱皮龜。其食道内壁有大而鋭利的角質皮刺，可以磨碎食物，亦符合"腹如羊胃"的特徵。

清聶璜《清宫海錯圖》第二册："海和尚：鱉身人首而足稍長……康熙二十八年，福寧州海上網的一大鱉，出其首，則人首也。觀者驚怖，投之海。此即海和尚也。"鱉身，應屬龜鱉類，而栖於海，則屬海龜類，海龜中以棱皮龜最大，可與此相匹配，故有考者謂，此文中的"海和尚"應指棱皮龜。

【黿】

即棱皮龜。此稱三國時期已行用。見該文。

黿[1]

亦稱"魭""河伯使者""癩頭""癩頭黿""將軍""甘鼎""醉舌公""元長史"。爬行動物名，龜鱉目，鱉科，黿（Pelochelys cantorii）。體橢圓，縱扁。一般長26～72厘米，大者129厘米，重數十千克，大者100多千克，是我國淡水龜鱉類中個體最大的一種。頭寬，喙短，頸短而粗，頭能完全縮回殼内。背甲板圓形，周緣有寬厚的肉裙。體背褐黄，腹白。背和頭部常有許多疣狀突起，俗稱"癩頭黿""緑頭""藍團頭"。四肢具蹼。分布於江、浙、兩廣及福建等地，喜栖水清、流緩的深水江河。以魚、蝦、螺等爲食。力甚大，有實驗，一隻80千克黿，馱150千克石條，石上立六個壯漢，能從容前行。黿，從元。《廣韵·平元》："元，大也。"明李時珍《本草綱目·介一·黿》〔釋名〕時珍曰："黿，大鱉也，甲蟲惟黿最大，故字從元。元者，大也。"其稱始見秦漢典籍，并沿用至今。《楚辭·九歌·河泊》："乘白黿兮逐文魚，與女游兮河之渚。"言河伯游戲，近則乘黿也。《説文·黽部》："黿，大鱉也。"段玉裁注："今目驗黿與鱉同形，而但分大小之别。從黽，元聲。"

《埤雅·釋魚》："黿，大鱉也。鱉以爲雄，故曰黿鳴而鱉應。"晋崔豹《古今注·魚蟲》："黿，一名河伯使者。"《爾雅翼·釋魚四》："黿，鱉之大者，闊或至一二丈。天地之初，介潭生先龍，先龍生玄黿，玄黿生靈龜，靈龜生庶龜。凡介者生於庶龜。然則黿，介蟲之元也。"介潭是古代傳說爲有鱗甲動物的祖先。清厲荃《事物異名録·水族》："《吉凶響應録》：'韋丹見漁者得一黿，甚大，心異之，贖投於河。後有元長史名濬之來謁丹，即此黿也。'"濬之，即甘濬之，一作甘睿之，籍貫及生平不詳。據《舊唐書·經籍志下》載，甘氏著有《療癰疽耳眼本草要妙》五卷，當爲六朝時醫家。清厲荃《事物異名録·水族部·黿》："《清異録》：'黿名甘鼎。'《加恩簿》曰：'詳爾調鼎之材，咽舌潮津，宜封醉舌公。'"《集韻·平元》："黿，或作'魭'。"魭，古同黿。明方以智《物理小識·畜魚》："下霧則鯉魭飛，有鱉則魚不去。"此説爲謬。清李元《蠕範·物體》："黿，將軍也，元長史也，醉舌公也，癩頭黿也，河伯使者也，似鱉而大，色青黃，癩頭黃頸。"連橫《臺灣通史·虞衡志》卷二八："黿，俗稱鼉，大者數百斤，漁人得之，不敢殺，好善者購放諸海。"黿栖淡水，"放諸海"之説有誤。

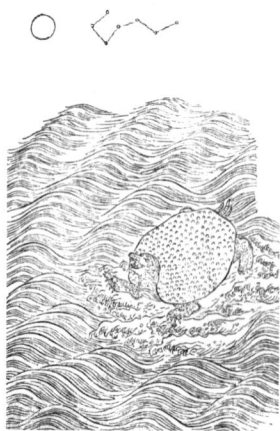

黿
（清蔣廷錫等《古今圖書集成》）

黿生性膽小，避人，若因被戲弄等而發怒時能傷人。唐張讀《宣室志》："天寶七載，宣州江中黿出，虎搏之，黿齧虎二創，虎怒防黿頭，而虎創甚，亦死。"明彭大翼《山堂肆考·蟲鱗》："黿極有力，善攻岸人。以鈎索釣之，黿吞鈎任其曳舟而走，俟其力盡乃得之……黿頭有疙瘩，名曰癩頭。"《録異記》"異黿"説："俗曰黿之身有十二屬肉。漁人得之懼其所害，必加鈎利器制之，然以長柯巨斧鈲而碎之。雖支分臠解，隨其巨細，未投湯鑊者，皆能跳走。"鈲，意割裂。臠，即切成小塊的肉。鑊，意古代的大鍋。晉張華《博物志》："黿，解其肌肉，唯腸連其頭，經日不死，猶能嗜物，鳥往食之，則爲所得，漁者或以張鳥雀。"黿形體巨大，而味鮮美，古籍時見記載。《古今圖書集成·禽蟲典·黿部》引《竹書記年》："穆王三十七年，大起九師，東至於九江，架黿鼉爲梁，遂伐越至於紆。"此即"黿鼉爲梁"成語之典。《爾雅翼·釋魚四》則曰："周穆王巡狩，東至九江，亦稱駕黿鼉爲梁，驅八駿過之。"唐王起《黿鼉爲梁賦》："當其師旅闐闐，旌旗肅肅，臨九江而澶汗，駐八駿而踟躕……則黿也不得而深藏，鼉也不得而潛伏。既而擘波有聲，異狀可驚，出層潭而櫛比，駕飛浪而砥平。"清胡世安《異魚圖贊補》卷下："介蟲之元，升沉隨月，以其類求，儩然雄鱉。

黿
（清聶璜《清宮海錯圖》）

作梁夏周，脂可爇鐵，子公染指，遂成鄭孽。"
《左傳·宣公四年》：春，"楚人獻黿於鄭靈公，
公子宋與子家將見。子公之食指動，以示子家，
曰：'他日我如此，必嘗異味。'及入，宰夫將
解黿，相視而笑。公問之，子家以告。及食大
夫黿，召子公而弗與也。子公怒，染指於鼎，
嘗之而出。公怒。欲殺子公。子公與子家謀先。
子家曰：畜老猶憚殺之，而况君乎。反譖子家。
子家懼而從之。夏，弑靈公。書曰：鄭公子歸，
生弑其君矣。權不足也。"亦有養殖者，清顧禄
《西園觀神黿》詩，記錄了黿在西園寺放生池中
的情景："九曲紅橋花影浮，西園池水碧如油。
勸郎且莫投香餌，好看神黿自在游。"

【魭】

同"黿[1]"。此體先秦時期已行用。見該文。

【河伯使者】[1]

即黿[1]。此稱晋代已行用。見該文。

【癩頭】

即黿[1]。此稱明代已行用。見該文。

【癩頭黿】

即黿[1]。此稱明代已行用。見該文。

【將軍】

即黿[1]。此稱清代已行用。見該文。

【甘鼎】

即黿[1]。此稱清代已行用。見該文。

【醉舌公】

即黿[1]。此稱清代已行用。見該文。

【元長史】

即黿[1]。此稱清代已行用。見該文。

山瑞鱉

亦稱"山瑞"。鱉名，龜鱉目，鱉科，山瑞
鱉（*Palea steindachneri*）。體長 30 ~ 40 厘米，

重約 20 千克，頗似中華鱉而體更肥厚，頭更尖
細，四肢扁平，體色烏黑或黑綠，有黑斑；腹
白。栖於山地的河流和池塘，有"山珍"之譽。
分布於廣西、廣東、貴州、雲南等省區。別稱
"山瑞""瑞魚""甲魚""團魚""王八""鱉"。
清康善述纂修康熙《陽春縣志》卷一四《物
產·介之屬》："又有一種名曰山瑞，産山坑中，
其狀醜惡。人亦食之。"清吴大猷等纂光緒《四
會縣志》卷一《物産·介之屬》："山崇似鱉，
而鋭首，甲上有肉刺，黑色。"清桂坫纂《西寧
縣志》卷一四《食貨·介類》："又邑境別有産
於山者，俗名山瑞。形如鱉，背起細沙粒。腹
微黑者微之墨硯底，腹微紅者微之硃砂底，二
者皆珍品，食之最益人。"

【山瑞】

"山瑞鱉"之省稱。此稱清代已行用。見該文。

斑鱉

亦稱"珠鱉魚""朱鱉""䵉鱉"。爬行動物
名，龜鱉目，鱉科，斑鱉（*Rafetus swinhoei*）。
學者建議改稱黄斑巨鱉。此是目前世界上最大
也是最瀕危的鱉類之一。成體可達 2 米以上，
重 180 千克，主要分布於太湖流域，也稱太湖
鱉，過去曾與黿相混，也被叫作"太湖黿"等。

古稱珠鱉魚、朱鱉、䵉鱉。《山海經·東次
二經》："珠鱉魚。"畢沅注曰："珠鱉，當爲朱
鱉。郭璞《江賦》云'䵉鱉'，則以䵉代朱也。"
三國魏阮籍《咏懷八十二首》之二八："朱鱉躍
飛泉，夜飛過吴洲。"晋郭璞《江賦》："䵉鱉肺
躍而吐璣，文魽磬鳴以孕璅。"

明李時珍《本草綱目·介一·珠鱉》〔集解〕
時珍曰："按《山海經》云：'葛山澧水有珠鱉，
狀如肺而有目，六足有珠。'《一統志》云：'生

高州海中，狀如肺，四目六足而吐珠。《呂氏春秋》曰：'澧水魚之美者，名曰珠鱉，六足有珠。'《淮南子》曰：'蛤、蟹、珠鱉，與月盛衰。'《埤雅》

朱　鱉
（清聶璜《清宮海錯圖》）

云：'鱉，珠在足；蚌，珠在腹。'皆指此也。"清檀萃《滇海虞衡志》卷八："戴生言：'嘗有罾於河者，得一物如牛肺，遍體皆眼'……予曰：'此珠鱉也，眼即珠也。'"今學者考證謂此指斑鱉。清李調元《南越筆記》卷一〇："珠鱉產高州海中，其背隆起者有珠，珠或從口吐出。六足珠鱉，味甚美。"又："產高州海中"之說，應屬另類，鱉產淡水。清聶璜《清宮海錯圖》第三冊："予得嶺南朱鱉圖，四目六足而赤色，考《寰宇》記高州有朱鱉，狀如肺，四眼六脚而吐珠。《粵志》亦載，可並証矣。謝若愚曰：日本有朱鱉可食。"

【珠鱉魚】

"斑鱉"之古稱。此稱先秦時期已行用。見該文。

【朱鱉】

即斑鱉。此稱三國時期已行用。見該文。

【䪴鱉】

即斑鱉。此稱晋代已行用。見該文。

鱉[1]

亦稱"神守""河伯使者""河伯從事""甲拆翁""金丸丞相""九肋君""團魚""脚魚""東明""甲魚""跛脚從事"。爬行動物名，龜鱉

目，鱉科，中華鱉（*Pelodiscus sinensis*）。背甲長約 24 厘米，寬 16 厘米，體重 1～1.5 千克，大者達 3.5 千克。體表無甲板，覆以柔軟革質皮膚，周圍有厚實的裙邊。體背通常橄欖色，腹面乳白色，頭部淡青灰，散有黑點，喉部色淡，或有蟲狀紋、黃點。眼小，頸長，吻突尖長。四肢五趾，趾間具蹼。頭和頸能完全縮入甲內。以魚、蝦、螺等爲食。分布廣，栖於淡水。俗名"甲魚""團魚""水魚""脚魚""圓魚""王八"等。

《詩·小雅·六月》："飲禦諸友，炰鱉膾鯉。"炰鱉，烹煮鱉肉。《說文·魚部》："鱉，介蟲也。"舊題先秦范蠡《養魚經》："九洲求鯉魚，以辰月上庚納池中。令水無聲，魚必生。至四月納一神守，六月二納神守，八月三神守，神守者鱉也。"明李時珍《本草綱目·介一·鱉》〔釋名〕時珍曰：'鱉行蹩躠，故謂之鱉。'《淮南子》曰'鱉無耳而守神'，守神之名以此。陸佃曰：'魚滿三千六百，則蛟龍引之而飛，納鱉守之則免，故鱉名'守神'。'〔集解〕

鱉
（清蔣廷錫等《古今圖書集成》）

時珍曰："鱉，甲蟲也。水居陸生。穹脊連脅，與龜同類。四緣有肉裙，故曰龜甲裏肉，鱉肉裏甲。無耳，以目爲聽。純雌無雄，以蛇及黿爲匹。""以目爲聽"，意用眼聽。此説誤，鱉有耳。《事物異名録·水族部·鱉》：《事物原始》：'鱉，一名甲魚，隔津而望卵。'王十朋賦云：'鱉稱跛足從事。'"孫卿子（即荀子）説："跬步不休，跛鱉千里。"

鱉，亦稱甲魚、團魚、河伯使者。晋崔豹《古今注·魚蟲》："鱉名河伯從事，一名河伯使者。"晋陸璣《鱉賦》："龜，其狀也穹脊連脅，玄甲四周，遁方圓於規矩，徙廣狹以妨舟，循盈尺而脚寸。"晋潘尼《鱉賦》："盤跚而雅步，或延首以鶴顧，或頓足而鷹距，或曳尾於泥中，或縮頭於殼裏。"宋代謔稱其"甲拆翁""九肋君"等。五代毛勝《水族加恩簿》云："甲拆翁，謂鱉也。挾彈於中，巧也；負擔於外，禮也；介胄自防，不問寒暑，智也；步武濡緩，不逾規繩，仁也。故前以摜甲尚書榮其迹，顯其能，宜授金丸丞相九肋君。"今人考證，現代鱉多八肋，但鱉化石多九肋。九肋君之稱，出而有據，遂成了鱉的別稱，亦稱"九肋鱉"。從唐至清的史書都記載："鱉甲，以岳州沅江所出九肋者爲勝。"鱉還被視爲蛟龍類。《淮南子》："蛟龍伏寢於淵，而卵剖於陵。"《爾雅翼·釋魚四》引此文注曰："許氏曰：蛟龍，鱉類。"明屠本畯《閩中海錯疏》卷下："鱉，一名團魚，一名脚魚……按：鱉隨日光所轉，朝首東向，夕首西向。鱉之所在，上有浮沫，謂之鱉津，捕者以是得之。與龜皆隔津望卵而生。故曰龜思鱉望。""隨日光所轉"之説無據。清胡世安《異魚圖贊補》卷下："鱉，其行蹩躠，故謂之

鱉。俗呼團魚，因形圓也……納鱉則魚不復去，故一名神守，一名東明，一名河伯從事。"明王世貞《彙苑詳注》曰："鱉生卵於水濱岸傍，隔岸以目望日出入，觀三七而成也。"明馮時可《雨航雜録》卷下："鱉與蛇相爲牝牡，相爲生化，有人發沙穴，嘗見鱉與蛇俱。鱉暮出取食，迹在沙上，蛇輒出爲滅之。鱉遺子，蛇噓之，輒成蛇，久復爲鱉。"鱉"純雌無雄，以蛇及黿爲匹"，"與蛇相爲牝牡"，即鱉卵先孵化成蛇，久之再變成鱉，鱉蛇同穴，皆謬。此謬説對後世影響很大，後來妻女不貞者，就被戲説成是"當鱉"或"當王八"。實際上，早有人瞭解鱉有雄有雌。明張如蘭《團魚説》："團魚有雄有雌，雌者腹藏卵，能生産，而無腎；雄者腹藏腎，而不藏卵。"此處之腎是指外腎，即雄性生殖腺，非指腎臟。鱉卵不像鳥那樣靠身體孵化，而靠自然孵化，即卵産於陸上，鱉伏於水裏，所謂"隔津而望卵""思化"。

鱉是傳統美味食品。鱉肉有鷄、鹿、牛、羊、猪五種肉之味，素有"美食五味肉"的美稱，是筵席珍味和家庭補品。早在周宣王時代，就以鱉爲上肴，犒賞部屬。南宋有團魚羹、鱉蒸羊，元以後有甲鱉羹、團魚湯等。三千多年前的西周就設有專職鱉人。《周禮·天官》："鱉人下士四人，府二人，史二人，徒十有六人。鄭鍔曰：'鱉龜蜃之類，莫不有甲，名官特以鱉，何也？蓋龜主用以卜，蜃主用以飾器，皆不專主於食。有甲之美而食者之衆，無如鱉。'莊子言：'獨鱉於江，甘味尤美，而食者甚衆，獻尊者物，宜取其美，則其名官，宜矣。'"其中鱉人、府、史、徒皆古代官名。蜃，大蛤蜊。

鱉又是自古以來的傳統藥材。鱉甲古稱黑

龍衣,《清異録》卷上:"黑龍衣,鱉甲也。"明李時珍《本草綱目·介一·鱉》時珍曰:"鱉甲乃厥陰肝經血分之藥。肝主血也。試嘗思之,龜鱉之屬,功各有所主。鱉色青,入肝。故所主者,瘧勞寒熱、痃瘕、驚癎、經水癰腫,皆厥陰血分之病也。"由於鱉既是傳統的美食,又是傳統藥材,早已供不應求,全國許多地方都開展了對鱉的養殖。

【神守】

　　"鱉[1]"之別稱,亦稱"守神"。此稱先秦時期已行用。見該文。

【河伯從事】[2]

　　"鱉[1]"之謔稱。此稱晉代已行用。見該文。

【河伯使者】[2]

　　"鱉[1]"之謔稱。此稱晉代已行用。見該文。

【甲拆翁】

　　"鱉[1]"之謔稱。此稱五代時期已行用。見該文。

【九肋君】

　　"鱉[1]"之謔稱。此稱五代時期已行用。見該文。

【金丸丞相】

　　"鱉[1]"之雅稱。此稱五代時期已行用。見該文。

【團魚】

　　即鱉[1]。此稱明代已行用。見該文。

【脚魚】

　　即鱉[1]。此稱明代已行用。見該文。

【東明】

　　即鱉[1]。此稱明清時已行用。見該文。

【甲魚】

　　即鱉[1]。此稱清代已行用。見該文。

【跛脚從事】

　　"鱉[1]"之謔稱。此稱清代已行用。見該文。

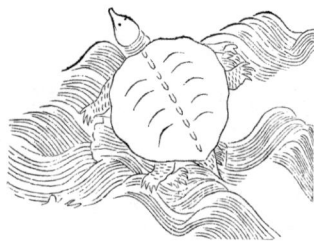

能
(明王圻等《三才圖會》)

【足脚魚】

　　即鱉[1]。亦稱"能""蛟龍""守神""裙襴大夫""烏衣開國""元魚""水鷄""甲蟲""四喜"。古稱"能"。《爾雅·釋魚》:"鱉三足爲能。"邢昺疏:"鱉之三足者名能。"古時道家以鱉爲厭,豈厭之使不得靈與歟?還視鱉爲蛟龍類。宋陶穀《清異録》:"晋祠小池蓄老鱉,大如食盤,不知何人題闌柱曰:'裙襴大夫,烏衣開國何元美。'後失鱉所在。"清道光《龍巖州志》:"鱉,一名脚魚,俗呼元魚,其甲入藥。"元,意黑色。清汪曰楨《湖雅》卷六:"鱉,按亦足脚魚,東鄉人呼水鷄。"足脚魚同脚魚。清吳敬梓《儒林外史》第七回:"虞華軒把成老爺請到廳上坐着,看見小厮一個個從大門外進來,一個拎着酒,一個拿着鷄鴨,一個拿着脚魚和蹄子。"清同治《黃陂縣志》卷一:"鱉,俗呼團魚,又云甲蟲。"甲蟲同甲魚。鱉屬爬行類,體被甲,而爬行類曾稱爬蟲類,故稱甲蟲。清光緒《重修常昭合志·物產》卷四六:"鱉,充食,俗呼四喜。"

【能】

　　"足脚魚"之俗稱。此稱漢代已行用。見該文。

【蛟龍】[1]

　　"足脚魚"之俗稱。此稱漢代已行用。見

該文。

【裙襴大夫】

"足脚魚"之擬稱。此稱宋代已行用。見該文。

【烏衣開國】

"足脚魚"之擬稱。此稱宋代已行用。見該文。

【元魚】

"足脚魚"之俗稱。此稱清代已行用。見該文。

【水鷄】[3]

"足脚魚"之俗稱。此稱清代已行用。見該文。

【甲蟲】

"足脚魚"之俗稱。此稱清代已行用。見該文。

【四喜】

"足脚魚"之俗稱。此稱清代已行用。見該文。

水蛇 [1]

亦稱"公蠣蛇""泥蛇""水鴨母"。爬行動物名，爬行綱，游蛇科，中國水蛇（*Enhydris chinensis*）。長 50～70 厘米。體背暗灰棕，具不規則小黑斑，腹黃。栖於農田、池沼、河溝等處，以魚、蛙類爲食。毒性不甚强。卵胎生。分布於江浙、海南、臺灣等地。漢王充《論衡·龍虛篇》："物在世間各有所乘，水蛇乘霧，龍乘雲，鳥乘風。見龍乘雲，獨謂之神。"按，"乘霧"之説，實乃誤傳誤説。《太平廣記》卷四七八引唐房千里《投荒雜録》："此人謂南方少蛇，以爲夷獠所食。別有水蛇，形狀稍短，不居陸地。"明李時珍《本草綱目·鱗部·水蛇》

〔釋名〕："水蛇，公蠣蛇。"〔集解〕時珍曰："水蛇所在有之，生水中。大如鱔，黃黑色，有纈紋。嚙人不甚毒。陶弘景言，公蠣蛇能化鱔者，即此也。""公蠣蛇能化鱔"之説爲謬。明唐胄纂正德《瓊臺志》卷九："水蛇，胎生，無毒。"清宗續辰纂道光《永州府志》卷七上《食貨志·物産》："水蛇之別種曰泥蛇，黑色，一産九子，穴居，嚙人。府境水中有之。"清鄭文彩纂咸豐《瓊山縣志》卷三下《輿地·物産·蛇類》："水蛇，胎生，無毒。惟水甲毒，與坡申等。"清王映斗纂光緒《安定縣志》卷一："水蛇，一名水鴨母。花黃色，尾短壯。"

【公蠣蛇】[1]

即水蛇[1]。此稱明代已行用。見該文。

【泥蛇】

即水蛇[1]。此稱明代已行用。見該文。

【水鴨母】

即水蛇[1]。此稱清代已行用。見該文

赤鏈華游蛇

亦稱"公蠣蛇""水蛇"。蛇名，有鱗目，蛇亞目，游蛇科，赤鏈華游蛇（*Trimerodytes annularis*）。體粗壯渾圓，最長可達 106 厘米，頭卵圓形，吻鈍圓。體背灰褐、暗褐、藕灰色、黑褐色或暗綠色，腹爲鮮艷的橙紅色或粉紅色。微毒蛇。卵胎生，每次産仔四至十三條。栖於池沼、水田、溪溝附近，亦見於污泥中或山區、平原的田野，常在水中活動，分布於南方各地。別稱"赤腹游蛇""半紋蛇""水赤鏈蛇""水游蛇"。金李杲編輯，明李時珍參訂《食物本草》卷一二《蛇蟲部·蛇類》："水蛇，一名公蠣蛇。所在有之，生水中。大如鱔，黃黑色，有纈紋，嚙人不甚毒。能化爲黑魚者，即此也。"清李元

《蠕範》卷二《物生》："公蠣，水蛇也。大如鱓，黄黑色，有纈文，常乘水而游。噬人無毒，亦能化爲鱓。"化魚之説爲謬。

【公蠣蛇】[2]

即赤鏈華游蛇。此稱金代已行用。見該文。

【水蛇】[2]

即赤鏈華游蛇。此稱金代已行用。見該文。

海蛇

亦稱"蛇公""蛇婆"。蛇目，海蛇科動物的通稱。體長因種而异，小者50多厘米，大者2米多。尾及軀幹後段側扁，爲其游泳器官。鼻孔開於吻背，有瓣膜司開閉。皮厚。共51種，我國約15種。分兩亞科，一是扁尾海蛇亞科，對海洋適應程度低，腹鱗較大，能上陸，陸上產卵生殖，如扁尾海蛇、龜頭海蛇等。另一是海蛇亞科，適應程度高，腹鱗退化，不能上陸，水中生殖，如青環海蛇、小頭海蛇、海蝰等。栖於沿岸近海，主要以魚爲食。海蛇都是毒蛇，蛇毒係神經毒。

海蛇最早是以神話形式載於漢代典籍。《山海經·大荒東經》："東海之渚中，有神，人面鳥身，珥兩黄蛇，踐兩黄蛇，名曰禺䝞。黄帝生禺䝞，禺䝞生禺京，禺京處北海，禺䝞處東海，是爲海神。"這裏的黄蛇即爲海蛇。䝞，一本作號。郭璞注："珥，以蛇貫耳也。"即蓋貫耳以爲飾也。同書還記"青蛇""赤蛇"都是海蛇。當時是以顏色作爲分類根據的。《古今圖書集成·禽蟲典》引南朝宋劉敬叔《異苑·蛇公》："海曲有物名蛇公，形如覆蓮花正白。"示海蛇盤曲之狀。《南史·陰子春傳》："大蛇長丈餘，役夫打撲不禽，得入海水。"明李時珍《本草綱目·鱗二·蛇婆》〔集解〕藏器曰："蛇婆生東海水中。一如蛇，常自浮游。采取無時。"采取無時，説明在暖海中海蛇四季都有活動。"蛇婆"乃方言。浙江、福建及臺灣等地稱海蛇爲蛇婆。清鄭文彩纂咸豐《瓊山縣志》卷三下《輿地·物產·蛇類》："海蛇，似簸箕甲，冬出。人初不敢唉，今則價與魚等。"清聶璜《清宮海錯圖》第一册："海蛇，生外海大洋，形如蛇而無鱗甲，如鰻體狀，其斑則紅黑青黄不等。至冬春雨後晴明，多緣海崖受日色，遇人則躍入海。澎湖、臺灣海中甚多，臺灣民番皆食之。"清郁永河在《采硫日記》卷上還記載了"紅裏間道蛇"和"兩頭蛇"等，都爲海蛇。説明古代人民已認識了多種海蛇。海蛇肉可食，還可藥用。炖食鮮長吻海蛇肉可治小兒營養不良症，用其泡酒後擦身，可治風濕性關節痛、腰腿痛、肌膚麻木、婦女產後風等病。

【蛇公】

即海蛇。此稱在南北朝時已行用。見該文。

【蛇婆】

即海蛇。此稱在唐朝已行用。見該文。

灣鰐

爬行動物名，鰐目，鰐科，灣鰐（*Crocodylus porosus*）。體長可達7米，最長10米，雌性最大體長2.5~3米。成年雄鰐體重可達600~1000千克。體色較深，腹部淡黄或白，尾底部末端灰色。熱帶及亞熱帶的物種，依水而居。原產

海　蛇
（清聶璜《清宮海錯圖》）

於泰國、馬來西亞等東南亞地區，印度亦有發現，主要分布於東南亞沿海至澳大利亞北部及巴布亞新幾内亞。我國歷史上有記錄。俗稱"海鰐""鹹水鰐""呼雷""食人鰐""河口鰐""馬來鰐""裸頸鰐"。清黄叔璥《臺海使槎錄》卷四："康熙癸亥四月，彭島忽見鰐魚，長丈許，有四足，身上鱗甲火炎，從海登陸。百姓見而異之，以冥鈔金鼓送之下水。越三日，仍乘夜登山，死於民間厨下。"清李準《巡海記》："一日雨後，余正在船面高處坐而納凉，忽見一黑色之物自海面向余船而來，昂首水面，嘴鋭而長。余問曰：此何物也？國祥曰：此鰐魚也。韓文公在潮作文鰐之者，即此是也。"

馬來切喙鰐

亦作"蜃""鰐""鱷""馬絆蛇""忽雷""骨雷""魚虎""怪魚"。爬行動物名，爬行綱、鰐目、長吻鰐科，馬來切喙鰐（*Tomistoma schlegelii*）。體長 7 米以上。吻部特别細長，吻與頭顱後部截然有别。眼眶大，上眼瞼有骨板；虹膜棕黄，瞳孔直立。四肢披棱鱗；背部呈灰緑色，有棕色細密斑點。四肢粗壯，尾甚長。性凶猛狡猾，動作敏捷，能以尾襲擊大型動物，兼取人畜，捲入水中，以利齒撕裂吞食所俘，甚至有爬上漁船襲擊漁民的事件。分布於在馬

鮀　魚
（明文俶《金石昆虫草木狀》）

來西亞的馬六甲與印尼的蘇門答臘、婆羅洲。據記載，古時中國兩廣地區亦有分布出産。俗稱"馬來鰐""假長吻鰐""假食魚鰐"。

鰐魚一稱，因其性凶猛而得。鰐字中的咢，古通"鍔"，刀劍的刃；戸，古同"戟"，古代的一種兵器，表達其"睅目利齒"之形。鱷字中的噩，意凶惡，表達其"見之駭人"的凶神惡煞之狀。其拉丁文名意爲披着硬甲的大魚。

鰐字始見於東漢典籍。《説文·蟲部》："蜃，似蜥蜴，長一丈，水潜，吞人即浮，出日南也。從蟲屰聲。"段玉裁注："俗作鰐、鰐、鱷。"《爾雅翼·釋魚三》："鰐魚，南海有之。四足似鼉，長二丈餘，喙三尺……鰐大者數丈，或玄黄，或蒼白，似龍而無角，類蛇而有足。睅目利齒，見之駭人。"《古今圖書集成·禽蟲典·鱷魚部》引三國吳沈瑩《廣州異物志》："鰐魚長者一丈餘，有四足，喙長七尺，齒甚利，虎及鹿渡水，鱷擊之皆斷。""喙長七尺"之説不確。晋虞喜《志林》："南方有鱷魚，喙長七尺。秋時最常作患舟邊，或出頭食人，故人持戈於船側而禦之。"宋朱勝非《秀水閑居錄》云："鰐魚之狀，龍吻，虎皮，蟹目，鼉鱗，尾長數尺，末大如箕，芒刺成鈎，仍自膠黏。多於水濱潜伏，人物近之，以尾擊取，蓋猶象之任鼻也。"據記唯熊能勝之。

《太平廣記》卷四四六引唐鄭常《洽聞記》云："鰐魚，别號忽雷，熊能制之，握其嘴，至岸裂擘食之。一名骨雷，秋化爲虎，三爪，出南海思雷二州。"鰐古稱蛟，方言稱馬絆蛇。《太平廣記》四二五引宋孫光憲《北夢瑣言》："涎沫腥粘，掉尾纏人，而噬其血，蜀人號爲馬絆

蛇。"明張自烈《正字通·魚部》："鰐，一名魚虎，一名怪魚。"

鰐體巨大，大型個體長 10 米，是現存鰐類中最大的一種。喙很長，上頷齒十六到二十枚，上、下頷第五齒最強大，咬合時上下頷齒交錯互出。據研究，它的齒終生更迭不已。但《爾雅翼·釋魚三》却説："人有得鰐者，斬其首而乾之，琢去其齒，旬日間更生。如此者三乃止。"此説實誤，尤其"斬其頭而乾之"後，其絶不會再生。

此鰐栖於海灣，是鰐類中唯一能生活在海水中種，歐美稱"海鰐""鹹水鰐"或"港鰐"。我國主要見於兩廣近海與海灣港汉，遠至潮汕等地。古時黄河下游産鰐。考古發掘材料證實，在新石器時期，山東一帶有鰐魚。大汶口墓出土有鰐魚鱗板八十四行，腹部前端骨骼七枚。宋沈括《夢溪筆談·異事》："予少時到閩中，時王舉直知潮州，釣得一鼉，其大如船，畫以爲圖，而自序其下。大抵其形如鼍，但喙長等其身，牙如鋸齒。有黄蒼二色，或時有白者。尾有三鈎，極銛利，遇鹿豕即以尾戟之以食。生卵甚多，或爲魚，或爲鼉、黿，其爲鰐者不過一二。土人設鈎於犬豕之身，筏而流之水中，鰐尾而食之，則爲所斃。"宋康定元年（1040）沈括之父做泉州守，他隨父在閩中，即今福建一帶，記録了灣鰐在南方沿海的活動及當地人的獵捕方法。王舉直，宋鎮遠人，當時任潮州知州。此文證明確實有鰐，但沈括缺少生物學知識，認爲鰐卵，有成魚，成鼉或黿者，成鰐者不過一二，此大誤。更甚者《感恩經》："河有怪魚，乃名爲鰐，其身若豹……廣州鰐魚能陸追牛馬殺之，水中覆舟殺人。值網則不敢

觸，如此畏懼。其一孕生卵數百於陸地，及其成，則有蛇、有龜、有鱉、有魚、有黿、有蛟者，凡數十類。及其被人捕取宰殺之，其靈能爲雷電風雨，殆神物龍類也。"性凶猛乃真，卵孵出蛇等皆妄。

鰐常吞食人畜，在潮安東北的鰐溪危害尤甚，此溪又名惡溪。歷史上當地有不少除鰐的記述。唐韓愈被貶官潮州刺史時，問民疾苦，皆曰惡溪有鰐魚，食民畜産且盡。他在《瀧吏》中寫道："下此三千里，有州始名潮。惡溪瘴毒聚，雷電常洶洶，鰐魚大於船，牙眼怖殺儂。"愈自往視之，隨令其屬秦濟以一羊一豚投溪，宣讀《祭鰐魚文》，祭之離去："潮之州，大海在其南，鯨鵬之大，蝦蟹之細，無不容歸，以生以食，鰐魚朝發而夕至也。今與鰐魚約，盡三日，其率其醜類南徙於海，以避天子之命吏。"潮州話中"祭"意趣。據説，當夕暴風疾電起溪中，數日，水盡涸，西徙六十里，潮州遂無鰐患。但據唐劉恂《嶺表録異》卷上記載："南中鹿多，最懼此物，鹿走崖岸之上，群鰐噂叫其下，鹿怖懼落崖，多爲鰐魚所得。"并言："李太尉德裕貶官潮州，經鰐魚灘，沉櫝，平生寶玩、古書圖畫一時沉失。遂召舶上崑崙取之，但見鰐魚極多，不敢輒近。乃是鰐魚窟宅也。"崑崙，少數民族的潛水能手。此是韓愈驅鰐二十九年後的事，可證韓愈驅鰐魚未盡，或去之復來。這一重大損失，使李德裕貶崖州時生活陷入困境："大海之中，無人拯恤。資儲蕩盡，家事一空，百口嗷然，往往絶食。"（《與姚諫議剖書》）宋王安石在《送潮州吕使君》中就挖苦説："不必移鰐魚，詭怪以疑民。"

至宋代，仍有鰐魚危害人民。宋王闢之

《澠水燕談録》卷九："咸平中陳文惠謫官潮州時，州人張氏子濯於江邊，爲鱷魚食之。公曰昔韓吏部以文投惡溪，鱷魚爲吏部遠徙，今鱷魚既食人，則不可赦矣。乃命吏督漁者，網而得之，鳴鼓告其罪，戮之於市，圖其形爲之質。至今多傳之。"陳文惠，今四川閬中人，宋仁宗時官至宰相。爲此，陳堯佐寫有一篇《戮鱷魚文》曰："水之怪則曰惡兮，魚之悍則曰鱷兮……起起二吏行斯恪兮，矯矯巨尾迎而搏兮，獲而獻之俾人樂兮，鳴鼓召衆舂而斬兮，而今而後津其廓兮。"

元代還有鱷魚。元陳孚《邕州》詩："右江西繞特磨來，鱷魚夜吼聲如雷。"

至明朝仍繼續捕殺鱷魚。清林大川《韓江記·藥鱷》："鱷魚占據惡溪，一生十卵，其類甚繁，非驅之、捕之、釣之所可盡。昔我潮人惡其害物傷人，乃滿載藥灰直搗魚穴，鳴鼓一聲，十船齊下，急掉船回以避之。食頃，藥灰性發，江翻水立，岸撼山摇，載沉載浮，其類盡殲矣。"《潮州志》也稱，明夏元吉永樂八年（1410）"令漁舟五百隻，各載石灰，擊鼓爲令，聞鼓聲漁人齊復其舟，奔竄遠避，少頃如山崩。尤戰至暮，寂然無聲，鱷魚種類皆死於海濱，其類盡殲，自是潮無鱷魚"。將生石灰倒入江中，將鱷魚活活燒死，此法未免太殘酷了。

此外，也有馴鱷、養鱷的記載。古代帝王設專人養鱷，《左傳》中的豢龍氏就是鱷的馴養者。養鱷不爲經濟目的，或爲神靈崇拜而在王

鱷　魚
（清聶璜《清宮海錯圖》）

都馴養。明朱孟震《西南夷風土記》："莽酋城壕内畜有異魚，身長數丈，嘴如大箕，以尾擊物飼之，間以重柵，恐其逸出傷人。每日以猪羊食之，緬人名爲龍，殆鱷魚之類也歟。"或爲懲治犯人。唐李延《南史·扶南國傳》："國法無牢獄，城溝養鱷，有罪者輒以喂鱷魚，魚不吃爲無罪，三日乃放之。"《梁書》卷五四《海南諸國》："扶南國，在日南郡之南海西大灣中，去日南可七千里，在林邑西南三千餘里……又於城溝中養鱷魚，門外圈猛獸，有罪者，輒以喂猛獸及鱷魚；魚獸不食爲無罪，三日乃放之。鱷大者長二丈餘，狀如鼉，有四足，喙長六七尺，兩邊有齒，利如刀劍，常食魚，遇得麞鹿及人亦啖之，蒼梧以南及外國皆有之。"統治者太愚蠢、太殘酷了。

據研究，灣鱷在我國并非"驅之、捕之、釣之所可盡"，主要是環境和氣候的變化所致。13 世紀前，華北氣候暖和，適於鱷類生活，故鱷甚多。以後氣候變冷，西伯利亞寒流侵襲華中、華南，甚至海南島，加之河汉淤積，滄海變桑田，不適於鱷的生存，迫使灣鱷南遷，宋以後兩廣杳無鱷迹。

【蜻】

即馬來切喙鱷。此稱漢代已行用。見該文。

【蝐】

即馬來切喙鱷。此稱漢代已行用。見該文。

【鱺】

即馬來切喙鱷。此稱三國時期已行用。見該文。

【忽雷】

即馬來切喙鱷。此稱唐代已行用。見該文。

【骨雷】

即馬來切喙鰐。此稱唐代已行用。見該文。

【馬絆蛇】

即馬來切喙鰐。此稱宋代以行用。見該文。

【怪魚】

即馬來切喙鰐。此稱明代已行用。見該文。

【魚虎】[4]

即馬來切喙鰐。此稱明代已行用。見該文。

揚子鰐

亦稱"鼉""鱓""土龍""陵龍""河伯使者""鮀""鼉龍""猪婆龍"。爬行動物名，鰐目，短吻鰐科，揚子鰐（*Alligator sinensis*）。體較粗短，一般長2米多，很少超過3.5米。尾側扁而長，是爲其游泳、攻擊、自衛和捕食器官。四肢短拙、橫出，艱於步行。吻背外鼻孔二個。下頜第四齒最強大，嚙合時下頜齒列沒入上頜齒內側。皮革質，覆以角質大鱗和骨板。其耐飢，可數月不進食，性較馴善，不害人畜。祇栖淡水。過去皖、贛、蘇等長江沿岸盛產，故稱揚子鰐。水陸兩栖，是鰐類中唯一分布於温帶的種類。冬季須深入地穴蟄伏，五月出蟄。

鼉是鰐的象形字，最早見於殷商甲骨文中。《禮記・月令》："〔夏季之月〕命漁師……取鼉。"《墨子・公輸》："江漢魚鱉黿鼉爲天下富。"可知早在商周以前，我們的祖先就對鼉有了認識。《説文・黽部》："鼉，水蟲，似蜥易，長丈所。皮可爲鼓。从黽單聲。"三國吳陸璣《毛詩草木鳥獸蟲魚疏》："鼉形似蜥蜴，四足，長丈餘，生卵大如鵝卵，堅如鎧，今合藥鼉魚甲是也。"《太平御覽》卷九四三引《臨海水土異物志》："陵龍之體，黃身四足。形短尾長，有鱗無角。南越嘉羞，見之競逐。"晋張華《博物志》："鼉長一丈，一名土龍，鱗甲黑色，能橫飛，不能上騰，其聲如鼓。"橫飛，指交錯前行。《重修政和證類本草》卷二一引《圖經》曰："鮀，生南海池澤，今江湖極多，即鼉也。形似守宮陵鯉輩而長一二丈，背尾俱有鱗甲，善攻碕岸，夜則鳴吼，舟人甚畏之。"明毛晋《毛詩草木蟲魚鳥獸疏廣要》："按鱓字本音鮀，與鼉同。"《爾雅翼・釋魚四》："鼉，水族。《本草》謂之鱓魚是也。"

據考，甲骨文中的"單"字也就是"鼉"字，鼉與鮀音同，所以鼉、鱓、鮀字古時通用，是同種動物不同寫法。鼉的俗稱"猪婆龍"來源於蒲松齡《聊齋志異》卷二的"猪婆龍"條。鼉被視爲龍類，故有"土龍""陵龍""鼉龍"等俗稱。明李時珍《本草綱目・鱗一・鼉龍》〔釋名〕："土龍。藏器曰：《本經》鮀魚，合改作鼉。鼉形如龍……既是龍類，宜去其魚。'"甚至認爲它"能吐霧致雨"。鮀字從它，它，古蛇字，示鼉體延長似蛇。土龍，示其與龍齊觀。當然，鼉非龍類，更不會吐霧致雨。鼉的鳴聲似鼓，夜間尤響，稱鼉鼓。《詩・大雅・靈臺》："鼉鼓逢逢，矇瞍奏公。"矇，蒙的异體字，瞍，盲人。鼓聲逢逢像鼉鳴，盲樂手奏起音樂。秦李斯《諫逐客令》："建翠鳳之旗，樹靈鼉之鼓。"靈鼉，藉以指鼓。唐許渾《贈所知》詩：

鼉
（清聶璜《清宮海錯圖》）

"湖日似陰鼉鼓響，海雲纔起蜃樓多。"宋陸游《夏夜》詩："六尺筇枝膝上橫，中庭岸幘聽鼉更。"筇，意竹；幘，頭巾。六尺長的竹枝橫放膝上，把頭巾掀上前額，瀟灑地在院子裏聽鼉鳴。明鄭若庸《玉玦記·擄掠》："靈鼉奏鼓逢逢，吞鯨舞浪汹汹。"先儒以爲鼉皮堅厚，取以冒鼓，故曰鼉鼓。其實不然，是鼓聲逢逢然像鼉之鳴，故謂之鼉鼓也。《埤雅·釋魚》："今江淮之間謂鼉鳴爲鼉鼓，亦或謂之鼉更，更則以其聲逢逢然如鼓，而又善夜鳴，其數應更故也。今鼉象龍形，一名鱓，夜鳴應更，吳越謂之鱓更。蓋如初更輒一鳴而止，二即再鳴也。"實際上，"夜鳴應更"之説非也。

晋崔豹《古今注·魚蟲》："〔江東〕人呼鼉爲河伯使者。"唐杜甫《玉臺觀二首》詩："江光隱見黿鼉窟，石勢參差烏鵲橋。"因其穴居，常致岸崩。明王可大《國憲家猷》："南都上河地，明初江岸常崩，蓋猪婆龍於此搜抉故也。以與國姓同音，嫁禍於黿，及下令捕黿盡，而崩岸如故。老漁曰：'當炙犬爲餌，以甕通其底，貫鈎緡而下之，所獲皆鼉。'老漁曰：'鼉

鼉圖

鼉
（清蔣廷錫等《古今圖書集成》）

之大者食犬，即世之所謂猪婆龍也。'"明朝初年南方河道常決口，是猪婆龍挖洞所致。因猪婆龍的猪字與明朝皇帝的朱姓同音，怕犯國姓，遂嫁禍於鼉。明田藝蘅《留青日札·晏公廟》："太祖渡江取張士誠，舟將覆，有紅袍救上，且指之以舟者。問何神，曰晏公也。後猪婆龍攻崩江岸，神復化爲老漁翁，示以殺鼉之法。問何人，又曰晏姓也。"徐珂《清稗類鈔·動物類》："鼉與鰐魚爲近屬，俗稱鼉龍，又曰猪婆龍……我國之特産也。"

唐宋時代，鼉甚常見，人們甚畏之，同時又食其肉。鼉肉可食，其肉治症瘕積聚、瘡瘍潰爛，有軟堅散結、收濕斂瘡、化瘀消症、斂瘡生肌之效。《爾雅翼·釋魚四》："梁周興嗣常食其肉。後爲鼉所噴，便爲惡瘡。其肉云白如鷄。"表明早在南朝時就有人常食鼉肉。明李時珍《本草綱目·鱗一·鼉龍》〔集解〕藏器曰："力至猛，能攻江岸。人於穴中掘之，百人掘，須百人牽之：一人掘，亦一人牽之。不然，終不可出。"時珍曰："鼉穴極深，漁人以篾纜繫餌探之。候其吞鈎，徐徐引出……南人珍其肉，以爲嫁娶之敬。"此"百人掘，須百人牽之"之説不實。到明代還有吃鼉肉的習俗，特別是南方，嫁娶喜事，吃鼉肉爲敬。《格物總論》："鼉形類守宮、陵鯉輩，生卵大如鵝卵，南人食其肉，云色白如鷄。"陶宏景曰："惟至難死，沸湯沃口入腹，良久乃能剝之。"沃，灌。即將開水從口灌到肚子裏後，很長時間才能剝之。陳藏器曰："梁周興嗣，嗜此肉後爲鼉所噴，便生惡瘡。此物有靈，不食更佳，其涎最毒。"即吃鼉肉後，會招致鼉將涎沫噴到其身上，引起中毒生瘡。陶弘景曰："肉至補益，亦不必食。"

清胡世安《異魚圖贊補》卷下："鼉狀守宮，亦名土龍。吐水向日，鳴即雨從。力攻碕岸，樹鼓逄逄。其枕瑩潔，卵至盈胸。就穴掘牽，人不易踪。"對鼉做了很好的概括。

《竹書紀年》卷下："〔周穆王〕三十七年，大起九師，東至於九江，架黿鼉以爲梁，遂伐越於紆。"此即"黿鼉爲梁"這一成語的典故。唐王起《黿鼉爲梁賦》："周穆窮轍迹之所經，駕黿鼉而感靈。所以濟浩汗，所以通杳冥，蜿蜿蜿婉，以代造舟之利，匪雕匪刻，皆連外國之形，諒人力之不剸，信神功而永寧……"轍迹，車子行駛的痕迹。周穆王到了無法行車的地方，隨駕取黿鼉而感靈，所以走得又遠，登得又高，委委婉婉，無須雕木造舟。據傳穆王十三到十七年，曾駕八駿之乘，驅馳九萬里，西行至"飛鳥之所解羽"的昆侖之丘，觀黃帝之宮。又設宴於瑶池，與西王母作歌相和。

從殷商起，認識鼉已有三千五百年歷史，至清光緒五年（1879），由上海海關職員、上海亞洲文會博物院名譽總管，按現代分類要求予以報道，發表於上海《亞洲文會會報》（新刊）第十三卷。定以拉丁名 *Alligator sinensis*，屬名選自西班牙文蜥蜴一詞，種名是中國之意，合起來即中國大蜥蜴。現國家列爲一類保護動物。

【鼉】[1]

即揚子鱷。此稱先秦時期已行用。見該文。

【鱓】

即揚子鱷。此稱漢代已行用。見該文。

【土龍】[2]

即揚子鱷。此稱晋代已行用。見該文。

【陵龍】

即揚子鱷。此稱晋代已行用。見該文。

【河伯使者】[3]

即揚子鱷。此稱晋代已行用。見該文。

【鼉】[3]

即揚子鱷。此稱宋代已行用。見該文。

【鼉龍】

即揚子鱷。此稱明代已行用。見該文。

【猪婆龍】[2]

即揚子鱷。此稱明代已行用。見該文。

第五節　水生哺乳動物考

哺乳動物是脊椎動物中最高等的一綱，隸屬於脊索動物亞門，哺乳綱（Mammalia）。胎生、哺乳、體溫恒定，生活力强，分布很廣，幾乎不受環境限制，把生活領域擴大到各個方面，叢林、草原、天空、陸地；有一部分又二次入水，開拓到江河湖海，這一部分就歸於水族類，主要包括鯨類、鰭脚類、海牛類等。

早在文字産生初期，我國就有關於鯨的記載。在河南安陽殷墟、哈爾濱郊外、天津、上海寶山、福建平潭、江蘇連雲港等全國近三十處，發掘出鯨的化石或鯨體遺物，許多地方距海幾百千米遠。我們的祖先能把巨大的鬚鯨搬運來加以利用，確實令人敬佩。《爾雅》

將動物分爲蟲、魚、鳥、獸四類，認爲“四足而毛謂之獸”。殷商甲骨文中已有獸類名。春秋末年齊國《考工記》將動物分爲大獸與小蟲兩大類，相當於現在的脊椎動物和無脊椎動物。大獸又分爲脂、膏、蠃、羽、鱗五類。而戰國末期的《呂氏春秋·十二紀》、漢初的《淮南子·時則訓》記載，大獸即羽、毛、鱗、介、蠃，其中的羽指鳥類，鱗指魚和爬行類，介即鱉類，毛即獸類，蠃可能指人類。直到明代，李時珍仍把動物分爲蟲、

古文中獸字寫法
（《古文字類編》）

鱗、介、禽、獸、人等幾類。鯨類胎生、哺乳、恒溫，本屬獸類，因其體無毛，形似魚，體巨大，長期被當作“魚”“大魚”“魚王”等。春秋時期稱其爲“鯢”。《左傳·宣公十二年》有“取其鯨鯢而封之”的策論。《説文·魚部》稱：“海大魚也。”漢曹操《魏武四時食制》云：“東海有大魚如山……謂之鯨鯢。”晋崔豹《古今注·魚蟲》也稱：“鯨，海魚也。”三國至南北朝還稱雌鯨曰鯢，雄曰鯨。《廣東新語》稱鬚鯨爲海鰌或海鰍。明代李時珍的《本草綱目·鱗部》中仍稱它爲“海豚魚”，放在“鱗部”記述。直至清代《古今圖書集成·禽蟲典·魚部》還把鯨放在禽蟲典的魚部之首予以記述，所刊鯨魚圖，體被鱗，口角有觸鬚，顯然不是鯨，而是誤用的鯉魚圖。對於齒鯨類特別是海豚類，雖名從豕類，也知其“有兩乳在腹下，雌雄陰陽類人”，却仍然列爲魚類。此時對於江豚、海豚已能區別。古時還瞭解其“鼓浪成雷，噴沫成雨”（晋崔豹《古今注·魚蟲》）的活動和“常以五月、六月就岸邊生子，至七八月導從其子還大海中”及“二月之交，海鰍來此生育”的生殖習性。清乾隆《諸城縣志》記載了鰍“人不能取，潮退自失水者”的擱淺現象等。古代還把鯨擱淺身亡的現象和彗星出等不尋常事相聯。漢王充《論衡》曰：“夫東風至，酒湛溢。鯨魚死，彗星出。天道自然，非人事也。”在《漢書》《新唐書》等書中都有記載。當時認爲這和人世間的政事活動有關。《柳河東集》還解釋爲鯨貪食，爲追捕食物而擱淺，直到目前這仍不失爲解釋鯨“自殺”的理由之一。

　　海豹和海狗等鰭腳類，因體被毛一直被當作獸類。《爾雅·釋獸》和《説文·豸部》中都記作“貀”；《唐書·回鶻傳》中稱“骨貀”；《康熙字典·豸部》引北宋寇宗奭認爲“膃肭臍即貀外腎”，膃肭是肥貌之意，貀與肭同指海豹和海狗；三國時還稱其牛魚

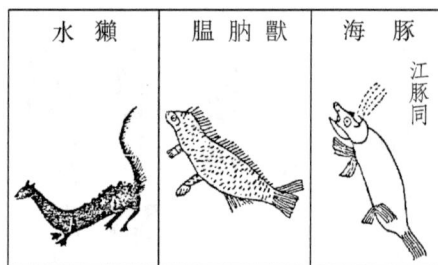

海獸圖
（據初刻本《本草綱目·圖卷下》繪製）

等；明李時珍仍稱膃肭獸。東漢以前就已知它們"知潮水上下"，三國至北朝時期也瞭解它們"人臨上及覺，聲大如牛，聞一里"的特點，清胡世安《異魚圖贊》記其"八九月上島産乳"的生殖活動，清康熙《登州府志》記載"海豹……叢居水涯，常以一豹護守，如雁奴之類"的習性等。

對海牛類即儒艮，古籍中常記作"人魚""鯢魚""和尚魚"等。戰國至漢代對儒艮可能已能識別和記錄，《山海經·海内北經》寫道："陵魚人面，手足，魚身，在海中。"三國吳沈瑩在《臨海水土異物志》中記載："人魚，似人，長三尺，不可瞰。"唐代鄭常所著《洽聞記》還稱："海人魚狀如人，眉目口鼻手爪，皆爲美麗女子，皮膚白如玉，髮如馬尾，長五六尺。"這和美人魚的傳説甚相似。雖過分誇張加想象，將其過分人格化，但據許多記載判斷，"海人魚"當指儒艮。清代胡世安《異魚圖贊》謂其"從潮水而至"，《廣東通志·輿地略·物産》稱它"望潮魚"，"新安大魚山與南亭竹没老萬山多有之"，已説明了儒艮的習性和分布。對鬚鯨等大型鯨的獵捕早就有"繫長繩飛刺之""跨海斬長鯨"的記載。明顧岕記述過對海鰌的獵捕過程，對海豚"視其絶没處，布網圍而取之"，對海豹則以"弓矢射之"。人們很早就充分利用這些資源，對擱淺巨鯨"争斧其肉""骨充棟木""刳取腦髓""或用點燈"，取"龍誕香"做香料，膃肭臍或海狗臀"陰乾百日，味甘香美"，皮用以製革等。

現有鯨類八十一種，鰭脚類三十四種，海牛類四種，食肉類中二種。我國有鯨類三十五種，鰭脚類五種，海牛類一種。已知渤海九種，黄海二十種，東海二十一種，南海二十八種，臺灣三十種。我國海域遼闊，跨越緯度38°，海獸資源豐富。由於不少捕鯨漁業國的濫捕，使鯨類資源遭到嚴重破壞，現大型鬚鯨來游數量極少，如藍鯨等幾乎不見踪迹。

鯨 [1]

亦稱"京魚""鱗""神鯨""鯨鯢""鱷""摩迦羅魚""摩竭魚""鱪鯨""房魚"。海獸名，

鯨目動物的統稱。體呈紡錘形，頗似魚。大小因種而异，從1米多到最大者30多米都有。體裸露無毛。前脚鰭狀，稱鰭肢，後肢退化，尾

末有水平尾鰭，爲其游泳器官。鼻孔一或兩個，位於頭頂，稱噴氣孔，行肺呼吸。胎生，一般一胎一仔，哺乳。皮下脂肪很厚，藉以保持恒定體溫。無外耳殼，聽覺靈敏。有些種類具洄游性，夏季寒海索餌，冬季暖海產仔。共八十餘種，我國海域有三十五種。分兩類，一類口內無齒有鬚，稱鬚鯨。體巨大。鬚爲其特有的濾食器官，以磷蝦等浮游動物及小型魚類爲食。鬚鯨約十一種，如藍鯨、長鬚鯨、座頭鯨和露脊鯨等。另一類口內無鬚有齒，稱齒鯨，約七十種。以魚和頭足類爲食，如抹香鯨、虎鯨、領航鯨和各種海豚。

鯨，制字從京，意海大魚。《説文·魚部》："鱷，海大魚也，從魚畺聲。"又："鯨，鱷或從京。"古時京與鯨或通用。《説文解字詁林》："鱷，古鯨字，《漢書》用鱷。"明楊慎《異魚圖贊》卷三："鯨，一作鱷，又作鱹。"《左傳·宣公十二年》："古者明王伐不敬，取其鯨鯢而封之，以爲大戮。"杜預注："鯨鯢，大魚名，以喻不義之人吞食小國。"《漢書·揚雄傳上》："乘鉅鱗，騎京魚。"顏師古注："京，大也。或讀爲鯨。鯨，大魚也。"鉅，大也，一本作"巨鱗"。因其形似魚，會游泳，古時曾長期被看作魚，故俗稱鯨魚。晉崔豹《古今注》卷中："鯨魚者，海魚也。大者長千里，小者數千丈，一生數萬子，常以五六月間就岸邊生子，至七八月，導從其子還大海中。鼓浪成雷，噴沫成雨。水族驚畏，皆逃匿，莫敢當者。"鯨是哺乳動物，須不時浮水呼吸。換氣時，呼出之氣夾帶海水一起噴出，形成霧柱，可高達 10 米，是故有"噴沫成雨"之説。"長千里""數千丈"之説失實。"一生數萬子"之説誤。鯨，胎生，一

般一胎一子，大型鬚鯨的壽命雖至百歲，難生萬子，此誤視鯨群爲一母所生。唐杜甫《別張十三建封》詩："擇材征南幕，湖落回鯨魚。"唐賈至《閑居秋懷寄陽翟陸贊府封丘高少府》："鯨魚縱大壑，鷥鸞鳴高岡。"鷥鸞，古書上指一種水鳥。唐陸龜蒙《奉和襲美酬前進士崔璐盛製見寄因贈至一百四言》詩："空持一竿餌，有意漁鯨魚。"晉木華《海賦》："魚則橫海之鯨，突兀孤游，噏波則洪漣踧踖，吹潦則百川倒流，巨鱗刺雲，洪鬚插天，頭顱成嶽，流膏成淵。"突兀，亦作突杌、突屼，高聳特殊貌。洪漣，巨浪。踧踖，"踧"古同"蹙"，促迫意。晉曹毗《觀濤賦》："神鯨來往，乘波躍鱗，噴氣霧合，噫水成津。骸喪成島嶼之虛，目落爲明月擲睨。"唐韓愈《海水》詩："海有吞舟鯨，鄧有垂天鵬。"宋王安石《明州錢君倚衆樂亭》詩："酒酣忽跨鯨魚去，陳迹空令此地留。"宋文天祥《六歌》："汝兄十三騎鯨魚，汝今知在三歲無。"甚至認爲海潮的漲落都是由鯨的活動引起的。《爾雅翼·釋魚三》："鯨，海中大魚也。其大橫海吞舟，穴處海底。出穴則水溢，謂之鯨潮。或曰：'出則潮下，入則潮上。'其出入

鯨　魚
（清蔣廷錫等《古今圖書集成》）

有節，故鯨潮有時。”此係誤解。還誤以爲鯨能吞舟。清王錫《哀海賈》詩：“吞舟多長鯨，載山有巨鰲。”《文選·左思〈吳都賦〉》：“長鯨吞航，修鯢吐浪，言其爲患同也。”甚至喻爲以強凌弱者。《爾雅翼·釋魚三》：“蓋鯨鯢有力，能驅食小魚，故以喻夫強暴而凌弱者，如獸之有猰㺄，如蟲之有長蛇，如鳥之有鴟鴞……《吳都賦》所謂‘鱣鯨輩中於群犗，攙搶暴出而相屬’是也。”鱣，魚有力者。犗，閹割過的牛、犍牛。攙搶，彗星。猰㺄，古代傳說中一種吃人的猛獸。意巨鯨雖大，和犍牛同是哺乳動物之輩，彗星雖暴出，也是星辰之屬。

殷墟出土的鯨骨説明，至少三千年前，我先民就已能征服巨鯨。唐李白《臨江王節士歌》詩：“安得倚天劍，跨海斬長鯨。”宋陸游《泛三江海浦》詩：“醉斬長鯨倚天劍，笑凌駭浪濟川舟。”獵捕大型鯨類，多采用多船聯合的方法。清嘉慶《雷州府志》載：“疍户聚船數十，用長繩繫鐵槍擲擊之，謂之下標，三下標乃得之。次標最險，蓋首標尚未知痛也，末標後猶負痛行數日，船而尾之，俟其困斃，連船曳繩至水淺處始屠。無鱗，皮黑色，厚寸許，身有三節。首下標者得頭節痕，次得中節，三得尾節。一魚之肉，載數十餘船，貨錢百萬，不數年輒有標而得之者。”鯨肉可食，味鮮美不亞於牛肉，皮可製革，脂肪可煉油，是重要化工原料和高級潤滑油，鬚可做工藝品，骨可製肥料和中藥，內臟可提取維生素和營養素，全身都是寶。宋趙汝適《諸蕃志》卷上曰：“每歲常有大魚死飄近岸，身長十餘丈，徑高二丈餘。國人不食其肉，惟刳取腦髓及眼睛爲油，多者至三百餘甖，和灰修舶船或用點燈。民之貧者，

取其肋骨作屋桁，脊骨作門扇，截其骨節爲臼。”《淮南子》曰：“麒麟鬥則日月食，鯨魚死而彗星出。”

【京魚】[2]

即鯨[1]。此稱漢代已行用。見該文。

【䱜】

即鯨[1]。此稱漢代已行用。見該文。

【鱷】

即鯨[1]。此稱漢代已行用。見該文。

【摩竭魚】

即鯨[1]。亦稱“摩迦羅魚”。“鯨”之梵語稱。唐代依梵語而稱鯨爲摩迦羅魚、摩竭魚等。唐釋玄應《一切經音義》（一説即唐慧琳《慧琳經義》）卷一：“摩迦羅魚，亦言摩竭魚，正言摩迦羅魚，此云鯨魚，謂魚之王也。”又同書卷四一：“摩竭，海中大魚，吞啖一切。”清厲荃《事物異名録》卷三六：“《華夷志》：‘海中大魚可容舟，其名曰摩竭，梵語即鯨魚也。’”清胡世安《異魚圖贊閏集》：“摩竭大魚，罟師莫干，瀛淵角鼻，可與齊觀。”引《四分律》：“摩竭大魚，長三百由旬，極大者，長七百由旬。”由旬，古印度長度單位。又《智度論》云：“昔有五百估客，下海采寶，值摩伽羅魚王開口，見三日出，白山羅列，一是實日，兩是魚眼，白山是魚齒，眼如日月，鼻如大山，口如赤谷。”其中如“吞啖一切”“可吞舟”“口如赤谷”等過分誇張而失實。

【摩迦羅魚】

即鯨[1]。梵語。此稱唐代已行用。見該文。

【鱧鯨】

即鯨[1]。亦稱“房魚”。《玉篇》：“火韋切，鱧鯨，魚絶有力。”劉逵注：“鱧鯨，魚之有力

者也。魚大者莫若鯨也，故曰鱤鯨也。"又因其體大如房，又稱房魚。清康熙《永平縣志》："房魚，其大如房，或隨潮陷沙灘上，土人割脂熬油點燈。"因此也稱鱤鯨。我國舟山地區崇鯨爲神，稱"烏耕將軍"。烏耕露面，魚群涌至，漁民會喜獲豐收。黃渤海地區則稱其"巡海夜叉""趕魚郎"，甚至藉民間財神趙公明之名，稱鯨"老趙""老人家"。稱大群海豚前的大鯨爲龍王巡海。

【房魚】

即鱤鯨。此稱清代已行用。見該文。

【鯨鯢】[1]

鯨[1]之統稱。漢曹操《魏武四時食制》："東海有魚如山，長五六丈，謂之鯨鯢。次有如屋者，時死岸上，膏流九頃，其髯長一丈，廣三尺，厚六寸，瞳子如三升碗大，骨可爲矛矜。"《爾雅翼·釋魚三》引《異物志》曰："鯨鯢或死於沙上，得之者皆無目。俗言其目化爲月明珠。"唐盧綸《奉陪渾侍中上巳日泛渭河》詩："舟楫方朝海，鯨鯢自曝鰓。"元馬致遠《岳陽樓》："想鸞鶴衹在秋江上，似鯨鯢吸盡銀河浪。"鸞鶴，鸞與鶴，相傳爲仙人所乘。唐黃滔《賈客》詩："鯨鯢齒上路，何如少經過？"明李夢陽《鄱陽湖十六韵》詩："力屈鯨鯢仆，聲回雁鶩呼。"清盧若騰《哀漁夫》："月落天昏迷南北，冲濤觸石飽鯨鯢。"這裏的鯨鯢都是泛指鯨類。

【鯨鯢】[2]

分指雌雄鯨，雄叫鯨，雌曰鯢。《正字通·魚部》："鯢，鯨屬，雌者爲鯢。"孔穎達疏引裴淵《廣州記》："鯨鯢長百尺，雄曰鯨，雌曰鯢。"《文選·左思〈吳都賦〉》："長鯨修航，

修鯢吞浪，言其爲患同也。"宋范成大《新年》詩："鯢淵方止水，鯤海任揚塵。"

按，鯨鯢又喻凶惡之人。三國魏曹冏《六代論》："掃除凶逆，剪滅鯨鯢。"杜預注："鯨鯢，大魚名，以喻不義之人。"《左傳·宣公十二年》："楚子曰：'古者明王伐不敬，取其鯨鯢而封之，以爲大戮。於是乎有京觀，以懲淫慝。"大戮，死刑或大恥辱。慝，意邪惡，罪惡。京觀，顏師古注："京，高丘也，觀，謂如闕形也。"闕是宮門前兩邊供瞭望的樓。古代爲炫耀武功，聚集敵尸，封土而成的高冢。《晋書·潜帝紀》："掃除鯨鯢，奉迎梓宫。"梓宫，中國古代帝王、皇后所用以梓木製作的棺材。《資治通鑑·晋潜帝建興元年》引此文，胡三省注曰："鯨鯢，大魚，鈎網所不能制，以此敵人之魁桀者。"《文選·左思〈吳都賦〉》："王者之行戮，亦除舊佈新之義，故以鯨鯢言之。"藉指海盜。清昭槤《嘯亭雜録·李壯烈戰迹》："海中盜艇猖獗，鯨鯢日盛。"用巨鯨橫卧比喻強敵當前。明高啓《感舊酬宋軍咨見寄》詩："金鏡偶淪照，干戈起紛争。中原未失鹿，東海方橫鯨。"比喻受害者，即無故被誅戮者，《文選·李陵〈答蘇武書〉》："妻子無辜，並爲鯨鯢。"李善注："鯨鯢，魚名。喻不義以務吞食也。"妻子無辜，也一齊被殺害。唐元《王迪貶永州司馬》："〔家屬〕適遭蜂蠆，並爲鯨鯢。"蜂蠆，亦作蠭蠆，蜂和蠆都是有毒刺的螫蟲。

鯤 [3]

亦稱"長鯨""魚王"。《列子·湯問篇》："有魚焉，其廣數千里，其長稱焉，其名爲鯤。"《莊子·逍遥游》："北冥有魚，其名爲鯤。鯤之大，不知其幾千里也。化而爲鳥，其名爲鵬。"

《陸德明音義》崔譔：“鯤當爲鯨。”由此可見，鯤也指鯨類。晋左思《吴都賦》：“於是乎長鯨吞航，修鯤吐浪。”明楊慎《異魚圖贊》卷二：“海有魚王，是名爲鯨，噴沫雨注，鼓浪雷驚。”

【長鯨】

即鯤[3]。此稱晋代已行用。見該文。

【魚王】[2]

即鯤[3]。此稱明代已行用。見該文。

黑露脊鯨

亦稱“海鰌”“潮魚”“浮礁”“把勒亞魚”“海主”“海龍翁”。鯨名，鯨偶蹄目，露脊鯨科，黑露脊鯨（*Eubalaena glacialis*）。體肥胖，形似魚，長 16～18 米，重達百噸。頭大，具若干瘤，口大，内有長鬚，是濾食器官，以浮游性甲殼類等動物爲食。體色黑，腹面略淡。頭背部有兩個噴氣孔。其稱始見於北魏典籍，稱海鰌。海鰌因體偉，堪比酋長而得名。元熊忠《古今韵會舉要·尤韵》：“酋，酋長。魁帥之名。”《爾雅翼·釋魚二》：“鰌，亦魚之類，首尖鋭，色黑黄身有鬖。似魚而非魚，故衛史鰌字之子魚……《水經》曰：海中鰌，長數千里，穴居海底。入穴則海溢爲潮，出穴則潮退。出入有節，故潮水有期。”是故，海鰌被稱爲潮魚。清屈大均《廣東新語》卷二〇：“海鰌……入穴則海水爲潮，出穴則水潮退。其出入有節，故潮水有期，是名潮魚。”但它并不“穴居海底”，出入亦與潮水的漲落無關。我國先民很早

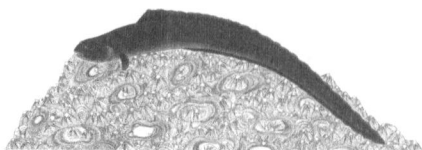

海　鰌
（清聶璜《清宫海錯圖》）

就瞭解潮汐形成的原因。漢王充《論衡》中就説：“濤之起也隨月盛衰。”清屈大均也對此有所認識，其《廣東新語》卷二〇：“昔人多以爲潮者海鰌之所爲，不知潮長則海鰌隨之出，潮消則海鰌隨之入，海鰌之出入以潮，非海鰌之自能爲潮也。此海魚之應潮者也。”所記甚是。但仍不知，海鰌栖於外海大洋，其出入與海潮毫無關係，除非其到近岸淺水來。清李調元《然犀志》：“海鰌，海魚之最偉者，故謂之鰌。猶酋長也，有大不可限量。長數百十里，望之如連山者。”

唐劉恂《嶺表録異》卷上：“海鰌，即海上最偉者也，其小者亦千餘尺。吞舟之説，固非謬也，每歲廣州常發銅船，過安南貨易，路經調黎（原注：‘地名。海心有山，阻東海濤險而急，亦黄河之西門也。’）深闊處，或見十餘山……篙工曰：‘非山島，鰌魚背也。’雙目閃爍，鬐鬣若簸朱旗。日中忽雨霡霂。舟子曰：‘此鰌魚噴氣，水散於空，風勢吹來若雨耳。’”鰌行肺呼吸，呼氣時噴氣孔常將一部分海水隨氣帶上去，形成霧柱，俗稱噴水。霧柱可高達 6～9 米。故有海鰌噴沫，飛濺成雨之説。鯨潛水以覓食，出水以换氣，每次潛水可持續 8 分鐘，乍出乍没，來去若移山嶽。鰌漫游海面時常脊背外露。唐元稹《俠客行》詩：“海鯨露背横滄溟，海波分作兩處生。”唐劉禹錫《有僧言羅浮事》詩：“日光吐鯨背，劍影開龍鱗。”因此而有“黑露脊鯨”“脊美鯨”“直背鯨”“黑真鯨”等稱。清《廣東通志·與地志·動物》：“海鯨魚，大抵即長鯨也……高廉呼爲海主，雷、瓊謂之海龍翁。”清聶璜《清宫海錯圖》第一册：“酋健而有力也，故曰酋勁……今河澤泥

鯔雖至小，亦倔强難死。海中大物莫如海鯔。"其所繪海鯔圖，實則類泥鰍。因泥鰍也稱鯔。海鯔，有人疑指長鬚鯨（*Balaeno physalus*）。但"鯔背平水"，應無背鰭，而長鬚鯨有背鰭。"牡蠣聚族其背"，特別在頭部許多疣上，更"峊岲水面如山"，應是露脊鯨的特點。因露脊鯨游速慢，鯨體表常有藤壺等動物附着，所以應指露脊鯨。清李調元《南越筆記》卷一〇："海鯔出，長亙百里，牡蠣蚌蠃積其背，峊岲如山，舟人誤以爲島嶼，就之往往傾覆。晝噴水爲潮爲汐，夜噴火，海面盡赤，望之如雨火。"海鯔被稱爲浮礁。清雍正《寧波府志·鹽政·物産》："海鰍大者長數十丈，海中浮戴，如一二里山，俗呼爲浮礁，舟行避之。"稱其噴水形成潮汐，大誤；夜噴火，當有近似現象。因海水裏有大量的小型發光生物，在夜間，它們受到觸動時就發光，所以鯨換氣時噴出的霧柱有時可能會像燃放的焰火，小水滴四散開起來猶如雨火，甚壯觀。古時海鯔也往往指大型鯨類，而非露脊鯨的專指。

海上遭遇海鯔，令人恐怖。《淵鑑類函》卷四四二引《宋紀》："趙鼎謫珠崖，自雷州浮海而南，顧見洪濤間紅旗靡靡，相逐而下，疑爲海寇或外國兵革。呼問舟人，舟人摇手令勿語，恐怖之色可掬，惶遽入舟，披髮持刀出，篷背上割其舌出血滴水中，戒令閉目危坐。凡經兩時，頃聞舟人呼曰，更生，更生。頃所見者，巨鯔也。能吞舟，即舟人平生未嘗見。"趙鼎，南宋大臣。明屠本畯《閩中海錯疏》中也説："海鯔，舟人相值，必鳴金鼓以怖之，布米以厭之。鯔攸然而逝，否則，鮮不罹害。"實則海鯔一般并不傷人。

海鯔夏季至北極海域索餌，冬季至暖海産仔，有的可進入黄海、東海、南海、臺灣以東等海域。明顧岕《海槎餘録》云："海鯔乃水族之極大而變異不測者。梧川山界有海灣，上下五百里，横截海面，且極其深。當二月之交海鯔來此生育……俟風日晴暖，則有小海鯔浮水面，眼未啓，身赤色，隨波蕩漾而來。"明楊慎《異魚圖贊》卷三："魚之最巨，曰海鯔爾。舟行逢之，不知幾里。七日逢頭，九日逢尾。産子仲春，赤遍海水。"

《古今圖書集成·禽蟲典·鯔魚部》引《諸城縣志》曰："海鯔魚巨甚，每春深來洋中産子，跳波鼓浪，鳴聲如雷，子方成魚，未開目者已大如三間屋。"明顧岕《海槎餘録》詳述海鯔的獵捕："土人用舴艋船裝載藤絲索爲臂，大者每三人守一莖，其杪分贅逆鬚槍頭二三支於其上，遡流而往，遇則并舉槍中其身，縱索任其去向，稍定時復似前法，施射一二次。畢則棹船並岸，創置沙灘，徐徐收索，此物初生眼合無所見，且忍槍疼輕漾隨波而至，漸登淺處，潮落閣置沙灘不能動。"

早在宋代就有海鯔擱淺的記載。宋陳耆卿嘉定《赤城志》卷三九云："海鯔，淳熙五年八月出於寧海縣鐵場港，乘潮而上，形長十餘丈，皮黑如牛，揚鬐鼓鬣，噴水至半空，皆成烟霧，人疑其龍也。潮退閣泥中不能動，但睛嗒嗒然視人，兩日死。識者呼爲海鯔，争斧其肉，煎爲油，以其脊骨作臼。"元鮮于樞《海鯔行》詩："至元辛卯之季冬，浙江連日吹腥風。有物宛轉泥沙中，非黿非鼉非蛟龍。神物失勢誰爲雄？萬刃刲割江水紅，九江之外四海通。出納日月涵虚空，汪洋浩瀚足爾容，胡爲一出蕩忘返，麋軀鼎俎蝦蜆同。吁嗟人有達與窮，無以外慕殘厥躬，古來妄動多灾凶。”海鰌肉可食，脂肪可煉油，皮可製革，鬚可做工藝品，骨可製肥，經濟價值極大。因其游速慢，易捕，世界獵捕過度，瀕於滅絕，我國列爲二類保護動物。

【海鰌】

即黑露脊鯨。此稱南北朝時期已行用。見該文。

【潮魚】

即黑露脊鯨。此稱清代已行用。見該文。

【浮礁】

即黑露脊鯨。此稱清代已行用。見該文。

【把勒亞魚】

即黑露脊鯨。清南懷仁（西人）《坤輿圖說》卷下：“把勒亞魚，身長數十丈，首有二大孔，噴水上出，勢若懸河。見船舶則昂首注水舶中，頃刻水滿舶沉。迂之者以盛酒鉅木罌投之，連吞數罌，俛首而逝。”首有二大孔應指鬚鯨類，“把勒亞”或許是露脊鯨科學名（Balaenidae）的音譯。罌，大腹小口的盛酒器。此注水舶中及吞罌之説實誤。

【海主】

即黑露脊鯨。此稱清代已行用。見該文。

【海龍翁】

即黑露脊鯨。此稱清代已行用。見該文。

抹香鯨

亦稱“海翁魚”。齒鯨名，鯨偶蹄目，抹香鯨科，抹香鯨（*Physeter macrocephalus*）。體巨大，雄體長者可達 20 米，雌體長者 15 米。頭大，占體長四分之一，前端截形。噴氣孔一個，位頭前端左側。上頜無齒，下頜很窄，有四十到五十枚大齒。體色藍灰、瓦灰或黑，腹面銀灰色。常群栖，能潛水 2200 多米深，持續 70 分鐘。分布於南北緯 70° 間的熱帶、亞熱帶海域，赤道附近最多，我國東海、南海亦見。我國屢有抹香鯨擱淺的記載。其皮可製革，脂肪提煉高級潤滑油，肝可製魚肝油，牙齒可用於雕刻。

《古今圖書集成·禽蟲典·鯨魚部》引《廣異記》：“開元末，雷州有雷公與鯨鬥，身出水上，雷公數十在空中上下，或縱火，或詬擊，七日方罷。海邊居人往看，不知二者何勝，但見海水正赤。”該鯨以烏賊、章魚及魚類爲食，所捕大王烏賊長者 12 米，甚至 18 米，重 300 多千克。《廣異記》所述應爲抹香鯨與大王烏賊的搏鬥情景。清朱景英《海東札記》：“海翁魚，大者三四千斤，小者千餘斤，即海鰌也。皮生沙石，刀箭不入。或言其魚口中噴涎，常自爲吞吐。有遺於海濱者，黑色，淺黃色不一，即龍涎香也。”此《海東札記》所述海鰌不是指露脊鯨，應指抹香鯨。龍涎香爲高級保香劑，它是抹香鯨腸胃的病態分泌產物，類似結石，呈深灰色至黑色，主要成分爲龍涎香醇，是一種蠟狀芳香物質。係名貴保香劑，被熏過之物能保持持久芬芳，且可提神避暑。唐蘇鶚《杜陽雜編》卷下：“暑氣將盛，公主命取澄水帛……云其中有龍涎，故能清暑毒也。”清趙學敏《本草綱目拾遺·鱗部》引《嶠南瑣記》：“龍涎香新者色白，久者紫，又久則黑。白者如百藥煎，黑者次之，似五靈脂，其氣近臊，和香焚之，則翠烟浮空不散。”

抹香鯨以其體內能產生龍涎香而得名。清郭柏蒼《海錯百一録》卷一：“蒼聞興化湄州界外，前百年天后誕時，每有海鰌閣沙嶼間，土人以巨木搘其齒，以火灰摻其舌，數十百人荷擔執刀剜取其腦以祭，煎其膏燃釭，鰌若無關痛癢，六時潮滿乘流而逝。'"搘其齒"，説明是齒鯨，非鬚鯨類的海鰌。擱淺鯨確有隨漲潮而返回大海者，但經數十百人割脂者，遍體鱗傷，何能再潮滿乘流而去。

【海翁魚】

即抹香鯨。此稱清代已行用。見該文。

白鱀豚

亦稱"鱀""鰝""白鱀""白鰭豚"。海豚名，鯨偶蹄目，白鱀豚科，白鱀豚（*Lipotes vexillifer*）。體呈紡錘形，長 1.5 ～ 2.3 米，重 135 ～ 239 千克。眼小如盲。喙極狹長，前端上翹。噴氣孔位頭頂偏左。背鰭、尾鰭爲三角形。體背藍灰或灰色，腹白，鰭白色。以鯿、鮊、鯉等魚爲食。五月產仔。栖息於我國長江中下游，洞庭湖及鄱陽湖，錢塘江内亦有發現。屬我國特產。古時稱作"鱀"，最早見於秦漢典籍。《爾雅·釋魚》："鱀，是鰝。"郭璞注："鱀，鱛屬也。體似鱘，尾如鮰魚。大腹。喙小，銳而長。齒羅生，上下相銜。鼻在額上，能作聲。少肉多膏。胎生。健啖細魚。大者長丈餘。江中多有之。"其中鱛，指海豚類；鱘，指鱘魚；鮰，指江豚。鱀，制字從既，從魚。《説文·旡部》："旡，小食也。"述其"健啖細魚"的特類。唐至明代仍稱其爲白鱀豚。宋孔武仲《江豚》詩："黑者江豚，白者白鱀。狀異名殊，同宅大水，淵有群魚，掠以肥己。"明楊慎《異魚圖贊》卷三："鱀，一名鰝。喙銳大腹，長齒羅生，上下相覆。"但唐代陳藏器的《本草拾遺》和明代李時珍《本草綱目》均曾把白鱀

豚作爲江豚的同物異名。清郝懿行《爾雅義疏》稱："陳藏器、李時珍以鱀爲江豚，但江豚名膊胕，即鮰魚，見《廣雅》。鱀尾似之，而體則異。郭云鱛屬，體似鱘，非江豚矣。"清方旭《蟲薈四·海豚》："海豚，一名鱀……大腹尖喙。齒羅生，上下相銜。其鼻如象，生額上，能噴水……今江中時有之，大者長丈餘，肉可食，味如牛肉。"至近代，1923 年報道洞庭湖的白鱀豚，取名白旗豚（英文 White flag dolphin）。"白旗"或爲"白鱀"之音訛。1955 年中國科學院編譯局編訂的《脊椎動物名稱》又把它稱作"白鰭豚"。或謂"旗"爲鰭誤。近年來，有些學者依《爾雅》記述復用白鱀豚。現白鰭豚、白鱀豚皆在使用中。此屬瀕危珍稀動物，對研究動物進化有一定科學價值。我國列爲一類保護動物，并開展了對其形態、生理、分布、發聲、繁殖、保護等一系列的研究。

【鱀】

即白鱀豚。此稱秦漢時期已行用。見該文。

【鰝】

即白鱀豚。此稱秦漢時期已行用。見該文。

【白鱀】

即白鱀豚。此稱宋代已行用。見該文。

【白鰭豚】

即白鱀豚。此稱多近代行用。見該文。

【白鱁豚】

即白鱀豚。亦稱"既""白鱀""水猪""饞魚""鯷魚""建"。明楊慎《異魚圖贊》卷三："鱀，一名鰝……鱀又作既。"既同鱀。明包汝楫《南中紀聞》："洞庭湖中有白鱁，稍類江豚而大過之，重者每一二千斤。白鱁有雌雄，肚下牝牡狀酷類男、婦，雌者有乳二隻。"鱁、鱀

同音。清厲荃《事物異名録》卷三八引《南方異物志》："〔鱀〕謂之水猪，又名饞魚，謂其多涎也。"清李元《蠕範·物生》："鱀，䲉也，饞魚也，海豚也，海狶也，鱏身鱐尾。"清宣統《南海縣志》卷四："鱀魚，俗作鮆魚。"鮆，鱀的諧音字。清方旭《蟲薈四·海豚》："《爾雅》云'鱀是䲉'，或又名建。""建"爲"鱀"的諧音字。

【水猪】

即白鱀豚。此稱三國時期已行用。見該文。

【饞魚】

即白鱀豚。此稱三國時期已行用。見該文。

【既】

即白鱀豚。此稱明代已行用。見該文。

【鮆魚】

即白鱀豚。此稱清代已行用。見該文。

【建】

即白鱀豚。此稱清代已行用。見該文。

江豚

亦稱"鯆""魤""魤魚""鮸魤""敷魚""鮑""鮑魚""溥浮""海狶魚""奔㹠""灒""井魚""鱒""鱰魚""大白""宋髯魚""江猪""拜江猪""屯江小尉""追風使""試湯波太守""鱒蜉""江魨"等。海獸名，鯨偶蹄目，鼠海豚科，江豚（*Neophocaena phocaenoides*）。體長 1～1.9 米，重 30～40 千克。頭圓，無喙，齒成鏟形。額突出。眼小。無背鰭。全身藍灰或瓦灰。動作遲鈍，無戲水習性，喜獨游或二三頭一起游弋。以小魚、魚卵和頭足類爲食。十月產仔。壽命可達二十三年。分布廣，我國各海域均有，可沿長江上溯至宜昌，洞庭湖亦有發現。

江豚一稱漢代已行用。江豚，因見於江，狀似豚而得名，俗稱"江猪""海狶"。《山海經·北山經》："〔少咸之山〕敦水出焉，東流注於雁門之水，其中多鮨鮨之魚，食之殺人。"畢沅注："即魤魚也，一名江豚。"《説文·魚部》："魤，魤魚也。"又："鮑，鮑魚也，出樂浪潘國，从魚，匊聲。一曰鮑魚出九江，又有兩乳，一曰溥浮。"段玉裁注："鮑即今之江猪，亦曰江豚。樂浪潘國與九江同產此物。"漢曹操《魏武四時食制》："鮸魤魚，黑色，大如百斤猪，黄肥不可食。數枚相隨，一浮一沉，一名敷魚。"《太平御覽》卷九四○引漢楊孚《臨海水土記》："海狶魚，豕頭魚身。"《文選·郭璞〈江賦〉》道："魚則江豚海狶。"李善注："《南越志》曰：'江豚似猪。'"《晉書·夏統傳》："初作鯔鮬躍，復作鯆魤引。"

至唐朝，對其生活習性也有更多的瞭解。唐段成式《酉陽雜俎·廣動植之二·鱗介篇》："奔㹠，一名灒。非魚非蛟。大如船，長二三丈。色如鮎，有兩乳在腹下，雌雄陰陽類人。取其子着岸上，聲如嬰兒啼。頂上有孔通頭，氣出嚇嚇作聲，必大風，行者以爲候。相傳懶婦所化。"又："井魚，腦有穴，每翕水，輒於腦穴蹙出，如飛泉散落海中。舟人競以空器貯之。海水鹹苦，經魚腦穴出反淡如泉水焉。"按，此"井魚"與前述"奔㹠"實爲一物，段氏誤以爲二。

呼氣時將海水帶上空中，形成霧柱，并非"每翕水，輒於腦穴蹙出"（語出前書）。唐許渾《金陵懷古》詩："石燕拂雲晴亦雨，江豚吹浪夜還風。"唐皮日休《滬》詩："濤頭條爾過，數頃跳鯆魤。"《唐韵·平模》："鯆，魚名，又江豚别名，天欲風則見。鱄，同鯆。"《白孔六帖》卷六八："南蠻婆賄伽盧國興諸市，以江猪相易。"明彭大翼《山堂肆考·鱗蟲·腦上有孔》："江豚俗呼拜江猪。狀似豚，鼻中有聲，腦上有孔，噴水直上，出入波浪中，見則有風。無鱗，色黑，多脂膏。"明《駢雅·釋蟲魚》："鱄䱐，江豚也。"宋孔武仲《江豚》詩："黑者江豚……縞素不起，兩兩出没。矜其頰嘴，若俛若仰，若躍若跪。舟人相語，驚瀾將作。"明李時珍《本草綱目·鱗四·海豚魚》〔釋名〕時珍曰："海豚、江豚，皆因形命名。"〔集解〕藏器曰："江豚生江中，狀如海豚而小。出没水上，舟人候之占風。"時珍曰："其狀大如數百斤猪，形色青黑如鮎魚，有兩乳，有雌雄，類人。數枚同行，一浮一没，謂之拜風。"清厲荃《事物異名録·水族部》："屯江小尉、追風使，《水族加恩簿》：'屯江小尉宜授追風使、試湯波太守。'按：謂江魨也。"

追風使、揚波太守、拜江猪、溥浮等稱，都緣於其"逢風則涌""一浮一沉"的習性。溥有水邊之意，溥浮意爲水邊沉浮，鱄乃古時溥浮之俗字，與溥浮意同。鯆與鱄同。因形似魚而稱鮈魚、鯆魚。因頭頂有鼻孔似井而稱井魚。

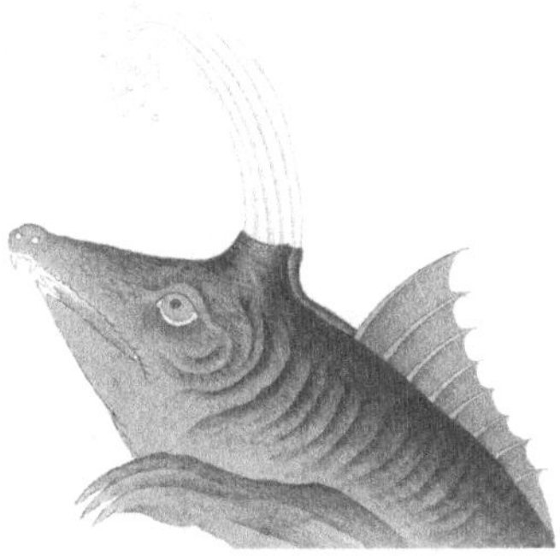

井　魚
（清聶璜《清宫海錯圖》）

清聶璜《清宫海錯圖》："井魚，頭上有一穴，貯水冲起，多在大洋。"雖古時常被當作魚，但至少在漢代就已知其"有兩乳"。對江豚的捕獲和利用也早有記載。《古今圖書集成·禽蟲典·海豚魚部》引《岳陽風土記》云："江上漁人取江豚，冬深水落視其絶没處，布網圍而取之，無不獲。或用鉤釣，若鉤中喉吻，雖巨綸亦掣斷。或挂牙齒間，則隨上下，惟人所制，略不頓掣。"

《史記·伍子胥列傳》："抉吾眼縣（懸）吴東門之上。"唐張守節正義："開此門，有鱔䱐隨濤入，故以名門。顧野王云：'鱔魚，一名江豚，遇風則涌也。'"鱔與鯆音同。清光緒《定海縣志》："江豚形似猪，一名大白。"清光緒《吴川縣志》："江豚……俗名宋鬘魚。"鬘，鬃的异體字。

【鯆】

即江豚。又稱鱔魚。此稱先秦時期已行用。見該文。

【鯆】

即江豚。此稱漢代已行用。見該文。

【鯆魚】

即江豚。此稱漢代已行用。見該文。

【䱐鯆魚】

"江豚"之别名。此稱三國時已行用。見該文。

【鮈】

即江豚。此稱漢代已行用。見該文。

【鮈魚】

即江豚。此稱漢代已行用。見該文。

【溥浮】

即江豚。此稱漢代已行用。見該文。

【海狶魚】

　　即江豚。此稱漢代已行用。見該文。

【敷魚】

　　即江豚。此稱三國時已行用。見該文

【奔䱐】

　　即江豚。此稱唐代已行用。見該文。

【灡】

　　即江豚。此稱唐代已行用。見該文。

【井魚】

　　即江豚。此稱唐代已行用。見該文。

【䱐】[2]

　　即江豚。此稱唐代已行用。見該文。

【䱐魚】

　　即江豚。此稱唐代已行用。見該文。

【大白】

　　即江豚。此稱清代已行用。見該文。

【宋髻魚】

　　即江豚。此稱唐代已行用。見該文。

【江猪】

　　即江豚。此稱唐代已行用。見該文。

【拜江猪】

　　“江豚”之俗稱。此稱明代已行用。見該文。

【屯江小尉】

　　“江豚”之謔稱。此稱五代時期已行用。見該文。

【追風使】

　　“江豚”之謔稱。此稱五代時期已行用。見該文。

【試湯波太守】

　　即江豚。此稱宋代已行用。見該文。

【䱐蜉】

　　即江豚。此稱明代已行用。見該文。

【江䱐】

　　同“江豚”。此體清代已行用。見該文

【懶婦魚】

　　“江豚”之謔稱。江豚皮下脂肪層很厚，以利其於水中保持體温。脂肪可煉油，古時主要用於點燈，但用其照讀書、紡織顯弱，照娛樂、宴席則顯得强，故托稱江豚由懶婦轉化而成，遂名江豚爲懶婦魚。南朝梁任昉《述異記》卷上：“在南有懶婦魚，俗云昔楊氏家婦爲姑所溺而死，化爲魚焉。其脂膏可燃燈燭。以之照鳴琴博弈則爛然有光，及照紡績則不復明焉。”明李時珍《本草綱目・鱗四・海豚魚》〔集解〕藏器曰：“江豚有油脂，點燈照樗蒲即明，照讀書工作即暗，俗言懶婦所化也。”樗蒲，古代一種類似擲骰子的博戲，也指賭博。明楊慎《丹鉛續録》卷六：“魽魚，即懶婦魚也，多膏以爲燈，照酒食則明，照紡績則暗，佛經謂之饞燈。”魽，意魚膏。饞燈又成懶婦之喻。實則讀書、紡織，需燈光强，而賭博、音樂、宴會等則弱光亦可。同是江豚油燈，用於前者顯弱，後者用顯强，并非江豚是由懶婦所化所致，神話中也充滿對婦女的偏見。

海豚

　　亦稱“魚狸”“海狶”“海狖”。海獸名，鯨目，體長不足5米的小型齒鯨的通稱。體呈紡錘形，裸露無毛。前肢鰭狀，尾末有水平尾鰭，多數種具背鰭。噴氣孔一個，位頭頂偏左。種類較多，一類口部有喙，我國常見的有寬吻海豚、真海豚、條紋原海豚、中華白海豚等。一類無喙，常見的有江豚、鐮鰭斑紋海豚、鼠海豚、灰海豚等。海豚有複雜的大腦，智力發達，學習速度快，可訓練做各種表演、進行海底偵察、爲潜水人員充當助手等。皮膚結構特殊，可消除游泳時動物體表産生的紊流，游速快，耗能少。有複雜的聲納系統，靠回聲定位，即不停地發射超聲波，憑監聽超聲波遇物後産生的回聲來瞭解環境，控制行動，避開障礙，捕捉食物。皮下脂肪很厚，利其維持恒定體温。以小魚和頭足類水族爲食。多爲海栖，僅少數能進入淡水。《詩·小雅·采薇》：“象弭魚服。”三國吴陸璣疏：“魚服，魚獸之皮也。魚獸似猪，東海有之，一名魚狸。”《文選·郭璞〈江賦〉》：“魚則江豚，海狶。”李善注引三國吴沈瑩《臨海水土異物志》：“海狶，豕頭，身長九尺。”明李時珍《本草綱目·鱗四·海豚魚》〔釋名〕：“海狶。時珍曰：‘海豚、江豚皆因形命名。’”〔集解〕藏器曰：“海豚生海中，候風潮出没。形如豚。鼻在腦上，作聲，噴水直上，百數爲群。其子如蚨魚子，數萬隨母而行，人取子繫水中，其母自來，就而取之。”海豚爲胎生，一般一胎一子。“數萬隨母而行”之説屬誤解。海豚喜群游，常百隻千隻或更多隻爲群。有時大群海豚蜂擁而至，大有排山倒海之勢，漁民常稱爲“龍兵”，每遇之常退避三舍。但海豚性温順，不輕易傷人，并屢有爲船導航、助人捕魚甚至於海上救助落難之人的記録。清代又稱海狪，“狪”與“豚”同。清聶璜《清宫海錯圖》第二册：“海狪形全似魚，背灰色，無鱗甲，尾圓而有白點，腹下四皮垂垂似足非

海　狪
（清聶璜《清宫海錯圖》）

足，若划水然，目可開闔，其體臃腫圓肥，長可二三尺，絶類公庭所擊木柝篇，《海字彙注》魚字曰獸名，似猪，東海有之，疑即此也。”

【魚狸】

即海豚。此稱唐代已行用。見該文。

【海狶】

即海豚。此稱晋代已行用。見該文。

【海狪】

即海豚。此稱清代已行用。見該文。

【蜈魚】

即海豚。亦稱“海竪”。我國臺灣地區稱海豚爲蜈魚。清黄叔璥撰《臺海使槎録》卷三《赤崁筆談·物産》：“蜈魚，俗呼海竪，頭似猪，大則千餘斤，小則五六百斤，常於水面躍起，高丈餘，噴水如雪，魚人見之則避。”清林豪撰《澎湖廳志》卷一〇《物産·蟲魚》：“海竪或作蜈魚……頭如猪，躍水面丈餘，直上若浮屠，噴水如雪，故謂之竪。”浮屠意佛塔，是梵語佛陀（buddha）的訛譯。清郭柏蒼《海錯百一録》：“蜈魚，産臺灣……俗呼海竪頭，頭似猪。”由於海豚追逐魚群而動，海豚露面，魚群涌至，漁民會喜獲豐收。舟山地區崇其爲神，稱“烏耕將軍”。渤海地區則稱其爲“巡海夜叉”“趕魚郎”，甚至藉民間財神趙公明之名，稱其爲“老趙”“老人家”，稱大群海豚前的大鯨爲龍王巡海。

【海竪】

即海豚。此稱清代已行用。見該文。

【海豚與蚩吻】

我國古代建築房屋，屋脊兩端有叫作鴟吻的陶製裝飾物，古代稱爲大吻或正吻，是根據海豚的尾形設計的。例如，大雄寶殿屋頂上就

有十個，正中脊兩端各一個，垂脊四個，岔脊四個；天安門城樓屋頂正脊的兩端，也有一對。《事物紀原》卷八引《青箱雜記》："海有魚，虬尾似鴟，用以噴浪則降雨。漢柏梁臺灾，越巫上厭勝之法。乃大起建章宮，遂設鴟魚之像於屋脊，以厭火災，即今世之鴟吻是也。"柏梁臺是漢武帝元鼎二年（公元前115）建的皇宮，梁是柏木的，所以稱柏梁臺，後因大火而付之一炬。武帝太初二年（公元前103）又在長安郊外修建豪華的皇宮，名建章宮。在建章宮修建時，越地方士上厭勝之法，認爲海裏有魚叫虬，尾巴像鴟，以尾激浪則降雨，作其像於屋，能避火災。這就是屋脊上的鴟吻。厭勝法是古代方士的一種巫術，謂能以詛咒制服人或物。虬，虬龍，古代傳説中有角的小龍。鴟，古書上指鷂鷹，有人認爲指鴟鵂，是凶猛的大鳥。晉王嘉《拾遺記》還説鯀（即禹之父）治水無功，自沉羽淵，化爲玄魚。海人於羽山下修玄魚祠，四時致祭。嘗在此處海裏見其出水，長百丈，噴水激浪必雨降。越巫請以鴟魚爲厭火災，今之鴟尾即此魚之尾也。鴟是鳥，尾是水平的，魚的尾都是垂直的，祇有海豚的尾與鳥相似，也是水平的。所以虬或蚩，就是海豚。唐胡璩《譚賓錄》："東海有魚，虬尾似鴟，鼓浪即降雨，遂設像於屋脊。"此魚應爲海豚。唐蘇鶚《蘇氏演義》卷上："蚩者，海獸也。漢武帝做柏梁殿，有上疏者云：'蚩尾，水之精，能辟火災，可置之殿堂。'今人多作鴟字，見其吻如鴟鳶，遂呼之爲鴟吻。"鴟鳶，即鴟鳥，亦作鴟鳶。虬也有的稱作蚩，後用鴟替代蚩，用鴟吻代替蚩尾。《北史·高道穆傳》："李世哲多有非法，逼買人宅，廣興屋宇，皆置鴟尾。"但海豚的尾衹有左右兩葉，鴟吻則是多葉。有人認爲，這可能受古羅馬神話中海豚形象的影響所致。鴟吻後來傳入日本。還有一種説法，認爲這是龍的第九子螭吻（參見本卷《附錄二·龍考》"龍"條文）。

斑海豹

亦稱"鮨魚""貀""牛魚""膃肭獸""海狗""海牛""骨貀獸""阿慈勃他你""海哥""骨肭獸""海龍"等。海獸名，食肉目，鰭脚亞目，海豹科，斑海豹（*Phoca largha*）。體呈紡錘形，長1.5~2米，約重150千克。頭圓，頸短，無外耳殼。眼大。四肢鰭狀；後肢恒向後伸，不能自脚踝處朝前彎，不能陸上步行，後鰭脚和尾是其主要游泳器官。全身被毛，色灰黃或炭灰，具許多黑、白色小斑。平時海栖，以魚和軟體動物爲食，繁殖時上陸或冰。在陸上衹能向前蠕動。我國主要分布於渤海，少數達於黃海、東海。

先秦時稱其鮨魚。《山海經·北山經》："〔北嶽之山〕諸懷之水出焉，而西流注於囂水，其

膃肭獸
（清蔣廷錫等《古今圖書集成》）

中多鮨魚。魚身而犬首，其音如嬰兒，食之已狂。"郭璞注："音詣。今海中有虎鹿魚及海狶，體皆如魚而頭似虎鹿豬，此其類也。"郝懿行謂："推尋郭義，此經鮨魚，蓋魚身魚尾而狗頭，極似今海狗，本草家謂之骨（膃）肭獸是也。"膃肭即肥軟。明李時珍《本草綱目·獸二·膃肭獸》的解釋："《唐韻》：膃肭，肥貌。或作骨貀，訛爲骨訥，皆番言也。"

漢代稱作"貀"。《爾雅·釋獸》："貀，無前足。"實際上是其足呈鰭狀，非無前足。貀，古書上的一種野獸，狀似海狗；此藉以稱海豹。今有學者以爲即儒艮，非。《太平御覽》卷九三九引三國吳沈瑩《臨海水土異物志》："牛魚，形如犢子，毛色青黃，好眠臥，人臨上及覺，聲大如牛，聞一里。"卷九〇〇又引晋伏琛《齊地記》："東萊牛島上常以五月海牛產乳，海牛形似牛而無角……腳似鼉魚，尾似鮎魚。"至明清還稱海牛，仍係海豹。明楊慎《異魚圖贊》卷四："海牛魚皮，潮信可卜，潮至毛張，潮退則伏。"《古今圖書集成·禽蟲典·雜魚部》

鮨魚圖

鮨　魚
（清蔣廷錫等《古今圖書集成》）

膃肭獸
（清聶璜《清宮海錯圖》）

引《登州府志》："海牛出文登海中，紫色無角，性捷疾，見人則飛入於海。""海豹"之稱最早見於宋朱彧《萍洲可談》卷二："海哥，蓋海豹也。有斑文如豹而無尾，凡四足，前二足如手，後二足與尾相紐如一。"自此"海豹"一稱漸被接受，并沿用至今。但也有不少著述承襲舊名。明李時珍《本草綱目·獸二·膃肭獸》〔集解〕藏器曰："骨肭獸，生西番突厥國，胡人呼爲阿慈勃他你。其狀似狐而大，長尾。"時珍曰："按《唐書》云：骨貀獸出遼西營州及結骨國……似狐之説非無也。蓋似狐似鹿者，其毛色爾；似狗者，其足形也；似魚者，其尾形也。"

對海豹的獵捕和利用三國時已早有記錄。三國吳沈瑩《臨海水土異物志》云："膃肭獸出東海水中，狀若鹿形頭似狗，長尾。每日出即浮在水面，昆侖家以弓矢射之，取其外腎，陰乾百日，味甘香美也。"《格致鏡原》略引此文，并曰："膃肭，魚類……《藥性論》謂之海狗。"《藥性論》舊題晋陶潛撰。清趙學敏《本草綱目拾遺·獸部》："海狗出遼東、登州海中，即膃肭獸也……其地登州海口，出海狗皮，可作裘帽，俗美其稱海龍即此。其腎乃藥中膃肭臍。"又："此物晝夜潛海底，惟孳乳時登陸，產子稍大即相率入水，人不可得……海狗油。性熱而降。善消利。治三焦濁逆之氣。能清水臟積寒停欲。"其皮可製革，清楊賓《柳邊紀略》卷三："海豹皮出東北海中（唐開元中新羅國與果下馬同貢者也），長三四尺，闊二尺許，短毛，淡綠色，有黑點，京師人誤指爲海龍皮，染黑作帽。"肉可食，脂肪可煉油，骨製肥，雄性生殖器官可入藥，稱膃肭臍，作三鞭酒，有補腎壯陽之效。海豹亦可養作觀賞動物。北宋元祐年間（1086—1094）即有馴養海豹以供玩賞的記載："其水以檻實魚，得金錢則呼魚，應聲而出。"此"魚"即海豹也。

【鮨魚】

即斑海豹。此稱先秦時期已行用。見該文。

【貀】

即斑海豹。此稱秦漢時期已行用。見該文。

【牛魚】[4]

即斑海豹。此稱晉代已行用。見該文。

【膃肭獸】

即斑海豹。此稱三國時期已行用。見該文。

【海狗】[2]

即斑海豹。此實爲古代俗稱，其物并非今之"海狗"。此稱約晉代已行用。見該文。

【海牛】[2]

即斑海豹。此稱晉代已行用。見該文。

【骨貀獸】

"膃肭獸"之異稱。此稱唐代已行用。見該文。

【阿慈勃他你】

即斑海豹。此稱唐代已行用。見該文。

【骨肭獸】

即斑海豹。此體唐代已行用。見該文。

【海哥】

即斑海豹。此稱宋代已行用。見該文。

【海龍】[3]

即斑海豹。此稱清代已行用。見該文。

北海狗

俗稱"海驢"。海獸名，食肉目，鰭腳亞目，海獅科，海狗（*Callorhinus ursinus*）。體呈紡錘形，四肢鰭狀。大型雄性長約2.5米，重300餘千克。海狗和海豹的主要區別是後鰭腳能自腳踝處向前彎，能在陸上步行、跳躍。以魚和烏賊等爲食。體色灰黑，腹面橙褐。被粗毛和密厚絨毛。陸上生殖，群體屬一雄多雌型，一頭大型雄性可控制幾隻到上百隻雌獸。《廣東通志·海狗》："海狗純黃，形如狗，大如猫，常群游，背風沙中，遥見船行則没海，漁以技獲之，蓋利其腎也，醫工以爲即膃肭臍。"海豹、海狗，過去雖統稱海狗或膃肭獸，但主要應指海豹，因其數量多。《金史·太宗紀》："往者歲捕海狗、海東青、鵶鶻於高麗之境。"海狗主要分布於北方康曼多爾群島等地，少數來游我國。古時海狗有海驢之俗稱。宋孔平仲《望海亭》詩："海中百怪所會聚，海馬海人並海驢。"明李時珍《本草綱目·獸一·驢》〔集解〕時珍曰："東海島中出海驢，能入水不濡。"有人疑指北海獅或加州海獅（*Zalophus californianus*），但後者我國至今尚無記錄，衹北海獅（*Eumetopias jubatus*），我國偶有捕獲。其體魄大，長近3米，重達1000餘千克，色黃褐，主要分布於阿留申群島等地，我國極少。按"入水不濡"推斷，應指海狗，因北海獅體無絨毛，不可能入水不濡。

【海驢】

"海狗"之俗稱。此稱宋代已行用。見該文。

儒艮 [1]

亦稱“陵魚”“鯪魚”“和尚魚”“人魚”“海蠻師”“魜”“海和尚”“海女”“西楞”。海獸名，海牛目，儒艮科，儒艮（*Dugong dugon*）。體肥胖，長者達 4 米，重 1000 餘千克。吻短而鈍，口腹位。眼小。頸短。前肢鰭狀，後肢消失，尾末有鏟狀尾鰭。皮甚厚，被稀疏硬毛和絨毛。其肉可食，酷似小牛肉，油可入藥，皮可製革。分布很廣，主要在熱帶海域，我國主要見於南海、東海。以海洋植物爲食。胸部鰭肢後腋下各有一乳房，其狀類人。因以得名人魚或美人魚。儒艮其名是由馬來語 dūyung 音譯而得。

我國古籍多稱其“陵魚”“和尚魚”等。《山海經·海内北經》曰：“陵魚人面。手足，魚身，在海中。”兩栖類中的鯢魚古時也被稱作人魚，但它祇栖於淡水。因此，此“在海中”的陵魚當指儒艮。《楚辭·天問》：“鯪魚何所？”劉逵注《吳都賦》引作“陵魚曷止”，釋曰：“即人魚也。”或指儒艮。清胡世安《異魚圖贊補》卷中：“《海内北經》：‘東洋大海有和尚魚，狀如鱉，其身紅赤色，從潮水而至。’”明王圻等《三才圖會·鳥獸六》也有相同記載。但“狀如鱉，身紅赤”又與儒艮特點不符。三國至明清時代仍稱其人魚，還稱海蠻師。三國吳沈瑩《臨海水土異物志》：“人魚，似人，長三尺，不可瞰。”唐鄭常《洽聞記》：“海人魚狀如人，眉目口鼻手爪，皆爲美麗女人，皮肉白如玉，髮如馬尾，長五六尺。”宋沈括《夢溪筆談·異事》：“嘉祐中，海州漁人獲一物，魚身而首如虎，亦作虎文。有兩短足在肩，指爪皆虎也，長八九尺，視人輒淚下，舁至郡中，數日方死。有父老云，昔年曾見之，謂之海蠻師。”這些記述同美人魚的傳説相似，失真。或有更甚之者。明李時珍《本草綱目·鱗四·鱭魚》〔集解〕引宋徐鉉《稽神録》云：“謝仲玉者，曾見婦人出没水中，腰以下皆魚，乃人魚也。”又引《徂異記》云：“查道奉使高麗，見海沙中一婦人，肘後有紅鬣。問之，曰：人魚也。”清屈大均《廣東新語》卷二二云：“人魚雄者爲海和尚，雌者爲海女。”《正字通·魚部》：“魜，按魚，即海中人魚。眉、耳、口、鼻、手、爪、頭皆具，皮肉白如玉，無鱗，有細毛，五色，髮如馬尾，長五六尺，體亦長五六尺。臨海人取養池沼中，牝牡交合與人無異。郭璞有《人魚贊》，人魚加人作魜。”對其交配方式的記述更明確此人魚即儒艮。清郭柏蒼《海錯百一録》卷二：“美人魚，人首魚身，無鱗，下微紅，稍具穢狀。福清江陰、連江各有觸網，則海水不利，輒弃之。”清南懷仁《坤輿圖説》卷下“西楞”一稱：“大東洋海産魚，名西楞。上半身如男女形，下半身則魚尾。其骨能止血病，女魚更效。”此亦應指儒艮，“西楞”似海牛目拉丁名 Sirenia 的音譯。

【陵魚】 [1]

即儒艮 [1]。此稱先秦時期已行用。見該文。

【鯪魚】 [2]

即儒艮 [1]。此體先秦時期已行用。見該文。

【和尚魚】

“儒艮 [1]”之俗稱。此稱先秦時期已行用。見該文。

【人魚】 [2]

即儒艮 [1]。此稱先秦時期已行用。見該文

【海蠻師】

即儒艮 [1]。此稱宋代已行用。見該文。

【魜】

即儒艮[1]。此稱明代已行用。見該文。

【海和尚】

即儒艮[1]。此稱清代已行用。見該文。

【海女】

即儒艮[1]。此稱清代已行用。見該文。

【西楞】

即儒艮[1]。此稱清代已行用。見該文。

海獺

亦稱“海獱”。海獸名，食肉目，鼬科，海獺（*Enchydra lutris*）。體長1.5米左右，重近50千克。頭小，軀幹肥圓，後部細，形似鼬鼠。眼小。前肢小而裸，適於把握食物，後肢扁平呈鰭狀，適於游泳。被密厚絨毛，深褐色。喜仰游，嗜吃蟹、海膽、鮑等動物。主要分布於北太平洋，我國多見於東海海域。其毛皮非常珍貴。俗稱“獵虎”“海虎”。宋范成大《桂海虞衡志》：“海獺生海中，似獺而大，毛着水不濡。”明李時珍《本草綱目·獸二·海獺》〔集解〕引藏器曰：“海獺生海中。似獺而大如犬，脚下有皮如人胼拇，毛着水不濡。人亦食其肉。”時珍曰：“大獱小獺，此亦獺也。今人以其皮爲風領，云亞於貂焉。”清郭柏蒼《海錯百一録》卷五：“海獺，其肉腥臊，海人剥其皮爲帽、爲領。但南風發潮易爛而不蛀。”清李元《蠕範》卷四：“海獺，海獱也，似獺而大，足下有皮如駢拇，頭如馬，自腰以下似蝙蝠，毛入水不濡，候風潮則毛起，生海中。”

【海獱】

即海獺。此稱清代已行用。見該文。

水獺[1]

亦稱“猵獺”“水狗”“獺”“魚獺”“狸奴”“獱”“猵”。水獸名，食肉目，鼬科，水獺（*Lutra lutra*）。頭軀幹長約70厘米，尾長46厘米。毛色深褐。栖於江河湖沼的岸邊，穴居於土坡上的灌叢中或巖石間。聽覺、嗅覺靈敏。通常晝伏夜出。善於奔馳、游泳及潛水。食物以魚類爲主，亦吃蛙、野鼠等。易馴養，初夏産仔，一産一至六仔。毛皮珍貴。三國張揖《廣雅·釋獸》：“獺，一名水狗。”《孟子·離婁上》：“故爲淵敺魚者，獺也；爲叢敺爵者，鸇也。”《淮南子·兵略訓》：“夫畜池魚者，必去猵獺。”南朝宋劉敬叔《異苑》卷一：“永寧縣濤山有河，水色紅赤，有自然石橋，多魚獺異禽。”五代王仁裕《玉堂閑話》：“狸奴，獺也。”《册府元龜》卷八六九：“魏徐邈善畫，作走水獺，標於水濱，群獺集焉。”明李時珍《本草綱目·獸二·水獺》〔釋名〕：“水狗。時珍曰：‘……其形似狗，故字從犬，從賴。大者曰獱，音賓，曰猵，音編。’”又〔集解〕時珍曰：“獺狀似青狐而小，毛色青黑，似狗，膚如伏翼，長尾四足，水居食魚。能知水信爲穴，鄉人以占潦旱，如鵲巢知風也。古有‘熊食鹽而

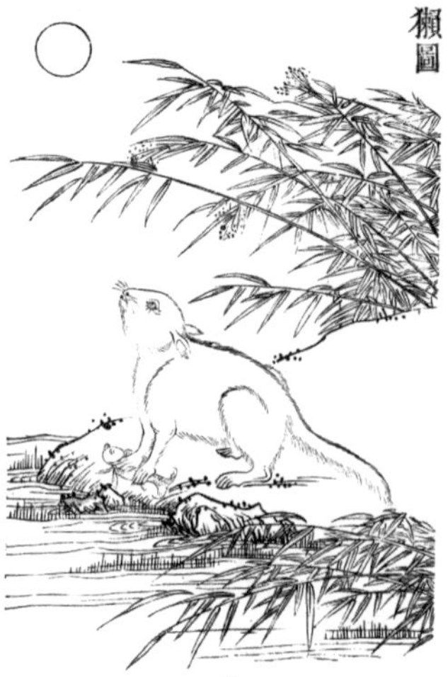

獺

（清蔣廷錫等《古今圖書集成》）

獺
（明文俶《金石昆虫草木狀》）

死，獺飲酒而斃’之語，物之性也。”清屈大均《廣東新語·獸語·獺》：“水獺，一名猵獺，類青狐而小，喙尖足駢。能知水信高下爲穴，廣人以占水旱，善捕魚。”清李元《蠕範》卷四：“獺，水狗也，水貓也，似狐而小……能知水性爲穴。”古人利用水獺嗜吃魚的特點，馴養其捕魚，稱水獺漁業。唐段成式《酉陽雜俎》：“元和末，均州鄖鄉縣有百姓年七十，養獺十餘頭，捕魚爲業，隔日一放。將放時，先閉於深溝斗門内，令飢，然後放之，無網罟之勞，而獲利甚厚。老人抵掌呼之，群獺皆至，緣衿藉膝，馴若守狗。”

【猵獺】

即水獺[1]。此稱漢代已行用。見該文。

【水狗】

“水獺[1]”之俗稱。此稱三國時期已行用。見該文。

【獱】

“水獺[1]”之省稱。此稱三國時期已行用。見該文。

獺
（《三才圖會·鳥獸圖會》）

【魚獺】

即水獺[1]。此稱南北朝時期已行用。見該文。

【狸奴】

“水獺[1]”之喻稱。此稱五代時期已行用。見該文。

【獿】

即水獺[1]。此稱明代已行用。見該文。

【猵】

即水獺[1]。此稱明代已行用。見該文。

【海倫】[1]

即水獺[1]。水獺異名，亦稱“抓鮋”“猻”“獵”“猰”“獺”“塔爾巴噶”“喀瑪”“江獺”“獺兒”。宋代稱抓鮋。宋羅願《新安志》卷二《叙物產·獸類》：“獺之小者，土人謂之抓鮋。”明代稱猻。明張自烈《正字通》巳集下《犬部》：“猻，俗獺字。獺俗呼曰猻。又，獵：舊注：音齒。獸名。按，獺，俗作猻。復謳爲獵，從利，讀若齒，非。又，猰，俗獺字。”清代稱江獺等。清張玉書、陳廷敬等《康熙字典》卷二九《豸部》：“獺，《篇海》他達切，音塌。水狗。按，與獺同。”清乾隆四十七年（1782）敕撰《今史語解》卷四《地理》：“海倫，水獺也。”清傅恒、劉統勳、于敏中等《西域圖志》卷四三《土產·準噶爾部·羽毛鱗介之屬》：“獺，名塔爾巴噶，毛色青，伊利產者佳。又，獺，名喀瑪。”清阿桂、劉謹之等《盛京通志》卷一〇七《物產·水族類江獺》：“出江中者，名江獺。形似狗而小，長尾，色青黑。亦有白色者。獺穴，必預度水所不至，故鄉人以是潦水之候。黑龍江、混同江等處尤多。”清西清纂，蕭穆等重輯《黑龍江外紀》卷八《獺》：“獺兒，穴居小獸也。毛色如土，不甚暖，俗以製馬褂，貧者服之。相傳，獺兒爲穴出積土，一仰臥載之，衆啣尾曳之。久之，載土者背毛脫落，鼾僅存，故俗有奴才獺兒之稱。”

【抓鰽】

　　即水獺[1]。此稱宋代已行用。見該文。

【猢】

　　即水獺[1]。此稱明代已行用。見該文。

【猁】

　　即水獺[1]。此稱明代已行用。見該文。

【獐】

　　即水獺[1]。此稱明代已行用。見該文。

【獱】

　　即水獺[1]。此稱清代已行用。見該文。

【海倫】[2]

　　即水獺[1]。此稱清代已行用。見該文。

【塔爾巴噶】

　　即水獺[1]。此稱清代已行用。見該文。

【喀瑪】

　　即水獺[1]。此稱清代已行用。見該文。

【江獺】

　　即水獺[1]。此稱清代已行用。見該文。

【獺兒】

　　“水獺[1]”之俗稱。此稱清代已行用。見該文。

小爪水獺

　　亦稱“山獺”。獸類名，食肉目，鼬科，小爪水獺（*Aonyx cinerea*），最小的水獺品種，體長半米左右，四肢短小。毛色暗棕。群栖，穴居，通常會在河岸上挖穴築巢。晝夜活動，分布於雲南、臺灣、福建、海南等地。俗稱“油獺”“東方小爪水獺”。古稱“山獺”。宋周去非《嶺外代答》卷九：“山獺出宜州溪峒。俗傳爲輔助要藥。峒人云獺性淫毒。山中有此物，凡牝獸悉避去。獺無偶，抱木而枯。峒獠尤貴重，云能解藥箭毒。”明李時珍《本草綱目·獸二·山獺》：“山獺，出廣之宜州溪峒及南丹州。土人號爲插翹。其性淫毒，山中有此物，凡牝獸皆避去。獺無偶則抱木而枯。瑶女春時成群入山，以采物爲事。獺聞婦人氣，必躍來抱之，次骨而入，牢不可脫，因扼殺之。負歸，取其陰一枚，真金一兩。若得抱木死者尤奇貴。”清屈大均《廣東新語·新語·獺》：“山獺性淫而無偶。傜女采樵，歌嘯爲猿聲以誘之。山獺聞之，即躍抱傜女，因扼殺之。以其骨續骨，解箭毒。以陰莖入藥，名插翹春。”

【山獺】

　　即小爪水獺。此稱宋代已行用。見該文。

附録一：水族詩文典故集錦

　　在我國傳統文化中，動植物的動態、屬性常常被徵引，其中對水族的徵引較爲廣泛，常常用於表達一種別樣的思索、別樣的情懷，或寄托別樣的心愿、嚮往。其中有許多已成爲家喻户曉的典故。如"魚與熊掌"（《孟子·告子上》）、"魚沉雁落"（《莊子·齊物論》）、"魚目混珠"（《周易參同契上》）、"魚傳尺素"（《古樂府·飲馬長城窟行》）、"蓴鱸之思"（《晋書·張翰傳》）、"鷸蚌相争"（《戰國策·燕策二》）、"毁碎珊瑚"（《太平御覽》卷七〇三引晋裴啓《語林》，南朝宋劉義慶《世説新語·汰奢》），等等。以上舉證，爲簡明扼要，特以成語爲例，而作爲水族典故者，并非僅僅是成語，而是連同成語在内的一系列精妙的短文。憑藉這些短文，憑藉這些水族典故，可真切地窺見古代社會生活的方方面面，真切地窺見上下各階層人們的追求、嚮往與種種生活態度。

腔腸動物

珊瑚²

　　南朝宋劉義慶《世説新語·汰侈》："石崇與王愷争豪，並窮綺麗以飾輿服。武帝，愷之甥也，每助愷。嘗以一珊瑚樹高二尺許賜愷，枝柯扶疏，世罕其比。愷以示崇。崇視訖，以鐵如意擊之，應手而碎。愷既惋惜，又以爲疾己之寶，聲色甚厲。崇曰：'不足恨，今還卿。'乃命左右悉取珊瑚樹，有三尺四尺、條幹絕世、光彩溢目者六七枚，如愷許比甚衆。愷惘然自失。"

軟體動物

鰒魚³

　　金劉迎《鰒魚》詩："君不見二牢山下獅子峰，海波萬里家魚龍。金鷄一唱火輪出，曉色下瞰扶桑宫。槲林葉老霜風急，雪浪如山半空立。貝闕軒騰水伯居，瓊瑰噴薄鮫人泣。長鑱白柄光芒寒，一葦去横烟霧間。峰巒百叠破螺甲，宫室四面開蠔山。碎身粉骨成何事，口腴之珍乃吾崇。郡曹受賞雖一言，國史收痂豈非罪。筠籃一一千里來，百金一笑收羹材。色新欲透瑪瑙碗，味勝可浥葡萄醅。飲客醉煩浮春紅，金盤旋覺放箸空。齒牙寒光漱明月，胸臆秀氣噴長虹。平生浪説江瑶柱，大嚼從今不論數。我老安能汗漫游，買船欲訪漁郎去。"

田螺²

　　舊題晋陶潛《搜神後記·白水素女》："謝端，晋安帝侯官人，少喪父母，無有親屬，爲鄰人所養。至年十七八，恭謹自守，不履非法。始出居，未有妻，鄰人共愍念之，規爲娶婦，未得。端夜臥早起，躬耕力作，不捨晝夜。後於邑下得一大螺，如三升壺。以爲異物，取以歸，貯甕中，畜之十數日。端每早至野，還，見其戶中有飯飲湯火，盤饌甚豐，如有人爲者。端謂是鄰人爲之惠也。數日如此，端便往謝鄰人。鄰人皆曰：'吾初不爲是，何見謝也？'端又以鄰人不喻其意，然數日如此後更實問。鄰人笑曰：'卿已自取婦，密着室中炊爨而言吾之爲也。'端默然，心疑，不知其故。後以雞鳴出去，平早潛歸，於籬外竊窺其家中，見一少女，從甕中出，至灶下燃火。端便入門，徑直甕所見螺，但見殼。乃到灶下間之曰：'新婦從何所來，而相爲炊？'女大惶惑，欲還甕中，不能得去，答曰：'我天漢中白水素女也。天帝哀卿少孤，恭慎自守，故使我權爲守舍炊烹。十年之中，使卿居富得婦，自當還去。而卿無故竊相窺掩。吾形已見，不宜復留，當相委去。雖然爾後自當少差，勤於田作，漁采治生。留此殼去，以貯米穀，常可不乏。'端請留，終不肯。時天忽風雨，翕然而去。"

蚌 [2]

"鷸蚌相争"。《戰國策·燕策》：趙且伐燕，蘇代爲燕謂惠王曰：'今者臣來，過易水，蚌方出曝，而鷸啄其肉，蚌合而箝其喙。'鷸曰：'今日不雨，明日不雨，即有死蚌！'蚌亦謂鷸曰：'今日不出，明日不出，即有死鷸！'兩者不肯相捨，漁者得而並禽之。今趙且伐燕，燕趙久相支，以弊大衆。臣恐强秦之爲漁父也。故願王熟計之也。惠王曰：'善！'乃止。"

珍珠 [2]

《後漢書·孟嘗傳》："（孟嘗）遷合浦太守。郡不産穀實，而海出珠寶，與交阯比境，常通商販，貿糴糧食。先時宰守並多貪穢，詭人采求，不知紀極，珠逐漸涉於交阯郡界。於是行旅不至，人物無資，貧者死餓於道。嘗到官，革易前弊，求民病利，曾未逾歲，去珠復還。"成語"合浦珠還"，比喻失而復得。

硨磲 [2]

《太平御覽》卷九四一引《淮南子》曰："商拘文王於羑里。於是散宜生乃以千金求天下之珍怪，得大貝百朋（五百爲一朋也），以免君罪。"意：西伯姬昌被商紂囚禁在羑里，吕望和西周開國功臣散宜生等，給紂王進獻奇珍异寶，其中就有"〔散宜生〕之江淮之浦，取大貝，大如大車之渠，以贖其罪是也"。

節肢動物

蝦 [3]

唐段成式《酉陽雜俎·諾皋記上》："大足初，有士人隨新羅使，風吹至一處，人皆長鬚，語與唐言通，號長鬚國。……乃拜士人爲司風長，兼駙馬。其主甚美，有鬚數十根……後遇會，士人見姬嬪悉有鬚，因賦詩曰："花無蕊不妍，女無鬚亦醜。丈夫試遣總無，未必不如總有。"又："忽一日，其君臣憂感，士人怪，問之，王泣曰：'吾國有難，禍在旦夕，非駙馬不能救。'士人驚曰：'苟難可弭，性命不敢辭也。'王乃令具舟，命兩使隨士人，謂曰：'煩駙馬一謁海龍王，但言東海第三汊第七島長鬚國有難求救。'又："龍王降階迎士人，齊級升殿。訪其來意，士人具説，龍王即令速勘……使者返，曰：'此島蝦合供大王此月食料，前日已追到。'龍王笑曰：'客固爲蝦所魅耳。'……乃令引客視之，見鐵鑊數十如屋，滿中是蝦。

有五六頭色赤，大如臂，見客跳躍，似求救狀。引者曰：‘此蝦王也。’士人不覺悲泣。龍王命放蝦王一鑊，令二使送客歸中國。一夕至登州。回顧二使，乃巨龍也。”

蟹[2]

漢郭憲《洞冥記》卷三：“善苑國嘗貢一蟹，長九尺，有百足四螯，因名百足蟹。煮其殼勝於黃膠，亦謂之螯膠，勝於鳳喙之膠也。”

宋沈括《夢溪筆談》卷二五：“關中無螃蟹。元豐中，予在陝西，聞秦州人家收得一乾蟹。土人怖其形狀，以爲怪物。每人家有病虐者，則借去挂門户上，往往遂差。不但人不識，鬼亦不識也。”

宋孟琯《嶺南異物志》：“嘗有行海得州渚，林木甚茂，乃維舟登崖，繫於水旁，半炊而林没於水，其纜忽斷，乃得去，詳視之，大蟹也。”

宋周去非《嶺外代答》卷六：“欽人親死，不食魚肉而食螃蟹、車螯、蠔、螺之屬，謂之齋素，以其無血也。海南黎人親死，不食粥飯，唯飲酒，食生牛肉，以爲至孝在是。”

宋洪邁《夷堅志》支丁卷八“西湖判官”：“侍衛步司右軍第三將狄訓練，以紹熙三年二月六日部諸寨兵五更入受俸。至前湖門外，坐胡床以俟啓關。覺有堅物觸其足，取燭照視，則一巨蟹，長三尺，形模怪醜。命從卒執縛送於家，復坐假寐，夢一人，長髯鬚，顔貌古惡，著淡綠袍，軟幘黑韡，繫烏犀帶，持手板，揖曰：‘某乃西湖判官，因出戲於綠野，蒙君慮執，慮必遭鼎烹之害。願急馳一使往告，俾全餘生，當謀厚報。脱或不免，在微命固不足惜，正恐爲門下之禍，非細事也。’狄寤而門已啓，

衆以次入城，未暇問及。事畢，奔馬歸舍，諸子已烹蟹分食，詫其甘鮮。獨妻未下箸。狄話所夢，使勿食。未幾，五子相繼病死，唯狄與妻存。”

明鄭明選《蟹賦》：“粤惟旁蟹，厥形瓌詭，二螯如傲，八足如跪。牡曰狼螱，牝曰博帶，執辨其形，緣臍員鋭。體外剛而内柔兮，禀離德於南方。心躁急而含毒兮，足郭索而仄行。負玄甲以自衛兮，持雙鈚以爲兵。流沫噴而濤沸兮，明眸畫而星光。既隨潮而殼解兮，亦應月而腹實。其氣足以致鼠兮，其性足以已漆。若乃沮洳之場，蛇鱣之窟，或石竇谽谺，或水穴汩漭，乃就寂而馮閒。托兹地以爲宅，雖空洞之微細，曠優游如廣室，或寄蛣蟝之腹，紛相代以求食。或游蠾蝓之殼，伺開闔以出入。惟秋冬之始交兮，稻粱菀以油油。循修阡與廣陌兮，未敢遽爲身謀。各執穗以朝其魁兮，然後奔走於江流。遂輸芒於海神兮，若諸侯之宗周。於時也，厥軀充盈，厥味旨嘉，乃有王孫公子、豪俠之家，置酒華屋，水陸交加。薄膾鯉與胾鱉，羞炙鴞與胎蝦。衆四顧而躊躇，悵不飲而咨嗟。有黥者緯蕭承流捕而獻之，賓客大笑樂不可支。乃命和以紫蘇，糝以山薑，搗以金虀，沃以瑚漿。於是奉玉盤而出中厨，發皓手而剖圓筐。銀絲縷解，紫液中藏。膏含丹以若火，肌散素以如霜。味窮蠡美，臭極芬芳。宜乎君謨，誤而致疾，畢卓持以忘生者也。爾乃種族不一，則有擁劍、撥棹、蜻蜉、蠶、招潮、望潮、蟛蜞、蟛蜡、沙狗、蘆虎、虷江、攤塗、石蜠、竭樸、黃甲、蟛奴、數丸、蟳、蠘、倚望、蟛蜞，班形稍異，命名乃殊。或乃長亘數丈，螯如巨斧，馮陵揚波，力能拒虎，

類赳赳之壯夫，擐介胄而奮武，諒茲味之洵美，非人力之可取。若夫覽《山海》於《圖經》，閱《王會》於《周書》或身廣千里，或殼大專車。仰夏后之遐踪，企成周之無虞。哲王邈以幽遠，情感慨而愁予。獨侘傺而太息，忘好羞之足愉。"

彭越

清翟灝《通俗編》卷二九《禽魚·一蟹不如一蟹》引《聖宋掇遺》："陶穀奉使吳越，忠懿王宴之。以其嗜蟹，自蝤蛑至蟛蚏，凡羅列十餘種。穀笑曰：'真所謂一蟹不如一蟹也。'"

舊題宋蘇軾《艾子雜說》：艾子行於海上，見一物圓而扁，且多足，問居人曰："此何物也？"曰："蝤蛑也。"既又見一物，圓扁多足，問居人曰："此何物也？"曰："螃蟹也。"又於後得一物，狀貌皆若前所見而極小，問居人曰："此何物也？"曰："彭越也。"艾子喟然嘆曰："何一蟹不如一蟹也！"

蟛蚏 [2]

《晉書·蔡謨傳》："謨（蔡謨）初渡江，見蟛蚏，大喜曰：'蟹有八足，加以二螯。'令烹之。既食，吐下委頓，方知非蟹。後詣謝尚而說之。尚曰：'卿讀《爾雅》不熟，幾爲《勸學》死。'"宋傅肱《蟹譜》上篇"蟛蚏"亦載此事。明楊慎《異魚圖贊補》卷下"蟛蚏"："惟此蟛蚏，與蟹混錯，不熟'爾雅'幾死勸學。"《爾雅》注：蟛蚏亦蟹類。……按《大戴禮·勸學篇》：蟹二螯八足，非蛇鱔之穴，無所寄託者，用心躁也。"按，此形似生海塗之蟛蚏而較大。好穴田畝溝渠中，不可食。

脊椎動物

魚 [2]

《史記·陳涉世家》："卜者知其指意，曰：'足下事皆成，有功。然足下卜之鬼乎？'陳勝、吳廣喜，念鬼，曰：'此教我先威眾耳。'乃丹書帛曰'陳勝王'，置人所罾魚腹中。卒買魚烹食，得魚腹中書，固以怪之矣。"

宋莊綽《雞肋篇》卷下："孫威敏公夫人邊氏，喜食鱠，須日見割鮮者，食之方美。一日親視庖人將生魚已斷成鱠，忽有睡思，遂就枕，令覆魚於器，俟覺而切。乃夢器中放大光明，有觀音菩薩坐其內，遽起視魚，諸鱠皆動，因棄於水中，自是終身蔬食。"

《後漢書·羊續傳》："府丞嘗獻其生魚，續受而懸於庭；丞後又進之，續乃出前所懸者以杜其意。"漢時官吏羊續爲南陽太守時，有府丞送魚給他，他把魚掛起來。府丞再送魚時，他就把所掛的魚拿出來教育他，從而杜絕了饋贈。後遂用"羊續懸魚""懸魚""羊續懸枯""掛府丞魚"等形容爲官清廉，拒受賄賂。

鯉魚 [2]

《太平御覽》卷九三六《鱗介部·鯉魚》引《廣五行記》："隋煬帝大業初，爲詩令宮人唱之曰：'三月三日向江頭，正見鯉魚江上游。意欲垂釣往撩取，恐是蛟龍還復休。'鯉魚即唐之國姓（李），俄而唐有天下。"

嘉魚 [2]

唐李蒙《南有嘉魚賦》："惟帝王之應運，孰無賢而能作？雖道洽於唐虞，尚翹翹於林壑；彼嘉魚之發興，實思賢而共樂。蓋風俗之盛衰，以廢興爲善惡。惟魚在淵兮其迹惟深，賢在野兮其道惟默。植忠信以自保，俟休明而觀國；

屬王度之清夷，復何求而不得？然後爲衡爲量，是傚是則；成天下之亹亹，定衆人之惑惑。國家化造往古，政在求賢；釣嘉魚在丙穴，得奇士於滋川。故開闢之功，作之於我；太平之人，匪降自天。余是以知玉帛之禮至矣，《嘉魚》之詩大焉。若乃日旰而食，思彼賢者；念茲在茲，誰與天下。心不忘於寢處，足流咏於風雅。斯蓋嘉魚之義，故可得而述也。"

鮎魚

後蜀杜光庭撰，明沈士龍、胡震亨同校《錄異記》卷七："錢塘江潮頭，昔伍子胥累諫吳王，忤旨，賜屬鏤劍而死。臨終，戒其子曰：'懸吾首於南門，以觀越兵來伐吳，以鮧魚皮裹吾屍投於江中，吾當朝暮乘潮，以觀吳之敗。'自是自海門山，潮頭洶涌，高數百尺，越錢塘，過漁浦，方漸低小，朝暮再來。其聲震怒，雷奔電激，聞百餘里。時有見子胥乘素車白馬在潮頭之中，因立廟以祠焉。"伍子胥，春秋末期吳國大夫、軍事家。鮧魚即鮎。

鯔魚[2]

宋劉子翬撰、劉玶編《屏山集》卷一一《子魚》："舊聞通印名，海錯珍莫逾。火氣爍鱗鬣，鹵香泛庖厨。泥泥子盈胞，鮮美禍所區。生如粒芥微，多若囊粟儲。他年想吞舟，勿輕此鯔銖。一咀命千百，雖甘汝安無。窮冬孚乳時，罩麗海爲虛。含凍體猶僵，得瀉味已渝。虐戲等刳孕，淫刑幾戮孥。人深禩褓恩，在物愛豈殊。閩風易殺子，盬水沉其軀。詎有惻怛心，旁推及豚魚。相殘人獸均，自殘獸不如。哦詩化蠻獠，因警饕餮徒。"

烏鱧[2]

《梁書·諸夷·海南諸國·林邑》："漢末大亂，功曹區達殺縣令，自立爲王。傳數世，其後王無嗣，立外甥范熊。熊死，子逸嗣。晋成帝咸康三年，逸死，奴文篡立。文本日南西捲縣夷帥范稚家奴，常牧牛於山澗，得鱧魚二頭，化而爲鐵，因以鑄刀。鑄成，文向石而咒曰：'若斫石破者，文當王此國。'因舉刀斫石，如斷芻槁，文心獨異之。"

鱖魚[2]

宋李綱《梁溪集》卷一七《新開河食鱖魚戲成》詩："平湖渺漫烟蒼蒼，菰蒲擢秀新荷香。漁舟演漾出深浦，舟中鮮鱖肥而臧。傳呼就買不論價，得錢留魚魚眼光。細鱗哆口傳鬐鬣，爛斑點黑微塗黃。巨盆汲水養餘息，撥剌奮尾猶洋洋。付庖薦酒擇困者，揮刀切玉芼桂薑。麯生風味已醺藉，得此更使不可忘。松江之鱸不足憶，銀色詎數綿州魴。惜哉行役難駐櫂，一飽未許杯盤常。雨蓑烟笠乃吾事，安得獨釣青茫茫。"

河豚

宋薛季宣《河豚》詩："豈其食魚河之魴，河豚自美江吳鄉。瞋蛙豕腹被文豹，則如無趾黥而王。我生甌東到閩方，規魚貫見梅花裝。梅青不肯候春雪，荻芽静笑垂飛楊。古來多魚吳武昌，薄游三月新初嘗。西施乳嫩可奴酪，馬肝得酒尤珍良。無愁縷縷結中腸，豐美肥腯如切肪。外皮甘滑裹皮厚，令人忘却美烏郎。舉之東海來三江，會聞清濁期滄浪。白龍未免豫且困，膨脝唯唯浮魚梁。氣衝球鞠何彭彭，地遠都無橄欖香。不知深入恣游泳，極情性命徒爲戕。臘毒厚味能人亡，何須西子齊文姜。甚美由來必甚惡，直它一死言爲長。鮰魚俗物休相妨，良藥相傳海上方。蘆根槐子豈足貴，生龍之腦黃龍湯。"

兩栖動物

山溪鯢

漢劉向《説苑》卷一七《雜言篇》："昔者南瑕子過程太子，太子爲烹鯢魚。南瑕子曰："吾聞君子不食鯢魚。"程太子曰："乃君子否？子何事焉？"南瑕子曰："吾聞君子上比，所以廣德也，下比所以狹行也，於惡自退之原也。《詩》云：'高山仰止，景行行止。'吾豈敢自以爲君子哉？志向之而已。孔子曰：'見賢思齊焉，見不賢而内自省。'"

蟾蜍 [2]

唐張讀《宣室志》卷一："李揆於乾元中爲禮部尚書，嘗一日晝坐於堂之前軒，忽聞堂中有聲極震，若墻圮。揆驚，入視之，見一蝦蟆俯於地，高數寸，魁然殊狀。揆且驚且異，莫窮其來。即命家僮以一缶蓋之，客曰：'夫蝦蟆者，月中之物，亦天使也；今天使來公堂，豈非上帝以榮命付公乎？'黎明啓視之，已亡久矣。數日後，果拜中書侍郎平章事。"

宋蘇軾《東坡志林》卷五："富彦國在青社，河北大饑，民爭歸之。有夫婦繈負一子，未幾，迫於飢困，不能皆全，弃之道左空塚中而去。歲定歸鄉，過此塚，欲收其骨，則兒尚活，肥健愈於未弃時。見父母，匍匐來就。視塚中空無有，惟有一竅滑易，如蛇鼠出入，有大蟾蜍如車輪，氣咻咻然，出穴中。意兒在塚中常呼吸此氣，故能不食而健。自爾遂不食，年六七歲，肌膚如玉。其父抱兒來京師，以示小兒醫張荊筐。張曰：'物之有氣者能蟄，燕、蛇、蝦蟆之類是也。能蟄則能不食，不食則壽，此千歲蝦蟆也。決不當與藥，若聽其不食不娶，長必得道。'父喜，携去，今不知所在。張與余言，蓋嘉祐六年也。"按，此父母捨弃子女自己逃命的行爲不可取，此道引之術不可輕易模仿。

黿（蛙）

《莊子·秋水篇》公孫龍問於魏牟曰："龍少學先王之道，長而明仁義之行；合同異，離堅白；然不然，可不可；困百家之知，窮衆口之辯；吾自以爲至達矣。今吾聞莊子之言，汒焉異之；不知論之不及與？知之弗若與？今吾無所開吾喙，敢問其方。"公子牟隱几太息，仰天而笑曰："子獨不聞夫埳井之黿乎？謂東海之鱉曰：'吾樂與！出吾跳梁乎井幹之上，入休乎缺甃之崖；赴水則接腋持頤，蹶泥則没足滅跗，還虷蟹與科斗，莫吾能若也。且夫擅一壑之水，而跨跱埳井之樂，此亦至矣。夫子奚不時來入觀乎？'東海之鱉左足未入，而右膝已縶矣。於是逡巡而却，告之海曰：'夫千里之遠，不足以舉其大；千仞之高，不足以極其深。禹之時十年九潦，而水弗爲加益；湯之時八年七旱，而崖不爲加損。夫不爲頃久推移，不以多少進退者，此亦東海之大樂也。'於是埳井之黿聞之，适适然驚，規規然自失也。"

黑斑側褶蛙

清張潮輯《虞初新志》卷一八《聖師録·蝌蚪》："紹興郡丞張公佐治，擢金華守。去郡，至一處，見蝌蚪無數，夾道鳴噪，皆昂首若有訴。異之，下輿步視，而蝌蚪皆跳躑爲前導。至田間，三屍疊焉。公有力，手挈二屍起，其下一屍微動，湯灌之，逡巡間復活。曰：'我商也，道見二人肩兩筐適市，皆蝌蚪也。意傷之，購以放生。二人復曰："此皆淺水，雖放，人必復獲；前有清淵，乃放生池也。"我從之至此，不虞揮斧，遂被害。二僕隨後尚遠，有腰纏，必誘至此，並殺而奪金也。'丞命急捕之，人金皆得。以屬其守石公昆玉，一訊皆吐實，抵實，腰纏歸商。"按，文中蝌蚪係青蛙。

水生爬行動物

龜[2]

舊題晉陶潛《搜神後記》卷一〇《放龜》："晉咸康中，豫州刺史毛寶戍邾城。在一軍人於武昌市見人賣一白龜子，長四五寸，潔白可愛，便買取持歸，著甕中養之。七日漸大，近欲尺許。其人憐之，持至江邊，放江水中，視其去。後邾城遭石季龍攻陷，毛寶弃豫州，赴江者莫不沉溺。於是所養龜人，被鎧持刀，亦同自投。既入水中，覺如墮一石上，水裁至腰。須臾，游出，中流視之。乃是先所放白龜，甲六七尺。既抵東岸，出頭視此人，徐游而去。中江，猶回首視此人而没。"

黿[2]

南唐徐鉉《稽神録》："江西軍吏宋氏嘗市木至星子，見水濱人物喧集，乃漁人得一大黿。黿見宋屢顧，宋即以錢一千贖之，放於江中。後數年，泊船龍沙，忽有一僕夫至，云元長史奉召。宋恍然，不知何長史也。既往，欸至一府，官出迎。與坐曰：'君尚相識耶！'宋思之，實未嘗識。又曰：'君亦記星子江中放黿耶？'曰：'然'。'身即黿也。頃嘗有罪，帝命謫爲水族，見囚於漁人，微君之惠，已骨朽矣。今已得爲九江長，相召者，有以奉報。君兒某者命當溺死，名籍在是。後數日，鳴山神將朝廬山使者，行必以疾風雨，君兒當以此時死。

今有一人名姓正同，亦當溺死，但先期歲月間耳。吾取以代之，君兒宜速登岸避匿，不然不免。'宋陳謝而出，不覺已在舟次矣。數日，果有風濤之害，死甚衆，宋氏之子竟免。"

鰐

唐張讀《宣室志》卷四："吏部侍郎韓昌黎公愈，自刑部侍郎貶潮陽守。先是，郡西有大湫，中有鰐魚，長者百尺。每一怒，則湫水騰溢，林嶺如震。民之馬牛有濱其水者，輒吸而噬之，一瞬而盡。爲所害者，莫可勝計。民患之有年矣。及愈刺郡，既至之三日，問民間不便事，俱曰：'郡西湫中之鰐魚也。'愈曰：'吾聞至誠感神。昔魯恭宰中牟，雉馴而蝗避；黃霸治九江，虎皆遁去。是知政之所感，故能化鳥獸矣。'即命庭掾以牢醴陳於湫之傍，且祝曰：'汝，水族也，無爲生人患。'將以酒沃之。是夕，郡西有暴風雷聲，震山郭，夜分霽焉。明日，里民視其湫，水已竭。公命使窮其迹，至湫西六十里易地爲湫，巨鰐亦隨而徙焉。自是郡民獲免其患。故工部郎中皇甫湜撰愈'神道碑'，序曰：'刑部爲潮陽守，云"峒獠海夷，陶然自化；鰐魚稻蟹，不暴民物"。蓋謂此也。'"

鼈[2]

宋蘇軾《艾子雜說》："艾子浮於海，夜宿島嶼中，夜聞水下有人哭聲。復若人言，遂聽之，其言曰：'昨日龍王有令，應水族有尾者斬。吾鼉也，故懼誅而哭。汝蝦蟆無尾，何哭？'復聞有言曰：'吾今幸無尾，但恐更理會科斗時事也。'"

鱉[2]

清俞樾《右臺仙館筆記》卷六："大兒婦樊

氏，言其家庖人治一鼈已，以箸夾其頭，將斷之，忽其尾間又出一物如頭然，庖人詫曰：'豈此鼈有兩頭歟？'強納入之，乃曰：'吾熟爾於釜中，看你有何怪異！'及熟而解剖之，則中有一人焉，其狀如老翁，鬚眉宛然，頭戴風帽，身披氅衣，但不見其足耳。僕媼輩傳觀之，兒婦時尚幼，亦取視焉，雖已乾臘，尚可把玩。成語庖人曰：'此鼈寶也，生而得畜之，則可以盡得天下之寶矣！'庖人乃大悔。"

清陳元龍《格致鏡原》卷一九引《說寶》："弘治間，太倉州有百姓買三足鼈，令婦烹之。既熟，呼婦共啖。婦不欲食，坐門外良久，不聞其夫聲。入視，只存髮與衣物在地上。驚怖號哭，里甲以婦謀夫。訴官知州，鞫得其情，信爲異物或然。召漁者捕三足鼈，得之，即於廳上令婦烹治，出重囚食。食畢，引入獄，及門已化盡矣……遂宥婦罪。"

水生哺乳動物

鯨 [2]

五代王定保編《唐摭言》記載："李白着宮錦袍，游采石江中，傲然自得，旁若無人，因醉入水中捉月而死。"又杜甫《送孔巢父謝病歸游江東兼呈李白》詩："若逢李白騎鯨魚，道甫問訊今何如。"明末清初仇兆鰲注："俗傳太白醉騎鯨魚，溺死潯陽，皆緣此句而附會之耳。"宋梅堯臣《采石月贈郭功甫》描寫整個過程："采石月下聞謫仙，夜披錦袍坐釣船。醉中愛月江底懸，以手弄月身翻然。不應暴落饑蛟涎，便當騎鯨上青天。"

鯨體巨大，何能駕馭？李白《古風·秦王掃六合》詩："連弩射海魚，長鯨正崔嵬。額鼻象五嶽，揚波噴雲雷。鬐鬣蔽青天，何由睹蓬萊？"又《司馬將軍歌》："手中電擊倚天劍，直斬長鯨海水開。"早已將鯨"降服"，因此李白被稱"騎鯨客"。

文人墨客紛起效仿，學李白而騎鯨。如宋蘇轍《戲呈試官次前韵》之二："安得騎鯨從李白，試看牛女轉雲車。"宋文天祥《六歌》之四："汝兄十二騎鯨魚，汝今知在三歲無？"宋陸游《長歌行》詩："人生不作安期生，醉入東海騎長鯨。"清黃景仁《尹六丈爲作雲峰閣圖》詩："碧海難騎李白鯨，紅塵漸老嵇康鳳。"

還有人學李白而采石捉月。宋文天祥《賀趙侍郎月山啓》詩："嘯吟水石，醉謫仙捉月之魂；上下風檐，訪舍人麾軍之迹。"元湯式《出隊子·酒色財氣》："誰承望捉月騎鯨再不來，酒，則被你斷送了文章李太白。"元耶律楚材《和摶霄韵代水陸疏文因其韵爲詩十首》其八："乘舟誤捉波中月，莫學當年李翰林。"明胡奎《夢游廬山》詩："九江秀色可攬結，欲跨長鯨捉明月。"清王士禎《夢游三山圖歌》："謫仙騎鯨去采石，玉局西返峨眉峰。"清錢謙益《酒逢知己歌贈》："此翁騎鯨捉月去，我久懵曶回顧折簡呼小馮。"

學李白而騎鯨仙去。宋周密《玉漏遲·題吳夢窗集》："老來歡意少。錦鯨仙去，紫簫聲杳。"宋陸游《一老》詩："騎鯨仙去時猶遠，謝虎歸來氣頗增。"宋張元幹《游東山二咏次李丞相韵·榴花谷》詩："谷口榴花解迎客，騎鯨端爲謫仙人。"元趙秉文《水調歌頭·四明有狂客》："我欲騎鯨歸去，只恐神仙官府，嫌我醉時真。"明李東陽《李太白》詩："人間未有飛騰地，老去騎鯨却上天。"明釋通岸《采石謁李祠題峨嵋亭》詩："爲問騎鯨飛上天，不知更落人間否。"騎鯨仙去與駕鶴西去、仙歸仙逝意同，都是死的隱晦説法。

騎鯨又指隱遁或死亡。宋蘇軾《送楊傑》詩："大千一息八十返，笑屬東海騎鯨魚。"金趙秉文《大江東去·秋光一片》："回首赤壁磯邊，騎鯨人去，幾度山花發。"宋趙鼎《好事近》之四："騎鯨却下大荒來，天風亂吹發。慨念故人非是，漫塵埃城闕。"元楊維楨《廬山瀑布謡》："酒喉無耐夜渴甚，騎鯨吸海枯桑田。"

儒艮 2

明黄衷《海語》卷下《怪物·人魚》："人魚長四尺許，體髮。牝、牡，人也。惟背有短鬣微紅耳。間出沙汭，亦能媚人。舶行遇者必作法禳厭，惡其爲祟故也。昔人有使高麗者，偶泊一港，適見婦人。仰卧水際，顧髮蓬短，手足蠕動。使者識之，謂左右曰：此人魚也，慎毋傷之，今以楫扶置水中，噀波而逝。"

清袁枚《新齊諧》卷一八："海和尚，潘某老於漁業，頗饒。一日，偕同輩撒網海濱，曳之，覺倍重於常，數人並力舁之出。網中並無魚，惟有六七小人趺坐，見人輒合掌作頂禮狀。遍身毛如獼猴，髡其頂而無髮，語言不可曉，開網縱之，皆於海面行數十步而没。土人云：'此號海和尚，得而臘之，可忍飢一年。'"

水獺 2

晋干寶《搜神記》卷一八"蒼獺"："〔丁初〕出行塘，日暮回，顧有一婦人，上下青衣，戴青傘，追後呼：'初掾待我。'……初因急行，走之轉遠。顧視婦人，乃自投陂中。泛然作聲，衣蓋飛散。視之，是大蒼獺。衣傘皆荷葉也。"

附録二：傳説中的水族

一、龍考

　　龍爲我國人民塑造的"龍、鳳、麟、龜"四靈之一，是神話傳説的動物，爲中國文化特有的一種圖騰崇拜，被賦予無所不能的本領，在人們心目中擁有無比崇高的地位。華夏兒女是龍的傳人，巍巍中華，是東方巨龍；東海龍王，就住在金碧輝煌、神秘莫測的海底龍宫。《管子·水地篇》："龍生於水。"既住在海裏，或許應劃歸水族類。《格致鏡原·水族》的全部内容爲龍，《埤雅》將龍置於"釋魚"之首等，均可證龍應歸水族類。

　　中國人的十二生肖，有辰龍、巳蛇兩個，屬蛇者都説是屬"小龍"。如蛇即小龍，則蛇與龍之間應有親緣關係，或爲兄弟，或爲父子。如是，則龍應歸於爬行類。中國農曆的二月二，被稱爲"龍抬頭"，俗稱"青龍節"，原意是説，春暖冰融，冬蟄中的蛇開始蘇醒。如是，則龍與蛇的名字可以互代。這樣，龍應屬於海洋爬行類。這或許和龍形象的來源有關。龍的形象來源有多種説法，一説來源於鰐魚，一説來源於蛇，也有人認爲來源於豬，甚至有説法稱最早的龍就是下雨時天上的閃電。有考者謂，甲骨文中的龍字頗像變形的電、雷字。龍字的開口朝下，表示雨從龍口中傾瀉而下，龍字的發音"lóng"，頗似雷的隆隆之聲。現在多數專家認爲龍是以蛇爲主體的圖騰綜合物。它有蛇的身、豬的頭、鹿的角、牛的耳、羊的鬚、鷹的爪、魚的鱗。聞一多先生在他的《伏羲考》等三篇作品中指出，中國人被稱爲"龍的傳人"來源於黄帝時代的傳説。黄帝在戰敗蚩尤統一中原後，它的標志兼取了被吞并的其他氏族的標志性圖案，如鳥的標志圖案、馬的標志圖案、鹿的標志圖案、蛇的標志圖案、牛的標志圖案、魚的標志圖案等，最後拼合成了"龍"，一種虚擬的綜合性神靈。

　　龍圖騰形成的時間，可上溯到上古伏羲時代，伏羲氏以蛇爲圖騰。隨着滄桑歲月，歷代龍的形象難免有變。根據出土文物玉器所刻龍的形象判斷，新石器時期，龍的形象是豬首蛇身、肥頭大耳、蜷曲無足。商之前多爲C形，豬首蛇身，無足無鱗。戰國時龍爲S形，皆龍首蛇身，無爪。秦統一天下後，龍的形象變爲角似鹿，頭似駱，眼似鬼，頸似蛇，腹似蜃，鱗似魚，爪似鷹，掌似虎，耳似牛。漢王充《論衡》："世俗畫龍之象，馬首蛇尾。"漢班固《漢書》："臣以爲龍又無角，謂之爲蛇又有足，跂跂脉脉善緣壁，是非守宮即蜥蜴。"唐和五代時期龍的尾巴和身體像野猪分離。宋代龍豐滿肥碩，身尾不分，多爲三爪。明代和宋相似，龍多爲四爪。明代，龍的形象更加具體而豐滿起來，明李時珍《本草綱目·龍》〔集解〕云："龍者，鱗蟲之長。王符言其形有九似：頭似駝，角似鹿，眼似兔，耳似牛，項似蛇，腹似蜃，鱗似鯉，爪似鷹，掌似虎，是也。其背有八十一鱗，具九九陽數。其聲如戛銅盤。口旁有鬚髯，頷下有明珠，喉下有逆鱗。頭上有博山，又名尺木，龍無尺木不能升天。呵氣成雲，既能變水，又能變火。"清代，龍多爲五爪，和近代相似。考古發現，遼寧阜新查海原始村落遺址出土的"龍形堆塑"，由大小均等的紅褐色石塊堆塑而成，龍全長近 20 米，寬近兩米，揚首張口，彎腰弓背，尾部若隱若現。這條石龍，是我國迄今爲止發現的年代最早、形體最大的龍，距今約 8000 年。還有内蒙古敖漢旗興隆窪出土的距今七八千年的龍紋陶器，陝西寶鷄北首嶺遺址出土的距今七千年的細頸瓶龍紋彩陶，河南濮陽西水坡出土的距今六千四百多年蚌塑龍紋等。1987 年於河南濮陽西水坡仰韶文化遺址發現了六千多年前用蚌殼擺的龍，此龍昂首、曲頸、弓身、長尾，前爪扒、後爪蹬，狀似騰飛。近代，各地塑造的龍，都以自己的想象隨意創造，既彼此相似，又各有不同，千姿百態，各顯神通，形成中國特有的龍文化。唐李嶠《龍》詩："銜燭耀幽都，含章擬鳳雛。西秦飲渭水，東洛薦河圖。帶火移星陸，升雲出鼎湖。希逢聖人步，庭闕正晨趨。"

龍

傳説中的神物，身體長大，有角，有鱗，有尾，又有脚，多潛於大海之中，又可升騰而起，行雲布雨，造福人類。又常作爲帝王的象徵或帝王專用之語。《周易·上經》："九二見龍在天，利見大人。"又："用久，見群龍無首，吉。"按，群，猶言各個；見，通"現"；首，猶言頭面、樣子。意爲不張揚，不漏真相，默然力行，方可大成，故而稱吉。漢劉向《新序·雜事五》："葉公子高好龍，鈎以寫龍，鑿以寫龍，屋室雕文以寫龍。於是天龍聞而下之，窺頭於牖，施尾於庭。葉公見之，弃而還走，失其魂魄，五色無主。是葉公非好龍也，好夫似龍而非龍者也。"《爾雅翼·釋魚一》："龍，春分而登天，秋分而潛淵，物之至靈者也。《淮南子》言萬物羽毛鱗介，皆祖於龍。'羽嘉生飛龍，飛龍生鳳皇'，而後鸞鳥庶鳥凡羽者以次生焉。'毛犢生應龍，應龍生建馬'，而後麒麟庶獸凡毛者以次生焉。'介鱗生蛟龍，蛟龍生鯤鯁'，而後建邪庶魚凡鱗者以次生焉。'介潭生先龍，先龍生元黿'，而後靈龜庶龜凡介者以次生焉。（按：如此，則龍爲世間萬物精靈之祖）王符稱'世俗畫龍之狀，馬獸蛇尾'。又有三停九似之説，謂自首至膊，膊至腰，腰至尾，皆相停也。九似者，角似鹿，頭似駝，眼似鬼，項似蛇，腹似蜃，鱗似魚，爪似鷹，掌似虎，耳似牛。"《古今事物類聚後集》卷三三引三國魏張揖《廣雅》："有鱗曰蛟龍，有翼曰應龍，有角曰虬龍，無角曰螭龍，未升天曰蟠龍。"按，"蛟龍"一詞，漢代《大戴記・五帝德》中已見記載；"應龍"一詞，《史記・司馬相如列傳》中已見記載；"虬龍"一詞，《楚辭・天問》中已見記載；"螭龍"一詞，《楚辭・招魂》中已見記載；"蟠龍"一詞，舊題漢揚雄《方言》中已見記載。

【虬龍】

有角之龍。此稱先秦時期已行用。見該文。

【螭龍】

無角之龍。此稱先秦時期已行用。見該文。

【蛟龍】[2]

有鱗之龍。此稱漢代已行用。見該文。

【應龍】

有翼之龍。此稱漢代已行用。見該文。

【蟠龍】

未升天之龍。此稱漢代已行用。見該文。

【鱗蟲之長】

即龍。此稱先秦時期已行用。《周易・説卦》以震卦爲龍，龍爲鱗蟲之長，故名。《漢書・叙傳上》班固《幽靈賦》："震鱗漦於夏庭兮，帀三正而滅（周）〔姬〕。"唐顏師古注引應劭曰："《周易・震卦》爲龍，鱗蟲之長也，漦，沫也。"《説文・龍部》："龍，鱗蟲之長，能幽能明，能細能巨，能短能長，春分而登天，秋分而潛淵。"

【神龍】

"龍"之美稱。此稱漢代已行用。《韓詩外傳》卷五："如神龍變化，斐斐文章，大哉，《關雎》之道也！"漢張衡《西京賦》："若神龍之變化，章後皇之爲貴。"亦稱"鱗蟲之精"。《大戴禮記・曾子天圓》："介蟲之精者曰龜，鱗蟲之精者曰龍。"亦稱"翠虬"。漢揚雄《解難》："獨不見翠虬絳螭之將登虖天，必聳身於蒼梧之淵。"唐陳子昂《修竹篇》："驅馳翠虬駕，伊鬱紫鸞笙。"亦稱"震鱗"。漢班固《幽通賦》："震鱗漦於夏庭兮，匝三正而滅姬。"

神　龍
（清聶璜《清宮海錯圖》）

【鱗蟲之精】

即神龍。此稱漢代已行用。見該文。

【翠虬】

即神龍。此稱漢代已行用。見該文。

【震鱗】

即神龍。此稱漢代已行用。見該文。

【雲龍】

"龍"之別稱。此稱三國時期已行用。《周

龍
（清蔣廷錫等《古今圖書集成》）

易·乾卦》："雲從龍，風從虎，聖人作而萬物睹。"後因稱龍爲雲龍。三國魏曹植《七啓》："僕將爲吾子駕雲龍之飛駟，飾玉輅之繁纓。"唐李白《胡無人》詩："雲龍飛虎盡交回，太白入月敵可摧。"唐張祐《憶游天臺寄道流》詩："雲龍出水風聲過，海鶴鳴皋日色清。"南唐沈汾《續仙傳·鄖去奢》："〔安和觀〕北五里有卯山……每雷雨只在山半常見雲龍、雷公、電姥，神鬼甚衆。"

亦稱"陽精"。《三國志·魏書·管輅傳》："惟以梳爲枇耳。"裴松之注引三國魏管辰《管

應龍
（清蔣廷錫等《古今圖書集成》）

輅別傳》："是以龍者陽精，以潛爲陰，幽靈上通，和氣感神，二物相扶，故能興雲。"

【陽精】

即雲龍。此稱三國時期已行用。見該文。

【雨師】

即龍。古謂龍能行雲布雨，故名。此稱晋代已行用。晋葛洪《抱朴子·登涉》："山中辰日稱雨師者，龍也。"辰日也稱龍日，亦稱"游鱗"。晋潘尼《贈侍御史王元貺》詩："游鱗萃靈沼，撫翼希天價。"唐李善注："游鱗，龍也。"亦稱"雲螭"。《文選·郭璞〈游仙詩〉之四》："雖欲騰丹溪，雲螭非我駕。"吕延濟注："雲螭，龍也。"南朝宋顏延之《赭白馬賦》："稟靈月駟，祖雲螭兮。"唐李白《古風》之一一："吾當乘雲螭，吸景駐光彩。"明高啓《題黄大癡天池石壁圖》詩："池生碧蓮花，千葉光陸離。服食可騰化，游空駕雲螭。"

【游鱗】[2]

即雨師。此稱晋代已行用。見該文。

【雲螭】

即雨師。此稱晋代已行用。見該文。

【那伽】

梵語。義譯爲龍。此稱唐代已行用。在古印度原指一種頭似眼鏡蛇，多頭，長身無足，無角，且有巨毒的水屬精怪類生物，居水中，地下。有控制水、行雲雨的力量。佛教傳入中國後，即譯成龍。《翻譯名義集·八部》："那伽，此云龍。別行疏云：龍有四種，一守天宫殿……二興雲致雨，益人間者；三地龍，決江開瀆；四伏藏，守轉輪王大福人藏也。"明李時珍《本草綱目·鱗一·龍》："龍，梵書名那伽。"

【止獸】

即龍。此稱宋代已行用。《宋史·吳元扆傳》：“元扆曰：吾本妖民，龍，止獸也，安能格天？惟精誠，可以動天。”亦稱“潛珍”。宋蘇軾《送程之邵簽判赴闕》詩：“林深伏猛在，岸改潛珍移。”王文誥輯引趙次公曰：“潛珍以言龍。”伏猛，指虎。亦稱“水物”。宋朱熹《朱子全書·理氣二·天文》：“龍水物也，其出而與陽氣交蒸，故能成雨。”

【潛珍】

即止獸。此稱宋代已行用。見該文。

【水物】

即龍。此稱宋代已行用。見該文。

【宛虹】

“龍”之美稱。此稱清代已行用。《字彙補·宀部》：“宛虹，龍也。”稱“智蟲”。清李元《蠕範》卷一：“龍，宛虹也，雲螭也，雨師也，水物也，怪物也，鱗蟲木之精，滿三百六十，龍爲之長。”清厲荃《事物異名錄·水族·龍》：“《左傳》‘蟲莫智於龍’，故龍爲智蟲。”

【智蟲】

即龍。此稱清代已行用。見該文。

龍子

俗稱龍生九子，九個兒子都不成龍，各有不同。龍生九子，許多古籍多有記述，如明李東陽的《懷麓堂集》卷七二、楊慎《升庵集》卷八一、沈德符《萬曆野獲編》卷七、徐應秋《玉芝堂談薈》卷七、李翊《戒庵老人漫筆》、陸容《菽園雜記》，清王士禛《香祖筆記》卷九、陳大章《詩傳名物集覽》卷六等，但以李東陽和楊慎的説法最爲普遍。大意謂龍生九子而未成龍，且各有所好。九子：囚牛：性喜音樂，舊時多刻於胡琴頭上。睚眥：平生好殺，喜血腥之氣。樣子像長了龍角的豺狼，怒目而視，雙角向後緊貼背部。常被雕飾在刀柄劍鞘上。嘲風：喜好冒險，常用其形狀在殿角上作爲裝飾，具有威懾妖魔、清除灾禍的含義。蒲牢：喜歡吼叫，人們常把它安在鐘上。狻猊：形如獅，喜歡蹲坐。佛祖見它有耐心，便收在胯下當了坐騎。贔屭：似龜，好負重。各地的宮殿、祠堂、陵墓中均可見到其背負石碑的樣子。狴犴：平生好訟，其形似虎，往往刻於獄門之上。負屭：平生好文，常盤繞在石碑碑文頭頂。螭吻：喜歡東張西望，經常被安排在建築物的屋脊上，作建築物上的吻獸。

所謂“龍生九子”，并非恰是九子。民間傳説中之龍子遠不止於此。中國傳統文化中，“九”常爲虛指，表示極多；“九”又是陽極之貴數，以示地位尊崇。所以用來描述龍子。

二、神魚考

諸多古籍，如《山海經》、明楊慎《異魚圖贊》、清胡世安《異魚圖贊補》《異魚圖贊閏集》等，記述了大量异魚。所謂异魚，即不同尋常之魚，其形象奇特，本領超凡，來歷神奇。其物或身長千丈，一日逢頭，七日逢尾，或人面鳥翼，或推波弄濤，或驅灾降福，或能治癒頑難病症，或能卜天灾人禍，或爲仙人之坐騎，或爲某族之祖先，或爲神仙差遣，或爲神人轉換，或化而爲鳥，或變而成龍，抑或能吞噬一切，俗稱神魚。本文姑且用神魚之稱。神魚載於古籍，寓於傳説，傳於大衆。

有些神魚不乏神話色彩，如運送屈原尸體之神魚，顯然是人們對愛國詩人的熱愛，給予美好的寄托。有些神魚，如鯉躍龍門，激勵着望子成龍的千家萬户，及各行各業奮力拼搏的人們，闖過一道道艱難險阻，砥礪前行，爲追逐和實現夢想而奮鬥。

有些神魚，如“仰臥水際，顱髮蓬短，手足蠕動”的人魚、“北溟有魚，其名爲鯤”的北冥之鯤、“滴淚成珠”的鮫人和“鵲而十翼，鱗在羽端”的鰼鰼等，已有人考釋，説明這些神魚的傳説，并非古人一時心血來潮，信口而成，而是各有所指。有考者謂《山海經》不是神話，而是人類丢失的一個時代的記録，其中所記載的很多動物，很多人都以爲那是神話中的生物，但是在逐漸加深的科學研究中，以及地理探測中，我們發現了很多遠古動物化石。祇是限於認識水平，許多神魚現在尚未考釋清楚，須繼續努力。兹選輯部分神魚於下，供有志、有趣者參考。

神魚受人崇拜，可上溯至史前。西安半坡遺址出土有魚紋盆、人面魚紋盆等，魚紋可能是六千多年前半坡人的圖騰物，這是一種魚崇拜現象。魚和人們崇拜的龍有着密切關係，最早的龍圖騰是魚崇拜的變異與延續，龍當是先民理想中的一種“會飛的魚”。龍和魚頗多相似之處，如都栖於水、體被鱗，故可“魚龍混雜”。中國古籍中時見魚龍并提，如《太平御覽》卷九九九引《周書》曰：“魚龍成則籔澤竭，澤竭則蓮藕掘。”唐張若虚《春江花月夜》詩：“鴻雁長飛光不度，魚龍潛躍水成文。”宋辛弃疾《青玉案》：“鳳簫聲動，玉壺光轉，一夜魚龍舞。”明高明《琵琶記·南浦囑别》：“但願魚化龍，青雲得路，桂枝高折步蟾宫。”“摩羯”爲佛教中的一種神魚，就是龍首魚身。摩羯者，梵語也。隋唐時期，新出現一種“龍首魚身”的形象，學者稱其爲“魚龍變紋”。所謂鯉魚躍過龍門即成龍的故事，暗藏着對魚和龍淵源的詮釋。仰韶先民是崇拜魚的氏族，仰韶文化是崇拜魚的文化。尤甚者，雲南布依族，相傳其最早的母親是龍王的女兒——一條神魚，故部分布依族族人不吃魚肉。蒼山洱海地區，舊爲大理國的白族人，視洱海、龍潭裏的一種長五六尺的白頭金魚爲神魚，絶不捕捉，若不慎誤捕，則立即焚香叩拜，將魚放回。因白族先祖以爲，此神魚與白族皆同源於“白鯨”族，代代相傳至今。

神魚傳説乘神話而傳播。如傳女媧補天，不慎佩劍滑落，變而爲魚，此魚骨骼特殊，頭骨如劍，可爲佐證。因栖四川雅安，故稱雅魚。再如神魚送屈原尸體的傳說。清程含章《神魚》詩曰："客言秭歸山下水，中有神魚長不死。蜃蛤黿鼉奴隸間，巨鱉長蛟共指使。當年屈子投汨羅，神魚銜送歸桑梓。揚鬐鼓鬣天冥冥，瞬息風雷走千里。歸山南北雙崔嵬，忠臣青塚豐碑起。神魚一歲一來游，水静風平衆可指。蒼苔斑駁渾無鱗，藻荇繽紛異常鯉。我來杯酒酬忠魂，何處投詩吊屈子？神魚呼吸與神通，頻送淚珠空廟裏。"

神魚之説又見於"鯤鵬之變"。《莊子・逍遥游》："北溟有魚，其名爲鯤。鯤之大不知其幾千里也；化而爲鳥，其名爲鵬。鵬之背不知其幾千里也。怒而飛，其翼若垂天之雲。是鳥也，海運則將徙於南溟。南溟者，天池也。"鯤，音昆，大魚名，鵬，大鳥，意大魚化而成鳥。據考，鯤字當爲古鯨字。鯨栖海中，潛水時巨大尾鰭舉出海面，展如鳥翼。渤海，古稱北海，亦即北溟。故莊子所説的鯤鵬，或指渤海的巨鯨。

對神魚的廣泛記述首推《山海經》，該書所記神魚、异魚凡五十餘種，皆形態特殊，功能神奇，實爲中國神魚古神話之源頭。《山海經・大荒西經》："有魚偏枯，名曰魚婦，顓頊死即復蘇……蛇乃化爲魚，是爲魚婦，顓頊死即復蘇。"《山海經・西山經》："有鳥焉，其翟而赤，名曰勝遇。"此"魚婦""勝遇"皆爲"神魚"。此後，直到明清時代的相關著述中，都不乏對此書神魚、异魚之傳述。

三國魏曹植《仙人篇》："玉樽盈桂酒，河伯獻神魚。"晋張華《博物志》、崔豹《古今注》、葛洪《神仙傳》等書對"神魚"也有零星記述。

晋有鯀化玄魚之説。晋王嘉《拾遺記・夏禹》："堯命夏鯀治水，九載無績。鯀自沉於羽淵，化爲玄魚，時揚鬚振鱗，横游波上，見者謂爲'河精'。海民於羽山之下，修立鯀廟，四時以致祭祀，常見玄魚與蛟龍瀺灂而出，觀者驚而畏矣……鯀之靈化，其事互説，神變猶一，而色狀不同。玄魚黄熊，四音相亂，傳寫流文，'鯀'字或'魚'旁'玄'字也。"夏人傳説的大禹之父"鯀"實際上就是"鯤"的音變。"鯤"爲大魚，"鯀"也是大魚，而"禹"音亦爲魚，鯤—鯀—禹，正好構成一個完整的神魚圖騰系統。

南朝梁任昉《述异記》記關中有金魚神。

隨着經濟、文化的發展，神魚傳說也溢於唐詩之中。唐杜甫《秦州雜詩二十首》之十四："萬古仇池穴，潛通小有天。神魚今不見，福地語真傳。"仇兆鰲注："世傳仇池穴出神魚，食之者仙。"仇池，爲一古國，位於甘肅西和縣大橋鎮南仇池山上，山西麓魚洞峽中有神魚洞。每年清明前後，即有魚群隨泉水流涌而出。魚體修長，背色暗褐，細鱗銀白，鰭尾暈紅。唐李吉甫《賀大赦表》："神魚載舞，祥鳳載鳴。"

　　唐宋時期，以鯉躍龍門的傳説影響最廣，至今幾乎家喻户曉。《太平廣記·龍門》："龍門山，在河東界。禹鑿山斷門一里餘……有黄鯉魚，自海及諸川，争來赴之。一歲中，登龍門者不過七十二。初登龍門，即有雲雨隨之，天火自後燒其尾，乃化爲龍矣。"故後世常將魚視爲龍，將龍視爲魚，或將二者混爲"魚龍"或"龍魚"。《采蘭雜志》："鯉魚一名稚龍。"唐段成式《酉陽雜俎·鱗介》："道教以鯉魚多爲龍，故不欲食，非緣反藥。"并將其引入經典，鯉魚成爲信徒們敬仰的聖物，神聖不可侵犯。是時認爲，如果道教徒輕易食之，便犯了道教的大忌，必將遭禍。加之唐皇姓李，"李""鯉"同音，令禁食鯉魚，奉鯉魚爲"國魚"，更使其平添幾分神秘。

　　又，鯉爲仙人之坐騎。漢劉向《列仙傳·琴高》："琴高者，趙人也，以鼓琴爲宋康王舍人，行涓彭之術，浮游冀州、涿郡之間二百餘年，後辭，入涿水中取龍子……果乘赤鯉來，出坐祠中。"涓彭，涓子、彭祖的并稱，傳説中的古代仙人。唐李群玉《洞庭風雨二首》："羽化思乘鯉，山漂欲拊鰲。"羽化，古代修道士乘坐鯉魚亦可升天成仙。《列仙傳·子英》："子英者，舒鄉人也，善入水捕魚。得赤鯉，愛其色好，持歸著池中，數以米穀食之。一年，長丈餘，遂生角，有翅翼。子英怪異，拜謝之，魚言：'我來迎汝，汝上背，與汝俱升天。'即大雨，子英上其魚背，騰升而去。歲歲來歸故舍，食飲，見妻子，魚復來迎之。如此七十年。故吴中門户皆作'神魚'，遂立子英祠云。"晋葛洪《神仙傳》："琴高乘鯉於碭中……英氏乘魚以登遐。"登遐，謂死者升天而去。唐温庭筠《水仙》詩："水客夜跨紅鯉魚，赤鸞雙鶴蓬嬴書。"唐羅隱《錢塘江潮》詩："至竟朝昏誰主掌？好騎頳鯉問陽侯。"

　　至明又擴展爲异魚，實則是神魚的一種延伸而已。如明楊慎《异魚圖贊》、清胡世安《异魚圖贊閏集》《异魚圖贊補》等，并另附以詩贊，又增加大量神魚、异魚新内容。陳仁錫撰《潛確類書》、彭大翼《山堂肆考》、王圻等《三才圖會》亦多有增補。至清代蔣廷錫《古今圖書集成》集古今有關圖書所記神魚、异魚之大成，并配以插圖，尤爲豐富。而陳元龍《格致鏡原》對於神魚之類的語源探索，又勝過歷代的其他類書。

　　至袁珂所著《中國古代神話》《中國神話傳説詞典》、程憬著《中國古代神話研究》等書，則體現了今人之神魚類研究的成果。

　　神魚傳説在人們生活中影響很大。如雲南省普洱市孟連一帶的傣族、拉祜族、佤族人民每年都舉行盛大的神魚節。相傳遠古時代，傣家人生活艱苦，食不果腹。佛祖遣神魚來降福於民。於是擇每年四月十日至十三日爲吉日，成千上萬的人們自各方涌至孟連壩子的南壘河，下河捕捉"神魚"，盡情狂歡。此日定爲"神魚節"，代代相傳。

貴州省黎平縣城三中南側有"神魚井"。因出了何騰蛟等五位貴人，此地又得名五貴冲。清光緒《黎平府志》載，何騰蛟生，一魚從洞内出，鄉民見之，撈回油煎，半邊焦黃不死。正欲翻面，魚忽在鍋中翻滾，井水亦猛漲作浪。鄉民驚恐，忙將魚放回井内，頓時井水平復，魚亦戲水如初。騰蛟卒，魚遂隱，故將其魚稱爲"神魚"。"神魚井"由此得名。何氏，明崇禎時任兵部右侍郎。

人魚 [3]

亦稱"陵魚""鮫人""人馬"。人面手足而魚身。《山海經·北山經》："又東北二百里，曰龍侯之山。無草木，多金玉。決之水出焉，而東流注於河。其中多人魚，其狀如䱱魚，四足，其音如嬰兒，食之無癡疾。"郭璞注："或曰，人魚即鯢也，似鮎而四足，聲如小兒啼。"《洽聞記》："海人魚，東海有之，大者長五六尺，狀如人，眉目、口鼻、手爪、頭皆爲美麗女子，無不具足。皮肉白如玉，無鱗，有細毛，五色輕軟，長一二寸。髮如馬尾，長五六尺。陰形與丈夫女子無異，臨海鰥寡多取得，養之於池沼。交合之際，與人無異，亦不傷人。"清屈大均《廣東新語》卷二二"鱗語"："又有魚長二十餘丈，性最良善。或漁人爲惡魚所困，此魚輒爲漁人解圍。又大風雨時，有海怪被髮紅面，乘魚而往來。乘魚者亦魚也，謂之人魚。人魚雄者爲海和尚，雌者爲海女，能爲舶祟。火長有祝云：'毋逢海女，毋見人魚。'"清聶璜《清宮海錯圖》："人魚，其長如人，肉黑髮黃，手足、眉目、口鼻皆具，陰陽亦與男女同。惟背有翅，紅色，後有短尾及胼指，與人稍異耳。"《山海經》中所記人魚有十餘處之多，其他著述也有不少記述。概言之，應指兩種動物，栖於淡水，四足者應指鯢。如《格致鏡原》卷九三引《水經》曰："鯢魚，司馬遷謂之人魚。"而體有細毛、栖於海水者應指儒艮。《中國經濟動物志·獸類》："儒艮，別名人魚。"

陵魚 [2]

"人魚"之別稱。亦稱"陵鱗"。人面手足而魚身。《山海經·海内北經》："陵魚人面手足魚身，在海中。"袁珂校注："《楚辭·天問》曰：'鯪魚何所？'劉逵注《吳都賦》引作'陵魚曷止'，即人魚也。"《古今圖書集成·禽蟲典·異魚部》引《嶺表録異》曰："人魚，長四尺許，體髮牝牡人也。惟背有短鬣，微紅。注云：西海陵魚即此。"又引《圖贊》曰："姑射之山，實栖神人。大蟹千里，亦有陵鱗。曠哉溟海，含怪藏珍。"溟海，神話傳説中的海名。穿山甲亦有"鯪魚""陵鱗"之別稱，但此"在

陵　魚

（清蔣廷錫等《古今圖書集成》）

海中"者應爲儒艮。此即後人廣爲傳播的東海美人魚故事的原生形態。

鮫人

"人魚"之別稱。人首魚尾，貌美善歌，織水爲綃，墜淚成珠。《山海經·海内南經》："伯慮國、離耳國、雕題國、北朐國，皆在鬱水南。"郭璞注："雕題，點涅其面，畫體爲鱗采，即鮫人也。"雕題國即爲鮫人國，古音中"雕題"與"鮫"可以互轉。晋干寶《搜神記》卷一二："南海之外，有鮫人，水居如魚，不廢織績，其眼泣，則能出珠。"南朝梁任昉《述異記》卷上："鮫人，即泉先也，又名泉客，南海出蛟綃紗，泉先潛織，一名龍紗，其價百餘金。以爲入水不濡。南海有龍綃宮，泉先織綃之處，綃有白之如霜者。"還稱"淵客"。晋左思《吳都賦》："泉室潛織而卷綃，淵客慷慨而弃珠。"唐人避高祖李淵諱，改"淵客"爲"泉客"。唐杜甫《客從》詩："客從南溟來，遺我泉客珠。"注："泉客，即泉先也，謂之鮫人。"還稱"靈鮫"。唐康翊仁《鮫人潛織》詩："珠館馮夷室，靈鮫信所潛。"唐李頎《鮫人歌》："鮫人潛織水

底居，側身上下隨游魚。輕綃文彩不可識，夜夜澄波連月色。"《太平御覽》卷八○三引《博物志》曰："鮫人從水出，寓人家積日，賣絹將去，從主人索一器，泣而成珠滿盤，以與主人。"曹植《七啓》："然後采菱華，擢水蘋，弄珠蜯，戲鮫人。"元楊維楨《鮫人曲》："鮫人夜飲明月腴，夜光化作眼中珠。手擎蓮葉盤一株，盤中走珠汞不如。"有考者謂，鮫人不僅是傳說，他們很可能是生活在南海外島嶼上的居民，與中國有貿易往來，而且一位"鮫人國王"還客死山東，并在中國留下了後裔。

鮫綃

鮫人所織的薄紗綢，入水不濡。南朝梁任昉《述異記》："南海出鮫綃，一名龍沙……以爲服，入水不濡。"唐温庭筠《張静婉采蓮曲》詩："掌中無力舞衣輕，剪短鮫綃破春碧。"唐稱"龍綃"。唐韋應物《黿頭上神女歌》："陰深靈氣静凝美，的礫龍綃雜瓊珮。"元郭翼《游仙祠》詩："白鷺樹下三千女，一色龍綃玉雪裙。"元喻稱"霧紋"。元馬祖常《送宋誠夫人監祠海上諸神》："龍户編魚賦，鮫人織霧紋。"明稱"絞綃"。明吳承恩《清平樂》："被掩絞綃金六幅，露出兩鈎紅玉。"

人馬

"人魚"之別稱。手足耳目鼻與人不异。晋崔豹《古今注·魚蟲》："人馬，有鱗甲，如大鯉魚，但手足耳目鼻與人不異耳。見人良久乃入水而没。"一作"馬人"。

赤鱬

古傳异魚名。其狀如魚而人面鳥音，食之不疥。《山海經·南山經》："青丘之山……英水出焉，南流注於即翼之澤。其中多赤鱬，其狀

赤　鱬
（清蔣廷錫等《古今圖書集成》）

如魚而人面，其音如鴛鴦，食之不疥。”袁珂校注：“赤鱬，蓋人魚之類。”明楊慎《異魚圖贊補》卷中：“即翼赤鱬，是醫疥瘥；人面鳥音，茜質漾渌。比之陵魚，而無手足。”自注：“《篇海》作鮢鱬。”瘥，指“凍瘡”。

龍魚

　　古傳神魚名。其狀如狸，頭有一角似龍，能神行九野。《山海經·海外西經》：“軒轅之國，龍魚陵居在其北，狀如狸。一曰蝦。即有神聖乘此以行九野。”《山海經圖贊》：“龍魚一角，似鯉處陵，俟時而出，神聖攸乘。飛騖九域，騎龍上升。”騖，意亂跑，賓士。明楊慎《異魚圖贊》卷二：“龍魚之川，在汧之瑱，河圖授義，實此出焉，神行九野，如馬行天。”汧，即汧水，今千河的古稱。瑱，古同“碔”，像玉的美石。清聶璜《清宮海錯圖》第一冊：“龍魚產呂宋、臺灣大洋中。其狀如龍，頭上一刺如角，兩耳兩髻而無毛，鱗綠色，尾三尖而中長，背翅如魚脊之旗，四足爪各三指，而胼如鵝掌。”此或爲古人塑造出的龍和魚一體的形象，或魚變而爲龍的過渡形態。

龍　魚
（清蔣廷錫等《古今圖書集成》）

赤龍魚

　　古傳神魚名。肥美可食。《格致鏡原》卷九三引宋釋贊寧《物類相感志》：“絳河去日南十萬里，波如絳色，中生赤龍魚。肥美可食，若得食則壽長無算。”

龍盤魚

　　古傳神魚名。四足，有角，丹腹，修尾。《格致鏡原》卷九三引《廣輿記》：“粵西桂林府興安龍蟠山岩潭中有龍盤魚，四足有角，丹腹修尾，狀似守宮，能致風雨。”

文鰩魚 [2]

　　飛魚之古稱。狀如鯉魚，魚身而鳥翼，蒼文而白首。《山海經·西山經》中：“泰器之山，觀水出焉，西流注於流沙。是多文鰩魚，狀如鯉魚，魚身而鳥翼，蒼文而白首，赤喙，長行西海，游於東海，以夜飛。其音如鸞鷄，其味酸甘，食之已狂，見則天下大穰。”《吳都賦》云：“文鰩夜飛而觸綸。”古視飛魚爲神魚，其入海口稱飛魚口。《太平御覽》卷六四引《邢子勵記》：“後魏延興初，文安縣人孫願捕魚於五渠水中。有群魚從西來，共以柴塞之。忽有人謂願曰：‘須臾當得大魚（原作“大得魚”，以意改），若願多求，宜勿殺也。'後願下網，果得大魚，其狀如鯉而大。願以爲異物，遂殺食之。俄然風雨晝昏，惟聞鳥飛聲。比風息雨霽，有人乘船至者，云：'前見群魚無數，飛入於海。'願遂不復漁矣。因呼入海之處爲飛魚口也。"還有飛魚徑。宋王象之《輿地紀勝》卷三〇："飛魚逕在德化縣西二里。按《潯陽記》曰，晋義熙中吴隸爲魚塞於雲湖，乃有大魚化人語隸云：'曉有大魚攻塞，切勿殺。'隸許之。須臾有大魚至，群魚從之，隸同侣誤殺大魚。是夕風雨暝晦，魚悉飛上木間，因號爲飛魚逕。在九江城西二里。""逕"同"徑"，飛魚逕即飛魚徑。

冉遺魚

古傳异魚名。魚身，蛇首，六足，目如馬耳，食之使人目明，可以禦凶。《山海經·西山經》："浣水出焉，而北流注於陵羊之澤。是多冉遺（或作鮨遺）之魚，魚身蛇首六足，其目如馬耳，食之使人不眯，可以禦凶。"眯，目不明也。食之可防禦夢魘，佩戴在身邊可以防禦灾禍。《太平御覽》卷九三九作"無遺之魚"。明楊慎《異魚圖贊補》卷中："冉遺魚，北注陵羊，是曰浣水，誕育冉魚，目如馬耳，蛇首六足。朋鮨侣鮪，捐眯禦凶，山經贊美。"

馬首魚

亦稱"馬頭魚"。身五丈，頭如馬首。古

冉遺魚
（《山海經圖》）

傳异魚名。身長五丈，頭如馬首。北魏酈道元《水經注·温水》："（扶南象浦）源潭湛瀬，有鮮魚，色黑，身五丈，頭如馬首，伺人入水，便來爲害。"明楊慎《異魚圖贊補》卷中："象浦有馬頭魚，色黑，長五丈餘。頭如馬。伺人入水食之。"

【馬頭魚】

馬首魚之异稱。此稱明代已行用。見該文。

羊頭魚

古傳异魚名。其頭似羊。唐段成式《酉陽雜俎·鱗介篇》："周陵溪溪中有魚，其頭似羊，俗呼爲羊頭魚，豐肉少骨，殊美於餘魚。"明楊慎《異魚圖贊補》卷中："周陵溪中有魚，其頭似羊，俗呼羊頭魚。豐肉少骨，殊美於餘魚。"

丹魚 [2]

傳説中的神魚。出入有赤光環繞，以其血塗脚可步行水上。北魏酈道元《水經注·丹水》："南陽丹水有丹魚。常先夏至十日，夜伺之，丹魚於水側，赤光上照，赫然如火也。網而取之可得，得之雖多，勿盡取也。割其血塗足下，則可以步行水上，長居淵中矣。"後又傳爲祥瑞之物。明楊慎《異魚圖贊》卷二："丹水丹魚，出於南陽。以夜伺之，浮水有光。夏至十日，其期不爽。取血塗足，水上可行。"

横公魚

古傳神魚名。形如鯉而赤，夜化爲人。《古今圖書集成·禽蟲典·異魚部》引《神異經》曰："北方荒中有石湖，方千里，岸深五丈餘。恒冰，惟夏至左右五六十日解耳。湖有横公魚，長七八尺，形如鯉而赤。晝在水中，夜化爲人，刺之不入，煮之不死，以烏梅二枚煮之則死。食之可止邪病。"明楊慎《異魚圖贊》卷二："北荒石湖，有横公魚。化而爲人。刺之不殊，游鑊育育。烏梅二十七，煮之乃熟。"鑊，形如大盆，用以煮食物的鐵器。育育，活潑自如貌。

蠃魚

古傳魚名。魚身而鳥翼。《山海經・西山經》："〔邽山〕濛水出焉，南流注於洋，其中多黃貝、蠃魚，魚身而鳥翼，音如鴛鴦，見則其邑大水。"明楊慎《異魚圖贊補》卷中："蠃魚，濛水注洋，有蠃泳斯，音鴛翼鳥，陽侯是毗。"

鮨魚

古傳魚名。狀如魚而鳥翼，出入有光。《山

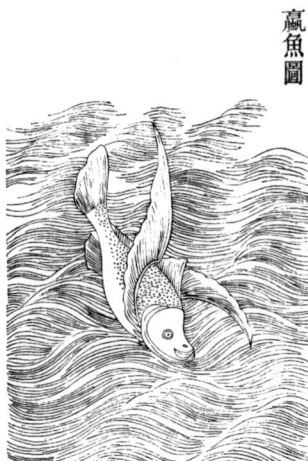

蠃　魚
（清蔣廷錫等《古今圖書集成》）

海經・東山經》："東南二百里曰子桐之山。子桐之水出焉，而西流注於餘如之澤。其中多鮨魚，其狀如魚而鳥翼，出入有光，其音如鴛鴦，見則天下大旱。"《玉篇・魚部》："鮨魚如鳥。"《古今圖書集成・禽蟲典・異魚部》引圖贊曰："當康如豚，見則歲穰。鮨魚鳥翼，飛乃流光。同出殊應，或灾或祥。"有考者謂此指鮨魚（*Hemibarbus* spp），但未詳。

滑魚 [2]

古傳魚名。狀如鱓而赤背。《山海經・北山經》："〔求如之山〕滑水出焉，而西流注於諸毗之水，其中多滑魚，其狀如鱓，赤背，其音如梧，食之已疣。"

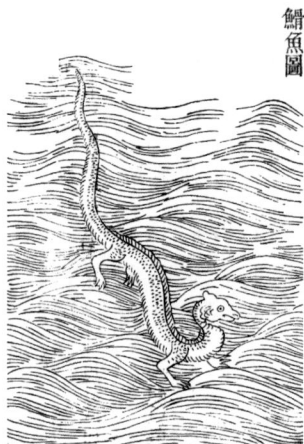

鮨　魚
（清蔣廷錫等《古今圖書集成》）

滑　魚
（清蔣廷錫等《古今圖書集成》）

鰊魚

古傳魚名。狀如鯉而鷄足。《廣韵・上晧》："鰊，魚名，似鯉鷄足。"《山海經・北山經》："北二百里曰獄法之山。瀤澤之水出焉，而東北注於泰澤。其中多鰊魚，狀如鯉而鷄足，食

鱳魚
（清蔣廷錫等《古今圖書集成》）

之已疣。"《古今圖書集成・禽蟲典》引圖贊曰："鱳之爲狀，半鳥半鱗，形如鷄鯉，食之已疣。"

鯩魚

古傳异魚名。黑文，其狀如鮒。《山海經・中山經》："〔半石之山〕來需之水，出於半石山陽，而西注於伊水。中多鯩魚，黑文，其狀如鮒，食者不睡。"《玉篇・魚部》："鯩，魚也。"明楊慎《異魚圖贊補》卷中："鯩魚貌鮒，其文則黑，希夷先生，或不薦食。"希夷先生，指道家、道士。如唐元稹《周先生》詩："希夷周先生，燒香調琴心。"

鯩魚
（清蔣廷錫等《古今圖書集成》）

豪魚

古傳异魚名。狀如鮪，赤喙赤尾赤羽。《山海經・中山經》："〔渠猪之山〕渠猪之水出焉，而南流注於河，其中是多豪魚。狀如鮪，赤喙赤尾赤羽，食之可以已白癬。"

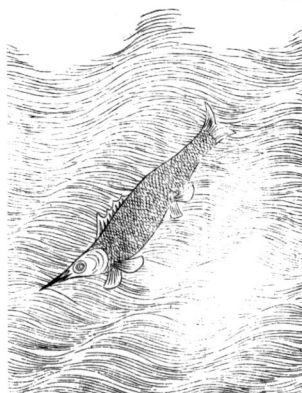

豪魚
（清蔣廷錫等《古今圖書集成》）

鮯鮯

古异魚名。其狀如鯉，而六足鳥尾。《山海經・東山經》："〔跂踵之山〕有水焉，廣員四十里皆涌，其名曰深澤，有魚焉，其狀如鯉，而六足鳥尾，名曰鮯鮯之魚，其鳴自叫。"《廣

鮯鮯
（清蔣廷錫等《古今圖書集成》）

雅》："東方有魚焉，如鯉，六足，鳥尾，其名曰鮯。"明楊慎《異魚圖贊》卷三："東方有魚，其形如鯉，其名爲鮯，六足鳥尾。鱅爲之母，胎育厥子。"

海多

古傳神魚名。體巨大，能作人言。清胡世安《異魚圖贊閏集》："海多人言，山儗猩䴅，躍化李池，張胡莫取。又引《玉照新志》曰：'宋嘉祐末，有人携一巨魚入京師，能作人言，號曰海多。炫耀市井間，亦當入禁中，自誦云：海多風，錯被漁人下網打住，將在帝城中，每日教言語，甚時放我歸去。龍王傳語這底思量爾，千回萬度。後經李氏園中，躍入池不可復獲。是歲黄河大决，水入都門，壞民室宇數百家。'"

黑隘

古傳神魚名。大者如山。《格致鏡原》卷九三引明朱國禎《涌幢小品》："金山神魚，每歲廟神誕日，有魚名黑隘。大者如山，群引海族來朝，率午方退。"

鰠魚

古傳异魚名。狀如鱣魚。《山海經·西山經》

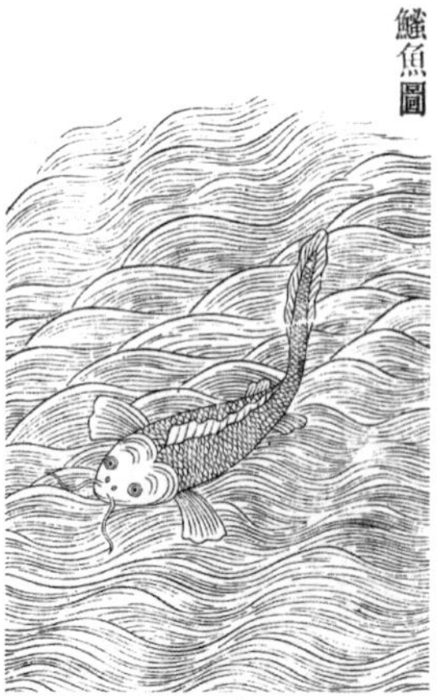

鰠　魚

（清蔣廷錫等《古今圖書集成》）

曰："渭水出焉，而東流注於河。其中多鰠魚，其狀如鱣魚，動則其邑有大兵。"《山海經圖贊》曰："物以感應，亦有數動。壯士挺劍，氣激白虹。鰠魚潛淵，出則邑悚。"明楊慎《異魚圖贊補》卷中："鰠魚渭産，其狀如鱣，覯等朱獳，休鯈代蠲。"覯，遇見。朱獳，傳説中的异獸。蠲，古稱一種多足蟲。

䱂魚

古傳魚名。清趙學敏《本草綱目拾遺·鱗部》引明楊慎《滇程記》："雲南百夷中有小孟貢江，産䱂魚。彼夷食之，日御百婦，故夷性極淫，貴賤具數妻。其地亦産彎薑。"又引《説略》曰："䱂魚産孟貢江，牡者恒多牝而游，夷人常食其肉，一日能御百女。入藥用雄者。"此説顯然不實。

毬魚

古傳魚名。形如鞠，紋如綫。宋范正敏《遯齋閑覽·毬魚》："海中異物，不知名者甚多，人大抵以狀名之。朱崖之傍有物，正如鞠，大小質狀無異，亦有紋如綫，味極肥美，土人但呼爲毬魚。"清胡世安《異魚圖贊閏集》："毬魚，朱崖之滸，有物鞠如，貌形正號，厥味雋腴。"鞠，古時用來踢打玩耍的球，最早是結毛而成。

鰼鰼

古傳异魚名。其狀如鵲而十翼，鱗皆在羽端。《山海經·北山經》："涿光之山，嚻水出焉，而西流注於河。其中多鰼鰼之魚，其狀如鵲而十

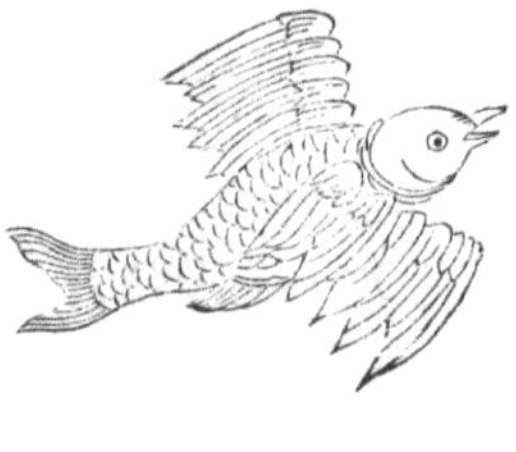

鰼　鰼

（《山海經圖》）

翼，鱗皆在羽端，其音如鵲，可以禦火，食之不癉。"癉，因勞累致病。《山海經圖贊》："彭蜉一揮，十翼翩翩。厥鳴如鵲，鱗在羽端。是謂怪魚，食之避燔。"清道光《遵義府志·水道》稱："其鰼部水，即今之高洞河，此河自高洞以下，土人皆名鰼水。此水産鰼魚，爲他水所無。"

恩魚

　　傳説中的報恩魚。史載漢武帝時，有人於陸地上釣魚，綫斷而去。魚托夢武帝，請爲取出魚鉤。次日武帝於昆明池中游泳，舉見一魚口銜繩索，武帝感動，遂爲其取出口中繩索。後魚銜一明珠報答。唐沈佺期《奉和晦日幸昆明池應製》詩："戰鷁逢時去，恩魚望幸來。"唐蘇頲《龍池樂章》詩："恩魚不似昆明釣，瑞鶴長如太液仙。"

索　引

索引凡例

一、本索引爲詞條索引，凡正文詞條欄目出現的主詞條均用“＊”標示，副詞條則無特殊標識。

二、本索引諸詞條收録順序以漢語拼音音序爲基礎，兼顧古音、方言等差异，然爲方便檢索，又與音序排列法則有异，原則如下：

首先，以詞條首字所對應的拼音字母爲序排列，詞條首字相同（讀音亦同）者爲同一單元；詞條首字不同但讀音相同的各個單元，一般按照各單元詞條首字的筆畫，由簡至繁依次排列。例如以huáng爲首字的詞條，則按首字筆畫依次分作“皇”“黄”等不同單元；又如以diāo爲首字的詞條，則按首字筆畫依次分作“虭”“蛁”“貂”等不同單元。此外，爲方便查閱和比較，在對幾個同音且各只有一個詞條的單元排序時，一般將兩個或幾個含義相同或相近的單元鄰近排列。如“埋頭蛇”“貍蟲”“薶頭蛇”都屬於mái爲首字的單元，且“埋頭蛇”與“薶頭蛇”含義相同，因此這三個單元的排列順序是“貍蟲”“埋頭蛇”“薶頭蛇”。

其次，同一單元内按各詞條第二字讀音之音序排列，第二字讀音相同者則按第三字讀音之音序排列，以此類推。例如以“皇”爲首字的單元各詞條的排列依次爲“皇戚、皇帝鹵簿金節……皇貴妃儀仗金節……皇史宬……皇太后儀駕卧瓜……皇庭”。

三、本索引中詞條右側的數字爲該詞條在正文位置的起始頁碼。

四、本索引所收詞條僅限於正文、附録中明確按主、副詞條格式撰寫的詞條，而在其他行文中涉及的詞條不收録。

五、多音字、古音字或方言字詞條按其讀音分屬相應的序列或單元，如“大常”古音爲tàicháng，因此歸入音序T序列；又如“葛上亭長”，“葛”是多音字，此處讀gé，因此歸入音序G序列之ge的二聲單元；互爲通假的詞條，字雖异然而讀音同者，如“解食”“解倉”皆爲芍藥別稱，因“食”與“倉”通，故“解食”讀音與“解倉”同；等等。

六、某些詞條多次出現，在正文中以詞條右上標記數字爲標志，如“朝¹”“朝²”“百足¹”“百足²”等，索引中亦按照其右上標記數字的順序排列。詞條相同但讀音不同的則按照其讀音分屬相應的音序序列和單元。如“蚱¹”（měng）、“蚱²”（mǎng），“蚱¹”歸入音序M序列之meng的三聲單元，“蚱²”則歸入音序M序列之mang的三聲單元。

七、某些特殊詞條，如數字詞條、外文字母詞條等，則收入《索引附録》。

A

B

C

H

J

L

P

Q

X

Z